EVEREST VÉRTICE

DICCIONARIO
Portugués-Español

DICIONÁRIO
Espanhol-Português

EVEREST VÉRTICE

DICCIONARIO Portugués-Español
DICIONÁRIO Espanhol-Português

EDITORIAL EVEREST, S. A.

MADRID • LEON • BARCELONA • SEVILLA • GRANADA • VALENCIA
ZARAGOZA • LAS PALMAS DE GRAN CANARIA • LA CORUÑA
PALMA DE MALLORCA • ALICANTE – MEXICO • BUENOS AIRES

DECIMOQUINTA EDICIÓN

Carretera León-La Coruña, km 5 - LEÓN
ISBN: 84-241-1450-7
Depósito legal: LE. 1185-1997
Printed in Spain - Impreso en España

EDITORIAL EVERGRÁFICAS, S. L.
Carretera León-La Coruña, km 5
LEÓN (España)

PRESENTACIÓN

He aquí un diccionario que sin duda será de una gran utilidad para sus usuarios.

Su concreción y facilidad de manejo le hacen especialmente apto para la consulta rápida de estudiantes de portugués y viajeros. Si la principal dificultad de este tipo de obras reside en lograr una reducción equilibrada de términos, aquí hemos procedido a operar, más que una reducción, sobre la base de la concreción, que haga posible la respuesta más directa y usual a la consulta hecha.

En cada artículo se recogen las acepciones más usuales, entendido esto en el uso más moderno y práctico del idioma. Aquellos artículos de mayor relieve, sobre los que se articula la práctica del idioma, recogen asimismo expresiones, frases hechas, modismos, todos convenientemente explicados.

Todo ello hace, en fin, que este pequeño diccionario sea grande en el aspecto en que lo debe ser: su utilidad práctica.

ABREVIATURAS MAS FRECUENTES

abl.	ablativo
ac.	acción, *acção*
ac. y ef.	acción y efecto
ac. e ef.	*acção e efeito*
adj. com.	adjetivo común, *adjetivo comum*
Agr.	Agricultura
Alb.	Albañilería, *Alvenaria*
Álg.	Álgebra.
amb.	ambiguo, *ambiguo*
ant.	anticuado, *antiquado*
arc.	arcaico
Arit.	Aritmética
Arq.	Arquitectura
art.	artículo, *artigo*
Artil.	Artillería, *Artilharia*
Astr.	Astronomía, *Astronomia*
aum.	aumentativo
Av.	Aviación, *Aviação*
Bact.	Bacteriología, *Bacteriologia*
Blas.	Blasón, *Brasão (Heráldica)*
Bras., bras.	Brasil o brasileño, *Brasil ou brasileiro*
Carp.	Carpintería, *Carpintaria*
Cir.	Cirugía, *Cirurgia*
Com.	Comercio, *Comércio*
contr.	contracción, *contracção*
dem.	demostrativo, *demonstrativo*
Dep.	Deporte, *Desporto*
Desp.	Deporte, *Desporto*
dim.	diminutivo
ef.	efecto, *efeito*
Elec.	Electricidad, *Electricidade*
Esgr.	Esgrima
esp.	especie, *espécie*
Farm.	Farmacia, *Farmácia*
Fís.	Física
For.	Forense
Fort.	Fortificación, *Fortificação*
Fot.	Fotografía, *Fotografia*
fr., frs.	frs. frase, frases
galic.	galicismo
germ.	germanía, *gíria*
Gram.	Gramática
impers.	impersonal, *verbo impessoal*
impes.	impersonal, *verbo impessoal*

Impr.	Imprenta, *Imprensa*
intr.	verbo intransitivo
irón.	irónico
loc.	locución, *locução*
loc. adv.	locución adverbial, *locução adverbial*
Maq.	Maquinaria
Mec.	Mecánica, *Mecânica*
Mil.	Milicia, *Militar*
Min.	Minería, *Minas*
Mit.	Mitología, *Mitologia*
Neol.	Neologismo
num.	numeral
Ópt.	Óptica
Orni.	Ornitología, *Ornitologia*
Pat.	Patología, *Patologia*
pers.	persona, personal, *pessoa, pessoal*
pes.	persona, personal, *pessoa, pessoal*
Pint.	Pintura
Pol.	Política
pop.	popular
p. p.	participio pasivo, *particípio passivo*
pos.	posesivo, *possessivo*
pref.	prefijo, *prefixo*
prov.	provincialismo
r.	reflexivo, *verbo reflexivo*
Rel.	Religión, *Religião*
Ret.	Retórica
s.	substantivo
s. com.	substantivo común, *substantivo comum*
tr.	verbo transitivo
Vet.	Veterinaria, *Veterinária*
vulg.	vulgarismo

REGLAS DE PRONUNCIACIÓN

Se recogen aquí las letras —vocales y consonantes— así como las combinaciones de éstas cuya pronunciación difiere del español.

VOCALES

a, e, o. Pueden ser abiertas, cerradas y mudas.

1. Se pronuncian como en español cuando forman parte de una sílaba tónica.
2. Cuando forman parte de sílaba tónica con acento circunflejo, o van seguidas de consonante nasal, se pronuncian cerradas.
3. Cuando van en posición final, las mudas son átonas que suenan ensordecidas.

i, u. Se pronuncian siempre cerradas.

CONSONANTES

c. Ante *a, o, u,* suena como *ss*.

g. Ante *a, o, u,* suena gutural como en español. Ante *e, i,* se pronuncia como la *g* francesa.

h. Es muda.

j. Su sonido es como el de la *j* francesa.

m. Después de vocal se pronuncia nasal.

s. Puede ser sonora o sorda, como la *s* francesa. La sonora se representa por *s*, y la sorda por *ss*.

x. Se pronuncia con cinco valores fónicos:

1. Como la *ch* francesa.
2. Valor *ss*, como la *s* española.
3. Valor *cs* o *ks*, como la *x* española.
4. Valor *z*, dental y sonoro como la *s* francesa.
5. Valor *s* final, dental y sonoro también.

z. Tiene un sonido dental y sonoro como la *s* francesa de las mismas características: *close, chose.*

DIPTONGOS

ae. Se pronuncia *áim.*

ao. Se pronuncia *áum.*

oe. Se pronuncia *áim.*

DICIONÁRIO PORTUGUÊS-ESPANHOL

a

a, *art., pron.* la.

a, *prep.* a.

a, a la, contr. de la *prep.* a con el art. femenino a.

aba, *s. f.* faldón (de la levita); ala (del sombrero); borde; orilla; orla (del vestido); falda (de los montes); *pl.* alrededores.

abaçanado, *adj.* moreno atezado, trigueño.

abaçanar, *v. t.* embazar; obscurecer.

abacateira, *s. f.* o **abacateiro,** *s. m.* *(bot.)* aguacate; aguacatero.

abacial, *adj.* abacial.

abacinar, *v. t.* obscurecer.

abada, *s. f.* falda llena; gran cantidad.

abade, *s. m.* abad; cura párroco.

abadejo, *s. m. (zool.)* abadejo, bacalao.

abadia, *s. f.* abadía; monasterio.

abaetar, *v. t.* cubrir con bayeta.

abafa!, *interj.* orden para recoger las velas (una embarcación).

abafação, *s. f.* sofocación.

abafadura, *s. f.* vd. *abafamento,* sofocación, falta de aire; ahoguío.

abafar, *v. t.* e *i.* sofocar; ahogar; asfixiar; extinguir; apagar; amortiguar (un sonido, un golpe, etc.); disimular, ocultar; arropar.

abafarete, *s. m.* ac. de *abafar* una discusión; bebida caliente.

abafas, *s. f. pl. (pop.)* fanfarronadas.

abafeira, *s. f.* sofocación; charca; laguna.

abafo, *s. m.* abrigo *(fig.)* cariño.

abainhar, *v. t.* repulgar; hacer dobladillo.

abairrar, *v. t.* dividir en barrios.

abaixado, *adj.* humillado; oprimido.

abaixamento, *s. m.* abajamiento; rebaja; descuento; abatimiento, humillación.

abaixo, *adv.* abajo; inferiormente; *interj.* ¡muera!

abalado, *adj.* mal seguro; abatido; impresionado.

abalamento, *s. m.* estremecimiento; agitación.

abalançar, *v. t.* abalanzar; pesar; *v. r.* arriesgarse, atreverse.

abalar, *v. t.* estremecer; sacudir.

abalizar, *v. t.* abalizar; demarcar; señalar; *v. r.* distinguirse.

abalo, *s. m.* terremoto, temblor (de tierra).

abalofar, *v. t.* ablandar; esponjar; ahuecar; *v. r.* ahuecarse; hincharse.

abalroação, *s. f. (mar.)* abordaje; *(fig.)* abordo; choque; acometida; ímpetu.

abalroar, *v. t.* e *i.* abordar; acometer.

abaluartar, *v. t.* abaluartar; abastionar; *v. r.* atrincherarse.

abanado, *adj.* enfermo; pobre.

abanador, *s. m.* abanador, abanico; ventilador, soplillo.

abananar, *v. t.* y *r.* aturdir; atolondrar.

abanar, *v. t.* abanicar, sacudir.

abandalhado, *adj.* relajado.

abandalhar, *v. t.* envilecer.

abandonamento, *s. m.* abandonamiento; abandono.

abandonar, *v. t.* y *r.* abandonar; dejar; desamparar.

abandono, *s. m.* abandono; renuncia; desamparo.

abano, *s. m.* abono; abanico.

abantesma, *s. m.* espectro; fantasma.
abaratar, *v. t.* abaratar; disminuir.
abarbado, *adj.* lleno; sobrecargado.
abarbilhar, *v. t.* poner bozal en el hocico de los animales.
abarcador, *adj.* y *s.* abarcador; *(fig.)* monopolista.
abarcar, *v. t.* abarcar; ceñir, rodear; monopolizar.
abarrancar, *v. t.* e *i.* abarrancar.
abarregar-se, *v. r.* amancebarse.
abarreirar, *v. t.* atrincherar.
abarroado, *adj.* testarudo; obstinado; cabezudo.
abarrotar, *v. t.* abarrotar; llenar.
abastado, *adj.* abastado; rico; abastecido; abundante.
abastar, *v. t.* y *r.* abastecer.
abastardar, *v. t.* e *i.* abastardar, falsificar, viciar; *v. r.* corromperse.
abastecer, *v. t.* abastecer, proveer, suministrar.
abasto, *s. m.* abundancia, copia.
abate, *s. m.* rebaja en el precio.
abater, *v. t.* abatir; desalentar; enflaquecer.
abatido, *adj.* abatido; humillado; muerto; disminuido.
abatocar, *v. t.* entaponar, poner tapones; *v. i.* callarse.
abaulado, *adj.* curvado; abombado; curvo.
abc, *s. m.* abc; el abecedario; el alfabeto.
abdicar, *v. t.* e *i.* abdicar; renunciar.
abdito, *adj.* oculto; alejado; retirado.
abdome o **abdómen,** *s. m. (anat.)* abdomen; barriga, vientre; panza (en algunos animales).
abdominoso, *adj.* panzudo, barrigón; barrigudo.
abduzir, *v. t.* abducir; alejar, separar; eliminar.
abêbera o **abebra,** *s. f. (bot.)* breva (fruto); higuera breval.
abeberar, *v. t.* abrevar, dar de beber; impregnar.
abeirar, *v. t.* aproximar, arrimar, acercar.
abelha, *s. f. (zool.)* abeja.
abelhal, *s. m.* colmenar; enjambre de abejas.
abelheira, *s. f.* enjambre; colmenar; *(bot.)* abejera.
abelhudo, *adj.* y *s.* entremetido; curioso.
abençoar, *v. t.* bendecir.
aberrar, *v. i.* aberrar, equivocarse.
aberta, *s. f.* hendidura; agujero; grieta; abertura; escampada; *(fig.)* oportunidad.
aberto, *adj.* abierto; desembarazado; público; desabonado; fatigado; libre; desvergonzado; sincero.
abertura, *s. f.* apertura; grieta; agujero; diámetro; anchura; entrada; salida; comienzo.
abespinhar-se, *v. r.* irritarse; enfurecerse; ofenderse.
abetarda, *s. f.* avutarda (ave).
abetumado, *adj.* engrudado; enmasillado; mal cocido, hablando del pan; *(fig.)* tristón; aburrido; melancólico.
abexigar, *v. t.* ridiculizar, escarnecer.
abichar, *v. i.* embrutecerse, pudrirse (los frutos); *v. t.* conseguir; lograr.
abíeto, *s. m. (bot.)* abeto.
abigodado, *adj.* abigotado, bigotudo.
abirritação, *s. f. (med.)* abirritación; atonía.
abismal, *adj.* abismal.
abismar, *v. t.* abismar; *(fig.)* confundir; maravillar.
abismo, *s. m.* abismo; sima, precipicio; *(fig.)* misterio.
abispamento, *s. m.* prudencia, astucia.
abispar, *v. t.* conseguir.
abjecção, *s. f.* abyección, bajeza; infamia.
abjudicar, *v. t.* adjudicar.
abjurar, *v. t.* abjurar; apostatar; renegar.
ablativo, *s. m.* ablativo.
ablegar, *v. t.* ablegar, desterrar.

ablepsia, *s. f. (med.)* ablepsia, ceguera.
ablução, *s. f.* ablución.
abluir, *v. t.* abluir, diluir, aclarar; purificar.
abnegação, *s. f.* abnegación; caridad; desinterés.
abnegar, *v. t.* abnegar.
à boa mente, *loc. adv.* de buena voluntad.
aboar, *v. i.* aclarar.
abobadar, *v. t.* abovedar.
abobado, *adj.* abobado; atontado; idiota.
abobar-se, *v. r.* abobarse, hacerse bobo.
abóbora, *s. f.* calabaza.
aboborar, *v. t.* reblandecer; ablandar; empapar; impregnar.
abocanhar, *v. t.* morder; abocadear; *(fig.)* difamar.
abocar, *v. t.* abocar, asir, coger con la boca; *(fig.)* apuntar; obtener.
abochornar, *v. t.* abochornar, sofocar; calentar; avergonzar; *v. i.* tornarse bochornoso.
aboio, *s. m.* aboyado.
aboiz, *s. m.* trampa, lazo (para pájaros).
aboldriar, *v. i. (mil.)* poner la bandolera; *v. t.* dar forma de bandolera.
aboleimado, *adj.* chato; *(fig.)* atontado; grosero.
aboletar, *v. t. (mil.)* aposentar; alojar.
abolição, *s. f.* abolición; anulación; suspensión; indulto.
abolir, *v. t.* abolir, suprimir; anular; derogar; extinguir.
abolorecer, *v. i.* enmohecer; pudrir.
abolsar, *v. i.* abolsar, formar bolsa o bolsos; formar arrugas.
abominar, *v. t.* abominar; detestar; aborrecer; odiar.
abonado, *adj.* rico, acaudalado.
abonador, *s. m.* y *adj.* abonador; fiador.
abonançar, *v. t.* abonanzar; calmar; apaciguar; *v. i.* calmar.
abonar, *v. t.* abonar; garantizar; afianzar; anticipar.
abono, *s. m.* abono, fianza, garantía.
abordada, *s. f. (mar.)* abordada; abordaje.
abordagem, *s. f. (mar.)* abordaje; abordo.
abordar, *v. t.* e *i. (mar.)* abordar; arribar; atracar.
aborígene, *adj.* y *s.* aborigen; nativo; autóctono.
aborrascar-se, *v. r.* volverse borrascoso; amenazar borrasca.
aborrecer, *v. t.* aborrecer; aburrir; detestar; fastidiar, molestar; *v. r.* aburrirse.
aborrecimiento, *s. m.* aborrecimiento; cansancio, fastidio, tedio, aburrimiento; aversión.
aborregar, *v. t.* aborregar.
abortar, *v. i.* abortar; malograrse.
aborto, *s. m.* aborto; monstruosidad.
abotoadeira, *s. f.* botonera, mujer que hace botones o los pone; abotonador.
abotoar, *v. t.* abotonar; brotar.
abra, *s. f.* bahía poco extensa; ensenada; puerto.
abraçar, *v. t.* abrazar; *(fig.)* rodear; ceñir; admitir; aceptar; adoptar.
abraço, *s. m.* abrazo; abrazamiento; *(bot.)* abrazo.
abrandar, *v. t.* e *i.* ablandar; suavizar; aliviar; serenar.
abranger, *v. t.* abrazar; ceñir; abarcar; contener; comprender; alcanzar; incluir.
abrasado, *adj.* abrasado; quemado; *(fig.)* encendido, inflamado; sonrojado; exaltado.
abrasar, *v. t.* e *i.* abrasar; quemar; *(fig.)* exaltar; entusiasmar.
abrasear, *v. t.* abrasar; ruborizar.
abrasileirado, *adj.* abrasileñado, abrasilado.
abrasivo, *adj.* y *s.* abrasivo.
abre-cu, *s. m. (zool.)* luciérnaga.

abrejeirado, *adj.* maleante; tunante; pícaro.
abre-latas, *s. m.* abrelatas.
abrenunciar, *v. t.* renunciar; renegar.
ab-reptício, *adj.* exaltado; arrebatado.
abrevar, *v. t.* abrevar.
abreviação, *s. f.* abreviación, abreviatura; resumen; sumario.
abreviar, *v. t.* abreviar; acortar; reducir; resumir.
abreviatura, *s. f.* abreviatura.
abridor, *s. m.* y *adj.* abridor; grabador.
abrigada, *s. f.* abrigadero; asilo; refugio.
abrigador, *s. m.* y *adj.* abrigador; defensor; protector.
abrigar, *v. t.* abrigar; proteger; defender; acoger.
abrigo, *s. m.* abrigo; resguardo; protección; refugio; asilo; guarida.
Abril, *s. m.* abril.
abrilhantar, *v. t.* abrillantar; *(fig.)* honrar.
abrimento, *s. m.* abrimiento; abertura, apertura.
abrir, *v. t.* abrir; perforar; destapar; inaugurar; *v. i.* romper; aclamar; *v. r.* declararse.
abrochadura, *s. f.* abrochadura; abrochamiento; abotonadura.
abrochar, *v. t.* abrochar, abotonar; apretar.
ab-rogar, *v. t.* abrogar; abolir; anular.
abrolho, *s. m. (bot.)* abrojo; espino; *(fig.)* escollos.
abronzear, *v. t.* broncear.
abrumar, *v. t.* abrumar.
abrunho, *s. m. (bot.)* bruño; ciruela.
abrupto, *adj.* abrupto, escarpado; inopinado.
abrutalhado, *adj.* grosero.
absentismo, *s. m.* absentismo, ausentismo.
abside, *s. f. (arq.)* ábside.
absolução, *s. f.* absolución; liberación; perdón; gracia.
absoluto, *adj.* absoluto, independiente; arbitrario, despótico.
absolver, *v. t.* absolver; perdonar; eximir.
absorto, *adj.* absorto; arrobado; extasiado.
absorvedouro, *s. m.* sumidero.
absorver, *v. t.* absorber, embeber; aspirar.
abstenção, *s. f.* abstención; renuncia; privación.
abster, *v. t.* desviar; impedir; *v. r.* abstenerse, contenerse, refrenarse.
abstergente, *adj.* y *s.* abstergente; abstersivo.
abstinência, *s. f.* abstinencia; templanza; ayuno.
abstracto, *adj.* abstracto, extasiado; distraído.
abstrair, *v. t.* abstraer; omitir; prescindir; *v. r.* distraerse.
absurdo, *s. m.* absurdo; desrazonable, contradictorio.
abundância, *s. f.* abundancia; hartura; riqueza.
abundar, *v. i.* abundar; bastar.
aburacar, *v. t.* agujerear; horadar.
abusar, *v. i.* abusar, exorbitar; causar daño; ultrajar el pudor; excederse.
abuso, *s. m.* abuso; exceso; engaño; error.
acabado, *adj.* acabado, concluido; gastado; avejentado; consumado.
acabar, *v. t.* acabar; concluir; perfeccionar; *v. i.* rematar, finalizar; *v. r.* agotarse.
acabrunhar, *v. t.* agobiar, fastidiar, oprimir, abrumar.
açacal, *s. m.* aguador.
açacalar, *v. t.* acicalar, limpiar; pulir, bruñir.
acaçapar, *v. t.* y *r.* agazapar, agachar; encoger.
acácia, *s. f. (bot.)* acacia.
academia, *s. f.* academia.
acadimar, *v. t.* volver; *v. i.* sosegar; *v. r.* acostumbrarse.
açafata, *s. f.* azafata.

acafelar, *v. t.* revocar una pared con cal o yeso; encubrir; ocultar.
açafrão, *s. m. (bot.)* azafrán.
açaimar, *v. t.* embozalar, embozar, poner bozal; refrenar.
acalcanhar, *v. t.* destalonar; calcar; *(fig.)* pisotear, humillar.
acalentar, *v. t.* adormecer, mecer; arrullar; *v. r.* calmarse; callarse.
acalmação, *s. f.* tranquilidad; sosiego.
acalmar, *v. t.* calmar; apaciguar; tranquilizar.
acalorar, *v. t.* y *r.* acalorar; excitar; dar calor.
açambarcar, *v. t.* monopolizar; acaparar.
açame o **açamo,** *s. m.* bozal que se pone en la boca de los animales.
acampar, *v. t.* acampar.
acanalhar, *v. t.* encanallar; envilecer; *v. r.* abribonarse.
acanastrar, *v. t.* encanastar.
acanaveado, *adj.* acañavereado, *(fig.)* abatido; delgado.
acanhado, *adj.* tímido, encogido; mezquino; avaro.
acanhar, *v. t.* apocar, acortar; estrechar; apretar; avergonzar.
acanto, *s. m. (bot.)* acanto, planta espinosa; *(arq.)* acanto, ornato.
acantoar, *v. t.* arrinconar, esconder; acantonar.
acantonar, *v. t.* e *i.* acantonar.
acapachar, *v. t.* cubrir con capacho; *v. r.* humillarse.
acapitular, *v. t.* dividir en capítulos; amonestar.
acaramelar, *v. t.* acaramelar.
acarapuçar, *v. t.* acapuchar.
acarear, *v. t.* acarear, carear; *(fig.)* carear, cotejar.
acariciar, *v. t.* acariciar.
acaridar-se, *v. r.* compadecerse; apiadarse.
acarinhar, *v. t.* acariciar; halagar.
acarrear, *v. t.* acarrear, transportar; ocasionar.
acarretador, *s. m.* y *adj.* acarreador.
acarretar, *v. t.* acarrear, transportar; ocasionar.
acasmurrar, *v. t.* e *i.* tornar o tornarse terco, obstinado.
acaso, *s. m.* acaso; eventualidad.
acatador, *s. m.* acatador.
acatar, *v. t.* acatar; respetar; venerar.
acatastático, *adj. (med.)* acatástico; inestable.
acatável, *adj.* acatable, digno de acatamiento o respeto.
acato, *s. m.* acato, respeto.
a cavaleiro, *loc. adv.* poner encima de; vd. *sobranceiro.*
acaveirado, *adj.* descarnado, enflaquecido.
acção, *s. f.* acción; movimiento; energía, demanda; acto; combate; gesto.
accionar, *v. t.* accionar.
accionista, *s. m.* accionista.
aceder, *v. i.* acceder; aquiescer.
aceirar, *v. t.* acerar, fortalecer con acero; ajustar; proteger.
aceiro, *s. m.* trabajador en acero.
aceitação, *s. f.* aceptación; acogimiento.
aceitar, *v. t.* aceptar; admitir; aprobar.
aceite, *adj.* y s. m. aceptación; vd. *aceito.*
aceito, *adj.* acepto, bien recibido, agradable.
acelerador, *adj.* y *s. m.* acelerador.
acelerar, *v. t.* acelerar; adelantar; abreviar.
acelga, *s. f. (bot.)* acelga.
acém, *s. m.* solomillo.
acenar, *v. i.* hacer señas o ademanes.
acendedor, *s. m.* encendedor; mechero.
acender, *v. t.* encender; *(fig.)* incitar.
acendrar, *v. t.* acendrar; pulir; purificar, acrisolar.
aceno, *s. m.* seña, ademán, gesto.
acento, *s. m.* acento.
acentuar, *v. t.* acentuar.
acepção, *s. f.* acepción.

acepilhar, *v. t.* acepillar; *(fig.)* pulir, adornar.
acepipe, *s. m.* entremés.
acéquia, *s. f.* acequia, zanja.
acerar, *v. t.* acerar; afilar.
acerbar, *v. t.* exacerbar.
acercar, *v. t.* y *r.* acercar; aproximar.
acertar, *v. t.* e *i.* acertar; igualar, ajustar; concordar; concertar; contratar.
acescente, *adj.* acescente.
aceso, *adj.* ardiente; encendido.
acesso, *s. m.* acceso; llegada; ingreso; aproximación; *(med.)* acceso.
acessório, *adj.* accesorio.
acetinado, *adj.* satinado, lustroso, pulido.
acetinar, *v. t.* satinar, poner lustroso, suavizar.
acetona, *s. f.* *(quím.)* acetona.
achacar, *v. t.* encontrar achaques o defectos en; *v. r.* enfermar.
achado, *s. m.* hallado; hallazgo; ganga.
achamboar, *v. t.* hacer grosero, tosco.
achanar, *v. t.* allanar; alisar.
achaparrar, *v. t.* achaparrar.
achaque, *s. m.* achaque, enfermedad, pretexto; vicio.
achar, *v. t.* hallar, encontrar; inventar; suponer.
achavascado, *adj.* rústico, grosero, basto.
achega, *s. f.* añadidura.
achegadeira, *s. f.* alcahueta.
achegar, *v. t.* allegar, aproximar; unir; *v. r.* recostarse.
achincalhar, *v. t.* ridiculizar; rebajar; mofar.
achumaçar, *v. t.* poner hombreras; tapizar, acolchar.
acidentar, *v. t.* producir accidentes; alterar con accidentes.
acídia, *s. f.* acidia; pereza.
ácido, *s. m.* *(quím.)* ácido; *adj.* ácido, acre.
aciganado, *adj.* agitanado; bellaco; avaro.
acima, *adj.* encima; en la parte superior.
acinte, *s. m.* terquedad.
acintoso, *adj.* obstinado; terco.
acinzelar, *v. t.* cincelar.
acirandar, *v. t.* cribar, zarandear.
acirrado, *adj.* intransigente.
acirrar, *v. t.* incitar, irritar, estimular.
acitrinado, *adj.* cetrino; alimonado.
aclamar, *v. t.* aclamar, aplaudir, aprobar.
aclarar, *v. t.* aclarar; explicar; dilucidar.
aclimar, *v. t.* aclimatar; *v. r.* aclimatarse.
aclive, *s. m.* declive; cuesta; ladera.
acne, *s. f.* acné.
aço, *s. m.* acero.
acobardar, *v. t.* acobardar.
acobertar, *v. t.* encubrir; ocultar; tapar.
acobrear, *v. t.* volver cobrizo; dar el color del cobre.
acochar. *v. t.* apretar; calcar; oprimir, comprimir.
acochichar, *v. t.* arrugar.
açodamento, *s. m.* apresuramiento, apresuración.
açodar, *v. t.* instigar; apresurar.
acogular, *v. t.* colmar; acumular.
acoimar, *v. t.* multar.
acoitar, *v. t.* dar asilo.
açoitar, *v. t.* azotar.
acolá, *adv.* allá, en aquel lugar.
acolchoar, *v. t.* acolchar; acolchonar.
acolher, *v. t.* acoger; abrigar; hospedar; proteger.
acometer, *v. t.* acometer; tentar; insultar.
acomodar, *v. t.* acomodar; ordenar; instalar; adaptar, hospedar.
acompanhar, *v. t.* acompañar; escoltar; guarnecer; seguir.
aconchegar, *v. t.* acercar, arrimar; agasajar; acoger.
aconchego, *s. m.* comodidad.
acondicionar, *v. t.* acondicionar.
aconselhar, *v. t.* aconsejar.

acontecer, *v. i.* acontecer, suceder, ocurrir.
açor, *s. m. (zool.)* azor.
açorda, *s. f.* sopa de ajo.
acordado, *adj.* despierto.
acordar, *v. t.* acordar; sentenciar; despertar.
acorde, *s. m. (mús.)* acorde; *adj.* conforme.
acordeão, *s. m. (mús.)* acordeón; armónica.
acordo, *s. m.* acuerdo; consejo; dictamen; memoria.
acoroçoar, *v. t.* alentar, esforzar.
acorrer, *v. i.* acorrer; acudir; recurrir; *v. t.* amparar, socorrer.
acossar, *v. t.* acosar; perseguir; importunar.
acostar, *v. t.* e *i. (mar.)* acostar; arrimar; juntar.
acostumar, *v. t.* acostumbrar; habituar.
açoteia, *s. f.* azotea, terraza.
acotiar, *v. t.* frecuentar.
a cotio, *loc. adv.* todos los días; diariamente.
açougue, *s. m.* carnicería; matadero.
acrata, *adj.* y *s.* ácrata; anarquista.
acre, *adj.* acre; áspero; desabrido.
acreditar, *v. t.* acreditar.
acrescentar, *v. t.* acrecentar; juntar; aumentar.
acréscimo, *s. m.* acrecentamiento; añadidura.
acriançado, *adj.* amuchachado.
acrisolar, *v. t.* acrisolar, purificar; depurar.
acritude, *s. f.* acritud, acrimonia.
acrobacia, *s. f.* acrobacia.
acromático, *adj.* acromático.
acrópole, *s. f.* acrópolis.
acróstico, *s. m.* acróstico.
acta, *s. f.* acta, registro, relato.
actinoscopia, *s. f. (med.)* actinoscopia.
activação, *s. f.* activación.
activar, *v. t.* activar; impulsar; dar prisa.
actividade, *s. f.* actividad; energía, eficacia; prontitud.
activo, *adj.* activo, expedito; diligente.
acto, *s. m.* acto; acción; declaración.
actor, *s. m.* actor; comediante.
actriz, *s. f.* actriz.
actuação, *s. f.* actuación.
actual, *adj.* actual; efectivo; existente; presente.
actualidade, *s. f.* actualidad.
actualizar, *v. t.* actualizar; modernizar.
actuar, *v. i.* actuar; activar.
acuar, *v. i.* acular, arrinconar, retroceder.
açúcar, *s. m.* azúcar.
açucarar, *v. t.* azucarar.
açucena, *s. f. (bot.)* azucena.
açude, *s. m.* azud, presa, acequia.
acudir, *v. i.* acudir; subvenir; ir o venir en socorro de otro.
acuidade, *s. f.* acuidad, agudeza, sutileza.
açulador, *adj.* y *s.* azuzador; azuzón; instigador.
açular, *v. t.* azuzar, incitar (a los perros); *(fig.)* irritar; excitar.
acúleo, *s. m. (zool.)* aguijón, acúleo; *(bot.)* espina.
acumular, *v. t.* acumular, amontonar, juntar.
acumulável, *adj.* acumulable.
acunhar, *v. t.* acuñar.
acurar, *v. t.* perfeccionar, apurar.
acurralar, *v. t.* acorralar.
acurvar, *v. t.* acurvar, encorvar, torcer, combar.
acurvilhar, *v. i.* arrodillar, la cabalgadura.
acusação, *s. f.* acusación, denuncia; imputación.
acusar, *v. t.* acusar, atribuir, imputar; denunciar.
acústica, *s. f.* acústica.
acutilador, *adj.* acuchillador; espadachín.
acutilar, *v. t.* acuchillar.
adáctilo, *adj.* adáctilo, sin dedos.

adágio, *s. m.* adagio, proverbio, sentencia, aforismo, refrán; *(mús.)* adagio.
adail, *s. m.* adalid.
adamar-se, *v. r.* adamarse, afeminarse.
adamascar, *v. t.* adamascar.
adâmico, *adj.* adámico; primitivo.
adaptação, *s. f.* adaptación; acomodación.
adaptador, *adj.* y *s.* adaptador.
adaptar, *v. t.* adaptar, apropiar, ajustar.
adarve, *s. m.* *(fort.)* adarve; muralla.
adega, *s. f.* bodega, despensa; taberna.
adejar, *v. i.* aletear; revolotear; volitar; agitar.
adelgaçar, *v. t.* adelgazar; desbastar.
adelo, *s. m.* ropavejero.
ademanes, *s. m. pl.* ademanes, modales.
adenda, *s. f.* suplemento, apéndice.
adentar, *v. t.* e *i.* dentar.
adentro, *adv.* adentro; en lo interior.
adequar, *v. t.* adecuar, acomodar, apropiar; emparejar.
adereçar, *v. t.* aderezar, adornar; enderezar, dirigir; dedicar; remitir.
aderência, *s. f.* adherencia; adhesión.
aderir, *v. i.* adherir; *(fig.)* dar adhesión.
adesão, *s. f.* adhesión, unión, ligación, acuerdo.
a desoras, *loc. adv.* a deshoras.
adestrar, *v. t.* adiestrar, enseñar, amaestrar.
adeus, *interj.* ¡adiós!; *s. m.* adiós, despedida.
adiamento, *s. m.* aplazamiento, postergación.
adiantar, *v. t.* adelantar, anticipar; aventajar; acelerar.
adiante, *adv.* adelante; *interj.* ¡adelante!
adiar, *v. t.* aplazar, retrasar, diferir, postergar.
adiável, *adj.* aplazable.
adição, *s. f.* adición, apéndice; suma.
adicionar, *v. t.* adicionar.
adiposidade, *s. f.* adiposidad; gordura.
adir, *v. t.* aceptar; adicionar; añadir.
aditar, *v. t.* acrecentar; aumentar; añadir.
adivinha, *s. f.* adivinación.
adivinhador, *s. m.* adivinador; adivino.
adivinhar, *v. t.* adivinar, predecir, descifrar.
adjacência, *s. f.* adyacencia; próximo.
adjacente, *adj.* adyacente.
adjectivar, *v. t.* adjetivar.
adjectivo, *s. m.* adjectivo.
adjudicar, *v. t.* adjudicar.
adjunto, *s. m.* adjunto; agregado.
adjurar, *v. t.* adjurar.
adjuvar, *v. t.* coadyuvar, ayudar.
administração, *s. f.* administración.
administrar, *v. t.* administrar.
administrativo, *adj.* administrativo.
admiração, *s. f.* admiración, asombro; sorpresa.
admirador, *s. m.* admirador.
admirar, *v. t.* admirar; contemplar.
admissibilidade, *s. f.* admisibilidad.
admissível, *adj.* admisible.
admitir, *v. t.* admitir; aceptar.
admoestar, *v. t.* amonestar; censurar.
adobe, *s. m.* adobe.
adoçar, *v. t.* endulzar; azucarar.
adocicar, *v. t.* endulzar.
adoecer, *v. i.* y *t.* enfermar.
adoentado, *adj.* algo enfermo.
adoentar, *v. i.* enfermar ligeramente.
adolescente, *adj.* y *s.* adolescente.
adoptar, *v. t.* adoptar; prohijar.
adorar, *v. t.* adorar.
adorável, *adj.* adorable.
adormecer, *v. t.* e *i.* adormecer; dormir; *(fig.)* calmar; mitigar.
adornar, *v. t.* adornar; embellecer; ornar.
adorno, *s. m.* adorno; ornato; aderezo.

adquirente, *s.* y *adj.* adquiriente; adquirente.
adquirir, *v. t.* adquirir.
adrede, *adv.* adrede; de propósito.
adregar, *v. i.* acontecer por acaso.
adriça, *s. f. (mar.)* driza.
adro, *s. m.* atrio de las iglesias.
adscrito, *adj.* adscrito; inscrito.
adstringente, *adj.* astringente.
adstringir, *v. t.* astringir.
adstritivo, *adj.* astringente.
adstrito, *adj.* unido, apretado.
aduana, *s. f.* aduana.
adubar, *v. t.* adobar; guisar; abonar; curtir.
adubo, *s. m.* abono; estiércol; adobo, caldo, salsa.
adueiro, *s. m.* pastor; explorador.
adulação, *s. f.* adulación; lisonja.
adular, *v. t.* adular; lisonjear.
adulteração, *s. f.* adulteración; falsificación.
adulterar, *v. t.* adulterar, corromper, falsificar; *v. i.* cometer adulterio.
adultério, *s. m.* adulterio.
adusto, *adj.* adusto.
aduzir, *v. t.* aducir, presentar pruebas; conducir; traer.
advento, *s. m.* advento, llegada, venida; adviento.
advérbio, *s. m.* adverbio.
adversidade, *s. f.* adversidad.
adverso, *adj.* y *s.* adverso; contrario; opuesto.
advertência, *s. f.* advertencia; aviso.
advertido, *adj.* advertido, avisado.
advir, *v. i.* advenir, sobrevenir; suceder.
advogado, *s. m.* abogado.
aéreo, *adj.* aéreo.
aerofagia, *s. f.* aerofagia.
aerómetro, *s. m.* aerómetro.
aeronavegação, *s. f.* aeronáutica; navegación aérea.
aeroporto, *s. m.* aeropuerto, aeródromo.
aerosfera, *s. f.* aerosfera; atmósfera.
afã, *s. m.* afán; ansia.
afadigar, *v. t.* y *r.* Fatigar; cansar; molestar; afanarse.
afadistado, *adj.* achulado.
afagar, *v. t.* acariciar; mimar; halagar; lisonjear; acariñar.
afago, *s. m.* halago; mimo; agasajo; caricia.
afamar, *v. t.* y *r.* afamar; dar fama.
afanoso, *adj.* afanoso, penoso, trabajoso.
afastado, *adj.* distante; retirado.
afastar, *v. t.* alejar; apartar; separar.
afável, *adj.* afable, cortés.
afazer, *v. t.* habituar, acostumbrar.
afear, *v. t.* afear.
afectação, *s. f.* afectación; pedantismo.
afectar, *v. t.* afectar; fingir; perjudicar; subordinar.
afecto, *s. m.* afecto, amistad; simpatía; *adj.* amigo; subordinado o pendiente.
afeiçoar, *v. t.* e *i.* aficionar; inducir; encariñar; enamorar.
aferidor, *adj.* y *s. m.* aferidor, fiel.
aferir, *v. t.* aferir.
aferrar, *v. t.* aferrar; agarrar; anclar; aportar.
aferro, *s. m.* terquedad; obstinación.
aferroar, *v. t.* herir, picar, aguijonar.
aferrolhar, *v. t.* acerrojar.
afervorar, *v. t.* enfervorizar.
afiação, *s. f.* afiladura.
afiançar, *v. t.* afianzar; abonar, garantizar.
afiar, *v. t.* afilar; atacar; disponer; ejercitar.
afidalgar *v. t.* ennoblecer.
afiguração, *s. f.* imaginación, idea.
afigurar, *v. t.* figurar.
afilar, *v. t.* aguzar.
afilhado, *s. m.* ahijado.
afiliar, *v. t.* afiliar; asociar.
afim, *adj.* afín, pariente por afinidad.
a fim de, *loc. prep.* a fin de; para.
afinal, *adv.* finalmente; por fin.
afinar, *v. t.* e *i.* *(mús.)* afinar; pulir; aguzar; adelgazar.

afincar, *v. t.* hincar; clavar; *v. i.* aferrarse.
afinco, *s. m.* ahínco, insistencia; tenacidad.
afinidade, *s. f.* afinidad; analogía, semejanza.
a fio, *loc. adv.* a seguir; sin interrupción.
afirmar, *v. t.* afirmar; asegurar; consolidar, afianzar.
afitar, *v. t.* clavar los ojos; hacer mal de ojo.
afito, *s. m.* ahíto; diarrea.
afixar, *v. t.* fijar, asegurar.
aflautar, *v. t.* atiplar.
aflição, *s. f.* tribulación; pesar; congoja; aflicción.
afligir, *v. t.* afligir.
aflorar, *v. t.* aflorar.
afluência, *s. f.* afluencia.
afluir, *v. i.* afluir; desembocar.
afocinhar, *v. t.* hocicar; *v. i.* hocicar, venirse abajo; caer.
afofar, *v. t.* afofar; ablandar.
afogadilho, *s. m.* precipitación, prisa.
afogar, *v. t.* ahogar, impedir la respiración; estrangular; sumergir; disimular.
afoguear, *v. t.* abrasar; quemar; *v. r.* abochornarse.
afoitar, *v. t.* enardecer; encorajar.
afoiteza, *s. f.* audacia, osadía; valor.
afolhar, *v. t.* foliar.
afonía, *s. f.* afonía.
aforar, *v. t.* aforar; *v. r.* atribuirse, arrogarse.
aforçurar, *v. t.* apresurar, dar prisa.
aformosear, *v. t.* hermosear, embellecer.
aforrado, *adj.* forrado; ahorrado; horro.
afortunado, *adj.* afortunado.
afortunar, *v. t.* afortunar.
afreguesar, *v. t.* aparroquiar.
áfrica, *s. f.* proeza, hazaña.
afronta, *s. f.* afrenta; ultraje.
afrontar, *v. t.* afrentar; molestar; vejar; afrontar.
afrouxar, *v. t.* e *i.* aflojar, ablandar.
afta, *s. f.* afta.
afugentar, *v. t.* ahuyentar; expulsar.
afundar, *v. t.* ahondar; afondar; hundir; *v. r.* *(fig.)* arruinarse; perderse.
afunilar, *v. t.* dar a una cosa forma de embudo; estrechar; apretar.
agachar, *v. t.* agachar, bajar; inclinar; *v. r.* *(fig.)* agacharse, humillarse.
agadanhar, *v. t.* arañar, rasguñar.
agaiatar-se, *v. r.* aniñarse.
agalanar, *v. t.* engalanar.
agalegar, *v. t.* expresar a la manera de los gallegos.
agaloar, *v. t.* galonear.
ágape, *s. m.* ágape.
agárico, *s. m.* *(bot.)* agárico.
agarotar-se, *v. r.* hacerse travieso, haragán, holgazán.
agarrar, *v. t.* agarrar, asir; arrebatar; alcanzar.
agarrochar, *v. t.* agarrochar, herir con garrocha; *(fig.)* estimular; afligir.
agarrotar, *v. t.* agarrotar, estrangular.
agasalhar, *v. t.* abrigar, defender; hospedar; alojar.
agasalho, *s. m.* abrigo, prenda de vestir; buen acogimiento; hospedaje.
agastadiço, *s. m.* irascible.
agastar, *v. t.* encolerizar; enfadar; aburrir.
agatanhadura, *s. f.* arañamiento.
agência, *s. f.* agencia, diligencia; solicitud; gestión; sucursal.
agenciar, *v. t.* agenciar; conseguir, alcanzar.
agenda, *s. f.* agenda.
agigantar, *v. t.* agigantar; engrandecer; exagerar.
ágil, *adj.* ágil; ligero; expedito; leve.
agilidade, *s. f.* agilidad, ligereza, vivacidad.
agiota, *s. m.* y *f.* agiotista; usurero; prestamista.
agir, *v. i.* obrar; proceder; actuar; agir.

agitação, *s. f.* agitación; movimiento; perturbación; motín.
aglomerar, *v. t.* aglomerar; acumular; amontonar.
aglutinar, *v. t.* aglutinar.
agoniado, *adj.* ansiado; acongojado.
agoniar, *v. t.* agonizar; acongojar; mortificar; afligir.
agonizar, *v. t.* agonizar, causar agonía; *v. i.* estar moribundo.
agora, *adv.* y *conj.* ahora; en el presente; hoy en día.
Agosto, *s. m.* agosto.
agourar, *v. t.* vaticinar, agorar; presagiar.
agraciar, *v. t.* agraciar, favorecer, condecorar; amnistiar.
agradar, *v. i.* y *r.* agradar; parecer bien; gustar de.
agradável, *adj.* agradable; apacible; amable; suave.
agradecer, *v. t.* e *i.* agradecer; rendir gracias; mostrar gratitud.
agrado, *s. m.* agrado, afabilidad; satisfacción; amistad.
agrário, *adj.* agrario.
agravar, *v. t.* agravar; empeorar; agraviar, ofender.
agredir, *v. t.* agredir.
agregar, *v. t.* agregar; unir; juntar; añadir.
agremiar, *v. t.* agremiar, reunir, asociar.
agrião, *s. m. (bot.)* berro.
agricultar, *v. t.* labrar, cultivar la tierra.
agricultor, *s. m.* agricultor; labrador.
agrilhoar, *v. t.* agrillar, engrillar, encadenar, *(fig.)* esclavizar.
agrimensor, *s. m.* agrimensor.
agronomia, *s. f.* agronomía.
agrónomo, *s. m.* agrónomo.
agrupar, *v. t.* agrupar.
agrura, *s. f.* agrura; aspereza; *(fig.)* amargura, disgusto.
agua, *s. f.* agua; lluvia; mar, lago, río, arroyo.
aguado, *adj.* aguado; *(fig.)* frustrado; imperfecto.
aguar, *v. t.* aguar, disolver en agua; regar; pintar con aguada.
aguardar, *v. t.* aguardar; esperar; respetar.
aguardente, *s. f.* aguardiente.
aguarela, *s. f.* acuarela.
aguçar, *v. t.* aguzar; amolar; afilar; adelgazar; *(fig.)* incitar.
agudo, *adj.* agudo; sutil; afilado; picante.
aguentar, *v. t.* e *i* aguantar; soportar; resistir.
aguerrido, *adj.* aguerrido, ejercitado; *(fig.)* valiente.
águia, *s. f. (zool.)* águila.
aguilhada, *s. f.* aguijada.
aguilhão, *s. m.* aguijón; aguijada.
aguilhoar, *v. t.* aguijar, aguijonear; *(fig.)* estimular, incitar.
agulha, *s. f.* aguja; pincho; brújula.
ah!, *interj.* ¡ah! (alegría, espanto o admiración).
ai, *s. m.* ay, suspiro, quejido.
aí, *adv.* ahí.
ainda, *adv.* aún, todavía, también, hasta: otra vez.
airoso, *adj.* airoso, garboso, gentil; decoroso, digno.
ajaezar, *v. t.* enjaezar; *(fig.)* aderezar, adornar.
ajardinar, *v. t.* ajardinar, poner como un jardín.
ajeitar, *v. t.* acomodar; adaptar, adecuar.
ajoelhar, *v. t.* arrodillar; *v. r.* arrodillarse.
ajoujar, *v. t.* atraillar; uncir; emparejar, unir; juntar; sobrecargar.
ajudar, *v. t.* ayudar, auxiliar; cooperar; favorecer; socorrer.
ajuizar, *v. t.* juzgar, apreciar; valuar.
ajuntador, *adj.* y *s.* juntador.
ajuntamento, *s. m.* juntamiento; agrupamiento; agrupación; reunión; ayuntamiento.
ajuntar, *v. t.* juntar, ayuntar; reunir,

aproximar; acrecentar; economizar; *v. r.* ayuntarse, amancebarse.
ajuramentar, *v. t.* juramentar.
ajustar, *v. t.* y *r.* ajustar, adaptar; concertar, contratar.
ajustiçar, *v. t.* ajusticiar, cumplir una sentencia de pena capital.
ala, *s. f.* ala, hilera, fila; flanco. *interj.* ¡hala!; ¡marcha!; ¡vete!; anda.
alabregado, *adj.* grosero; rústico.
álacre, *adj.* alegre; risueño; vivo; inteligente.
alacridade, *s. f.* alacridad, alegría, entusiasmo.
alado, *adj.* alado, leve, aéreo.
alagamento, *s. m.* aluvión; crecida; avenida.
alagar, *v. t.* alagar; inundar; sumergir; *(fig.)* derrochar; disipar.
alambazado, *adj.* grosero; pesado; glotón; comilón; grueso.
alambazar-se, *v. r.* hartarse; comer como un glotón; hacerse rudo.
alameda, *s. f.* alameda; arboleda.
alancear, *v. t.* alanzar, alancear; *(fig.)* mortificar.
alapar, *v. t.* esconder, ocultar; *v. r.* agazaparse, agacharse.
alaranjado, *adj.* anaranjado.
alardear, *v. t.* alardear, hacer alarde o gala de alguna cosa.
alargar, *v. t.* ensanchar; extender, ampliar, aumentar.
alarido, *s. m.* alarido; clamor general; algazara (de moro).
alarmar, *v. t.* alarmar; asustar; sobresaltar.
alarme, *s. m.* alarma.
alarve, *s. m.* árabe; hombre rudo; salvaje.
alastrar, *v. t.* lastrar; derramar.
alazão, *adj.* y *s. m.* alazán.
albardar, *v. t.* albardar, cubrir con huevos una fritura; *(pop.)* vestir mal.
albergar, *v. t.* albergar; abrigar; hospedar.
albergaria, *s. f.* hospedería, posada, abrigo, asilo.
albergue, *s. m.* albergue; abrigo; cubil; refugio.
alborcar, *v. t.* trocar, permutar.
alborque, *s. m.* permutación, cambio.
alça, *s. f.* alza.
alcácer, *s. m.* alcázar; castillo.
alcachofra, *s. f. (bot.)* alcachofa.
alçada, *s. f.* alzada; jurisdicción, competencia.
alçado, *s. m.* alzado; proyección vertical; trazado.
alcaide, *s. m.* alcaide.
alcançar, *v. t.* alcanzar; llegar; conseguir; obtener; *v. i.* entender; prever; concebir; abrazar.
alcance, *s. m.* alcance; *(fig.)* talento; déficit.
alcandorar-se, *v. r.* percharse; *(fig.)* elevarse, guindarse, subir.
alcantil, *s. m.* cantil; escarpa; despeñadero.
alçapão, *s. m.* trampa, puerta en el suelo.
alçar, *v. t.* alzar; levantar; edificar; ordenar los pliegos.
alcateia, *s. f.* manada de lobos.
alcatifa, *s. f.* alcatifa, alfombra, tapete.
alcatifeiro, *s. m.* alfombrero, tapicero.
alcatrão, *s. m.* alquitrán.
alcatroamento, *s. m.* alquitranamiento.
alcatroar, *v. t.* alquitranar.
alcavala, *s. f.* alcabala; tributo; impuesto forzado.
alcofa, *s. f.* alcofa, espuerta; *s. com.* alcahuete, alcahueta.
álcool, *s. m.* alcohol.
alcova, *s. f.* alcoba, dormitorio.
alcovitar, *v. t.* alcahuetear; *v. i.* servir de alcahuete; intrigar.
alcoviteira, *s. f.* alcahueta, celestina.
alcovitice, *s. f.* chisme; alcahuetismo; alcahuetería.
alcunhar, *v. t.* alcuniar; apodar.

aldeão, *s. m.* y *adj.* aldeano; campesino; rústico.
aldeia, *s. f.* aldea; campo.
aldeola o **aldeota,** *s. f.* aldea pequeña; aldehuela.
aldraba o **aldrava,** *s. f.* aldaba, tranca de hierro; pieza de hierro para llamar a la puerta.
aldrabar o **aldravar,** *v. t.* e *i.* cerrar con aldaba; engañar; mentir.
alegar, *v. t.* alegar; probar; exponer; citar.
alegre, *adj.* alegre; jovial; vivo, vistoso (color); *(fig.)* alegre, medio embriagado.
alegria, *s. f.* alegría; *(bot.)* alegría.
aleia, *s. f.* hilera de árboles.
aleijado, *adj.* lastimado; herido; contusionado.
aleijão, *s. m.* lesión o herida en un miembro; *(fig.)* deformidad física o moral; vicio.
aleijar, *v. t.* lastimar; causar daño.
aleitar, *v. t.* amamantar.
aleive, *s. m.* calumnia; alevosía; traición.
aleivoso, *adj.* alevoso.
além, *adv.* alén; en aquel lugar; después; *s. m.* *(fig.)* la otra vida.
além-mar, *loc. adv.* y *s.* en ultramar.
além-mundo, *s. m.* la otra vida; la eternidad.
alentado, *adj.* valiente, esforzado; corpulento.
alentar, *v. t.* alentar, dar aliento, ánimo.
alerta, *adv.* alerta, atentamente; *s. m.* alerta, señal para estar vigilante; *interj.* ¡alerta!
aletria, *s. f.* aletría; fideos.
alevantar, *v. t.* levantar.
alfabetar, *v. t.* alfabetizar.
alface, *s. f.* *(bot.)* lechuga.
alfageme, *s. m.* fabricante de armas blancas; armero.
alfaia, *s. f.* utensilio doméstico o agrícola; ornamento de Iglesia; arreo; joya, vajilla.
alfaiar, *v. t.* adornar, ornamentar; amueblar.
alfaiataria, *s. f.* sastrería.
alfaiate, *s. m.* sastre.
alfândega, *s. f.* aduana.
alfandegário, *adj.* aduanero.
alfarrábio, *s. m.* libro antiguo, cartapacio.
alfarrabista, *s.* persona que tiene negocio de libros viejos.
alféloa, *s. f.* almíbar para usar en confitería.
alfenim, *s. m.* alfeñique, pasta de azúcar; *(fig.)* alfeñique, persona débil.
alfinetar, *v. t.* pinchar con alfiler; *(fig.)* censurar; criticar.
alfinete, *s. m.* alfiler.
alfobre, *s. m.* semillero; reguera; vivero.
alfombrar, *v. t.* alfombrar; alcatifar.
alforge, *s. m.* alforja.
alforriar, *v. t.* ahorrar; manumitir; libertar.
alfoz, *s. m.* alfoz; terreno llano; alrededores.
alga, *s. f.* *(bot.)* alga.
algaravia, *s. f.* algarabía; *(fig.)* gritería, confusión.
algazarra, *s. f.* algazara; clamor, gritería.
algema, *s. f.* esposas; cadena.
algemar, *v. t.* esposar; *(fig.)* prender; oprimir.
algeroz, *s. m.* canal o canalón de tejado; alero, parte saliente del tejado.
álgido, *adj.* álgido, helado; muy frío.
algodão, *s. m.* algodón.
algoz, *s. m.* verdugo.
alguém, *pron. ind.* alguien.
algum, *pron. ind.* uno entre dos o más; mediano; alguno, algún.
algures, *adv.* en algún lugar; dondequiera; en alguna parte.
alhear, *v. t.* enajenar; alejar; separar; entorpecer.
alheio, *adj.* y *s.* ajeno; extraño; diferente; *(fig.)* distraído; abstracto.

alheira, *s. f.* embutido de miga de pan y otros ingredientes.
alho, *s. m. (bot.)* ajo.
ali, *adv.* allí, en aquel lugar; a la sazón.
aliá, *s. f.* hembra del elefante.
aliança, *s. f.* alianza.
aliar, *v. t.* confederar, unir, coligar.
aliás, *adv.* alias, de otro modo; mejor dicho.
alicerçar, *v. t.* cimentar; *(fig.)* fundar, basar, cimentar.
alicerce, *s. m.* cimiento; zanja; *(fig.)* apoyo, sostén, base.
aliciação, *s. f.* seducción; soborno, sobornación.
aliciar, *v. t.* persuadir, seducir; solicitar; sobornar.
alienação, *s. f.* alienación; enajenación, locura, alucinación.
alienado, *adj.* y *s.* alienado; enajenado; *(fig.)* loco, maníaco.
alienar, *v. t.* alienar; desviar; alucinar; enajenar, enloquecer.
alienável, *adj.* alienable; enajenable.
alienista, *s.* alienista.
aligeirar, *v. t.* aligerar; apresar; aliviar; abreviar.
alijamento, *s. m.* alijo; descarga; alivio.
alijar, *v. t.* alijar; *v. r.* aliviarse.
alimária, *s. f.* alimaña.
alimentar, *v. t.* alimentar; nutrir; sustentar; mantener.
alimpa, *s. f.* limpia, poda, monda; *pl.* ahechaduras, residuos; desperdicios.
alimpar, *v. t.* limpiar; mondar; podar.
alindar, *v. t.* alindar; adornar; aderezar, hermosear.
alinhar, *v. t.* alinear.
alinhavar, *v. t.* hilvanar.
alinhavo, *s. m.* hilván; *(fig.)* remiendo ligero.
alinho, *s. m.* alineación, aliño; aseo.
alisar, *v. t.* alisar, poner liso; allanar; peinar.
alistar, *v. t.* alista⁻, inscribir en lista.
alistridente, *adj.* que hace ruido con las alas.
aliviar, *v. t.* aliviar; descargar; atenuar; suavizar.
alizar, *s. m.* alizar, friso.
aljofarar, *v. t.* aljofarar, rociar; cubrir de aljófar.
aljube, *s. m.* prisión obscura; calabozo; cárcel.
alma, *s. f.* alma; entusiasmo; valentía; sentimiento; generosidad; aliento.
almácega, *s. f.* cisterna; pilón que recibe el agua de la noria.
almaço, *adj.* papel de barba, de tina, de mano.
almanaque, *s. m.* almanaque; calendario.
almedina, *s. f.* acrópolis.
almejar, *v. t.* anhelar; suspirar; desear; ansiar.
almiscarar, *v. t.* perfumar con almizcle.
almoçadeira, *s. f.* Taza para desayuno.
almoçar, *v. t.* almorzar.
almoço, *s. m.* almuerzo.
almoeda, *s. f.* almoneda; subasta.
almofada, *s. f.* almohada.
almofadão, *s. m.* almohadón; almohada.
almofadar, *v. t.* acolchar, acolchonar, acojinar, tapizar.
almofadilha, *s. f.* almohadilla, almohadita; acerico.
almôndega, *s. f.* albóndiga, almóndiga, almondiguilla.
alocução, *s. f.* alocución.
alojar, *v. t.* alojar; hospedar, almacenar; contener; acuartelar.
alongamento, *s. m.* alongamiento; separación; distancia, prolongación.
alongar, *v. t.* alongar, alargar; alejar.
aloquete, *s. m.* candado; cerrojo.
alourar, *v. t.* teñir de rubio o blondo.
alpaca, *s. f. (zool.)* alpaca; alpaca, tejido; alpaca, metal blanco.
alpargata, *s. f.* alpargata.
alpargateiro, *s. m.* alpargatero.

alpendre, *s. m.* cobertizo.
alpinismo, *s. m.* alpinismo.
alporcar, *v. t. (agr.)* acodar, meter debajo de la tierra el vástago de una planta.
alporquento, *adj. (med.)* escrofuloso; *(agr.)* que tiene acodadura.
alquebrado, *adj.* exhausto; cansado.
alquebrar, *v. t.* quebrar; quebrantar; debilitar; *v. i.* sufrir curvatura en la espina dorsal.
alqueivar, *v. t.* barbechar.
alta, *s. f.* alza (aumento de precio); alta, de una sociedad, etc.
altaneiro, *adj.* altanero; *(fig.)* altivo, arrogante.
altania, *s. f.* altanería, altivez, soberbia.
altar, *s. m.* altar.
altear, *v. t.* levantar, alzar; elevar.
alterar, *v. t.* alterar, cambiar; perturbar; falsificar; corromper; *(fig.)* excitar; confundir.
altercar, *v. i.* altercar; porfiar.
alternação, *s. f.* alternación.
alternar, *v. t.* alternar.
alternativa, *s. f.* alternativa.
alterno, *adj.* alterno.
alteroso, *adj.* alteroso; elevado, alto.
alteza, *s. f.* alteza; nobleza.
altista, *s.* agente de bolsa que hace subir los valores.
altitude, *s. f.* altitud.
altivo, *adj.* altivo; elevado; arrogante; impetuoso.
alto, *adj.* alto; elevado; profundo; hondo; célebre; difícil; subido; *s. m.* alto, altura; pináculo, cumbre, el cielo.
alto-falante, *s. m.* altavoz.
altruísmo, *s. m.* altruismo.
altura, *s. f.* altura, elevación; eminencia; profundidad.
aluado, *adj.* alunado; lunático.
alucinação, *s. f.* alucinación.
alucinar, *v. t.* alucinar.
aludir, *v. t.* e *i.* aludir; mencionar.
alugar, *v. t.* alquilar; arrendar; *v. r.* asalariar.
aluguel o **aluguer,** *s. m.* alquiler; renta.
aluir, *v. t.* derrocar; abatir; derribar.
alumiar, *v. t.* alumbrar; iluminar; guiar; esclarecer; inspirar.
aluno, *s. m.* alumno; educando; aprendiz.
alusão, *s. f.* alusión.
aluvial, *adj.* aluvial.
alva, *s. f.* alba.
alvado, *s. m.* alvéolo de los dientes.
alvanel, *s. m.* albañil; pedrero.
alvar, *adj.* albar; blanco; *(fig.)* estúpido.
alvará, *s. m.* albalá; patente, edicto.
alvedrio, *s. m.* albedrío; arbitrio.
alveitar, *s. m.* herrador.
alveitaria, *s. f.* veterinaria.
alvejar, *v. t.* albear; blanquear; disparar al blanco.
alvenaria, *s. f.* albañilería.
álveo, *s. m.* álveo, madre del río o arroyo.
alvíssaras, *s. f. pl.* premio; propina; recompensa.
alvitrar, *v. t.* arbitrar; proponer; sugerir.
alvo, *adj.* albo; blanco; *s. m.* blancura; esclerótica; blanco (para ejercitarse en el tiro y puntería).
alvorada, *s. f.* alborada, crepúsculo matutino; canto.
alvorecer, *v. i.* alborear; amanecer o rayar el día.
alvoroçar, *v. t.* alborozar; alborotar; amotinar; inquietar.
alvura, *s. f.* albura *(fig.)* pureza; limpidez.
ama, *s. f.* ama, nodriza; niñera.
amabilidade, *s. f.* amabilidad; delicadeza.
amachucar, *v. t.* aplastar; abollar; importunar.
amaciar, *v. t.* ablandar; endulzar; suavizar.
amada, *s. f.* amada; querida; novia.

amadurecer, *v. t.* e *i.* sazonar, hacer maduro.
amago, *s. m.* medula; centro; alma; esencia.
amainar, *v. t.* e *i.* amainar; sosegar; aflojar; disminuir; *(fig.)* serenar.
amaldiçoar, *v. t.* maldecir.
amalgamar, *v. t.* amalgamar; mezclar.
amalhar, *v. t.* prender en las mallas.
amalucado, *adj.* tonto, maniático.
amamentar, *v. t.* amamantar; nutrir.
amancebamento, *s. m.* amancebamiento; concubinato; mancebía.
amaneirar-se, *v. r.* amanerarse; asemejarse.
amanhã, *adv.* y *s. m.* mañana.
amanhar, *v. t.* ordenar; concertar; preparar.
amanhecer, *v. i.* amanecer.
amanho, *s. m.* preparación, disposición; cultivo.
amansar, *v. t.* amansar; sosegar; mitigar; refrenar; aplacar.
amanteigado, *adj.* mantecoso; *(fig.)* suave, tierno.
amantelar, *v. t.* amurallar.
amar, *v. t.* amar.
amarelado, *adj.* amarillento.
amarelidão, *s. f.* palidez; color amarillo.
amarfanhar, *v. t.* arrugar; machacar; maltratar.
amargar, *v. t.* e *i.* amargar; *(fig.)* causar aflicción o disgusto; tornar amargo.
amargura, *s. f.* amargura; *(fig.)* tristeza; aflicción.
amargurar, *v. t.* amargar; afligir.
amaricar-se, *v. r.* afeminarse.
amarinhar, *v. t. (mar.)* marinar; equipar; *v. r.* amarinarse.
amarra, *s. f.* amarra; cable; protección.
amarrar, *v. t. (mar.)* amarrar; atar; *v. i.* fondear; atracar.
amarrotar, *v. t.* aplastar; estrujar; arrugar; machucar; confundir.
amartelar, amartillar.
amassadeira, *s. f.* amasadera; panadera.
amassadura, *s. f.* amasadura; amasijo.
amassar, *v. t.* amasar; confundir; aplastar.
amável, *adj.* amable.
ambages, *s. m. pl.* ambages; evasivas.
ambicionar, *v. t.* ambicionar; codiciar.
ambiente, *adj.* ambiente; *s. m.* aire que se respira; sociedad en que se vive.
ambíguo, *adj.* ambiguo, equívoco.
âmbito, *s. m.* ámbito; recinto; contorno.
âmbula, *s. f.* especie de redoma donde se guardan los Santos Óleos, oliera.
ambulância, *s. f.* ambulancia.
ambulatório, *adj.* ambulante; mudable.
ameaçar, *v. t.* amenazar.
ameaço, *s. m.* amenaza.
amealhar, *v. t.* juntar; economizar; ahorrar.
amedrontar, *v. t.* amedrentar, atemorizar.
ameigar, *v. t.* halagar, mimar, acariciar.
amêijoa, *s. f. (zool.)* almeja.
ameixa, *s. f.* ciruela.
ameixeira o **ameixieira,** *s. f. (bot.)* ciruelo.
amelado, *adj.* del color de la miel.
amém, *interj.* amén, así sea; así es; acuerdo.
amêndoa, *s. f. (bot.)* almendra.
amendoim, *s. m. (bot.)* cacahuete.
amenidade, *s. f.* amenidad.
ameninar-se, *v. r.* aniñarse.
amenizar, *v. t.* amenizar; suavizar.
ameno, *adj.* ameno; grato; placentero
amercear, *v. t.* compadecer; perdonar, tener piedad.
amesquinhado, *adj.* mezquino; humillado.
amesquinhador, *adj.* y *s.* apocador humillador.

a

amesquinhar, *v. t.* apocar; despreciar, abatir; humillar.
amestrado, *adj.* amaestrado, enseñado, educado, diestro.
amestrador, *s. m.* maestro.
amestrar, *v. t.* amaestrar; enseñar; instruir.
amieiro, *s. m. (bot.)* aliso.
amigalhote, *s. m.* amigote.
amigar-se, *v. r.* amistarse; amancebarse.
amigável, *adj.* amigable, propio de amigo.
amigo, *s. m.* amigo; amancebado.
amimar, *v. t.* mimar; halagar; acariciar.
amistoso, *adj.* amistoso; amigable.
amiudado, *adj.* frecuente, menudeado.
amiudar, *v. t.* reiterar; menudear.
amiúde o **a miúdo,** *adv.* a menudo, frecuentemente.
amizade, *s. f.* amistad.
amnistia, *s. f.* amnistía.
amo, *s. m.* amo; patrón.
amodorrar, *v. t.* amodorrar; *v. i.* quedar soñoliento.
amoedar, *v. t.* amonedar.
amofinação, *s. f.* aburrimiento; disgusto; pena.
amolação, *s. f.* amoladura; molestia; aburrimiento.
amolar, *v. t.* amolar; afilar; importunar.
amoldar, *v. t.* amoldar; moldar.
amolecer, *v. t.* ablandar; *v. r.* ablandecerse, ponerse blanda; *(fig.)* conmover.
amolecimiento, *s. m.* ablandamiento, blandura.
amolgadura, *s. f.* abolladura.
amolgar, *v. t.* abollar; aplastar; embotar.
amontonar, *v. t.* amontonar; acumular.
amor, *s. m.* amor; afecto; pasión; entusiasmo.
amorável, *adj.* amoroso; amable; afable.
amordaçar, *v. t.* amordazar.
amorenado, *adj.* que tira a moreno.
amorfo, *adj.* amorfo.
amoricos, *s. m. pl.* amoríos.
amornar, *v. t.* entibiar; templar.
amoroso, *adj.* amoroso; cariñoso; tierno.
amortalhar, *v. t.* amortajar.
amortecer, *v. t.* amortecer; amortiguar; *(fig.)* ablandar; calmar.
amortecimiento, *s. m.* amortiguamiento.
amortização, *s. f.* amortización.
amortizável, *adj.* amortizable.
amostra, *s. f.* muestra.
amotinação, *s. f.* amotinación; motín; tumulto.
amover, *v. i.* alejar; desorientar.
amovível, *adj.* amovible.
amparo, *s. m.* amparo; protección; abrigo.
amplexo, *s. m.* abrazo apretado.
ampliação, *s. f.* ampliación; aumento.
amplificar, *v. t.* amplificar; ampliar; extender; aumentar.
amplo, *adj.* amplio; ancho; extenso; espacioso.
ampola, *s. f.* ampolla.
amputação, *s. f.* amputación; ablación.
amuado, *adj.* enfadado; enfurruñado.
amuar, *v. t.* amorrar; enojar; enfadar.
amuo, *s. m.* enojo; mal humor; enfado.
amuralhar, *v. t.* amurallar.
anacarado, *adj.* anacarado, nacarado; sonrojado.
anacronismo, *s. m.* anacronismo.
a nado, *loc. adv.* a nado, nadando
anafar, *v. t.* engordar; cebar.
anais, *s. m. pl.* anales.
analfabeto, *adj.* y *s. m.* analfabeto.
analgésico, *adj.* analgésico.
analisador, *s. m.* analizador.
analista, *adj.* y *s.* analizador; analista.
analogía, *s. f.* analogía.

análogo, *adj.* análogo.
ananás, *s. m. (bot.)* ananás.
anão, *s. m.* enano.
anarquia, *s. f.* anarquía.
anarquizar, *v. t.* sublevar; anarquizar.
anatar, *v. t.* cubrir de nata.
anatematizar, *v. t.* anatematizar; excomulgar.
anatomia, *s. f.* anatomía.
anavalhar, *v. t.* acuchillar con navaja; dar navajazos.
anca, *s. f.* anca; cuadril; nalga; grupa.
ancho, *adj.* ancho; amplio; dilatado; *(fig.)* engreído; vanidoso.
anchura, *s. f.* anchura, anchor.
ancianidade, *s. f.* ancianidad; vejez.
ancião, *s. m.* anciano; *adj.* antiguo, viejo.
ancila, *s. f.* esclava, sierva.
ancilosar, *v. t.* anquilosar; osificar.
ancinho, *s. m. (agr.)* rastrillo.
ancorar, *v. t.* ancorar; anclar; fondear.
andaço, *s. m.* epidemia de poca importancia; contagio.
andadura, *s. f.* andar, andadura.
andaimo, *s. m.* andamio.
andaina, *s. f.* andana.
andança, *s. f.* andadura; jornada; *(fig.)* fama; andanza.
andante, *adj.* andante; errante; vagabundo.
andar, *v. i.* andar; caminar; recorrer; *(fig.)* comportarse; proceder; *s. m.* piso; andadura; estrado.
andebol, *s. m.* balón-mano, juego.
andor, *s. m.* andas.
andorinha, *s. f.* golondrina.
andrajoso, *adj.* andrajoso, harapiento, haraposo.
anediar, *v. t.* alisar; bruñir; suavizar.
anedota, *s. f.* anécdota.
anedótico, *adj.* anecdótico.
anel, *s. m.* anillo; sortija; anilla; argolla.
anelar, *v. t.* anillar; *v. i.* respirar con dificultad.
anelídeo, *adj. (zool.)* anélido.
anelo, *s. m.* anhelo; deseo vehemente.
anemiar o **anemizar,** *v. t.* causar anemia; debilitar.
anestesiar, *v. t. (med.)* anestesiar.
anexação, *s. f.* anexión; agregación.
anexar, *v. t.* anexar; agregar.
anexim, *s. m.* anejín; refrán; proverbio.
anexo, *adj.* anexo; anejo; agregado; *s. m.* anejo, anexo.
anfíbio, *adj.* y *s. m. (zool.)* anfibio.
anfibologia, *s. f.* anfibología; ambigüedad.
anfitrião, *s. m.* anfitrión.
angariar, *v. t.* atraer; cautivar; solicitar; adquirir.
anglicismo, *s. m.* anglicismo.
angra, *s. f.* bahía.
angular, *adj.* angular.
angustiar, *v. t.* angustiar; afligir; acongojar.
angustioso, *adj.* angustioso.
anichar, *v. t.* colocar en nicho; *v. r.* esconderse; emplearse.
anilar, *v. t.* añilar, teñir con añil.
anilha, *s. f.* anilla.
animação, *s. f.* animación.
animador, *adj.* y *s.* animador.
animadversão, *s. f.* animadversión.
animal, *s. m.* animal; *adj.* animal; brutal; sensual.
animalidade, *s. f.* animalidad.
animalizar, *v. t.* animalizar.
ânimo, *s. m.* ánimo; espíritu; valor; coraje.
animosidade, *s. f.* animosidad; aversión, ojeriza; rencor; odio.
aninhar, *v. t.* anidar; *(fig.)* abrigar; acoger.
aniquilar, *v. t.* aniquilar; destruir; arruinar; abatir.
aniseta, *s. f.* o **anisete,** *s. m.* anisete; anisado; aguardiente.
aniversário, *s. m.* aniversario; cumpleaños.
anjo, *s. m.* ángel.
ano, *s. m.* año; *pl.* cumpleaños, aniversario; natalicio.

anódino, *adj.* anodino.
anoitecer, *v. i.* anochecer.
anojar, *v. t.* enojar; marear; enfadar; enlutar; *v. r.* tener luto.
anómalo, *adj.* anómalo.
anonimato, *s. m.* cualidad de lo que es anónimo.
anormalidade, *s. f.* anormalidad.
anoso, *adj.* añoso; añejo; viejo.
anotação, *s. f.* anotación; apunte; nota.
anovelar, *v. t.* dar forma de ovillo.
anseio, *s. m.* ansiedad; anhelo; aflicción.
ânsia, *s. f.* ansia; fatiga; angustia.
ansiar, *v. t.* ansiar; afligir; acongojar; desear ardientemente.
ansiedade, *s. f.* ansiedad; incerteza; deseo ardiente; opresión; angustia.
antagonista, *s. com.* antagonista.
ante, *prep.* antes; ante; delante de; antes de.
antebraço, *s. m.* antebrazo.
antecedente, *adj.* y *s.* antecedente; precedente; anterior.
antecipar, *v. t.* anticipar.
antedizer, *v. t.* antedecir, vaticinar, predecir.
antelóquio, *s. m.* prefacio; prólogo.
antemanhã, *adv.* antes de amanecer.
antemão, *adv.* anticipadamente; previamente; de antemano.
anteontem, *adv.* anteayer.
anteparar, *v. i.* cubrir; resguardar; proteger; defender; embarazar.
anteparo, *s. m.* resguardo; biombo; defensa.
antepassado, *adj.* antepasado; *s. m.* antepasado, ascendiente.
antepor, *v. t.* anteponer.
anterioridade, *s. f.* anterioridad; prioridad.
anterrosto, *s. m.* anteportada.
antes, *adv.* antes; mejor; con preferencia; por el contrario.
antevéspera, *s. f.* antevíspera.
antídoto, *s. m.* antídoto.
antiguidade, *s. f.* antigüedad.
antiquado, *adj.* anticuado; antiguo; arcaico.
antiquar, *v. t.* anticuar.
antiquário, *s. m.* anticuario.
antiste o **antístite,** *s. m.* prelado obispo.
antolhar, *v. t.* antojar; ofrecer; figurar.
antolho, *s. m.* antojo.
antologia, *s. f.* antología.
antonomásia, *s. f.* antonomasia.
antro, *s. m.* antro, cueva profunda, caverna.
antropófago, *s. m.* antropófago.
antropóide, *adj. (zool.)* antropoide.
Antropónimo, *s. m.* Nombre propio.
anual, *adj.* anual.
anualidade, *s. f.* anualidad.
anuário, *s. m.* anuario.
anuência, *s. f.* anuencia; aquiescencia.
anuidade, *s. f.* anualidad.
anuir, *v. i.* anuir; asentir.
anular, *v. t.* anular, eliminar; *adj.* anular.
anunciação, *s. f.* anunciación.
anunciar, *v. t.* anunciar; presagiar; avisar.
anuviar, *v. t.* nublar, cubrir de nubes; *(fig.)* entristecer.
anverso, *s. m.* anverso.
anzol, *s. m.* anzuelo.
ao, *contr.* da *prep. a* e do *art. o:* al.
apachorrar-se, *v. r.* llenarse de paciencia.
apadrinhamento, *s. m.* apadrinamiento.
apadrinhar, *v. t.* apadrinar.
apadroar, *v. t.* ser patrón de una iglesia.
apagar, *v. t.* apagar (el fuego o la luz); sumir; disipar.
apainelado, *adj.* y *s.* artesonado.
apainelar, *v. t.* artesonar.
apaixonado, *adj.* apasionado; parcial.
apaixonar, *v. t.* apasionar; *v. r.* enamorarse.
apalancar, *v. t.* apalancar, trancar.
apalavrar, *v. t.* apalabrar.

apalear, *v. t.* apalear.
apalermar-se, *v. r.* atontarse.
apalpação, *s. f.* palpación, palpamiento.
apalpadeira, *s. f.* revisora (en las aduanas).
apalpadela, *s. f.* palpamiento; palpación.
apalpar, *v. t.* palpar.
apanágio, *s. m.* atributo; propiedad característica.
apancado, *adj.* idiota, atontado.
apanha, *s. f.* cosecha; apaño.
apanhado, *adj.* apañado, cogido; recogido; *s. m.* apañadura; resumen.
apanhar, *v. t.* apañar; coger; asir; recoger; pescar; guardar; interceptar; prender; agarrar.
apaniguar, *v. t.* proteger; sustentar; apaniguar.
apantufar, *v. t.* apantuflar; *v. r.* calzar pantuflas.
apaparicar, *v. t.* dar mimos, mimar.
a par, *loc. adv.* comparativamente.
apara, *s. f.* viruta; *pl.* recortes; desperdicios.
apara-lápis, *s. m.* sacapuntas.
aparamentar, *v. t.* paramentar.
aparar, *v. t.* cortar; recortar; aguzar; alisar; cepillar, la madera; *(fig.)* aguantar, tolerar.
aparato, *s. m.* aparato; fausto; apresto; adorno.
aparceirar, *v. t.* asociar.
aparcelado, *adj.* lleno de bajos o escollos; dividido en parcelas.
aparecer, *v. i.* aparecer; surgir; *v. r.* presentarse.
aparelhar, *v. t.* aparejar, prevenir, aprestar; aparejar (las caballerías), dar aparejo (primera pintura); disponer.
aparelho, *s. m.* aparejo; preparación para algo.
aparência, *s. f.* apariencia; parecer exterior, aspecto; figura; forma.
aparentar, *v. t.* emparentar, contraer parentesco; aparentar, dar a entender lo que no es.
aparo, *s. m.* pluma (para escribir).
aparta, *s. f.* separación.
apartamento, *s. m.* apartamiento; habitación; aposento.
apartar, *v. t.* apartar; separar, retirar, destetar.
à parte, *loc. adv.* separadamente: afuera; aparte.
aparvalhado, *adj.* atontado; atolondrado; estúpido.
apascentador, *adj.* y *s.* apacentador; pastor.
apascentar, *v. t.* apacentar; pastorear.
apatetar, *v. t.* atolondrar, alelar, volver imbécil.
apatia, *s. f.* apatía; indolencia.
apático, *adj.* apático.
apaular, *v. t.* encharcar.
apavorar, *v. t.* aterrar; aterrorizar; horrorizar.
apaziguar, *v. t.* e *i.* apaciguar; sosegar; serenar.
apeadeiro-a, *s.* apeadero.
apear, *v. t.* apear; desmontar; demolir; *v. r.* apearse de un carruaje.
apeçonhar o **apeçonhentar,** *v. t.* emponzoñar, envenenar.
apedrejar, *v. t.* apedrear; lapidar.
apegadiço, *adj.* contagioso; viscoso; pegajoso.
apegamento, *s. m.* adherencia; adhesión.
apegar, *v. t.* transmitir; contagiar.
apego, *s. m.* cariño; interés; apego; porfía.
apeirar, *v. t.* uncir los bueyes al carro o al arado.
apejar-se, *v. r.* avergonzarse.
apelação, *s. f.* apelación; recurso.
apelante, *adj.* y *s.* recurrente.
apelar, *v. t.* apelar; recurrir.
apelidar, *v. t.* apellidar; nombrar; calificar; llamar.
apelido, *s. m.* apellido, nombre de familia; sobrenombre; apodo.
apenas, *adv.* sólo, solamente; única-

mente; apenas, casi no; *conj.* luego que.
apendoar, *v. t.* embanderar.
apensar, *v. t.* juntar, unir; anexar.
apensionado, *adj.* muy ocupado; pensionado, con pensión.
apequenar, *v. t.* empequeñecer.
aperaltar, *v. t.* y *r.* tornar elegante.
aperceber, *v. t.* apercibir; notar; ver; comprender; conocer; preparar.
aperfeiçoamento, *s. m.* perfeccionamiento; acabamiento perfecto.
aperfeiçoar, *v. t.* perfeccionar; mejorar.
aperiente, *adj.* y *s. m.* aperitivo.
aperrar, *v. t.* amartillar (un arma de fuego).
aperreado, *adj.* aperreado; oprimido; triste, aburrido.
aperrear, *v. t.* aperrear; molestar; importunar; oprimir; vejar.
apertadela, *s. f.* apretadura; leve comprensión.
apertar, *v. t.* apretar; comprimir; ajustar, abotonar; arreciar, ahorrar.
aperto, *s. m.* aprieto; conflicto; apuro; rigor; pobreza; aflicción; angustia.
apesar de, *loc, prep.* no obstante, a pesar de; contra la voluntad.
apestar, *v. t.* e *i.* inficcionar; apestar; corromper.
apetecer, *v. t.* apetecer; ambicionar; desear.
apetecível, *adj.* apetecible.
apetrechar, *v. t.* pertrechar, proveer de municiones, armas, víveres, etc.; equipar.
apicoar, *v. t.* trabajar con picachón.
apícola, *adj.* y *s.* apícola.
apicultor, *s. m.* apicultor.
apiedar-se, *v. r.* apiadarse, condolerse.
apincelar, *v. t.* dar forma de pincel.
apingentar, *v. t.* dar forma de colgante.
apinhar, *v. t.* apiñar; agrupar; unir como piñones; apilar.
apisoar, *v. t.* apisonar.
apisteiro, *s. m. (med.);* vaso para beber.
apitar, *v. i.* pitar, tocar el pito.
aplacar, *v. t.* e *i.* aplacar; amansar; calmar; aliviar.
aplainar, *v. t.* aplanar; cepillar con el cepillo; igualar; pulir.
aplanação, *s. f.* aplanación; nivelación.
aplanar, *v. t.* aplanar; nivelar; *(fig.)* facilitar.
aplaudir, *v. t.* e *i.* aplaudir; celebrar; elogiar; *v. r.* aplaudirse; presumir.
aplicação, *s. f.* aplicación; destino; empleo; concentración en el estudio; adorno.
aplicar, *v. t.* aplicar; adaptar; emplear; recetar.
apocapar, *v. t.* apocopar.
apodador, *s. m.* apodador; escarnecedor.
apoderar-se, *v. r.* apoderarse; usurpar; conquistar.
apodo, *s. m.* apodo; remoquete; mote.
apodrecer, *v. t.* e *i.* pudrir; podrir; podrecer; corromper.
apodrecimiento, *s. m.* putrefacción; pudrimiento; *(fig.)* corrupción.
apogeu, *s. m.* apogeo.
apoiado, *s. m.* aplauso; aprobación.
apoiar, *v. t.* apoyar; *(fig.)* ayudar; amparar; patrocinar.
apoio, *s. m.* apoyo; puntal; columna; *(fig.)* protección.
apojar, *v. i.* llenarse de líquido.
apolear, *v. t.* supliciar en el tronco.
apólice, *s. f.* póliza.
apólogo, *s. m.* apólogo, fábula.
apoltronar-se, *v. r.* apoltronarse, hacerse poltrón; acomodarse; sentarse en poltrona.
apolvilhar, *v. t.* espolvorear.
apontado, *adj.* apuntado; indicado; señalado; designado.
apontador, *s. m.* traspunte; apuntador.
apontamento, *s. m.* apuntamiento, apunte; asiento; anotación.

apontar, *v. t.* apuntar; asentar; anotar; asestar.
apontoar, *v. t.* apuntalar; apoyar; sostener; hilvanar.
apoquentação, *s. f.* importunación; incomodidad; aflicción.
apoquentar, *v. t.* apocar; afligir; incomodar.
apor, *v. t.* yuxtaponer; aplicar.
aporfiar, *v. i.* porfiar; disputar.
após, *prep.* después de; *loc. prep.* atrás de.
aposentar, *v. t.* aposentar; hospedar; alojar; jubilar.
aposento, *s. m.* aposento; estancia; cuarto; residencia.
apossar, *v. t.* posesionar; tomar posesión.
apostar, *v. t.* apuntar; jugar; apostar.
apostatar, *v. t.* apostatar.
apostemar, *v. t.* corromper; estragar; *v. i.* criar absceso; *v. r.* supurar.
apostila, *s. f.* apostilla.
aposto, *adj.* añadido; anexado; acrecentado.
apostolar, *v. t.* predicar una doctrina; evangelizar; doctrinar.
apostrofar, *v. t.* apostrofar.
apoucado, *adj.* apocado; mezquino; *(fig.)* vil; ruin.
apoucar, *v. t.* hacer mofa o escarnio de; apocar.
apózema, *s. f.* pócima; poción.
aprazar, *v. t.* aplazar; citar; llamar, fijando fecha y sitio.
aprazimento, *s. m.* aplacimiento; agrado; placer.
aprazível, *adj.* aplacible; agradable; placentero; ameno; deleitoso.
apre!, *interj.* ¡anda!; ¡fuera!; ¡vete!
apreçar, *v. t.* apreciar (valuar, tasar, poner precio).
apreciar, *v. t.* apreciar; valuar.
apreço, *s. m.* aprecio; apreciación; estimación; valor; precio.
apreender, *v. t.* aprenhender, asir, coger, prender, atrapar.
apreensão, *s. f.* aprehensión; comprensión; recelo; sospecha; imaginación; fantasía.
apreensivo, *adj.* aprehensivo.
apregoar, *v. t.* pregonar; publicar; divulgar; proclamar.
aprender, *v. t.* aprender; *v. i.* tomar algo en la memoria; estudiar; instruirse.
aprendiz, *s. m.* aprendiz; principiante.
aprendizagem, *s. f.* aprendizaje.
apresar, *v. t.* apresar; aprisionar; agarrar; capturar.
apresentação, *s. f.* presentación; porte; aspecto.
apresilhar, *v. t.* prender o asegurar con presilla; proveer de presilla.
apressado, *adj.* apresurado; acelerado; diligente.
apressar, *v. t.* apresurar; acelerar; estimular; instar.
apressurar, *v. t.* apresurar; acelerar.
apresto, *s. m.* apresto, aparejo; pertrecho; municiones.
aprimorado, *adj.* primoroso; completo; perfecto.
aprimorar, *v. t.* hacer primoroso; perfeccionar.
aprisco, *s. m.* aprisco; caverna; madriguera; cabaña; corral.
aprofundar, *v. t.* profundizar.
aprontar, *v. t.* preparar; disponer.
apropinquação, *s. f.* aproximación.
apropinquar, *v. t.* aproximar; acercar.
apropositado, *adj.* oportuno; proporcionado.
a propósito, *loc. adv.* convenientemente; a propósito.
apropriação, *s. f.* apropiación.
apropriar, *v. t.* apropiar; adaptar; acomodar.
aprovar, *v. t.* aprobar; aplaudir; consentir.
aproveitado, *adj.* aprovechado; laborioso; económico.
aproveitar, *v. t.* aprovechar; utilizar; aplicar; sacar o dar provecho.
aprovisionar, *v. t.* aprovisionar; abastecer.

aproximar, *v. t.* aproximar; acercar.
aprumar, *v. t.* aplomar; proceder con corrección.
aprumo, *s. m.* aplomamiento; aplomo; altivez.
aptidão, *s. f.* aptitud; capacidad.
apto, *adj.* apto; idóneo; capaz; hábil.
apuar, *v. t.* pinchar con púas; apuar.
apunhalar, *v. t.* apuñalar.
apupo, *s. m.* rechifla; burla; vaya.
apuração, *s. f.* apuración; selección.
apurado, *adj.* apurado, purificado; elegante.
apurar, *v. t.* apurar; purificar; escoger; averiguar.
apuro, *s. m.* apuro; aprieto; estrechez; aflicción; elegancia; esmero.
aquartelar, *v. t.* acuartelar.
aquecedor, *s. m.* calentador; brasero.
aquecer, *v. t.* calentar.
aquecimento, *s. m.* calentamiento; calefacción.
aquedar, *v. t.* e *i.* sosegar; aquietar.
aquela, *adj.* y *pron.* aquella, la que; *s. f.* manía; idea; ceremonia.
aquele, *adj.* y *pron.* aquel, aquél, aquello, el que, lo que; *s. m.* aquel.
aqueloutro, *contr.* del *adj.* o *pron.* *aquele* e *outro:* aquel otro.
aquém, *adv.* aquende, de la parte de acá.
aquentar, *v. t.* calentar; *(fig.)* excitar; animar.
aqui, *adv.* aquí; acá.
aquiescer, *v. i.* aquiescer; condescender; acceder.
aquietação, *s. f.* aquietación; sosiego; tranquilidad.
aquietar, *v. t.* aquietar; tranquilizar; calmar; sosegar.
aquilatar, *v. t.* aquilatar; examinar los quilates del oro y piedras preciosas; *(fig.)* apreciar.
aquilo, *pron.* aquello, aquella cosa.
aquinhoar, *v. t.* partir; repartir; distribuir.
aquisição, *s. f.* adquisición; adquirimiento.
aquosidade, *s. f.* acuosidad; serosidad.
ar, *s. m.* aire; viento; *(fig.)* aspecto; apariencia.
arada, *s. f. (agr.)* arada, tierra labrada con el arado.
arado, *s. m. (agr.)* arado.
aradura, *s. f. (agr.)* aradura; arada.
aragem, *s. f.* céfiro, brisa.
aralha, *s. f.* novilla de dos años.
arame, *s. m.* alambre.
arandela, *s. f.* arandela (de candelero, de lanza).
aranha, *s. f. (zool.)* araña.
arar, *v. t. (agr.)* arar; surcar; abrir; *(fig.)* navegar.
arauto, *s. m.* heraldo.
aravia, *s. f.* algarabía.
arbitragem, *s. f.* arbitraje.
arbitrariedade, *s. f.* arbitrariedad.
arbítrio, *s. m.* arbitrio.
árbitro, *adj.* y *s. m.* árbitro.
arbóreo, *adj.* arbóreo.
arca, *s. f.* arca; baúl; cofre.
arcabuzar, *v. t.* matar a tiros de arcabuz; fusilar.
arcabuzeiro, *s. m.* arcabucero.
arcada, *s. f.* arcada.
arcano, *s. m.* arcano, misterio.
arção, *s. m.* arzón.
arcar, *v. t.* arcar; arquear.
arcaría, *s. f.* arquería; arcada.
arcaz, *s. m.* arca grande con cajones, arcaz.
archote, *s. m.* antorcha; hacha.
arco, *s. m.* arco.
arco-da-velha, *s. m.* arco iris.
ardência, *s. f.* ardor; fuego; sabor acre.
arder, *v. i.* arder; quemarse; inflamarse; fermentar.
ardidez o **ardideza,** *s. f.* coraje; osadía; intrepidez.
ardido, *adj.* ardido; quemado; valiente; fermentado.
ardil, *s. m.* ardid; maña; astucia.
ardor, *s. m.* ardor, calor fuerte.
ardósia, *s. f.* pizarra.

ardosieira, *s. f.* roca pizarrosa.
árduo, *adj.* arduo; escarpado; difícil; costoso.
área, *s. f.* área; superficie.
areado, *adj.* enarenado; refinado.
areal, *s. m.* arenal; playa.
arear, *v. t.* enarenar; limpiar fregando con arena; refinar (azúcar).
areento, *adj.* arenoso.
areia, *s. f.* arena; *pl.* arenillas, cálculos.
arejar, *v. t.* airear; ventilar.
arejo, *s. m.* aireo; aireamiento; ventilación.
arengar, *v. i.* arengar; *(fig.)* altercar; disputar.
arenque, *s. m. (zool.)* arenque.
arensar, *v. i.* Graznar el cisne; *s. m.* graznido, voz del cisne.
aresta, *s. f.* arista; espina o púa.
arfar, *v. i.* jadear; palpitar.
argamassa, *s. f.* argamasa.
arganaz, *s. m. (zool.)* lirón; *(fig.)* hombre muy alto.
argentar, *v. t.* argentar; platear.
argentário, *s. m.* argentario; gran capitalista.
argila, *s. f.* arcilla.
argileira, *s. f.* arcillera; barrera.
argolar, *v. t.* argollar.
argúcia, *s. f.* argucia; sutileza.
argueireiro, *adj. (fig.)* meticuloso; minucioso.
argueiro, *s. m.* arista; *(fig.)* insignificancia.
arguente, *adj.* y *s.* arguyente; impugnador.
arguir, *v. t.* e *i.* argüir; censurar; acusar.
argumentação, *s. f.* argumentación.
argumentar, *v. t.* argumentar.
argumento, *s. m.* argumento; sumario; resumen.
arguto, *adj.* agudo, de espíritu vivo; sutil.
árido, *adj.* árido; estéril; seco.
aríete, *s. m.* ariete; palanca.
arisco, *adj.* arenisco, arenoso; *(fig.)* arisco, áspero, intratable.
aristocracia, *s. f.* aristocracia.
arma, *s. f.* arma; escopeta.
armação, *s. f.* armazón; cuernos; andamio.
armadilha, *s. f.* trampa; lazo; red.
armado, *adj.* armado; acautelado; preparado.
armar, *v. t.* armar; equipar; tramar; fortalecer; adornar (un templo).
armaria, *s. f.* armería; arsenal.
armário, *s. m.* armario.
armazém, *s. m.* almacén.
armazenar, *v. t.* almacenar.
armento, *s. m.* armento; rebaño; ganado.
armistício, *s. m.* armisticio.
arnado, *s. m.* páramo, terreno estéril.
arneiro, *s. m.* terreno estéril.
aroma, *s. m.* aroma; perfume; olor.
aromatizar, *v. t.* aromatizar.
arpar o **arpear,** *v. t.* arponar, arponear; *v. i.* levantar ancla.
arpoar, *v. t.* arponar, arponear; *(fig.)* agarrar.
arqueação, *s. f.* arqueo; capacidad de un navío.
arquear, *v. t.* arquear; curvar.
arquejar, *v. i.* jadear; ansiar; arquear.
arquejo, *s. m.* respiración difícil; ansia; jadeo; opresión.
arqueta, *s. f.* arqueta; alcancía.
arquétipo, *s. m.* arquetipo; patrón; modelo; original.
arquitectar, *v. t.* construir; edificar; *(fig.)* imaginar.
arquitectura, *s. f.* arquitectura.
arquivar, *v. t.* archivar.
arrabalde, *s. m.* arrabal, barrio; suburbio; *pl.* cercanías; alrededores.
arracimar-se, *v. r.* arracimarse.
arraçoar, *v. t.* racionar; alimentar.
arraia, *s. f. (zool.)* raya, pez; frontera; término; populacho.
arraiada, *s. f.* aurora; alborada.
arraiado, *adj.* listado; rayado.
arraial, *s. m.* feria; verbena.

arraiano, *adj.* y *s.* rayano.
arraiar, *v. i.* alborear el día; rayar.
arraigar, *v. t.* arraigar; vd. *arreigar.*
arramalhar, *v. i.* murmurar (el viento en las hojas).
arramar, *v. t.* enramar; esparcir; derramar; *v. r.* cubrirse de rama.
arrancada, *s. f.* arramque; arrancada.
arrancão, *s. m.* impulso violento.
arrancar, *v. t.* arrancar; sacar violentamente.
arranchar, *v. t.* e *i.* juntar o dividir en ranchos; comer del rancho (soldado); alojar.
arranco, *s. m.* arranque; ímpetu; arrebato.
arranhadura, *s. f.* arañamiento; arañadura; arañazo.
arranhar, *v. t.* arañar.
arranjadeiro, *adj.* cuidadoso; diligente.
arranjadela, *s. f.* arreglo ligero.
arranjado, *adj.* arreglado; dispuesto; económico.
arranjamento, *s. m.* orden; disposición; arreglo.
arranjar, *v. t.* arreglar; componer; concertar; disponer; conseguir; lograr; adornar.
arranjista, *s. com.* persona que se gana la vida con medios poco escrupulosos.
arranque, *s. m.* arranque.
arrapazado, *adj.* amuchachado.
arraposado, *adj.* azorrado.
arrasador, *s. m.* arrasador; destructor.
arrasar, *v. t.* arrasar; destruir; rasar; *(fig.)* fatigar; humillar.
arrastar, *v. t.* arrastrar; reducir a la miseria; *(fig.)* comprar o vender a bajo precio.
arrasto, *s. m.* arrastre; arrastramiento; *(fig.)* desgracia; miseria.
arrazoado, *adj.* razonable; proporcionado.
arrazoamento, *s. m.* razonamiento.
arrazoar, *v. t.* razonar; alegar; discurrir; discutir.
arre!, *interj.* ¡arre!
arrear, *v. t.* arrear; adornar; hermosear; engalanar.
arrebanhar, *v. t.* juntar en rebaño; reunir; arrebañar.
arrebatado, *adj.* arrebatado; impetuoso; violento.
arrebatador, *s. m.* arrebatador; *adj.* encantador.
arrebatar, *v. t.* arrebatar; *v. r.* encolerizarse.
arrebentar, *v. t.* reventar; estallar; supurar; *v. i.* quebrar; echar retoños.
arrebento, *s. m. (bot.)* retoño, de una planta.
arrebicar, *v. t.* adornar exageradamente.
arrebique, *s. m.* arrebol; cosmético; adorno; atavío.
arrebitado, *adj.* arregazado; atrevido; sagaz; soberbio; petulante.
arrebolar, *v. t.* arrebolar; arredondear.
arre-burrinho, *s. m.* juego infantil.
arrecada, *s. f.* pendientes.
arrecadação, *s. f.* recaudación, cobro de rentas, derechos, etc.; depósito; cárcel.
arrecadar, *v. t.* recaudar; depositar; asegurar; cobrar; recibir en pago; guardar.
arrecear, *v. t.* recelar.
arreda!, *interj.* ¡desvía!; ¡fuera!; ¡para atrás!
arredar, *v. t.* arredrar; apartar; desviar; separar.
arredio, *adj.* apartado; desviado; esquivo; retraído.
arredondar, *v. t.* redondear.
arredor, *adv.* alrededor, suburbio.
arrefanhar, *v. t.* arrebatar de las manos de otro con violencia.
arrefecer, *v. t.* enfriar; aflojar; *v. i.* enfriar, entibiar, hacerse frío.
arrefentar, *v. t.* enfriar alguna cosa levemente.
arregaçada, *s. f.* regazo lleno; cantidad, porción grande.

arregalar, *v. t.* desencajar; abrir mucho los ojos con admiración o espanto.
arreganhar, *v. t.* mostrar los dientes; *v. i.* agrietar, la fruta.
arreganho, *s. m.* regaño; amenaza; mal modo; altivez.
arregoar, *v. t.* surcar, hacer surcos; mojar; inundar; *v. i.* agrietarse; hendirse.
arregueirar, *v. t. (agr.)* abrir regueros; canalizar.
arreigar, *v. t.* arraigar.
arrelia o **arreliação,** *s. f.* disgusto; enfado; mal agüero; antipatía; contrariedad.
arreliar, *v. t.* enfadar, impacientar, fastidiar.
arremangar, *v. t.* arregazar; remangar; arremangar.
arremansar-se, *v. r.* estancar; quedar en remanso.
arrematação, *s. f.* rematamiento; remate; remate (en subasta); acabamiento.
arrematar, *v. t.* e *i.* rematar; acabar; concluir; terminar; hacer remate en la subasta.
arremedar, *v. t.* remedar.
arremedo, *s. m.* remedo; imitación; mofa; chanza.
arremessar, *v. t.* arrojar; lanzar; impeler violentamente una cosa; *v. r.* arrojarse; precipitarse.
arremetida, *s. f.* arremetida; embestida; arranque.
arrendar, *v. t.* arrendar; adornar con encajes o randas.
arrenegada, *s. f.* enfado, riña; juego de naipes entre dos personas.
arrenegar, *v. t.* renegar, apostatar; detestar; abominar; blasfemar.
arrenego, *s. m.* incómodo; gesto colérico; enfado.
arrepanhar, *v. t.* arrugar; encoger; robar; rapiñar; arrebatar; atrapar.
arrepelar, *v. t.* repelar; desgreñar.
arrepender-se, *v. r.* arrepentirse; retractarse; desdecirse.
arrepia-cabelo, *s. com.* persona intratable; *loc. adv.* contrapelo.
arrepiar, *v. t.* erizar; horrorizar; echar el cabello para atrás; encrespar; causar escalofríos.
arrepique, *s. m.* repique.
arrestar, *v. t.* embargar.
arrevesar, *v. t.* poner al revés; revesar, vomitar.
arrevessar, *v. t.* revesar, vomitar lo contenido en el estómago; *(fig.)* detestar; odiar.
arriba, *adv.* arriba, encima, para encima, para adelante.
arribação, *s. f.* arribo; llegada; arribada.
arribana, *s. f.* choza; cabaña.
arribar, *v. i.* arribar; llegar.
arrieirada, *s. f.* obscenidad.
arrijar, *v. t.* e *i.* convalecer.
arrimar, *v. t.* arrimar; acercar; añadir; agregar; amparar; apoyar.
arriosca, *s. f.* trampa; ardid; celada; intriga.
arriscado, *adj.* arriscado, atrevido; peligroso; audaz; osado.
arriscar, *v. t.* arriscar; arriesgar; aventurar; exponer.
arrobar, *v. t.* arrobar, pesar por arrobas.
arrochar, *v. t.* agarrotar; apretar con garrote; apretar mucho.
arrocho, *s. m.* garrote; *(fig.)* rigor.
arrodilhar-se, *v. r.* arrodillarse.
arroio, *s. m.* arroyo; regato.
arrojado, *adj.* arrojado; resuelto; osado; intrépido.
arrojão, *s. m.* tirón; empujón.
arrojar, *v. t.* arrastrar; arrojar; echar; lanzar.
arrolar, *v. t.* alistar; inscribir; enrolar.
arrolhar, *v. t.* encorchar; taponar; tapar.
arrombar, *v. t.* romper; despedazar; derrumbar; destrozar; vencer; humillar.

arrostar, *v. t.* e *i.* arrostrar; soportar.
arrotar, *v. i.* regoldar; erutar; eructar; *(fig.)* jactarse.
arrotear, *v. t.* romper; roturar, la tierra inculta; labrar; *(fig.)* educar.
arroto, *s. m.* regüeldo; eruto, eructo.
arroubar, *v. t.* arrobar; embelesar; extasiar.
arroupar, *v. t.* arropar.
arroxeado, *adj.* amoratado; violado; lívido.
arroz, *s. m. (bot.)* arroz; *arroz-doce:* arroz con leche; *pó-de-arroz:* polvo de arroz.
arruaçar, *v. i.* formar tumulto; amotinar.
arruaceiro, *adj.* y *s. m.* amotinador; camorrista; callejero.
arruamento, *s. m.* alineamiento o disposición de calles.
arruar, *v. t.* dividir en calles; alinear calles o aceras.
arruçar, *v. t.* e *i.* decolorar.
arrufada, *s. f.* bizcocho de harina, huevos y azúcar.
arrufar, *v. t.* irritar; enfadar; atufar.
arrufo, *s. m.* enfado obstinado; enojo; ira pasajera.
arrugar, *v. t.* e *i.* arrugar; encrespar.
arruído, *s. m.* ruido; estruendo; rumor; jaleo; alboroto.
arruinar, *v. t.* arruinar; destruir; destrozar; demoler; dañar.
arruivado, *adj.* que tira a rubio.
arrulhar, *v. i.* arrullar.
arrumação, *s. f.* buena disposición; aseo; método; orden.
arrumadela, *s. f.* arreglo; limpieza; aseo ligero.
arrumar, *v. t.* arreglar, poner en orden o en su lugar.
arsenal, *s. m.* arsenal.
arte, *s. f.* arte; oficio; profesión; cautela.
arteirice, *s. f.* astucia; maña; ardid; habilidad.
arteiro, *adj.* astuto; mañoso; sagaz; habilidoso.
artéria, *s. f. (anat.)* arteria.
artesão, *s. m.* artesonado; artesano.
artesoar o **artesonar,** *v. t.* adornar con artesonados o artesones.
articulação, *s. f.* articulación.
artifício, *s. m.* artificio; arte; primor; habilidad.
artificioso, *adj.* artificioso; ingenioso; fingido; falso.
artigo, *s. m.* artículo; coyuntura; *s. f. pl.* mercancías.
artimanha, *s. f.* artimaña, trampa; ardid; artificio.
artista, *adj.* y *s.* artista; artífice; *(fig.)* ingenioso.
aruspício, *s. m.* augurio; pronóstico.
arval, *s. m.* campo cultivado; arvo.
arvense, *adj.* arvense; campestre; silvestre.
arvícola, *s. com.* labrador.
arvicultor, *s. m.* agricultor.
arvorar, *v. t.* arbolar; enarbolar; *v. i.* huir; hacerse a la vela.
árvore, *s. f. (bot.)* árbol.
as, *art.* las; *pron. dem.* aquéllas; *pron. pers.* ellas.
ás, *s. m.* as (de la baraja); as (del dado).
ás, *contr.* de la *prep. a* con el artículo *as:* a las.
asa, *s. f.* ala, para volar; asa.
asado, *s. m.* vasija con asas; *adj.* que tiene asas.
asar, *v. t.* guarnecer de asas o alas.
ás arrecuas, *loc. adv.* reculando.
ás avessas, *loc. adv.* al contrario; al revés.
asca, *s. f.* vd. *asco.*
ás cavaleiras, *loc. adv.* a hombros; a caballito.
ás cegas, *loc. adv.* ciegamente.
ascendência, *s. f.* ascendencia.
ascender, *v. i.* ascender; subir; elevarse.
ás claras, *loc. adv.* a la vista de todos.
aspa, *s. f.* aspa; instrumento de suplicio; *pl.* aspas, comillas o dos comas.

aspecto, *s. m.* aspecto; semblante; apariencia; punto de vista.
aspereza, *s. f.* aspereza; rudeza; escabrosidad.
aspergir, *v. t.* asperjar.
aspiração, *s. f.* aspiración.
aspirar, *v. t.* aspirar; sorber; chupar.
asqueroso, *adj.* asqueroso; *(fig.)* vil; soez; sucio.
assaborar o **assaborear,** *v. t.* saborear.
assacador, *adj.* y *s.* calumniador; chismoso.
assacar, *v. t.* achacar; atribuir.
assadeira, *s. f.* mujer que asa castañas; utensilio para hacer asados; asador.
assalariar, *v. t.* asalariar.
assaloiado, *adj.* rudo; tosco; descortés.
assaltada, *s. f.* asalto; acometimiento.
assaltar, *v. t.* asaltar.
assanhadiço *adj.* irritable.
assanhar, *v. t.* ensañar; irritar; enfurecer.
assapar, *v. i.* e *r.* agazaparse, agacharse; *v. t.* dar.
assar, *v. t.* asar; tostar; quemar.
assarapantar, *v. t.* espantar; asustar; confundir; embarazar.
assarapanto, *s. m.* espanto; confusión.
assassinar, *v. t.* asesinar.
assassino, *adj.* y *s. m.* asesino.
assaz, *adv.* asaz; bastante; harto.
assear, *v. t.* asear; adornar; limpiar.
assedadeira, *s. f.* rastrilladora.
assedado, *adj.* asedado, suave o brillante como la seda.
assedentado, *adj.* sediento.
assediar, *v. t.* asediar; sitiar; *(fig.)* importunar.
assegurar, *v. t.* asegurar; certificar; aseverar.
asseio, *s. m.* aseo, limpieza; perfección; elegancia.
asselvajado, *adj.* salvaje; brutal.
assembleia, *s. f.* asamblea; club; parlamento; sociedad.
assemelhar, *v. t.* semejar.
assenhorear-se, *v. r.* apoderarse de, enseñorearse.
assenso, *s. m.* asentimiento.
assentada, *s. f.* vez, ocasión.
assentar, *v. t.* asentar; registrar; establecer; resolver; *v. r.* tomar asiento; ganar juicio.
assente, *adj.* asentado; firme; combinado; resuelto.
assentir, *v. i.* asentir; anuir; concordar; consentir.
assento, *s. m.* asiento; banco; silla; las nalgas; base.
asserção, *s. f.* aserción; afirmación; alegación.
assessor, *s. m.* asesor; adjunto; auxiliar.
assestar, *v. t.* asestar; disparar.
assesto, *s. m.* puntería; acto de *assestar.*
asseverar, *v. t.* aseverar; afirmar; asegurar.
assiduidade, *s. f.* asiduidad.
assim, *adv.* así; de esta, de esa o de aquella manera.
assimilar, *v. t.* asimilar, asemejar, comparar.
assimilável, *adj.* asimilable.
assinação, *s. f.* notificación; citación; aplazamiento.
assinado, *adj.* y *s. m.* firmado.
assinalado, *adj.* señalado; *(fig.)* célebre; ilustre.
assinalar, *v. t.* señalar; fijar; marcar; designar; distinguir.
assinar, *v. t.* firmar; distinguir; designar; marcar; *v. r.* subscribirse.
assinatura, *s. f.* firma; subscripción; abono.
assisado, *adj.* juicioso; prudente; sensato.
assistência, *s. f.* asistencia; presencia; amparo; auxilio; compañía.
assistir, *v. i.* asistir; patrocinar; presenciar; hacer compañía; auxiliar.
assoalhado, *adj.* solado; *s. m.* suelo.
assoar, *v. t.* sonar, limpiar la nariz; *v. r.* expiar con fuerza por la nariz.

assoberbado, *adj.* soberbio; altivo; repleto.
assoberbar, *v. t.* tratar con soberbia; dominar; humillar; oprimir.
assoblar o **assoviar,** *v. t.* e *i.* silbar; patear.
assobio o **assovio,** *s. m.* silbido; silbato; pito.
associar, *v. t.* asociar; juntar; *v. i.* convivir.
assolapar, *v. t.* solapar; agazapar.
assolar, *v. t.* asolar; arrasar; destruir.
assoldadar o **assoldar,** *v. t.* asoldar; asalariar.
assomadiço, *adj.* irritable; arrebatado; irascible.
assomado, *adj.* irritado; irritable; colérico; irascible.
assomar, *v. i.* aparecer a lo lejos; subir a la cumbre.
assombrar, *v. t.* sombrar; sombrear; asombrar; obscurecer.
assomo, *s. m.* asomo; indicio; sospecha; recuerdo.
assopradela, *s. f.* soplo.
assoprar, *v. t.* e *i.* soplar; *(fig.)* instigar; recordar.
assopro, *s. m.* soplido; soplo; *(fig.)* denuncia.
assoreamento, *s. m.* aluvión de tierras o arenas.
assovelar, *v. t.* incitar; estimular.
assuada, *s. f.* asonada; motín; vocerío.
assumir, *v. t.* asumir; atribuirse; arrogar; encargarse de.
assumptivo, *adj.* que se asume o se adopta; adoptivo.
Assunção, *s. f.* Asunción.
assunto, *s. m.* asunto; tema; objeto; motivo.
assurgente, *adj.* que se yergue; que surge.
assustadiço, *adj.* asustadizo.
assustar, *v. t.* asustar; intimidar.
às tontas, *loc. adv.* sin tino; a las tontas.
astrónomo, *s. m.* astrónomo.
astúcia, *s. f.* astucia; sagacidad; maña.
atabafar, *v. t.* sofocar; amortiguar; *(fig.)* encubrir.
atabalhoado, *adj.* desordenado; confuso.
atabalhoar, *v. t.* atrabancar; embarazar; embrollar.
atacado, *adj.* atacado; acometido (de enfermedades, plagas, etc.); atado; abrochado; lleno.
atacador, *s. m.* correa para atar.
atacante, *adj.* agresor; atacador.
atacar, *v. t.* atacar; atar; abrochar; acometer; hostilizar; acusar; roer; ejecutar.
atadinho, *adj.* muy tímido; apocado.
atado, *s. m.* atado; lío; paquete; *adj.* atado; unido, ligado; *(fig.)* apocado.
atadura, *s. f.* atadura; ligadura.
atafona, *s. f.* tahona, atahona; molino.
atafular-se, *v. r.* hacerse elegante o coquetón.
atafulhar, *v. t.* atestar; *v. r.* llenarse; hartarse.
atalaia, *s. f.* atalaya; centinela.
atalhar, *v. t.* atajar; cortar; impedir; detener; acortar.
atalho, *s. m.* atajo; vereda; acortamiento.
atamancar, *v. t.* chapucear.
atapetar, *v. t.* alfombrar; tapizar.
ataque, *s. m.* ataque; acusación; pendencia; disputa.
atar, *v. t.* atar; unir; anudar; uncir; embarazar.
atarantar, *v. t.* atarantar; aturdir; atolondrar.
ataraxia, *s. f.* calma.
atarefar, *v. t.* atarear.
atarracado, *adj.* bajo; grueso.
atarracar, *v. t.* atarragar; abotargar.
atarraxar, *v. t.* destornillar; atornillar; aterrajar.
atascar, *v. t.* atascar.
atassalhar, *v. t.* atasajar; *(fig.)* difamar.
ataúde, *s. m.* ataúd; féretro; tumba.
ataviar, *v. t.* ataviar; componer; adornar; asear.

atavio, *s. m.* atavío; aseo.
até, *prep.* hasta; *adv.* también; mismo.
atediar, *v. t.* aburrir; disgustar.
ateimar, *v. i.* insistir; obstinar; instar.
a tempo, *loc. adv.* oportunamente.
atenazar, *v. t.* atenazar; atenacear; *(fig.)* apretar; oprimir.
atenção, *s. f.* atención.
atender, *v. t.* e *i.* atender; acatar; deferir.
atenrar, *v. t.* ablandar; enternecer.
atentar, *v. t.* e *i.* atentar; atender; considerar; reparar.
atento, *adj.* atento; aplicado; estudioso; cortés.
atenuar, *v. t.* atenuar; *v. r.* disminuirse; ablandarse.
aterragem, *s. f.* aterrizaje.
aterrar, *v. t.* e *i.* aterrizar; aterrar; aterrorizar; terraplenar.
aterrorizar, *v. t.* aterrorizar; aterrar; amedrentar.
ater-se, *v. r.* atenerse; arrimarse.
atestar, *v. t.* atestar; testificar; certificar; demostrar, llenar hasta los bordes.
atiçar, *v. t.* atizar; avivar; *(fig.)* instigar.
atilado, *adj.* atinado; acertado; sagaz; perfecto.
atilar, *v. t.* atildar; *(fig.)* perfeccionar.
atilho, *s. m.* atadura; ligadura; guita; atadero.
atinado, *adj.* atinado; discreto; sagaz.
atinente, *adj.* concerniente; relativo.
atingir, *v. t.* alcanzar; tocar; atañer; conseguir; obtener; acertar; entender.
atirar, *v. t.* tirar; arrojar; lanzar.
atitude, *s. f.* actitud.
à toa, *loc. adv.* sin reflexión; al acaso.
à-toa, *adj.* vil; despreciable.
atoalhado, *s. m.* mantel para la mesa de comer.
atoarda, *s. f.* noticia vaga; rumor.
atocaiar, *v. t.* acechar; asaltar.
atochar, *v. t.* atochar; atascar; empujar; apretar.
atolambar, *v. t.* atontar; *v. r.* atontarse.
atolar, *v. t.* atollar; atontar; idiotizar; *(fig.)* degradarse.
atoleimar, *v. t.* hacer un poco tonto.
atoleiro, *s. m.* atolladero, atascadero.
átomo, *s. m.* átomo.
atónito, *adj.* atónito; espantado; estupefacto.
atonizar, *v. t.* causar atonía; debilitar.
atontar, *v. t.* atontar; aturdir; entontecer.
atordoar, *v. t.* aturdir; atontar; atolondrar.
atormentador, *adj.* y *s.* atormentador.
atormentar, *v. t.* atormentar; torturar; *(fig.)* mortificar.
atracão, *s. m. (pop.)* encontrón; apretón; *(fig.)* impertinencia.
atractivo, *adj.* atractivo; *(fig.)* encantador; *s. m.* gracia; hermosura.
atraente, *adj.* atrayente; encantador; atractivo.
atrafegar-se, *v. r.* afanarse.
atraiçoar, *v. t.* traicionar; engañar; denunciar.
atrancar, *v. t.* atrancar; *v. r.* atravesarse.
atrapalhar, *v. t.* confundir; aturdir; perturbar.
atrás, *adv.* atrás; detrás.
atrasar, *v. t.* atrasar; retardar; *(fig.)* perjudicar.
atravancamento, *s. m.* obstáculo.
atravancar, *v. t.* atrancar; estorbar; impedir.
através, *adv.* de lado a lado, por medio de.
atravessar, *v. t.* atravesar; cruzar; *(fig.)* soportar; sufrir.
atreguar, *v. i.* atreguar, ajustar treguas.
atreito, *adj.* propenso; inclinado.
atrelado, *adj.* atraillado; remolcado.
atrelar, *v. t.* atraillar; prender; remolcar; engatar; *(fig.)* dominar.
atrever-se, *v. r.* atreverse; aventurarse.

atribuição, *s. f.* atribución; atormentado.
atribuir, *v. t.* atribuir; imputar; referir.
atribular, *v. t.* atribular; angustiar; maltratar; afligir.
atrição, *s. f.* desgaste; rozamiento; arrepentimiento.
atrigar-se, *v. r.* atrafagarse; apresurarse; amedrentarse.
atrigueirado, *adj.* moreno.
átrio, *s. m.* atrio; patio; vestíbulo.
atristar, *v. t.* atristar; *v. r.* entristecerse.
atrito, *s. m.* fricción; rozamiento; atrito.
atroar, *v. t.* atronar; aturdir; atontar.
atrofiar, *v. t.* atrofiar.
atropelar, *v. t.* atropellar; *(fig.)* postergar; menospreciar.
atropelo, *s. m.* atropello; tropel.
atroz, *adj.* atroz; cruel; inhumano; feroz.
atufar, *v. t.* atufar; inflar; hinchar; llenar; sumergir.
atulhar, *v. t.* llenar de escombros; aterrar; colmar; amontonar.
aturado, *adj.* constante; persistente.
aturar, *v. t.* aguantar; soportar; sufrir; resistir.
aturdir, *v. t.* aturdir; atolondrar; atontar; asombrar.
audácia, *s. f.* audacia; osadía; atrevimiento; arrojo.
audição, *s. f.* audición.
auferir, *v. t.* obtener; coger; ganar; lucrar.
auge, *s. m.* auge; apogeo.
augurar, *v. t.* augurar; agorar; presagiar; predecir.
augúrio, *s. m.* augurio.
aula, *s. f.* aula; lección; clase.
aumentar, *v. t.* aumentar; acrecentar; crecer; ampliar.
aura, *s. f.* aura; brisa.
aureolar, *v. t.* aureolar; glorificar.
auscultar, *v. t.* auscultar.
ausência, *s. f.* ausencia.
ausentar-se, *v. r.* ausentarse; apartarse; partir.
auspício, *s. m.* auspicio.
auspicioso, *adj.* prometedor, de buen agüero; propicio.
austero, *adj.* austero; áspero.
autenticar, *v. t.* autenticar; legalizar.
autista, *s. m.* chófer.
auto, *s. m.* auto; taxímetro.
autóctone, *adj.* y *s. m.* autóctono; aborigen; indígena.
automático, *adj.* automático.
automóvel, *s. m.* automóvil.
autor, *s. m.* autor; causador; creador.
auxiliar, *v. t.* auxiliar; socorrer; ayudar; *adj.* auxiliar; *s. com.* auxiliar; ayudante.
aval, *s. m.* aval.
avalancha, *s. f.* avalancha; alud.
avaliar, *v. t.* evaluar; valuar; arbitrar; estimar; valorar.
avançar, *v. t.* e *i.* avanzar; adelantar; exceder; plantear; proponer.
avanço, *s. m.* avance; progreso; provecho; ganancia.
avantajar, *v. t.* aventajar; exceder; adelantar; mejorar.
avante, *adv.* avante; adelante.
avareza, *s. f.* avaricia.
avaria, *s. f.* avería; daño.
avariar, *v. t.* averiar; maltratar.
avassalar, *v. t.* avasallar; sujetar; rendir; someter.
ave, *interj.* ¡salve!
avela, *s. f. (bot.)* avena.
avejão, *s. m.* fantasma.
avelã, *s. f.* avellana.
avelhentar, *v. t.* y *r.* avejentar, envejecer.
aveludar, *v. t.* aterciopelar; *(fig.)* ablandar.
ave-maria, *s. f.* avemaría.
avença, *s. f.* ajuste; pacto; acuerdo; concordia.
avençal, *s. com.* obrero; trabajador por salario fijo.
avençar-se, *v. r.* ajustarse; subscribirse.

avenida, *s. f.* avenida; camino; alameda.
avental, *s. m.* delantal; mandil.
aventar, *v. t.* aventar; exponer; *(fig.)* prever; sospechar.
aventura, *s. f.* aventura; acaecimiento.
averbar, *v. t.* anotar; declarar; registrar.
avergoar, *v. t.* producir verdugones con el verdugo, vara o azote.
averiguar, *v. t.* averiguar; examinar; inquirir; investigar.
avermelhado, *adj.* bermejizo; rojizo.
aversão, *s. f.* aversión; antipatía.
avessado, *adj.* hecho al revés; enrevesado.
avessas, *s. f. pl.* cosas contrarias u opuestas; al revés.
avezar, *v. t.* avezar; acostumbrar.
aviação, *s. f.* aviación.
aviado, *adj.* listo; despachado.
aviamento, *s. m.* expedición.
avião, *s. m.* avión; aeroplano.
aviar, *v. t.* rematar; concluir; ejecutar; despachar; apresurar.
avidez, *s. f.* avidez, ansia, codicia.
avigorar, *v. t.* avigorar, vigorizar.
avilanado, *adj.* avillanado; grosero; rústico.
aviltar, *v. t.* envilecer; deshonrar; humillar.
avinagrar, *v. t.* avinagrar; agriar.
avindor, *adj.* mediador.
avir, *v. t.* ajustar; combinar; suceder.
avisado, *adj.* avisado; prudente; discreto.
avisar, *v. t.* avisar; advertir o aconsejar.
avistar, *v. t.* avistar; *v. r.* entrevistarse.
avitualhar, *v. t.* avituallar; abastecer.
avivar, *v. t.* avivar; excitar; animar; estimular; realzar.
aviventar, *v. t.* vivificar; reanimar.
avizinhar, *v. t.* avecinar; *v. i.* aproximarse; confinar.
avô, *s. m.* abuelo; antepasado.
avó, *s. f.* abuela.
avolumar, *v. t.* aumentar el volumen de; llenar.
avonde, *adv.* abundantemente.
avulso, *adj.* separado; aislado; suelto; a granel.
avultar, *v. t.* abultar; aumentar.
axila, *s. f. (anat.)* axila, sobaco.
azabumbado, *adj.* atolondrado; aturdido.
azado, *adj.* habilidoso; favorable; propicio.
azáfama, *s. f.* muy de prisa; con gran afán.
azafamar, *v. t.* hacer trabajar activamente.
azamboado, *adj.* áspero; insípido.
azar, *s. m.* azar, mala suerte; desgracia.
azedar, *v. t.* acedar, hacer ácido; *(fig.)* causar mal humor.
azedo, *adj.* ácido, con sabor acre.
azeitar, *v. t.* aceitar.
azeite, *s. m.* aceite.
azemel, *s. m.* arriero; mulero; acemilero.
azémola, *s. f.* acémila; mula o macho de carga; mula vieja y cansada.
azenha, *s. f.* aceña; molino; azud.
azia, *s. f.* acidez del estómago; dispepsia.
aziago, *adj.* aciago; funesto; siniestro.
ázimo, *adj.* ázimo, ácimo.
azinhaga, *s. f.* camino estrecho en el campo; sendero; senda; vereda.
azinheira, *s. f. (bot.)* encina; alcornoque.
aziumar, *v. t.* acidificar; acedar.
azo, *s. m.* oportunidad; ocasión.
azoar, *v. t.* aturdir, enfadar.
azoinar, *v. t.* importunar; aturdir.

b

baba, *s. f.* baba.
babadinho, *adj.* codicioso; apasionado.
babado, *adj.* babado; *(fig.)* apasionado.
babão, *adj.* y *s. m.* baboso; *(fig.)* atontado.
babar, *v. t.* babear; *v. r.* babarse o babearse.
babau!, *interj.* ¡se acabó!; ¡no tiene remedio!
babel, *s. f.* babel, confusión.
babélico, *adj.* desordenado; confuso.
baboseira, *s. f.* disparate; tontería.
babugem, *s. f.* espumarajo, baba; *(fig.)* bagatelas; restos.
babujar, *v. t. (fig.)* adular servilmente.
bacalhau, *s. m. (zool.)* bacalao; abadejo.
bacelo, *s. m.* cepa nueva; sarmiento.
bacharela, *s. f.* bachillera; *(fig.)* mujer parlanchina y sabihonda.
bacharelada, *s. f.* bachillería, verbosidad impertinente.
bacia, *s. f.* bacía; vasija; palangana; jofaina.
baciada, *s. f.* contenido de una jofaina o bacía; bacinada, contenido de un orinal o bacín.
baciado, *adj.* sin brillo; opaco; bazo; moreno; empañado.
bacio, *s. m.* bacín, orinal.
baço, *s. m. (anat.)* bazo; *adj.* bazo, empañado.
bacoco, *adj.* y *s.* tonto; ingenuo.
bacorejo, *s. m.* presentimiento; corazonada.
badalar, *v. i.* y *t.* sonar; *(fig.)* hablar mucho.
badaleira, *s. f.* argolla de la campana que suspende el badajo; *(fig.)* mujer lenguaraz.
badanal, *s. m. (pop.)* babel, confusión, desorden, barullo.
baeta, *s. f.* bayeta.
bafagem, *s. f.* brisa.
bafejar, *v. t.* soplar blandamente; *(fig.)* favorecer.
bafejo, *s. m.* vaharada; aliento; *(fig.)* auxilio; protección.
bafio, *s. m.* moho.
bafo, *s. m.* vaho; hálito; aliento.
bagageiro, *s. m.* bagajero, vagón de equipajes; bagajero, el que conduce el bagaje.
bagagem, *s. f.* bagaje.
bagalhoça, *s. f. (pop.)* mucho dinero; riqueza.
bago, *s. m.* grano; *(pop.)* dinero.
baía, *s. f.* bahía; ensenada.
bailadeira, *s. f.* bailarina.
bailar, *v. i.* bailar; danzar.
baile, *s. m.* baile; danza.
bailete, *s. m.* bailete; pantomima.
bailéu, *s. m.* andamio.
bainha, *s. f.* dobladillo, bastilla en los vestidos; jareta.
baio, *adj.* y *s.* bayo, de color blanco amarillento (caballo).
bairrista, *adj.* y *s.* defensor de los intereses de su barrio o de su tierra.
bairro, *s. m.* barrio.
baiuca, *s. f.* taberna, bodegón, figón.
baixa-mar, *s. f.* bajamar.
baixar, *v. t.* bajar; apear; bajar; rebajar; abajar; *(fig.)* abatir; disminuir; inclinar.
baixel, *s. m.* bajel; embarcación.

b

baixela, *s. f.* vajilla.
baixinho, *adv.* en secreto, en voz baja.
baixo, *adj.* bajo; de poca altura; *adv.* bajo, en voz baja; *(fig.)* humilde; abatido; *s. m. (mús.)* bajo.
bajoujar, *v. t.* adular, lisonjear.
bajulação, *s. f.* adulación; lisonja.
bajular, *v. t.* adular, lisonjear servilmente.
bala, *s. f.* bala; proyectil.
balaço, *s. m.* balazo, bala grande; tiro de bala.
balada, *s. f.* balada; balata.
balaio, *s. m.* cesto redondo.
balançar, *v. t.* balancear; pesar; *v. i.* balancear; oscilar.
balanço, *s. m.* balanceo; balance; columpio.
balão, *s. m.* balón.
balar, *v. i.* balar, dar balidos.
balaustrar, *v. t.* balaustrar, poner balaustres.
balbuciar, *v. t.* balbucear; *v. i.* balbucir; farfullar.
balbúrdia, *s. f.* barullo, bronca, jaleo, confusión.
balça, *s. f.* bosque; ramales del coral.
balcão, *s. m.* balcón; mostrador de establecimiento; cierto lugar en los teatros.
balda, *s. f.* manía; defecto habitual; carta falla, la que no es del palo que se juega.
baldado, *adj.* frustrado; vano; inutilizado.
baldão, *s. m.* baldón; injuria; contratiempo.
baldar, *v. t.* baldar; frustrar; emplear inútilmente.
baldear, *v. t.* trasegar; transbordar; *v. r.* balancearse.
baldio, *adj.* y *s.* baldío; inculto; inútil.
baldo, *adj.* baldo; inútil; fallido; fallo.
baldoar, *v. t.* baldonar; insultar; injuriar.
baldrocar, *v. t.* engañar; usar de embustes; *v. i.* trapalear.
balela, *s. f.* noticia falsa; mentira; patraña.
balha, *s. f.* mención de varias cosas; conversación sobre varios asuntos.
balir, *v. i.* balar.
baliza, *s. f.* límite.
balizar, *v. t.* balizar; abalizar; jalonar; poner lindes.
balnear, *adj.* balneario.
balofice, *s. f.* impostura.
balofo, *adj.* fofo; bofo; hueco; *(fig.)* vano.
baloiçar, *v. t.* e *i.* balancear, columpiar.
baloiço, *s. m.* balance (movimiento); columpio.
balsa, *s. f.* balsa; lagar, cubo para pisar la uva; estanque en los molinos de aceite.
balsamificar, *v. t.* balsamificar; *(fig.)* aliviar; perfumar.
balsamizar, *v. t.* aromatizar; suavizar; *(fig.)* aliviar.
balsedo, *s. m.* bosque.
bambalear, *v. i.* bambolear, bambalear; bambonear; oscilar.
bambalhão, *adj.* flojo; suelto.
bambão, *s. m.* cuerda floja.
bambear, *v. t.* aflojar; hacer flojo.
bambo, *adj.* flojo; vacilante; irresoluto.
bambolear, *v. i.* y *t.* bambolear; oscilar.
bambuada, *s. f.* golpe dado con un bambú.
bambual, *s. m.* sitio plantado de bambúes.
bambúrrio, *s. m. (fam.)* buena suerte.
banabóia, *s. com.* inerte, abúlica, imbécil.
banalizar, *v. t.* hacer vulgar o trivial; *v. r.* vulgarizarse.
banana, *s. f. (bot.)* plátano; banana; banano.
banazola, *s. com.* imbécil; persona inútil.
banca, *s. f.* mesa rectangular; pupitre;

banca, en un juego; cantidad que el banquero expone en el juego.

banco, *s. m.* banco; asiento; escabel; mostrador de tienda; establecimiento de crédito.

bandalheira o **bandalhice,** *s. f.* pillada; pillería; tunantada; bribonada; indignidad.

bandalho, *s. m.* pícaro; granuja; pillo; bribón; rufián.

bandarra, *s. m.* holgazán; haragán; farsante; profeta.

bandear, *v. t.* y *r.* reunir en bando; guiar; conducir; contrapasar; mudar de partido.

bandeira, *s. f.* bandera; estandarte; pabellón.

bandejar, *v. t. (agric.)* aventar la mies trillada.

bandido, *s. m.* bandido; bandolero; salteador; ladrón.

bando, *s. m.* bando; facción; parcialidad; banda; bando; edicto.

bandulho, *s. m. (pop.)* barriga; panza.

bandurrear, *v. i.* bandurriar; *(fig.)* festejar; vagabundear.

bandurrilha, *s. f. (mús.)* bandurria pequeña; *s. m.* bandurrista; maleante.

banha, *s. f.* unto; grasa animal; pomada para el pelo.

banhar, *v. t.* y *r.* bañar; mojar; regar; tomar baño; inundar; cercar; impregnar; correr junto de (río); bañarse; nadar.

banho, *s. m.* baño; *pl.* establecimiento balneario; proclamas del casamiento católico.

banir, *v. t.* desterrar; exilar; proscribir.

banzar, *v. t.* asombrar; espantar; pasmar.

banzé, *s. m. (pop.)* barullo; desorden.

banzear, *v. t.* balancear; columpiar.

baque, *s. m.* batacazo; fracaso; queda.

baquear, *v. i.* caer con violencia o estrépito; desplomar; arruinarse.

baraça, *s. f.* correa; bramante; guita.

barafunda, *s. f.* barahunda; algazara; tumulto.

barafustar, *v. i.* bregar; forcejear; resistirse con violencia; bracear; protestar.

baralha, *s. f.* baraja; *(fig.)* motín; *(pl.)* enredos.

barata, *s. f. (zool.)* cucaracha.

baratear, *v. t.* baratear; abaratar; rebajar; regatear.

báratro, *s. m.* báratro, abismo.

barba, *s. f.* barba.

barbaçana, *s. m.* barbón, barbudo, barbado.

barbaçudo, *adj.* barbudo.

barbadão, *s. m.* vd. *barbaçana.*

barbalhoste, *adj.* barbilampiño.

barbante, *s. m.* bramante, cordel, guita.

barbar, *v. i.* barbar; comenzar a tener barba; criar raíces.

barbaridade, *s. f.* barbaridad; crueldad; disparate.

barbarizar, *v. t.* barbarizar; cometer barbaridades.

bárbaro, *adj.* bárbaro, sin civilización; rudo, inculto.

barbatana, *s. f.* aleta.

barbear, *v. t.* y *r.* afeitar.

barbechar, *v. t.* barbechar.

barbudo, *adj.* barbudo; barbiespeso.

barca, *s. f.* barca.

barça, *s. f.* envoltura de paja para las botellas.

barco, *s. m.* barco.

barganhar, *v. t.* cambiar; cambalachear; negociar con dolo.

bargantaria, *s. f.* bellaquería; picardía.

bargante, *s. m.* bribón; pícaro; ruín; libertino.

barjuleta, *s. f.* mochila.

barra, *s. f.* barra; borde; orilla; entrada estrecha de un puerto; aparato de gimnasia; friso.

barraca, *s. f.* barraca; choza; habitación rústica; tienda de campaña.

barragem, *s. f.* barrera; obstrucción; obstáculo; embalse; vallado.

b

barranco, *s. m.* barranco; embarazo.
barrar, *v. t.* barretear; guarnecer con barras; embarrar, cubrir con barro; impedir el paso.
barreirar, *v. t.* cercar; atrincherar.
barrela, *s. f.* colada, en el lavado de la ropa; *(fig.)* limpieza; engaño.
barrenhão, *s. m.* barreño; bacía.
barrete, *s. m.* bonete; birrete; birreta; gorra.
barrica, *s. f.* barril; barrica.
barricar, *v. t.* construir barricadas.
barriga, *s. f.* barriga; vientre; camba.
barrigada, *s. f.* hartazgo; panzada; *(pop.)* cachillada; preñez de los animales.
barrisco, *s. m.* barrizal.
barro, *s. m.* barro; arcilla; lodo.
barroca, *s. f.* barranco; barrizal; barrero.
barroco, *s. m.* barranco; barrueco; *adj. (arq.)* barroco; *(fig.)* extravagante; irregular.
barrotar, *v. t.* abarrotar.
barrote, *s. m.* barrote (barra gruesa y corta); cerdo no castrado.
barulhar, *v. t.* e *i.* amotinar; confundir; desordenar.
barulho, *s. m.* barullo; ruido; confusión; barbulla; desorden.
basbaque, *s. m.* tonto; necio; bausán; babieca.
basculhar, *v. t.* deshollinar (techos y paredes).
basculho, *s. m.* deshollinador, deshollinadora, escoba de mango muy largo.
base, *s. f.* base; fundamento; apoyo; origen; pedestal.
basear, *v. t.* basar; establecer bases; fundar; fundamentar; apoyar.
basilar, *adj.* básico; basilar; *(fig.)* fundamental; esencial.
basilisco, *s. m. (zool.)* basilisco, reptil.
basquetebol, *s. m.* baloncesto.
basta, *s. f.* basta (de colchón); orilla (del vestido); *interj.* ¡basta!; ¡no más!
bastante, *adj.* y *adv.* bastante; suficientemente; no poco; asaz.
bastão, *s. m.* bordón; báculo; bastón.
bastar, *v. i.* bastar; llegar; satisfacer.
bastear, *v. t.* bastear; acolchonar; acolchar.
bastecer, *v. t.* abastecer; surtir.
bastida, *s. f.* empalizada; cerca.
bastidão, *s. f.* calidad de basto; multitud; espesura.
bastir, *v. t.* meter los arcos en una vasija; forrar, acolchonar; colocar el paño de un paraguas.
basto, *adj.* basto; espeso; numeroso; apretado.
batalha, *s. f.* batalla; combate.
batalhação, *s. f.* porfía; persistencia; terquedad.
batalhar, *v. i.* batallar; esforzarse.
batata, *s. f. (bot.)* patata; tubérculo.
bate-cu, *s. m.* golpe que se lleva en las nalgas cuando se cae, nalgada.
batedeira, *s. f.* batidera; batidora.
bátega, *s. f.* jofaina; fuente para poner frutas; aguacero; chaparrón.
bateia, *s. f.* batea; dornajo.
bateira, *s. f. (mar.)* batea; canoa de fondo chato.
batel, *s. m. (mar.)* bote; canoa.
batelão, *s. m. (mar.)* gabarra; barcaza; lanchón.
batente, *s. m.* batiente, de puerta; aldaba.
bater, *v. t.* batir; golpear; derrotar al enemigo; acuñar la moneda; agitar, las alas.
bateria, *s. f.* batería.
batibarba, *s. f.* golpe dado en la barba; *(fig.)* reprimenda.
batida, *s. f.* batida; golpe; batimiento.
batido, *adj.* batido; vulgar; desgastado; usado.
batota, *s. f.* trampa en el juego; juego ilícito.
batotar o **batotear,** *v. i.* trapacear, trampear en el juego.
batoteiro, *s. m.* tramposo.

batucar, *v. i.* martillar, golpear, batir; bailar el *batuque*.
batuque, *s. m.* cierta danza y especie de tambor de los negros de África.
batuta, *s. f. (mús.)* batuta.
baú, *s. m.* baúl, maleta grande.
bazofiar, *v. i.* demostrar jactancia; alabarse; alardear.
bazófico, *adj.* y *s.* jactancioso; vanidoso.
bazulaque, *s. m.* badulaque, hombre grueso y bajo; guisado de menudos.
beatice, *s. f.* devoción o virtud afectada; hipocresía.
beático, *adj.* hipócrita.
beatificar, *v. t.* beatificar.
bebedeira, *s. f.* borrachera, embriaguez.
bêbedo, *s. m.* borracho, individuo que se embriaga; *adj.* embriagado.
bebedouro, *s. m.* abrevadero de bestias; bebedero de pájaros enjaulados.
beber, *v. t.* e *i.* beber; absorber; chupar; sufrir; soportar.
beberagem, *s. f.* brebaje; bebida.
beberete, *s. m.* refresco.
bebericar, *v. t.* e *i.* sorbetear; beborrotear; chingar.
bebes, *s. m. pl.* bebidas.
bebível, *adj.* bebible; potable.
beco, *s. m.* callejón sin salida.
bedel, *s. m.* bedel.
bedelho, *s. m.* pestillo; pasador de una cerradura.
bedém, *s. m.* túnica morisca.
beduim o **beduíno,** *s. m.* beduino.
beiça, *s. f. (pop.)* labio inferior; labio caído; morro; labio belfo.
beiço, *s. m.* labio grueso; borde de ciertas cosas, como heridas, etc.; borde saliente.
beijar, *v. t.* besar; oscular; tocar; bañar.
beijo, *s. m.* beso; ósculo.
beijocar, *v. t.* besuquear; besucar.
beira, *s. f.* margen; vera; proximidad; orla; alero del tejado.
beirada, *s. f.* o **beirado,** *s. m. (arq.)* alero del tejado.
beira-mar, *s. f.* orilla del mar; playa litoral.
bel, *adj.* bello; a voluntad.
bela, *s. f.* mujer bella.
bélbute, *s. m.* terciopelo de algodón.
beldade, *s. f.* beldad; belleza.
beleguim, *s. m.* bellerife; esbirro; alguacil.
beleza, *s. f.* belleza; perfección.
belfo, *adj.* befo; belfo; *(pop.)* que habla confusamente.
belga, *s. f.* era; campo cultivado; vd. *courela; s. com.* belga.
beliche, *s. m.* camarote; litera; camilla o catre a bordo de los buques.
bélico, *adj.* bélico; belicoso.
belida, *s. f. (med.)* nube en la córnea del ojo.
belígero, *adj.* belígero; belicoso; guerrero.
beliscadura, *s. f.* pellizco.
beliscar, *v. t.* pellizcar.
belo, *adj.* bello; hermoso; lucido; gentil; feliz; *s. m.* perfección.
bel-prazer, *s. m.* voluntad propia; albedrío.
beltrano o **beltrão,** *s. m.* zutano, individuo indeterminado.
beluíno, *adj.* salvaje; bestial; brutal; feroz.
belvedere o **belver,** *s. m.* mirador; terraza.
bem, *s. m.* bien; agradable; útil; felicidad; *pl.* bienes, propiedades; *adv.* bien; con salud; *interj.* ¡bravo!; ¡bien!
bem-afortunado, *adj.* y *s.* feliz; dichoso.
bem-andante, *adj.* feliz, afortunado.
bem-aventurado, *adj.* y *s.* bienaventurado; feliz; dichoso; santo.
bem-criado, *adj.* bien educado; cortés; pulido.
bem-estar, *s. m.* bienestar, confort.

b

bem-fadado, *adj.* afortunado, feliz, bienhadado.
bem-falante, *adj.* elocuente; purista.
bem-fazer, *v. i.* bien hacer; beneficiar; *s. m.* beneficio; caridad.
bem-me-quer, *s. m. (bot.)* margarita.
bem-nado o **bem-nascido,** *adj.* bien nacido; noble; afortunado.
bem-parecido, *adj.* bien parecido; bonito.
bem-querer, *v. t.* bienquerer; *s. m.* inclinación; amistad.
bem-soante, *adj.* bien sonante; armonioso.
bem-vindo, *adj.* bienvenido.
bem-visto, *adj.* bien visto; estimado.
bênção, *s. f.* bendición; favor divino.
bendizer, *v. t.* bendecir; alabar; glorificar.
beneficência, *s. f.* beneficencia; caridad.
beneficiar, *v. t.* beneficiar; hacer beneficio a; mejorar; arreglar.
benéfico, *adj.* benéfico; favorable; saludable.
benemérito, *adj.* y *s.* benemérito; ilustre; digno.
beneplácito, *s. m.* beneplácito; consentimiento; aprobación.
benesse, *s. f.* sinecura; donación.
benevolência, *s. f.* benevolencia; estima; complacencia.
benfazejo, *adj.* caritativo.
benfeitor, *s. m.* y *adj.* bienhechor.
bengala, *s. f.* bastón.
bengaleiro, *s. m.* paragüero; percha; bastonero, el que hace o vende bastones; guardarropas.
benigno, *adj.* benigno, bondadoso; indulgente.
benquerença, *s. f.* bienquerencia; benevolencia.
bento, *adj.* bendecido; bendito; consagrado; *s. m.* fraile benedictino.
benzedeira, *s. f.* hechicera.
benzer, *v. t.* bendecir; *v. r.* persignarse; *(fig.)* espantarse.
beque, *s. m. (pop.)* nariz.
berça, *s. f.* berza, col.
berço, *s. m.* cuna; *(fig.)* infancia; origen.
beringela, *s. f. (bot.)* berenjena.
berloque, *s. m.* pulseras; bagatela.
berma, *s. f.* foso; cuneta; orla.
bernarda, *s. f.* motín; revuelta.
bernardice, *s. f.* disparate.
berra, *s. f.* berrido; berreo; celo de los ciervos; *andar na berra;* estar en boga.
berrante, *adj.* garrido; galano.
berrão, *s. m.* gritón; chillón.
berrar, *v. i.* berrear; gritar; chillar; vociferar.
berregar, *v. i.* gritar; chillar mucho, con frecuencia.
berreiro, *s. m.* berrinche, de los niños; berridos; gritos, bramidos.
berro, *s. m.* berrido; bramido; rugido; alarido; grito.
bertoldo, *s. m.* tonto; brutote; rústico.
besta, *s. f.* bestia; cuadrúpedo; animal de carga; *adj.* zopenco; estúpido.
bestiaga, *s. f.* bestia; *(fig.)* persona estúpida.
bestializar, *v. t.* hacer bestial; *v. r.* bestializarse.
bestunto, *s. m. (fam.)* cabeza de chorlito; espíritu limitado; cacaseno; samarugo.
besuntão, *s. m.* sucio; sobado; grasiento.
besuntar, *v. t.* bisuntar; untar; enmugrar; enmugrecer.
betar, *v. t.* vetear; abigarrar; rayar; mosquear; matizar.
betesga, *s. f.* callejón sin salida; calle angosta, calleja.
betumar, *v. t.* enmasillar cristales.
betume, *s. m.* betún; masilla.
bexiga, *s. f. (anat.)* vejiga (órgano); ampolla, burbuja (de la piel); *(fam.)* burla, chanza; *pl.* viruela.
bexigueiro, *adj.* divertido; juerguista; bromista.
biberão, *s. m.* biberón; chupadera, chupete.

b

biblioteca, *s. f.* biblioteca.
bica, *s. f.* cañón, cañuto de la fuente; conducto por donde pasan los líquidos; *(zool.)* pez.
bicada, *s. f.* picotazo.
bicança, *s. f. (pop.)* narigón; *(adj.)* narigudo.
bicar, *v. t.* e *i.* picotear; dar picotazos; quedar ebrio.
bicha, *s. f.* lombriz intestinal; sanguijuela; bicha, culebra; gata; perra; *(fig.)* hilera, cola (de personas en fila); persona muy irritada.
bichano, *s. m. (fam.)* gato; gato pequeño.
bicharada, *s. f.* multitud de animales terrestres; *(pop.)* multitud de personas.
bichinha, *s. f.* gatita; *pl.* caricias.
bichoso, *adj.* lleno de bichos; podrido; carcomido; apolillado.
bicicleta, *s. f.* bicicleta; velocípedo.
bico, *s. m.* pico (de las aves); pico, punta; pluma (de escribir).
bidé, *s. m.* bidé.
bíduo, *s. m.* espacio que media entre dos días.
biénio, *s. m.* bienio.
bifalhada, *s. f.* gran cantidad de bistecs.
bifar, *v. t.* hurtar; vd. *surripiar.*
bife, *s. m.* bistec.
bifendido, *adj.* bihendido.
bifurcar, *v. t.* bifurcar.
bigode, *s. m.* bigote.
bigodear, *v. t.* escarnecer; engañar.
bigorrilha, *s. m.* hombre vil y despreciable.
bigúmeo, *adj.* que tiene dos filos.
bijutaria, *s. f.* bisutería; quincallería.
bilha, *s. f.* cántaro.
bilharda, *s. f.* billarda, tala, juego de muchachos.
bilhete, *s. m.* billete; tarjeta de visita.
bilião, *s. m.* mil millones.
bilontra, *s. m.* bellaco; despreciable.
biltre, *adj.* y *s. m.* pícaro; infame; bellaco.
bimbalhar, *v. i.* repicar, tocar las campanas.
bimensal, *adj.* biemensual; quincenal.
bimestral, *adj.* bimestral.
bimestre, *adj.* y *s. m.* bimestre; bimestral.
bimotor, *s. m.* y *adj.* bimotor.
binar, *v. i.* binar, dar segunda reja a las tierras de labor.
binómio, *s. m.* binomio.
bíoco, *s. m.* velo o mantilla; *(fig.)* hipocresía; afectación.
biografia, *s. f.* biografía.
biologia, *s. f.* biología.
biombo, *s. m.* biombo; cancel.
bioquice, *s. f.* pudor falso; afectación de pudor.
biqueira, *s. f.* puntera del calzado; canalón: canal; gotera.
biqueirão, *s. m. (zool.)* boquerón; vd. *anchova.*
biqueiro, *adj.* desganado, que come poco o con poca gana.
birbante, *s. m. (pop.)* bribón; pillo; truhán.
birra, *s. f.* capricho; obstinación; birria, antipatía.
birrento, *adj.* obstinado; terco; pertinaz.
bis, *s. m.* bis, duplicación; *interj.* ¡bis!; *adv.* dos veces.
bisagra, *s. f.* bisagra.
bisanal, *adj.* bienal.
bisar, *v. t.* pedir repetición.
bisavô, *s. m.* bisabuelo.
bisavó, *s. f.* bisabuela.
bisbilhotar, *v. i.* chismear; enredar; intrigar.
bisbilhoteiro, *s. m.* chismoso; enredador; intrigante.
bisbilhotice, *s. f.* chisme; enredo; intriga.
bisbórria o **bisbórrias,** *s. m.* Hombre despreciable o ridículo.
bisca, *s. f.* brisca, juego de naipes; *(fig.)* broma; sarcasmo.
biscoitaria, *s. f.* bizcochería; dulcería.
bisel, *s. m.* bisel.

b

bisnaga, *s. f.* tubo de hoja de plomo; tubo lleno de substancias medicinales.
bisnau, *adj.* y *s. com.* martagón; marrajo; astuto.
bisneto-a, biznieto.
bisonharia, *s. f.* bisoñada; novatada; ignorancia.
bisonho, *adj.* bisoño; novato; tímido; encogido; *s. m.* recluta.
bispar, *v. t.* avistar, descubrir muy lejos alguna cosa o persona; *v. r.* evadirse.
bispo, *s. m.* obispo; prelado de una diócesis.
bissextil, *adj.* bisiesto.
bisso, *s. m.* materia textil con que los antiguos tejían.
bisturí, *s. m.* bisturí, escalpelo.
bitola, *s. f.* modelo, patrón.
bivacar, *v. i.* vivaquear.
bizarria, *s. f.* bizarría; gallardía; gentileza; brío.
blandícia, *s. f.* adulación; halago; lisonja; blandura; mimo.
blandífluo, *adj.* que corre o desliza suavemente.
blasfemar, *v. i.* blasfemar; vituperar, maldecir.
blasonar, *v. t.* e *i.* blasonar; ostentar; jactarse.
blindar, *v. t.* blindar; acorazar.
bloquear, *v. t.* bloquear; asediar; sitiar.
blusa, *s. f.* blusa.
boas-noites, *s. f. pl. (bot.)* buenas tardes, dondiego de noche.
boas-vindas, *s. f. pl.* bienvenida.
boateiro, *s. m.* rumoreador.
boato, *s. m.* rumor (voz que corre entre el público).
bobear, *v. i.* bobear.
bobice, *s. f.* bobería; tontería.
bobina, *s. f.* carrete; bobina.
bobinar, *v. t.* bobinar; embobinar.
bobo, *s. m.* bufón, truhán; *adj.* bobo.
boca, *s. f.* boca; entrada; abertura; principio; labios; entrada o salida de una calle o camino; desembocadura.
bocado, *s. m.* bocado; comida muy ligera; parte del freno; pedazo; rato, espacio de tiempo.
boçal, *adj.* bozal; necio; idiota.
boçalidade, *s. f.* idiotez; necedad; estupidez.
bocejar, *v. i.* bostezar.
bochecha, *s. f.* moflete; buchete; mejilla; carrillo.
bochechada, *s. f.* bofetada; buchada.
bochechar, *v. t.* e *i.* enjuagar, gargarizar.
bochorno, *s. m.* bochorno.
boda, *s. f.* boda; casamiento; banquete.
bodega, *s. f.* bodega, taberna; tasca; *(fig.)* comida grosera o mal hecha; casa sucia; inmundicia.
bodeguice, *s. f.* cosa sucia, porquería.
bodo, *s. m.* regalo; obsequio; distribución de obsequios a los pobres; comida.
bodum, *s. m.* olor característico del bode; mal olor de la loza mal lavada; mal olor del sebo.
boeiro, *s. m.* respiradero; canal; agujero; tronera.
bofar, *v. t.* e *i.* lanzar de los bofes; regoldar; eructar.
boi, *s. m. (zool.)* buey, rumiante.
bóia, *s. f.* boya.
boiante, *adj.* boyante; *(fig.)* vacilante.
boião, *s. m.* bote; tarro.
boiar, *v. i.* boyar; flotar; *(fig.)* vacilar.
boicotar, *v. t.* boicotear.
boina, *s. f.* boina.
bojar, *v. t.* e *i.* hacer barrigudo (un objeto); curvar; arquear; hinchar, inflar.
bojo, *s. m.* barriga, panza (parte saliente y curva de algunas cosas); capacidad.
bola, *s. f.* bola; pelota; esfera; *(pop.)* cabeza.
bola-ô, *s. f.* empanada; *bola de carne:* empanada de carne.

b

bolacha, *s. f.* galleta; *(flam.)* bofetada.
bolachada, *s. f.* bofetada.
bolandas, *s. f. pl.* tumbos.
bolar, *v. i.* tocar con la bola; acertar; pedir carta en el juego.
bolas, *s. m.* hombre sin valor; idiota.
bolçar, *v. t.* vomitar; lanzar fuera.
boldrié, *s. m.* tahalí; cinturón; talabarte.
bolear, *v. t.* redondear; tornear; corregir.
boleiro, *s. m.* cochero; postillón, delantero.
boleia, *s. f.* pescante (de coche); asiento del cochero; conducción gratuita en vehículo.
boletim, *s. m.* boletín.
boletineiro, *s. m.* distribuidor de telegramas.
boleto, *s. m.* boleto; billete; boleta.
boléu, *s. m.* caída; baque.
bolha, *s. f.* ampolla; burbuja; vesícula; *(fam.)* manía.
bolhar, *v. t.* e *i.* borbotonear, salir a borbotones; hacer o criar ampollas o vejigas.
bólide, *s. f.* o **bólido,** *s. m.* bólido.
bolo, *s. m.* bollo, pastel; *(fam.)* palmetazo.
bolónio, *adj.* y *s. com.* bolonio, estúpido, tonto.
bolor, *s. m.* moho.
bolsa, *s. f.* bolsa; saco pequeño; dinero; beca.
bolsar, *v. t.* bolsear, hacer bolsas (al vestido); *v. i.* arrugarse.
bom, *adj.* bueno; hábil, delicado; feliz; lucrativo; benigno; sano; *s. m.* hombre bueno.
bomba, *s. f.* bomba, proyectil; bomba, máquina para elevar líquidos.
bombástico, *adj.* retumbante.
bombazina, *s. f.* pana (tejido).
bombeiro, *s. m.* bombero.
bombordo, *s. m. (mar.)* babor.
bom-serás, *s. m.* hombre bueno, pacífico; buen Juan, ingenuo.
bom-tom, *s. m.* buen tono; delicadeza; distinción.
bonachão, *adj.* y *s.* Bonachón buenazo, bonazo.
bonança, *s. f.* bonanza; calma; sosiego.
bonda!, *interj.* ¡basta!; ¡llega!
bondade, *s. f.* bondad; benevolencia; buena índole.
bondoso, *adj.* bondoso; bondadoso.
boné, *s. m.* Gorra con visera.
boneca, *s. f.* muñeca; chupete.
bonificar, *v. t.* bonificar; beneficiar; mejorar.
bonifrate, *s. m.* muñeco articulado; presumido; afectado, melindroso.
bonito, *adj.* bonito; hermoso; bello; bueno; noble; ventajoso; *s. m.* juguete de niño; *(zool.)* bonito, pez.
bónus, *s. m.* premio; rebaja; descuento.
boquear, *v. i.* boquear; agonizar; bostezar.
boquejar, *v. t.* e *i.* bostezar; *(fig.)* hablar bajo; refunfuñar.
boquiaberto, *adj.* boquiabierto; pasmado.
boquilha, *s. f.* boquilla; *(mús.)* boquilla.
boquim, *s. m. (mús.)* embocadura.
boquinha, *s. f.* boquita; besito de niño.
borboletear, *v. i.* mariposear; vaguear; devanear.
borbotar, *v. i.* borbotar; borbollar; burbujear.
borbulha, *s. f.* borbuja; yema (plantas).
borbulhar, *v. i.* burbujear.
borco, *s. m. de borco;* de bruces; de boca para abajo.
borda, *s. f.* borde; orla; margen; playa.
borda-d'água, *s. f.* orilla del mar; margen de río o lago; *s. m.* zaragozano; repertorio.
bordão, *s. m.* bordón; apoyo; cayado; amparo; *(mús.)* bordón; estribillo.

b

bordar, *v. t.* bordar, adornar; entremezclar; imaginar; *v. i.* ejecutar bordados.
bordejar, *v. i.* bordear, navegar mudando con frecuencia de rumbo; bordear, andar por los bordes; *(fig.)* tambalear.
bordoada, *s. f.* bordonazo; golpetazo; gresca, riña.
bornal, *s. m.* mochila; morral; macuto.
borra, *s. f.* borra; heces.
borra-botas, *s. m.* mal limpiabotas; embadurna botas; *(pop.)* belitre.
borraçal, *s. m.* barrizal con pastos para ganado; pantano; atolladero.
borraceiro, *s. m.* llovizna; *adj.* lluvioso; borroso.
borracha, *s. f.* goma; borracha, bota para vino; goma elástica, caucho.
borrachão, *s. m.* borrachín; *(fig. fam.)* odre.
borrador, *s. m.* borrador; embadurnador; pintamonas.
borradura, *s. f.* borrón (mancha de tinta); mácula.
borralheiro, *adj.* casero.
borralho, *s. m.* borrajo; rescoldo cubierto con la propia ceniza; *(fam.)* hogar, lar; lumbre.
borrão, *s. m.* borrón; borrador; gota o mancha de tinta.
borrar, *v. t.* ensuciar; manchar; rayar; embadurnar; *v. i.* *(pop.)* defecar; *v. r.* ensuciarse; deslustrarse.
borrasca, *s. f.* borrasca; tempestad; tormenta; huracán.
borratada, *s. f.* gran borrón de tinta; *adj.* pandilla.
borrega, *s. f.* borrega; ampolla en las manos o en los pies.
borrifador, *s. m.* rociadera.
borrifar, *v. t.* rociar; aspergear; asperjar.
borrifo, *s. m.* rociada; rociadura; llovizna.
bosque, *s. m.* bosque.
bosquejar, *v. t.* bosquejar; resumir.
bossa, *s. f.* bollo, hinchazón; chichón; joroba; *(fig.)* aptitud; vocación.
bostela, *s. f.* postilla; pústula.
bota, *s. f.* bota, calzado; bota (para vino); *(fig.)* persona estúpida; dificultad.
bota-fora, *s. m.* despedida, acción de asistir al embarque de una persona; botadura (de un buque).
botão, *s. m.* botón; *(bot.)* botón; yema; verruga; pendiente de oreja; botón, de timbre.
botar, *v. t.* arrojar; embotar; despintar; verter; lanzar; poner.
bota-selas, *s. m.* botasilla, toque de clarín.
bote, *s. m.* *(mar.)* bote, barca; golpe con arma blanca, cuchillada; *(fig.)* censura.
botelha, *s. f.* botella, frasco; especie de calabaza.
boteqim, *s.m.* taberna, cafetín.
botequineiro, *s. m.* tabernero.
botica, *s. f.* botica; farmacia.
botifarra, *s. f.* bota grande y grosera.
botoeiro, *s. m.* botonero.
bouça, *s. f.* matorral; maleza; dehesa; pasto; terreno inculto.
boxe, *s. m.* boxeo; pugilismo.
braça, *s. f.* braza.
braçagem, *s. f.* trabajo hecho a brazo.
braceiro, *adj.* bracero, que tiene fuerza en los brazos; *s. m.* bracero, peón, jornalero de campo.
bracejar, *v. t.* bracear; *v. i.* agitarse; moverse.
braço, *s. m.* *(anat.)* brazo; ramificación de un río o de un mar; un árbol; *(fig.)* coraje.
bradar, *v. t.* e *i.* clamar; vociferar; bramar; pregonar; publicar.
braga, *s. f.* grillete que llevan los presidiarios; *pl.* calzones cortos y anchos.
braguilha, *s. f.* pretina; bragueta.
bramar, *v. i.* bramar; rugir; gritar alto; retumbar.

b

branca, *s. f.* blanca (moneda); cana, cabello blanco; grillete.
branco, *adj.* blanco; albo; cándido; lívido; canoso.
brancura, *s. f.* blancura; albura.
brandão, *s. m.* hachón; cirio; antorcha.
brandir, *v. t.* blandir (un arma); *v. i.* vibrar; oscilar.
brando, *adj.* blando; flexible; flojo; lento; dulce; suave; manso.
branqueador, *adj.* y *s. m.* blanqueador; lejía.
branquear, *v. t.* blanquear; blanquecer; blanquear.
brânquia, *s. f. (zool.)* branquia; agalla.
branquidão, *s. f.* blancor; blancura; albura.
brasa, *s. f.* brasa; ascua; ahogamiento; inflamación; ardor; ansiedad.
brasão, *s. m.* blasón; escudo; insignia de nobleza; *(fig.)* honor; gloria.
braseiro, *s. m.* hornillo.
brasido, *s. m.* porción de brasas encendidas; quemazón.
brasonar, *v. t.* blasonar.
bravata, *s. f.* bravata, baladronada; fanfarronada; jactancia.
bravatear, *v. i.* decir bravatas; farolear, fachendear.
bravear o **bravejar,** *v. i.* clamar; emitir las palabras con vehemencia.
bravio, *adj.* bravío; feroz; salvaje; silvestre; bruto, áspero.
bravo, *adj.* bravo; valiente; intrépido; feroz; silvestre.
brear, *v. t.* embrear; brear.
breca, *s. f.* calambre.
brecha, *s. f.* brecha; quiebra; laguna; *(fig.)* daño, afrenta.
brejeirada, *s. f.* bribonada; tunantada.
brejeirar, *v. i.* vagabundear.
brejo, *s. m.* zarzal; matorral; gándara.
brejoso, *adj.* agreste.
brenha, *s. f.* breña; breñal; breñar.
bretanha, *s. f.* tejido blanco de algodón o lino muy fino.
breu, *s. m.* brea.
breve, *adj.* breve; pequeño; corto; *s. m.* breve (pontifício).
brevidade, *s. f.* brevedad; corta duración; rapidez.
briga, *s. f.* lucha; disputa; riña; pendencia; brega.
brigador, *adj.* y *s. m.* pendenciero; camorrista; altercador.
brigar, *v. i.* bregar; reñir; pelear; luchar; disputar.
brigue, *s. m. (mar.)* bergantín.
brilhar, *v. i.* brillar; resplandecer; lucir.
brilho, *s. m.* brillo; luz viva; esplendor; vivacidad; cintilación.
brincadeira, *s. f.* entretenimiento; juego; broma; burla; chanza.
brincar, *v. i.* jugar, divertirse infantilmente; holgar; hacer gracias; bromear; *v. t.* ataviar.
brinco, *s. m.* bollón; pendiente, zarcillo que usan en las orejas las mujeres; juguete.
brindar, *v. i.* brindar, beber augurando felicidad; *v. t.* reglar; obsequiar.
brinquedo, *s. m.* juguete infantil; juego; broma; entretenimiento.
brio, *s. m.* brío; pujanza; pundonor; decisión; valor.
brioso, *adj.* brioso; valeroso; altivo.
brisa, *s. f.* brisa.
britar, *v. t.* quebrar, partir piedra; quebrantar; machacar.
broa, *s. f.* borona, pan de maíz.
broca, *s. f.* broca; brócula; barrena; taladro; eje de la cerradura; púa; cavidad; fístula; mentira.
brocar, *v. t.* taladrar; barrenar.
brocha, *s. f.* especie de clavo corto de zapatero; clavija.
brochar, *v. t.* encuadernar en rústica; clavar con clavos de zapatero.
broche, *s. m.* broche, joya; corchete; hebilla de las ligas; cierre metálico.
brochura, *s. f.* arte de encuadernar en rústica; libro encuadernado en rústica; folleto.

b

bródio, *s. m.* cuchipanda; banquete alegre.
brodista, *s. com.* juerguista; fiestero; jacarista.
broma, *s. f. (zool.)* broma.
bronco, *adj.* bronco; tosco; grosero; ignorante.
bronquial, *adj.* bronquial.
brônquio, *s. m.* bronquio.
bronze, *s. m.* bronce.
bronzear, *v. t.* broncear.
broque, *s. m.* tubería de los ventiladores en los hornos de fundir metales.
broquento, *adj.* lleno de brocas o agujeros; *(fig.)* llagado; fistuloso.
brotar, *v. i.* y *t.* brotar; pronunciar; manar; irrumpir; producir.
brotoeja, *s. f.* especie de erupción cutánea.
broxa, *s. f.* brocha, pincel.
bruços, *s. m. pl. de bruços: loc. adv.* de vientre para abajo.
brumal, *adj.* brumal, brumoso.
brunideira, *s. f.* planchadora de cuellos y camisas almidonadas; mujer que plancha.
brunido, *adj.* planchado; pulido; bruñido.
brunir, *v. t.* bruñir; pulir; alisar.
brusco, *adj.* brusco; áspero; desabrido; súbito.
brutal, *adj.* brutal; violento; salvaje.
brutalidade, *s. f.* brutalidad; violencia; bestialidad.
brutalizar, *v. t.* brutalizar; bestializar.
brutamontes, *s. m.* hombre asalvajado, grosero.
brutaria, *s. f.* bruteza; brutalidad.
bruxa, *s. f.* bruja; hechicera; mágica; vidente.
bruxuleante, *adj.* temblante; oscilante; mortecino.
bruxulear, *v. i.* brillar débilmente: oscilar; chisporrotear.
bucal, *adj.* bocal, bucal.
bucha, *s. f.* bocado; tapón.
buchada, *s. f.* buche, estómago de animales; *(fig.)* hartazgo.
bucho, *s. m.* buche; panza; vientre o barriga.
bucle, *s. m.* bucle; tirabuzón.
buço, *s. m.* bozo; bigotito.
bucólico *adj.* bucólico; campestre; pastoril; inocente; gracioso.
bueiro, *s. m.* acometida del alcantarillado; respiradero de horno.
bufa, *s. f. (pop.)* pedo; follón; zullón; ventosidad.
búfalo, *s. m. (zool.)* búfalo.
bufão, *s. m.* bufón; fanfarrón; bobo; truhán.
bufar, *v. i.* soplar; bufar; *v. t.* alardear; blasonar.
bufarinha, *s. f.* cosmético; buhonería; bujiganga; quincalla.
bufete, *s. m.* bufete; aparador de comedor; cantina.
bufo, *s. m.* soplo fuerte y rápido; *(zool.)* búho; avaro; policía secreto; *adj.* burlesco; jovial.
bufonear, *v. i.* bufonear; fanfarronear.
bugalhudo, *adj.* grande y rasgado (hablando de los ojos).
bugia, *s. f.* bujía, vela.
bugiar, *v. i.* monear, hacer monadas.
bugiaria, *s. f.* monada; visaje; monería; bagatela.
bugiganga, *s. f.* quincalla; bagatela.
buinho, *s. m.* mimbre.
buir, *v. t.* pulir; alisar.
bulbífero, *adj.* bulbífero; bulboso.
bulcão, *s. m.* niebla o nubarrones; tinieblas; humarada.
bule, *s. m.* tetera.
bulha, *s. f.* bulla; batahola; estruendo; desorden.
bulhão, *adj.* ruidoso; bullanguero; *s. m.* puñal antiguo; medallón.
bulhar, *v. i.* alborotar; reñir; bregar.
bulir, *v. i.* menearse; agitarse; oscilar; *v. t.* tocar; menear.
bumba!, *interj.* ¡zas!
bumbum, *s. m.* estruendo; zumbido; golpes repetidos.

buque, *s. m. (mar.)* buque, embarcación.
buraca, *s. f.* agujerazo; caverna.
buraco, *s. m.* agujero; orificio; cueva; madriguera; hoyo.
burel, *s. m.* cordellate; buriel; sayal.
burgo, *s. m.* burgo; arrabal de ciudad; villa; monasterio; pazo.
burguês, *s. m.* burgués; *adj.* ordinario; sin arte.
buril, *s. m.* buril; cincel.
burilar, *v. t.* labrar con buril; adornar.
burjaca, *s. f.* burjaca, saco de cuero; *(pop.)* chaquetón largo y ancho.
burlar, *v. t.* burlar; estafar; timar.
burrice, *s. f.* necedad; asnería; mal humor; terquedad.
burro, *s. m. (zool.)* burro; asno; pollino; jumento.
burudanga, *s. f.* palabrería confusa; algarabía.
bus, *s. m. nem chus nem bus:* sin hablar una palabra.
busca, *s. f.* busca; búsqueda; pesquisa; investigación.
busca-pé, *s. m.* buscapiés, cohete rastrero.
buscar, *v. t.* buscar; examinar; investigar.
bússola, *s. f.* brújula; guía.
busto, *s. m.* busto.
bute, *s. m.* calzado grosero para soldados y trabajadores.
buzarate, *adj.* botarate; badulaque; fanfarrón.
buzina, *s. f.* bocina; portavoz.
buzinar, *v. i.* bocinar; *(fig.)* hablar impertinentemente.
búzio, *s. m.* trompeta; bocina.

C

cá, *adv.* aquí.
cã, *s. f.* cana, cabello blanco.
cabaça, o calabaza; *(bot.)* calabacera, fruto y planta.
cabal, *adj.* cabal; completo; perfecto.
cabala, *s. f.* cábala; intriga.
cabalar, *v. i.* intrigar.
cabana, *s. f.* cabaña; choza; casa rústica.
cabaz, *s. m.* canasto.
cabazeiro, *s. m.* canastero.
cabear, *v. i.* colear, mover con frecuencia la cola (el caballo).
cabeça, *s. f.* cabeza; *(fig.)* cabecilla; jefe; dirigente; capital; metrópoli; inteligencia, tino.
cabecear, *v. i.* cabecear; inclinarse.
cabeceira, *s. f.* cabecera (de la cama); lomo de un libro; almohada.
cabecilha, *s. m.* cabecilla; caudillo.
cabeço, *s. m.* cabezo, cerro alto; otero.
cabedal, *s. m.* caudal; hacienda; bienes; dinero; cuero.
cabeladura, *s. f.* cabellera, cabelladura.
cabelame, *s. m.* conjunto de las raíces de una planta.
cabeleira, *s. f.* cabellera; cabelladura; crin; bisoñé; cola.
cabeleireiro, *s. m.* peluquero.
cabelo, *s. m.* cabello; muelle del reloj de bolsillo.
caber, *v. i.* caber; contener; convenir; comprender; entender; caber en suerte; poder entrar.
cabide, *s. m.* percha; paragüero.
cabidela, *s. f.* guisado de menudos y sangre de aves.
cabisbaixo, *adj.* cabizbajo; *(fig.)* abatido; vejado; avergonzado.
cabo, *s. m.* cabo; extremidad, fin, cola; cuerda gruesa; cabo; punta de tierra que se mete en el mar; *(mil.)* cabo, graduación; jefe; mango de un objeto; cable telegráfico.
cabotar *v. i.* Hacer cabotaje.
cabotino, *s. m.* cómico ambulante, títere; fantoche.
caboucar, *v. t.* e *i.* excavar; abrir zanjas.
cabouqueiro, *s. m.* zapador; cavador.
cabra, *s. f. (zool.)* cabra.
cabramo, *s. m.* soga.
cabrão, *s. m.* cabrón, el macho de la cabra.
cabrear, *v. i.* encabritar.
cabriola, *s. f.* cabriola.
cabritar, *v. i.* saltar, cabriolar, brincar.
cabrito-a, cabrito.
cabular, *v. i.* hacer novillos un estudiante.
caça, *s. f.* caza; persecución del enemigo.
caçar, *v. t.* e *i.* cazar; alcanzar; coger; conseguir.
cacarejador, *adj.* cacareador; parlanchín; hablador.
cacarejar, *v. i.* cacarear.
cacaréus, *s. m. pl.* trastos viejos.
caçarola, *s. f.* cacerola.
cacear, *v. i. (mar.)* ir inclinándose, el navío; ir a la deriva.
cacetada, *s. f.* bastonazo; porrazo.
cacete, *s. m.* porra; bastón corto y grueso; bordón; pan de trigo alargado para hacer torrijas.

cacetear, *v. t.* aporrear, dar porrazos; importunar.
cachaça, *s. f.* aguardiente de melaza.
cachação, *s. m.* puñetazo.
cachaçudo, *adj.* arrogante.
cachamorra, *s. f.* cachiporra, porra; garrote; garrota; estaca.
cachao, *s. m.* borbotón del agua hirviendo.
cachar, *v. t.* esconder, tapar.
cachear, *v. i.* llenarse, cubrirse de racimos las viñas.
cachecol, *s. m.* bufanda.
cacheira, *s. f.* porra, cachiporra; estaca, palo tosco; cayado.
cacheiro, *adj.* que se oculta.
cachené, *s. m.* bufanda.
cachimbar, *v. i.* fumar en pipa.
cachimónia, *s. f.* cabeza; juicio; memoria; capacidad.
cachinada, *s. f.* carcajada sarcástica.
cachinar, *v. i.* carcajear.
cacho, *s. m.* racimo; tirabuzón de cabello.
cachoante, *adj.* chorreante; burbujeante.
cachoar, *v. i.* borbotar, hervir a borbotones.
cachoeira, *s. f.* catarata; cascada.
cachola, *s. f.* cabeza; juicio, sensatez; molleja de aves.
cacholeta, *s. f.* coscorrón; ofensa.
cachopa-o, muchacha-o; moza-o.
cachopice, *s. f.* muchachada; travesura.
cachucho, *s. m.* anillo grueso.
cacifo o **cacifro,** *s. m.* cofre; caja; cajón; cesto para cosas de poco valor; esquina; escondite.
cacimba, *s. f.* rocío; relente; cacimba.
cacique, *s. m.* cacique.
caco, *s. m.* tiesto; trebejo, tareco; casco, cabeza.
caço, *s. m.* cazo; concha, cuchara del azucarero.
caçoada, *s. f.* motejo; broma, chacota; zumba; vaya.
caçoar, *v. t.* e *i.* burlar; escarnecer; zumbar.
caçoula, *s. f.* cacerola, vasija; cazuela.
cada, *pron.* o *adj. indef.* cada.
cadarço, *s. m.* cadarzo; galón; cinta estrecha; crisol.
cadastral, *adj.* catastral; censual.
cadáver, *s. m.* cadáver.
cadeado, *s. m.* candado; cafela, cerrojo.
cadeia, *s. f.* cadena; esposas de condenados; cárcel; calabozo; cautiverio.
cadeira, *s. f.* silla, asiento; cátedra; asignatura; *pl.* caderas, nalgas.
cadeixo, *s. m.* mechón de pelo.
cadela, *s. f. (zool.)* perra.
cadenciar, *v. t.* dar cadencia; acompasar; compasar.
cadente, *adj.* cadente; decadente; cadencioso; *estrela cadente:* asteroide, bólido.
caderneta, *s. f.* cuadernillo o libreta de apuntes; cartilla militar; cuaderno de estudios.
caderno, *s. m.* cuaderno.
cadilhos, *s. m. pl.* guarnición; *pl.* cuidados.
cadimo, *adj.* diestro; experto; usual.
cadinho, *s. m.* crisol, copela.
cadoz, *s. m.* cadozo; guarida o madriguera; cubo de la basura.
caducar, *v. i.* caducar; envejecer; volverse nulo; perder las fuerzas.
café, *s. m.* café.
cafeteira, *s. f.* cafetera.
cáfila, *s. f.* cáfila; caravana.
cafreal, *adj.* salvaje.
cafua, *s. f.* cueva; lugar obscuro; antro.
cágado, *s. m. (zool.)* tortuga; *s. m.* pícaro.
caiação, *s. f.* blanqueo; disfraz.
caiar, *v. t.* blanquear; blanquear con cosméticos.
cãibra, *s. f.* calambre.
caideiro, *adj. (pop.)* caduco, viejo.
caído, *adj.* caído; abatido; triste.

C

caimento, *s. m.* caimiento, caída; *(fig.)* postración; ruina.
cainhar, *v. i.* aullar o latir dolorosamente.
cainheza, *s. f.* avaricia; mezquindad.
cainho, *adj.* canino; *(fig.)* mezquino.
caipora, *adj.* infeliz.
cair, *v. i.* caer; pender; acontecer; incurrir; bajar; ser engañado o sorprendido; practicar; llegar; acontecer.
cais, *s. m.* andén.
caixa, *s. f.* caja; arca; estuche; cofre; tambor; pieza que resguarda a otra; receptáculo postal; noticia que sólo un periódico publica; parte del teatro; caja tipográfica; *s. m.* recaudador.
caixeiro, *s. m.* dependiente de casa comercial; cajero.
caixilho, *s. m.* marco de puerta o ventana; moldura o marco de cuadro; cerco.
cajadada, *s. f.* cayadazo; bastonazo.
cajado, *s. m.* cayado; bordón; bastón; báculo; amparo.
cala, *s. f.* silencio; ensenada estrecha entre rocas.
calaboiço o **calabouço,** *s. m.* calabozo; cárcel; prisión subterránea.
calabre, *s. m. (mar.)* cable; amarra.
calabrear, *v. t.* abonar las tierras; adulterar (vinos); confundir.
calaça, *s. f.* pereza.
calaçaria, *s. f.* holgazanería; ociosidad.
calacear o **calaceirar,** *v. i.* haraganear; vivir en la ociosidad.
calaceiro, *s. m.* perezoso; holgazán; vagabundo.
calada, *s. f.* callada; silencio.
calafrio, *s. m.* escalofrío; calofrío.
calamidade, *s. f.* calamidad; desgracia.
calamistrar, *v. t.* ondular; rizar; encrespar.
calamitoso, *adj.* calamitoso; desgraciado.
cálamo, *s. m.* cálamo; caña; estilo; *(bot.)* bálago.
calamocada, *s. f.* coscorrón; cabezazo; *(fig.)* perjuicio.
calamocar, *v. t.* dar coscorrones; damnificar.
calão, *s. m.* caló, jerga; germanía.
calar, *v. t.* callar; atravesar; ocultar; reprimir; convencer.
calçada, *s. f.* calzada; ladera.
calçado, *adj.* empedrado; calzado; *s. m.* calzado, zapato, alpargata.
calcador, *adj.* y *s. m.* calcador; prensatelas.
calção, *s. m.* calzón, pantalón corto.
calcar, *v. t.* calcar; esmagar; pisar; comprimir.
calçar, *v. t.* calzar los pies; empedrar; meter un calzo o cuña en revestir de acero la herramienta; *v. i.* usar calzado.
calças, *s. f. pl.* pantalones.
calceta, *s. f.* grillete; *s. m.* forzado.
calcetar, *v. t.* empedrar.
calcificar, *v. t.* calcificar.
calcinar, *v. t.* calcinar.
calcorreada, *s. f.* caminata a pie.
calcular, *v. t.* e *i.* calcular; valorar; apreciar; presumir; prever; regular.
calculista, *adj.* y *s. m.* proyectista.
calda, *s. f.* almíbar; jarabe.
caldear, *v. t.* caldear; templar; mezclar.
caldo, *s. m.* caldo.
cale, *s. f.* riego hecho en pieza larga de madera; calera; canal.
caleira, *s. f.* alero; canalería; canalón teja.
caleja, *s. f.* calleja, calle pequeña.
calejado, *adj.* calloso; *(fig.)* insensible.
calejar, *v. t.* e *i* encallecer; *(fig.)* hacerse insensible; habituarse.
calha, *s. f.* reguera; carril de ferrocarril.
calhamaço, *s. m.* libro grande, antiguo y sin valor; librote.
calhar, *v. i.* venir a tiempo, ser opor

tuno; acontecer; quedar bien; acertar.
calhau, *s. m.* callao; guijarro; canto; guijo; china.
calibre, *s. m.* calibre; dimensión; marca; valor.
cálido, *adj.* cálido; caliente.
caligem, *s. f.* oscuridad.
caligrafia, *s. f.* caligrafía.
calinada, *s. f.* tontería; estupidez.
calino, *adj.* y *s. m.* estúpido; necio; bobo.
calmar, *v. t.* e *i.* calmar; templar; sosegar.
calmaria, *s. f.* calma; *(fig.)* tranquilidad.
calmo, *adj.* calmoso; sosegado.
calo, *s. m.* callo; callosidad; *(fig.)* insensibilidad.
caloiro, *s. m.* estudiante de primer año de enseñanza superior.
calor, *s. m.* calor; *(fig.)* animación; entusiasmo.
caloroso, *adj.* calmoso; enérgico.
calote, *s. m.* deuda no pagada; estafa.
calotear, *v. t.* e *i.* no pagar lo que se debe; trampear; petardear.
caloteiro, *s. m.* estafador; engañador; petardista; tramposo; timador.
caluda!, *interj.* sirve para imponer silencio.
calúnia, *s. f.* calumnia; difamación.
caluniar, *v. t.* calumniar.
calva, *s. f.* calva.
calvejar, *v. t.* e *i.* encalvecer.
calvez o **calvície,** *s. f.* calvicie o calvez; alopecia.
calvo, *adj.* y *s. m.* calvo.
cama, *s. f.* cama; colchón; lecho; tálamo.
camada, *s. f.* capa; baño; camada; *(fig.)* clase; condición; categoría.
câmara, *s. f.* cámara; cuarto de dormir; asamblea legislativa.
camarada, *s. com.* camarada; colega; condiscípulo; compañero.
camarata, *s. f.* dormitorio de convento, colegio, etc.
camarço, *s. m. (pop.)* desgracia; enfermedad; infortunio.
camarote, *s. m.* palco (de teatro); camarote (de navío).
camartelo, *s. m.* escoda, trinchante; martillo de albañil; pico; picachón.
cambada, *s. f.* sarta; *(fig.)* canalla.
cambado, *adj.* cambado; patizambo; encorvado.
cambalacho, *s. m.* cambalache; prendería.
cambalear, *v. i.* cambalear; *(fig.)* vacilar.
cambalhota, *s. f.* voltereta, cabriola; pirueta.
cambapé, *s. m.* zancadilla; *(fig.)* emboscada; trampa.
cambar, *v. i.* encorvar; tambalear; entortar las piernas.
cambial, *adj.* cambial; *s. f.* letra de cambio.
cambiar, *v. t.* cambiar (monedas), trocar.
cambulhada, *s. f.* sarta; enfilada.
camelice, *s. f. (pop.)* estupidez, tontería.
camião, *s. m.* camión.
camila, *s. f.* camilla.
caminhada, *s. f.* caminata; jornada.
caminhar, *v. i.* caminar; andar; seguir; *v. t.* recorrer andando.
caminheiro, *adj.* caminante; *s. m.* viandante; correo.
caminho, *s. m.* camino; distancia; paso; dirección; carrera; *(fig.)* camino; vía o medio para conseguir un fin.
camionagem, *s. f.* transporte por camión o ferrocarril.
camisa, *s. f.* camisa; involucro; envoltorio.
camisola, *s. f.* camiseta.
camoeca, *s. f. (pop.)* embriaguez; somnolencia; gripe.
camomila o **camomilha,** *s. f. (bot.)* camomila, manzanilla.
campa, *s. f.* túmulo, losa sepulcral; campanilla de iglesia.

C

campanha, *s. f.* campaña; campo llano.
campar, *v. i.* ostentar; campar; acampar; brillar; jactarse.
campeão, *s. m.* campeón; defensor; paladín.
campear, *v. i.* campear; vivir en el campo; estar en campaña.
campesinho o **campesino,** *adj.* y *s. m.* campesino; rústico; campestre.
campino, *adj.* campesino; campestre; *s. m.* zagal; aldeano; vaquero; boyero; pastor.
campo, *s. m.* campo (en todas sus acepciones).
camponês, *s. m.* campesino; *adj.* campestre; aldeano.
camurçado, *adj.* gamuzado.
cana, *s. f. (bot.)* caña; flauta; instrumento de pesca; bastón.
canado, *s. m.* vasija de cuello ancho.
canal, *s. m.* canal, caz; *(fig.)* medio; modo; vía.
canalha, *s. f.* gente vil; canalla; sinvergüenza.
canalizar, *v. t.* canalizar.
canção, *s. f.* canción.
cancela, *s. f.* cancela, verjilla en el umbral de algunas puertas.
cancelar, *v. t.* cancelar; anular; borrar; concluir.
cancelário, *s. m.* canciller.
cancelo, *s. m.* pequeña puerta enrejada; adrales.
canceroso, *adj.* canceroso.
cançoneta, *s. f.* cancioneta.
cançonetista, *s. com.* cancionista.
cancro, *s. m. (med.)* cáncer; carcinoma.
candeeiro, *s. m.* candil; lamparilla; velón.
candeia, *s. f.* candela; candil; candileja.
candelabro, *s. m.* candelabro; candelero; araña, lámpara de cristal.
candente, *adj.* candente.
candidato, *s. m.* candidato.
candidez, *s. f.* candidez; blancura; *(fig.)* inocencia; simplicidad.
cândido, *adj.* cándido; blanco; *(fig.)* sincero; puro; inocente.
candonga, *s. f.* contrabando de géneros alimenticios; mercado negro; estraperlo.
candongueiro, *s. m.* aquel que hace *candonga;* contrabandista, estraperlista.
candura, *s. f.* albura; inocencia; ingenuidad; simplicidad; pureza.
caneca, *s. f.* Especie de vaso con asa, jarro.
caneco, *s. m.* especie de barril, con una o dos asas.
canejo, *adj.* relativo al perro, perruno.
canela, *s. f. (bot.)* canela; canelo; *(anat.)* tibia; canilla.
canelar, *v. t.* hacer surcos o estrías.
canelo, *s. m.* herradura de buey; hueso largo.
caneta, *s. f.* portaplumas.
cânfora, *s. f.* alcanfor.
canga, *s. f.* yugo; canga; *(fig.)* opresión; dominio.
cangalhas, *s. f. pl.* angarillas, albardas (para las cabalgaduras); *(pop.)* gafas.
cangalho *s. m.* palo del yugo; *(fig.)* cachivache; trasto.
cangar, *v. t.* enyugar, uncir el yugo; acoyundar.
canguinhas, *s. m.* hombre apocado, avaro; mezquino.
canha, *s. f.* la mano izquierda.
canhenho, *s. m.* agenda; cuaderno de apuntes.
canhonear, *v. t. (mil.)* cañonear; bombardear.
canhota, *s. f. (pop.)* la mano izquierda.
canhoto, *adj.* izquierdo; zurdo; *(fig.)* poco diestro.
caniço, *s. m.* caña delgada; cañizo; cañuela.
canicular, *adj.* canicular.
canil, *s. m.* perrera.
canivetada, *s. f.* navajada; navajazo.

canivete, *s. m.* navaja pequeña de bolsillo.
canja, *s. f.* sopa de gallina con arroz.
cano, *s. m.* caño, tubo, cañón; caño (de las armas); atanor; alcantarilla.
canoa, *s. f. (mar.)* canoa; bañera.
cânon o **cânone,** *s. m.* canon, regla; relación; tarifa; foro.
canonizar, *v. t.* canonizar.
canoro, *adj.* canoro; armonioso.
cansar, *v. t.* cansar; fatigar; importunar.
canseira, *s. f.* cansera; cansancio; moledera.
cantão, *s. m.* cantón; región; trozo de carretera.
cantar, *v. t.* cantar; alabar; *v. i.* soltar con la voz sones musicales; *(pop.)* replicar con energía; *s. m.* cántico; trova; canción.
cântara, *s. f.* cántara.
cântaro, *s. m.* cántaro; medio almud.
cantarolar, *v. t.* e *i.* canturrear; canturriar; cantusar.
canteira, *s. f.* cantera.
cântico, *s. m.* cántico; himno; canción; oda.
cantiga, *s. f.* cantiga.
cantil, *s. m.* escuadra; cantimplora; frasco.
cantinho, *s. m.* rinconcito; sitio escondido; pedacito.
canto, *s. m.* canto; himno; canción; composición lírica; esquina.
cantoneira, *s. f.* cantonera; esquinal; rinconera.
cantoneiro, *s. m.* peón caminero.
cantor, *s. m.* cantor.
canudo, *s. m.* tubo; cañuto; tirabuzón (del cabello); pliegue almidonado formando cañón; contrariedad.
cânula, *s. f. (med.)* cánula.
canzarrão, *s. m.* perrazo.
canzeiro, *adj.* y *s. m.* petardista; sablista; estafador, tramposo.
canzoada, *s. f.* jauría; perrada; perrería; *(fig.)* pandilla; gentuza.
cão, *s. m. (zool.)* perro.
caos, *s. m.* caos; confusión; *(fig.)* perturbación.
capa, *s. f.* capa; cubierta; pretexto; favor.
capacete, *s. m.* capacete; casco.
capacho, *s. m.* Ruedo; estera; baleo; *(fig.)* hombre servil, rastrero.
capacidade, *s. f.* capacidad; *(fig.)* inteligencia; ciencia.
capacitar, *v. t.* capacitar; persuadir.
capar, *v. t.* capar; castrar.
capataz, *s. m.* capataz.
capaz, *adj.* capaz; amplio; espacioso; apto.
capcioso, *adj.* capcioso; engañoso.
capeador, *s. m.* torero; capeador.
capear, *v. t.* capear; revestir; disfrazar.
capelista, *s. com.* quincallero.
capelo, *s. m.* capuchón; capucho; caperuza; capelo (de cardenal).
capilária, *s. f. (bot.)* capilera, helecho.
capilé, *s. m.* jarabe o caldo hecho con el jugo de la capilera.
capitalista, *s. com.* capitalista.
capitalizar, *v. t.* capitalizar.
capitão, *s. m.* capitán; comandante; jefe.
capitoso, *adj.* caprichoso; terco; obstinado; embriagador.
capitular, *adj.* capitular; mayúsculo; *v. t.* capitular; combinar; clasificar; acusar; *v. i.* rendirse.
capítulo, *s. m.* capítulo; cabildo; capítulo (de libro); colegiata.
capoeira, *s. f.* gallinero; caponera; *s. m.* salteador.
capoeirão, *s. m.* hombre bueno y viejo.
capoeiro, *s. m.* ladrón de gallinas; ladrón.
capote, *s. m.* abrigo.
caprichar, *v. i.* porfiar, obstinarse.
capricho, *s. m.* capricho; pundonor; antojo; obstinación; rareza.
caprino, *adj.* cabruno; caprino.
captar, *v. t.* captar; obtener; atraer; interceptar.

C

captor, *adj.* y *s. m.* capturador; captor; aprehensor.
captura, *s. f.* captura; prisión.
capturar, *v. t.* capturar; prender; aprehender.
capucha, *s. f.* capucho; capucha.
capuz, *s. m.* capucha; caperuza.
cara, *s. f.* cara; semblante.
carabina, *s. f.* carabina.
caraça, *s. f.* caraza; careta; antifaz.
caracolar, *v. i.* caracolear; zigzaguear.
carácter, *s. m.* carácter; cuño; cualidad; índole; genio; dignidad; *(impr.)* tipo.
característica, *s. f.* característica.
caracterizar, *v. t.* caracterizar.
caramanchão, *s. m.* enramada; pérgola.
caramba!, *interj.* ¡caramba!, designa admiración, ironía o impaciencia.
carambola, *s. f.* carambola; *(fig.)* enredo, embuste.
caramboleiro, *adj.* y *s. m.* Enredador, trapacero; intrigante.
carambolice, *s. f.* carambola; trampa; embuste; trapaza.
caramelo, *s. m.* caramelo.
caraminholas, *s. f. pl.* mentiras, engaños, patrañas.
caramunhar, *v. i.* lloriquear; gimotear; llorar; lamentarse.
caranguejar, *v. i.* andar como el cangrejo; retroceder.
carantonha, *s. f.* carantoña, carantamaula.
carapeta, *s. f.* peón; peonza; *(fig.)* broma; mentira inofensiva.
carapetão, *s. m.* gran mentira.
carapeteiro, *adj.* y *s. m.* mentiroso, embustero.
carapinho, *adj.* crespo, rizado.
carapuça, *s. f.* caperuza; capuz.
caravela, *s. f.* carabela.
carbóneo, *adj.* carbónico.
carbúnculo, *s. m. (vet.)* carbunco.
carburador, *s. m.* carburador.
carcaça, *s. f.* caparazón (de cualquier animal); esqueleto; osamenta, armazón; casco viejo de un buque; carcasa.
carcel, *s. m.* lámpara de suspensión.
carcela, *s. f.* manera (en la bragueta de los pantalones).
cárcere, *s. m.* cárcel; prisión.
cardar, *v. t.* cardar; desenredar.
cardenho, *s. m.* choza, casa miserable.
cardina, *s. f.* cascarria; cazcarria; porquería; *(pop.)* borrachera.
cardinal, *adj.* cardinal; principal.
careca, *s. f.* calva; *s. com.* persona calva.
carecente, *adj.* careciente; necesitado.
carecer, *v. i.* carecer; necesitar.
carência, *s. f.* carencia; necesidad.
carepa, *s. f.* vello de algunos frutos; aspereza cutánea; sarna.
carestia, *s. f.* carestía (precio subido).
careta, *s. f.* mueca; visaje; careta.
caretear, *v. i.* cocar; momear; visajear.
cargo, *s. m.* cargo; carga; peso; función o empleo; obligación; gasto.
cargueiro, *adj.* y *s. m.* carguero; arriero; acemilero; almocrebe.
cariar, *v. i.* cariarse; corromperse.
caricaturar, *v. t.* caricaturizar; caricaturar.
carícia, *s. f.* caricia; halago; mimo.
caridade, *s. f.* caridad; compasión.
caridoso, *adj.* caritativo; caridoso.
cárie, *s. f.* caries; caroncho; carcoma; polilla.
carimbagem, *s. f.* selladura.
carimbar, *v. t.* sellar; estampar.
carimbo, *s. m.* matasello.
carinho, *s. m.* cariño; amor; mimo; halago; caricia.
carinhoso, *adj.* afectuoso; afable.
cariz, *s. m.* semblante; aspecto; cariz (aspecto de la atmósfera).
carlinga, *s. f. (mar.)* carlinga.
carme, *s. m.* carmen; verso.
carminar, *v. t.* teñir con carmín.
carmona, *s. f.* falleba.
carnaça, *s. f.* carnaza; mucha carne; prominencia carnosa.

carnadura, *s. f.* carnadura; musculatura.
carnagem, *s. f.* mortandad; matanza de animales.
carnal, *adj.* carnal; sensual; cosanguíneo.
carnalidade, *s. f.* carnalidad; sensualidad.
carnaval, *s. m.* carnaval.
carne, *s. f.* carne; sensualidad; pulpa de los frutos; consanguinidad.
carniçaria, *s. f.* carnicería; mortandad de gente; carnicería, tienda.
carnificina, *s. f.* exterminio; matanza.
carnoso, *adj.* carnoso; carnudo.
caro, *adj.* caro, subido de precio; *(fig.)* amado; querido; *adv.* caro.
caroável, *adj.* cariñoso; amable; afectuoso.
carocho, *adj.* obscuro; trigueño; negro.
caroço, *s. m.* carozo; glándula hinchada y dura; *(pop.)* dinero.
carola, *adj.* fanático; *s. m.* devoto; sacerdote.
carolo, *s. m.* espiga de maíz después de desgranada; coca, coscorrón con los dedos en la cabeza; chichón.
carpido, *s. m.* quejido; lloro; llanto; plañido.
carpintaria, *s. f.* carpintería.
carpir, *v. t.* coger; mondar; carpir; arrancar (el pelo) en señal de dolor.
carpo, *s. m. (anat.)* carpo; pulso; puño; fruto.
carquilha, *s. f.* arruga; pliegue.
carrada, *s. f.* carrada; carretada.
carranca, *s. f.* semblante enfurruñado; mascarón; careta; carátula; carlanca; carranca; cara de piedra, madera o metal.
carranchas, *s. f. pl. levar às carranchas:* llevar a horcajadas.
carrancudo, *adj.* ceñudo; malhumorado; torvo; fosco.
carrapata, *s. f.* herida que se agravó; *(fig.)* dificultad.
carrapicho, *s. m.* Moño, pequeña porción de cabello atado en lo alto de la cabeza.
carrapito, *s. m.* Cuerno; moñito de cabellos en la parte alta de la cabeza.
carrasco, *s. m. (bot.)* especie de roble; caramillo, arbusto silvestre; verdugo.
carrear, *v. t.* acarrear; acarretar; carretear.
carregação, *s. f.* carga; cargamento.
carregador, *s. m.* esportillero; cargador; mozo de cuerda; fletador.
carregar, *v. t.* cargar; exagerar; vejar; imputar; meter proyectiles en acumular electricidad.
carrego, *s. m.* carga; cargazón; peso.
carreira, *s. f.* camino carretero; carrera; curso de los astros; carrerilla, línea de puntos; crencha, raya que divide el pelo; profesión de las armas, ciencias, letras, etc; ruta.
carreiro, *s. m.* carrero; carretero; camino estrecho.
carrete, *s. m.* carrete; carretel.
carreteiro, *s. m.* carretero; mandadero; demandadero; cargador.
carretilha, *s. f.* instrumento con rueda dentada para cortar la masa; broca de herrero; pequeño carro de una rueda; carretilla.
carreto, *s. m.* carreteo; flete; precio del transporte; *(fig.)* encargo.
carrilar, *v. t.* e *i.* encarrilar.
carrilhão, *s. m.* reloj de música; carillón.
carriola, *s. f.* carro pequeño; carreta, carro ordinario.
carripana, *s. f.* carricoche.
carro, *s. m.* carro; carreta; coche; carruaje.
carroça, *s. f.* carreta; carro; carretón; carroza.
carrocel, *s. m.* tiovivo, aparato giratorio.
carta, *s. f.* carta; naipe; mapa.
cartada, *s. f.* jugada (acción de jugar un naipe); lance.

C

cartão, *s. m.* cartón; tarjeta de visita.
cartaz, *s. m.* cartel; anuncio; letrero.
carteiro, *s. m.* cartero.
cartel, *s. m.* cartel; provocación; dístico; rótulo; categoría.
cartilaginoso, *adj.* cartilaginoso.
cartilha, *s. f.* cartilla; catón; catecismo.
cartonagem, *s. f.* cartonaje.
cartonar, *v. t.* encuadernar; encartonar.
cartorário, *s. m.* cartulario; escribano.
cartório, *s. m.* archivo de documentos públicos; notaría.
cartucho, *s. m.* cartucho.
caruma o **carumba,** *s. f.* tamuja; borrajo; alhumajo.
carunchar, *v. i.* carcomerse; enmohecerse; apodrecer.
carvalho, *s. m. (bot.)* roble.
carvão, *s. m.* carbón.
casa, *s. f.* ojal para botones; casilla; vivienda; familia; bienes; casa (militar o civil del Jefe del Estado).
casacão, *s. m.* gabán; sobretodo; abrigo; chaquetón.
casaco, *s. m.* chaqueta (prenda de vestir); chaquetón.
casaleiro, *adj.* arrendatario.
casalejo, *s. m.* casita de campo; vd. *casebre.*
casamento, *s. m.* casamiento; matrimonio; nupcias; enlace.
casão, *s. m.* casona; caserón, casarón.
casar, *v. t.* e *i.* casar; unir por casamiento.
casca, *s. f.* cáscara; corteza; hollejo.
cascalhar, *v. i.* carcajear, reír a carcajadas.
cascalho, *s. m.* cascajo; guijo; morrillo; grava; escombro.
cascão, *s. m.* costra; postilla; cascarria, cazcarria.
cascar, *v. t.* e *i.* descascarar; descascar; descortezar; *(fig.)* cascar; censurar.
cascata, *s. f.* cascada, salto de agua; *(pop.)* mujer vieja y pretenciosa; pesebre.
casco, *s. m.* casco, cráneo; casco (buque); casco (uña).
cascudo, *s. m.* coca (golpe en la cabeza); coscorrón.
casear, *v. t.* e *i.* ojalar, hacer ojales; hacer casas para vivienda.
casebre, *s. m.* casucha; tugurio.
caseiro, *adj.* casero; casariego; *s. m.* inquilino; casero (de una finca).
caserna, *s. f.* cuartel; dormitorio para soldados.
casinha, *s. f.* casita; *(fam.)* letrina; puesto de carabineros.
casinhola, *s. f.* o **casinholo,** *s. m.* casa pequeña, pobre y de construcción ligera.
casmurro, *adj.* y *s. m.* terco, testarudo, tozudo, cazurro.
caso, *s. m.* caso; acontecimiento; suceso; lance; ocasión; casualidad; coyuntura.
casório, *s. m. (pop.)* casamiento; casorio; bodijo; bodorrio.
cáspite!, *interj.* ¡cáspita!
casqueiro, *s. m.* desbastador de madera; corteza de pan.
casquejar, *v. i.* cicatrizar.
casquilho, *adj.* elegante; petrimetre; *s. m.* pisaverde; casquillo; aro de metal.
casquinar, *v. i.* carcajear, reír a carcajadas.
casquinha, *s. f.* cáscara fina; madera de pino de Flandes; hoja fina de un metal precioso.
cassação, *s. f.* casación; anulación.
cassar, *v. t.* casar, abrogar, anular.
casta, *s. f.* casta; raza; especie; variedad; cualidad.
castanho, *adj.* y *s. m.* castaño.
castanholas, *s. f. pl.* castañuelas, castañetas.
castão, *s. m.* puño, de bastón y otros utensilios.
castelo, *s. m.* castillo.

castiçal, *s. m.* candelero; candelabro; velón; cirial.
castiço, *adj.* castizo; puro; genuino.
castigar, *v. t.* castigar; mortificar, afligir.
castigo, *s. m.* castigo; punición; pena; reprensión.
casto, *adj.* casto; puro; inocente.
castrar, *v. t.* castrar.
castro, *s. m.* castro, castillo romano.
casual, *adj.* casual; accidental; fortuito.
casualidade, *s. f.* casualidad.
casula, *s. f.* casulla (vestidura sagrada).
casulo, *s. m.* capullo (del gusano de seda); *(bot.)* cápsula que envuelve las semillas.
casuloso, *adj.* lleno de cápsulas o capullos.
cata, *s. f.* busca; búsqueda; pesquisa.
cataclismo, *s. m.* cataclismo; inundación.
catadura, *s. f.* catadura; semblante; aspecto.
catalisador, *s. m. (quím.)* catalizador.
catalogar, *v. t.* catalogar.
catanada, *s. f.* catanada; sablazo; *(fig.)* reprimenda.
catão, *s. m. (fig.)* hombre austero, rígido.
catapultar, *v. t.* acometer con catapulta.
catar, *v. t.* catar; buscar; procurar; solicitar; despiojar; espulgar; ver; examinar.
catarral, *adj.* catarral; *s. m.* bronquitis aguda.
catarro, *s. m.* catarro; bronquitis.
catástrofe, *s. f.* catástrofe; desgracia grande.
categorização, *s. f.* categorización, acción.
categorizar, *v. t.* categorizar; calificar; clasificar.
catequizar, *v. t.* catequizar.
catilinária, *s. f.* catilinaria; *(fig.)* represión.
catingar, *v. i.* mostrarse miserable o mezquino; despedir mal olor.
catita, *s. com.* y *adj.* persona elegante; coquetón; acicalado; peripuesto.
catitismo, *s. m.* acicalamiento; elegancia; dandismo.
cativar, *v. t.* cautivar; ganar; seducir; atraer.
cativeiro, *s. m.* cautiverio.
cativo, *adj.* y *s. m.* cautivo; sometido; encarcelado; prisionero; seducido.
catolicizar, *v. t.* catolizar, hacer católico.
catorze, *num. card.* catorce.
catrafilar, *v. t.* encarcelar; trincar; agarrar fuertemente.
catraia, *s. f.* balsa; bote.
catraio, *s. m.* niño, chiquillo.
catrapiscar, *v. t.* guiñar los ojos al enamorar.
catre, *s. m.* catre; camilla.
caturra, *s. com.* persona terca; pertinaz; tozudo.
caturrar, *v. i.* porfiar, obstinarse.
caução, *s. f.* caución; cautela; fianza; garantía.
caucionar, *v. t.* caucionar.
cauda, *s. f.* cola; rabo; cola (de vestido); el fin; la cola; retaguardia.
caudaloso, *adj.* caudaloso; copioso.
caudilhar, *v. t.* acaudillar.
caule, *s. m. (bot.)* caule; tallo.
caurineiro, *s. m.* tramposo, sablista, timador.
causa, *s. f.* causa; razón; agente; origen; partido.
causal, *s. f.* razón; motivo.
causalidade, *s. f.* causalidad; causa; origen.
causar, *v. t.* causar; producir; originar.
causídico, *s. m.* abogado; causídico.
causticante, *(fig.)* importuno; enojante.
cautela, *s. f.* cautela; cuidado; precaución.
cauteloso, *adj.* cauteloso; cuidadoso.
cauterizar, *v. t.* cauterizar.

C

cauto, *adj.* cauto; prudente.
cava, *s. f.* cava; bodega.
cavaco, *s. m.* astillas de madera; tamuja; borrajo; *(fam.)* conversación.
cavado, *adj.* excavado; hondo; cóncavo.
cavalada, *s. f.* caballada; disparate; barbaridad.
cavalariça, *s. f.* caballeriza; cuadra.
cavaleiro-a, caballero; jinete; noble; palatino.
cavaleiroso, *adj.* caballeroso; esforzado.
cavalete, *s. m.* caballete (para pintar); *(mús.)* caballete; potro de tortura.
cavalgar, *v. i.* cabalgar, montar a caballo; *v. t.* montar sobre.
cavalheirismo. *s. m.* caballerosidad; hidalguía.
cavalheiro, *s. m.* caballero, hombre noble, hombre de buenas acciones.
cavalo, *s. m. (zool.)* caballo; solípedo; *(pat.)* cáncer sifilítico; pieza de ajedrez.
cavaquear, *v. i.* charlar.
cavaqueira, *s. f.* charla.
cavar, *v. t.* cavar; excavar; ahondar; penetrar; cortar las sisas en los vestidos; hacer cóncavo.
cavatina, *s. f. (mús.)* cavatina.
caveira *(a), s. f.* calavera.
caverna, *s. f.* caverna; cavidad subterránea; antro; cueva; *(med.)* caverna.
cavername, *s. m. (mar.)* armazón del navío; *(pop.)* esqueleto, osamenta.
cavidade, *s. f.* cavidad; cueva.
cavilação, *s. f.* cavilación; sofisma; sutileza.
cavilador, *s. m.* fraudulento; engañador.
cavilar, *v. i.* cavilar; escarnecer.
cavilha, *s. f.* clavija; perno.
cavilhar, *v. t.* enclavijar.
caviloso, *adj.* capcioso; sofístico.
cavo, *adj.* hueco; hondo; profundo; cóncavo; ronco.
cavoucar, *v. t.* cavar, excavar.
cear, *v. t.* cenar.
cebola, *s. f. (bot.)* cebolla.
ceco, *s. m. (anat.)* ciego.
ceder, *v. t.* ceder; pasar; dar; *v. i.* rendirse, aflojarse.
cediço, *adj.* reposado; corrupto; avejentado.
cedinho, *adv.* tempranito; muy temprano.
cedo, *adv.* temprano; de prisa; pronto.
cédula, *s. f.* cédula; billete.
cegar, *v. t.* cegar; privar de la vista; *(fig.)* deslumbrar; quitar el filo; embotar; *v. i.* quedar ciego.
cego, *adj.* ciego; ofuscado; alucinado; *s. m. (anat.)* ciego.
cegueira, *s. f.* ceguera; ceguedad; ignorancia; fanatismo.
ceia, *s. f.* cena.
ceifa, *s. f.* siega; *(fig.)* mortandad.
ceifar, *v. t.* segar; cortar los cereales.
cela, *s. f.* celda; cámara; alcoba; celdilla.
celebração, *s. f.* celebración.
celebrar, *v. t.* celebrar; efectuar; exaltar; conmemorar; *v. i.* misar, decir misa.
célebre, *adj.* célebre, famoso; notable.
celebrizar, *v. t.* hacer célebre; festejar; conmemorar.
celeireiro, *s. m.* guarda, celador de un granero.
celeiro, *s. m.* granero; silo; alfolí.
celeradamente, *adv.* con perversión.
celerado, *adj.* y *s.* malvado; criminal; perverso.
célere, *adj.* célere; veloz; ligero.
celeridade, *s. f.* celeridad; rapidez.
celeste, *adj.* celeste (relativo al cielo); *(fig.)* perfecto; delicioso.
celeuma, *s. f.* gritería; vocerío; algazara.
celha, *s. f.* o **celhas,** *s. f. pl.* pestaña (de los párpados); pelos que crían al borde de las hojas algunas plantas.
celibato, *s. m.* celibato; soltería.

celso, *adj.* excelso; elevado; sublime; alto.
célula, *s. f. (bot.) (zool.)* célula; *(anat.)* célula; cavidad, hueco; celda o celdilla (en las colmenas).
cem, *num. card.* cien; ciento; centena.
cena, *s. f.* escena; escenario.
cenho, *s. m.* ceño; rostro severo.
cénico, *adj.* escénico; teatral.
cenoura, *s. f. (bot.)* zanahoria.
cenrada, *s. f.* lejía; colada (para lavar la ropa).
cenreira, *s. f. (pop.)* terquedad: tozudez; antipatía.
censo, *s. m.* censo; padrón.
censor, *s. m.* censor; crítico.
censurar, *v. t.* censurar; vituperar; reprobar; criticar.
centavo, *s. m.* centavo; centésimo; centavo (moneda).
centelhar, *v. i.* centellar; centellear.
centenar, *s. f.* centena; centenar.
centenário, *adj.* y *s. m.* centenario; secular.
centesimal, *adj.* centesimal.
centiare, *s. m.* centiárea; metro cuadrado.
cento, *s. m.* ciento; cien.
central, *adj.* central; céntrico; *s. f.* central, fábrica donde se produce la energía eléctrica.
centro, *s. m.* centro.
cêntuplo, *adj.* y *s. m.* céntuplo.
centúria, *s. f.* centuria; centena; centenar.
cepa, *s. f.* cepa, parte del tronco de un árbol con raíces gruesas; cepa, tronco de la vid y toda la planta.
cepilho, *s. m.* cepillo de carpintero; especie de lima; parte anterior y elevada de la silla de montar.
ceptro, *s. m.* cetro; realeza.
cepudo, *adj.* grueso; tosco; informe.
cera, *s. f.* cera; vela de cera.
cerca, *s. f.* cerca; vallado; cercado; tapia.
cercador, *s. m.* cercador.
cercadura, *s. f.* cerca; orla; orilla.
cercania, *s. f.* cercanía.
cercão, *adj.* cercano.
cercar, *v. t.* cercar.
cerce, *adv.* y *adj.* a raíz; cercén.
cercear, *v. t.* cercenar; *(fig.)* disminuir; acortar.
cerco, *s. m.* cerco; asedio; círculo; cerca; vallado.
cerda, *s. f.* cerda, pelo grueso, áspero.
cerdo, *s. m. (zool.)* cerdo; puerco; marrano.
cereja, *s. f.* cereza.
cerimónia, *s. f.* ceremonia; pompa; cortesía.
cerimoniar, *v. t.* celebrar o tratar ceremoniosamente.
cernelha, *s. f.* lomo.
ceroulas, *s. f. pl.* calzoncillos largos.
cerqueiro, *adj.* que cerca o circunda; cercador; *s. m.* jardinero.
cerração, *s. f.* cerrazón, niebla espesa.
cerrado, *s. m.* cerrado; cercado.
cerrar, *v. t.* cerrar; tapar; vedar; juntar; ocultar; terminar; pelear.
cerro, *s. m.* cerro; otero.
certame o **certâmen,** *s. m.* certamen; lucha, debate; discusión.
certeiro, *adj.* certero; exacto; cierto.
certeza, *s. f.* certeza; acierto; convicción; certidumbre.
certidão, *s. f.* certificado; certificación.
certificar, *v. t.* certificar; afirmar; atestiguar.
certo, *adj.* cierto; verdadero; exacto; infalible; certero; fijado.
cerume o **cerúmen,** *s. m. (anat.)* cerumen.
cerva-o, cierva-o.
cerval, *adj.* cervuno.
cerveja, *s. f.* cerveza.
cervejaria, *s. f.* cervecería.
cerviz, *s. f.* cerviz; cabeza; nuca.
cerzideira, *s. f.* zurcidora; aguja de zurcir.
cerzidura, *s. f.* zurcido.
cerzir, *v. t.* zurcir; intercalar.
céspede, *s. m.* césped, céspede.

cessação, *s. f.* cesación; fin; interrupción.

cessante, *adj.* cesante.

cessão, *s. f.* cesión; dejación.

cessar, *v. i.* cesar; parar; desistir; acabar; *v. t.* dejar de hacer.

cesta-o, cesta-o.

cestaria, *s. f.* cestería.

cesura, *s. f.* cesura; *(cir.)* cisura; rotura; incisión; cicatriz.

cesurar, *v. t.* hacer una herida, incisión o corte.

cetinoso, *adj.* suave como el satén.

céu, *s. m.* cielo; firmamento; atmósfera; clima.

ceva, *s. f.* ceba; cebadura; cerdo cebado.

cevado, *s. m.* cebado, cerdo que se cebó.

cevar, *v. t.* cebar; alimentar; hartar; fomentar; enriquecer.

cevo, *s. m.* cebo, carnada.

chã, *s. f.* llanura; planicie; carne del muslo.

chacina, *s. f.* chacina; matanza; cecina.

chacinar, *v. t.* chacinar; acecinar.

chacota, *s. f.* chacota; burla; vaya, chanza.

chacotear, *v. t.* chacotear; chancear, zumbar.

chafarica, *s. f.* logia masónica; *(pop.)* taberna; abacería.

chafurda, *s. f.* pocilga; porqueriza; chiquero; zahurda.

chafurdar, *v. i.* enlodarse; revolcarse en el fango; *(fig.)* atollarse (en el vicio); atascarse.

chaga, *s. f.* llaga, herida abierta; incisión.

chagar, *v. t.* llagar; ulcerar; herir.

chalaça, *s. f.* burla; befa; chanza; cuchufleta.

chalacear, *v. i.* bromear; chancear; cuchufletear.

chalé, *s. m.* chalet.

chaleira, *s. f.* tetera. (chácte).

chalrar, *v. i.* chirlar; chirriar; chillar (los pájaros); charlar, parlar.

chalreada, *s. f.* chillería; vocerío; chirrido, chillido.

chama, *s. f.* llamarada; llama (del fuego); luz; *(fig.)* ardor; pasión.

chamada, *s. f.* llamada; llamamiento.

chamar, *v. t.* e *i.* llamar; convocar; invocar; atraer; mandar venir; dar nombre a; denominar; nombrar.

chamariz, *s. m.* reclamo, para cazar; cebo; reclamo; ave; chamariz.

chambão, *s. m.* carne de mala clase; contrapeso de la carne; *adj.* chambón; chapucero; grosero.

chamejar, *v. i.* llamear, arder; *(fig.)* encolerizarse; irarse; *v. t.* chamuscar.

chamelote, *s. m.* camelote, tejido.

chamiço, *s. m.* chamizo; chamarasca, leña menuda; pinocha.

chaminé, *s. f.* chimenea.

chamusca-o, chamusquina; chamusco.

chamuscar, *v. t.* chamuscar.

chanca, *s. f.* chancla; zueco.

chança, *s. f.* chanza; dicho burlón; vanidad.

chancela, *s. f.* sello; rúbrica.

chancelar, *v. t.* sellar; rubricar; firmar.

chanfana, *s. f.* chanfaina; guisote.

chanfaneiro, *s. m.* tripicallero, vendedor de callos; bodeguero; tabernero.

chão, *adj.* llano, allanado, liso; conforme; sencillo; accesible; *s. m.* suelo, superficie de la tierra; terreno; pavimento.

chapa, *s. f.* chapa; plancha; disco (del gramófono).

chapado, *adj.* *(pop.)* igual; perfecto; entero.

chapar, *v. t.* chapear; chapar; acuñar; estampar; marcar, señalar.

chapear, *v. t.* chapear; acuñar; estampar.

chapeirão, *s. m.* chaperón; sombrerazo.
chapéu, *s. m.* sombrero.
chapinhar, *v. t.* e *i.* chapotear, chapuzar; salpicar; asperjar.
charada, *s. f.* enigma.
charamela, *s. f. (mús.)* chirimía; charamella; dulzaina; flauta rústica.
charanga, *s. f.* charanga.
charão, *s. m.* barniz de laca de China.
charco, *s. m.* charco; charca; lodazal; cilanco.
charivari, *s. m.* desorden; zaragata; alboroto.
charla, *s. f.* charla; parla; parloteo.
charlar, *v. i.* charlar; parlar.
charlatanear, *v. i.* charlatanear; charlar.
charlatão, *s. m.* charlatán; trápala; embaidor.
charneira, *s. f.* bisagra de puerta.
charro, *adj.* charro; tosco; basto, de mal gusto.
charuto, *s. m.* cigarro puro.
chasco, *s. m.* chacota; chanza; zumba; chasco, broma o engaño.
chasquear, *v. t.* e *i.* chasquear; burlarse; cachifollar.
chatice, *s. f.* majadería; bajeza; impertinencia.
chatim o **chatinador,** *s. m.* bellaco, tunante.
chatinar, *v. i.* traficar; sobornar.
chato, *adj.* chato; achatado; plano; aplastado; liso.
chavão, *s. m.* llave grande; modelo; patrón; fórmula usual.
chavascal, *s. m.* lugar asqueroso; chapatal; lodazal; ciénaga; pocilga.
chavascar, *v. t.* chapucear.
chavasco, *adj.* grosero; rudo; chapucero; *s. m.* ducha.
chave, *s. f.* llave; señal gráfico; cúpula; destornillador; grifo metálico para toneles; *(fig.)* solución; explicación.
chaveiroso, *adj. (fam.)* delgado; flaco.
chavelha, *s. f.* chaveta, clavija; timón (del arado).
chávena, *s. f.* taza (para café, leche, o té); jícara.
chaveta, *s. f.* chaveta; clavija; lengüeta; señal gráfico.
chefe, *s. com.* jefe.
chefiar, *v. tr.* dirigir, comandar, gobernar.
chega, *s. f. (fam.)* censura, reprimenda.
chegada, *s. f.* llegada; venida; aproximación.
chegadeira, *s. f.* alcahueta.
chegadela, *s. f.* acercamiento; llegada rápida; *(fig.)* represión.
chegado, *adj.* y *s.* allegado; pariente; deudo; cercano; próximo.
chegamento, *s. m.* llegada.
cheganço, *s. m. (pop.)* reprensión; censura.
chegar, *v. t.* e *i.* llegar; venir; pegar; meltratar; dar entrada en; regresar; tocar; bastar.
cheia, *s. f.* llena; avenida; inundación.
cheio, *adj.* lleno; henchido; ocupado; cubierto; rico; harto; completo.
cheirar, *v. t.* oler; meter la nariz; pesquisar; *v. i.* tener olor; exhalar olor; tener semejanza.
cheirete, *s. m.* mal olor; hedor.
cheirinho, *s. m.* fragancia; perfume agradable.
cheiro, *s. m.* olor; olfato; fragancia; hedor; *(fig.)* fama; rastro; indicio.
cheiroso, *adj.* oloroso; fragante; perfumado.
cheirum, *s. m.* hedor; pestilencia.
cheque, *s. m.* cheque; jaque (lance del ajedrez); *(fig.)* peligro, riesgo; bohemio, checo.
chi, *s. m.* abrazo.
chiar, *v. i.* chillar; rechinar; chirriar.
chiba, *s. f.* chiva, cabra joven; cabrita; borrachera; indigestión.
chibança, *s. f.* jactancia; baladronada; fanfarronería.

chibantear, *v. i.* baladronar, fanfarronear.
chibata, *s. f.* vara, para castigar, látigo; vergajo; azote.
chibatada, *s. f.* varazo; vergajazo; porrazo.
chibatar, *v. t.* pegar; castigar; varar; azotar.
chibato, *s. m.* chivato, chivo joven.
chicana, *s. f.* sofisma.
chicaneiro, *s. m.* chicanero; trapacero; tramposo.
chischisbéu, *s. m.* cortejador.
chicória, *s. f.* *(bot.)* achicoria.
chicotada, *s. f.* azote; latigazo, chicotazo.
chicote, *s. m.* *(mar.)* chicote (punta y cuerda o cabo); rebenque; chicote; azote.
chieira, *s. f.* *(pop.)* vanidad, presunción.
chifrar, *v. t.* raer, raspar (el cuero).
chifre, *s. m.* cuerno; asta.
chilique, *s. m.* *(pop.)* desmayo; síncope; vahído; mareo.
chilrada, *s. f.* chillido, chirrido (de los pájaros).
chilrar, *v. i.* chirriar, chirrear; chillar (los pájaros).
chilreio, *s. m.* chirrido.
chimpar, *v. t.* *(pop.)* pegar; dar; aplicar.
chincar, *v. t.* gozar; atrapar; lucrar; lograr; titubear.
chinela-o, chinela; chancleta.
chinês, *adj.* y *s. m.* chino.
chinfrim, *s. m.* *(pop.)* barullo; alboroto, bulla.
chinfrinada, *s. f.* alboroto; cosa ridícula u ordinaria; gazapina.
chinfrinar, *v. i.* alborotar; embullar; camorrear.
chinó, *s. m.* peluca; cabellera postiza; peluquín; bisoñé.
chio, *s. m.* chillido; chirrido.
chique, *adj.* acicalado; hermoso; elegante; *s. m.* chic.
chiqueiro, *s. m.* chiquero; pocilga, zahurda.
chiquismo, *s. m.* rigor de la moda; elegancia.
chirinola, *s. f.* *(pop.)* confusión; enredo; embrollo; trampa.
chisnar, *v. t.* tostar; torrar; quemar.
chispa, *s. f.* centella; chispa; *(fig.)* agudeza; talento.
chiste, *s. m.* chiste; broma; burla; chanza.
chitão, *interj.* ¡chitón!, ¡silencio!, ¡chito!
choca, *s. f.* zumbón; cencerro; cascarría, cazcarria; vaca que sirve de guía a los toros bravos.
choça, *s. f.* cabaña; choza; casucha; carbón de leña.
chocadeira, *s. f.* incubadora.
chocalhar, *v. t.* agitar, sacudir; *v. i.* cencerrear; *(fig.)* chismear.
chocalhice, *s. f.* chismería; habladuría.
chocar, *v. i.* encoclar; encoclarse; encobar; fermentar; podrirse; *v. t.* empollar, incubar (calentar el ave los huevos).
chocarreiro, *adj.* y *s. m.* truhán; bobo.
chochice, *s. f.* insipidez; *pl.* estupideces.
chochinha, *s. com.* estúpido; tacaño.
chocho, *adj.* seco, vacío (algunos frutos); huero (hablando de huevo); *(fig.)* insípido; caduco.
chocolate, *s. m.* chocolate (pasta y bebida).
chofrada, *s. f.* golpe repentino.
chofrar, *v. t.* herir de improviso; tirar de súbito; dar; *(fig.)* herir, vejar.
chofre, *s. m.* tacazo; golpe repentino; choque.
choldra, *s. f.* *(pop.)* cosa inútil; gente ordinaria; chusma.
choque, *s. m.* choque; *(fig.)* contienda; oposición; disputa; riña; sacudimiento; conmoción.
choquento, *adj.* clueco; lleno de salpicones de barro; *(fig.)* débil; flaco.

choquice, *s. f. (fig.)* abatimiento; debilidad.
choradeira, *s. f.* llorona; plañidera; lloradera; lloriqueo.
choramingar, *v. i.* lloriquear; gimotear; plañir.
chorão, *s. m. (bot.)* llorón, sauce llorón.
chorar, *v. t.* e *i.* llorar; lastimar; plañir; derramar lágrimas; *v. r.* quejarse.
choro, *s. m.* llanto, lloro.
chorudo, *adj. (pop.)* gordo; importante; ventajoso; suculento.
chorume, *s. m.* manteca; grasa; unto; *(fig.)* abundancia, opulencia.
choupana, *s. f.* choza; cabaña; chozo.
chouriça, *s. f.* especie de chorizo hecho con carne de cerdo y especias.
chouriço, *s. m.* chorizo.
choutar, *v. i.* andar a trote menudo o gorrinero; pisotear.
chovediço, *adj.* lluvioso, llovedizo.
chover, *v. i.* llover.
chuchado, *adj.* chupado; esmirriado; consumido.
chuchar, *v. t.* chupar; mamar; mofar.
chuchurrear, *v. t.* beber a tragos; beborrotear; chupar.
chuço, *s. m.* paraguas; *pl.* zuecos.
chué (s), *adj.* flaco; abatido; magro; ordinario; maltrapillo.
chufa, *s. f.* chufla; cuchufleta; escarnio; superchería; dicho picante.
chufar, *v. t.* e *i.* chufar; mofar; escarnecer.
chulé, *s. m. (pop.)* mal olor o sudor de pies.
chulear, *v. t.* sobrehilar.
chulice, *s. f.* chulada.
chulipa, *s. f.* traviesa (en que asientan los carriles); puntapié, zapatazo.
chulo, *adj.* grosero; bajo; chulo; soez; lascivo.
chumaçar, *v. t.* guarnecer de almohadillas.
chumaço, *s. m.* almohadilla; plumón; compresa; hombrera para la ropa.
chumbada, *s. f.* plomada; perdigonada; suspenso (en examen).
chumbar, *v. t.* emplomar; cubrir, asegurar o soldar una cosa con plomo.
chumbo, *s. m.* plomo, metal; perdigones, granos de plomo; plomada; suspenso.
chupar, *v. t.* chupar; embeber; empapar; absorber.
chupeta, *s. f.* Pipeta; chupeta; chupador; tetina; tetilla.
chupista, *s. com.* chupón; parásito; gorrón.
churdo, *adj.* churre; sucio; *s. m.* hombre vil; charrán.
churrião, *s. m.* carroza; chirrión; carruaje pesado.
chusma, *s. f.* chusma; chusmaje; muchedumbre, de gente baja; multitud.
chuta!, *interj.* ¡chitón!; ¡silencio!
chuva, *s. f.* lluvia.
chuvada, *s. f.* aguacero.
chuveiro, *s. m.* chubasco; chaparrón; aguacero.
chuvinha, *s. f.* llovizna; cilampa; calabobos.
chuviscar, *v. i.* lloviznar.
ciar, *v. i. (mar.)* celar.
cibar, *v. t.* alimentar; cebar; sustentar; sostener.
cibório, *s. m.* copón; píxide; baldaquino.
cícatrizar, *v. t.* cicatrizar; *v. i.* cicatrizarse; *(fig.)* desvanecer.
ciciar, *v. i.* cecear; susurrar; *v. t.* pronunciar en voz baja.
cicio, *s. m.* ceceo; susurro.
ciclista, *s. com.* ciclista.
cidadão, *s. m.* ciudadano.
cidade, *s. f.* ciudad.
cieiro, *s. m.* grieta; raspadura.
ciência, *s. f.* ciencia; erudición.
ciente, *adj.* sabedor; sabio; docto.
cifra, *s. f.* cifra; número, guarismo; escritura secreta; clave.
cifrar, *v. t.* cifrar; *(fig.)* resumir; reducir.

ciganar, *v. i.* proceder como gitanos; vd. *trapacear.*
ciganaria, *s. f.* gitanería.
ciganice, *s. f.* gitanería; negocio fraudulento; cambalache.
cigano, *s. m.* gitano; *adj.* bellaco; embustero, trapacero; ladino.
cigarrada, *s. f.* porción de cigarros; acción de fumar un cigarro.
cigarrar, *v. i.* fumar o hacer cigarrillos.
cilada, *s. f.* celada; emboscada; trampa.
chilha, *s. f.* cincha, de las caballerías.
cilhar, *v. t.* cinchar; ceñir, apretar.
cilindrar, *v. t.* cilindrar.
cilindro, *s. m.* cilindro.
cílio, *s. m.* cilio; pestaña; ceja.
cima, *s. f.* cima; cumbre; alto.
cimbre, *s. m. (arq.)* cimbra, cerchón.
cimeira, *s. f.* cimera; yelmo; *(bot.)* tipo de inflorescencia.
cimentar, *v. t.* mezclar o cubrir con cemento; *(fig.)* cimentar, consolidar; fundamentar.
cimento, *s. m.* cimento; cemento.
cimo, *s. m.* cima; cumbre; alto.
cincar, *v. i.* errar; equivocarse.
cinchar, *v. t.* cinchar.
cinco, *núm. card.* y *s. m.* cinco.
cindir, *v. t.* cortar; separar; dividir; *(fig.)* desavenir.
cinema, *s. m.* cine; cinema.
cinerar, *v. t.* incinerar; cremar.
cingel, *s. m.* yunta de bueyes.
cingidouro, *s. m.* ceñidor, cinto; faja; cinturón.
cingir, *v. t.* cingir; ceñir; apretar; ligar; rodear; *v. r.* limitarse.
cínico, *adj.* cínico.
cinquenta, *núm. card.* cincuenta.
cinta, *s. f.* cinto; cinturón; faja; talle; cintura.
cintar, *v. t.* fajar; ceñir; precintar; entallar.
cintilação, *s. f.* centelleo; fulguración.
cintilar, *v. i.* centellear; centellar; resplandecer; *v. t.* irradiar.
cinto, *s. m.* cinto; cinturón; zona; cerca.
cintura, *s. f.* talle; cintura; cerca; zona.
cinza, *s. f.* ceniza.
cinzeiro, *s. m.* cenicero.
cinzelar, *v. t.* cincelar; esculpir; *(fig.)* esmerar.
cinzento, *adj.* ceniciento; gris.
cio, *s. m.* celo; brama.
cioso, *adj.* celoso; puntilloso; envidioso.
cipó, *s. m. (bot.)* cipó, isipó; porra; cipión; palo.
ciranda, *s. f.* zaranda; criba; cedazo; danza popular.
cirandar, *v. t.* zarandear; zarandar; desgranar; cribar; bailar la *ciranda.*
circo, *s. m.* circo.
circuitar, *v. t.* e *i.* circuir; rodear; cercar; girar.
circulação, *s. f.* circulación; tránsito.
circular, *v. t.* circular; rodear; girar; andar; transitar; *s. f.* carta circular.
círculo, *s. m.* círculo; circo; anillo; arco; área; *(fig.)* asamblea.
circuncidar, *v. t.* circuncidar.
circundante, *adj.* circundante.
circundar, *v. t.* circundar; rodear; ceñir.
circunfluente, *adj.* Que corre o se mueve alrededor de.
circunfluir, *v. t.* e *i.* correr en derredor de.
circunscrever, *v. t.* circunscribir, localizar; limitar.
circunspecto, *adj.* circunspecto; prudente; cuerdo.
circunstância, *s. f.* circunstancia; condición; requisito; motivo; caso.
circunstanciar, *v. t.* circunstanciar; detallar.
circunstante, *adj.* circunstante; *pl.* espectadores, auditorio.
circunvagar, *v. t.* e *i.* andar alrededor; mover alrededor; vagar; errar.
circunvizinhança, *s. f.* cercanía; alrededor; arrabal; proximidad.

circunvizinho, *adj.* circunvecino; próximo; cercano.
círio, *s. m.* cirio, vela grande de cera; romería a algún santuario.
cirro, *s. m. (bot.)* cirro; *(zool.)* cirro; tentáculos; *(med.)* cirro (tumor); cirros, nubes.
cirurgião, *s. m.* cirujano.
cirúrgico, *adj.* cirúrgico; quirúrgico.
cisão, *s. f.* cisión; cisura; incisión; separación; corte.
cisbordo, *s. m.* estribor.
ciscalhagem, *s. f.* cisco; barreduras; basura.
cisco, *s. m.* cisco; carbón muy menudo; basura; barreduras.
cisma, *s. m.* cisma; devaneo; opinión errada; manía.
cismar, *v. t.* cavilar; reflexionar; meditar; *v. i.* preocuparse; barruntar.
cismático, *adj.* cismático; maniático.
cisne, *s. m. (zool.)* cisne.
citadino, *adj.* y *s. m.* ciudadano.
citar, *v. t.* citar; mencionar; transcribir.
ciúme, *s. m.* celos amorosos; envidia; emulación.
ciumeira, *s. f. (pop.)* celos amorosos excesivos.
ciumento, *adj.* celoso; envidioso.
cível, *adj.* civil; *s. m.* jurisdicción de los tribunales que juzgan causas civiles.
cívico, *adj.* cívico; patriótico; *s. m.* guardia civil.
civilizar, *v. t.* civilizar.
cizânia, *s. f.* cizaña; discordia.
clã, *s. m.* clan; grey.
clamador, *adj.* y *s. com.* clamador.
clamar, *v. t.* clamar; implorar; exigir; reclamar; *v. i.* gritar; protestar.
clâmide, *s. f.* clámide.
clandestino, *adj.* clandestino; secreto.
clara, *s. f.* clara, del huevo; esclerótica.
clarabela, *s. f. (mús.)* organillo.
clarabóia, *s. f.* claraboya, tragaluz.
clarão, *s. m.* clarón; resplandor; rayo; destello.
clarear, *v. t.* e *i.* blanquear; aclarar; aclararse; clarear.
clareira, *s. f.* claro.
clareza, *s. f.* claridad; limpidez; pureza.
claridade, *s. f.* claridad; brillo; esplendor; albura.
clarificar, *v. t.* clarificar; blanquear; aclarar.
clarim, *s. m. (mús.)* clarín; clarinero.
clarividente, *adj.* clarividente.
claro, *adj.* claro; iluminado; brillante; evidente; límpido; transparente; cierto; *s. m.* espacio en blanco.
classe, *s. f.* clase; categoría; orden; aula.
classificação, *s. f.* clasificación; calificación.
classificar, *v. t.* clasificar; calificar.
claudicação, *s. f.* claudicación.
claudicar, *v. i.* claudicar; cojear.
claustro, *s. m.* claustro.
cláusula, *s. f.* cláusula; artículo.
clausular, *adj.* relativo a la cláusula; *v. t.* clausurar; enclaustrar.
clausura, *s. f.* clausura; claustro; convento.
clava, *s. f.* clava (arma); porra, cachiporra, maza.
clave, *s. f. (mús.)* clave.
claveiro, *s. m.* clavero, llavero, clavario.
cláxon, *s. m.* claxon.
clemência, *s. f.* clemencia; amenidad.
cleptomaníaco o **cleptómano,** *s. m.* cleptómano, cleptomaníaco.
cliché, *s. m.* clisé; triz; cliché.
cliente, *s. com.* cliente; parroquiano.
clientela, *s. f.* clientela.
clima, *s. m.* clima.
clímax, *s. m.* clímax.
clínica, *s. f.* clínica; consultorio médico.
clínico, *s. m.* médico; *adj.* clínico.
clister, *s. m.* lavativa; enema.

C

clivar, *v. t.* dividir un mineral según ciertos planos.
clivoso, *adj.* inclinado; escarpado; pendiente; clivoso.
cloaca, *s. f.* cloaca; letrina; retrete; cavidad terminal del intestino.
clorose, *s. f. (med.)* anemia.
clube, *s. m.* asamblea; círculo; casino.
coação, *s. f.* coladura.
coacção, *s. f.* coacción.
coacto, *adj.* constreñido; coactado; coaccionado.
coada, *s. f.* colada; coladura.
coadjuvação, *s. f.* auxilio; ayuda; cooperación.
coadjuvar, *v. t.* coadyuvar; ayudar; cooperar.
co-administrar, *v. t.* administrar juntamente con otro.
coador, *s. m.* colador, coladero.
coadunar, *v. t.* coadunar; adaptar; cuadrar.
coagir, *v. t.* coactar; coartar; coaccionar.
coagulação, *s. f.* coagulación.
coagular, *v. t.* coagular; solidificar; cuajar; llenar.
coágulo, *s. m.* coágulo; cuajarón.
coalescente, *adj.* adherente; aglutinante.
coalhar, *v. t.* e *i.* cuajar; coagular.
coalho, *s. m.* cuajarón; coágulo.
coalizão, *s. f.* coalición.
coalizar-se, *v. r.* coalizarse.
coar, *v. t.* colar; filtrar.
coarctada, *s. f.* coartada.
coarctar, *v. t.* coartar; restringir; limitar.
coaxar, *v i.* croar (la rana).
cobarde, *adj.* cobarde; medroso.
cobardia o **cobardice,** *s. f.* cobardía.
coberta, *s. f.* cubierta; *(fig.)* protección.
coberto, *adj.* cubierto, abrigado, tapado, defendido.
cobertor, *s. m.* cobertor, cobertura de cama; manta; colcha.
cobertura, *s. f.* cubierta; cobertura; techo; tejado, techumbre; capa; velo; tapa.
cobiça, *s. f.* codicia; ansia; avidez.
cobiçar, *v. t.* codiciar; ambicionar.
cobiçoso, *adj.* codicioso; ávido; deseoso.
cobra, *s. f. (zool.)* culebra; serpiente.
cobrador, *s. m.* cobrador; recaudador.
cobrar, *v. t.* cobrar; recuperar; recibir; ganar.
cobre-nuca, *s. f.* cogotera; cubrenuca.
cobrição, *s. f.* cubrición; cubrimiento.
cobrir, *v. t.* cubrir; tapar; ocultar; alfombrar; proteger; ahogar; padrear (animales); *v. r.* ponerse el sombrero; entoldarse.
cobro, *s. m.* cobro, término, fin.
coça, *s. f.* acción de *coçar;* rascamiento; *(fig.)* tunda, soba; paliza.
coçado, *adj.* gastado; raspado.
cocanha, *s. f.* abundancia; *mastro de cocanha;* cucaña.
cocar, *v. t.* acechar, espiar; *s. m.* penacho de sombrero; lazo en la cabeza; distintivo.
coçar, *v. t.* rascar; *(fam.)* sobar; pegar, batir.
cocção, *s. f.* cocción; digestión de los alimentos en el estómago.
cóccix, *s. m. (anat.)* coxis, cóccix.
cócegas, *s. f. pl.* cosquillas; *(fig.)* desavenencia; tentación.
coceguento, *adj.* cosquilloso.
coceira, *s. f.* comezón; picazón; rascazón; prurito.
coche, *s. m.* coche.
cocheira, *s. f.* cochera; cuadra; caballeriza.
cocheiro, *s. m.* cochero.
cochichada, *s. f.* cuchicheo, machucamiento.
cochichar, *v. t.* e *i.* cuchichear.
cochicho, *s. m.* cuchicheo.
cochino, *s. m.* puerco; cerdo; cochino no cebado; gorrino; marrano.
cócoras, *s. f. de cócoras:* en cuclillas.
cocote, *s. f.* cocote; ramera.

C

cocuruto, *s. m.* coronilla; *(fig.)* pináculo; cima; cumbre.
coda, *s. (mús.)* coda.
códão, *s. m.* carámbano.
côdea, *s. f.* corteza; cáscara; *(fig.)* mendrugo.
côdeas, *s. m.* pringoso; mugriento; sucio.
codeúdo, *adj.* cortezudo; cascarudo.
coeducação, *s. f.* coeducación.
coeficiente, *s. m.* coeficiente.
coelheira, *s. f.* conejera; conejar; collera, collar (del caballo).
coelho, *s. m. (zool.)* conejo.
coempção, *s. f.* compra en común.
coerção, *s. f.* coerción; reprensión; coacción.
coerência, *s. f.* coherencia; nexo.
coerente, *adj.* coherente; conexo.
coetâneo, *adj.* coetáneo; coevo; contemporáneo.
co-eterno, *adj.* coeterno.
coevo, *adj.* coetáneo.
coexistir, *v. i.* coexistir.
cofiar, *v. t.* atusar; alisar con la mano (la barba o el bigote).
cofre, *s. m.* caja de caudales; cofre; arca.
cogitabundo, *adj.* cabizbajo.
cogitação, *s. f.* meditación.
cogitar, *v. t.* e *i.* meditar; reflexionar.
cognato, *adj.* y *s. m.* pariente.
cognome, *s. m.* apellido; sobrenombre; epíteto; apodo.
cognominar, *v. t.* apodar.
cogular, *v. t.* colmar.
cogulo, *s. m.* colmo; exceso.
co-herdar, *v. t.* e *i.* coheredar.
coibição, *s. f.* abstención.
coibir, *v. t.* cohibir; reprimir; *v. r.* contenerse.
coice, *s. m.* coz.
coicear, *v. i.* cocear, dar coces.
coiceira, *s. f.* faja de madera o barra de hierro sobre la que gira la puerta.
coifa, *s. f.* cofia, red de seda o hilo.
coimar, *v. t.* multar.
coincidência, *s. f.* coincidencia.
coincidente, *adj.* coincidente.
coincidir, *v. i.* coincidir.
coisa, *s. f.* cosa.
coitado, *adj.* cuitado; afligido; apenado.
coito, *s. m.* coito; cópula carnal.
cola, *s. f.* cola; engrudo.
colaborar, *v. i.* colaborar.
colação, *s. f.* colación; comparación; pequeña comida fuera de horas.
colacia, *s. f.* relación entre hermanos de leche.
colada, *s. f.* valle estrecho entre dos montes; desfiladero; cañada; garganta.
colador, *s. m.* aparato para colar.
colagem, *s. f.* coladura; pegadura.
colar, *v. t.* conglutinar; pegar; unir; clarificar; depurar (los vinos); *s. m.* collar, adorno para el cuello; cuello; solapa.
colareja, *s. f.* verdulera.
colarinho, *s. m.* cuello (de camisa); collar.
colcha, *s. f.* colcha de la cama; colgadura.
colchão, *s. m.* colchón.
coleado, *adj.* sinuoso; serpenteado.
colecção, *s. f.* colección; compilación; conjunto.
coleccionar, *v. t.* coleccionar.
colecta, *s. f.* colecta.
colectar, *v. t.* cotectar; tributar.
colectividade, *s. f.* colectividad.
colector, *adj.* colector; coleccionador; *s. m.* colectador (el que colecta), recaudador.
colega, *s. com.* colega; compañero o compañera.
colegiat, *adj.* y *s. m.* colegial.
colégio, *s. m.* colegio.
coleira, *s. f.* carlanca; collar de perro con púas para defenderlo contra los lobos; collera.
cólera, *s. f.* cólera; enojo; ira; enfado; furia.

C

colérico, *adj.* colérico; irascible; irritable.
colete (ê), *s. m.* chaleco.
colgar, *v. t.* colgar; suspender.
colhedor, *adj.* y *s. m.* cogedor.
colheita, *s. f.* cosecha; renolección.
colher, *s. f.* cuchara; cucharada.
colher (ê), *v. t.* cosechar; coger; recolectar; agarrar; asir; tomar; obtener.
colherão, *s. m.* cucharón.
colidir, *v. t.* frotar.
coligação, *s. f.* alianza; confederación.
coligar, *v. t.* deducir; reunir; concluir.
colina, *s. f.* colina; otero.
colisão, *s. f.* colisión; lucha; choque de dos cuerpos.
coliseu, *s. m.* coliseo.
colmar, *v. t.* cubrir con rastrojos; elevar; sublimar; llenar.
colmatar, *v. t.* colmar; tupir.
colmeia, *s. f.* colmena; enjambre.
colmilho, *s. m.* colmillo.
colo, *s. m.* *(anat.)* cuello; regazo; desfiladero; garganta; paso estrecho; gollete, de una vasija; colon, parte del intestino grueso.
colocação, *s. f.* colocación; empleo; situación; venta.
colocar, *v. t.* colocar; situar; disponer; *v. r.* emplearse.
colonizar, *v. t.* colonizar.
colono, *s. m.* colono.
colorau, *s. m.* pimiento molido.
colorido, *adj.* colorido; *(fig.)* color; pretexto; *s. m.* colorido, brillo.
colorir, *v. t.* colorir; colorar.
colubrina, *s. f.* *(bot.)* colubrina; antigua pieza de artillería, culebrina.
coluna, *s. f.* columna.
com, *prep.* con.
coma, *s. f.* cabellera; crines; copa; penacho; *s. m.* *(med.)* coma; *(mús.)* coma; *pl.* comillas.
comado, *adj.* que tiene cabellera o *comas;* frondoso.
comandar, *v. t.* comandar.
comarca, *s. f.* comarca; región; país.
combalir, *v. t.* deteriorar; debilitar; abatir.
combate, *s. m.* combate.
combater, *v. i.* combatir; pelear; luchar.
combinação, *s. f.* combinación; acuerdo, contrato.
combinar, *v. t.* combinar; disponer; agrupar; ajustar; contratar.
comboiar, *v. t.* convoyar; escoltar.
comboio, *s. m.* convoy; tren.
combustível, *adj.* y *s. m.* combustible.
começar, *v. t.* comenzar; empezar.
começo, *s. m.* comienzo; principio; origen; raíz; inicio; causa.
comédia, *s. f.* comedia; *(fig.)* hipocresía; disimulación.
comedido, *adj.* comedido; moderado; prudente; respetuoso.
comedimento, *s. m.* comedimiento; cortesía; moderación.
comedir, *v. t.* comedir; disponer; regular; moderar.
comedor, *adj.* y *s. m.* comedor.
comedorias, *s. f. pl.* ración, sustento; alimentos.
comemorar, *v. t.* conmemorar.
comenda, *s. f.* encomienda; dignidad; insignia.
comensal, *s. com.* comensal.
comensurar, *v. t.* conmensurar.
comentar, *v. t.* comentar.
comentário, *s. m.* comentario; crítica.
comento, *s. m.* comento; comentario.
comer, *v. t.* comer; *s. m.* comer; alimento; comida.
comercial, *adj.* comercial.
comerciar, *v. t.* comerciar.
comércio, *s. m.* comercio; tráfico.
comestibilidade, *s. f.* comestibilidad, calidad de lo que es comestible.
cometer, *v. t.* acometer; realizar; perpetrar; emprender; *v. r.* confiar; aventurarse.
cometimento, *s. m.* empresa; hazaña.
comezaina, *s. f.* francachela; comilitona; merendona.

comezinho, *adj.* comedero; fácil de comer; *(fig.)* fácil de entenderse; sencillo.
comichão, *s. f.* comezón; escozor; picazón en el cuerpo; prurito.
cómico, *adj.* cómico; jocoso; ridículo; *s. m.* cómico, actor de comedias.
comida, *s. f.* comida; alimento; manjar; sustento.
comido, *adj.* comido; alimentado; *(pop.)* engañado.
comigo, *prep. com.* y el *pron. pers. migo.* conmigo.
cominar, *v. t.* conminar.
comiserar, *v. t.* inspirar conmiseración.
comissão, *s. f.* comisión; encargo; junta; comité; porcentaje.
comissário, *s. m.* comisario.
comissionar, *v. t.* comisionar.
comissura, *s. f.* comisura.
comitiva, *s. f.* comitiva; acompañamiento; séquito.
como, *conj.* como, así como; lo mismo que; *s. m.* el como, la manera.
comoção, *s. f.* conmoción.
comocionar, *v. t.* conmover; emocionar.
cómoda, *s. f.* cómoda.
comodidade, *s. f.* comodidad; bienestar.
comodista, *adj.* y *s. com.* comodista; comodón; egoísta.
cómodo, *adj.* cómodo; útil; fácil; favorable; proporcionado, conveniente.
cômoro, *s. m.* montículo; otero; cerro; collado.
comover, *v. t.* conmover; impresionar; agitar; enternecer.
compacto, *adj.* compacto; denso; macizo.
compadecer, *v. t.* compadecer; conmover; *v. i.* consentir; sufrir.
compadrado, *s. m.* compadrado; compadrazgo.
compadrar, *v. t.* compadrar.
compadrio, *s. m.* compadrería.
compaixão, *s. f.* compasión; piedad; dolor.
companha, *s. f.* tripulación de barco; compañía.
companheira, *s. f.* compañera; esposa.
companheiro, *adj.* compañero; *s. m.* compañero; marido; camarada; socio.
comparar, *v. t.* comparar; confrontar.
comparável, *adj.* comparable.
comparência, *s. f.* conparecencia, comparecimiento.
comparte, *adj.* y *s. com.* comparte; participante.
compartilhar, *v. t.* compartir; dividir.
compartimento, *s. m.* compartimiento; habitación; cuarto.
compartir, *v. t.* compartir; repartir; dividir; partir con otro.
compassar, *v. t.* compasar; calcular; moderar.
compassivo, *adj.* compasivo.
compasso, *s. m.* compás; *(fig.)* regla; medida.
compelir, *v. t.* compelir; compeler; obligar.
compendiar, *v. t.* compendiar; abreviar.
compêndio, *s. m.* compendio; resumen; síntesis; sumario.
compenetrar, *v. t.* compenetrar; arraigar; convencer.
compensar, *v. t.* compensar, substituir; *v. r.* indemnizarse.
competidor, *adj.* y *s.* competidor; rival; adversario.
competir, *v. i.* competir; competer; cumplir.
compilação, *s. f.* compilación; colección.
compilar, *s. f.* compilar.
compita, *s. f.* competencia.
complacência, *s. f.* complacencia; condescendencia.
complanar, *v. t.* igualar; nivelar; allanar; *adj.* dícese de una figura que existe con otras en el mismo plano.

compleição, *s. f.* complexión; temperamento.
complementar, *adj.* complementar.
completar, *v. t.* completar; acabar; concluir.
completo, *adj.* completo; acabado; concluido.
complexão, *s. f.* encadenamiento de cosas; conjunto; unión.
complexo, *adj.* complejo; *s. m.* conjunto de cosas o circunstancias.
complicado, *adj.* complicado; embarazado.
complicar, *v. t.* complicar; dificultar; embarazar.
compor, *v. t.* componer; mejorar; armonizar; constar; coordenar; escribir (versos o música).
comportado, *adj.* que procede bien o mal; contenido.
comportar, *v. t.* comportar; soportar; admitir; contener en sí; sufrir.
composição, *s. f.* composición; ajuste; convenio; arreglo; combinación; acuerdo.
composto, *adj.* compuesto; *(fig.)* modesto; recatado; serio.
compra, *s. f.* compra; adquisición; soborno.
comprador, *adj.* y *s. m.* comprador.
comprazer, *v. i.* complacer; condescender; transigir.
compreender, *v. t.* comprender; ceñir, rodear; abrazar; contener; entender.
compressão, *s. f.* compresión; aprieto; presión.
compressivo, *adj.* compresivo.
comprido, *adj.* largo; extenso; continuado; crecido.
comprimento, *s. m.* extensión longitudinal.
comprimido, *adj.* comprimido; compreso; apretado, *s. m.* comprimido; pastilla.
comprimir, *v. t.* comprimir; reducir; achatar.
comprometer, *v. t.* comprometer; *v. r.* colocarse mal; revelarse.
compromisso, *s. m.* compromiso.
comprovação, *s. f.* comprobación.
comprovar, *v. t.* comprobar; verificar; corroborar.
compulsar, *v. t.* compulsar.
compunção, *s. f.* compunción.
compungido, *adj.* compungido; dolorido.
compungir, *v. t.* compungir; punzar.
computar, *v. t.* computar; contar; calcular.
cômputo, *s. m.* cómputo; cálculo; cuenta.
comunalismo, *s. m.* sistema social que preconiza la autonomía de los Municipios; municipalismo.
comungar, *v. t.* e *i.* comulgar.
comunhão, *s. f.* comunión.
comunicação, *s. f.* comunicación; pasaje; participación.
comunicado, *s. m.* comunicado; aviso.
comunicar, *v. t.* comunicar; participar; transmitir; ligar.
comunidade, *s. f.* comunidad.
comunismo, *s. m.* comunismo.
comutar, *v. t.* conmutar; permutar; atenuar; substituir; aminorar.
conato (ò), *adj.* connato; gemelo.
conca, *s. f.* pabellón del oído.
concatenação, *s. f.* concatenación; encadenamiento.
côncavo, *adj.* cóncavo; excavado; *s. m.* cóncavo, concavidad.
conceber, *v. t.* concebir; engendrar; imaginar; inventar.
concebimento, *s. m.* concepción; generación; engendro.
conceder, *v. t.* conceder; otorgar; dar; convenir; asentir; admitir hipótesis.
conceito, *s. m.* concepto; opinión; reputación.
conceituar, *v. t.* conceptuar; valorar; formar opinión; analizar.
concelho, *s. m.* concejo; ayuntamiento; municipio.

C

conceptáculo, *s. m. (bot.)* conceptáculo; receptáculo.
concernir, *v. i.* concernir; atañer; referirse a.
concertar, *v. t. (mús.)* concertar; conciliar; ajustar; combinar; apalabrar; componer; arreglar algo.
concerto, *s. m. (mús.)* concierto; arreglo; buen orden; ajuste.
concessão, *s. f.* concesión; autorización; permiso; privilegio.
concessor, *s. m.* aquel que concede o hace concesión; otorgante.
concha, *s. f.* concha; coraza; cucharón.
conchavar, *v. t.* conchavar; asociar; ligar; encajar; unir.
conchavo, *s. m.* conchabo; confabulación.
conchegar, *v. t.* acercar; acoger con cariño; componer; aproximar.
conchego, *s. m.* acogimiento cordial; comodidad; conchabanza; amparo; protección.
concho, *adj.* vanidoso; fatuo; engreído.
concidadão, *s. m.* conciudadano.
conciliar, *v. t.* conciliar; concordar; poner de acuerdo; convenir; reconciliar; armonizar; captar; *adj.* conciliar.
concisão, *s. f.* concisión; brevedad; laconismo.
conciso, *adj.* conciso; sucinto; preciso; lacónico; breve.
concitar, *v. t.* concitar; instigar; incitar; excitar; provocar.
conclamação, *s. f.* conclamación; aclamación; gritería, clamoreo.
concludente, *adj.* concluyente.
concluir, *v. t.* concluir; acabar; rematar; ajustar; deducir; inferir.
conclusão, *s. f.* conclusión; término; deducción; consecuencia.
concluso, *adj.* concluso; terminado.
concordante, *adj.* concordante.
concordar, *v. t.* concordar; concertar; ajustar; *v. i.* concordar; estar de acuerdo; pactar.
concórdia, *s. f.* concordia; buena armonía; paz.
concorrência, *s. f.* concurrencia; afluencia; competencia.
concorrente, *adj.* concurrente; *s. com.* concurrente; competidor; rival.
concorrer, *v. i.* concurrir; competir; afluir; contribuir; opositar; convergir; convergir.
concretizar, *v. t.* concretar.
concreto, *adj.* y *s. m.* concreto.
concubina, *s. f.* concubina.
conculcar, *v. t.* conculcar; despreciar; hollar; pisotear; humillar.
concurso, *s. m.* concurso; concurrencia; cooperación; certamen.
concussão, *s. f.* concusión; desfalco; extorsión.
condão, *s. m.* don, prerrogativa; virtud especial.
condenado, *adj.* condenado; réprobo; perverso.
condenar, *v. t.* condenar; castigar; *(fig.)* reprobar; censurar.
condensar, *v. t.* condensar.
condescender, *v. i.* condescender.
condessa, *s. f.* condesa, esposa del conde; pequeña cesta de mimbre con tapadera.
condição, *s. f.* condición; circunstancia; situación; clase social; modo; carácter; cláusula; categoría elevada.
condicionar, *v. t.* condicionar.
condimentar, *v. t.* condimentar.
condimento, *s. m.* condimento; guiso; salsa; aderezo; sazón.
condir, *v. t.* condimentar; preparar medicamentos.
condizente, *adj.* ajustado.
condizer, *v. i.* corresponder.
condoer, *v. t.* compadecer; inspirar compasión; *v. r.* condolerse.
condoído, *adj.* condolido; compadecido; apiadado.
condoimento, *s. m.* condolencia.

C

condolência, *s. f.* condolencia; compasión; *pl.* pésames.
conducta, *s. f.* conducta; conducción; porte; procedimiento.
condutor, *adj.* y *s. m.* conductor; guía.
conduzir, *v. t.* conducir; guiar; llevar; transmitir; transportar; dirigir; encaminar.
conectar, *v. t.* unir varios agentes para el mismo fin.
conexão, *s. f.* conexión; nexo; analogía; relación, afinidad; semejanza.
confederação, *s. f.* confederación; liga.
confederar, *v. t.* confederar; ligar.
confeiçoar, *v. t.* confeccionar.
confeitaria, *s. f.* confitería; dulcериú; pastelería.
conferenciar, *v. i.* conferenciar.
conferir, *v. t.* cotejar; comparar; otorgar; dar; *v. i.* conferir, estar conforme.
confessar, *v. t.* confesar; declarar en confesión; oír la confesión de; *v. r.* confesarse; declarar.
confesso, *adj.* confeso, confesado; *s. m.* confeso; fraile.
confiança, *s. f.* confianza; esperanza; crédito; atrevimiento; familiaridad.
confiar, *v. t.* confiar, comunicar; depositar; *v. i.* esperar; tener confianza; creer.
confidenciar, *v. t.* secretear.
configurar, *v. t.* configurar.
confim, *adj.* confín; confinante; *s. m. pl.* confines, términos; límites; fronteras.
confinar, *v. t.* confinar; limitar; circunscribir.
confirmar, *v. t.* confirmar; corroborar; ratificar; sustentar; revalidar.
confiscar, *v. t.* confiscar.
confissão, *s. f.* confesión; oración de la Iglesia; profesión de fe.
conflagrar, *v. t.* conflagrar; agitar; abrasar.
conflito, *s. m.* conflicto; embate; lucha; antagonismo; colisión.
conflituoso, *adj.* relativo al conflicto; pendenciero; camorrista.
confluente, *adj.* confluente; *s. m.* afluente.
confluir, *v. i.* confluir.
conformar, *v. t.* conformar; configurar; *v. i.* y *r.* estar conforme; resignarse.
conforme, *adj.* conforme; semejante; idéntico; proporcionado; *(fig.)* resignado; *conj.* conforme; como.
conformidable, *s. f.* conformidad; analogía; semejanza; resignación.
confortador, *adj.* confortador.
confortar, *v. t.* confortar; robustecer; fortalecer; *(fig.)* consolar; animar.
confrade, *s. m.* cofrade; colega; compañero.
confrangedor, *adj.* angustioso; agobiante.
confranger, *v. t.* apretar; oprimir; angustiar; vejar.
confrangimento, *s. m.* contracción dolorosa; constreñimiento; congoja; angustia.
confraternizar, *v. t.* confraternizar.
confrontação, *s. f.* confrontación; cotejo; careo.
confrontar, *v. t.* confrontar; cotejar; comparar.
confronto, *s. m.* confrontación; cotejo; careo.
confundir, *v. t.* confundir; mezclar; *(fig.)* humillar; avergonzar.
confusão, *s. f.* confusión; barahúnda; perturbación; vergüenza.
confuso, *adj.* confuso; mezclado; turbado; dudoso; obscuro; avergonzado.
confutar, *v. t.* refutar; impugnar.
congelação, *s. f.* congelación.
congelar, *v. t.* e *i.* congelar.
congelável, *adj.* congelable.
congeminar, *v. t.* multiplicar; redoblar; hermanar; fraternizar.
congeminência, *s. f.* coyuntura; meditación.
congénito, *adj.* congénito.

C

congestão, *s. f. (med.)* congestión.
congestionar, *v. t.* congestionar.
conglobar, *v. t.* conglobar; concentrar; acumular.
conglomerar, *v. i.* conglomerar; aglomerar.
conglutinar, *v. t.* conglutinar.
congosta, *s. f.* callejuela angosta; camino estrecho.
congoxa, *s. f.* congoja; aflicción; tristeza.
congraçar, *v. t.* congraciar; apaciguar; reconciliar.
congratular, *v. t.* congratular; felicitar.
congregante, *adj.* y *s. com.* congregante; congregado.
congregar, *v. t.* congregar; reunir; juntar.
congresso, *s. m.* congreso; cortes.
congruência, *s. f.* congruencia; coherencia; conveniencia.
conhaque, *s. m.* coñac.
conhecedor, *adj.* y *s. m.* conocedor.
conhecer, *v. t.* conocer; saber; avaluar; distinguir; apreciar.
conhecido, *adj.* conocido; ilustre; perito; distinguido; manifiesto, *s. m.* conocido.
cónico, *adj.* cónico.
conivente, *adj.* connivente; cómplice.
conjectura, *s. f.* conjetura; suposición; presunción.
conjecturar, *v. t.* conjeturar; presumir; suponer.
conjugação, *s. f.* conjugación; ligación.
conjugar, *v. t.* ligar; unir.
cônjuge, *s. com.* cónyuge.
conjunção, *s. f.* conjunción; unión; oportunidad.
conjuntivo, *adj.* conjuntivo; subjuntivo.
conjunto, *adj.* conjunto; contiguo; cercano; próximo; *s. m.* conjunto; colección; equipo.
conjura, *s. f.* conjura; conjuración.
conjurar, *v. t.* conjurar; fraguar; exorcizar.
conjuro, *s. m.* conjuro; invocación; exorcismo.
conluiado, *adj.* confabulado.
conluiar, *v. t.* combinar; *v. r.* confabularse.
conluio, *s. m.* conspiración.
connosco, con nosotros.
conquanto, *conj.* si bien que; puesto que; no obstante.
conseguimento, *s. m.* consecución; obtención.
conseguir, *v. t.* conseguir; obtener; alcanzar.
conselho, *s. m.* consejo; parecer; enseñanza.
consenso, *s. m.* consenso; asenso; anuencia.
consentâneo, *adj.* conforme.
consentimento, *s. m.* consentimiento; anuencia; aprobación.
consentir, *v. t.* consentir; permitir; sufrir, admitir.
consequência, *s. f.* consecuencia; ilación; efecto; conclusión; resultado.
consertar, *v. t.* concertar; componer; aparejar; arreglar.
conserto, *s. m.* concierto; compostura; remiendo.
conserva, *s. f.* conserva.
conservar, *s. t.* conservar; guardar; retener; preservar.
conserveiro, *adj.* y *s. m.* conservero.
consideração, *s. f.* consideración; motivo; respeto; reflexión.
considerando, *s. m.* motivo.
considerar, *v. t.* considerar; apreciar; respetar; ponderar; calcular.
considerável, *adj.* notable; importante.
consignar, *v. t.* consignar.
consignatário, *s. m.* consignatario.
consigo, consigo; en su compañía; de sí para sí.
consistência, *s. f.* consistencia; estabilidad; solidez; rigidez.

C

consistir, *v. i.* consistir; constar; cifrarse.
consistório, *s. m.* consistorio.
consoada, *s. f.* aguinaldo; banquete familiar en la Nochebuena.
consoante, *adj.* consonante; letra; *prep.* conforme, según.
consoar, *v. i.* consonar, rimar; *v. t.* e *i.* comer en la *consoada.*
consolar, *v. t.* consolar; confortar; suavizar.
consolatório, *adj.* consolatorio; consolador.
consolidar, *v. t.* consolidar; fortificar.
consolo (ô), *s. m.* consuelo; placer.
consonância, *s. f.* consonancia; armonía; rima; acuerdo.
consorciar, *v. t.* unir; asociar; ligar; *v. r.* enyugarse; casarse.
consórcio, *s. m.* consorcio; participación; matrimonio; casamiento; compañía.
consorte, *s. com.* consorte; cónyuge.
conspecto, *s. m.* visión, acción de ver; presencia; observación; conspecto.
conspicuidade, *s. f.* nobleza; fama; distinción.
conspiração, *s. f.* conspiración; conjuración.
conspirador, *adj.* y *s.* conspirador.
conspirar, *v. i.* conspirar.
conspirata, *s. f.* conspiración.
conspurcar, *v. t.* emporcar; mancillar; ensuciar; manchar; corromper.
constância, *s. f.* constancia; firmeza y perseverancia.
constar, *v. i.* constar; consistir; deducirse; decirse.
constelação, *s. f.* constelación.
consternação, *s. f.* consternación; desolación.
consternar, *v. i.* consternar.
constipação, *s. f.* constipación, constipado de vientre, estreñimiento; catarro; resfriado.
constipar, *v. t.* constipar, producir constipación; *v. r.* coger una constipación; acatarrarse; resfriarse.
constitucional, *adj.* constitucional.
constituiçao, *s. f.* constitución; complexión física; estatuto.
constituir, *v. t.* constituir; componer; dar poder a; organizar; fundar.
constitutivo, *adj.* constitutivo; característico.
constranger, *v. t.* constreñir; apretar; compeler; obligar; constringir.
constringir, *v. t.* constreñir; ceñir; apretar alrededor de.
construção, *s. f.* construcción; edificio.
construir, *v. t.* construir; fabricar; edificar; erigir.
consubstanciar, *v. t.* ligar; unir; aunar.
consuetudinário, *adj.* consuetudinario; habitual.
consulado, *s. m.* consulado.
consular, *adj.* consular.
consulta, *s. f.* consulta; consejo; parecer; conferencia.
consultante, *adj.* y *s.* consultante; consultador.
consultar, *v. t.* consultar; examinar; pedir parecer a; observar.
consumação, *s. f.* consumación; conclusión.
consumar, *v. t.* consumar; acabar; completar; terminar.
consumição, *s. f.* consumo, consumición; mortificación; disgusto; aflicción.
consumir, *v. t.* consumir; destruir; gastar; extinguir; absorber; *(fig.)* afligir.
consumo, *s. m.* consumo; gasto; venta; extravío; uso; empleo.
conta, *s. f.* cuenta; razón; cuidado; cargo; incumbencia; cautela.
contabilista, *s. com.* persona versada en contabilidad; tenedor de libros, contable.
contabilizar, *v. t.* contabilizar.

contactar, *v. t.* y *r.* poner en contacto; *(fig.)* entenderse directamente.
contagem, *s. f.* cuenta; enumeración.
contagiar, *v. t.* contagiar; *(fig.)* pervertir.
contágio, *s. m.* contagio; *(fig.)* perversión; corrupción.
contaminação, *s. f.* contaminación; contagio, infección; corrupción; impureza.
contaminado, *adj.* contaminado; corrupto; viciado.
contaminar, *v. t.* contaminar; inficionar; manchar; ensuciar; corromper; contagiar.
contanto que, *loc. conj.* con la condición que, una vez que.
contar, *v. t.* contar; calcular; computar; relatar; referir; incluir; considerar; reputar.
contarelo, *s. m.* cuento; historieta inventada; chufa, bola, mentira, patraña.
contas, *s. f. pl.* cuentas del rosario o de collar; abalorios.
conteira, *s. f.* contera de bastón, de la vaina de la espada, etc.; mujer que hace cuentas de rosarios.
contemplar, *v. t.* contemplar.
contemplável, *adj.* contemplable, digno de ser contemplado; considerable.
contemporâneo, *adj.* contemporáneo.
contemporizar, *v. i.* contemporizar; transigir.
contemptível, *adj.* despreciable.
contenção, *s. f.* contención; contienda.
contencioso, *adj.* y *s. m.* contencioso.
contenda, *s. f.* contienda; altercación; riña; disputa; pelea.
contender, *v. i.* contender; pleitear; altercar; luchar; lidiar, batallar; oponerse.
contentar, *v. t.* contentar; llenar de satisfacción.
ontento, *s. m.* contento; contentamiento.
conter, *v. t.* contener; encerrar dentro de sí; llevar; comprender; reprimir; moderar.
contestar, *v. t.* contestar; impugnar; responder; cuestionar; altercar.
conteúdo, *adj.* y *s. m.* contenido.
contexto, *s. m.* contexto.
contigo, contigo; en tu compañía.
contíguo, *adj.* contiguo.
continência, *s. f.* continencia; moderación; abstinencia.
continente, *s. m.* continente; *adj.* casto; moderado.
contingência, *s. f.* contingencia; eventualidad; hecho posible pero incierto.
continuação, *s. f.* continuación.
continuar, *v. t.* continuar; proseguir; prolongar.
contínuo, *adj.* continuo; *s. m.* portero; conserje.
contista, *s. com.* cuentista.
conto, *s. m.* cuento; fábula; conseja; mil escudos.
contorcer, *v. t.* torcer mucho, doblar sobre sí.
contorno, *s. m.* contorno; circuito; perímetro.
contra, *prep.* contra; enfrente; hacia; en contra.
contrabaixo, *s. m. (mús.)* contrabajo (instrumento, voz); cantor con esa voz.
contrabando, *s. m.* contrabando.
contracção, *s. f.* contracción.
contráctil, *adj.* contráctil.
contradançar, *v. i.* bailar la contradanza.
contradição, *s. f.* contradicción.
contradita, *s. f.* réplica; contestación.
contraditar, *v. t.* contradecir.
contraente, *adj.* y *s. com.* contrayente.
contrafazer, *v. t.* contrahacer; falsificar; imitar, remedar.
confraforte, *s. m.* contrafuerte.
contrair, *v. t.* contraer; estrechar; condensar; reducir; adquirir alguna costumbre.

contraliga, *s. f.* liga formada en oposición a otra.
contralto, *s. m. (mús.)* contralto (voz); cantora que tiene esta voz.
contraluz, *s. f.* contraluz.
contramestre, *s. m. (mar.)* contramaestre.
contrapartida, *s. f.* contrapartida.
contrapelo, *s. m.* contrapelo.
contrapesar, *v. t.* e *i.* contrapesar; igualar; equilibrar.
contraponto, *s. m. (mús.)* contrapunto.
contrapor, *v. t.* contraponer; confrontar; oponer.
contraposição, *s. f.* contraposición; contraste; resistencia.
contra-réplica, *s. f.* contrarréplica.
contra-revolução, *s. f.* contrarrevolución.
contrariar, *v. t.* contrariar; contradecir.
contrário, *adj.* contrario; opuesto; perjudicial; dañoso; nocivo; *s. m.* enemigo; adversario.
contra-senha, *s. f.* contraseña.
contra-sinal, *s. m.* contraseña.
contrastar, *v. t.* contrastar; arrostrar; examinar; valorar.
contraste, *s. m.* contraste; oposición; verificación o aprecio del oro o plata.
contrata, *s. f.* contrata; contrato.
contratar, *v. t.* contratar; estipular; ajustar.
contrato, *s. m.* contrato; ajuste; convenio; pacto.
contravenção, *s. f.* contravención; infracción.
contraversão, *s. f.* versión contraria; contravención; inversión.
contraverter, *v. t.* invertir.
contravir, *v. t.* contravenir; infringir; transgredir.
contribuição, *s. f.* contribución; impuesto; tributo.
contribuir, *v. i.* contribuir; pagar; ayudar; cooperar.
contrição, *s. f.* contrición.
contrito, *adj.* contrito; triste; afligido.
controvérsia, *s. f.* controversia; debate; polémica.
controverter, *v. t.* controvertir.
contubérnio, *s. m.* contubernio; familiaridad; camaradería.
contudo, *conj.* con todo; con todo eso; no obstante; sin embargo.
contumácia, *s. f.* contumacia; obstinación; rebeldía.
contumélia, *s. f.* contumelia; ofensa; injuria; *(fam.)* zalamería; zalema.
contundir, *v. t.* e *i.* contundir; golpear; contusionar.
conturbação, *s. f.* conturbación; inquietud; agitación; motín.
conturbar, *v. t.* conturbar; turbar; inquietar.
contusão, *s. f.* contusión.
convalescer, *v. i.* convalecer.
convenção, *s. f.* convención.
convencer, *v. t.* convencer.
convencionar, *v. t.* combinar; convenir; ajustar.
conveniente, *adj.* conveniente; oportuno; útil.
convénio, *s. m.* convenio; ajuste trato.
conventicular, *adj.* secreto; ilícito clandestino de conventículo.
convento, *s. m.* convento.
convergir, *v. i.* converger; convergir concurrir.
conversa, *s. f.* conversa; conversación charla.
conversada, *s. f. (pop.)* novia; enamorada.
conversadeira, *s. f.* confidente, sill doble con asientos opuestos; *adj* conversadora.
conversado, *s. m. (pop.)* novio; enamorado.
conversar, *v. i.* conversar; platicar *v. t.* tratar íntimamente.
converso, *s. m.* converso; lego; *adj* converso, convertido.
converter, *v. t.* convertir; mudar cambiar; transformar.

convexo, *adj.* convexo.
convicção, *s. f.* convicción.
convidar, *v. t.* convidar; invitar; convocar.
convidativo, *adj.* atrayente; apetecible.
convincente, *adj.* convincente; persuasivo.
convir, *v. i.* convenir; estar acorde, corresponder; pertenecer; concordar.
convite, *s. m.* invitación; convite.
convivência, *s. f.* convivencia.
conviver, *v. i.* convivir; vivir en común; tener intimidad.
convívio, *s. m.* convivencia; familiaridad.
convizinho, *s. m.* y *adj.* convecino; *(fig.)* contiguo.
convocar, *v. t.* convocar; llamar.
convosco, combinación de la prep. *com* y el pron. pers. *vosco.* Con vosotros.
convulsão, *s. f.* convulsión.
cooperar, *v. i.* cooperar; colaborar.
cooperativa, *s. f.* cooperativa.
cooptar, *v. t.* agregar.
coordenação, *s. f.* coordenación.
coordenar, *v. t.* coordinar; organizar; arreglar.
copa, *s. f.* despensa; aparador; copa, cima (ramaje); *pl.* copas, palo de la baraja.
copar, *v. t.* dar forma de copa; hacer convexo; redondear la copa de un árbol.
copeira, *s. f.* aparador.
copel, *s. m.* copo, bolsa de las redes de arrastre.
cópia, *s. f.* copia; multitud; abundancia.
copiar, *v. t.* copiar; reproducir; imitar.
copioso, *adj.* copioso; abundante.
copo, *s. m.* vaso.
co-proprietário, *s. m.* copropietario.
cópula, *s. f.* cópula; coito.
copular, *v. t.* copular; juntar; unir.
copulativo, *adj.* copulativo.
coqueiro, *s. m. (bot.)* coco.
cor (ô), *s. f.* color; coloración; pintura; apariencia.
cor, *loc. adv. de cor:* de memoria.
coração, *s. m. (anat.)* corazón.
coradoiro o **coradouro,** *s. m.* tendedero.
coragem, *s. f.* coraje; valor.
coraliários, *s. m. pl. (zool.)* coraliarios, pólipos.
coralino, *adj.* coralino.
coramina, *s. f. (farm.)* coramina, tónico cardíaco.
corante, *adj.* y *s. m.* colorante.
Corão, *s. m.* Corán, Alcorán.
corar, *v. t.* colorar; teñir; asolear, blanquear la ropa al sol.
corbelha, *s. f.* canastillo para dulces, frutas, etc.
corcel, *s. m.* corcel.
corço, *s. m. (zool.)* corzo.
corcova, *s. f.* corcova; joroba; jiba.
corcunda, *s. f.* corcova; jiba; joroba; *adj.* y *s. com.* jorobado.
corda, *s. f.* cuerda.
cordão, *s. m.* cordón; cordel; hilera.
cordeiro, *s. m.* cordero.
cordel, *s. m.* cordel; guita; bramante.
cordial, *adj.* cordial; afectuoso; *s. m.* cordial (bebida confortante).
cordilheira, *s. f.* cordillera.
cordovão, *s. m.* cordobán.
cordoveias, *s. f. pl. (pop.)* cordones venosos y tendones muy pronunciados, sobre todo en el cuello.
cordura, *s. f.* cordura; prudencia; sensatez.
co-ré, *s. f.* correo, coacusado.
coreia, *s. f.* corea; baile de San Vito, enfermedad de carácter convulsivo.
coreto, *s. m.* coro pequeño; tablado para tocar bandas de música, templete.
corifeu, *s. m.* corifeo.
corindo, *s. m.* corindón.
coríntio, *adj.* corintio, coríntico; *s. m.* corintio.

C

coriscar, *v. i.* relampaguear; fulgurar; coruscar.
corisco, *s. m.* relámpago; chispa eléctrica; rayo.
corista, *s. com.* corista.
corja, *s. f.* canalla; chusma.
cornada, *s. f.* cornada.
cornar, *v. t.* cornear.
córnea, *s. f. (anat.)* córnea.
corneta, *s. f.* corneta; trompeta.
cornetada, *s. f.* toque de corneta.
corneto, *s. m. (anat.)* cornete.
cornija, *s. f.* cornisa.
corno, *s. m.* cuerno.
cornudo, *adj.* cornudo.
coro *(ô), s. m.* coro.
coroa, *s. f.* corona; diadema; guirnalda de flores; tonsura; antigua moneda.
coroar, *v. t.* coronar; rematar; premiar.
corola, *s. f. (bot.)* corola.
corolário, *s. m.* corolario.
coronária, *s. f. (anat.)* coronaria, arteria.
coronel, *s. m. (mil.)* coronel.
corpanzil, *s. m. (fam.)* corpanchón; corpazo.
corpo, *s. m.* cuerpo; cadáver; corporación.
corporação, *s. f.* corporación.
corporalizar, *v. t.* corporificar; materializar.
corporativo, *adj.* corporativo.
corporatura, *s. f.* estatura.
corporificar, *v. t.* corporificar; solidificar.
corpulência, *s. f.* corpulencia.
corpuscular, *adj.* corpuscular.
correcção, *s. f.* corrección; enmienda; exactitud.
correctivo, *adj.* correctivo.
correcto, *adj.* correcto.
corrector, *s. m.* corrector.
correctoria, *s. f.* cargo u oficio de corrector; corregidoria.
correctório, *adj.* corrector; *s. m.* libro de registro de los castigos y correcciones.
corrediça, *s. f.* corredera.
corrediço, *adj.* corredizo.
corredio, *adj.* corredizo.
corredor, *adj.* corredor; *s. m.* corredor, pasillo; galería.
corredouro, *s. m.* corredera; corrida.
corregedor, *s. m.* corregidor.
córrego, *s. m.* barranco; arroyo; reguera; carril.
correia, *s. f.* correa; tira de cuero; soga.
correio, *s. m.* correo.
correlação, *s. f.* correlación; analogía; semejanza.
correlacionar, *v. t.* correlacionar; relacionar entre sí dos o más objetos.
correlativo, *adj.* correlativo.
corrente, *adj.* corriente; fácil; habitual; cierto; común; *s. f.* curso de agua.
correr, *v. i.* correr; *v. t.* recorrer; hacer andar; lidiar (toros); expulsar; *v. r.* avergonzarse; circular.
correspondência, *s. f.* correspondencia, correlación.
corresponder, *v. i.* corresponder; pertenecer; tocar.
corretã, *s. f.* roldana.
corretor, *s. m.* corredor.
corrida, *s. f.* corrida; carrera.
corrido, *adj.* corrido; avergonzado; perseguido.
corrigenda, *s. f.* erratas.
corrigir, *v. t.* corregir; enmendar; castigar.
corrilho, *s. m.* corrillo.
corrimão, *s. m.* pasamanos.
corriqueiro, *adj.* ordinario; corriente, vulgar; trivial.
corroborar, *v. t.* corroborar; confirmar; comprobar.
corroer, *v. t.* corroer; consumir; desgastar; roer; destruir.
corromper, *v. t.* corromper; alterar; podrir; dañar.
corrosão, *s. f.* corrosión; erosión.

corrosivo, *adj.* corrosivo.
corrupção, *s. f.* corrupción; seducción; depravación; perversión.
corrupto, *adj.* corrupto; dañado; viciado.
corruptor, *s. m.* corruptor.
corselete, *s. m.* corsé; coselete.
corso, *s. m.* corso, campaña marítima; piratería; enjambre de sardinas.
cortadela, *s. f.* cortadura; cisura; herida.
cortagem, *s. f.* corte; cortadura.
cortar, *v. t.* cortar; interceptar; interrumpir; hendir; *v. r.* cortarse.
corte, *s. m.* corte; incisión; robo; interrupción, de corriente eléctrica; reducción; *s. f.* cuadra; corral.
corte *(ô), s. f.* corte; *(fig.)* círculo de aduladores; galanteo; *pl.* parlamento.
cortejar, *v. t.* cortejar; requebrar; galantear.
cortejo, *s. m.* cortejo; séquito; comitiva.
cortês, *adj.* cortés; afable; atento; delicado; amable.
córtex, *s. m.* súber, corteza de árbol.
cortical, *adj.* cortical.
corticite, *s. f.* conglomerado de corcho.
cortiço, *s. m.* corcho; corcha; corchera; colmena; *(fig.)* casucha miserable; cochitril.
cortina, *s. f.* cortina.
coruchéu, *s. m.* cima de una torre; cimborio; cúpula.
coruja, *s. f. (zool.)* coruja; curuja; lechuza.
coruscar, *v. i.* coruscar; brillar; fulgurar.
corusco, *s. m.* relámpago, corusco.
coruto, *s. m.* penacho del maíz; pináculo; cumbre.
corveta, *s. f. (mar.)* corbeta.
corvo, *s. m. (zool.)* cuervo.
cós, *s. m.* pretina.
coscorrinho, *s. m. (pop.)* peculio; alcancía; hucha.
coscuvilhar, *v. i.* murmurar; intrigar.
coscuvilhice, *s. f.* murmuración; intriga.
cosedura, *s. f.* cosido; costura.
co-seno, *s. m.* coseno.
coser, *v. t.* coser; *v. i.* concertar; repasar, remendar.
cosmético, *adj.* y *s. m.* cosmético.
cósmico, *adj.* cósmico.
cosmogonia, *s. f.* cosmogonía.
cosmologia, *s. f.* cosmología.
cosmopolita, *s. com.* cosmopolita.
cosmos, *s. m.* cosmos.
cossaco, *s. m.* cosaco.
costa, *s. f.* costa; orilla del río, mar, lago, etc.; cuesta, costa.
costal, *adj.* costal; dorsal; *s. m.* carga que un hombre puede llevar a las espaldas.
costaneiro, *adj.* costero; *s. m.* espalda; lomo; dorso.
costear, *v. t. (mar.)* costear; rodear; *v. i.* navegar junto a la costa.
costela, *s. f. (anat.)* costilla; *(zool.)* arista ósea de algunos peces.
costeleta, *s. f.* chuleta; costilleta; costilla.
costumar, *v. t.* acostumbrar; habituar.
costume, *s. m.* costumbre; hábito; práctica; uso o moda.
costumeira, *s. f.* rutina.
costura, *s. f.* costura; *(fig.)* costurón; cicatriz.
costureiro, *s. m.* modisto.
cota, *s. f.* cuota; cota; anotación.
cotação, *s. f.* cotización; *(fam.)* estima; aprecio.
cotanilho, *s. m. (bot.)* vello, pelusa.
cotão, *s. m.* vello; pelusa; borra.
cotejar, *v. t.* cotejar.
cotilédone, *s. f. (bot.)* cotiledón.
cotio, *s. m.* uso cotidiano.
cotizar, *v. t.* cotizar.
coto, *s. m.* muñón; parte de un miembro cortado.
cotovelo, *s. m.* codo.
coturno, *s. m.* coturno; calcetín.

couce, *s. m.* coz; coce; retaguardia; talón.
couraça, *s. f.* coraza.
couraçado, *adj.* acorazado.
cousa, *s. f.* cosa.
coutada, *s. f.* acotada; coto.
coutar, *v. t.* acotar; vedar; prohibir.
couto, *s. m.* coto; terreno acotado; *(fig.)* refugio; abrigo.
couve, *s. f. (bot.)* col; berza.
couve-flor, *s. f. (bot.)* coliflor.
cova, *s. f.* cueva; caverna; agujero; hoyo; hoyanda; cachulera; madriguera; cavidad; sepultura; alvéolo de dientes.
covacho, *s. m.* covacha, cueva pequeña.
covarde, *adj.* y *s. m.* cobarde.
covardia, *s. f.* cobardía.
coveiro, *s. m.* sepulturero; cuevero.
covil, *s. m.* guarida, cubil; cubilar; madriguera; cueva.
covo, *adj.* cóncavo; hueco; hondo.
coxa, *s. f. (anat.)* muslo; fémur.
coxear, *v. i.* cojear.
coxo, *adj.* y *s. m.* cojo; *(fig.)* incompleto.
cozer, *v. t.* cocer; guisar.
cozimiento, *s. m.* cocimiento; cocción; infusión; digestión.
cozinha, *s. f.* cocina.
cozinhar, *v. t.* e *i.* cocinar; guisar; cocer.
crachá, *s. m.* condecoración.
crasso, *adj.* craso; grueso; gordo; espeso.
crástino, *adj.* del día siguiente.
cravação, *s. f.* clavamiento; clavazón.
cravador, *s. m.* clavador; engastador; punzón de zapatero.
cravar, *v. t.* clavar; clavetear; fijar; chantar; poner; engastar.
craveira, *s. f.* molde, marco.
craveiro, *s. m. (bot.)* clavel, planta.
cravejar, *v. t.* clavetear; clavar; engastar.
cravelha, *s. f.* clavija.
cravete, *s. m.* clavillo.
cravina, *s. f. (bot.)* clavellina.
cravo, *s. m.* clavo; *(bot.)* clavel, flor; clavo; *(mús.)* clavicordio.
crebro, *adj.* frecuente; repetido.
creche, *s. f.* guardería infantil.
credencial, *s. f.* credencial.
crédito, *s. m.* crédito; fe; creencia; autoridad; reputación.
credor, *s. m.* acreedor.
crédulo, *adj.* crédulo; ingenuo; sencillo.
cremação, *s. m.* cremación; incineración.
cremalheira, *s. f.* cremallera.
cremar, *v. t.* cremar; incinerar.
creme, *s. m.* crema.
crença, *s. f.* creencia.
crendeirice, *s. f.* creencia popular superstición.
crendeiro, *adj.* y *s.* simple; bobalicón supersticioso.
crente, *adj.* y *s.* creyente.
crer, *v. t.* creer; pensar; *v. r.* juzgarse
crescença, *s. f.* crecimiento; aumento
crescente, *adj.* creciente.
crescer, *v. i.* crecer; aumentar; sc brar; hinchar; desarrollarse; subi
crescido, *adj.* crecido; desarrollad considerable; grande; maduro.
crescimento, *s. m.* crecimiento.
crespar, *v. t.* encrespar; ensortijar; r zar.
crespo, *adj.* crespo; ensortijado; r zado; retorcido; escabroso.
crestadura, *s. f.* quemadura liger tostadura.
crestar, *v. t.* chamuscar; tostar; abr sar; quemar; castrar, desmelar l colmenas.
criação, *s. f.* creación; crianza; crí educación.
criada, *s. f.* criada; sirviente; moz sierva.
criado, *s. m.* criado; sirviente; moz siervo.
criador, *adj.* criador; inventor; *s.* criadero para animales; creado criador; *s. m. pr.* Creador, Dios.

riança, *s. f.* niño o niña; crío.
riançada, *s. f.* niñería; muchachada.
riar, *v. t.* crear; criar; producir; instituir; fundar; alimentar; educar.
riatura, *s. f.* criatura; hombre; individuo; persona.
rime, *s. m.* crimen.
riminação, *s. f.* criminación; acusación.
riollo, *s. m.* criollo.
ripta, *s. f.* cripta.
riptogâmicas, *s. f. pl. (bot.)* criptógamas.
risântemo, *s. m. (bot.)* crisantemo; crisantema.
rise, *s. f.* crisis.
risma, *s. m.* crisma; sacramento; mudanza de nombre.
risol, *s. m.* crisol; *(fig.)* crisol, prueba.
rispar, *v. t.* crispar; rizar; encrespar, fruncir.
rista, *s. f.* cresta; penacho; crista.
ristal, *s. m.* cristal.
ristalino, *adj.* cristalino.
ristalização, *s. f.* cristalización.
ristalizar, *v. t.* cristalizar.
ristalografia, *s. f.* cristalografía.
ristão, *adj.* y *s. m.* cristiano.
ristianismo, *s. m.* cristianismo.
ristianizar, *v. t.* cristianizar.
itério, *s. m.* criterio; raciocinio.
iterioso, *adj.* sensato.
iticar, *v. t.* criticar; censurar.
ítico, *adj.* crítico; criticón; peligroso; decisivo; *s. m.* crítico; criticador.
ivar, *v. t.* cribar, pasar por criba; agujerear; clavetear.
ivo, *s. m.* criba; colador.
ó, *s. m.* cierto juego de naipes.
oché, *s. m.* crochet.
ocodilo, *s. m. (zool.)* crocodilo, cocodrilo.
ómio, *s. m. (quím.)* cromo.
omo, *s. m.* cromo, grabado en colores.
ónica, *s. f.* crónica.
ónico, *adj. (med.)* crónico.
cronista, *s. m.* cronista.
cronologia, *s. f.* cronología.
croque, *s. m. (mar.)* cloque; bichero; asta; pértiga.
croquete, *s. m.* croqueta.
crossa, *s. f.* cayado; báculo; apoyo; bastón episcopal.
crosta, *s. f.* costra; corteza; cáscara; costra, postilla.
cru, *adj.* grudo; *(fig.)* cruel; despiadado; duro.
crucial, *adj.* crucial.
crucificar, *v. t.* crucificar; *(fig.)* martirizar.
crucifixo, *s. m.* crucifijo.
cruel, *adj.* cruel; sangriento; duro; atroz.
cruento, *adj.* cruento; sangriento; amargo.
crueza, *s. f.* crudeza; *(fig.)* rigor.
crusta, *s. f.* corteza (de la tierra), costra.
crustáceo, *s. m. pl. (zool.)* crustáceos.
cruz, *s. f.* cruz; crucero.
cruzada, *s. f.* cruzada.
cruzamento, *s. m.* cruzamiento; cruce; encrucijada; interpretación; mestizaje de razas.
cruzar, *v. t.* cruzar.
cruzeta, *s. f.* crucecita; pequeña cruz; percha, colgador de ropa.
cuba, *s. f.* cuba; tonel, tina.
cubar, *v. t.* cubar, cubicar.
cubelo, *s. m.* torreón.
cubicar, *v. t.* cubicar; cubar.
cubiforme, *adj.* cubiforme, cuboideo.
cubismo, *s. m.* cubismo.
cúbito, *s. m. (anat.)* cúbito, hueso.
cubo, *s. m.* cubo; arcaduz de noria; cuba, estanque de molino.
cuco, *s. m. (zool.)* cuclillo, cuco.
cucurbitáceas, *s. f. pl. (bot.)* cucurbitáceas.
cuecas, *s. f. pl.* calzoncillos.
cueiro, *s. m.* culero (de los niños); pañal, mantilla.
cuidar, *v. t.* cuidar; imaginar; meditar, pensar; reflexionar.

culatra, *s. f.* culata de las armas de fuego.
culinária, *s. f.* culinaria.
culpa, *s. f.* culpa; falta; pecado; delito; crimen.
culpar, *v. t.* culpar; imputar; atribuir; acusar.
cultismo, *s. m.* culteranismo.
cultivar, *v. t.* cultivar; *(fig.)* educar, instruir.
cultivo, *s. m.* cultivo; cultura.
culto, *s. m.* culto; adoración; veneración profunda; *adj.* culto; civilizado; instruido.
cultura, *s. f.* cultura; cultivo; sabiduría; esmero.
cume, *s. m.* cumbre.
cumeada, *s. f.* cumbrera; cumbre; cima.
cúmplice, *s. com.* cómplice.
cumprimentar, *v. t.* e *i.* cumplimentar; felicitar; saludar.
cumprimento, *s. m.* cumplimiento; cumplido; cortesía; saludo; *pl.* cumplimientos; felicitaciones.
cumprir, *v. t.* cumplir; ejecutar; realizar; *v. i.* convenir, importar.
cumular, *v. t.* cumular; acumular; llenar; amontonar.
cúmulo, *s. m.* cúmulo; montón; acumulación.
cunha, *s. f.* cuña.
cunhada, *s. f.* cuñada.
cunhado, *s. m.* cuñado.
cunhagem, *s. f.* acuñación.
cunhal, *s. m.* esquina.
cunhar, *v. t.* acuñar; amonedar.
cunho, *s. m.* cuño; sello; carácter.
cupé, *s. m.* cupé; berlina.
cupidez, *s. f.* codicia; avidez.
Cupido, *s. m.* Cupido, el amor.
cuprite, *s. f.* cuprita; ziguelina o cobre rojo.
cúpula, *s. f.* cúpula; cimborio.
cura, *s. f.* cura; curativo; *s. m.* cura; sacerdote encargado de una parroquia.
Curaçau, *s. m.* Curazao; curasao. li cor.
curandeiro, *s. m.* curandero.
curandice, *s. f.* charlatanería.
curar, *v. t.* curar; preparar las carne y pescados; curtir las pieles.
curativo, *s. m.* curativo; cura; cura ción.
curável, *adj.* curable.
curioso, *adj.* curioso; indiscreto.
curral, *s. m.* corral; establo; aprisco
curro, *s. m.* toril.
cursar, *v. t.* cursar; alcanzar; frecuen tar; concurrir.
cursivo, *adj.* cursiva; *s. m.* cursivo.
curso, *s. m.* curso; carrera; corrid dirección; evolución.
curteza, *s. f.* cortedad; *(fig.)* rudez escasez.
curtidor, *s. m.* curtidor.
curtir, *v. t.* curtir; aderezar; adoba encallecer.
curto, *adj.* corto.
curto-circuito, *s. m.* cortacircuito.
curva, *s. f.* curva; curvatura; arco.
curvar, *v. t.* curvar; corvar; encorva arquear; doblar; combar; inclina *v. r.* plegarse; resignarse.
curvatura, *s. f.* curvatura; arque miento.
curvo, *adj.* curvo.
cuscuz, *s. m.* cuscús.
cúspide, *s. f.* cúspide.
cuspideira, *s. f.* escupidera.
cuspidura, *s. f.* escupidura.
cuspinhar, *v. i.* escupir con much frecuencia.
cuspir, *v. t.* escupir; salivar.
cuspo, *s. m.* escupido; saliva; escup esputo.
custar, *v. t.* costar; causar; *v. i.* s difícil.
custear, *v. t.* costear; subvencionar
custo, *s. m.* coste; costeo; esfuerz dificultad.
custódia, *s. f.* custodia; guardia; pr tección.

custodiar, *v. t.* custodiar.
cutâneo, *adj.* cutáneo.
cutelo, *s. m.* cuchillo; machete; podadera.
cutícula, *s. f.* *(zool.)* cutícula; epidermis.
cútis, *s. f.* cutis, epidermis.
czar, *s. m.* czar, zar.

d

D, *s. m.* abreviatura de don o doña.
da, contracción de la preposición *de* y el artículo o pronombre demostrativo *a:* de la.
dactilografar, *v. t.* dactilografiar; mecanografiar.
dactilografia, *s. f.* dactilografía, mecanografía.
dactilógrafo, *s. m.* dactilógrafo; mecanógrafo.
dádiva, *s. f.* dádiva; regalo; donativo.
dadivar, *v. t.* dadivar; regalar; obsequiar.
dadivoso, *adj.* dadivoso; generoso; espléndido; dadero.
dado, *s. m.* dado; dato; indicio; precedente; *adj.* gratuito; afable; permitido; propenso.
dador, *s. m.* dador.
daí, contr. de la prep. *de* y del adv. *aí:* de ahí.
dalém, contr. de la prep. *de* y del *adv. além:* de allá; de la otra parte.
dali, *contr.* de la *prep. de* y del *adv. ali:* de allí.
daltonismo, *s. m. (med.)* daltonismo; acromatopsia.
dama, *s. f.* dama; *pl.* juego de damas.
damasquinar, *v. t.* damasquinar, taracear, embutir.
damice, *s. f.* damería; delicadeza mujeril; afeminación.
danação, *s. f.* hidrofobia; rabia.
danado, *adj.* dañado; hidrófobo; rabioso; *(pop.)* inteligente.
danador, *adj.* y *s. m.* dañador, que o aquel que daña; dañoso, instigador.
danar, *v. t.* dañar; volver rabioso; viciar; condenar; *(fig.)* irritar.
dança, *s. f.* danza; baile.
dançadeira, *s. f.* danzarina; danzadora.
dançar, *v. i.* danzar; bailar.
danificação, *s. f.* damnificación; ruina; daño.
danificador, *adj.* y *s.* damnificador; dañoso.
danificar, *v. t.* damnificar; causar daño; dañar; perjudicar.
daninho, *adj.* dañino; dañoso; nocivo.
dano, *s. m.* daño; perjuicio.
daquele, *contr.* de la *prep. de* y el *pron.* o *adj.* dem. *aquele:* de aquel.
daqui, *contr.* de la *prep. de* y el *adv. aqui:* de aquí.
daquilo, *contr.* de la *prep. de* y el *pron. dem. aquilo:* de aquello.
dar, *v. t.* dar; donar; entregar; causar; manifestar; aplicar; exhalar; atribuir; proferir; participar; *v. i.* pegar; zurrar; herir; encontrarse; atender.
dardejante, *adj.* cintilante; *(fig.)* colérico; irascible.
dardejar, *v. i.* dardear; arrojar dardos; centellear; chispear; irradiar; *v. t.* arrojar; lanzar; vibrar.
dares, *s. m. pl. dares e tomares:* desavenencia; riña; altercado.
data, *s. f.* data; fecha; *(fig.)* dosis; cantidad; paliza; tunda.
datar, *v. t.* datar; calendar; fechar.
de, *prep.* de; de, expresa relación, origen, posesión o pertenencia, estado, circunstancia, etc.
dealbar, *v. t.* blanquear; *(fig.)* purificar.
deambulação, *s. f.* deambulación.

d

deambular, *v. i.* deambular.
deão, *s. m.* deán.
de arrancada, *loc. adv.* de repente; con ímpetu.
dearticulação, *s. f.* pronunciación clara de las palabras.
dearticular, *v. t.* pronunciar con claridad; hablar correctamente.
debagar, *v. t.* desgranar.
debaixo, *adv.* debajo; por debajo; inferiormente.
debalde, *adv.* en vano.
debandar, *v. t.* desbandar.
debate, *s. m.* debate; discusión; altercación.
debater, *v. t.* debatir; discutir; contestar; altercar.
debelação, *s. f.* destrucción.
debelador, *s. m.* dominador.
debelar, *v. t.* combatir; hacer desaparecer.
débil, *adj.* débil; flaco; frágil.
debilitar, *v. t.* debilitar; enflaquecer.
debique, *s. m.* ac. de *debicar; (fig.)* burla; escarnio; vaya.
debiqueiro, *adj.* y *s. m.* que come poco.
debitar, *v. t.* adeudar; cargar; debitar.
débito, *s. m.* débito; deuda.
deblaterar, *v. i.* clamar; gritar; reclamar; imprecar.
debochado, *adj.* corrupto; libertino.
debochar, *v. t.* corromper; viciar.
deboche, *s. m.* libertinaje; corrupción.
debruçar, *v. t.* poner o tender boca abajo; inclinar; asomar.
de bruços, *loc. adv.* de bruces; boca abajo.
debulha o **debulhada,** *s. f. (agr.)* desgranamiento; desgranadura.
debulhar, *v. t.* descascar; descascarar, desgranar.
debulho, *s. m.* desgrane; paja, residuo del grano trillado.
debuxador o **debuxante,** *adj.* y *s.* dibujante; dibujador.
debuxar, *v. t.* dibujar; diseñar; esbozar; delinear.
debuxo, *s. m.* dibujo; diseño; delineamiento; plano.
década, *s. f.* década.
decadência, *s. f.* decadencia; declinación; menoscabo.
decágono, *s. m.* decágono.
decaído, *adj.* decaído; arruinado; decrépito.
decaimento, *s. m.* decaimiento; decadencia.
decair, *v. i.* decaer; declinar; *(fig.)* enflaquecer; empobrecer.
decalcar, *v. t.* calcar un dibujo; imitar servilmente.
decalcomania, *s. f.* calcomanía.
decalitro, *s. m.* decalitro.
decálogo, *s. m.* decálogo.
decâmetro, *s. m.* decámetro.
decampar, *v. i.* mudar de campo o campamento.
decanado, *s. m.* decanato.
decantar, *v. t.* decantar, transvasar, trasegar; celebrar; ensalzar.
decapitação, *s. f.* decapitación.
decapitar, *v. t.* decapitar; degollar.
decápode, *adj. (zool.)* decápodo.
decassílabo, *adj.* decasílabo.
decenal, *adj.* decenal.
decência, *s. f.* decencia; decoro; recato; aseo.
decente, *adj.* decente; honesto; justo.
decentralizar, *v. t.* descentralizar.
decepamento, *s. m.* descepamiento; mutilación.
decepar, *v. t.* descepar; desmembrar; mutilar; amputar; cortar.
decepção, *s. f.* decepción; desilusión; desengaño.
decerto, *adv.* con certeza; ciertamente.
decesso, *s. m.* deceso, óbito.
decidir, *v. t.* decidir; resolver; determinar.
decifrar, *v. t.* descifrar.
decigrama, *s. m.* decigramo.
decilitrar, *v. i.* beber vino por decilitros; emborracharse; beborrotear.
decilitro, *s. m.* decilitro.

d

décima, *s. f.* décima; impuesto; tributo.
decimal, *adj.* decimal.
decímetro, *s. m.* decímetro.
décimo, *adj.* décimo.
decisão, *s. f.* decisión; resolución.
decisivo, *adj.* decisivo; terminante.
declamação, *s. f.* declamación.
declamar, *v. t.* declamar.
declaração, *s. f.* declaración; anunciación.
declarar, *v. t.* declarar; manifestar; exponer; confesar.
declinação, *s. f.* declinación.
declinante, *adj.* declinante.
declinar, *v. i.* declinar; decaer.
declínio, *s. m.* declinación; decadencia.
declivar, *v. i.* estar en declive; formar declive.
declive, *s. m.* declive; pendiente; cuesta, rampa, declivio.
decompor, *v. t.* descomponer; corromper.
decomposição, *s. f.* descomposición; corrupción; putrefacción.
de cor, *loc. adv.* de memoria.
decoração, *s. f.* decoración, ornamentación.
decorador, *s. m.* decorador; ornamentador.
decorar, *v. t.* decorar; aprender de memoria; decorar; ornamentar; adornar.
decoro, *s. m.* decoro; decor; pundonor.
decoroso, *adj.* decoroso; decente; honesto.
decorrente, *adj.* transcurrente; resultante; subsiguiente.
decorrer, *v. i.* correr el tiempo; transcurrir; pasar; suceder.
decorrido, *adj.* transcurrido; pasado; sucedido.
decorticar, *v. t.* descorchar.
decotado, *adj.* escotado.
decotador, *s. m.* el que escota; podador.
decotar, *v. t.* escotar un vestido; podar; limpiar.
decote, *s. m.* escote; escotadura de un vestido; poda.
decremento, *s. m.* decrecimiento; disminución.
decrepidez, *s. f.* decrepitud; senectud; caducidad.
decrépito, *adj.* decrépito; caduco.
decrescer, *v. i.* decrecer; disminuir.
decrescimento, *s. m.* decrecimiento; disminución.
decretação, *s. f.* ac. de *decretar;* determinación; ordenanza.
decretar, *v. t.* decretar; determinar; resolver.
decreto, *s. m.* decreto; decisión.
decruar, *v. t.* lavar la seda cruda; labrar por primera vez un terreno; sancochar.
décuplo, *adj.* y *s. m.* décuplo.
decúria, *s. f.* decuria.
decurso, *s. m.* decurso; continuación; duración.
dedal, *s. m.* dedal; *(fig.)* pequeña porción de líquido.
dédalo, *s. m.* dédalo; laberinto.
dedeira, *s. f.* dedil (para revestir el dedo); dedal.
dedicado, *adj.* dedicado; devotado.
dedicar, *v. t.* dedicar; consagrar.
dedilhar, *v. t.* *(mús.)* puntear, rasguear, un instrumento de cuerda.
dedo, *s. m.* *(anat.)* dedo; aptitud; *(fig.)* destreza; habilidad.
dedução, *s. f.* deducción; sustracción.
deduzir, *v. t.* deducir; disminuir; rebajar; inferir.
de facto, *loc. adv.* en efecto; de hecho.
defecar, *v. i.* defecar; evacuar.
defecção, *s. f.* defección; apostasía; rebelión.
defeito, *s. m.* defecto; imperfección, deformidad.
defender, *v. t.* defender; amparar; proteger; librar; mantener.
defensa, *s. f.* defensa.

defensivo, *adj.* defensivo; *s. m.* preservativo.
defensor, *s. m.* defensor; abogado.
deferente, *adj.* deferente.
deferimento, *s. m.* acción o efecto de deferir; anuencia.
deferir, *v. t.* deferir; conceder; anuir; acceder.
defesa, *s. f.* defensa; prohibición; preservativo.
defeso, *s. m.* veda; *adj.* defeso; vedado; prohibido.
defesso, *adj.* cansado.
deficiência, *s. f.* deficiencia; falta; defecto.
definhado, *adj.* delgado; debilitado.
definhar, *v. t.* enflaquecer; debilitar; extenuar; *v. i.* desmedrar; extenuarse.
definição, *s. f.* definición.
definir, *v. t.* definir; fijar; determinar.
definitivo, *adj.* definitivo; decisivo.
deflagrar, *v. i.* deflagrar.
deflorar, *v. t.* desflorar; deshonrar; desvirgar; ajar; quitar la flor.
defluir, *v. i.* manar; correr los líquidos; fluir; derivar.
deflúvio, *s. m.* derrame de las aguas; desagüe.
defluxo, *s. m.* flujo nasal; coriza copiosa y abundante.
deformação, *s. f.* deformación.
deformador, *adj.* y *s.* deformador.
deformar, *v. t.* deformar; desfigurar; afear.
deforme, *adj.* deforme; feo.
defraudar, *v. t.* defraudar.
defrontação, *s. f.* confrontación.
defrontar, *v. t.* confrontar; carear una persona o cosa con otra; *v. i.* estar situado de frente.
defronte, *adv.* frente a frente; *loc.* de frente de; enfrente de.
defumador, *adj.* y *s. m.* ahumador; perfumador; pebetero.
defumar, *v. t.* ahumar; curar o secar con humo; sahumar; perfumar.
defunto, *adj.* difunto, muerto; fallecido; extinto.
degelar, *v. t.* deshelar; *(fig.)* dar ánimo.
degenerado, *adj.* degenerado; depravado.
degenerar, *v. i.* degenerar; corromperse.
degenerescência, *s. f.* degeneración; disminución de vitalidad o actividad.
deglutição, *s. f.* deglutición.
deglutir, *v. t.* deglutir.
degola o **degolação,** *s. f.* degollación.
degolador, *adj.* y *s. m.* degollador.
degoladouro, *s. m.* degolladero; matadero.
degolar, *v. t.* degollar; decapitar.
degradar, *v. t.* degradar; *(fig.)* rebajar; humillar.
degranar, *v. t.* desgranar.
degrau, *s. m.* peldaño; escalón; grado.
degredado, *adj.* y *s. m.* deportado; desterrado; exiliado.
degredar, *v. t.* desterrar; deportar; exiliar.
degredo, *s. m.* destierro; relegación; exilio; proscripción.
degustar, *v. t.* degustar; saborear.
deia, *s. f. (poét.)* dea, diosa.
deidade, *s. f.* deidad; divinidad; *(fig.)* deidad; beldad.
deificar, *v. t.* deificar.
deiscente, *adj. (bot.)* dehiscente.
deísmo, *s. m.* deísmo.
deísta, *s. com.* deísta.
deitar, *v. t.* echar; tender; inclinar; recostar; entornar; exhalar; ostentar; *v. i.* ponerse; *v. r.* extenderse en el suelo; acostarse.
deixa, *s. f.* dejación; legado; herencia; echar en el teatro.
deixado, *adj.* dejado; negligente.
deixá-lo!, *interj.* ¡no importa!; designación de indiferencia.
deixar, *v. t.* dejar; abandonar; desistir de; omitir; ceder; legar; *v. i.* cesar; no oponerse.

d

d

dejecção, *s. f.* deyección.
dejectar, *v. t.* deyectar; *v. i.* defecar.
dejejuar, *v. i.* desayunar.
dejungir, *v. t. (agr.)* desyugar; desuncir.
dejúrio, *s. m.* juramento solemne.
dela, contr. de la prep. *de* con el pron. pers. *ela.*
delação, *s. f.* delación; denuncia.
delamber-se, *v. r.* lamerse; relamerse; *(fig.)* pavonearse.
delambido, *adj.* y *s.* afectado; amanerado; melindroso; inexpresivo.
delapidador, *s. m.* dilapidador.
delapidar, *v. t.* dilapidar; disipar.
delatar, *v. t.* delatar; denunciar.
delator, *adj.* y *s. m.* delator; denunciador.
delatório, *adj.* relativo o perteneciente a la delación.
dele, contr. de la prep. *de* con el pron. pers. *ele;* de él.
delegacia, *s. f.* delegación; comisaría.
delegado, *s. m.* delegado; comisario.
delegar, *v. t.* delegar; incumbir; investir.
deleitação, *s. f.* deleitación; placer.
deleitar, *v. t.* deleitar; complacer; *v. r.* tener placer en; recrearse.
deleite, *s. m.* deleite; voluptuosidad.
deletrear, *v. t.* deletrear, leer mal.
delgadeza, *s. f.* delgadez; *(fig.)* delicadeza.
delgado, *adj.* delgado; tenue; buido; delicado; sutil.
deliberação, *s. f.* deliberación; decisión.
deliberar, *v. t.* deliberar; decidir.
delicadeza, *s. f.* delicadeza; cortesía; franqueza; primor.
delícia, *s. f.* delicia; placer; voluptuosidad.
deliciar, *v. t.* deleitar; *v. r.* encantar.
delimitar, *v. t.* delimitar.
delinear, *v. t.* delinear; delimitar.
delinquente, *adj.* y *s.* delincuente.
delinquir, *v. i.* delinquir.
delir, *v. t.* desleír; disolver.
delirar, *v. i.* delirar.
delírio, *s. m.* delirio; desvarío.
delito, *s. m.* delito; crimen; culpa; violación de la ley.
delituoso, *adj.* delictuoso; delictivo.
delonga, *s. f.* retardo; tardanza; dilación.
delongador, *adj.* y *s. m.* prolongador, que o el que prolonga o retarda.
delongar, *v. t.* prolongar; retardar; alargar.
delta, *s. m.* delta.
deluzir-se, *v. r.* deslucirse; apagarse.
demagogia, *s. f.* demagogia.
demais, *adv.* además.
demanda, *s. f.* demanda.
demandar, *v. t.* demandar.
demão, *s. f.* mano, capa de color, barniz, pintura, etc.
demarcação, *s. f.* demarcación; limitación.
demarcar, *v. t.* demarcar; delimitar; fijar; limitar.
demasia, *s. f.* demasía; exceso; temeridad; desafuero.
demasiado, *adj.* demasiado; excesivo.
demasiar-se, *v. r.* demasiarse; excederse.
dementar, *v. t.* dementar; enloquecer.
demente, *adj.* y *s.* demente; loco; insensato.
demissionário, *adj.* dimisionario.
demitir, *v. t.* dimitir; exonerar.
demo *(é),* *s. m.* demo, demonio; *(fig.)* persona turbulenta.
democracia, *s. f.* democracia.
democratizar, *v. t.* democratizar.
demografia, *s. f.* demografía.
demolhar, *v. t.* remojar.
demolir, *v. t.* demoler; destruir; aniquilar.
demónio, *s. m.* demonio, diablo.
demonstração, *s. f.* demostración; prueba; señal; testimonio.
demonstrar, *v. t.* demostrar; probar; manifestar; enseñar.
demorar, *v. t.* demorar; retardar; detener; dilatar; *v. i.* tardar; detenerse.

demover, *v. t.* disuadir; mover; conmover; *v. r.* dislocarse.
demudar, *v. t.* demudar; alterar; desfigurar.
denegar, *v. t.* denegar; desmentir.
denegrir, *v. t.* denegrir; *(fig.)* denigrar.
denodado, *adj.* denodado; intrépido.
denodo, *s. m.* denuedo; esfuerzo; intrepidez; valor.
denominação, *s. f.* denominación; designación.
denominar, *v. t.* denominar; llamar; nombrar; designar.
denotar, *v. t.* denotar; indicar; señalar; significar.
densidade, *s. f.* densidad.
densidão, *s. f.* espesura; densidad.
denso, *adj.* denso; compacto; espeso.
dentado, *adj.* dentado; dentellado; mordido.
dentadura, *s. f.* dentadura.
dentar, *v. t.* dentar; dentellear; morder; endentecer.
dente, *s. m. (zool.)* diente.
dentição, *s. f.* dentición.
dentilhão, *s. m.* diente grande; dentellón.
dentista, *s. com.* dentista.
dentre, contr. de la prep. *de* con la prep. *entre:* de entre.
dentro, *adv.* dentro; adentro.
denúncia, *s. f.* denuncia; acusación.
denunciar, *v. t.* denunciar.
deontologia, *s. f.* deontología.
deparar, *v. t.* deparar; suministrar, proporcionar.
departamento, *s. m.* departamento.
depauperar, *v. t.* depauperar; debilitar.
depenado, *adj.* desplumado; *(fig.)* sin dinero.
depenar, *v. t.* desplumar.
dependente, *adj.* dependiente.
depender, *v. i.* depender; resultar.
dependura, *s. f.* cuelga; colgamiento; colgadura; cosa colgada.
deperecimiento, *s. m.* consunción; desfallecimiento gradual.
depilar, *v. t.* depilar.
depilatório, *adj.* depilatorio.
deplorar, *v. t.* deplorar; lamentar; plañir.
deplumar, *v. t.* desplumar.
depoimento, *s. m.* declaración o narración hecha por el testigo; afirmación autorizada.
depois, *adv.* después.
depor, *v. t.* deponer; destituir.
deportar, *v. t.* deportar; confinar; desterrar.
deposição, *s. f.* deposición; abdicación; destitución.
depositar, *v. t.* depositar; poner en depósito; dar a guardar; confiar; colocar.
depósito, *s. m.* depósito.
depravador, *adj.* y *s.* depravador; corruptor.
depravar, *v. t.* depravar; pervertir; corromper.
deprecada, *s. f.* exhorto; requisitoria.
deprecar, *v. t.* deprecar; rogar; suplicar.
depreciar, *v. t.* depreciar; rebajar.
depredar, *v. t.* depredar; saquear; devastar; expoliar.
depreender, *v. t.* deprehender; percibir; inferir; deducir.
depressa, *adv.* aprisa; con rapidez.
depressão, *s. f.* depresión.
deprimente, *adj.* deprimente.
deprimir, *v. t.* deprimir; abatir; humillar.
depuração, *s. f.* depuración.
depurar, *v. t.* depurar, limpiar.
deputação, *s. f.* diputación.
deputar, *v. t.* delegar; incumbir.
de repente, *loc. adv.* de repente; de súbito.
derisório, *adj.* irrisorio.
derivar, *v. t.* derivar; separar; hacer venir; *v. i.* correr (río o regato); distender.
dermatite, *s. f.* dermatitis.

d

d

dermatologia, *s. f. (med.)* dermatología.
dermatose, *s. f. (med.)* dermatosis.
derradeiro, *adj.* postrero.
derrama, *s. f.* derrama; tributo local.
derramar, *v. t.* derramar; verter; desparramar; esparcir; repartir un impuesto; desramar.
derrame, *s. m.* derrame; pérdida.
derrancado, *adj.* estropeado; corrupto.
derrancar, *v. t.* alterar; corromper.
derredor, *adv.* derredor; contorno.
derreter, *v. t.* derretir; licuefacer; fundir; disolver; *(fig.)* consumir, gastar.
derribar, *v. t.* derribar; derruir; arruinar; abatir; demoler.
derriço, *s. m. (pop.)* enamorado; escarnio.
derrocar, *v. t.* derrocar; destruir; desmoronar; arrasar.
derrogação, *s. f.* derogación.
derrogar, *v. t.* derogar; abolir; revocar, anular.
derrota, *s. f.* derrota; rumbo que lleva un navío.
derrotar, *v. t.* derrotar; romper; deshacer; destrozar; desbaratar; destruir.
derrubar, *v. t.* derrumbar, echar abajo; derribar; demoler.
derruir, *v. t.* derruir; derribar; *v. i.* caer; derrocar; desmoronarse.
dês, prep. *(pop.)* desde.
desabado, *adj.* dícese del sombrero que tiene muy ancha el ala y caída.
desabafado, *adj.* desahogado; tranquilo (el espíritu); *(fig.)* libre.
desabafar, *v. t.* desahogar; expandir.
desabalado, *adj. (pop.)* desmesurado; descomunal.
desabar, *v. t.* bajar el ala del sombrero; *v. i.* caer; desmoronarse; *(fig.)* arruinar.
desabitar, *v. t.* deshabitar.
desabonar, *v. t.* desacreditar; despreciar.
desabotoar, *v. t.* desabotonar; sacar; soltar; abrir; aflojar; *v. i. (bot.)* desabotonar (las flores).
desabrido, *adj.* desabrido.
desabrolhar, *v. i. (bot.)* desabrochar (la flor); germinar; crecer.
desabusado, *adj.* atrevido; petulante.
desabusar, *v. t.* librar de errores o preocupaciones; desengañar; *v. r.* desilusionarse.
desacatar, *v. t.* desacatar; despreciar; profanar.
desacato, *s. m.* desacato; irreverencia.
desacavalar, *v. t.* separar lo que estaba acaballado o sobrepuesto.
desacertar, *v. t.* desacertar; fallar; desordenar.
desacerto, *s. m.* desacierto; erro; tontería.
desacolchetar, *v. t.* desabrochar.
desacomodar, *v. t.* desacomodar; inquietar; incomodar.
desacompanhar, *v. t.* salir de la compañía; dejar de acompañar.
desaconchegar, *v. t.* privar de la protección de; desacomodar.
desaconselhar, *v. t.* desaconsejar.
desacordar, *v. t.* desacordar; *v. i.* discordar.
desacordo, *s. m.* desacuerdo; disconformidad; divergencia.
desacorrentar, *v. t.* desconectar; soltar.
desacreditar, *v. t.* desacreditar; difamar; depreciar.
desadorno, *s. m.* desadorno; desaliño; simplicidad.
desadunado, *adj.* desunido; separado.
desafamar, *v. t.* desacreditar; difamar.
desafectação, *s. f.* Naturalidad; simplicidad; sinceridad.
desafectado, *adj.* natural; sincero; llano.
desafeiçoar, *v. t.* Quitar el afecto o afición a una persona o cosa; desaficionar; desfigurar; alterar.

desaferrar, *v. t.* desaferrar; desprender; soltar; disuadir.
desaferrolhar, *v. t.* Correr el cerrojo para abrir; desaherrojar; soltar.
desafiar, *v. t.* desafilar; embotar; desafiar; retar; excitar; tentar.
desafinado, *adj.* desafinado.
desafinar, *v. t.* e *i.* *(mús.)* desafinar; desentonar.
desafio, *s. m.* desafío; provocación; lucha; duelo.
desafogar, *v. t.* desahogar; expandir; desapretar.
desafogo, *s. m.* desahogo; alivio; descanso.
desafoguear, *v. t.* refrescar.
desaforar, *v. t.* desaforar; hacer atrevido.
desafortunado, *adj.* desafortunado.
desafronta, *s. f.* desagravio; desahogo.
desafrontar, *v. t.* desagraviar.
desagarrar, *v. t.* desagarrar; desprender.
desagasalhar, *v. t.* desabrigar; *v. r.* descubrirse.
desagastamento, *s. m.* desenfado; alivio.
desagradar, *v. i.* desagradar; aborrecer.
desagradecer, *v. i.* desagradecer.
desagradecido, *adj.* desagradecido; ingrato.
desagravar, *v. t.* desagraviar; suavizar; vengar.
desagravo, *s. m.* desagravio.
desagregar, *v. t.* desagregar; *v. r.* desunirse.
desagrilhoar, *v. t.* desencadenar.
desaguamento, *s. m.* desagüe.
desaguar, *v. t.* desaguar; desembocar.
desaguisado, *s. m.* desaguisado; disputa, desavenencia; contienda.
desaire, *s. m.* desaire; inconveniencia; defecto.
desajeitar, *v. t.* desarreglar; deformar.
desajuizar, *v. t.* hacer perder el juicio; entontecer.
desajuntar, *v. t.* desunir; separar; apartar.
desalagar, *v. t.* desaguar; desaguazar; desalagar; desecar; agotar.
desalegrar, *v. t.* entristecer.
desaleitar, *v. t.* destetar.
desalentar, *v. t.* desalentar; desanimar.
desalento, *s. m.* desaliento; desánimo.
desaliar, *v. t.* desaliar, separar aliados.
desalijar, *v. t.* alijar; aliviar; aligerar.
desalinhar, *v. t.* desaliñar; desordenar.
desalinhavar, *v. t.* deshilvanar.
desalinho, *s. m.* desaliño; desaseo; sencillez; *(fig.)* negligencia.
desalistar, *v. t.* sacar de la lista; rebajar.
desalmamento, *s. m.* maldad; desalmamiento; crueldad.
desalojar, *v. t.* desalojar; echar; expulsar; *v. r.* levantar el campamento.
desamabilidade, *s. f.* descortesía; indelicadeza.
desamar, *v. t.* desamar; aborrecer; odiar.
desamarrotar, *v. t.* alisar; desarrugar; desabollar.
desambição, *s. f.* falta de ambición; desinterés.
desambicioso, *adj.* modesto.
desamolgar, *v. t.* allanar, alisar; desabollar.
desamorável, *adj.* desdeñoso; rudo; grosero.
desamortização, *s. f.* desamortización.
desamparar, *v. t.* desamparar; abandonar.
desamparo, *s. m.* desamparo; abandono; penuria.
desanda, *s. f.* *(pop.)* reprimenda; reprensión; rapapolvo; paliza.
desandador, *s. m.* destornillador.
desandar, *v. t.* desandar, retroceder;

destornillar; deshacer; *v. i.* empeorar; resultar.
desanexação, *s. f.* desunión; desmembramiento.
desanexar, *v. t.* desmembrar; desunir; desligar.
desanichar, *v. t.* desalojar; *(fig.)* descubrir; desemplear.
desânimo, *s. m.* desánimo.
desanuviado, *adj.* límpido; sin nubes; desahogado.
desanuviar, *v. t.* e *i.* desanublar; serenar; despejar; aclarar.
desaparafusar, *v. t.* destornillar.
desaparecer, *v. i.* desaparecer; morir; esconderse; perderse.
desaparelhar, *v. t.* desaparejar; desarmar; desguarnecer.
desaparição, *s. f.* desaparición.
desapartar, *v. t.* *(pop.)* apartar; desapartar.
desaperceber, *v. t.* desapercebir, descuidar; *v. r.* quedar sin provisiones; desprevenirse.
desaperto, *s. m.* desahogo; holgura.
desapiedado, *adj.* despiadado; desapiadado; inhumano; cruel.
desaplaudir, *v. t.* desaprobar; reprobar.
desaplicar, *v. t.* desaplicar; distraer a alguno del estudio o aplicación.
desapoio, *s. m.* desamparo; falta de apoyo.
desapontado, *adj.* decepcionado; desilusionado.
desapoquentar, *v. t.* tranquilizar; serenar; sosegar.
desaprazer, *v. i.* desagradar; disgustar.
desapreço, *s. m.* desaprecio; menosprecio.
desaprender, *v. t.* y *r.* desaprender.
desapropriação, *s. f.* desapropiación; expropiación.
desapropriar, *v. t.* desapropiar; expropiar.
desaproveitar, *v. t.* desaprovechar; desperdiciar.
desaproximar, *v. t.* distanciar; separar; alejar.
desaprumar, *v. t.* desaplomar; desplomar.
desar, *s. m.* desaire; falta, mancha; infelicidad; deselegancia.
desarborizar, *v. t.* talar, arrancar los árboles a un terreno.
desarmar, *v. t.* desarmar; desaparejar; aplacar; frustrar; *v. i.* rendir las armas.
desarmonizar, *v. t.* desarmonizar; desentonar; desafinar; *(fig.)* perturbar.
desarraigamento, *s. m.* desarraigo.
desarraigar, *v. t.* desarraigar.
desarranchar, *v. t.* desranchar; desalojar.
desarranjar, *v. t.* desarreglar; desordenar; desconcertar; perturbar.
desarranjo, *s. m.* desarreglo; contratiempo; perturbación.
desarrazoamento, *s. m.* sin razón; despropósito.
desarregaçar, *v. t.* soltar; bajar; dejar caer la ropa, la cola, falda del vestido, etc.
desarreigar, *v. t.* desarraigar; destruir; extirpar.
desarrimar, *v. t.* desarrimar; apartar; desamparar.
desarrochar, *v. t.* desabrochar; desapretar.
desarrufar, *v. t.* reconciliar; apaciguar.
desarrufo, *s. m.* desenfado; reconciliación.
desarrumar, *v. t.* desarreglar; desordenar.
desarticulação, *s. f.* desarticulación.
desarticular, *v. t.* desarticular; descoyuntar.
desasar, *v. t.* desalar; desasar; deslomar.
desasselvajar, *v. t.* civilizar.
desassemelhar, *v. t.* desemejar; desfigurar.

desassestar, *v. t.* remover, alterar lo que estaba asestado.
desassimilar, *v. t.* desasimilar.
desassisar, *v. t.* desatinar; entontecer.
desassombrado, *adj.* sin sombra; expuesto al sol; *(fig.)* franco; abierto; llano.
desassombrar, *v. t.* quitar lo que hace sombra; iluminar; *(fig.)* sosegar.
desassossegado, *adj.* desasosegado; inquieto.
desassossego, *s. m.* desasosiego.
desastre, *s. m.* desastre; desgracia; fatalidad.
desastroso, *adj.* desastroso.
desatabafar, *v. t.* aliviar; desahogar.
desatacar, *v. t.* descargar; desatar; desabrochar.
desatar, *v. t.* desatar; soltar; desprender (un nudo); explicar; *v. i.* decidir.
desatarraxar, *v. t.* destornillar; desligar.
desatascar, *v. t.* desatascar; desatollar.
desatenção, *s. f.* desatención; descortesía.
desatencioso, *adj.* desatento; descuidado; descortés.
desatentar, *v. i.* desatender; distraerse.
desatilado, *adj.* inexperiente; torpe.
desatinação, *s. f.* confusión; desatino; desorden.
desatinar, *v. t.* desatinar; *v. i.* perder el tino.
desatracar, *v. t.* *(mar.)* desatracar; desprender; *v. i.* levar ancla.
desatrancar, *v. t.* desatrancar; desembarazar.
desatremar, *v. i.* desatinar; perder el tino; perder el buen camino.
desaustinado, *adj.* *(pop.)* inquieto; sin tino; turbulento.
desautorar, *v. t.* desautorizar; quitar los honores.
desautorizar, *v. t.* desautorizar; desprestigiar; desacreditar.
desavença, *s. f.* desavenencia; discordia; enemistad.
desavergonhar, *v. t.* hacer perder la vergüenza; tornar insolente.
desavir, *v. t.* desavenir; indisponer a una persona con otra.
desavistar, *v. t.* perder de vista.
desazo, *s. m.* negligencia.
desbagulhar, *v. t.* despepitar.
desbancar, *v. t.* desbancar; *(fig.)* suplantar.
desbaratar, *v. t.* desbaratar; arruinar; malgastar; poner en fuga.
desbarbar, *v. t.* desbarbar; afeitar; rasurar.
desbastador, *adj.* y *s.* desbastador.
desbastar, *v. t.* desbastar; raspar; adelgazar una cosa; perfeccionar.
desbastardar, *v. t.* legitimar.
desbatocar, *v. t.* destaponar; destapar.
desbloquear, *v. t.* desbloquear.
desbocado, *adj.* desbocado; desenfrenado.
desbocar, *v. t.* desbocar; *(fig.)* no obedecer al freno; volverse indecente.
desbordar, *v. i.* desbordar; rebosar; derramar.
desbragamento, *s. m.* desvergüenza; descaro.
desbragar, *v. t.* desvergonzar; pervertir.
desbravar, *v. t.* desbravar; amansar; rizar; roturar; escardar.
descabeçar, *v. t.* degollar; decapitar.
descabelado, *adj.* descabellado, sin cabello; calvo; *(fig.)* irritado.
descabelar, *v. t.* arrançar, quitar los cabellos a; desmechar; descabellar; despeinar, desgreñar; *v. r.* irritarse.
descaída, *s. f.* decaimiento; caída; ruina.
descair, *v. t.* caer; dejar caer; *v. i.* bajar; declinar.
descalabro, *s. m.* descalabro; ruina; pérdida.
descalçadeira, *s. f.* calzador.

descalçadela, *s. f.* descompostura; rapapolvo.
descalçar, *v. t.* descalzar.
descalço, *adj.* descalzo; *(fig.)* desprevenido.
descambar, *v. i.* resbalar, caer para un lado; derivar; redundar.
descaminho, *s. m.* descamino; fraude; contrabando.
descampado, *s. m.* descampado.
descansar, *v. t.* descansar; tranquilizar; apoyar; *v. i.* reposar; sentarse; dormir.
descanso, *s. m.* descanso; reposo; quietud; sosiego.
descapacitar-se, *v. r.* disuadirse.
descarado, *adj.* descarado; atrevido; insolente.
descarga, *s. f.* descarga; tiro de escopeta o cañón.
descargo, *s. m.* descargo; satisfacción; alivio.
descarinho, *s. m.* falta de cariño, descariño; malos tratos; crueldad.
descarnar, *v. t.* descarnar; deshuesar; *(fig.)* despegar la encía del diente.
descarregador, *s. m.* descargador.
descarregar, *v. t.* descargar; *(fig.)* excluir; aliviar; desahogar; expandir; evacuar; disparar (un arma).
descarrilar, *v. t.* e *i.* descarrilar; *(fig.)* perder el tino.
descartar, *v. t.* descartar; *v. r.* libertarse de lo que es incómodo.
descasar, *v. t.* divorciar; descasar.
descendência, *s. f.* descendencia; posteridad; filiación; estirpe.
descender, *v. i.* descender; derivarse.
descenso, *s. m.* descenso, bajada.
descentralização, *s. f.* descentralización.
descentralizar, *v. t.* descentralizar.
descentrar, *v. t.* descentrar.
descer, *v. t.* descender; poner abajo; desmontar.
descerebrado, *adj.* *(fig.)* ignorante; cretino.
descida, *s. f.* descenso; bajada; abajadero; declive.
descimento, *s. m.* descendimiento; bajada.
desclassificar, *v. t.* desacreditar; desclasificar.
descoberta, *s. f.* descubrimiento.
descobridor, *adj.* y *s.* descubridor; explorador; revelador.
descobrir, *v. t.* descubrir; denunciar; reconocer; *v. i.* clarear (la atmósfera); romper (el sol).
descocado, *adj.* descocado; atrevido.
descoco, *s. m.* *(fam.)* descoco; descaro; audacia.
descolagem, *s. f.* despegar o levantar el vuelo un avión.
descolar, *v. t.* e *i.* descolar, desligar; arrancar; separar; despegar.
descolorar, *v. t.* descolorar; desteñir; decolorar; despintar; *v. i.* perder el color.
descomedir-se, *v. r.* descomedirse; disparatar.
descompassado, *adj.* descompasado; descomedido; enorme; desmedido.
descompassar, *v. t.* e *i.* descompasar; desproporcionar.
descompor, *v. t.* descomponer; desordenar; alterar; desfigurar; reprender; desnudar; insultar.
descomprazer, *v. i.* no complacer; no condescender.
descomunal, *adj.* descomunal; excesivo.
desconcertar, *v. t.* desconcertar; desarreglar; desarmonizar; desavenir; *v. i.* discordar; disparatar.
desconcerto, *s. m.* desconcierto; desorden; confusión.
desconchavar, *v. t.* desencajar; desligar; separar.
desconchavo, *s. m.* disparate.
desconfiado, *adj.* desconfiado; receloso; quisquilloso.
desconfiar, *v. t.* desconfiado; receloso; quisquilloso.

desconforme, *adj.* desconforme; desigual; descomunal.
desconfortar, *v. t.* quitar la comodidad a; desalentar; desanimar.
desconforto, *s. m.* falta de comodidad; desánimo; desaliento.
descongelar, *v. t.* descongelar.
descongestionar, *v. t.* descongestionar; desentumecer; desembarazar; desacumular.
desconhecedor, *adj.* y *s.* desconocedor; ignorante; desagradecido.
desconhecer, *v. t.* desconocer; ignorar; no reconocer.
desconhecimento, *s. m.* desconocimiento; ingratitud; ignorancia.
desconjuntar, *v. t.* descoyuntar; desencajar; dislocar; desunir.
desconsagrar, *v. t.* profanar.
desconsolação, *s. f.* desconsolación; tristeza; malestar.
desconsolar, *v. t.* desconsolar; entristecer.
desconsolo, *s. m.* desconsuelo.
descontar, *v. t.* descontar; rebajar un precio.
descontentar, *v. t.* descontentar; disgustar.
descontinuar, *v. t.* e *i.* discontinuar; romper; interrumpir.
descontínuo, *adj.* descontinuo; discontinuo.
desconto, *s. m.* descuento.
descorado (ò), *adj.* descolorido.
descorante, *adj.* y *s. m.* decolorante.
descorar, *v. t.* decolorar; descolorar; olvidar; *v. i.* palidecer.
descoroçoado, *adj.* desalentado; descorazonado.
descoroçoar, *v. t.* descorazonar; desanimar.
descortês, *adj.* descortés; desatento.
descortiçar, *v. t.* descortezar; descorchar.
descosedura, *s. f.* descosedura; descosido.
descoser, *v. t.* descoser; soltar; cortar.
descosido, *adj.* descosido.
descravejar, *v. t.* desengastar; desclavar.
descrédito, *s. m.* descrédito; deshonra; mala fama.
descrente, *adj.* y *s.* descreído; incrédulo; irreligioso.
descrer, *v. t.* descreer; faltar a la fe, dejar de creer.
descrever, *v. t.* describir; trazar; pormenorizar.
descrição, *s. f.* descripción.
descrido, *adj.* y *s. m.* descreído; incrédulo.
descritor, *adj.* y *s.* descriptor.
descuidar, *v. t.* descuidar; *v. r.* olvidarse; distraerse.
descuido, *s. m.* descuido; descura; omisión; negligencia.
desculpa, *s. f.* disculpa.
desculpar, *v. t.* disculpar; perdonar; dispensar.
descurar, *v. t.* descuidar; olvidar.
descurvar, *v. t.* enderezar; desencorvar.
desde, *prep.* desde, a partir de; a contar de.
desdém, *s. m.* desdén; desprecio; orgullo; indiferencia.
desdenhar, *v. t.* e *i.* desdeñar; no dignarse; despreciar; motejar.
desdenho, *s. m.* desdén.
desdentar, *v. t.* desdentar.
desdita, *s. f.* desdicha; infelicidad, desgracia.
desdizer, *v. t.* desdecir; desmentir; negar.
desdobrar, *v. t.* desdoblar.
desedificação, *s. f.* desedificación; desmoralización; escándalo.
desedificar, *v. t.* desedificar; escandalizar; desmoralizar.
desejar, *v. t.* e *i.* desear; apetecer; ambicionar.
desejo, *s. m.* deseo; apetito; aspiración.
desembaciar, *v. t.* desempañar.
desembainhar, *v. t.* desenvainar; desprender.

d

d

desembalar, *v. t.* desembalar; desenfardar.
desembaraçar, *v. t.* desembarazar; evacuar; desocupar.
desembaralhar, *v. t.* desenredar; desenmarañar.
desembarcar, *v. t.* e *i.* desembarcar.
desembarque, *s. m.* desembarque.
desembestadamente, *adv.* desenfrenadamente; a rienda suelta.
desembocadura, *s. f.* desembocadura.
desembocar, *v. t.* desembocar; desaguar.
desembolsar, *v. t.* desembolsar, gastar.
desembolso, *s. m.* desembolso; gasto; préstamo; dispendio.
desembotar, *v. t.* desembotar; afilar; aguzar.
desembraiar, *v. t.* desembragar.
desembravecer, *v. t.* e *i.* amansar; domesticar; apaciguar.
desembrenhar, *v. t.* quitar de las breñas.
desembrulhar, *v. t.* desempaquetar; desdoblar.
desembrutecer, *v. t.* desembrutecer; civilizar; instruir.
desembruxar, *v. t.* deshechizar; desembrujar.
desembuçar, *v. t.* desembozar; desenmascarar.
desembuchar, *v. t.* desembuchar.
desemburrar, *v. t.* desembrutecer; desentorpecer.
desempachar, *v. t.* desempachar; aliviar; despejar.
desempacotar, *v. t.* desempaquetar.
desempalhar, *v. t.* quitar de la paja; desempajar.
desempapar, *v. t.* desempapar.
desempapelar, *v. t.* desempapelar.
desemparceirar, *v. t.* desemparejar; descasar; desparejar.
desemparelhar, *v. t.* desemparejar; deshermanar; desparejar.
desempastar, *v. t.* desunir; apartar; desempastar.
desempatar, *v. t.* desempatar; quitar el empate.
desempavesar, *v. t.* despabilar; despavesar.
desempecilhar, *v. t.* desembarazar; desobstruir; desatrancar.
desempecer, *v. t.* desembarazar; librar; destrabar; desenredar.
desempegar, *v. t.* desabarrancar; desatollar; desatascar.
desempenado, *adj.* derecho; airoso; ágil; desembarazado.
desempenhar, *v. t.* desempeñar; cumplir; librar de deudas; desempeñar; representar una escena.
desempeno, *s. m.* enderezamiento; desalabeo; corrección; regla de carpintero.
desemperrar, *v. t.* aflojar; desapretar; ensanchar.
desempestar, *v. t.* desinfectar.
desempilhar, *v. t.* desamontonar.
desemplumar, *v. t.* desemplumar; desplumar.
desempoado, *adj.* desempolvado, sin polvo; *(fig.)* tratable, sin prejuicios; llano.
desempoar, *v. t.* desempolvar, quitar el polvo; sacudir; *(fig.)* modesto.
desempobrecer, *v. t.* quitar de la pobreza; *v. i.* enriquecer.
desempoçar, *v. t.* desempozar; agotar.
desempolgar, *v. t.* aflojar; soltar; desagarrar; quitar de las garras; despedir.
desempregar, *v. t.* desempleo.
desemprenhar, *v. t.* desembarazar, dar a luz; abortar; *(fig.)* desembuchar.
desemproar, *v. t.* Humillar; desencumbrar.
desempunhar, *v. t.* soltar del puño o de la mano; desasir.
desenastrar, *v. t.* soltar la cinta de los cabellos; desatar; desentrenzar.
desencabar, *v. t.* desmangar.
desencadear, *v. t.* desencadenar.

desencadernar, *v. t.* desencuadernar; descuadernar.
desencaixar, *v. t.* desencajar; desarticular.
desencalacrar, *v. t.* libertar a uno de las deudas que había contraído; desentrampar.
desencalhar, *v. t.* desencallar, sacar la nave del lugar en que encalló; *v. i.* salir del encallamiento.
desencalmar, *v. t.* quitar la calma; refrescar.
desencaminhador, *adj.* y *s.* corruptor; pervertidor.
desencaminhar, *v. t.* desencaminar; descaminar; extraviar; pervertir.
desencantar, *v. t.* desencantar.
desencanto, *s. m.* desencanto.
desencantoar, *v. t.* desarrinconar; descubrir.
desencapelar, *v. t.* desencapillar; desencapuchar.
desencaracolar, *v. t.* desrizar el pelo; desencrespar, desenrizar.
desencardir, *v. t.* blanquear; escamondar; limpiar.
desencarecer, *v. t.* disminuir en el precio; rebajar.
desencarquilhar, *v. t.* desarrugar.
desencarregar, *v. t.* descargar; desobligar; desencargar.
desencartar, *v. t.* desencartar; destituir del empleo.
desencasacar-se, *v. r.* quitarse el frac; ponerse cómodo.
desencasquetar, *v. t.* *(fam.)* disuadir; quitar de la cabeza (terquedad, manía).
desencastoar, *v. t.* desengastar.
desencatarroar, *v. t.* y *r.* curar del catarro; curarse del catarro.
desencher, *v. t.* vaciar; dejar vacía alguna cosa.
desencilhar, *v. t.* descinchar; desenjaezar; desaparejar; desensillar (los animales).
desenclaustrar, *v. t.* sacar del claustro.
desenclavinhar, *v. t.* desenclavijar.
desencolerizar, *v. t.* desencolerizar; serenar; amansar.
desencolher, *v. i.* desencoger; estirar; extender.
desencomendar, *v. t.* revocar una orden; contramandar.
desencontrado, *adj.* contrario; opuesto; discordante.
desencordoar, *v. t.* desencordar; quitar las cuerdas a un instrumento; descordar.
desençorporar, *v. t.* adelgazar.
desencovar, *v. t.* desencovar; desenterrar.
desencravar, *v. t.* desenciavar.
desencravilhar, *v. t.* desclavar; desenganchar.
desencrespar, *v. t.* desencrespar; desarrugar; desrizar.
desencurralar, *v. t.* soltar del corral; libertar; desalojar.
desencurvar, *v. t.* desencorvar; allanar; aplanar.
desendividar, *v. t.* librar de deudas a alguien; desobligar.
desenegrecer, *v. t.* aclarar; blanquear.
desenfadadiço, *adj.* divertido; recreativo.
desenfadado, *adj.* desenfadado; divertido; despreocupado.
desenfadar, *v. t.* desenfadar; desenojar; alegrar; distraer.
desenfardar, *v. t.* desenfardar; desembalar.
desenfarruscar, *v. t.* deshollinar; desennegrecer; aclarar.
desenfartar, *v. t.* desempachar; desahitar.
desenfastiar, *v. t.* desenhastiar; quitar el hastío; desempalagar, causar apetito; *(fig.)* divertir, distraer.
desenfeitar, *v. t.* desadornar; desataviar; desguarnecer.
desenfeitiçar, *v. t.* deshechizar; desencantar; desembrujar.
desenfeixar, *v. t.* desatar un manojo o haz; desliar; desamarrar.

desenferrujar, *v. t.* desenmohecer; desherrumbrar; *(fig.)* desbastar; instruir; pulir.
desenfezar, *v. t.* desarrollar; robustecer.
desenfiar, *v. t.* desenhebrar; desensartar.
desenfornar, *v. t.* deshornar.
desenfreado, *adj.* desenfrenado; *(fig.)* desmandado; descomedido.
desenfronhar, *v. t.* desenfundar.
desenfunar-se, *v. r.* *(fig.)* desendiosarse.
desenfurecer, *v. t.* desenfurecer; calmar; desencolerizar.
desengaiolar, *v. t.* desenjaular; soltar.
desengalfinhar, *v. t.* desengañilar, apartar.
desenganar, *v. t.* desengañar; desilusionar.
desenganchar, *v. t.* desenganchar; desprender.
desengano, *s. m.* desengaño; desilusión; franqueza.
desengastar, *v. t.* desengastar; desclavar.
desengatar, *v. t.* desengastar; soltar; desenganchar.
desengate, *s. m.* desengaste.
desengatilhar, *v. t.* disparar un arma de fuego; desarmar el gatillo.
desengenhoso, *adj.* desmañado; estúpido; inhábil.
desengodar, *v. t.* quitar el cebo (en la pesca); *(fig.)* desilusionar.
desengolfar, *v. t.* Sacar de un abismo.
desengomar, *v. t.* desalmidonar; desengomar; desgomar.
desengonçado, *adj.* desgonzado; desquiciado; descoyuntado.
desengonçar, *v. t.* desquiciar; descoyuntar.
desengordar, *v. t.* enflaquecer; desengroar; desengrasar.
desengraçado, *adj.* desagraciado; desairado; sin gracia; soso; insípido.
desengraçar, *v. t.* desengraciar.
desengrandecer, *v. t.* apocar; estrechar; abatir; humillar.
desengranzar,. *v. t.* desengarzar; desensartar, deshacer la sarta.
desengraxar, *v. t.* deslustrar.
desengrossar, *v. t.* desengrosar; adelgazar; desbastar.
desenguiçar, *v. t.* desenhechizar; desembrujar.
desenhador, *s. m.* diseñador; dibujador; dibujante.
desenhar, *v. t.* dibujar; diseñar; delinear.
desenho, *s. m.* dibujo; diseño.
desenjoar, *v. t.* quitar las náuseas, hacer pasar el mareo; desempalagar.
desenjoativo, *adj.* que desempalaga; que quita las náuseas o el mareo; *s. m.* aperitivo.
desenlaçamento, *s. m.* desenlace.
desenlaçar, *v. t.* desenlazar.
desenlace, *s. m.* desenlace; *(fig.)* solución.
desenlear, *v. t.* desenlazar; desliar; desatar; desenredar.
desenlodar, *v. t.* desenlodar.
desenlutar, *v. t.* desenlutar; *(fig.)* alegrar.
desenobrecer, *v. t.* hacer perder la nobleza; avillanar.
desenodoar, *v. t.* limpiar, quitar las manchas.
desenovelar, *v. t.* desovillar; desenredar.
desenraiar, *v. t.* destrabar.
desenraivar o **desenraivecer,** *v. t.* aplacar la ira o rabia; sosegar.
desenraizar, *v. t.* desarraigar.
desenramar, *v. t.* desmondar; desramar.
desenrascar, *v. t.* desembarazar; desatrancar; *(fig.)* librar de apuros.
desenredar, *v. t.* desenredar; deshacer el enredo de; explicar; solucionar.
desenredo, *s. m.* desenredo; solución.
desenregelar, *v. t.* e *i.* descongelar; calentar; deshelar.

desenriçar, *v. t.* desrizar; desencrespar.
desenrijar, *v. t.* ablandar; emblandecer.
desenristar, *v. t.* sacar del ristre; dejar de apuntar.
desenrodilhar, *v. t.* extender; desenroscar.
desenrolar, *v. t.* desenrollar; desenvolver; desarrollar; explicar.
desenroscar, *v. t.* desenroscar; desenrollar; desatornillar.
desenrugar, *v. t.* desarrugar; alisar; *v. i.* desarrugarse.
desensebar, *v. t.* desensebar; desengrasar.
desensombrar, *v. t.* quitar aquello que hace sombra.
desensurdecer, *v. t.* desensordecer; *v. i.* recobrar el oído.
desentaipar, *v. t.* destapiar.
desentalar, *v. t.* *(cir.)* desentablillar; librar.
desentaramelar, *v. t.* desembarazar; desatar; soltar la lengua hablando mucho; parlotear.
desentediar, *v. t.* quitar el tedio; distraer.
desentender, *v. t.* desentender, fingir que no se entiende.
desentenebrecer, *v. t.* desentenebrecer.
desenterramento, *s. m.* desenterramiento; exhumación.
desenterrar, *v. t.* desenterrar; exhumar; descubrir.
desentesar, *v. t.* desapretar; aflojar.
desentoação, *s. f.* desentonación, desentono; *(mús.)* desafinación.
desentoar, *v. t.* desentonar; *(mús.)* cantar con desentonación.
desentolher, *v. t.* desentumecer; desentorpecer.
desentorpecer, *v. t.* desentorpecer; desentumecer.
desentrançar, *v. t.* destrenzar; desenredar.
desentravar, *v. t.* destrabar; librar; soltar.
desentristecer, *v. t.* desentristecer, alegrar.
desentroixar, *v. t.* desliar; deshacer o desatar el lío de la ropa.
desentulhar, *v. t.* escombrar; desaterrar; desobstruir.
desentupir, *v. t.* desatascar; desobstruir.
desenvasar, *v. t.* sacar del lodo; desenlodar; sacar a flote; poner a nado.
desenvencelhar o **desenvencilhar,** *v. t.* desliar o desatar los *vencillos;* desprender; separar.
desenvenenar, *v. t.* desemponzoñar.
desenvernizar, *v. t.* desbarnizar.
desenvoltura, *s. f.* desenvoltura; desembarazo; agilidad.
desenvolver, *v. t.* desenvolver (lo que estaba envuelto); hacer crecer.
desenvolvimiento, *s. m.* desenvolvimiento; progreso.
desenxabido, *adj.* insípido; insulso; zonzo.
desenxamear, *v. t.* desenjambrar, destruir un enjambre.
desenxovalhado, *adj.* limpio; aseado; desarrugado; planchado.
desenxovalhar, *v. t.* limpiar; asear; lavar; *(fig.)* desagraviar; rehabilitar.
desequilibrar, *v. t.* desequilibrar.
deserção, *s. f.* deserción.
deserdar, *v. t.* desheredar.
desertar, *v. t.* desertar.
deserto, *s. m.* desierto; lugar despoblado; yermo.
desesperação, *s. f.* desesperación; desespero.
desesperado, *adj.* desesperado; obstinado; alocado; *s. m.* individuo alucinado.
desesperança, *s. f.* desesperanza; desesperación.
desesperar, *v. t.* desesperar; *v. i.* perder la esperanza.

d

desestima, *s. f.* desestimación; desestima.
desestimar, *v. t.* desestimar; despreciar.
desfaçar-se, *v. r.* descararse; desvergonzarse.
desfalecer, *v. t.* desfallecer; desalentar; *v. i.* desmayar.
desfalque, *s. m.* desfalco; desvío.
desfastio, *s. m.* apetito; *(fig.)* buen humor.
desfavor, *s. m.* disfavor; desfavor; repulsa.
desfavorável, *adj.* desfavorable; perjudicial.
desfavorecer, *v. t.* desfavorecer; desairar; desestimar.
desfazer, *v. t.* deshacer; descomponer; desbaratar; desterrar; disolver; anular.
desfear, *v. t.* afear; desfigurar; deformar.
desfechar, *v. t.* despedir; vibrar; descargar, disparar (arma de fuego).
desfeita, *s. f.* deshecha; afrenta; ofensa; insulto; injuria.
desfeitear, *v. t.* insultar; injuriar; afrentar.
desfeito, *adj.* deshecho; desfigurado; disuelto; menguado.
desferrar, *v. t.* desherrar; *(mar.)* desaferrar.
desfiado, *adj.* deshilachado, deshilado; desmenuzado; *s. m. pl.* especie de franjas o flecos.
desfiar, *v. t.* deshilar; deshebrar; deshilachar; desmenuzar.
desfigurar, *v. t.* desfigurar; estropear.
desfilada, *s. f.* desfile.
desfilar, *v. i.* desfilar.
desfile, *s. m.* desfile.
desfitar, *v. t.* apartar la vista; no fijar; desviar los ojos.
desfloração, *s. f.* desfloración; desfloramiento.
desfolhada, *s. f.* deshojada; descamisada.
desfolhar, *v. t.* deshojar; descamisar.
desforçador, *adj.* y *s. m.* vengador; desagraviador.
desforçar, *v. t.* desagraviar; vengar.
desforrar, *v. t.* desforrar, quitar el forro de una cosa; *v. r.* recuperar lo perdido en el juego; vengarse.
desfortuna, *s. f.* infortunio; desgracia.
desfraldar, *v. t.* soltar, desplegar; quitar o disminuir la falda; *(mar.)* desaferrar; soltar.
desfranzir, *v. t.* desarrugar; desdoblar; desplegar; desfruncir.
desfrechar, *v. t.* arrojar, disparar, tirar saetas o flechas.
desfrisar, *v. t.* desrizar; carmenar; alisar.
desfrutação, *s. f.* disfrute.
desfrutar, *v. t.* disfrutar; gozar; poseer; apreciar.
desfundar, *v. t.* desfondar.
desgabar, *v. t.* denostar; vituperar; injuriar.
desgalgar, *v. t.* desgalgar; despeñar; precipitar; *v. i.* despeñarse; precipitarse.
desgalhar, *v. t.* desgajar; desramar.
desgarrada, *s. f.* canto de desafío.
desgarre o **desgarro,** *s. m.* descarrío; descamino; desgarro; descaro; audacia.
desgastar, *v. t.* desgastar; gastar; consumir.
desgaste, *s. m.* desgaste.
desgorjado, *adj.* escotado; despechugado.
desgostar, *v. t.* disgustar; mortificar; aborrecer; *v. i.* tener disgusto.
desgosto, *s. m.* disgusto; sinsabor; desavenencia; desagrado.
desgostoso, *adj.* disgustado; desazonado; enfadoso.
desgovernar, *v. t.* desgobernar; gobernar mal; desperdiciar; despilfarrar.
desgraça, *s. f.* desgracia; infortunio; calamidad.
desgraçado, *adj.* desgraciado; infeliz; miserable.

desgraçar, *v. t.* desgraciar.
desgracioso, *adj.* desgarbado.
desgrenhar, *v. t.* desgreñar; despeinar; descabellar; desmelenar los cabellos.
desgrudar, *v. t.* desengrudar; despegar; descolar.
desguarnecer, *v. t.* desguarnecer; desadornar.
desidratar, *v. t.* deshidratar.
designação, *s. f.* designación.
designar, *v. t.* designar; indicar; mostrar.
desígnio, *s. m.* designio; intento; plano.
desigual, *adj.* desigual; variable; irregular; injusto.
desiludir, *v. t.* desilusionar; desengañar; decepcionar.
desinçar, *v. t.* desinfectar; desinficionar; purificar.
desinchação, *s. f.* deshinchazón.
desinchar, *v. t.* deshinchar.
desinclinar, *v. t.* desinclinar.
desinência, *s. f.* desinencia.
desinfamar, *v. t.* rehabilitar moralmente, deshumillar.
desinfecção, *s. f.* desinfección.
desinfectar, *v. t.* desinfectar.
desinflamar, *v. t.* desinflamar.
desinquietação, *s. f. (pop.)* desinquietud; inquietud; ansiedad.
desinquietar, *v. t. (pop.)* desinquietar; inquietar; importunar, incomodar.
desintegração, *s. f.* desintegración.
desintegrar, *v. t.* desintegrar; separar; *v. r.* desagregarse.
desinteressar, *v. t.* no interesar; *v. r.* desinteresarse.
desinteresse, *s. m.* desinterés; desprendimiento.
desintrincar, *v. t.* desenmarañar; desenredar.
desipotecar, *v. t.* deshipotecar.
desistir, *v. i.* desistir; abstenerse; renunciar.
desjeitoso, *adj.* sin habilidad; desgalichado.
desjejua, *s. f.* desayuno.
desjejuar, *v. i.* desayunar.
desjuizar, *v. t.* enloquecer.
deslacrar, *v. t.* quitar el lacre a; desellar.
deslassar, *v. t.* tornar a hacer liso; desmadejar; anchar; ensanchar.
deslastrar, *v. t. (mar.)* deslastrar.
deslavar, *v. t.* deslavar, descolorar; *(fig.)* hacer descarado; tornar insípido.
desleal, *adj.* desleal; pérfido; traidor.
deslealdade, *s. f.* deslealtad; traición; perfidia.
desleitar, *v. t.* destetar; desmamar.
desleixar, *v. t.* descuidar; desatender.
desleixo, *s. m.* descuido; negligencia.
desligar, *v. t.* desligar; desatar.
deslindamento, *s. m.* deslindamiento; deslinde.
deslindar, *v. t.* deslindar; averiguar; desenredar.
deslizamento, *s. m.* deslizamiento.
deslize, *s. m.* desliz, deslizamiento; equívoco; yerro.
deslocação, *s. f.* dislocación, mudanza de lugar; desvío.
deslocado, *adj.* dislocado; mudado de lugar; deshecho; desarticulado.
deslocar, *v. t.* dislocar; sacar de su lugar; desviar; transferir; separar.
deslumbrar, *v. t.* deslumbrar; ofuscar; fascinar.
deslustrar, *v. t.* deslustrar; deslucir; manchar.
deslustre o **deslustro,** *s. m.* deslustre; desdoro; descrédito.
desluzido, *adj.* deslucido; deslustrado; sin lucimiento; desacreditado.
desluzir, *v. t.* deslucir; deslustrar; ofuscar.
desmagnetizar, *v. t.* desmagnetizar.
desmaiado, *adj.* desmayado.
desmaiar, *v. t.* desmayar; causar desmayo; *v. i.* palidecer; perder los sentidos.
desmaio, *s. m.* desmayo; pérdida del sentido; desfallecimiento; síncope.

d

desmalhar, *v. t.* desmallar.
desmanchadão, *s. m. (pop.)* desgarbado, sin gracia.
desmancha-prazeres, *s. com.* aguafiestas.
desmanchar, *v. t.* deshacer; desarreglar; desarticular; inutilizar; descuartizar.
desmancho, *s. m.* desarreglo; *(pop.)* aborto.
desmandar, *v. t.* desmandar; *v. r.* descomedirse.
desmantelar, *v. t.* desmantelar; derribar; demoler; deshacer.
desmascarar, *v. t.* desenmascarar.
desmazelado, *adj.* descuidado; negligente; dejado.
desmazelar, *v. t.* no cuidar de; descuidar; dejar.
desmazelo, *s. m.* negligencia; descuido; desaliño; dejadez.
desmedir-se, *v. r.* desmedirse.
desmedrado, *adj.* desmedrado.
desmedrar, *v. i.* desmedrar; deteriorar; enflaquecer.
desmembrar, *v. t.* desmembrar; separar.
desmemoriar, *v. t.* desmemoriar.
desmentir, *v. t.* desmentir; contradecir.
desmerecer, *v. t.* desmerecer; ser indigno de.
desmerecimento, *s. m.* desmerecimiento; demérito.
desmérito, *s. m.* demérito.
desmesurar, *v. t.* desmesurar.
desmilitarizar, *v. t.* desmilitarizar.
desmobilado, *adj.* desamueblado.
desmobilar, *v. t.* desamueblar
desmobilizar, *v. t.* desmovilizar.
desmoitar, *v. t.* desmontar, cortar en un monte todos o parte de los árboles o matas.
desmontada, *s. f.* desmontada; desmonte.
desmontar, *v. t. (fig.)* abatir; desmontar; apear.
desmontável, *adj.* desmontable.
desmoralização, *s. f.* desmoralización.
desmoralizar, *v. t.* desmoralizar; depravar.
desmoronar, *v. t.* desmoronar; derrumbar; demoler; arrasar.
desmurar, *v. t.* derrumbar; derribar; desmurar.
desnacionalizar, *v. t.* desnacionalizar.
desnastrar, *v. t.* desentrenzar; desenmarañar.
desnatar, *v. t.* desnatar.
desnaturado, *adj.* desnaturalizado.
desnaturalizar, *v. t.* desnaturalizar.
desnecessidade, *s. f.* inutilidad.
desnevar, *v. t.* desnevar; *v. i.* deshelar.
desnível, *s. m.* desnivel.
desnivelar, *v. t.* desnivelar.
desnorteado, *adj.* desorientado; desconcertado.
desnortear, *v. t.* desorientar; descarriar; desviar.
desnudar, *v. t.* desnudar, quitar la ropa.
desnudez, *s. f.* desnudez.
desnutrição, *s. f.* desnutrición.
desobedecer, *v. i.* desobedecer.
desobediente, *adj.* desobediente.
desobrigar, *v. t.* desobligar; librar; exonerar; absolver.
desobscurecer, *v. t.* aclarar.
desobstruir, *v. t.* desobstruir; desembarazar.
desocupado, *adj.* desocupado; ocioso; desempleado.
desocupar, *v. t.* desocupar; desembarazar.
desolação, *s. f.* desolación; ruina.
desolador, *adj.* y *s.* desolador.
desolar, *v. t.* desolar; desvastar; arruinar.
desonestar, *v. t.* deshonestar; deshonrar; infamar.
desonesto, *adj.* deshonesto; impúdico; indigno.
desonra, *s. f.* deshonra; ofensa grave.
desopressão, *s. f.* desopresión; alivio; desahogo.

desoprimir, *v. t.* desoprimir; aliviar; desahogar.
desordem, *s. f.* desorden.
desordenar, *v. t.* desordenar.
desorganizar, *v. t.* desorganizar.
desorientado, *adj.* desorientado; desequilibrado.
desorientar, *v. t.* desorientar.
desossar, *v. t.* deshuesar; desosar.
desougar, *v. t.* desaguar.
desoxidação, *s. f.* desoxidación.
desoxidar, *v. t. (quím.)* desoxidar, desoxigenar.
desoxigenar, *v. t. (quím.)* desoxigenar; desoxidar.
despachado, *adj.* despachado; expedito; enviado.
despachar, *v. t.* despachar; enviar; vender; expedir.
despacho, *s. m.* despacho.
desparafusar, *v. t.* desatornillar; destornillar.
despedaçar, *v. t.* despedazar; partir; dilacerar.
despedida, *s. f.* despedida; separación; conclusión; fin.
despedir, *v. t.* despedir; licenciar; enviar; despachar; soltar; desviar; exhalar; *v. i.* partir; retirar; agonizar.
despegar, *v. t.* despegar; descolar.
despeitado, *adj.* despechado.
despeitar, *v. t.* despechar; irritar.
despeito, *s. m.* despecho; resentimiento.
despeitorado, *adj.* despechugado; descotado.
despejado, *adj.* despejado; vacío; desocupado; desalojado.
despejar, *v. t.* despejar; desocupar; vaciar; evacuar.
despejo, *s. m.* despejo; ac. y ef. de *despejar;* deyecciones; basura.
despenhadeiro, *s. m.* despeñadero; precipicio; derrumbadero.
despenhar, *v. t.* despeñar; arrojar; precipitar.
despenho, *s. m.* despeño.
despensa, *s. f.* despensa.
despentear, *v. t.* despeinar.
despercebido, *adj.* desapercibido; desatendido.
desperdiçar, *v. t.* desperdiciar; disipar; malbaratar.
desperdício, *s. m.* desperdicio; derroche.
despersonalizar, *v. t.* quitar la personalidad a.
despersuadir, *v. t.* disuadir.
despertar, *v. t.* despertar; vd. *acordar.*
desperto, *adj.* despierto.
despesa, *s. f.* gasto; dispendio; consumo.
despiciendo, *adj.* despreciable.
despido, *adj.* desnudo; libre; desprovisto.
despiedade, *s. f.* inhumanidad; deshumanidad.
despiedoso, *adj.* despiadado.
despintar, *v. t.* despintar; borrar; descolorir.
despiolhar, *v. t.* despiojar.
despique, *s. m.* despique; desafío.
despir, *v. t.* desnudar; desvestir; encuerar; despojar.
despistar, *v. t.* despistar.
desplante, *s. m.* desplante; *(fig.)* atrevimiento.
desplumar, *v. t.* desplumar.
despojar, *v. t.* despojar; desnudar; robar.
despojo, *s. m.* despojo; presa.
despolarizar, *v. t.* despolarizar.
despolidez, *s. f.* descortesía.
despontar, *v. t.* despuntar; embotar; *v. i.* amanecer.
desporte, *s. m.* deporte.
desportivo, *adj.* deportivo.
desporto, *s. m.* deporte.
desposar, *v. t.* desposar; casar con.
desposório, *s. m.* desposorio, esponsales; casamiento.
déspota, *s. com.* déspota.
despotismo, *s. m.* despotismo.
despovoado, *adj.* despoblado; *s. m.* yermo; soledad.

d

despovoar, *v. t.* despoblar; deshabitar.
desprazimento, *s. m.* desplacer; pena; disgusto.
desprazível, *adj.* desapacible; desagradable.
desprecatado, *adj.* incauto; desprevenido.
desprecatar-se, *v. r.* distraerse; olvidarse.
despregar, *v. t.* separar; desclavar, arrancar; desplegar.
desprender, *v. t.* desprender; soltar; desligar; desunir.
despreocupar, *v. t.* despreocupar.
desprestígio, *s. m.* desprestigio.
desprevenir, *v. t.* desprevenir.
desprezar, *v. t.* despreciar; desairar; desdeñar.
desprezo, *s. m.* desprecio; desconsideración; desdén.
despronunciar, *v. t.* absolver de la instancia.
desproporcionar, *v. t.* desproporcionar.
despropositar, *v. i.* desatinar; disparatar.
despropósito, *s. m.* despropósito; disparate; desatino.
desproteger, *v. t.* desamparar; abandonar.
desproveito, *s. m.* desperdicio; desaprovechamiento.
desquiciar, *v. t.* desquiciar.
desquitação, *s. f.* desquite; separación.
desquitar, *v. t.* divorciar, descasar; separar.
desquite, *s. m.* separación; divorcio; desquite.
desratizar, *v. t.* desratizar.
desregramento, *s. m.* desarreglo; inmoralidad; abuso.
desregrar, *v. t.* desreglar; desarreglar.
desrespeitar, *v. t.* desacatar; irrespetar.
desrespeito, *s. m.* irreverencia; irrespeto.
desriçar, *v. t.* desrizar; desencrespar.
desrolhar, *v. t.* destaponar.
desrugar, *v. t.* desarrugar.
dessaboroso, *adj.* desaborido; insípido.
dessalgar, *v. t.* desalar; desaborar.
dessangrar, *v. t.* desangrar.
desse, contr. de la prep. *de* con el pron. o adj. *esse:* de ese.
dessedentar, *v. t.* saciar la sed; refrescar; saciar.
dessexuado, *adj.* asexuado; asexual.
dessoutro, contr. de *desse* con el adj. o pron. ind. *outro:* de ese otro.
destacamento, *s. m.* destacamento.
destacar, *v. t.* destacar; quitar; separar; escalonar.
destampar, *v. t.* destapar.
destapar, *v. t.* destapar; descubrir.
deste, contr. de la prep. *de* con el pron. dem. o adj. *este:* del que está aquí, a mi lado; de éste.
destecer, *v. t.* destejer.
destemer, *v. t.* no temer.
destemido, *adj.* intrépido; valiente; arrojado.
destemor, *s. m.* intrepidez.
desterrar, *v. t.* desterrar; expatriar; proscribir.
desterro, *s. m.* destierro; exilio.
destilação, *s. f.* destilación.
destilar, *v. t.* destilar.
destinação, *s. f.* destinación; destino.
destinar, *v. t.* destinar; consignar; designar; reservar.
destinatário, *s. m.* destinatario.
destinguir, *v. t.* desteñir; despintar.
destino, *s. m.* destino; fatalidad; suerte; empleo.
destituir, *v. t.* destituir; exonerar.
destoar, *v. i.* desentonar, desafinar; discordar.
destorroar, *v. t.* desterronar; desaterrar.
destrambelhado, *adj.* disparatado; desorientado.
destrambelhar, *v. i.* desarreglar; disparatar.

destrambelho, *s. m.* disparate, desarreglo.
destrancar, *v. t.* desatrancar.
destravado, *adj.* desenfrenado, sin freno; destrabado.
destravar, *v. t.* desfrenar; desenfrenar; destrabar.
destreza, *s. f.* destreza; habilidad; arte.
destrinça, *s. f.* separación minuciosa; desenredo.
destrinçar, *v. t.* desenredar; separar; discriminar.
destro, *adj.* diestro; ágil, sagaz; derecho.
destroçar, *v. t.* destrozar; desbaratar; dividir.
destroço, *s. m.* destrozo; desolación; *pl.* restos, ruinas.
destronar, *v. t.* destronar.
destronizar, *v. t.* destronar.
destruição, *s. f.* destrucción; eliminación; ruina.
destruir, *v. t.* destruir; arruinar; demoler; aniquilar.
destrutível, *adj.* destructible.
desumano, *adj.* deshumano.
desunir, *v. t.* desunir; separar; apartar.
desudir, *v. t.* desurdir.
desusar, *v. t.* estar fuera de uso.
desvairar, *v. t.* desvariar; alucinar; hacer enloquecer; delirar.
desvairo, *s. m.* desvarío.
desvalor, *s. m.* depreciación; desvaloración.
desvalorizar, *v. t.* desvalorizar, desvalorar.
desvanecer, *v. t.* desvanecer; disipar; *v. i.* desmayar.
desvanecimento, *s. m.* desvanecimiento; vanidad.
desvantagem, *s. f.* desventaja; inconveniente.
desvão, *s. m.* desván.
desvariar, *v. t.* e *i.* desvariar.
desvelar, *v. t.* desvelar; descubrir.
desvelo, *s. m.* desvelo; insomnio; cuidado.
desventura, *s. f.* desventura; infortunio.
desventurado, *adj.* desgraciado; desventurado.
desventurar, *v. t.* desgraciar.
desvergonha, *s. f.* desvergüenza.
desvirtuar, *v. t.* desvirtuar; desmerecer; deshonestar.
detalhar, *v. t. (gal.)* detallar.
detector, *s. m.* detector.
detenção, *s. f.* detención.
deter, *v. t.* detener; suspender; impedir; estorbar; encarcelar.
detergente, *adj.* y *s. m.* detergente; detersorio.
deteriorar, *v. t.* deteriorar.
determinação, *s. f.* determinación; resolución.
detido, *adj.* detenido; encarcelado; detallado.
detonação, *s. f.* detonación.
detonador, *s. m.* detonador.
detonante, *adj.* detonante.
detonar, *v. i.* detonar.
detractor, *adj.* y *s. m.* detractor; maldiciente.
detrás, *adv.* detrás; después.
detrição, *s. f.* descomposición de un cuerpo por frotación o rozamiento.
detrimento, *s. m.* detrimento.
deturbar, *v. t.* agitar, perturbar; expedir.
deturpação, *s. f.* desfiguración; alteración.
deturpar, *v. t.* deturpar; desfigurar; estropear.
Deus, *s. m.* Dios.
deusa, *s. f.* diosa.
devagar, *adv.* despacio.
devagarinho, *adv.* muy despacio.
devaneador, *adj.* y *s. m.* soñador; utopista.
devanear, *v. i.* devanear; fantasear.
devassa, *s. f.* inquisición; prueba judicial.

d

devassador, *adj.* y *s. m.* inquisidor; inquiridor.
devassidão, *s. f.* libertinaje; disolución; corrupción.
devastar, *v. t.* devastar; arruinar; asolar.
deve, *s. m.* debe.
devedor, *adj.* y *s. m.* debedor; deudor.
devessa, *s. f.* dehesa; tierra acotada o murada.
devido, *s. m.* debido; lo justo; lo razonable.
devoção, *s. f.* devoción; piedad; *pl.* devociones.
devolução, *s. f.* devolución.
devoluto, *adj.* desocupado; vacío; deshabitado.
devolver, *v. t.* devolver; restituir; transferir; reenviar; volver.
devorar, *v. t.* devorar; tragar; corroer; consumir; destruir.
devotar, *v. t.* dedicar; consagrar.
devoto, *adj.* devoto; *s. m.* admirador.
dextra, *s. f.* diestra, mano derecha.
dez, *num.* diez.
dezanove, *num.* diecinueve.
dezasseis, *num.* dieciséis.
dezassete, *num.* diecisiete.
Dezembro, *s. m.* diciembre.
dezena, *s. f.* decena.
dezoito, *num.* dieciocho.
día, *s. m.* día.
diabete o **diabetes,** *s. f.* *(med.)* diabetes.
diabo, *s. m.* diablo; Satanás; demonio.
diabrete, *s. m.* diablillo; niño travieso.
diabrura, *s. f.* diablura; travesura.
diacho, *s. m.* *(pop.)* diablo.
diácono, *s. m.* diácono.
diadema, *s. m.* diadema.
diáfano, *adj.* diáfano.
diafragma, *s. m.* *(anat.)* diafragma; *(fís.)* diafragma (óptico).
diafragmar, *v. t.* equipar con diafragma un aparato.
diagnosticar, *v. t.* diagnosticar.
diagnóstico, *s. m.* diagnóstico.
diagonal, *s. f.* diagonal.
diagrama, *s. m.* diagrama.
dial, *adj.* dial; diario; cotidiano.
dialéctico, *adj.* y *s. m.* dialéctico.
dialecto, *s. m.* dialecto.
dialisar, *v. t.* dializar.
diálise, *s. f.* *(quím.)* diálisis.
dialogar, *v. t.* dialogar.
diálogo, *s. m.* diálogo.
diamante, *s. m.* diamante.
diametral, *adj.* diametral.
diâmetro, *s. m.* diámetro.
dianho, *s. m.* *(pop.)* diablo; demonio.
diante, *adv.* delante; enfrente.
dianteira, *s. f.* delantera; vanguardia.
dianteiro, *adj.* delantero.
diapasão, *s. m.* *(mús.)* diapasón.
diapositivo, *s. m.* diapositiva.
diária, *s. f.* diaria; ración diaria.
diário, *adj.* diario; cotidiano; *s. m.* diario; periódico.
diarreia, *s. f.* *(med.)* diarrea; correncia.
diástole, *s. f.* diástole.
diatribe, *s. f.* diatriba.
dicção, *s. f.* dicción; expresión; palabra.
dichote, *s. m.* dicho picante; escarnio.
dicionário, *s. m.* diccionario.
dicotiledóneas, *s. f. pl.* *(bot.)* dicotiledónea.
dicotomia, *s. f.* dicotomía.
didáctica, *s. f.* didáctica.
didáctico, *adj.* didáctico.
didascália, *s. f.* didascalia.
diedro, *adj.* diedro.
diérese, *s. f.* diéresis.
dieta, *s. f.* dieta.
dietética, *s. f.* dietética.
difamação, *s. f.* difamación.
difamador, *adj.* difamador.
difamar, *v. t.* difamar; calumniar.
diferença, *s. f.* diferencia; alteración; divergencia.
diferençar, *v. t.* diferenciar; variar; distinguir; notar.
diferencial, *adj.* diferencial.
diferenciar, *v. t.* diferenciar

iferente, *adj.* diferente; desigual; variado.
iferir, *v. t.* diferir; dilatar; aplazar.
ifícil, *adj.* difícil; penoso.
ificultar, *v. t.* dificultar; estorbar; embarazar.
ifluir, *v. i.* difluir; difundirse.
ifteria, *s. f.* difteria.
ifundir, *v. t.* difundir; derramar.
ifusão, *s. f.* difusión.
igerir, *v. t.* digerir.
igestão, *s. f.* digestión.
igestivo, *adj.* digestivo.
igital, *adj.* digital; *s. f. (bot.)* digital; dedalera.
ígito, *adj.* dígito.
igladiador, *adj.* y *s. m.* gladiador; digladiador.
ignar-se, *v. r.* dignarse.
ignidade, *s. f.* dignidad; honor; respetabilidad.
ignificar, *v. t.* dignificar; honrar; ennoblecer.
ignitário, *s. m.* dignatario.
igno, *adj.* digno; honesto.
igressivo, *adj.* digresivo.
ilação, *s. f.* dilación; demora.
ilacerar, *v. t.* dilacerar; desgarrar; *(fig.)* mortificar.
ilapidar, *v. t.* dilapidar; disipar; despilfarrar; derrochar.
ilatação, *s. f.* dilatación.
ilatado, *adj.* dilatado; aumentado; amplio.
ilatar, *v. t.* dilatar; diferir; retardar; divulgar; prolongar.
ilema, *s. m.* dilema.
iligência, *s. f.* diligencia; celo; prontitud; agilidad.
iligenciar, *v. t.* diligenciar.
iligente, *adj.* diligente; activo; celoso; cuidadoso.
ilucidar, *v. t.* dilucidar; esclarecer; explicar.
ilúcido, *adj.* dilúcido; claro; evidente.
iluir, *v. t. (quím.)* diluir; desleír.
iluto, *adj.* disuelto; diluido.
diluviar, *v. i.* diluviar.
dilúvio, *s. m.* diluvio.
diluvioso, *adj.* torrencial.
dimanar, *v. t.* dimanar; fluir.
dimensão, *s. f.* dimensión; extensión; altura, largura, anchura.
diminuendo, *s. m.* minuendo; aditivo.
diminuição, *s. f.* diminución.
diminuidor, *s. m.* substraendo.
diminuir, *v. t.* diminuir; disminuir.
diminutivo, *adj.* diminutivo.
diminuto, *adj.* diminuto.
dinâmico, *adj.* dinámico.
dinamitar, *v. t.* dinamitar.
dinamite, *s. f.* dinamita.
dínamo, *s. m.* dínamo.
dinastia, *s. f.* dinastía.
dinheirama, *s. f.* gran cantidad de dinero, dineral.
dinheirão, *s. m.* dineral.
dinheiro, *s. m.* dinero; cuantía; cantidad; *(fig.)* riqueza; caudal; bienes.
dinossáurios, *s. m. pl.* dinosauros; dinosaurios.
dintel, *s. m.* dintel.
diocese, *s. f.* diócesis.
dioptria, *s. f.* dioptría.
diploma, *s. m.* diploma; título; merced.
diplomacia, *s. f.* diplomacia (ciencia y carrera); *(fig.)* finura de trato.
diplomar, *v. t.* diplomar.
diplomata, *s. m.* diplomático.
díptero, *adj.* y *s. m.* díptero.
dique, *s. m.* dique.
direcção, *s. f.* dirección.
directiva, *s. f.* directiva.
director, *adj.* y *s. m.* director.
directriz, *s. f.* directriz.
direita, *s. f.* derecha, diestra.
direito, *adj.* derecho; recto; plano; íntegro; *s. m.* justo.
dirigente, *adj.* y *s.* dirigente.
dirigir, *v. t.* dirigir; administrar; guiar.
dirimir, *v. t.* dirimir; anular; decidir.
discernimento, *s. m.* discernimiento.
discernir, *v. t.* discernir; juzgar; ver.

d

d

disciplina, *s. f.* disciplina; enseñanza; asignatura.
disciplinado, *adj.* disciplinado.
disciplinar, *v. t.* disciplinar; azotar; corregir; castigar.
discípulo, *s. m.* discípulo; apóstol; sectario.
disco, *s. m.* disco.
discóbolo, *s. m.* discóbolo.
díscolo, *adj.* y *s.* díscolo; indócil; perturbador.
discordar, *v. i.* discordar; discrepar.
discórdia, *s. f.* discordia.
discorrer, *v. i.* discurrir; caminar; viajar; vagar; *(fig.)* pensar; meditar.
discoteca, *s. f.* discoteca.
discrepante, *adj.* discrepante.
discrepar, *v. i.* discrepar, discordar.
discreto, *adj.* discreto; modesto; prudente.
discrição, *s. f.* discreción; reserva; secreto; prudencia.
discursista, *s.* discursista.
discurso, *s. m.* discurso; oración (obra de elocuencia).
discussão, *s. f.* discusión; controversia.
discutir, *v. t.* discutir; debatir; altercar.
disenteria, *s. f. (med.)* disentería.
disfarçar, *v. t.* disfrazar; enmascarar; disimular.
disfarce, *s. m.* disfraz.
disforme, *adj.* disforme; monstruoso.
disjungir, *v. t.* separar; desunir; disyuncir.
disjuntivo, *adj.* disyuntivo.
disjunto, *adj.* separado; distinto, disyuntivo.
díspar, *adj.* dispar.
disparar, *v. t.* disparar; arrojar; despedir.
disparatar, *v. i.* disparatar; desvariar.
disparate, *s. m.* disparate; desatino; dislate; absurdo.
disparidade, *s. f.* disparidad.
dispensar, *v. t.* dispensar; ceder; prestar.
dispensário, *s. m.* dispensario.
dispersão, *s. f.* dispersión.
dispersar, *v. t.* dispersar; ahuyentar; destrozar.
disperso, *adj.* disperso, dispersado; *(fig.)* dividido.
disponível, *adj.* disponible.
dispor, *v. t.* disponer; colocar; ordenar, coordenar, determinar.
disposição, *s. f.* disposición; tendencia; aptitud; vocación.
disposto, *adj.* dispuesto; ordenado; establecido.
disputa, *s. f.* disputa; altercación.
disputar, *v. t.* disputar.
dissaborear, *v. t.* causar sinsabor; desplacer.
dissecar, *v. t.* disecar.
disseminar, *v. t.* diseminar; sembrar; esparcir.
dissensão, *s. f.* disensión; oposición; divergencia.
dissentir, *v. i.* disentir; discutir.
dissertação, *s. f.* disertación.
dissertar, *v. i.* disertar; discurrir; discursar.
dissidência, *s. f.* disidencia; cisma; escisión.
dissidente, *adj.* disidente.
dissimulação, *s. f.* disimulación; disimulo; fingimiento.
dissimulado, *adj.* disimulado; disfrazado.
dissimular, *v. t.* e *i.* disimular; encubrir; ocultar; disfrazar.
dissipação, *s. f.* disipación; desperdicio; despilfarro.
dissipar, *v. t.* disipar; desperdiciar; malgastar.
disso, contr. de la prep. *de* y el pron *isso;* de eso.
dissociação, *s. f.* disociación.
dissociar, *v. t.* disociar; disolver.
dissolução, *s. f.* disolución; desagregación; *(fig.)* ruina.
dissoluto, *adj.* disoluto; disuelto; *(fig.)* vicioso.

dissolvente, *adj.* y *s. m.* disolvente; disolutivo.
dissolver, *v. t.* disolver; desagregar; derretir; desmembrar; corromper; anular.
dissonante, *adj.* disonante.
dissuadir, *v. t.* disuadir.
distanciar, *v. t.* distanciar; alejar.
distar, *v. i.* distar.
distensão, *s. f.* distensión.
dístico, *s. m.* dístico; título; letrero; rótulo; divisa de un escudo.
distinção, *s. f.* distinción; educación; prerrogativa.
distinguir, *v. t.* distinguir; diferenciar; oír; notar; ennoblecer.
distintivo, *adj.* distintivo; *s. m.* emblema.
distinto, *adj.* distinto; notable; sobresaliente; claro.
disto, contr. de la prep. *de* con el pron. dem. *isto:* de esto.
distorção, *s. f.* distorsión.
distrair, *v. t.* distraer; divertir; recrear; desviar.
distratar, *v. t.* anular (contrato); deshacer (pacto); rescindir.
distribuidor, *adj.* distribuidor; *s. m.* dispositivo de máquinas; cartero.
distribuir, *v. t.* distribuir; repartir; dividir; ordenar.
distrito, *s. m.* distrito.
disturbar, *v. t.* disturbar; perturbar.
distúrbio, *s. m.* disturbio; desorden; motín.
dita, *s. f.* dicha; felicidad.
ditado, *s. m.* dictado; proverbio; adagio; refrán.
ditador, *s. m.* dictador.
ditadura, *s. f.* dictadura.
ditamen, *s. m.* dictamen; *(fig.)* impulso; inspiración.
ditar, *v. t.* dictar; *(fig.)* inspirar; prescribir; imponer.
ditério, *s. m.* dicterio; broma; mofa.
ditinho, *s. m.* murmuración; intriga; cuento.
dito, *s. m.* dicho; máxima; refrán; cuento; *adj.* mencionado.
ditongo, *s. m.* diptongo.
diurético, *adj.* diurético.
diurno, *adj.* diurno.
diva, *s. f.* diva, diosa.
divã, *s. m.* diván.
divagar, *v. i.* divagar; andar errante; vagar; errar.
divergência, *s. f.* divergencia.
divergir, *v. i.* divergir.
diversão, *s. f.* diversión; distracción.
diversidade, *s. f.* diversidad.
diversificar, *v. t.* diversificar.
diverso, *adj.* diverso; diferente; desemejante.
divertir, *v. t.* divertir; distraer; desviar; entretener.
dívida, *s. f.* deuda; obligación.
dividendo, *adj.* dividendo.
dividir, *v. t.* dividir; partir; demarcar, limitar.
divinação, *s. f.* adivinación.
divindade, *s. f.* divinidad; Dios; mujer muy hermosa.
divino, *adj.* divino, de Dios; sobrenatural; *(fig.)* sublime; perfecto.
divisa, *s. f.* divisa; lema.
divisão, *s. f.* división; desunión; compartimiento.
divisar, *v. t.* divisar; ver; distinguir.
diviso, *adj.* diviso, dividido.
divisor, *adj.* divisor.
divisório, *adj.* divisorio.
divo, *adj.* divo, divino; *s. m.* Dios.
divorciar, *v. t.* divorciar; descasar; separar.
divórcio, *s. m.* divorcio.
divulgação, *s. f.* divulgación.
divulgar, *v. t.* divulgar; publicar; difundir.
dixe, *s. m.* dije, adorno femenino.
dizer, *v. t.* decir; exponer; proferir; declamar.
dízima, *s. f.* décima parte.
dizimar, *v. t.* asolar; destruir; diezmar.

d

dízimo, *s. m.* décimo, décima parte; diezmo.
do, contr. de la prep. *de* y el art. o pron. *o:* del.
dó, *s. m.* dolor; compasión; *(mús.)* do.
doação, *s. f.* donación.
doar, *v. t.* donar.
dobar, *v. t.* devanar; ovillar.
doble, *adj.* doble; doblado; duplicado.
doblez, *s. f.* doblez; duplicidad.
dobra, *s. f.* pliegue; arruga.
dobrada, *s. f.* callos; menudos.
dobradiça, *s. f.* bisagra.
dobrar, *v. t.* doblar; curvar; enrollar; volver; *(fig.)* doblar, tocar (las campanas).
dobre, *adj.* doble; duplo; simulado.
dobro, *s. m.* y *núm.* duplo.
doca, *s. f.* *(mar.)* dique.
doçaria, *s. f.* dulcería; confitería.
doce, *adj.* dulce; *s. m.* lo que es dulce.
docente, *adj.* docente.
dócil, *adj.* dócil; obediente.
documentar, *v. t.* documentar.
documento, *s. m.* documento.
doença, *s. f.* enfermedad; dolencia; afección; *(fig.)* manía.
doente, *adj.* y *s. m.* enfermo; achacoso.
doer, *v. t.* e *i.* doler, causar dolor; dolerse, arrepentirse.
doestar, *v. t.* injuriar; insultar.
doge, *s. m.* dux; duce.
dogma, *s. m.* dogma.
dogmática, *s. f.* dogmática.
dogmatizar, *v. t.* dogmatizar.
dogue, *s. m.* dogo, alano, perro de guarda.
doidice, *s. f.* locura; disparate; tontería.
doído, *adj.* dolorido; dolido; quejoso; lastimado.
dois, *adj.* y *núm. card.* dos; segundo.
dólar, *s. m.* dólar (moneda).
dolente, *adj.* doliente.
dolo, *s. m.* dolo; mala fe.
doloroso, *adj.* doloroso; lastimoso; sensible.
doloso, *adj.* doloso; fraudulento.
dom, *s. m.* don; título honorífico; dádiva; dote natural.
domar, *v. t.* domar; amansar; domesticar.
domável, *adj.* domable; domesticable.
domesticar, *v. t.* domesticar; domar; amansar.
domiciliar, *v. t.* domiciliar; *v. r.* domiciliarse.
domicílio, *s. m.* domicilio; habitación; residencia.
dominação, *s. f.* dominación; mando; imperio; soberanía; predominio.
dominar, *v. t.* dominar; influenciar; sujetar; refrenar.
domínio, *s. m.* dominio; *(fig.)* imperio; poder.
domo, *s. m.* domo; cúpula.
dona, *s. f.* doña; señora; propietaria; título honorífico.
donaire, *s. m.* donosura; donaire; gentileza.
donde, contr. de la prep. *de* y el adv. *onde:* de donde.
doninha, *s. f.* *(zool.)* comadreja; donecilla.
dono, *s. m.* dueño; señor propietario.
donzel, *adj.* doncel; ingenuo; puro; dócil; *s. m.* joven.
donzela, *s. f.* doncella; virgen; *(zool.* doncella, pez.
donzelona, *s. f.* doncellueca; *(fam.* solterona.
dor, *s. f.* dolor; sufrimiento; lástima; duelo.
doravante, *adv.* de aquí para el futuro.
dorido, *adj.* dolorido; consternado; compadecido; *s. m.* enlutado.
dormente, *adj.* durmiente; adormecido; *s. m.* traviesa del ferrocarril.
dormida, *s. f.* dormida; posada.
dorminhoco, *adj.* dormilón, dormidor.
dormir, *v. i.* dormir; *s. m.* sueño.
dorna, *s. f.* duerna; cuba; lagar; tina.
dorsal, *adj.* dorsal.

losagem, *s. f.* dosificación.
losar, *v. t.* dosificar.
losificar, *v. t.* dosificar.
otar, *v. t.* dotar.
outo, *adj.* docto; erudito; sabio.
outor, *s. m.* doctor.
outorar, *v. t.* doctorar.
outrina, *s. f.* doctrina; catequesis.
outrinar, *v. t.* doctrinar; enseñar; catequizar.
outro, contr. de la prep. *de* con el adj. o pron. indef. *outro;* de otro.
oze, *adj.* y *num.* doce.
ragador, *s. m.* dragador.
rageia, *s. f.* grajea.
rainador, *s. m.* drenador.
rainagem, *s. f.* drenaje.
ramatização, *s. f.* dramatización.
renagem, *s. m.* drenaje.
renar, *v. t.* drenar, avenar.
roga, *s. f.* droga.
rogaria, *s. f.* droguería.
ualidade, *s. f.* dualidad.
uas, *adj.* y *núm.* femenino de *dois,* dos.
ubiez, *s. f.* duda; incertidumbre.
ubitativo, *adj.* dubitativo.
ucal, *adj.* ducal.
ucentésimo, *adj. num. ord.* ducentésimo.
uche, *s. m.* ducha.
uctil, *adj.* dúctil.
ueto, *s. m. (mús.)* dueto, dúo.
dulcificar, *v. t.* dulcificar; endulzar.
dulcífico, *adj.* dulcificante; azucarado.
dulcineia, *s. f. (fig.)* enamorada; dulcinea.
dulçor, *s. m.* dulzura; dulzor.
dum, contr. de la prep. *de* y el art. *um:* de un.
duma, contr. de la prep. *de* y el art. *uma:* de una.
duodécimo, *num.* y *adj.* duodécimo.
duodenal, *adj.* duodenal.
duplicado, *s. m.* duplicado; copia; *adj.* doblado; repetido.
duplicar, *v. t.* duplicar; repetir; multiplicar; doblar; *(fig.)* aumentar.
dúplice, *adj.* duplo; dúplex.
duplo, *adj.* duplo; doblado; *s. m.* el doble; dúplice.
dura, *s. f.* dura; duración.
duração, *s. f.* duración; durabilidad.
durante, *prep.* durante.
durar, *v. i.* durar; resistir; subsistir.
duro, *adj.* duro; sólido; consistente; *(fig.)* áspero; penoso; cruel; violento; *s. m.* duro, moneda.
dúvida, *s. f.* duda; incerteza; sospecha; objeción.
duvidador, *s. m.* el que duda; desconfiado; receloso.
duvidar, *v. t.* e *i.* dudar; desconfiar.
duvidoso, *adj.* dudoso; incierto; indeciso.
duzentos, *num.* y *adj.* doscientos.
dúzia, *s. f.* y *num. colect.* docena.

d

e

e, *conj. cop.* y, e.
ebriático, *adj.* embriagador.
ébrio, *adj.* y *s. m.* ebrio; borracho.
ebulição, *s. f.* ebullición; *(fig.)* efervescencia; agitación.
eclectismo, *s. m.* eclecticismo.
eclipse, *s. m.* eclipse.
ecoar, *v. i.* hacer eco; retumbar.
ecologia, *s. f.* ecología.
economato, *s. m.* economato.
economia, *s. f.* economía; *pl.* economías, dinero ahorrado.
economizar, *v. t.* e *i.* economizar; ahorrar.
ecuménico, *adj.* ecuménico.
edema, *s. m.* edema.
éden, *s. m.* edén.
edição, *s. f.* edición.
edicto, *s. m.* edicto.
edificação, *s. f.* edificación; edificio; obra; *(fig.)* perfeccionamiento moral.
edificar, *v. t.* e *i.* edificar; *(fig.)* dar buen ejemplo.
edifício, *s. m.* edificio; casa.
edil, *s. m.* edil.
editar, *v. t.* editar.
editorial, *adj.* editorial.
educação, *s. f.* educación.
educando, *s. m.* educando; discípulo; alumno; colegial.
eduzir, *v. t.* educir; deducir; inferir.
efectivar, *v. t.* hacer efectivo; realizar; efectuar.
efectivo, *adj.* efectivo; verdadero.
efectuação, *s. f.* efectuación; ejecución.
efeito, *s. m.* efecto; realización; daño; perjuicio; producto; fin; ejecución.
efeminado, *adj.* efeminado; amar cado.
efervescência, *s. f.* efervescencia; ebu llición.
eficácia, *s. f.* eficacia.
eficaz, *adj.* eficaz; útil.
eflorescer, *v. i.* eflorescer; brota florecer.
eflúvio, *s. m.* efluvio; emanación; *(fig* perfume.
égide, *s. f.* égide, égida; *(fig.)* prote ción.
egoísmo, *s. m.* egoísmo.
egrégio, *adj.* egregio; insigne; ilustr noble.
égua, *s. f. (zool.)* yegua.
eido, *s. m.* patio, huerta; patinín, p tinillo.
eis, *adv.* he aquí; aquí está.
eito, *s. m.* serie; orden.
eivar, *v. t.* contaminar; viciar; c rromper.
eixo, *s. m.* eje; *(fig.)* punto de apoy sustentáculo.
ejaculação, *s. f.* eyaculación.
ejecção, *s. f.* eyección, acción de *exp sar;* deyección.
el, *art.* el, forma ant. del *art. o.*
ela, *pron. fem.* de *ele:* ella.
elaboração, *s. f.* elaboración.
elaborar, *v. t.* elaborar, preparar.
elanguescer, *v. i.* languidecer; debi tar.
elástico, *adj.* elástico; flexible; *s.* elástico.
ele (ê), *pron. pers.* él.
electo, *adj.* electo.
electricidade, *s. f. (fís.)* electricida

eléctrico, *adj.* eléctrico; *(fig.)* vertiginoso; *s. m.* tranvía eléctrico.
electrificar, *v. t.* electrificar.
electrizar, *v. t.* electrizar; *(fig.)* excitar; *v. r.* electrizarse.
electrocutar, *v. t.* electrocutar.
electrodinâmica, *s. f.* electrodinámica.
electrólise, *s. f. (fís.* y *quím.)* electrólisis.
electrometria, *s. f.* (fís.) electrometría.
eléctron, *s. m.* electrón.
electrónico, *adj.* electrónico.
electrostático, *adj.* electrostático.
elefante, *s. m. (zool.)* elefante.
elegância, *s. f.* elegancia; distinción; gracia.
elegante, *adj.* elegante; distinguido.
eleger, *v. t.* elegir; escoger; preferir.
elegibilidade, *s. f.* elegibilidad.
eleito, *adj.* electo; elegido; escogido.
lementar, *adj.* elemental, elementar; rudimental.
elemento, *s. m.* elemento; *(quím.)* cuerpo simple; ambiente; medio; dato.
elenco, *s. m.* elenco; catálogo; índice; lista; súmula.
levação, *s. f.* elevación; altura; encumbramiento; aumento; *(fig.)* nobleza; distinción.
levador, *adj.* y *s. m.* elevador; ascensor.
levar, *v. t.* elevar; alzar; aumentar; edificar.
lidir, *v. t.* elidir; suprimir; eliminar; omitir.
liminar, *v. t.* eliminar; descartar; suprimir; excluir.
lisão, *s. f.* elisión; supresión.
lixir, *s. m.* elixir, elíxir.
lo, *s. m.* aro; argolla de cadena, eslabón.
logiar, *v. t.* elogiar; alabar.
logio, *s. m.* elogio; alabanza; encomio.
loquência, *s. f.* elocuencia.
ucidar, *v. t.* elucidar; aclarar, esclarecer; comentar; ilustrar.
elucidativo, *adj.* elucidativo; explicativo.
em, *prep.* en.
emaçar, *v. t.* empaquetar; enlegajar.
emadeixar, *v. t.* enmadejar; entrenzar el cabello.
emagotar, *v. t.* agrupar; amontonar.
emagrecimento, *s. m.* enmagrecimiento.
emalar, *v. t.* meter en maleta.
emalhetar, *v. t.* ensamblar.
emanar, *v. i.* emanar; proceder; nacer; brotar.
emancipação, *s. f.* emancipación; independencia.
emancipar, *v. t.* emancipar.
emanquecer, *v. t.* cojear.
emaranhamento, *s. m.* enmarañamiento; maraña.
emaranhar, *v. t.* enmarañar; enredar.
emassar, *v. i.* amasar; empastar.
embaçadela, *s. f.* estafa, engaño, timo.
embaçado, *adj.* pálido; engañado; avergonzado.
embaçar, *v. t.* embazar; empañar; deslucir; dejar admirado; *v. i.* confundirse.
embaciar, *v. t.* e *i.* embazar; empañar; deslustrar; engañar; avergonzar.
embaidor, *adj.* y *s. m.* embaidor; embustero; seductor.
embainhar, *v. t.* embastillar; dobladillar.
embair, *v. t.* embair; embelesar; seducir.
embalançar, *v. t.* balancear, oscilar, mecer.
embalar, *v. t.* mecer la cuna; embair; encantar; arrullar para adormecer; embalar; empaquetar; enfardar; embalar, ganar velocidad.
embalçar, *v. t.* e *i.* embreñar; embboscarse.
embalo, *s. m.* balanceo; cuneo; arrullo.
embalsamar, *v. t.* embalsamar.
embalsar, *v. t.* embalsar.

embaraçar, *v. t.* embarazar; impedir; obstruir; complicar; estorbar.

embaraço, *s. m.* embarazo; obstáculo; impedimento.

embarcação, *s. f.* embarcación; barco; buque; navío.

embargar, *v. t.* embargar; impedir; embarazar; dificultar.

embargo, *s. m.* embargo; impedimento; obstáculo.

embarque, *s. m.* embarque; embarco; embarcadero.

embarrar, *v. t.* embarrar, manchar o untar con barro; rebocar; *(pop.)* tocar levemente; rozar.

embarreirar, *v. t.* meter en barrera.

embarrelar, *v. t.* colar, meter en lejía.

embarricar, *v. t.* embarricar.

embasbacar, *v. t.* embobar; embazar; pasmar; *v. i.* quedar pasmado.

embastar, *v. t.* embastar; acolchonar; hilvanar.

embastecer, *v. t.* embastecer; embarnecer, engrosar.

embate, *s. m.* embate; choque; *(fig.)* oposición; resistencia.

embater, *v. t.* chocar; topar.

embatocar, *v. t.* espitar; taponar.

embatucar, *v. t.* confundir; hacer callar; *v. i.* callarse; embarbascarse.

embebedar, *v. t.* emborrachar, embriagar.

embeber, *v. t.* embeber; empapar; ensopar; infiltrar; *v. r.* embeberse; *(fig.)* embebecerse.

embeiçado, *adj. (pop.)* apasionado.

embeiçar, *v. t. (pop.)* encantar, cautivar.

embelecar, *v. t.* embelecar; embaucar; seducir.

embelecer, *v. t.* embellecer, hermosear.

embeleco, *s. m.* embeleco, engaño, embuste.

embevecer, *v. t.* embelesar, cautivar.

embezerrar, *v. i. (pop.)* enfurruñar; obstinarse; emberrincharse.

embicar, *v. t.* dar forma de pico a a guna cosa.

embirração, *s. f.* capricho; terqueda obstinación.

embirrar, *v. t.* obstinar, terquear.

embirrento, *adj.* obstinado, terco; a tipático.

emblema, *s. m.* emblema; símbolo; visa.

emboçador, *adj.* revocador, blanque dor.

emboçamento, *s. m.* revoque.

emboçar, *v. t.* revocar (paredes).

emboço, *s. m.* revoque de una pare

embodalhar, *v. t.* emporcar, ensuci

embófia, *s. f.* impostura; baladronac soberbia, vanidad.

embolsar, *v. t.* embolsar, meter en bolsa; recibir; pagar a.

embolso, *s. m.* embolso; pago.

embonecar, *v. t.* emperejilar, acical

embora, *conj.* aunque; aun mismo; obstante; sin embargo; *interj.* importa!; *s. m. pl.* felicitaciones.

emborcar, *v. t.* embrocar; volc *(pop.)* beber con avidez.

emborrachar, *v. t.* emborrachar, e briagar.

emboscada, *s. f.* emboscada; tram armadilla; traición.

emboscar, *v. t.* emboscar; esconde

embostar, *v. t.* embostar, emboñig

embotar, *v. t.* embotar; entorpece

embraiar, *v. t.* embragar.

embrandecer, *v. t.* emblandec ablandar.

embranquecer, *v. t.* emblanque blanquear.

embravecer, *v. t.* e *i.* embravar, e bravecer; enfurecer.

embrear, *v. t.* embrear; brear; alc tranar.

embriagado, *adj.* embriagado, eb borracho; *(fig.)* extasiado.

embriagar, *v. t.* embriagar; embo char.

embrião, *s. m.* embrión.

embrionário, *adj.* embrionario.

embrulhada, *s. f.* embrolla, confusión; desorden; enredo; maraña.
embrulhar, *v. t.* empaquetar, envolver, enfardar, embalar; *(fig.)* complicar, embrollar; mezclar.
embrulho, *s. m.* paquete, atadijo; lío; embrollo; confusión; desorden.
embrutecer, *v. t.* embrutecer.
embruxar, *v. t.* embrujar; hechizar; encantar; seducir.
embuçar, *v. t.* embozar, cubrir la cara con embozo; disfrazar; encubrir.
embustear, *v. t.* embustear, mentir; falsear.
embusteiro, *adj.* y *s. m.* embustero, aranero; hipócrita; impostor.
embutir, *v. t.* embutir; entallar; marquetear; encajar.
emenda, *s. f.* enmienda, corrección; regeneración; castigo.
emendar, *v. t.* enmendar; corregir, modificar.
ementa, *s. f.* resumen; apunte; memoria; sumario; menú.
ementário, *s. m.* agenda.
emergência, *s. f.* emergencia; ocurrencia.
emergir, *v. i.* emerger, sobresalir; asomar.
emigração, *s. f.* emigración.
emigrante, *adj.* y *s.* emigrante.
emigrar, *v. i.* emigrar.
eminência, *s. f.* eminencia, altura; excelencia.
eminente, *adj.* eminente, alto, superior; excelente.
emissário, *adj.* y *s. m.* emisario; mensajero.
emissor, *adj.* emisor.
emitir, *v. t.* emitir.
emoção, *s. f.* emoción, agitación, congoja; pasión.
emolir, *v. t. (med.)* enmollecer, ablandar.
emotivo, *adj.* emotivo.
empachar, *v. t.* empachar, ahitar, causar indigestión; embarazar; obstruir.
empacho, *s. m.* empacho.
empacotar, *v. t.* empaquetar.
empada, *s. f.* empanada.
empáfia, *s. f.* altivez, vanidad, soberbia.
empalhar, *v. t.* empajar; *(fig.)* demorar; entretener.
empalidecer, *v. i.* empalidecer.
empalmação, *s. f.* hurto; escamoteamiento.
empalmar, *v. t.* escamotear; *(fig.)* robar.
empantanar. *v. t.* empantanar; encharcar; alagar.
empanzinar, *v. t.* empanturrar, empachar, hartar, ahitar, saciar.
empapar, *v. t.* empapar, embeber; ensopar.
emparceirar, *v. t.* emparejar; asociar; *(fig.)* igualar.
emparedar, *v. t.* emparedar, encerrar entre paredes; clausurar.
emparelhar, *v. t.* emparejar, unir; igualar; asociar.
emparvecer o **emparvoecer,** *v. t.* e *i.* entontecer, atontar.
empastar, *v. t.* empastar, reducir a pasta; ligar con pasta; encuadernar; *(pint.)* empastar.
empatar, *v. t.* empatar, igualar; impedir, estorbar, embargar.
empate, *s. m.* empate; igualdad de votos o de puntos.
empeçar, *v. t.* embarazar, enredar, dificultar.
empecer, *v. t.* e *i.* empecer, estorbar; impedir.
empecilho, *s. m.* obstáculo; estorbo; dificultad.
empeçonhar o **empeçonhentar,** *v. t.* emponzoñar; envenenar.
empedernido, *adj.* transformado en piedra; endurecido.
empedernir, *v. t.* e *i.* empedernir, endurecer; empedernecer.
empedrar, *v. t.* empedrar; pavimentar; *v. i.* empedernirse.

e

empenar, *v. t.* e *i.* alabear, torcer; combar; emplumar.
empenha, *s. m.* material de cuero para un zapato; remiendo lateral de un zapato.
empenhar, *v. t.* empeñar; comprometer; interesar; obligar.
empenho, *s. m.* empeño; interés; protección; promesa; obligación; ardor.
empenhoca, *s. f.* recomendación.
empeno, *s. m.* alabeo, deformación de la madera; estorbo; obstáculo.
empertigado, *adj.* aplomado; tieso; vanidoso; fatuo.
empertigar, *v. t.* y *r.* empinar, atiesar; enfatuar.
empestar, *v. t.* empestar, apestar; infectar.
empicotar, *v. t.* empicotar; encumbrar.
empilhar, *v. t.* empilar, apilar, amontonar.
empino, *s. m.* empino; encumbramiento.
empiorar, *v. t.* empeorar.
empírico, *adj.* empírico.
empirismo, *s. m.* empirismo.
empiteirar, *v. t.* y *r.* embriagar.
emplasmado, *adj.* emplastado, cubierto de emplastos; achacoso.
emplasmar, *v. t.* emplastar.
emplastrado, *adj.* emplastado.
emplastar, *v. t.* emplastar.
emplastro, *s. m.* emplasto.
emplumar, *v. t.* emplumar; *v. i.* emplumar, emplumecer.
empoado, *adj.* empolvado.
empoar, *v. t.* empolvar, empolvorizar.
empobrecer, *v. t.* empobrecer; *v. i.* caer en la pobreza.
empoçar, *v. t.* empozar.
empocilgar, *v. t.* meter en pocilga; acorralar.
empola, *s. f.* ampolla, vejiga en la piel.
empolado, *adj.* cubierto de ampollas; hinchado; empollado; encrespado, el mar; *(fig.)* pomposo; afectado.
empolgar, *v. t.* empulgar; agarrar; apresar; asegurar; asir.
emporcalhar, *v. t.* emporcar, ensuciar.
empossar, *v. t.* posesionar; *v. r.* apoderarse.
empostar, *v. t.* modular la voz en la laringe.
emplazar, *v. t.* emplazar, citar, intimar.
empreender, *v. t.* emprender; intentar; decidir.
enpregado, *s. m.* empleado; *adj.* aplicado; ocupado.
enpregar, *v. t.* emplear; usar, utilizar.
emprego, *s. m.* empleo, cargo; aplicación; uso.
empreita, *s. f.* tejido de esparto o junco; chincha.
empreitada, *s. f.* destajo; contrata; tarea.
empreiteiro, *s. m.* contratista de obras; destajero; destajista.
empresa, *s. f.* empresa; intento, designio.
empresário, *s. m.* empresario.
empréstimo, *s. m.* empréstito; cosa prestada.
empubescer, *v. i.* entrar en la pubertad; criar vello; crecer.
empulhar, *v. t. (pop.)* empullar; bromear; chancear.
empunhar, *v. t.* empuñar.
empurrar, *v. t.* empujar, empellar.
empuxão, *s. m.* empujón, empuje; sacudida.
empuxar, *v. t.* repeler, impeler; empujar.
emudecer, *v. t.* enmudecer; *v. i.* quedar mudo.
emulação, *s. f.* emulación; rivalidad.
emular, *v. i.* emular; rivalizar; competir; imitar.
émulo, *adj.* y *s. m.* émulo.
emulsão, *s. f.* emulsión.
emulsionar, *v. t.* emulsionar.
emundação, *s. f.* emundación; limpieza; purificación.

emundar, *v. t.* purificar; limpiar.
emurchecer, *v. t.* e *i.* mustiar; marchitar; enmustiar.
enaltecer, *v. t.* enaltecer; elevar; ensalzar.
enamorado, *adj.* enamorado; apasionado.
enamorar, *v. t.* enamorar, apasionar, encantar, hechizar; apasionar.
encabeçar, *v. t.* acrecentar; remendar en las extremidades; poner encabezamientos a; unir dos cosas por las extremidades; *v. i.* confinar.
encabrestar, *v. t.* encabestrar; subyugar.
encabritar-se, *v. r.* encabritarse; trepar; empinar-se.
encadear, *v. t.* encadenar; encarcelar; unir; concatenar.
encadernação, *s. f.* encuadernación; *(fig.)* vestuario.
encadernador, *s. m.* encuadernador.
encadernar, *v. t.* encuadernar; *(fig.)* vestir con traje nuevo.
encaixar, *v. t.* encajar; ensamblar; embutir; ajustar.
encaixilhar, *v. t.* encuadrar.
encaixotar, *v. t.* encajonar; embalar.
encalacração, *s. f.* embarazo, empresa perjudicial; dificultad o vicio.
encalço, *s. m.* pista, rastro.
encalecer, *v. i.* encallecer, criar callos.
encalhar, *v. t. (mar.)* encallar; *v. i.* dar en seco; *(fig.)* encontrar obstáculo; parar.
encalhe, *s. f.* encallamiento.
encaliçar, *v. t.* cubrir con una capa de argamasa.
encalir, *v. t.* asar, herventar, hervir ligeramente.
encalistar, *v. t.* e *i.* causar mal agüero.
encalmar, *v. t.* encalmar; calentar, causar calor a; causar calma.
encalvecer, *v. i.* encalvecer, quedar calvo.
encame, *s. m.* guarida del jabalí.
encarniçar, *v. t.* encarnizar; aconsejar; conducir.
encampação, *s. f.* casación; abolición; anulación de un acto.
encampar, *v. t.* rescindir; anular; invalidar.
encanar, *v. t.* encañar; encanalizar; entablillar; enyesar.
encanastrar, *v. t.* encanastar; entrelazar; entrenzar.
encandear, *v. t.* encandilar.
encaniçar, *v. t.* encañar, cubrir con cañas.
encantado, *adj.* encantado.
encantamento, *s. m.* encantamento, encantamiento; seducción; hechizo.
encantar, *v. t.* encantar; seducir; hechizar.
encanto, *s. m.* encanto, encantamiento; hechizo.
encantoar, *v. t.* arrinconar.
encanzinar, *v. t.* irritar; enfadar; enfurecer; *v. r.* obstinarse.
encapar, *v. t.* encapar; envolver; revestir.
encapelado, *adj.* encrespado, agitado (el mar); alterado.
encarado, *adj. bem (mal) encarado:* de buen (mal) humor.
encaramonar, *v. t. (pop.)* entristecer; enfoscar; compungir.
encarapinhar, *v. t.* encrespar, rizar, hacer congelar.
encarar, *v. t.* encarar; arrostrar; considerar; estudiar, analizar.
encarcerar, *v. t.* encarcelar; encalabozar; encarcerar.
encardir, *v. t.* enmugrecer, ensuciar; lavar mal.
encarecer, *v. t.* encarecer, aumentar el precio de; *(fig.)* exagerar, alabar.
encargo, *s. m.* encargo; cosa encargada; ocupación; obligación.
encarnar, *v. t.* encarnar, dar color de carne a; *v. i.* encarnar, humanarse.
encarneirar, *v. i.* y *r.* aborregarse, el cielo; encresparse (el mar).
encarniçado, *adj.* encarnizado.
encarniçar, *v. t.* encarnizar; excitar; azuzar; *v. r.* encarnizarse.

e

e

encarquilhar, *v. t.* e *i.* arrugar.
encarrancar, *v. t.* e *i.* mostrar mala cara; enfurruñarse.
encarrascar-se, *v. r. (pop.)* emborracharse.
encarregado, *adj.* y *s. m.* encargado.
encarregar, *v. t.* encargar, incumbir.
encarreirar, *v. t.* e *i.* encarrilar, encaminar, dirigir.
encartar, *v. t.* dar cargo o diploma de empleo privilegiado a; *v. i.* encartar (en el juego).
encasquetar, *v. t.* encasquetar.
encasquilhar, *v. t.* plaquear, chapear; encasquillar.
encastelar, *v. t.* encastillar; amontonar.
encasular, *v. t.* y *r.* meter dentro del capullo o cápsula; aislarse.
encatarrar-se, *v. r.* acatarrarse; constiparse.
encavacar, *v. i.* enfurruñarse, enfadarse; avergonzarse.
encavar, *v. t.* encajar; excavar.
encefálico, *adj.* encefálico.
encefalite, *s. f.* encefalitis.
encéfalo, *s. m.* encéfalo.
enceleirar, *v. t.* engranerar; amontonar; atesorar.
encenação, *s. f.* escenificación.
encerado, *s. m.* encerado; hule.
encerar, *v. t.* encerar; alquitranar (lonas).
encerrar, *v. t.* encerrar; contener; meter en clausura; rematar; resumir; comprender.
encharcar, *v. t.* encharcar; inundar; alagar.
encher, *v. t.* llenar; henchir, hinchar, saciar; cubrir; ocupar.
enchido, *s. m.* relleno; hombrera; chorizo, embuchado.
enchouriçar, *v. t.* dar forma de chorizo; encarnecer, engordar.
enchumaçar, *v. t.* rellenar; henchir; tapizar; almohadillar.
enciclopédia, *s. f.* enciclopedia.
encilhar, *v. t.* encinchar; ensillar, aparejar.
encimar, *v. t.* encimar, coronar; rematar; elevar; alzar.
encintar, *v. t.* encintar; ceñir.
enclaustrar, *v. t.* enclaustrar.
enclavinhar, *v. t.* entrelazar.
encoberta, *s. f.* encubierta, escondrijo; abrigo; pretexto.
encobridor, *adj.* encubridor.
encobrir, *v. t.* encubrir; ocultar; tapar; receptar; disimular.
encolamento, *s. m.* encolamiento; encoladura.
encolerizar, *v. t.* encolerizar, irritar mucho.
encolher, *v. t.* e *i.* encoger, menguar; disminuir; decrecer.
encolhido, *adj.* encogido, apocado, tímido.
encomenda, *s. f.* encomienda; encargo; incumbencia; *pl.* compras.
encomendar, *v. t.* encomendar, encargar; confiar.
encomiar, *v. t.* encomiar, alabar, elogiar.
encómio, *s. m.* encomio, alabanza; aplauso.
enconchar, *v. t.* enconchar; aconchar; abrigar.
encontrado, *adj.* encontrado; opuesto; contrario.
encontrar, *v. t.* encontrar, descubrir.
encontro, *s. m.* encuentro; choque; disputa; compensación.
encordoar, *v. t.* encordar, poner cuerdas en; endurecer; *v. i.* desconfiar.
encorpado, *adj.* corpulento; consistente, grueso.
encorpadura, *s. f.* espesor; corpulencia; consistencia.
encorrear, *v. t.* encorrear, ceñir y sujetar con correas.
encorrilhar, *v. t.* e *i.* conjurar, conspirar, maquinar; arrugar.
encortiçar, *v. t.* encorchar.

encoscorar, *v. t.* encrespar, rizar; arrugar; abarquillar.
encosta, *s. f.* cuesta; declive; ladera; vertiente.
encostar, *v. t.* arrimar; apoyar; acostar; *v. i.* y *r.* apoyarse a.
encosto, *s. m.* sostén, apoyo; respaldo de un asiento; almohada; *(fig.)* amparo.
encovar, *v. t.* encovar; esconder; enterrar; ocultar.
encravado, *adj.* enclavado; embutido.
encravar, *v. t.* enclavar, clavar.
encravilhar, *v. t.* colocar en situación difícil; *v. r.* comprometerse.
encristado, *adj.* encrestado.
encristar-se, *v. r.* encrestarse, levantar la cresta.
encruado, *adj.* mal cocido, casi crudo; indigesto.
encruar, *v. t.* e *i.* encrudecer, encallecer; endurecer; *(fig.)* encruelecer, hacer cruel.
encruzar, *v. t.* encruzar; atravesar; cruzar.
encubar, *v. t.* encubar.
encurralar, *v. t.* encorralar, acubilar.
encurtar, *v. t.* encortar, acortar, disminuir; abreviar.
encurvadura, *s. f.* encorvadura; arqueamiento, curvatura.
encurvar, *v. t.* encorvar; arquear.
endefluxar-se, *v. r.* constiparse; acatarrarse.
endemoninhar, *v. t.* endemoniar.
endentar, *v. t.* endentar.
endereçar, *v. t.* dirigir, dedicar.
endereço, *s. m.* enderezo, dirección.
endeusar, *v. t.* endiosar; *v. r.* ensoberbecerse.
endiabrado, *adj.* endemoniado; travieso.
endiabrar, *v. t.* endiablar.
endinheirado, *adj.* adinerado.
endireitar, *v. t.* enderezar; acertar.
endividar, *v. t.* endeudar; empeñar.
endocárdio, *s. m. (anat.)* endocardio.
endoidecer, *v. t.* enloquecer.
endomingado, *adj. (pop.)* endomingado.
endoscópio, *s. m.* endoscopio, endóscopo.
endosfera, *s. f.* endosfera.
endossado, *adj.* endosado.
endossar, *v. t.* endosar.
endosse o **endosso,** *s. m.* endoso.
endurecer, *v. t.* endurecer; fortalecer; robustecer; emperdenir.
endurecimento, *s. m.* endurecimiento.
enegrecer, *v. t.* e *i.* ennegrecer.
energia, *s. f.* energía; vigor.
enérgico, *adj.* enérgico.
energúmeno, *s. m.* energúmeno.
enervação, *s. f. (med.)* enervación; extenuación.
enervar, *v. t.* enervar, debilitar; excitar los nervios a.
enevoar, *v. t.* aneblar, anublar, nublar, cubrir de niebla.
enfadamento, *s. m.* enfado.
enfadar, *v. t.* enfadar; incomodar, causar enfado a.
enfaixar, *v. t.* fajar una criatura; vendar.
enfardar o **enfardelar,** *v. t.* enfardar, enfardelar.
enfarinhar, *v. t.* enharinar; empolvar.
enfarpelar, *v. t.* y *r. (pop.)* vestir traje nuevo; endomingarse; vestirse.
enfartar, *v. t.* hartar, llenar; obstruir.
enfastiar, *v. t.* fastidiar, enfadar; aburrir; *v. r.* disgustarse; cansarse.
enfático, *adj.* enfático.
enfatuado, *adj.* enfatuado, vanidoso; arrogante.
enfebrecer, *v. t.* causar fiebre a; *v. i.* adquirir fiebre.
enfeirar, *v. t.* poner a la venta en la feria.
enfeitador, *adj.* y *s. m.* ornamentador.
enfeitar, *v. t.* adornar, hermosear, componer, ataviar.
enfeitiçar, *v. t.* hechizar, embrujar.
enfermaria, *s. f.* enfermería.
enfermeiro, *s. m.* enfermero; practicante.

enfermidade, *s. f.* enfermedad.
enfermo, *adj.* y *s. m.* enfermo.
enferrujar, *v. t.* e *i.* herrumbrar.
enfezado, *adj.* raquítico, enclenque.
enfiadura, *s. f.* hebra, trozo de hilo que se enhebra de una vez.
enfiamento, *s. m.* enfilamiento; dirección rectilínea.
enfiar, *v. t.* e *i.* enfilar, ensartar, enhilar; enhebrar; vestir; calzar; turbarse.
enfileirar, *v. t.* enfilar; alinear.
enfim, *adj.* en fin, finalmente.
enflorar, *v. t.* e *i.* enflorar, florear; florecer.
enflorescer, *v. i.* florecer.
enfolar, *v. i.* y *t.* formar fuelle; hacer arrugas el vestido.
enfolhar, *v. i.* cubrirse de hojas; *v. t.* poner volantes a un vestido.
enforcado, *adj.* y *s. m.* enforcado, ahorcado.
enforcar, *v. t.* enforcar, enhorcar; ahorcar; estrangular.
enfraquecer, *v. t.* enflaquecer.
enfraquecimento, *s. m.* enflaquecimiento.
enfrascar, *v. t.* enfrascar.
enfrear, *v. t.* enfrenar; refrenar; contener; domar; reprimir.
enfrentar, *v. t.* enfrentar, afrontar, encarar.
enfriar, *v. t.* enfriar.
enfronhado, *adj.* enfundado; *(fig.)* instruido.
enfronhar, *v. t.* enfundar.
enfunar, *v. t.* e *i.* llenar, inflar, henchir.
enfurecer, *v. t.* enfurecer, irritar.
enfuscar, *v. t.* enfoscar, obscurecer.
engaiolar, *v. t.* enjaular.
engajamento, *s. m.* contrato; alistamiento; enganchamiento.
engajar, *v. t.* contratar, enganchar.
engalanar, *v. t.* engalanar, adornar, ornamentar.
engalfinhar, *v. t.* introducir; prender; agarrar.
enganar, *v. t.* engañar; lograr; seducir.
enganchar, *v. t.* enganchar.
engano, *s. m.* engaño; embuste; fraude; timo.
engarrafagem, *s. m.* embotellamiento.
engarrafar, *v. t.* embotellar.
engasgar, *v. t.* atragantar; sofocar, ahogar, estrangular.
engastar, *v. t.* engastar; embutir.
engaste, *s. m.* engaste; engastadura.
engate, *s. m.* enganche; grapa, laña; grapón; gatillo.
engatinhar, *v. i.* gatear, andar a gatas.
engavelar, *v. t.* engavillar, agavillar.
engelha, *s. f.* arruga; pliegue.
engelhar, *v. t.* e *i.* arrugar; abarquillar; marchitar.
engendrar, *v. t.* engendrar; generar; criar.
engenhar, *v. t.* ingeniar; inventar, maquinar.
engenharia, *s. f.* ingeniería.
engenheiro, *s. m.* ingeniero.
engenhoso, *adj.* ingenioso.
englobar, *v. t.* englobar; reunir; incluir; juntar.
engodo, *s. m.* cebo (para cazar o pescar); *(fig.)* artificio, engaño; adulación.
engoiar-se, *v. r.* debilitarse; enflaquecerse.
engolfar, *v. t.* engolfar; *v. r.* engolfarse.
engolir, *v. t.* engullir, tragar; absorver; creer.
engomadeira, *s. f.* planchadora.
engomadela, *s. f.* almidonamiento; planchado.
engomagem, *s. f.* engomadura; almidonamiento.
engomar, *v. t.* almidonar.
engorda, *s. f.* cebadura; engordadero.
engordar, *v. t.* engordar, cebar, nutrir; *v. i.* criar grasas.
engraçado, *adj.* gracioso; bonito; jovial.

engraçar, *v. t.* dar gracia; realzar; *v. i.* hacerse agradable.
engrandecer, *v. t.* engrandecer; encumbrar.
engravatado, *adj.* encorbatado; *(fig.)* emperejilado.
engravatar-se, *v. r.* ponerse corbata; *(fig.)* endomingarse.
engravidar o **engravidecer,** *v. t.* preñar, empreñar; *v. i.* quedar encinta, preñada.
engraxar, *v. t.* engrasar, limpiar, lustrar el calzado; *(fig.)* adular.
engrenagem, *s. f.* engranaje.
engripado, *adj.* atacado o enfermo con la gripe.
engripar, *v. t.* causar gripe a; *v. i.* y *r.* enfermarse con la gripe.
engrolador, *adj.* y *s. m.* chapucero; embustero.
engrossar, *v. t.* engrosar, engruesar; adobar; *v. i.* engordar.
engrumecer, *v. t.* e *i.* engrumecer; coagular.
enguia, *s. f. (zool.)* anguila.
enguiçado, *adj.* debilitado; raquítico; azaroso.
enguiçador, *adj.* y *s. m.* azaroso.
enguiçar, *v. t.* desgraciar, causar desgracia.
enguiço, *s. m.* mal de ojo; mal agüero.
engulho, *s. m.* náusea, gana de vomitar.
enigma, *s. m.* enigma.
enjaular, *v. t.* enjaular; prender.
enjerir-se, *v. r.* tullirse, agarrotarse con frío.
enjoar, *v. t.* e *i.* nausear; aborrecer.
enjoo, *s. m.* náusea; mareo; asco; tedio.
enlaçamento, *s. m.* enlazamiento, enlace.
enlaçar, *v. t.* enlazar; abrazar.
enlace, *s. m.* enlace; conexión; trabazón.
enlaivar, *v. t.* mancilar, ensuciar.
enlamear, *v. t.* enlodar, enlodazar, embarrar.
enlanguescer, *v. i.* enlanguidecer.
enlapar, *v. t.* ocultar, esconder.
enlatar, *v. t.* encerrar en latas, enlatar; emparrar.
enlear, *v. t.* ligar, atar, enlazar; abrazar.
enleio, *s. m. (fig.)* duda; timidez; perplejidad; pasmo.
enlevar, *v. t.* embelesar, extasiar; *v. r.* extasiarse.
enlodar, *v. t.* enlodar; enlodazar.
enlouquecer, *v. t.* e *i.* enloquecer.
enlutar, *v. t.* enlutar; afligir; entristecer.
enobrecer, *v. t.* ennoblecer.
enodoar, *v. t.* manchar; mancillar; difamar.
enojar, *v. t.* e *i.* enojar; enfadar; ofender.
enojo, *s. m.* enojo, duelo; pena; luto.
enorme, *adj.* enorme; desmedido.
enormidade, *s. f.* enormidad; exceso.
enquadrar, *v. t.* encuadrar.
enquanto, *conj.* durante el tiempo en que; al paso que; mientras que; entretanto.
enqueijar, *v. t.* cuajar, hacer cuajo.
enquistar, *v. i.* y *r.* enquistar.
enraivar, *v. t.* enrabiar; encolerizar.
enraivecer, *v. t.* e *i.* enrabiar; encolerizar.
enraizar, *v. i.* arraigar, criar raíces; *v. t.* enraizar.
enramar, *v. t.* enramar.
enrançar, *v. t.* enranciar, ranciar.
enrarecer, *v. t.* e *i.* enrarecer, enrarecerse.
enrascar, *v. t.* coger con la red; enredar; engañar; coger en armadilla.
enredador, *adj.* enredador; intrigante.
enredar, *v. t.* enredar; enmarañar.
enrediça, *s. f.* enredadera.
enredo, *s. m.* enredo; intriga.
enregelar, *v. t.* e *i.* aterir, congelar, helar, resfriar.
enriçar, *v. t.* e *i.* enmarañar, rizar.
enrijar, *v. t.* endurecer, fortalecer.

enriquecer, *v. t.* enriquecer.
enristar, *v. t.* enristar (la lanza); embestir.
enrocar, *v. t.* enrocar; plegar; preparar los cimientos; enrolar.
enrodilhar, *v. t.* enrollar; torcer; enroscar; intrigar.
enrolar, *v. t.* enrollar, arrollar, rollar.
enroscar, *v. t.* enroscar; retorcer, enrollar, arrollar.
enroupar, *v. t.* arropar; abrigar; proveer de ropa.
enrouquecer, *v. t.* e *i.* enronquecer.
enroxar, *v. t.* e *i.* amoratar.
enrubescer, *v. t.* e *i.* enrubescer; sonrojar.
enruçar, *v. t.* e *i.* enrubiar.
enrudecer, *v. t.* e *i.* enrudecer.
enrugar, *v. t.* arrugar.
ensaboadela, *s. f.* enjabonadura, jabonadura.
ensaboado, *adj.* enjabonado; *s. m.* el lavado de ropa con jabón.
ensaboar, *v. t.* enjabonar, jabonar.
ensacar, *v. t.* ensacar.
ensaiar, *v. t.* ensayar; experimentar; preparar, adiestrar.
ensaio, *s. m.* ensayo, experiencia; prueba; reconocimiento.
ensamblar, *v. t.* ensamblar; embutir; entallar.
ensancha, *s. f.* ensanche.
ensanchar, *v. t.* ensanchar, ampliar; aumentar.
ensanguentar, *v. t.* ensangrentar.
ensarilhar, *v. t.* devanar; enmarañar, enredar.
ensartar, *v. t.* ensartar, enfilar (cuentas o perlas).
enseada, *s. f.* ensenada.
ensejo, *s. m.* oportunidad; motivo; ocasión.
ensilagem, *s. f.* ensilaje.
ensilar, *v. t.* ensilar.
ensinadela, *s. f. (pop.)* reprensión; correctivo.
ensinamento, *s. m.* enseñamiento; instrucción; ejemplo; precepto.
ensinar, *v. t.* enseñar, instruir; indicar; dirigir, adiestrar.
ensino, *s. m.* enseñanza.
ensombrar, *v. t.* ensombrecer; asombrar.
ensopado, *adj.* ensopado, embebido, encharcado.
ensopar, *v. t.* ensopar, hacer guisado con sopas.
ensosso, *adj.* insípido, soso.
ensurdecer, *v. t.* ensordecer, ensordar.
entablamento, *s. m. (arq.)* entablamiento; cornisamento.
entabuar, *v. t.* entablar; entarimar.
entabular, *v. t.* entablar, entarimar; empezar; comenzar.
entaipar, *v. t.* entapiar, tapiar, emparedar.
entalar, *v. t.* entablar, entabillar; embarazar.
entalecer, *v. i.* entallecer.
entalhador, *s. m.* escultor, entallador, tallista.
entalhamento, *s. m.* estallamiento; escultura.
entalhar, *v. t.* e *i.* entallar; cincelar; esculpir.
entanguido, *adj.* aterido; hirto; enclenque.
entanto, *adv.* en tanto; en, tanto; entre tanto; mientras.
então, *adv.* entonces; en tal caso.
entaramelar, *v. t.* y *reflx. (pop.)* hacer tartamudear; titubear.
entardecer, *v. i.* atardecer; hacerse tarde.
ente, *s. m.* ente; criatura; ser.
entediar, *v. t.* tediar, causar tedio; fastidiar; aburrir.
entendedor, *adj.* y *s. m.* entendedor.
entender, *v. t.* entender; comprender; juzgar; conocer; interpretar.
entendido, *adj.* entendido, docto, perito, versado; combinado.
entendimento, *s. m.* entendimiento, inteligencia.

entenrecer, *v. t.* enternecer, ablandar para poder comer.
enterite, *s. f. (med.)* enteritis.
enternecer, *v. t.* e *i.* enternecer; conmover.
enternecimento, *s. m.* enternecimiento; ternura.
enterrador, *adj.* y *s. m.* enterrador, sepulturero.
enterramento, *s. m.* enterramiento; inhumación.
enterrar, *v. t.* enterrar; sepultar; ocultar.
enterro, *s. m.* entierro; inhumación.
entesar, *v. t.* entesar, estirar; enderezar; endurecer.
entesoirar, *v. t.* atesorar, amontonar.
entestar, *v. i.* entestar; confinar; lindar; confrontar.
entibiar, *v. t.* entibiar; moderar; suavizar.
entidade, *s. f.* entidad; individualidad.
entoação, *s. f. (mús.)* modulación; entonación.
entoar, *v. t.* entonar.
entomologista, *s. com.* entomologista; entomólogo.
entonação, *s. f.* entonación.
entonar, *v. t.* y *r.* entonar.
entono, *s. m.* entono; orgullo; altivez.
entontecer, *v. t.* e *i.* entontecer; desvariar.
entornar, *v. t.* entornar, derramar, volcar; verter.
entorpecer, *v. t.* entorpecer.
entorse, *s. f.* torcedura, esguince, distensión.
entortadura, *s. f.* torcedura; contorsión.
entortar, *v. t.* entortar; encorvar; curvar.
entrada, *s. f.* entrada.
entrajar, *v. t.* vestir; abrigar; arropar.
entrançar, *v. t.* entrenzar; trenzar; entrelazar.
entranhar, *v. t.* entrañar; penetrar.
entranhável, *adj.* entrañable.
entranqueirar, *v. t.* atrancar; entrincherar.
entrar, *v. t.* entrar; *v. i.* introducirse; penetrar; invadir; ser incluido.
entravar, *v. t.* impedir; trabar; embarazar.
entrave, *s. m.* traba; obstáculo; dificultad.
entre, *prep.* entre.
entreabrir, *v. t.* entreabrir.
entreacto, *s. m.* entreacto; entremés.
entrecerrar, *v. t.* entrecerrar.
entrecho, *s. m.* enredo de un drama o novela; urdidura; argumento.
entrechocar-se, *v. refl.* entrechocarse; embatir.
entrecoberta, *s. f. (mar.)* entrecubierta.
entrecortar, *v. t.* entrecortar.
entrecruzar-se, *v. t.* entrecruzarse.
entrega, *s. f.* entrega; rendición; traición.
entregar, *v. t.* entregar; otorgar; dar; confiar; traicionar; *v. r.* rendirse.
entregue, *adj.* entregado.
entrelaçar, *v. t.* entrelazar, entretejer.
entrelinha, *s. f.* entrelínea.
entremear, *v. t.* entremediar, intercalar; interpolar.
entremeio, *s. m.* intermedio; entredós.
entrementes, *adv.* ínterin, entre tanto.
entremesa, *s. f.* tiempo de una comida.
entremeter, *v. t.* entremeter; intercalar; interponer.
entremez, *s. m.* entremés; farsa.
entrenó, *s. m. (bot.)* entrenudo.
entrepassar, *v. t.* pasar por medio.
entrepausa, *s. f.* pausa intermedia; interrupción.
entreposto, *s. m.* depósito grande de mercancías; almacén.
entressachar, *v. t.* intermediar; intercalar; entremezclar.
entresseio, *s. m.* sinuosidad, cavidad, intervalo.

e

entressonhar, *v. t.* soñar vagamente; imaginar.
entretalhar, *v. t.* e *i.* entretallar; esculpir.
entretanto, *adv.* entretanto; mientras, interín.
entretecer, *v. t.* entretejer; entrelazar.
entretenimiento, *s. m.* entretenimiento; distracción.
entreter, *v. t.* entretener; demorar; retardar; divertir; distraer.
entreturbar, *v. t.* turbar ligeramente.
entrevação, *s. f.* parálisis.
entrevado, *adj.* y *s. m.* entenebrado; contrahecho, tullido, paralítico.
entrevar, *v. t.* entenebrecer; entullecer, tullir, paralizar.
entrever, *v. t.* entrever, ver confusamente.
entrevista, *s. f.* entrevista.
entrevistar, *v. t.* entrevistar.
entrincheirar, *v. t.* atrincherar.
entristecer, *v. t.* e *i.* entristecer.
entristecimiento, *s. m.* entristecimiento; tristeza.
entroncado, *adj.* corpulento, espaldudo; entroncado.
entroncar, *v. t.* entroncar; empalmar una vía a otra; engrosar.
entronizar, *v. t.* entronizar.
entrouxar, *v. t.* empaquetar, liar.
entrudo, *s. m.* antruejo, carnaval.
entufar, *v. t.* entumecer, hinchar; *(fig.)* engreír.
entulhar, *v. t.* entrojar; enronar; abarrotar; escombrar.
entulho, *s. m.* escombro; desecho.
entupir, *v. t.* entupir, tapar; obstruir.
entusiasmar, *v. t.* entusiasmar; animar.
enumerador, *s. m.* enumerador.
enumerar, *v. t.* enumerar, numerar.
enunciação, *s. f.* enunciación.
enunciar, *v. t.* enunciar, exponer.
envaidecer, *v. t.* y *r.* envanecer.
envasamento, *s. m. (arq.)* embasamiento; zócalo.
envasar, *v. t.* envasar; envasijar; embotellar.
envelhecer, *v. t.* e *i.* envejecer.
envelope, *s. m.* sobre, sobrecarta.
envenenamento, *s. m.* envenenamiento.
envenenar, *v. t.* envenenar.
enverdecer, *v. t.* e *i.* enverdecer, reverdecer, verdear.
enveredar, *v. i.* encaminarse.
envergadura, *s. f. (mar.)* envergadura.
envergonhar, *v. t.* avergonzar; confundir; humillar.
envernizador, *adj.* y *s. m.* barnizador.
envernizar, *v. t.* barnizar.
envés, *s. m.* revés; reverso.
envessar, *v. t.* poner al revés.
enviado, *s. m.* enviado, mensajero; *adj.* mandado, expedido.
enviamento, *s. m.* envío; expedición; remesa.
enviar, *v. t.* enviar; expedir; mandar; dirigir.
envidraçar, *v. t.* colocar vidrios, vidrieras o cristales.
enviesadamente, *adv.* oblicuamente; al bies.
enviesar, *v. t.* sesgar, poner al sesgo, bies u oblicuamente.
envilecer, *v. t.* envilecer; deslustrar.
envinagrar, *v. t.* e *i.* envinagrar, avinagrar.
envio, *s. m.* envío; remesa; expedición.
enviuvar, *v. i.* enviudar.
envolta, *s. f.* ligadura; pañal; mezcla.
envolto, *adj.* envuelto; mezclado; turbia (el agua).
envoltório, *s. m.* envoltorio; envoltura; envoltijo.
envoltura, *s. f.* envoltura.
envolver, *v. t.* envolver; enrollar; incluir.
enxadão, *s. m.* azadón.
enxadrezar, *v. t.* ajedrezar.
enxaguar, *v. t.* enjuagar.
enxamear, *v. t.* e *i.* enjambrar; escamochear; jabardear.

enxaqueca, *s. f.* jaqueca, cefalalgia.
enxárcia, *s. f. (mar.)* jarcia.
enxerga, *s. f.* jergón pequeño de paja; cama pobre, catre.
enxergão, *s. m.* jergón.
enxergar, *v. t.* entrever; divisar; descubrir.
enxertar, *v. t.* injertar.
enxerto, *s. m.* injerto, operación de injertar; planta injertada.
enxofrar, *v. t.* azufrar; *r.* irritarse.
enxofre, *s. m. (quím.)* azufre.
enxota-diabos, *s. m.* exorcista.
enxotar, *v. t.* ahuyentar.
enxoval, *s. m.* ajuar.
enxovalhar, *v. t.* manchar, ensuciar, marchitar.
enxovalho, *s. m.* mancha; suciedad; injuria.
enxovia, *s. f.* cárcel inmunda y sucia; calabozo; cagarrón; *(fig.)* cochitril, pocilga.
enxugador, *s. m.* secador.
enxugar, *v. t.* e *i.* secar, enjugar.
enxurrada, *s. f.* torrentada, venida; chorro; *(fig.)* abundancia.
enxuto, *adj.* seco.
eólico, *adj.* eólico; eolio.
epiceno, *adj.* epiceno.
épico, *adj.* y *s. m.* épico.
epidemia, *s. f.* epidemia.
epiderme, *s. f.* epidermis.
epifania, *s. f.* epifanía.
epífito, *adj.* epifita.
epifonema, *s. m.* epifonema.
epígono, *adj.* y *s. m.* que o el que nació después; descendiente.
epígrafe, *s. f.* epígrafe.
epilação, *s. f.* depilación.
epilepsia, *s. f.* epilepsia.
epílogo, *s. m.* epílogo.
episcopal, *adj.* episcopal.
episódico, *s. m.* episodio.
epistolar, *adj.* epistolar.
epíteto, *s. m.* epíteto.
epizootia, *s. f.* epizootia.
época, *s. f.* época.
epopeia, *s. f.* epopeya.
equação, *s. f.* ecuación.
Equador, *s. m.* Ecuador.
equânime, *adj.* ecuánime; imparcial.
equestre, *adj.* ecuestre.
equidade, *s. f.* equidad.
equídeo, *adj.* equino; *s. m.* equino, caballo.
equidistante, *adj.* equidistante.
equilátero. *adj.* equilátero.
equilibrar, *v. t.* equilibrar; contrabalancear; *(fig.)* compensar.
equilibrista, *s.* equilibrista.
equinócio, *s. m.* equinoccio.
equipagem, *s. f.* equipaje; tripulación; bagaje.
equipamento, *s. m.* equipo; equipaje; equipamiento.
equipar, *v. t.* equipar.
equiparar, *v. t.* equiparar; comparar; *v. r.* equipararse.
equipendente, *adj.* equilibrado.
equipolência, *s. f.* equipolencia; equivalencia.
equiponderar, *v. t.* equiponderar.
equitação, *s. f.* equitación.
equitativo, *adj.* equitativo, recto, justo.
equivaler, *v. i.* equivaler.
equivocação, *s. f.* equivocación, equívoco; error.
equivocar, *v. t.* equivocar; *v. r.* engañarse.
equívoco, *adj.* y *s. m.* equívoco; confuso; dudoso; sospechoso.
era, *s. f.* era.
erário, *s. m.* erario.
erecção, *s. f.* erección; edificación; fundación.
erector, *adj.* y *s. m.* erector, instituidor, fundador.
eremita, *s.* eremita, ermitaño.
ergastulário, *s. m.* carcelero.
erguer, *v. t.* erguir, levantar; construir, erigir; fundar.
eriçar, *v. t.* encrespar; erizar.
erigir, *v. t.* erigir; levantar; construir; edificar; *(fig.)* fundar; crear.
erisipelar, *v. i.* erisipelar.

e

ermamento, *s. m.* despoblación, despueble.
ermida, *s. f.* ermita, iglesia pequeña; capilla fuera del poblado.
ermo, *adj.* ermo (en desuso), yermo, inhabitado, desierto.
erosão, *s. f.* erosión.
erotismo, *s. m.* erotismo.
errabundo, *adj.* errabundo, errante.
erradio, *adj.* errante, erráneo.
errante, *adj.* errante, vagabundo.
errar, *v. t.* e *i.* errar, no acertar; engañar; vaguear; cometer yerro en; engañarse.
erro. *s. m.* erro, acto de *errar;* yerro, error; inexactitud; engaño.
erubescência, *s. f.* erubescencia, rubor.
eructação, *s. f.* ac. de *eructar;* vd. *arroto,* eruto, eructo.
erudito, *adj.* erudito.
eruptivo, *adj.* eruptivo.
erva, *s. f. (bot.)* hierba, yerba.
ervanário, *s. m.* herbolario.
ervar, *v. t.* envenenar con el jugo de hierbas venenosas.
ervário, *s. m.* herbario.
ervilha, *s. f. (bot.)* guisante, chícharo.
esbaforido, *adj.* jadeante, anhelante.
esbaforir-se, *v. r.* jadear, anhelar.
esbagoar, *v. t.* e *i.* desgranar.
esbandalhar, *v. t.* dividir en bandos; deshacer, desbaratar lo que está hecho; destrozar; desparramar.
esbanjador, *adj.* gastador, disipador, derrochador.
esbanjar, *v. t.* disipar, derrochar, despilfarrar.
esbarrar, *v. i.* chocar, encontrarse, tropezar; vd. *arremessar.*
esbarrocar, *v. i.* desmoronarse, hundirse.
esbarrondadeiro, *s. m.* barranco, precipicio.
esbarrondar, *v. t.* desmoronar tierras; *v. i.* desmoronarse; *v. r.* precipitarse.
esbater, *v. t. (pint.)* esbatimentar; esfumar; templar.
esbelteza, *s. f.* esbeltez, esbelteza; garbo, elegancia.
esbelto, *adj.* esbelto, elegante; gentil.
esbirro, *s. m.* esbirro.
esboçar, *v. t.* esbozar, delinear, trazar.
esboceto, *s. m.* bosquejo, boceto.
esbofar, *v. t.* cansar, fatigar.
esbofetear, *v. t.* abofetear; acachetear.
esboroar, *v. t.* pulverizar, moler, machacar.
esborrachar, *v. t.* aplastar; escachar; reventar; pisar.
esborralhar, *v. t.* desparramar o esparcir las cenizas del hogar; dispersar; *v. r.* desplomarse, hundirse.
esbracejar, *v. i.* bracear; menearse.
esbranquiçado, *adj.* blanquecino; blancuzco.
esbrasear, *v. t.* calentar, poner en ascua o brasa; ruborizar; *v. r.* estar en brasa.
esbravear, *v. i.* vociferar, vocear; enfurecerse.
esbravejar, *v. i.* embravecerse; irritarse; enfurecerse.
esbugalhar, *v. t.* quitar las agallas; desencajar; abrir mucho (los ojos).
esbulhar, *v. t.* desposeer, despojar, expoliar.
esburacar, *v. t.* agujerear, horadar.
esburgar, *v. t.* descortezar, pelar, descascarar; descarnar; deshuesar.
esbuxar, *v. t.* dislocar, desencajar un hueso; desmembrar.
escabeche, *s. m.* escabeche; *(fig.)* artificio; algazara.
escabelar, *v. t. (fig.)* descabellar; despeinar; desgreñar.
escabichador, *adj.* y *s. m.* investigador; indagador.
escabichar, *v. t.* investigar, indagar, escudriñar.
escabrear, *v. i.* encabritarse; *v. t.* molestar, incomodar, irritar.
escabroso, *adj.* escabroso, áspero; pedregoso.

escabujar, *v. i.* patalear; bracear.
escabulhar, *v. t.* escabullar, descortezar, mondar; descascar.
escabulho, *s. m.* cascarilla; cascabillo.
escacar, *v. t.* destrozar; romper; partir.
escachar, *v. t.* hender, partir, dividir; abrir por medio de arriba abajo; rajar.
escada, *s. f.* escalera.
escadório, *s. m.* escalinata.
escadote, *s. m.* escalera pequeña móvil o portátil.
escala, *s. f.* escala, medida graduada; *(mar.)* escala (de buques); escala, graduación; *(mús.)* escala, serie de notas musicales; vez; registro de servicios.
escalador, *adj.* y *s. m.* escalador.
escalão, *s. m.* escalón, peldaño; *(mil.)* disposición en las maniobras.
escalar, *v. t.* escalar; asaltar; trepar a; destripar, robar; designar (por escala).
escalavrar, *v. t.* desollar, arañar, escalabrar; arruinar.
escaldar, *v. t.* escaldar, quemar con agua muy caliente u otro líquido.
escalonar, *v. t.* escalonar.
escalpar, *v. t.* escalpar.
escalpelo, *s. m. (circ.)* escalpelo.
escalvado, *adj.* calvo, sin cabello.
escalvar, *v. t.* hacer calvo o estéril.
escamação, *s. m.* escamadura; *(pop.)* riña; irritación.
escamar, *v. t.* y *r.* escamar; *(fig.)* irritarse.
escambar, *v. t.* cambiar, trocar.
escambo, *s. m.* troca, cambio.
escamotear, *v. t.* escamotear.
escampado, *s. m.* escampado; descampado; *adj.* escampado, dícese del tiempo.
escampar, *v. i.* escampar (el tiempo); escaparse, huir.
escâncara, *s. f. às escâncaras: loc. adv.* al descubierto, abiertamente.
escancarar, *v. t.* abrir completamente; *v. r.* abrirse de par en par.
escandalizar, *v. t.* escandalizar; maltratar; injuriar; ofender; *v. i.* hacer escándalo.
escândalo, *s. m.* escándalo.
escandecer, *v. i.* escandecer.
escandir, *v. t.* escandir.
escangalhar, *v. t.* destruir; estropear; desarreglar; romper.
escanhoador, *s. m.* barbero.
escanhoar, *v. t.* afeitar, rasurar, rapar mucho la barba.
escanifrado, *adj. (pop.)* descarnado, raquítico.
escantilhão, *s. m.* escantillón.
escapada, *s. f.* escapada.
escapar, *v. i.* escapar, huir, evadirse.
escape, *s. m.* escape; fuga, evasión.
escapelar, *v. t.* esfoyar, deshojar, el maíz.
escápula, *s. f.* escarpia; *(anat.)* escápula, omoplato; apoyo.
escapulir-se, *v. r.* escabullirse, huir, escaparse.
escaqueirar, *v. t.* despedazar; quebrar.
escarafunchar, *v. t.* escarabajear, garrapatear (escribir mal); escarbar; rebuscar.
escaramuça, *s. f.* escaramuza; disputa.
escaramuçar, *v. i.* escaramuzar, trabar escaramuzas; *v. t.* escarcear, obligar al caballo a dar vueltas repetidas.
escarapelar, *v. t.* escarapelar, contender, reñir; *v. i.* esfoyar (el maíz).
escaravelho, *s. m. (zool.)* escarabajo.
escarcéu, *s. m.* escarceo; riña doméstica.
escarcha, *s. f.* escarcha, nieve, rocío congelado.
escarchar, *v. t.* escarchar, cubrir de nieve.
escarmentar, *v. t.* e *i.* escarmentar; castigar, corregir.
escarnar, *v. t. (circ.)* descarnar.
escarnecer, *v. t.* e *i.* escarnecer.

e

escárnio, *s. m.* escarnio, burla, mofa.
escarolar, *v. t.* desgranar, limpiar.
escarpado, *adj.* escarpado.
escarpes, *s. m. pl.* zapatos de hierro.
escarpim, *s. m.* escarpín.
escarradura, *s. f.* escupidura; gargajo.
escarranchar, *v. t.* escarranchar; espatarrar.
escarrar, *v. t.* e *i.* escupir, esputar, espectorar.
escarro, *s. m.* gargajo.
escarvar, *v. t.* escarbar; *(fig.)* corroer.
escarvoar, *v. t.* bosquejar o dibujar a carbón.
escassear, *v. i.* escasear; faltar; disminuir; rarear.
escassez, *s. f.* escasez, mezquindad; falta.
escasso, *adj.* escaso; raro; falto.
escatimar, *v. t.* escatimar; regatear.
escavacar, *v. t.* trizar, destrizar; quebrar; partir.
escavar, *v. t.* excavar.
escaveirado, *adj.* cadavérico; descarnado.
escaveirar, *v. t.* descarnar, enflaquecer.
esclarecer, *v. t.* esclarecer; ennoblecer.
esclerose, *s. m. (med.)* esclerosis.
escoadouro, *s. m.* escurridero, sumidero, albañal; batidero.
escoar, *v. t.* escurrir; colar; agotar; *v. r.* derramarse.
escodear, *v. t.* descortezar; mondar; raspar; descascar.
escoicear, *v. t.* e *i.* cocear; acocear.
escol, *s. m.* la flor y nata; lo más selecto o escogido.
escola, *s. f.* escuela.
escolar, *adj.* escolar; *s. m.* estudiante; *(zool.)* escolar, pez.
escolha, *s. f.* escogimiento, elección; selección.
escolho, *s. m.* escollo; arrecife; *(fig.)* obstáculo; peligro.
escolmar, *v. t.* descolmar.
escoltar, *v. t.* escoltar.
esconder, *v. t.* esconder; encubrir; ocultar; callar.
esconjurador, *adj.* y *s. m.* exorcista.
esconjurar, *v. t.* exorcisar; conjurar.
esconso, *adj.* esconzado; *s. m.* escondrijo; desván.
escopeta, *s. f.* escopeta.
escopo, *s. m.* escopo, fin, propósito, intento.
escopro, *s. m.* escoplo; cincel.
escora, *s. f.* escora; *(fig.)* apoyo; amparo.
escorar, *v. t.* escorar, entibar, estantalar, poner escoras.
escorchador, *s. m.* desollador; descorchador.
escorchamento, *s. m.* desolladura; descorche.
escorchar, *v. t.* desollar; descortezar los árboles; descorchar (las colmenas).
escoriar, *v. t.* escoriar; excoriar; purificar.
escornada, *s. f.* cornada.
escornar, *v. t.* cornear, acornear, dar cornadas.
escorpião, *s. m. (zool.)* escorpión.
escorraçar, *v. t.* ahuyentar, despreciar.
escorregadela, *s. f.* tropezón, resbalón.
escorregadoiro, *s. m.* deslizadero, resbaladero.
escorregamento, *s. m.* resbalamiento, deslizamiento; *(fig.)* desliz.
escorregar, *v. i.* resbalar, deslizar.
escorreito, *adj.* que no tiene defecto; perfecto.
escorrer, *v. t.* e *i.* escurrir; secar; enjugar.
escorrimento, *s. m.* escurrimiento.
escorripichar, *v. t. (pop.)* agotar, vaciar, beber hasta la última gota.
escote, *s. m.* escote.
escoteira, *s. f.* escotera.
escoteiro, *s. m.* escotero.
escotilha, *s. f. (mar.)* escotilla.
escova (ô), *s. f.* cepillo.

escovar, *v. t.* cepillar, acepillar; *(fig.)* reprender.
escoveiro, *s. m.* cepillero; brucero.
escovinha, *s. f.* cepillito.
escrava, *s. f.* esclava, mujer cautiva: esclava, pulsera.
escravatura, *s. f.* esclavitud.
escravidão, *s. f.* esclavitud; *(fig.)* cautiverio.
escravizar, *v. t.* esclavizar; subyugar; sujetar.
escravo, *s. m.* esclavo.
escrevaninha, *s. f.* secretaria, escritorio.
escrevente, *s. com.* escribiente; copista; amanuense.
escrever, *v. t.* escribir; componer; redactar.
escrevinhar, *v. t.* escribir mal; garabatear; borronear; garrapatear.
escrita, *s. f.* escritura; caligrafía; contabilidad comercial.
escrito, *adj.* y *s. m.* escrito; gravado; carta.
escritor, *s. m.* escritor.
escritório, *s. m.* oficina, escritorio.
escrituração, *s. f.* contabilidad, teneduría de libros.
escriturar, *v. t.* escriturar.
escrúpulo, *s. m.* escrúpulo.
escrupuloso, *adj.* escrupuloso; exacto; minucioso.
escrutar, *v. t.* escrutar; investigar.
escrutinar, *v. t.* e *i.* escrutinar.
escrutínio, *s. m.* escrutinio.
escudar, *v. t.* escudar; resguardar, defender.
escudeiro, *s. m.* escudero.
escudela, *s. f.* escudilla, gábata, hortera.
escudete, *s. m.* escudillo; escudo, chapa de la cerradura.
escudo, *s. m.* escudo, adarga; escudo, moneda.
esculca, *s. f.* esculca, centinela nocturno.
esculpir, *v. t.* esculpir; grabar, cincelar.
escultor, *s. m.* escultor.
escultura, *s. f.* escultura.
esculturar, *v. t.* esculturar; esculpir.
escuma, *s. f.* espuma, baba.
escumadeira, *s. f.* espumadera.
escumador, *adj.* espumoso.
escumalho, *s. m.* escoria de los metales.
escumante, *adj.* espumoso, espumante.
escumoso, *adj.* espumoso.
escupir, *v. i. (pop.)* escupir.
escurecer, *v. t.* oscurecer, obscurecer.
escuridão, *s. f.* oscuridad, obscuridad; tinieblas.
escuro, *adj.* oscuro, obscuro, sombrío, tenebroso.
escusa, *s. f.* excusa; disculpa.
escusado, *adj.* excusado, inútil; exento.
escusar, *v. t.* excusar, dispensar, disculpar; evitar.
escuso, *adj.* dispensado; escondido.
escutar, *v. t.* escuchar.
escuteiro, *s. m.* explorador.
esdruxularia, *s. f.* cosa extravagante; rareza.
esdrúxulo, *adj.* y *s. m.* esdrújulo.
esfacelar, *v. i.* despedazar; deshacer; estropear.
esfacelo, *s. m.* destrucción; ruina; destrozo.
esfaimado, *adj.* hambriento; famélico.
esfalfamiento, *s. m.* extenuación; agotamiento.
esfalfar, *v. t.* debilitar; cansar; *v. r.* extenuarse.
esfanicar, *v. t.* despedazar; desmigajar.
esfaquear, *v. t.* acuchillar.
esfarpar, *v. t.* despedazar, astillar; deshilar.
esfarrapar, *v. t.* desgarrar, rasgar, romper.
esfarripar, *v. t.* desgreñar; deshacer; deshilar.
esfera, *s. f.* esfera, globo.
esférico, *adj.* esférico.

e

esfíncter, *s. m. (zool.)* esfínter.
esfinge, *s. f.* esfinge.
esfíngico, *adj.* misterioso, enigmático.
esfola, *s. f. (pop.)* prestamista.
esfoladela, *s. f.* desolladura, desollamiento.
esfolador, *adj.* y *s. m.* desollador.
esfolar, *v. t.* desollar; arañar; excoriar.
esfolhar, *v. t.* deshojar.
esfoliação, *s. m.* exfoliación.
esfoliar, *v. t.* separar en láminas, exfoliar; hojear un libro.
esfomeado, *adj.* hambriento.
esforçado, *adj.* esforzado, animoso, alentado.
esforçar, *v. t.* esforzar; tener valor.
esfrangalhar, *v. t.* rasgar; desharrapar.
esfregação, *s. f.* ac. de *esfregar;* esfregadura; fregado; fricción.
esfregador, *s. m.* fregador.
esfregalho, *s. m.* estropajo; fregador.
esfregar, *v. t.* fregar; frotar; estregar.
esfriador, *adj.* enfriador; enfriadero, enfriador.
enfriamento, *s. m.* ac. y efecto de *esfriar;* enfriamiento; resfriamiento.
esfriar, *v. t.* e *i.* enfriar, resfriar.
esfuminho, *s. m. (pint.)* esfumino, difumino.
esfuracar, *v. t.* agujerear, perforar.
esfuziada, *s. f.* descargar, serie de tiros; carcajada.
esfuziar, *v. i.* silbar, dar silbidos.
esgadanhar, *v. t.* arañar, rasguñar; herir.
esgalgado, *adj.* delgado como un galgo; hambriento.
esgalgar, *v. t.* enflaquecer, adelgazar.
esforço, *s. m.* esfuerzo; vigor, brío, valor.
esgalha, *s. f.* gajo de uva, racimo; pedazo de rama de árbol.
esgalho, *s. m.* vástago, renuevo.
esgana, *s. f.* estrangulación; coqueluche.
esganado, *adj.* y *s. m.* estrangulado; *(fig.)* avaro.
esganiçar, *v. t.* soltar voces agudas; *v. r.* desgargantarse.
esgar, *s. m.* gesto, mueca, expresión del rostro; momo; tic.
esgaravatar, *v. t.* escarbar; *(fig.)* pesquisar.
esgarçar, *v. t.* rasgar, desgajar.
esgardunhar, *v. t.* arañar.
esgatanhar, *v. t.* rasguñar a; arañar.
esgazeado, *adj.* desmayado; desorbitado.
esgazear, *v. t.* poner (los ojos) en blanco; desorbitar, desencajar.
esgorjar, *v. t.* e *i.* tener gran deseo de.
esgotadouro, *s. m.* albañal; alcantarilla.
esgotadura, *s. f.* agotadura; agotamiento.
esgotar, *v. t.* agotar; vaciar; achicar, gastar; apurar.
esgoto, *s. m.* albañal, sumidero, husillo.
esgravanar, *v. i.* granizar, caer granizos.
esgrima, *s. f.* esgrima.
esgrimir, *v. t.* e *i.* esgrimir; luchar.
esgrouviado, *adj.* desgarbado; desgreñado.
esgrouviar, *v. t.* despeinar, desgreñar.
esguedelhar, *v. t.* despeinar, desgreñar.
esguelha, *s. f.* oblicuidad, sesgo, torcimiento; diagonal.
esguichadela, *s. f.* chorro, surtidor; surtido; chorreo.
esguichar, *v. t.* e *i.* surtir, chorrear.
esguicho, *s. m.* chorro; chorretada; surtido, surtidor.
esguio, *adj.* larguirucho.
esmaecer, *v. i.* debilitar; desmayar; desvanecerse.
esmaecimiento, *s. m.* descoloramiento; desmayo; desvanecimiento.
esmagador, *adj.* y *s. m.* aplastador; punzante, pungente, abrumador.

esmagamento, *s. m.* aplastamiento; comprensión; trituración.
esmagar, *v. t.* aplastar; reventar; machacar.
esmaltador, *adj.* y *s. m.* esmaltador.
esmaltar, *v. t.* esmaltar; *(fig.)* matizar; adornar.
esmalte, *s. m.* esmalte; *(fig.)* brillo; realce.
esmar, *v. t.* calcular, estimar, avaluar.
esmerado, *adj.* esmerado; primoroso; perfecto.
esmeralda, *s. f.* esmeralda.
esmerar, *v. t.* esmerar; perfeccionar.
esmeril, *s. m.* esmeril.
esmerilar, *v. t.* esmerilar; *(fig.)* perfeccionar.
esmerilhão, *s. m. (zool.)* esmerejón, azor; esmeril.
esmero, *s. m.* esmero; corrección; perfección.
esmigalhamento, *s. m.* estrujamiento; aplastamiento.
esmirrar-se, *v. r.* marchitarse; mustiar; secar.
esmiuçar, *v. t.* desmenuzar; pulverizar.
esmo, *s. m.* cálculo, conjetura; al azar, a la ventura.
esmocar, *v. t. (pop.)* aporrear; lastimar con un porrazo.
esmoer, *v. t.* triturar con los dientes; moler; digerir.
esmola, *s. f.* limosna.
esmolar, *v. t.* e *i.* dar o pedir limosna; mendigar, pordiosear.
esmolaria, *s. f.* casa donde se reparten limosnas.
esmoleira, *s. f.* limosnera.
esmoleiro, *s. m.* limosnero.
esmoler, *adj.* caritativo, limosnero.
esmorecimento, *s. m.* desánimo, descorazonamiento; desaliento.
esmurrar, *v. t.* apuñar, apuñear.
esofágico, *adj.* esofágico.
esófago, *s. m. (anat.)* esófago.
espaçado, *adj.* espaciado, separado; tardo, lento.
espaçamento, *s. m.* esparcimiento, extensión.
espaçar, *v. t.* espaciar; dilatar; tardar.
espacejar, *v. t. (impr.)* espaciar.
espacial, *adj.* relativo al espacio.
espaço, *s. m.* espacio; intervalo; área; continente.
espaçoso, *adj.* espacioso; dilatado; amplio; vasto.
espada, *s. f.* espada; *(zool.)* pez espada.
espadachim, *s. m.* espadachín.
espadana, *s. f. (bot.)* espadaña.
espadeirada, *s. f.* espadazo.
espadilha, *s. f.* espadilla, as de espadas.
espadim, *s. m.* espadín.
espádua, *s. f.* espalda; espaldilla, omoplato.
espairecer, *v. t.* e *i.* distraer; recrearse, divertirse.
espairecimento, *s. m.* entretenimiento, distracción, recreo.
espalda, *s. f.* espalda.
espaldear, *v. t. (mar.)* espaldear.
espaldeira, *s. f.* espaldera, espaldar, funda de silla.
espalhadeira, *s. f. (agr.)* instrumento para extender la paja.
espalhafato, *s. m.* aparato; ostentación; barullo.
espalhafatoso, *adj.* aspaventero.
espalhar, *v. t.* espaciar, divulgar, despajar, separar.
espalmado, *adj.* chato; achatado; raso.
espanador, *s. m.* plumero para quitar el polvo, sacudidor, zorro.
espanar, *v. t.* desempolvar con el plumero.
espancador, *s. m.* pendenciero; apaleador; bravucón.
espancar, *v. t.* pegar, golpear, apalear.
espanejador, *s. m.* plumero, sacudidor, zorro.
espanhol, *adj.* y *s. m.* español.
espanholismo, *s. m.* españolismo.

e

espanholizar, *v. t.* españolizar, castellanizar.
espantadiço, *adj.* espantadizo; arisco; asustadizo.
espantado, *adj.* espantado; asustado; pasmado.
espantador, *s. m.* espantador.
espantalho, *s. m.* espantajo.
espantar, *v. t.* espantar; asustar, atemorizar.
espanto, *s. m.* espanto, terror; susto; sorpresa; pasmo.
esparadrapo, *s. m. (farm.)* esparadrapo.
espargir, *v. t.* aspergear; esparcir, derramar; divulgar.
espargo, *s. m. (bot.)* espárrago.
esparralhar, *v. t.* desparramar, extender; diseminar por el suelo.
esparregado, *s. m.* guisado de hortalizas cocidas y menudamente cortadas.
esparrela, *s. f.* trampa, lazo para cazar pájaros.
espartilho, *s. m.* corsé.
esparto, *s. m. (bot)* esparto.
esparzir, *v. t.* esparcir; derramar; asperjar.
espasmar, *v. t.* pasmar, causar espasmo o pasmo.
espasmo, *s. m.* espasmo; *(fig.)* éxtasis.
espatifar, *v. t. (pop.)* despedazar, hacer pedazos o añicos.
espátula, *s. f.* espátula.
espaventar, *v. t.* asustar, espantar, amedrentar; *v. r.* engalanarse.
espavento, *s. m.* aspaviento; espanto; *(fig.)* ostentación.
espavorir, *v. t.* asustar, aterrorizar, espantar.
especar, *v. t.* apuntalar; amparar; *v. i.* y *r.* parar; estacarse.
especial, *adj.* especial, singular, particular.
especialidade, *s. f.* especialidad, particularidad.
especialista, *s.* especialista.
especializar, *v. t.* especializar.
especialmente, *adv.* especialmente; particularmente.
especiaria, *s. f.* especería, especiería.
espécie, *s. f.* especie; cualidad; índole; suerte.
especificar, *v. t.* especificar.
específico, *adj.* específico.
espécime o **espécimen,** *s. m.* espécimen, muestra, modelo.
espectáculo, *s. m.* espectáculo; *(pop.)* escándalo.
espectador, *adj.* y *s. m.* espectador.
espectro, *s. m.* espectro; fantasma.
espectroscopia, *s. f.* espectroscopia.
especulação, *s. f.* especulación.
especulador, *adj.* y *s. m.* especulador.
especular, *v. t.* e *i.* especular.
espeleologia, s. f. espeleología.
espeleólogo, *s. m.* espeleólogo.
espelhar, *v. t.* e *i.* limpiar, pulir; reflejar como un espejo; *v. r.* reflejarse.
espelhento, *adj.* espejado, pulido; cristalino; brillante.
espelho, *s. m.* espejo; ejemplo; modelo.
espelunca, *s. f.* espelunca, cueva; antro; garito.
espenicar, *v. t.* desplumar.
espera, *s. f.* espera; tardanza; emboscada.
esperança, *s. f.* esperanza.
esperançar, *v. t.* esperanzar; animar.
esperançoso, *adj.* esperanzoso; prometedor.
esperanto, *s. m.* esperanto.
esperar, *v. t.* esperar; contar; confiar; aguardar; suponer.
esperdício, *s. m.* esperdicio; desperdicio.
espernear, *v. i.* patalear, agitar mucho las piernas.
espertalhaço o **espertalhão,** *s. m.* hombre muy astuto, embustero o malicioso, vivo.
espertar, *v. t.* hacer experto; avivar; excitar; animar; *v. i.* perder el sueño.

esperteza, *s. f.* vivacidad, listeza; sagacidad; perspicacia; agudeza de espíritu.
esperto, *adj.* despierto; vivo, sagaz; astuto, perspicaz.
espessar, *v. t.* e *i.* espesar; condensar.
espesso, *adj.* espeso, condensado, denso.
espessura, *s. f.* espesura.
espetanço, *s. m. (pop.)* pérdida, daño, perjuicio.
espetar, *v. t.* espetar; atravesar; *(fig.)* perjudicar.
espevitar, *v. t.* despabilar.
espezinhar, *v. t.* pisotear.
espia, *s. m. (mar.)* espía, cabo o calabrote; *s. com.* espía.
espião, *s. m.* espión; espía.
espiar, *v. t.* espiar, espionar; acechar; *v. i. (mar.)* espiar.
espiche, *s. m.* espiche, espita; discurso.
espículo, *s. m.* punta, aguijón.
espiga, *s. f. (bot.)* espiga.
espigão, *s. m.* espiga grande; espigón (aguijón); macizo saliente.
espigar, *v. i.* criar espigas; crecer, espigar; criar respigones o padrastros.
espigueiro, *s. m.* hórreo; canasto.
espiguilhar, *v. t.* guarnecer o adornar con espiguilla.
espinafre, *s. m. (bot.)* espinaca.
espingarda, *s. f.* espingarda.
espingardear, *v. t.* matar o herir con espingarda; fusilar.
espinha, *s. f.* espina; espinazo; columna vertebral, espinilla.
espinhaço, *s. m. (anat.)* espinazo; espina dorsal; las espaldas.
espinhar, *v. t.* espinar, punzar, herir con espinas; *(fig.)* irritar, ofender.
espinheira, *s. f. (bot.)* espino.
espinheiro, *s. m. (bot.)* espino.
espinho, *s. m. (bot.)* espina; cerda dura; *(fig.)* dificultad; sospecha.
espinhoso, *adj.* espinoso.
espiolhar, *v. t.* despiojar, espulgar; *(fig.)* escudriñar.
espionagem, *s. f.* espionaje.
espionar, *v. t.* e *i.* espionar, espiar.
espipar, *v. t.* e *i.* extraer; chorrear; surtir.
espique, *s. m.* tronco leñoso de algunas plantas.
espira, *s. f.* espira; espiral.
espiral, *s. f.* espiral.
espirar, *v. i.* espirar, respirar; exhalar; estar vivo.
espírita, *adj.* y *s.* espiritista.
espiritar, *v. t.* endemoniar.
espiritismo, *s. m.* espiritismo.
espíritu, *s. m.* espíritu; gracia; imaginación; opinión.
espiritual, *adj.* espiritual.
espiritualidade, *s. f.* espiritualidad.
espiritualista, *adj.* espiritualista.
espiritualizar, *v. t.* espiritualizar.
espirituoso, *adj.* espirituoso.
espirra-canivetes, *s.* cascarrabias; pulguillas.
espirrar, *v. i.* estornudar.
espirro, *s. m.* estornudo.
esplanada, *s. f.* explanada.
esplendente, *adj.* esplendente; brillante.
esplendidez, *s. f.* esplendidez; esplendor.
esplêndido, *adj.* espléndido, brillante, luciente.
esplendor, *s. m.* esplendor, fulgor, resplandor.
espoar, *v. t.* desempolvar; tamizar.
espojar, *v. t.* y *r.* revolcar, echar al suelo; hacer caer.
espoleta, *s. f.* espoleta.
espoliação, *s. f.* expoliación.
espoliar, *v. t.* expoliar.
espólio, *s. m.* expolio.
esponja, *s. f. (zool.)* esponja; *(pop.)* borrachón.
esponjoso, *adj.* esponjoso.
esponsais, *s. m. pl.* esponsales.
esponsal, *adj.* esponsal; esponsalicio.
espontâneo, *adj.* espontáneo.

espontar, *v. t.* despuntar, cortar las puntas a: dejar ver.
espora, *s. f.* espuela.
esporádico, *adj.* esporádico.
esporão, *s. m.* espolón, apófisis ósea de algunas gallináceas; contrafuerte; espolón.
esporear, *v. t.* espolear.
esporim, *s. m.* espolín.
esposa, *s. f.* esposa.
esposar, *v. t.* desposar.
esposo, *s. m.* esposo.
esposório, *s. m.* esponsales.
espostejar, *v. t.* tajar, dividir en tajadas; descuartizar.
espraiar, *v. t.* echar, lanzar, arrojar a la playa.
espreguiçadeira, *s. f.* camilla para dormir la siesta, otomana, canapé, diván.
espreguiçar, *v. t.* desperezar.
espreita, *s. f.* acecho; vigilancia.
espreitar, *v. t.* acechar, observar; espiar.
espremedor, *adj.* y *s. m.* exprimidor; exprimidera, exprimidero.
espremer, *v. t.* exprimir.
espuma, *s. f.* espuma.
espumadeira, *s. f.* espumadera.
espumante, *adj.* espumante; *s. m.* vino espumoso.
espúrio, *adj.* espurio, ilegítimo; *(fig.)* falso.
esquadra, *s. f.* escuadra; comisaría; sección de una compañía de infantería.
esquadrão, *s. m. (mil.)* escuadrón.
esquadrar, *v. t.* escuadrar; *(arquit.)* acodalar; *(mil.)* escuadronar.
esquadrejar, v. t. escuadrar.
esquadrilha, *s. f.* escuadrilla.
esquadro, *s. m.* escuadra, cartabón.
esquálido, *adj.* escuálido; sucio.
esquartejamento, *s. m.* Ac. y efecto de escuartejar, descuartizamiento.
esquartejar, *v. t.* descuartizar; despedazar.
esquecer, *v. t.* olvidar, perder la memoria; despreciar.
esquecimento, *s. m.* olvido; entorpecimiento; omisión.
esquelético, *adj.* esquelético.
esqueleto, *s. m.* esqueleto.
esquema, *s. m.* esquema.
esquematizar, *v. t.* esquematizar.
esquentado, *adj.* exaltado; irritado.
esquentador, *s. m.* calentador.
esquentar, *v. t.* y *r.* calentar; *(fig.)* irritarse.
esquerda, *s. f.* izquierda.
esquiça, *s. f.* espita.
esquife, *s. m.* ataúd, tumba.
esquiló, *s. m. (zool.)* esquilo, ardilla.
esquimó, *s.* esquimal.
esquinar, *v. t.* esquinar.
esquipamento, *s. m. (mar.)* esquipazón, esquifazón.
esquipático, *adj.* extravagante, raro.
esquisitice, *s. f.* excentricidad; extravagancia.
esquisito, *adj.* excéntrico, maníaco, raro; delicado; exquisito.
esquivar, *v. t.* esquivar, rehusar; *v. i.* retirarse; eximirse.
esse, *adj. dem.* ese; *pron. dem.* ése.
essência, *s. f.* esencia.
essencial, *adj.* esencial; indispensable.
essoutro, o **esse outro,** *contr. del adj.* o *pron. dem. esse* con el *adj.* o *pron. indef. outro:* ese otro.
esta, *adj. dem.* esta; *pron. dem. fem.* de *este:* ésta.
estabelecer, *v. t.* establecer, fundar; fijar, asentar.
estabelecimento, *s. m.* establecimiento; fundación; institución.
estabilidade, *s. f.* estabilidad.
estaca, *s. f.* estaca.
estacada, *s. f.* estacada.
estação, *s. f.* estación.
estacar, *v. t.* estacar; acodalar; *v. i.* parar de repente.
estacaria, *s. f.* estacada; empalizada.
estacionamento, *s. m.* estacionamiento, parada; tardanza; retraso.

estacionar, *v. i.* estacionar; parar; no progresar; frecuentar.
estadão, *s. m.* lujo, fausto.
estadear, *v. t.* ostentar, alardear.
estádio, *s. m.* estadio; fase; período; estación.
estadista, *s.* estadista.
estado, *s. m.* estado; situación; profesión; condición.
estafa, *s. f.* cansancio; trabajo penoso.
estafado, *adj.* cansado; gastado.
estafador, *adj.* estafador, que estafa; bellaco; timador.
estafar, *v. t.* fatigar, cansar; atormentar; engañar.
estafeta, *s. f.* estafeta.
estagiário, *adj.* y *s. m.* dícese del practicante de cualquier profesión.
estágio, *s. m.* aprendizaje, práctica.
estagnar, *v. t.* estagnar, estancar; represar.
estalactite, *s. f.* estalactita.
estalada, *s. f.* estallido; *(pop.)* bofetada.
estalagem, *s. f.* mesón, hostería, posada, fonda.
estalagmite, *s. f.* estalagmita.
estalajadeiro, *s. m.* hostelero, mesonero, posadero.
estalar, *v. t.* e *i.* partir, romper, hender, estallar.
estaleiro, *s. m.* astillero.
estalido, *s. m.* estallido, estrépito; crepitación.
estambre, *s. m.* estambre.
estampa, *s. f.* estampa, imagen.
estampador, *s. m.* estampador; impresor.
estampar, *v. t.* estampar; grabar; marcar; imprimir.
estampido, *s. m.* estampido, detonación.
estampilha, *s. f.* estampilla; *(pop.)* bofetada.
estancar, *v. t.* estancar; vedar; agotar; *(fig.)* monopolizar.
estância, *s. f.* estancia; mansión; almacén de maderas; estrofa.
estanciar, *v. i.* residir, morar; detenerse; descansar.
estanco, *s. m.* estanco; tabaquería.
estandarte, *s. m.* estandarte, bandera.
estanhado, *adj.* estañado.
estanhador, *adj.* y *s. m.* estañador.
estanhar, *v. t.* estañar.
estanho, *s. m. (quím.)* estaño.
estanque, *s. m.* estancamiento, estancación; estanco; monopolio; interrupción.
estante, *s. f.* estante, armario para libros; fracistol, atril; pupitre.
estapafúrdio, *adj.* excéntrico; extravagante.
estar, *v. i.* estar, existir.
estardalhaço, *s. m.* ruido grande, estruendo.
estatelar, *v. t.* extender en el suelo; *v. r.* caerse en el suelo.
estático, *adj.* estático.
estatística, *s. f.* estadística.
estátua, *s. f.* estatua.
estatueta, *s. f.* estatuilla.
estatuir, *v. t.* estatuir, instituir, determinar.
estatura, *s. f.* estatura.
estatuto, *s. m.* estatuto.
estavanado, *adj.* alocado, imprudente.
estável, *adj.* estable, permanente, durable.
este, *s. m.* este, punto cardinal; *adj. dem.* este; *pron. dem.* éste.
estear, *v. t.* estantalar, apuntalar un edificio; sustentar; amparar.
esteio, *s. m.* columna de madera, piedra o hierro, que sirve para sostener alguna cosa; *(fig.)* amparo.
esteira, *s. f.* estera; surco; huella, vestigio, rastro.
estela, *s. f.* monolito, marco; columna.
estelar, *adj.* estelar.
estendal, *s. m.* tendal; tendedero.
estendedouro, *s. m.* tendedero; enjugador, colgadero.
estender, *v. t.* extender, desarrollar; dilatar; propagar.

estenderete, *s. m.* mala lección; cosa desairada.
estenografar, *v. t.* estenografiar; taquigrafiar.
estenografia, *s. f.* estenografía, taquigrafía.
estepe, *s. f.* estepa.
estercar, *v. t.* estercolar; abonar; *v. i.* expeler excrementos.
esterco, *s. m.* estiércol; basura.
estercoral, *adj.* estercóreo.
estere, *s. m.* estéreo.
estereotipar, *v. t.* estereotipar.
estéril, *adj.* estéril.
esterilidade, *s. f.* esterilidad.
esterilização, *s. f.* esterilización.
esterilizar, *v. t.* esterilizar.
esterlino, *adj.* esterlina.
esternalgia, *s. f. (med.)* esternalgia; angina de pecho.
esterno, *s. m. (anat.)* esternón.
esterqueira, *s. f.* estercolero.
esterquilínio, *s. m.* estercolero, esterquilíneo.
estertorar, *v. i.* estar con estertor; agonizar.
esteta, *s.* esteta.
estética, *s. f.* estética.
estetoscópio, *s. m. (med.)* estetoscopio.
esteva, *s. f.* esteva, pieza del arado; *(bot.)* cisto, jara.
estiar, *v. i.* dejar de llover; escampar.
estibordo, *s. m. (mar.)* estribor.
esticão, *s. m.* estirón.
esticar, *v. t.* estirar, extender.
estigma, *s. m.* estigma, cicatriz; *(fig.)* desdoro.
estilete, *s. m.* estilete; *(bot.)* estilo.
estigmatizar, *v. t.* estigmatizar; *(fig.)* condenar.
estilha, *s. f.* astilla.
estilista, *adj.* y *s. com.* estilista.
estilística, *s. f.* estilística.
estilizar, *v. t.* estilizar.
estilo, *s. m.* estilo.
estima, *s. f.* estima; aprecio; amistad; avaluación.
estimação, *s. f.* estimación, amor, cariño, aprecio; cálculo.
estimar, *v. t.* e *i.* estimar; apreciar; valorar.
estimativo, *adj.* estimativo.
estimável, *adj.* estimable.
estimulação, *s. f.* estimulación.
estimulante, *adj.* estimulante.
estimular, *v. t.* estimular, aguijonear, despertar; activar.
estímulo, *s. m.* estímulo, incitación.
estio, *s. m.* estío; *(fig.)* edad madura.
estiolar, *v. t.* debilitar, enflaquecer; *v. r.* marchitarse.
estipendiar, *v. t.* estipendiar; asalariar.
estipêndio, *s. m.* estipendio; salario; sueldo; paga; soldada.
estipulação, *s. f.* estipulación; convenio; contrato; cláusula.
estirada, *s. f.* estirón, caminata, larga.
estirão, *s. m.* estirón, tirón, caminata.
estirar, *v. t.* estirar, extender; alargar; ensanchar.
estirpe, *s. m.* estirpe; raíz; *(fig.)* ascendencia; raza.
estiva, *s. f. (mar.)* estiba.
estivador, *s. m.* estibador.
estival, *adj.* estival.
estivar, *v. t. (mar.)* estibar.
estivo, *adj.* estival.
esto, *s. m. (mar.)* pleamar; *(fig.)* calor, ardor.
estocada, *s. f.* estocada.
estofa, *s. f.* estofa, calidad, condición.
estofador, *s. m.* estofador, tapicero.
estofar, *v. t.* estofar, tapizar, acolchar, acolchonar.
estofo, *s. m.* tejido; paño; estofo; estofa, laya; condición; calidad.
estóico, *s. m.* estoico.
estojo, *s. m.* estuche.
estola, *s. f.* estola.
estolão, *s. m.* estolón, estola grande.
estolidez, *s. f.* estolidez; estupidez; necedad; tontería.
estomacal, *adj.* estomacal.
estomagar, *v. t.* estomagar, enfadar.

estômago, *s. m. (zool.)* estómago.
estonar, *v. t.* descascarar; mondar; descascar.
estonteador, *adj.* entontecedor.
estontear, *v. t.* aturdir, atolondrar; perturbar ; deslumbrar; despertar de pronto.
estopa, *s. f.* estopa.
estopar, *v. t.* estopear, llenar con estopa; *(fig.)* importunar.
estopetar, *v. t.* deshacer el copete o tupé de; despeinar; desgreñar.
estoque, *s. m.* estoque.
estoquear, *v. t.* estoquear.
estorcegão, *s. m.* torcedura violenta y rápida.
estorcegar, *v. t.* torcer con fuerza; pellizcar torciendo.
estorcer, *v. t.* torcer violentamente; *v. i.* desorientarse.
estorcimento, *s. m.* contorsión.
estorço, *s. m.* postura contrahecha.
estornar, *v. t.* pasar de una cuenta acreedora a una deudora o viceversa.
estorninho, *s. m. (zool.)* estornino, cagaceite.
estorno, *s. m.* rectificación de una cuenta.
estorricar, *v. t.* secar excesivamente; torrar, tostar.
estortegar, *v. t.* torcer; pellizcar.
estorvar, *v. t.* estorbar; embarazar; impedir.
estorvo, *s. m.* estorbo, embarazo, obstáculo.
estourada, *s. f.* ruido, estruendo; explosión.
estourar, *v. t.* reventar; estallar; matar con arma.
estouro, *s. m.* explosión; estruendo; detonación.
estoutro, contr. del *adj.* o *pron. dem. este* con el *adj.* o *pron. indef. outro:* este otro; éste otro.
estouvado, *adj.* atolondrado.
estrábico, *adj.* estrábico; bizco.
estrabo, *s. m.* excremento animal.
estrada, *s. f.* carretera, camino; *(fig.)* vía, medio.
estrado, *s. m.* estrado.
estraga-albardas, *s.* persona disipadora.
estragação, *s. f.* estragamiento; estrago; disipación.
estragar, *v. t.* estragar, corromper; dañar, arruinar.
estralejar, *v. i.* dar estallidos, estallar; explotar.
estrambótico, *adj.* estrambótico; extravagante.
estrangeirice, *s. f.* extranjerismo.
estrangeirismo, *s. m.* extranjerismo.
estrangeiro, *adj.* extranjero.
estrangulação, *s. f.* estrangulación; aprieto.
estrangulamiento, *s. m.* estrangulamiento, estrangulación.
estrangular, *v. t.* estrangular.
estranhão, *adj.* esquivo, huraño, bravío.
estranhar, *v. t.* extrañar; admirar.
estranhável, *adj.* censurable, reprensible.
estranheza, *s. f.* extrañeza; admiración; sorpresa.
estranho, *adj.* extraño; esquivo; ajeno; raro; singular.
estratagema, *s. m.* estratagema; subterfugio.
estratégia, *s. f.* estrategia.
estrategista, *s.* estratega, estratego.
estratificação, *s. f. (geol.)* estratificación.
estratificar, *v. t. (geol.)* estratificar.
estrato, *s. m. (geol.)* estrato; estrato, nube.
estratografía, *s. f.* estratografía.
estratosfera, *s. f.* estratosfera.
estrear, *v. t.* estrenar; debutar.
entrebaria, *s. f.* caballeriza, cuadra.
estrebuchamento, *s. m.* pataleo; convulsión.
estreia, *s. f.* estreno.
estreitar, *v. t.* estrechar, apretar, reducir; abrazar.

e

estreito, *adj.* estrecho, delgado, apretado; *s. m. (geogr.)* estrecho; desfiladero.
estrela, *s. f.* estrella.
estrelar, *v. t.* estrellar.
estrelário, *adj.* estrellado.
estrelejar-se, *v. r.* estrellarse; *v. i.* fulgurar.
estrelinha, *s. f. (imp.)* asterisco; estrellita.
estrema, *s. f.* linde, mojón, mojonera.
Estremadura, *s. f.* Extremadura, frontera; raya; límite.
estremar, *v. t.* amojonar; apartar; separar; dividir.
estreme, *adj.* puro, genuino, sin mezcla.
estremeção, *s. m.* estremecimiento; temblor.
estremecer, *v. t.* estremecer, conmover, asustar.
estremecimento, *s. m.* estremecimiento; temblor; amor íntimo.
estremunhado, *adj.* somnoliento, mal despierto.
estremunhar, *v. t.* e *i.* despertar de repente a uno.
estrepitante, *adj.* estrepitoso, estruendoso.
estrepitar, *v. i.* estrepitar.
estrépito, *s. m.* estrépito; fragor; estruendo.
estria, *s. f. (arq.)* estría.
estriado, *s. f.* estriado; acanalado.
estriar, *v. t. (arq.)* estriar.
estribeiro, *s. m.* caballerizo.
estribilho, *s. m.* estribillo.
estribo, *s. m.* estribo, estribera; *(anat.)* estribo, hueso del oído medio; *(fig.)* apoyo.
estridência, *s. f.* estridencia, estridor.
estridente, *adj.* estridente.
estripar, *v. t.* estripar, destripar.
estrito, *adj.* estricto; exacto.
estrofe, *s. f.* estrofa.
estroina, *adj.* y *s.* juerguista; extravagante; calavera.
estroinice, *s. f.* extravagancia, locura; derroche, calaverada.
estroncar, *v. t.* destroncar; deshacer; desmembrar.
estrondear, *v. i.* hacer estruendo; retumbar; *(fig.)* causar sensación.
estrondo, *s. m.* estruendo, fragor; *(fig.)* ostentación.
estrondoso, *adj.* estruendoso; ruidoso, estrepitoso; *(fig.)* pomposo.
estropear, *v. i.* hacer tropel; *v. t.* atropellar.
estropiar, *v. t.* estropear; lastimar; mutilar; desfigurar.
estrugir, *v. t.* e *i.* atronar; chillar; resonar; rehogar.
estruir, *v. t.* destruir.
estrumação, *s. f.* abono, estercoladura de las tierras.
estrumar, *v. t.* abonar; estercolar.
estrume, *s. m.* abono, estiércol vegetal o animal.
estrumeira, *s. f.* estercolero, esterquilino; pocilga.
estrupido, *s. m.* estrépito.
estrutura, *s. f.* estructura; *(arq.)* estructura; contextura.
estuar, *v. i.* hervir; agitarse.
estuário, *s. m.* estuario, estero.
estucar, *v. t.* estucar.
estucha, *s. f.* cuña; *(fig.)* recomendación.
estudantada, *s. f.* reunión o calavera de estudiantes.
estudar, *v. t.* estudiar, aplicar la inteligencia a.
estudioso, *adj.* estudioso; aplicado.
estudo, *s. m.* estudio; aplicación.
estufa, *s. f.* estufa.
estufar, *v. t.* estufar, calentar; estofar, guisar.
estugar, *v. t.* aligerar el paso; andar de prisa; incitar.
estultícia, *s. f.* estulticia, imbecilidad.
estulto, *adj.* estulto; necio; imbécil.
estupefaciente, *adj.* y *s. m.* estupefaciente.
estupefacto, *adj.* estupefacto.

estupeficar, *v. t.* entorpecer; causar pasmo, asombrar.
estupendo, *adj.* estupendo; admirable.
estupidarrão, *s. m.* hombre muy estúpido; mentecato.
estupidez, *s. f.* estupidez; tontería.
estúpido, *adj.* y *s. m.* estúpido; bruto.
estupor, *s. m. (med.)* estupor.
estuprar, *v. t.* estuprar.
estupro, *s. m.* estupro.
estuque, *s. m.* estuco.
estúrdia, *s. f.* picardía; travesura.
estúrdio, *s. m.* extravagante; juerguista.
esturjão, *s. m. (zool.)* esturión.
esturrado, *adj.* muy tostado, casi quemado; *(fig.)* exaltado, fanático.
esturro, *s. m.* estado de cosa quemada o tostada; quemadura; torrefacción.
esvaecer, *v. t.* e *i.* desvanecer, disipar, desmayar.
esvaecimento, *s. m.* desmayo; desvanecimiento.
esvaimento, *s. m.* evaporación; desvanecimiento.
esvair, *v. t.* evaporar; disipar, desvanecer.
esvaziar, *v. t.* vaciar; desalojar.
esverdeado, *adj.* verdoso.
esverdear, *v. t.* e *i.* verdear, verdeguear.
sviscerar, *v. t.* eviscerar a; destripar a.
svoaçar, *v. i.* agitar, batir las alas para volar; revolotear.
tapa, *s. f.* etapa.
ter, *s. m. (quím.)* éter.
ternizar, *v. t.* eternizar; perpetuar.
terno, *adj.* eterno; inmortal.
tica, *s. f.* ética.
tílico, *adj. (quím.)* etílico.
timologia, *s. f.* etimología.
timólogo, *s. m.* etimólogo; etimologista.
tiqueta, *s. f.* etiqueta.
iquetagem, *s. f.* ac. de *etiquetar.*
etiquetar, *v. t.* poner etiquetas en; rotular.
étnico, *adj.* étnico.
etnografia, *s. f.* etnografía.
etnógrafo, *s. m.* etnógrafo.
etnologia, *s. f.* etnología.
etnólogo, *s. m.* etnologista.
etrusco, *s. m.* etrusco.
eu, *pron pers.* yo; *s. m.* yo, la conciencia.
eucalipto, *s. m. (bot.)* eucalipto.
eucaristia, *s. f.* eucaristía.
eufonia, *s. f.* eufonía.
eufónico, *adj.* eufónico.
euforia, *s. f.* euforia.
eugénico, *adj.* eugénico.
eunuco, *s. m.* eunuco.
europeizar, *v. t.* europeizar.
europeu, *adj.* y *s. m.* europeo.
euscaro, *s. m.* éuscaro, vascongado; vascuence.
evacuação, *s. f.* evacuación.
evacuar, *v. t.* evacuar, desocupar; *v. i.* defecar.
evadir, *v. t.* evadir; escapar; evitar *(fig.)* eludir.
evangelho, *s. m.* evangelio.
evangelista, *s. m.* evangelista.
evangelização, *s. f.* evangelización.
evangelizar, *v. t.* evangelizar.
evaporar, *v. t.* evaporar.
evasão, *s. f.* evasión.
evasiva, *s. f.* evasiva; subterfugio.
evasivo, *adj.* evasivo.
evento, *s. m.* evento, acontecimiento.
eventual, *adj.* eventual.
evidência, *s. f.* evidencia.
evidenciar, *v. t.* evidenciar.
evidente, *adj.* evidente.
evitar, *v. t.* evitar; excusar; impedir.
evitável, *adj.* evitable.
evo, *s. m.* evo; eternidad.
evocação, *s. f.* evocación.
evocador, *s. m.* evocador.
evocar, *s. m.* evocar, invocar.
evolar-se, *v. r.* evaporarse.
evolução, *s. f.* evolución.
evolucionar, *v. i.* evolucionar.

evolucionista, *adj.* evolucionista.
exabundante, *adj.* superabundante.
exabundar, *v. i.* superabundar.
exacção, *s. f.* exacción; *(fig.)* exactitud.
exacerbar, *v. t.* exacerbar, irritar.
exactidão, *s. f.* exactitud.
exacto, *adj.* exacto; cabal, fiel, puntual.
exactor, *s. m.* exactor.
exageração, *s. f.* exageración.
exagerado, *adj.* exagerado; excesivo; desproporcionado.
exagero, *s. m.* exageración.
exalação, *s. f.* exhalación.
exalar, *v. t.* exhalar; emitir; evaporar.
exalçação, *s. f.* ensalzamiento; exaltación.
exaltação, *s. f.* exaltación.
exaltar, *v. t.* exaltar.
exame, *s. m.* examen; análisis; observación; inspección.
examinar, *v. t.* examinar; interrogar; observar.
exarar, *v. t.* grabar; registrar.
exasperação, *s. f.* exasperación.
exasperar, *v. t.* exasperar; *(fig.)* irritar, enfurecer.
exaurir, *v. t.* agotar.
exaustar, *v. t.* agotar.
exaustivo, *adj.* exhaustivo.
exautorar, *v. t.* desautorizar.
excedente, *adj.* excedente; *s. m.* exceso.
exceder, *v. t.* exceder; ultrapasar; superar; sobrar.
excelência, *s. f.* excelencia.
excelentíssimo, *adj.* excelentísimo.
excelso, *adj.* excelso; alto; eminente; ilustre.
excentricidade, *s. f.* excentricidad.
excêntrico, *adj.* excéntrico; original.
excepção, *s. f.* excepción.
excepcional, *adj.* excepcional.
excepto, *prep.* excepto.
exceptuar, *v. t.* exceptuar.
excessivo, *adj.* excesivo.
excesso, *s. m.* exceso.
excídio, *s. m.* destrucción, subversión.
excisão, *s. f.* escisión.
excitação, *s. f.* excitación.
excitar, *v. t.* excitar; estimular; irritar.
exclamação, *s. f.* exclamación.
exclamar, *v. i.* exclamar.
excluir, *v. t.* excluir; omitir; reprobar.
exclusão, *s. f.* exclusión.
exclusivo, *adj.* exclusivo; *s. m.* monopolio.
excluso, *adj.* excluso, excluido.
excomungação, *s. f.* excomunión.
excomungar, *v. t.* excomulgar.
excomunhão, *s. f.* excomunión.
excremento, *s. m.* excremento.
excrescer, *v. i.* crecer mucho; formar excrescencia o excrecencia.
excreto, *adj.* excreto; *s. m.* excreción.
excretório, *adj.* excretorio, excretor.
excruciante, *adj.* doloroso; pungente.
excruciar, *v. t.* atormentar, martirizar.
excursão, *s. f.* excursión.
excursionismo, *s. m.* práctica o gusto por las excursiones.
excursionista, *s.* excursionista.
execração, *s. f.* execración.
execrando, *adj.* execrando, execrable.
execrar, *v. t.* execrar.
execrável, *s. f.* execrable.
execução, *s. f.* ejecución; suplicio.
executado, *adj.* ejecutado; ajusticiado.
executante, *s.* ejecutante.
executar, *v. t.* ejecutar; realizar cumplir; ajusticiar.
executável, *adj.* ejecutable.
executivo, *adj.* ejecutivo.
executor, *s. m.* ejecutor.
executório, *adj.* ejecutorio.
exegese, *s. f.* exégesis.
exegeta, *s.* exégeta.
exegética, *s. f.* exegética.
exegético, *adj.* exegético.
exemplar, *adj.* y *s.* ejemplar.
exemplificação, *s. f.* ejemplificación.
exemplificar, *v. t.* ejemplificar.
exemplo, *s. m.* ejemplo.

exequente, *s.* ejecutante, persona que ejecuta judicialmente.
exéquias, *s. f. pl.* exequias.
exequível, *adj.* ejecutable.
exercer, *v. t.* ejercer, desempeñar; cumplir.
exercício, *s. m.* ejercicio.
exercitar, *v. t.* ejercitar; ejercer; practicar.
exército, *s. m.* ejército.
exibição, *s. f.* exhibición.
exibicionismo, *s. m.* exhibicionismo.
exibir, *v. t.* exhibir, mostrar; exponer.
exício, *s. m.* destrucción, ruina.
exigente, *adj.* exigente.
exigir, *v. t.* exigir; necesitar.
exigível, *adj.* exigible.
exíguo, *adj.* exiguo; escaso.
exilado, *s. m.* exiliado.
exilar, *v. t.* exiliar.
exímio, *adj.* eximio, excelente; eminente.
existência, *s. f.* existencia.
existir, *v. i.* existir; vivir.
êxito, *s. m.* éxito.
êxodo, *s. m.* éxodo; emigración.
exoneração, *s. f.* exoneración; dimisión; destitución.
exonerar, *v. t.* exonerar.
exorar, *v. t.* exorar; suplicar.
exorável, *adj.* exorable.
exorbitar, *v. i.* exorbitar.
exorcismo, *s. m.* exorcismo.
exorcista, *s.* exorcista.
exórdio, *s. m.* exordio; preámbulo.
exornar, *v. t.* exornar, adornar, hermosear.
exortação, *s. f.* exhortación.
exortar, *v. t.* exhortar.
exótico, *adj.* exótico.
exotismo, *s. m.* exotismo.
expandir, *v. t.* expandir, dilatar; difundir.
expansão, *s. f.* expansión.
expatriação, *s. f.* expatriación.
expatriar, *v. t.* expatriar.
expectador, *s. m.* espectador.
expectante, *adj.* expectante.
expectar, *v. i.* estar en expectativa.
expectativa, *s. f.* expectativa.
expectorante, *adj. (farm.)* expectorante.
expectorar, *v. t.* expectorar.
expedição, *s. f.* expedición.
expediente, *adj.* expediente, que expide; *s. m.* expediente; actividad, iniciativa.
expedimento, *s. m.* expedición.
expedir, *v. t.* expedir, despachar; enviar.
expedito, *adj.* expedito; activo, diligente.
expender, *v. t.* expender; explicar.
expensas, *s. f. pl.* expensas, gastos.
experiência, *s. f.* experiencia; ensayo; prueba.
experiente, *s.* práctico; entendido.
experimentar, *v. t.* experimentar, probar, ensayar.
experto, *adj.* y *s. m.* experto; experimentado.
expiação, *s. f.* expiación.
expiar, *v. t.* expiar.
expiatório, *adj.* expiatorio.
expiração, *s. f.* expiración.
explana, *v. t.* explanar.
explicação, *s. f.* explicación.
explicar, *v. t.* explicar; exponer, interpretar.
explicativo, *adj.* explicativo.
explicável, *adj.* explicable.
explodir, *v. i.* explorar.
explorador, *s. m.* explorador; *adj.* embaucador; aventurero; gorrón.
explorar, *v. t.* explorar.
explosão, *s. f.* explosión.
explosivo, *s. m.* explosivo.
exponente, *s. m.* exponente.
expor, *v. t.* exponer; *v. r.* exponerse.
exportação, *s. f.* exportación.
exportador, *s. m.* exportador.
exportar, *v. t.* exportar.
exposição, *s. f.* exposición; exhibición.
expositivo, *adj.* expositivo.
expositor, *s. m.* expositor.

e

exposto, *adj.* expuesto.
expressão, *s. f.* expresión.
expresso, *s. m.* tren expreso; *adj.* expreso, explícito.
exprimir, *v. t.* expresar, exprimir; manifestar.
exprobrar, *v. t.* exprobrar, vituperar, desaprobar.
expropriar, *v. t.* expropiar.
expugnação, *s. f.* expugnación; tomada por asalto; conquista.
expugnar, *v. t.* expugnar; conquistar.
expulsar, *v. t.* expulsar, expeler, rechazar.
expulsivo, *adj.* expulsivo.
expungir, *v. t.* expungir; eliminar; sumir.
expurgação, *s. f.* expurgación.
expurgar, *v. t.* expurgar, limpiar de impurezas; purgar; corregir.
exsicante, *adj.* desecativo.
exsicar, *v. t.* desecar, secar; resecar.
exsudar, *v. t.* e *i.* exudar; sudar; transpirar.
êxtase, *s. m.* éxtasis; enajenamiento.
extasiar, *v. t.* extasiar, encantar, arrobar.
extático, *adj.* extático; arrobado, absorto.
extensão, *s. f.* extensión; dimensión.
extensível, *adj.* extensible.
extensivo, *adj.* extensivo.
extenso, *adj.* extenso; espacioso, amplio.
extenuação, *s. f.* extenuación.
extenuar, *v. t.* extenuar.
exterior, *s. m.* exterior.
exteriorizar, *v. t.* exteriorizar.
exterminação, *s. f.* exterminación.
exterminar, *v. t.* exterminar; eliminar; destruir.
extermínio, *s. m.* exterminio.
externo, *adj.* externo; exterior; *s. m.* externo.
extinção, *s. f.* extinción; fin; disolución; abolición.
extinguir, *v. t.* extinguir; abolir; anular; destruir.
extinto, *adj.* y *s. m.* extinto; apagado; muerto.
extintor, *adj.* y *s. m.* extintor.
extirpação, *s. f.* extirpación.
extirpar, *v. t.* extirpar, desarraigar; extraer; destruir.
extirpável, *adj.* extirpable.
extorsão, *s. f.* extorsión.
extractar, *v. t.* extractar.
extracto, *s. m.* extracto.
extractor, *s. m.* extractor.
extradição, *s. f.* extradición.
extraditar, *v. t.* extraditar; entregar un reo al gobierno de su país, que lo reclama.
extrafino, *adj.* extrafino.
extrair, *v. t.* extraer.
extrajudicial, *adj.* extrajudicial.
extramuros, *adv.* fuera de los muros o murallas.
extranatural, *adj.* sobrenatural.
extraordinário, *adj.* extraordinario.
extravagância, *s. f.* extravagancia.
extravagante, *adj.* extravagante; raro, extraño.
extravasação, *s. f.* extravasión.
extravasante, *adj.* extravasante.
extraviar, *v. t.* extraviar, descaminar, desencaminar; hacer desaparecer.
extravio, *s. m.* extravío.
extremar, *v. t.* extremar; ensalzar; hacer separación de.
extremidade, *s. f.* extremidad; limite; fin; orla.
extremista, *adj.* extremista.
extremo, *adj.* extremo; remoto; último, final.
extremoso, *adj.* extremoso; cariñoso
exuberante, *adj.* exuberante.
éxul, *adj.* y *s.* expatriado, exiliado.
exular, *v. i.* expatriarse.
exulcerar, *v. t.* *(med.)* exulcerar, ulcerar.
exultante, *adj.* exultante.
exultar, *v. i.* exultar, alegrarse.
exumação, *s. f.* exhumación.
exumar, *v. t.* exhumar.
ex-voto, *s. m.* exvoto.

f

fá, *s. m.* fa, nota musical.
fabela, *s. f.* fabulilla.
fábrica, *s. f.* fábrica.
fabricação, *s. f.* fabricación.
fabricante, *adj.* y *s.* fabricante; fabricador.
fabricar, *v. t.* fabricar; manufacturar.
fábula, *s. f.* fábula; ficción; mitología.
fabulação, *s. f.* composición fabulosa.
fabular, *v. t.* fabular; inventar; *v. i.* contar fábulas; mentir.
fabuloso, *adj.* fabuloso.
faca, *s. f.* cuchillo, faca, jaca o jaco pequeño; cortapapeles.
facalhão, *s. m.* faca; cuchillón.
façanha, *s. f.* hazaña; proeza.
façanheiro, *adj.* y *s. m.* hazañoso, hazañero.
façanhudo, *adj.* hazañoso; facineroso.
acção, *s. f.* facción; partido político.
accionário, *s. m.* faccionario; *adj.* partidario.
accioso, *adj.* y *s. m.* faccioso, parcial, sectario.
ace, *s. f.* faz, rostro, cara, aspecto, figura.
acécia, *s. f.* jocosidad, chiste, gracejo.
aceirice, *s. f.* aire o aspecto presuntuoso.
aceiro, *adj.* currutaco, lechuguino; vistoso, garrido.
aceta, *s. f.* faceta.
aceto, *adj.* chistoso, jocoso, gracioso.
acha, *s. f.* hacha (arma); antorcha.
achada, *s. f.* fachada.
acheira, *s. f.* antorcha.
acho, *s. m.* antorcha; farol; linterna; blandón.
cial, *adj.* facial.
fácies, *s. f. (med.)* facies.
fácil, *adj.* fácil; claro; sencillo.
facilidade, *s. f.* facilidad; aptitud; espontaneidad.
facílimo, *adj.* facilísimo.
facilitar, *v. t.* facilitar.
facilmente, *adv.* fácilmente.
façoila, *s. f. (pop.)* cara ancha.
fac-símile, *s. m.* facsímile.
factível, *adj.* factible.
facto, *s. m.* hecho; acto; acción, acontecimiento.
factor, *s. m.* factor.
factura, *s. f.* factura.
facturar, *v. t.* facturar.
façudo, *adj.* mofletudo.
faculdade, *s. f.* facultad.
facultar, *v. t.* facultar; conceder, permitir; ofrecer.
facultativo, *adj.* facultativo.
facultoso, *adj.* rico; opulento.
facúndia, *s. f.* facundia, elocuencia.
fada, *s. f.* hada.
fadar, *v. t.* predestinar, hadar, encantar.
fadário, *s. m.* hado; suerte; destino; fatiga, desdicha.
fadiga, *s. f.* fatiga, cansancio; trabajo arduo.
fadigar, *v. t.* fatigar.
fadista, *s.* persona que canta o toca fados; rufián.
fado, *s. m.* fado, canción y danza; fatalidad.
fagueiro, *adj.* cariñoso, acariciador.
faguice, *s. f.* halago, cariño, mimo.
fagulha, *s. f.* chispa, centella: *s.* persona inquieta.
fagulhar, *v. i.* centellear; chispear.

fagulhento, *adj.* que lanza chispas; entremetido.
faia, *s. f. (bot.)* haya.
faina, *s. f.* faena; quehacer; labor; tarea.
faisão, *s. m. (zool.)* faisán.
faísca, *s. f.* centella; chispa; rayo.
faiscante, *adj.* chispeante; centelleante.
faiscar, *v. i.* chispear; centellear.
faixa, *s. f.* faja; tira; cinta; banda.
faixar, *v. t.* fajar, rodear, ceñir.
fajardice, *s. f.* latrocinio; burla.
fajardo, *s. m.* ladrón hábil; rufián.
fala, *s. f.* habla; lenguaje; palabra.
falácia, *s. f.* falacia, fraude, engaño.
falado, *adj.* notable; famoso.
falador, *adj.* y *s. m.* hablador.
falangeta, *s. f.* falangeta.
falanginha, *s. f.* segunda falange en los dedos.
falante, *adj.* que imita la voz humana.
falar, *v. t.* hablar; decir; proferir; *v. i.* discursear, conversar.
falatório, *s. m.* murmullo; barullo; algazara.
falaz, *adj.* falaz; falso.
falcão, *s. m. (zool.)* halcón.
falcatrua, *s. f.* ardid, trampa, fraude.
falcatruar, *v. t.* e *i.* engañar; defraudar; timar.
falda, *s. f.* falda.
falecer, *v. i.* fallecer; morir; faltar.
falecimiento, *s. m.* fallecimiento; muerte.
falência, *s. f.* quiebra; insolvencia.
falésia, *s. f.* acantilado.
falha, *s. f.* falla; raja; grieta.
falhado, *adj.* hendido, rajado.
falhar, *v. t.* rajar, hender; *v. i.* faltar; errar.
falho, *adj.* fallo; faltoso; carecido; falto.
falido, *adj.* y *s. m.* fallido; quebrado, insolvente.
falir, *v. i.* quebrar, suspender pagos.
falripas, *s. f. pl. (pop.)* cabellos raros y cortos.
falsar, *v. t.* e *i.* falsear; falsificar; engañar.
falsário, *s. m.* falsario, falsificador, perjuro.
falsear, *v. t.* falsear; adulterar; corromper.
falsete, *s. m. (mús.)* falsete.
falsidade, *s. f.* falsedad.
falsídico, *adj.* mentiroso.
falsificação, *s. f.* falsificación.
falsificar, *v. t.* falsificar; adulterar.
falso, *adj.* falso; fingido, pérfido; infundado; desleal; traidor.
falta, *s. f.* falta; carencia; defecto; culpa; pecado.
faltar, *v. i.* faltar; no haber; no comparecer; morir.
falua, *s. f. (mar.)* falúa.
fama, *s. f.* fama; renombre; reputa ción; gloria.
famélico, *adj.* famélico, hambriento.
famigerado, *adj.* famoso.
familia, *s. f.* familia; descendencia raza; estirpe.
familiar, *adj.* familiar, doméstico; ha bitual.
faminto, *adj.* hambriento.
famoso, *adj.* famoso; notable; mu bueno.
fâmula, *s. f.* fámula, criada.
famulento, *adj.* famélico.
fâmulo, *s. m.* fámulo.
fanal, *s. m.* fanal; faro.
fanático, *adj.* fanático.
fandango, *s. m.* fandango.
faneca, *s. f. (zool.)* faneca.
fanerogâmicas, *s. f. pl. (bot.)* faner gamas.
fanfarra, *s. f.* charanga.
fanfarrão, *adj.* y *s. m.* fanfarrón; ir postor.
fanico, *s. m. (pop.)* desmayo; desvan cimiento.
faniqueira, *s. f.* hilo de pesca; cuer del peón.
faniquito, *s. m. (med.)* ataque de ne vios sin importancia.
fantasia, *s. f.* fantasía.

fantasiar, *v. t.* fantasear; idear; imaginar; planear.
fantasma, *s. m.* fantasma.
fantástico, *adj.* fantástico, quimérico, fingido.
fantochada, *s. f.* fantochada; payasada.
fantoche, *s. m.* fantoche, títere.
faqueiro, *s. m.* estuche de cubiertos.
faquir, *s. m.* faquir, fakir.
faraó, *s. m.* faraón.
farda, *s. f.* uniforme (militar o de una corporación).
fardamento, *s. m.* ropaje; uniforme completo.
fardar, *v. t.* uniformar, vestir con uniforme.
fardeta, *s. f.* uniforme de los soldados.
fardo, *s. m.* fardo; carga; paquete.
farejar, *v. t.* oler, olfatear; *v. i.* husmear.
farejo, *s. m.* olfateo.
farelhão, *s. m.* farallón, farellón, islote escarpado.
farelice, *s. f.* fanfarronada, arrogancia.
farelo, *s. m.* salvado; serrín; *(fig.)* friolera, bagatela.
farelório, *s. m. (fam.)* bagatela; baratija, niñería.
fardalha, *s. f. pl.* limaduras, limallas, virutas; *(fig.)* bagatelas.
farfalhador, *s. m.* hablador, chocarrero.
farfalhar, *v. i.* susurrar; farfullar; charlar.
farfalhice, *s. f.* farfantonada.
farinar, *v. t.* moler, reducir a harina.
faringe, *s. f. (anat.)* faringe.
faringite, *s. f.* faringitis.
farinha, *s. f.* harina.
farinheira, *s. f.* morcilla; harinera, mujer que vende harina.
farisaico, *adj.* farisaico.
fariscar, *v. t.* e *i.* olfatear, oliscar; oler.
fariseu, *s. m.* fariseo.
farmácia, *s. f.* farmacia.
farmacologia, *s. f.* farmacología.
farmacopeia, *s. f.* farmacopea.
faro, *s. m.* viento (olfato de ciertos animales); *(fig.)* olfato; olor; perspicacia.
farofeiro, *adj.* y *s. m.* jactancioso.
farófia, *s. f.* merengue (dulce); jactancia.
farol, *s. m.* faro.
farpão, *s. m.* arpón, farpa grande; burbuja en la córnea del ojo; flecha de hierro.
farpar, *v. t.* banderillear; rasgar; desgarrar; hacer tiras.
farpela, *s. f. (fam.)* ropas de uso, traje, vestido, vestuario.
farrapada, *s. f.* montón o porción de harapos.
farrapão, *s. m.* desharrapado; andrajoso.
farraparia, *s. f.* montón de harapos; chamarilería, establecimiento de ropavejero.
farrapeiro, *s. m.* trapero; ropavejero.
farrapilha, *s.* harapiento; miserable.
farrapo, *s. m.* harapo, guiñapo, trapo, andrajo.
farripas, *s. f. pl.* cabellos raros y cortos.
farroba, *s. f. (bot.)* algarroba.
farronqueiro, *adj.* fanfarrón.
farroupilha, *s. m.* harapiento, andrajoso.
farrusca, *s. f.* mancha de carbón.
farsa, *s. f.* farsa; *(fig.)* pantomima; impostura.
farsante, *s.* farsante; embustero.
farsista, *s.* farsante.
farsola, *s.* fanfarrón; valentón.
farsolar, *v. i.* fanfarronear; jactarse.
fartadela, *s. f.* hartada, hartazgo, hartura.
fartança, *s. f.* hartura, hartazgo, hartada.
fartar, *v. t.* hartar; saciar; *(fig.)* fastidiar, cansar.

farto, *adj.* harto, lleno, saciado; gordo; cansado.
fartote, *s. m. (pop.)* gran porción; hartazgo.
fartura, *s. f.* hartura; abundancia; copia; *pl.* churros.
fascinação, *s. f.* fascinación.
fascinador, *adj.* fascinador.
fascinante, *adj.* fascinante.
fascinar, *v. t.* fascinar; seducir; deslumbrar.

fascismo, *s. m.* fascismo.
fascista, *s.* fascista.
fase, *s. f.* fase.
fasquio, *s. m.* porción de listones de madera.
fastidioso, *adj.* fastidioso.
fastígio, *s. m.* fastigio; cumbre.
fastigioso, *adj.* que está en la cumbre; elevado.
fastio, *s. m.* hastío, falta de apetito.
fastioso, *adj.* fastidioso.
fastos, *s. m. pl.* fastos; anales.
fastoso o **fastuoso,** *adj.* fastuoso, fastoso; pomposo.
fatal, *adj.* fatal; inevitable; funesto.
fatalidade, *s. f.* fatalidad.
fatalista, *adj.* fatalista.
fateixa, *s. f.* garabato; *(mar.)* arpeo; garfio; gancho.
fatia, *s. f.* tajada, rebanada; *(pop.)* ganancia; gran quiñón.
fatiar, *v. t.* cortar en lonchas o tajadas delgadas.
fatídico, *adj.* fatídico.
fatigar, *v. t.* fatigar, vejar; molestar.
fatiota, *s. f. (fam.)* traje, vestido, ropa.
fato, *s. m.* ropa; vestido; vestuario; traje.
fátuo, *adj.* fatuo, presumido, pretencioso.
fauces, *s. f. pl. (anat.)* fauces.
faular, *v. i.* centellear.
faúlha, *s. f.* chispa.
fauna, *s. f.* fauna.
fausto, *adj.* fausto, dichoso, próspero, feliz.
faustoso o **faustuoso,** *adj.* fastuoso.
fautorizar, *v. t.* favorecer, auxiliar.
fava, *s. f. (bot.)* haba.
favo, *s. m.* panal de miel, alvéolo.
favonear, *v. t.* favorecer.
favor, *s. m.* favor; gracia; ayuda; socorro.
favorável, *adj.* favorable.
favorecer, *v. t.* favorecer; ayudar; socorrer; elogiar.
favorito, *s. m.* favorito.
faxina, *s. f.* fajina, leña menuda; haz de leña; *(mil.)* fajina, limpieza de cuartel.
faxinar, *v. t.* formar haces o gavillas; amanojar; *(mil.)* limpiar los cuarteles.
fazedor, *adj.* y *s. m.* hacedor, factor.
fazenda, *s. f.* hacienda, finca; conjunto de bienes; paño o tejido de lana.
fazendário, *adj.* financiero; hacendista.
fazer, *v. t.* hacer; producir; crear; fabricar; inventar; realizar; arreglar concluir.
fé, *s. f.* fe; creencia; crédito.
fealdade, *s. f.* fealdad; deformidad torpeza.
febra, *s. f.* fibra de la carne; *(fig.)* coraje.
febrão, *s. m.* calenturón, fiebre violenta.
febre, *s. f. (med.)* fiebre.
febril, *adj.* febril.
fecal, *adj.* fecal.
fechado, *adj.* cerrado; cercado; clausurado; encerrado.
fechadura, *s. f.* cerradura.
fechamento, *s. m.* cerramiento, cerradura.
fechar, *v. t.* cerrar con llave o por otro medio; rematar; cicatrizar.
fecho, *s. m.* cerrojo, aldaba, pestillo
fécula, *s. f.* fécula.
fecundação, *s. f.* fecundación; fertilización.
fecundar, *v. t.* fecundar, fecundizar fertilizar.

fecundidade, *s. f.* fecundidad.
fecundo, *adj.* fecundo; fértil.
fedelhice, *s. f. (fam.)* dicho o hecho de *fedelho.*
fedelho, *s. m.* chico, muchacho pequeño, zagal, mocosuelo, mozalbete.
feder, *v. i.* heder; *(fig.)* enfadar.
federação, *s. f.* federación; alianza; unión; asociación.
federal, *adj.* federativo, federal.
federalista, *adj.* federalista.
federar, *v. t.* confederar, unir, ligar; *v. r.* federarse.
fedorento, *adj.* hediondo; fétido.
feição, *s. f.* facción; fisonomía; aspecto.
feijão, *s. m. (bot.)* judía; habichuela; alubia.
feijoada, *s. f.* plato de judías.
feijoeiro, *s. m. (bot.)* judía.
feio, *adj.* feo; grosero.
feira, *s. f.* feria; mercado; *(fig.)* confusión; algazara.
feirar, *v. i.* feriar, comprar o vender en la feria.
feita, *s. f.* vez; ocasión.
feiticeira-o, *s.* hechicera-o, bruja.
feiticismo, *s. m.* fetichismo.
feitiço, *s. m.* hechizo; encantamiento; amuleto.
feitio, *s. m.* hechura; forma; *(fig.)* carácter.
feito, *adj.* hecho; perfecto; realizado; *s. m.* empresa, hazaña, lance.
feitor, *s. m.* administrador; factor; intendente.
feitura, *s. f.* hechura; obra, trabajo, ejecución.
feixe, *s. m.* haz, manojo, mostela, gavilla; *(fig.)* puñado; porción.
fel, *s. m. (pop.)* hiel, bilis.
felicidade, *s. f.* felicidad.
felicitar, *v. t.* felicitar.
feliz, *adj.* feliz.
felizão, *s. m. (fam.)* hombre muy feliz.
felizardo, *s. m. (pop.)* individuo muy dichoso y feliz; afortunado.
felonia, *s. f.* felonía, traición.
felpa, *s. f.* felpa; vello.
feltradeira, *s. f.* mujer o máquina que corta los pelos de pieles.
feltrar, *v. t.* e *i.* fieltrar; tapizar.
fêmea, *s. f.* hembra.
femeeiro, *adj.* mujeriego.
fementido, *adj.* fementido.
feminal, *adj.* femenino, feminal, femenil.
feminizar, *v. t.* afeminar.
fenação, *s. f.* cosecha del heno.
fenda, *s. f.* fenda; grieta; raja.
fendeleira, *s. f.* cuña de hierro para rajar o hender.
fender, *v. t.* hender; rajar; dividir; separar; surcar; *v. r.* henderse.
fenecer, *v. i.* fenecer; morir; acabar; marchitarse.
fenestrado, *adj.* fenestrado.
feno, *s. m. (bot.)* heno.
fenómeno, *s. m.* fenómeno.
fera, *s. f.* fiera.
feracidade, *s. f.* fertilidad; feracidad; fecundidad.
feral, *adj.* lúgubre, fúnebre.
feraz, *adj.* feraz; fértil.
féretro, *s. m.* féretro, ataúd, tumba.
féria, *s. f.* día de la semana; jornal, salario de trabajadores; *pl.* vacaciones.
feriado, *adj.* en que hay fiesta; *s. m.* vacación, día en que no se trabaja.
ferial, *adj.* festivo; relativo a la *féria.*
feriar, *v. i.* estar en vacaciones, holgar, descansar; no trabajar.
ferida, *s. f.* herida; golpe; llaga; úlcera; *(fig.)* ofensa; dolor.
ferir, *v. t.* herir; golpear; hender; rasgar; trabar combate; *(fig.)* ofender.
fermentar, *v. t.* fermentar.
fermento, *s. m.* fermento; levadura; enzima; diastasa.
fero, *adj.* feroz.
feroz, *adj.* feroz; salvaje.
ferra, *s. f.* ferrada; badil, badila, paleta para mover y recoger la lumbre.

ferrã, *s. f.* herrén, pasto, forraje.
ferrabrás, *s. m.* valentón, fanfarrón, fierabrás.
ferradela, *s. f.* mordisco; mordedura; picotazo.
ferrado, *adj.* ferrado, guarnecido con hierro; herrado, que se herró; *s. m.* ac. de herrar, de ferrar.
ferrador, *s. m.* herrador.
ferragem, *s. f.* herraje.
ferragista, *s.* ferretero.
ferrajaria, *s. f.* ferretería, ferrería.
ferramenta, *s. f.* herramienta.
ferrar, *v. t.* ferrar, poner hierros en; herrar, poner herraduras; marcar con hierro al rojo; morder; *(mar.)* aferrar (las velas).
ferraria, *s. f.* siderurgia; herrería.
ferregial, *s. m.* herrenal.
ferreiro, *s. m.* herrero; metalúrgico; siderúrgico; ferretero.
ferrenho, *adj.* férreo; *(fig.)* pertinaz; inflexible.
férreo, *adj.* férreo, de hierro; ferruginoso; *(fig.)* duro; inflexible.
ferretear, *v. t.* ferretear; *(fig.)* manchar la reputación de.
ferretoar, *v. t.* dar picadas en; aguijar, aguijonear; picar.
ferro, *s. m.* hierro; áncora; banderilla.
ferroar, *v. t.* dar picadas o aguijonazos; aguijonear.
ferrolho, *s. m.* cerrojo de hierro para cerrar puertas o ventanas: vd. *aldraba.*
ferro-velho, *s. m.* ropavejero, chamarilero.
ferrugento, *adj.* herrumbroso; *(fig.)* viejo.
fértil, *adj.* fértil, fecundo; rico; abundante.
fertilizante, *adj.* y *s.* que fertiliza; fertilizante.
fertilizar, *v. t.* fertilizar; fecundar.
fervedoiro o **fervedouro,** *s. m.* hervidero; agitación; efervescencia; inquietud.
fervença, o **fervência,** *s. f.* vd. *fervura;* ardor; vivacidad.
ferver, *v. t.* hervir, producir ebullición; *v. i.* escaldar; fermentar; estar en ebullición; agitarse; excitarse.
férvido, *adj.* férvido, ardiente; abrasador; fervoroso.
fervilha, *s. (pop.)* persona activa, dinámica.
fervura, *s. f.* hervor; ebullición; efervescencia.
festa, *s. f.* fiesta; regocijo; diversión; festín; agasajo; caricia; halago.
festança, *s. f.* fiesta ruidosa; holgorio.
festarola, *s. f.* holgorio.
festeiro, *s. m.* festejador; fiestero; jaranero; *adj.* amigo de fiestas.
festejar, *v. t.* festejar; agasajar; celebrar; acariciar.
festejo, *s. m.* festejo; fiesta; agasajo caricia, halago.
festival, *adj.* festival, festivo; *s. m.* festival.
festividade, *s. f.* festividad.
festoar, *v. t.* festonar, festonear.
fetal, *adj.* fetal; *s. m. (bot.)* helechal.
fetiche, *s. m.* fetiche.
fétido, *adj.* fétido, hediondo; *s. m.* hedor.
feto, *s. m.* feto (en los animales vivíparos); *(bot.)* helecho.
feudal, *adj.* feudal.
feudo, *s. m.* feudo.
fêvera, *s. f.* veta mineral; filamento vegetal; fibra, músculo; nervio *(fig.)* coraje, fuerza.
Fevereiro, *s. m.* febrero.
fiação, *s. f.* hilado; hilandería; hilatura.
fiada, *s. f.* hilada, hilera.
fiado, *s. m.* hilado; *adj.* fiado, vendido a crédito.
fiador, *s. m.* fiador; fiador (de espada).
fiambre, *s. m.* fiambre.
fiança, *s f.* fianza, caución.
fiapo, *s. m.* hilete; hebra.

fiar, *v. t.* e *i.* hilar; urdir; afianzar; *v. i.* fiar, confiar.
fibra, *s. f.* fibra, filamento, hebra.
ficar, *v. i.* quedar, estar; detenerse; permanecer; subsistir.
ficção, *s. f.* ficción; invención; fábula.
ficha, *s. f.* ficha.
ficheiro, *s. m.* fichero.
fictício, *adj.* ficticio.
fidalgo, *s. m.* hidalgo; *adj.* noble; generoso.
fidalguia, *s. f.* hidalguía, hidalguez, nobleza.
fidedigno, *adj.* fidedigno.
fidelidade, *s. f.* fidelidad; lealtad.
fidúcia, *s. f.* confianza; audacia; arrojo.
fieira, *s. f.* hilera; viga maestra.
fiel, *adj.* fiel; leal; constante; seguro.
fieidade, *s. f. (pop.)* fidelidad.
figadal, *adj.* hepático; *(fig.)* entrañado, profundo.
figadeira, *s. f.* enfermedad del hígado en ciertos animales; hepatitis.
fígado, *s. m. (anat.)* hígado; *(fig.)* ánimo, valentía.
fígaro, *s. m. (fam.)* fígaro, barbero.
igo, *s. m. (bot.)* higo.
igueira, *s. f. (bot.)* higuera.
igura, *s. f.* figura; aspecto; estatura; carta de juego; símbolo; imagen.
iguração, *s. f.* figuración; forma; aspecto.
igurar, *v. t.* figurar; simbolizar; imaginar.
igurino, *s. m.* figurín.
iguro, *s. m. (fam.)* picarón; ratón grande.
la, *s. f.* fila; hilera.
lamento, *s. m.* filamento.
lantropia, *s. f.* filantropía.
lantropo, *adj.* filántropo.
lão, *s. m.* filón.
lar, *v. t.* agarrar, prender.
larmónica, *s. f.* filarmónica.
latelia, *s. f.* filatelia.
áucia, *s. f.* filaucia, egoísmo, amor propio; vanidad.

filé, *s. m.* deseo, anhelo.
fileira, *s. f.* hilera, fila, ringlera.
filete, *s. m.* filete.
filha, *s. f.* hija.
filhar, *v. t.* prohijar; *v. i.* echar retoños las plantas, brotar.
filharar, *v. i.* brotar, echar retoños las plantas.
filho, *s. m.* hijo; descendiente; retoño, vástago, brote de una planta.
filhó, *s. f.* filloa, buñuelo.
filiação, *s. f.* filiación.
filial, *adj.* y *s. f.* filial.
filiar, *v. t.* adoptar; prohijar; afiliar.
filigrana, *s. f.* filigrana.
filípica, *s. f.* filípica.
filistria, *s. f.* travesura.
filmagen, *s. f.* filmación.
filmar, *v. t.* filmar.
filme, *s. m.* cinta cinematográfica, película.
filologia, *s. f.* filología.
filosela, *s. f.* cinta de seda.
filosofia, *s. f.* filosofía.
filtrar, *v. t.* filtrar.
filtreiro, *s. m.* filtro.
fim, *s. m.* fin; término; límite; objeto; móvil.
finado, *adj.* finado; *s. m.* muerto, difunto, fallecido.
final, *adj.* final; *s. m.* fin; remate, conclusión.
finalizar, *v. t.* finalizar; acabar; concluir.
finança, *s. f.* finanza.
finanças, *s. f. pl.* hacienda pública.
financeiro, *adj.* financiero.
financiar, *v. t.* financiar.
finca-pé, *s. m.* hincapié; porfía; persistencia.
findar, *v. t.* finalizar; concluir; acabar.
fineza, *s. f.* fineza; finura.
fingido, *adj.* fingido.
fingir, *v. t.* fingir, simular.
fino, *adj.* fino; delgado; inteligente; excelente.
finta, *s. f.* finta; contribución; engaño; logro.

finura, *s. f.* finura, primor; cortesía; astucia; sutileza.
fio, *s. m.* hilo.
firma, *s. f.* firma; razón social, casa de comercio.
firmal, *s. m.* firmal; relicario.
firmamento, *s. m.* firmamento.
firmar, *v. t.* afirmar; confirmar; ratificar.
firme, *adj.* firme; estable; fuerte; sólido.
fiscal, *adj.* fiscal; *s. m.* fiscal; inspector.
fiscalização, *s. f.* fiscalización.
fiscalizar, *v. t.* fiscalizar; examinar.
fico, *s. m.* fisco.
fisgar, *v. t.* fisgar (pescar con fisga); detener.
física, *s. f.* física.
físico, *adj.* físico; material; corpóreo.
fisiologia, *s. f.* fisiología.
fisionomia, *s. f.* fisonomía.
fissura, *s. f. (cir.)* fisura; fractura; grieta; incisión.
fita, *s. f.* cinta; *(arq.)* cinta, filete.
fitilho, *s. m.* Cinta muy estrecha.
fivela, *s. f.* hebilla.
fixa, *s. f.* fija.
fixador, *s. m.* fijador.
fixar, *v. t.* fijar; hincar; clavar; asegurar; limitar.
fixidez, *s. f.* fijeza; firmeza.
fixo, *adj.* fijo, fijado; estable; firme; seguro.
flabelo, *s. m.* flabelo; abanico.
flácido, *adj.* fláccido; flaco; lánguido; blando; relajado.
flagelação, *s. f.* flagelación.
flagelar, *v. t.* flagelar; azotar; zurriagar.
flamante, *adj.* flamante; brillante; llameante.
flanco, *s. m.* flanco.
flanela, *s. f.* franela.
flato, *s. m.* flato, flatulencia; ventosidad; desmayo.
flauta, *s. f. (mús.)* flauta.
flavo, *adj.* flavo; leonado; rubio.
flébil, *adj.* flébil, lloroso; triste; lastimoso.
flebite, *s. f. (med.)* flebitis.
flecha, *s. f.* flecha.
flectir, *v. t.* flexionar.
flegmão, *s. f.* flemón.
fleuma, *s. f. (med.)* flema (mucosidad); *(fig.)* flema, tardanza; lentitud.
fleumático, *adj.* flemático; tardo, pachorrudo.
flexível, *adj.* flexible; maleable.
flexor, *adj.* flexor; *s. m. (anat.)* músculo flexor.
flocado, *adj.* Coposo; flecoso, flecudo.
flocoso, *adj.* Coposo, dispuesto en copos.
flor *(ô), s. f. (bot.)* flor.
flora, *s. f.* flora.
florada, *s. f.* dulce de flores de naranjo.
floral, *adj.* floral.
florão, *s. m. (arq.)* florón.
floreado, *adj.* floreado, adornado con flores; vistoso.
florear, *v. t.* florear; *v. i.* florecer.
floreio, *s. m.* floreo; destreza en el arma blanca.
floreiro, *s. m.* florero, florista, comerciante de flores.
florejar, *v. t.* e *i.* florear.
florescer, *v. t.* florecer, producir flores; *v. i.* echar flor.
florete, *s. m.* florete.
floricultor, *s. m.* floricultor.
florido, *adj.* florido.
flórido, *adj.* espléndido; brillante magnífico.
florilégio, *s. m.* florilegio.
florim, *s. m.* florín.
florir, *v. i.* florecer.
fluência, *s. f.* fluencia; abundancia.
fluente, *adj.* fluente, fluyente; *(fig.* corriente; fácil.
fluidez, *s. f.* fluidez.
fluido, *adj.* fluido, fluente.
fluir, *v. i.* fluir.
flúor, *s. m. (quím.)* flúor.
fluorescente, *adj.* fluorescente.

flutuador, *s. m.* flotador.
flutuante, *adj.* flotante.
flutuar, *v. i.* flotar, sobrenadar.
fluvial, *adj.* fluvial.
flux, *loc. adv. a flux:* a chorros, en abundancia.
fluxo, *s. m.* flujo; pleamar; *(fig.)* abundancia, torrente.
fobia, *s. f.* fobia.
foca, *s. f. (zool.)* foca.
focal, *adj.* focal.
focar, *v. t.* enfocar; destacar.
foçar, *v. t.* fozar; excavar.
focinho, *s. m.* hocico.
foco, *s. m.* foco.
fofo, *adj.* fofo, blando; *(fig.)* vano; fanfarrón.
fogaça, *s. f.* especie de pan o torta grande y dulce.
fogacho, *s. m.* fogata, fogarada, llamarada.
fogagem, *s. f.* fogaje; salpullido.
fogão, *s. m.* fogón; chimenea.
fogareiro, *s. m.* hornillo.
fogo, *s. m.* fuego; lumbre; incendio; lar; familia.
foguear, *v. t.* e *i.* foguear; quemar; hacer hoguera; encender; habitar.
fogueira, *s. f.* hoguera; *(fig.)* ardor; exaltación.
foguetada, *s. f.* Estruendo de muchos cohetes.
foguete, *s. m.* cohete.
fogueteiro, *s. m.* pirotécnico.
foguetório, *s. m.* fuegos artificiales en las fiestas.
fojo, *s. m.* trampa.
fola, *s. f.* ruido de las olas.
folar, *s. m.* dulce que los padrinos dan a los ahijados por la Pascua; oblada.
folclore, *s. m.* folklore.
fole, *s. m.* fuelle; *(mús.)* fol.
fôlego, *s. m.* aliento, respiración fuerte, resuello.
folga, *s. f.* holgura; holganza, descanso, recreo.
folgador, *adj.* holgazán; perezoso; vago.
folgar, *v. t.* holgar; ensanchar.
folgazão, *adj.* holgazán.
Folha, *s. f. (bot.)* hoja, pétalo; hoja de papel; periódico.
folhada, *s. f.* hojarasca.
folhado, *s. m.* hojaldre.
folhar, *v. t.* revestir de láminas; adornar con hojas.
folhear, *v. t.* hojear.
folheca, *s. f.* Copos de nieve.
folhedo, *s. m.* hojarasca; follaje.
folheta, *s. f.* hojuela, hoja pequeña.
folheto, *s. m.* folleto.
folhinha, *s. f.* hojita; calendario, almanaque.
folia, *s. f.* folía, baile y tañido alegre; juerga, jolgorio.
foliação, *s. f.* foliación, foliatura.
foliado, *adj. (bot.)* foliado.
folião, *s. m.* farsante; juerguista, fiestero.
foliar, *v. i.* foliar.
folículo, *s. m. (anat.)* folículo.
fólio, *s. m.* folio.
fome, *s. f.* hambre; avidez.
fomenica, *s.* avariento; inapetente.
fomentar, *v. t.* fomentar; fomentar, excitar.
fomento, *s. m.* fomento; progreso; estímulo; alivio.
fonema, *s. m.* fonema.
fonendoscópio, *s. m.* fonendoscopio, estetoscopio.
fonética, *s. f.* fonética.
fonógrafo, *s. m.* fonógrafo.
fonte, *s. f.* fuente, manantial; *(anat.)* temporal.
fora, *adv.* fuera, en la parte exterior; en país extraño; *prep.* excepto.
foragido, *adj.* forajido.
foral, *s. m.* foral.
foraminoso. *adj.* que está agujereado; hendido; roto.
forasteiro, *s. m.* forastero, extranjero.
forca, *s. f.* horca; patíbulo.
força, *s. f.* fuerza; vigor; violencia; valentía.
forcada, *s. f.* bifurcación.

f

forcado, *s. m. (agr.)* horquilla, horca.
forçar, *v. t.* forzar; obligar; arrumbar; violentar.
forcejar, *v. i.* forcejar, forcejear; luchar; debatirse.
forçoso, *adj.* forzoso; violento; necesario; inevitable.
forense, *adj.* forense.
forja, *s. f.* forja.
forjar, *v. t.* forjar.
forma, *s. f.* forma; hechura; figura; formato; modo.
forma *(ô),* horma; modelo; molde.
formação, *s. f.* formación; disposición.
formal, *adj.* formal; evidente; positivo.
formalista, *s.* formalista.
formalizar, *v. t.* formalizar.
formão, *s. m.* formón.
formar, *v. t.* formar; constituir; fabricar; armar.
formativo, *adj.* formativo.
formato, *s. m.* formato.
formatura, *s. f.* licenciatura, reválida; *(mil.)* alineación y formación de tropas.
formicação, *s. f.* hormigueo; picazón, prurito.
formiga, *s. f. (zool.)* hormiga.
formigamento, *s. m.* picazón, escozor, prurito.
formigão, *s. m.* hormigón, hormiga grande; *(arq.)* hormigón, argamasa de cemento y arena.
formiguejar, *v. i.* hormiguear.
formol, *s. m. (quím.)* formol.
formoso, *adj.* hermoso, agradable, armonioso.
formosura, *s. f.* hermosura; belleza.
fórmula, *s. f.* fórmula; receta.
formular, *v. t.* e *i.* formular; recetar; exponer.
fornada, *s. f.* hornada.
fornalha, *s. f.* horno; fogón; hornillo.
fornear, *v. i.* hornear.
fornecedor, *adj.* y *s. m.* proveedor; abastecedor.
fornecer, *v. t.* proveer; abastecer; suministrar.
fornicar, *v. t.* fornicar.
fornido, *adj.* fornido; robusto.
forno, *s. m.* horno.
foro *(ô), s. m.* foro; privilegio; jurisdicción.
forquear, *v. t.* bifurcar.
forquilha, *s. f.* horquilla.
forrador, *s. m.* ahorrador; forrador.
forrageal, *s. m.* Campo de forrajes, pastizal.
forragear, *v. t.* e *i.* forrajear, segar forraje; *(fig.)* compilar.
forragem, *s. f.* forraje.
forrar, *v. t.* forrar, poner forros; economizar.
forro, *s. m.* forro; entretela; *adj.* ahorrado; afianzado.
fortalecer, *v. t.* fortalecer.
fortaleza, *s. f.* fortaleza; solidez; fuerza; vigor.
forte, *adj.* fuerte; valiente.
fortidão, *s. f.* fortaleza; fuerza; vigor.
fortificar, *v. t.* fortificar.
fortuito, *adj.* fortuito.
fortuna, *s. f.* fortuna; suerte; ventura; éxito.
fosca, *s. f.* gesto; disfraz.
foscar, *v. t.* foscar, obscurecer.
fosco, *adj.* hosco; fosco.
fosfato, *s. m. (quím.)* fosfato.
fosforear, *v. i.* fosforear.
fosforeira, *s. f.* fosforera.
fosforescência, *s. f.* fosforescencia.
fosforescer, *v. i.* fosforecer.
fósforo, *s. m. (quím.)* fósforo.
fossa, *s. f.* fosa, hoyo; foso, cueva; hozadero.
fóssil, *s. m.* fósil.
fossilizar, *v. t.* e *i.* fosilizar; *v. r.* fosilizarse.
fosso, *s. m.* foso; zanja; cuneta.
fota, *s. f.* turbante.
fotografar, *v. t.* fotografiar.
fotografia, *s. f.* fotografía.
fotogravura, *s. f.* fotograbado.
fotolitografia, *s. f.* fotolitografía.

fotómetro, *s. m. (fís.)* fotómetro.
fouçar, *v. t.* segar, cortar con una hoz; vd. *ceifar.*
fouce, *s. f.* hoz, instrumento curvo para segar.
foucear, *v. t.* segar con hoz.
foucinha, *s. f.* hoz pequeña.
foucinhão, *s. m.* hoz grande.
fouveiro, *adj.* flavo, dícese del caballo de color entre amarillo y rojo.
foz, *s. f.* desembocadura; confluencia.
fracalhão, *adj.* y *s. m.* muy flaco o flojo.
fracassar, *v. t.* fracasar; arruinar.
fracasso, *s. m.* fracaso; ruina.
fracção, *s. f.* fracción.
fraccionar, *v. t.* fraccionar.
fractura, *s. f.* fractura; quiebra; rotura.
fracturar, *v. t.* fracturar.
frade, *s. m.* fraile; mojón de piedra.
fragata, *s. f. (mar.)* fragata.
fragatear, *v. i. (pop.)* parrandear.
frágil, *adj.* frágil, quebradizo, débil.
fragilidade, *s. f.* fragilidad; debilidad.
fragmentar, *v. t.* fragmentar; subdividir.
fragmento, *s. m.* fragmento.
fragor, *s. m.* fragor.
fragrancia, *s. f.* fragancia.
frágua, *s. f.* fragua; forja; *(fig.)* ardor, calor intenso.
fraguar, *v. t.* fraguar, forjar.
fragueirice, *s. f.* vida muy austera.
fralda, *s. f.* falda de la camisa; culero, pañal; faldones; falda, base de una montaña.
framboesa, *s. f. (bot.)* frambuesa.
frança, *s. f.* copa, la rama más alta de un árbol.
franca-tripa, *s. f.* marioneta; títere, fantoche.
francear, *v. t.* descopar, desmochar, cortar las ramas a.
francesia, *s. f.* costumbre, moda francesa.
franchinote, *s. m.* petulante, insolente.
franco, *adj.* franco; liberal; generoso; sincero.
franga, *s. f.* polla, gallina que aún no pone.
frangainho, *s. m.* polluelo, pollo pequeño.
frangalhada, *s. f.* guisado de pollo.
frangalhar, *v. t.* poner en trapos; rasgar.
frangalhote, *s. m.* pollo crecido; jovencito.
frangão, *s. m.* pollo grande y gordo.
frangível, *adj.* frangible; frágil.
frango, *s. m.* pollo.
franja, *s. f.* franja; fleco.
franjeira, *s. f.* flequera.
franquear, *v. t.* franquear; librar; exentar.
franqueza, *s. f.* franqueza; sinceridad; exención.
franzido, *s. m.* fruncido, pliegue; frunce.
franzino, *adj.* cenceño; delgado; flaco.
franzir, *v. t.* fruncir, arrugar, plegar.
fraque, *s. m.* frac.
fraqueiro, *adj.* feble; endeble; flaco.
fraquejar, *v. i.* flaquear; debilitarse; desanimar.
fraqueza, *s. f.* debilidad; flaqueza; fragilidad.
frasca, *s. f.* Batería de cocina; vajilla.
frasco, *s. m.* frasco.
frase, *s. f.* frase.
fraseado, *adj.* dispuesto en frase.
fraterna, *s. f.* fraterna, reprensión amistosa.
fraternal, *adj.* fraternal.
fraternizar, *v. t.* fraternizar; *v. i.* vivir como hermanos.
fraterno, *adj.* fraterno; *(fig.)* afectuoso, íntimo.
fratricida, *s.* fratricida.
fraudação, *s. f.* Defraudación; fraudulencia.
fraudar, *v. t.* defraudar, engañar; falsificar.
fraude, *s. f.* fraude; dolo; contrabando.

frecha, *s. f.* flecha; saeta.
fregona, *s. f.* fregona, criada.
freguês *(è), s. m.* parroquiano, feligrés; cliente.
freguesia *(è), s. f.* feligresía, parroquia; clientela.
frei, *s. m.* fray; fraile.
freima, *s. f.* impaciencia, prisa, inquietud.
freio, *s. m.* freno; *(anat.)* frenillo.
freira, *s. f.* religiosa, monja.
freire, *s. m.* fraile.
freirinha, *s. f.* monjita, novicia.
freixo, *s. m. (bot.)* fresno.
fremir, *v. i.* rugir; vibrar; temblar; agitar.
frender, *v. i.* bramar de rabia; irritarse.
frendor, *s. m.* crujido de dientes.
frenesi, *s. m.* frenesí, frenesía, locura furiosa; cólera.
frente, *s. f.* frente; fachada; cara; delantera.
frequência, *s. f.* frecuencia.
frequentar, *v. t.* frecuentar; visitar a menudo.
fresca *(ê), s. f.* fresco; frescura.
frescata, *s. f.* paseo por el campo; francachela; comilona; diversión.
fresco, *adj.* fresco; no muy frío.
frescor, *s. m.* frescor; frescura; verdor.
fressura, *s. f.* asadura; menudos, gandinga.
fretagem, *s. f.* fletaje, corretaje.
fretar, *v. t.* fletar, alquilar la nave; equipar.
frete, *s. m.* flete; barcaje, transporte fluvial o marítimo; cargamento de navío.
friagem, *s. f.* frialdad.
fricção, *s. f.* fricción.
friccionar, *v. t.* friccionar.
frieira, *s. f.* sabañón.
frigideira, *s. f.* sartén; *s.* persona vanidosa.
frigidez, *s. j.* frigidez, frialdad.
frígido, *adj.* frío, frígido, helado, álgido.
frigir, *v. t.* freír; *(fig.)* importunar; *v. i. (fam.)* farolear, ostentar importancia.
frio, *adj.* frío; inerte; *(fig.)* insensible.
frioleira, *s. f.* friolera.
frisado, *adj.* encrespado.
frisar, *v. t.* frisar; encrespar; rizar ondear.
friso, *s. m. (arq.)* friso.
fritar, *v. t.* fritar, freir.
fritura, *s. f.* fritura.
frivolidade, *s. f.* frivolidad.
frocado, *adj.* flecado; *s. m.* adorno hecho de flecos.
frocadura, *s. f.* ornamento con flecos; remate.
froco, *s. m.* copo de nieve; fleco.
froixar, *v. t.* aflojar.
froixeza, *s. f.* flojedad; blandura; tibieza.
fronde, *s. f.* fronde (follaje); fronda, copa de los árboles.
frondear, *v. t.* criar hojas o ramas.
frondejante, *adj.* frondoso.
frondente, *adj. (bot.)* frondoso.
frondífero, *adj.* frondoso.
frondosidade, *s. f.* frondosidad.
frondoso, *adj.* frondoso.
fronha, *s. f.* funda de almohada.
frontal, *adj.* frontal; *s. m.* dintel (de puertas y ventanas).
frontão, *s. m. (arq.)* frontón.
fronte, *s. f.* frente, rostro; fachada; delantera.
fronteira, *s. f.* frontera; límite; raya.
fronteiriço, *adj.* fronterizo.
frontispício, *s. m.* frontispicio; *adj.* fachada.
frota, *s. f.* flota; armada.
frugal, *adj.* frugal; sobrio.
fruição, *s. f.* fruición; gozo; posesión.
fruir, *v. t.* e *i.* fruir, disfrutar; gozar poseer.
fruste, *adj.* ordinario, inferior.
frustração, *s. f.* frustración.

frustrar, *v. t.* frustrar; inutilizar; defraudar.
fruta, *s. f.* fruta.
fruteira, *s. f.* frutera.
fruteiro, *s. m.* frutero; *adj.* fructífero.
frutificar, *v. i.* fructificar.
fruto, *s. m.* fruto.
frutuário, *adj.* fértil, fecundo.
fuão, *s. m.* fulano.
fúcsia, *s. f. (bot.)* fucsia.
fueirada, *s. f.* golpe dado con una estaca.
fueta, *s. f. (zool.)* fuina, garduña.
fúfia, *s. f. (pop.)* mujer pretenciosa.
fúfio, *adj. (pop.)* ordinario; despreciable.
fuga, *s. f.* huida; evasión, escapatoria.
fugace, *adj.* fugaz; transitorio.
fugacidade, *s. f.* fugacidad.
fugaz, *adj.* fugaz; rápido, veloz.
fugida, *s. f.* fuga, huida, evasión.
fugir, *v. i.* huir, retirarse; sumirse; escabullirse.
fugitivo, *adj.* fugitivo; desertor; veloz; fugaz.
fuinha, *s. f. (zool.)* fuina, garduña.
fula, *s. f.* calandria; muchedumbre; tropel; lengua de los fulas; *(bot.)* angélica.
fulano, *s. m.* fulano.
fulgentear, *v. t.* volver fulgente; abrillantar.
fulgir, *v. i.* fulgir; brillar.
fulgor, *s. m.* fulgor, brillo.
fulheiro, *adj.* y *s. m.* fullero, tramposo, trapacero.
fuligem, *s. f.* hollín.
fulminação, *s. f.* fulminación.
fulminante, *adj.* fulminante.
fulminar, *v. t.* fulminar, arrojar rayos; aniquilar.
fulo, *adj.* fulo, dícese de los negros de color un poco amarillento.
fulvo, *adj.* dorado (dícese del color), flavo.
fumaça, *s. f.* fumarada; humazo; humaza; humareda.
fumadeira, *s. f.* boquilla para fumar.
fumador, *adj.* y *s. m.* fumador.
fumão, *s. m. (pop.)* gran fumador.
fumatório, *s. m.* Sala de fumar.
fumeante, *adj.* humeante.
fumegar, *v. i.* humear.
fumeiro, *s. m.* chimenea; humarada; ahumadero.
fumigar, *v. t.* fumigar.
fumo, *s. m.* humo; vapor; exhalación; gasa negra para señal de luto; tabaco para fumar.
funçanada o **funçanata,** *s. f.* jolgorio, holgorio; parranda.
função, *s. f.* función; ejercicio; práctica, cargo.
funcho, *s. m. (bot.)* hinojo.
funcional, *adj.* funcional.
funcionamento, *s. m.* funcionamiento.
funcionário, *s. m.* funcionario.
funda, *s. f.* honda (para tirar piedras).
fundação, *s. f.* fundación.
fundador, *adj.* y *s. m.* fundador.
fundagem, *s. f.* sedimento, poso.
fundal, *adj.* hondo, situado en el fondo.
fundamentar, *v. t.* fundamentar.
fundamento, *s. m.* fundamento, base, razón, motivo.
fundar, *v. t.* fundar; construir; edificar; erigir.
fundear, *v. i. (mar.)* fondear; anclar; arribar.
fundiário, *adj.* agrario.
fundição, *s. f.* fundición.
fundilho, *s. m.* o **fundilhos,** *s. m. pl.* fondillos; remiendo.
fundir, *v. t.* fundir.
fundo, *adj.* hondo, profundo; fondo; *(fig.)* arraigado; íntimo; denso; *s. m.* fondo, decoración escénica.
fundura, *s. f.* hondura, profundidad.
fúnebre, *adj.* fúnebre.
funeral, *adj.* funeral; fúnebre.
funestar, *v. t.* funestar; tornar funesto.
funesto, *adj.* funesto; desgraciado; fatal; nocivo.

f

fungadeira, *s. f. (pop.)* caja de rapé, petaca.
fungar, *v. t.* absorber por la nariz; oler rapé.
fungo, *s. m. (bot.)* fungo, hongo; *(med.)* pólipo.
funicular, *adj.* funicular; *s. m.* ascensor.
funículo, *s. m. (anat.)* funículo.
funil, *s. m.* embudo.
funilaria, *s. f.* Hojalatería.
fura-bolos, *s. m. (pop.)* dedo pulgar.
furação, *s. m.* huracán.
furado, *adj.* agujereado, abierto; *(fig.)* frustrado.
furador, *s. m.* barrena, berbiquí.
furão, *s. m.* hurón.
furar, *v. t.* horadar, agujerear, perforar.
fura-vidas, *s.* buscavidas, persona activa.
furgão, *s. m.* furgón.
fúria, *s. f.* furia; rabia; ira.
furo, *s. m.* agujero, orificio; abertura.
furor, *s. m.* furor, cólera.
furta-fogo, *s. m.* luz escondida.
furtar, *v. t.* hurtar; robar; desviar, apartar el cuerpo; falsificar.
furtivo, *adj.* furtivo; oculto.
furto, *s. m.* hurto; robo; latrocinio.
furúnculo, *s. m.* forúnculo, furúnculo.
fusa, *s. f. (mús.)* fusa.
fusada, *s. f.* husada; golpe con el huso.
fusão, *s. f.* fusión.
fuseira, *s. f.* huso grande para hilar.
fúsil, *adj.* fusible.
fusionar, *v. t.* fusionar.
fusível, *adj.* fusible.
fuso, *s. m.* huso.
fusta, *s. f. (mar.)* fusta, embarcación ancha.
fuste, *s. m.* fuste, vara de lanza; *(arq.)* fuste (de columna).
fustigação, *s. f.* fustigación.
fustigar, *v. t.* fustigar, azotar con vara; castigar.
fútil, *adj.* fútil, frívolo.
futre, *s. m.* hombre despreciable, avaro.
futrica, *s. f.* quincallería.
futurar, *v. t.* predecir, pronosticar.
futuro, *s. m.* futuro; novio; *adj.* que ha de venir.
fuzil, *s. m.* fusil, escopeta; eslabón, anillo de cadena.
fusilamento, *s. m.* fusilamiento.
fuzilante, *adj.* centelleante, resplandeciente; fusilante.
fuzilar, *v. t. (mil.)* fusilar; *v. i.* centellear; fulgurar.

g

gabação, *s. f.* alabanza; elogio.
gabadinho, *adj. (pop.)* que está en boga: afamado.
gabador, *adj.* y *s. m.* alabador; alabancero, lisonjero.
gabão, *s. m.* gabán, capote con mangas.
gabar, *v. t.* alabar, elogiar.
gabardina, *s. f.* gabardina.
gabardo, *s. m.* especie de capote.
gabarote, *s. m. (mar.)* pequeña gabarra.
gabela, *s. f.* gavilla, de espigas o hierbas.
gabinardo, *s. m.* especie de gabán.
gabinete, *s. m.* gabinete.
gabiru, *s. m.* y *adj.* bellaco; sagaz: travieso.
gabo, *s. m.* alabanza; elogio.
gadanha, *s. f.* cucharón, cacillo; guadaña; *(pop.)* mano.
gadanheira, *s. f.* guadañadora, segadora mecánica.
gadanho, *s. m.* garra (de ave de rapiña): uña; rastrillo.
gadaria, *s. f.* ganadería.
gadelhudo, *adj.* greñudo.
gado, *s. m.* ganado.
gafa, *s. f.* gafa, gancho; garra; grapa; *(vet.)* sarna leprosa.
gafanhoto, *s. m. (zool.)* langosta.
gafaria, *s. f.* leprosería.
gaforina, *s. f. (fam.)* cabellera esparcida y desaliñada.
gagueira, *s. f.* tartamudez.
gaguejar, *v. i.* gaguear, tartamudear.
gaiatada, *s. f.* rapazada; muchachada.
gaiatar, *v. i.* proceder como muchacho; granujear.
gaiatice, *s. f.* picardía; niñería; travesura de muchachos.
gaifona, *s. f.* estupidez, tontería.
gaifonar, *v. i.* hacer tonterías; tontear.
gaio, *adj.* gayo, jovial, alegre; vistoso.
gaiola, *s. f.* jaula; *(pop.)* prisión; casucha.
gaipo, *s. m.* jerpa, serpa, sarmiento de vid.
gaita, *s. f. (mús.)* gaita.
gaiteiro, *s. m.* gaitero.
gaivagem, *s. f.* caño del alcantarillado; drenaje.
gaivinha, *s. f. (zool.)* golondrina de mar.
gaivota, *s. f. (zool.)* gaviota.
gajé, *s. m.* gentileza; gracia; donaire.
gajo, *s. m.* individuo astuto; *adj.* bellaco; pícaro.
gala, *s. f.* gala; pompa; fiesta nacional; solemnidad.
galã, *s. m.* galán.
galadura, *s. f.* galladura.
galaico, *adj.* galaico, gallego.
galanear, *v. i.* vestirse galanamente, emperejilarse.
galantaria, *s. f.* galantería.
galante, *adj.* galante; gracioso; esbelto.
galantear, *v. t.* e *i.* galantear, cortejar.
galanteio, *s. m.* galanteo.
galão, *s. m.* galón; distintivo; medida.
galardão, *s. m.* galardón, recompensa.
galardoar, *v. t.* galardonar; premiar.
galáxia, *s. f.* galaxia.
galé, *s. f.* galera.
galeão, *s. m. (mar.)* galeón.
galego, *adj.* y *s. m.* gallego.

g

galena, *s. f.* galena.
galeno, *s. m. (fam.)* galeno, médico.
galeota, *s. f. (mar.)* galeota.
galeote, *s. m.* galeote.
galera, *s. f. (mar.)* galera.
galeria, *s. f.* galería.
galerno, *adj.* blando; suave.
galezia, *s. f.* trampa en el juego; fruslería; trapaza.
galgo, *s. m. (zool.)* galgo.
galha, *s. f.* aleta dorsal de algunos peces; *(bot.)* agalla.
galhada, *s. f.* astas o cuernos de los rumiantes; ramaje de los árboles.
galhardear, *v. i.* gallardear; brillar.
galhardete, *s. m.* gallardete.
galhardia, *s. f.* gallardía.
galheta, *s. f.* vinajera; vinagrera, convoy; bofetada.
galho, *s. m. (bot.)* retoño, vástago.
galhofa, *s. f.* alegría; gracejo.
galhofar, *v. i.* divertirse ruidosamente, alegrarse.
gálico, *adj.* gálico; *(quím.)* gállico, ácido.
galinha, *s. f. (zool.)* gallina.
galinheira, *s. f.* gallinera.
galinheiro, *s. m.* gallinero; vendedor de gallinas; lugar donde las gallinas se recogen.
gálio, *s. m. (quím.)* galio.
galo, *s. m. (zool.)* gallo; *(pop.)* chichón.
galopado, *adj.* enseñado a galopar.
galopar, *v. i.* galopar, galopear, andar a galope; correr con ímpetu.
galopinagem, *s. f.* ac. de agente electoral.
galopinar, *v. i.* llevar vida de galopín; buscar votos para las elecciones.
galrão, *adj.* y *s.* parlanchín, charlatán.
galrar, *v. i.* parlar; baladronear; charlar.
galucho, *s. m. (mil.)* quinto, recluta, soldado bisoño.
galvanizar, *v. t.* galvanizar.
gama, *s. f. (zool.)* gama; *(mús.)* gama; *(fig.)* gama, escala de colores.
gambérria, *s. f.* zancadilla; ardid.
gâmbia, *s. f. (pop.)* pierna.
gamenho, *adj.* y *s. m.* lechugino; vagabundo.
gamo, *s. m. (zool.)* gamo.
gana, *s. f.* gana, apetito; hambre; deseo.
ganacha, *s. f.* parte de la quijada inferior del caballo.
ganadeiro, *s. m.* ganadero; vaquero.
ganância, *s. f.* ganancia.
ganchar, *v. t.* agarrar o prender con *gancha* o *gancho.*
gancho, *s. m.* gancho.
gandaeiro, *s. m.* trapero; ganforro.
gandaiar, *v. i.* tunantear; vagabundear.
ganga, *s. f. (miner.)* ganga; *(zool.)* ganga, ortega; mahón (tejido).
gânglio, *s. m. (anat.)* ganglio.
ganglionar, *adj. (anat.)* ganglionar.
gangrena, *s. f.* gangrena.
gangrenar, *v. t.* gangrenar; gangrenarse.
ganhão, *s. m.* gañán; jornalero.
ganhar, *v. t.* ganar; lucrar; conseguir; conquistar.
ganho, *s. m.* ganancia; lucro; ventaja.
ganir, *v. i.* gañir, aullar.
ganoides o **ganóideos,** *adj.* y *s. m. pl. (zool.)* ganoideos o ganoides.
ganso, *s. m. (zool.)* ganso.
garabulha, *s. f.* garbullo; garabatos.
garagem, *s. f.* garaje.
garançar, *v. t.* teñir con rubia o granza.
garanceira, *s. f.* rubial.
garantia, *s. f.* garantía; fianza.
garantir, *v. t.* garantizar; afianzar.
garatuja, *s. f.* garabato, escarabajo, garrapato.
garatujar, *v. i.* hacer garrapatos en la escritura.
garbo, *s. m.* garbo, gentileza.
garça, *s. f. (zool.)* garza.
gare, *s. f.* andén; estación; muelle.
garfada, *s. f.* lo que se toma de una vez con el tenedor.
garfo, *s. m.* tenedor; *(bot.)* garfio.

gargalhada, *s. f.* carcajada.
gargalhar, *v. i.* reír a carcajadas.
garganta, *s. f. (anat.)* garganta; desfiladero.
gargantão, *adj.* y *s. m.* tragaldabas; comilón, glotón.
garganteado, *adj.* modulado con afinación; *s. m.* garganteo.
gargantear, *v. t.* gargantear, cantar; *v. i.* gorjear; trinar.
gargantoíce, *s. f.* gula; glotonería.
gargarejo, *s. m.* gargarismo.
gargueiro, *s. m. (pop.)* garguero, gaznate, garganta.
garito, *s. m.* garito, taberna de juego.
garlopa, *s. f.* garlopa, cepillo.
garotar, *v. i.* gandulear; tunear.
garoto, *s. m.* pillo, tuno.
garra, *s. f.* garra (de las fieras o aves de rapiña); *pl.* uñas; manos; dedos; garras.
garrafa, *s. f.* botella.
garrafal, *adj.* que tiene forma de botella.
garrafão, *s. m.* garrafón; garrafa; damajuana.
garrafeira, *s. f.* bodega, cava, despensa.
garraiada, *s. f.* becerrada, novillada.
garraio, *s. m.* utrero, novillo de tres años.
garrana, *s. f.* potranca.
garrano, *s. m.* potro.
garridice, *s. f.* gallardía, elegancia; galantería.
garrido, *adj.* garrido, gayo; galante.
garrir, *v. i.* parlotear, chacharrear; vestir con lujo.
garro, *adj.* leproso; sarnoso.
garrotar, *v. t.* agarrotar.
garrote, *s. m.* garrote.
garrullar, *v. i.* parlotear, charlotear.
garupa, *s. f.* grupa.
garupada, *s. f.* salto dado por la caballería.
gás, *s. m.* gas; *pl.* gases, vapores del estómago e intestinos.
gasalhar, *v. t.* abrigar, resguardar.
gasalho, *s. m.* abrigo; defensa; auxilio.
gaseificar, *v. t. (quím.)* gasificar.
gaseiforme, *adj.* gaseiforme.
gasogénio, *s. m.* gasógeno.
gasolina, *s. f.* gasolina.
gasómetro, *s. m.* gasómetro.
gasosa, *s. f.* gaseosa.
gasoso, *adj.* gaseoso, gaseiforme.
gáspea, *s. f.* puntera, pala (del calzado).
gastar, *v. t.* gastar; consumir; usar; disipar.
gasto, *s. m.* y *adj.* gasto; gastado; dispendido.
gastrenterite, *s. f. (med.)* gastroenteritis.
gástrico, *adj. (anat.)* gástrico.
gastrite, *s. f. (med.)* gastritis.
gastronomía, *s. f.* gastronomía.
gastrópodes, *s. m. pl. (zool.)* gastrópodos, gasterópodos.
gastrovascular, *adj.* gastrovascular.
gastrotomia, *s. f. (cir.)* gastrostomía.
gata-borralheira, *s. f.* mujer que no le gusta salir a la calle.
gatafunhos, *s. m. pl.* garabatos; garrapatos.
gatanhada, *s. f.* arañazo de gato.
gatanhar, *v. t.* gatear, arañar.
gataria, *s. f.* gatería.
gatázio, *s. m. (pop.)* garra de gato; *pl.* dedos.
gatear, *v. t.* asegurar con grapas.
gateira, *s. f.* gatera; claraboya; tragaluz.
gatilho, *s. m.* gatillo; disparador.
gatinhar, *v. i.* gatear.
gato, *s. m. (zool.)* gato; grapa; yerro; mentira.
gatunagem, *s. f.* banda de ladrones.
gatunice, *s. f.* ratería, rapadura; fullería; hurto.
gatuno; *s. m.* ratero; ladrón; fullero.
gaúcho, *s. m.* gaucho.
gáudio, *s. m.* gozo; júbilo; holganza; alegría.
gavela, *s. f.* gavilla; puñado; brazada.
gaveta, *s. f.* gaveta.

g

gaviân, *s. m. (zool.)* gavilán.
gaza, *s. f.* gasa (tejido).
gazeador, *adj.* y *s.* que hace novillos, que falta a la escuela.
gazear, *v. i.* hacer novillos, faltar a la escuela; cantar (la golondrina o la garza).
gazela, *s. f. (zool.)* gacela.
gazeta, *s. f.* gaceta; falta a la escuela.
gazofilar, *v. t. (pop.)* agarrar, prender.
gazola, *s. (zool.)* alcaraván.
gazua, *s. f.* ganzúa.
geada, *s. f.* helada; escarcha.
gear, *v. i.* helar; escarchar.
geba, *s. f.* giba; joroba.
gebada, *s. f.* abolladura.
géiser, *s. m.* géiser.
gelado, *s. m.* helado; sorbete; *adj.* cubierto de hielo; muy frío.
gelador, *adj.* congelador.
geladura, *s. f.* helada.
gelar, *v. t.* helar; congelar; cuajar; *v. i.* helarse.
gelatina, *s. f.* gelatina.
geleia, *s. f.* jalea.
geleira, *s. f.* nevera; pozo de nieve o hielo.
gelha, *s. f.* arruga en la cara.
gelo, *s. m.* hielo.
gelosia, *s. f.* celosía.
gema, *s. f.* yema; parte amarilla del huevo; renuevo, retoño.
gemada, *s. f.* ponche, yemas de huevos, batidas con azúcar.
gemado, *adj.* adornado de piedras preciosas; amarillo.
gemar, *v. t.* injertar con gema.
gémeo, *s. m.* y *adj.* gemelo; mellizo; igual; idéntico.
gemer, *v. i.* gemir, quejarse; suspirar.
gemido, *s. m.* gemido.
geminar, *v. t.* geminar; duplicar.
gémino, *adj.* geminado; doblado.
gencianáceas, *s. f. pl. (bot.)* gencianáceas.
gendarmaria, *s. f.* gendarmeria.
gendarme, *s. m.* gendarme.
genealogia, *s. f.* genealogía.
genebra, *s. f.* ginebra.
general, *s. m.* general.
generalizar, *v. t.* generalizar.
genérico, *adj.* genérico.
género, *s. m.* género; especie; modo; manera; *pl.* comestibles.
generosidade, *s. f.* generosidad.
génese, *s. f.* génesis.
generoso, *adj.* generoso.
génesis, *s. m.* génesis.
genética, *s. f.* genética.
genetriz, *s. f.* generadora; ; generatriz.
gengiva, *s. f.* encía.
genial, *adj.* genial.
génio, *s. m.* genio; carácter; talento; inspiración.
genital, *adj.* genital.
genitivo, *s. m.* genitivo.
genitor, *s. m.* genitor; padre.
genro, *s. m.* yerno.
gente, *s. f.* gente; personas; población.
gentiaga, *s. f.* multitud.
gentil, *adj.* gentil; noble.
gentileza, *s. f.* gentileza; delicadeza.
gentil-homem, *s. m.* gentil-hombre; hidalgo; *(fig.)* caballero.
gentilidade, *s. f.* gentilidad.
gentinha, *s. f.* gentuza; populacho.
gentio, *s. m.* gentil; idólatra; multitud.
genuflectir, *v. i.* doblar la rodilla, arrodillarse.
genuflexao, *s. f.* genuflexión.
genuíno, *adj.* genuino; puro.
geocêntrico, *adj.* geocéntrico.
geodésia, *s. f.* geodesia.
geodésico, *adj.* geodésico.
geofísica, *s. f.* geofísica.
geografia, *s. f.* geografía.
geóide, *s. m.* geoide.
geologia, *s. f.* geología.
geometria, *s. f.* geometría.
geoso, *adj.* abundante en heladas; en que hay heladas.
geotermia, *s. f.* geotermia.
geração, *s. f.* generación; procreación; linaje; familia.

gerador, *adj.* generador; *s. m.* generador (térmico o eléctrico).
geral, *adj.* general; común; genérico; universal.
gerânio, *s. m. (bot.)* geranio.
gerar, *v. t.* generar, engendrar; formar; producir; causar.
geratriz, *adj.* y *e. f.* generatriz; generadora.
gerência, *s. f.* gerencia; administración.
geringonça, *s. f.* chapucería; caló, germanía, jerga.
gerir, *v. t.* administrar, dirigir; gobernar.
germano, *adj.* germano, hermano.
germão, *s. m.* delfín, mamífero cetáceo.
germe o **gérmen,** *s. m.* germen; principio; embrión; origen.
germinação, *s. f.* germinación.
germinar, *v. i.* germinar.
gerodermia, *s. f. (med.)* gerodermia, vejez precoz.
gerontología, *s. f.* gerontología.
gerúndio, *s. m.* gerundio.
gessal, *s. m.* yesal, yesar.
gessar, *v. t.* enyesar; estucar.
gesso, *s. m.* yeso.
gesta, *s. f.* gesta.
gestação, *s. f.* gestación.
gestão, *s. f.* gestión; gerencia.
gesticulação, *s. f.* gesticulación.
gesticular, *v. i.* gesticular.
gesto, *s. m.* gesto; aspecto; parecer; semblante.
gestor, *s. m.* gestor, gerente.
giba, *s. f.* giba, corcova.
giboso, *adj.* y *s. m.* giboso.
giesta, *s. f. (bot.)* retama.
giestal, *s. m.* retamar.
giga, *s. f.* especie de cesta ancha y baja; canasta.
gigante, *s. m.* gigante.
giganteu, *adj.* gigantesco.
gigo, *s. m.* canasta de mimbre, alta y estrecha.
gigó o **gigote,** *s. m.* gigote, especie de guisado.
gilvaz, *s. m.* cicatriz en la cara.
gimnospermas, *s. f. pl. (bot.)* gimnospermas.
ginásio, *s. m.* gimnasio.
ginasta, *s.* gimnasta.
gineceu, *s. m.* gineceo.
ginecología, *s. f. (med.)* ginecología.
ginete, *s. m.* jinete.
gingar, *v. t.* balancear; columpiar; *v. i.* junglar, bambolearse.
ginja, *s. f. (bot.)* guinda; *(fam.)* persona avejentada.
ginjeira, *s. f.* guindal, guindo.
giração, *s. f.* giro.
girafa, *s. f. (zool.)* jirafa.
girar, *v. i.* girar; negociar; correr; lidiar; agitarse.
girassol, *s. m. (bot.)* girasol.
girata, *s. f. (pop.)* jira, paseo campestre.
giratório, *adj.* giratorio; circulatorio.
girino, *s. m.* forma larvada de los batracios.
giro, *s. m.* giro; vuelta; rotación; rodeo; revolución; paseo.
giz, *s. m.* tiza.
gizamento, *s. m.* ac. y efecto de *gizar,* trazar; *(fig.)* plano.
gizar, *v. t.* escribir con tiza; trazar, marcar con ella; *(fig.)* idear; proyectar.
glacial, *adj.* glacial.
gladiador, *s. m.* gladiador.
gladiar, *v. i.* combatir con gladio o espada; luchar.
glande, *s. f.* glande.
glândula, *s. f. (anat.)* glándula.
glandular, *adj.* glandular.
gleba, *s. f.* gleba.
glenoideia, *adj. (anat.)* glenoidea.
glicemia, *s. f.* glicemia; glucosuria.
glicerato, *s. m.* glicerato.
glicerina, *s. f. (quím.)* glicerina.
glicol, *s. m. (quím.)* glicol.
glicose, *s. f.* glucosa, glicosa.

g

glicosúria, *s. f. (med.)* glicosuria, diabetes, glucosuria.
global, *adj.* global.
globo, *s. m.* globo.
globular, *adj.* globular.
glóbulo, *s. m.* glóbulo.
glória, *s. f.* gloria, bienaventuranza; renombre, fama; esplendor; cielo.
glorificacão, *s. f.* glorificación.
glorificante, *adj.* glorificante.
glorificar, *v. t.* glorificar, dar gloria a; honrar; canonizar; *v. r.* gloriarse.
glorioso, *adj.* glorioso.
glosa, *s. f.* glosa, explicación, comentario.
glossário, *s. m.* glosario.
glossografia, *s. f.* glosografía.
glote, *s. f. (anat.)* glotis.
glutão, *adj.* y *s.* glotón.
glúten, *s. m.* gluten.
glutinar, *v. t.* conglutinar aglutinar.
glutonaria, *s. f.* glotonería.
gnose, *s. f.* gnosis.
gnosticismo, *s. m.* gnosticismo.
gnóstico, *s. m.* gnóstico.
godé, *s. m.* tacita en la que se diluyen las pinturas para acuarelas.
godilhão, *s. m.* grumo; zapato; nudo de hilos empastados.
godo, *adj.* godo, gótico; *s. m. pl.* godos.
goela, *s. f.* garganta; fauces.
gofrar, *v. t.* gofrar.
goiaba, *s. f. (bot.)* guayaba.
goiabada, *s. f.* dulce de guayaba.
goiva, *s. f.* gubia.
goiveiro, *s. m. (bot.)* alhelí.
goivo, *s. m. (bot.)* alhelí.
gola, *s. f.* cuello; *(arquit.)* gola, moldura.
gole, *s. m.* trago; sorbo.
goleta, *s. f. (mar.)* goleta; gola, canal estrecho.
golfada, *s. f.* líquido que se vomita de una vez; chorro; vómito; borbotón.
golfar, *v. t.* chorrear; arrojar; vomitar.
golfe, *s. m.* golf.
golfejar, *v. t.* e *i.* chorrear.
golfinho, *s. m. (zool.)* golfín, delfín.
golfo, *s. m.* golfo.
golilha, *s. f.* golilla; alzacuello.
golo, *s. m.* gol, en el juego de fútbol.
golpe, *s. m.* golpe; porrazo; incisión, contusión; *(fig.)* lance; rasgo; crisis.
golpear, *v. t.* golpear; cortar.
golpelha, *s. f.* cesta o sera grande; zorra.
goma, *s. f.* goma; *(med.)* tumor sifilítico.
gomar, *v. i.* abotonar, brotar.
gomil, *s. m.* jarro de boca estrecha; aguamanil.
gomo, *s. m. (bot.)* brote, gema, yema, retoño o botón de planta; gajo, división de la pulpa de ciertos frutos.
gôndola, *s. f.* góndola.
gongo, *s. m.* gongo o gong, batintín o tantán.
gonzo, *s. m.* gozne, gonce; quicio.
gorar, *v. t.* malograr, inutilizar; frustrar; *v. i.* y *r.* engozar; *(fig.)* abortar.
gordo, *adj.* gordo, gorduroso, graso; mantecoso; *s. m.* sebo o manteca.
gorducho o **gordufo,** *adj.* gordillo; gordinflón.
gordura, *s. f.* gordura; obesidad; sebo; grasa.
gordurento, *adj.* grasiento.
gorduroso, *adj.* grasiento.
gorgolão, *s. m.* borbotón; chorro; vómito.
gorgolejo, *s. m.* gargarismo.
gorgoleta, *s. f.* cántaro (para agua).
gorgomillos, *s. m. pl.* garganta; fauces.
gorila o **gorilha,** *s. m. (zool.)* gorila.
gorja, *s. f. (mar.)* gorja, parte más estrecha de la quilla.
gorjear, *v. i.* gorjear; trinar, las aves; cantalear.
gorjeio, *s. m.* gorjeo.
gorjeta, *s. f.* propina; gratificación; gradina (cincel).
goro, *adj.* huero; malogrado.

gorovinhas, *s. f. pl.* pliegues o arrugas en el vestido.
gorra, *s. m.* gorra, barrete.
gosmar, *v. i.* expectorar.
gostar, *v. i.* gustar; simpatizar; agradarse; *v. t.* probar.
gostável, *adj.* gustoso.
gosto, *s. m.* gusto; sabor; placer; simpatía; elegancia.
gostoso, *adj.* sabroso; gustoso; contento.
gota, *s. f.* gota.
gotear, *v. i.* gotear.
goteira, *s. f.* canalón.
gotear, *v. i.* gotear.
gótico, *adj.* gótico.
governador, *s. m.* gobernador.
governanta, *s. f.* aya, ama de llaves.
governante, *adj.* y *s.* gobernante.
governar, *v. t.* e *i.* gobernar, dirigir; administrar; regir; pilotar.
governo, *s. m.* gobierno; administración; ministerio; economía; orden; arreglo; norma.
gozar, *v. t.* e *i.* gozar; sentir placer; divertirse; sacar provecho.
gozo, *s. m.* gozo; utilidad; satisfacción; posesión; júbilo; placer.
gozoso, *adj.* gozoso; contento.
grâ, *s. f.* grande, gran.
grabato, *s. m.* camastro, lecho pobre.
graça, *s. f.* gracia; favor; benevolencia; perdón.
gracejo, *s. m.* gracejo; gracia.
grácil, *adj.* grácil; delgado; delicado; sutil.
gracinha, *s. f.* gracejo.
gracioso, *adj.* gracioso; gracejador; *s. m.* chocarrero.
graçola, *s. f.* dicho inconveniente; chocarrería.
gradação, *s. f.* gradación.
gradadura, *s. f. (agr.)* ac. y efecto de gradar.
gradar, *v. i.* desarrollarse; crecer.
gradaria, *s. f.* gradaría, enrejado, verja.
grade, *s. f.* grada; reja; verja.
gradeado, *s. m.* enrejado; *adj.* provisto de rejas.
gradeamento, *s. m.* enrejamiento, enrejado.
gradear, *v. t.* enrejar; gradar (la tierra).
gradeira, *s. f.* monja que acompaña a otras al locutorio.
grado, *adj.* granado; desarrollado, grande; *(fig.)* notable; *(geom.)* grado.
graduação, *s. f.* graduación; categoría.
graduado, *adj.* graduado; elevado; distinguido.
gradual, *adj.* gradual.
graduar, *v. t.* graduar; *(fig.)* clasificar; cotejar.
graeiro, *s. m.* grano de plomo o de cereales.
grafar, *v. t.* escribir; ortografiar.
grafia, *s. f.* grafía; ortografía.
gráfico, *adj.* gráfico.
grafólogo, *s. m.* grafólogo.
grafonola, *s. f.* gramófono.
grainha, *s. f.* semilla de frutos; pepita.
gral, *s. m.* almirez, mortero.
gralha, *s. f. (zool.)* grajo; errata tipográfica.
gralhada, *s. f.* chirrido (de pájaros).
gralhador, *adj.* y *s. m.* chirriador; parlanchín.
grama, *s. f. (bot.)* grama; *s. m.* gramo, unidad de peso.
gramática, *s. f.* gramática.
gramíneas, *s. f. pl. (bot.)* gramíneas.
gramofone, *s. m.* gramófono.
grampo, *s. m.* grapa; alfiler; horquilla; alcayata.
granada, *s. f.* granada, proyectil; granate, piedra fina.
granadeiro, *s. m.* granadero.
granal, *adj.* relativo a grano; *s. m.* garbanzal.
granar, *v. t.* granar; granular.
grandalhão, *adj.* grandullón.
grande, *adj.* grande; extenso; largo; crecido; poderoso; heroico.

g

grandevo, *adj.* viejo, de mucha edad; longevo.
grandeza, *s. f.* grandeza; abundancia; nobleza; jerarquía.
grandiloquência, *s. f.* grandilocuencia.
grandioso, *adj.* grandioso; pomposo; elevado.
grandura, *s. f. (pop.)* tamaño; grandor; grandeza.
granel, *s. m.* granero; pruebas de imprenta.
granir, *v. t.* granear, puntear.
granita, *s. f.* grano.
granítico, *adj.* granítico.
granito, *s. m. (min.)* granito roca; granito; pequeño grano.
granizada, *s. f.* granizada.
granizar, *v. i.* granizar.
granizo, *s. m.* granizo.
granja, *s. f.* granja; hacienda de campo; *(bot.)* hortensia.
granjear, *v. t.* granjear, adquirir; cultivar; obtener.
granjeeiro, *s. m.* granjero.
granjeiro, *s. m.* granjero; agricultor.
granulação, *s. f.* granulación.
granular, *v. t.* granular; *adj.* granular.
granuloso, *adj.* granuloso.
granzal, *s. m.* granzal; garbanzal.
grão, *s. m.* grano; *(pop.)* testículo; *adv.* gran.
grão-de-bico, *s. m.* garbanzo.
grassar, *v. i.* correr, extenderse, propagarse.
grassento, *adj.* grasiento.
gratidão, *s. f.* gratitud; agradecimiento.
gratificação, *s. f.* gratificación; recompensa; propina.
gratificar, *v. t.* gratificar, recompensar.
grátis, *adv.* gratis; sin remuneración.
grato, *adj.* grato; agradable; agradecido.
gratuitidade, *s. f.* gratuidad.
gratuito, *adj.* gratuito.
gratular, *v. t.* gratular; alegrarse; felicitarse.
grau, *s. m.* grado; paso; medida; clase; intensidad; *(geom.)* grado; modo de existir.
graúlho, *s. m.* orujo.
gravador, *s. m.* grabador.
gravame, *s. m.* gravamen; obligación; opresión; vejamen.
gravanço, *s. m. (bot.)* garbanzo.
gravar, *v. t.* grabar; esculpir; fijar profundamente.
gravata, *s. f.* corbata.
grave, *adj.* grave; pesado; serio; doloroso; intenso.
gravela, *s. f.* cálculo (en riñones, vesícula, etc.).
graveza, *s. f.* gravamen, carga.
gravidade, *s. f.* gravedad.
gravidad, *v. t.* e *i.* empreñar, embarazar; concebir.
gravidez, *s. f.* gravidez.
grávido, *adj.* grávido; cargado, lleno; preñado.
gravitação, *s. f.* gravitación.
gravitar, *v. i.* gravitar.
gravoso, *adj.* gravoso, molesto; vejatorio.
gravura, *s. f.* grabado; estampa.
graxa, *s. f.* betún para sacar brillo al calzado.
graxo, *adj.* graso; oleoso.
grazinar, *v. i.* hablar mucho y alto; parlar; vociferar.
grei, *s. f.* grey; *(fig.)* congregación; nación; pueblo.
greiro, *s. m.* grano.
grelar, *v. i.* brotar; crecer; espigar; germinar.
grelha, *s. f.* parrillas; rejilla en los hornillos.
grelhar, *v. t.* asar o tostar en la parrilla o a la plancha.
gremial, *adj.* y *s. m.* gremial.
grémio, *s. m.* gremio.
grenha, *s. f.* greña, cabellera revuelta.
greta, *s. f.* grieta; raja.

gretar, *v. t.* agrietar; resquebrajar; *v. i* y *r.* agrietarse.
greve, *s. f.* huelga.
grifar, *v. t.* subrayar palabras.
grifo, *s. m.* enigma; cuestión; grifo, animal fabuloso; forma de letra.
grilhada, *s. f.* ruido estridente.
grilhagem, *s. f.* grilletes; grillos; cadena de eslabones metálicos.
grilhão, *s. m.* cadena fuerte metálica; cordón de oro.
grilo, *s. m. (zool.)* grillo.
grima, *s. f.* grima, enojo.
grimpar, *v. i.* poner alto; subirse; responder con insolencia.
grinalda, *s. f.* guirnalda.
gripal, *adj. (med.)* gripal.
gripe, *s. f. (med.)* gripe, grippe.
gris, *adj.* gris.
grisalho, *adj.* ceniciento; parduzco.
griseta, *s. f.* lamparilla; luminaria.
grisu, *s. m.* grisú, mofeta.
gritar, *v. i.* gritar.
grito, *s. m.* grito.
grosa, *s. f.* gruesa (doce docenas); escofina (lima).
grossaria, *s. f.* tejido de lino o algodón; *(fig.)* grosería.
grosseirão, *adj.* muy grueso; ordinario.
grosseiro, *adj.* grosero; basto.
grosso, *adj.* grueso; voluminoso; corpulento.
grossura, *s. f.* grosor.
grotesco, *adj.* grotesco.
grou, *s. m. (zool.)* grulla.
grua, *s. f.* grúa; grulla.
grudar, *v. t.* engrudar; *v. i.* ajustarse.
grude, *s. m.* engrudo; masa de zapatero.
grulha, *s.* hablador; parlanchín.
grulhento, *adj.* hablador; parlanchín; parlero.
grumo, *s. m.* grumo.
grunhidela, *s. f.* gruñido; rezongo, refunfuño.
grunhidor, *adj.* gruñidor.
grunhir, *v. i.* gruñir; rezongar, refunfuñar.
grupar, *v. t.* agrupar; juntar; congregar.
grupo, *s. m.* grupo.
gruta, *s. f.* gruta; cueva; caverna; antro.
gualdir, *v. t. (fam.)* gastar, comer, disipar.
gualdra, *s. f.* tirador en forma de argolla.
gualdripar, *v. t. (fam.)* hurtar, robar, rapiñar, ratear.
gualdrope, *s. m. (mar.)* guardián del timón.
guanaco, *s. m. (zool.)* guanaco.
guante, *s. m.* manopla, guantelete.
guapice, *s. f.* guapeza; garbo.
guapo, *adj.* guapo; valiente; bonito; esbelto.
guarda, *s. f.* guarda; amparo; manopla, resguardo de la mano; *s. m.* guardián, guarda; policía; carcelero.
guarda-chuva, *s. m.* paraguas.
guarda-comidas, *s. m.* fresquera.
guarda-fatos, *s. m.* guardarropa; ropero.
guarda-lama, *s. m.* guardabarros; guardalodos, salvabarros.
guarda-linha, *s. m.* guardavía.
guarda-livros, *s. m.* tenedor de libros, contable.
guarda-loica o **guarda-louça,** *s. m.* aparador; guardavajillas.
guardanapo, *s. m.* servilleta.
guarda-nocturno, *s. m.* guardia nocturno; sereno.
guarda-pó, *s. m.* guardapolvo.
guarda-portão, *s. m.* portero.
guarda-pratas, *s. m.* guardavajillas; aparador.
guarda-quedas, *s. m.* paracaídas.
guardar, *v. t.* guardar; encubrir; acatar; conservar; defender; observar un precepto; *v. r.* abstenerse.
guarda-redes, *s. m.* guarda-redes; guardameta, portero.

guarda-roupa, *s. m.* guardarropa; ropero.
guarda-sol, *s. m.* quitasol; sombrilla; guardasol.
guarda-vento, *s. m.* guardavientos; antepuerta, mampara; repostero.
guardião, *s. m.* guardián.
guarnecer, *v. t.* guarnecer; adornar; guarnir; ornar; revestir; abastecer.
guarnecimento, *s. m.* guarnición; adorno; revestimiento.
guarnição, *s. f.* guarnición; cimbria, filete (moldura); adorno en; fuerzas que defienden una plaza; tripulación de un buque de guerra.
guedelha, *s. f.* guedeja; melena.
guelra, *s. f.* branquias, agallas.
guerra, *s. f.* guerra; arte militar; hostilidad; combate; batalla, contienda.
guia, *s. f.* guía; guía, persona que guía; guía, de una ciudad; guía de mercancías; *s. m.* animal que va al frente de un rebaño; libro con indicaciones; hombre que conduce o guía.
guião, *s. m.* guión, estandarte; pendón, bandera.
guiar, *v. t.* guiar; dirigir; aconsejar, *v. i.* mostrar dirección; navegar; *v. r.* conducirse.
guilhotinar, *v. t.* guillotinar.
guinada, *s. f.* guiñada; punzada; dolor vivo y rápido; gana.
guinar, *v. t.* guiñar; volver rápidamente.
guinchada, *s. f.* gritería; chillería.
guinchar, *v. i.* gritar; chillar.
guincho, *s. m.* grito agudo; chirrido; gañido; aullido; *(zool.)* gaviota; molinete.
guindar, *v. t.* guindar, izar.
guindaste, *s. m. (mar.)* guindaste.
guisa, *s. f.* guisa, modo, manera, estilo; *(zool.)* ave fría.
guisado, *s. m.* guisado.
guisar, *v. t.* guisar.
guizo, *s. m.* cascabelero, sonajero; cascabel.
gula, *s. f.* gula, glotonería.
gulodice, *s. f.* gollería; golosina.
gulosar, *v. i.* golosmear, comer golosinas.
guloseima, *s. f.* golosina; gula.
guloso, *adj.* y *s. m.* goloso; dulcero; gulusmero.
gume, *s. m.* filo, corte.
gusa, *s. f.* gusa.
gusano, *s. m. (zool.)* gusano.
gustação, *s. f.* gustación.

h

hábil, *adj.* hábil; capaz; apto; astuto.
habilitação, *s. f.* habilitación; capacidad; idoneidad; aptitud.
habilitando, *adj.* que se propone a obtener habilitación en juicio.
habilitar, *v. t.* habilitar; adquirir habilitación; *v. r.* jugar en la lotería.
habitação, *s. f.* habitación; morada.
habitante, *adj.* y *s.* habitante.
habitar, *v. t.* e *i.* habitar; morar; residir.
hábito, *s. m.* hábito, costumbre, uso, tendencia; hábito, de monja o eclesiástico.
habituar, *v. t.* habituar; acostumbrar.
há-de-haver, *s. m.* crédito; haber (de cuentas corrientes).
hangar, *s. m.* hangar.
harmonia, *s. f.* harmonía, armonía; consonancia; acuerdo.
harpa, *s. f. (mús.)* arpa, harpa.
harpia, *s. f.* harpía, arpía.
hasta, *s. f.* lanza; subasta; asta.
haste, *s. f.* asta, palo o hierro derecho; palo de bandera; tallo; pedúnculo; cuerno.
hastear, *v. t.* elevar; izar; enarbolar.
hastilha, *s. f.* asta o astil pequeño; astilla.
haurir, *v. t.* agotar; beber; aspirar; sorber.
hausto, *s. m.* trago; sorbo.
haver, *v. t.* haber, poseer; recibir; conseguir; suceder; juzgar; existir; *v. i.* ser posible; *v. r.* portarse; proceder; *s. m.* haber (de cuentas corrientes); *pl.* bienes.
heautognose, *s. f.* autoconocimiento dado por la conciencia y la introspección.
hebetação, *s. f.* estupidez.
hebreu, *s. m.* hebreo.
hectare, *s. m.* hectárea.
hediondo, *adj.* hediondo; sucio y repugnante.
heleno, *adj.* heleno, griego.
helicóptero, *s. m.* helicóptero.
helminto, *s. m.* helminto; *(fam.)* lombriz.
hematia, *s. f.* hematíe.
hemialgia, *s. f. (pat.)* hemicránea; hemialgia; jaqueca.
hemoglobina, *s. f.* hemoglobina.
hemólise, *s. f.* hemolisis.
hemorróidas, *s. f. pl.* hemorroides, almorranas.
hepático, *adj.* hepático.
hepatite, *s. f. (med.)* hepatitis.
hera, *s. f. (bot.)* yedra, hiedra.
heráldica, *s. f.* heráldica.
herança, *s. f.* herencia; legado.
herbáceo, *adj.* herbáceo.
herbívoro, *adj.* herbívoro.
herbolário, *adj.* y *s. m.* herbolario; herbario.
herdade, *s. f.* heredad, hacienda de campo; dehesa.
herdar, *v. t.* e *i.* heredar; ser heredero.
herdeiro, *s. m.* heredero.
herético, *adj.* y *s. m.* herético; hereje.
hermafrodita, *s.* hermafrodita.
hermético, *adj.* hermético.
hérnia, *s. f. (med.)* hernia.
herói, *s. m.* héroe.
hesitação, *s. f.* hesitación; indecisión; incerteza.

h

hesitar, *v. i.* hesitar; dudar; vacilar; estar incierto o dudoso.
hetera, *s. f.* hetera; hetaira.
hexágono, *s. m.* hexágono.
hexapétalo, *adj. (bot.)* de seis pétalos.
hexápode, *adj. (zool.)* hexápodo.
hiante, *adj.* que tiene la boca abierta; hambriento, famélico.
hiato, *s. m.* hiato; intervalo.
hibernal, *adj.* hibernal.
hibernar, *v. i.* estar, caer en hibernación o sueño letárgico.
híbrido, *adj.* y *s. m.* híbrido.
hidratação, *s. f.* hidratación.
hidratar, *v. t. (quím.)* hidratar.
hidrato, *s. m. (quím.)* hidrato.
hidroavião, *s. m.* hidroavión, hidroplano.
hidrocefalia, *s. f.* hidrocefalía.
hidrodinâmica, *s. f.* hidrodinámica.
hidrogenar, *v. t.* hidrogenar.
hidrólise, *s. f. (quím.)* hidrólisis.
hidrometria, *s. f.* hidrometría.
hidrosfera, *s. f.* hidrosfera.
hidroterapia, *s. f.* hidroterapia.
hidrozoários, *s. m. pl. (zool.)* hidrozoarios o hidrozoos.
hiemal, *adj.* hibernal.
hierarquia, *s. f.* hierarquía, jerarquía.
hifen, *s. m.* hifén, trazo de unión.
higiene, *s. f.* higiene.
higiénico, *adj.* higiénico.
higienista, *s.* higienista.
hilare, *adj.* risueño, contento, alegre, optimista.
hilarizar, *v. t.* alegrar, volver risueño; dar alegría; hacer reír.
hilo, *s. m. (bot.)* hilo; *(anat.)* hilo, fisura.
hímen, *s. m. (anat.)* himen.
hipérbato o **hipérbaton,** *s. m.* hipérbaton.
hiperidrose, *s. f.* sudor excesivo.
hipermetropia, *s. f.* hipermetropía.
hipertensão, *s. f.* hipertensión.
hipertermia, *s. f.* hipertermia; fiebre; calentura.
hípico, *adj.* hípico.
hipnotismo, *s. m.* hipnotismo.
hipnotizar, *v. t.* hipnotizar.
hipocrisia, *s. f.* hipocresía.
hipócrita, *adj.* hipócrita.
hipodérmico, *adj.* hipodérmico.
hipotecar, *v. t.* hipotecar.
hirsuto, *adj.* hirsuto; erizado; *(fig.)* áspero, duro.
hirto, *adj.* yerto, rígido; tieso; duro.
hispânico o **hispaniense,** *adj.* hispánico; español.
híspido, *adj.* híspido, hirsuto.
hissopar, *v. t.* e *i.* hisopar, aspergir con hisopo.
histeria, *s. f. (med.)* histeria, histerismo.
histérico, *adj.* y *s. m.* histérico.
história, *s. f.* historia.
historiógrafo, *s. m.* historiógrafo, historiador; cronista.
histrião, *s. m.* histrión, payaso.
hodierno, *adj.* relativo al día de hoy; moderno; actual.
hoje, *adv.* hoy.
holanda, *s. f.* holanda, lienzo muy fino.
holofote, *s. m.* especie de linterna o proyector; foco eléctrico.
hombridade, *s. f.* hombrada; magnanimidad; aspecto varonil.
homem, *s. m.* hombre.
homenzinho, *s. m.* hombrezuelo, hombrecillo.
homeopatia, *s. f.* homeopatía.
homicida, *adj.* y *s.* homicida.
homicídio, *s. m.* homicidio.
homiliar, *v. i.* hacer homilías.
homiziar, *v. t.* indisponer; malquistar; intrigar.
homizio, *s. m.* refugio; asilo.
homogeneizar, *v. t.* homogenizar.
homogéneo, *adj.* homogéneo.
homologação, *s. f.* homologación.
homologar, *v. t.* homologar.
homónimo, *adj.* homónimo.
homotético, *adj.* homotético.
honestidade, *s. f.* honestidad; recato; pudor; castidad; honradez.

honestizar, *v. t.* hacer honesto; honestar.
honesto, *adj.* honesto, honrado; digno; casto; virtuoso.
hónor, *s. m.* honor; honra.
honorário, *adj.* honorario; honorífico.
honorífico, *adj.* honorífico.
honra, *s. f.* honra; pundonor; gloria; virtud; dignidad.
honradez, *s. f.* honradez; integridad.
honrado, *adj.* honrado; casto.
honrar, *v. t.* honrar, respetar, venerar; dignificar.
hóquei, *s. m.* hockey, juego de pelota.
hora, *s. f.* hora.
horário, *adj.* y *s. m.* horario.
horizontal, *adj.* horizontal.
horizonte, *s. m.* horizonte.
horóscopo, *s. m.* horóscopo.
horrendo, *adj.* horrendo.
horripilante, *adj.* horripilante.
horripilar, *v. t.* horripilar.
horrível, *adj.* horrible; horrendo; pavoroso.
horror, *s. m.* horror; odio; aversión.
horrorizar, *v. t.* horrorizar, causar horror a; horripilar.
horta, *s. f.* huerta.
hortaliça, *s. f.* hortaliza.
hortelã, *s. f.* *(bot.)* menta, hierbabuena.
hortelão, *s. m.* hortelano.
hortelã-pimenta, *s. f.* *(bot.)* menta piperita.
hortènsia, *s. f.* *(bot.)* hortensia.
hortícola, *adj.* hortícola.
horticultor, *s. m.* horticultor.
horticultura, *s. f.* horticultura.
horto, *s. m.* huerto; establecimiento de horticultura.
hospedagem, *s. f.* hospedaje; hospitalidad.
hospedar, *v. t.* hospedar, dar hospedaje.
hospedaria, *s. f.* hospedería; albergue; parador; mesón.
hóspede, *s.* huésped.
hospício, *s. m.* hospicio.
hospital, *s. m.* hospital.
hospitalização, *s. f.* hospitalización.
hospitalizar, *v. t.* hospitalizar.
hoste, *s. f.* hoste, tropa, hueste, ejército.
hóstia, *s. f.* hostia.
hostil, *adj.* hostil; contrario; enemigo.
hostilidade, *s. f.* hostilidad.
hostilizar, *v. t.* hostilizar.
hotel, *s. m.* hotel.
hulha, *s. f.* hulla.
hum!, *interj.* ¡hum!
humanar, *v. t.* humanar; humanizar.
humanidade, *s. f.* humanidad.
humanismo, *s. m.* humanismo.
humanista, *s.* humanista.
humanização, *s. f.* humanización.
humanizar, *v. t.* humanizar.
humano, *adj.* humano.
humedecer, *v. t.* humedecer; mojar levemente.
humidade, *s. f.* humedad.
húmido, *adj.* húmedo.
humildação, *s. f.* humillación.
humildade, *s. f.* humildad.
humilde, *adj.* humilde, modesto; sencillo; pobre.
humilhação, *s. f.* humillación; sumisión; vejamen.
humilhante, *adj.* humillante.
humilhar, *v. t.* humillar, postrar; vejar.
humor, *s. m.* humor.
humorista, *adj.* humorista.
hurra!, *interj.* ¡hurra!

h

I

i

I, *s. m.* I, designación de uno, en numeración romana; *(quím.)* símbolo del yodo.
ião, *s. m.* ion.
iate, *s. m.* yate.
ibérico, *adj.* y *s. m.* ibérico.
içar, *v. t.* izar, levantar; erguir; alzar.
icebergue, *s. m.* iceberg.
ícone, *s. m.* icono, icón.
iconista, *s.* iconista, iconógrafo.
iconoclasta, *adj.* iconoclasta.
iconografia, *s. f.* iconografía.
iconostase, *s. f.* iconostasio.
icosaedro, *s. m.* icosaedro.
icterícia, *s. f. (med.)* ictericia.
ictérico, *adj. (med.)* ictérico.
ida, *s. f.* ida; partida; jornada.
idade, *s. f.* edad; época; tiempo; duración.
ideal, *adj.* ideal.
idealismo, *s. m.* idealismo.
idealista, *adj.* idealista.
idealizar, *v. t.* e *i.* idealizar.
idear, *v. t.* idear; proyectar; concebir.
ideia, *s. f.* idea.
idêntico, *adj.* idéntico.
identidade, *s. f.* identidad.
identificação, *s. f.* identificación.
identificar, *v. t.* identificar.
ideologia, *s. f.* ideología.
ideólogo, *s. m.* ideólogo.
idílico, *adj.* idílico.
idílio, *s. m.* idilio.
idioma, *s. m.* idioma.
idiossincrasia, *s. f.* idiosincrasia.
idiota, *adj.* y *s.* idiota; tonto; lelo, memo.
idiotia, *s. f.* idiotez.
idólatra, *adj.* y *s.* idólatra.
idolatria, *s. f.* idolatría.
ídolo, *s. m.* ídolo.
idóneo, *adj.* idóneo; conveniente; apto.
idos, *s. m. pl.* idus.
ignaro, *adj.* ignaro, ignorante.
ignavo, *adj.* indolente; pusilánime; débil.
ígneo, *adj.* ígneo.
ignizar-se, *v. r.* abrasarse, inflamarse.
ignóbil, *adj.* ignóbil; bajo, vil, abyecto.
ignobilidade, *s. f.* ignobilidad; vileza.
ignomínia, *s. f.* ignominia; infamia; afrenta; deshonra.
ignominiar, *v. t.* deshonrar.
ignominioso, *adj.* ignominioso; infamante.
ignorado, *adj.* ignorado, obscuro.
ignorância, *s. f.* ignorancia.
ignorar, *v. t.* ignorar.
igreja, *s. f.* iglesia.
igrejinha, *s. f.* iglesia pequeña, capilla, ermita.
igual, *adj.* igual; semejante.
igualar, *v. t.* igualar, hacer igual; nivelar, aplanar.
igualha, *s. f.* igualdad, identidad de condición social.
ilação, *s. f.* ilación; conclusión; deducción.
ilaquear, *v. t.* enredar; engañar; prender.
ilativo, *adj.* ilativo; conclusivo; deductivo.
ilegal, *adj.* ilegal.
ilegítimo, *adj.* ilegítimo.
ilegível, *adj.* ilegible.
ileso, *adj.* ileso; incólume.
iletrado, *adj.* iletrado; analfabeto.

lha, *v. t.* aislar, isolar.
lheta, *s. f.* islote, isla pequeña; isleta.
lhota, *s. f.* o **ilhote,** *s. m.* islote, isla pequeña.
libação, *s. f.* rehabilitación.
libar, *v. t.* purificar; rehabilitar.
lícito, *adj.* ilícito; ilegítimo; prohibido.
lidir, *v. t.* refutar, rebatir; destruir.
limitado, *adj.* ilimitado.
io, *s. m. (anat.)* ilion.
íquido, *adj.* ilíquido; *(fig.)* total, global.
lógico, *adj.* ilógico.
luminação, *s. f.* iluminación; alumbrado.
luminante, *adj.* iluminante.
luminar, *v. t.* iluminar; dar color; esclarecer; inspirar; ilustrar.
luminura, *s. f.* iluminación (pintura).
lusão, *s. f.* ilusión; cosa efímera; fraude; engaño.
lusionismo, *s. m.* ilusionismo.
lusionista, *s.* ilusionista.
luso, *adj.* iluso; engañado; seducido; soñador.
lusório, *adj.* ilusorio; ilusivo; aparente.
lustração, *s. f.* ilustración; sabiduría; dibujo.
lustrado, *adj.* ilustrado; instruido.
ustrador, *adj.* y *s. m.* ilustrador.
ustrar, *v. t.* ilustrar; instruir.
ustre, *adj.* ilustre; célebre; noble.
ustríssimo, *adj.* ilustrísimo.
utação, *s. f. (med.)* ilutación.
nâ, *s. m.* imán.
naculado, *adj.* inmaculado.
nagen, *s. f.* imagen.
naginar, *v. t.* imaginar; pensar; idear; creer.
naginário, *adj.* imaginario; *s. m.* imaginero.
nan, *s. m. (fís.)* imán.
nanência, *s. f.* inmanencia.
nanente, *adj.* inmanente.
naterial, *adj.* inmaterial.
naterializar, *v. t.* inmaterializar.
imbecil, *adj.* imbécil; alelado, necio, idiota.
imbecilidade, *s. f.* imbecilidad; tontería, estupidez.
imberbe, *adj.* imberbe.
imbricar, *v. t.* disponer en imbricación; sobreponer.
imbróglio, *s. m.* enredo; confusión.
imbuir, *v. t.* imbuir; persuadir; embeber.
imedição, *s. f.* inmediación; *pl.* inmediaciones; proximidades.
imediato, *adj.* inmediato; contiguo; instantáneo; *s. m.* categoría de subjefe.
inmemorado, *adj.* olvidado.
inmemorável, *adj.* inmemorable; inmemorial.
imenso, *adj.* inmenso; enorme; ilimitado; infinito.
imemorial, *adj.* inmemorial.
imensurável, *adj.* inmensurable.
inmersão, *s. f.* inmersión.
imigração, *s. f.* inmigración.
imigrante, *adj.* y *s.* inmigrante.
imigrar, *v. i.* inmigrar.
iminência, *s. f.* inminencia.
imitação, *s. f.* imitación.
imitar, *v. t.* imitar; reproducir; falsificar.
imo, *adj.* y *s. m.* íntimo.
imobiliario, *adj.* inmobiliario.
imobilismo, *s. m.* oposición a todo progreso.
imobilização, *s. f.* inmovilización.
imobilizar, *v. t.* inmovilizar.
imoderado, *adj.* inmoderado; excesivo.
imodéstia, *s. f.* inmodestia.
imodesto, *adj.* inmodesto.
imolação, *s. f.* inmolación.
imolar, *v. t.* inmolar.
imoralidade, *s. f.* inmoralidad.
imortalidade, *s. f.* inmortalidad.
imortalizar, *v. t.* inmortalizar.
imóvel, *adj.* inmoble, inmóvil.
impacientar, *v. t.* impacientar.
impaciente, *adj.* impaciente.

impar, *adj.* impar, que no es par; desigual.
imparcial; *adj.* imparcial.
impartível, *adj.* impartible.
impassibilidade, *s. f.* impasibilidad.
impassibilizar, *v. t.* volver impasible.
impassível, *adj.* impasible; sereno; inalterable.
impávido, *adj.* impávido, intrépido; sereno.
impecável, *adj.* impecable.
impedição, *s. f.* impedimento.
impedido, *s. m. (mil.)* ordenanza; *adj.* impedido; imposibilitado.
impedimento, *s. m.* impedimento.
impedir, *v. t.* impedir, estorbar, embarazar.
impelir, *v. t.* impeler, empujar.
impendente, *adj.* inminente.
impenetrável, *adj.* impenetrable.
imperador, *s. m.* emperador.
imperante, *adj.* imperante; soberano.
imperar, *v. t.* imperar; dominar.
imperceptível, *adj.* imperceptible.
imperecível, *adj.* imperecedero; eterno.
imperfeição, *s. f.* imperfección.
imperial, *adj.* imperial.
imperialismo, *s. m.* imperialismo.
imperícia, *s. f.* impericia; inexperiencia; incompetencia.
império, *s. m.* imperio; autoridad; predominio.
impermeabilizar, *v. t.* impermeabilizar.
impermeável, *adj.* impermeable.
impermutável, *adj.* impermutable.
impersistente, *adj.* impersistente.
impertérrito, *adj.* impertérrito; intrépido.
impertinente, *adj.* impertinente; exigente; importuno; incómodo.
impessoal, *adj.* impersonal.
impessoalidade, *s. f.* impersonalidad.
ímpeto, *s. m.* ímpetu; impulso; precipitación.
impetrabilidade, *s. f.* impetrabilidad, calidad de impetrable.
impetrar, *v. t.* impetrar, rogar; suplicar.
impetuoso, *adj.* impetuoso; violento; fogoso.
impiedade, *s. f.* impiedad.
impigem, *s. f. (med.)* sarpullido, salpullido; impétigo.
impingir, *v. t.* encajar, endosar, aplicar con fuerza; vender por más que el justo valor; engañar, embaucar.
ímpio, *adj.* y *s. m.* impío; irreligioso; ateo.
implacável, *adj.* implacable.
implantação, *s. f.* implantación.
implantar, *v. t.* implantar; establecer.
implicar, *v. t.* e *i.* implicar; impedir; enredar.
implícito, *adj.* implícito.
imploração, *s. f.* imploración; súplica.
implorar, *v. t.* implorar; suplicar; rogar.
impolidez, *s. f.* descortesía.
imponderável, *adj.* imponderable.
imponente, *adj.* imponente; grandioso.
impopular, *adj.* impopular.
impor, *v. t.* e *i.* imponer; establecer; obligar a.
importação, *s. f.* importación.
importador, *adj.* importador.
importância, *s. f.* importancia; categoría; influencia.
importar, *v. t.* importar; tener como resultado; tener importancia; convenir.
importe, *s. m.* importe; costo; precio.
importunar, *v. t.* importunar, estorbar, molestar.
imposição, *s. f.* imposición.
impossível, *adj.* imposible.
imposta, *s. f. (arq.)* imposta.
imposto, *s. m.* impuesto, tributo, carga; contribución; *adj.* impuesto.
impostor, *adj.* y *s. m.* impostor; embustero.
impotência, *s. f.* impotencia; debilidad.
impraticável, *adj.* impracticable.

imprecar, *v. t.* imprecar, pedir, suplicar; *v. i.* maldecir, imprecar.
imprecatado, *adj.* desprevenido, distraído.
impreciso, *adj.* impreciso.
impregnar, *v. t.* impregnar.
imprensa, *s. f.* imprenta, taller donde se imprime; prensa (máquina); periódicos; periodistas.
imprensar, *v. t.* imprimir; prensar; *(fig.)* comprimir.
imprescindível, *adj.* imprescindible.
imprescritível, *adj.* imprescriptible.
impressão, *s. f.* impresión; sensación; conmoción.
impressionante, *adj.* impresionante.
impressionar, *v. t.* impresionar el ánimo; conmover.
impressionismo, *s. m.* impresionismo.
impressionista, *adj.* impresionista.
impresso, *adj.* y *s. m.* impreso.
impressor, *adj.* y *s. m.* impresor.
impreterível, *adj.* inaplazable; riguroso.
imprevidente, *adj.* imprevisor.
imprevisto, *adj.* imprevisto; inesperado; inopinado.
imprimir, *v. t.* imprimir; grabar; *(fig.)* inspirar; influir.
improbabilidade, *s. f.* improbabilidad.
ímprobo, *adj.* ímprobo; malo; malvado; fatigante, arduo.
improcedente, *s. f.* improcedente.
improductivo, *adj.* improductivo; estéril.
improfícuo, *adj.* inútil; vano, estéril.
improgressivo, *adj.* estacionario.
improperar, *v. t.* improperar; injuriar; vituperar.
impróprio, *adj.* impropio; inconveniente.
improvação, *s. f.* desaprobación, reprobación.
improvável, *adj.* improbable.
improvidente o **impróvido,** *adj.* impróvido; desprevenido.
improvisar, *v. t.* improvisar.
improviso, *adj.* improviso; imprevisto; súbito; inopinado; *s. m.* improvisación.
imprudente, *adj.* imprudente.
impúbere, *adj.* y *s.* impúbero.
impudico, *adj.* impúdico.
impudor, *s. m.* impudor.
impugnação, *s. f.* impugnación.
impugnar, *v. t.* impugnar; refutar.
impugnável, *adj.* impugnable.
impulsar, *v. t.* impulsar.
impulsionar, *v. t.* dar impulso a, impulsar; estimular.
impulso, *s. m.* impulso; estímulo; ímpetu.
impune, *adj.* impune.
impunidade, *s. f.* impunidad.
impureza, *s. f.* impureza; deshonestidad; mácula.
impuro, *adj.* impuro; deshonesto, impúdico; inmundo.
imputação, *s. f.* imputación.
imputar, *v. t.* imputar.
imputável, *adj.* imputable.
imundície, *s. f.* inmundicia, suciedad, porquería.
imundo, *adj.* inmundo; sucio; asqueroso; obsceno.
imune, *adj.* inmune, libre, exento.
imunidade, *s. f.* inmunidad.
imunizar, *v. t.* inmunizar.
imutável, *adj.* inmutable.
inabalável, *adj.* inmovible; inexorable.
inábil, *adj.* inhábil.
inabilitar, *v. t.* inhabilitar.
inabitável, *adj.* inhabitable.
inacabável, *adj.* inacabable.
inacção, *s. f.* inacción; inercia.
inaceitável, *adj.* inaceptable.
inacessível, *adj.* inaccesible.
inactivo, *adj.* inactivo.
inadaptado, *adj.* inadaptado.
inadequado, *adj.* inadecuado.
inadiável, *adj.* improrrogable.
inadmissão, *s. f.* inadmisión.
inalienável, *adj.* inalienable.
inalterável, *adj.* inalterable.

i

inamovível, *adj.* inamovible.
inane, *adj.* inane, inútil; vano; inútil.
inanição, *s. f.* inanición.
inanidade, *s. f.* inanidad; futilidad; vanidad.
inanimado, *adj.* inanimado; sin vivacidad; muerto.
inânime, *adj.* inánime, inanimado.
inapelável, *adj.* inapelable.
inapetência, *s. f.* inapetencia.
inaptidão, *s. f.* inaptitud; incapacidad; insuficiencia.
inapto, *adj.* inapto; inhábil.
inarticulado, *adj.* inarticulado.
inassimilável, *adj.* inasimilable.
inatacável, *adj.* inatacable.
inatingível, *adj.* inalcanzable; inaccesible; incomprensible.
inato, *adj.* innato; congénito; ingénito, no nacido.
inaudito, *adj.* inaudito; increíble; raro; extraño.
inauguração, *s. f.* inauguración.
inaugural, *adj.* inaugural.
inaugurar, *v. t.* inaugurar; comenzar; empezar; iniciar.
incalculável, *adj.* incalculable.
incandescente, *adj.* incandescente.
incansável, *adj.* incansable; activo; laborioso.
incapacitar, *v. t.* incapacitar.
incapaz, *adj.* incapaz.
incauto, *adj.* incauto; imprudente.
incendiar, *v. t.* incendiar, quemar; *(fig.)* excitar.
incêndio, *s. m.* incendio; fuego.
incensar, *v. t.* incensar; turificar; *(fig.)* adular.
incensário, *s. m.* incensario; turíbulo.
incenso, *s. m.* incienso; *(fig.)* lisonja.
incerteza, *s. f.* incertidumbre; duda; indecisión.
incerto, *adj.* incierto, dudoso; inseguro.
incessante, *adj.* incesante.
incestar, *v. t.* e *i.* cometer un incesto; deshonrar.
incesto, *s. m.* incesto; *adj.* incesto; bajo; torpe.
incestuoso, *adj.* incestuoso.
inchação, *s. f.* hinchazón; tumor; anasarca.
inchar, *v. t.* hinchar; *v. i.* ensoberbecerse.
incidir, *v. i.* incidir; sobrevenir; ocurrir; reflejarse.
incinerar, *v. t.* incinerar.
incipiente, *adj.* incipiente.
incisão, *s. f.* incisión; corte; cesura.
incisivo, *adj.* incisivo; *(fig.)* mordaz; decisivo; enérgico; *s. m. (anat.)* incisivo.
incisório, *adj.* incisorio; incisivo.
incitação, *s. f.* incitación; excitación.
incitar, *v. t.* incitar; instigar; excitar; azuzar.
incivil, *adj.* incivil; grosero.
incivilidade, *s. f.* incivilidad; grosería
inclemência, *s. f.* inclemencia; rigor
inclemente, *adj.* inclemente; riguroso; áspero.
inclinação, *s. f.* inclinación.
inclinar, *v. t.* inclinar; curvar; *v. i* tender, propender.
inclinável,, *adj.* inclinable.
ínclito, *adj.* ínclito; ilustre.
incluir, *v. t.* incluir; encerrar; contener.
inclusão, *s. f.* inclusión.
incluso, *adj.* incluido; comprendido.
incoativo, *adj.* incoativo.
incobrável, *adj.* incobrable.
incoercível, *adj.* incoercible.
incoerente, *adj.* incoherente.
incógnita, *s. f.* incógnita.
íncola, *s. m.* íncola, habitante.
incolor, *adj.* incoloro.
incólume, *adj.* incólume; ileso.
incombustibilidade, *s. f.* incombustibilidad.
incombustível, *adj.* incombustible.
incomodar, *v. t.* incomodar; incor diar; molestar.
incomodidade, *s. f.* incomodidad; in disposición; tristeza; disgusto.

i

incómodo, *adj.* incómodo; molesto; nocivo; *s. m.* incomodidad; menstruación.
incomparável, *adj.* incomparable.
incompatibilidade, *s. f.* incompatibilidad.
incompatibilizar, *v. t.* incompatibilizar.
incompatível, *adj.* incompatible.
incompetente, *adj.* incompetente.
incompleto, *adj.* incompleto.
incompreendido, *adj.* no comprendido, no entendido.
incompreensão, *s. f.* incomprensión.
inconcesso, *adj.* Prohibido; no concedido; defeso.
inconciliável, *adj.* inconciliable.
inconcludente, *adj.* ilógico; no conclusivo.
inconcusso, *adj.* inconcuso; firme; sólido; austero.
inconfesso, *adj.* inconfeso.
inconfidência, *s. f.* inconfidencia; deslealtad; indiscreción.
inconfortável, *adj.* que no es confortable; desolado; desabrigado.
inconfundível, *adj.* inconfundible; muy diferente.
incongruente, *adj.* incongruente.
inconsciência, *s. f.* inconsciencia.
inconsequente, *adj.* inconsecuente.
inconsistência, *s. f.* inconsistencia.
inconsistente, *adj.* inconsistente.
inconstante, *adj.* inconstante; versátil.
inconstitucional, *adj.* inconstitucional.
incontaminado, *adj.* incontaminado.
incontável, *adj.* incontable; innumerable.
incontestável, *adj.* incontestable; indiscutible.
incontinência, *s. f.* incontinencia.
incontinente, *adj.* incontinente.
inconveniência, *s. f.* inconveniencia.
inconveniente, *adj.* inconveniente.
incorporar, *v. t.* incorporar; incluir; *v. i.* tomar o echar cuerpo; hacer parte; *v. r.* incorporarse.
incorpóreo, *adj.* incorpóreo.
incorrecção, *s. f.* incorrección.
incorrer, *v. i.* incurrir; caer en error; comprometerse.
incorrigível, *adj.* incorregible.
incorrupção, *s. f.* incorrupción.
incorrupto, *adj.* incorrupto.
incrédulo, *adj.* y *s. m.* incrédulo; descreído; impío, ateo.
incremento, *s. m.* incremento; desenvolvimiento.
increpar, *v. t.* increpar; acusar; reprender.
incriminar, *v. t.* incriminar; acusar.
incrível, *adj.* increíble; inexplicable; extraordinario.
incruento, *adj.* incruento, no sangriento.
incrustar, *v. t.* incrustar; embutir; taracear.
incubação, *s. f.* incubación.
incubadora, *s. f.* incubadora.
incubar, *v. t.* e *i.* incubar, encobar, empollar.
inculcar, *v. t.* inculcar; indicar; recomendar.
inculpar, *v. t.* inculpar, acusar.
inculto, *adj.* inculto.
incumbir, *v. t.* incumbir, encargar; pertenecer; caber.
incunábulo, *s. m.* incunable.
incurável, *adj.* incurable.
incúria, *s. f.* incuria; negligencia.
incurial, *adj.* irregular.
incursão, *s. f.* *(mil.)* incursión; invasión.
incurso, *adj.* incurso, sujeto a penalidad.
incutir, *v. t.* inculcar; insinuar; sugerir.
indagação, *s. f.* indagación.
indagar, *v. t.* indagar; inquirir; averiguar; pesquisar.
indecente, *adj.* indecente.
indecisão, *s. f.* indecisión.
indeclinável, *adj.* indeclinable; inevitable.
indecoro, *s. m.* indecoro.

i

indecoroso, *adj.* indecoroso.
indefectível, *adj.* indefectible.
indefensável, *adj..* indefendible, indefensible.
indefenso, *adj.* indefenso; desarmado.
indeferir, *v. t.* denegar, desatender.
indefesso, *adj.* indefenso; incansable; infatigable.
indelével, *adj.* indeleble.
indelicadeza, *s. f.* indelicadeza; descortesía.
indemne, *adj.* indemne; ileso.
indemnização, *s. f.* indemnización.
indemnizar, *v. t.* indemnizar, compensar.
indemostrável, *adj.* indemostrable.
independência, *s. f.* independencia; libertad; autonomía.
indesejável, *adj.* indeseable.
indestrutível, *adj.* indestructible.
indeterminação, *s. f.* indeterminación.
indeterminável, *adj.* indeterminable.
indevido, *adj.* indebido; impropio; inconveniente.
índex, *s. m.* índex.
indiano, *adj.* y *s. m.* indiano; indio.
indicação, *s. f.* indicación; esclarecimiento; señal.
indicador, *adj.* indicador, señal, índex; *s. m.* trabajo ya hecho; presión, aparato.
indicar, *v. t.* indicar; mostrar; designar; señalar.
índice, *s. m.* índice; lista de capítulos.
indiciar, *v. t.* indiciar; denunciar.
indício, *adj.* indicio, indicación; vestigio.
indiferença, *s. f.* indiferencia; apatía; desinterés.
indígena, *adj,* y *s.* indígena.
indigência, *s. f.* indigencia.
indigente, *adj.* y *s.* indigente.
indigestão, *s. f.* indigestión.
indigitar, *v. t.* proponer.
indignar, *v. t.* indignar.
indigno, *adj.* indigno; vil, ruin.
índigo, *adj.* índigo, añil.
indirecto, *adj.* indirecto.
indisciplina, *s. f.* indisciplina.
indisciplinar, *v. t.* quebrantar la disciplina; revolucionar.
indiscreto, *adj.* indiscreto.
indiscriminável, *adj.* que no se puede discriminar; indiscernible.
indiscutível, *adj.* indiscutible.
indispensável, *adj.* indispensable.
indispor, *v. t.* indisponer.
indisposição, *s. f.* indisposición; desavenencia.
indisposto, *adj.* indispuesto; enfermo; desavenido.
indissolubilidade, *s. f.* indisolubilidad.
indissolúvel, *adj.* indisoluble.
indistinto, *adj.* indistinto; confuso.
inditoso, *adj.* desdichado, infeliz.
individual, *adj.* individual.
individualizar, *v. t.* individualizar.
individuar, *v. t.* individuar, especificar, individualizar.
indivíduo, *s. m.* individuo; *adj.* indivisible.
indivisão, *s. f.* indivisión.
indivisível, *adj.* indivisible.
indiviso, *adj.* indiviso.
indócil, *adj.* indócil; indomable; rebelde.
indocilizar, *v. t.* tornar indócil; indisciplinar.
indocumentado, *adj.* indocumentado
índole, *s. f.* índole; carácter.
indolência, *s. f.* indolencia.
indolente, *adj.* indolente; ocioso; negligente.
indomado, *adj.* indomado.
indómito, *adj.* indómito.
indouto, *adj.* indocto; ignorante.
indubitado, *adj.* indubitado.
indubitável, *adj.* indubitable; indudable; cierto.
indução, *s. f.* inducción.
indulgência, *s. f.* indulgencia.
indulgente, *adj.* indulgente.
indultar, *v. t.* indultar.

i

indulto, *s. m.* indulto; perdón.
indumento, *s. m.* indumento; vestuario; *(bot.)* induvia.
indústria, *s. f.* industria; destreza; oficio; invención.
industrial, *adj.* industrial.
industrializar, *v. t.* industrializar.
industriar, *v. t.* industriar; adiestrar; instruir; ejercitar.
indutor, *adj.* y *s. m.* inductor.
induzido, *adj.* inducido.
induzir, *v. t.* inducir; instigar; mover a uno.
inebriar, *v. t.* inebriar; embriagar; extasiar.
inédito, *adj.* inédito.
inefável, *adj.* inefable.
ineficaz, *adj.* ineficaz.
inegável, *adj.* innegable; evidente; incontestable.
inelegível, *adj.* inelegible.
inenarrável, *adj.* inenarrable.
inépcia, *s. f.* inepcia.
ineptidão, *s. f.* ineptitud; inepcia.
inepto, *adj..* inepto; incapaz o necio; absurdo.
inequívoco, *adj.* inequívoco; evidente; claro.
inércia, *s. f.* inercia.
inerência, *s. f.* inherencia.
inerente, *adj.* inherente; inseparable.
inerte, *adj.* inerte.
inervar, *v. t.* inervar.
inescrutável, *adj.* inescrutable; impenetrable; insondable.
inesgotável, *adj.* inagotable.
inesperado, *adj.* inesperado; imprevisto; inopinado.
inestimável, *adj.* inestimable.
inevitável, *adj.* inevitable.
inexactidão, *s. f.* inexactitud.
inexacto, *adj.* inexacto.
inexaurível, *adj.* inagotable.
inexcitável, *adj.* inexcitable.
inexcusável, *adj.* inexcusable.
inexigível, *adj.* inexigible.
inexistência, *s. f.* inexistencia.
inexistente, *adj.* inexistente.
inexorável, *adj.* inexorable; inflexible.
inexperiência, *s. f.* inexperiencia.
inexperiente, *adj.* inexperto.
inexperto, *adj.* inexperto.
inexpiável, *adj.* inexpiable.
inexplicável, *adj.* inexplicable.
inexplorado, *adj.* inexplorado.
inexplorável, *adj.* inexplorable; inexplotable.
inexpressivo, *adj.* inexpresivo.
inextenso, *adj.* inextenso.
inextinto, *adj.* inextinguido.
inextirpável, *adj.* inextirpable.
infalível, *adj.* infalible.
infamar, *v. t.* infamar; denigrar; deshonrar.
infame, *adj.* infame; ignominioso.
infâmia, *s. f.* infamia; deshonra; calumnia; ignominia.
infância, *s. f.* infancia.
infando, *adj.* infando, abominable.
infanteria, *s. f. (mil.)* infantería.
infante, *s. m.* infante; niño; *(mil.)* infante.
infanticida, *adj.* y *s.* infanticida.
infantil, *adj.* infantil; inocente; ingenuo.
infatigável, *adj.* infatigable.
infausto, *adj.* infausto; funesto; aciago.
infecção, *s. f.* infección; corrupción; contagio.
infeccioso, *adj.* infeccioso.
infectar, *v. t.* e *i.* infectar.
infecundidade, *s. f.* infecundidad; esterilidad.
infecundo, *adj.* infecundo; estéril.
infelicidade, *s. f.* infelicidad; infortunio; desdicha.
infelicitar, *v. t.* hacer infeliz; desgraciar.
infeliz, *adj.* infeliz; desgraciado.
inferior, *adj.* y *s.* inferior.
inferir, *v. t.* inferir; deducir.
infernal, *adj.* infernal.
inferneira, *s. f.* tumulto; ruido grande; alarido.
inferno, *s. m.* infierno.

i

ínfero, *adj.* inferior; *(bot.)* ínfero.
infértil, *adj.* que no es fértil; estéril.
infertilizar, *v. t.* esterilizar.
infestar, *v. t.* infestar; contaminar; apestar.
infesto, *adj.* infesto, dañoso.
infidelidade, *s. f.* infidelidad.
infiel, *adj.* infiel.
infiltrar, *v. t.* e *i.* infiltrar; infiltrarse; penetrar.
ínfimo, *adj.* ínfimo; lo más bajo.
infindável, *adj.* indefinible.
infindo, *adj.* infinito; ilimitado; innumerable.
infinidade, *s. f.* infinidad.
infinitesimal, *adj.* infinitesimal.
infinitésimo, *adj.* y *s. m.* infinitésimo.
infinitivo, *s. m.* infinitivo.
infinito, *adj.* y *s. m.* infinito.
inflado, *adj.* inflado; envanecido.
inflamação, *s. f.* inflamación.
inflamar, *v. t.* inflamar; incendiar; abrasar; irritar; entusiasmar.
inflamável, *adj.* inflamable.
inflar, *v. t.* inflar; hinchar; engreír; envanecer.
inflectir, *v. t.* causar inflexión; doblar; curvar; desviar.
inflexão, *s. f.* inflexión.
inflexível, *adj.* inflexible; inexorable.
inflexo, *adj.* inflexo; curvado; inclinado.
infligir, *v. t.* infligir.
inflorar, *v. t.* e *i.* florecer; enflorar.
influência, *s. f.* influencia; crédito; influjo.
influenciar, *v. t.* influenciar.
influente, *adj.* y *s. m.* influente.
influir, *v. t.* e *i.* influir; inspirar; entusiasmar.
informação, *s. f.* información; indagación.
informar, *v. t.* informar; avisar; orientar.
informe, *adj.* informe; tosco; irregular; *s. m.* informe, información, parecer.
infortunado, *adj.* infortunado; infeliz.
infortunar, *v. t.* hacer desgraciado infeliz; desgraciar.
infortúnio, *s. m.* infortunio.
infracção, *s. f.* infracción; transgresión.
infringir, *v. t.* infringir; transgredir violar.
infrutífero, *adj.* infructífero; estéril.
infrutuoso, *adj.* infructuoso.
infundir, *v. t.* infundir; verter; derramar; inspirar.
infusa, *s. f.* especie de cántaro o cántara.
infusão, *s. f.* infusión.
infuso, *s. m.* infuso; infusión.
ingénito, *adj.* ingénito.
ingente, *adj.* ingente; desmedido.
ingenuidade, *s. f.* ingenuidad.
ingénuo, *adj.* y *s. m.* ingenuo; sencillo franco.
ingerir, *v. t.* ingerir; tragar; engullir *r.* injerirse, entremeterse.
inglesar, *v. t.* dar aspecto de inglés.
ingovernável, *adj.* ingobernable.
ingratidão, *s. f.* ingratitud.
ingrato, *adj.* ingrato; desagradecido desagradable; estéril; arduo; *s. m* ingrato.
ingrediente, *s. m.* ingrediente.
ingresia, *s. f.* algazara; alboroto; griterío.
ingressar, *v. i.* ingresar.
ingresso, *s. m.* ingreso; admisión.
íngua, *s. f.* infarto de una glándula
inhenho, *adj.* y *s. m.* tonto; lelo memo.
inibição, *s. f.* inhibición; prohibición
inibir, *v. t.* inhibir; impedir; prohibir estorbar.
inibitório, *adj.* inhibitorio.
iniciação, *s. f.* iniciación.
iniciado, *s. m.* catecúmeno.
iniciador, *adj.* y *s. m.* iniciador, que inicia.
inicial, *adj.* y *s. f.* inicial.
iniciar, *v. t.* iniciar; admitir; inaugurar; enseñar.
iniciativa, *s. f.* iniciativa.

início, *s. m.* inicio; inauguración; comienzo.
iniludível, *adj.* ineludible.
inimaginável, *adj.* inimaginable; increíble.
inimigo, *adj.* y *s. m.* enemigo; adversario; contrario.
inimitar, *v. t.* enemistar; indisponer.
iniquidade, *s. f.* iniquidad; injusticia.
iníquo, *adj.* inicuo; injusto.
injecção, *s. f.* inyección; *(pop.)* molestia, fastidio.
injectar, *v. t.* inyectar.
injector, *adj.* y *s. m.* inyector, inyectador.
injúria, *s. f.* injuria; afrenta; ofensa.
injuriar, *v. t.* injuriar; ofender.
injustiça, *s. f.* injusticia.
injustificável, *adj.* injustificable.
injusto, *adj.* injusto.
inocência, *s. f.* inocencia.
inocente, *adj.* inocente; lerdo; sin malicia; cándido.
inoculação, *s. f.* inoculación.
inoculador, *adj.* y *s. m.* inoculador.
inocular, *v. t.* inocular.
inócuo, *adj.* inocuo, innocuo; inofensivo.
inodoro, *adj.* inodoro.
inofensivo, *adj.* inofensivo.
inolvidável, *adj.* inolvidable.
inoperante, *adj.* inoperante.
inópia, *s. f.* inopia; indigencia; pobreza; defecto; deficiencia.
inoportunidade, *s. f.* inoportunidad.
inorgânico, *adj.* inorgánico.
inovação, *s. f.* innovación.
inovar, *v. t.* innovar.
inoxidável, *adj.* inoxidable.
inqualificável, *adj.* incalificable.
inquérito, *s. m.* inquisición; indagación; pesquisa.
inquietar, *v. t.* inquietar; turbar la quietud; excitar; *r.* inquietarse.
inquieto, *adj.* inquieto; desasosegado.
inquilino, *s. m.* inquilino.
inquinamento, *s. m.* inquinamento; infección.
inquirir, *v. t.* inquirir; indagar; averiguar.
inquisição, *s. f.* inquisición.
inquisidor, *s. m.* inquisidor.
insaciado, *adj.* que no está saciado; insatisfecho.
insalivar, *v. t.* insalivar.
insalubre, *adj.* insalubre; malsano.
insanável, *adj.* insanable; incurable.
insânia, *s. f.* insania; locura.
insatisfeito, *adj.* insatisfecho.
inscrever, *v. t.* inscribir; grabar.
inscrição, *s. f.* inscripción.
inscrito, *adj.* inscripto, inscrito; registrado.
insculpir, *v. t.* insculpir; esculpir; tallar, grabar.
insculptor, *s. m.* escultor; grabador.
inscultura, *s. f.* arte de escultura; grabado.
insecável, *adj.* insecable.
insecticida, *adj.* y *s. m.* insecticida.
insecto, *s. m. (zool.)* insecto.
inseguro, *adj.* inseguro.
insensatez, *s. f.* insensatez; locura; temeridad.
insensibilizar, *v. t.* insensibilizar.
insensível, *adj.* insensible.
inseparável, *adj.* inseparable.
inserção, *s. f.* inserción.
inserir, *v. t.* inserir; insertar; intercalar; incluir.
inserto, *adj.* inserto; injerto.
insídia, *s. f.* insidia; asechanza; emboscada; perfidia.
insigne, *adj.* insigne; célebre; ilustre, preclaro.
insígnia, *s. f.* insignia.
insinuação, *s. f.* insinuación.
insinuante, *adj.* insinuante.
insinuar, *v. t.* insinuar; captar; *r.* hacerse simpático.
insipidez, *s. f.* insipidez; desabor; monotonía.
insípido, *adj.* insípido; monótono; soso.
insistente, *adj.* insistente; porfiado; tenaz; obstinado; terco.

insistir, *v. i.* insistir; perseverar, porfiar.
insocial, *adj.* insocial, insociable.
insofrido, *adj.* insufrido; impaciente; inquieto.
insofrível, *adj.* insufrible; intolerable; insoportable.
insolar, *v. t.* insolar.
insolente, *adj.* insolente; atrevido; grosero.
insólito, *adj.* insólito, increíble.
insolúvel, *adj.* insoluble.
insolvência, *s. f.* insolvencia.
insolvente, *adj.* insolvente.
insónia, *s. f.* insomnio.
insosso, *adj.* soso; insípido.
inspeccionar, *v. t.* inspeccionar, examinar.
inspector, *s. m.* inspector.
inspirador, *adj.* y *s. m.* inspirador.
inspirar, *v. t.* inspirar; sugerir.
instalação, *s. f.* instalación.
instalar, *v. t.* instalar; inaugurar; colocar; alojar.
instância, *s. f.* instancia; solicitud; fuerza; presión.
instantâneo, *adj.* y *s. m.* instantáneo.
instante, *adj.* y *s. m.* instante; momento; ocasión.
instar, *v. i.* instar.
instauração, *s. f.* instauración.
instaurar, *v. t.* instaurar; restaurar; establecer.
instigar, *v. t.* instigar; incitar.
instinto, *s. m.* instinto.
instituidor, *s. m.* instituidor.
instituir, *v. t.* instituir.
instituto, *s. m.* instituto.
instruir, *v. t.* instruir.
instrumental, *s. m.* instrumental.
instrumentista, *s.* instrumentista.
instrumento, *s. m.* instrumento; utensilio o aparato; escritura; arma; medio.
instructor, *adj.* y *s. m.* instructor.
insubmisso, *adj.* insumiso; desobediente.
insubordinar, *v. t.* insubordinar; amotinar.
insubornável, *adj.* insobornable.
insubstancial, *adj.* insubstancial.
insucesso, *s. m.* mal resultado; poco éxito; fracaso.
insuficiência, *s. f.* insuficiencia; incapacidad.
insuficiente, *adj.* insuficiente; incapaz.
ínsula, *s. f.* ínsula, isla.
insular, *v. t.* aislar.
insulina, *s. f.* insulina.
insulso, *adj.* insulso, soso, insípido.
insultante, *adj.* insultante.
insultar, *v. t.* insultar; injuriar.
insulto, *s. m.* insulto; ofensa; ataque repentino.
insuperável, *adj.* insuperable; invencible.
insuportável, *adj.* insoportable.
insurdescência, *s. f.* sordera.
insurreccionar, *v. t.* insurreccionar; sublevar.
intáctil, *adj.* intangible.
intacto, *adj.* intacto;
íntegro, puro.
intangível, *adj.* intangible.
íntegra, *s. f.* íntegra, íntegro.
integração, *s. f.* integración.
integral, *adj.* integral, entero, completo.
integrar, *v. t.* integrar, completar; reintegrar.
integridade, *s. f.* integridad.
íntegro, *adj.* íntegro; recto; incorruptible; completo.
inteireza, *s. f.* entereza; integridad.
inteiriçar, *v. t.* hacer enterizo; *r.* enderezarse.
inteiro, *adj.* entero; completo; íntegro.
intelecto, *s. m.* intelecto; entendimiento.
intelectual, *adj.* intelectual.
inteligente, *adj.* inteligente.
intemerato, *adj.* incorruptible; íntegro; puro.

i

intemperante, *adj.* intemperante.
intempérie, *s. f.* intemperie.
intempestivo, *adj.* intempestivo; inoportuno.
intenção, *s. f.* intención; propósito; designio; deseo.
intencionado, *adj.* intencionado.
intendência, *s. f.* intendencia; dirección; administración.
intendente, *s. m.* intendente.
intender, *v. t.* ejercer vigilancia; contender.
intensão, *s. f.* intensión; intensidad; vehemencia.
intensificar, *v. t.* intensificar.
intentar, *v. t.* intentar; emprender.
intento, *s. m.* intento, designio; plano; fin; intención.
intercadente, *adj.* intercadente; irregular; intermitente.
intercalar, *adj.* intercalar; *v. t.* intercalar; interponer.
intercâmbio, *s. m.* intercambio.
interceder, *v. i.* interceder.
interceptar, *v. t.* interceptar.
intercessão, *s. f.* intercesión; intervención.
intercessor, *adj.* y *s. m.* intercesor; mediador.
intercontinental, *adj.* intercontinental.
intercutâneo, *adj.* intercutáneo.
interdito, *adj.* y *s. m.* interdicto; entredicho.
interdizer, *v. t.* interdecir.
interessante, *adj.* interesante.
interessar, *v. t.* interesar; asociar; atraer; *v. i.* agradar; lucrar.
interesse, *s. m.* interés; ganancia; atención.
interesseiro, *adj.* y *s. m.* interesado; codicioso; egoísta.
interferência, *s. f.* interferencia; intervención.
interferir, *v. i.* intervenir.
interfoliar, *v. t.* interfoliar; intercalar.
interinidade, *s. f.* interinidad.
interino, *adj.* y *s. m.* interino.
interior, *adj.* interior.
interlinear, *adj.* interlinear.
interlocutor, *s. m.* interlocutor.
intermediário, *adj.* y *s. m.* intermediario; medianero.
intermédio, *adj.* intermedio; *s. m.* intermedio; entreacto; interpuesto; medianero.
intermeter, *v. t.* entremeter; intercalar; *i.* intermediar.
intermissão, *s. f.* intermisión; interrupción.
intermitente, *adj.* intermitente.
intermitir, *v. t.* intermitir; interrumpir.
intermuscular, adj. intermuscular.
internação, *s. f.* internación; internamiento.
internacional, *adj.* y *s. m.* internacional.
internado, *s. m.* internado.
internar, *v. t.* internar; introducir, hacer penetrar.
internato, *s. m.* internado.
interno, *adj.* interno.
interocular, *adj.* interocular.
interósseo, *adj.* *(anat.)* interóseo.
interpelação, *s. f.* interpelación.
interpelar, *v. t.* interpelar.
interplanetário, *adj.* interplanetario.
interpolar, *v. t.* interpolar.
interpor, *v. t.* interponer; recurrir.
interposição, *s. f.* interposición.
interposto, *adj.* interpuesto; intermediario; *s. m.* factoría.
interpretação, *s. f.* interpretación.
interpretar, *v. t.* interpretar; traducir; aclarar.
intérprete, *s. m.* intérprete.
interrogação, *s. f.* interrogación; pregunta.
interrogar, *v. t.* interrogar; preguntar; examinar.
interromper, *v. t.* e *i.* interrumpir; suspender.
interrupção, *s. f.* interrupción.
interruptor, *adj.* y *s. m.* interruptor.
intersecção, *s. f.* intersección.

i

interstício, *s. m.* intersticio.
interurbano, *adj.* interurbano.
intervalo, *s. m.* intervalo; intermitencia.
intervenção, *s. f.* intervención.
interventor, *s. m.* interventor.
interverter, *v. t.* intervir; desordenar; poner al revés.
intervir, *v. i.* intervenir; interceder, mediar.
intestinal, *adj.* intestinal.
intestino, *s. m.* intestino.
intimar, *v. t.* intimar.
intimativa, *s. f.* frase o gesto enérgico; arrogancia.
intimativo, *adj.* imperioso; enérgico.
intimidade, *s. f.* intimidad.
intimidar, *v. t.* intimidar; asistar; apayorar.
íntimo, *adj.* y *s. m.* íntimo, interior, interno.
intitular, *v. t.* intitular; denominar.
intolerância, *s. f.* intolerancia.
intolerável, *adj.* intolerable.
intonação, *s. f.* entonación.
intoxicação, *s. f.* intoxicación.
intoxicar, *v. t.* intoxicar, envenenar.
intramuros, *loc.* intramuros.
intramuscular, *adj.* intramuscular.
intransigente, *adj.* y *s.* intransigente.
intransmissível, *adj.* intransmisible.
intratável, *adj.* intratable.
intravenoso, *adj.* *(anat.)* intravenoso.
intrépido, *adj.* intrépido; osado; arrojado.
intricado, *adj.* intrincado; enredado; confuso.
intricar, *v. t.* intrincar; enmarañar; confundir.
intriga, *s. f.* intriga; traición; enredo.
intrigalhada, *s. f.* enredos, cuentos, chismes.
intrigar, *v. t.* intrigar; enredar; embarazar; indisponer.
intrincado, *adj.* intrincado; obscuro; enmarañado.
intrínseco, *adj.* intrínseco.
introdução, *s. f.* introducción; prefacio; preámbulo.
introduzir, *v. t.* introducir; importar; establecer; presentar a.
intrometer, *v. t.* entrometer; introducir; intercalar.
intromissão, *s. f.* intromisión.
introspectivo, *adj.* que observa el interior.
intrujão, *adj.* y *s. m.* impostor; engañador, embustero.
intrujar, *v. t.* entruchar; engañar; mentir.
intrujice, *s. f.* engaño, mentira; chasco; embuste.
intuição, *s. f.* intuición; percepción clara.
intuitivo, *adj.* intuitivo.
intuito, *s. m.* intuito; intento; plan; fin.
intumescente, *adj.* intumescente; hinchado o tumefacto.
intumescer, *v. t.* e *i.* hinchar; inflamar, tumefacer; entumecer.
inturgescente, *adj.* turgente; hinchado; tumefacto.
inumação, *s. f.* inhumación.
inumano, *adj.* inhumano.
inumar, *v. t.* inhumar.
inundar, *v. t.* inundar.
inusitado, *adj.* inusitado, inusado; desconocido.
inútil, *adj.* inútil; vano.
inutilizar, *v. t.* inutilizar.
invadir, *v. t.* invadir; conquistar; penetrar.
invaginante, *adj.* que forma vaina; envolvente.
invalidade, *s. f.* invalidad; nulidad.
invalidar, *v. t.* invalidar; anular.
invalidez, *s. f.* invalidez.
inválido, *adj.* y *s. m.* inválido.
invariável, *adj.* invariable.
invasão, *s. f.* invasión.
invasivo, *adj.* invasivo, propio de una invasión; agresivo.
invasor, *adj.* y *s. m.* invasor.

invectivar, *v. t.* invehir, injuriar, insultar.
inveja, *s. f.* envidia; deseo violento; emulación.
invejar, *v. t.* envidiar; codiciar; emular.
invenção, *s. f.* invención.
invendável, *adj.* invendible.
inventar, *v. t.* inventar.
inventariar, *v. t.* inventariar.
inventario, *s. m.* inventario.
inventiva, *s. f.* inventiva; imaginación.
invento, *s. m.* invento, invención.
inventor, *adj.* y *s. m.* inventor.
invernar, *v. i.* invernar; hibernar.
inverno, *s. m.* invierno.
inverosímil, *adj.* inverosímil.
inversão, *s. f.* inversión.
inverso, *adj.* y *s. m.* inverso.
invertebrado, *adj.* invertebrado.
inverter, *v. t.* invertir.
invés, *s. m.* envés, revés.
investida, *s. f.* embestida, arremetida.
investigação, *s. f.* investigación.
investigar, *v. t.* investigar.
investir, *v. t.* e *i.* investir; conferir; embestir; atacar.
invicto, *adj.* invicto; invencible.
invídia, *s. f.* envidia.
inviolabilidade, *s. f.* inviolabilidad.
inviolável, *adj.* inviolable.
invisível, *adj.* invisible.
invocação, *s. f.* invocación.
invocar, *v. t.* invocar.
invogal, *s. f.* consonante.
invólucro, *s. m. (bot.)* involucro; forro; envoltura.
iodo, *s. m. (quím.)* yodo.
ion, *s. m.* ion.
iónico, *adj. (arq.)* iónico, jónico.
ionizar, *v. t.* ionizar.
ir, *v. i.* ir; caminar; andar; seguir; llevar; continuar; *v. r.* partir; morir, pasar.
iracúndia, *s. f.* iracundia; cólera; enojo.
irar, *v. t.* airar; indignar.
irascível, *adj.* irascible; iracundo.
íris, *s.* iris, meteoro luminoso; *(anat.)* iris, niña de los ojos.
irmã, *s. f.* hermana.
irmanar, *v. t.* hermanar; parear; unir; emparejar; confraternar.
irmandade, *s. f.* hermandad.
irmão, *s. m.* hermano; lego; *adj.* igual.
ironia, *s. f.* ironía; sarcasmo.
irónico, *adj.* irónico; sarcástico.
irra!, *interj.* ¡caramba!
irracional, *adj.* irracional.
irradiador, *adj.* y *s. m.* irradiador.
irradiar, *v. t.* irradiar; difundir; expandir.
irreal, *adj.* irreal; fantástico.
irrecuperável, *adj.* irrecuperable.
irredimível, *adj.* irredimible.
irreflectido, *adj.* irreflexivo.
irreformável, *adj.* irreformable.
irrefreável, *adj.* irrefrenable.
irregular, *adj.* irregular.
irreligioso, *adj.* irreligioso.
irremediável, *adj.* irremediable.
irremível, *adj.* irredimible.
irremovível, *adj.* inamovible.
irreparável, *adj.* irreparable; irrecuperable.
irrepreensível, *adj.* irreprensible; correcto.
irrequieto, *adj.* inquieto; incesante; irriquieto; turbulento.
irresistível, *adj.* irresistible.
irresolução, *s. f.* irresolución; hesitación.
irresolúvel, *adj.* insoluble.
irrespirável, *adj.* irrespirable.
irresponsável, *adj.* irresponsable.
irreverência, *s. f.* irreverencia.
irrevogável, *adj.* irrevocable.
irrigação, *s. f.* irrigación; *(med.)* irrigación.
irrigar, *v. t.* irrigar; regar.
irrisão, *s. f.* irrisión; escarnio.
irrisório, *adj.* irrisorio.
irritação, *s. f.* irritación.
irritante, *adj.* irritante.
irritar, *v. t.* irritar; excitar; exasperar.

i

irritável, *adj.* irritable.
irrogar, *v. t.* irrogar; imponer; infligir; causar; atribuir.
irromper, *v. i.* irrumpir; surgir de repente; nacer; brotar.
irrupção, *s. f.* irrupción.
isca, *s. f.* cebo, carnada.
iscar, *v. t.* cebar; untar.
isco, *s. m.* cebo para la pesca.
isentar, *v. t.* exentar; eximir; dispensar.
isento, *adj.* exento; dispensado.
isócrono, *adj.* isócrono.
isoédrico, *adj.* isoédrico.
isolação, *s. f.* aislamiento.
isolar, *v. t.* aislar; separar; interrumpir.
isólogo, *adj. (quím.)* isólogo.
isómero, *adj.* isómero.
isomorfo, *adj.* isomorfo.
isópode, *adj (zool.)* isópodo.
isotérmico o **isotermo,** *adj.* isotérmico, isotermo.
isqueiro, *s. m.* mechero, encendedor.
isso, *pron. dem.* eso; esa cosa; esos objetos.
istmo, *s. m.* istmo.
isto, *pron. dem.* esto, este objeto; esta o estas cosas.
iteração, *s. f.* iteración; repetición.
iterar, *v. t.* iterar; repetir.
iterativo, *adj.* iterativo, reiterado; repetido.
itinerário, *adj.* itinerario; *s. m.* ruta.

j

já, *adv.* ya; actualmente; en seguida; inmediatamente.
jaça, *s. f.* mancha.
jacaré, *s. m. (zool.)* caimán.
jacente, *adj.* yacente, que yace; *(for.)* yacente.
jactância, *s. f.* jactancia; arrogancia; vanidad.
jactar-se, *v. r.* jactarse; alabarse; ufanarse.
jacto, *s. m.* tiro; lanzamiento; salida impetuosa; golpe; chorro.
jacular, *v. t.* jacular; tirar; lanzar; arrojar.
jaculatória, *s. f.* jaculatoria.
jaez, *s. m.* jaez; *(fig.)* calidad; especie; suerte.
jagodes, *s. m. (pop.)* hombre rudo; bajo.
jaguar, *s. m. (zool.)* jaguareté; onza, yaguar.
jaleca, *s. f.* chaqueta.
jamais, *adv.* jamás; nunca.
Janeiro, *s. m.* enero.
janela, *s. f.* ventana.
jangada, *s. f. (mar.)* jangada; balsa.
janota, *adj.* y *s. m.* elegante; petimetre; dandy; pisaverde.
janotismo, *s. m.* excesivo rigor en el vestir según la moda; finura; elegancia.
jantar, *s. m.* cena; yantar.
japoneira, *s. f. (bot.)* camelia.
jaqueta, *s. f.* chaqueta.
jaquetão, *s. m.* chaquetón, chaqueta larga.
jarda, *s. f.* yarda; erial.
jardim, *s. m.* jardín.
jardineira, *s. f.* jardinera.
jarra, *s. f.* jarra.
jarrão, *s. m.* jarrón, jarra grande.
jarreta, *s.* viejo.
jarro, *s. m.* jarro.
jasmim, *s. m. (bot.)* jazmín.
jasmineiro, *s. m. (bot.)* jazmín.
jaspe, *s. m.* jaspe.
jaula, *s. f.* jaula (para fieras).
javali, *s. m. (zool.)* jabalí.
javardo, *s. m. (zool.)* jabalí; *(fig.)* hombre grosero.
jazer, *v. i.* yacer; permanecer; estar un cadáver en la sepultura.
jazida, *s. f.* sepultura; yacimiento.
jeito, *s. m.* manera; habilidad; defecto; torcedura.
jeitoso, *adj.* hábil; diestro; armonioso; gracioso.
jejuar, *v. i.* ayunar.
jejum, *s. m.* ayuno.
jerarquía, *s. f.* jerarquía.
jeremiar, *v. i.* lloriquear.
jerico, *s. m.* borrico; jumento.
jeroglífico, *adj.* jeroglífico.
jeropiga, *s. f.* mosto, bebida de mosto no fermentado.
jibóia, *s. f. (zool.)* boa, serpiente.
jiga, *s. f.* antigua danza popular, jiga, giga.
joalharia, *s. f.* joyería.
joanete, *s. m. (med.)* juanete.
joão-ninguém, *s. m. (pop.)* hombre insignificante.
joão-pestana, *s. m. (pop.)* sueño, acto de dormir.
jocó, *s. m. (zool.)* jocó, orangután.
jocoso, *adj.* jocoso; gracioso; chistoso; alegre.

j

joeira, *s. f.* cedazo, criba, harnero, zaranda.
joeirar, *v. t.* cribar; abalear; ahechar.
joelho, *s. m. (anat.)* rodilla.
jogar, *v. t.* jugar; ejecutar; tirar; vibrar.
jogatina, *s. f. (pop.)* juego, vicio de jugar.
jogo, *s. m.* juego; pasatiempo; recreación; ludibrio.
jogral, *s. m.* bobo; truhán.
jóia, *s. f.* joya.
joio, *s. m. (bot.)* joyo, cizaña.
jóquei, *s. m.* Joquey.
jorna, *s. f. (pop.)* salario diario; jornal.
jornada, *s. m.* jornada.
jornal, *s. m.* salario, jornal; periódico diario.
jornaleco, *s. m.* Diario sin importancia: periodicucho.
jornalismo, *s. m.* periodismo.
jornalista, *s.* periodista.
jorra, *s. f.* escoria de hierro; sedimento de la brea.
jorrrar, *v. i.* chorrear; borbotar; *v. t.* hacer salir con ímpetu; arrojar, lanzar.
jorro, *s. m.* chorro.
jovem, *adj.* Joven; *s. com.* joven persona nueva.
jovial, *adj.* jovial; alegre.
jovializar, *v. t.* alegrar; ser jovial.
jubado, *adj.* melenudo, cabelludo.
jubilação, *s. f.* jubilación.
jubilar, *v. t.* llenar de júbilo; alegrar; *v. i.* llenarse de júbilo; *r.* jubilarse.
jubileu, *s. m.* jubileo.
júbilo, *s. m.* júbilo; regocijo.
judeu, *adj.* y *s. m.* judío; hebrero; israelita; *(fig.)* avaro; usurero; perverso.
judia, *s. f.* judía.
judiaria, *s. f.* judería, barrio de los judíos; *(fig.)* broma pesada; malos tratos.
judicatura, *s. f.* judicatura.
judiciar, *v. i.* deducir judicialmente.
judicioso, *adj.* juicioso.
jugal, *adj.* matrimonial; conyugal.
jugo, *s. m.* yugo.
jugular, *adj.* y *s. (anat.)* yugular; *v. t.* someter; dominar.
juiz, *s. m.* juez; magistrado; árbitro.
juízo, *s. m.* juicio; opinión; parecer; dictamen.
julgar, *v. t.* e *i.* juzgar; sentenciar; creer; imaginar; figurarse.
Julho, *s. m.* julio.
jumento, *s. m. (zool.)* jumento, burro, asno; pollino.
junco, *s. m. (bot.)* junco.
jungir, *v. t.* acoyuntar; juntar; *(fig.)* sujetar, someter.
Junho, *s. m.* junio.
júnior, *adj.* junior, más joven.
junquilho, *s. m. (bot.)* junquillo.
junta, *s. f.* junta; asamblea; juntura; *(anat.)* junta, articulación; yunta, par de bestias de labor.
juntar, *v. t.* juntar; reunir; acumular.
junto, *adj.* unido; junto; ligado; próximo; cercano; cerca.
jura, *s. f.* jura; juramento, promesa; voto.
jurar, *v. t.* e *i.* jurar.
júri, *s. m.* jurado; tribunal.
juro, *s. m.* beneficio, interés, lucro, ganancia.
jus, *s. m.* derecho.
jusante, *s. f.* bajamar, reflujo.
justa, *s. f.* justa; pelea; torneo.
justapor, *v. t.* yuxtaponer.
justar, *v. i.* justar, pelear en las justas o lidias; *v. t. (fam.)* ajustar; asalariar.
justeza, *s. f.* precisión; exactitud.
justiça, *s. f.* justicia; derecho.
justiceiro, *adj.* justiciero.
justificar, *v. t.* justificar; disculpar; fundamentar.
justilho, *s. m.* justillo; corsé.
justo, *s. m.* justo; hombre virtuoso; bienaventurado; *adj.* justo; equitativo; exacto.

juta, *s. f. (bot.)* yute.
juvenco, *s. m.* juvenco, novillo, ternero, becerro.
juvenil, *adj.* juvenil; joven, mozo.
juventa, *s. f.* juventud, juventa.
juventude, *s. f.* juventud.

k

kantismo, *s. m.* kantismo.
kilowatt, *s. m.* kilovatio.
kírie, *s. m.* kirie.
Kremlin, *s. m.* Kremlin.

l

la, *pron.* la (acusativo).
lã, *s. f.* lana.
labéu, *s. m.* labe; mancha; tacha; deshonra; mácula.
lábia, *s. f.* labia, afluencia, locuacidad.
labial, *adj.* labial.
lábio, *s. m. (anat.)* labio.
labirinto, *s. m.* laberinto.
labor, *s. m.* labor; trabajo.
laborar, *v. i.* laborar; trabajar.
laboratório, *s. m.* laboratorio.
labrego, *adj.* y *s. m.* labriego; rústico; palurdo; campesino.
labrusco, *adj.* ignorante; rucio; zopenco.
labutar, *v. i.* afanar, afanarse; trabajar.
laca, *s. f.* laca.
laçada, *s. f.* lazada.
lacaio, *s. m.* lacayo.
laçaria, *s. f.* lazo; adorno arquitectónico; florón.
lacerar, *v. t.* lacerar; golpear; magullar.
laconismo, *s. m.* laconismo.
lacrar, *v. t.* lacrar, lacrear.
lacrau, *s. m. (zool.)* escorpión.
lacre, *s. m.* lacre.
lacrimal, *adj.* lacrimal.
lacrimejar, *v. i.* lacrimar, lagrimear.
lactante, *adj.* lactante.
lactar, *v. t.* lactar, amamantar; *v. i.* lactar; mamar.
lácteo, *adj.* lácteo.
lacticinoso, *adj.* lechoso, lácteo, lactescente.
láctico, *adj. (quím.)* láctico.
lactómetro, *s. m.* lactómetro.
lactose, *s. f. (quím.)* lactina; lactobiosa; lactosa.
lacuna, *s. f.* laguna; omisión; vacío; *(anat.)* cavidad intercelular.
ladainha, *s. f.* letanía.
ladear, *v. t.* e *i.* ladear; ir al lado; inclinar; *(fig.)* declinar, sofismar.
ladeira, *s. f.* ladera; declive; rampa; cuesta.
ladino, *adj.* ladino; astuto; *s. m.* ladino (dialecto).
ladra, *adj.* y *s. f.* ladrona.
ladrado, *s. m. (pop.)* ladrido.
ladrão, *adj.* y *s. m.* ladrón; salteador; *(fig.)* chupón.
ladrar, *v. i.* ladrar.
ladrilho, *s. m.* ladrillo.
ladro, *adj.* ladrón.
ladroar, *v. t.* robar; rapiñar; ratear.
ladroeira, *s. f.* ladronería; ladronía; hurto; latrocinio; robo.
lagalhé, *s. m.* individuo insignificante, mequetrefe.
lagamar, *s. m.* pozo, hoyo; golfo; laguna.
lagar, *s. m.* lagar.
lagarta, *s. f. (zool.)* oruga.
lagarteiro, *adj.* sagaz; pícaro; taimado.
lagartixa, *s. f. (zool.)* lagartija.
lagarto, *s. m. (zool.)* lagarto.
lago, *s. m.* lago.
lagosta, *s. f. (zool.)* langosta.
lágrima, *s. f.* lágrima.
lagrimação *s. f.* llanto.
laguna, *s. f.* laguna.
lai, *s. m.* lay, poema.
laia, *s. f.* laya; raza; calidad; clase.
laico, *adj.* laico; lego; lar.

laivar, *v. t.* manchar; ensuciar; deslustrar, mancillar.

laja, laje o **lájea,** *s. f.* lancha, losa; laja.

lajear, *v. t.* losar; solar; enlosar, cubrir el suelo de losas.

lajense, *adj.* relativo a Lajens; de las islas de las Flores o Pico, en las Azores; *s. com.* persona natural o habitante de estas poblaciones.

lajeoso, *adj.* enlosado, en que hay lajas o losas.

lala, *s. f.* designación dada a las planicies que marginan los ríos en la Guinea portuguesa; marisma.

lalar, *v. i.* arrullar.

lama, *s. f.* lama, cieno; barro; lodo; *(fig.)* humillación; *s. m. (zool.)* llama.

lamaçal, *s. m.* lodazal; cenagal.

lambada, *s. f.* bofetada; galleta; paliza; tunda.

lambão, *adj.* y *s. m.* glotón.

lambareiro, *adj.* y *s. m.* tragón, glotón.

lambarice, *s. f.* golosina.

lamber, *v. t.* lamer; *(fig.)* relamer, emperejilar.

lambiscar, *v. t.* pellizcar.

lambisco, *s. m.* migaja; bocado; pizca; golosina.

lambisgóia, *s. f.* mujer intrigante; mujer coqueta.

lambisqueiro, *adj.* entrometido, entremetido.

lambugem, *s. f.* golosina; lamín; sobras de comida.

lambuzadela, *s. f.* lamedura; mancha; pringón.

lambuzar, *v. t.* emporcar; ensuciar; pringar.

lameirão, *s. m.* pantano grande; cenagal; lodazal.

lamelação, *s. f.* laminación.

lamelar, *v. t.* laminar; *adj.* lamelar, lamelado.

lamelibrânquio, *adj. (zool.)* lamelibranquio.

lamentação, *s. f.* queja; lamentación.

lamentar, *v. t.* lamentar; deplorar; plañir.

lâmina, *s. f.* lámina, plancha delgada.

laminação, *s. f.* laminación.

laminar, *v. t.* laminar, reducir a láminas; *adj.* laminar, laminoso.

lamiré, *s. m.* diapasón.

lamoso, *adj.* lodoso; lamoso; cenagoso.

lampa, *s. f.* variedad de higuera; seda de China.

lâmpada, *s. f.* lámpara, mariposa, lamparilla; candil; bombilla; farol.

lampadário, *s. m.* candelabro; lampadario; araña.

lampadejar, *v. i.* oscilar; centellear, coruscar.

lamparina, *s. f.* mariposa, lamparilla; linterna; farol; *(pop.)* bofetón.

lampeiro, *adj.* entremetido, entrometido; listo; vivo.

lampejar, *v. i.* centellear.

lampianista, *s. m.* farolero.

lampião, *s. m.* farol, lampión, lámpara grande.

lamúria, *s. f.* queja; lamentación.

lamuriar, *v. i.* y *r.* lamentarse; quejarse.

lança, *s. f.* lanza, pica (arma); lanza, timón de coche.

lançada, *s. f.* lanzada, golpe con lanza.

lançadeira, *s. f.* lanzadera.

lançado, *s. m.* vómito.

lançador, *adj.* y *s. m.* lanzador; *s. m.* postor (en las subastas).

lançar, *v. t.* lanzar; echar; nacer; producir; derramar; vomitar; anotar; publicar; soltar, dar libertad; dar; exhalar.

lança-torpedos, *s. m.* lanzatorpedos.

lance, *s. m.* lance; impulso; rasgo; caso difícil; golpe.

lanceiro, *s. m.* lancero, lanza, soldado; panoplia.

lanceta, *s. f. (cir.)* lanceta; bisturí; cachete, chachetero.

lancha, *s. f. (mar.)* lancha.

lanchar, *v. t.* merendar; *v. i.* tomar la merienda.

lanche, *s. m.* piscolabis; merienda.

lancheira, *s. f.* fiambrera.
lanço, *s. m.* lance; puja, en una almoneda; paño, de pared; tramo, de escalera.
lande, *s. f.* bellota, glande; lande.
landeira, *s. f.* alcornocal.
langor, *s. m.* languidez; langor.
langoroso, *adj.* lánguido.
langotim, *s. m.* taparrabo.
languescer, *v. i.* languidecer.
languidez, *s. f.* languidez; postración.
lânguido, *adj.* lánguido; débil; flaco.
lanhar, *v. t.* Dar cortes en; herir, maltratar.
lanoso, *adj.* lanudo, lanoso.
lantejoila, *s. f.* lentejuela.
lanterna, *s. f.* linterna.
lanterneta, *s. f. (mil.)* proyectil de metal lleno de metralla.
lanternim, *s. m. (arq.)* linterna; tragaluz.
lapa, *s. f.* piedra; gruta; *(zool.)* lapa.
lapão, *s. m.* lapón.
laparão, *s. m.* lapa grande, molusco; tumor cutáneo.
láparo, *s. m.* conejo pequeño.
lapidado, *s. m.* efecto de lapidar, lapidación, lapidado.
lapidar, *v. t.* lapidar, apedrear; lapidar, labrar piedras preciosas; *(fig.)* pulir.
lapidário, *adj.* lapidario.
lápida, *s. f.* lápida.
lapidificar, *v. t.* petrificar; lapidificar.
lápis, *s. m.* lápiz.
lapisada, *s. f.* retrato o trazo a lápiz.
lapiseira, *s. f.* lapicera, lapicero.
lapónio, *adj.* y *s. m.* labriego.
lapso, *s. m.* lapso; descuido.
lar, *s. m.* hogar; lar; la patria; la familia.
laracha, *s. f. (fam.)* chascarrillo; broma; chiste.
larada, *s. f.* ceniza o rescoldo de la chimenea.
laranja, *s. f.* naranja.
laranjeira, *s. f. (bot.)* naranjo.
laranjinha, *s. f.* naranjada.
larapiar, *v. t.* hurtar; robar.
larápio, *s. m.* ladrón.
larear, *v. i. (pop.)* vaguear, vagabundear.
lareira, *s. f.* lar, hogar; lugar donde se enciende el fuego.
larga, *s. f.* larga; libertad; holgura; abundancia.
largar, *v. t.* soltar; dejar; ceder; abandonar; largar.
largo, *adj.* ancho; amplio; espacioso; extenso; importante; generoso; demorado; copioso; *s. m.* anchura.
larguear, *v. t.* gastar dilapidando; disipar.
largueza, *s. f.* anchura, espacio ancho; *(fig.)* generosidad; disipación.
largura, *s. f.* anchura; latitud.
larica, *s. f. (bot.)* cizaña; *(pop.)* hambre.
laringe, *s. f. (anat.)* laringe.
larva, *s. f. (bot.)* larva.
lasca, *s. f.* lasca; astilla.
lasso, *adj.* laso, cansado.
lástima, *s. f.* lástima; compasión; dolor.
lastimar, *v. t.* lastimar; deplorar; compadecer.
lastrar, *v. t.* lastrar.
lastro, *s. m. (mar.)* lastre; *(pop.)* aperitivo; piscolabis.
lata, *s. f.* lata, hoja de lata.
latada, *s. f.* glorieta; emparrado; enramada.
latagão, *s. m.* Hombre muy alto y fuerte, gigante.
latão, *s. m. (quím.)* latón.
lategada, *s. f.* latigazo.
látego, *s. m.* látigo, azote largo; tralla; zurriago; castigo.
latejar, *v. i.* palpitar; pulsar.
lateral, *adj.* lateral.
latíbulo, *s. m.* escondrijo; cueva, madriguera.
latido, *s. m.* latido; ladrido (del perro).
latifúndio, *s. m.* latifundio.
latino, *adj.* y *s. m.* latino.
latir, *v. i.* latir, ladrar (el perro); latir

(el corazón, las arterias); palpitar.
latitude, *s. f.* latitud.
lato, *adj.* lato; dilatado.
latoaria, *s. f.* hojalatería.
latoeiro, *s. m.* hojalatero.
latrina, *s. f.* letrina, latrina; retrete; cloaca.
latrocinar, *v. t.* robar; latrocinar.
latrocínio, *s. m.* latrocinio.
lauda, *s. f.* página de un libro.
laudo, *s. m.* laudo.
láurea, *s. f.* láurea, corona de laurel.
laurel, *s. m.* láurea, premio; galardón; homenaje.
láureo, *adj.* digno de honor; láureo.
lauréola, *s. f.* auréola; lauréola; láurea.
lauto, *adj.* lauto, espléndido.
lava, *s. f.* lava; llama, fuego.
lavabo, *s. m.* lavabo.
lavandaria, *s. f.* lavandería.
lava-pés, *s. m.* lavatorio, ceremonia de Jueves Santo.
lavar, *v. t.* lavar; bañar; regar; enjuagar.
lavareda, *s. f.* llamarada; ardor.
lavor, *s. m.* labor, trabajo.
lavoura, *s. f.* labranza; agricultura.
lavra, *s. f.* arada, labor.
lavrador, *s. m.* labrador; agricultor; campesino.
lavragem, *s. f.* labranza.
lavrante, *adj.* y *s.* artifice que trabaja en oro y plata; platero, joyero.
lavrar, *v. t.* arar (la tierra); labrar; cincelar, bordar; cultivar; preparar maderas; redactar, actas o sentencias.
laxante, *adj.* laxante.
laxo, *adj.* laxo, flojo; laso.
lázaro, *s. m.* lázaro, leproso, gafoso.
lazeira, *s. f.* miseria; desgracia; hambre; indolencia.
lazer, *s. m.* ocio; desgana; pereza.
leal, *adj.* leal; fiel; sincero; probo.
leão, *s. m. (zool.)* león.
lebrada, *s. f. (pop.)* lebrada, guiso de liebre.
lebrão, *s. m.* lebrón, liebre macho.
lebre, *s. f. (zool.)* liebre.
lebreiro, *adj.* perro que caza liebres; galgo.
leccionando, *s. m.* alumno; discípulo.
leccionar, *v. t.* aleccionar, dar lección; enseñar; explicar.
lectivo, *adj.* lectivo.
ledice, *s. f.* alegría, placer.
ledo, *adj.* risueño, alegre.
ledor, *adj.* y *s. m.* lector.
legação, *s. f.* legación.
legado, *s. m.* legado; embajador; nuncio pontificio; legado; dádiva.
legal, *adj.* legal.
legalizar, *v. t.* legalizar.
legar, *v. t.* legar; dejar legado.
legenda, *s. f.* leyenda.
legião, *s. f.* legión.
legislar, *v. t.* e *i.* legislar.
legislatura, *s. f.* legislatura.
legítima, *s. f.* legítima.
legitimar, *v. t.* legitimar; legalizar.
legitimista, *adj.* legitimista.
legítimo, *adj.* legítimo; auténtico; genuino; legal.
legível, *adj.* legible; leíble.
légua, *s. f.* legua.
legume, *s. m.* legumbre, hortaliza; habichuela.
leguminosas, *s. f. pl. (bot.)* leguminosas.
lei, *s. f.* ley.
leigal, *adj.* laical.
leigo, *adj.* y *s. m.* lego, laico; *s. m.* lego, religioso; *(fig.)* lego; ignorante.
leiguice, *s. f.* majadería; ignorancia.
leilão, *s. m.* almoneda; puja; subasta; remate.
leirão, *s. m.* caballón grande; era grande.
leitão, *s. m.* lechón.
leitaria, *s. f.* lechería.
leite, *s. m.* leche.
leito, *s. m.* lecho.
leiteada, *s. f.* comida hecha con lechón; tostón; cría, lechigada.
leitor, *adj.* y *s. m.* lector.

1

leituga, *s. f. (bot.)* lechuga.
leitura, *s. f.* lectura.
leiva, *s. f.* surco, del arado.
lema, *s. m.* lema, sentencia.
lembrança, *s. f.* recordación; recuerdo; membrete; memoria; idea; brindis, regalo; *pl.* recuerdos; saludos.
lembrar, *v. t.* acordar; conmemorar; celebrar; sugerir.
lembrete, *s. m.* cuaderno de apuntes; *(fam.)* reprimenda.
leme, *s. m.* timón; gobierno.
lenço, *s. m.* pañuelo.
lençol, *s. m.* sábana.
lenda, *s. f.* leyenda; mentira; fantasía.
lendário, *adj.* legendario, leyendario.
lêndea, *s. f.* liendre.
lenha, *s. f.* leña.
lenhificar, *v. t.* leñificar.
lenho, *s. m.* leño; madero.
lenidade, *s. f.* suavidad.
lenificar, *v. t.* suavizar.
lentar, *v. t.* e *i.* tornar o tornarse lento; demorar; tardar; humedecer.
lente, *s. f.* lente; *s. m.* profesor, catedrático.
lenteiro, *s. m.* cenagal; pantano; paúl.
lentejoula, *s. f.* lentejuela.
lentescente, *adj.* húmedo; pegajoso; lento; tardo.
lentidão, *s. f.* tardanza; lentitud; humedad leve.
lentigem, *s. f.* pigmentación de la piel.
lentilha, *s. f. (bot.)* lenteja.
lento, *adj.* lento, demorado; perezoso; viscoso; pegajoso.
lentor, *s. m.* humedad ligera; relente; rocío.
lentura, *s. f.* rocío, relente; lentura.
leoa, *s. f.* leona.
leopardo, *s. m. (zool.)* leopardo.
lépido, *adj.* risueño; jocoso; alegre; jovial; ágil; listo.
lepidópteros, *s. m. pl. (zool.)* lepidópteros.
lepra, *s. f.* lepra.
leprosaria, *s. f.* leprosería.
leque, *s. m. (zool.)* venera; abanico; abanador.
ler, *v. t.* leer.
lerca, *s. f.* escuerzo, vaca o mujer muy delgada.
lerdaço, *adj.* estúpido, necio.
lerdice, *s. f.* tontería; estupidez.
lerdo, *adj.* lerdo, abúlico.
lesar, *v. t.* lesar; molestar, confundir, herir.
leso, *adj.* lisiado, paralítico.
lesto, *adj.* ligero; ágil; rápido; activo.
letífero, *adj.* mortífero.
letra, *s. f.* letra; *(mús.)* letra; *(com.)* letra.
letrado, *adj.* y *s. m.* letrado; erudito; literato.
letreiro, *s. m.* letrero; inscripción; rótulo.
leucemia, *s. f. (med.)* leucemia.
leucócito, *s. m.* leucocito.
levada, *s. f.* corriente de agua para regar o para mover molinos.
levadia, *s. f.* ola alta.
levadiço, *adj.* levadizo.
levador, *adj.* y *s. m.* conductor.
levantadiço, *adj.* indisciplinado; descuidado; liviano.
levantador, *adj.* y *s. m.* levantador; elevador.
levantamento, *s. m.* levantamiento.
levantar, *v. t.* levantar; erguir; alzar; armar; montar; exaltar; excitar; llamar a las armas; erigir; sacar de la cama; cobrar; inventar; ahuyentar la caza; *v. i.* guiar; alzar; armar; montar; dejar de llover; *v. r.* salir de la cama.
Levante, *s. m.* Levante.
levar, *v. t.* llevar; transportar, retirar; separar; guiar; pasar la vida, el tiempo; seguir rumbo; *v. i. (fam.)* llevar una paliza.
leve, *adj.* leve; ágil; ligero.
levedura, *s. f.* levadura.
leveiro, *adj.* poco pesado.

leviano, *adj.* liviano; imprudente; precipitado.
levita, *s. m.* levita.
léxico, *s. m.* léxico.
lexicologia, *s. f.* lexicología.
lhama, *s. f.* tela de hilo de plata o de oro.
lhaneza, *s. f.* llaneza; sinceridad, franqueza.
lhano, *adj.* llano, sincero, amable.
lhe, *pron. pers.* a él; a ella; a sí.
lho, contr. de los *pron. pers.* *lhe* más *o:* lo.
lia, *s. f.* lía; borras; heces; sedimentos.
liaça, *s. f.* liaza, haz de paja.
liame, *s. m.* lazo, conexión.
liança, *s. f.* atadura, ligadura.
liar, *v. t.* ligar, liar, atacar con cuerdas o lías.
libar, *v. t.* e *i.* libar; beber; sorber; chupar; succionar.
libelo, *s. m.* libelo.
libélula, *s. f. (zool.)* libélula.
líber, *s. m. (bot.)* líber.
liberação, *s. f.* liberación.
liberal, *adj.* y *s. m.* liberal; franco; generoso.
liberalizar, *v. t.* liberalizar.
liberar, *v. t.* liberar; libertar; eximir.
liberdade, *s. f.* libertad; tolerancia.
libérrimo, *adj.* libérrimo.
libertador, *adj.* y *s. m.* libertador.
libertar, *v. t.* libertar; desobligar; aliviar; soltar; desembarazar.
libertinagem, *s. f.* libertinaje.
liberto, *adj.* liberto.
líbio, *adj.* y *s. m.* libio.
líbito, *s. m.* arbitrio; albedrío.
libração, *s. f.* oscilación; movimiento oscilatorio.
librar, *v. t.* equilibrar; suspender; fundar.
libré, *s. f.* librea.
libreto, *s. m. (mús.)* libreto.
liça, *s. f.* liza; lucha; combate.
licanço, *s. m. (zool.)* cobra.
lição, *s. f.* lección; lectura; ejemplo; rapapolvo.
licença, *s. f.* permiso; licencia; vida disoluta; facultad; abuso de libertad.
licenciado, *adj.* y *s. m.* licenciado.
licenciar, *v. t.* licenciar.
liceu, *s. m.* instituto, establecimiento de segunda enseñanza.
licitação, *s. f.* licitación; almoneda; subasta.
licor, *s. m.* licor.
licorne, *s. m.* licornio; unicornio.
lida, *s. f.* lidia; faena; trabajo; fatiga; afán.
lidar, *v. t.* lidiar; torear; *v. i.* laborar, trabajar; luchar.
lidimar, *v. t.* legitimar.
lido, *adj.* leído; erudito.
liga, *s. f.* liga, ligación; alianza, unión, pacto; mezcla.
ligadura, *s. f.* ligadura.
ligamento, *s. m.* ligamento.
ligar, *v. t.* ligar; unir; juntar; prender; pegar; atar; fijar; vincular; cimentar.
ligeiro, *adj.* ligero; ágil; delgado; rápido, superficial.
lignite, *s. f.* o **lignito,** *s. m.* lignito, carbón fósil.
lilás, *s. m. (bot.)* lila.
limão, *s. m.* limón.
limar, *v. t.* limar.
limbo, *s. m.* limbo; orla, reborde; *(bot.)* limbo.
limiar, *s. m.* limiar, solera de puerta; lindar, umbral; *(fig.)* entrada; comienzo.
limitação, *s. f.* limitación.
limitar, *v. t.* limitar; moderar; designar; fijar; marcar; confinar; *v. r.* ceñirse.
limite, *s. m.* límite; raya; meta; confín.
limonada, *s. f.* limonada.
limonete, *s. m. (bot.)* hierba Luisa.
limonite, *s. f. (min.)* limonita.
limpa, *s. f.* limpia; limpieza.
limpa-botas, *s. m.* limpiabotas.
limpar, *v. t.* limpiar; purificar; pulir; vaciar; matar.

l

limpeza, *s. f.* limpieza; pureza; perfección; esmero.
limpo, *adj.* limpio; aseado; escogido; puro; claro.
lince, *s. m. (zool.)* lince.
linchar, *v. t.* linchar.
lindar, *v. t.* lindar; limitar.
lindeira, *s. f.* dintel.
lindeiro, *adj.* lindero; limítrofe.
lindo, *adj.* lindo; bello, hermoso, gentil.
lineal, *adj.* lineal.
linfa, *s. f.* linfa.
linfático, *adj.* linfático.
lingote, *s. m.* lingote.
língua, *s. f. (anat.)* lengua; lenguaje; idioma.
linguado, *s. m.* chorizo (tira de papel); *(zool.)* lenguado.
linguareiro, *adj.* y *s. m.* hablador; chocarrero; lenguaraz.
linguarejar, *v. i.* charlar, parlar, dar a la lengua.
lingueta, *s. f.* lengüeta.
linguiça, *s. f.* longaniza.
linguista, *s. com.* lingüista.
línha, *s. f.* hilo de lino; cualquier hilo; hilo de pesca; fila; límite; señal; *(fig.)* norma; poder; carretera; trazo.
linhaça, *s. f.* linaza.
linhagem, *s. f.* tejido grueso de lino; linaje; genealogía.
linho, *s. m. (bot.)* lino.
linhol, *s. m.* bramante.
linimento, *s. m. (med.)* linimento, linimiento.
linótipo, *s. m.* linotipia.
lio, *s. m.* lío; hatillo; haz; fardo; *(fig.)* embrollo.
liquefazer, *v. t.* fundir; liquefacer.
líquen, *s. m. (bot.)* liquen.
liques, *s. m.* juego de envite.
liquidar, *v. t.* liquidar; pagar; vender a precio reducido; matar; *v. i.* acabar.
líquido, *adj.* líquido; bebida.
lira, *s. f. (mús.)* lira; *(astr.)* lira; lira (moneda).
lírio, *s. m. (bot.)* lirio; azucena.
liró, *adj. (pop.)* elegante, currutaco.
lis, *s. (bot.)* lirio, lis.
lisboeta o **lisbonense,** *adj.* y *s.* lisbonense, lisbonés; lisboeta.
liso, *adj.* liso; *(fig.)* franco; honesto.
lisonjear, *v. t.* lisonjear, adular.
lista, *s. f.* lista; relación; rol; menú; catálogo; nómina; detalle; inventario; línea, raya, trazo.
listão, *s. m.* listón, vara larga; faja; regla.
listra, *s. f.* lista.
listrado, *adj.* listado.
listrao, *s. m.* listón.
listrar, *v. t.* rayar; listar.
liteira, *s. f.* litera.
literatura, *s. f.* literatura.
litigar, *v. i.* litigar; *v. t.* pleitear.
litigio, *s. m.* litigio.
litografar, *v. t.* litografiar.
litografia, *s. f.* litografía.
litoral, *adj.* litoral.
litosfera, *s. f.* litosfera.
litro, *s. m.* litro.
liturgia, *s. f.* liturgia.
livel, *s. m.* nivel.
livelar, *v. t.* nivelar.
lívido, *adj.* lívido; cadavérico; descolorido.
livor, *s. m.* lividez.
livrador, *adj.* y *s. m.* libertador.
livramento, *s. m.* libramiento; libertación.
livrança, *s. f.* libranza; libramiento.
livrar, *v. t.* librar, soltar; libertar; liberar; salvar; rescatar; defender.
livraria, *s. f.* librería.
livre, *adj.* libre; disoluto; licencioso; espontáneo.
livreiro, *s. m.* librero.
livrete, *s. m.* libro pequeño; libreta; cuadernillo.
livro, *s. m.* libro.
lixa, *s. f. (zool.)* lija; papel de lija.

lixar, *v. t.* lijar, raspar con lija; *(pop.)* perjudicar; molestar.
lixeiro, *s. m.* basurero.
lixívia, *s. f.* lejía; colada.
lixo, *s. m.* basura, residuos.
ló, *s. m.* tejido fino.
loa, *s. f.* loa; elogio; apología; *(pop.)* mentira.
loba, *s. f. (zool.)* loba.
lobacho, *s. m.* lobezno, lobato.
lobeção, *s. m.* animal cruzado de perro y lobo.
lobinho, *s. m. (pop.)* quiste sebáceo subcutáneo.
lobo (ò), *s. m.* lobo; lóbulo.
lobo, *s. m. (zool.)* lobo.
lobo-cerval, *s. m. (zool.)* lobo cerval o cervario, lince.
lobo-marinho, *s. m. (zool.)* lobo marino, foca.
lôbrego, *adj.* lóbrego, triste.
lobrigar, *v. t.* entrever; percibir.
lóbulo, *s. m. (bot.)* lóbulo.
locação, *s. f.* locación, alquiler; arrendamiento.
locador, *s. m.* locador, arrendador.
local, *adj.* local; *s. f.* noticia.
localidade, *s. f.* localidad.
localizar, *v. t.* localizar.
locanda, *s. f.* taberna; tugurio; tasca; tienda.
locar, *v. t.* alquilar, arrendar.
locomoção, *s. f.* locomoción.
locomotiva, *s. f.* locomotora.
locomover-se, *v. r.* moverse de un punto a otro; trasladarse.
locução, *s. f.* locución.
locupletar, *v. t.* enriquecer; saciar; repletar, colmar.
locuter, *s. m.* locutor.
lodo, *s. m.* lodo; lama; limo; fango; bardoma; *(fig.)* ignominia.
loendreira, *s. f. (bot.)* adelfa.
loendro, *s. m. (bot.)* adelfa.
logaritmo, *s. m.* logaritmo.
lógica, *s. f.* lógica.
lógico, *adj.* lógico.
logo, *adv.* luego, inmediatamente; *conj.* por tanto.
logografia, *s. f.* logografía; taquigrafía.
logógrafo, *s. m.* logógrafo, taquígrafo.
Logos, *s. m.* Dios, como fuente de las ideas.
logração, *s. f.* engaño, ardid; logro.
logradouro, *s. m.* lugar donde todos pueden entrar.
lograr, *v. t.* lograr; disfrutar; poseer; gozar; embaucar; engañar; estafar.
logro, *s. m.* logro; engaño estafa.
lóio, *s. m. (pop.)* ignorante: fraile de la Orden de San Juan Evangelista.
loja, *s. f.* comercio; tienda; logia, reunión de masones; entresuelo.
lojista, *s. com.* comerciante, tendero, botiguero.
lomba, *s. f.* declive; pendiente, cuesta; loma.
lombada, *s. f.* cumbres de montañas; lomo, del buey; lomo, de un libro.
lombar, *adj.* lumbar.
lombo, *s. m.* lomo, dorso, espalda.
lona, *s. f.* lona, tela fuerte.
longa, *s. f.* larga, sílaba o vocal.
longada, *s. f.* alejamiento; viaje.
longamira, *s. m.* anteojo; prismáticos.
longe, *adv.* lejos, a gran distancia.
longevo, *adj.* longevo.
longitude, *s. f.* longitud.
longo, *adj.* largo; extenso.
longuidão o **longura,** *s. f.* largura; retraso; demora.
lonjura, *s. f.* gran distancia, lejanía.
lontra, *s. f. (zool.)* lutra, lutria, nutria, lataz.
loquaz, *adj.* locuaz.
loquete, *s. m.* candado.
lorde, *s. m.* lord.
lorga, *s. f.* cueva de conejos; guarida; madriguera.
lorpa, *adj.* y *s.* imbécil, tonto.
lorpice, *s. f.* tontería; imbecilidad.
losango, *s. m.* rectángulo, rombo.
lotação, *s. f.* cabida; capacidad; presupuesto.

lotaria, *s. f.* lotería.
lote, *s. m.* lote; grupo; clase; calidad.
louça, *s. f.* loza; vajilla.
louçainha, *s. f.* ornato, adorno; traje muy adornado.
louçania, *s. f.* lozanía, garbo.
louçaria, *s. f.* tienda de lozas; alfar, alfarería.
louceiro, *s. m.* locero; alfarero; ceramista.
louco, *adj.* loco; insensato.
louquejar, *v. i.* loquear.
loura, *s. f.* rubia; libra esterlina.
loureiro, *s. m. (bot.)* laurel.
lourejar, *v. t.* dorar, volver dorado.
louro, *adj.* rubio; *s. m.* laurel, planta; *s. m. pl.* laureles, honras.
lousa, *s. f.* losa; sepultura.
lousão, *s. m.* losa, trampa.
louseira, *s. f.* cantera.
louvado, *s. m.* perito, árbitro; *adj.* alabado.
louvaminha, *s. f.* alabanza exagerada; adulación.
louvar, *v. t.* alabar; elogiar; bendecir; aprobar; valorar.
lovelace, *s. m.* enamorador.
lua, *s. f.* luna.
luar, *s. m.* resplandor de la luna llena.
lubricar, *v. t.* lubricar; laxar el vientre; lubrificar.
lúbrico, *adj.* lúbrico, resbaladizo; sensual; impúdico.
lubrificar, *v. t.* lubrificar; laxar el vientre; lubrificar.
lucarna, *s. f.* tragaluz; lumbrera, tronera, claraboya.
lucerna, *s. f.* lucerna, claraboya; tragaluz.
lucidez, *s. f.* lucidez.
Lúcifer, *s. m.* Lucifer.
lucilar, *v. i.* cintillar, centellear.
lucrar, *v. t.* e *i.* lucrar; ganar.
lucro, *s. m.* lucro, ganancia, provecho.
lucubrar, *v. i.* lucubrar.
ludibriar, *v. t.* escarnecer; despreciar; zaherir.
ludreiro, *s. m.* charco.
ludro o **ludroso,** *adj.* sucio; turbio; churra (lana).
lufa, *s. f.* huracán, vendaval; ventarrón; afán.
lufanda, *s. f.* ráfaga de viento.
lugar, *s. m.* lugar; cargo; posición; ocasión; región.
lugente, *adj.* doliente; lastimoso.
lúgubre, *adj.* lúgubre.
lula, *s. f. (zool.)* calamar, lula, chipirón.
lulu, *s. m.* lulú (perro).
lumaréu, *s. m.* llamarada.
lumbago, *s. m. (med.)* lumbago.
lume, *s. m.* lumbre, fuego; hoguera; luz; cerilla.
lumieira, *s. f.* lumbrera.
lumieiro, *s. m. (astr.)* lucero; claraboya; tragaluz.
luminar, *adj.* luminar; *s. m.* astro; *(fig.)* hombre sabio.
luminoso, *adj.* luminoso.
lunar, *adj.* lunar.
lundum, *s. m.* baile de negros.
luneta, *s. f.* luneta; anteojo; lumbrera, tragaluz; lúnula.
lupa, *s. f.* lupa, lente; lupa, tumor.
lúpulo, *s. m. (bot.)* lúpulo.
lura, *s. f.* conejera, madriguera de conejos; agujero.
lurar, *v. t.* hacer escondrijos los animales; agujerear.
lúrido, *adj.* pálido, lívido.
lusco, *adj.* bizco; ciego; tuerto.
lusco-fusco, *s. m.* la hora crepuscular; el anochecer.
lusíada, *s. com.* lusiada; lusitano, portugués.
lusismo, *s. m.* lusitanismo.
lusitânico, *adj.* lusitano, lusitánico.
lustrador, *s. m.* limpiabotas.
lustrar, *v. t.* lustrar, dar lustre a; pulir; bruñir; barnizar; iluminar.
lustre, *s. m.* brillo, lustre; lustro; araña, lámpara; *(fig.)* esplendor.
lustro, *s. m.* lustro; pulimento; lustre; brillo.
lustroso, *adj.* lustroso; brillante.

luta, *s. f.* lucha; combate; contienda.
lutar, *v. i.* luchar; combatir; esforzarse.
luto, *s. m.* luto; pesar; tristeza.
lutuoso, *adj.* luctuoso, lutuoso, fúnebre; triste.
luva, *s. f.* guante.
luxar, *v. t.* desencajar, discolar, descoyuntar (huesos); *v. i.* ostentar lujo.
luxento, *adj.* lujoso.
luxo, *s. m.* lujo.
luxúria, *s. f.* lujuria, lozanía; lujuria, sensualidad; lascivia.
luxuriar, *v. i.* lujuriar.
luz, *s. f.* luz; *(fig.)* brillo.
luzeiro, *s. m.* lucero, astro, estrella, luz, brillo.
luzidio, *adj.* lúcido, brillante; nítido; pulido.
luzir, *v. i.* lucir; irradiar luz; brillar; resplandecer.

1

m

maca, *s. f.* hamaca; litera.
maça, *s. f.* maza (arma), clava.
maçã, *s. f.* manzana.
macabro, *adj.* macabro, fúnebre.
macaco, *s. m. (zool.)* macaco.
maçada, *s. f.* lata; tostón.
maçador, *adj.* y *s. m.* maceador; maza; *(fig.)* machacón, importuno.
maçal, *s. m.* suero de la leche.
macambúzio, *adj.* triste, taciturno.
maçanilha, *s. f.* manzanita, manzana pequeña.
mação, *s. m.* mazo grande, mazón; masón, francmasón.
maçapão, *s. m.* mazapán.
macaquice, *s. f.* monerías, gestos, monada.
maçar, *v. t.* machacar; moler.
maçarica, *s. f.* liebre pequeña.
maçarino, *s. m.* soplete.
macarrão, *s. m.* macarrón.
macavenco, *s. m.* hombre raro, excéntrico.
macerar, *v. t.* macerar.
machacaz, *s. m.* hombre corpulento y desgarbado.
machadar, *v. i.* machar, machacar.
machado, *s. m.* hacha; machado.
macha-fêmea, *s. f.* bisagra; *s. f.* y *adj.* hermafrodita.
macheado, *adj.* tableado, hablando de prendas de vestir.
machete, *s. m.* machete; cuchillo de monte.
machiar, *v. i.* marchitarse; secarse (una planta).
machimbombo, *s. m.* funicular.
macho, *s. m.* macho; mulo; pliegue de vestido; plisado.
machucho, *adj.* y *s. m.* individuo influyente.
maciço, *adj.* macizo.
macieira, *s. f. (bot.)* manzano.
maciez o **macieza,** *s. f.* blandura, suavidad al tacto; *(fig.)* dulzura.
maço, *s. m.* mazo (martillo de madera).
maçonaria, *s. f.* masonería.
mácula, *s. f.* mácula, mancha; mancilla; infamia.
madeira, *s. f.* madera; *s. m.* madeira vino.
madeirar, *v. t.* maderar, enmaderar.
madeireiro, *s. m.* maderero.
madeirense, *adj.* y *s.* madeirense.
madeiro, *s. m.* madero; viga.
madeixa, *s. f.* madeja pequeña; mechón de cabellos.
madraceirão, *s. m.* mandrión; perezoso; holgazán.
madraço, *adj.* y *s.* mandrión; holgazán.
madrasta, *s. f.* madrastra.
madre, *s. f.* monja, madre; matriz viga maestra.
madrinha, *s. f.* madrina.
madrugada, *s. f.* madrugada, alba, alborada, aurora.
madrugar, *v. i.* madrugar.
madurar, *v. t.* e *i.* madurar.
madurez o **madureza,** *s. f. (bot.)* madurez, madureza, maduración *(fig.)* prudencia, tino; manía; rareza.
maduro, *adj.* maduro; prudente adulto; tonto.
mãe, *s. f.* madre.
maestria, *s. f.* maestría; pericia.

maestro, *s. m. (mús.)* maestro.
maga, *s. f.* mágica; hechicera.
magala, *s. m. (pop.)* soldado, recluta.
maganice, *s. f.* tunantería; picardía.
magazine, *s. m.* magazine.
magia, *s. f.* magia; arte mágica.
magicar, *v. t.* e *i.* pensar, reflexionar, meditar mucho; cavilar.
mágico, *adj.* mágico; *s. m.* brujo, hechicero.
magistral, *adj.* magistral; perfecto; ejemplar.
magma, *s. m.* magma.
magnanimidade, *s. f.* magnanimidad.
magnesiano, *adj. (quím.)* magnesiano.
magnésio, *s. m. (quím.)* magnesio.
magnetismo, *s. m.* magnetismo.
magnetizar, *v. t.* magnetizar.
magnificar, *v. t.* magnificar; exaltar, alabar; glorificar.
magnificência, *s. f.* magnificencia.
magnífico, *adj.* magnífico.
magnitude, *s. f.* magnitud, tamaño; grandor.
mago, *s. f.* mago; *adj.* encantador.
mágoa, *s. f.* cardenal, equimosis; *(fig)* pena, disgusto, amargura.
magoar, *v. t.* herir, contundir; afligir; ofender; injuriar afligir; ofender; injuriar de palabra; disgustar.
magote, *s. m.* montón; multitud.
magriço, *s. m.* quijote, defensor de cosas fútiles.
magro, *adj.* magro, delgado, seco, descarnado.
Maio, *s. m.* mayo.
mainel, *s. m.* mainel, barandilla de escalera.
maionese, *s. f.* mahonesa.
maior, *adj.* mayor, más grande; *s. m.* mayor de edad.
maioral, *s. m.* mayoral, capataz, jefe, superior.
mais, *adv.* más, en mayor cantidad.
maiúscula, *s. f.* mayúscula.
majestade, *s. f.* majestad.
major, *s. m. (mil.)* comandante.
mal, *s. m.* mal; enfermedad.
mala, *s. f.* maleta; valija, baúl, cofre.
malabar, *adj.* malabar.
malandrar, *v. i.* holgazanear.
malandro, *s. m.* tunante, pillo, bribón, granuja, ladrón.
malbaratar, *v. t.* malgastar, disipar, derrochar.
malcheiroso, *adj.* maloliente; fétido.
malcriado, *adj.* malcriado.
maldade, *s. f.* maldad; crueldad; *(fam.)* travesura; obstinación.
maldição, *s. f.* maldición; plaga.
malditoso, *adj.* desdichado, infeliz.
maldizer, *v. t.* maldecir; *v. i.* blasfemar.
maldoso, *adj.* malicioso; malévolo; travieso.
maleável, *adj.* maleable.
malefício, *s. m.* maleficio; hechizo.
maleiro, *s. m.* maletero.
mal-encarado, *adj.* ceñudo; torvo; enfurruñado; cascarrabias.
mal-entendido, *adj.* mal interpretado; *s. m.* equívoco.
mal-estar, *s. m.* malestar.
maleta, *s. f.* maleta, valija.
malevolente, *adj.* malévolo.
malfadar, *v. t.* vaticinar mala suerte; desgraciar.
malfazer, *v. i.* dañar; obrar mal, malhacer, perjudicar.
malfeito, *adj.* mal hecho, mal ejecutado; deforme; *(fig.)* injusto.
malfeitor, *s. m.* malhechor.
malfeitoria, *s. f.* crimen; maleficio.
malga, *s. f.* escudilla; tazón.
malgastar, *v. t.* malgastar.
malha, *s. f.* malla; punto (tejido); tejido metálico.
malhadeiro, *s. m.* majadero.
malhadouro, *s. m.* era.
malhão, *s. m.* mallo grande; majadero; martillo grande.
malhar, *v. t.* e *i.* majar, mallar, trillar los cereales.
malhete, *s. m.* muesca.
malho, *s. m.* majadero, mallo; martillo; maceta.

m

malícia, *s. f.* malicia, maldad; bellaquería.
maligna, *s. f.* enfermedad grave e infecciosa.
maligno, *adj.* maligno; dañoso, nocivo; malo.
malmequer, *s. m. (bot.)* margarita.
malograr, *v. t.* malograr; fracasar.
maloio, *s. m. (pop.)* campesino; aldeano; rústico.
malote, *s. m.* maleta pequeña.
malparar, *v. t.* malparar, maltratar; arriesgar.
malpropício, *adj.* inadecuado.
malquerer, *v. t.* malquerer; *s. m.* aversión, enemistad.
malsão, *adj.* malsano, insalubre, enfermizo.
malsim, *s. m.* vista de aduanas; espía; delator.
malsinar, *v. t.* denunciar; calumniar; maldecir; delatar.
malta, *s. f.* pandilla; bando.
malte, *s. m.* malta, cebada.
maltrapilho, *adj.* y *s. m.* harapiento.
maltratar, *v. t.* maltratar.
maluco, *s. m.* loco; insensato; maníaco; tonto.
maluquice, *s. f.* disparate, barbaridad, desacierto.
malva, *s. f. (bot.)* malva.
malvado, *adj.* y *s. m.* malvado, perverso.
malversar, *v. t.* malversar.
malvisto, *adj.* malconsiderado; mal querido.
mama, *s. f.* mama, teta.
mamã, *s. f.* mamá, madre.
mamadeira, *s. f.* mamadera o pezonera; biberón; *(fig.)* exploración.
mamar, *v. t.* e *i.* mamar, chupar.
mamarracho, *s. m.* mamarracho.
mamífero, *adj.* y *s. m. (zool.)* mamífero.
mamona, *s. f. (bot.)* ricino, planta; su semilla.
manada, *s. f.* manada; hato o rebaño de ganado; mano llena.
manápula, *s. f. (bot.)* manopla, manaza, mano grande y fea.
manar, *v. i.* manar, brotar; *(fig.)* provenir; originarse.
mançanilha, *s. f.* manzanilla, variedad de aceituna.
mancar, *v. t.* e *i.* mancar, lisiar; cojear.
manceba, *s. f.* manceba, concubina.
mancebo, *s. m.* mancebo, *s. m.* mancebo; hombre soltero; *adj.* joven.
mancenilha, *s. f. (bot.)* manzanilla.
mancha, *s. f.* mancha lunar; pincelada; defecto.
manchar, *v. t.* manchar; ensuciar; *(fig.)* mancillar, infamar.
manchil, *s. m.* machete de carnicero.
manco, *adj.* y *s. m.* manco; cojo; defectuoso.
mancomunar, *v. t.* mancomunar.
mandado, *s. m.* mandado; orden, aviso, noticia.
mandamento, *s. m.* mandamiento; precepto.
mandar, *v. t.* mandar, ordenar; enviar; encargar; gobernar; *v. i.* ejercer autoridad.
mandatário, *s. m.* mandatario.
mandíbula, *s. f. (anat.)* mandíbula, maxilar; *(zool.)* quijada.
mandil, *s. m.* mandil, delantal.
mandingar, *v. t.* encantar, embrujar.
mandioca, *s. f. (bot.)* mandioca.
mando, *s. m.* mando; autoridad; gobierno.
mandrião, *adj.* perezoso, holgazán, mandria; *s. m.* vago.
mandril, *s. m. (zool.)* mandril.
manducar, *v. t.* e *i. (pop.)* manducar, comer; masticar.
manear, *v. t.* manejar; manosear.
maneio, *s. m.* labor; manejo, dirección.
maneira, *s. f.* manera; porte y modales de una persona; *pl.* actitudes.
maneiroso, *adj.* amanerado; amable; atento.

m

manejar, *v. t.* manejar; ejercer; administrar, dirigir.
manente, *adj.* permanente; constante, durable.
manequim, *s. m.* maniquí.
maneta, *adj.* y *s.* manco.
manga, *s. f.* manga, parte de una prenda de vestir; manga (de agua).
mangador, *adj.* y *s. m.* burlón, burlador, escarnecedor.
manganés, *s. m. pl.* *(quím.)* manganeso.
mangão, *s. m.* manga muy grande; *adj.* burlador, trapacero.
mangar, *v. i.* burlarse de alguno; chancearse.
mango, *s. m.* cabo de cualquier utensilio; *(bot.)* mango.
mangona, *s. f.* *(pop.)* pereza; indolencia.
mangueira, *s. f.* manguera; *(bot.)* mango.
manguito, *s. m.* mangote, manguito.
manha, *s. f.* maña, destreza, artificio; costumbre.
manhã, *s. f.* mañana.
manhoso, *adj.* mañoso, diestro, hábil.
mania, *s. f.* manía; capricho.
manicómio, *s. m.* manicomio.
manicura, *s. f.* manicura.
manifestação, *s. f.* manifestación.
manifestar, *v. t.* manifestar.
manilha, *s. f.* manilla, aro de adorno para la pulsera; manilla, juego de naipes.
maninelo, *adj.* y *s. m.* atolondrado; idiota.
manipanso, *s. m.* ídolo de África; hechizo.
manipular, *v. t.* manipular.
manípulo, *s. m.* manada, manípulo.
manirroto, *adj.* manirroto, demasiado liberal, pródigo.
manjar, *s. m.* manjar.
manjedoura, *s. f.* pesebre.
mano, *s. m.* hermano.
manobra, *s. f.* maniobra.
manobrar, *v. t.* maniobrar.
manojo, *s. m.* manojo.
manómetro, *s. m.* manómetro.
manopla, *s. f.* manopla.
manquejar, *v. i.* cojear, estar manco o cojo; *(fig.)* claudicar.
manquitó o **manquitola,** *s. com.* *(pop.)* cojo.
mansão, *s. f.* mansión, morada, hogar.
mansarda, *s. f.* buhardilla.
mansidão, *s. f.* mansedumbre.
manso, *adj.* manso, suave; domesticado.
manta, *s. f.* manta, cobertor.
mantear, *v. t.* mantear, hacer saltar sobre una manta; citar (al toro); *(fig.)* importunar, molestar.
manteiga, *s. f.* manteca.
mantel, *s. m.* mantel, lienzo (de altar o de mesa).
mantenedor, *s. m.* defensor; protector; *adj.* mantenedor.
manter, *v. t.* mantener; sustentar; alimentar; cumplir; conservar; defender.
mantilha, *s. f.* mantilla.
manto, *s. m.* manto; mantilla grande.
manual, *adj.* manual.
manufactura, *s. f.* manufactura.
manufacturar, *v. t.* manufacturar.
manuscrito, *adj.* y *s. m.* manuscrito.
manusear, *v. t.* manosear.
manutenção, *s. f.* manutención; gerencia, administración.
mão, *s. f.* *(anat.)* mano; puñado; mano (del almirez).
mão-pendente, *s. f.* soborno.
mão-travessa, *s. f.* palmo.
mãozada, *s. f.* *(pop.)* apretón de manos cuando se saluda.
mapa, *s. m.* mapa, carta geográfica.
maqueiro, *s. m.* camillero.
maqueta, *s. f.* maqueta.
maquinaria, *s. f.* maquinaria.
maquineta, *s. f.* sagrario, tabernáculo.
maquinista, *s. com.* maquinista; tramoyista (en los teatros).
mar, *s. m.* mar.

m

maracotão, *s. m.* melocotón.
maracoteiro, *s. m. (bot.)* melocotonero injertado en membrillo.
marafona, *s. f. (pop.)* prostituta, ramera; *(fig.)* muñeca de trapo; mujer desaliñada.
maranha, *s. f.* maraña; enredos del cabello; negocio intrincado; astucia.
maranhão, *s. m.* gran mentira.
marata, *s. m.* marathi, márata (lengua).
marau, *adj.* pillo, tunante.
maravilhar, *v. t.* maravillar.
marca, *s. f.* marca; señal, firma, sello; categoría.
marcador, *adj.* y *s. m.* marcador.
marcenaria, *s. f.* carpintería; ebanistería.
marceneiro, *s. m.* ebanista.
marchante, *s. m.* tratante de ganados; carnicero.
marchar, *v. i.* marchar.
marchetaria, *s. f.* marquetería; ebanistería.
marcial, *adj.* marcial, bélico, belicoso; guerrero.
marco, *s. m.* marco, baliza; linde, lindero; marco, moneda alemana; *marco postal:* buzón de correo.
Março, *s. m.* marzo.
maré, *s. f.* marea; oportunidad, ocasión.
mareante, *s. m.* navegador, marinero.
marear, *v. t.* marear, conducir el buque; oxidar; *(fig.)* deslustrar; *v. i.* perder el brillo; marearse a bordo.
marechal, *s. m.* mariscal.
mareiro, *adj.* marero, marítimo, dícese del viento.
marejar, *v. i.* vd. *marulhar;* gotear; rezumar un líquido por los poros.
maremoto, *s. m.* maremoto.
maresia, *s. f.* marisco, olor del mar; marejada.
marfado, *adj.* exasperado, irado.
marfar, *v. t.* ofender, disgustar, enfurecer; irritar.
marfim, *s. m.* marfil.
margarida, *s. f. (bot.)* margarita.
margarina, *s. f. (quím.)* margarina.
margear, *v. t.* marginar; festonear.
margem, *s. f.* margen, orilla, borde, cercadura; *(fig.)* facilidad.
marginar, *v. t.* margenar, marginar; apostillar.
maricão o **maricas,** *s. m.* maricón, marica, invertido.
marido, *s. m.* marido.
marinha, *s. f.* marina, marinería.
marinheiro, *adj.* marinero; *s. m.* marinero, marino, hombre de mar.
mariola, *s. m.* mozo de cordel o de cuerda; *(fig.)* granuja, bribón, tuno, sinvergüenza.
mariolada, *s. f.* bellaquería, bribonada.
marioneta, *s. f.* marioneta.
marisco, *s. m.* marisco.
marisqueiro, *s. m.* mariscador, marisquero.
marmanjão, *s. m.* bellaco, tunante, truhán, pillo.
marmanjo, *s. m.* canalla; pícaro; *(pop.)* muchacho corpulento, muchachote.
marmelada, *s. f.* dulce de membrillo, ganga, ventaja.
marmelo, *s. m. (bot.)* membrillo.
marmita, *s. f.* marmita.
mármore, *s. m.* mármol.
marmoreira, *s. f.* cantera de mármol.
marmota, *s. f. (zool.)* marmota.
marnel, *s. m.* terreno pantanoso.
maroma, *s. f.* maroma.
maroteira, *s. f.* picardía, bribonada.
maroto, *adj.* malicioso, tunante, bribón.
marouço, *s. m.* ola alta y encrespada; pleamar.
marrã, *s. f.* marrana; cochina, cerda joven; tocino fresco.
marrafa, *s. f.* cabellos sobre la frente, mechón, flequillo.
marralhar, *v. i.* insistir; regatear en el precio.

m

marralhice, *s. f.* marrullería, astucia; regateo.
marrana, *s. f.* joroba, giba; *s. com.* persona jorobada.
marrano, *s. m.* excomulgado; maldito; marrano, hombre sucio.
marreco, *adj.* marrajo, astuto; jorobado, giboso.
marroaz, *adj.* terco, obstinado.
marroquim, *s. m.* marroquí, tafilete.
marroxo, *s. m. (pop.)* resto; sobra: migaja.
martelada, *s. f.* martillazo.
martelar, *v. t.* martillar, martillear; *(fig.)* machacar, importunar.
martelo, *s. m.* martillo.
mártir, *s. com.* mártir.
maruja, *s. f.* marinería; tripulación.
marujo, *s. m.* marinero, marino.
marulhada, *s. f.* marejada, mareta.
marulhar, *v. i.* picarse, agitarse el mar.
marulho, *s. m.* marejada, mareta.
mas, *conj.* pero, todavía; *s. m.* dificultad.
mascar, *v. t.* mascar.
máscara, *s. f.* máscara; careta; disfraz.
mascarar, *v. t.* mascarar, enmascarar; disfrazar.
mascarilha, *s. f.* mascarilla.
mascarrar, *v. t.* mascarar; tiznar, ensuciar con tizne.
mascote, *s. f.* mascota; amuleto; fetiche.
mascoto, *s. m.* mazo, martillo grande.
masculino, *adj.* y *s. m.* masculino.
masmorra, *s. f.* mazmorra; calabozo, cárcel.
massa, *s. f.* masa; pasta alimenticia; *(fig.)* multitud; dinero.
massacre, *s. m.* masacre, matanza, mortandad.
massudo, *adj.* grueso, pesado; voluminoso.
mastigada, *s. f. (pop.)* confusión, barahúnda.
mastigar, *v. t.* mastigar, masticar, mascar.
mastim, *s. m.* mastín.
mastodonte, *s. m.* mastodonte.
mastro, *s. m. (mar.)* mastelero, mástil, palo; mástil, asta, palo (de bandera).
mata-borrão, *s. m.* secante, papel secante.
matador, *adj.* y *s. m.* matador; asesino.
matadouro, *s. m.* matadero.
matagal, *s. m.* espesura, matorral; selva; mata.
matalote, *s. m.* marino, marinero; compañero de viaje.
matanca, *s. f.* matanza; carnicería; mortandad.
matar, *v. t.* matar.
mate, *s. m.* mate (en el ajedrez); *(bot.)* mate.
mateiro, *s. m.* guardabosques; leñador.
matemática, *s. f.* matemática.
matéria, *s. f.* materia; materia (pus); *(fig.)* causa, ocasión; *pl.* deyecciones.
materializar, *v. t.* materializar.
maternal, *adj.* maternal.
materno, *adj.* materno; maternal.
matilha, *s. f.* jauría.
matinal, *adj.* matinal; matutino; madrugador.
matinar, *v. t.* madrugar; despertar.
matiz, *s. m.* matiz; graduación de colores.
matizar, *v. t.* matizar; adornar; esmaltar.
mato, *s. m.* mato, matorral, monte, breña.
matracar, *v. i.* llamar con fuerza a una puerta; *(fig.)* matracar, molestar; *v. t.* importunar.
matraquear, *v. t.* abuchear, ahuchear, chiflar, silbar; maltraquear.
matrás, *s. m.* matraz.
matricular, *v. t.* matricular.
matrimónio, *s. m.* matrimonio.
matriz, *s. f.* matriz, víscera; útero; iglesia matriz; negativo, prueba negativa; clisé.
matrona, *s. f.* matrona.

maturar, *v. t.* e *i.* madurar.
maturo, *adj.* maduro; sazonado; perfecto.
matuta e meia, *s. f.* niñería.
matutar, *v. i.* meditar, pensar, cavilar.
matuto, *adj.* rústico; maniático.
mau, *adj.* malo; imperfecto.
maviosidade, *s. f.* ternura, dulzura; delicadeza.
mavioso, *adj.* dulce, tierno, afectuoso.
maxilar, *adj.* maxilar.
máxima, *s. f.* máxima, sentencia, axioma.
máxime, *adv.* máxime, principalmente.
mazela, *s. f.* llaga; matadura; mal.
mazelar, *v. t.* herir; llagar; *(fig.)* macular.
me, *pron. pers.* a mí; para mí.
meação, *s. f.* mitad; mediación.
meada, *s. f.* madeja, manojo de hilo; enredo; intriga.
mealheiro, *s. m.* alcancía.
meandro, *s. m.* meandro, sinuosidad.
meão, *adj.* mediano; medíocre.
mear, *v. t.* e *i.* dividir al medio; mediar.
mecanizar, *v. t.* mecanizar.
mecanografia, *s. f.* mecanografía; dactilografía.
meças, *s. f. pl.* medición; valuación; comparación.
mecha, *s. f.* mecha; rastrillo; prisa.
meda, *s. f. (agr.)* meda; hórreo; hacina.
medalha, *s. f.* medalla; condecoración; medallón (joya).
medalhística, *s. f.* numismática.
média, *s. f.* media, promedio.
mediador, *s. m.* mediador, medianero; tercero.
mediana, *s. f.* mediana.
mediania, *s. f.* medianía; medianidad, término medio; suficiencia.
mediar, *v. i.* mediar, intervenir; estar en medio; *v. t.* dividir al medio.
medicação, *s. f.* medicación.
medição, *s. f.* medición; valuación.
medicar, *v. t.* medicamentar, medicar, medicinar.
medicina, *s. f.* medicina; medicamento.
médico, *s. m.* médico.
medida, *s. f.* medida; prudencia; orden; límite.
medir, *v. t.* medir; regular; calcular; refrenar.
meditação, *s. f.* meditación.
meditar, *v. t.* meditar.
medo (ê), *s. m.* miedo, terror; recelo, temor.
medonho, *adj.* pavoroso, horrendo, horroroso.
medrar, *v. i.* medrar, crecer; *(fig.)* mejorar.
medronho, *s. m. (bot.)* madroño (árbol y fruto).
medroso, *adj.* medroso; tímido.
medular, *adj.* medular.
medusa, *s. f. (zool.)* medusa.
mefitismo, *s. m.* paludismo.
megafone, *s. m.* megafone; altavoz.
megalítico, *adj.* megalítico.
megalomania, *s. f.* megalomanía.
meia, *s. f.* media; calcetín.
Meia-idade, *s. f.* Edad Media; edad de los 40 a los 50 años.
meia-laranja, *s. f.* plaza o lugar semicircular.
meia-luna, *s. f.* media luna, creciente.
meia-noite, *s. f.* medianoche.
meigo, *adj.* mego, afectuoso; cariñoso.
meiminho, *s. m.* el dedo meñique, mínimo.
meio, *s. m.* medio; centro; manera, ambiente; modo, término; vía.
meio-dia, *s. m.* mediodía.
meio-morto, *adj.* medio muerto; muy cansado.
meio-soprano, *s. m.* tiple ligera.
meio-tom, *s. m. (mús.)* medio tono.
mel, *s. m.* miel.
melado, *adj.* melado; marchito, seco.
melancia, *s. f. (bot.)* sandía.
melancolia, *s. f.* melancolía.

melão, *s. m. (bot.)* melón.
melgueira, *s. f.* colmena, corcho, con alvéolos.
melhor, *adj.* mejor, superior; *s. m.* lo mejor; lo que es acertado.
melhorador, *s. m.* y *adj.* reformador.
melhorar, *v. t.* mejorar; mejorar, reformar, enmendar; *v. r.* perfeccionarse.
melhoria, *s. f.* mejoría; progreso; ventaja.
meliante, *s. m.* tunante, vagabundo.
melindrar, *v. t.* molestar; hacer melindroso; *v. r.* ofenderse.
melodia, *s. f. (mús.)* melodía.
melodiar, *v. t.* cantar melodiosamente.
melodrama, *s. m.* melodrama.
melodramatizar, *v. t.* hacer melodramático.
meloeiro, *s. m. (bot.)* melón.
melómano, *s. m.* melómano.
melopeia, *s. f.* melopea.
meloso, *adj.* meloso, méleo.
melquetrefe, *s. m.* mequetrefe.
melro, *s. m. (zool.)* mirlo.
membrana, *s. f.* membrana.
membro, *s. m.* miembro.
memorando, *adj.* memorando, memorable; *s. m.* memorándum.
memorar, *v. t.* memorar; recordar.
memorável, *adj.* memorable.
memória, *s. f.* memoria.
memorião, *s. m.* memorión, memorioso.
menagem, *s. f.* homenaje; prisión bajo palabra.
mencionar, *v. t.* mencionar; referir; indicar.
mendaz, *adj.* mendaz, mentiroso, falso.
mendicante, *adj.* mendicante.
mendigar, *v. t.* mendigar; pordiosear; rogar; *v. i.* pedir limosna; ser mendigo.
mendinho, *s. m.* y *adj.* meñique (dedo).
mendubi o **menduí,** *s. m.* cacahuete; vd. *amendoim.*
menear, *v. t.* menear; manejar, dirigir.
meneio, *s. m.* meneo; contoneo; gesto; ademán; *(fig.)* mano de obra.
menestrel, *s. m.* trovador; juglar.
menina, *s. f.* niña, muchacha; soltera.
menineiro, *adj.* infantil; niñero, pueril; aniñado.
meningite, *s. f.* meningitis.
meninice, *s. f.* infancia, niñez, puericia.
menino, *s. m.* niño, muchacho de pocos años.
menisco, *s. m. (anat.)* menisco.
menopausa, *s. f.* menopausia.
menor, *adj.* y *s. m.* menor, inferior, más pequeño; *s. com.* menor (de edad).
menos, *adv.* menos, en menor número; *prep,* excepto; *s. m.* menos, la menor cosa.
menoscabar, *v. t.* menoscabar.
mennosprеço, *s. m.* vd. *menosprezo.*
menosprezar, *v. t.* menospreciar, despreciar, desdeñar.
mensageiro, *adj.* y *s. m.* mensajero.
mensal, *adj.* mensual.
mensário, *adj.* publicación mensual.
menstruação, *s. f.* menstruación; menstruo.
menstrual, *adj.* menstrual.
mensurar, *v. t.* mensurar, medir.
mental, *adj.* mental.
mente, *s. f.* mente, inteligencia, intelecto.
mentir, *v. i.* mentir.
mentira, *s. f.* mentira; falsedad; engaño.
mentirola, *s. f.* patraña.
mento, *s. m. (anat.)* mentón, barba, barbilla.
mentol, *s. m. (quím.)* mentol.
mentor, *s. m.* mentor.
mercadejar, *v. i.* mercadear, traficar.
mercado, *s. m.* mercado.
mercador, *s. m.* mercader.

mercancia, *s. f.* mercancía, negocio; tráfico.
mercar, *v. t.* mercar, comprar.
mercê, *s. f.* merced, indulto; beneficio, premio.
mercearia, *s. f.* ultramarinos.
merceeiro, *s. m.* tendero.
merecer, *v. t.* merecer.
merecimento, *s. m.* merecimiento; mérito.
merencório, *adj.* melancólico.
merendar, *v. t.* merendar.
merengue, *s. m.* merengue (dulce).
meretriz, *s. f.* meretriz, coima, ramera.
mergulhar, *v. t.* e *i.* bucear, sumergir, somorgujar; amugronar, ataquizar las vides.
meridiano, *s. m.* meridiano.
mérito, *s. m.* mérito.
mero, *adj.* mero, puro, simple.
mês, *s. m.* mes; mensualidad, mesada.
mesa, *s. f.* mesa; banca; *(fig.)* comida.
meseta, *s. f.* meseta.
mesmo, *adj.* y *pron.* mismo; *s. m.* lo mismo; *adv.* lo mismo; igualmente.
mesquinho, *adj.* mezquino.
mesquita, *s. f.* mezquita.
messe, *s. f.* mese, mies madura; siega.
Messias, *s. m.* Mesías.
mesticar, *v. t.* mestizar.
mestiço, *adj.* y *s. m.* mestizo.
mesto, *adj.* triste; lúgubre; *(mús.)* mesto, triste.
mestra, *s. f.* maestra; profesora.
mestraço, *s. m.* maestro muy experimentado.
mestre, *s. m.* maestro.
mestria, *s. f.* maestría.
mesura, *s. f.* mesura, reverencia, cortesía.
mesurice, *s. f.* mesura afectada, lisonja, servilismo.
meta, *s. f.* meta, límite, fin, término.
metabolismo, *s. m.* metabolismo.
metacarpiano o **metacárpico,** *adj.* *(anat.)* metacarpiano o metacárpico.
metade, *s. f.* mitad.
metafísica, *s. f.* metafísica.
metáfora, *s. f.* metáfora.
metal, *s. m.* *(quím.)* metal.
metalizar, *v. t.* metalizar.
metalóide, *s. m.* *(quím.)* metaloide.
metalurgia, *s. f.* metalurgia.
metamorfose, *s. f.* metamorfosis.
metano, *s. m.* *(quím.)* metano.
metástase, *s. f.* metástasis.
metatarso, *s. m.* metatarso.
metediço, *adj.* entrometido.
meteoro, *s. m.* meteoro.
meteorologia, *s. f.* meteorología.
meter, *v. t.* meter, introducir; aplicar; insinuar; incluir.
meticuloso, *adj.* meticuloso.
metileno, *s. m.* *(quím.)* metileno.
metilo, *s. m.* *(quím.)* metilo.
metódico, *adj.* metódico.
método, *s. m.* método.
metralha, *s. f.* metralla.
metralhar, *v. t.* ametrallar.
métrica, *s. f.* métrica.
metrificar, *v. t.* metrificar; *v. i.* versificar.
metro, *s. m.* metro.
metrópole, *s. f.* metrópoli.
meu, *adj.* y *pron. poses.* mío, el mío.
mexedela, *s. f.* ac. de *mexer;* agitación; mezcla.
mexedura, *s. f.* ac. y efecto de *mexer;* mecedura, movimiento.
mexelhão, *adj.* y *s. m.* bullicioso, entremetido; travieso.
mexer, *v. t.* e *i.* mover; revolver; mezclar; agitar; embrollar, enredar.
mexerico, *s. m.* chisme, cuento, enredo.
mexido, *adj.* movido, agitado, revuelto; expedito, listo.
mexilhão, *s. m.* *(zool.)* mejillón.
mezinha, *s. f.* lavativa.
mezinheiro, *s. m.* curandero.
mi, *s. m.* *(mús.)* mi.
miada, *s. f.* ac. de *miar;* maullido de muchos gatos.
miau, *s. m.* miau; maullido.
mica, *s. f.* mica.

micção, *s. f.* micción.
micologia, *s. f. (bot.)* micología, micetología.
micróbio, *s. m.* microbio.
microfone, *s. m.* micrófono.
miga, *s. f.* migas, sopas de pan; migaja, miga.
migalha, *s. f.* migaja.
migar, *v. t.* migar, desmenuzar o partir el pan; desmigajar.
migração, *s. f.* migración.
migrante, *adj.* emigrante.
mijar, *v. t. (pop.)* mojar con meados u orina; *v. i.* orinar, mear.
mijo, *s. m. (pop.)* meado, orina.
mil, *num. card.* mil.
milagre, *s. m.* milagro.
milavo, *s.m.* milésima parte.
milha, *s. f.* milla.
milhã, *s. f. (bot.)* panizo.
milhafre, *s. m. (zool.)* milano, azor.
milhão, *s. m.* y *num.* millón; *(bot.)* maíz.
mílharas, *s. f. pl.* huevas (de los peces).
milheiro, *num.* y *s. m.* millar.
milho, *s. m. (bot.)* maíz, mijo.
miliáceo, *adj.* semejante al maíz.
milícia, *s. f.* milicia.
milímetro, *s. m.* milímetro.
milionário, *adj.* y *s. m.* millonario.
militar, *adj.* y *s. m.* militar.
militarizar, *v. t.* militarizar.
mim. *pron, pers.* mí.
mimar, *v. t.* mimar, acariciar, halagar.
mimetismo, *s. m.* mimetismo.
mímica, *s. f.* mímica.
mimo, *s. m.* mimo; cariño, halago; regalo, presente.
mimosa, *s. f. (bot.)* mimosa.
mimosear, *v. t.* mimar.
mina, *vs. f.* mina; vena; excavación; naciente de agua.
minar, *v. t.* minar; excavar; horadar.
minarete, *s. m.* minarete.
mineiro, *adj.* y *s. m.* minero.
mineralogia, *s. f.* mineralogía.
minério, *s. m.* mineral.
minga, *s. f. (pop)* falta, mengua.
minguante, *adj.* menguante.
minguar, *v. i.* menguar; decrecer, disminuir.
minha, *adj.* y *pron. pos.* mía; que me pertenece.
miniatura, *s. f.* miniatura.
mínima, *s. f. (mús.)* mínima; mínima, cosa o parte.
mínimo, *adj.* mínimo, muy pequeño; *s. m.* mínimo.
mínio, *s. m. (quím.)* minio.
ministro, *s. m.* ministro.
minorar, *v. t.* minorar; atenuar, aliviar.
minorar, *v. t.* minorar; atenuar, aliviar.
minoria, *s. f.* minoría; minoridad.
minúcia, *s. f.* minucia; bagatela.
minudência, *s. f.* menudencia.
minuete, *s. m.* minuete, minué.
minúscula, *s. f.* minúscula.
minuta, *s. f.* minuta, borrador.
minuto, *s. m.* minuto.
mio, *s. m.* maullido, miau, maúllo.
miocárdio, *s. m. (anat.)* miocardio.
miolada, *s. f.* meollada, sesos.
miolo, *s. m.* miga del pan; meollo, medula; cerebro; la parte interior de cualquier cosa; *(fig.)* meollo, cordura, juicio.
míope, *s. com.* miope.
mira, *s. f. (artill.)* mira; puntería; *(fig.)* mira, atención.
mirabolante, *adj.* chillón, gayo, vistoso.
miraculoso, *adj.* milagroso, miraculoso.
mirada, *s. f.* mirada; modo de mirar; ojeada.
miradoiro o **miradouro,** *s. m.* mirador; miradero.
mirar, *v. t.* mirar; aspirar a; observar.
mirolho, *adj.* y *s. m.* bisojo; bizco.
mirone, *s. m.* espectador, mirón.
mirrado, *adj.* flaco, seco, resequido, mustio.
mirrar, *v. t.* desecar; consumir;

m

enflaquecer; depauperar; perfumar; embalsamar con mirra.
misantropo, *s. m.* misántropo.
miscelânea, *s. f.* miscelánea.
miserável, *adj.* miserable.
miséria, *s. f.* miseria; desgracia; infortunio; indigencia.
misericórdia, *s. f.* misericordia.
mísero, *adj.* mísero, miserable, desgraciado.
missa, *s. f.* misa.
missão, *s. f.* misión; comisión, encargo, gestión.
missionar, *v. t.* misionar, predicar, evangelizar.
missiva, *s. f.* misiva, carta.
mistela, *s. f.* mistela, mixtela; comistrajo; bebida desagradable.
mister, *s. m.* menester; falta; necesidad; ejercicio; oficio; empleo.
mistério, *s. m.* misterio.
mistificar, *v. t.* e *i.* mistificar, mixtificar.
mistifório, *s. m.* embrollo, miscelánea; lío.
misto, *adj.* mixto; mezclado; confuso.
mistura, *s. f.* mixtura, mezcla.
misturar, *v. t.* mixturar, mezclar; confundir; unir.
mísula, *s. f. (arq.)* mísula, ménsula.
mitigar, *v. t.* mitigar, ablandar, suavizar, acalmar.
mito, *s. m.* mito.
mitra, *s. f.* mitra; dignidad episcopal; caperuza.
mitral, *adj.* mitral.
miuçalha, *s. f.* fragmento pequeño; pedazo, partícula.
miúdo, *adj.* menudo; diminuto; exacto; *s. m.* niño, chiquillo; *pl.* menudos, vísceras de algunos animales; calderilla, monedas de pequeño valor.
mixórdia, *s. f.* mixtura, mezcla.
mo, contr. de los pron. *me* y *o;* me lo.
mó, *s. f.* muela.
moagem, *s. f.* molienda, mollenda, moledura.
móbil, *adj.* móvil, mueble, movible; *s. m.* causa, razón.
mobilar, *v. t.* amueblar.
mobiliário, *adj.* mobiliario.
mobilizar, *v. t.* movilizar.
moca, *s. f.* porra, cachiporra, clava; *s. m.* moca (café).
moça, *s. f.* moza; muchacha; criada; ramera, concubina.
mocanqueiro, *s. m.* acariciador, halagador.
mocanquice, *s. f.* caricias; gestos; labia.
moção, *s. f.* moción.
mochila, *s. f. (mil.)* mochila, morral.
mocho, *s. m. (zool.)* búho; banqueta, banco; *adj.* mocho.
moço, *adj.* mozo; *(fig.)* inexperto; *s. m.* mancebo, criado.
moda, *s. f.* moda; canción; costumbre; gusto, fantasía.
modelar, *v. t.* modelar; trazar; dirigir; *adj.* ejemplar.
modelo, *s. m.* modelo.
moderar, *v. t.* moderar.
modernice, *s. f.* modernismo.
modernizar, *v. t.* modernizar.
moderno, *adj.* moderno.
modéstia, *s. f.* modestia; simplicidad.
modificar, *v. t.* modificar, limitar, restringir, alterar.
modinha, *s. f. (mús.)* aria popular.
modismo, *s. m.* modismo.
modista, *s. f.* modista.
modo, *s. m.* modo; manera; hechura; disposición.
modorra, *s. f.* modorra.
modulador, *s. m.* modulador.
modular, *v. t. (mús.)* modular.
módulo, *s. m.* módulo.
moeda, *s. f.* moneda.
moedeiro, *s. m.* monedero (fabricante de moneda).
moedura, *s. f.* moledura, molienda molimiento.
moega, *s. f.* tolva (de molino).
moela, *s. f. (zool.)* molleja.

moenda, *s. f.* molino; muela del molino; trapiche.
moer, *v. t.* moler; macerar; triturar; *(fig.)* molestar.
mofa, *s. f.* mofa, escarnio.
mofar, *v. t.* e *i.* mofar; escarnecer; criar moho.
mofento, *adj.* mohoso.
mofina, *s. f.* mohína; mala suerte; mujer infeliz.
mofino, *adj.* mohino, triste.
mofo, *s. m.* moho; verdete, verdín, orín.
mogno, *s. m.* caoba.
mogo, *s. m.* mojón, señal para delimitar terrenos.
moimento, *s. m.* mausoleo.
moinho, *s. m.* molino.
moira, *s. f.* salmuera.
mola, *s. f.* muelle, resorte.
molar, *adj.* molar; blando muelle; *(anat.)* molar, diente.
moldar, *v. t.* moldear, moldurar; vaciar; *(fig.)* adaptar, conformar.
molde, *s. m.* molde.
mole, *s. f.* mole; masa; tomo; *adj.* mole, muelle, multitud.
molécula, *s. f. (quím.)* molécula.
moleirinha, *s. f.* fontanela, en los recién nacidos.
molestar, *v. t.* molestar; ofender; incomodar, irritar.
moléstia, *s. f.* molestia; enfado; mareo; enfermedad.
molete, *s. m.* mollete, molleta (pan).
molhada *(ò),* *s. f.* manojo o haz grande; brazada.
molhadela, *s. f.* mojadura.
molhar, *v. t.* mojar; derramar líquido sobre; humedecer.
molhe, *s. m. (mar.)* muelle.
milheira, *s. f.* salsera.
molho, *s. m.* haz, manojo, hacina, brazada.
molho *(ô),* *s. m.* salsa, moje, mojo.
molinha, *s. f.* llovizna, mollizna, calabobos.
moluscos, *s. m. pl. (zool.)* moluscos.
momento, *s. m.* momento; instante; ocasión.
mona, *s. f. (zool.)* mona; cabra sin orejas; *(fam.)* enfado; *(pop.)* borrachera.
monacal, *adj.* monacal.
monada, *s. f.* monada.
monarca, *s. m.* monarca.
monástico, *adj.* monástico, monacal.
monco, *s. m.* moco; mucosidad; moco de pavo.
moncoso, *adj.* mocoso; insignificante; *(fig.)* sucio.
mondar, *v. t.* e *i.* mondar; desgastar; podar; escardar; *(fig.)* corregir.
mondongo, *s. m.* mondongo.
mondongueiro, *s. m.* mondonguero; tripicallero; casquero.
monetário, *adj.* monetario.
monge, *s. m.* monje.
monitor, *s. m.* monitor.
monja, *s. f.* monja.
mono, *s. m. (zool.)* mono.
monocotiledóneas, *s. f. pl. (bot.)* monocotiledóneas.
monóculo, *s. m.* monóculo.
monógamo, *adj.* y *s. m.* monógamo.
monografia, *s. f.* monografía.
monólito, *s. m.* monolito.
monólogo, *s. m.* monólogo.
monómio, *s. m.* monomio.
monopólio, *s. m.* monopolio.
monopolizar, *v. t.* monopolizar.
monossílabo, *s. m.* monosílabo.
monoteísta, *adj.* monoteísta.
monótono, *adj.* monótono.
monovalente, *adj. (quím.)* monovalente.
monsenhor, *s. m.* monseñor.
monstro, *s. m.* monstruo.
monta, *s. f.* monta, importe, total, suma.
montagem, *s. f.* montaje.
montanha, *s. f.* montaña.
montanhoso, *adj.* montañoso.
montão, *s. m.* montón; acervo.
montar, *v. t.* montar; cabalgar; poner en marcha.

montaria, *s. f.* montería.
monte, *s. m.* monte; amontonamiento; acervo.
monteiro, *s. m.* montero.
montículo, *s. m.* montículo; otero.
montra, *s. f.* escaparate.
montureira, *s. f.* estercolera.
montureiro, *s. m.* trapero.
monumento, *s. m.* monumento.
moqueta, *s. f.* moqueta.
mor, *adj.* contr. de mayor.
mora, *s. f.* mora, demora; *(bot.)* mora.
morada, *s. f.* morada; domicilio.
morado, *adj.* morado; violáceo.
morador, *adj.* y *s. m.* morador, residente.
moral, *s. f.* moral.
moralizar, *v. t.* moralizar.
morango, *s. m. (bot.)* fresa.
morar, *v. i.* morar, residir; habitar.
moratória, *s. f.* moratoria.
morbo, *s. m.* morbo, enfermedad.
morboso, *adj.* morboso.
morcego, *s. m. (zool.)* murciélago.
morcela, *s. f.* morcilla.
mordaça, *s. f.* mordaza.
mordaz, *adj.* mordaz; *(fig.)* satírico.
mordente, *adj.* mordiente; *(fig.)* mordaz; *s. m.* mordiente.
morder, *v. t.* morder.
mordicar, *v. t.* mordicar, mordisquear; morder.
mordomo, *s. m.* mayordomo.
moreia, *s. f. (zool.)* morena.
moreno, *s. m.* moreno.
morfina, *s. f. (quím.)* morfina.
morfologia, *s. f.* morfología.
morgado, *s. m.* hijo primogénito.
morganático, *adj.* morganático.
moribundo, *adj.* moribundo.
morigerar, *v. t.* morigerar; moderar; refrenar los excesos.
moringue, *s. m.* botijo.
mormaco, *s. m.* bochorno; recalmón.
mórmon, *s. m.* mormón.
morno, *adj.* tibio, templado.
moroso, *adj.* moroso.
morra!, *interj.* ¡muera!
morraça, *s. f.* vino de mala calidad.
morrer, *v. i.* morir, fallecer, extinguirse.
morrinha, *s. f.* morriña, comelía, enfermedad del ganado.
morsegar, *v. t.* mordiscar, mordicar.
mortadela, *s. f.* mortadela.
mortal, *adj.* mortal.
mortalha, *s. f.* mortaja.
morte, *s. f.* muerte; suicidio; pena capital; término, fin.
morteiro, *s. m.* mortero.
morticínio, *s. m.* mortandad.
mortificar, *v. t.* mortificar; atormentar.
morto, *adj.* muerto; difunto, cadáver; deseoso; *s. m.* muerto.
morzelo, *adj.* morcillo; *s. m.* caballo negro.
mosaico, *s. m.* mosaico.
mosca, *s. f. (zool.)* mosca.
moscada, *s. f. (bot.)* moscada; nuez moscada.
moscão, *s. m.* moscón, moscardón.
moscardo, *s. m. (zool.)* moscardón; tábano.
moscatel, *adj.* y *s. m.* moscatel.
mosquear, *v. t.* mosquear; salpicar.
mosquetão, *s. m.* mosquetón.
mosquetear, *v. t.* disparar tiros de mosquete contra.
mosqueteiro, *s. m.* mosquetero.
mosquito, *s. m. (zool.)* mosquito.
mostarda, *s. f.* mostaza.
mostardeira, *s. f. (bot.)* mostaza; mostacera.
mosteiro, *s. m.* monasterio.
mosto, *s. m.* mosto.
monstruário, *s. m.* muestrario.
mote, *s. m.* mote; divisa; epígrafe.
motete, *s. m.* motete.
motilidade, *s. f.* motilidad.
motim, *s. m.* motín, revuelta, asonada
motivar, *v. t.* motivar.
motivo, *adj.* motivo; *s. m.* causa, razón, propósito.
motocicleta, *s. f.* motocicleta.
motor, *adj.* motor.

m

mouco, *adj.* y *s. m.* sordo.
mouquice, *s. f.* sordera; sordez.
moura, *s. f.* mora, mujer árabe; salmuera.
mourejar, *v. i.* trabajar sin descanso; esforzarse.
mouro, *adj.* moro.
mouta, *s. f.* matorral.
moutão, *s. m.* motón.
moutedo, *s. m.* matorral.
movediço, *adj.* movedizo, inseguro.
móvel, *adj.* móvil; movible, movedizo; *(fig.)* voluble; *s. m.* mueble.
mover, *v. t.* mover; agitar; menear; estimular.
móvito, *s. m.* parto prematuro; aborto.
mozeta, *s. f.* muceta (esclavina).
mu, *s. m.* mulo.
muar, *adj.* y *s.* mular.
mucilagem, *s. f.* mucílago.
muco, *s. m.* moco (humor).
mucosa, *s. f. (zool.)* mucosa.
muçulmano, *adj.* musulmán.
muda, *s. f.* muda; mudanza; substitución.
mudança, *s. f.* mudanza; modificación.
mudar, *v. t.* mudar; transformar; *v. i.* ir a vivir para otro lugar.
mudo, *adj.* mudo; callado; silencioso; *s. m.* mudo.
mugir, *v. i.* mugir.
mui, *adv.* muy.
muito, *adj.* y *pron.* mucho, abundante; *adv.* muy, en sumo grado.
mulato, *s. m.* mulato.
muleta, *s. m.* muleta.
mulher, *s. f.* mujer.
mulheril, *adj.* mujeril; femenino; mujeriego.
mulo, *s. m.* mulo.
multa, *s. f.* multa.
multar, *v. t.* multar.
multicolor, *adj.* multicolor.
multidão, *s. f.* multitud.
multiplicar, *v. t.* multiplicar.
multíplice, *adj.* múltiple.
múltiplo, *adj.* múltiplo.
múmia, *s. f.* momia.
mumificar, *v. t.* momificar.
mundanal, *adj.* mundanal.
mundano, *adj.* mundano.
mundial, *adj.* mundial.
mundo, *s. m.* mundo; *adj.* puro, limpio.
mungir, *v. t.* ordeñar la leche; muir.
munhão, *s. m. (artill.)* muñón.
munheca, *s. f.* muñeca; pulso.
munição, *s. f.* munición.
munício, *s. m.* pan de munición o de cuartel.
municipal, *adj.* municipal.
município, *s. m.* municipio; ayuntamiento.
munificente, *adj.* munificente.
munir, *v. t.* munir; abastecer, defender.
mural, *adj.* mural.
muralha, *s. f.* muralla.
muralhar, *v. t.* amurallar, murar.
murchar, *v. t.* marchitar.
murcho, *adj.* marchito; triste.
murmuração, *s. f.* murmuración.
muro, *s. m.* muro.
murro, *s. m.* puñetazo.
murta, *s. f. (bot.)* murta.
musa, *s. f.* musa.
musaranho, *s. m. (zool.)* musaraña, musgaño.
muscular, *adj.* muscular.
músculo, *s. m. (anat.)* músculo.
museu, *s. m.* museo.
musgo, *s. m. (bot.)* musgo.
música, *s. f.* música.
musicata, *s. f.* tocata; filarmónica.
mutação, *s. f.* mutación.
mutilação, *s. f.* mutilación.
mutilar, *v. t.* mutilar.
mutismo, *s. m.* mutismo.
mutuação, *s. f.* mutualidad.
mútuo, *adj.* mutuo, recíproco; *s. m.* comodato.

m

n

nabo, *s. m. (bot.)* nabo.
nacada, *s. f.* bagatela; fruslería.
nação, *s. f.* nación; pueblo; patria.
nácar, *s. m.* nácar.
nacional, *adj.* nacional.
nacionalizar, *v. t.* nacionalizar.
naco, *s. m.* pedazo, trozo, tajada.
nada, *s. m.* nada; *pron. ind.* cosa ninguna; *adv.* no.
nadar, *v. i.* nadar.
nádega, *s. f.* nalga.
madinha, *s. m.* pizca; migaja; pedacito; muy poco.
nadível o **nadivo,** *adj.* nativo.
nado, *s. m.* nado, acto de nadar; *adj.* nado, nato, nacido.
nafta, *s. f. (quím.)* nafta.
nagalho, *s. m.* cordel; guita.
naipe, *s. m.* naipe, figuras de la baraja.
namorada, *s. f.* y *adj.* enamorada; apasionada; novia.
namorado, *adj.* enamorado.
namorador, *s. m.* y *adj.* amante, galanteador.
namorar, *v. t.* enamorar; atraer; cautivar.
namoro, *s. m.* galanteo; enamoramiento.
nana, *s. f.* ac. de *nanar;* nana (canto a los niños).
nanar, *v. i.* dormir; *v. t.* cantar.
nanja, *adv. (pop.)* no, jamás, nunca.
não, *adv.* no; *s. m.* negativa; recusa.
napeiro, *adj.* indolente, abúlico, apático, dormilón.
naquele, contr. de la prep. *em* y el adj. o pron. *aquele:* en aquel.
naquilo, contr. de la prep. *em* y el pron. dem. *aquilo:* en aquello.
narcisar-se, *v. r.* ensoberbecerse, envanidecerse.
narciso, *s. m. (bot.)* narciso.
narcótico, *adj.* narcótico.
narcotizar, *v. t.* narcotizar.
nardo, *s. m. (bot.)* nardo.
narícula, *s. f.* nariz.
narigão, *s. m.* narigudo.
nariz, *s. m.* nariz.
narração, *s. f.* narración; descripción.
narrar, *v. t.* narrar; contar.
narrativa, *s. f.* narrativa, narración.
nasal, *adj.* nasal.
nascente, *adj.* naciente; *s. m.* naciente, oriente; *s. f.* naciente, fuente.
nascer, *v. i.* nacer; brotar (agua); principiar; provenir; germinar.
nascida, *s. f.* nacida.
nascidiço, *adj.* natural, nativo.
nascituro, *s. m.* y *adj.* concebido; generado.
nastro, *s. m.* cinta estrecha de algodón.
nata, *s. f.* nata; *(fig.)* la élite.
natação, *s. f.* natación.
natal, *s. m.* natividad.
natalício, *adj.* natalicio.
nateirado, *adj.* lamoso, cenagoso.
nateiro, *s. m.* limo o lodo.
nativo, *adj.* y *s. m.* nativo, natural, innato.
nato, *adj.* nato, nacido.
natural, *adj.* natural.
naturalista, *s. com.* naturalista.
naturalizar, *v. t.* naturalizar.
natureza, *s. f.* naturaleza.
nau, *s. f.* nao, nave.

naufragar, *v. i.* naufragar.
náusea, *s. f.* náusea.
nauseento, *adj.* nauseabundo.
nauta, *s. m.* nauta, navegante.
nava, *s. f.* nava, planicie.
naval, *adj.* naval.
navalha, *s. f.* navaja.
nave, *s. f. (arq.)* nave.
navegaçao, *s. f.* navegación.
navegante, *adj.* y *s. com.* navegante.
navegar, *v. t.* navegar.
naveta, *s. f.* naveta.
navio, *s. m.* navío; nao, nave.
neblina, *s. f.* neblina.
neblinar, *v. i.* lloviznar.
nebulosa, *s. f. (astr.)* nebulosa.
necear, *v. i.* necear, decir tonterías.
necedade, *s. f.* necedad.
necessidade, *s. f.* necesidad; precisión; pobreza; miseria; hambre.
necessitar, *v. t.* e *i.* necesitar, tener necesidad de; carecer; reclamar.
necrópole, *s. f.* necrópolis.
necropsia, *s. f.* necropsia; autopsia.
néctar, *s. m.* néctar.
nédio, *adj.* luciente, brillante, gordo, cebado.
nefando, *adj.* nefando, indigno; abominable.
nefasto, *adj.* nefasto, funesto; trágico.
nefrítico, *adj.* nefrítico.
nega, *s. f.* negación.
negacear, *v. t.* engañar, engatusar, seducir.
negativa, *s. f.* negativa.
negativo, *adj.* negativo.
negável, *adj.* negable.
negligência, *s. f.* negligencia.
negligente, *adj.* negligente.
negociar, *v. t.* e *i.* negociar; contratar; ajustar.
negociarrão, *s. m.* negocio muy ventajoso.
negócio, *s. m.* negocio, comercio, tráfico.
negra, *s. f.* negra (mujer); equimosis; mancha negra.
negrilho, *s. m.* negrillo, negrito.
negro, *adj.* negro; obscuro, deslucido, sombrío; *(fig.)* lúgubre; tétrico; *s. m.* negro (hombre).
negror, *s. m.* negror, negrura.
negrume, *s. m.* obscuridad, tinieblas; tristeza; negrura.
nela, contr. de la *prep. em* y el *pron. ela:* en ella.
nele *(ê),* contr. de la prep. *em* y el pron. pers. *ele,* en él.
nené, *s. m.* nene, bebé.
nenhum, *adj.* y *pron. indef.* ningún; ni uno.
nenhures, *adv.* en ninguna parte.
nénia, *s. f.* nenia; canción triste; elegía.
neófito, *s. m.* neófito.
Neptuno, *s. m. (astron.* e *mit.)* Neptuno.
nervo, *s. m. (anat.)* nervio.
nervoso, *adj.* nervoso; nervioso.
néscio, *adj.* y *s. m.* necio.
nêspera, *s. f.* níspola.
nesse, contr. de la prep. *em* con el pron. *esse:* en ése.
neste, contr. de la prep. *em* con el pron. *este:* en éste.
neta, *s. f.* nieta.
neto, *s. m.* nieto.
neuralgia, *s. f.* neuralgia.
neurasténico, *adj.* neurasténico.
neurología, *s. f. (anat.)* neurología.
neurose, *s. f.* neurosis.
neutral, *adj.* neutral.
neutralizar, *v. t.* neutralizar.
neutro, *adj.* neutro.
nevada, *s. f.* nevada.
nevão, *s. m.* gran nevada.
nevar, *v. t.* nevar, enfriar por medio de nieve.
névoa, *s. f.* niebla; mancha blanquecina en el ojo.
nevralgia, *s. f.* neuralgia.
nevrite, *s. f.* neuritis.
nevrologia, *s. f. (anat.)* neurología.
nevrose, *s. f. (med.)* neurosis.
nevrótico, *adj.* neurótico.
nexo, *s. m.* nexo, nudo, lazo.

nica, *s. f.* impertinencia, bagatela.
nicada, *s. f.* picotazo.
nicar, *v. t.* picotear.
nicho, *s. m.* nicho.
nicotina, *s. f. (quím.)* nicotina.
niilismo, *s. m.* nihilismo.
nimbífero, *adj.* lluvioso.
nímio, *adj.* nimio.
nina, *s. f.* nana, canto; *(pop.)* niña.
ninar, *v. t.* e *i.* arrullar; dormir a los niños; neniar; acariñar.
ninfa, *s. f.* ninfa.
ninguém, *pron, indef.* nadie.
ninho, *s. m.* nido.
níquel, *s. m. (quím.)* níquel.
niquento, *adj.* escrupuloso, impertinente; melindroso.
niquice, *s. f.* impertinencia; melindre.
Nirvana, *s. m.* Nirvana.
nisso, contr. de la prep. *em* con el pron. dem. *isso:* en eso.
nisto, contr. de la prep. *em* y el pron. dem. *isto:* en esto.
nitidez, *s. f.* nitidez.
nitrato, *s. m.* nitrato.
nitreira, *s. f.* estercolero; nitrera.
nítrico, *adj.* nítrico.
nitridor, *adj.* relinchador, que relincha.
nitrificar, *v. t. (quím.)* nitrificar.
nitrir, *v. i.* rechinar; relinchar (el caballo).
nitrito, *s. m. (quím.)* nitrito.
nitro, *s. m.* nitro.
nitrogénio, *s. m. (quím.)* nitrógeno.
nitroglicerina, *s. f. (quím.)* nitroglicerina.
nível, *s. m.* nivel.
nivelar, *v. t.* nivelar.
no, contr. de la prep. *em* y el pron. dem. o pers. *o:* en él, en lo.
nó, *s. m.* nudo.
noa, *s. f.* nona.
nobiliário, *adj.* nobiliario.
nobilitar, *v. t.* ennoblecer.
nobre, *adj.* noble.
noção, *s. f.* noción.
nocivo, *adj.* nocivo.
noctâmbulo, *adj.* noctámbulo.
nocticolor, *adj,* obscuro, negro.
nódoa, *s. f.* mancha; cardenal, equimosis.
nodoso, *adj.* nudoso.
nogada, *s. f.* flor del nogal.
nogal, *s. m.* vd. *nogueiral; (bot.)* nogal.
noitada, *s. f.* tiempo que dura un a noche; insomnio.
noite, *s. f.* noche.
noitinha, *s. f.* el anochecer.
noiva, *s. f.* novia.
noivado, *s. m.* noviazgo.
noivo, *s. m.* novio.
nojento, *adj.* asqueroso; repugnante.
nojo, *s. m.* asco, náusea; luto; pena.
nómada, *adj.* nómada.
nome, *s. m.* nombre.
nomeação, *s. f.* nombramiento.
nomeada, *s. f.* fama.
nomear, *v. t.* nombrar.
nomenclatura, *s. f.* nomenclatura.
nómina, *s. f.* nómina.
nominal, *adj.* nominal.
nominativo, *adj.* y *s. m.* nominativo.
nones, *adj. pl.* vd. *nunes,* impar.
nono *(ô), adj.* y *s. m.* nono.
nora, *s. f.* noria, aparato para sacar agua; nuera.
nordeste, *s. m.* nordeste.
nórdico, *adj.* nórdico.
norma, *s. f.* norma.
normal, *adj.* normal.
normalizar, *v. t.* normalizar.
normando, *adj.* normando.
noroeste, *s. m.* noroeste.
norte, *s. m.* norte.
nos, contr. de *em* y *os,* equivalente a *em os:* en los.
nós, *pron. pers.* nosotros; plural de nudo.
nosología, *s. f.* nosología.
nosso, *adj.* y *pron.* nuestro.
nostalgia, *s. f.* nostalgia.
nota, *s. f.* nota; marca; apuntamiento voz; billete de Banco; calificación.
notar, *v. t.* anotar; notar; extrañar dictar; redactar; reparar; advertir

notário, *s. m.* notario.
notável, *adj.* notable; distinguido.
noticiar, *v. t.* noticiar; anunciar; decir.
noticiário, *s. m.* noticiario.
notificar, *v. t.* notificar; informar; participar judicialmente; participar con formalidades; citar.
notório, *adj.* notorio.
nova, *s. f.* nueva, noticia; novedad.
novato, *s. m.* novato, novel.
nove, *num.* nueve.
novecentos, *num.* novecientos.
novel, *adj.* novel; nuevo; novato.
novela, *s. f.* novela; cuento; ficción.
novelo, *s. m.* ovillo.
Novembro, *s. m.* noviembre.
noveno, *adj.* noveno.
noventa, *num.* noventa.
noviça, *s. f.* novicia.
novidade, *s. f.* novedad; rareza.
novilha, *s. f.* novilla, becerra.
novilhada, *s. f.* novillada.
novo, *adj.* nuevo; joven; reciente.
noz, *s. f.* nuez.
nu, *adj.* nudo, desnudo; deshojado, sin vegetación; sincero.
nublar, *v. t.* nublar, anublar; nublarse.
nução, *s. f.* asentimiento.
núcleo, *s. m.* núcleo.
nucléolo, *s. m.* núcleo.
nudação, *s. f.* nudez o desnudez.
nuelo, *adj.* implume, sin plumas; recién nacido.
nuga, *s. f.* bagatela, fruslería; niñería.
nugação, *s. f.* sofisma ridículo.
nulidade, *s. f.* nulidad.
nulo, *adj.* nulo; inválido.
num, contr. de la prep. *em* y el art. o pron. *um:* en un.
numária, *s. f.* numismática.
numeração, *s. f.* numeración.
numeral, *adj.* numeral.
numerar, *v. t.* numerar.
nunca, *adv.* nunca.
núncio, *s. m.* nuncio.
nunes, *adj.* impar; nones.
nupcial, *adj.* nupcial.
núpcias, *s. f. pl.* nupcias; esponsales.
nutrição, *s. f.* nutrición.
nutrido, *adj.* nutrido; robusto.
nutrir, *v. t.* nutrir; sustentar; engordar.
nutritivo, *adj.* nutritivo.
nutriz, *s. f.* nutriz, nodriza.
nuvem, *s. f.* nube.
nuvioso, *adj.* nublado.

n

O

o, art. el; *pron. demos.* cuando equivale a *isto, isso, aquilo,* y *aquele; pron. pers.* cuando está junto de un verbo; abreviatura de Oeste.
oásis, *s. m.* oasis.
obcecação, *s. f.* obcecación.
obedecer, *v. i.* obedecer; sujetarse.
obeso, *adj.* obeso.
óbice, *s. m.* óbice; obstáculo.
óbito, *s. m.* óbito, defunción.
objecção, *s. f.* objeción.
objectar, *v. t.* objetar; impugnar.
objectiva, *s. f.* objetivo.
objectivar, *v. t.* objetivar.
objectivo, *adj.* objetivo.
objecto, *s. m.* objeto.
objurgação, *s. f.* censura.
objurgar, *v. t.* reprender.
oblação, *s. f.* oblación.
oblíquo, *adj.* oblicuo.
obliterar, *v. t.* obliterar, obstruir.
oboé, *s. m. (mús.)* oboe.
óbolo, *s. m.* óbolo.
obra, *s. f.* obra.
obrar, *v. t.* obrar; fabricar; edificar; hacer; trabajar; *v. i.* defecar.
obreia, *s. f.* oblea.
obreira, *s. f.* obrera.
obreiro, *s. m.* y *adj.* obrero, operario.
obrigação, *s. f.* obligación; deber; empleo; título; derecho de crédito; imposición.
obrigado, *adj.* agradecido, grato; impuesto por ley.
obrigar, *v. t* obligar; sujetar; empeñar.
obrigatório, *adj.* obligatorio.
obsceno, *adj.* obsceno.
obscurecer, *v. t.* obscurar u obscurecer.
obscuridade, *s. f.* obscuridad.
obscuro, *adj.* obscuro, oscuro; *(fig.)* confuso.
obsequiar, *v. t.* obsequiar; agasajar.
obséquio, *s. m.* obsequio.
observação, *s. f.* observación.
observador, *adj.* y *s. m.* observador.
observar, *v. t.* observar.
observatório, *s. m.* observatorio.
obsessão, *s. f.* obsesión.
obsidiar, *v. t.* obsidiar, sitiar; espiar.
obsoleto, *adj.* obsoleto.
obstáculo, *s. m.* obstáculo, impedimento.
obstante, *adj.* obstante, que obsta; *não obstante, loc.* sin embargo.
obstar, *v. i.* obstar, estorbar.
obstetricia, *s. f. (med.)* obstetricia.
obstinação, *s. f.* obstinación.
obstinar, *v. t.* hacer obstinación.
obstringir, *v. t.* apretar mucho; constreñir, oprimir.
obstrução, *s. f.* obstrucción.
obstruir, *v. t.* obstruir.
obter, *v. t.* obtener, conseguir; adquirir.
obtestar, *v. t.* tomar por testigo; suplicar, rogar.
obturador, *adj.* obturador.
obturar, *v. t.* obturar; tapar; obstruir.
obtuso, *adj.* obtuso.
obus, *s. m. (mil.)* obús.
obviar, *v. t.* e *i.* obviar; obstar; remediar; atajar.
ocar, *v. t.* ahuecar.
ocasionar, *v. t.* ocasionar.
ocaso, *s. m. (astr.)* ocaso.

oceano, *s. m.* océano.
ocidente, *s. m.* occidente.
ócio, *s. m.* ocio; descanso.
oco, *adj.* hueco.
ocorrer, *v. i.* ocurrir; sobrevenir; acontecer; venir al pensamiento.
ocra, *s. f.* ocre.
octaedro, *s. m.* octaedro.
octogenário, *adj.* octogenario.
octogonal, *adj.* octogonal.
octógono, *s. m.* octógono.
octossílabo, *adj.* octosílabo.
óctuplo, *num.* óctuplo.
ocular, *adj.* y *s. f.* ocular.
oculista, *s. com.* oculista, oftalmólogo.
óculo, *s. m.* anteojo; carlita, lente para leer; *pl.* anteojos, lentes, gafas.
ocultar, *v. t.* ocultar, esconder.
oculto, *adj.* oculto.
ocupar, *v. t.* ocupar.
ode, *s. f.* oda.
odeão, *s. m.* odeón.
odiar, *v. t.* odiar, detestar.
odiento, *adj.* rencoroso.
odisseia, *s. f.* odisea.
odontologia, *s. f.* odontología.
odor, *s. m.* olor, aroma.
odre, *s. m.* odre.
oeste, *s. m.* oeste, occidente, poniente.
ofegar, *v. i.* jadear.
ofego, *s. m.* jadeo, ahogo.
ofender, *v. t.* ofender.
ofensiva, *s. f.* ofensiva.
oferecer, *v. t.* ofrecer; regalar; prometer; dedicar.
ofertar, *v. t.* ofrendar.
oficial, *adj.* oficial.
oficiar, *v. i.* oficiar.
oficina, *s. f.* taller.
ofício, *s. m.* oficio; empleo; destino; profesión.
oftalmologia, *s. f. (anat.)* oftalmología.
ofuscar, *v. t.* ofuscar.
ogiva, *s. f. (arq.)* ojiva.
oh!, *interj.* ¡oh!
oitavo, *num.* octavo.
oitenta, *num.* ochenta.
oito, *num.* ocho.
oitocentos, *num.* ochocientos.
olaia, *s. f. (bot.)* vainilla.
olaria, *s. f.* alfarería.
olé, *interj.* ¡olé!; ¡hola!
olear, *v. t.* olear, lubrificar, aceitar.
oleícola, *adj.* oleícola.
oleiro, *s. m.* alfarero.
olente, *adj.* oloroso.
óleo, *s. m.* óleo, aceite.
olfacto, *s. m.* olfato.
olha *(ô), s. f.* olla, puchero, cocido; olla, vasija.
olhadura, *s. f.* ojeo; ojeada.
olhal, *s. m. (arq.)* ojo de puente.
olhar, *v. t.* ojear; mirar; ver; contemplar.
olheirão, *s. m.* gran manantial de agua.
olheiras, *s. f. pl.* ojeras.
olheiro, *s. m.* celador; vigilante; manantial, ojo.
olhete, *s. m.* ojete.
olho, *s. m.* ojo; vista.
olimpíada, *s. f.* olimpíada.
olímpico, *adj.* olímpico.
olivicultor, *s. m.* oleicultor.
olmeiro, *s. m. (bot.)* olmo.
olor, *s. m.* olor, aroma.
olvidar, *v. t.* olvidar.
ombrear, *v. i.* hombrear.
ombreira, *s. f.* hombrera (de los vestidos); umbral.
ombro, *s. m.* hombro.
omeleta, *s. f.* tortilla.
omisso, *adj.* omiso.
omitir, *v. t.* omitir; olvidar.
omnipotente, *adj.* omnipotente.
omnívoro, *adj.* omnívoro.
onça, *s. f. (zool.)* onza, felino; onza, medida; onza, moneda.
onda, *s. f.* onda; ola.
onde, *adv.* donde; adonde.
ondear, *v. t.* ondear; fluctuar.
ondular, *v. t.* e *i.* ondular, ondear.
oneroso, *adj.* oneroso.
ónibus, *s. m.* ómnibus.
ónix, *s. m.* ónix, ónice.
onomástica, *s. f.* onomástica.

onomatopeia, *s. f.* onomatopeya.
ontem, *adv.* ayer.
ontologia, *s. f.* ontología.
ontologista, *s. com.* ontologista, ontólogo.
ónus, *s. m.* peso; encargo; gravamen; tributo.
onze, *num.* once.
onzenice, *s. f.* chisme, cuento.
opa, *s. f.* capa, hopa.
opacidade, *s. f.* opacidad.
opaco, *adj.* opaco.
opado, *adj.* hinchado.
opalino, *adj.* opalino.
opção, *s. f.* opción.
ópera, *s. f.* ópera.
operação, *s. f.* operación.
operador, *adj.* y *s. m.* operador.
operário, *s. m.* obrero.
opereta, *s. f.* opereta.
opiar, *v. t.* mezclar o preparar con opio.
opilar, *v. t.* opilar.
opimo, *adj.* opimo.
opinião, *s. f.* opinión.
opiniático, *adj.* terco en su opinión; obstinado.
ópio, *s. m.* opio.
opoente u **oponente,** *adj.* y *s. com.* oponente; competidor.
opor, *v. t.* oponer.
oportunidade, *s. f.* oportunidad.
oportuno, *adj.* oportuno; favorable.
oposição, *s. f.* oposición.
oposto, *adj.* y *s. m.* opuesto.
opressor, *adj.* y *s. m.* opresor.
oprimir, *v. t.* oprimir.
óptico, *adj.* óptico; a la óptica; *s. m.* óptica o versado en óptica.
optimismo, *s. m.* optimismo.
opugnar, *v. t.* opugnar; contradecir; refutar, rechazar.
opulência, *s. f.* opulencia, abundancia.
opúsculo, *s. m.* opúsculo.
ora, *conj.* ora, ahora; *adv.* ahora, en el tiempo actual.
oração, *s. f.* oración, discurso; oración, rezo; *(gram.)* oración.
oráculo, *s. m.* oráculo.
orador, *s. m.* orador.
oral, *adj.* oral.
orangotango, *s. m. (zool.)* orangután.
orar, *v. i.* orar, hablar en público; orar, rezar.
orbe, *s. m.* orbe; globo; mundo.
órbita, *s. f.* órbita.
orças, *s. f. (mar.)* orza, bolina.
orçamento, *s. m.* presupuesto.
orçar, *v. t.* presuponer, presupuestar.
orchata, *s. f.* horchata.
orco, *s. m.* orco, infierno.
ordeiro, *adj.* amigo del orden; pacífico.
ordem, *s. f.* orden.
ordenado, *s. m.* salario, paga, sueldo, estipendio.
ordenador, *adj.* y *s. m.* ordenador.
ordenança, *s. f.* ordenanza.
ordenar, *v. t.* ordenar; disponer, determinar; mandar.
ordenhar, *v. t.* ordeñar.
ordinal, *adj.* ordinal.
ordinário, *adj.* ordinario, común, grosero; *s. m.* ordinario, gasto diario.
orégão, *s. m. (bot.)* orégano.
orelha, *s. f.* oreja.
orelheira, *s. f.* orejas del cerdo.
orfanar, *v. t.* dejar huérfano; privar.
orfanato, *s. m.* orfanatorio, orfanato.
órfão, *adj.* y *s. m.* huérfano.
orfeão, *s. m. (mús.)* orfeón.
orgânico, *adj.* orgánico.
organização, *s. f.* organización.
organizar, *v. t.* organizar.
órgão, *s. m.* órgano.
orgia, *s. f.* orgía, festín; bacanal.
orgulhar, *v. t.* causar orgullo a; ufanar; *v. r.* envanecerse.
orgulho, *s. m.* orgullo.
oriental, *adj.* oriental.
orientar, *v. t.* orientar.
oriente, *s. m.* oriente.
orifício, *s. m.* orificio.

O

origem, *s. f.* origen.
originar, *v. t.* originar.
originário, *adj.* originario.
orilha, *s. f.* orilla; orla.
oriundo, *adj.* oriundo.
orizicultura, *s. f.* cultivo del arroz, orizocultura.
orla, *s. f.* orla; orilla; borde; barra, tira; margen; faja.
ornamental, *adj.* ornamental.
ornar, *v. t.* ornar; adornar.
ornato, *s. m.* ornato; adorno; atavío.
orneio u **ornejo,** *s. m.* rebuzno, roznido.
ornitologia, *s. f.* ornitología.
orquestra, *s. f.* orquesta.
orquídea, *s. f. (bot.)* orquídea.
ortiga, *s. f. (bot.)* ortiga.
orto, *s. m.* orto, salida, nacimiento de un astro.
ortodoxo, *adj.* ortodoxo.
ortografia, *s. f.* ortografía.
ortopedia, *s. f. (cir.)* ortopedia.
orvalhar, *v. t.* rociar, caer rocío.
orvalho, *s. m.* orvallo, lluvia menuda, humedad; rocío.
oscilar, *v. i.* oscilar; hesitar.
oscular, *v. t.* besar, oscular.
osmose, *s. f.* ósmosis.
ossada, *s. f.* cantidad de huesos; osada, osamenta.
ossatura, *s. f.* esqueleto, osamenta.
ósseo, *adj.* óseo, huesoso.
ossificar, *v. t.* y *refl.* osificar; endurecer.
osso, *s. m.* hueso; dificultad, la vida.
ossudo, *adj.* huesudo.
ostensório, *adj.* ostensivo; *s. m.* ostensorio, custodia.
ostentação, *s. f.* ostentación.
ostentar, *v. t.* ostentar.
ostentoso, *adj.* ostentoso.
ostra, *s. f. (zool.)* ostra.
ostraria, *s. f.* montón, cantidad de ostras, ostral, ostrero.
otite, *s. f. (med.)* otitis.
otorrinolaringologia, *s. f. (med.)* otorrinolaringología.
ou, *conj.* o, u, indica incerteza o alternativa.
ourela, *s. f.* orilla; borde; orla.
ourelo, *s. m.* orillo, del paño.
ourives, *s. m.* orífice, platero; orfebre.
ourivesaria, *s. f.* platería; joyería.
ouro, *s. m. (quím.)* oro.
ousar, *v. i.* osar; emprender.
outiva, *s. f.* oído; audito; audición.
outonar, *v. i.* otoñar; brotar en el otoño.
outono, *s. m.* otoño.
outorga, *s. f.* otorgamiento; donación.
outorgar, *v. t.* otorgar; donar.
outrem, *pron.* otra persona; otro; otros.
outro, *adj.* y *pron. indef.* otro; diferente; siguiente; restante.
outrora, *adv.* en otros tiempos; antaño.
outrossim, *adv.* otrosí; también.
Outubro, *s. m.* octubre.
ouvido, *s. m.* oído; oreja.
ouvir, *v. t.* oír; escuchar; atender.
ova, *s. f.* hueva; ovario.
ovacionar, *v. t.* ovacionar; aplaudir.
oval, *adj.* oval.
ovário, *s. m. (anat.)* ovario.
ovelha, *s. f.* oveja.
ovelhada, *s. f.* rebaño de ovejas, redil.
ovil, *s. m.* aprisco.
ovino, *adj.* y *s. m.* ovino.
ovíparo, *adj.* ovíparo.
ovo, *s. m.* huevo.
ovóide, *adj.* ovoide.
ovulação, *s. f.* ovulación.
ovular, *adj.* ovular.
óvulo, *s. m. (anat.)* óvulo.
oxalá!, *interj.* ¡ojalá!
oxidação, *s. f. (quím.)* oxidación.
oxidar, *v. t. (quím.)* oxidar.
óxido, *s. m. (quím.)* óxido.
oxigenar, *v. t. (quím.)* oxigenar.
ozone, *s. m. (quím.)* ozono.

p

pá, *s. f.* pala.
pábulo, *s. m.* pábulo.
pachola, *s. (pop.)* persona perezosa, holgazana.
pacholice, *s. f.* pereza.
paciência, *s. f.* paciencia.
pacificador, *s. m.* y *adj.* pacificador.
pacificar, *v. t.* pacificar; aquietar.
paço, *s. m.* pazo.
pacote, *s. m.* bulto, paquete pequeño; lío, fardo.
pacotilha, *s. f.* pacotilla.
pacovice, *s. f.* estupidez.
pacóvio, *adj.* y *s. m.* estúpido, tonto, simple; simplón.
pacto, *s. m.* pacto.
pactuar, *v. t.* e *i.* pactar; contratar.
pada, *s. f.* pan pequeño.
padaria, *s. f.* panadería.
padecente, *adj.* paciente.
padieira, *s. f. (arq.)* dintel.
padiola, *s. f.* parihuela.
padrão, *s. m.* patrón, modelo.
padrasto, *s. m.* padrastro.
padre, *s. m.* cura, sacerdote, presbítero, padre.
padrinho, *s. m.* padrino.
padroeiro, *adj.* y *s. m.* patrón, santo; defensor.
paga, *s. f.* paga.
pagadoria, *s. f.* pagaduría.
paganizar, *v. t.* paganizar.
pagão, *adj.* pagano.
pagar, *v. t.* pagar, dar; expiar.
pagela, *s. f.* página, hoja.
página, *s. f.* página.
paginar, *v. t.* e *i.* paginar.
pago, *j.* pago, pagado.
pagode, *s. m.* pagoda (templo pagano); ídolo.
pagodista, *s. com.* persona juerguista.
pai, *s. m.* padre.
painço, *s. m. (bot.)* panizo.
painel, *s. m.* painel, panel.
país, *s. m.* país.
paisagem, *s. f.* paisaje.
paisano, *adj.* paisano, compatriota; *s. m.* paisano, el que no es militar.
paixão, *s. f.* pasión.
pala, *s. f.* visera; pala.
palácio, *s. m.* palacio.
paladar, *s. m. (anat.)* paladar; sabor.
paladino, *s. m.* paladín.
palanca, *s. f.* palanca.
palancar, *v. t.* defender con palancas.
palangana, *s. f.* palangana, jofaina; tazón grande, cuenco.
palanque, *s. m.* templete.
palão, *s. m.* gran mentira.
palato, *s. m.* paladar.
palavra, *s. f.* palabra.
palavrada, *s. f.* palabrota, palabra grosera.
palavrão, *s. m.* palabrota.
palavrear, *v. i.* palabrear, parlotear.
palavroso, *adj.* locuaz, prolijo.
palco, *s. m.* escenario, tablado.
paleio, *s. m.* palabrería; labia; coba.
paleografia, *s. f.* paleografía.
paleolítico, *s. m.* paleolítico.
paleólogo, *s. m.* paleólogo.
paleontologia, *s. f.* paleontología.
paleozóico, *adj.* paleozoico.
palerma, *s.* estúpido.
palestra, *s. f.* charla.
palestrar, *v. i.* conversar, charlar, parlar.

paleta, *s. f. (pint.)* paleta.
palha, *s. f.* paja.
palhaço, *s. m.* payaso, histrión, arlequín.
palhal o **palhar,** *s. m.* choza, casa cubierta de paja.
palheira, *s. f.* paja, montón de cereales sin grano; pedazo de paja; almiar.
palheirão, *s. m.* pajar grande.
palheiro, *s. m.* pajar, pila de paja; almiar; depósito de sal.
palheta, *s. f. (mús.)* clavete, lengüeta, púa.
palhinha, *s. f.* tamo, paja muy menuda; pajita, pajilla.
palhoça, *s. f.* choza cubierta de paja; coroza, capa de paja.
paliar, *v. t.* paliar; encubrir; disfrazar.
pálido, *adj.* pálido.
pálio, *s. m.* palio.
palitar, *v. t.* escarbar, mondar los dientes.
paliteiro, *s. m.* palillero.
palito, *s. m.* palillo, mondadientes.
palma, *s. f.* palma, hoja, planta; palma de la mano.
palmatória, *s. f.* palmeta, palmatoria.
palmear, *v. t.* palmear, palmotear, aplaudir.
palmeira, *s. f. (bot.)* palmera.
palmeta, *s. f.* espátula, cuña, palmilla.
palmípede, *adj. (zool.)* palmípeda.
palmo, *s. m.* palmo.
palonço, *adj.* y *s. m.* tonto, imbécil.
palor, *s. m.* palor, palidez.
palpável, *adj.* palpable.
pálpebra, *s. f. (anat.)* pálpebra, párpado.
palpitação, *s. f.* palpitación.
palpitar, *v. i.* palpitar; presentir.
palrar, *v. i.* charlar, parlar.
palratório, *s. m.* locutorio.
palude, *s. m.* palude, laguna; paúl, pantano.
paludial, *adj.* palúdico, pantanoso.
paludismo, *s. m. (med.)* paludismo.
panaceia, *s. f.* panacea.
panal, *s. m.* paño grande; haz de paja.
panar, *v. t.* empanar.
pança, *s. f.* panza.
pançada, *s. f. (pop.)* panzada.
pancadaria, *s. f.* paliza.
pancrácio, *s. m. (pop.)* papanatas; ingenuo.
pâncreas, *s. m. (anat.)* páncreas.
pançudo, *adj.* panzudo.
panda, *s. f.* boya de corcho en las redes de arrastre; *(zool.)* panda.
pândega, *s. f. (pop.)* juerga.
pândego, *adj.* y *s. m.* juerguista, fiestero; calavera.
pandeireta, *s. f.* pandereta.
pandeiro, *s. m.* pandero.
pandilha, *s. f.* pandilla; *s. m.* vagabundo.
pando, *adj.* lleno, hinchado, gordo.
panegírico, *s. m.* panegírico.
paneiro, *s. m.* panera; panero; canasta.
panela, *s. f.* cazuela, cacerola, olla (vasija).
panelinha, *s. f.* cazuela u olla pequeña; *(pop.)* pandilla.
panfleto, *s. m.* panfleto.
pânico, *adj.* pánico.
panificar, *v. t.* panificar.
paninho, *s. m.* tejido fino de algodón.
pano, *s. m.* paño, cualquier tejido de lino, algodón; velas del navío; telón de un teatro.
panorama, *s. m.* panorama.
panriar, *v. i.* vaguear.
pantafaçudo, *adj.* mofletudo.
pantalha, *s. f.* pantalla.
pantana, *s. f. (pop.)* cenagal, lodazal; ruina, perdición.
pântano, *s. m.* pantano.
panteão, *s. m.* panteón.
pantera, *s. f. (zool.)* pantera.
pantomima, *s. f.* pantomima.
pantorrilha, *s. f.* pantorrilla.
pantufa, *s. f.* pantufla.
pão, *s. m.* pan.
pãozinho, *s. m.* panecillo.
papa, *s. m.* papa.

papagaio, *s. m. (zool.)* papagayo.
papaguear, *v. t.* e *i.* charlar, parlar.
papalvice, *s. f.* tontería.
papalvo, *s. m.* simplón.
paparicar, *v. t.* e *i.* comer o recibir golosinas.
paparicos, *s. m. pl.* mimos, halagos; golosinas.
paparrotice, *s. f. (pop.)* fanfarronada.
papazana, *s. f.* comilona, francachela.
papeira, *s. f. (med.)* paperas.
papel, *s. m.* papel; papel (parte de cada actor en una obra teatral).
papelaria, *s. f.* papelería.
papeleta, *s. f.* papeleta, edicto, cartel.
papiro, *s. m.* papiro.
papo, *s. m.* papo, buche de las aves; *(fig.)* estómago; papera.
papoila, *s. f. (bot.)* amapola.
papudo, *adj.* papudo.
paquete, *s. m.* vd. *paquebote;* botones, muchacho para recados.
paquiderme, *adj.* paquidermo.
par, *adj.* par, igual, semejante; *s. m.* par; pareja.
para, *prep.* para, hacia, en dirección a; a fin de; en relación a.
parabéns, *s. m. pl.* felicitación; parabién.
parábola, *s. f.* parábola.
parada, *s. f.* parada; estación; demora; pausa; *(mil.)* parada.
paradeiro, *s. m.* paradero.
paradisíaco, *adj.* paradisíaco.
parafinar, *v. t.* parafinar.
pára-fogo, *s. m.* parafuego, pantalla.
paráfrase, *s. f.* paráfrasis.
parafusar, *v. t.* atornillar.
parafuso, *s. m.* tornillo.
paragem, *s. f.* parada; paraje.
parágrafo, *s. m.* parágrafo, párrafo.
paraíso, *s. m.* paraíso.
paralela, *s. f.* paralela.
paralelo, *adj.* y *s. m.* paralelo.
paralisar, *v. t.* paralizar.
pára-luz, *s. m.* pantalla.
paramento, *s. m.* paramento.
parâmetro, *s. m.* parámetro.
páramo, *s. m.* páramo.
parança, *s. f.* parada; huelga; descanso.
paraninfar, *v. t.* apadrinar.
paraninfo, *s. m.* paraninfo.
parapeito, *s. m.* parapeto.
paraplegia, *s. f. (med.)* paraplejía.
pára-quedas, *s. m.* paracaídas.
parar, *v. t.* parar; apostar en el juego; *v. i.* parar, permanecer, residir; descansar; cesar.
pára-raios, *s. m.* pararrayos.
parasita, *s. com.* parásito.
pára-sol, *s. m.* parasol, guardasol, quitasol.
parçaria, *s. f.* parcería, aparcería; sociedad.
parcela, *s. f.* parcela.
parcelar, *v. t.* parcelar.
parche, *s. m.* parche, venda, apósito de una herida.
parcial, *adj.* parcial.
parcimónia, *s. f.* parsimonia.
parco, *adj.* parco, sobrio.
parda, *s. f. (bot.)* algarroba.
pardal, *s. m. (zool.)* gorrión.
pardieiro, *s. m.* casa muy vieja.
parecer, *v. i.* parecer, opinar, creer; *s. m.* parecer.
paredão, *s. m.* paredón.
parede, *s. f. (arq.)* pared, muro; tabique.
parelha, *s. f.* pareja, par.
parémia, *s. f.* paremia, refrán; máxima, adagio.
parente, *s. m.* parente, pariente.
parentear, *v. i.* tener parentesco.
parêntese o **parêntesis,** *s. m.* paréntesis.
pária, *s. m.* paria.
parietal, *s. m. (anat.)* parietal (hueso).
parir, *v. t.* parir, dar a luz (hijos).
parlamentar, *adj.* parlamentario; *s. com.* parlamentario; *v. i.* parlamentar, conferenciar, negociar.
parlamento, *s. m.* parlamento.
parlar, *v. i.* parlar; hablar.
parnão, *adj. (pop.)* impar.

paro, *s. m.* paro; parada.
pároco, *s. m.* párroco.
paródia, *s. f.* parodia.
parodiar, *v. t.* parodiar.
parolo, *adj.* y *s. m.* patán, zafio, cateto, palurdo.
paróquia, *s. f.* parroquia.
paroxismo, *s. m. (med.)* paroxismo.
parque, *s. m.* parque.
parqué o **parquete,** *s. m.* parqué.
parra, *s. f. (bot.)* parra.
parricida, *s. com.* parricida.
parrudo, *adj.* rastrero, bajo.
parte, *s. f.* parte; fracción; lote; *pl.* partes, órganos genitales.
parteira, *s. f.* partera, comadrona.
partição, *s. f.* partición; división.
participar, *v. i.* participar, tomar parte en; *v. t.* comunicar, informar.
partícipe, *s. com.* partícipe.
participio, *s. m.* participio.
partícula, *s. f.* partícula.
particular, *adj.* particular; confidencial.
particularizar, *v. t.* particularizar.
partida, *s. f.* partida; salida.
partidário, *adj.* y *s. m.* partidario.
partido, *adj.* partido; *s. m.* partido, interés; territorio de alguna jurisdicción; ventaja; grupo político.
partilhar, *v. t.* partir, repartir; participar en.
partir, *v. t.* partir; dividir; repartir; rajar; *i.* partir, salir de un sitio; comenzar, emanar.
partitivo, *adj.* partitivo.
partitura, *s. f. (mús.)* partitura.
parto, *s. m.* parto.
parvalhão, *s. m.* muy estúpido y necio; patán.
parvalhice, *s. f.* parvulez, idiotez.
parvo, *adj.* parvo; pequeño; idiota, tonto.
párvoa, *s. f.* mujer tonta, necia.
párvulo, *s. m.* párvulo, niño.
pascácio, *s. m.* imbécil, idiota.
pascentar, *v. t.* apacentar.
pascer, *v. t.* pacer, pastar.
pasmar, *v. t.* pasmar; espantar, asombrar.
pasmo, *s. m.* pasmo; asombro.
paspalhice, *s. f.* necedad, tontería.
passa, *s. f.* pasa, uva seca.
passada, *s. f.* pasada; *pl.* diligencias, esfuerzos.
passadio, *s. m.* alimento cotidiano, comida habitual.
passadouro, *s. m.* pasadizo; pasaje.
passageiro, *adj.* y *s. m.* y *f.* pasajero; transeúnte, viajero, viajante; transitorio.
passagem, *s. f.* pasaje; pasaje, trozo de un libro o discurso; paso, zurcido.
passajar, *v. t.* zurcir.
passamanes, *s. m. pl.* pasamanos.
passante, *adj.* pasante; excedente; *s. com.* transeúnte.
passaporte, *s. m.* pasaporte.
passar, *v. t.* pasar; transportar; meter, filtrar; *v. i.* deslizar, correr.
passarinhar, *v. i.* pajarear; cazar pájaros; *(pop.)* vagar, andar de un sitio para otro.
pássaro, *s. m. (zool.)* pájaro.
passatempo, *s. m.* pasatiempo.
passe, *s. m.* pase, permiso, licencia, pasaporte; *(taur.)* pase.
passeante, *adj.* y *s. com.* paseante; holgazán; haragán.
passear, *v. t.* e *i.* pasear; dar paseos; hacer ejercicio caminando.
passeio, *s. m.* paseo; acera.
passional, *adj.* y *s. m.* pasional, pasionario.
passiva, *s. f.* pasiva.
passo, *s. m.* paso; marcha; manera de andar; *(fig.)* acto.
pasta, *s. f.* pasta; cartera para papeles, documentos, etc.; *(fig.)* cartera.
pastagem, *s. f.* pasto, pastura; pastiza.
pastar, *v. t.* pastar; apacentar.
pastel, *s. m.* pastel, masa de harina rellena de carne, pescado o dulce; *(pint.)* pastel.
pastelaria, *s. f.* pastelería.

pasteurizar, *v. t.* pasteurizar, pasterizar, esterilizar.
pastilha, *s. f.* pastilla.
pastio, *s. m.* pasto, pastizal.
pasto, *s. m.* pasto; pasto, comida.
pastor, *s. m.* pastor.
pastoso, *adj.* pastoso.
pata, *s. f.* pata, hembra del pato; pie y pierna de los animales; pie de una cosa.
pataco, *s. m.* pataco, antigua moneda.
patacoada, *s. f.* estupidez.
patada, *s. f.* patada.
patear, *v. t.* patear, dar golpes con los pies.
patego, *adj.* y *s. m. (pop.)* bobalicón, necio, estúpido.
patena, *s. f.* patena.
patente, *adj.* patente; abierto, accesible.
pateta, *s. com.* idiota, bobo.
patíbulo, *s. m.* patíbulo, cadalso.
patife, *s. m.* y *adj.* bribón, bergante, bellaco.
pátina, *s. f.* pátina.
patinar, *v. i.* patinar.
patinhar, *v. i.* chapotear; patinar, girar las ruedas sin que la máquina ande.
pátio, *s. m.* patio.
pato, *s. m. (zool.)* pato.
patologia, *s. f.* patología.
patranha, *s. f.* patraña, cuento, mentira.
patrão, *s. m.* patrón, dueño, señor, amo, propietario.
pátria, *s. f.* patria.
património, *s. m.* patrimonio.
patriota, *s. com.* patriota.
patrocinar, *v. t.* patrocinar.
patrona, *s. f.* patrona, protectora; vd. *padroeira;* cartuchera.
patronato, *s. m.* patronato.
patrono, *s. m.* patrono, patrón.
patrulha, *s. f. (mil.)* patrulla.
patusco, *adj.* y *s. m. (pop.)* glotón, comilón.
paulada, *s. f.* golpe con palo; paliza.
pauperismo, *s. m.* pauperismo.
pausa, *s. f.* pausa, interrupción breve; lentitud; *(mús.)* pausa.
pausar, *v. t.* pausar, descansar, interrumpir.
pauta, *s. f.* pauta, falsilla; *(fig.)* pauta, modelo, norma; relación, tarifa.
pautar, *v. t.* pautar, rayar el papel con la pauta.
pavana, *s. f.* pavana (danza).
pavão, *s. m. (zool.)* pavón, pavo real.
paveia, *s. f.* gavilla, haz, manojo.
pavilhão, *s. m.* pabellón.
pavimentar, *v. t.* pavimentar.
pavoa, *s. f. (zool.)* pava.
pavor, *s. m.* pavor, terror.
paz, *s. f.* paz.
pé, *s. m. (anat.)* pie; pata; base; pie, medida.
peanha, *s. f.* peana, pedestal.
peão, *s. m.* peón, peatón, caminante; pieza del ajedrez.
peça, *s. f.* pieza.
pecado, *s. m.* pecado, culpa.
pecar, *v. i.* pecar, quebrantar la ley de Dios.
pecha, *s. f.* defecto, mácula.
pechinchar, *s. t.* ganar inesperadamente; *v. i.* recibir una pichincha.
pechoso, *adj.* defectuoso.
peçonhento, *adj.* ponzoñoso, venenoso.
pectina, *s. f. (quím.)* pectina.
peculiar, *adj.* peculiar.
pecúnia, *s. f. (pop.)* pecunia, dinero o moneda.
pedaço, *s. m.* pedazo.
pedagogo, *s. m.* pedagogo.
pedal, *s. m.* pedal.
pedalar, *s. i.* pedalear.
pedantear, *v. i.* pedantear.
pé-de-galo, *s. m. (bot.)* lúpulo.
pé-de-meia, *s. m.* alcancía, ahorros, peculio.
pederneira, *s. f.* pedernal.
pedestre, *adj.* pedestre.
pé-de-vento, *s. m.* huracán.
pediatria, *s. f.* pediatría.

pedículo, *s. m. (bot.)* pedículo, pedúnculo.
pedido, *s. m.* pedido.
pedir, *v. t.* pedir; solicitar; rogar; *v. i.* mendigar; orar.
peditório, *s. m.* peditorio.
pedra, *s. f.* piedra, callao; *(med.)* piedra, cálculo.
pedrado, *adj.* empedrado.
pedreira, *s. f.* cantera.
pedrisco, *s. m.* lluvia de granizo menudo.
pedrouço, *s. m.* pedrizal.
pega, *s. f.* pega; asa o mango.
pegada *(ê), s. f.* pisada.
pegadilha, *s. f.* discusión, pendencia, gresca, riña.
pegadouro, *s. m.* asidero, agarrador, mango.
pegajoso, *adj.* pegajoso, pegadizo.
pegamasso, *s. m.* engrudo.
peganhento, *adj.* pegadizo, pegajoso.
pegão *(è), s. m.* machón, macho, pilar de puente.
pegar, *v. t.* e *i.* pegar; adherir; juntar; aceptar, agarrar.
pego, *s. m.* pozo; piélago; sima, abismo.
peguilhento, *adj.* pendenciero.
peguilho, *s. m.* obstáculo; estorbo; pretexto.
pegural, *adj.* pastoril.
pegureiro, *s. m.* pastor.
peia, *s. f.* impedimento.
peita, *s. f.* pechera, pecho (tributo); soborno, cohecho.
peitar, *v. t.* sobornar, cohechar.
peitilho, *s. m.* pechera, parte de la camisa.
peito, *s. m.* pecho; tórax; pecho, mamas de la mujer.
peitoril, *s. m.* parapeto; pretil.
peixe, *s. m. (zool.)* pez.
peixelim, *s. m.* morralla.
peixota, *s. f. (zool.)* merluza.
pejado, *adj.* repleto, cargado.
pejar, *v. t.* llenar, cargar, henchir; embarazar.
pejo, *s. m.* pudor; timidez.
pejorativo, *adj.* peyorativo.
pejoso, *adj.* avergonzado.
péla, *s. f.* pelota; bola de lana o pelota; pela, peladura.
peladela, *s. f. (pop.)* quemadura.
pelame, *s. m.* pelambre, pelamen; tenería, curtiduría.
pelangana, *s. f.* palangana, jofaina, bacía.
pelar, *v. t.* pelar; mondar; descascar, descascarar.
pele, *s. f. (anat.)* piel, pellejo; *(bot.)* piel; piel, cuero, odre.
peleja, *s. f.* pelea.
pelejar, *v. i.* pelear, batallar, bregar, luchar.
peliça, *s. f.* pelliza.
pelicano, *s. m. (zool.)* pelícano.
pelicaria, *s. f.* peletería.
película, *s. f.* película; hollejo; nata; telilla.
pelintrice, *s. f.* mezquindad.
pêlo, *s. m.* pelo; cabello; plumón.
pelota, *s. f.* pelota.
pelotica, *s. f.* juego de manos; prestidigitación.
pelourada, *s. f.* balazo, herida causada por una bala.
pelourinho, *s. m.* picota, pílori.
pelúcia, *s. f.* peluche; felpa.
peludo, *adj.* peludo.
pelve, *s. f. (anat.)* pelvis.
pena, *s. f.* pena, castigo legal; pena, dolor; cuidado.
penacho, *s. m.* penacho, penachera, plumaje.
penal, *adj.* penal.
penalizar, *v. t.* causar pena o lástima; disgustar.
penar, *v. i.* penar, padecer, sufrir un dolor o pena.
pendão, *s. m.* pendón, bandera, estandarte.
pendente, *adj.* pendiente.
pender, *v. i.* pender; depender; propender; tender.
pendor, *s. m.* pendiente.

P

pêndula, *s. f.* reloj de péndola; reloj; péndulo.
pendurar, *v. t.* colgar, suspender; fijar.
penedo, *s. m.* peña; callao.
peneira, *s. f.* cedazo, tamiz.
peneirar, *v. t.* tamizar, cribar, zarandear, porgar, ahechar; cerner.
penajar, *v. t.* escribir o dibujar con pluma.
penetrar, *v. t.* penetrar, entrar en; comprender, transponer; *v. i.* introducirse.
penha, *s. f.* peña, peñasco.
penhor, *s. m.* prenda, cosa que se da o se toma en garantía de una deuda.
penhora, *s. f.* embargo.
penhorar, *v. t.* pignorar, empeñar; embargar; *v. r.* mostrarse reconocido.
penhorista, *s. com.* empeñero, prestamista.
penico, *s. m.* bacinilla, orinal.
península, *s. f.* península.
pénis, *s. m. (anat.)* pene.
penisco, *s. m. (bot.)* simiente del pino; piñón.
penitência, *s. f.* penitencia.
penoso, *adj.* penoso.
pensado, *adj.* pensado.
pensador, *s. m.* pensador.
pensamento, *s. m.* pensamiento.
pensão, *s. f.* pensión.
pensar, *v. i.* pensar, imaginar; *v. t.* pensar, dar el pienso a un animal; curar, aplicar un curativo; *s. m.* pensamiento, opinión.
pensionar, *v. t.* pensionar, conceder pensión a; sobrecargar con trabajos.
pensionista, *adj.* pensionista.
pentágono, *s. m.* pentágono.
pentagrama, *s. m. (mús.)* pentágrama.
pente, *s. m.* peine.
penteado, *s. m.* peinado.
pentear, *v. t.* peinar, alisar (el cabello).
pentecostes, *s. m.* pentecostés.
penteiro, *s. m.* peinetero, peinero.
penugem, *s. f.* plumón.
penugento, *adj.* velloso.
penúltimo, *adj.* penúltimo.
penumbra, *s. f.* penumbra.
penúria, *s. f.* penuria.
peonagem, *s. f.* peonaje, peonada; infantería.
pepino, *s. m. (bot.)* pepino.
pepsina, *s. f.* pepsina.
peptona, *s. f.* peptona.
pequenez o **pequeneza,** *s. f.* pequeñez.
pequeno, *adj.* pequeño; diminuto; corto; humilde; *s. m.* niño; *pl.* los humildes.
pequice, *s. f.* estupidez.
pêra, *s. f. (bot.)* pera.
perante, *prep.* en la presencia de; ante.
percal, *s. m.* percal.
percalço, *s. m.* percance; ganancia eventual; gaje; *(pop.)* trastorno, pérdida.
perceba o **percebe,** *s. f. (zool.)* percebe.
perceber, *v. t.* e *i.* percibir, oír, ver, entender, recibir (honorarios).
percepçao, *s. f.* percepción.
percevejo, *s. m. (zool.)* chinche; chinche, clavito metálico.
percha, *s. f.* pértiga.
percorrer, *v. t.* recorrer, ir de un lugar a otro.
percurso, *s. m.* recorrido; trayecto, camino.
perdão, *s. m.* perdón, remisión de penas; indulto; disculpa, venia.
perder, *v. t.* perder.
perdição, *s. f.* perdición; deshonra, ruina, desgracia.
perdido, *adj.* perdido; *s. m.* pérdida, cosa que se perdió.
perdigão, *s. m. (zool.)* perdigón.
perdigoto, *s. m.* perdigón, pollo de la perdiz; perdigón, perdiz nueva.
perdiz, *s. f. (zool.)* perdiz.
perdoar, *v. t.* e *i.* perdonar.

p

perdurar, *v. i.* perdurar.
perecer, *v. i.* perecer.
peregrinar, *v. i.* peregrinar; divagar; *v. t.* recorrer viajando.
pereira, *s. f. (bot.)* peral.
perempto, *adj.* prescrito.
peremptório, *adj.* perentorio.
perene, *adj.* perenne.
perfazer, *v. t.* concluir; acabar; cumplir.
perfeiçoar, *v. t.* perfeccionar.
perfeito, *adj.* perfecto.
perfídia, *s. f.* perfidia.
perfil, *s. m.* perfil.
perfilar, *v. t.* perfilar; *(mil.)* alinear.
perfilhaçao, *s. f.* prohijamiento, adopción.
perfilhar, *v. t.* prohijar.
perfulgência, *s. f.* brillantez, brillo.
perfulgente, *adj.* muy brillante, resplandeciente.
perfumar, *v. t.* perfumar.
perfurador, *s. m.* perforador.
perfurar, *v. t.* perforar.
pergaminho, *s. m.* pergamino.
pérgula, *s. f.* pérgola.
pergunta, *s. f.* pregunta.
perguntar, *v. t.* preguntar; interrogar.
perícia, *s. f.* pericia.
periclitar, *v. i.* peligrar, estar en peligro; vacilar, dudar.
periferia, *s. f.* periferia.
perifrástico, *adj.* perifrástico.
perigrar, *v. i.* peligrar.
perigro, *s. m.* peligro.
perilha, *s. f.* perilla.
perímetro, *s. m.* perímetro.
perimir, *v. t.* poner término; anular, prescribir.
periódico, *adj.* periódico.
período, *s. m.* período.
peripatético, *adj.* peripatético.
peripécia, *s. f.* peripecia.
périplo, *s. m.* periplo.
periquito, *s. m. (zool.)* perico, periquito.
periscópio, *s. m.* periscopio.
peristilo, *s. m. (arq.)* peristilo.
perito, *adj.* perito.
peritoneu o **peritónio,** *s. m. (anat.)* peritoneo.
peritonite, *s. f.* peritonitis.
perjurar, *v. t.* perjurar.
perluxo, *adj.* prolijo.
permanecer, *v. i.* permanecer.
permanganato, *s. m. (quím.)* permanganato.
permear, *v. t.* penetrar, horadar, atravesar.
permitir, *v. t.* permitir.
permuta, *s. f.* permuta, trueque, cambio.
permutar, *v. t.* permutar.
perna, *s. f. (anat.)* pierna.
pernaltas, *s. f. pl. (zool.)* zancudas.
pernão, *s. m.* pernil; pernaza, pierna grande; *adj.* impar.
pernície, *s. f.* destrucción; devastación; ruina.
pernoitar, *v. i.* pernoctar.
pernóstico, *adj.* pronóstico; presumido; pedante.
pêro, *s. m. (bot.)* pero.
perónio, *s. m. (anat.)* peroné.
perpassar, *v. i.* pasar por o cerca de alguna cosa; seguir cierta dirección.
perpendicular, *adj.* perpendicular.
perpetrar, *v. t.* perpetrar.
perpetuar, *v. t.* perpetuar.
perpétuo, *adj.* perpetuo.
perplexo, *adj.* perplejo.
perrexil, *s. m. (bot.)* perejil.
perrice, *s. f.* pertinacia; perranga; berrinche en los niños.
perscrutação, *s. f.* indagación, pesquisa.
perscrutar, *s. t.* escudriñar.
perseguir, *v. t.* perseguir; importunar, vejar, fatigar.
perseverar, *v. i.* perseverar.
persiana, *s. f.* persiana.
persigal, *s. m.* pocilga.
persignar-se, *v. r.* persignarse.
persistir, *v. i.* persistir, perseverar.
personagem, *s. f.* personaje.

personificar, *v. t.* personificar.
perspectiva, *s. f. (pint.)* perspectiva.
perspicaz, *adj.* perspicaz.
perspícuo, *adj.* perspicuo, claro, transparente.
persuadir, *v. t.* persuadir.
pertenecer, *v. i.* pertenecer; referirse.
pertinaz, *adj.* pertinaz.
pertinente, *adj.* pertinente.
perto, *adv.* cerca, cercano, próximamente.
perturbar, *v. t.* perturbar.
peru, *s. m. (zool.)* pavo.
perua, *s. f. (zool.)* pava.
peruca, *s. f.* peluca.
perverso, *adj.* y *s. m.* perverso.
perverter, *v. t.* pervertir; corromper.
pérvio, *adj.* transitable; accesible.
pesadelo, *s. m.* pesadilla.
pesado, *adj.* pesado.
pesadora, *s. f.* peso, balanza.
pesadume, *s. m.* pesadumbre; pesadez; peso; disgusto, pesar.
pesagem, *s. f.* peso.
pêsame, *s. m.* o **pêsames,** *s. m. pl.* pésame.
pesa-papéis, *s. m.* pisapapeles.
pesar, *v. t.* pesar (por medio de una balanza); calcular; *v. i.* pesar, tener peso; influir; *s. m.* pesar, disgusto, tristeza.
pesaroso, *adj.* pesaroso.
pesca, *s. f.* pesca.
pescada, *s. f. (zool.)* pescada, merluza.
pescador, *s. m.* pescador.
pescar, *v. t.* pescar; lograr; sorprender; saber; *v. i.* pescar, practicar el deporte de la pesca.
pescoço, *s. m.* pescuezo; *(anat.)* cuello, garganta, cerviz.
peseta, *s. f.* peseta.
peso, *s. m.* peso; peso, pesantez; gravedad; autoridad; peso (moneda); opresión; sensatez; fuerza.
pespegar, *v. t.* encajar; plantar; aplicar; colocar.
pesponto, *s. m.* pespunte.
pesquisa, *s. f.* pesquisa, indagación.
pessegada, *s. f.* mermelada de melocotón.
pessimista, *s. com.* pesimista.
péssimo, *adj.* pésimo.
pessoa, *s. f.* persona.
pestanejar, *v. i.* pestañear.
peste, *s. f.* peste, epidemia; mal olor; cosa funesta.
pestífero, *adj.* pestífero.
pestoso, *adj.* y *s. m.* apestoso, que apesta.
peta, *s. f.* mentira, embuste.
pétala, *s. f. (bot.)* pétalo.
petardo, *s. m.* petardo.
petear, *v. i.* mentir, eludir.
peteiro, *adj.* y *s. m.* embustero, mentiroso.
petição, *s. f.* petición.
peticionar, *v. i.* pedir; rogar; requerir.
petinga, *s. f. (zool.)* parrocha.
petipé, *s. m.* pitipié; regla; escala.
petiscar, *v. t.* picar; probar algún manjar.
petisqueira, *s. f.* golosina, comida sabrosa.
petiz, *adj.* y *s. m.* rapaz, niño, pequeño, chiquillo.
petrificar, *v. t.* e *i.* petrificar.
petrolaria, *s. f.* refinería de petróleo.
petróleo, *s. m.* petróleo.
petrolífero, *adj.* petrolífero.
petroso, *adj.* petroso.
petulância, *s. f.* petulancia.
petúnia, *s. f. (bot.)* petunia.
peúga, *s. f.* calcetín.
peugada, *s. f.* huella; pisada.
pevide, *s. f.* pepita.
pez, *s. m.* pez, substancia resinosa sólida.
pia, *s. f.* pila, que puede contener líquidos.
piada, *s. f.* pulla, expresión picante y graciosa.
pianinho, *adj. (mús.)* piano, muy suave, bajo.
piano, *s. m.* piano.
pião, *s. m.* peón, juguete de madera.

piar, *v. i.* piar (algunas aves).
piara, *s. f.* piara, rebaño de animales.
picadela, *s. f.* picadura; pinchazo.
picado, *adj.* picado; agujereado; *(mar.)* picado; *s. m.* picadillo de carne o pescado.
picador, *s. m.* y *adj.* picador.
picadura, *s. f.* picadura.
picante, *adj.* picante.
picar, *v. t.* picar; punzar; pinchar.
picardia, *s. f.* picardía.
pícaro, *adj.* pícaro, bellaco, malicioso.
picaroto, *s. m.* picacho, cima, cumbre, vértice.
piçarra, *s. f.* pizarra.
piche, *s. m.* brea, especie de alquitrán.
picheleiro, *s. m.* fontanero; hojalatero; peltrero.
pico, *s. m.* pico; punta aguda; cúspide; piqueta; acidez; sal; chiste.
picoto, *s. m.* cumbre de una montaña.
piedade, *s. f.* piedad; devoción; dolor, misericordia.
pieira, *s. f.* ronquera.
piela, *s. f. (pop.)* borrachera, embriaguez.
pifão, *s. m.* borrachera, embriaguez.
pífio, *adj. (pop.)* grosero.
pigarro, *s. m.* carraspera, ronquera.
pigmentar, *v. t.* pigmentar.
pigmeu, *s. m.* pigmeo.
pijama, *s. m.* pijama.
pilão, *s. m.* pilón, mortero.
pilastra, *s. f. (arq.)* pilastra.
pileca, *s. f.* caballo pequeño y malo.
pilhar, *v. t.* pillar, robar, hurtar; encontrar, sorprender.
pilho, *s. m.* pillo, pícaro, bribón.
piloro, *s. m. (anat.)* píloro.
pilota, *s. f.* cansancio originado por el caminar.
pilotar, *v. t.* pilotar.
pílula, *s. f.* píldora.
pimenta, *s. f. (bot.)* pimentero (árbol); pimienta (fruto).
pimpão, *adj.* y *s. m.* fanfarrón, valentón, pimpante.
pinacoteca, *s. f.* pinacoteca.
pinázio, *s. m.* bastidor (de una ventana).
pinça, *s. f.* pinza; tenazuelas.
píncaro, *s. m.* pináculo, cumbre, cima.
pincel, *s. m.* pincel; brocha.
pincha, *s. f.* salto, brinco; angarillas, vinagreras.
pinchar, *v. t.* saltar; derribar; *v. i.* saltar, jugar.
pinga, *s. f.* gota, vino, trago.
pingado, *adj.* salpicado, goteado, lleno de gotas.
pingalim, *s. m.* látigo de cochero.
pingar, *v. t.* gotear; lloviznar, salpicar.
pingente, *s. m.* arandelas; pendiente de oreja (joya).
pingo, *s. m.* gota; grasa; mancha; pinta; moco.
pingola o **pingoleta,** *s. f. (pop.)* porción de vino para beber.
pingue, *adj.* pingüe; graso; *s. m.* manteca de cerdo.
pingueiro, *adj.* embriagado.
pinguim, *s. m. (zool.)* pingüino.
pinha, *s. f. (bot.)* piña.
pinhão, *s. m.* piñón.
pinheiro, *s. m. (bot.)* pino.
pinho, *s. m.* madera del pino.
pinote, *s. m.* bote, salto, pirueta.
pinotear, *v. i.* cocear, dar coces; pingar, respingar.
pinta, *s. f.* pinta; salpicón; polla, gallina joven.
pintainho, *s. m.* polluelo, pollo.
pintalegrete, *s. m.* y *adj.* vanidoso, lechuguino.
pintalgar, *v. t.* mezclar, pintorrear.
pintao, *s. m.* polluelo, pollo algo grande.
pintar, *v. t.* pintar; *(pop.)* engañar.
pintassilgo, *s. m. (zool.)* jilguero.
pinto, *s. m.* pollo, pollito.
pintor, *s. m.* pintor.
piolhice, *s. f.* mezquindad, cosa fútil.
piolho, *s. m. (zool.)* piojo.
pionero, *s. m.* pionero.
pior, *adj.* peor, comparativo de *mau; adv.* peor.

P

piorar, *v. t.* e *i.* empeorar; agravarse el mal.
piorreia, *s. f.* piorrea.
pipa, *s. f.* pipa; cuba, tonel.
pipeta, *s. f.* pipeta.
pique, *s. m.* pica, lanza antigua; acidez (sabor); malicia.
piquete, *s. m. (mil.)* piquete.
pirâmide, *s. f.* pirámide.
piranga, *s. f. (pop.)* nariz grande y colorada; *adj.* ordinario, plebeyo.
pirangar, *v. i.* mendigar, pordiosear.
pirangueiro, *adj.* ridículo; ordinario; despreciable.
pirata, *s. m.* pirata.
pirita o **pirite,** *s. f.* pirita.
pirotecnia, *s. f.* pirotecnia.
pirraça, *s. f.* jugarreta, chasco.
pírtiga, *s. f.* pértiga, vara.
pirueta, *s. f.* pirueta.
pisa, *s. f.* pisa, ac. de *pisar;* zurra, tunda, paliza.
pisada, *s. f.* pisada, huella.
pisadura, *s. f.* cardenal; equimosis.
pisa-flores, *s. m.* mequetrefe, presumido.
pisa-mansinho, *adj.* y *s. m.* cazurro, zorrón, callado, hipócrita.
pisar, *v. t.* pisar; calcar; *v. i.* dar pasos, caminar.
piscar, *v. t.* guiñar.
piscina, *s. f.* piscina.
piscoso, *adj.* abundante en peces.
pisgar-se, *v. r.* pirarse, escabullirse.
piso, *s. m.* piso; pavimento, suelo.
pispirreta, *s. f.* pizpireta, muchacha desenvuelta.
pista, *s. f.* pista; rastro; pista de juegos, circo, etc.
pistão, *s. m.* pistón.
pistilo, *s. m. (bot.)* pistilo.
pistola, *s. f.* pistola (arma); pieza de fuego de artificio; moneda antigua.
pita, *s. f.* pita (fibras de la pita o pitera).
pitada, *s. f.* polvo, pizca.
pitão, *s. m.* cáncamo (tornillo); *(zool.)* pitón.
piteireiro, *adj.* y *s. m.* borrachón, ebrio.
pitéu, *s. m.* golleria, manjar delicado; golosina.
pitorra, *s. com.* persona baja y gorda.
pitosca o **pitosga,** *adj. (pop.)* miope; *s. com.* persona que parpadea constantemente.
pituitária, *s. f. (anat.)* pituitaria.
placa, *s. f.* placa.
placar, *s. m.* venera, condecoración; cartel; *v. t.* vd. *aplacar.*
placenta, *s. f. (anat.)* placenta.
plácido, *adj.* plácido.
plácito, *s. m.* beneplácito, aprobación, promesa, pacto.
plaga, *s. f.* plaga, clima; país; región; playa.
plagiar, *v. t.* e *i.* plagiar.
plaina, *s. f.* cepillo, instrumento de carpintero.
plaino, *s. m.* planicie, llanura; *adj.* plano.
plana, *s. f.* categoría; clase; orden.
planear o **planejar,** *v. t.* planear; intentar; proyectar; idear.
planeta *(è), s. m. (astr.)* planeta.
plangente, *adj.* plañidero, lloroso, triste.
planície, *s. f.* planicie.
planificar, *v. t.* trazar planos, planear.
plano, *adj.* plano, llano, liso; *s. m.* plano, plan; proyecto; orden, método.
planta, *s. f. (bot.)* planta; *(arq.)* planta.
plantação, *s. f.* plantación.
plantar, *v. t.* plantar; establecer, asentar.
plantígrado, *adj.* plantígrado.
plantio, *s. m.* plantío, plantación.
plasma, *s. m.* plasma.
plasmar, *v. t.* plasmar.
plasticidade, *s. f.* plasticidad.
plástico, *adj.* plástico.
plastrão, *s. m.* plastrón.
plataforma, *s. f.* plataforma; *(pop.)* medida conciliatoria.
plátano, *s. m. (bot.)* plátano.

plateia, *s. f.* butaca de patio (en los teatros).
platina, *s. f.* platina, metal blanco precioso; platina (de uniforme).
plebe, *s. f.* plebe; el pueblo; populacho, gentuza.
plebiscito, *s. m.* plebiscito.
plêiada o **plêiade,** *s. f. (astr.)* pléyade.
pleitear, *v. t.* e *i.* pleitear, litigar.
pleito, *s. m.* pleito; litigio; disputa.
plenário, *adj.* plenario, entero; completo, pleno.
plenipotenciário, *adj.* y *s. m.* plenipotenciario.
plenitude, *s. f.* plenitud.
pleno, *adj.* pleno, lleno.
pletórico, *adj.* pletórico.
pleura, *s. f. (zoòl.)* pleura.
pleurisia, *s. f. (med.)* pleuresía.
plicatura, *s. f.* doblez, arruga, pliegue, plisado.
pluma, *s. f.* pluma (de las aves); penacho; pluma (de escribir); pluma, adorno.
plumacho, *s. m.* plumero, penacho; plumaje; almohada de plumas; plumazo.
plumagem, *s. f.* plumaje.
plúmbeo, *adj.* plúmbeo, plomífero.
plural, *adj.* y *s. m.* plural.
pluricelular, *adj. (bot.)* pluricelular.
plutonomía, *s. f.* economía política; tratado sobre la aplicación de las riquezas.
pluvial, *adj.* y *s. m.* pluvial.
pluviómetro, *s. m.* pluviómetro.
pneu, *s. m.* abreviatura de pneumático, cubierta (de rueda).
pneumático, *adj.* y *s. m.* neumático.
pneumonia, *s. f. (med.)* neumonía, pneumonía, pulmonía.
pó, *s. m.* polvo, polvareda, polvillo; *pl.* polvos de harina, arroz, etc.
pobre, *adj.* y *s. com.* pobre, mendigo; triste.
poça, *s. f.* poza, charco.
poceiro, *s. m.* pocero, el que fabrica o hace pozos; cesto grande de mimbre.
pocilga, *s. f.* pocilga; establo para los cerdos.
poço, *s. m.* pozo.
poda, *s. f.* poda, escamondeo.
podar, *v. t.* podar; desbastar, cortar.
podengo, *s. m.* podenco.
poder, *v. t.* poder; *s. m.* poder; autoridad; facultad; gobierno del Estado; recurso.
podre, *adj.* podre; putrefacto.
podredoiro o **podredouro,** *s. m.* pudridero; basurero.
poedeira, *adj.* ponedera.
poeira, *s. f.* polvo.
poema, *s. m.* poema.
poente, *s. m.* poniente, ocaso, occidente.
poesia, *s. f.* poesía.
poeta, *s. m.* poeta.
poial, *s. m.* poyo; banco fijo de piedra.
pois, *conj.* pues; porque; por tanto; además de eso.
pojar, *v. i.* aportar; anclar; tomar puerto; *v. t.* entumecer; engrosar.
pojo, *s. m.* poyo; lugar de desembarque, desembarcadero.
póla, *s. f.* zurra, tunda, paliza.
polainito, *s. m.* botín, polaina corta.
polar, *adj.* polar.
polarizar, *v. t.* polarizar.
poldra, *s. f.* potra, yegua joven.
poldro, *s. m. (zool.)* potro.
polé, *s. f.* polea, roldana.
polegada, *s. f.* pulgada.
polegar, *s. m.* pulgar.
polela, *s. f. (zool.)* polilla.
polémica, *s. f.* polémica.
pólen, *s. m.* polen.
polha, *s. f.* polla; *(fig.)* muchacha, adolescente.
polichinelo, *s. m.* polichinela.
polícia, *s. f.* policía; *s. m.* policía, agente.
policromia, *s. f.* policromía.
polidez, *s. f.* delicadeza, pulidez.
polido, *adj.* pulido; delicado.

P

polidura, *s. f.* pulimento.
poliedro, *s. m.* poliedro.
poligamia, *s. f.* poligamia.
poliglota, *adj.* y *s. com.* poliglota.
polígono, *s. m.* polígono.
polimento, *s. m.* pulimento; *(fig.)* delicadeza.
pólipo, *s. m.* pólipo.
polissílabo, *s. m.* polisílabo.
politécnico, *adj.* politécnico.
politeísmo, *s. m.* politeísmo.
política, *s. f.* política.
polmão, *s. m.* flemón, tumor.
polme, *s. m.* masa poco consistente, pulpa.
pólo, *s. m.* polo; polo, juego deportivo.
polpa, *s. f.* pulpa.
poltrão, *adj.* y *s. m.* poltrón, flojo, cobarde.
poltrona, *s. f.* poltrona; butacón.
poltroncar, *v. i.* poltronear.
polução, *s. f.* polución.
poluir, *v. t.* profanar; manchar; ensuciar; corromper.
polvilhar, *v. t.* polvorear; empolvar.
polvo, *s. m. (zool.)* pulpo.
pólvora, *s. f.* pólvora.
polvorím, *s. m.* polvorín.
polvorosa, *s. f.* confusión, gran actividad.
poma, *s. f.* seno, pecho de mujer.
pomada, *s. f.* pomada.
pomar, *s. m.* pomar; vergel; frutería.
pomba, *s. f. (zool.)* paloma.
pombal, *s. m.* palomar.
pombo, *s. m. (zool.)* palomo.
pomes, *s. m.* piedra pómez.
pomo, *s. m.* pomo.
pompa, *s. f.* pompa; ostentación; gala.
pomposo, *adj.* pomposo.
pómulo, *s. m. (anat.)* pómulo.
ponche, *s. m.* ponche.
ponderar, *v. t.* ponderar; pesar; examinar con atención; *v. i.* reflexionar.
pónei, *s. m.* poney o pony.
ponta, *s. f.* punta; señal; cuerno; extremidad; colilla de cigarro o puro.
pontada, *s. f.* punzada; punta de.
pontado, *adj.* cosido, hilvanado, punteado.
pontal, *s. m.* puntal; punta o cabo, punta de tierra que se adentra en el mar.
pontapé, *s. m.* puntapié.
pontaria, *s. f.* puntería.
ponte, *s. f.* puente; *(mar.)* cubierta.
pontear, *s. t.* puntear.
ponteiro, *s. m.* puntero; cincel; aguja de reloj; *adj.* viento puntero.
pontiagudo, *adj.* puntiagudo.
pontífice, *s. m.* pontífice.
pontilha, *s. f.* puntilla, punta aguda.
ponto, *s. m.* punto; puntada; término, fin; punto de mira; apuntador (de teatro).
pontoar, *v. t.* puntuar, marcar con puntos; apuntar.
puntuação, *s. f.* puntuación.
pontual, *adj.* puntual.
pontuar, *v. t.* puntuar.
popa, *s. f. (mar.)* popa.
popular, *adj.* popular, del pueblo; *s. m.* hombre del pueblo.
popularizar, *v. t.* popularizar.
por, *prep.* por.
pôr, *v. t.* poner; asentar; situar; disponer; colocar; aplicar; establecer; depositar; hacer la postura de huevos; poner (nombre); *v. r.* colocarse.
porão, *s. m. (mar.)* bodega de un buque.
porca, *s. f. (zool.)* puerca.
porcada, *s. f.* piara de cerdos.
porcalhão, *s. m.* inmundo, sucio.
porção, *s. f.* porción, parte, lote; cantidad.
porcelana, *s. f.* porcelana.
porcino, *adj.* porcino.
porco, *s. m. (zool.)* Puerco, cerdo.
porém, *conj.* sin embargo; por tanto; por eso.
porfia, *s. f.* porfía, disputa, contienda.
porfiar, *v. i.* porfiar.

P

pormenor, *s. m.* pormenor.
pornografia, *s. f.* pornografía.
poro, *s. m. (anat.)* poro.
por ora, *loc.* por ahora, aun.
porquanto, *conj.* por cuanto; visto que.
porque, *conj.* y *adv.* porque; visto que.
porquê, *s. m.* y *adv.* por qué, causa.
porquinho, *s. m.* lechón; cobaya.
porrete, *s. m.* porra, clava, cachiporra.
porta, *s. f.* puerta.
porta-aviões, *s. m.* portaaviones.
porta-bandeira, *s. m. (mil.)* abanderado.
portada, *s. f.* portada; frontispicio.
portador, *s. m.* portador.
portal, *s. m.* portal; zaguán; atrio; pórtico.
porta-lápis, *s. m.* portalápiz.
portanto, *conj.* por tanto; por lo que.
portão, *s. m.* portón.
portar, *v. t.* portar, llevar; *v. r.* comportarse.
portaria, *s. f.* portería; decreto.
portátil, *adj.* portátil.
porta-voz, *s. m.* portavoz.
porte, *s. m.* porte; transporte; modo de portarse.
porteiro, *s. m.* portero.
portento, *s. m.* portento.
pórtico, *s. m.* portico.
porto, *s. m.* puerto, ancladero, fondeadero.
portugués, *adj.* y *s. m.* portugués.
porventura, *adv.* por ventura; por acaso.
porvindoiro o **porvindouro,** *adj.* venidero, futuro; *s. m. pl.* venideros.
porvir, *s. m.* porvenir.
posição, *s. f.* posición.
pospasto, *s. m.* postre.
pospor, *v. t.* posponer; poner después; postergar; retrasar.
possança, *s. f.* valentía.
possante, *adj.* poderoso.
possível, *adj.* posible.
possuir, *v. t.* poseer; *v. r.* poseerse, dominarse a sí propio.
posta, *s. f.* posta; tajada de carne, pescado, etc.
postal, *adj.* postal, de correo; *s. m.* postal, tarjeta postal.
postar, *v. t.* apostar.
poste, *s. m.* poste; madero; pilar o columna.
postergar, *v. t.* postergar, dejar para atrás; despreciar.
posteridade, *s. f.* posteridad.
póstero, *adj.* futuro, venidero.
postiço, *adj.* postizo.
postigo, *s. m.* postigo.
postila, *s. f.* postila, apostilla.
posto, *adj.* puesto; colocado; *s. m.* puesto; empleo, oficio, ministerio; *(mil.)* puesto.
postremo, *adj.* postrero.
postres, *s. m. pl.* postres.
postulaçao, *s. f.* postulación.
postulado, *s. m.* postulado.
postular, *v. t.* postular.
póstumo, *adj.* póstumo.
postura, *s. f.* postura, actitud; postura, huevos de las aves; decreto municipal.
pote, *s. m.* pote.
potência, *s. f.* potencia.
potencial, *adj.* y *s. m.* potencial.
potente, *adj.* potente.
potestade, *s. f.* potestad.
potro, *s. m.* potro.
pouca-vergonha, *s. f. (pop.)* desvergüenza.
pouco, *adj.*, *adv.* y *pron.* poco; *s. m.* poco.
poupança, *s. f.* economía; ahorro.
poupar, *v. t.* economizar, ahorrar.
pousada, *s. f.* posada, mesón, residencia.
pousar, *v. t.* posar; poner; colocar; depositar; fijar (los ojos); *v. i.* posar, pernoctar; *v. r.* alojarse; hospedarse.
pousio, *s. m.* barbecho; *adj.* inculto.
praça, *s. f.* plaza; mercado; almoneda, subasta; plaza de toros; soldado.
pracear, *v. t.* subastar.

P

prado, *s. m.* prado.
praga, *s. f.* plaga; maldición.
pragmática, *s. f.* pragmática.
praguejar, *v. i.* jurar, echar votos y reniegos; maldecir; *v. t.* vociferar.
praia, *s. f.* playa.
prancha, *s. f.* plancha.
prantear, *v. t.* e *i.* lamentar, llorar, plañir.
pranto, *s. m.* llanto, lloro, plañido.
prata, *s. f.* plata.
pratear, *v. t.* platear.
prateleira, *s. f.* anaquel, vasar, estante.
prática, *s. f.* práctica; destreza; plática, discurso breve.
praticar, *v. t.* practicar; *v. i.* conversar, platicar.
prático, *adj.* y *s. m.* práctico.
pratilheiro, *s. m.* músico que toca los platillos.
prato, *s. m.* plato; platillo, de la balanza.
praxe, *s. f.* práctica; costumbre, uso.
prazer, *v. i.* placer; *s. m.* alegría; placer; distracción.
prazo, *s. m.* plazo.
pré, *s. m.* prest, pre, haber diario (de los soldados).
preâmbulo, *s. m.* preámbulo.
preanunciar, *v. t.* anunciar anticipadamente.
prear, *v. t.* apresar, aprisionar; saquear.
prebenda, *s. f.* prebenda.
precário, *adj.* precario.
preçário, *s. m.* lista de precios.
precatar, *v. t.* precaver.
precatório, *adj.* suplicatorio.
precaução, *s. f.* precaución.
precaver, *v. t.* precaver; prevenir.
prece, *s. f.* oración, rezo.
precedente, *adj.* y *s. m.* precedente.
preceito, *s. m.* precepto.
preceituário, *s. m.* conjunto de reglas o preceptos.
preceptor, *s. m.* preceptor.
precingir, *v. t.* ceñir, estrechar.
precintar, *v. t.* precintar.
precioso, *adj.* precioso.
precipício, *s. m.* precipicio.
precipitar, *v. t.* precipitar.
precisão, *s. f.* precisión; exactitud; necesidad.
precisar, *v. t.* precisar.
preciso, *adj.* preciso; conciso; necesario; puntual.
preclaro, *adj.* preclaro.
preço, *s. m.* precio.
precoce, *adj.* precoz, temprano; prematuro.
preconizar, *v. t.* preconizar.
predecessor, *s. m.* predecesor.
predestinar, *v. t.* predestinar.
predicado, *s. m.* dote, cualidad; talento, don natural.
predicador, *s. m.* predicador.
predicar, *v. t.* predicar.
predilecto, *adj.* y *s. m.* predilecto.
predispor, *v. t.* predisponer.
predizer, *v. t.* predecir.
predominar, *v. i.* predominar.
preestabelecer, *v. t.* prestablecer.
preexistir, *v. t.* preexistir.
prefacção, *s. f.* prólogo.
prefácio, *s. m.* prefacio.
prefeito, *s. m.* prefecto.
preferir, *v. t.* preferir; anteponer; querer antes.
prefigurar, *v. t.* prefigurar.
prefixo, *adj.* y *s. m.* prefijo.
prefulgir, *v. i.* resplandecer.
prega, *s. f.* pliegue, doblez.
pregação *(è), s. f.* amonestación, predicación, sermón.
pregadeira, *s. f.* acerico.
pregão, *s. m.* pregón, proclamación pública; *pl.* proclamas de casamiento.
pregar, *v. t.* clavar; fijar; asegurar; fruncir; *(pop.)* causar; lanzar; predicar; *v. i.* evangelizar; reñir.
pregar *(è), v. t.* predicar; aconsejar; hacer propaganda de; *v. i.* sermonear; amonestar.

P

pregaria *(è), s. f.* riña; bronca; rapapolvo.

prego, *s. m.* clavo; punta; brocha; alfiler grande.

pregoar, *v. t.* pregonar.

pregoeiro, *s. m.* pregonero; subastador.

preguear, *v. t.* plegar.

preguiça, *s. f.* pereza.

preguiceiro, *adj.* perezoso.

preia-mar, *s. f.* pleamar.

preitear, *v. t.* homenajear.

prejudicar, *v. t.* perjudicar.

prelecção, *s. f.* lección, conferencia didáctica.

prelector, *s. m.* profesor.

prelevar, *v. i.* sobrellevar; exceder; *v. t.* disculpar; relevar.

preliminar, *adj.* y *s. m.* preliminar.

preludiar, *v. t.* preludiar.

prematuração, *s. f.* madureza o sazón antes de tiempo.

premeditar. *v. t.* premeditar.

premer, *v. t.* apretar; comprimir; exprimir; oprimir.

premiar, *v. t.* premiar; galardonar.

prémio, *s. m.* premio.

prenda, *s. f.* prenda, regalo.

prendar, *v. t.* regalar; premiar.

prender, *v. t.* prender; atar; agarrar; cautivar; *v. i.* agarrar la planta en la tierra.

prenhez, *s. f.* preñez.

prenome, *s. m.* nombre de pila; nombre de bautismo.

prensa, *s. f.* prensa.

prensar, *v. t.* prensar.

prenunciar, *v. t.* prenunciar.

preocupar, *v. t.* preocupar.

preparar, *v. t.* preparar.

preponderar, *v. i.* preponderar.

preposição, *s. f.* preposición.

prepotente, *s.* prepotente.

presa, *s. f.* presa; botín; garra; zarpa; mujer en la prisión; acequia.

presbítero, *s. m.* presbítero.

prescindir, *v. i.* prescindir.

prescrever, *v. t.* prescribir.

prescrição, *s. f.* prescripción.

presença, *s. f.* presencia; aspecto; semblante; figura.

presenciar, *v. t.* presenciar; ver.

presente, *adj.* presente; actual; *s. m.* presente, actualidad; presente; dádiva, don, alhaja o regalo.

presentear, *v. t.* regalar; brindar.

presepe o **presépio,** *s. m.* presepio, pesebre, establo; belén (del Niño Jesús).

preservar, *v. t.* preservar.

preservativo, *adj.* y *s. m.* preservativo.

presidente, *adj.* y *s. m.* presidente.

presidiar, *v. t.* presidiar.

presidiário, *adj.* presidiario.

presídio, *s. m.* presidio.

presidir, *v. i.* y *t.* presidir.

presilha, *s. f.* presilla; hebilla.

preso, *adj.* preso.

pressa, *s. f.* prisa.

pressagiar, *v. t.* presagiar.

pressentir, *v. t.* presentir.

pressupor, *v. t.* presuponer.

pressuposto, *adj.* y *s. m.* presupuesto.

prestação, *s. f.* prestación.

prestacionar, *v. i.* pagar a plazos.

prestadio, *adj.* servicial.

prestamista, *s. com.* prestamista.

prestar, *v. i.* prestar; ser útil; beneficiar; *v. t.* conceder; *v. r.* prestarse.

prestidigitador, *s. m.* prestidigitador.

prestigiar, *v. t.* prestigiar.

préstito, *s. m.* procesión.

presto, *adj.* presto, pronto.

presumido, *adj.* y *s. m.* presumido; vano; fatuo.

presumir, *v. t.* presumir; suponer, presuponer; sospechar.

presunho, *s. m.* pesuña, parte del pie del puerco que queda junto a las uñas; *(germ.)* las manos.

presunto, *s. m.* jamón.

presuntuoso, *adj.* presuntuoso; vanidoso; engreído.

presúria, *s. f.* acequia, presa; reivindicación; reconquista a mano armada.

pretender, *v. t.* pretender; intentar; desear; diligenciar.

pretensão, *s. f.* pretensión; solicitación.

preterir, *v. t.* preterir; omitir.

pretérito, *adj.* y *s. m.* pretérito.

pretexto, *s. m.* pretexto.

preto, *adj.* negro; *s. m.* negro (color); negro (individuo); luto.

prevalecer, *v. i.* prevalecer.

prevaricar, *v. i.* prevaricar.

prevenir, *v. t.* prevenir; disponer, preparar; prever.

preventivo, *adj.* y *s. m.* preventivo.

previdência, *s. f.* previsión.

previsão, *s. f.* previsión.

prezado, *adj.* estimado.

prima, *s. f. (mús.)* prima.

primar, *v. i.* primar; distinguirse; esmerarse.

primário, *adj.* primario; primero; principal.

primavera, *s. f.* primavera.

primeiro, *adj.* primero; primer.

primevo, *adj.* primevo.

primo, *s. m.* primo.

primogénito, *adj.* y *s. m.* primogénito.

primor, *s. m.* primor, esmero.

princesa, *s. f.* princesa.

príncipe, *s. m.* príncipe.

principiar, *v. t.* principiar.

princípio, *s. m.* principio; comienzo; base, origen, fundamento.

prior, *s. m.* prior.

prisão, *s. f.* prisión; captura; vínculo, lazo; obstáculo.

prisioneiro, *s. m.* prisionero.

prisma, *s. m.* prisma.

prismático, *adj.* prismático.

privado, *adj.* privado, íntimo; *s. m.* favorito.

privar, *v. t.* privar, destituir; suspender; *v. i.* tratar con amistad.

privilegiar, *v. t.* privilegiar.

proa, *s. f. (mar.)* proa; soberbia.

problema, *s. m* problema.

procaz, *adj.* procaz; atrevido; insolente.

procedência, *s. f.* procedencia; origen.

proceder, *v. i.* proceder, portarse; originarse; obrar; proseguir; *s. m.* proceder, comportamiento.

procela, *s. f.* procela; borrasca; tormenta.

prócer, *s. m.* prócer, prócero.

processar, *v. t.* procesar.

processo, *s. m.* norma, procedimiento; proceso, causa criminal.

proclamar, *v. t.* proclamar.

procriação, *s. f.* procreación.

procriador, *s. m.* procreador.

procriar, *v. t.* procrear; engendrar.

procurador, *s. m.* procurador.

procurar, *v. t.* procurar; indagar; pesquisar; tentar; diligenciar; analizar.

prodigalizar, *v. t.* prodigar; disipar.

prodígio, *s. m.* prodigio; maravilla.

produção, *s. f.* producción.

productor, *adj.* y *s. m.* productor; autor.

produzir, *v. t.* producir.

proejar, *v. i. (mar.)* remar en determinada dirección.

proeminente, *adj.* prominente.

proémio, *s. m.* proemio; prólogo; prefacio.

proeza, *s. f.* proeza; hazaña.

profanar, *v. t.* profanar; macular; deshonrar.

proferir, *v. t.* proferir; pronunciar; articular.

professar, *v. t.* profesar.

professor, *s. m.* profesor.

profeta, *s. m.* profeta.

profetizar, *v. t.* profetizar.

proficiência, *s. f.* competencia.

proficuidade, *s. f.* ventaja.

profissão, *s. f.* profesión.

prófugo, *adj.* y *s. m.* prófugo, fugitivo; desertor.

profundar, *v. t.* profundizar, profundar.

P

profundo, *adj.* profundo.
profusão, *s. f.* profusión.
progenitor, *s. m.* progenitor.
prognosticar, *v. t.* pronosticar.
programa, *s. m.* programa.
progredir, *v. i.* avanzar; progresar.
progressão, *s. f.* progresión; progreso.
proibir, *v. t.* prohibir.
projectar, *v. t.* proyectar.
projéctil, *s. m.* proyectil.
projector, *s. m.* proyector.
prol, *s. m.* pro, ventaja.
prole, *s. f.* prole; linaje.
prolegómenos, *s. m. pl.* prolegómenos.
proletário, *s. m.* proletario.
proliferar, *v. i.* multiplicarse, reproducirse.
prolixo, *adj.* prolijo; largo; molesto.
prologar, *v. t.* prologar.
prolongar, *v. t.* prolongar.
promessa, *s. f.* promesa.
prometer, *v. t.* prometer.
prometida, *s. f.* prometida; novia.
promissor, *adj.* prometedor; prometiente.
promissória, *s. f.* pagaré (título de depósito).
promoção, *s. f.* promoción.
promotor, *s. m.* promotor.
promover, *v. t.* promover.
promulgar, *v. t.* promulgar.
pronome, *s. m.* pronombre.
pronto, *adj.* acabado; terminado; veloz; ligero; listo.
prontuário, *s. m.* prontuario.
pronunciar, *v. t.* pronunciar; articular; resolver.
propaganda, *s. f.* propaganda.
propagar, *v. t.* propagar.
propenso, *adj.* propenso.
propiciar, *v. t.* propiciar; proporcionar.
propício, *adj.* propicio; benigno; favorable; propio; oportuno.
propina, *s. f.* matrícula de colegio, instituto o universidad; cuota de entrada; propina; gratificación; aguinaldo; regalo.
propor, *v. t.* proponer.
proporção, *s. f.* proporción.
proporcionar, *v. t.* proporcionar.
proposição, *s. f.* proposición.
propósito, *s. m.* deliberación, intento.
proposta, *s. f.* propuesta.
propriedade, *s. f.* propiedad.
próprio, *adj.* propio; *s. m.* portador; capital.
propugnar, *v. t.* propugnar.
propulsão, *s. f.* propulsión.
propulsar, *v. t.* propulsar.
propulsivo, *adj.* propulsivo.
propulsor, *s. m.* propulsor.
prorrogação, *s. f.* prorrogación.
prorrogar, *v. t.* prorrogar.
prorrogável, *adj.* prorrogable.
prorromper, *v. i.* prorrumpir.
prosa, *s. f.* prosa.
prosador, *s. m.* prosador.
prosaico, *adj.* prosaico.
prosaísmo, *s. m.* prosaísmo.
prosápia, *s. f.* prosapia.
proscénio, *s. m.* proscenio.
proscrever, *v. t.* proscribir.
proscrição, s. f. proscripción.
proscrito, *adj.* y *s. m.* proscripto.
proscritor, *s. m.* proscriptor.
proselítico, *adj.* proselítico.
proselitismo, *s. m.* proselitismo.
prosélito, *s. m.* prosélito.
prosódia, *s. f.* prosodia.
prosódico, *adj.* prosódico.
prosopopeia, *s. f.* prosopopeya.
prospecto, *s. m.* prospecto; anuncio, programa.
prospector, *s. m.* prospector.
prosperar, *v. i.* prosperar.
prosperidade, *s. f.* prosperidad.
próspero, *adj.* próspero.
prossecução, *s. f.* prosecución.
prosseguir, *v. t.* proseguir.
próstata, *s. f.* *(anat.)* próstata.
prosternação, *s. f.* prosternación.
prosternar, *v. i.* prosternar, postrar; humillar.

P

prostíbulo, *s. m.* prostíbulo.
prostituição, *s. f.* prostitución.
prostituir, *v. t.* prostituir.
prostituta, *s. f.* prostituta.
prostação, *s. f.* postración.
prostrar, *v. t.* postrar, prosternar.
protagonista, *s. com.* protagonista.
protecção, *s. f.* protección.
proteccionismo, *s. m.* proteccionismo.
protector, *s. m.* protector.
protectorado, *s. m.* protectorado.
proteger, *v. t.* proteger; favorecer.
proteico, *adj.* proteico.
proteiforme, *adj.* proteiforme.
proteínas, *s. f. pl.* proteínas.
protelação, *s. f.* dilación; demora.
protelar, *v. t.* prorrogar, demorar, retardar.
protérvia, *s. f.* protervia.
protervo, *adj.* protervo.
prótese, *s. f.* prótesis.
protestante, *adj.* y *s. com.* protestante.
protestantismo, *s. m.* protestantismo.
protestar, *v. t.* e *i.* protestar.
protesto, *s. m.* protesto.
protocolar, *adj.* protocolario.
protocolo, *s. m.* protocolo.
protonotário, *s. m.* protonotario.
protoplasma, *s. m.* protoplasma.
protótipo, *s. m.* prototipo.
protóxido, *s. m.* protóxido.
protozoário, *s. m.* protozoario.
protraimento, *s. m.* demora, aplazamiento.
protrair, *v. t.* prolongar, demorar, aplazar.
protuberância, *s. f.* protuberancia.
protuberante, *adj.* protuberante.
prova, *s. f.* prueba; causa; señal; indicio; ensayo; examen.
provação, *s. f.* prueba; tormento, pena.
provador, *s. m.* probador.
provar, *v. t.* probar; demostrar; ensayar; padecer.
provável, *adj.* probable.
provedor, *s. m.* proveedor.
proveito, *s. m.* provecho.
prover, *v. t.* prever; prevenir; preparar; disponer; conferir; proveer.
proverbial, *adj.* proverbial.
proveta, *s. f.* probeta.
providência, *s. f.* providencia.
província, *s. f.* provincia.
provir, *v. i.* provenir.
provisor, *s. m.* provisor; *adj.* proveedor.
provocador, *adj.* y *s. m.* provocador.
provocar, *v. t.* provocar.
proximidade, *s. f.* proximidad; cercanía; vecindad.
próximo, *adj.* próximo; inmediato; cercano, vecino; *s. m.* prójimo, el conjunto de todos los hombres.
prudência, *s. f.* prudencia.
prumo, *s. m.* plomada, plomo.
prurir, *v. t.* causar picazón a; estimular.
pseudónimo, *adj.* pseudónimo.
psicanálise, *s. f.* psicoanálisis.
psicologia, *s. f.* psicología.
psicose, *s. f.* psicosis.
psiquiatra, *s. com.* psiquiatra.
psíquico, *adj.* psíquico.
pua, *s. f.* púa; berbiquí.
puberdade, *s. f.* pubertad.
púbere, *adj.* y *s.* púber.
púbis, *s. f. (anat.)* pubis.
publicação, *s. f.* publicación.
publicar, *v. t.* publicar.
publicidade, *s. f.* publicidad.
público, *adj.* y *s. m.* público.
púcara, *s. f.* especie de vasija con asa.
pudente, *adj.* pudoroso.
pudor, *s. m.* pudor.
puericultura, *s. f.* puericultura.
púgil, *s. m.* púgil, pugilista.
pugna, *s. f.* pugna, pelea.
puir, *v. t.* usar.
pujança, *s. f.* pujanza.
pujar, *v. t.* pujar; superar; aventajar.
pulcro, *adj.* pulcro.
pulga, *s. f. (zool.)* pulga.
pulha, *s. f.* pulla; mentira.
pulhastra, *s. m.* villano.
pulmão, *s. m. (anat.)* pulmón.

pulo, *s. m.* salto; pulsación violenta; agitación.
púlpito, *s. m.* púlpito.
pulsar, *v. t.* e *i.* pulsar; tocar; golpear; palpitar.
pulseira, *s. f.* pulsera.
pulso, *s. m.* pulso (parte de la muñeca); pulso (latido de las arterias).
pulular, *v. i.* pulular; brotar renuevos; germinar con rapidez; abundar.
pulverizar, *v. t.* pulverizar.
punção, *s. f.* punción.
pundonor, *s. m.* pundonor.
pungir, *v. t.* pungir, punzar.
punhada, *s. f.* puñada; puñetazo.
punhado, *s. m.* puñado.
punhal, *s. m.* puñal.
punhalada, *s. f.* puñalada.
punho, *s. m.* puño; la mano cerrada; puño de las mangas.
pupila, *s. f. (anat.)* pupila.
pupilagem, *s. f.* pupilaje.
puré, *s. m.* puré.
pureza, *s. f.* pureza.
purga, *s. f.* purga.
purgante, *s. m.* purgante.
purgar, *v. t.* purgar.
purgatório, *adj.* purgatorio.
purificar, *v. t.* purificar.
puritano, *adj.* y *s. m.* puritano.
puro, *adj.* puro.
púrpura, *s. f.* púrpura.
pus, *s. m.* pus, materia.
pusilânime, *adj.* pusilánime.
putativo, *adj.* putativo.
putrefazer, *v. t.* corromper; pudrir, podrir.
puxado, *adj.* estirado; esmerado en el vestir; afectado; muy elevado, caro.
puxante, *adj.* tirante; *(fig.)* picante; caro.
puxar, *v. t.* tirar; pujar, empujar, estirar; provocar; atraer.
puxavante, *adj.* picante, excitante; caro.

p

q

quadra, *s. f.* sala cuadrada; cuatro (naipe); cuarteto (versos); época.
quadrado, *s. m.* cuadrado.
quadrante, *s. m.* cuadrante.
quadrar, *v. t.* cuadrar; cuadricular; *v. i.* agradar; adaptarse.
quadricular, *v. t.* cuadricular.
quadrilátero, *s. m.* cuadrilátero.
quadrilha, *s. f.* cuadrilla.
quadrímano, *adj. (zool.)* cuadrumano.
quadrinómio, *s. m.* cuadrinomio.
quadro, *s. m.* cuadro; obra pictórica; encerado; pizarra (escolar); escena.
quadrúmano, *adj. (zool.)* cuadrumano.
quadruplicar, *v. t.* cuadruplicar.
qual, *adj.* y *pron.* cual, que; *conj.* como; *interj.* ¡ahora!, ¡eso si!
qualidade, *s. f.* cualidad.
qualificar, v. t. calificar, clasificar; ennoblecer.
qualitativo, *adj.* cualitativo.
qualquer, *pron.* o *adj.* cualquier, cualquiera.
quando, *adv.* y *conj.* cuando.
quantia, *s. f.* cantidad, suma, cuantía.
quanto, *pron., adj.* y *adv.* cuanto.
quarenta, *num.* y *s. m.* cuarenta.
quarentenar, *v. i.* estar de cuarentena.
quaresma, *s. f.* cuaresma.
quarta, *s. f.* cuarta; pequeño cántaro.
quarta-feira, *s. f.* miércoles.
quartear, *v. t.* cuartear.
quarteirão, *s. m.* cuarta parte de un ciento.
quartel, *s. m.* cuartel.
quarteto, *s. m.* cuarteto (versos); *(mús.)* cuarteto.
quarto, *num.* y *s. m.* cuarto; *s. m.* cuarto, aposento; tiempo de centinela.
quartzo, *s. m.* cuarzo.
quase, *adv.* cuasi, cerca de.
quaternário, *adj.* cuaternario.
quatrilião, *s. m.* mil trillones.
quatrocentos, *num.* cuatrocientos.
que, *adj.* y *pron.* que.
quê, *s. m.* alguna cosa; dificultad; *pron.* ¿qué?
quebra, *s. f.* quiebra; rotura; perjuicio; desunión.
quebrada, *s. f.* quiebra, quebrada; cuesta pendiente, declive.
quebrado, *adj.* partido; arruinado; *(arit.)* quebrado.
quebrantar, *v. t.* quebrantar; romper; infringir; violar; vencer; debilitar.
quebrar, *v. t.* quebrar; partir; hender; doblar; infringir; violar; debilitar.
queda, *s. f.* caída; culpa; inclinación; fin; quiebra; tendencia; ruina.
quedar, *v. i.* quedar; quedarse; permanecer.
quedo, *adj.* quedo, quieto; inmóvil; calmo.
queijo, *s. m.* queso.
queimar, *v. t.* quemar; abrasar con fuego; tostar; calcinar; marchitar.
queimo, *s. m.* ardor; picor.
queixa, *s. f.* queja; disgusto.
queixo, *s. m.* mentón, barbilla.
quelha, *s. f.* callejuela.
quem, *pron.* quien; el cual; la cual; los cuales; las cuales; alguien que; uno.
quente, *adj.* caliente.
quentura, *s. f.* calor.
quer... quer, *conj.* ya... ya; o... o; sea... sea.

q

querelar, *v. i.* querellar.
querer, *v. t.* querer; desear; pretender; *s. m.* voluntad; afecto.
querida, *s. f.* querida, amante.
querido, *adj.* y *s. m.* querido: amado; caro, apreciado.
querubim, *s. m.* querubín.
questionar, *v. t.* cuestionar.
quezilar, *v. t.* repugnar; importunar, molestar.
quiçá, *adv.* tal vez, quizá.
quício, *s. m.* quicio.
quieto, *adj.* quieto.
quilate, *s. m.* quilate.
quilha, *s. f. (mar.)* quilla.
quilo, *s. m.* quilo, líquido; kilo, peso.
quilograma, *s. m.* quilogramo.
quilómetro, *s. m.* quilómetro.
quilovátio, *s. m.* kilovatio.
quimera, *s. f.* quimera; fantasia; ilusión; absurdo.
química, *s. f.* química.
quimono, *s. m.* quimono.
quina, *s. f.* quina; corteza del quino; quina, quinina.
quinchorro, *s. m.* huerto pequeño; corral.
quinhão, *s. m.* quiñón.
quinhentos, *num.* quinientos.
quinhoar, *v. t.* repartir, dividir.
quino, *s. m.* juego de lotería.
quinquénio, *s. m.* quinquenio.
quinquilharia, *s. f.* quincallería.
quinquilheiro, *s. m.* quincallero.
quinta, *s. f.* quinta; finca rústica; hacienda.
quinta-feira, *s. f.* jueves.
quintão, *s. m.* quintería, quinta grande; finca grande; hacienda; huerta.
quintuplicar, *v. t.* quintuplicar.
quíntuplo, *adj.* y *num.* quíntuplo.
quinze, *num.* quince.
quinzena, *s. f.* quincena.
quiproquó, *s. m.* equívoco.
quisto, *s. m.* quiste.
quitar, *v. t.* quitar, desempeñar, evitar; perder; dejar.
quite, *adj.* quite, libre de deudas; pagado; desembarazado; apartado.
quixotada, *s. f.* quijotada.
quixotismo, *s. m.* quijotismo.
quociente, *s. m.* cociente.
quota, *s. f.* cuota, quiñón.
quotidiano, *adj.* cotidiano.
quotizar, *v. t.* cotizar.

r

rã, *s. f. (zool.)* rana.
rabaceiro, *adj.* que le gusta la fruta; juerguista; calavera.
rabada, *s. f.* cola de pescado.
rábano, *s. m. (bot.)* rábano.
rabear, *v. i.* rabear, menear el rabo; irarse.
rabecão, *s. m. (mús.)* contrabajo.
rabela, *s. f.* dental, parte del arado.
rabi, *s. m.* rabí, rabino.
rabigo, *adj.* bullicioso, inquieto.
rabino, *adj.* picarillo, turbulento; *s. m.* rabino.
rabioso, *adj.* rabioso; hidrófobo.
rabisca, *s. f.* garabatos.
rabiscar, *v. i.* escarabajear, escribir mal.
rabisseco, *adj.* seco, árido.
rabistel, *s. m.* nalgas, posaderas, asentaderas.
rabo, *s. m.* rabo, cola.
rabona, *s. f.* casaca con faldones, frac.
rabote, *s. m.* cepillo de carpintero.
rabuge o **rabugem,** *s. f.* sarna de perro; *(fig.)* impertinencia; mal humor.
rabugice, *s. f.* mal humor; mal genio; impertinencia.
rabujar, *v. i.* tener *rabugice;* irritarse, enfadarse.
rabular, *v. i.* armar pleitos, enredos; levantar causas a alguno.
rabulice, *s. f.* enredo, trapacería, engaño.
raça, *s. f.* raza; linaje.
ração, *s. f.* ración, pitanza.
racha, *s. f.* grieta, raja.
rachar, *v. t.* rajar; hender; agrietar.
racimo, *s. m.* racimo.
racionar, *v. i.* racionar.
raciocínio, *s. m.* raciocinio.
racional, *adj.* racional.
racionar, *v. t.* racionar.
racismo, *s. m.* racismo.
raçoar, *v. t.* racionar.
radiação, *s. f.* radiación.
radiar, *v. i.* radiar.
radical, *adj.* radical.
radicar, *v. t.* enraizar.
radiciação, *s. f.* radiciación.
rádio, *s. m. (anat.)* radio.
radiodifundir, *v. t.* radiodifundir.
radiodifusão, *s. f.* radiodifusión.
radiografia, *s. f.* radiografía.
radiologia, *s. f.* radiología.
radioterapia, *s. f.* radioterapia.
rafado, *adj.* raído, gastado, mu usado.
rafar, *v. t.* gastar, raer, usar mucho hurtar en el peso.
ráfia, *s. f. (bot.)* rafia.
rágada o **rágade,** *s. f.* ulceración o he rida, rágade, ragadia.
raia, *s. f.* raya; límite, frontera; estría rasgo; *(zool.)* raya.
raiado, *adj.* rayado.
raiano, *adj.* fronterizo.
raiar, *v. t.* e *i.* radiar; rayar, amane cer; surgir; estriar; confinar.
rainha, *s. f.* reina.
raio, *s. m.* chispa, centella, rayo (geom.) radio.
raiva, *s. f.* rabia; hidrofobia; furia ira; odio.
raivar, *v. i.* rabiar, enfurecerse.
raivento, *adj.* rabioso.
raiz, *s. f.* raíz.
raizame, *s. m.* raigambre.

rajada, *s. f.* ráfaga.
rajar, *v. t.* rajar, estriar.
ralação, *s. f.* aflicción.
ralador, *adj.* impertinente, inoportuno.
rallação, *s. f.* regaño, riña.
ralhar, *v. i.* reñir, reprender.
ralo, *s. m.* colador, criba; rejilla, mirilla de puerta.
rama, *s. f. (bot.)* rama.
ramagem, *s. f.* ramaje.
ramalhar, *v. i.* susurrar el viento en las ramas.
ramalhete, *s. m.* ramillete.
ramalhudo, *adj.* frondoso, ramoso.
rameira, *s. f.* meretriz.
ramerrão, *s. m.* runrún, ruido monótono; lata, rutina, monotonía.
ramificar, *v. t.* ramificar.
rampa, *s. f.* rampa.
rancho, *s. m.* rancho; grupo; comida para soldados.
râncido, *adj.* rancio.
rancor, *s. m.* rencor.
ranger, *v. i.* crujir, rechinar.
rangido, *s. m.* crujido; rechino.
ranho, *s. m.* moco.
rapace, *adj.* rapaz, que roba; *s. f. pl.* aves de rapiña.
rapadura, *s. f.* raspadura; ac. y efecto de *rapar* o *raspar.*
rapapé, *s. m.* cortesía o reverencia exagerada.
rapar, *v. t.* raspar; cortar; desgastar cortando; *(pop.)* rapar, rapiñar, robar.
rapariga, *s. f.* moza; muchacha.
rapaz, *s. m.* rapaz; mozo.
rapé, *s. m.* rapé.
rapidez, *s. f.* rapidez.
rápido, *adj.* rápido.
rapioca, *s. f. (pop.)* calaverada; juerga.
raposa, *s. f. (zool.)* raposa, zorra.
raposo, *s. m. (zool.)* raposo, zorro; astuto, mañoso.
raptador, *adj.* y *s. m.* raptor.
raptar, *v. t.* raptar.
rapto, *s. m.* rapto.
raqueta, *s. f.* raqueta.
raquítico, *adj.* y *s. m.* raquítico.
rarear, *v. t.* enrarecer.
raridade, *s. f.* rareza, raridad.
raro, *adj.* raro.
rasante, *adj.* rasante.
rasca, *s. f.* rasca, red para pescar; ordinario, vil.
rascada, *s. f.* dificultades.
rascão, *s. m.* vagabundo.
rascar, *v. t.* rascar, refregar; raspar; arañar.
rascoa, *s. f.* meretriz.
rascunhar, *v. t.* rasguñar, rascuñar.
rascunho, *s. m.* minuta, borrador.
rasgar, *v. t.* rasgar, romper; desgarrar; herir; abrir.
raso, *adj.* raso; liso, llano.
rasourar, *v. t.* rasar; nivelar.
raspadeira, *s. f.* raspador.
raspanço, *s. m.* reprensión.
raspar, *v. t.* raspar; rascar; arañar; rapar; borrar.
raspilha, *s. f.* rasqueta.
rasteiro, *adj.* rastrero.
rastejar, *v. t.* e *i.* rastrear.
rastelo, *s. m.* rastrillo.
rasto, *s. m.* rastro, señal, vestigio de pasos; pista, indicio.
rasura, *s. f.* raspadura.
rata, *s. f. (zool.)* rata.
ratão, *s. m. (zool.)* ratón.
ratice, *s. f.* gracia, donaire.
ratificação, *s. f.* ratificación.
ratinhar, *v. t.* regatear mucho; escatimar.
rato, *s. m. (zool.)* ratón.
ratoeira, *s. f.* ratonera.
ratoneiro, *s. m.* ratero.
ravina, *s. f.* barranco.
razão, *s. f.* razón; argumento; motivo; causa.
ré, *s. f.* femenino de *réu,* reo; popa.
reabastecer, *v. t.* reabastecer.
reabertura, *s. f.* reapertura.
reabilitação, *s. f.* rehabilitación.
reabrir, *v. t.* reabrir.
reacção, *s. f.* reacción.

reactivo, *adj.* reactivo.
reacusar, *v. t.* recriminar.
readmitir, *v. t.* readmitir.
reafirmar, *v. t.* reafirmar.
reagente, *adj.* y *s. m.* reactivo.
reagir, *v. i.* reaccionar.
real, *adj.* real; verdadero.
realçar, *v. t.* realzar.
realidade, *s. f.* realidad.
realismo, *s. m.* realismo.
realizar, *v. t.* realizar.
realmente, *adv.* realmente.
reanimar, *v. t.* reanimar.
reaparecer, *v. i.* reaparecer.
reassumir, *v. t.* reasumir.
reatar, *v. t.* reatar; reanudar; restablecer.
reavivar, *v. t.* reavivar.
rebaixar, *v. t.* rebajar; humillar; abatir.
rebanhada, *s. f.* rebaño grande.
rebanho, *s. m.* rebaño.
rebarbativo, *adj.* que tiene papada; gordo; rudo, desagradable.
rebater, *v. t.* rebatir; refutar; impugnar; rechazar.
rebato, *s. m.* umbral de una puerta; escalón.
rebelão, *adj.* rebelón, dícese del caballo; terco, obstinado.
rebelar, *v. t.* volver rebelde; *v. r.* rebelarse.
rebelde, *adj.* rebelde.
rebentão, *s. m. (bot.)* reventón, renuevo; plantón.
rebentar, *v. i.* y *t.* reventar; explotar; brotar; nacer; romper.
rebentina, *s. f.* rabieta.
rebento, *s. m. (bot.)* yema, gema, botón; vástago.
rebite, *s. m.* remache.
rebo, *s. m.* callao, guijarro.
reboar, *v. i.* retumbar.
rebocadura, *s. f.* remolque.
rebocar, *v. t.* revocar, enlucir las paredes; remolcar.
reboco, *s. m.* revoque, revoco.
rebolar, *v. t.* rodar; arrollar; *v. r.* bambolearse.
rebolaria, *s. f.* fanfarronada.
reboleiro, *s. m.* cencerro.
reboo, *s. m.* retumbo; estampido; rebombe.
reboque, *s. m.* cabo de cuerda para remolcar las embarcaciones.
rebordo, *s. m.* reborde.
rebotalho, *s. m.* desecho.
rebuçado, *s. m.* caramelo.
rebuçar, *v. t.* embozar; velar; esconder; disfrazar.
rebuliço, *s. m.* alboroto, desorden, revoltijo, revoltillo.
rebuscar, *v. t.* rebuscar, escudriñar.
recadeiro, *s. m.* recadero.
recado, *s. m.* recado; mensaje; aviso; mandado; *(pop.)* reprensión.
recair, *v. i.* recaer; reincidir.
recalcar, *v. t.* recalcar; sofocar; refrenar.
recalcitrar, *v. i.* recalcitrar; replicar; desobedecer.
recâmara, *s. f.* cámara interior y reservada; ropero.
recambiar, *v. t.* recambiar.
recapitular, *v. t.* recapitular; resumir.
recatado, *adj.* recatado; circunspecto.
recatar, *v. t.* recatar.
recato, *s. m.* recato; cautela; reserva.
recavar, *v. t.* recavar.
recear, *v. t.* recelar.
recebedor, *s. m.* recibidor.
receber, *v. t.* recibir; cobrar; obtener; sufrir; agasajar; *v. r.* casarse.
receio, *s. m.* recelo; temor; sospecha; cuidado.
receita, *s. f.* receta; ingreso.
receitar, *v. t. (med.)* recetar.
recém-casado, *adj.* y *s. m.* recién casado.
recém-chegado, *adj.* y *s. m.* recién llegado.
recém-nascido, *adj.* recién nacido.
recensear, *v. t.* empadronar; enumerar.
recente, *adj.* reciente.

receoso, *adj.* receloso.
recepção, *s. f.* recepción.
receptivo, *adj.* receptivo.
receptor, *adj.* receptor.
rechã, *s. f.* meseta.
rechaçar, *v. t.* rechazar.
rechear, *v. t.* rellenar; embutir.
rechinar, *v. i.* rechinar.
recibo, *s. m.* recibo.
recinto, *s. m.* recinto.
recipiente, *s. m.* recipiente.
recíproca, *s. f.* recíproca.
recíproco, *adj.* recíproco.
récita, *s. f.* espectáculo de declamación; recital.
recitação, *s. f.* recitación.
recitar, *v. t.* e *i.* recitar.
reclamação, *s. f.* reclamación.
reclamar, *v. t.* reclamar; reivindicar.
reclamo, *s. m.* reclamo; llamada; anuncio; propaganda.
reclinar, *v. t.* reclinar.
recluso, *adj.* recluso; encarcelado.
recobrar, *v. t.* recobrar; recuperar.
recobrir, *v. t.* recubrir.
recolha, *s. f.* recogimiento; garaje.
recolher, *v. t.* recoger; recolectar; acoger.
recolhido, *adj.* recogido.
recolhimento, *s. m.* recogimiento.
recomendaçạo, *s. f.* recomendación; aviso; consejo.
recomendar, *v. t.* recomendar.
recompensa, *s. f.* recompensa; compensación, indemnización.
recomposição, *s. f.* recompensar; resarcir; indemnizar.
recôncavo, *s. m.* gruta, concavidad, cueva, antro.
reconcentrar, *v. t.* reconcentrar.
reconciliar, *v. t.* reconciliar; congraciar.
recôndito, *adj.* recóndito; ignorado; *s. m.* escondrijo.
reconduzir, *v. t.* reconducir.
reconfortar, *v. t.* reconfortar; fortalecer; tonificar.
recongraçar, *v. t.* reconciliar; armonizar.
reconhecer, *v. t.* reconocer; recompensar; agradecer.
reconquistar, *v. t.* reconquistar.
reconsiderar, *v. t.* reconsiderar.
reconstituir, *v. t.* reconstituir.
reconstruir, *v. t.* reconstruir.
recontro, *s. m.* recuentro, reencuentro.
recopilar, *v. t.* recopilar.
recordar, *v. t.* recordar.
recorrer, *v. t.* recurrir; *v. i.* apelar; dirigirse.
recortar, *v. t.* recortar.
recoser, *v. t.* recoser.
recovar, *v. t.* trajinar; transportar.
recrear, *v. t.* recrear; divertir.
recreio, *s. m.* recreo.
recrescer, *v. i.* recrecer; sobrar; acrecentar.
recriminar, *v. t.* recriminar.
recrudescer, *v. i.* recrudecer; agravarse.
recrudescimiento, *s. m.* recrudecimiento; recrudescencia.
recruta, *s. m.* recluta.
recrutar, *v. t.* reclutar.
rectangular, *adj.* rectangular.
rectângulo, *adj.* y *s. m.* rectángulo.
rectidão, *s. f.* rectitud.
rectificador, *s. m.* rectificador.
rectificar, *v. t.* rectificar.
recto, *s. m. (anat.)* recto; *adj.* recto, derecho; vertical; imparcial; justo.
recuar, *v. i.* recular; retroceder.
recuperar, *v. t.* recuperar.
recurso, *s. m.* recurso; refugio; apelación.
recusar, *v. t.* recusar, rechazar.
redacção, *s. f.* redacción.
redactor, *s. m.* redactor.
rede, *s. f.* red; verja; reja; ardid.
rédea, *s. f.* rienda.
redeiro, *s. m.* redero.
redenção, *s. f.* redención.
redentor, *adj.* y *s. m.* redentor.
redesconto, *s. m.* redescuento.

redigir, *v. t.* redactar.
redil, *s. m.* redil; aprisco.
redimir, *v. t.* redimir.
rédito, *s. m.* rédito.
redobrar, *v. t.* redoblar; aumentar; reiterar.
redoiça, *s. f.* columpio en una rama de árbol.
redoma, *s. f.* redoma.
redondel, *s. m.* redondel, ruedo.
redondeza, *s. f.* redondez; *pl.* cercanías, contornos.
redondilha, *s. f.* redondilla.
redondo, *adj.* redondo.
redor, *s. m.* rededor.
redução, *s. f.* reducción.
redundar, *v. i.* redundar.
reduplicar, *v. t.* reduplicar.
reducto, *s. m.* reducto.
reduzir, *v. t.* reducir; disminuir; acortar; resumir.
reedificar, *v. t.* reedificar.
reeditar, *v. t.* reeditar.
reembolsar, *v. t.* reembolsar.
reembolso, *s. m.* reembolso.
reempossar, *v. t.* reintegrar en la posesión de.
reencher, *v. t.* rellenar.
reenviar, *v. t.* reenviar.
reexpedir, *v. t.* reexpedir.
reexportar, *v. t.* reexportar.
refalsar, *v. t.* traicionar.
refazer, *v. t.* rehacer; restaurar.
refegar, *v. t.* plegar; arrugar.
refego, *s. m.* pliegue.
refeitório, *s. m.* refectorio.
refém, *s. com.* rehén.
referência, *s. f.* referencia; mención; alusión.
referendar, *v. t.* refrendar.
referir, *v. t.* referir.
refilão, *adj.* y *s. m.* respondón; atrevido.
refilar, *v. i.* recalcitrar.
refilhar, *v. i.* retoñar.
refinar, *v. t.* refinar.
refle, *s. m.* trabuco, rifle.
reflectido, *adj.* reflexivo.
reflectir, *v. t.* reflejar; *v. i.* ponderar; reflexionar.
reflectivo, *adj.* reflexivo.
reflector, *s. m.* reflector.
reflexão, *s. f.* reflexión.
reflexionar, *v. i.* reflexionar.
reflorescer, *v. i.* reflorecer.
refluir, *v. i.* refluir.
refogar, *v. t.* rehogar.
refolho, *s. m.* volante, sobrepuesto a otro; pliegue en un vestido.
reforçar, *v. t.* reforzar.
reformar, *v. t.* reformar.
reformável, *adj.* reformable.
refractar, *v. t.* refractar.
refrão, *s. m.* refrán.
refrear, *v. t.* refrenar; contener; reprimir.
refrega, *s. f.* refriega.
refregar, *v. i.* luchar; pelear.
refreio, *s. m.* freno.
refrescar, *v. t.* e *i.* refrescar.
refresco, *s. m.* refresco.
refrigerar, *v. t.* refrigerar; refrescar; consolar.
refrigério, *s. m.* refrigerio.
refugar, *v. t.* rehusar; apartar; seleccionar.
refugiado, *adj.* y *s. m.* refugiado; emigrado.
refúgio, *s. m.* refugio; asilo; abrigo; amparo; recurso.
refugir, *v. i.* rehuir.
refugo, *s. m.* desecho, desperdicio, resto.
refundar, *v. t.* ahondar.
refundir, *v. t.* refundir.
refusar, *v. t.* rehusar.
rega, *s. f.* riego.
regabofe, *s. m.* placer; juerga.
regalar, *v. t.* regalar; deliciar; mimar.
regalia, *s. f.* regalía; prerrogativa; inmunidad.
regalista, *s. com.* regalista.
regalo, *s. m.* regalo, placer; deleite; consuelo.
regalório, *s. m.* juerga; parranda.
regar, *v. t.* regar.

r

regata, *s. f.* regata.
regatear, *v. t.* regatear.
regelar, *v. t.* congelar.
regência, *s. f.* regencia.
regenerar, *v. t.* regenerar.
regente, *adj.* y *s. com.* regente.
reger, *v. t.* regir; gobernar; dirigir.
região, *s. f.* región; zona; país.
registar, *v. t.* registrar; mencionar; certificar (en el correo).
registo, *s. m.* registro; matrícula; protocolo; certificado, de carta o paquete.
rego, *s. m.* acequia; reguero; raya (de los cabellos); surco (del arado).
regorjear, *v. i.* trinar.
regozijar, *v. t.* regocijar.
regra, *s. f.* regla; ley; precepto; ejemplo; estatuto; *pl.* menstruación.
regrar, *v. t.* reglar.
regressão, *s. f.* regresión.
regressar, *v. i.* regresar.
régua, *s. f.* regla.
reguingar, *v. i.* replicar; recalcitrar.
regulador, *adj.* y *s. m.* regulador.
regulamentar, *v. t.* reglamentar.
regular, *v. t.* regular; ajustar; regularizar; *adj.* y *s. m.* exacto, puntual; regular.
regularizar, *v. t.* regularizar; ordenar; reglamentar.
rei, *s. m.* rey, monarca.
reima, *s. f.* reuma.
reimprimir, *v. t.* reimprimir.
reinação, *s. f.* juerga.
reinadio, *adj.* y *s. m.* holgazán; juerguista.
reincidir, *v. i.* reincidir.
reintegrar, *v. t.* reintegrar.
reira, *s. f.* lumbago.
reiterar, *v. t.* reiterar.
reitor, *s. m.* rector.
reivindicar, *v. t.* reivindicar, reclamar.
rejeitar, *v. t.* echar fuera, desechar; deponer; recusar.
rejuvenescer, *v. t.* rejuvenecer; remozar.
relação, *s. f.* relación; relato; vínculo; parentesco.
relacionar, *v. t.* y *r.* relacionar; relatar, alistar.
relâmpago, *s. m.* relámpago.
relance, *s. m.* relance; ojeada, mirada rápida.
relancear, *v. t.* relanzar.
relatar, *v. t.* relatar; mencionar.
relativo, *adj.* relativo.
relaxar, *v. t.* relajar; aflojar; laxar.
relegar, *v. t.* relegar; desterrar; despreciar.
relembrar, *v. t.* recordar.
relento, *s. m.* relente.
reler, *v. t.* releer.
reles, *adj.* ordinario, bajo, soez.
relevar, *v. t.* relevar.
relevo, *s. m.* relevo.
relha, *s. f.* reja (del arado).
relho, *s. m.* látigo, azote.
relicário, *s. m.* relicario.
religião, *s. f.* religión.
relinchar, *v. i.* relinchar.
relíquia, *s. f.* relíquia.
relógio, *s. m.* reloj.
relutar, *v. i.* volver a luchar.
reluzir, *v. i.* relucir.
relva, *s. f.* césped.
remanchão, *adj.* y *s. m.* remolón; indolente; tardo.
remanchar, *v. i.* *(pop.)* tardar; tardar mucho.
remanso, *s. m.* remanso; quietud; descanso, sosiego.
remar, *v. i.* remar.
remascar, *v. t.* rumiar.
rematado, *adj.* rematado; concluido; acabado; completo; subastado.
rematar, *v. t.* rematar; concluir; finalizar; terminar.
remate, *s. m.* remate; fin; cabo, extremidad.
remedar, *v. t.* remedar.
remediar, *v. t.* remediar, corregir; socorrer.
remédio, *s. m.* remedio, medicamento.

remela, *s. f.* legaña.
rememorar, *v. t.* rememorar.
remendão, *adj.* y *s. m.* remendón; el que se dedica a remendar o componer; *(fig.)* chapucero; andrajoso.
remendar, *v. t.* e *i.* remendar; corregir; enmendar; componer.
remendo, *s. m.* remiendo; enmienda; cualquier arreglo.
remeter, *v. t.* remitir; enviar; mandar.
remexer, *v. t.* revolver; remecer; agitar.
remição, *s. f.* remisión; redención; rescate.
remigrar, *v. i.* repatriar.
reminiscência, *s. f.* reminiscencia.
remir, *v. t.* redimir; rescatar; liberar.
remisso, *adj.* remiso, flojo, dejado, indolente.
remitir, *v. t.* remitir; perdonar; conmutar una pena a; restituir, devolver.
remo, *s. m.* remo.
remoção, *s. f.* remoción; traslado, transferencia.
remoçar, *v. t.* remozar.
remodelar, *v. t.* reformar, renovar; modelar de nuevo.
remoinho, *s. m.* remolino.
remolhar, *v. t.* remojar.
remontar, *v. t.* remontar.
rémora, *s. f. (zool.)* rémora.
remorar, *v. t.* remorder; inquietar.
remoto, *adj.* remoto; distante; apartado.
remover, *v. t.* remover; alejar; evitar.
remunerar, *v. t.* remunerar.
rena, *s. f. (zool.)* reno.
renal, *adj.* renal.
renascença, *s. f.* renacimiento.
renascer, *v. i.* renacer.
renda, *s. f.* encaje, randa.
render, *v. t.* rendir; vencer; rendir, rentar (dar fruto o utilidad); *v. i.* dar rédito.
rendilhar, *v. t.* adornar con puntillas o encajes.
rendimento, *s. m.* rendimiento; rendición; hernia; rédito.
renegar, *v. t.* e *i.* renegar; desmentir; traicionar; abjurar.
renhir, *v. t.* e *i.* reñir; disputar; altercar.
renovar, *v. t.* renovar.
rente, *adj.* contiguo; *s. m.* traición.
renunciar, *v. t.* renunciar.
reorganizar, *v. t.* reorganizar.
repa, *s. f.* pelo muy raro, de la cabeza o de la barba.
repagar, *v. t.* repagar; pagar de nuevo.
reparar, *v. t.* reparar; arreglar; restaurar; notar; desagraviar; restablecer las fuerzas.
reparo, *s. m.* reparo; compostura; advertencia; nota.
repartir, *v. t.* repartir; dividir; distribuir.
repassar, *v. t.* repasar; impregnar penetrar, llenar.
repatriar, *v. t.* repatriar.
repelente, *adj.* repelente.
repelir, *v. t.* repeler; rechazar; expulsar; rehusar.
repercutir, *v. t.* repercutir.
repeso, *adj.* arrepentido.
repetente, *adj.* repetidor.
repetidor, *s. m.* repetidor.
repetir, *v. t.* repetir; volver a suceder *v. r.* reaparecer.
repicar, *v. t.* repicar.
repisar, *v. t.* repisar; apisonar; repetir.
repleto, *adj.* repleto; abarrotado; pletórico.
replicar, *v. t.* e *i.* replicar; refutar contestar.
repolho, *s. m. (bot.)* repollo.
repor, *v. t.* reponer; restituir; rehacer; suplir.
reportagem, *s. f.* reportaje.
reportar, *v. t.* reportar; moderar.
reportório, *s. m.* repertorio.
repostada, *s. f.* respuesta grosera desabrida.

repousar, *v. t.* reposar, sosegar, descansar.
repovoar, *v. t.* repoblar.
repreender, *v. t.* reprehender.
representar, *v. t.* representar; significar; informar; ejercer la función de actor.
repressão, *s. f.* represión.
repressivo, *adj.* represivo.
repressor, *adj.* represor; represivo.
reprimir, *v. t.* reprimir; contener; refrenar.
réprobo, *adj.* y *s. m.* réprobo.
reproduzir, *v. t.* reproducir.
reprovar, *v. t.* reprobar.
reptar, *v. t.* retar; desafiar; provocar.
réptil, *s. m. (zool.)* reptil.
repto, *s. m.* reto; desafío.
república, *s. f.* república.
repudiar, *v. t.* repudiar.
repugnar, *v. t.* repugnar, no aceptar; *v. i.* causar aversión.
repulsa, *s. f.* repulsa.
repulsar, *v. t.* repeler.
reputar, *v. t.* reputar; juzgar; estimar o preciar.
repuxar, *v. t.* empujar; estirar; *v. i.* salir en borbotones.
repuxo, *s. m.* surtidor.
requebrar, *v. t.* requebrar.
requebro, *s. m.* requiebro.
requeijão, *s. m.* requesón.
requeimar, *v. t.* requemar.
requerer, *v. t.* requerir; pedir; pretender.
requesta, *s. f.* porfía; contienda, riña, disputa.
requestar, *v. t.* solicitar; suplicar; pretender.
requife, *s. m.* pasamano.
requisição, *s. f.* requisición.
rés, *adj.* raso.
rescaldo, *s. m.* rescaldo.
rescindir, *v. t.* rescindir.
rés-do-chão, *s. m.* bajo (piso).
resenhar, *v. t.* reseñar; contar; referir.
reservar, *v. t.* reservar; guardar; ahorrar; retardar.
resfolgar, *v. i.* respirar; runflar; resollar; absorber el aire.
resfriar, *v. t.* resfriar; enfriar.
resgatar, *v. t.* rescatar; redimir.
resgate, *s. m.* rescate; liberación.
resguardar, *v. t.* resguardar; defender; abrigar, cubrir.
residência, *s. f.* residencia, domicilio, morada.
residir, *v. i.* residir; habitar.
resignar, *v. t.* resignar; *v. r.* resignarse, conformarse.
resina, *s. f.* resina.
resistência, *s. f.* resistencia; oposición; defensa.
resistir, *v. i.* resistir, no ceder; defenderse; luchar; subsistir.
resma, *s. f.* resma.
resmungão, *adj.* y *s. m.* gruñón.
resmungar, *v. t.* e *i.* refunfuñar.
resolver, *v. t.* resolver; disolver; transformar; decidir.
respaldar, *s. m.* respaldar, respaldo.
respaldo, *s. m.* respaldo.
respectivo, *adj.* respectivo.
respeitar, *v. t.* respetar; reverenciar; acatar; considerar.
respeito, *s. m.* respeto; sumisión; relación; consideración.
respigar, *v. i.* respigar; espigar.
respingar, *v. i.* respingar; *v. t.* borbotar; chisporrotear.
respingo, *s. m.* mala respuesta; coz; chorro.
respiração, *s. f.* respiración; hálito, aliento; vaho.
respirar, *v. i.* respirar, descansar; vivir.
resplandecer, *v. i.* resplandecer.
resplendecer, *v. i.* resplandecer.
resplender, *v. i.* resplandecer.
resplendor, *s. m.* resplandor.
responder, *v. t.* responder; replicar; contestar.
resposta, *s. f.* respuesta.
respostada, *s. f.* respuesta insolente.

ressabiar, *v. i.* resabiar; *(fig.)* melindrarse.
ressabido, *adj.* resabido; erudito.
ressaca, *s. f.* resaca.
ressair, *v. i.* sobresalir, resaltar; volver a salir.
ressaltar, *v. t.* resaltar; realzar; dar relieve a; *(fig.)* encomiar.
ressalva, *s. f.* reserva; cláusula; excepción; certificado de exención del servicio militar.
ressarcir, *v. t.* resarcir; indemnizar; compensar.
ressecar, *v. t.* resecar.
ressegurar, *v. t.* reasegurar.
ressentir, *v. t.* volver a sentir; *v. r.* resentirse.
ressequir, *v. t.* resecar.
ressoar, *v. t.* resonar; repercutir.
ressudar, *v. t.* destilar; *v. i.* sudar; transpirar.
ressumar, *v. i.* rezumar.
ressumbrar, *v. i.* rezumar.
ressurgir, *v. i.* resurgir.
ressuscitar, *v. t.* resucitar.
restabelecer, *v. t.* restablecer.
restar, *v. i.* restar; sobrar, quedar; *v. t.* faltar.
restaurante, *adj.* y *s. m.* restaurante.
restaurar, *v. t.* restaurar; reparar; arreglar; reintegrar.
restelo, *s. m.* rastrillo; rastra; carda; rastro.
resteva, *s. f.* rastrojo.
réstia, *s. f.* ristra.
restituir, *v. t.* restituir.
restivar, *v. t.* cultivar un terreno por segunda vez en el mismo año.
resto, *s. m.* resto; diferencia.
restolhar, *v. i.* hacer ruido.
restolho, *s. m.* rastrojo; *(fig.)* motín; alboroto.
restringir, *v. t.* restringir.
restrugir, *v. i.* retumbar.
resultar, *v. i.* resultar.
resumir, *v. t.* resumir; reducir; abreviar.
resvalar, *v. i.* resbalar.
resvalo, *s. m.* resbalón.
retábulo, *s. m.* retablo.
retaguarda, *s. f.* retaguardia.
retalhista, *s. com.* comerciante que vende o compra al por menor.
retalho, *s. m.* retal, retazo.
retaliação, *s. f.* represalia.
retama, *s. f. (bot.)* retama.
retanchar, *v. t.* subsitituir una cep por otra; deschuponar.
retanha, *s. f.* ganzúa.
retardar, *v. t.* retardar.
retelhar, *v. t.* retejar (los tejados).
retém, *s. m.* reserva; retén; depósito.
retenção, *s. f.* retención; detención acumulación.
reter, *v. t.* asir; agarrar.
retesar, *v. t.* retesar, atiesar.
reticular, *adj.* reticular.
retículo, *s. m.* redecilla; retículo.
retina, *s. f. (zool.)* retina.
retinir, *v. i.* emitir un sonido agudo chirriar, chilriar.
retirar, *v. t.* retirar; desviar; recoger sacar de; desbandar; *v. r.* retirarse.
retiro, *s. m.* retiro; remanso; retirada
retocar, *v. t.* retocar; corregir; perfeccionar.
retorcer, *v. t.* retorcer.
retórica, *s. f.* retórica.
retornar, *v. t.* e *i.* retornar; devolver restituir; regresar.
retorno, *s. m.* retorno; cambio; permuta, trueque.
retorta, *s. f.* retorta.
retouça, *s. f.* columpio, bamba broma, chanza.
retractivo, *adj.* retráctil.
retraído, *adj.* retraído; encogido; tímido.
retrair, *v. t.* retraer; desviar; encoger retraerse; retirarse.
retranca, *s. f.* retranca.
retratar, *v. t.* retratar, fotografiar.
retrato, *s. m.* retrato.
retrete, *s. f.* retrete, letrina.
retribuir, *v. t.* retribuir; corresponder; remunerar.

r

retrincar, *v. t.* remorder, retorcer; *v. i.* disimular.
retroagir, *v. i.* producir efecto retroactivo.
retroceder, *v. i.* retroceder.
retrogradar, *v. i.* retroceder.
retrógrado, *adj.* retrógrado.
retrós, *s. m.* torzal de seda; pasamano, galón o trencilla.
retrosaria, *s. f.* pasamanería.
retrospectivo, *adj.* retrospectivo.
retrotrair, *v. t.* retrotraer.
retrucar, *v. t.* retrucar.
retumbar, *v. i.* retumbar.
réu, *s. m.* reo; culpado.
reuma, *s. f.* reuma.
reunião, *s. f.* reunión.
reunir, *v. t.* reunir; congregar; juntar, amontonar; agrupar.
revacinar, *v. t.* revacunar.
revalidar, *v. t.* revalidar.
revel, *adj.* y *s.* rebelde.
revelador, *adj.* y *s. m.* revelador.
revelar, *v. t.* revelar.
revelia, *s. f.* rebeldía.
revender, *v. t.* revender.
rever, *v. t.* rever; corregir; *v. i.* rezumar; resudar.
reverberação, *s. f.* reverberación.
reverberar, *v. t.* reverberear.
reverenciar, *v. t.* reverenciar.
reverendo, *adj.* y *s. m.* reverendo.
reversível, *adj.* reversible.
reverso, *adj.* reverso; inverso; *s. m.* revés.
reverter, *v. i.* revertir; retornar; regresar.
revés, *s. m.* revés, reverso;.
revestir, *v. t.* revestir, vestir de nuevo; cubrir; tapar.
revezar, *v. t.* revezar; turnar, substituir a otro.
revinda, *s. f.* regreso, vuelta.
revir, *v. i.* volver a venir; regresar.
reviramento, *s. m.* mudanza de opinión.
revirão, *s. m.* talón del calzado.
revirar, *v. t.* revirar, cambiar, retroceder, desviar.
revisar, *v. t.* revisar, rever.
revisor, *s. m.* revisor.
revista, *s. f.* revista (periódico); revista, obra teatral.
revoada, *s. f.* revuelo.
revocar, *v. t.* revocar; evocar; destituir; anular.
revogar, *v. t.* revocar; anular.
revolta, *s. f.* revuelta; insurrección; sedición.
revoltar, *v. t.* e *i.* revolucionar, amotinar; sublevar.
revoltear, *v. t.* revoltear; remover; revolver.
revoltoso, *adj.* y *s. m.* rebelde, sedicioso.
revolução, *s. f.* revolución.
revolucionar, *v. t.* revolucionar.
revolutear, *v. i.* revolotear.
revolver, *v. t.* revolver; agitar; desordenar; cavar; escudriñar.
revólver, *s. m.* revólver.
reza, *s. f.* oración; súplica.
rezadeira, *s. f.* bruja.
rezar, *v. i.* rezar, orar.
rezingar, *v. i.* refunfuñar; gruñir.
ría, *s. f.* ría.
ribamar, *s. f.* orilla del mar, litoral.
ribeira, *s. f.* ribera.
ribeirada, *s. f.* torrente.
ribeiro, *s. m.* riacho, riachuelo.
ribombar, *v. i.* tronar (la tormenta); rimbombar.
ricaço, *adj.* y *s. m.* ricacho; opulento.
riçar, *v. t.* rizar, encrespar.
rícino, *s. m.* *(bot.)* ricino.
rico, *adj.* rico, hacendado; acaudalado; abundante.
ricochetear, *v. i.* rebotar.
ridicularia, *s. f.* ridiculez.
ridículo, *adj.* ridículo.
rifa, *s. f.* rifa; sorteo.
rifão, *s. m.* refrán.
rigidez, *s. f.* rigidez.
rigoroso, *adj.* riguroso.
rijeza, *s. f.* dureza; rigidez.

rijo, *adj.* duro; recio; rígido.
rilhador, *adj.* y *s. m.* roedor.
rilhar, *v. t.* roer, comer royendo; triscar, crujir.
rim, *s. m.* riñón.
rima, *s. f.* rima.
rinocerente, *s. m.* rinoceronte.
rio, *s. m.* río.
ripanço, *s. m.* rastrillo; rastro; rastrilla; *(fig.)* descanso; pachorra.
ripostar, *v. i.* responder; replicar; retrucar.
riqueza, *s. f.* riqueza; abundancia; opulencia; hartura.
rir, *v. i.* reír.
risca, *s. f.* línea; trazo, guión; surco; raya.
riscar, *v. t.* rayar.
risco, *s. m.* raya; trazo; guión; surco; línea; dibujo.
riso, *s. m.* risa; alegría.
rispidez, *s. f.* aspereza; rigidez; severidad.
ritmo, *s. m.* ritmo; cadencia.
rito, *s. m.* rito.
rival, *adj.* y *s. com.* rival.
rivalizar, *v. i.* rivalizar.
rixa, *s. f.* riña; cuestión.
rixar, *v. i.* reñir.
roaz, *adj.* roedor; devorador.
roble, *s. m.* roble.
roboredo, *s. m.* robledo.
robustecer, *v. t.* robustecer.
roca, *s. f.* rueca (para hilar); roca, peñasco.
roça, *s. f.* roce, rozamiento, rozadura.
roçadura, *s. f.* rozadura.
roçagar, *v. i.* arrastrar; rozar.
roçar, *v. t.* rozar; friccionar; cortar a ras; restregar.
rocegar, *v. t. (mar.)* rastrear.
rocha, *s. f.* roca; peñasco.
rocim, *s. m.* rocín.
rocinante, *s. m.* rocinante.
roda, *s. f.* rueda; círculo; *(mar.)* rueda del timón; torno (de los conventos).
rodado, *adj.* rodado, que tiene ruedas; transcurrido; *s. m.* vuelo (del vestido); ruedas de un vehículo.
rodagem, *s. f.* rodamiento; rodage.
rodapé, *s. m.* rodapié; friso, zócalo de una pared.
rodar, *v. t.* rodar; girar, la rueda en el eje; *s. m.* ruido del vehículo.
rodear, *v. t.* rodear, envolver; tornear; circundar.
rodilha, *s. f.* rodilla; aljofifa.
ródio, *s. m. (quím.)* rodio.
rodo, *s. m.* rastro; rodo.
rodovalho, *s. m.* rodoballo.
roedor, *adj.* roedor.
roer, *v. t.* roer; morder.
rogar, *v. t.* e *i.* rogar; orar.
rogo, *s. m.* ruego; súplica.
rojo, *s. m.* arrastre.
rol, *s. m.* rol; lista; relación.
rola, *s. f. (zool.)* tórtola.
rolão, *s. m.* rodillo.
rolar, *v. t.* rolar; *v. i.* rodar, girar; arrullar (las palomas y tórtolas).
roldana, *s. f.* roldana; polea.
roleta, *s. f.* ruleta.
rolha, *s. f.* rapón.
roliço, *adj.* rollizo; cilíndrico; gordo.
rolo, *s. m.* rollo; cilindro.
romã, *s. f. (bot.)* granada.
romagem, *s. f.* peregrinación.
romaico, *adj.* romaico.
romance, *s. m.* romance (idioma); romance, novela.
romanceiro, *s. m.* romancero.
romaria, *s. f.* romería; peregrinación.
rombo, *s. m.* rombo.
romeira, *s. f.* romera; peregrina; especie de esclavina.
rompante, *adj.* arrogante; *s. m.* ímpetu, furia; repente.
romper, *v. t.* romper, quebrar, rasgar, destrozar.
roncar, *v. i.* roncar; resollar; echar roncas.
ronco, *s. m.* ronquillo; ronco.
rondar, *v. t.* rondar.
ronha, *s. f.* roña; *(fig.)* sarna; maña.
roqueiro, *adj.* roquero.

r

roquete, *s. m.* roquete.
rosa, *s. f. (bot.)* rosa.
rosácea, *s. f. (arq.)* rosetón.
rosáceo, *adj.* rosáceo.
rosário, *s. m.* rosario.
rosbife, *s. m.* rosbif.
rosca, *s. f.* rosca; *(pop.)* borrachera.
rosnar, *v. t.* e *i.* roznar; rebuznar; rezongar; gruñir.
rosquilha, *s. f.* rosquilla.
rossio, *s. m.* plaza pública.
rosto, *s. m.* rostro, cara, faz, rostro de libro.
rostro, *s. m.* rostro, pico del ave.
rota, *s. f.* ruta; dirección.
rotação, *s. f.* rotación.
rotar, *v. i.* rodar.
rotativo, *adj.* rotativo.
roteiro, *s. m.* itinerario.
rotina, *s. f.* rutina.
roto, *adj.* roto; *s. m.* andrajoso.
rótula, *s. f. (anat.)* rótula.
rotular, *v. t.* rotular.
rótulo, *s. m.* rótulo; letrero.
rotunda, *s. f.* rotonda.
rotundo, *adj.* rotundo.
rotura, *s. f.* rotura; fractura.
roubar, *v. t.* robar; rapiñar; hurtar.
roubo, *s. m.* robo.
rouco, *adj.* ronco.
roupa, *s. f.* ropa; vestuario.
roupero, *s. m.* ropero.
rouquidão, *s. f.* ronquera.
rouquido, *s. m.* ronquido.
rouxinol, *s. m. (zool.)* ruiseñor.
roxo, *adj.* y *s. m.* violáceo, violeta, morado, amoratado.
rua, *s. f.* calle; *(fig.)* plebe, el populacho.
rubi, *s. m.* rubí.
rubidez, *s. f.* rubor.
rublo, *s. m.* rublo (moneda).
rubor, *s. m.* rubor.
ruborizar, *v. t.* ruborizar.
rubrica, *s. f.* rúbrica.
rubricar, *v. t.* rubricar; firmar.
rude, *adj.* rudo, tosco.
rufar, *v. t.* e *i.* fruncir; plisar; redoblar (el tambor).
rufia, *s. m.* rufián.
rufo, *s. m.* redoble, toque del tambor; frunce, pliegue.
ruga, *s. f.* arruga, ruga, pliegue.
rugar, *v. t.* rugar, arrugar.
rugido, *s. m.* rugido.
rugir, *v. i.* rugir.
ruido, *s. m.* ruido.
ruim, *adj.* ruin, bajo.
ruína, *s. f.* ruina.
ruir, *v. i.* desmoronarse; derrumbarse.
ruiva, *s. f. (bot.)* rubia.
ruivo, *adj.* rubio, rúbeo, gualdo, rútilo.
rum, *s. m.* ron.
rumiante, *adj.* y *s. m.* ruminante.
ruminar, *v. t.* e *i.* rumiar.
rumo, *s. m.* rumbo; camino.
rumor, *s. m.* rumor; murmullo; susurro.
rupestre, *adj.* rupestre.
ruptura, *s. f.* ruptura.
rural, *adj.* rural.
rusga, *s. f.* redada, diligencia de la policía para prender malhechores.
rústico, *adj.* rústico, rural; *s. m.* campesino.
rutilância, *s. f.* fulgor.

S

sábado, *s. m.* sábado.
sabão, *s. m.* jabón; *(pop.)* gran sabio; *(fig.)* rapapolvo.
sabedoria, *s. f.* sabiduría; prudencia; rectitud.
saber, *v. t.* saber; conocer.
sabichão, *adj.* y *s. m.* sabihondo; sabelotodo.
sábio, *adj.* y *s. m.* sabio; erudito; docto; prudente; avisado.
saboaria, *s. f.* jabonería.
saboeira, *s. f.* jabonera.
saboneteira, *s. f.* jabonera.
sabor, *s. m.* sabor; gusto.
saborear, *v. t.* saborear.
saboroso, *adj.* sabroso; gustoso.
sabotagem, *s. f.* sabotaje.
sabotear, *v. t.* sabotear.
sabre, *s. m.* sable.
saburgo, *s. m. (bot.)* sabuco, saúco, sabugo.
sabujar, *v. t.* adular.
sabujo, *s. m.* sabueso, perro de caza; *(fig.)* adulador.
saca-molas, *s. m.* llave, herramienta de dentista.
sacar, *v. t.* sacar, arrancar, extraer; librar, girar.
sacarina, *s. f.* sacarina.
saca-rolhas, *s. m.* sacacorchos.
sacarose, *s. f.* sacarosa.
sacerdote, *s. m.* sacerdote.
saciar, *v. t.* saciar; hartar.
saco, *s. m.* saco; fuelle, arruga en una prenda de vestir; saco, vestidura tosca.
sacola, *s. f.* alforja; macuto.
sacolejar, *v. t.* sacudir, agitar.
sacramento, *s. m.* sacramento, la Eucaristía.
sacrário, *s. m.* sagrario.
sacrificar, *v. t.* e *i.* sacrificar; ofrecer en sacrificio; renunciar a.
sacrifício, *s. m.* sacrificio.
sacrilégio, *s. m.* sacrilegio.
sacripanta, *s. com.* hipócrita.
sacudir, *v. t.* sacudir.
sádico, *adj.* y *s. m.* sádico.
sadio, *adj.* sano.
sadismo, *s. m.* sadismo.
safanão, *s. m.* tirón, sacudidón; empujón; *(pop.)* bofetón.
safar, *v. t.* halar; sacar, borrar; *(mar.)* zafar, desencallar; *v. r.* zafarse, escaparse.
sáfara, *s. f.* terreno estéril.
sáfaro, *adj.* estéril; bravío.
sagacidade, *s. f.* sagacidad.
sagaz, *adj.* sagaz, astuto.
sagitário, *adj.* sagitario.
sagrado, *adj.* sagrado; inviolable; santo; puro; *s. m.* sagrado.
sagrar, *v. t.* consagrar.
sagu, *s. m.* sagú (fécula).
saguão, *s. m.* zaguán.
saia, *s. f.* saya, falda.
saibo, *s. m.* sabor; paladar.
saibroso, *adj.* arcilloso.
saída, *s. f.* salida; venta; lugar por donde se sale.
saimento, *s. m.* salida.
sainete, *s. m.* sainete; sabor; gracia.
saio, *s. m.* sayo.
sair, *v. i.* salir; partir.
sal, *s. m.* sal.
sala, *s. f.* sala.
salada, *s. f.* ensalada.

salamandra, *s. f.* salamandra.
salame, *s. m.* salchichón.
salão, *s. m.* salón.
salário, *s. m.* salario.
saldar, *v. t.* saldar, liquidar.
saldo, *s. m.* saldo.
saleiro, *s. m.* salero.
salgado, *adj.* salado.
salgalhada, *s. f.* mezcla; embrollo, confusión.
salgar, *v. t.* salar.
salina, *s. f.* salina; marina.
salinar, *v. t.* cristalizar (la sal).
salinidade, *s. f.* salinidad.
salino, *adj.* salino.
salitre, *s. m.* salitre, nitro.
saliva, *s. f.* saliva.
salivar, *v. i.* salivar.
salmão, *s. m. (zool.)* salmón.
salmo, *s. m.* salmo.
salmodiar, *v. t.* e *i.* salmodiar.
salmoeira, *s. f.* salmuera.
salmoira, *s. f.* salmuera.
salmonete, *s. m.* salmonete.
saloio, *s. m.* y *adj.* aldeano de los alrededores de Lisboa; campesino.
salpicado, *adj.* salpicado, matizado.
salpicão, *s. m.* embutido hecho de lomo entero.
salpicar, *v. t.* salpicar.
salsa, *s. f. (bot.)* perejil.
salsifré, *s. m.* juerga; bulla.
saltada, *s. f.* salto; embestida; asalto, incursión; visita rápida.
saltar, *v. t.* e *i.* saltar; transponer de un salto; omitir.
salteado, *adj.* salteado; interpolado; atacado de improviso.
salteador, *adj.* y *s. m.* asaltador.
saltear, *v. t.* saltear; saquear; asaltar.
salto, *s. m.* salto; bote; cascada; tacón del calzado.
salubrificar, *v. t.* sanear.
salutar, *adj.* saludable.
salva, *s. f.* especie de bandeja; *(bot.)* salva, salvia.
salvação, *s. f.* salvación.
salvar, *v. t.* salvar; librar; *(mil.)* salvar; saludar; exceptuar; excluir.
salve-rainha, *s. f.* salve, regina, oración a la Santísima Virgen.
salvo, *adj.* salvo; libre; ileso.
salvo-conduto, *s. m.* salvoconducto.
samarra, *s. f.* zamarra.
sanação, *s. f.* ac. y efecto de *sanar;* curar; *(fig.)* término.
sanar, *v. t.* sanar, curar.
sanatório, *s. m.* sanatorio.
sancadilha, *s. f.* zancadilla.
sancionar, *v. t.* sancionar.
sandália, *s. f.* sandalia.
sandice, *s. f.* sandez.
sanduíche, *s. f.* emparedado, bocadillo.
saneamento, *s. m.* saneamiento.
saneia, *s. f.* cenefa.
sangria, *s. f.* sangría.
sangue, *s. m. (anat.)* sangre.
sangueira, *s. f. (pop.)* morcilla; chacina.
sanguento, *adj.* sangriento.
sanguinário, *adj.* sanguinario.
sanguissedento, *adj.* sanguinario.
sanha, *s. f.* saña, ira.
sanidade, *s. f.* sanidad.
sanificar, *v. t.* sanear.
sanitário, *adj.* sanitario.
sanjar, *v. t.* e *i.* zanjar.
santarrão, *s. m.* santón.
santidade, *s. f.* santidad.
santificar, *v. t.* santificar.
santíssimo, *adj.* y *s. m.* santísimo.
santo, *adj.* y *s. m.* santo.
santola, *s. f.* centolla.
santoral, *s. m.* santoral.
santuário, *s. m.* santuario.
são, *adj.* y *s. m.* sano.
sapa, *s. f.* zapa.
sapal, *s. m.* pantano.
sapateada, *s. f.* zapateo.
sapateado, *s. m.* zapateado.
sapatear, *v. i.* zapatear.
sapateiro, *s. m.* zapatero.
sapateta, *s. f.* zapatilla.
sapato, *s. m.* zapato.

S

sapatorra, *s. f.* chancleta.
sapiente, *adj.* sapiente.
sapo, *s. m. (zool.)* sapo.
saporífico, *adj.* saporífico.
saquear, *v. t.* e *i.* saquear, depredar; robar; atracar.
saqueio, *s. m.* saqueo; robo.
saquete, *s. m.* saquete; saqueta; saco pequeño.
saquitel, *s. m.* saquito.
sarabulhento, *adj.* que tiene salpullido; áspero.
sarabulho, *s. m.* salpullido.
saracotear, *v. t.* mover con gracia el cuerpo; requebrar.
saraiva, *s. f.* granizo.
saraivar, *v. i.* granizar.
sarampo, *s. m.* sarampión.
sarapintar, *v. t.* pintar o mezclar con diversos colores; mosquear.
sarar, *v. t.* sanar, curar.
sarça, *s. f. (bot.)* zarza.
sarcófago, *s. m.* sarcófago.
sarda, *s. f.* peca, mancha en el cutis; sarda, caballa, pez.
sardanisca, *s. f.* lagartija.
sardão, *s. m.* lagarto.
sardento, *adj.* pecoso.
sardinha, *s. f.* sardina.
sardinheiro, *s. m.* sardinero.
sardoso, *adj.* pecoso.
sargento, *s. m.* sargento.
sarja, *s. f.* sarga (tejido).
sarmento, *s. m.* sarmiento.
sarna, *s. f. (med.)* sarna.
sarrabisco, *s. m.* garabato.
sarrabulhada, *s. f.* guisado composto de sangre de cerdo, carne, etc.
sarrafaçal, *s. m.* inhábil, torpe.
sarrafo, *s. m.* vigueta; ripia, listón; viruta.
sarro, *s. m.* sarro; sedimento; lengua.
Satanás, *s. m.* Satanás.
satélite, *s. m.* satélite.
sátira, *s. f.* sátira.
sátiro, *s. m.* sátiro.
satisfação, *s. f.* satisfacción.
satisfazer, *v. t.* satisfacer; cumplir; pagar; alegrar; convencer; remediar.
satisfeito, *adj.* satisfecho.
saturação, *s. f.* saturación.
saturar, *v. t.* saturar.
Saturno, *s. m.* Saturno.
saudação, *s. f.* saludo, cumplimientos.
saudar, *v. t.* saludar; felicitar.
saúde, *s. f.* salud.
saudoso, *adj.* pesaroso, nostálgico, melancólico.
savana, *s. f.* sabana.
saxofone, *s. m.* saxofón.
sazão, *s. f.* sazón.
sazonar, *v. t.* sazonar, madurar.
se, *pron.* sí, a sí.
sé, *s. f.* sede, catedral.
seara, *s. f.* campo sembrado; mies, campo de cereales o cubiero de vegetación.
sebáceo *adj.* sebáceo.
sebentice, *s. f.* inmundicia, suciedad.
sebento, *adj.* sucio, seboso.
sebo, *s. m.* sebo; grasa.
seca, *s. f.* seca; sequía.
secante, *adj.* secante.
secar, *v. t.* secar; estancar; marchitar, mustiar; agostar.
secativo, *adj.* secante.
secção, *s. f.* sección.
seccionar, *v. t.* seccionar.
sécia, *s. f.* mujer coqueta.
seco, *adj.* seco; curado; marchito; descortés; delgado.
secreção, *s. f.* secreción.
secretária, *s. f.* secretaria; mesa de escritorio, secreter.
secreto, *adj.* secreto, oculto.
sectário, *adj.* sectario.
sector, *s. m.* sector.
secular, *adj.* secular.
secularizar, *v. t.* secularizar.
século, *s. m.* siglo.
secundar, *v. t.* secundar.
seda, *s. f.* seda.
sedaço, *s. m.* cedazo; colador (para colar la leche).

S

sede, *s. f.* asiento, silla; capital; centro; domicilio.
sede *(è), s. f.* sed.
sedela, *s. f.* sedal (de pescador).
sedentário, *adj.* sedentario.
sedição, *s. f.* sedición, tumulto; rebelión popular; motín.
sedimentar, *v. i.* sedimentar.
sedimento, *s. m.* sedimento.
sedoso, *adj.* sedoso, sedeño.
seduçao, *s. f.* seducción.
sédulo, *adj.* cuidadoso.
seductor, *s. m.* seductor.
seduzir, *v. t.* seducir.
sega, *s. f.* siega; segada; reja del arado; vd. *ceifa.*
segada, *s. f.* segada, siega.
segador, *s. m.* segador.
segmento, *s. m.* segmento.
segredo, *s. m.* secreto.
segregar, *v. t.* segregar.
seguidilha, *s. f.* seguidilla.
seguido, *adj.* seguido, continuo.
seguinte, *adj.* siguiente.
seguir, *v. t.* seguir; proseguir; continuar; observar.
segunda-feira, *s. f.* lunes.
segundo, *adj.* segundo, secundario.
segurança, *s. f.* seguridad, certeza, confianza; fianza.
segurar, *v. t.* asegurar; afianzar; afirmar.
seguro, *adj.* seguro; cierto; confiado; sólido.
seio, *s. m.* seno; pecho humano; parte íntima; centro.
seirão, *s. m.* serón.
seis, *adj. num.* seis.
seita, *s. f.* secta.
seiva, *s. f. (bot.)* savia.
seixo, *s. m.* guijarro, callao.
sela, *s. f.* silla de montar.
selar, *v. t.* ensillar; sellar.
selaria, *s. f.* guarnicionería.
seleccionar, *v. t.* seleccionar.
selecta, *s. f.* selecta.
seleiro, *s. m.* guarnicionero.
selim, *s. m.* sillín.
selo, *s. m.* sello.
selvagem, *adj.* salvaje.
selvoso, *adj.* selvoso.
semáforo, *s. m.* semáforo.
semana, *s. f.* semana.
semântica, *s. f.* semántica.
semeador, *adj.* y *s. m.* sembrador.
semelhar, *v. i.* semejar.
sémen, *s. m.* semen.
semente, *s. f.* simiente, semilla.
semestre, *s. m.* semestre.
sem fim, *loc.* indefinido.
semicírculo, *s. m.* semicírculo.
semicolcheia, *s. f.* semicorchea.
semifusa, *s. f.* semifusa.
semi-interno, *adj.* medio pensionista.
semimorto, *adj.* medio muerto.
seminu, *adj.* medio desnudo.
semitom, *s. m.* semitono.
semitransparente, *adj.* semitransparente.
sem-nome, *s. m.* y *f.* anónimo.
sêmola, *s. f.* sémola.
sem-par, *adj.* sin par.
sempiterno, *adj.* sempiterno.
sempre, *adv.* siempre.
sem-razão, *s. f.* sinrazón.
sem-sabor, *adj.* insulso.
senado, *s. m.* senado.
senatorial, *adj.* senatorial.
senda, *s. f.* senda; atajo.
sendeirice, *s. f.* tontería.
senectude, *s. f.* senectud.
senha, *s. f.* seña; señal; indicio; marca.
senho, *s. m.* señal.
senhor, *s. m.* señor.
senhora, *s. f.* señora.
senil, *adj.* senil; viejo.
sensação, *s. f.* sensación.
sensacional, *adj.* sensacional.
sensato, *adj.* sensato; cuerdo.
sensibilizar, *v. t.* sensibilizar.
sensitiva, *s. f.* sensitiva.
senso, *s. m.* juicio, raciocinio.
sensorial, *adj.* sensorial.
sensual, *adj.* sensual.
sensualizar, *v. t.* dar carácter sensual a.

sentar, *v. t.* sentar; asentar.
sentença, *s. f.* sentencia; máxima; refrán; proverbio.
sentenciar, *v. t.* sentenciar.
sentido, *adj.* sentido; triste; pesaroso; lastimado; ofendido; *s. m.* sentido.
sentimental, *adj.* sentimental.
sentimento, *s. m.* sentimiento; intuición; pasión; pesar; *pl.* pésame.
sentinela, *s. f.* centinela.
sentir, *v. t.* sentir; percibir; ser sensible; reconocer; presentir; lamentar.
senzala, *s. f.* aldea o cabaña de negros.
separar, *v. t.* separar; apartar; desligar; dividir; *v. r.* divorciarse.
separatismo, *s. m.* separatismo.
separável, *adj.* separable.
sépia, *s. f. (zool.)* sepia.
septuplicar, *v. t.* septuplicar.
sepulcro, *s. m.* sepulcro.
sepultar, *v. t.* sepultar.
sepultura, *s. f.* sepultura.
sequência, *s. f.* seguimiento; serie; secuencia.
sequente, *adj.* siguiente.
sequestrar, *v. t.* secuestrar.
sequestro, *s. m.* secuestro.
sequioso, *adj.* sediento; seco.
ser, *v. i.* ser; existir; *s. m.* ser.
serão, *s. m.* velada; sarao.
serapilheira, *s. f.* arpillera, harpillera, rázago, marga.
sereia, *s. f.* sirena.
serenar, *v. t.* serenar; sosegar; acalmar; apaciguar.
serenata, *s. f.* serenata.
sereno, *adj.* sereno; tranquilo; *s. m.* sereno.
serial, *adj.* serial.
seriar, *v. t.* ordenar, clasificar.
série, *s. f.* serie.
seriedade, *s. f.* seriedad; rectitud; honradez.
serigaria, *s. f.* pasamanería.
seringa, *s. f.* jeringa.
seringar, *v. t.* jeringar; inyectar; importunar.
sério, *adj.* serio; grave; real.
sermão, *s. m.* sermón.
seroar, *v. i.* velar.
seroeiro, *s. m.* velador.
serpe, *s. f.* sierpe, serpiente.
serpentina, *s. f.* candelabro; serpentina.
serra, *s. f.* sierra; cordillera.
serralharia, *s. f.* cerrajería.
serrana, *s. f.* serrana.
serrania, *s. f.* serranía.
serrar, *v. t.* serrar, aserrar.
serraria, *s. f.* serrería.
serrazina, *s. f. (pop.)* importunación; *s. com.* persona inoportuna.
serrazinar, *v. t.* porfiar.
serrilhar, *v. t.* dentar, recortar, labrar el cordoncillo de la moneda.
serrim, *s. m.* serrín, aserrín.
serrote, *s. m.* serrucho.
sertã, *s. f.* sartén.
sertão, *s. m.* floresta o selva alejada de la costa.
serva, *s. f.* sierva; criada.
serventia, *s. f.* utilidad; aplicación, uso; paso.
serviço, *s. m.* servicio; obligaciones; empleo; uso; pasadizo; obsequio.
servidão, *s. f.* servidumbre; esclavitud; sujeción.
servido, *adj.* servido, usado, gastado.
servidor, *s. m.* servidor; criado; siervo.
servil, *adj.* servil; *(fig.)* bajo, vil, indigno.
servir, *v. t.* servir; prestar servicios; despachar; *v. r.* servirse.
sessão, *s. f.* sesión.
sessenta, *num.* sesenta.
sesso, *s. m. (pop.)* sieso; trasero; nalgas; ano.
sesta, *s. f.* siesta.
sestro, *adj.* izquierdo, siniestro.
seta, *s. f.* saeta; flecha.
sete, *adj.* siete.
setecentos, *num. card.* setecientos.
Setembro, *s. m.* septiembre.
setenta, *num.* setenta.

seu, *adj.* y *pron.* suyo, su, de él, de ella, de ellos; vuestro, vuestra.
sevandija, *s. f. (zool.)* sabandija.
severo, *adj.* severo, grave, serio, riguroso, rígido.
sevo, *adj.* cruel, feroz.
sexo, *s. m.* sexo.
sexta-feira, *s. f.* viernes.
sexto, *núm.* sexto.
sezão, *s. f.* cición, terciana.
si, *pron.* sí; *(mús.)* si, séptima.
sibarita, *s. com.* sibarita.
sibilar, *v. i.* silbar.
sibilo, *s. m.* pitido, silbido, silbo.
sicrano, *s. m.* citano, zutano.
sideral, *adj.* sideral.
siderurgia, *s. f.* siderurgia.
sidra, *s. f.* sidra.
sifão, *s. m. (fís.)* sifón.
sífilis, *s. f.* sífilis.
sigilo, *s. m.* sigilo, secreto.
sigla, *s. f.* sigla.
signa, *s. f.* estandarte; pendón; insignia.
significar, *v. t.* significar; denotar; manifestar.
signo, *s. m.* signo.
sílaba, *s. f.* sílaba.
silêncio, *s. m.* silencio.
sílex, *s. m.* sílex, pedernal.
silha, *s. f.* colmenar; serie de colmenas.
silhal, *s. m.* colmenar.
silharia, *s. f.* sillería.
silhueta, *s. f.* silueta.
sílica, *s. f.* sílice.
silicose, *s. f.* silicosis.
silo, *s. m.* silo, granero.
silogismo, *s. m.* silogismo.
silva, *s. f. (bot.)* zarza; breña; zarzal.
silvar, *v. i.* silbar; pitar.
silvestre, *adj.* silvestre; agreste; bravío, montaraz.
silvo, *s. m.* silbo, silbido, pitido, chifla.
sim, *adv.* si.
simbiose, *s. f.* simbiosis.
simbolizar, *v. t.* simbolizar.
símbolo, *s. m.* símbolo.
simetria, *s. f.* simetría.
símil, *adj.* símil, similitud.
similar, *adj.* similar.
símile, *s. m.* símil; analogía.
símio, *s. m. (zool.)* simio.
simonia, *s. f.* simonía.
simpatia, *s. f.* simpatía.
simpatizar, *v. i.* simpatizar.
simples, *adj.* simple, sencillo; fácil; natural; puro.
simplificar, *v. t.* simplificar.
simplista, *adj.* simplista.
simplório, *adj.* y *s. m.* simplón; papahuevos, papanatas; simplote.
simulacro, *s. m.* simulacro.
simultâneo, *adj.* simultáneo.
sinal, *s. m.* señal; indicio; marca, vestigio; cicatriz.
sinaleiro, *s. m.* guardavía (marino); guardia de la porra.
sinapismo, *s. m.* sinapismo.
sinapizar, *v. t.* mezclar o espolvorear con mostaza un medicamento.
sinceiro, *s. m.* sauce, salce.
sincero, *adj.* sincero.
síncope, *s. f.* síncope, lipotimia.
sincronizar, *v. t.* exponer, escribir o narrar sincrónicamente.
sindicalista, *adj.* sindicalista.
sindicância, *s. f.* investigación, averiguación, inquérito.
sindicar, *v. t.* averiguar, investigar, inquirir.
sindicato, *s. m.* sindicato.
síndico, *s. m.* síndico.
sineiro, *s. m.* campanero.
sinete, *s. m.* sello (para grabar en lacre); marca.
sinfonia, *s. f.* sinfonía.
singeleza, *s. f.* sencillez.
singelo, *adj.* sencillo; simple; ingenuo.
singrar, *v. i.* singlar; navegar.
singular, *adj.* singular; solo; único; individual.
singularizar, *v. t.* singularizar.
sinistra, *s. f.* siniestra, izquierda.
sinistrar, *v. i.* sufrir siniestro.

sinistro, *adj.* siniestro, izquierdo; malo; *s. m.* desastre.
sino, *s. m.* campana.
sinónimo, *adj.* sinónimo.
sinopse, *s. f.* sinopsis.
sinovial, *adj. (anat.)* sinovial.
sintaxe, *s. f.* sintaxis.
síntese, *s. f.* síntesis.
sintetizar, *v. t.* sintetizar.
síntoma, *s. m.* síntoma.
sinuosidade, *s. f.* sinuosidad.
sinuoso, *adj.* sinuoso.
sirgo, *s. m.* gusano de seda.
siroco, *s. m.* siroco.
sisa, *s. f.* sisa.
sismo, *s. m.* seísmo.
sismógrafo, *s. m.* sismógrafo.
sismología, *s. f.* sismología.
siso, *s. m.* juicio, tino.
sistema, *s. m.* sistema.
sisudo, *adj.* sesudo, sensato.
sitiar, *v. t.* sitiar, cercar.
sitibundo, *adj.* sediento.
sito, *adj.* sitio, situado.
situar, *v. t.* situar; establecer; colocar.
snobe, *s. m.* snob; esnob.
snobismo, *s. m.* snobismo.
só, *adj.* solo; único; yermo, solitario.
soada, *s. f.* ruido; rumor.
soalha, *s. f.* sonaja, chapas de metal, en la pandereta.
soalho, *s. m.* entarimado.
soão, *s. m.* solano (viento).
soar, *v. i.* sonar; resonar; constar; *v. t.* tocar, tañer.
sob, *prep.* bajo; debajo.
sobejar, *v. t.* sobrar; exceder.
sobejo, *adj.* sobrado; excesivo; *s. m. pl.* restos, sobras.
soberano, *adj.* soberano.
soberba, *s. f.* soberbia.
sobestar, *v. i.* ser inferior a.
soborralhar, *v. t.* meter entre las cenizas para cocer.
soborralho, *s. m.* calor de las cenizas.
sobpor, *v. t.* poner debajo.
sobra, *s. f.* sobra.
sobrançaria, *s. f.* altanería.
sobrancear, *v. t.* exceder, dominar, estar superior a.
sobranceiro, *adj.* soberbio.
sobrancelha, *s. f. (anat.)* ceja.
sobrar, *v. i.* sobrar, exceder.
sobreabundar, *v. i.* sobreabundar.
sobrecarga, *s. f.* sobrecarga.
sobrecasaca, *s. f.* levita.
sobreexceder, *v. t.* e *i.* sobreexceder; exceder.
sobreiro, *s. m.* alcornoque.
sobreloja, *s. f.* entresuelo.
sobremanhã, *s. f.* principio del día.
sobremesa, *s. f.* postre.
sobremodo, *adv.* sobremanera.
sobrenatural, *adj.* sobrenatural.
sobrenome, *s. m.* sobrenombre.
sobreolhar, *v. t.* mirar de reojo, de medio lado, al sesgo.
sobrepensar, *v. i.* reflexionar.
sobrepor, *v. i.* sobreponer.
sobreprova, *s. f.* confirmación.
sobrepujar, *v. t.* sobrepujar.
sobrerrosado, *adj.* sonrosado.
sobressair, *v. i.* sobresalir.
sobressalente, *adj.* sobresaliente.
sobressalto, *s. m.* sobresalto.
sobretaxa, *s. f.* tasa adicional, sobretasa.
sobretudo, *s. m.* sobretodo.
sobrinho, *s. m.* sobrino.
sóbrio, *adj.* sobrio, parco.
sobrolho, *s. m.* ceja.
socalcar, *v. t.* recalcar.
socar, *v. t.* dar puñadas, abofetear; atestar; amasar.
socarrão, *s. m.* socarrón.
socava, *s. f.* cueva.
socavar, *v. t.* socavar, cavar.
social, *adj.* social.
socialista, *adj.* y *s.* socialista.
socialização, *s. f.* socialización.
socializar, *v. t.* socializar.
sociável, *adj.* sociable.
sociedade, *s. f.* sociedad.
societário, *adj.* socio.
sócio, *s. m.* socio.
sociologia, *s. f.* sociología.

soco (ọ), *s. m.* puñada, puñetazo.
socorrer, *v. t.* socorrer.
socrático, *adj.* socrático.
soda, *s. f. (bot.)* soda.
sódio, *s. m. (quím.)* sodio.
soez, *adj.* soez, bajo.
sofá, *s. m.* sofá.
sofisma, *s. m.* sofisma.
sofismar, *v. t.* sofisticar; adulterar.
sofisticar, *v. t.* sofisticar.
sofredor, *adj.* y *s. m.* sufrido.
sofreguidão, *s. f.* voracidad; gula.
sofrer, *v. t.* sufrir; sostener; tolerar; permitir.
soga, *s. f.* soga, cuerda de esparto.
sogra, *s. f.* suegra.
sogro, *s. m.* suegro.
soguilha, *s. f.* cordoncillo, trencilla.
sol, *s. m.* sol.
sola, *s. f.* suela (cuero curtido); planta del pie; suela (del calzado).
solapa, *s. f.* cueva; solapa; estucia.
solapado, *adj.* solapado, taimado; oculto.
solapar, *v. t.* excavar; minar; ocultar; disfrazar.
solar, *adj.* solar; *s. m.* casa solar; *v. t.* solar, poner suelas en.
soldado, *s. m.* soldado; *adj.* soldado (por soldadura).
soldadura, *s. f.* soldadura.
soldar, *v. t.* soldar.
soldo, *s. m.* sueldo, salario.
soledade, *s. f.* soledad.
soleira, *s. f.* solera.
solenizar, *v. t.* solemnizar.
soletrar, *v. t.* e *i.* deletrear.
solevantar, *v. t.* solevantar.
solfa, *s. f.* solfa; solfeo.
solfejo, *s. m.* solfeo.
solícito, *adj.* solícito.
solidão, *s. f.* soledad.
solidário, *adj.* solidario.
solidez, *s. f.* solidez.
solidificar, *v. t.* solidificar.
sólido, *adj.* sólido; firme.
solilóquio, *s. m.* soliloquio.
solitária, *s. f.* solitaria; tenia.
soltar, *v. t.* soltar; desatar; desligar; arrojar.
solteirão, *adj.* y *s. m.* solterón.
solteiro, *adj.* y *s. m.* soltero, célibe.
solto, *adj.* suelto; disgregado; fácil; libre.
soltura, *s. f.* soltura; destreza.
soluçar, *v. i.* sollozar.
solucionar, *v. t.* solucionar.
solúvel, *adj.* soluble.
solver, *v. t.* solver; resolver; disolventar; saldar; pagar.
solvível, *adj.* solvente.
som. *s, m.* son: sonido.
soma, *s. f.* suma; adición.
somar, *v. t.* e *i.* sumar; adicionar.
somatório, *s. m.* totalidad.
sombra, *s. f.* sombra.
sombrear, *v. t.* sombrear.
sombreira, *s. f.* pantalla.
sombrio, *adj.* sombrío; obscuro; tétrico; lúgubre.
somente, *adv.* solamente.
somítico, *adj.* tacaño.
sonâmbulo, *adj.* sonámbulo.
sonata, *s. f.* sonata.
sondagem, *s. f.* sonda; sondaje, braceaje.
sondar, *v. t.* sondar; sondear.
sonegar, *v. t.* ocultar; encubrir.
soneto, *s. m.* soneto.
sonhar, *v. i.* soñar.
sonho, *s. m.* sueño.
sonido, *s. m.* sonido.
sono, *s. m.* sueño.
sonoro, *adj.* sonoro.
sonsice, *s. f.* disimulo.
sopa, *s. f.* sopa (alimento).
sopapo, *s. m.* sopapo, bofetada.
sopé, *s. m.* base, falda.
sopear, *v. t.* sopear, sopetear, hollar, pisar.
sopeira, *s. f.* sopera, vasija de la sopa; *(fam.)* cocinera.
sopesar, *v. t.* sopesar, tantear.
sopetear, *v. t.* saborear.
sopitar, *v. t.* calmar; debilitar; ablandar.

sopor, *s. m.* sopor, modorra; estado comatoso.
soporativo, *adj.* soporífero.
soporífero, *adj.* soporífero.
soportal, *s. m.* soportal.
soprano, *s. m.* soprano.
soprar, *v. t.* soplar.
sopro, *s. m.* soplo, hálito.
soro, *s. m.* suero.
sorrateiro, *adj.* astuto; bellaco.
sorrelfa, *s. f.* disimulo, maña, zorrería.
sorrir, *v. i.* sonreír.
sorriso, *s. m.* sonrisa.
sorte, *s. f.* suerte; hado; destino; sorteo militar.
sortear, *v. t.* sortear.
sortido, *adj.* surtido.
sortir, *v. t.* proveer; surtir.
sorvedouro, *s. m.* sitio donde el agua hace remolino; abismo.
sorver, *v. t.* sorber; tragar; chupar.
sorvo, *s. m.* sorbo.
sossegar, *v. t.* sosegar, calmar.
sossego, *s. m.* sosiego; calma.
sostra, *s. f.* mujer sucia.
sota, *s. f.* sota (dama en la baraja); *pl.* pareja de caballos delanteros; *s. m.* cochero subalterno.
sotaina, *s. f.* sotana.
sótão, *s. m.* sotabanco; ático; buhardilla.
sota-piloto, *s. m.* segundo. piloto.
sotaque, *s. m.* dejillo, deje.
sotopor, *v. t.* posponer; omitir; postergar.
sotrancão, *adj.* pícaro, ruin.
souto, *s. m.* soto.
sova, *s. f.* paliza, tunda.
sovaco, *s. m.* sobaco; axila.
sovar, *v. t.* sobar, amasar, batir la masa.
sovinice, *s. f.* avaricia.
sozinho, *adj.* solo.
suadela, *s. f.* sudor.
suar, *v. t.* e *i.* sudar.
suave, *adj.* suave; blando.
suavizar, *v. t.* suavizar.
subalterno, *adj.* subalterno.
subchefe, *s. m.* subjefe.
subconsciente, *adj.* subconsciente.
súbdito, *adj.* súbdito.
subdividir, *v. t.* subdividir.
subida, *s. f.* subida; ascensión; ladera; cuesta.
subido, *adj.* subido; alto; excesivo.
subir, *v. i.* subir.
súbito, *adj.* súbito.
subjacente, *adj.* subyacente.
subjectivo, *adj.* subjetivo.
subjugar, *v. t.* subyugar.
subjuntivo, *adj.* subjuntivo.
sublevação, *s. f.* sublevación.
sublevar, *s. t.* sublevar.
sublimar, *v. t.* sublimar.
sublime, *adj.* sublime.
sublinhar, *v. t.* subrayar.
sublocar, *v. t.* subarrendar.
submarino, *adj.* submarino.
submergir, *v. t.* sumergir.
submersível, *adj.* sumergible.
submeter, *v. t.* someter.
subministrar, *v. t.* suministrar.
submissaão, *s. f.* sumisión.
subordinar, *v. t.* subordinar.
subornar, *v. t.* sobornar.
subscrever, *v. t.* suscribir.
subscritor, *adj.* y *s. m.* subscritor.
subserviência, *s. f.* condescendencia servil, servilismo.
subsídio, *s. m.* subsidio.
subsistir, *v. i.* subsistir.
subsolo, *s. m.* subsuelo.
substância, *s. f.* substancia.
substancial, *adj.* substancial.
substantivar, *v. t. (gram.)* substantivar.
substituir, *v. t.* substituir.
substituto, *adj.* substituto.
subtenso, *adj.* subtenso.
subterrâneo, *adj.* subterráneo.
subtil, *adj.* sutil, delgado, delicado, tenue.
subtileza, *s. f.* sutileza; delicadeza.
subtítulo, *s. m.* subtítulo.
subtrair, *v. t.* substraer; disminuir; quitar; sacar; extraer; hurtar.

suburbano, *adj.* suburbano.
subúrbio, *s. m.* suburbio.
subvencionar, *v. t.* subvencionar.
subversão, *s. f.* subversión.
sucata, *s. f.* chatarra.
sucção, *s. f.* succión.
suceder, *v. i.* suceder, acontecer.
sucedido, *adj.* y *s. m.* sucedido; suceso; acontecimiento.
sucessão, *s. f.* sucesión.
sucessivo, *adj.* sucesivo; continuo; consecutivo.
sucesso, *s. m.* suceso.
sucessor, *adj.* y *s. m.* sucesor.
súcia, *s. f.* pandilla, cuadrilla, taifa.
sucinto, *adj.* sucinto, breve.
súcio, *s. m.* tunante; pillo.
suculento, *adj.* suculento, jugoso.
sucumbir, *v. t.* sucumbir.
sucursal, *adj.* sucursal.
sudeste, *s. m.* sudeste, sueste.
sudoeste, *s. m.* sudoeste.
sueto, *s. m.* asueto.
suficiente, *adj.* suficiente.
sufixo, *s. m.* sufijo.
sufocador, *adj.* y *s. m.* sufocador.
sufocar, *v. t.* sufocar, sofocar.
sufragar, *v. t.* sufragar.
sugar, *v. t.* chupar, desjugar.
sugerir, *v. t.* sugerir.
sugestionar, *v. t.* sugestionar; inspirar; influenciar.
sugestivo, *adj.* sugestivo.
suíças, *s. f. pl.* patillas, porción de barba.
suicida, *adj.* y *s.* suicida.
suicídio, *s. m.* suicidio.
sujar, *v. t.* ensuciar, emporcar.
sujeitar, *v. t.* sujetar; someter; prender.
sujo, *adj.* sucio; deshonesto.
sul, *s. m.* sur; sud; viento del sud.
sulcar, *v. t.* surcar.
sulfato, *s. m.* sulfato.
sulfúreo, *adj.* sulfúreo.
sulfúrico, *adj.* sulfúrico.
sultana, *s. f.* sultana.
sultão, *s. m.* sultán.
sumário, *adj.* sumario.
sumido, *adj.* sumido.
sumidouro, *s. m.* sumidero.
sumir, *v. t.* sumir; hacer desaparecer; gastar; ocultar; apagar.
sumptuoso, *adj.* suntuoso.
suor, *s. m.* sudor.
superabundar, *v. i.* superabundar.
superação, *s. f.* superación.
superar, *v. t.* superar; vencer; ultrapasar.
supercilioso, *adj.* cejudo, cejijunto.
superficial, *adj.* superficial.
superfície, *s. f.* superficie.
supérfluo, *adj.* superfluo.
superior, *adj.* y *s. m.* superior.
superprodução, *s. f.* superproducción.
superstição, *s. f.* superstición.
supino, *adj.* supino.
súpito, *adj.* súpito, súbito.
suplantar, *v. t.* suplantar.
suplemento, *s. m.* suplemento.
suplente, *adj.* suplente.
súplica, *s. f.* súplica.
supliciar, *v. t.* supliciar.
suplício, *s. m.* suplicio.
supor, *v. t.* suponer.
suportar, *v. t.* soportar.
suporte, *s. m.* soporte; sostén.
suposição, *s. f.* suposición.
supositório, *s. m.* supositorio.
supremacia, *s. f.* supremacía.
supremo, *adj.* supremo; Altísimo, relativo a Dios.
supressão, *s. f.* supresión.
suprimento, *s. m.* suplemento.
suprimir, *v. t.* suprimir; eliminar; omitir.
suprir, *v. t.* suplir; proveer.
supurar, *v. t.* supurar.
surdez, *s. f.* sordez.
surdir, *v. i.* emerger, emergir, surgir.
surdo, *adj.* y *s. m.* sordo.
surdo-mudo, *adj.* y *s. m.* sordomudo.
surgir, *v. i.* surgir; brotar; aparecer.
surpreender, *v. t.* sorprender.
surpresa, *s. f.* sorpresa.

surra, *s. f.* zurra; tunda.
surrão, *s. m.* zurrón, cedras, bolsa de cuero de los pastores.
surrar, *v. t.* zurrar; dar paliza; zurrar, curtir las pieles.
surriada, *s. f.* descarga de artillería; zurriascada.
surribar, *v. t. (agr.)* mullir, cavar la tierra.
surripiar, *v. t.* hurtar, robar.
surtir, *v. t.* surtir, originar, brotar.
surto, *adj.* surto; anclado; *s. m.* vuelo alto.
sus!, *interj.* ¡sus!; ¡coraje!
susceptível, *adj.* susceptible.
suscitar, *v. t.* suscitar.
suspeitar, *v. t.* sospechar.
suspender, *v. t.* suspender.
suspensão, *s. f.* suspensión; reticencia.
suspenso, *adj.* suspenso; colgado; interrumpido.
suspicácia, *s. f.* suspicacia.
suspicaz, *adj.* suspicaz.
suspirar, *v. t.* e *i.* suspirar.
suspiro, *s. m.* suspiro; suspirón, agujero.
sussurrar, *v. i.* y *t.* susurrar, murmurar, suspirar.
sussurro, *s. m.* susurro; murmullo; rumor.
sustar, *v. t.* suspender.
sustentar, *v. t.* sustentar; mantener; fortificar; *v. r.* aguantarse.
sustento, *s. m.* sustento; alimento; amparo; conservación.
suster, v. t. sostener; sustentar; alimentar; soportar; refrenar.
susto, *s. m.* susto; miedo.
sutura, *s. f. (cir.)* sutura.

S

ta, contracción de los pronombres *te* y *a;* te la.
tá!, *interj.* ¡tate!, ¡detente!, ¡alto ahí!
tabaco, *s. m. (bot.)* tabaco.
tabardo, *s. m.* tabardo.
tabefe, *s. m.* cuajada; *(pop.)* bofetón.
tabela, *s. f.* tablón; índice; lista; horario; tarifa de precios.
tabelar, *v. t.* establecer un precio fijo; tarifar.
tabelião, *s. m.* notario público.
taberna, *s. f.* taberna.
taberneiro, *s. m.* tabernero.
tabique, *s. m.* tabique.
tablado, *s. m.* tablado.
tábua, *s. f.* tabla; tablilla; lista; índice.
tabuado, *s. m.* tablado.
tabuão, *s. m.* tablón.
tabulagem, *s. f.* garito.
tabular, *adj.* tabular.
tabulário, *adj.* dícese del libro que tiene grabados en madera.
tabuleiro, *s. m.* tablero; meseta (de escalera); pavimento en los puentes.
tabuleta, *s. f.* tablilla; muestra; letrero.
taburno, *s. m.* peldaño; estrado.
taça, s. f. copa.
tacanhice, *s. f.* tacañería; miseria; ruindad, roñería.
tacanho, *adj.* tacaño.
tacar, *v. i.* merendar; dar tacada, en el billar.
tacha, *s. f.* tachuela, tacha, defecto; tacho; cazuela.
tachada, *s. f.* borrachera.
tachar, *v. t.* tachar, poner tacha o defecto; culpar, censurar.
tacho, *s. m.* cazo, cazuela.
tácito, *adj.* tácito, callado.
taco, *s. m.* taco.
táctica, *s. f. (mil.)* táctica.
tacto, *s. m.* tacto.
tafetá, *s. m.* tafetán.
tafilete, *s. m.* tafilete.
taful, *s. m.* elegante.
tafular, *v. i.* coquetear.
tafulho, *s. m.* taco, tarugo.
tagantear, *v. t.* azotar.
tagarelar, *v. i.* charlar; chismear; parlotear.
tagaté, *s. m.* caricia con la mano; halago; zalema.
taipar, *v. t.* tapiar.
tal, *adj.* y *pron.* tal, igual, semejante.
tala, *s. f. (cir.)* tableta para entablillar los miembros rotos.
talagarça, *s. f.* cañamazo para bordar.
talamento, *s. m.* tala.
tálamo, *s. m.* tálamo.
talante, *s. m.* talante.
talão, *s. m.* talón, calcañar.
talar, *v. t.* talar; *(fig.)* destruir; arruinar; ropa larga.
talco, *s. m.* talco.
taleiga, *s. f.* talega.
talento, *s. m.* talento.
talha, *s. f.* corte; talla; entalladura; *(cir.)* talla.
talhada, *s. f.* tajada.
talhador, *adj.* y *s. m.* tajador; *s. m.* carnicero; trinchero.
talhante, *adj.* tajante; cortante.
talhar, *v. t.* tajar; cortar; partir; grabar; esculpir; ajustar.
talharim, *s. m.* tallarín.
talhe, *s. m.* talle, talla, estatura.
talher, *s. m.* cubierto.

talisca, *s. f.* grieta.
talo, *s. m. (bot.)* tallo.
talófitas, *s. f. pl.* talofitas.
taluda, *s. f. (pop.)* el premio gordo de la lotería.
talude, *s. m.* talud, declive; escarpa.
taludo, *adj.* talludo; *(fig.)* corpulento.
talvez, *adv.* quizá, tal vez.
tamanco, *s. m.* zueco.
tamanhão, *adj.* y *s. m.* muy grande.
tamanho, *adj.* tamaño; *s. m.* tamaño, volumen.
támara, *s. f.* támara; dátil.
também, *adv.* y *conj.* también.
tambor, *s. m.* tambor.
tamborete, *s. m.* taburete.
tamborilete *(ê), s. m.* tamborilete, tamboril.
tamis, *s. m.* tamiz.
tamisar, *v. t.* tamizar.
tampa, *s. f.* tapadera.
tampão, *s. m.* tapón.
tampo, *s. m.* tapa.
tanchão, *s. m.* estaca.
tanga, *s. f.* taparrabo.
tangência, *s. f.* tangencia.
tangente, *adj.* tañente; *s. f.* tangente.
tangerina, *s. f.* mandarina.
tanglomanglo, *s. m.* hechizo.
tanino, *s. m.* tanino.
tanoeiro, *s. m.* tonelero.
tanque, *s. m.* estanque; depósito; cisterna.
tanso, *adj.* estúpido.
tanto, *adj.* tanto; tal; *s. m.* porción; cuantía.
tão, *adv.* tan; tanto.
tapa-boca, *s. m.* bufanda.
tapada, *s. f.* parque cercado.
tapado, *adj.* tonto; torpe.
tapar, *v. t.* tapar; cubrir; vendar; entupir; taponar.
tapeçaria, *s. f.* tapiz.
tapetar, *v. t.* tapizar.
tapete, *s. m.* tapete; alfombra.
tapona, *s. f.* paliza.
tapulho, *s. m.* pieza que sirve para tapar; taco; tapón; obturador.
tapume, *s. m.* cerca, cercado.
taquicardia, *s. f.* taquicardia.
taquigrafia, *s. f.* taquigrafía.
taquígrafo, *s. m.* taquígrafo.
tara, *s. f.* tara (peso).
tarado, *adj. (fig.)* tarado.
tarântula, *s. f.* tarántula.
tarara, *s. f.* ventilador, aventador.
tarasca, *s. f.* tarasca.
tarasco, *adj.* áspero, arisco.
tardança, *s. f.* detención, lentitud, demora, tardanza.
tardar, *v. i.* tardar.
tarde, *adv.* y *s. f.* tarde.
tardio, *adj.* tardío; lento.
tardo, *adj.* tardo; lento.
tarefa, *s. f.* tarea.
tareia, *s. f.* zurra, tunda.
tarelar, *v. i.* charlar, parlar.
tarifa, *s. f.* tarifa.
tarifar, *v. t.* tarifar.
tarima, *s. f.* tarima.
tarimbar, *v. i.* servir como soldado.
tarlatana, *s. f.* tarlatana.
tarouco, *adj.* chocho; idiota.
tauroquice, *s. f.* estupidez.
tarraxa, *s. f.* tornillo.
tarro, *s. m.* tarro (vasija).
tartamudear, *v. i.* tartamudear.
tartaruga, *s. f.* tortuga.
tartufo, *s. m.* hipócrita.
tarugo, *s. m.* tarugo; clavo.
tasca, *s. f.* tasca.
tascar, *v. t.* tascar, espadillar; tascar el freno; comer.
tasco, *s. m.* tasca, taberna.
tataranha, *s. com.* persona tímida.
tataranho, *adj.* y *s. m.* indeciso.
tátaro, *s. m.* tato; tartamudo.
tatuar, *v. t.* tatuar.
taumaturgo, *s. m.* taumaturgo.
taurino, *adj.* taurino.
tavão, *s. m. (zool.)* tábano.
taxa, *s. f.* tasa; impuesto.
taxar, *v. t.* tasar, fijar cierta porción o cantidad.
táxi, *s. m.* taxi, taxímetro.
te, *pron.* a ti; para ti.

teada, *s. f.* tela de paño.
teagem, *s. f.* tela, tejido.
tear, *s. m.* telar.
teatro, *s. m.* teatro.
tecer, *v. t.* tejer.
tecido, *s. m.* tejido.
tecla, *s. f.* tecla.
técnica, *s. f.* técnica.
tecto, *s. m.* techo.
tédio, *s. m.* tedio, fastidio.
teia, *s. f.* tela; telaraña; *(fig.)* intriga.
teimar, *v. i.* insistir; porfiar.
teimosia, *s. f.* terquedad.
teixo, *s. m. (bot.)* tejo.
tejadilho, *s. m.* tejadillo.
tela, *s. f.* tela.
telefone, *s. m.* teléfono.
telégrafo, *s. m.* telégrafo.
telegrama, *s. m.* telegrama.
telepatia, *s. f.* telepatía.
telescópico, *adj.* telescópico.
televisão, *s. f.* televisión.
telha, *s. f.* teja.
telhado, *s. m.* tejado.
telheira, *s. f.* tejar, tejera.
telho, *s. m.* tapadera o tiesto de barro.
telhudo, *adj.* maníaco.
telilha, *s. f.* telilla.
teliz, *s. m.* paño de cubrir la silla del caballo.
telúrio, *s. m.* teluro.
tema, *s. m.* tema.
temeridade, *s. f.* temeridad.
temeroso, *adj.* temeroso.
temido, *adj.* temido; tímido; medroso.
temível, *adj.* temible.
temor, *s. m.* temor, miedo.
têmpera, *s. f.* templadura.
temperamento, *s. m.* temperamento.
temperatura, *s. f.* temperatura.
tempero, *s. m.* aderezo; sazonamiento.
tempestade, *s. f.* tempestad.
tempestuoso, *adj.* tempestuoso.
templo, *s. m.* templo.
tempo, *s. m.* tiempo; época.
temporada, *s. f.* temporada.
temporal, *adj.* temporal.
temporizar, *v. i.* temporizar; contemporizar.
tenacidade, *s. f.* tenacidad.
tenaz, *adj.* tenaz; pertinaz; *s. f.* tenazas, pinzas.
tença, *s. f.* pensión.
tencionar, *v. t.* intentar; proyectar; pretender.
tenda, *s. f.* tienda de campaña; tienda, casa de comercio.
tendão, *s. m.* tendón.
tender, *v. t.* tender; propender.
tendilhão, *s. m.* tienda de campaña.
tenebroso, *adj.* tenebroso.
tenente, *s. m.* teniente.
ténia, *s. f. (zool.)* tenia.
tenor, *s. m.* tenor.
tenorino, *s. m.* tenorino.
tenro, *adj.* tierno; blando.
tensão, *s. f.* tensión.
tenso, *adj.* tenso; tieso.
tensor; *adj.* tensor.
tentação, *s. f.* tentación.
tentáculo, *s. m.* tentáculo.
tentador, *adj.* y *s. m.* tentador.
tentame, *s. m.* tentativa; ensayo.
tentar, *v. t.* tentar; seducir; inducir; examinar; sondar con tienta.
tentear, *v. t.* tantear; calcular; examinar.
ténue, *adj.* tenue.
teocracia, *s. f.* teocracia.
teologia, *s. f.* teología.
teor, *s. m.* tenor.
teorema, *s. m.* teorema.
teoria, *s. f.* teoría.
ter, *v. t.* tener, asir; poseer; haber; mantener; sostener.
terapeuta, *s.* tarapeuta.
terça, *adj.* tercera; *s. f.* la tercera parte.
terçador, *adj.* y *s. m.* mediador; medianero.
terça-feira, *s. f.* martes.
terceiro, *num.* tercero; *s. m.* intercesor; mediador.
terço, *s. m.* tercio.
terçogo, *s. m.* orzuelo.

terçol, *s. m.* orzuelo.
terebrar, *v. t.* horadar, perforar; taladrar.
teres, *s. m. pl.* haberes; bienes.
tergémino, *adj.* triplicado.
tergiversar, *v. i.* tergiversar.
termal, *adj.* termal.
térmico, *adj.* térmico.
terminal, *adj.* terminal.
terminar, *v. t.* e *i.* terminar.
término, *s. m.* término; límite; extremo.
termo *(ê), s. m.* término; palabra; mojón; límite; fin.
termómetro, *s. m.* termómetro.
ternário, *adj.* ternario.
terno, *s. m.* terno; trío; *adj.* tierno; cariñoso.
ternura, *s. f.* ternura; cariño.
terra, *s. f.* tierra; suelo; patria; casa; región.
terraço, *s. m.* terraza.
terramoto, *s. m.* terremoto.
terrapleno, *s. m.* terraplén.
terrenho, *adj.* terrenal, terreno, terrestre, mundano.
terreno, *adj.* terreno, terrestre, mundano; *s. m.* terreno.
terrestre, *adj.* terrestre; mundano.
terrificar, *v. t.* e *i.* amedrentar, asustar.
terrina, *s. f.* sopera.
terriola, *s. f.* poblacho.
terrível, *adj.* terrible.
terror, *s. m.* terror; espanto; miedo; pavor.
terrorismo, *s. m.* terrorismo.
terrorista, *adj.* y *s.* terrorista.
tertúlia, *s. f.* tertulia.
tese, *s. f.* tesis; asunto; tema; tesis (escolar).
teso, *adj.* tieso, tenso, duro.
tesoura, *s. f.* tijera.
tesouraria, *s. f.* tesorería.
tesouro, *s. m.* tesoro; erario.
testa, *s. f.* frente.
testador, *adj.* *(for.)* testador.
testamenteiro, *s. m.* albacea.

testamento, *s. m.* testamento.
testar, *v. t.* testar, testamentar.
teste, *s. m.* prueba; *s. f.* testigo.
testeira, *s. f.* testera, frente.
testemunha, *s. f.* testigo.
testemunhar, *v. t.* testimoniar; atestiguar.
testículo, *s. m.* testículo.
testificar, *v. t.* testificar.
testilha, *s. f.* querella.
testilhar, *v. i.* disputar; reñir.
testo, *adj.* enérgico, firme.
testo *(ê), s. m.* tiesto.
testudo, *adj.* cabezudo.
teta *(ê), s. f. (anat.)* teta.
tétano, *s. m.* tétanos.
tetraedro, *s. m.* tetraedro.
tétrico, *adj.* tétrico.
tetro, *adj.* negro; sombrío.
teu, *adj.* y *pron.* tuyo, tú, de ti.
têxtil, *adj.* textil.
texto, *s. m.* texto.
tiberino, *adj.* tiberino.
tíbia, *s. f. (anat.)* tibia.
tibieza, *s. f.* tibieza.
tibio, *adj. adj.* tibio.
tição, *s. m.* tizón.
tifo, *s. m.* tifus.
tigela, *s. f.* tazón, cuenco.
tigelinha, *s. f.* pequeña escudilla.
tigre, *s. m.* tigre.
tijolo, *s. m.* ladrillo, baldosa.
tília, *s. f. (bot.)* tilo, tila.
timão, *s. m.* timón.
timbale, *s. m.* timbal.
timbre, *s. m.* timbre.
tímido, *adj.* y *s. m.* tímido.
timo, *s. m. (anat.)* timo.
tímpano, *s. m. (anat.)* tímpano.
tina, *s. f.* tina; bañera.
tinada, *s. f.* tina llena.
tinalha, *s. f.* tina o cuba para vino.
tineta, *s. f.* manía.
tingir, *v. t.* teñir.
tinha, *s. f.* tiña, caracha.
tinhoso, *adj.* tiñoso.
tinido, *s. m.* tañido; retintín.
tinir, *v. i.* retiñir; tintinar; tañer.

tino, *s. m.* tacto; juicio; cordura, tino.
tinta, *s. f.* tinta.
tinteiro, *s. m.* tintero.
tintinábulo, *s. m.* campanilla, timbre.
tinto, *adj.* tinto.
tio, *s. m.* tío.
tiorga, *s. f.* borrachera.
típico, *adj.* típico.
tiple, *s.* tiple.
tipo, *s. m.* tipo; modelo.
tipóia, *s. f.* palanquín de red.
tique, *s. m.* tic.
tiquetaque, *s. m.* tictac.
tira, *s. f.* tira; cinta.
tiragem, *s. f.* tirada.
tira-linhas, *s. m.* tiralíneas.
tirania, *s. f.* tiranía.
tirano, *s. m.* tirano.
tirante, *adj.* tirante, que tira; tenso; *s. m. (arq.)* tirante.
tira-olhos, *s. m.* libélula.
tirar, *v. t.* e *i.* quitar; usurpar; robar; arrancar; arrojar; lucrar; exceptuar; deducir.
tiritar, *v. i.* tiritar.
tiro, *s. m.* tiro; detonación; proyectil.
tirocinar, *v. i.* practicar.
tiróide, *s. f.* tiroides.
3tiroteio, *s. f.* tiroteo.
tisana, *s. f.* tisana.
tísica, *s. f.* tuberculosis.
tísico, *adj.* y *s. m.* tísico.
tisnar, *v. t.* tiznar; ennegrecer.
tisne, *s. m.* tizne; tizón.
títere, *s. m.* títere, fantoche; *(pop.)* payaso.
titilar, *v. t.* hacer cosquillas a; *v. i.* titilar, estremecer.
titubear, *v. i.* titubear.
título, *s. m.* título.
to, contr. de los pron. *te* más *o;* te lo.
toada, *s. f.* canto; entonación.
toalha, *s. f.* mantel; toalla (para secar el cuerpo).
toalheiro, *s. m.* toallero.
toalhete, *s. m.* toalla de manos, toalleta; servilleta.
toar, *v. i.* emitir sonido; sonar.
toca, *s. f.* cueva; madriguera; cubil; agujero.
tocar, *v. t.* e *i.* tocar; rozar; pegar; golpear; tañer.
tocha, *s. f.* cirio; antorcha.
toco *(ô), s. m.* tocón, cepa, cepón; cabo de vela.
todavia, *adj.* y *conj.* aun así, mientras tanto; sin embargo.
todo *(ô), adj.* y *pron.* todo; completo; total; entero; íntegro.
toga, *s. f.* toga.
tolda, *s. f.* toldo.
toldar, *v. t.* entoldar; encubrir; anublar.
toldo, *s. m.* toldo.
tolejar, *v. i.* tontear.
tolerada, *s. f.* meretriz.
tolerar, *v. t.* tolerar; soportar, consentir.
tolher, *v. t.* tullir; impedir.
tolice, *s. f.* tontería.
tom, *s. m.* tono; sonido; modo de decir; acento.
tomado, *adj.* tomado; cogido; asido, aprehendido; paralizado; preso; atacado.
tomar, *v. t.* e *i.* tomar; asir, agarrar; conquistar; alcanzar; aceptar; seguir por; interpretar.
tomate, *s. m. (bot.)* tomate.
tomba, *s. f.* puntera.
tombar, *v. t.* tumbar; derribar; matar; registrar bienes raíces; *v. i.* declinar.
tombo, *s. m.* caída; inventario, catastro.
tômbola, *s. f.* tómbola.
tomilho, *s. m.* tomillo.
tomo, *s. m.* tomo; *(fig.)* importancia, valor.
tona, *s. f.* piel; cáscara; película; tona, superficie.
tonalidade, *s. f.* tonalidad.
tonel, *s. m.* tonel; cuba.
tonelada, *s. f.* tonelada.
tónico, *adj.* y *s. m.* tónico.
tonificar, *v. t.* tonificar.

t

tonilho, *s. m.* tonillo; tono débil; tonadilla.
tonismo, *s. m.* tétano.
tontaria, *s. f.* tontería.
tontear, *v. i.* tontear.
tonto, *adj.* tonto, idiota.
tontura, *s. f.* vértigo, mareo.
topar, *v. t.* topar; chocar; tropezar.
topázio, *s. m.* topacio.
topetar, *v. t.* tocar el punto más alto de; *v. i.* topetar, dar con la cabeza.
topete, *s. m.* copete; tupé.
tópico, *adj.* tópico.
topo *(ô), s. m.* cumbre; punta; cima.
topografia, *s. f.* topografía.
toponímia, *s. f.* toponimia.
toque, *s. m.* toque; golpe; contacto; sonido; toque (de campanas).
tórax, *s. m.* tórax.
torcedura, *s. f.* torcedura.
torcer, *v. t.* torcer; encaracolar; discolar.
torcida, *s. f.* torcida; mecha.
tordo, *s. m. (zool.)* tordo.
tormenta, *s. f.* tormenta.
torna, *s. f.* torno; vuelta; troca; compensación en partijas.
tornada, *s. f.* tornada; regreso, retorno.
tornar, *v. i.* tornar; regresar; retornar; volver; mudar; convertir.
tornear, *v. t.* tornear; arredondear; circundar; ceñir.
torneira, *s. f.* grifo.
torneiro, *s. m.* tornero.
tornejar, *v. t.* e *i.* encorvar; torcer; tornear; redondear.
torniquete, *s. m.* torniquete.
torno, *s. m.* torno.
tornozelo, *s. m.* tobillo.
toro, *s. m.* rollizo, tronco de árbol; tocón; tronco.
torpedeiro, *s. m.* torpedero.
torpedo, *s. m.* torpedo.
torpeza, *s. f.* torpeza.
torrada, *s. f.* tostada.
torrado, *adj.* torrado, tostado.
torrador, *s. m.* tostador.
torrão, *s. m.* terrón; turrón; terruño; suelo patrio.
torrar, *v. t.* torrar, tostar.
torre, *s. f.* torre; fortaleza.
torreão, *s. m.* torreón.
torrefacto, *adj.* torrefacto.
torrente, *s. f.* torrente.
torresmo, *s. m.* torrezno; chicharrón.
tórrido, *adj.* tórrido.
torrificar, *v. t.* torrar, tostar.
torrinha, *s. f.* gallinero (en el teatro).
torso, *s. m.* torso; busto.
torta, *s. f.* torta; tortada.
tortulho, *s. m.* cualquier hongo o seta.
tortura, *s. f.* tortura; tortuosidad; suplicio.
torturar, *v. t.* torturar, atormentar.
torvelinho o **torvelino,** *s. m.* torbellino.
torvo, *adj.* torvo; fiero; aterrador.
tosão, *s. m.* toisón.
toscanejar, *v. i.* dormitar.
toscar, *v. t.* divisar; conocer.
tosco, *adj.* tosco; rudo.
tosquiador, *adj.* y *s. m.* trasquilador.
tosquiar, *v. t.* trasquilar, esquilar, tonsurar.
tosse, *s. f.* tos.
tosseira, *s. f.* tos seca.
tossir, *v. i.* toser.
tostar, *v. t.* tostar.
toste, *s. m.* brindis en un banquete.
total, *adj.* total, todo; *s. m.* suma o total.
totalizar, *v. t.* totalizar.
totó, *s. m.* perro pequeño.
touca, *s. f.* toca; gorra; cofia de mujeres; turbante.
toucador, *adj.* y *s. m.* tocador.
toucar, *v. t.* tocar.
touceira, *s. f.* rama o brote de una planta.
toucinho, *s. m.* tocino.
toupeira, *s. f. (zool.)* topo.
toureiro, *s. m.* torero.
touro, *s. m. (zool.)* toro.
touta, *s. f.* copete; cabeza.
toutiço, *s. m.* nuca.

tóxico, *adj.* tóxico.
toxina, *s. f.* toxina.
trabalhadeira, *adj.* trabajadora; *s. f.* obrera, jornalera.
trabalhador, *adj.* y *s. m.* trabajador.
trabalhar, *v. t.* trabajar.
trabalho, *s. m.* trabajo.
trabuco, *s. m.* trabuco; ballesta.
traça, *s. f.* polilla.
traçado, *s. m.* trazado; plano.
traçar, *v. t.* trazar; delinear; dibujar; describir; proyectar.
tracção, *s. f.* tracción.
traço, *s. m.* trazo; raya trazada; vestigio; línea del rostro.
tradear, *v. t.* taladrar.
tradição, *s. f.* tradición.
trado, *s. m.* taladro.
tradutor, *adj.* traductor.
traduzir, *v. t.* traducir.
traficar, *v. t.* e *i.* traficar, comerciar, negociar; hacer fraudes.
tráfico, *s. m.* tráfico.
tragadeiro, *s. m. (pop.)* tragadero; garganta; faringe.
tragadouro, *s. m.* sumidero, tragadero; abismo.
tragar, *v. t.* tragar; deglutir; devorar.
tragédia, *s. f.* tragedia.
trágico, *adj.* trágico; funesto; *s. m.* aquel que escribe o representa tragedias.
trago, *s. m.* trago; sorbo.
traição, *s. f.* traición.
traidor, *adj.* y *s. m.* traidor.
trainera, *s. f.* trainera.
trair, *v. t.* traicionar.
trajar, *v. t.* vestir, trajear.
traje, *s. m.* traje.
trajecto, *s. m.* trayecto.
tralha, *s. f.* tralla, pequeña red para pescar.
trama, *s. f.* trama; tejido; *s. m.* ardid; intriga.
tramar, *v. t.* tramar; intrigar.
trambolhar, *v. i.* tumbar, rodar.
trâmite, *s. m.* trámite; vía; *pl.* diligencias.
tramóia, *s. f.* intriga.
tramolhada, *s. f.* tierra húmeda, barrizal; lodazal.
tramontana, *s. f.* viento frío, seco, del Norte.
trampa, *s. f. (pop.)* excremento.
trampolim, *s. m.* trampolín.
trampolina, *s. f.* trampa; ardid; embuste.
trampolinar, *v. i. (pop.)* entrampar; estafar, engañar.
trampolineiro, *s. m.* estafador, trapacero, tramposo.
trâmuei, *s. m.* tranvía.
trança, *s. f.* trenza.
trancar, *v. t.* atrancar; trancar; cancelar.
tranqueira, *s. f.* tranquera; trinchera.
tranqueta, *s. f.* picaporte, pestillo; tranquilla.
tranquibernar, *v. i.* estafar, engañar, timar.
tranquibérnia, *s. f.* fraude, embuste.
tranquilidade, *s. f.* tranquilidad.
tranquilizar, *v. t.* tranquilizar.
transacção, *s. f.* transacción.
transaccionar, *v. t.* e *i.* vender, negociar.
transacto, *adj.* pasado, anterior.
transcender, *v. t.* transcender.
transcoar, *v. t.* e *i.* colar, filtrar; transpirar; destilar.
transcorrer, *v. i.* transcurrir.
transcrever, *v. t.* transcribir.
transcurso, *s. m.* transcurso; lapso (de tiempo).
transe, *s. m.* trance; ocasión decisiva y crítica; fallecimiento; crisis.
transeunte, *adj.* transeúnte.
transferência, *s. f.* transferencia.
transferir, *v. t.* transferir.
transfigurar, *v. t.* transfigurar.
transformar, *v. t.* transformar.
transfusão, *s. f.* transfusión.
transgredir, *v. t.* transgredir.
transição, *s. f.* transición.
transido, *adj.* transido.
transigir, *v. t.* transigir.

transistor, *s. m.* transistor.
transitar, *v. i.* transitar.
transitivo, *adj.* transitivo.
trânsito, *s. m.* tránsito, trayecto.
translação, *s. f.* traslación.
translúcido, *adj.* translúcido.
transluzir, *v. r.* e *i.* traslucirse.
transmissão, *s. f.* transmisión.
transmitir, *v. t.* transmitir.
transmudar, *v. t.* trasmudar, transmutar.
transmutar, *v. t.* vd. transmudar.
transparecer, *v. i.* transparentarse.
transparente, *adj.* transparente; diáfano.
transpirar, *v. i.* transpirar.
transplantar, *v. t.* trasplantar.
transportar, *v. t.* transportar.
transporte, *s. m.* transporte.
transposição, *s. f.* transposición.
transposto, *adj.* transpuesto.
transtornar, *v. t.* trastornar.
transtorno, *s. m.* trastorno.
transubstanciação, *s. f.* transubstanciación.
transudar, *v. i.* y *t.* trasudar, transpirar.
transunto, *s. m.* trasunto; traslado; copia.
transvasar, *v. t.* transvasar.
transversal, *adj.* transversal.
transverso, *adj.* transverso.
transviar, *v. t.* extraviar.
tranvia, *s. f.* tranvía.
trapaça, *s. f.* trapaza, chanchullo, engaño, fraude.
trapeira, *s. f.* tragaluz.
trapeiro, *s. m.* trapero.
trapejar, *v. i.* flamear, batir la vela contra los palos.
trapézio, *s. m.* trapecio.
trapezista, *s. com.* trapecista.
trapilho, *s. m.* trapillo.
trapo, *s. m.* trapo; harapo.
trápola, *s. f.* trampa para cazar.
traque, *s. m.* pedo; ventosidad; cuesco.
traqueia, *s. f.* tráquea.
traquejar, *v. t.* e *i.* perseguir; acosar.
traquina, *adj.* y *s.* travieso.
trás, *prep.* detrás; después.
trasbordar, *v. t.* trasbordar.
trasbórdo, *s. m.* transbordo.
traseira, *s. f.* trasera.
traseiro, *adj.* trasero; *s. m.* trasero, las nalgas.
trasgo, *s. m.* trasgo, fantasma, duende.
trasladar, *v. t.* trasladar; copiar.
traslado, *s. m.* traslado; modelo; ejemplo.
trasmudar, *v. t.* trasladar; trasmudar.
traspassar, *v. t.* traspasar.
traspasse, *s. m.* traspaso; muerte.
traspés, *s. m. pl.* traspié, traspiés.
trastalhão, *s. m.* bellaco, pícaro.
traste, *s. m.* trasto (mueble de una casa); utensilio; *(pop.)* bellaco; pícaro.
tratadista, *s. com.* tratadista.
tratado, *s. m.* tratado; convenio.
tratante, *adj.* y *s.* tratante; bellaco, pícaro, bribón.
tratar, *v. t.* tratar; obsequiar; practicar; discutir; alimentar; cuidar.
tratear, *v. t.* tratar.
trato, *s. m.* trato; tratamiento; ajuste; convivencia.
traumático, *adj.* traumático.
trautear, *v. t.* e *i.* tatarear.
trava, *s. f.* traba.
travado, *adj.* trabado; frenado; maniatado.
travão, *s. m.* traba; freno; palanca del freno (de máquinas o vehículos); impedimento.
travar, *v. t.* trabar; prender; frenar, máquinas.
trave, *s. f.* trabe, viga.
travento, *adj.* áspero; amargo; ácido; astringente.
través, *s. m.* través, oblicuidad; flanco.
travessa, *s. f.* travesaño; traviesa (de vías férreas); viga; zancadilla.
travesseira, *s. f.* almohada.
travessia, *s. f.* travesía.

t

travessura, *s. f.* travesura.
trazer, *v. t.* traer; conducir; ocasionar; contener; usar.
trecho, *s. m.* trecho; espacio; intervalo; extracto.
tredo, *adj.* falso, traidor.
trêfego, *adj.* astuto, sagaz.
trégua, *s. f.* tregua.
treinar, *v. t.* entrenar.
treita, *s. f.* trazos, vestigios.
trem, *s. m.* tren.
tremebundo, *adj.* tremebundo.
tremelicar, *v. i.* temblar con frío tiritar.
tremendo, *adj.* tremendo; terrible.
tremido, *adj.* trémulo; vacilante.
tremoceiro, *s. m.* altramuz.
tremoço, *s. m.* altramuz.
tremonha, *s. f.* tolva (pieza del molino).
tremor, *s. m.* tremor, temblor.
trempe, *s. f.* trébedes.
tremular, *v. t.* tremolar, enarbolar.
trémulo, *adj.* trémulo, temblante, tembloroso, centelleante; *(fig.)* tímido; *s. m.* temblor en la voz.
trepa, *s. f.* paliza, tunda.
trepador, *adj.* y *s. m.* trepador.
trepanação, *s. f.* trepanación.
trepar, *v. t.* trepar; subir; *v. i.* elevarse.
trepidar, *v. i.* trepidar.
trépido, *adj.* trépido; trémulo.
treplicar, *v. t.* triplicar.
três, *num.* tres.
tresandar, *v. t.* e *i.* desandar; recular; perturbar; apestar.
trescalar, *v. t.* e *i.* oler mucho; apestar, heder.
tresdobrado, *adj.* triplicado.
tresgastar, *v. t.* e *i.* malgastar.
tresloucado, *adj.* loco, demente.
tresmalhar, *v. t.* dejar caer las mallas de; hacer escapar.
tresnoutar, *v. t.* e *i.* trasnochar.
trespassar, *v. t.* traspasar.
tressuar, *v. i.* sudar mucho.
tresvariar, *v. i.* desvariar.
treta, *s. f.* treta, ardid.
trevas, *s. f. pl.* tinieblas.
trevo, *s. m.* trébol, trefólio.
trevoso, *adj.* tenebroso.
treze, *num.* trece.
trezentos, *num.* trescientos.
tríade, *s. f.* trinidad; trilogia.
triângulo, *s. m.* triángulo.
tribo, *s. f.* tribu.
tribulação, *s. f.* tribulación.
tribuna, *s. f.* tribuna.
tribunal, *s. m.* tribunal.
tributação, *s. f.* tributación.
tributar, *v. t.* tributar.
tributo, *s. m.* tributo.
triciclo, *s. m.* triciclo.
tricolor, *adj.* tricolor.
tricórnio, *s. m.* tricornio.
triedro, *adj.* triedro.
trienal, *adj.* trienal.
triénio, *s. m.* trienio.
trigal, *s. m.* trigal.
trigémeo, *adj.* trigémino.
trigésimo, *adj.* trigésimo.
trigo, *s. m. (bot.)* trigo.
trigonometria, *s. f.* trigonometría.
trigueirão, *s. m.* pardillo.
trigueiro, *adj.* y *s. m.* trigueño; moreno.
trilar, *v. t.* e *i.* trinar.
trilateral, *adj.* trilateral.
trilha o **trilhada,** *s. f.* trilla; trillo; vereda, senda.
trilhar, *v. t.* trillar; moler; pisar; hollar; surcar; seguir el camino.
trilho, *s. m.* trillo; carril; camino; dirección; norma.
trimestre, *s. m.* trimestre.
trincadeira, *s. f.* bocado, lo que se come.
trinca-espinhas, *s. com.* persona muy delgada y alta.
trincafio, *s. m.* bramante; *(mar.)* trincafía.
trincar, *v. t.* partir (con los dientes); trincar; trinchar; morder; roer.
trinchar, *v. t.* trinchar; cortar, partir, dividir.

t

trincheira, *s. f. (mil.)* trinchera; parapeto; muro.
trincho, *s. m.* modo de trinchar.
trinco, *s. m.* picaporte.
trindade, *s. f.* trinidad.
trino, *adj.* trino, compuesto de tres, *s. m.* gorjeo; trinitario.
trinómio, *s. m.* trinomio, polinomio.
trinque, *s. m.* percha.
trinta, *num.* treinta.
trio, *s. m.* trío, terceto.
tripa, *s. f.* tripa, intestino.
triparia, *s. f.* tripería.
tripé, *s. m.* trípode.
triplicar, *v. t.* triplicar.
triplo, *adj.* y *s. m.* triple, tríplice, triplo.
tríptico, *s. m.* tríptico.
tripulação, *s. f.* tripulación.
tripular, *v. t.* tripular.
triques, *adj. (pop.)* currutaco, elegante en el vestir.
trisavó, *s. f.* tatarabuela.
trisavô, *s. m.* tatarabuelo.
triscar, *v. i.* triscar; reñir.
trissílabo, *s. m.* trisílabo.
triste, *adj.* triste; afligido; infeliz; deprimido.
tristeza, *s. f.* tristeza; aflicción; pena.
triturar, *v. t.* triturar.
triunfal, *adj.* triunfal.
triunfar, *v. i.* triunfar.
triunfo, *s. m.* triunfo; victoria.
triunvirado, *s. m.* triunvirado; triunvirato.
trivial, *adj.* trivial; vulgar; ordinario.
triz, *s. m.* tris, momento.
troar, *v. i.* tronar.
troca, *s. f.* cambio, mudanza; transformación.
troça, *s. f.* escarnio, mofa.
trocadilho, *s. m.* juego de palabras.
trocar, *v. t.* trocar; cambiar.
troçar, *v. i.* escarnecer.
trocho, *s. m.* porra; bordón.
trocista, *adj.* zumbón.
troco, *s. m.* troca; cambio; respuesta; réplica.
troço, *s. m.* troza; rollizo; pedazo; cuerpo de tropas; troncho.
trotéu, *s. m.* trofeo.
trogalho, *s. m. (pop.)* guita; bramante.
tromba, *s. f.* trompa (de elefante).
trombeta, *s. f.* trompeta.
trombone, *s. m.* trombón.
trompa, *s. f.* trompeta; órgano tubular de algunos animales.
tronar, *v. i.* tronar.
tronchar, *v. t.* tronchar, cortar a cercén.
tronco, *s. m.* tronco; prisión; *(fig.)* origen (familia o raza).
trono, *s. m.* trono.
tropa, *s. f.* tropa.
tropeçar, *v. i.* tropezar.
trôpego, *adj.* que se mueve con dificultad, torpe.
tropical, *adj.* tropical.
tropo, *s. m. (ret.)* tropo.
trotar, *v. i.* trotar.
trote, *s. m.* trote.
trouxa, *s. f.* envoltorio de ropa; paquete.
trova, *s. f.* trova (verso).
trovador, *s. m.* trovador.
trovão, *s. m.* trueno.
trovejar, *v. i.* tronar.
troviscal, *s. m.* sitio poblado de verbasco.
truculento, *adj.* truculento.
trufa, *s. f. (bot.)* trufa.
trufar, *v. t.* trufar.
truncar, *v. t.* truncar.
trunfar, *v. i.* triunfar.
trunfo, *s. m.* triunfo.
truque, *s. m.* truque.
truta, *s. f. (zool.)* trucha.
truz!, *interj.* ¡pum!; *s. m.* golpe.
tu, *pron.* tú.
tua, *adj.* y *pron.* tuya.
tuba, *s. f.* tuba, trompeta.
tubagem, *s. f.* tubería.
tubarão, *s. m.* tiburón.
tuberculizar, *v. t.* causar la tuberculosis.
tubérculo, *s. m.* tubérculo.

t

tuberculose, *s. f.* tuberculosis.
tuberculoso, *adj.* tuberculoso.
tubo, *s. m.* tubo.
tubular, *adj.* tubular.
tudo, *pron.* todo.
tudo-nada, *s. m.* casi nada.
tufão, *s. m.* tifón.
tufar, *v. t.* hinchar; *v. i.* hacerse más voluminoso.
tugir, *v. i.* susurrar.
tugúrio, *s. m.* tugurio.
tule, *s. m.* tul.
túlipa, *s. f.* tulipán.
tumba, *s. f.* tumba; túmulo.
tumbice, *s. f.* infelicidad.
tumeficar, *v. t.* causar hinchazón, tumefacer.
tumidez, *s. f.* hinchazón.
tumor, *s. m.* tumor.
tumular, *v. t.* sepultar; *adj.* tumulario.
túmulo, *s. m.* túmulo.
tumulto, *s. m.* tumulto; alboroto; motín; sedición.
tumultuoso, *adj.* tumultuoso.
tunantagem, *s. f.* tunantería.
tunante, *adj.* y *s.* tunante.
tunda, *s. f.* tunda, zurra.
tundra, *s. f.* tundra.
túnel, *s. m.* túnel.
túnica, *s. f.* túnica.
turba, *s. f.* turba.
turbador, *adj.* y *s. m.* turbador.
turbante, *s. m.* turbante.
turbar, *v. t.* turbar.
turbilhão, *s. m.* torbellino, remolino.
turbina, *s. f.* turbina.
turbulento, *adj.* turbulento.
turfa, *s. f.* turba.
turfeira, *s. f.* turbera.
turgeseer, *v. t.* hinchar.
turismo, *s. m.* turismo.
turista, *s. com.* turista.
turno, *s. m.* turno; vez; orden; grupo.
turquês, *s. f.* turquesa.
turquesa, *s. f.* turquesa; tenazas.
turrão, *adj.* y *s. m.* terco.
turvação, *s. f.* turbación; perturbación.
turvar, *v. t.* turbar; alterar; enturbiar.
turvo, *adj.* turbio.
tutano, *s. m.* tuétano; medula de los huesos.
tutear, *v. t.* y *r.* tutear.
tutela, *s. f.* tutela.
tutor, *s. m.* tutor; protector.

t

U

uberdade, *s. f.* fertilidad.
úbere, *adj.* uberoso, fértil.
ubérrimo, *adj.* ubérrimo.
ubiquidade, *s. f.* ubicuidad.
ucha, *s. f.* hucha.
uivo, *s. m.* aullido, aúllo.
úlcera, *s. f. (med.)* úlcera.
ulceroso, *adj.* ulceroso.
ulmeiro, *s. m. (bot.)* especie de olmo, negrillo.
ulmo, *s. m. (bot.)* olmo.
ulterior, *adj.* ulterior.
ultimar, *v. t.* ultimar, concluir.
últimas, *s. f. pl.* últimas, hora final de la vida.
ultimato, *s. m.* ultimátum.
último, *adj.* y *s. m.* último.
ultrajar, *v. t.* ultrajar.
ultramar, *s. m.* ultramar.
ultravioleta, *adj.* ultravioleta.
ululador, *adj.* y *s. m.* aullador.
ulular, *v. i.* ulular; aullar.
um, *num.* un, uno.
uma, *num.* una.
umbela, *s. f. (bot.)* umbela; palio circular.
umbigo, *s. m.* ombligo.
umbilicado, *adj.* umbilicado.
umbilical, *adj.* umbilical.
umbral, *s. m.* umbral.
umbroso, *adj.* umbroso.
ume, *s. m. pedra-ume:* piedra alumbre.
úmero, *s. m.* húmero.
unânime, *adj.* unánime.
unção, *s. f.* unción.
undécimo, *adj.* undécimo.
ungido, *adj.* ungido.
ungir, *v. t.* ungir, untar.
unguento, *s. m.* ungüento.
únguis, *s. m. (anat.)* unguis.
ungulado, *adj.* ungulado.
unha, *s. f.* uña; cascos; pezuña; garra.
unhar, *v. t.* arañar, rasguñar; amugronar; acodar.
unheiro, *s. m.* uñero, panadizo.
união, *s. f.* unión; junta; concordia; amistad; alianza.
único, *adj.* único, solo.
unicorne, *adj.* unicornio.
unidade, *s. f.* unidad.
unido, *adj.* unido; junto.
unificar, *v. t.* unificar.
uniforme, *adj.* uniforme; igual; idéntico; *s. m.* uniforme.
uniformizar, *v. t.* uniformar.
unigénito, *adj.* unigénito.
unilateral, *adj.* unilateral.
unir, *v. t.* unir; juntar; unificar; reunir; congregar.
uníssono, *adj.* unísono.
unitário, *adj.* unitario.
unitivo, *adj.* unitivo.
universal, *adj.* universal.
universalizar, *v. t.* universalizar.
universidade, *s. f.* universidad.
universo, *s. m.* universo.
unívoco, *adj.* unívoco.
uno, *adj.* uno; solo; único.
untar, *v. t.* untar.
urânio, *s. m.* uranio.
urbanidade, *s. f.* urbanidad.
urbanismo, *s. m.* urbanismo.
urdir, *v. t.* urdir; tejer, tramar; intrigar.
ureia, *s. f.* urea.
uretra, *s. f.* uretra.
urgência, *s. f.* urgencia.

urgente, *adj.* urgente.
urgir, *v. i.* urgir.
urina, *s. f.* orina.
urinar, *v. i.* y *t.* orinar; mear.
urinário, *adj.* urinario.
urna, *s. f.* urna.
urrar, *v. i.* rugir; bramar.
urro, *s. m.* rugido; bramido.
ursa, *s. f. (zool.)* osa.
urso, *s. m. (zool.)* oso.
urticária, *s. f.* urticaria.
urtiga, *s. f. (bot.)* ortiga.
usado, *adj.* usado.
usança, *s. f.* usanza; estilo.
usável, *adj.* usable; usual.
uso, *s. m.* uso.
ustular, *v. t.* quemar levemente.
usual, *adj.* usual.
usufruir, *v. t.* usufructuar.
usufruto, *s. m.* usufructo.
usura, *s. f.* usura.
usurpação, *s. f.* usurpación.
usurpar, *v. t.* usurpar.
utensilio, *s. m.* utensilio.
uterino, *adj.* uterino.
útero, *s. m.* útero.
utilidade, *s. f.* utilidad.
utilitário, *adj.* utilitario.
utilizar, *v. t.* utilizar.
utopia, *s. f.* utopía.
uva, *s. f.* uva.
uzífuro, *s. m.* bermellón.

u

V

vaca, *s. f.* vaca.
vacante, *adj.* vacante.
vacar, *v. i.* vacar.
vacaria, *s. f.* vaquería, lechería.
vacilar, *v. i.* vacilar.
vacina, *s. f.* vacuna.
vacinação, *s. f.* vacunación.
vacinar, *v. t.* vacunar.
vacum, *adj.* vacuno.
vadear, *v. t.* vadear.
vadiação, *s. f.* vagancia.
vadiagem, *s. f.* vagancia.
vadiar, *v. i.* vaguar, vagar, vagabundear.
vadio, *adj.* vago.
vaga, *s. f.* ola, onda; vacancia, vacante; tiempo libre.
vagabundear, *v. i.* vaguear.
vagabundo, *s. m.* y *adj.* vagabundo, vagamundo; holgazán.
vagalhão, *s. m.* ola grande, oleada.
vagão, *s. m.* vagón.
vagar, *v. i.* vacar; vagar; vaguear.
vagem, *s. f.* vaina.
vagina, *s. f.* vagina.
vagir, *v. i.* llorar, gemir (los recién nacidos).
vago, *adj.* vacante; vago.
vagoneta, *s. f.* vagoneta.
vaguear, *v. i.* vaguear.
vaia, *s. f.* vaya, burla.
vaiar, *v. t.* zumbar, chasquear.
vaidade, *s. f.* vanidad.
vaivém, *s. m.* vaivén.
vala, *s. f.* zanja; foso, excavación.
valar, *v. t.* zanjar; vallar; cercar.
valdevinos, *s. m.* holgazán; haragán; vago; gandul.
vale, *s. m.* vale (documento): valle, llanura entre montes.
valentaço, *adj.* y *s. m.* valentón, fanfarrón.
valentia, *s. f.* valentía.
valer, *v. t.* valer; amparar; proteger.
valeta, *s. f.* cuneta; reguero pequeño.
valhacoito, *s. m.* cueva, tugurio de gente de mala nota.
valia, *s. f.* valía, valor.
validar, *v. t.* validar.
validez, *s. f.* validez.
valioso, *adj.* valioso, precioso.
valo, *s. m.* valla, vallado.
valor, *s. m.* valor; precio; valía; mérito; valentía, coraje; estimación.
valorizar, *v. t.* valorizar, valuar.
valsa, *s. f.* vals.
válvula, *s. f.* válvula.
vampiro, *s. m.* vampiro.
vandálico, *adj.* vandálico.
vândalo, *s. m.* vándalo.
vangloriar-se, *v. r.* vanagloriarse.
vanguarda, *s. f.* vanguardia.
vantagem, *s. f.* ventaja.
vão, *adj.* vano, hueco, vacío.
vapor, *s. m.* vapor.
vaporar, *v. i.* y *r.* vaporar.
vaporizador, *s. m.* vaporizador.
vaporizar, *v. t.* vaporizar.
vaqueiro, *s. m.* vaquero.
vara, *s. f.* vara; medida de longitud; cayado, bastón.
varado, *adj.* varado.
varadouro, *s. m.* varadero.
varal, *s. m.* varal, pértigo.
varanda, *s. f.* baranda, balcón.
varandim, *s. m.* balcón estrecho.

varar, *v. t.* atravesar; agujerear; espantar; *v. i.* varar, encallar.
vareja, *s. f. (zool.)* moscarda.
varejo, *s. m.* vareo, vareaje; inspección, pesquisa; revista.
variação, *s. f.* variación.
variante, *adj.* variante.
variar, *v. t.* variar.
varicela, *s. f.* varicela.
variegação, *s. f.* variedad de colores; matiz.
variegado, *adj.* mezclado, de varios colores; matizado; vario.
variegar, *v. t.* variar, mezclar.
varinha, *s. f.* varilla, varita.
varino, *s. m.* pescador y vendedor de pescado, pescadero.
vário, *adj.* vario; matizado; inconstante; *pl.* diversos; variados.
varíola, *s. f.* viruela.
variz, *s. f.* variz, varice.
varonil, *adj.* varonil.
varrer, *v. t.* barrer.
várzea, *s. f.* vega, llanura.
vasa, *s. f.* légamo; fango, cieno, barro, limo, lodazal.
vascular, *adj.* vascular.
vasculhar, *v. t.* barrer, limpiar; escudriñar.
vaselina, *s. f.* vaselina.
vasilha, *s. f.* vasija.
vasilhame, *s. m.* vasilla, vajillas; conjunto de vasijas.
vaso, *s. m.* vaso; tazón; jarrón; florero; embarcación.
vassalo, *adj.* vasallo; feudatario.
vassoura, *s. f.* escoba.
vassourar, *v. t.* e *i.* barrer.
vassourinha, *s. f.* escobilla.
vastidão, *s. f.* vastedad.
vate, *s. m.* vate; adivino; profeta; poeta.
vaticínio, *s. m.* vaticinio.
vátio, *s. m.* vatio.
vau, *s. m.* vado.
vazador, *adj.* y *s. m.* vaciador.
vazao, *s. f.* desagüe; vaciamiento; derrame; flujo; *(fig.)* venta; solución.
vazar, *v. t.* vaciar; trasegar; agujerear.
vazio, *adj.* vacío; vacuo; hueco; desocupado; frívolo.
veada, *s. f. (zool.)* cierva.
veado, *s. m. (zool.)* venado; ciervo.
vector, *s. m. (geom.)* vector.
vedar, *v. t.* vedar, prohibir; impedir.
vedeta, *s. f.* garita; centinela a caballo; vedette (atriz); lancha rápida.
veemente, *adj.* vehemente.
vegetal, *s. m.* vegetal.
vegetar, *v. i.* vegetar.
vegetariano, *adj.* vegetariano.
vegetativo, *adj.* vegetativo.
végeto, *adj.* vegeto, robusto; *végeto animal:* vegetoanimal; *végeto mineral:* vegetomineral.
veia, *s. f. (anat.)* vena: vena de agua, filón; vocación.
veículo, *s. m.* vehículo.
veiga, *s. f.* vega.
veio, *s. m.* vena; filón metálico.
vela, *s. f.* vela; toldo; embarcación a vela.
velador, *adj.* y *s. m.* velador.
velar, *v. t.* velar; tapar; velar, vigilar.
veleta, *s. f.* veleta.
velha, *s. f.* vieja.
velhaco, *adj.* bellaco; malo; pícaro, ruin.
velharia, *s. f.* vejestorio.
velhice, *s. f.* vejez.
velho, *adj.* viejo; aventajado; anticuado; *s. m.* anciano.
velo, *s. m.* vellón.
velocidade, *s. f.* velocidad.
velocino, *s. m.* vellocino.
velocípede, *s. m.* velocípedo.
velódromo, *s. m.* velódromo.
veloso, *adj.* velloso; felpudo.
veloz, *adj.* veloz; rápido.
veludíneo, *adj.* aterciopelado.
veludo, *s. m.* velludo, terciopelo.
veludoso, *adj.* felpudo.
venábulo, *s. m.* venablo.
vencedor, *adj.* y *s. m.* vencedor.
vencer, *v. t.* vencer; dominar; triunfar; superar; aventajar.

vencimento, *s. m.* vencimiento.
venda, *s. f.* venta; tienda; taberna, venta; venda para cubrir los ojos.
vendar, *v. t.* vendar; cegar.
vendaval, *s. m.* vendaval.
vendedouro, *s. m.* mercado; *adj.* vendible.
vendeira, *s. f.* tabernera; tendera; ventera.
vender, *v. t.* vender.
vendilhão, *s. m.* vendedor ambulante; buhonero; quincallero.
venenoso, *adj.* venenoso.
veneração, *s. f.* veneración.
venerar, *v. t.* venerar.
venéreo, *adj.* venéreo.
veneta, *s. f.* ventolera.
vénia, *s. f.* venia; reverencia; permiso.
veniaga, *s. f.* mercadería, mercancía; burla, fraude.
venta, *s. f.* ventana, cada una de las aberturas nasales.
ventana, *s. f.* ventana, campanil; abanico.
ventanear, *v. t.* ventilar; abanicar; agitar; fustigar.
ventania, *s. f.* ventarrón.
ventar, *v. i.* ventear.
ventarola, *s. f.* abanico.
ventilação, *s. f.* ventilación.
ventilador, *adj.* y *s. m.* ventilador.
ventilar, *v. t.* ventilar.
vento, *s. m.* viento.
ventoinha, *s. f.* veleta; molinete.
ventosa, *s. f.* ventosa.
ventre, *s. m.* vientre; abdomen.
ventrículo, *s. m.* ventrículo.
ventura, *s. f.* ventura; buena suerte; felicidad, dicha.
ver, *v. t.* ver; distinguir; observar; examinar; visitar.
veracidade, *s. f.* veracidad.
veranear, *v. i.* veranear.
verão, *s. m.* verano.
veraz, *adj.* veraz; verídico.
verbal, *adj.* verbal.
verbena, *s. f.* verbena.
verberar, *v. t.* verberar.
verbete, *s. m.* apunte, nota.
verbo, *s. m.* verbo.
verdade, *s. f.* verdad.
verdascar, *v. t.* azotar con verdasca; zurriagar.
verdasco, *s. m.* variedad de vino muy ácido.
verde, *adj.* verde; tierno; *s. m.* vino verde.
verdugo, *s. m.* verdugo.
verdura, *s. f.* verdura.
vereador, *s. m.* concejal.
vereda, *s. f.* vereda, senda.
vergalhada, *s. f.* verdugazo.
vergalho, *s. m.* vergajo, verga del toro; azote; verdesca.
vergame, *s. m.* conjunto de las vergas de un navío.
vergão, *s. m.* vara gruesa; verdugón, roncha.
vergar, *v. t.* cimbrear; cimbrar; doblegar; enconvar.
vergel, *s. m.* vergel.
vergonha, *s. f.* vergüenza.
vergôntea, *s. f.* verdugo, retoño; vástago.
verídico, *adj.* verídico.
verificar, *v. t.* verificar.
verme, *s. m.* verme; gusano.
vermelhão, *s. m.* bermellón.
vermelho, *adj.* bermellón, bermejo; rojo.
vermute, *s. m.* vermut.
vernáculo, *adj.* vernáculo.
verniz, *s. m.* charol; barniz.
verosímil, *adj.* verosímil.
verrina, *s. f.* crítica violenta.
verruga, *s. f.* verruga.
verruma, *s. f.* barrena, taladro.
verrumar, *v. t.* taladrar, barrenar.
versado, *adj.* versado.
versalhada, *s. f.* versos malos.
versão, *s. f.* versión, traducción.
versar, *v. t.* versar; volver; practicar; versear.
versátil, *adj.* versátil; inconstante.
versificar, *v. t.* versificar.
verso, *s. m.* verso; poesía; reverso.

V

vértebra, *s. f.* vértebra.
vertebrado, *adj.* y *s. m.* vertebrado.
vertente, *adj.* y *s. f.* vertiente.
verter, *v. t.* verter; derramar; traducir; *v. i.* trasegar.
vertical, *adj.* vertical.
vértice, *s. m.* vértice.
vertigem, *s. f.* vértigo.
vertiginoso, *adj.* vertiginoso.
vesgo, *adj.* y *s. m.* bizco, bisojo.
vesícula, *s. f.* vesícula.
vesicular, *adj.* vesicular.
vespeiro, *s. m.* avispero.
véspera, *s. f.* víspera.
vestiário, *s. m.* ropero.
vestíbulo, *s. m.* vestíbulo.
vestido, *s. m.* vestido; traje; vestuario.
vestígio, *s. m.* vestigio; huella; rastro.
vestir, *v. t.* vestir; cubrir; revestir; adornar.
vestuário, *s. m.* vestuario.
veterano, *adj.* veterano.
veterinário, *adj.* y *s. m.* vesterinario.
veto, *s. m.* veto; prohibición; recusa.
véu, *s. m.* velo.
vexador, *adj.* vejador.
vexar, *v. t.* vejar; maltratar; humillar.
vexatório, *adj.* vejatorio.
vez, *s. f.* vez, alternativa; reciprocidad; ocasión, turno.
vezo, *s. m.* vicio, hábito de obrar mal.
via, *s. f.* vía; camino; dirección; línea; medio de transporte; letra de cambio; intermedio.
viador, *s. m.* viador; viajante; camarista de la reina.
viaduto, *s. m.* viaducto.
viajante, *adj.* y *s.* viajante; viajero.
vianda, *s. f.* vianda; carne.
viandar, *v. i.* viajar; peregrinar; caminar.
viatura, *s. f.* vehículo.
viável, *adj.* viable.
víbora, *s. f. (zool.)* víbora.
vibrar, *v. t.* vibrar; tañer; mover; agitar; conmover.
vibrátil, *adj.* vibrátil.
viçar, *v. t.* vigorizar.
vicejante, *adj.* lujuriante.
vicejar, *v. i.* tener lozanía.
vicejo, *s. m.* verdor, lozanía.
vice-versa, *loc.* viceversa.
viciar, *v. t.* viciar; dañar; adulterar; falsificar; corromper.
vicinal, *adj.* vecinal.
vicio, *s. m.* vicio.
viço, *s. m.* lozanía, verdor.
viçoso, *adj.* vicioso.
vida, *s. f.* vida; existencia; biografía; actividad.
vide, *s. f.* vid; parra.
videira, *s. f.* vid; parra, cepa.
vidente, *adj.* y *s. m.* y *f.* vidente.
vidraça, *s. f.* vidriera.
vidro, *s. m.* vidrio.
vieira, *s. f. (zool.)* venera.
viela, *s. f.* callejón, callejuela.
viés, *s. m.* bies, sesgo.
viga, *s. f. (carp.)* viga.
vigarista, *s. com.* timador.
vigência, *s. f.* vigencia.
vigésimo, *adj.* vigésimo.
vigia, *s. f.* vigía; atalaya; centinela; espía.
vigiar, *v. t.* vigilar; observar; velar.
vigilante, *adj.* vigilante.
vigilar, *v. t.* e *i.* vigilar, velar.
vigília, *s. f.* vigilia.
vigor, *s. m.* vigor; energía.
vigoroso, *adj.* vigoroso.
vil, *adj.* vil; despreciable.
vila, *s. f.* villa.
vilania, *s. f.* villanía.
vilão, *adj.* villano.
vilegiatura, *s. f.* veraneo.
vilela, *s. f.* villeta; aldea.
vileza, *s. f.* vileza.
vilipendiar, *v. t.* vilipendiar; despreciar.
vilipêndio, *s. m.* vilipendio.
vime, *s. m.* mimbre.
vinagre, *s. m.* vinagre.
vincada, *s. f.* arruga.
vincar, *v. t.* plegar; doblar.
vinco, *s. m.* pliegue; raya.
vincular, *v. t.* vincular.

vindicar, *v. t.* vindicar; reclamar.
vindima, *s. f.* vendimia.
vindimar, *v. t.* vendimiar.
vindo, *adj.* venido; venidero.
vingar, *v. t.* vengar; rehabilitar; castigar.
vinha, *s. f.* viña, viñedo.
vinhão, *s. m.* vino de buena calidad.
vinheta, *s. f.* viñeta.
vinho, *s. m.* vino.
vintavo, *s. m.* veinteavo.
vinte, *num.* veinte.
vintena, *s. f.* veintena.
violação, *s. f.* violación.
violão, *s. m. (mús.)* violón.
violar, *v. t.* violar; profanar; transgredir.
violência, *s. f.* violencia.
violentar, *v. t.* violentar; forzar; violar; desflorar.
violeta, *s. f. (bot.)* violeta.
violino, *s. m. (mús.)* violín.
violoncelo, *s. m. (mús.)* violonchelo.
vir, *v. i.* venir; llegar; regresar; volver; nacer; acontecer.
viragem, *s. f.* viraje.
virar, *v. t.* volver.
viravolta, *s. f.* vuelta completa; voltereta.
virginal, *adj.* virginal.
virgulação, *s. f.* puntuación.
virilha, *s. f. (anat.)* ingle.
virilidade, *s. f.* virilidad.
virtual, *adj.* virtual.
virtude, *s. f.* virtud; castidad; eficacia.
virtuoso, *adj.* virtuoso.
virulento, *adj.* virulento.
virus, *s. m. (pat.)* virus.
visagem, *s. f.* visaje, gesto.
visão, *s. f.* visión.
visar, *v. t.* visar.
víscera, *s. f. (anat.)* víscera.
visco, *s. m.* visco; *(fig.)* anzuelo.
viscoso, *adj.* viscoso.
viseira, *s. f.* visera.
visibilidade, *s. f.* visibilidad.
visionar, *v. t.* entrever como en visiones.
visita, *s. f.* visita; *pl.* recuerdos, saludos.
visitar, *v. t.* visitar.
visível, *adj.* visible.
vislumbrar, *v. t.* vislumbrar, entrever; *v. i.* comenzar a aparecer.
vislumbre, *s. m.* vislumbre; apariencia vaga; vestigios.
viso, *s. m.* viso; indicio, aspecto.
vispar-se, *v. r.* escabullirse.
vista, *s. f.* vista; los ojos; la mirada; panorama; cuadro; intención.
visto, *adj.* visto; notorio.
vistoria, *s. f.* inspección; examen; búsqueda.
vistoriar, *v. t.* registrar, reconocer; inspeccionar.
vital, *adj.* vital.
vitalizar, *v. t.* vitalizar; fortificar; revigorizar.
vitamina, *s. f.* vitamina.
vitela, *s. f.* vitela, piel de vaca o ternera; ternera; becerra.
vitelo, *s. m.* ternero, novillo.
vítima, *s. f.* víctima.
vitória, *s. f.* victoria.
vitorioso, *adj.* victorioso.
vitral, *s. m.* vitral.
vítreo, *adj.* vítreo.
vitrina, *s. f.* vitrina, escaparate.
vitríolo, *s. m. (quím.)* vitriolo.
vituperar, *v. t.* vituperar.
vitupério, *s. m.* vituperio.
viúva, *s. f.* viuda.
viúvo, *s. m.* viudo.
viveiro, *s. m.* vivero, viveral.
vivenda, *s. f.* vivienda, casa.
viver, *v. i.* vivir; existir; residir, habitar; alimentarse.
víveres, *s. m. pl.* víveres; provisiones de boca.
vivo, *adj.* vivo; lleno, activo; fuerte, agudo.
vizinhar, *v. i.* ser vecino; *v. r.* aproximarse.
vizinho, *adj.* vecino, cercano.
voar, *v. i.* volar.

V

vocabulário, *s. m.* vocabulario; diccionario; léxico.
vocábulo, *s. m.* vocablo.
vocação, *s. f.* vocación.
vocal, *adj.* vocal; oral, verbal.
vocalizar, *v. t.* vocalizar.
vocativo, *s. m.* vocativo.
você, *pron.* usted.
vociferar, *v. t.* vociferar.
voejar, *v. i.* volitar, revolotear; volar bajo; rastrear.
voejo, *s. m.* revoloteo.
voga, *s. f.* boga; movimiento de los remos.
vogal, *s. f.* y *s. com.* vocal.
vogar, *v. i.* bogar; remar.
volante, *adj.* y *s. m.* volante.
volataria, *s. f.* volatería.
volátil, *adj.* volátil.
volatizar, *v. t.* volatizar.
volitivo, *adj.* volitivo.
volt, *s. m. (fís.)* volt.
volta, *s. f.* vuelta; regreso; mudanza; movimiento alrededor; circuito; meandro; vuelta (cambio de dinero); cuello usado por sacerdotes.
voltagem, *s. f.* voltaje.
voltâmetro, *s. m. (fís.)* voltámetro.
voltar, *v. i.* volver; regresar; retroceder; girar; reincidir; nublarse; recomenzar; *v. t.* dar vuelta a; poner al revés.
voltarete, *s. m.* voltereta.
volume, *s. m.* volumen; masa; paquete; fardo; libro.
voluntário, *adj.* voluntario.
voluta, *s. f.* voluta.
volver, *v. t.* vd. *voltar.*
volvo, *s. m.* volvo, vólvulo, íleo.
vomitar, *v. t.* vomitar.
vómito, *s. m.* vómito.
vontade, *s. f.* voluntad; deseo; intención; empeño.
voo, *s. m.* vuelo; aspiración; fantasía.
voragem, *s. f.* vorágine.
voraz, *adj.* voraz.
vós, *pron.* vos.
vosso, *adj.* y *pron.* vuestro.
votação, *s. f.* votada, votación.
votante, *adj.* y *s.* votante.
votar, *v. t.* votar; aprobar; hacer voto a Dios; consagrar.
voto, *s. m.* voto.
voz, *s. f.* voz; sonido; opinión.
vozear, *v. i.* vocear.
vulcânico, *adj.* volcánico.
vulcanizar, *v. t.* vulcanizar.
vulcão, *s. m.* volcán.
vulgar, *adj.* vulgar.
vulgarizar, *v. t.* vulgarizar.
vulgo, *s. m.* vulgo.
vulnerar, *v. t.* vulnerar, herir.
vulnerável, *adj.* vulnerable.
vulto, *s. m.* rostro; imagen; bulto, volumen.
vultoso, *adj.* voluminoso.
vulva, *s. f. (anat.)* vulva.
vurmo, *s. m.* pus.

V

X

x, *s. m.* signo con que suele representarse la incógnita; *adj.* designativo de los rayos X. *Não ter una de X (pop.)* no tener una moneda.
Xá, *s. m.* Xa, Sha, título del soberano de Persia.
xadrez, *s. m.* ajedrez, juego.
xaile, *s. m.* chal.
xaquear, *v. t.* jaquear (en el ajedrez).
xaroposo, *adj.* semejante al jarabe; pegajoso.
xauter, *s. m.* guía árabe en el desierto.
xaveco, *s. m. (mar.)* embarcación pequeña y mal construida.
xelim, *s. m.* chelín (moneda).
xenofobia, *s. f.* xenofobia.
xeque, *s. m.* jaque, en el ajedrez; jeque, xeij, jefe (entre los musulmanes).
xerez, *s. m.* jerez.
xerife, *s. m.* xerif, jerife.
xícara, *s. f.* jícara, taza.
xila, *s. f.* inmundicia.
xistro, *s. m.* pizarra; xisto.
xistóide, *adj.* pizarroso.
xisto, *s. m.* espátula (para quitar el sarro de los dientes).
xofrango, *s. m. (zool.)* osífrago.

Z

zabumba, *s. m. (pop.)* bombo.
zabumbar, *v. t.* aturdir; atolondrar.
zagal, *s. m.* zagal, pastor.
zagala, *s. f.* zagala.
zagalote, *s. m.* perdigón; bala pequeña para cargar fusiles.
zagunchada, *s. f.* dardazo; censura.
zagunchar, *v. t.* herir con dardo; censurar.
zãibo, *adj.* bizco, bisojo.
zambro, *adj.* zambo.
zambujal, *s. m.* acebuchal.
zambujeiro o **zambujo,** *s. m.* zambullo, acebuche.
zampar, *v. t.* e *i.* zampar.
zanaga, *adj.* y *s.* bizco, bisojo.
zangado, *adj.* enfadado.
zângão, *s. m.* zángano, macho de la abeja.
zangar, *v. t.* enfadar, enojar.
zaragata, *s. f.* desorden.
zaranza, *adj.* y *s. com.* atolondrado; alocado; trapalón; cabeza de chorlito.
zaranzar, *v. i.* atolondrarse; desconcertarse; andar sin tino.
zarelhar, *v. i.* zarandear, entrometerse, enredar.

zarelho, *s. m.* hombre entremetido.
zarolho, *adj.* bizco, bisojo.
zás!, *interj.* ¡zas!
zebra, *s. f. (zool.)* cebra.
zebrar, *v. t.* listar, rayar a semejanza de una cebra.
zelar, *v. t.* celar; vigilar, atender; *v. i.* sentir celos de alguien.
zelo, *s. m.* celo, diligencia; *pl.* celos.
zeloso, *adj.* celoso, que tiene celo o celos; diligente.
zénite, *s. m. (astr.)* cenit.
zero, *s. m. (arít.)* cero.
ziguezague, *s. m.* zigzag.
zimbório, *s. m. (arq.)* cimborio; cimborrio.
zimbrar, *v. t.* azotar, cimbrar.
zimbreiro, *s. m. (zot.)* mimbrera, mimbre.
zina, *s. f.* auge; pezón.
zinco, *s. m.* zinc, cinc.
zingarear, *v. i.* vagabundear, vagar.
zíngaro, *s. m.* gitano.
zirneira, *s. f.* viento persistente.
zizânia, *s. f. (bot.)* cizaña; discordia.
zoada, *s. f.* zurrido; zumbido.
zoar, *v. i.* sonar, susurrar.
zodíaco, *s. m.* zodíaco.
zoina, *s.* y *adj.* aturdido.
zombador, *adj.* y *s. m.* zumbón; guasón, mofador.
zombar, *v. i.* zumbar.
zona, *s. f.* zona.
zonchar, *v. i.* bombear.
zoologia, *s. f.* zoología.
zopo, *s. m.* zopo, indolente.
zorate, *adj.* y *s. m.* loco.
zorra, *s. f.* zorra; carro bajo; raposa vieja.
zorro, *s. m. (zool.)* zorro, raposo; red de arrastre; *adj.* lento, mañoso.
zote, *adj.* y *s. m.* zote.
zotismo, *s. m.* ignorancia.
zoupeiro, *s. m.* y *adj.* perezoso.
zuidoiro o **zuidouro,** *s. m.* zumbido continuo; zumbo.
zumbaia, *s. f.* zalema; reverencia profunda.
zumbir, *v. i.* zumbar, hacer reuido continuado.
zumbrir-se, *v. r.* encorvarse, torcerse; humillarse.
zunzunar, *v. i.* rumorear.
zupar, *v. t.* golpear, dar golpes.
zurrada, *s. f.* rebuzno.
zurrar, *v. i.* rebuznar, roznar.
zurro, *s. m.* rebuzno.
zurzidela, *s. f.* tunda.
zurzir, *v. t.* zurriagar, azotar, tundir.

DICIONÁRIO ESPANHOL-PORTUGUÊS

a

a, *s. f.* primeira letra do alfabeto espanhol.
a, *prep.* a; à; ao; aos; até; com;
ababol, *s. m.* V. **amapola;** pessoa simples.
ábaco, *s. m.* ábaco; *(arq.)* parte superior dos capitéis.
abad, *s. m.* abade; cura.
abadejo, *s. m.* V. **bacalao.**
abadía, *s. f.* abadia; igreja ou mosteiro.
abajo, *adv.* abaixo; na parte inferior.
abalanzar, *v. t.* abalançar; equilibrar.
abalear, *v. t.* joeirar; coinar.
abalorio, *s. m.* avelórios; rocal.
abaluartar, *v. t.* abaluartar.
aballar, *v. t.* e *i.* baixar; abater.
abanderado, *s. m.* porta-bandeira.
abanderar, *v. t.* e *r.* embandeirar; registar, sob bandeira nacional, um navio estrangeiro.
abandonar, *v. t.* abandonar.
abanicar, *v. t.* abanar com o leque.
abanico, *s. m.* leque; ventarola; abanico.
abaniqueo, *s. m.* abanação; abanadela.
abanto, *s. m. (zool.)* abanto.
abaratar, *v. t.* baratear; baratar.
abarca, *s. f.* abarca; tamanco.
abarcar, *v. t.* abarcar; abranger; conter; alcançar.
abarquillar, *v. t.* enrolar em forma de canudo.
abarrancar, *v. t.* embarrancar; encalhar.
abarrar, *v. t.* arrojar; lançar.
abarrotar, *v. t.* barrotar ou barrotear.
abastecedor (ra), *adj.* e *s.* abastecedor; fornecedor.
abastecer, *v. t.* abastecer; prover; abastar; fornecer.
abastecimiento, *s. m.* abastecimento.
abasto, *s. m.* abasto (provisão de mantimentos).
abatir, *v. t.* abater; derrubar; humilhar.
abdicación, *s. f.* abdicação; renúncia.
abdicar, *v. t.* abdicar; renunc**abdomen,** *s. m. (anat.)* abdome ou abdómen; barriga.
abecé, *s. m.* ABC; abecedário; alfabeto.
abedul, *s. m. (bot.)* bétula; vidoeiro.
abeja, *s. f. (zool.)* abelha.
abejorro, *s. m.* besoiro ou besouro.
abellacar, *v. t.* e *r.* avelhacar; aviltar; envilecer.
abencerrage, *s. m.* abencerragem.
aberración, *s. f.* aberração.
aberrar, *v. i.* aberrar; afastar-se; errar.
abertura, *s. f.* abertura.
abestiarse, *v. r.* bestializar-se; embrutecer-se.
abeto, *s. m. (bot.)* abeto.
abierto (ta), *adj.* aberto *(fig.)* sincero.
abigarrado (da), *adj.* betado; matizado.
abigarrar, *v. t.* betar; mosquear; matizar.
abismal, *adj.* abismal; abissal.
abismar, *v. t.* e *r.* abismar; *(fig.)* confundir; abater.
abismo, *s. m.* abismo.
abjurar, *v. t.* abjurar.
ablandar, *v. t.* abrandar; laxar; suavizar.

ablandecer, *v. t.* abrandecer; abrandar.
ablativo, *s. m.* ablativo.
ablución, *s. f.* ablução.
abnegación, *s. f.* abnegação; desinteresse.
abnegar, *v. t.* abnegar.
abolar, *v. t.* fazer de bobo.
abocado, *adj.* diz-se do vinho de bom paladar.
abocinar, *v. t.* dar forma de buzina.
abochornado (da), *adj.* afogueado.
abochornar, *v. t.* abafar com calor; *(fig.)* envergonhar, fazer corar (de vergonha).
abofetear, *v. t.* esbofetear.
abogacía, *s. f.* advocacia.
abogada, *s. f.* advogada; *(fig.)* intercessora ou medianeira.
abogado, *s. m.* advogado; intercessor ou medianeiro.
abogar, *v. t.* advogar; *(fig.)* interceder.
abolengo, *adj.* e *s. m.* avoengo; avito.
abolición, *s. f.* abolição.
abolir, *v. t.* abolir; anular.
abollar, *v. t.* amolgar.
abollón, *s. m.* galo (intumescência na cabeça).
abombar, *v. t.* abaular; *(fig.)* atordoar.
abominable, *adj.* abominável.
abominar, *v. t.* abominar; detestar.
abonado (da), *adj.* abonado; *s. m.* e *f.* assinante.
abonar, *v. t.* abonar; afiançar; garantir.
abonaré, *s. m.* obrigação; promessa de pagamento; letra de câmbio.
abono, *s. m.* abono; subscrição.
abordable, *adj.* abordável; acessível.
abordaje, *s. m. (mar.)* abordagem; abordada.
abordar, *v. t. (mar.)* abordar; abalroar.
aborigen, *adj.* e *s.* indígena; nativo.
aborrecer, *v. t.* e *r.* aborrecer; enfastiar.
aborregarse, *v. r.* cobrir-se o céu de pequenas nuvens.
abortar, *v. t.* abortar.
abotagarse, *v. r.* inchar-se (o corpo).
abotonar, *v. t.* abotoar; *v. i.* lançar botões (a planta); *v. r.* apertar-se.
abovedar, *v. t.* abobadar.
aboyar, *v. t.* aboiar; *v. i.* boiar.
abrasar, *v. t.* abrasar; queimar.
abrasilado (da), *adj.* de cor semelhante à do pau-brasil.
abrazadera, *s. f.* braçadeira; argola; presilha.
abrazar, *v. t.* abraçar; cingir; *(fig.)* aceitar; seguir.
abrazo, *s. m.* abraço.
abrevadero, *s. m.* bebedoiro ou bebedouro.
abrevar, *v. t.* abrevar (dar de beber ao gado); regar a terra.
abreviar, *v. t.* abreviar; encurtar; resumir.
abreviatura, *s. f.* abreviatura.
abridero (ra), *adj.* que se abre fácilmente; *s. m. (bot.)* molar, variedade de pessegueiro.
abrigar, *v. t.* abrigar; resguardar; recolher.
abrigo, *s. m.* abrigo; agasalho; casaco.
abril, *s. m.* Abril.
abrillantar, *v. t.* abrilhantar; lustrar.
abrir, *v. t.* abrir.
abrochar, *v. t.* abotoar; acolchetar.
abrogar, *v. t.* ab-rogar; revogar.
abrojo, *s. m. (bot.)* abrolho.
abrumar, *v. t.* esmagar; oprimir.
abrutado (da), *adj.* abrutado; abrutalhado.
abruzo (za), *adj.* e *s.* abruço.
absceso, *s. m. (med.)* abcesso.
ábside, *amb. (arq.)* abside.
absolución, *s. f.* absolvição.
absolutismo, *adj.* e *s.* absolutismo.
absoluto (ta), *adj.* absoluto.
absolvente, *adj.* absolvente; absolvedor.
absolver, *v. t.* absolver; perdoar.
absorber, *v. t.* absorver; sorver.
absorción, *s. f.* absorção.
absorto (ta), *adj.* absorto; extasiado.
abstemio (a), *adj.* abstémio.

abstención, *s. f.* abstenção; abstinência
abstersión, *s. f. (med.)* abstersão.
abstinencia, *s. f.* abstenção; jejum.
abstracción, *s. f.* abstracção.
abstracto (ta), *adj.* abstracto.
abstraer, *v. t.* e *r.* abstrair.
absuelto (ta), *adj.* absolvido; absolto.
absurdo (da), *adj.* absurdo.
abubilla, *s. f. (zool.)* poupa.
abuela, *s. f.* avó; *(fig.)* mulher idosa.
abuelo, *s. m.* avô; *(fig.)* homem idoso.
abúlico (ca), *adj.* abúlico.
abultado (da), *adj.* avultado.
abultar, *v. t.* avultar; *(fig.)* ponderar.
abundante, *adj.* abundante; copioso.
abundar, *v. i.* abundar.
aburrido (da), *adj.* aborrecido; enfadado.
aburrir, *v. t.* aborrecer; enfadar.
abusar, *v. i.* abusar.
abusivo (va), *adj.* abusivo.
abuso, *s. m.* abuso.
acá, *adv.* cá; aqui.
acabado (da), *adj.* acabado; concluído.
acabar, *v. t.* acabar; terminar.
acacia, *s. f. (bot.)* acácia.
academia, *s. f.* academia.
académico (ca), *adj.* e *s.* académico.
acaecer, *v. i.* acontecer.
acalorado (da), *adj.* acalorado; ardente.
acalorar, *v. t.* acalorar.
acallar, *v. t.* fazer calar; acalmar.
acampar, *v. i.* acampar.
acanalado (da), *adj.* encanado; canalizado.
acantilado, *adj.* alcantilado; fragoso.
acantonar, *v. t. (mil.)* acantonar.
acaparar, *v. t.* açambarcar; monopolizar.
acariciar, *v. t.* acariciar; afagar.
acarrear, *v. t.* carrear; originar; ocasionar.
acarreo, *s. m.* acarretamento; carreto.
acartonarse, *v. r.* emagrecer; apergaminhar-se.
acaso, *s. m.* acaso; sorte.
acatar, *v. t.* acatar; cumprir; respeitar.
acatarrarse, *v. r.* acatarroar-se; encatarrar-se.
acato, *s. m.* acato; acatamento.
acceder, *v. i.* aceder; anuir.
accesible, *adj.* acessível.
acceso, *s. m.* accesso; chegada; entrada; passagem; *(med.)* acesso.
accesorio (ria), *adj.* e *s.* acessório; secundário.
accidentar, *v. t.* acidentar.
accidente, *s. m.* acidente.
acción, *s. f.* acção.
accionar, *v. i.* accionar gesticular.
acebo, *s. m. (bot)* azevinho.
acebuche, *s. m. (bot.)* zambujeiro.
acechar, *v. t.* espreitar; espiar.
acecho, *s. m.* espreita.
acedía, *s. f.* acidez; azia; azedume.
acéfalo (la), *adj.* acéfalo.
aceifa, *s. f.* aceifa; algara.
aceitar, *v. t.* azeitar; untar.
aceite, *s. m.* azeite; *aceite mineral:* petróleo.
aceitoso (sa), *adj.* oleoso; untuoso; gorduroso.
aceituna, *s. f. (bot)* azeitona.
acelerar, *v. t.* y *r.* acelerar.
acelga, *s. f. (bot.)* acelga; celga.
acémila, *s. f.* azémola.
acento, *s. m.* acento; flexão da voz.
acentuar, *v. t.* acentuar; *(fig.)* realçar.
acepción, *s. f.* acepção; significação.
aceptable, *adj.* aceitável; admissível.
aceptación, *s. f.* aceitação; aplauso; aprovação.
aceptar, *v. t.* aceitar; aprovar; admitir.
acepto (ta), *adj.* aceito; admitido.
acequia, *s. f.* acéquia; azenha.
acera, *s. f.* passeio lateral da rua.
acerbo (ba), *adj.* acerbo; áspero; cruel.
acercar, *v. t.* e *r.* acercar; aproximar.
acerico, *s. m.* alfineteira.
acero, *s. m.* aço; arma branca.
acérrimo (ma), *adj.* acérrimo; muito forte; vigoroso.
acertar, *v. t.* acertar; dar no alvo.

acertijo, *s. m.* adivinhação; enigma.
acervo, *s. m.* acervo; montão.
acetileno, *s. m.* acetileno; acetilene.
aciago (ga), *adj.* aziago; infausto.
acicalar, *v. t.* açacalar; polir.
acicate, *s. m.* acicate; *(fig.)* incentivo.
ácido (da), *adj.* ácido; *s. m.* ácido; acre.
acierto, *s. m.* acerto; *(fig.)* destreza; juízo.
ácimo, *adj.* V. **ázimo.**
acionero, *s. m.* seleiro; correeiro.
aclamar, *v. t.* aclamar; aplaudir; proclamar.
aclarar, *v. t.* aclarar; esclarecer.
aclimatar, *v. t.* aclimar; habituar.
acné, *s. f.* acne.
acodiciar, *v. t.* excitar a cobiça de.
acogedor (ra), *adj.* e *s.* acolhedor; agasalhadeiro.
acoger, *v. t.* acolher; agasalhar.
acometer, *v. t.* acometer; atacar.
acomodación, *s. f.* acomodação.
acomodador (ra), *adj.* acomodador; *s. m.* e *f.* arrumador.
acomodar, *v. t.* acomodar; dispor; adaptar.
acompañar, *v. t.* acompanhar; *(fig.)* juntar; agregar.
acondicionar, *v. t.* acondicionar, dispor.
acongojar, *v. t.* e *r.* oprimir; afligir.
acontecer, *v. i.* V. **suceder,** acontecer.
acontecimiento, *s. m.* acontecimiento; sucesso.
acopiar, *v. t.* juntar; amontoar; acumular.
acoplar, *v. t.* ensamblar; embutir (a madeira); ajustar; acasalar (macho e fêmea); *(fig.)* harmonizar.
acoquinar, *v. t.* y *r.* amedrontar; intimidar.
acorazado (da), *adj.* couraçado.
acorazar, *v. t.* couraçar.
acordar, *v. t.* resolver; concordar; acordar.
acorde, *s. m. (mús.)* conjunto harmonioso de três ou mais sons.
acordeón, *s. m.* acordeão.
acordonar, *v. t.* acordoar.
acorralar, *v. t.* encurralar (recolher no curral).
acortar, *v. t.* encurtar; reduzir; abreviar.
acosar, *v. t.* acossar; perseguir; *(fig.)* importunar.
acostar, *v. t.* deitar; encostar; arrimar; *(mar.)* acostar; atracar.
acostumbrar, *v. t.* acostumar; habituar.
acotar, *v. t.* abalizar; balizar; *v. r.* acoitar-se.
acre, *adj.* acre; áspero; *s. m.* acre; medida agrária.
acreditar, *v. t.* acreditar; afiançar; *(com.)* creditar.
acreedor (ra), *adj.* credor.
acribillar, *v. t.* crivar; furar; ferir; incomodar.
acrisolar, *v. t.* acrisolar, purificar.
acristianar, *v. t. (fam.)* cristianizar; baptizar.
acróbata, *s. m.* e *f.* acrobata: equilibrista.
acromático (ca), *adj. (ópt.)* acromático.
acrópolis, *s. f.* acrópole.
acta, *s. f.* acta; registo.
actitud, *s. f.* atitude; jeito.
activar, *v. t.* activar; estimular.
activo (va), *adj.* activo; enérgico; diligente.
acto, *s. m.* acto; acção; exame.
actor, *s. m.* actor.
actriz, *s. f.* actriz.
actuación, *s. f.* actuação.
actual, *adj.* actual; presente.
actualidad, *s. f.* actualidade.
actualizar, *v. t.* actualizar.
actuar, *v. t.* actuar; *(for.)* autuar; processar.
acuario, *s. m.* aquário.
acuartelar, *v. t.* aquartelar.
acuático (ca), *adj.* aquático.
acuciar, *v. t.* estimular; apressar; desejar.

acuchillar, *v. t.* esfaquear; anavalhar; acutilar.
acudir, *v. i.* acudir; socorrer; retorquir.
acueducto, *s. m.* aqueduto.
acuerdo, *s. m.* acordo; conveção.
acuñar, *v. t.* cunhar; amoedar.
acusación, *s. f.* acusação.
acusar, *v. t.* acusar; denunciar; culpar.
acusativo, *s. m.* acusativo.
acústico (ca), *adj.* acústico.
achacar, *v. t.* achacar; atribuir.
achaque, *s. m.* achaque.
achicar, *v. t.* minguar; reduzir.
achicharrar, *v. t.* frigir.
adagio, *s. m.* adágio; provérbio.
adán, *s. m.* homem sujo; desleixado.
adaptar, *v. t.* e *r.* adaptar; acomodar; amoldar.
adecuar, *v. t.* e *r.* adequar; acomodar.
adelantar, *v. t.* adiantar; acelerar.
adelante, *adv.* adiante; na frente.
adelgazar, *v. t.* adelgaçar; emagrecer.
ademán, *s. m.* ademane; gesto.
además, *adv.* ademais; demais.
adentrarse, *v. r.* adentrar-se.
adentro, *adv.* adentro.
adepto (ta), *adj.* e *s.* adepto; partidário.
aderezar, *v. t.* adereçar; enfeitar.
aderezo, *s. m.* adereço; enfeite.
adeudar, *v. t.* dever.
adherir, *v. i.* e *r.* aderir; unir.
adición, *s. f.* adição; soma.
adicionar, *v. t.* adicionar; somar.
adicto (ta), *adj.* e *s.* adicto ou adictício; dedicado.
adiestrar, *v. t.* adestrar; ensinar.
adinerado (da), *adj.* endinheirado.
adiós, *interj.* adeus; Deus vá contigo; boa viagem!
adiposo (sa), *adj.* *(zool.)* adiposo.
adivinación, *s. f.* adivinhação.
adivinar, *v. t.* adivinhar; predizer.
adjetivo (va), *adj.* *(gram.)* adjectivo.
adjudicar, *v. t.* adjudicar.
administración, *s. f.* administração.
administrador (ra), *adj.* e *s. m.* administrador; gerente.
administrar, *v. t.* administrar; gerir negócios; ministrar.
admirable, *adj.* admirável.
admirar, *v. t.* admirar; causar surpresa.
admisible, *adj.* admissível.
admitir, *v. t.* admitir; aceitar.
admonición, *s. f.* admonição.
adobar, *v. t.* adobar; enfeitar.
adolecer, *v. i.* adoecer.
adolescencia, *s. f.* adolescência.
adonde, *adv.* aonde; a que lugar.
adonis, *s. m.* *(fig.)* adónis; rapaz elegante.
adopción, *s. f.* adopção.
adoptar, *v. t.* adoptar; perfilhar.
adoquinar, *v. t.* empedrar; lajear; calcetar.
adorable, *adj.* adorável.
adorar, *v. t.* adorar; reverenciar.
adormecer, *v. t.* e *r.* adormecer; causar sono a.
adornar, *v. t.* adornar; alindar.
adorno, *s. m.* adorno; enfeite.
adquirir, *v. t.* adquirir.
adquisición, *s. f.* aquisição ou adquirição.
adrede, *adv.* adrede; de propósito.
adscr *v. t.* aditar; adscrever.
adscripción, *s. f.* adscrição.
aduana, *s. f.* alfândega; aduana.
aduanero (ra), *adj.* aduaneiro; alfandegário.
aducir, *v. t.* aducir; trazer.
adueñarse, *v. r.* apossar-se.
adulador (a), *adj.* e *s. m.* adulador.
adular, *v. t.* adular; bajular.
adulterar, *v. i.* adulterar; cometer adultério; *v. t.* *(fig.)* falsificar; contrafazer.
adulterio, *s. m.* adultério; falsificação.
adulto (ta), *adj.* e *s.* adulto.
advenir, *v. i.* vir; chegar.
adverbio, *s. m.* advérbio.
adversario (ria), *s. m.* e *f.* adversário.

adverso (sa), *adj.* adverso; oposto; contrario.
advertencia, *s. f.* advertência; admoestação; aviso.
advertir, *v. t.* e *i.* advertir; avisar; admoestar.
adviento, *s. m.* advento; vinda.
adyacente, *adj.* adjacente.
aéreo (a), *adj.* aéreo.
aerodinámica, *s. f.* aerodinámica.
aeródromo, *s. m.* aeródromo.
aerolito, *s. m.* aerólito.
aerómetro, *s. m.* aerómetro.
aeronauta, *s. m.* e *f.* aeronauta.
aeronave, *s. f.* aeronave; avião.
aeroplano, *s. m.* aeroplano.
aeropuerto, *s. m.* aeroporto.
afabilidad, *s. f.* afabilidade.
afable, *adj.* afável; amável.
afamar, *v. t.* afamar; dar fama; tornar famoso.
afán, *s. m.* afã; canseira.
afanar, *v. i.* e *r.* afanar.
afear, *v. t.* afear, tornar feio.
afección, *s. f.* afeição; afecto.
afectar, *v. t.* afectar; ostentar; aparentar; *(med.)* causar padecimiento.
afectivo (va), *adj.* afectivo; afectuoso.
afecto (ta), *adj.* afecto, afeiçoado.
afectuoso (sa), *adj.* afectuoso.
afeitar, *v. t.* enfeitar; adornar.
afeminado (da), *adj.* efeminado.
aferrar, *v. t.* aferrar; prender.
afianzar, *v. t.* afiançar.
aficionar, *v. t.* afeiçoar.
afilador (a), *adj.* e *s. m.* afiador.
afilalápices, *s. m.* apara-lápis.
afilar, *v. t.* afilar; aguçar.
afiliar, *v. t.* afiliar ou filiar.
afín, *adj.* afim; próximo.
afinar, *v. t.* afinar; aperfeiçoar.
afincar, *v. i.* adquirir propriedades.
afinidad, *s. f.* afinidade; analogia.
afirmación, *s. f.* afirmação.
afirmar, *v. t.* afirmar; asseverar.
afligir, *v. t.* afligir; apoquentar.
aflojar, *v. t.* afroixar ou afrouxar.
aflorar, *v. i.* aflorar; *v. t.* crivar a farinha.
afluencia, *s. f.* afluência; abundância ou cópia.
afluente, *adj.* e *s. m.* afluente; *s. m.* rio que vai desaguar a outro.
afluir, *v. i.* afluir, correr para.
afonía, *s. f.* afonia.
afónico (ca), *adj.* afónico.
aforismo, *s. m.* aforismo.
aforo, *s. m.* avaliação de géneros ou mercadorias.
afortunado (da), *adj.* afortunado; feliz.
afrenta, *s. f.* afronta; desonra.
africano (na), *adj.* e *s.* africano.
afrodisíaco (ca), *adj.* e *s. m.* afrodisíaco.
afrontar, *v. t.* afrontar; defrontar.
afuera, *adv.* fora; *s. f.* arredores.
agachada, *s. f.* *(fam.)* ardil; astúcia.
agachar, *v. t.* e *i.* *(fam.)* abaixar; *v. r.* *(fam.)* agachar-se; encolher-se.
agalla, *s. f.* galha; brânquia; guelra.
agangrenarse, *v. r.* V. **gangrenarse,** gangrenar(-se).
agarrada, *s. f.* *(fam.)* alterção; briga; rixa.
agarrar, *v. t.* agarrar; prender.
agarrotar, *v. t.* arrochar.
agasajar, *v. t.* agasalhar; hospedar.
agasauo, *s. m.* deferência.
ágata, *s. f.* ágata.
agencia, *s. f.* agência.
agenda, *s. f.* agenda.
agente, *s. m.* agente; representante; sujeito (de oração).
agigantar, *v. t.* *(fig.)* agigantar.
ágil, *adj.* ágil; ligeiro; lesto.
agilidad, *s. f.* agilidade; ligeireza.
agilitar, *v. t.* agilitar; destrar.
agitación, *s. f.* agitação; perturbação.
agitador (ra), *adj.* e *s. m.* agitador; revolucionário.
agitanado (da), *adj.* aciganado.
agitar, *v. t.* agitar; abalar.
aglomeración, *s. f.* aglomeração.
aglomerar, *v. t.* aglomerar; amontoar.

aglutinar, *v. t.* aglutinar; colar.
agnóstico (ca), *adj.* e *s.* agnóstico.
agobiar, *v. t.* vergar o corpo para o chão (sob o peso ou carga); angustiar.
agobio, *s. m.* curvatura; abatimento; angústia.
agonía, *s. f.* agonia; *(fig.)* aflição.
agonizar, *v. i.* agonizar.
agosto, *s. m.* Agosto.
agotamiento, *s. m.* esgotamento; extenuação.
agotar, *v. t.* esgotar; esvaziar.
agraciado (da), *adj.* agraciado; gracioso.
agraciar, *v. t.* agraciar.
agradable, *adj.* agradável.
agradar, *v. i.* agradar.
agradecer, *v. t.* agradecer.
agradecimiento, *s. m.* agradecimento; gratidão.
agrado, *s. m.* agrado; afabilidade.
agrandar, *v. t.* agrandar; aumentar.
agrario (ria), *adj.* agrário.
agravar, *v. t.* agravar; oprimir.
agraviado (da), *adj.* agravado.
agraviar, *v. t.* agravar; *v. r.* ofender-se.
agravio, *s. m.* agravo; ofensa.
agredir, *v. t.* agredir; atacar.
agregar, *v. t.* agregar; ajuntar.
agremiar, *v. t.* agremiar; associar.
agressión, *s. f.* agressão.
agresivo (va), *adj.* agressivo; hostil.
agresor (ra), *adj.* e *s. m.* agressor.
agriar, *v. t.* azedar; irritar.
agrícola, *adj.* agrícola.
agricultor (ra), *s. m.* e *f.* agricultor; lavrador.
agridulce, *adj.* e *s. m.* agridoce; acredoce.
agrietar, *v. t.* gretar; fender.
agrio (gria), *adj.* agro; azedo; ácido.
agrónomo, *s. m.* agrónomo.
agrupación, *s. f.* agrupamento; reunião.
agrupar, *v. t.* agrupar; reunir em grupo; apinhar.
agua, *s. f.* água.
aguacate, *s. m.* aguacate. abacate.
aguacero, *s. m.* aguaceiro.
aguador (ra), *s. m.* e *f.* aguadeiro.
aguafiestas, *s. m.* e *f.* desmancha-prazeres.
aguafuerte, *s. f.* água-forte.
aguamerina, *s. f.* água-marinha (pedra preciosa).
aguamiel, *s. f.* água-mel; hidromel.
aguantar, *v. t.* aguentar; sustentar ou suster.
aguante, *s. m.* sofrimento.
aguar, *v. t.* aguar; *(fig.)* frustrar, perturbar.
aguardar, *v. t.* aguardar; esperar; acatar.
aguardiente, *s. m.* aguardente.
aguarrás, *s. m.* aguarrás.
agudeza, *s. f.* agudeza ou agudez; *(fig.)* perspicácia.
agudo (da), *adj.* agudo; afiado; *(fig.)* perspicaz.
agüero, *s. m.* agouro; presságio; vaticínio.
aguijar, *v. t.* aguilhoar; estimular; incitar.
aguijón, *s. m.* aguilhão; ferrão.
águila, *s. f.* águia.
aguileña, *s. f. (bot.)* aquilégia ou aquileia.
aguileño (ña), *adj.* aquilino.
aguilucho, *s. m.* aguioto, filhote de águia.
aguinaldo, *s. m.* consoada; presente; cipó (planta).
aguja, *s. f.* agulha; obelisco; bússola.
agujerear, *v. t.* furar; esburacar.
agujero, *s. m.* agulheiro; buraco; *(fig.)* agulheiro (fabricante de agulhas).
agujeta, *s. f.* cordão com agulhetas; atacadores; *pl.* dores musculares.
agujón, *s. m.* agulhão; alfinete (para o cabelo das mulheres).
aguoso (sa), *adj.* V. **acuoso.**
agusanarse, *v. r.* bichar; criar vermes.
aguzador (ra), *adj.* e *s.* aguçador; afiador.

¡ah! *interj.* ah! (denota dor, alegria, ou surpresa).
ahelear, *v. t.* afelear; *(fig.)* desgostar; entristecer.
aherrumbrar, *v. t.* dar cor ou sabor do ferro; *r.* tornar-se ferruginoso; enferrujar.
ahí, *adv.* aí; nesse lugar; a esse lugar.
ahijado (da), *s. m.* e *f.* afilhado.
ahijar, *v. t.* perfilhar; adoptar; *v. i.* *(agr.)* filhar.
ahinco, *s. m.* afinco; eficácia; empenho; pertinácia.
ahogado (da), *adj.* afogado; abafado; abafadiço; *s. m.* e *f.* afogado.
ahogar, *v. t.* afogar; asfixiar; abafar; oprimir.
ahogo, *s. m.* *(fig.)* afogo; aflição; aperto; angústia.
ahora, *adv.* agora; neste momento; presentemente.
ahorcar, *v. t.* enforcar; estrangular.
ahorquillar, *v. t.* aforquilhar.
ahorrar, *v. t.* alforriar; economizar; forrar; popupar.
ahorro, *s. m.* alforria, libertação.
ahuecar, *v. t.* escavar, tornar oco; *(fig.)* envaidecer.
ahuesado (da), *adj.* da cor do osso; ósseo.
ahumado (da), *adj.* afumado; fumado; esfumado.
ahumar, *v. t.* afumar; defumar; *v. i.* fumegar; enegrecer.
ahuyentar, *v. t.* afugentar; *(fig.)* repelir; afastar.
airado (da), *adj.* irado; irritado.
airar, *v. t.* e *r.* irar; causar ira; irritar.
aire, *s. m.* ar; aragem; sopro; *(fig.)* aparência; garbo; brío.
airear, *v. t.* arejar- ventilar.
airoso (sa), *adj.* arejado; ventilado; *(fig.)* airoso.
aislado (da), *adj.* só; isolado; solto.
aislamiento, *s. m.* isolamento; isolação.
aislar, *v. t.* insular; isolar; separar.
ajar, *s. m.* alhal; plantio de alhos.
ajar, *v. t.* estragar.
ajedrecista, *s. m.* e *f.* xadrezista.
ajedrez, *s. m.* xadrez.
ajeno (na), *adj.* alheio; estranho.
ajerezado (da), *adj.* diz-se do vinho semelhante ao do Xerez.
ajetreo, *s. m.* fadiga; cansaço.
ajironar, *v. t.* debruçar.
ajo, *s. m.* *(bot.)* alho.
ajoarriero, *s. m.* guisado feito com abadejo.
ajustador (ra), *adj.* ajustador.
ajustar, *v. t.* ajustar; adaptar; combinar, consertar.
ajusticiado (da), *s. m.* e *f.* justiçado.
ajusticiar, *v. t.* justiçar; supliciar.
al, al, artigo árabe.
ala, *s. f.* asa;; ala; fileira.
Alá, *s. m.* Alá.
alabado (da), *adj.* louvado; *s. m.* bendito.
alabanza, *s. f.* louvor; elogio; aplauso.
alabar, *v. t.* louvar; elogiar; gabar; exaltar.
alabardero, *s. m.* alabardeiro; archeiro.
alabastro, *s. m.* alabastro.
alabeo, *s. m.* empenamento; empeno.
alacena, *s. f.* despensa ou armário.
alacrán, *s. m.* lacrau; escorpião.
alado (da), *adj.* alado.
alargar, *v. t.* alagar; encharcar; inundar.
alambicar, *v. t.* alambicar; *(fig.)* tornar afectado.
alambique, *s. m.* alambique.
alambrar, *v. t.* alambrar, cercar com fios de arame.
alambre, *s. m.* arame.
alameda, *s. f.* alameda; plantio de álamos; rua orlada com árvores.
álamo, *s. m.* álamo.
alancear, *v. t.* alancear; ferir com lança; lancear.
alarde, *s. m.* alardo; revista de tropas; alarde.
alardear, *v. i.* alardear; ostentar.
alargar, *v. t.* alargar; dilatar.

alarido, *s. m.* alarida ou alarido; clamor geral; lamentação.
alarma, *s. f.* alarme; sinal; grito; rebate.
alarmante, *adj.* alarmante.
alarmar, *v. t.* alarmar; alvoroçar; assustar.
alba, *s. f.* alva; a primeira luz do dia.
albacea, *s. m.* e *f.* testamenteiro.
albañil, *s. m.* alvanel ou alvenel; pedreiro.
albañilería, *s. f.* alvenaria.
albarán, *s. m.* escrito; papel afixado nas casas, oferendo-as de aluguer.
albarda, *s. f.* albarda.
albardán, *s. m.* bufão; truão; bobo.
albaricoque, *s. m.* albricoque.
albaricoquero, *s. m.* albricoqueiro; alpercheiro.
albear, *v. i.* alvejar, branquejar.
albedrío, *s. m.* alvedrio; arbitrio.
albéitar, *s. m.* alveitar.
alberca, *s. f.* alverca; tanque de nora.
albergar, *v. t.* albergar, recolher.
albergue, *s. m.* albergue; hospedaria.
albino (na), *adj. (zool.)* albino.
albóndiga, *s. f.* almôndega.
albor, *s. m.* brancura; alvor, alva.
alborada, *s. f.* alvorada; crepúsculo matutino; toque militar nos quartéis.
alborear, *v. i.* alvorejar; alvorear; alvorecer.
albornoz, *s. m.* albornoz.
alborotar, *v. t.* alvorotar; alvoroçar; perturbar.
alboroto, *s. m.* alvoroço ou alvoroto; desordem.
albricias, *s. f. pl.* alvíssaras.
albufera, *s. f.* albufeira.
albúmina, *s. f.* albumina.
albuminoideo (dea), *adj. (quím.)* albuminóide.
alcachofa, *s. f.* alcachofra ou alcachofa.
alcahuete (ta), *s. m.* e *f.* alcoviteiro; alcaiote.
alcalde, *s. m.* presidente da câmara municipal.
alcaldesa, *s. f.* alcaidessa.
alcaldía, *s. f.* alcaidaria; câmara municipal.
álcali, *s. m. (quím.)* álcali ou alcali.
alcalímetro, *s. m. (quím.)* aparelho para medir o álcali.
alcalino (na), *adj. (quím.)* alcalino.
alcance, *s. m.* seguimento; perseguição, alcance.
alcanfor, *s. m.* cânfora; alcanfor ou alcânfora.
alcántara, *s. f.* caixa grande, de madeira (nos teares).
alcantarilla, *s. f.* esgoto; sumidoiro ou sumidouro.
alcanzar, *v. t.* alcançar; conseguir; saber; entender.
alcaparra, *s. f.* alcaparra; alcaparreira.
alcaraván, *s. m. (zool.)* alcaravão.
alcarria, *s. f.* planalto, em geral, com pouca erva.
alcatraz, *s. m. (zool.)* alcatraz; canudo de papel.
alcazaba, *s. f.* alcáçova; castelo; fortaleza.
alcázar, *s. m.* alcácer; fortaleza; reduto.
alce, *s. m. (zool.)* alce; grande veado.
alcista, *s. m.* e *f.* altista; bolsista.
alcoba, *s. f.* alcova; quarto para dormir.
alcohol, *s. m.* álcool.
alcohólico (ca), *adj.* alcoólico.
alcoholímetro, *s. m.* alcoómetro; alcoolómetro.
alcoholismo, *s. m.* alcoolismo.
alcoholizar, *v. t.* alcoolizar.
alcor, *s. m.* colina; outeiro.
Alcorán, *s. m.* Alcorão.
alcornoque, *s. m.* sobro ou sobreiro; alcornoque.
alcotán, *s. m. (zool.)* açor.
alcotana, *s. f.* espécie de picareta, alvião.
alcurnia, *s. f.* ascendência; linhagem.

aldaba, *s. f.* aldraba; tranqueta.
aldabilla, *s. f.* aldraba pequena.
aldabón, *s. m.* aldrabão; aldraba grande.
aldabonazo, *s. m.* aldrabada forte.
aldea, *s. f.* aldeia.
aldeano (na), *adj.* aldeão ou aldeã; *(fig.)* inculto.
aleación, *s. f.* ligação; liga.
alear, *v. t.* ligar; combinar metais (fundindo-os).
aleatorio (ria), *adj.* aleatório.
aleccionar, *v. t.* leccionar; ensinar.
alecrín, *s. m. (zool.)* alecrim, peixe seláceo; *(bot.)* alecrim.
aledaño (ña), *adj.* confinante; limítrofe; fronteiro.
alegación, *s. f.* alegação.
alegar, *v. t.* alegar.
alegoría, *s. f.* alegoria.
alegorizar, *v. t.* alegorizar.
alegrar, *v. t.* alegrar.
alegre, *adj.* alegre; contente; *(fig.)* cores vivas; *(fam.)* animado (por bebidas alcoólicas).
alegro, *adv. (mús.)* alegro.
alegrón, *s. m. (fam.)* alegrão.
alejamiento, *s. m.* afastamento.
alejar, *v. t.* afastar; distanciar; apartar.
aleluya, *s. f.* aleluia.
alemán (na), *adj.* e *s.* alemão, natural da Alemanha; *s. m.* idioma alemão.
alentar, *v. i.* V. **respirar;** *v. t.* alentar; animar.
alergia, *s. f. (fisiol.)* alergia.
alero, *s. m.* beirado; beiral; aba do telhado.
alertar, *v. t.* alertar.
alerto (ta), *adj.* vigilante; cuidadoso.
aleta, *s. f.* asinha, pequena asa; barbatana de peixe.
aletargar, *v. t.* aletargar.
aletear, *v. t.* adejar; voejar.
aleteo, *s. m.* adejo; *(fig.)* palpitação violenta do coração.
alevosía, *s. f.* aleivosia; perfídia.
alfa, *s. f.* alfa.
alfabético (ca), *adj.* alfabético.
alfabeto, *s. m.* alfabeto; abecedário.
alfalfa, *s. f.* alfafa, alfalfa; luzerna.
alfaneque, *s. m.* alfaneque; francelho.
alfarero, *s. m.* oleiro.
alfeñique, *s. m.* alfenim; massa branca de açúcar; pessoa de fraca compleição.
alférez, *s. m. (mil.)* alferes.
alfiler, *s. m.* alfinete.
alfiletero, *s. m.* alfineteira; agulheiro.
alfombra, *s. f.* alfombra; tapete; alcatifa.
alfombrar, *v. t.* alfombrar; atapetar; alcatifar.
alforja, *s. f.* alforge.
algaara ou **algarada,** *s. f.* algara; algarada; sortida; clamor.
algarabía, *s. f.* algaravia ou algravia.
algarroba, *s. f. (bot.)* alfarroba (o fruto da alfarrobeira); alfarrobeira.
algarrobo, *s. m. (bot.)* alfarrobeira.
álgebra, *s. f.* álgebra.
álgido (da), *adj.* álgido.
algo, *pron.* algo; *adv.* um pouco; um tanto.
algodón, *s. m. (bot.)* algodoeiro (planta); algodão.
alguacil, *s. m.* aguazil ou alguazil; esbirro.
alguien, *pron. ind.* alguém.
algún, *adj.* algum.
alguno (na), *adj.* algum; qualquer.
alhaja, *s. f.* jóia; alfaia.
alharma, *s. f. (bot.)* arruda silvestre.
alhelí, *s. m.* aleli; goiveiro.
alhóndiga, *s. f.* terreiro do trigo; mercado deste cereal; celeiro.
alianza, *s. f.* aliança; união.
alias, *adv.* aliás.
alicaído (da), *adj.* alicaído; de asas caídas; *(fig. fam.)* débil.
alicatado (da), *s. f.* e *m.* obra de azulejos, generalmente de estilo árabe.
alicates, *s. m. pl.* alicate.
aliciente, *s. m.* aliciante; atractivo.
alícuota, *adj.* alíquota.
alienable, *adj.* alienável.

alienación, *s. f.* alienação; *(med.)* alienação mental; loucura.
alienado (da), *adj.* alienado.
aliento, *s. m.* alento; respiração; hálito.
aligerar, *v. t.* e *r.* aligeirar; abreviar.
alijar, *v. t.* alijar.
alijo, *s. m.* alijamento.
alimentación, *s. f.* alimentação.
alimentar, *v. t.* alimentar.
alimón (al), *adv. m.* sorte de toureio feita por dois lidadores.
alindar, *v. t.* lindar; demarcar; *v. t.* e *r.* alindar; aformosear.
alineación, *s. f.* alinhamento.
aliñado (da), *adj.* alinhado.
aliñar, *v. t.* alinhar; adornar.
aliño, *s. m.* alinho; adorno.
alioli, *s. m.* molho de alho e azeite.
aliquebrar, *v. t.* quebrar as asas (a uma ave).
alisar, *v. t.* e *r.* alisar.
alisios, *adj. pl.* e *s.* alisados; alísios (ventos).
alistamiento, *s. m.* alistamento; recrutamento.
alistar, *v. t.* e *r.* alistar; arrolar; recrutar; aprontar; *v. r.* sentar praça.
aliviar, *v. t.* aliviar; aligeirar; diminuir.
alivio, *s. m.* alívio; atenuação.
aljama, *s. f.* aljama; judiaria.
aljibe, *s. m.* algibe; cisterna.
aljofaina, *s. f.* bacia.
aljófar, *s. m.* aljófar (pérola miúda); lágrimas.
aljuba, *s. f.* aljuba, vestimenta árabe.
alma, *s. f.* alma; espírito.
almacén, *s. m.* armazém; depósito de mercadorias; loja.
almacenar, *v. t.* armazenar; depositar.
almadraba, *s. f.* almadrava.
almanaque, *s. m.* almanaque.
almazara, *s. f.* lagar de azeite; azenha.
almazarero, *s. m.* lagareiro.
almeja, *s. f.* amêijoa.
almena, *s. f.* ameia.
almenar, *v. t.* amear.
almenara, *s. f.* almenara.
almendra, *s. f.* amêndoa.
almendrado (a), *adj.* amendoado.
almendro, *s. m. (bot.)* amendoeira.
almíbar, *s. m.* calda de açúcar; melaço.
almidón, *s. m.* amido.
almidonar, *v. t.* amidoar; amidonar.
alminar, *s. m.* minarete; almenara.
almirantazgo, *s. m.* almirantado.
almirante, *s. m.* almirante.
almirez, *s. m.* almofariz.
almohada, *s. f.* almofada.
almohadillar, *v. t. (arq.)* almofadar.
almohadón, *s. m.* almofadão.
almona, *s. f.* lugar onde se pesca o sável.
almoneda, *s. f.* almoeda; leilão.
almorrana, *s. f. (med.)* almorreimas; hemorróides.
almorzar, *v. i.* almoçar.
almuerzo, *s. m.* almoço.
alocado (da), *adj.* aloucado.
alocución, *s. f.* alocução.
áloe, *s. m. (bot.)* aloés.
alojamiento, *s. m.* alojamento; estalagem; quartel.
alojar, *v. t.* alojar; hospedar; aquartelar; aboletar.
alomar, *v. t.* (agr.) arar a terra formando lombos.
alón, *s. m.* asa inteira de qualquer ave (sem penas).
alondra, *s. f. (zool.)* calhandra.
alpaca, *s. f. (zool.)* alpaca (ruminante); *(fig.)* alpaca (tecido e liga metálica).
alpargata, *s. f.* alpargata.
alpinismo, *s. m.* alpinismo.
alpino (na), *adj.* alpino.
alpiste, *s. m. (bot.)* alpista ou alpiste.
alquilar, *v. t.* alugar; alquilar; arrendar.
alquimia, *s. f.* alquimia.
alquimista, *s. m.* alquimista.
alquitara, *s. f.* alquitara.
alquitarar, *v. t.* destilar em alambique.
alquitrán, *s. m.* alcatrão.
alquitranar, *v. t.* alcatroar.

alrededor, *adv.* ao redor; em torno; cerca; *pl.* arredores.
alta, *s. f.* alta; licença para sair do hospital.
altanería, *s. f.* altanaria (caça); soberba; orgulho.
altar, *s. m.* altar; culto.
altea, *s. f. (bot.)* alteia.
alterable, *adj.* alterável.
alterar, *v. t.* alterar; mudar; modificar; falsificar.
altercación, *s f.* altercação; disputa.
altercar, *v. t.* altercar; disputar; porfiar.
alternación, *s. f.* alternação; acção de alternar.
alternador (ra), *adj.* e *s. m.* alternador.
alternar, *v. t.* alternar; repetir.
alterno (na), *adj.* alterno; alternado; revezado.
altibajo, *s. m.* altibaixo; *pl. (fam.)* terreno desigual; *(fig.)* vicissitudes.
altillo, *s. m.* colina; encosta.
altiplanicie, *s. f.* meseta; altiplanura, planalto.
altísimo (ma), *adj.* altíssimo.
altisonante, *adj.* altissonante.
altitud, *s. f.* altitude; altura; elevação acima do nível do mar.
altivo (va), *adj.* altivo; orgulhoso.
alto (ta), *adj.* alto; elevado; crescido; caro; *s. m.* altura.
altramuz, *s. m. (bot.)* tremoceiro (planta); tremoço.
altruísta, *adj.* e *s.* altruísta.
altura, *s. f.* altura; elevação; eminência.
alubia, *s. f.* feijão; V. **judía.**
alucinar, *v. t.* alucinar; desvairar.
alucita, *s. f. (zool.)* alucita.
alud, *s. m.* alude; avalancha.
aluda, *s. f. (zool.)* aluda.
aludir, *v. i.* aludir; mencionar.
alumbrar, *v. t.* alumiar; iluminar; *(fig.)* ensinar; instruir; *(agr.)* fazer a alumia (primeira cava da vinha); *v. i.* dar à luz.
aluminio, *s. m. (quím.)* alumínio.
alumno (na), *s. m.* e *f.* aluno; educando; discípulo.
alusión, *s. f.* alusão.
aluvión, *s. m.* aluvião; inundação.
alvéolo, *(zool.)* alvéolo; leito de rio.
alvino (na), *adj. (zool.)* alvino; intestinal.
alza, *s. f.* alça; peça das armas de fogo; alta, subida de preços.
alzada, *s. f.* estatura do cavalo.
alzar, *v. t.* alçar; levantar; elevar; edificar.
allá, *adv.* lá; naquele lugar; além; noutros tempos.
allanar, *v. t.* alhanar; aplanar; igualar; nivelar.
allegar, *v. t.* e *r.* recolher; juntar; achegar.
allende, *adv.* além; acolá.
allí, *adv.* ali; naquele lugar.
ama, *s. f.* ama; dona de casa; governanta; aia.
amabilidad, *s. f.* amabilidade.
amable, *adj.* amável; afável.
amaestrar, *v. t.* amestrar; adestrar; ensinar; executar.
amago, *s. m.* ameaça, acção de ameaçar; sinal; sintoma.
amainar, *v. t. (mar.)* amainar.
amalgama, *s. f. (quím.)* amálgama; liga; *(fig.)* conjunto de coisas várias.
amalgamar, *v. t. (quím.)* amalgamar; misturar.
amancebamiento, *s. m.* amancebamento; concubinato.
amancillar, *v. t.* manchar; ofender; desonrar; afear.
amanecer, *v. i.* amanhecer; começar a manhã.
amanecer, *s. m.* amanhecer; aurora; alvorada.
amanerarse, *v. r.* amaneirar-se; presumir-se.
amansar, *v. t.* amansar; domesticar; domar (um animal); *(fig.)* aplacar.
amante, *adj.* e *s. m.* e *f.* amante; *s. m. (mar.)* calabre.

amanuense, *s. m.* e *f.* amanuense; escriturário.
amañado (da), *adj.* amanhado.
amañar, *v. t.* amanhar; ajeitar.
amapola, *s. f. (bot.)* papoila.
amar, *v. t.* amar.
amargar, *v. i.* amargar; ter sabor amargo.
amargo (ga), *adj.* amargo; acre.
amargor, *s. m.* amargor; amargo; *(fig.)* aflição.
amargura, *s. f.* amargura; aflição; pena.
amarilla, *s. f. (fig. fam.)* moeda de oiro; *(vet.)* doença do gado lanígero.
amarillo (lla), *adj.* amarelo.
amarra, *s. f. (mar)* amarra; *pl. (fig.)* apoio; protecção.
amarrar, *v. t.* amarrar.
amarre, *s. m.* trapaça no jogo das cartas.
amasar, *v. t.* amassar; misturar; *(fig.)* friccionar.
amasijo, *s. m.* amassilho.
amatista, *s. f.* ametista.
amazona, *s. f.* amazona.
ambages, *s. m. pl. (fig.)* ambages; circunlóquios.
ámbar, *s. m.* âmbar
ambición, *s. f.* ambição; desejo imoderado.
ambicionar, *v. t.* ambicionar; cobiçar; aspirar a.
ambiente, *s. m.* ambiente; o que nos rodeia.
ambigú, *s. m.* refeição nocturna; local onde é servida.
ambiguo (a), *adj.* ambíguo; equívoco.
ámbito, *s. m.* âmbito; espaço; circuito.
ambos (as), *adj. pl.* ambos.
ambulancia, *s. f.* ambulância.
amedrentar, *v. t.* amedrontar; atemorizar.
amén, *interj.* ámen ou amém; assim seja; *adv.* além de.
amenaza, *s. f.* ameaça.
amenazar, *v. t.* ameaçar.
amenguar, *v. t.* diminuir; difamar.
amenidad, *s. f.* amenidade; deleite.
amenizar, *v. t.* amenizar.
ameno (na), *adj.* ameno; deleitoso.
americana, *s. f.* casaco; peça de vestuário.
ametralladora, *s. f.* metralhadora.
ametrallar, *v. t.* metralhar.
amianto, *s. m.* amianto.
amiga, *s. f.* amiga; concubina.
amígdala, *s. f. (anat.)* amígdala.
amigo (ga), *adj.* e *s. m.* amigo.
amilanado (da), *adj.* cobarde; receoso.
amilanar, *v. t. (fig.)* assustar; *v. r.* acobardar-se.
amistad, *s. f.* amizade.
amnesia, *s. f.* amnésia.
amnistía, *s. f.* amnistia; perdão.
amo, *s. m.* amo; patrão.
amodorrecer, *v. t.* e *i.* amodorrar ou amodorrecer.
amohecer, *v. t.* V. **enmohecer.**
amohinar, *v. t.* amofinar; afligir.
amolar, *v. t.* amolar; afilar; *(fig. fam.)* incomodar.
amoldar, *v. t.* amoldar; adaptar.
amollar, *v. i.* desistir.
amonestación, *s. f.* admoestação; repreensão.
amonestar, *v. t.* admoestar; advertir; repreender.
amoníaco (ca), *s. m. (quím.)* amoníaco.
amontillado, *adj.* e *s.* diz-se dum vinho espanhol.
amontonar, *v. t.* amontoar.
amor, *s. m.* amor, afeição profunda.
amoral, *adj.* amoral.
amoratado (da), *adj.* arroxeado; tirante a roxo.
amordazar, *v. t.* amordaçar; açaimar.
amorfo (fa), *adj.* amorfo.
amoroso (sa), *adj.* amoroso; carinhoso; *(fig.)* suave.
amortajar, *v. t.* amortalhar.
amortiguador (ra), *adj.* amortecedor.
amortiguar, *v. t.* amortecer; enfraquecer; abrandar.
amortizar, *v. t.* amortizar; remir.

amotinamiento, *s. m.* amotinação; motim; tumulto.
amotinar, *v. t.* amotinar; alvoroçar; revoltar.
amovible, *adj.* amovível; temporário; transitório.
amparar, *v. t.* amparar; favorecer; proteger; ajudar.
amperímetro, *s. m.* amperímetro ou amperómetro.
amperio, *s. m.* ampere; ampério.
ampliación, *s. f.* ampliação.
ampliar, *v. t.* ampliar ampliar; largar; dilatar; aumentar.
amplificar, *v. t.* amplificar; ampliar; dilatar.
amplio (a), *adj.* amplo; espaçoso.
amplitud, *s. f.* amplitude.
ampolla, *s. f.* empola; bolha; ampola (reservatório de vidro ou de cristal).
ampulosidad, *s. f.* afectação.
ampuloso (sa), *adj.* empolado (diz-se do estilo).
amputación, *s. f.* *(cir.)* amputação.
amputar, *v. t.* amputar; mutilar.
amueblar, *v. t.* mobilar.
amuelar, *v. t.* recolher o trigo na eira; emedar.
amuleto, *s. m.* amuleto; talismã.
amurallar, *v. t.* V. **murar.**
ana, *adv.* ana, termo de receituário médico significando «em partes iguais».
ana, *s. f.* medida de comprimento; vara.
anabaptista, *adj.* anabaptista.
anacarado (da), *adj.* anacarado.
anacoreta, *s. m.* e *f.* anacoreta; solitário.
anacrónico (ca), *adj.* anacrónico.
ánade, *s. m.* *(zool.)* ânate, pato.
anafrodita, *adj.* e *s.* anafrodita.
anagrama, *s. m.* anagrama.
anal, *adj.* *(zool.)* anal.
anales, *s. m. pl.* anais; história.
analfabetismo, *s. m.* analfabetismo; ignorância.
analgesia, *s. f.* *(med.)* analgesia; analgia.
análisis, *amb.* análise; exame; decomposição.
analista, *s. m.* e *f.* analista.
analizar, *v. t.* analisar.
analogía, *s. f.* analogia.
análogo (ga), *adj.* análogo.
anaranjado (da), *adj.* alaranjado.
anarquía, *s. f.* anarquia; *(fig.)* desordem; confusão.
anatema, *amb.* anátema; reprovação.
anatematizar, *v. t.* anatematizar; excomungar.
anatomía, *s. f.* anatomia.
anatomizar, *v. t.* anatomizar; dissecar; *(esc.* e *pint.)* assinalar nas figuras os ossos e músculos.
anca, *s. f.* anca, cadeiras, quartos traseiros (do animal); quadril; garupa; nádegas.
ancestral, *adj.* ancestral.
anciano (na), *adj.* e *s.* ancião; velho; anciã.
ancla, *s. f.* âncora.
anclar, *v. i.* *(mar.)* ancorar; fundear.
ancheta, *s. f.* pacotilha; pequeña quantidade de mercadoria.
ancho (cha), *adj.* ancho; largo; folgado; amplo.
ancho, *s. m.* largura.
anchoa, *s. f.* biqueirão; anchova.
anchura, *s. f.* largura; largueza.
anchuroso (sa), *adj.* muito ancho ou espaçoso.
andadura, *s. f.* andadura (certo passo dos cavalos).
andamio, *s. m.* andaime; palanque; bailéu.
andana, *s. m.* andaina ou andana; fileira.
andanada, *s. f.* surriada; bordoada; *(fig. fam.)* repreensão severa.
andante, *adj.* andante; *s. m.* *(mús.)* andante.
andanza, *s. f.* caso; sucesso.
andar, *v. i.* andar; caminhar; moverse.

andas, *s. f. pl.* andas; padiola; liteira; andas (do féretro); andor.
andém, *s. m.* cais; plataforma de estação.
andino (na), *adj.* andino ou andícola.
andola, *s. f.* canção popular do século XVII.
andorga, *s. f. (fam.)* ventre; barriga.
andorra, *s. f. (fam.)* mulher vagabunda.
andrajo, *s. m.* andrajo; farrapo; trapo; *(fig.)* pessoa ou coisa desprezível.
andrajoso (sa), *adj.* andrajoso; esfarrapado.
andrógino (na), *adj. (bot.* e *zool.)* andrógino; hermafrodita.
anécdota, *s. f.* anedota.
anegar, *v. t.* e *r.* inundar; submergir; alagar.
anejo (ja), *adj.* V. **anexo.**
anemia, *s. f.* anemia; enfraquecimento; astenia.
anémico (ca), *adj.* anémico.
anemometría, *s. f.* anemometria.
anestesiar, *v. t.* anexar; apensar; juntar; ligar.
anexión, *s. f.* anexação.
anexo (xa), *adj.* e *s.* anexo; lugado; junto; sujeito.
anfibio (bia), *adj.* e *s. m.* anfíbio.
anfiteatro, *s. m.* anfiteatro.
anfitrión, *s. m. (fig. fam.)* anfitrião.
ánfora, *s. f.* ânfora.
ángel, *s. m.* anjo; espírito celeste.
angélica, *s. f.* angélica (oração); *(bot.)* planta medicinal.
angelito, *s. m.* anjinho.
ángelus, *s. m.* angelus (avemarias ou trindades).
angina, *s. f.* angina.
anglicano (na), *adj.* anglicano.
anglicismo, *s. m.* anglicismo.
anglo (gla), *adj.* anglo; inglês.
angloamericano (na), *adj.* e *s.* anglo-americano.
anglófilo (la), *adj.* anglófilo.
anglófobo (ba), *adj.* anglófobo.
anglomanía, *s. f.* anglomania.
angosto (ta), *adj.* estreito; apertado; angusto.
anguila, *s. f. (zool.)* enguia; eiró ou eirós.
angula, *s. f. (zool.)* cria da enguia.
angular, *adj.* angular.
ángulo, *adj. (geom.)* ângulo.
angustia, *s. f.* angústia; aflição; mágoa, tristeza.
angustiar, *v. t.* angustiar; afligir.
angustioso (sa), *adj.* angustioso.
anhelar, *v. t.* anelar (ter anelação); respirar mal.
anhelo, *s. m.* anelo; ânsia.
anhídrico, *s. m. (quím.)* anidrido.
anhidro (dra), *adj. (quím.)* anidro.
anidar, *v. i.* aninhar; estar em ninho; *(fig.)* morar; habitar.
anilina, *s. f. (quím.)* anilina.
anilla, *s. f.* anilha; anilho; anel; argola; ilhó.
anillar, *v. t.* anilhar (pôr anilhas).
anillo, *s. m.* anel; argola.
ánima, *s. f.* alma.
animación, *s. f.* animação; vivacidade; afluência.
animado (da), *adj.* animado; alegre; divertido.
animadversión, *s. f.* animadversão; inimizade; ódio.
animal, *adj.* animal.
animar, *v. t.* animar; entusiasmar; vivificar; excitar.
ánimo, *s. m.* ânimo; espírito; coragem; vida; valor; intenção.
animosidad, *s. f.* animosidade; má vontade.
animoso (sa), *adj.* animoso; corajoso; valoroso.
aniñarse, *v. r.* ameninar-se.
aniquilación, *s. f.* aniquilação; aniquilamento.
aniquilar, *v. t.* aniquilar.
anís, *s. m. (bot.)* anis; *(fig.)* licor.
aniversário (ria), *adj.* anual; *s. m.* aniversário.
ano, *s. m.* ânus.

anoche, *adv.* na noite de ontem; ontem à noite.
anochecer, *v. i.* anoitecer; *s. m.* o crepúsculo da tarde.
anodinia, *s. f. (med.)* anodinia; ausência de dores.
anodino (na), *adj. (med.)* anódino; inofensivo.
ánodo, *s. m. (fís.)* ânodo ou anódio.
anomalía, *s. f.* anomalia; irregularidade.
anómalo (la), *adj.* anómalo; irregular; estranho.
anonadar, *v. t.* aniquilar; *(fig.)* apoucar; humilhar.
anónimo (ma), *adj.* anónimo.
anormal, *adj.* anormal; irregular.
anotación, *s. f.* anotação.
anotar, *v. t.* anotar; apontar.
anquilosarse, *v. r.* ancilosar-se.
ansiar, *v. t.* ansiar; anelar.
ansiedad, *s. f.* ansiedade.
antagónico (ca), *adj.* antagónico; oposto; contrário.
antaño, *adv.* antanho.
ante, *prep.* diante; antes de.
anteanoche, *adv.* anteontem à noite.
anteanteanoche, *adv.* trasantontem à noite.
anteanteayer, *adv.* trasantontem; tresantontem.
anteayer, *adv.* anteontem.
antebrazo, *s. m.* antebraço.
antecámara, *s. f.* antecâmara.
antecedente, *adj.* antecedente; precedente.
anteceder, *v. t.* V. **preceder.**
antecesor (ra), *adj.* e *s.* antecessor; predecessor.
antedecir, *v. t.* antedizer.
antedicho (cha), *adj.* antedito.
antefirma, *s. f.* antefirma.
antelación, *s. f.* antelação; prioridade.
antemano (de), *adv. m.* de antemão; antecipadamente.
antena, *s. f. (fís.)* antena.
antepasado (da), *adj.* antepassado; anterior.
antepecho, *s. m.* parapeito; peitoril.
antepenúltimo (ma), *adj.* antepenúltimo.
anteponer, *v. t.* antepor; preferir.
anteproyecto, *s. m.* anteprojecto.
anterior, *adj.* anterior.
antes, *adv.* antes; em tempo ou lugar anterior.
antesala, *s. f.* antessala.
antevíspera, *s. f.* antevéspera.
anti, *pref. insep.* anti (denota oposição).
anticipar, *v. t.* antecipar.
Anticristo, *s. m.* Anticristo.
anticuar, *v. t.* antiquar.
antídoto, *s. m.* antídoto.
antífona, *s. f.* antífona.
antigüedad, *s. f.* antiguidade.
antílope, *s. m. (zool.)* antílope, quadrúpede rumiante.
antimonio, *s. m. (quím.)* antimónio.
antipático (ca), *adj.* antipático.
antípoda, *adj.* antípoda.
antiquísimo (ma), *adj.* antiquíssimo; muito antigo.
antirrábico (ca), *adj. (med.)* antirábico.
antítesis, *s. f.* antítese.
antojarse, *v. r.* antojar; antolhar.
antojo, *s. m.* antojo; capricho.
antología. *s. f.* antologia.
antorcha, *s. f.* archote; círio.
antracita, *s. f.* antracite.
antro, *s. m.* antro; caverna.
antropófago (ga), *adj.* e *s.* antropófago.
antropolatría, *s. f.* antropolatria.
antropología, *s. f.* antropologia.
anual, *adj.* anual.
anualmente, *adv.* anualmente.
anuario, *s. m.* anuário.
anudar, *v. t.* atar; apertar com nós.
anuencia, *s. f.* anuência.
anulación, *s. f.* anulação.
anular, *adj.* anelar; anular.
anular, *v. t.* anular; cancelar; inutilizar.
anuloso (sa), *adj.* aneloso.

anunciación, *s. f.* anunciação.
anunciador (ra), *adj.* e *s.* anunciador.
anunciar, *v. t.* anunciar.
anverso, *s. m.* anverso.
anzuelo, *s. m.* anzol; anzolo.
añadido (da), *adj.* acrescentado; *s. m.* postiço.
añadir, *v. t.* aumentar; acrescentar.
añejar, *v. t.* envelhecer.
añejo (ja), *adj.* antigo; velho.
añicos, *s. m. pl.* fanicos; pedaços pequenos.
añil, *s. m. (bot.)* anileira ou anileiro; anil.
año, *s. m.* ano.
añoranza, *s. f.* saudade; nostalgia.
añorar, *v. i.* ter saudade.
aoristo, *s. m.* aoristo.
aorta, *s. f. (anat.)* aorta.
apabullar, *v. t. (fam.)* esmagar.
apacentadero, *s. m.* pastagem.
apacentar, *v. t.* apascentar; pascer.
apacible, *adj.* aprazível.
apaciguar, *v. t.* apaziguar; sossegar.
apache, *adj.* apache.
apadrinar, *v. t.* apadrinhar; *(fig.)* patrocinar.
apagado (da), *adj.* apagado.
apagar, *v. t.* apagar; extinguir.
apaisado (da), *adj.* oblongo.
apalabrar, *v. t.* apalavrar.
apalear, *v. t.* apalear; palear.
apañar, *v. t.* apanhar; colher.
aparador (ra), *adj.* aparador; *s. m.* aparador (móvel de sala de jantar).
aparato, *s. m.* aparato; pompa; ligadura.
aparatoso (sa), *adj.* aparatoso; pomposo.
aparecer, *v. i.* aparecer; mostrar-se; achar-se.
aparejador (ra), *adj.* e *s. m.* aparelhador; preparador.
aparejar, *v. t.* aparelhar; preparar; dispor; arrear.
aparejo, *s. m.* aparelho.
aparentar, *v. t.* aparentar.
apariencia, *s. f.* aparência.
apartado (da), *adj.* apartado.
apartar, *v. t.* apartar; separar.
aparte, *adv.* à parte; noutro lugar.
apasionado (da), *adj.* apaixonado.
apasionar, *v. t.* apaixonar; entusiasmar.
apatía, *s. f.* apatia; indolência.
apeadero, *s. m.* apeadeiro.
apear, *v. t.* apear; fazer descer.
apechugar, *v. i.* empurrar com o peito.
apedrear, *v. t.* apedrejar.
apegarse, *v. r. (fig.)* ganhar apego ou afeição.
apelación, *s. f. (for.)* apelação; recurso.
apelar, *v. i. (for.)* apelar.
apelmazar, *v. t.* condensar; comprimir.
apelotonar, *v. t.* formar pelotões.
apellidar, *v. t.* gritar; convocar.
apellido, *s. m.* apelido; sobrenome de família.
apenar, *v. t.* apenar.
apenas, *adv.* apenas; somente.
apéndice, *s. m.* apêndice; acessório.
apendicitis, *s. f. (med.)* apendicite.
apercibimiento, *s. m.* apercebimento; observação.
apercibir, *v. t.* aperceber; prevenir.
apergaminarse, *v. r. (fig. fam.)* apergaminhar-se.
aperitivo (va), *adj.* aperitivo; aperiente.
apero, *s. m.* apeiria; apeitragem.
apertura, *s. f.* abertura.
apesadumbrar, *v. t.* causar mágoa.
apestar, *v. t.* apestar; *(fig.)* corromper.
apetecer, *v. t.* apetecer.
apetecible, *adj.* apetecível.
apetito, *s. m.* apetite; vontade de comer.
apiadar, *v. t.* apiedar.
ápice, *s. m.* ápice; cume.
apilar, *v. t.* empilhar; amontoar.
apiñado (da), *adj.* apinhado.
apiñar, *v. t.* apinhar; empilhar.
apio, *s. m. (bot.)* aipo.

apisonar, *v. t.* pisar.
aplacar, *v. t.* aplacar; amansar.
apacible, *adj.* aprazível.
aplanar, *v. t.* aplanar; igualar.
aplastar, *v. t.* machucar; achatar.
aplaudir, *v. t.* aplaudir; louvar.
aplazamiento, *s. m.* aprazamento.
aplazar, *v. t.* aprazar.
aplicación, *s. f.* aplicação.
aplicar, *v. t.* aplicar; sobrepor.
aplique, *s. m.* qualquer acessório para decoração.
aplomar, *v. t.* aprumar.
aplomo, *s. m.* aprumo.
apocado (da), *adj.* apoucado.
apocalipsis, *s. m.* apocalipse.
apocar, *v. t.* apoucar; reduzir.
apócope, *s. f.* apócope.
apócrifo (fa), *adj.* apócrifo.
apodar, *v. t.* apodar; alcunhar.
apoderado (da), *adj.* e *s.* apoderado; autorizado.
apoderamiento, *s. m.* procuração.
apoderar, *v. t.* e *r.* autorizar.
apodíctico (ca), *adj.* *(-óg.)* apodíctico.
apodo, *s. m.* apodo.
ápodo (da), *adj.* *(zool.)* ápode.
apófisis, *s. f.* *(anat.)* apófise.
apogeo, *s. m.* apogeu.
apolillar, *v. t.* roer (a traça); traçar.
apologético (ca), *adj.* apologético.
apología, *s. f.* apologia.
apologista, *s. m.* e *f.* apologista.
apoltronarse, *v. r.* apoltronar-se.
apoplejía, *s. f.* *(med.)* apoplexia.
aporisma, *s. m.* *(cir.)* aporisma.
aporrear, *v. t.* espancar com pau.
aportación, *s. f.* acção de entregar a cada um a sua cota.
aportar, *v. i.* aportar; fundear.
aportillar, *v. t.* aportilhar.
aposentar, *v. t.* aposentar.
aposento, *s. m.* aposento; quarto.
aposta, *adv.* de propósito.
apostar, *v. i.* apostar; *v. i.* *(fig.)* competir.
apóstata, *s. m.* e *f.* apóstata.
apostatar, *v. i.* apostatar.
apostilla, *s. f.* apostila.
apóstol, *s. m.* apóstolo.
apóstrofe, *amb.* apóstrofe.
apotegma, *s. m.* apotegma.
apotema, *s. f.* apótema.
apoteosis, *s. f.* apoteose.
apoyar, *v. t.* apoiar; aplaudir.
apoyo, *s. m.* apoio; base.
apreciable, *adj.* apreciável.
apreciar, *v. t.* apreçar; avaliar.
aprecio, *s. m.* apreço; estima.
aprehensor (ra), *adj.* apreensor.
apremiante, *adj.* premente.
apremiar, *v. t.* apressar.
apremio, *s. m.* constrangimento.
aprender, *v. t.* aprender.
aprendiz (za), *s. m.* e *f.* aprendiz.
aprensar, *v. t.* imprimir; prensar *(fig.)* angustiar.
aprensión, *s. f.* apreensão.
apresar, *v. t.* apresar; agarrar.
aprestar, *v. t.* aprestar; preparar.
apresto, *s. m.* apreste; apresto.
apresurar, *v. t.* apressurar.
apretar, *v. t.* apertar; estreitar.
aprisa, *adv.* à pressa.
aprisco, *s. m.* aprisco.
aprisionar, *v. t.* aprisionar.
aprobación, *s. f.* aprovação.
aprobar, *v. t.* aprovar; julgar bom concordar.
apropiar, *v. t.* apropriar; adaptar acomodar.
aprovechar, *v. i.* aproveitar; utilizar progredir (falando de estudos).
aprovisionador, *s. m.* aprovisionador
aprovisionar, *v. t.* aprovisionar.
aproximación, *s. f.* aproximação.
aproximar, *v. t.* aproximar; acercar chegar.
ápside, *s. m.* *(astron.)* abside ou ap side; afélio.
aptitud, *s. f.* aptidão.
apto (ta), *adj.* apto; hábil.
apuesta, *s. f.* aposta.
apuntado (da), *adj.* apontado (assina lado); pontiagudo.
apuntador (ra), *adj.* apontador.

apuntalar, *v. t.* escorar; especar.
apuntar, *v. t.* apontar; indicar.
apunte, *s. m.* apontamento; rascunho.
apuñalar, *v. t.* apunhalar.
apurar, *v. t.* apurar; purificar.
apuro, *s. m.* apuro; perfeição.
aquejar, *v. t. (fig.)* afligir; magoar.
aquel (lla, llo), *pron. dem.* aquele; aquela; aquilo.
aquí, *adv.* aqui; neste lugar.
aquiescencia, *s. f.* aquiescência; anuência.
aquietar, *v. t.* aquietar; apaziguar; sossegar.
aquilatar, *v. t.* aquilatar.
ara, *s. f.* ara; altar.
árabe, *adj.* árabe; *s. m.* idioma árabe.
arable, *adj.* arável.
arácnido (da), *adj. (zool.)* aracnídeo.
arada, *s. f.* arada; aradura.
arado, *s. m.* arado.
arameo (a), *adj.* arameu ou aramaico; *s. m.* arameu.
arancel, *s. m.* tarifa oficial; taxa; norma; lei.
arandela, *s. f.* arandela.
araña, *s. f.* aranha.
arañar, *v. t.* arranhar.
arañazo, *s. m.* arranhão; arranhadela.
arar, *v. t.* arar; lavrar; sulcar.
arbitraje, *s. m.* arbitragem.
arbitrar, *v. t.* arbitrar.
arbitrio, *s. m.* arbítrio.
árbitro, *s. m.* árbitro; juiz.
árbol, *s. m. (bot.)* árvore.
arboleda, *s. f.* alameda; arvoredo.
arbotante, *s. m. (arq.)* arcobotante; botaréu.
arbusto, *s. m.* arbusto.
arca, *s. f.* arca; cofre.
arcada, *s. f. (arq.)* arcada; série de arcos.
arcaico (ca), *adj.* arcaico; antiquado; obsoleto.
arcaísmo, *s. m.* arcaísmo.
arcángel, *s. m.* arcanjo.
arcediano, *s. m.* arcediago.
arcén, *s. m.* borda; margem.
arcilla, *s. f.* argila; greda.
arcipreste, *s. m.* arcipreste.
arco, *s. m.* arco; arma de atirar setas.
archipiélago, *s. m.* arquipélago.
archivar, *v. t.* arquivar.
archivolta, *s. f. (arq.)* arquivolta.
arder, *v. i.* arder; inflamar-se; exaltar-se; *v. t.* abrasar.
ardid, *s. m.* ardil; manha.
ardiente, *adj.* ardente; fervoroso; activo; intenso.
ardilla, *s. f. (zool.)* esquilo.
ardor, *s. m.* ardor; calor intenso; *(fig.)* valentia.
arduo (a), *adj.* árduo; difícil.
área, *s. f.* área; espaço.
arena, *s. f.* areia; *(fig.)* arena; cálculos (na bexiga).
arenal, *s. m.* areal.
arenga, *s. f.* arenga.
arengar, *v. i.* arengar.
arenilla, *s. f.* areia miúda.
arenisca, *s. f.* arenito.
arenoso (sa), *adj.* arenoso; areento; arenisco.
arenque, *s. m. (zool.)* arenque.
areómetro, *s. m.* areómetro.
arete, *s. m.* arozinho; brincos.
argamasa, *s. f.* argamassa.
argentífero (ra), *adj.* argentífero.
argentina, *s. f. (bot.)* argentina; planta rosácea.
argo, *s. m. (quím.)* argo, árgon.
argolla, *s. f.* argola; golilha.
argonauta, *s. m.* argonauta; *(zool.)* argonauta (molusco cefalópode).
argos, *s. m. (fig.)* pessoa vigilante, perspicaz; argo.
argucia, *s. f.* argúcia; subtileza; agudeza de espírito.
argüir, *v. t.* arguir; acusar.
argumentar, *v. i.* argumentar; discutir.
aria, *s. f. (mús.)* ária; melodia.
aridez, *s. f.* aridez; secura; esterilidade.
árido (da), *adj.* árido; seco; estéril; *s. f.* monotonia.

a

aries, *s. m. (astron.)* Áries.
arillo, *s. m.* arozinho.
ario (a), *adj.* ário (raça).
arisco (ca), *adj.* arisco.
arista, *s. f.* aresta; *(bot.)* arista.
aristocracia, *s. f.* aristocracia; fidalguia.
aristotélico (ca), *adj.* aristotélico.
aritmética, *s. f.* aritmética.
arlequín, *s. m.* arlequim; palhaço.
arma, *s. f.* arma.
armada, *s. f.* armada; esquadra naval.
armador (ra), *s. m.* e *f.* armador.
armadura, *s. f.* armadura; armação.
armamento, *s. m.* armamento.
armar, *v. t.* armar; equipar.
armario, *s. m.* armário.
armatoste, *s. m.* móvel tosco e pesado.
armería, *s. f.* armaria; arsenal; brasão.
armero, *s. m.* armeiro; espingardeiro.
armiño, *s. m.* (zool.) arminho.
armisticio, *s. m.* armistício.
armonía, *s. f.* harmonia; paz e amizade; concórdia.
armónica, *s. f.* harmónica.
armónico (ca), *adj.* harmónico; equilibrado; concorde.
armonio, *s. m.* harmónio.
armonizar, *v. t.* harmonizar; conciliar.
árnica, *s. f. (bot.)* arnica.
aro, *s. m.* aro; argola.
aroma, *s. f.* flor da acácia; *s. m.* aroma; perfume.
aromatizar, *v. t.* aromatizar; perfumar.
arpa, *s. f. (mús.)* harpa.
arpía, *s. f.* harpia; *(fig.)* mulher de má condição.
arpón, *s. m.* arpão; arpéu.
arponero, *s. m.* arpoador.
arqueada, *s. m. (mús.)* arcada; náuseas.
arquear, *v. t.* arquear; curvar.
arqueo, *s. m.* arqueação.
arqueología, *s. f.* arqueologia.
arquería, *s. f.* arcaria; arcada.
arquero, *s. m.* arqueiro.
arqueta, *s. f.* arqueta.
arquetipo, *s. m.* arquétipo.
arquitecto, *s. m.* arquitecto.
arquivolta, *s. f. (arq.)* arquivolta.
arrabal, *s. m.* arrabalde; subúrbio.
arracada, *s. f.* arrecada; brinco.
arracimarse, *v. r.* arracimar-se.
arraigo, *s. m.* bens de raiz.
arramblar, *v. i.* deixarem os arroios (nas suas enchentes) depósitos de areia.
arrancar, *v. t.* arrancar; desarreigar.
arranque, *s. m.* arranco; arrancada.
arras, *s. f. pl.* arras; penhor.
arrasar, *v. t.* arrasar; aplanar.
arrastrar, *v. t.* arrastrar; impelir; trunfar (nalguns jogos de cartas).
arrayán, *s. m. (bot.)* murta; mirto.
¡arre!, *interj.* arre!
arrear, *v. t.* tocar (estimular as bestas para que andem); arrear.
arrebañar, *v. t.* arrebanhar; reunir; recolher.
arrebatar, *v. t.* arrebatar; arrancar.
arreciar, *v. i.* aumentar.
arrecife, *s. m.* calçada; recife.
arreglar, *v. t.* arranjar; compor; consertar.
arreglo, *s. m.* arranjo; conserto; coordenação; conciliação.
arremangar, *v. t.* arregaçar; arremangar.
arrematar, *v. t. (fam.)* arrematar; rematar.
arremeter, *v. t.* arremeter; acometer.
arrendado (da), *adj.* diz-se do cavalo habituado à rédea.
arrendador (ra), *s. m.* e *f.* arrendatário.
arrendador (ra), *adj.* e *s.* que sabe ensinar um cavalo.
arrendamiento, *s. m.* arrendamento; contrato de renda.
arrendar, *v. t.* arrendar; alugar; habituar (o cavalo) à rédea.
arrendatario (ria), *adj.* arrendatário; alugador.
arreo, *s. m.* arreio; enfeite; adorno; *pl.* jaez; rédeas.

arreo, *adv.* sucessivamente.
arrepentida, *s. f.* arrependida; mulher convertida.
arrepentirse, *v. r.* arrepender-se.
arrestar, *v. t.* arrestar, prender; deter; *v. r.* arrojar-se.
arriba, *adv.* arriba; ao alto; acima.
arribar, *v. i. (mar.)* arribar; atracar.
arriendo, *s. m.* aluguel; aluguer.
arriero, *s. m.* arrieiro.
arriesgar, *v. t.* arriscar; aventurar.
arrimadero, *s. m.* arrimo; apoio; esteio.
arrimador, *s. m.* tronco de madeira que se coloca nas lareiras.
arrimar, *v. t.* arrimar.
arrinconar, *v. t.* arrincoar; *v. r. (fig.)* retirar-se do trato social.
arritmia, *s. f. (med.)* arritmia.
arroba, *s. f.* arroba.
arrocero (ra), *adj.* arrozeiro.
arrodillar, *v. t.* ajoelhar; genuflectir.
arrogar, *v. t. (for.)* perfilhar; adoptar; arrogar-se; apropriar-se.
arrojar, *v. t.* arrojar; arrastrar; arremessar.
arrojo, *s. m. (fig.)* arrojo; audácia; ousadia.
arrollar, *v. t.* enrolar; envolver.
arropamiento, *s. m.* enroupamento.
arropar, *v. t.* enroupar; vestir; agasalhar.
arrostrar, *v. t.* arrostar; encarar; afrontar.
arroyar, *v. t.* arroiar; brotar; correr como arroio.
arroyo, *s. m.* arroio; ribeiro; regato.
arroyuelo, *s. m.* regato.
rroz, *s. m.* arroz.
rrozal, *s. m.* arrozal.
rrufianado (da), *adj.* arrufianado.
rruga, *s. f.* ruga; dobra; prega (da roupa).
rrugar, *v. t.* arrugar; enrugar.
rruinar, *v. t.* arruinar; empobrecer; *(fig.)* destruir; desacreditar.
rrullar, *v. t.* arrulhar; *(fig.)* adormecer.
arrullo, *s. m.* arrulho.
arrumbada, *s. f. (mar.)* bateria, corredor na proa das galeras.
arsénico, *s. m.* arsénio, arsénico.
arte, *amb.* arte; ofício; artifício; habilidade.
artefacto, *s. m.* artefacto.
arteria, *s. f. (anat.)* artéria.
artería, *s. f.* arteirice; astúcia.
arteriosclerosis, *s. f. (med.)* arteriosclerose.
artesa, *s. f.* artesa; masseira.
artesano (na), *s. m.* e *f.* artesão.
artesiano (na), *adj.* e *s.* artesiano.
artesonado (da), *adj.* artesoado ou artesonado.
ártico (ca), *adj. (astron.* e *geogr.)* ártico; boreal.
articulación, *s. f.* articulação.
articular, *adj.* e *v. t.* articular; unir; enlaçar; pronunciar.
artículo, *s. m. (zool.)* artículo; falange dos dedos; artigo.
artífice, *s. m.* e *f.* artífice; operário.
artilugio, *s. m.* mecanismo artificioso, de pouco valor.
artillería, *s. f.* artilharia.
artimaña, *s. f.* armadilha para caça; *(fam.)* artimanha.
artista, *s. m.* e *f.* artista.
artritis, *s. f. (med.)* artrite.
artrópodo (da), *adj. (zool.)* artrópode; *s. m. pl.* artrópodes.
arzobispo, *s. m.* arcebispo.
as, *s. m.* ás, carta de jogar.
asa, *s. f.* asa; apêndice dalguns utensílios; alças.
asado (da), *adj.* assado; *s. m.* carne assada.
asadura, *s. f.* fressura.
asaetear, *v. t.* assetear; *(fig.)* desgostar; molestar.
asalariar, *v. t.* assalariar.
asaltar, *v. t.* assaltar.
asalto, *s. m.* assalto.
asamblea, *s. f.* assembleia; clube; parlamento.
asar, *v. t.* assar; queimar.

ascendencia, *s. f.* ascendência.
ascender, *v. i.* ascender; subir; elevar-se.
ascendiente, *s. m.* ascendente; predomínio; influência.
ascensión, *s. f.* ascensão; subida.
ascenso, *s. m.* V. **subida;** ascenso; promoção.
ascensor, *s. m.* elevador; ascensor.
asceta, *s. m.* e *f.* asceta.
asco, *s. m.* asco; repugnância.
ascua, *s. f.* áscua; brasa viva.
asear, *v. t.* assear; enfeitar.
asechanza, *s. f.* cilada; armadilha.
asechar, *v. t.* armar ciladas.
asediar, *v. t.* assediar; sitiar; *(fig.)* importunar.
asedio, *s. m.* assédio; cerco.
asegurar, *v. t.* assegurar; afirmar; segurar.
aseidad, *s. f.* asseidade, atributo de Deus, pelo qual existe por Si mesmo.
asemejar, *v. t.* assemelhar; comparar.
asentar, *v. t.* assentar; estabelecer; fixar; anotar.
asentir, *v. i.* assentir; anuir; concordar.
aseo, *s. m.* asseio; limpeza; esmero; cuidado.
asepsia, *s. f. (med.)* assepsia.
asequible, *adj.* exequível.
aserción, *s. f.* asserção.
aserrar, *v. t.* serrar.
aserrín, *s. m.* serradura; serrim.
aserto, *s. m.* asserto; afirmação.
asesinar, *v. t.* assassinar.
asesino (na), *adj.* e *s. m.* assassino.
asesor (ra), *adj.* e *s.* assessor.
asesorar, *v. t.* aconselhar; auxiliar.
aseverar, *v. t.* asseverar; afirmar.
asfaltar, *v. t.* asfaltar.
asfixiar, *v. t.* asfixiar; sufocar.
así, *adv.* assim, de tal modo.
asiático (ca), *adj.* e *s.* asiático.
asidero, *s. m.* cabo; maçaneta.
asiduo (a), *adj.* assíduo; diligente.
asiento, *s. m.* assento; anotação; base; cadeira.
asignar, *v. t.* atribuir; assinalar.
asignatura, *s. f.* cadeira; disciplina.
asilar, *v. t.* asilar.
asilo, *s. m.* asilo; recolhimento.
asimetría, *s. f.* assimetria.
asimilar, *v. t.* assimilar; apropriar.
asir, *v. t.* pegar; agarrar; colher; prender; *v. i.* arraigar.
asistencia, *s. f.* asistência; presença.
asistir, *v. t.* assistir; acompanhar.
asma, *s. f. (med.)* asma.
asna, *s. f.* asna; burra.
asno, *s. m.* asno; burro; *(fig.)* ignorante.
asociación, *s. f.* associação.
asociar, *v. t.* associar; agregar; aliar.
asolapar, *v. t.* assentar as telhas.
asolar, *v. t.* assolar; devastar; destruir; arrasar.
asomar, *v. i.* assomar.
asombrar, *v. t.* assombrar; *(fig.)* assustar.
asomo, *s. m.* assomo; indício; sinal.
asonar, *v. i.* assonar; ressoar.
asordar, *v. t.* ensurdecer.
aspa, *s. f.* aspa.
aspaviento, *s. m.* espavento; luxo; pompa.
aspecto, *s. m.* aspecto; aparência.
aspereza, *s. f.* aspereza; escabrosidade.
asperges, *s. m. (fam.)* asperges (antífona); hissope.
áspero (ra), *adj.* áspero; desigual; rugoso.
aspersión, *s. f.* aspersão.
aspillera, *s. f.* seteira.
aspiración, *s. f.* aspiração; desejo.
aspirador (ra), *adj.* e *s. m.* aspirador.
aspirar, *v. t.* aspirar; absorver.
aspirina, *s. f.* aspirina.
asquear, *v. i.* asquear.
asta, *s. f.* hasta ou lança; haste, chifre; mastro.
ástaco, *s. m. (zool.)* ástaco.
astenia, *s. f. (med.)* astenia; debilidade.

asteroide, *s. m.* asteróide.
astigmatismo, *s. m. (med.)* astigmatismo.
astil, *s. m.* hastil; haste.
astilla, *s. f.* estilha; lasca.
Astillejos, *s. m. (astron.)* Castor e Pólux.
astillero, *s. m.* estaleiro; cabide para lanças.
astracán, *s. m.* astracã.
astrágalo, *s. m.* astrágalo; taba; *(arq.)* moldura.
astral, *adj.* astral; sideral.
astringente, *adj.* adstringente.
astringir, *v. t.* adstringir; apertar.
astro, *s. m.* astro; corpo celeste; mulher formosa.
astrología, *s. f.* astrologia.
astrólogo (ga), *adj.* astrólogo.
astronomía, *s. f.* astronomia.
asturión, *s. m. (zool.)* esturjão; solho.
astuto (ta), *adj.* astuto.
asueto, *s. m.* sueto.
asumir, *v. t.* assumir; tomar sobre si.
asunción, *s. f.* assunção.
asunto, *s. m.* assunto.
asustar, *v. t.* assustar.
atacar, *v. t.* atacar; apertar.
atado (da), *adj.* atado; acanhado; tímido; *s. m.* trouxa.
atajar, *v. i.* atalhar; abreviar; encurtar; impedir.
atajo, *s. m.* atalho; caminho.
atalaya, *s. f.* atalaia; vigia.
ataque, *s. m.* ataque; assalto.
atar, *v. t.* atar; ligar.
atarantar, *v. t.* atarantar; perturbar.
atarazana, *s. f.* arsenal; depósito de armas; tercena.
atardecer, *v. i.* entardecer.
atarear, *v. t.* atarefar.
atascadero, *s. m.* atascadeiro.
atascar, *v. t.* atascar; calafetar.
atasco, *s. m.* entupimento; entulho.
ataúd, *s. m.* ataúde; esquife.
ataviar, *v. t.* ataviar; adornar.
atavío, *s. m.* atavio; enfeite.
ateísmo, *s. m.* ateísmo.
atemorizar, *v. t.* atemorizar.
atemporar, *v. t.* temperar; moderar; atemperar.
atención, *s. f.* atenção; cortesia; delicadeza.
atender, *v. t.* atender; esperar; aguardar.
ateneo, *s. m.* ateneu.
atenerse, *v. r.* ater-se; encostar-se; sujeitar-se.
atentado (da), *adj.* atento; cordato; moderado; *s. m.* atentado; delito grave.
atentar, *v. t.* atentar; reflectir; cuidar; intentar um delito.
atento (ta), *adj.* atento; atencioso; urbano; cortês.
atenuar, *v. t.* atenuar; diminuir; minorar, mitigar.
ateo (a), *adj.* ateu; ímpio.
aterrador (ra), *adj.* aterrador; pavoroso.
aterrar, *v. t.* derrubar; abater; aterrar; aterrorizar.
aterrizar, *v. i.* aterrar.
aterrorizar, *v. t.* aterrorizar.
atesorar, *v. t.* entesoirar; acumular riqueza; amontoar.
atestado (da), *adj.* atestado; abarrotado.
atestar, *v. t.* abarrotar; encher; atestar.
atestiguar, *v. t.* testificar; testemunhar; depor.
atiborrar, *v. t.* entulhar; estofar.
ático, *adj.* e *s.* ático.
atildar, *v. t.* atildar; pontuar.
atinar, *v. i.* atinar; acertar.
atisbar, *v. t.* espreitar; observar.
atisbo, *s. m.* espreita; vislumbre.
atizar, *v. t.* aticar; avivar (o fogo); atear.
atlántico (ca), *adj.* atlântico.
atlas, *s. m. (anat.* e *geog.)* atlas.
atleta, *s. m.* atleta; lutador; desportista.
atocinar, *v. t.* abrir un porco para salgar.

atolondrar, *v. t.* aturdir; atordoar; estontear.
atolladero, *s. m.* atoleiro.
atómico (ca), *adj. (quím.)* atómico.
atomizar, *v. t.* atomizar.
átomo, *s. m.* átomo.
atonía, *s. f. (med.)* atonia.
atónico (ca), *adj.* atónico.
atónito (ta), *adj.* atónito; espantado; admirado.
átono (na), *adj. (gram.)* átono.
atontar, *v. t.* atontar; atontear; aturdir; estontear.
atormentar, *v. t.* atormentar; torturar.
atornillar, *v. t.* atarraxar; aparafusar.
atosigar, *v. t.* intoxicar.
atracar, *v. t. (fam.)* encher; fartar; assaltar; arrimar.
atracción, *s. f.* atracção; atraimento.
atraco, *s. f.* assalto; atraco.
atraer, *v. t.* atrair.
atrancar, *v. t.* atrancar; trancar.
atrapar, *v. t. (fam.)* atrapar; agarrar na carreira.
atrás, *adv.* atrás; detrás.
atrasar, *v. t.* atrasar; demorar; *v. r.* ficar-se para trás.
atravesar, *v. t.* atravessar; cruzar.
atrayente, *adj.* atraente.
atreguar, *v. t.* atreguar.
atrever, *v. t.* atrever-se a; ousar; afrontar; *v. r.* arriscar-se.
atribuir, *v. t.* atribuir; conceder.
atribular, *v. t.* atribular; angustiar.
atributo, *s. m.* atributo.
atrición, *s. f.* atrição.
atril, *s. m.* atril (estante).
atrincherar, *v. t.* entrincheirar; atrincheirar.
atrio, *s. m.* átrio; adro; pátio; vestíbulo.
atrocidad, *s. f.* atrocidade.
atrofia, *s. f.* atrofia.
atronar, *v. t.* atroar; aturdir.
atropellar, *v. t.* atropelar; derrubar; empurrar.
atroz, *adj.* atroz; cruel.
atuendo, *s. m.* aparato; ostentação.
atufar, *v. t. (fig.)* anfadar; zangar.
atún, *s. m. (zool.)* atum.
aturdir, *v. t.* aturdir.
audacia, *s. f.* audácia; ousadia.
audaz, *adj.* audaz; ousado.
audición, *s. f.* audição.
audiencia, *s. f.* audiência.
audifono, *s. m.* audiofone.
auditivo (va), *adj.* auditivo; *s. m.* auscultador (de telefone).
auditor, *s. m.* auditor; magistrado.
auge, *s. m.* auge; culminância.
augurar, *v. t.* augurar.
aula, *s. f.* aula.
aullar, *v. i.* uivar; ulular.
aullido, *s. m.* uivo; aulido.
aumentar, *v. t.* aumentar; acrescentar.
aumento, *s. m.* aumento.
aun, *adv.* ainda; todavia.
aún, *adv.* ainda.
aunar, *v. t.* aunar; unir.
aunque, *conj.* se bem que.
aura, *s. f.* aura; brisa; zéfiro; *(fig.)* favor; aplauso.
aura, *s. f. (zool.)* aura (espécie de abutre).
áureo (rea), *adj.* áureo; doirado.
aureolar, *v. t.* aureolar.
aurícula, *s. f.* aurícula.
auricular, *adj.* auricular.
aurífero (ra), *adj.* aurífero.
Auriga, *s. m. (astron.)* Cocheiro; Auriga; constelação boreal; Ursa Menor.
aurora, *s. f.* aurora; *(fig.)* princípio; começo; início.
auscultar, *v. t. (med.)* auscultar.
ausentar, *v. t.* afastar.
auspicio, *s. m.* auspício.
austero (ra), *adj.* azedo; adstringente.
austral, *adj.* austral.
auténtica, *s. f.* autêntica.
auténtico (ca), *adj.* autêntico; legalizado; autorizado.
auto, *s. m. (for.)* auto; composição dramática.

autobiografía, *s. f.* autobiografia.
autobús, *s. m.* autocarro; auto-ónibus.
autoclave, *s. f.* autoclave.
autocracia, *s. f.* autocracia.
autocrático (ca), *adj.* autocrático.
autóctono (na), *adj.* e *s.* autóctone; aborígene.
autógeno (na), *adj.* autogéneo; autógeno.
autogiro, *s. m.* autogiro.
autógrafo (fa), *adj.* autógrafo.
autómata, *s. m.* autómato.
automotor (ra), *adj.* automotor.
automóvil, *adj.* e *s. m.* automóvel.
autonomía, *s. f.* autonomia; independência.
autopsia, *s. f. (med.)* autópsia; necropsia; necroscopia.
autor (ra), *s. m.* e *f.* autor; inventor.
autoridad, *s. f.* autoridade; domínio; marido.
autoritario (ria), *adj.* autoritário.
autorizar, *v. t.* autorizar; permitir; validar; apoiar.
autorretrato, *s. m.* auto-retrato.
auxiliar, *adj.* e *s. m.* ajudante.
auxiliar, *v. t.* auxiliar; ajudar; acudir; socorrer.
aval, *s. m.* aval; garantia.
avalar, *v. t.* avalizar.
avance, *s. m.* avance ou avanço.
avanzar, *v. i.* avançar.
avaricia, *s. f.* avareza.
avaro (ra), *adj.* avarento; avaro.
avasallar, *v. t.* avassalar.
ave, *s. f. (zool.)* ave.
avecinar, *v. t.* avizinhar.
avejentar, *v. t.* avelhentar.
avellana, *s. f.* avelã.
avellano, *s. m. (bot.)* aveleira.
avemaría, *s. f.* ave-maria.
avena, *s. f. (bot.)* aveia (planta e grão).
avenida, *s. f.* enchente; inundação; avenida; alameda.
avenir, *v. t.* avir; concordar; ajustar; acordar; *v. i.* suceder; acontecer.
aventajar, *v. t.* avantajar; exceder; elevar; preferir.
aventar, *v. t.* aventar; ventilar; arremessar; expulsar.
aventura, *s. f.* aventura; perigo; risco; sorte.
avergonzar, *v. t.* envergonhar.
avería, *s. f.* aviário; v. **averío;** avaria; fano; estrago.
averiguar, *v. t.* averiguar; investigar.
averío, *s. m.* conjunto de muitas aves; aviário.
averno, *s. m. (poét.)* averno; infierno.
aversión, *s. f.* aversão; ódio.
Avesta, *s. m.* Avestá (livros sagrados dos Parses).
avestruz, *s. m. (zool.)* avestruz.
aviación, *s. f.* aviação.
aviador (ra), *adj.* e *s.* aviador; piloto.
aviar, *v. t.* aviar.
avicultura, *s. f.* avicultura.
avidez, *s. f.* avidez; cobiça.
ávido (da), *adj.* ávido; sôfrego.
aviejar, *v. t.* avelhentar.
avinagrado (da), *adj.* avinagrado; *(fig. fam.)* desavindo.
avinagrar, *v. t.* avinagrar, azedar; irritar.
avío, *s. m.* aviamento; prevenção.
avión, *s. m.* avião; aeroplano; *(zool.)* espécie de gaivão.
avisar, *v. t.* avisar; prevenir; aconselhar.
aviso, *s. m.* aviso; advertência; colselho; prevenção.
avispa, *s. f. (zool.)* vespa.
avispar, *v. t.* aguilhoar; espicaçar; esporear.
avivar, *v. t.* avivar; excitar; animar; *(fig.)* acalorar.
avizor, *s. m.* espreitador.
avocar, *v. t. (for.)* avocar; desviar.
avutarda, *s. f. (zool.)* abetarda.
axil, *adj.* axial.
axila, *s. f. (bot.)* axila; *(anat.)* axila; sovaco.
axioma, *s. m.* axioma.
axis, *s. m. (anat.)* áxis.
¡ay!, *interj.* ai (grito aflitivo); *s. m.* suspiro; gemido.

ayer, *adv.* ontem.
ayuda, *s. f.* ajuda; auxílio.
ayudante, *adj.* ajudante; auxiliar.
ayudar, *v. t.* ajudar; auxiliar; socorrer.
ayunar, *v. i.* jejuar.
ayuntador (ra), *adj.* e *s.* ajuntador.
ayuntamiento, *s. m.* ajuntamento; junta; Câmara Municipal.
azabache, *s. m.* azeviche.
azada, *s. f.* enxada.
azadón, *s. m.* enxadão; alvião.
azafata, *s. f.* açafata; criada da rainha.
azafrán, *s. m. (bot.)* açafrão.
azahar, *s. m. (bot.)* flor de laranjeira, de limoeiro e de cidreira.
azar, *s. m.* azar; acaso.
azaroso (sa), *adj.* azarento.
ázimo, *adj.* ázimo.
azoar, *v. t. (quím.)* azotar.
ázoe, *s. m. (quím.)* azoto.
azogue, *s. m. (quím.)* azougue.
azolar, *v. t.* aparelhar.
azor, *s. m.* (zool.) açor.
azorar, *v. t. (fig.)* conturbar; sobressaltar.
azotar, *v. t.* açoitar; chicotear.
azotazo, *s. m.* forte açoite dado com a mão.
azote, *s. m.* açoite.
azotea, *s. f.* açoteia; soteia.
azteca, *adj.* e *s.* asteque; asteca.
azúcar, *amb.* açúcar.
azucarar, *v. t.* açucarar.
azucarera, *s. f.* açucareiro.
azucena, *s. f. (bot.)* açucena; flor desta planta.
azufre, *s. m. (quím.)* enxofre.
azul, *adj.* e *s.* azul.
azulejar, *v. t.* azulejar.
azulejería, *s. f.* ofício de azulejador.
azulete, *s. m.* cor azulada.
azur, *adj. (heráld.)* azul-escuro.
azuzar, *v. t.* açular (cães); *(fig.)* irritar; estimular.

b

b, *s. f.* b, segunda letra do alfabeto.
baba, *s. f.* baba; saliva espessa.
babero, *s. m.* babadoiro.
babia (estar en), *loc.* estar distraído.
babilla, *s. f. (zool.)* soldra.
babor, *s. m. (mar.)* bombordo.
babosa, *s. f. (zool.)* lesma.
baboso (sa), *adj.* baboso; *(fig. fam.)* galanteador.
babucha, *s. f.* babucha; chinela.
baca, *s. f.* tejadilho (dos carros para transporte de bagagens).
bacalao, *s. m. (zool)* bacalhan.
bacía, *s. f.* bacia, vaso redondo e largo; vasilha, peça de barro; taça.
bacilar, *adj.* bacilar.
bacilo, *s. m.* bacilo.
bacteria, *s. f.* bactéria.
báculo, *s. m.* báculo; bordão episcopal.
bache, *s. m.* cova; rodeira.
bachiller, *s. m.* e *f.* bacharel; *(fig.)* falador.
bachillerato, *s. m.* bacharelato; grau de bacharel.
badajo, *s. m.* badalo.
badana, *s. f.* badana; carneira (pele curtida).
baga, *s. f.* linhaça.
bagaje, *s. m.* bagagem; equipagem militar.
bagar, *v. i.* bagar; criar baga.
bahía, *s. f.* baía; enseada.
bahorrina, *s. f. (fam.)* imundície; *(fig.)* gente reles.
bailar, *v. i.* bailar, dançar.
bailarín (na), *s. m.* e *f.* bailarino; dançarino.
baile, *s. m.* baile.
bailoteo, *s. m.* baile ridículo, bailarico.
baja, *s. f.* baixa; redução.
bajar, *v. i.* baixar; descer; diminuir; *(fig.)* abaixar
bajeza, *s. f.* baixeza; vileza.
bajo (a), *adj.* baixo; inferior; *(fig.)* humilde; vil.
bajón, *s. m. (mús.)* fagote.
bajo relieve, *s. m.* baixo-relevo.
bajovientre, *s. m.* baixo-ventre; hipogástrio.
bala, *s. f.* bala (projéctil); fardo; atado.
balada, *s. f.* balada.
baladí, *adj.* frívolo, fútil.
balance, *s. m.* balanço; agitação; *(com.)* balanço.
balancear, *v. i.* balancear; balançar.
balandro, *s. m. (mar.)* balandra (barco costeiro).
balanza, *s. f.* balança.
balar, *v. i.* balar; balir.
balaustre, *s. m.* balaústre.
balazo, *s. m.* balázio ou balaço.
balbuceo, *s. m.* balbuciamento.
balbucir, *v. i.* balbuciar.
balcánico (ca), *adj.* balcânico.
balcón, *s. m.* balcão; varanda; sacada.
balda, *s. f.* prateleira.
baldaquín, *s. m.* baldaquim ou baldaquino; dossel.
balde, *s. m.* balde.
baldear, *v. t.* baldear; regar.
baldío (a), *adj.* e *s.* baldio; inculto.
baldo (da), *adj.* baldo; falho.
baldosa, *s. f.* ladrilho; tijolo.
balear, *adj.* e *s.* baleárico ou balear.
balido, *s. m.* balido.
balín, *s. m.* balim; zagalote.

b

balística, *s. f.* balística.
balizar, *v. t.* balizar; demarcar.
balneario, *adj.* balnear; *s. m.* balneário.
balompié, *s. m.* futebol.
balón, *s. m.* bola para jogar; balão.
balsa, *s. f.* balsa; charco.
bálsamo, *s. m.* bálsamo; lenitivo; alívio.
báltico (ca), *adj.* e *s.* báltico.
baluarte, *s. m.* baluarte; bastião.
ballena, *s. f. (zool.)* baleia.
ballenato, *s. m. (zool.)* baleeiro; *s. m.* pescador de baleias.
ballesta, *s. f. (mil.)* balestra.
bambalear, *v. i.* bambolear; balancear.
bambalina, *s. f.* bambolina.
bambolear, *v. i.* e *r.* bambolear; saracotear.
bamboleo, *s. m.* bamboleio; saracoteio.
bembú, *s. m. (bot.)* bambu.
banal, *adj.* vulgar; banal.
banasta, *s. f.* canastra.
banca, *s. f.* banca; banco.
bancal, *s. f. (agr.)* canteiro; leiras.
bancarrota, *s. f.* bancarrota; falência; quebra.
banco, *s. m.* banco (assento); estabelecimento bancário; escolho.
banda, *s. f.* banda; faixa; lado.
bandada, *s. f.* bandada.
bandazo, *s. m. (mar.)* solavanco.
bandeja, *s. f.* bandeja; salva.
bandera, *s. f.* bandeira; estandarte.
banderilla, *s. f.* bandarilha (farpa enfeitada).
banderillero, *s. m.* bandarilheiro; toureiro.
banderín, *s. m.* bandeirola.
bandidaje, *s. m.* banditismo.
bando, *s. m.* bando; édito.
bandolera, *s. f. (mil.)* bandoleira.
bandolero, *s. m.* salteador; bandoleiro.
bandurria, *s. f. (mús.)* bandurra.
banquete, *s. m.* banquinho.
banquillo, *s. m.* banquinho; banco do réu.
bañador (ra), *adj.* e *s.* banheiro; trajo de banho.
bañar, *v. t.* e *r.* banhar; submergir.
bañera, *s. f.* banheira.
bao, *s. m. (mar.)* vau.
baptisterio, *s. m.* baptistério.
baquetear, *v. t.* açoitar.
bar, *s. m.* bar; botequim.
barahunda, *s. f.* barafunda; confusão.
baraja, *s. f.* baralho; baralha.
barajar, *v. t.* baralhar; *(fig.)* confundir.
barandilla, *s. f.* varandim; balaustrada.
barato (ta), *adj.* barato.
barba, *s. f.* barba; mento.
barbaridad, *s. f.* barbaridade; barbarismo.
barbarie, *s. f.* barbárie; *(fig.)* crueldade.
bárbaro (ra), *adj.* e *s.* bárbaro.
barbecho, *s. m. (agr.)* barbeito; barbecho; alqueive.
barbería, *s. f.* barbearia.
barbero, *s. m.* barbeiro.
barbudo (da), *adj.* barbudo.
barca, *s. f.* barca; jangada.
barcarola, *s. f. (mús.)* barcarola.
barcaza, *s. f.* barcaça.
barcelonés (sa), *adj.* e *s.* barcelonês.
barco, *s. m.* barco; embarcação.
bardal, *s. m.* barda; cerca coberta de barda.
bario, *s. m.* bário (metal simples).
barquilla, *s. f. (mar.)* barquilha; barquinha.
barquillo, *s. m.* barquilho.
barra, *s. f.* barra (de metal, etc.); alavanca; jogo da barra.
barraca, *s. f.* barraca; choça; casa humilde.
barrancal, *s. m.* barrocal.
barranco, *s. m.* barranco.
barrear, *v. t.* fechar com barras; barrar.
barrena, *s. f.* verruma; trado.

barrenar, *v. t.* verrumar.
barrendero, *s. m.* varredor.
barreno, *s. m.* verrumão; trado.
barreño, *s. m.* alguidar.
barrera, *s. f.* barreira.
barriada, *s. f.* bairro; arrabalde.
barrica, *s. f.* barrica; pipa.
barricada, *s. f.* barricada.
barriga, *s. f.* barriga; abdómen.
barril, *s. m.* barril; talha de barro.
barrio, *s. m.* bairro; arrabalde.
barrizal, *s. m.* lodaçal; lamaçal.
barro, *s. m.* lama; lodo.
barrote, *s. m.* barrote; travessa.
barruntar, *v. t.* barruntar; desconfiar; suspeitar; prever.
bartolillo, *s. m.* empada pequena de carne ou creme.
bártulos, *s. m. pl.* bens; objectos que se manejam.
barullo, *s. m. (fam.)* barulho; desordem.
basa, *s. f.* base; apoio; *(arq.)* plinto; soco.
basalto, *s. m.* basalto.
basamento, *s. m. (arq.)* envasamento de coluna.
basar, *v. t.* basear; *(fig.)* fundar.
báscula, *s. f.* báscula.
base, *s. f.* base; fundamento.
básico (ca), *adj. (quím.)* básico; essencial.
basílica, *s. f.* basílica.
basta, *s. f.* alinhavo; basta.
bastante, *adv.* bastante; suficiente.
bastanteo, *s. m. (for.)* reconhecimento.
bastar, *v. i.* bastar; chegar; abundar.
bastardilla, *s. f. (mús.)* bastardilha.
bastardo (da), *adj.* bastardo; *(zool.) s. m.* boa; serpente.
bastidor, *s. m.* bastidor.
bastión, *s. m. (mil.)* bastião; baluarte.
basto (ta), *adj.* grosseiro; tosco.
bastón, *s. m.* bengala; bastão.
bastonazo, *s. m.* bengalada; bastonada.
bastoncillo, *s. m.* galão estreito para guarnições.
basura, *s. f.* varredura; lixo.
bata, *s. f.* roupão; bata.
batacazo, *s. m.* grande baque (queda com estrondo).
batalla, *s. f.* batalha; lide.
batallar, *v. i.* batalhar.
batallón, *s. m. (mil.)* batalhão.
batata, *s. f. (bot.)* batata-doce.
batería, *s. f.* bateria.
batido (da), *adj.* batido; trilhado; frequentado.
batín, *s. m.* roupão ligeiro.
batir, *v. t.* bater; dar pancadas; vencer.
batista, *s. f.* baptista (tecido de cambraia).
batracio (cia), *adj.* e *s. m. (zool.)* batráquio ou batrácio.
batuta, *s. f.* batuta.
baúl, *s. m.* baú; cofre; arca.
bautismo, *s. m.* baptismo.
bautizar, *v. t.* baptizar.
baya, *s. f. (bot.)* baga.
bayeta, *s. f.* baeta.
bayoneta, *s. f.* baioneta.
baza, *s. f.* vaza (no jogo das cartas).
bazar, *s. m.* bazar.
bazo (za), *adj.* baço; *s. m.* baço, víscera glandular.
bazofia, *s. f.* bazófia, mistura de restos de comida.
beata, *s. f.* beata; devota.
beatificar, *v. t.* beatificar.
beber, *v. i.* beber; ingerir.
beca, *s. f.* beca, veste talar preta.
becerro, *s. m. (zool.)* bezerro; vitelo; novilho.
bedel, *s. m.* bedel.
beduino (na), *adj.* e *s.* beduíno.
begonia, *s. f. (bot.)* begónia.
belén, *s. m.* presépio, presepe.
belga, *adj.* e *s.* belga, natural da Bélgica.
bélico (ca), *adj.* bélico; guerreiro.
bellaco (ca), *adj.* e *s.* velhaco; ruim; astuto.
belleza, *s. f.* beleza; formosura.
bello (lla), *adj.* belo.

b

bellota, *s. f. (bot.)* bolota; borla.
bemol, *adj. (mús.)* bemol.
bencina, *s. f.* (quím.) benzina.
bendecir, *v. t.* abençoar; benzer; bendizer; louvar.
bendición, *s. f.* bênção.
beneficencia, *s. f.* beneficência.
beneficiar, *v. t.* beneficiar; favorecer; melhorar.
benemérito (ta), *adj.* benemérito.
beneplácito, *s. m.* beneplácito.
bengala, *s. f.* bengala; bastão.
benigno (na), *adj.* benigno.
berberecho, *s. m. (zool.)* amêijoa.
berberisco (ca), *adj.* e *s.* berberesco.
berbiquí, *s. m.* berbequim; broca.
berenjena, *s. f. (bot.)* beringela (planta e fruto).
bergantín, *s. m. (mar.)* bergantim.
berilo, *s. m. (min.)* berilo; água-marinha.
berlina, *s. f.* berlinda.
bermejo (ja), *adj.* vermelho.
bermellón, *s. m.* cinábrio em pó; zarcão.
berrear, *v. i.* berregar; gritar.
berrinche, *s. m.* rabugem (das crianças).
berro, *s. m. (bot.)* agrião.
berza, *s. f.* berça, couve-galega.
besamanos, *s. m.* beija-mão.
besar, *v. t.* beijar; oscular.
beso, *s. m.* beijo.
bestia, *s. f.* besta.
besucón (na), *adj.* e *s. (fam.)* beijocador.
besugo, *s. m. (zool.)* besugo.
beta, *s. f.* beta.
bético (ca), *adj.* e *s.* bético, natural da antiga Bética (Andaluzia).
betún, *s. m.* betume; graxa para o calçado.
biatómico (ca), *adj.* biatómico.
bibásico (ca), *adj. (quím.)* bibásico.
biberón, *s. m.* biberão; mamadeira.
Biblia, *s. f.* Bíblia.
bibliografía, *s. f.* bibliografia.
bibliógrafo, *s. m.* bibliógrafo.
biblioteca, *s. f.* biblioteca.
bicapsular, *adj. (bot.)* bicapsular.
bicarbonato, *s. m. (quím.)* bicarbonato.
bíceps, *adj. (anat.)* bíceps ou bicípite.
bicicleta, *s. f.* bicicleta.
bicoca, *s. f. (fig. fam.)* ninharia.
bicolor, *adj.* bicolor.
bicóncavo (va), *adj. (geom.)* bicóncavo.
biconvexo (xa), *adj. (geom.)* biconvexo.
bicornio, *s. m.* e *adj.* bicorne ou bicórneo.
bicho, *s. m.* bicho.
bidé, *s. m.* bidé.
bidente, *adj. (poét.)* bidentado.
biela, *s. f.* biela.
bien, *s. m.* bem; benefício; justo; utilidade; proveito; *adv.* convenientemente; *s. m. pl.* bens, haveres.
bienal, *adj.* bienal.
bienaventuranza, *s. f.* bem-aventurança.
bienestar, *s. m.* bem-estar; comodidade.
bienhechor (ra), *adj.* e *s.* benfeitor.
bienio, *s. m.* biénio.
bienvenida, *s. f.* boas-vindas.
bifurcación, *s. f.* bifurcação.
bigamia, *s. f.* bigamia.
bigardo (da), *adj.* e *s. (fig.)* desregrado; vadio; vicioso.
bigote, *s. m.* bigode.
bilabial, *adj.* bilabial.
bilateral, *adj.* bilateral.
biliar, *adj.* biliar ou biliário.
bilingüe, *adj.* bilingue.
bilis, *s. f.* bílis ou bile; fel.
bilocular, *adj. (bot.)* bilocular.
billar, *s. m.* bilhar.
billete, *s. m.* bilhete.
bimestral, *adj.* bimestral.
bimestre, *adj.* e *s.* bimestre; *s. m.* bimestre; bimestral.
binario (ria), *adj.* binário.
binomio, *s. m.* binómio.
biología, *s. f.* biologia.
biombo, *s. m.* biombo.
bióxido, *s. m. (quím.)* bióxido.

b

birrete, *s. m.* barrete; gorro; carapuça.
bis, *adv.* bis; outra vez; duas vezes.
bisabuelo (la), *s. m.* e *f.* bisavô.
bisagra, *s. f.* bisagra; dobradiça; gonzo.
bisbisar, *v. t.* mussitar; cochichar.
bisección, *s. f. (geom.)* bisecção.
bisel, *s. m.* bisel; chanfradura.
biselar, *v. t.* biselar; chanfrar.
bisexual, *adj.* e *s.* bissexual.
bisiesto, *adj.* e *s.* bissexto.
bisílabo (ba), *adj.* bissílabo; dissílabo.
bismuto, *s. m. (quím.)* bismuto.
bisnieto (ta), *s. m.* e *f.* bisneto.
bisonte, *s. m. (zool.)* bisonte; bisão.
bistec, *s. m.* bife.
bisturí, *s. m. (cir.)* bisturi; escalpelo.
bisulfuro, *s. m. (quím.)* bissulfureto.
bisutería, *s. f.* bijutaria; quinquilharia.
bizco (ca), *adj.* e *s.* estrábico; vesgo.
bizcocho, *s. m.* biscoito.
bizmar, *v. t.* cataplasmar.
blanco (ca), *adj.* branco; claro.
blandear, *v. i.* abrandar; amolecer; afrouxar.
blando (da), *adj.* brando; mole; tenro.
blanquear, *v. t.* branquear; limpar.
blasfemar, *v. i.* blasfemar.
blasón, *s. m. (heráld.)* brasão.
blasonar, *v. t.* brasonar; *v. i.* blasonar.
bledo, *s. m. (bot.)* bredo.
blenda, *s. f. (min.)* blenda; esfalerite.
blindar, *v. t.* blindar; couraçar.
bloc, *s. m.* bloco.
blondo (da), *adj.* loiro ou louro.
bloque, *s. m.* bloco.
bloquear, *v. t.* bloquear; cercar; sitiar.
blusa, *s. f.* blusa.
boa, *s. f. (zool.)* boa; jibóia; cobra.
boato, *s. m.* pompa; luxo.
bobear, *v. i.* bobear; enganar.
bobina, *s. f.* bobina; carretel.
bocadillo, *s. m.* sanduíche; merenda.
bocado, *s. m.* bocado (porção); bocado, parte do freio.
bocallave, *s. m.* espelho da fechadura.
bocamanga, *s. f.* canhão (da manga).
bocanada, *s. f.* bochecho; golpe; baforada (de fumo).
bocarte, *s. m. (zool.)* petinga.
boceto, *s. m. (pint.)* bosquejo, esboço.
bocina, *s. f.* buzina.
bocio, *s. m. (med.)* bócio; papeira.
bochinche, *s. m.* alvoroto; tumulto.
bochorno, *s. m.* bochorno.
boda, *s. f.* boda.
bodega, *s. f.* adega; taberna.
bodegón, *s. m.* taberna; tasca.
bodoque, *s. m.* bodoque; peloiro.
bofetada, *s. f.* bofetada; *(fig.)* insulto; injúria.
boga, *s. f. (zool.)* boga.
bogar, *v. i.* vogar, remar.
bohemia, *s. f.* boémia; estúrdia.
boicotear, *v. t.* boicotar.
boina, *s. f.* boina.
boj, *s. m. (bot.)* buxo.
bol, *s. m.* poncheira; redada (lanço de rede).
bola, *s. f.* bola; péla; pelota.
boleo, *s. m.* jogada.
bolera, *s. f.* lugar onde se realiza o jogo de *las bochas.*
bolero (ra), *adj.* e *s.* novilheiro; bolero (dança espanhola e respectiva música).
boleta, *s. f.* bilhete (de entrada); livrança; cédula.
boletín, *s. m.* boletim; periódico.
bólido, *s. m. (meteor.)* bólide.
bolillo, *s. m.* bilro (fuso).
bolívar, *s. m.* bolívar, moeda da Venezuela.
boliviano (na), *adj.* e *s.* boliviano; *s. m.* moeda da Bolívia.
boloñés (sa), *adj.* e *s.* bolonhês.
bolsa, *s. f.* bolsa; *(fig.)* bolsa (praça comercial).
bolsillo, *s. m.* algibeira; bolsa; saca.
bolso, *s. m.* bolsa; bolso.
bollo, *s. m.* bolo (pão doce); inchação por pancada ou queda (galo).
bomba, *s. f.* bomba; projéctil.
bombardeo, *s. m.* bombardeamento, bombardeio.

b

bombazo, *s. m.* estampido; detonação.
bombear, *v. t.* bombear; bombardear.
bombero, *s. m.* bombeiro.
bombilla, *s. f.* bombilha; lâmpada eléctrica.
bombo (ba), *adj. (fam.)* aturdido, atordoado; *s. m. (mús.)* bombo (tambor grande).
bombón, *s. m.* bombom; confeito.
bonachón (na), *adj.* e *s. (fam.)* bonachão ou bonacheirão.
bonanza, *s. f.* bonança; calmaria.
bondad, *s. f.* bondade; benevolência.
bonete, *s. m.* boné; barrete.
bonificación, *s. f.* bonificação; beneficiação.
bonito, *s. m. (zool.)* bonito (atum).
bonito (ta), *adj.* bonito; lindo.
bonzo, *s. m.* bonzo.
boñiga, *s. f.* fezes; esterco.
boquear, *v. i.* boquear; bocejar; agonizar.
boquerón, *s. m.* boqueirão; abertura grande; *(zool.)* anchova ou enchova.
boquete, *s. m.* desfiladeiro; garganta.
boquilla, *s. f.* sanja de espingarda; *(mús.)* boquilha de instrumento de sopro.
borbollón, *s. m.* borbulhão.
borbotar, *v. i.* borbotar; borbulhar.
bordador (ra), *s. m.* e *f.* bordador.
bordar, *v. t.* bordar.
borde, *s. m.* borda; orla; beira; *adj.* bastardo.
bordear, *v. i.* bordear; beirar; costear; *(mar.)* bordejar.
bordón, *s. m.* bordão; bastão; cajado.
boreal, *adj. (geog.)* boreal; setentrional.
borla, *s. f.* borla.
borra, *s. f.* borrega; borra de lã; lia; felpa.
borracho (cha), *adj.* e *s.* borracho; dêbado.
borrador, *s. m.* minuta; rascunho; borrão.
borraja, *s. f. (bot.)* borragem.
borrar, *v. t.* borrar; rasurar; riscar; apagar.
borrasca, *s. f.* borrasca; temporal; tormenta.
borrascoso (sa), *adj.* borrascoso.
borrego (ga), *s. m.* e *f.* borrego.
borrica, *s. f. (zool.)* burra, burrica, asna.
borrón, *s. m.* borrão; mancha.
borroso (sa), *adj.* borrento; confuso.
bosque, *s. m.* bosque; mata.
bosquejar, *v. t. (pint.)* bosquejar; esboçar.
bosquejo, *s. m.* bosquejo; esboço; rascunho.
bostezo, *s. m.* bocejo.
bota, *s. f.* bota (calçado); borracha (para vinho).
botadura, *s. f. (mar.)* bota-fora (lançamento de navio).
botánica, *s. f.* botânica.
botar, *v. t.* botar; atirar; arrojar; lançar.
bote, *s. m.* bote; barco; cutilada; salto (do cavalo); boião.
botella, *s. f.* botelha; garrafa; garrafada.
botellero, *s. m.* garrafeiro.
botero, *s. m.* barqueiro; catraieiro.
botica, *s. f.* botica; farmácia.
botijo, *s. m.* moringa ou moringue.
botín, *s. m.* botim; botina; polaina; presa; despojos (de guerra).
botiquín, *s. m.* farmácia ou botica ambulante e portátil.
botón, *s. m. (bot.)* botão.
botonar, *v. i.* abotoar; abrolhar.
botones, *s. m. (fam.)* paquete, rapaz de hotel; mandarete.
bóveda, *s. f.* abóbada.
bovino (na), *adj.* bovino.
boxear, *v. t.* jogar boxe.
boxeo, *s. m.* boxe; pugilismo.
boya, *s. f. (mar.)* bóia.
boyal, *adj.* bovino.
boyero, *s. m.* boiteiro.
boza, *s. f. (mar.)* boça.

b

bozal, *adj.* e *s.* boçal; néscio; *s. m.* bocal, betilho, barbilho.
bozo, *s. m.* buço; bigodinho.
brabante, *s. m.* barbante (tecido).
bracear, *v. i.* bracejar; bracear.
braceo, *s. m.* bracejo.
braga, *s. f.* braga; calções; cábrea.
braguero, *s. m.* bragueiro; *(art.* e *mar.)* bragueiro (cabo).
bragueta, *s. f.* braguilha; carcela.
brama, *s. f.* brama; berra.
bramante, *s. m.* e *adj.* barbante; cordel; guita; baraço.
bramar, *v. i.* bramar; bramir; *(fig.)* gritar con furor.
branquia, *s. f.* brânquia; guelra.
braquial, *adj.* braquial.
brasa, *s. f.* brasa.
brasil, *s. m.* apu-brasil; brasilina, vermelhão.
brasileño (ña), *adj.* e *s.* brasileiro, natural do Brasil.
bravear, *v. i.* bravatear; bravejar.
braveza, *s. f.* braveza; bravura; ferocidade.
bravío (a), *adj.* bravio; feroz; selvagem.
bravo (va), *adj.* bravo; valente; bom; feroz.
braza, *s. f.* braça (medida de comprimento).
brazalete, *s. m.* bracelete (pulseira).
brazo, *s. m.* braço.
brea, *s. f.* breu.
brear, *v. t.* brear; embrear; *(fig. fam.)* maltratar.
brecha, *s. f.* brecha; rotura; fenda.
bregar, *v. i.* brigar; contender.
breña, *s. f.* brenha; matagal.
bretón (na), *adj.* e *s.* bretão, natural da Bretanha; língua que falam os Bretões.
breva, *s. f.* bêbera (figo lampo).
breve, *adj.* breve, curto, rápido, conciso.
brezal, *s. m.* tojal; espinhal.
briba, *s. f.* ócio; preguiça; garotice.
bribón (na), *adj.* e *s.* preguiçoso; vadio.
brida, *s. f.* brida; rédea.
brigada, *s. f. (mil.)* brigada.
brigadier, *s. m.* brigadeiro.
brillante, *adj.* brilhante; reluzente.
brillantina, *s. f.* brilhantina.
brillar, *v. i.* brilhar; luzir; fulgurar.
brincar, *v. i.* folgar; saltar; pular.
brinco, *s. m.* salto; pulo; jóia pequena.
brindar, *v. i.* e *t.* brindar; oferecer; presentear.
brindis, *s. m.* brinde (saudação); oferta; presente.
brío, *s. m.* brio; galhardia; pundonor.
brisa, *s. f.* brisa; viração; aragem.
brisca, *s. f.* bisca (jogo de cartas).
británico (ca), *adj.* britânico.
broca, *s. f.* broca; prego de sapateiro.
brocado, *s. m.* brocado.
brocha, *s. f.* broxa, pincel.
broche, *s. m.* broche.
broma, *s. f.* brincadeira; gracejo; zombaria.
bromear, *v. i.* gracejar; caçoar.
bromista, *adj.* e *s.* brincalhão; trocista.
bromo, *s. m. (quím.)* bromo ou brómio.
bromo, *s. m. (bot.)* bromo.
bromuro, *s. m. (quím.)* brometo.
bronca, *s. f. (fam.)* chalaça; rixa; briga.
bronce, *s. m.* bronze.
broncear, *v. t.* bronzear.
bronquio, *s. m. (anat.)* brônquio.
bronquitis, *s. f. (med.)* bronquite.
brotar, *v. i.* brotar; rebentar; manar; surgir.
brote, *s. m.* gomo; rebento; pimpolho.
bruja, *s. f.* bruxa; feiticeira.
brujo, *s. m.* bruxo; feiticeiro.
brújula, *s. f. (mar.)* bússola.
bruma, *s. f.* bruma; nevoeiro.
brumo, *s. m.* cera branca.
brumoso (sa), *adj.* brumoso; nebuloso.
bruno, *s. m. (bot.)* abrunheiro; abrunho; ameixa.

b

bruno (na), *adj.* bruno; moreno; pardo.
bruñir, *v. t.* brunir; polir.
brusco (ca), *adj.* brusco; desagradável; *s. m. (bot.)* brusca; gilbarbeira.
brusquedal, *s. f.* brusquidão.
brutal, *adj.* brutal.
bruto (ta), *adj.* e *s.* bruto; néscio; incapaz.
bucear, *v. i. (mar.)* mergulhar.
bucle, *s. m.* bucle; bucre, caracol ou anel do cabelo.
buche, *s. m.* bucho; papo; bochecho.
búdico (ca), *adj.* búdico.
budismo, *s. m.* budismo.
buen, *adj.* apócope de *bueno,* bom.
buenaventura, *s. f.* boa ventura; boa sorte.
bueno (na), *adj.* bom; boa; útil; são.
buey, *s. m.* boi.
búfalo (la), *s. m.* e *f. (zool.)* búfalo.
bufanda, *s. f.* cachecol.
bufar, *v. i.* bufar; soprar.
bufete, *s. m.* bufete; aparador de sala de jantar; *(fig.)* banca e clientela de advogado.
bufido, *s. m.* bufido.
bufo (fa), *adj.* bufo; cómico.
buhardilla, *s. f.* águas-furtadas; trapeira.
búho, *s. m. (zool.)* mocho.
buhonero, *s. m.* bufarinheiro.
buitre, *s. m. (zool.)* abutre.
bujía, *s. f.* bugia; vela (de motor).
bula, *s. f.* bula.
bulto, *s. m.* vulto; volume; fardo; mala; maleta.
bulla, *s. f.* bulha; gritaria; motim.
bullicio, *s. m.* bullício; ruído; rumor.
bullir, *v. i.* ferver; bulir; agitar-se.
buñuelo, *s. m.* filhó.
buque, *s. m.* buco; capacidade; *(mar.)* casco de navio; buque; navio; vapor.
burbuja, *s. f.* bolha; borbulha.
burbujear, *v. i.* bolhar; borbulhar.
burdo (da), *adj.* tosco; grosseiro.
bureta, *s. f. (quím.)* bureta.
burga, *s. f.* manancial de água termal.
burgomaestre, *s. m.* burgomestre.
burgués (sa), *s. m.* e *f.* burguês.
buriel, *adj.* ruivo; avermelhado.
buril, *s. m.* buril.
burla, *s. f.* burla; fraude; motejo.
burladero, *s. m.* refúgio de peões; refúgio para toureiros.
burlar, *v. t.* e *r.* burlar; zombar; ludibriar; defraudar.
burocracia, *s. f.* burocracia.
burra, *s. f. (zool.)* burra; jumenta.
burro, *s. m. (zool.)* burro; asno; jogo de cartas; cavalete (de carpinteiro).
bursátil, *adj.* pertencente à Bolsa.
busca, *s. f.* busca; procura; batida de caçadores.
buscar, *v. t.* buscar; procurar; inquirir.
buscavida, *s. m.* e *f.* fura-vidas; videirinho.
butaca, *s. f.* poltrona.
butifarra, *s. f.* espécie de chouriço ou linguiça.
buzarda, *s. f. (mar.)* reforços na proa do navio.
buzo, *s. m.* búzio; mergulhador.
buzón, *s. m.* abertura nas caixas de correio.

C

¡ca!, *interj.* qual.
cabal, *adj.* justo; rigoroso; pleno; perfeito.
cábala, *s. f.* cabala; tramóia.
cabalgar, *v. i.* cavalgar; padrear; machear.
caballa, *s. f. (zool.)* cavala.
caballar, *adj.* cavalar.
caballería, *s. f.* cavalgadura; cavalaria.
caballero (ra), *adj.* cavalgador; *s. m.* cavaleiro; fidalgo; nobre; cavalheiro.
caballete, *s. m.* cavalete.
caballo, *s. m.* cavalo.
cabaña, *s. f.* cabana; choupana.
cabecear, *v. i.* cabecear; *(mar.)* balancear.
cabecera, *s. f.* cabeceira.
cabecilla, *s. f.* cabecinha; *(fig. fam.) s. m.* cabecilha; caudilho.
cabellar, *v. i.* e *r.* cair o cabelo; pôr cabeleira postiça.
cabello, *s. m.* cabelo.
caber, *v. i.* caber; tocar; corresponder.
cabestrillo, *s. m.* faixa pendente do ombro para suster a mão ou o braço; atadura.
cabeza, *s. f.* cabeça; cume; coruto; cabeço; *(fig. fam.)* capital; rês; *s. m.* caudilho.
cabezal, *s. m.* cabeçal (almofada).
cabezazo, *s. m.* cabeçada (pancada com a cabeça).
cabezo, *s. m.* cabeço; outeiro.
cabezonada, *s. f.* teimosia.
cabida, *s. f.* cabida; cabimento; capacidade.
cabila, *s. f.* cabila ou cabilda.
cabildada, *s. f. (fam.)* resolução precipitada.
cabildear, *v. i.* cabalar; intrigar.
cabildo, *s. m.* cabido; capítulo.
cabizbajo (ja), *adj.* cabixbaixo.
cable, *s. m.* cabo; corda grossa.
cabo, *s. m.* cabo; extremidade; *(fig.)* fim; lugar extremo; corda.
cabotaje, *s. m.* cabotagem.
cabra, *s. f. (zool.)* cabra.
cabrear, *v. i.* cabrazar; pular.
cabreo, *s. m.* cartulário.
cabria, *s. f.* cábrea; sarilho.
cabrillear, *v. i.* encapelar-se o mar, formando carneirada.
cabriola, *s. f.* salto, pulo.
cabriolar, *v. i.* cabriolar.
cabrito, *s. m.* cabrito; chibato.
cabrón, *s. m.* cabrão; bode; *(fig. fam.)* cabrazana.
cabronada, *s. f. (fam.)* acção vil.
caca, *s. f. (fam.)* caca (excremento).
cacahuete, *s. m.* amendoim.
cacao, *s. m. (bot.)* cacau.
cacarear, *v. i.* cacarejar; *(fig. fam.)* exagerar.
cacatúa, *s. f. (zool.)* cacatua; catatua.
cacería, *s. f.* caçada.
cacerola, *s. f.* caçarola.
caceta, *s. f.* caceta.
cacillo, *s. m.* vasilha pequena de metal.
cacique, *s. m.* cacique.
caco, *s. m. (fig.)* ladrão hábil.
cacofonía, *s. f.* cacofonia.
cacto, *s. m. (bot.)* cacto.
cachalote, *s. m. (zool.)* cachalote.
cachar, *v. t.* quebrar; partir.

C

cacharrería, *s. f.* loja onde se vende loiça ordinária.
cacharro, *s. m.* vasilha ordinária.
cachear, *v. t.* revistar, passar revista a gente suspeita.
cachetero, *s. m.* pequeno punhal.
cachiporra, *s. f.* cachamorra; cacete.
cachivache, *s. m. (depr.)* traste velho; ferro-velho; *pl.* tarecos.
cacho, *s. m.* pedaço de alguma coisa (talhada, porção); *(zool.)* barbo.
cachón, *s. m.* cachão; borbulhão; borbotão.
cachondez, *s. f.* apetite sexual.
cachorro (rra), *s. m.* e *f.* cachorro; cão; cria de certos animais.
cada, *adj.* cada; cada qual; cada um.
cadalso, *s. m.* cadafalso; patíbulo.
cadáver, *s. m.* cadáver.
cadena, *s. f.* cadeia; cativeiro.
cadencia, *s. f.* cadência; ritmo.
cadente, *adj.* cadente.
cadera, *s. f. (zool.)* cadeiras, ancas, quadris.
cadete, *s. m.* cadete.
caducar, *v. i.* caducar; envelhecer.
caducidad, *s. f.* caducidade; velhice.
caduco (ca), *adj.* caduco; decrépito.
caer, *v. i.* cair; pender; tocar, corresponder.
café, *s. m.* café; botequim.
cafeína, *s. f. (quím.)* cafeína.
cafetal, *s. m.* cafeeiral; cafezal ou cafetal; cafeal.
cafetín, *s. m.* botequim.
cafeto, *s. m. (bot.)* cafezeiro; cafeeiro.
cafre, *adj.* e *s. m.* cafre.
cagón (na), *adj.* cagão; *(fig. fam.)* poltrão.
caída, *s. f.* caimento; queda; caída; declive; descida.
caimán, *s. m. (zool.)* caimão.
caja, *s. f.* caixa; cofre.
cajero, *s. m.* caixeiro; caixoteiro; caixa (recebedor e pagador).
cajetilla, *s. f.* maço de cigarros ou de tabaco picado.
cajista, *s. m.* e *f.* caixista, tipógrafo compositor.
cajo, *s. m.* encaixe (nos livros para encadernação).
cajón, *s. m.* caixão; gaveta.
cal, *s. f.* cal.
cala, *s. f.* cala; enseada pequena.
calabacín, *s. m.* cabacinha.
calabaza, *s. f. (bot.)* cabaça; cabaceira.
calabozo, *s. m.* calaboiço ou calabouço; cárcere; enxovia.
calabozo, *s. m.* podadeira; podão.
calado, *s. m.* crivo (trabalho de agulha); entalhadura; *(mar.)* calado.
calamar, *s. m. (zool.)* calamar; lula.
calambre, *s. m.* cãibra; breca.
calamidad, *s. f.* calamidade; desgraça; infortúnio.
calandrar, *v. t.* calandrar; lustrar; acetinar (tecidos, papel).
calandria, *s. f.* calandra; *(zool.)* calhandra.
calar, *v. t.* calar; atravessar; entalhar; trespassar.
calavera, *s. f.* caveira; *s. m. (fig.)* calaveira; estouvado.
calcáneo, *s. m. (anat.)* calcâneo.
calcañar, *s. m.* calcanhar; talão.
calcar, *v. t.* calcar; comprimir; decalcar; *(fig.)* imitar.
calcáreo (rea), *adj.* calcário.
calceta, *s. f.* calceta, meia que cobre o pé e a perna; *(fig.)* grilheta; calceta.
calcetín, *s. m.* calceta; perúga; coturno.
cálcico (ca), *adj.* cálcico.
calcificación, *s. f. (med.)* calcificação.
calcinar, *v. t.* calcinar.
calcio, *s. m. (quím.)* cálcio.
calco, *s. m.* cópia; calco; decalque; imitação.
calcopirita, *s. f. (min.)* calcopirite.
calculable, *adj.* calculável.
calcular, *v. t.* calcular.
cálculo, *s. m.* cálculo.
calda, *s. f.* caldeação; caldeamento.
caldear, *v. t.* caldear.
caldera, *s. f.* caldeira.

C

caldrería, *s. f.* oficio de caldeireiro; caldeiraria.
caldereta, *s. f.* caldeirinha.
calderilla, *s. f.* miúdos (moedas de cobre); caldeirinha.
caldero, *s. m.* caldeira pequena para cozinhar.
caldo, *s. m.* caldo.
calefacción, *s. f.* calefacção; aquecimento.
calendario, *s. m.* calendário; almanaque.
calentador (ra), *adj.* e *s. m.* aquecedor; esquentador.
calentar, *v. t.* aquecer; acalentar; *(fig. fam.)* açoitar.
calentura, *s. f. (med.)* febre; calentura; quentura.
calera, *s. f.* pedreira de cal; forno de cal; caieira; caleira.
calesa, *s. f.* caleça; caleche; sege.
caleta, *s. f.* calheta; angra estreita.
calibrar, *v. t.* calibrar.
calibre, *s. m.* calibre; diâmetro.
calicata, *s. f. (min.)* exploração; sondagem.
caliciforme, *adj. (bot.)* caliciforme.
caliche, *s. m.* caliça.
calidad, *s. f.* qualidade; carácter; índole; espécie.
cálido (da), *adj.* cálido; quente; ardente; caloroso.
calidoscopio, *s. m.* calidoscópio, caleidoscópio.
caliente, *adj.* quente; *(fig.)* acalorado.
califa, *s. m.* califa.
calificación, *s. f.* qualificação.
calificar, *v. t.* qualificar; classificar.
caligrafía, *s. f.* caligrafia.
cáliz, *s. m.* cálice; cálix; *(bot.)* cálice.
calizo (za), *adj.* calcário.
calma, *s. f.* calma; calmaria; *(fig.)* paz; quietação.
calmante, *adj.* e *s.* calmante.
calmar, *v. t.* calmar; acalmar; sossegar.
caló, *s. m.* calão; gíria.
calóptero (ra), *adj. (zool.)* calóptero.
calor, *s. m. (fís.)* calor; *(fig.)* ardor.
caloría, *s. f. (fís.)* caloria.
calostro, *s. m. (fisiol.)* colostro.
caloyo, *s. m.* cordeiro ou cabrito recém-nascido.
calumnia, *s. f.* calúnia.
calumniar, *v. t.* caluniar; difamar.
caluroso (sa), *adj.* caloroso; animado; ardente.
calva, *s. f.* calva; careca; clareira.
calza, *s. f.* calça; calção; atilho (para alguns animais); calçadeira.
calzada, *s. f.* calçada.
calzado (da), *adj.* calçado; calçudo (diz-se dalguns pássaros); *s. m.* calçado, sapatos.
calzador, *s. m.* calçadeira.
calzar, *v. t.* calçar.
calzo, *s. m.* calço; cunha.
calzón, *s. m.* calção.
calzonazos, *s. m. (fig. fam.)* homem sem energia.
calzoncillos, *s. m. pl.* ceroulas; cuecas.
callao, *s. m.* calhau.
callar, *v. i.* calar; silenciar; omitir.
calle, *s. f.* rua.
calleja, *s. f.* viela; beco.
callejear, *v. i.* vaguear (pelas ruas).
callejero (ra), *adj.* vagante; vagabundo; *s. m.* roteiro.
callejón, *s. m.* azinhaga; viela.
callejuela, *s. f.* ruazinha, viela; *(fig.)* evasiva.
callista, *s. m.* e *f.* calista; pedicuro.
callo, *s. m.* calo; *pl.* dobrada; tripas.
cama, *s. f.* cama; leito.
camada, *s. f.* ninhada; camada.
camafeo, *s. m.* camafeu.
camaleón, *s. m. (zool.)* camaleão; *(fig.)* adulador.
cámara, *s. f.* câmara; quarto.
camarada, *s. m.* camarada; colega; companheiro.
camarero, *s. m.* camareiro, criado (de quarto, café ou restaurante); camarista.
camarilla, *s. f.* camarilha.
camarín, *s. m.* camarim.

C

camarón, *s. m. (zool.)* camarão.
camarote, *s. m. (mar.)* camarote.
camastro, *s. m.* cama pobre e má; catre.
cambalache, *s. m. (fam.)* alborque; cambalacho; troca.
cambiar, *v. t.* cambiar; trocar; mudar; alterar; trocar moeda; transferir.
cambio, *s. m.* cambiamento; câmbio; trocos (dinheiro miúdo); *(com.)* câmbio (troca de moeda).
cambista, *s. m.* e *f.* cambista.
camelar, *v. t. (fam.)* galantear; requestar; seduzir.
camelia, *s. f. (bot.)* camélia.
camelina, *s. f. (bot.)* camelina.
camelo, *s. m. (fam.)* troça; engano; burla.
camello, *s. m. (zool.)* camelo; *(mar.)* calabre grosso.
camilla, *s. f.* camilha; camila, braseira; maca.
caminante, *adj.* caminhante; viajante.
caminar, *v. i.* caminhar; andar; marchar.
camino, *s. m.* caminho; estrada; vereda.
camión, *s. m.* caminhão; camião.
camisa, *s. f.* camisa; envoltório; invólucro.
camiseta, *s. f.* camisola.
camisón, *s. m.* camisão; camisa de dormir.
camón, *s. m.* cama grande; trono real portátil.
camorra, *s. f. (fam.)* rixa; disputa; pendência.
campal, *adj.* campal.
campamento, *s. m.* acampamento.
campana, *s. f.* sino.
campanear, *v. i.* badalar.
campante, *adj. (fam.)* satisfeito; robusto; superior.
campaña, *s. f.* campanha; campina; batalha.
campar, *v. i.* campar; ufanar-se; acampar.
campear, *v. i.* saírem (os animais) para pastar.
campechano (na), *adj. (fam.)* campichano; afável; franco.
campeón, *s. m.* campeão; *(fig.)* paladino.
campesino (na), *adj.* e *s.* camponês ou campesino.
campestre, *adj.* campestre, campesino.
campo, *s. m.* campo; terra lavradia.
camposanto, *s. m.* cemitério; camposanto.
can, *s. m. (zool.)* cão; *(arq.)* modilhão; cão, peça de percussão nas armas de fogo.
cana, *s. f.* cã, cabelo branco.
canal, *amb.* canal; *s. m.* canal (estreito); conduto anatómico, vaso; faringe; estria; leito do rio; bebedoiro.
canalizar, *v. t.* canalizar; encanar.
canalón, *s. m.* algeroz; caleira.
canalla, *s. m. (fig. fam.)* canalha; infame.
canapé, *s. m.* canapé.
canario (ria), *adj.* canário (das ilhas Canárias); *s. m. (zool.)* carário (pássaro).
canasta, *s. f.* canastra.
cancán, *s. m.* cancã (dança).
cancela, *s. f.* gradil de porta; portão de ferro.
cancelas, *v. t.* cancelar; anular.
cáncer, *s. m. (med.)* cancro; carcinoma; cirro.
canciller, *s. m.* chanceler.
canción, *s. f.* canção; canto; cantiga.
cancha, *s. f.* campo de jogos, cancha.
candado, *s. m.* cadeado; aloquete; *(vet.)* cavidades nos pés dos cavalos.
candas, *v. t.* fechar con chave.
candela, *s. f.* candeia; vela de sebo ou cera; candela, castiçal.
candelabro, *s. m.* candelabro; lustre.
candelero, *s. m.* castiçal; candeeiro.
candente, *adj.* candente; embrasa.
candidato, *s. m.* candidato.

C

cándido (da), *adj.* cándido; alvo; simples; sincero.
candil, *s. m.* candil; candeia; *(fig. fam.)* bico do chapéu.
candileja, *s. f.* vaso interior da candeia; lamparina; *pl.* gambiarras (nos palcos dos teatros); *(bot.)* luzerna.
candor, *s. m.* candor; candura; pureza.
canela, *s. f.* canela.
canelón, *s. m.* canelão; confeito.
canesú, *s. m.* vestido sem mangas; parte superior da camisa.
cangilón, *s. m.* canjirão; alcatruz.
cangrejo, *s. m. (zool.)* caranguejo.
canguru, *s. m. (zool.)* canguru.
caníbal, *adj.* e *s.* canibal.
canícula, *s. f.* canícula.
canicular, *adj.* canicular, calmoso.
canijo (ja), *adj.* e *s. (fam.)* débil; doentio.
canilla, *s. f.* canela.
canina, *s. f.* excremento de cão.
canjear, *v. t.* trocar; permutar.
cano (na), *adj.* cano; encanecido; *(fig.)* ancião ou antigo.
canoa, *s. f.* canoa.
canon, *s. m.* cânon ou cânone; regre; norma.
canónico (ca), *adj.* canónico.
canónigo, *s. m.* cónego.
canonizar, *v. t.* canonizar.
canonjía, *s. f.* canonicato; conezia.
canoso (sa), *adj.* encanecido.
cansar, *v. t.* cansar; fatigar; *(fig.)* aborrecer.
cantable, *adj.* cantável.
cantador (ra), *s. m.* e *f.* cantador.
cantante, *adj.* e *s. m.* e *f.* cantante, cantor ou cantora profissionais.
cantar, *s. m.* canto; canção.
cántara, *s. f.* cântara; cântaro.
cantarero, *s. m.* oleiro.
cántaro, *s. m.* cântaro.
cantata, *s. f.* cantata.
cantera, *s. f.* canteira; pedreira; *(fig.)* talento; engenho.
cantería, *s. f.* cantaria; arte de cantaria; pedra lavrada.
cantero, *s. m.* canteiro.
cántico, *s. m.* cântico; hino; canto.
cantidad, *s. f.* quantidade; porção; quantia.
cantiga, *s. f.* cantiga.
cantimplora, *s. f.* cantimplora; sifão; cantil.
cantina, *s. f.* adega; cantina.
cantinero, *s. m.* cantineiro, taberneiro.
canto, *s. m.* canto, cantoria; arte de cantar; poema curto; cântico; canto, esquina; ângulo; seixo.
cantón, *s. m.* esquina, canto; cantão, região.
cantonera, *s. f.* cantoneira (para livros, móveis, etc.).
cantor (ra), *adj.* e *s.* cantor.
caña, *s. f. (bot.)* cana; talo; pé; *(anat.)* rádio; tíbia.
cañada, *s. f.* canhada (planície); azinhaga.
cañamazo, *s. m.* canhamaço; talagarça.
cáñamo, *s. m. (bot.)* cânhamo.
cañaveral, *s. m.* canavial; caniçal.
cañería, *s. f.* tubagem; encanamento; aqueduto.
cañizo, *s. m.* caniço; trançado de caniços.
caño, *s. m.* cano; tubo; canudo.
cañón, *s. m. (mil.)* canhão.
cañonera, *s. f.* canhoneira.
cao, *s. m. (zool.)* corvo.
caoba, *s. f. (bot.)* acaju.
caos, *s. m.* caos; confusão; desordem.
caótico (ca), *adj.* caótico.
capa, *s. f.* capa (vestuário); cobertura; envoltório; camada; pretexto.
capacidad, *s. f.* capacidade; âmbito; talento; aptidão.
capacitar, *v. t.* capacitar.
capacho, *s. m.* cabaz; seira; *(zool.)* coruja.
capar, *v. t.* capar; castrar.
caparazón, *s. m.* caparação; cober-

tura; encerado; carapaça (de aracnídeos e crustáceos).

capataz, *s. m.* capataz; caseiro; feitor.

capaz, *adj.* capaz; amplo; *(fig.)* apto.

capcioso (sa), *adj.* capcioso; caviloso.

capea, *s. f.* lide de bezerros feita por amadores.

capeador, *s. m.* capeador; toureiro.

capear, *v. t.* capear; revestir; provocar com capa (os touros).

capelina, *s. f.* capelina; elmo; *(cir.)* ligadura.

caperuza, *s. f.* carapuça, capuz.

capilar, *adj.* capilar.

capilla, *s. f.* capuz; capelo; capela.

capirote, *s. m.* capirote, carapuço cónico usado por penitentes (nas procissões).

capiscol, *s. m.* cantor de igreja.

capital, *s. m.* capital; principal; fazenda; caudal; património; bens.

capitalizar, *v. t.* capitalizar.

capitán, *s. m.* capitão.

capitel, *s. m. (arq.)* capitel.

capitoné, *adj.* acolchoado.

capitular, *adj.* e *s. m.* capitular; *v. i.* pactear ou pactuar; render-se; transigir.

capítulo, *s. m.* capítulo; cabido.

capón, *s. m.* capão; capado; castrado.

caporal, *s. m.* principal; chefe; cabeça; dirigente; maioral; *(mil.)* caporal; cabo.

capote, *s. m.* capote; *(fig. fam.)* sobrecenho carregado; capote, capinha de toureiro.

capotear, *v. t.* capear (touros); *(fam.)* enganar.

capricornio, *s. m. (astron.)* capricórnio.

capricho, *s. m.* capricho.

cápsula, *s. f.* cápsula.

captar, *v. t.* captar; atrair; granjear.

capturar, *v. t.* capturar; prender; arrestar.

capucha, *s. f.* capucha; capuz.

capuchina, *s. f. (bot.)* capuchinha.

capuchino (na), *adj.* capuchinho (frade).

capuchón, *s. m.* manto com capuz; capucha; dominó curto.

capullo, *s. m. (bot.)* capulho; casulo; gomo floral; cadarço; glande.

caqui, *s. m.* caqui, fazenda de lã ou de algodão.

cara, *s. f.* cara; rostro; semblante.

carabela, *s. f. (mar.)* caravela.

carabina, *s. f.* carabina; clavina.

caracol, *s. m. (zool.)* caracol; anel de cabelo; escada em espiral.

carácter, *s. m.* carácter; índole; cunho; marca.

caracterizar, *v. t.* caracterizar; descrever; distinguir.

¡caramba!, *interj.* caramba!, exprime surpresa.

carambola, *s. f.* carambola (no bilhar); enredo; *(bot.)* carambola.

caramelo, *s. m.* caramelo.

carantoña, *s. f.* carantonha; caraça.

carátula, *s. m.* caraça; careta; máscara protectora.

caravana, *s. f.* caravana.

carbón, *s. m.* carvão.

carbonato, *s. m. (quím.)* carbonato.

carboncillo, *s. m.* carvãozinho; carvão para desenho.

carbonería, *s. f.* carvoaria.

carbonero (ra), *adj. (quím.)* carbonífero; *s. m.* carvoeiro.

carbonizar, *v. t.* carbonizar.

carbono, *s. m.* carbono.

carburador, *s. m.* carburador.

carburante, *adj.* e *s. (quím.)* carburante.

carburar, *v. t. (quím.)* carburar ou carbonar.

carburo, *s. m. (quím.)* carboneto.

carcajada, *s. f.* gargalhada forte.

carcasa, *s. f. (mit.)* carcaça, projéctil incendiário.

cárcel, *s. f.* cárcere; prisão; cadeia.

carcoma, *s. f. (zool.)* carcoma; caruncho.

C

carcomer, *v. t.* carcomer; roer (o caruncho).
carda, *s. f.* carda.
cardenal, *s. m.* cardeal.
cardíaco (ca), *adj.* e *s. m.* cardíaco.
cardinal, *adj.* cardinal; cardeal; principal.
cardo, *s. m.* cardo.
carear, *v. t.* carear; acarear.
carecer, *v. i.* carecer; precisar.
carencia, *s. f.* carência; privação.
careo, *s. m.* careio; acareação.
carestía, *s. f.* carestia; escassez; alta de preços.
careta, *s. f.* careta; caraça; máscara.
carga, *s. f.* carregação; carregamento; fardo; carga.
cargador, *s. m.* carregador; cunhete.
cargamento, *s. m.* carregamento; carga.
cargar, *v. t.* carregar.
cargo, *s. m.* carga; cargo; emprego.
caria, *s. f. (arq.)* fuste de coluna.
cariar, *v. t.* e *r.* cariar, corromper-se.
caribe, *adj.* e *s.* caraíba.
caricato, *s. m.* caricato; grotesco.
caricatura, *s. f.* caricatura.
caricia, *s. f.* carícia.
caridad, *s. f.* caridade; esmola; bondade; beneficência.
caries, *s. f. (med.)* cárie; *(bot.)* caruncho.
cariño, *s. m.* carinho; afeição.
carisma, *s. m. (teol.)* carisma.
caritativo (va), *adj.* caritativo, caridoso.
cariz, *s. m.* cariz; semblante.
carleta, *s. f.* carleta (lima para desbastar o ferro); *(min.)* espécie de ardósia.
carmel, *s. m. (bot.)* carmel.
carmelina, *s. f.* carmelina.
carmen, *s. m.* carme; poema; casa de campo (em Granada).
carmesí, *adj.* carmesim.
carmín, *s. m.* carmim.
carminativo (va), *adj.* e *s. (med.)* carminativo.
carnaje, *s. m.* carnagem.
carnal, *adj.* carnal; lascivo; consanguíneo.
carnaval, *s. m.* Carnaval; Entrudo.
carnaza, *s. f.* carnaz; *(fam.)* carnaça.
carne, *s. f.* carne; sensualidade; consanguinidade.
carnero, *s. m. (zool.)* carneiro (quadrúpede); ossuário; sepulcro.
carnicería, *s. f.* carniçaria; açougue; talho; carnificina; matança; chacina.
carnívoro (ra), *adj.* e *s.* carnívoro.
carnosidad, *s. f.* carnosidade.
carnoso (sa), *adj.* carnoso; carnudo.
caro (ra), *adj.* caro; subido de preço; amado; querido.
carñoso (sa), *adj.* mazelento; mazelenta.
carotina, *s. m. (quím.)* caroteo.
carpa, *s. f. (zool.)* carpa (peixe).
carpanta, *s. f. (fam.)* fome violenta.
carpeta, *s. f.* pasta para escrever; capa, cobertura de livro; caderno; pasta para guardar pagéis.
carpintería, *s. f.* carpintaria.
carraca, *s. f.* matraca; *(mar.)* carraca.
carrasca, *s. f. (bot.)* carrasco; carrasqueiro.
carrascal, *s. m.* carrascal; carrasqueiral.
carraspear, *v. i.* sentir rouquidão ou carraspeira.
carraspera, *s. f.* carraspeira; rouquidão.
carrera, *s. f.* carreira; corrida; itinerário; profissão; trilho.
carreta, *s. f.* carrão; carroça.
carretaje, *s. m.* carretagem.
carrete, *s. m.* carretel; carrinho; carrete.
carretear, *v. t.* carrear; acarretar; carrejar; guiar carro ou carreta.
carreta, *s. f.* estrada (real ou nacional).
carretilla, *s. f.* carretilha (carinho de mão); busca-pé (foguete).

C

carretón, *s. m.* carreta; carrinho de amolador; carrinho de crianças.
carril, *s. m.* sulco (rasto das rodas da carruagem); vereda; trilho; carril.
carro, *s. m.* carro; carga; carruagem.
carrocería, *s. f.* carroçaria.
carromato, *s. m.* carromato; carro grande para cargas.
carroña, *s. f.* carne corrompida; carniça.
carroza, *s. f.* coche grande; *(mar.)* toldo (à popa do navio).
carruaje, *s. m.* carruagem.
carta, *s. f.* carta (epístola; missiva); naipe do baralho; mapa geográfico.
cartabón, *s. m.* esquadria.
cartapacio, *s. m.* cartapácio; pasta escolar.
cartel, *s. m.* cartaz; edital.
cartelera, *s. f.* armação para afixar anúncios públicos.
cartera, *s. f.* carteira; bolsa; pasta; *(fig.)* cargo de ministro.
cartero, *s. m.* carteiro.
cartilaginoso (sa), *adj.* cartilaginoso; cartilagíneo.
cartilla, *s. f.* cartilha.
cartografía, *s. f.* cartografia.
cartómetro, *s. m.* curvímetro.
cartón, *s. m.* cartão; papelão.
cartuchera, *s. f.* cartucheira.
cartuja, *s. f.* Cartuxa (ordem religiosa).
cartulina, *s. f.* cartolina,
casa, *s. f.* casa; edificio; morada; vivenda; família.
casaca, *s. f.* fraque.
casado (da), *adj.* e *s.* casado, consorciado.
casar, *s. m.* lugarejo; casal.
casar, *v. t. (for.)* cassar; anular; derrogar.
casar, *v. i.* casar.
cascabel, *s. m.* guizo; cascavel; *(zool.)* crótalo, serpente venenosa, cascavel.
cascada, *s. f.* cascata.
cascajo, *s. m.* cascalho (fragmentos de pedra); caco.
cascanueces, *s. m.* quebra-nozes.
cascar, *v. t.* quebrar; partir; rachar; fender.
cáscara, *s. f.* casca.
cascarilla, *s. f.* cascarilha; *(bot.)* quina-branca.
cascarón, *s. m.* casca de ovo.
cascarrabias, *s. m.* e *f. (fam.)* pessoa irritadiça.
casco, *s. m.* casco; crânio; caco; casca; película da cebola; copa do chapéu; armação do selim; pipa para vinho; unha dos solípedes; *(mar.)* casco (de navio).
cascote, *s. m.* entulho; cascalho.
caserío, *s. m.* casaria; casario.
caserón, *s. m.* casão; casarão.
caseta, *s. f.* casa rústica; guarita.
casi, *adv.* quase; cerca de.
casilla, *s. f.* casinha (espécie de guarita); bilheteira.
casillero, *s. m.* móvel classificador; ficheiro.
casino, *s. m.* casino.
caso, *s. m.* caso; facto; sucesso; acontecimento.
caspa, *s. f.* caspa; carepa.
casquete, *s. m.* casquete; capacete; cabeleira postiça.
casquillo, *s. m.* casquilho.
casta, *s. f.* casta; raça; linhagem; qualidade.
castaña, *s. f. (bot.)* castanha; garrafão; rolo de cabelo (puxo).
castañetear, *v. t.* castanholar; *v. i.* bater (os dentes ou joelhos).
castaño (ña), *adj.* e *s.* castanho (diz-se da cor da castanha); *s. m. (bot.)* castanheiro; madeira desta árvore, castanho.
castañuela, *s. f.* castanhola; castanholas; castanhetas.
castellana, *s. f.* castelã.
castellanizar, *v. t.* castelhanizar.
castellano (na), *adj.* e *s.* castelhano;

C

s. m. espanhol; língua falada em Espanha.
casticismo, *s. m.* casticismo.
castidad, *s. f.* castidade.
castigar, *v. t.* castigar; punir; afligir; *(fig.)* corrigir.
castillo, *s. m.* castelo; fortaleza.
castizo (za), *adj.* castiço; puro; vernáculo.
casto (ta), *adj.* casto; honesto; puro.
castor, *s. m. (zool.)* castor.
castrar, *v. t.* capar; castrar.
castro, *s. m.* castro (castelo).
casual, *adj.* casual; fortuito.
casucha, *s. f.* casinha; casebre; choupana.
casulla, *s. f.* casula.
cataclismo, *s. m.* cataclismo; derrocada.
catacumbas, *s. f. pl.* catacumbas.
catador, *s. m.* provador, o que prova ou experimenta.
catafalco, *s. m.* catafalco.
catalán (na), *adj.* e *s. m.* catalão.
catalejo, *s. m.* óculo de longo alcance; binóculo.
catalepsia, *s. f. (med.)* catalepsia.
catálisis, *s. f. (quím.)* catálise.
catálogo, *s. m.* catálogo.
cataplasma, *s. f.* cataplasma.
cataplexia, *s. f. (pat.)* cataplexia.
catapulta, *s. f.* catapulta.
catar, *v. t.* catar; provar; experimentar.
catarata, *s. f.* catarata; catadupa; cascata; *(med.)* catarata.
catarro, *s. m. (med.)* catarro.
catártico (ca), *adj. (med.)* catártico.
catastro, *s. m.* cadastro; censo.
catástrofe, *s. f.* catástrofe.
catear, *v. t.* pesquisar; procurar; descobrir.
catecismo, *s. m.* catecismo.
cátedra, *s. f.* cátedra; cadeira; aula; classe.
catedral, *adj.* e *s. f.* catedral; sé.
catedrático, *s. m.* catedrático.
categoría, *s. f.* categoria; classe.
caterva, *s. f.* caterva; multidão.
cateto, *s. m. (geom.)* cateto.
catión, *s. m. (fís.)* catião.
cátodo, *s. m. (fís.)* cátodo; catódio.
católico (ca), *adj.* católico.
catón, *s. m.* catão (censor severo).
catorce, *adj.* catorze.
catorzavo (va), *adj.* e *s. m.* catorze avos.
catre, *s. m.* catre; camilha.
cauce, *s. m.* leito dos rios; álveo; regueiro; acéquia.
caución, *s. f.* caução; fiança; prevenção; garantia.
caudal, *adj.* caudaloso; torrencial.
causa, *s. f.* causa; origem; motivo; razão; *(for.)* processo criminal.
casualidad, *s. f.* casualidade.
causar, *v. t.* causar; motivar; originar.
cáustico (ca), *adj.* e *s.* cáustico; *(fig.)* mordaz.
cautelar, *v. t.* acautelar; precaver; prevenir.
cauterizar, *v. t. (cir.)* cauterizar.
cautivar, *v. t.* cativar; encantar; capturar; *(fig.)* atrair; seduzir.
cauto (ta), *adj.* cauto; cauteloso; acautelado.
cava, *s. f.* cava; fosso.
cavar, *v. t.* cavar; escavar; *v. i.* profundar; penetrar.
caverna, *s. f.* caverna; antro; gruta; covil.
cavidad, *s. f.* cavidade; buraco; caverna.
cavilar, *v. t.* cavilar; sofismar; matutar.
cayado, *s. m.* cajado; bordão; bastão; báculo.
cazar, *v. t.* caçar; perseguir (animais); apanhar.
cazo, *s. m.* caço; caçarola; concha (colher).
cazuela, *s. f.* caçarola (frigideira de cabo); galeria nos teatros.
cazurro (ra), *adj.* e *s. (fam.)* casmurro.
ceba, *s. f.* ceva.
cebada, *s. f. (bot.)* cevada.

C

cebar, *v. t.* cevar; nutrir; *(fig.)* fomentar; alimentar.
cebo, *s. m.* ceva; cevo; isca; *(fig.)* incentivo.
cebolla, *s. f. (bot.)* cebola.
cebra, *s. f. (zool.)* zebra.
cebú, *s. m. (zool.)* zebo ou zebu.
cecear, *v. i.* cecear.
cecina, *s. f.* chacina (carne defumada).
cedazo, *s. m.* peneira; peneiro; crivo.
ceder, *v. t.* ceder; transferir.
cedilla, *s. f.* cedilha.
cedro, *s. m. (bot.)* cedro.
cédula, *s. f.* cédula.
cefalea, *s. f. (med.)* cefaleia.
cefalitis, *s. f. (med.)* cefalite; encefalite.
cefalópodo, *adj.* e *s. (zool.)* cefalópode.
cegar, *v. i.* e *t.* cegar; ficar ou tornar cego.
ceguera, *s. f.* cegueira.
ceja, *s. f.* supercílio; sobrancelha; sobrolho; *(mús.)* braçadeira de guitarra.
celada, *s. f.* celada; *(fig.)* cilada.
celador (ra), *adj.* e *s.* zelador; vigilante; vigia.
celar, *v. t.* zelar; observar; gravar; cinzelar; encobrir.
celda, *s. f.* cela; aposento.
celdilla, *s. f.* célula (dos favos); nicho.
celebrar, *v. t.* e *i.* celebrar; louvar; festejar.
célebre, *adj.* célebre; famoso.
celenterios, *s. m. pl. (zool.)* celenterados.
celeridad, *s. f.* celeridade; rapidez.
celeste, *adj.* e *s.* celeste.
celestial, *adj.* celestial; *(fig.)* perfeito; delicioso.
celestina, *s. f. (min.)* celestina; alcoviteira.
celibato, *s. m.* celibato.
celo, *s. m.* zelo; cio; esmero; ciúmes; zelos.
celosía; *s. f.* gelosia; ralo de porta.
celta, *adj.* e *s. m.* celta; céltico (idioma dos Celtas).
celtíbero (ra), *adj.* e *s.* celtibero.
célula, *s. f.* célula.
celular, *adj.* celular.
celuloide, *s. f.* celulóide.
cementar, *v. t.* cementar.
cementerio, *s. m.* cemitério.
cemento, *s. m.* cemento; cimento.
cena, *s. f.* ceia; jantar.
cenagoso (sa), *adj.* cenoso; lamacento; lodoso.
cenar, *v. i.* cear; jantar.
cencerrear, *v. i.* chocalhar.
cencerro, *s. m.* chocalho.
cenefa, *s. f.* sanefa.
cenicero, *s. m.* zinzeiro.
cenit, *s. m. (astron.)* zénite.
ceniza, *s. f.* cinza; *(fig.) pl.* relíquias.
cenobio, *s. m.* cenóbio; mosteiro; convento.
censo, *s. m.* censo; recenseamento.
censor, *s. m.* censor; crítico.
censurar, *v. t.* censurar; criticar; repreender.
centauro, *s. m. (mit.)* centauro; *(astron.)* constelação.
centavo (va), *s. m.* cêntimo; centavo.
centella, *s. f.* centelha; faísca; *(fig.)* lembrança.
centellear, *v. i.* cintilar.
centeno, *s. m.* centeio.
centiárea, *s. f.* centiare.
centigramo, *s. m.* centigrama.
céntimo (ma), *s. m.* cêntimo.
centinela, *amb. (mil.)* sentinela.
centolla, *s. f. (zool.)* santola.
central, *adj.* e *s.* central.
centralizar, *v. t.* e *r.* centralizar; concentrar.
centrar, *v. t.* centrar.
centrífugo (ga), *adj.* centrífugo.
centro, *s. m. (geom.)* centro; meio; ponto de reunião.
centuplicar, *v. t.* centuplicar.
céntuplo (pla), *adj.* e *s. m.* cêntuplo.
centuria, *s. f.* centúria; centenar; centena; século.

ceñir, *v. t.* cingir; rodear.
ceño, *s. m.* cenho (aspecto severo).
cepa, *s. f.* *(bot.)* cepa; videira; *(fig.)* tronco; estirpe.
cepillo, *s. m.* cepo; escova; caixa para esmolas (nas igrejas).
cepo, *s. m.* cepo; tronco; toro.
cera, *s. f.* cera.
cerámica, *s. f.* cerâmica; olaria.
cerca, *adv.* cerca; quase; perto de; junto a; *s. f.* cerca; sebe.
cercanía, *s. f.* cercania; imediação.
cercar, *v. t.* cercar; sitiar; rodear.
cercionar, *v. t.* e *r.* assegurar; afirmar.
cerco, *s. m.* cerco; assédio.
cerda, *s. f.* cerda (pêlo).
cerdo, *s. m.* *(zool.)* porco; suíno.
cereal, *adj.* e *s.* *(bot.)* cereal.
cerebelo, *s. m.* *(anat.)* cerebelo.
cerebral, *adj.* cerebral.
cerebro, *s. m.* *(anat.)* cérebro.
ceremonia, *s. f.* cerimónia.
cereza, *s. f.* *(bot.)* cereja.
cerilla, *s. f.* pavio; fósforo de cera.
cerner, *v. t.* peneirar; joeirar; crivar; *(fig.)* descobrir; *v. i.* fecundar.
cernícalo, *s. m.* *(zool.)* francelho; *(fig.)* homem rude.
cernido, *s. m.* peneirada; peneiração.
cero, *s. m.* *(arit.)* zero.
cerradura, *s. f.* fechamento; fechadura.
cerrajero, *s. m.* serralheiro.
cerrar, *v. t.* fechar; cerrar.
cerrazón, *s. f.* cerração; escuridão.
cerril, *adj.* serril; agreste; indómito; *(fig. fam.)* grosseiro.
cerro, *s. m.* cerro, outeiro; espinhaço.
cerrojo, *s. m.* ferrolho.
certamen, *s. m.* desafio; certame.
certero (ra), *adj.* certeiro.
certificación, *s. f.* certificação.
certificar, *v. t.* certificar; afirmar; atestar.
cerumen, *s. m.* cerume.
cerval, *adj.* cerval; cervino.
cervantesco (ca), *adj.* cervantesco.
cerveza, *s. f.* cerveja.
cervical, *adj.* cervical.
cerviz, *s. f.* cerviz; nuca; cachaço.
cesar, *v. i.* cessar; parar; terminar; suspender.
cesáreo (a), *adj.* cesáreo.
cese, *s. m.* ordem que suspende pagamentos.
cesión, *s. f.* cessão; cedência.
césped, *s. m.* céspede; relva.
cesta, *s. f.* cesta.
cestiario, *s. m.* gladiador.
cesto, *s. m.* cesta grande; cestão; cesto (manopla antiga).
cetrería, *s. f.* cetraria; falcoaria.
cetrino (na), *adj.* citrino; cítreo.
cetro, *s. m.* ceptro.
cía, *s. f.* ilíaco.
cianuro, *s. m.* *(quím.)* cianeto ou cianureto.
ciar, *v. i.* recuar; retroceder; *(mar.)* ciar (remar para trás).
ciática, *s. f.* *(med.)* ciática.
cíbolo, *s. m.* *(zool.)* bisonte.
cicadios, *s. m. pl.* *(zool.)* cicadários.
cicatero (ra), *adj.* e *s.* cicata; avaro; mesquinho.
cicatrizar, *v. t.* e *r.* cicatrizar.
cícero, *s. m.* *(impr.)* cícero.
cicerona, *s. m.* cicerone.
cíclico (ca), *adj.* cíclico.
ciclista, *s. m.* e *f.* ciclista.
ciclo, *s. m.* ciclo; período.
ciclón, *s. m.* V. **huracán**.
cíclope, *s. m.* *(mit.)* ciclope.
ciclóstomas, *s. m. pl.* *(zool.)* ciclóstomos.
cicuta, *s. f.* *(bot.)* cicuta.
ciego (ga), *adj.* e *s.* cego; *(fig.)* alucinado; inconsciente; *(anat.)* ceco; cego.
cielo, *s. m.* céu; firmamento; paraíso.
ciempiés, *s. m.* *(zool.)* centopeia; escolopendra.
cien, *adj.* cem.
ciénaga, *s. f.* lameiro; lamaçal.
ciencia, *s. f.* ciência.
cieno, *s. m.* ceno; lodo.
científico (ca), *adj.* científico.

C

ciento, *adj.* cento; centena.
cierne, *s. m.* imaturo; *en cierne:* ainda verde; ainda em flor.
cierre, *s. m.* fechamento; fecho.
cierto (ta), *adj.* certo; verdadeiro; exacto; preciso.
cierva, *s. f. (zool.)* cerva; corça.
ciervo, *s. m. (zool.)* cervo, veado.
cierzo, *s. m. (astron.)* Aquilão, o vento norte.
cifosis, *s. f. (med.)* cifose.
cifra, *s. f.* cifra; zoro; escrita convencional.
cifrar, *v. t.* cifrar; reduzir.
cigala, *s. f. (zool.)* espécie de lagostim.
cigarra, *s. f. (zool.)* cigarra.
cigarral, *s. m.* pomar, horta ou vergel murado.
cigarrillo, *s. m.* cigarro.
cigarro, *s. m.* charuto.
cigüeña, *s. f. (zool.)* cegonha.
cilindro, *s. m. (geom.)* cilindro.
cima, *s. f.* cimo; o alto; cume.
címbalo, *s. m.* sineta; campainha; *(arqueol.)* címbalo.
cimborio, *s. m. (arq.)* zimbório.
cimbrar, *v. t.* e *r.* vergar; arquear.
cimentar, *v. t.* cimentar; alicerçar; fundar; edificar.
cimiento, *s. m.* alicerce; fundação; *(fig.)* princípio.
cimitarra, *s. f.* cimitarra; alfange.
cinabrio, *s. m. (min.)* cinabre ou cinábrio.
cinc, *s. m. (min.)* zinco.
cincel, *s. m.* cinzel.
cincelar, *v. t.* cinzelar.
cinco, *adj.* e *s.* cinco.
cincuenta, *adj.* cinquenta.
cine, *s. m. (fam.)* cinema.
cinerario (ria), *adj.* cinerário; *s. f. (bot.)* cinerária.
cíngaro (ra), *adj.* e *s.* zíngaro; cigano.
cíngulo, *s. m.* cíngulo.
cínico (ca), *adj.* e *s.* cínico.
cinismo, *s. m.* cinismo; impudência.
cinta, *s. f.* cinta; faixa.
cinto (ta), *s. m.* cinto; cinturão.
cintura, *s. f.* cintura; cinta.
cinturón, *s. m.* cinturão.
ciprés, *s. m. (bot.)* cipreste.
circo, *s. m.* circo; anfiteatro.
circuito, *s. m.* circuito; periferia; contorno.
circular, *adj.* e *v. i.* circular; *s. f.* carta-circular.
circuncisión, *s. f.* circuncisão.
circundar, *v. t.* circundar; cercar; rodear.
circunferencia, *s. f. (geom.)* circunferência; periferia.
circunscribir, *v. t.* e *r.* circunscrever.
circunstancia, *s. f.* circunstância.
circunvalación, *s. f.* circunvalação.
cirio, *s. m.* círio.
cirrosis, *s. f. (med.)* cirrose.
ciruela, *s. f. (bot.)* ameixa.
ciruelo, *s. f. (bot.)* ameixieira ou ameixoeira.
cirugía, *s. f.* cirurgia.
cisco, *s. m.* cisco; cisca; *(fig. fam.)* briga; altercação.
cisma, *s. f.* cisma; discórdia.
cisne, *s. m. (zool.)* cisne.
cisterna, *s. f.* cisterna.
cistitis, *s. m. (med.)* cistite.
cistotomía, *s. f. (cir.)* cistotomia.
cisura, *s. f.* cissura, rotura.
cita, *s. f.* entrevista; cita (citação de texto).
citar, *v. t.* citar; mencionar; intimar.
cítara, *s. f. (mús.)* cítara.
citara, *s. f.* tabique (parede); ala (formação de tropas).
citerior, *adj.* citerior.
cítola, *s. f.* cítola.
citoplasma, *s. m. (bot.* e *zool.)* citoplasma.
cítrico (ca), *adj.* cítrico.
citrón, *s. m. (bot.)* limão.
ciudad, *s. f.* cidade.
civil, *adj.* civil; sociável; cível.
cizalla, *s. f.* cisalha (tesourão); aparas de metal.
cizaña, *s. f. (bot.)* cizânia; *(fig.)* discórdia; dissensão.

clamar, *v. i.* clamar.
clamor, *s. m.* clamor; brado.
clan, *s. m.* clã.
clandestino (na), *adj.* clandestino; secreto; oculto.
clara, *s. f.* clara (de ovo).
claraboya, *s. f.* clarabóia.
clarear, *v. t.* clarear; aclarar.
clarete, *adj.* e *s.* clarete; palhete.
claridad, *s. f.* claridade.
clarificar, *v. t.* clarificar; iluminar; alumiar; aclarar; purificar.
clarín, *s. m. (mús.)* clarim.
clarinete, *s. m. (mús.)* clarinete.
clarividencia, *s. f.* clarividência.
claro (ra), *adj.* claro; luminoso.
clase, *s. f.* classe; ordem; categoria.
claudicar, *v. t.* claudicar; coxear; *(fig.)* errar.
claustro, *s. m.* claustro.
clausura, *s. f.* clausura.
clausurar, *v. t.* clausurar (encerrar).
clava, *s. f.* clava; maça; moca.
clavar, *v. t.* e *r.* cravar; pregar; firmar (com pregos); engastar pedras; *(fig.)* fixar; pôr; cravar.
clave, *s. f.* chave; *(mús.)* clave.
clavel, *s. m. (bot.)* craveiro; cravo (flor.)
clavetear, *v. t.* cravejar; engastar.
clavícula, *s. f. (anat.)* clavícula.
clavija, *s. f.* cavilha; *(mús.)* cravelha.
clavo, *s. m.* cravo (prego); verruga cutânea.
clemencia, *s. f.* clemência; indulgência.
clero, *s. m.* clero.
cliente, *s. m.* é *f.* cliente; freguês.
clima, *s. m.* clima.
climatología, *s. f.* climatologia.
clímax, *s. m. (ret.)* clímax.
clínica, *s. f. (med.)* clínica.
clisé, *s. m.* cliché; matriz.
clítoris, *s. m. (anat.)* clítoris.
cloaca, *s. f.* cloaca; fossa; *(zool.)* cloaca.
clocar, *v. i.* cacarejar.
clorhídrico, *adj. (quím.)* clorídrico.
cloro, *s. m. (quím.)* cloro.
clorofila, *s. f. (bot.)* clorofila.
cloroformo, *s. m. (quím.)* clorofórmio.
club, *s. m.* clube; centro.
clubista, *s. m.* clubista.
clueco (ca), *adj.* e *s.* choco; *(fig. fam.)* decrépito, caduco.
coactar, *v. t.* coarctar; coagir; obrigar.
coadjutor (ra), *s. m.* e *f.* coadjutor.
coagular, *v. t.* e *r.* coagular; coalhar.
coalición, *s. f.* coalizão; liga; união.
coartar, *v. t.* coarctar; restringir; limitar.
coautor (ra), *s. m.* e *f.* co-autor.
cobalto, *s. m.* cobalto.
cobarde, *adj.* e *s.* cobarde ou covarde.
cobertizo, *s. m.* coberto; telheiro; alpendre.
cobertor, *s. m.* cobertor; colcha, colgadura.
cobijar, *v. t.* cobrir; tapar; ocultar; *(fig.)* hospedar.
cobra, *s. f. (agr.)* soga; *(zool.)* cobra.
cobrador, *s. m.* cobrador; recebedor.
cobrar, *v. t.* cobrar; recuperar; receber.
cobre, *s. m. (quím.)* cobre.
cocaína, *s. f. (quím.)* cocaína.
cocar, *v. t. (fam.)* adular; amimar.
cocear, *v. i.* escoicear ou escoucear.
cocer, *v. t.* cozer; cozinhar; digerir.
cociente, *s. m.* quociente.
cocina, *s. f.* cozinha.
cocinar, *v. t.* cozinhar.
coco, *s. m. (bot.)* coqueiro; coco (fruto do coqueiro).
cocodrilo, *s. m. (zool.)* crocodilo.
cocoso (sa), *adj.* bichoso (diz-se da fruta, da madeira, etc.)
cocotero, *s. m. (bot.)* coqueiro.
cochambre, *s. m. (fam.)* sujidade; porcaria.
coche, *s. m.* coche; carro.
cochinería, *s. f. (fig. fam.)* cochinada; porcaria; vileza.
cochinilla, *s. f. (zool.)* cochinilha.
cochinillo, *s. m. (zool.)* leitão; bácoro.
cochino (na), *s. m.* e *f. (zool.)* porco; cochino.
codazo, *s. m.* cotovelada.

C

codear, *v. i.* acotovelar.
codeína, *s. f. (med.)* sarna no cotovelo.
códice, *s. m.* códice.
codicia, *s. f.* cobiça; avidez; ânsia.
codiciar, *v. t.* cobiçar.
codificar, *v. t.* codificar.
código, *s. m.* código.
codo, *s. m.* cotovelo.
codorniz, *s. f. (zool.)* codorniz.
coeducación, *s. f.* coeducação.
coeficiente, *adj.* e *s.* coeficiente.
coercer, *v. t.* coagir; coarctar; reprimir.
coetáneo (a), *adj.* coetâneo; coevo; contemporâneo.
coexistir, *v. i.* coexistir.
cofia, *s. f.* touca; coifa.
cofradía, *s. f.* confraria, irmandade.
cofre, *s. m.* baú; cofre.
coger, *v. t.* agarrar; pegar; tomar; alcançar; colher; receber.
cogida, *s. f. (fam.)* colheita de frutas; colhida.
cognición, *s. f.* cognição; conhecimento.
cognoscitivo (va), *adj.* cognoscitivo.
cogote, *s. m. (anat.)* cogote.
cohabitar, *v. t.* coabitar.
cohechar, *v. t.* subornar; corromper; peitar; *(agr.)* barbechar; alqueivar.
cohecho, *s. m.* suborno; barbecho ou barbeito.
coheredero, *s. m.* e *f.* co-herdeiro.
coherente, *adj.* coerente.
cohesión, *s. f.* coesão.
cohesivo (va), *adj.* coesivo.
cohete, *s. m.* foguete.
cohibir, *v. t.* coibir; reprimir; refrear; conter.
cohorte, *s. f.* coorte.
coincidir, *v. t.* coincidir.
coito, *s. m.* coito, cópula.
cojear, *v. i.* coxear; mancar; manquejar; claudicar.
cojín, *s. m.* coxim; almofadão.
cojinete, *s. m.* coxim pequeño; *(mec.)* chumaceira.
cojo (ja), *adj.* e *s.* coxo.
col, *s. f. (bot.)* couve.
cola, *s. f.* cauda; rabo; fila; fileira.
cola, *s. f.* cola; grude.
colaborar, *v. t.* colaborar.
colación, *s. f.* colação.
colada, *s. f.* colagem; côa; coada (barrela); carreira; garganta; desfiladeiro.
coladero, *s. m.* carreiro; vereda; coador; peneiro; filtro.
colador, *s. m.* coador; filtro.
colapso, *s. m. (med.)* colapso.
colar, *v. t.* colar; conferir; coar; filtrar; branquear (com lixivia).
colateral, *adj.* e *s.* colateral; paralelo.
colcha, *s. f.* colcha; cobertor.
colchón, *s. m.* colchão.
colear, *v. i.* rabear.
colección, *s. f.* colecção; conjunto; compilação.
coleccionar, *v. t.* coleccionar.
colecta, *s. f.* colecta.
colectar, *v. t.* colectar; tributar.
colector, *s. m.* colector; recebedor.
colega, *s. m.* colega.
colegio, *s. m.* colégio; escola; corporação; grémio.
coleóptero (ra), *adj.* e *s. m. (zool.)* coleóptero.
cólera, *s. f. (med.)* cólera; bílis; *(fig.)* ira; zanga.
coleta, *s. f.* coleta.
colgar, *v. t.* pendurar; dependurar; suspender; colgar.
colibrí, *s. m. (zool.)* colibri.
coliflor, *s. f. (bot.)* couve-flor.
colilla, *s. f.* ponta de charuto ou cigarro; toco; beata.
colina, *s. f.* colina; outeiro.
colina, *s. f. (bot.)* semente de couve; *(quím.)* substância existente na bílis dalguns animais.
colindante, *adj.* confinante; vizinho; contíguo.
colirio, *s. m. (farm.)* colírio.
coliseo, *s. m.* coliseu; circo.
colisión, *s. f.* colisão; choque; luta.
colitis, *s. f. (med.)* colite.

C

colmar, *v. t.* colmar; cumular; amontoar.
colmena, *s. f.* colmeia; cortiço; enxame de abelhas.
colmillo, *s. m.* colmilho, dente canino; presa; dente de elefante.
colmo, *s. m.* cúmulo.
colocar, *v. t.* colocar; acomodar; situar; dispor.
colofón, *s. m. (impr.)* cólofon.
coloidal, *adj. (quím.)* coloidal.
colon, *s. m. (anat.)* cólon.
colonia, *s. f.* colónia.
colonizar, *v. t.* colonizar.
colono, *s. m.* colono.
coloquio, *s. m.* colóquio.
color, *s. m.* cor; colorido; *(fig.)* pretexto.
colorado (da), *adj.* colorido; corado; vermelho; rubro; *(fig.)* livre; obsceno.
colorear, *v. t.* coloris; matizar; *(fig.)* disfarçar; pretextar.
colorete, *s. m.* carmim (cosmético); vermelhão.
colosal, *adj.* colossal.
columna, *s. f.* coluna.
columpiar, *v. t.* balançar; baloiçar; *v. r. (fig. fam.)* bambolear-se.
collado, *s. m.* colada; outeiro.
collar, *s. m.* colar.
coma, *s. f. (gram.)* vírgula, coma; *(med. e mús.)* coma.
comadre, *s. f.* comadre; parteira.
comadreo, *s. m. (fam.)* mexeriquice.
comadrona, *s. f.* parteira.
comandancia, *s. f.* comando.
comandante, *s. m.* comandante; chefe.
comando, *s. m. (mil.)* comando.
comarca, *s. f.* comarca; região; confins.
comba, *s. f.* curva; inflexão; empenamento.
combar, *v. t.* e *r.* empenar; curvar; arquear; dobrar.
combate, *s. m.* combate; peleja.
combatir, *v. i.* combater; pelejar; lutar; *(fig.)* impugnar.
combinar, *v. t.* combinar; agrupar; unir.
combustión, *s. f.* combustão.
comedia, *s. f.* comédia; *(fig.)* dissimulação; farsa.
comedido (da), *adj.* comedido; discreto; sóbrio; moderado.
comedirse, *v. r.* comedir-se.
comedor (ra), *adj.* comilão; glutão; *s. m.* sala de jantar.
comendador, *s. m.* comendador.
comensal, *s. m.* e *f.* comensal.
comentar, *v. t.* comentar.
comenzar, *v. t.* começar; principiar; *v. i.* iniciar.
comer, *s. m.* comer; comida; alimento; *v. t.* comer.
comercial, *adj.* comercial.
comerciar, *v. t.* comerciar; negociar.
comestible, *adj.* comestível.
cometa, *s. m.* cometa.
cometer, *v. t.* cometer; encarregar; perpetrar.
comicio, *s. m.* comício.
cómico (ca), *adj.* e *s.* cómico.
comida, *s. f.* comida; alimento; refeição; jantar; segunda refeição diária.
comienzo, *s. m.* começo; princípio; origem.
comilón (na), *adj.* e *s. (fam.)* comilão; glutão.
comilla, *s. f.* aspas.
comino, *s. m. (bot.)* cominho.
comisaría, *s. f.* comissariado.
comisión, *s. f.* encargo; comissão; percentagem.
comiso, *s. m. (for.)* comisso.
comité, *s. m.* comissão; junta.
comitiva, *s. f.* comitiva; séquito.
como, *adv.* como; de que modo; de que maneira; *(conj.)* sim; porque.
cómoda, *s. f.* cómoda.
cómodo (da), *adj. (fam.)* cómodo; conveniente; fácil.
comodoro, *s. m.* comodoro.

C

compacto (ta), *adj.* acompacto.
compadecer, *v. t.* compadecer; *v. r.* condoer-se.
compaginar, *v. t.* compaginar.
compañero (ra), *s. m.* e *f.* companheiro; camarada; colega; confrade.
compañía, *s. f.* companhia; comitiva; sociedade; associação.
comparar, *v. t.* comparar; confrontar.
comparecer, *v. i.* comparecer.
comparsa, *s. f.* comparsaria; acompanhamento; séquito; comitiva; *s. m.* e *f.* comparsa.
compartir, *v. t.* compartir; partilhar; dividir.
compás, *s. m.* compasso; *(fig.)* regra; medida; ritmo.
compasar, *v. t.* compassar; cadenciar; *(fig.)* calcular; moderar; medir.
compasión, *s. f.* compaixão; piedade.
compatible, *adj.* compatível.
compatriota, *s. m.* e *f.* compatriota.
compendiar, *v. t.* compendiar; resumir; abreviar.
compendio, *s. m.* compêndio; resumo; síntese; epítome.
compensar, *v. t.* compensar; indemnizar.
competer, *v. i.* competir; pertencer.
competir, *v. i.* competir; concorrer; rivalizar.
compilar, *v. t.* compilar.
compinche, *s. m.* e *f.* *(fam.)* compincha; camarada; amigo.
complacer, *v. t.* comprazer.
complejo (ja), *adj.* e *s. m.* complexo.
completar, *v. t.* completar; concluir.
completo (ta), *adj.* completo; cabal; inteiro; acabado; perfeito.
complexo (xa), *adj.* complexo; complicado.
complicar, *v. t.* complicar; embaraçar; dificultar.
cómplice, *s. m.* e *f.* cúmplice.
complot, *s. m.* *(fam.)* tramóia; cabala; conjuração.
componer, *v. t.* compor; constituir; ordenar; consertar; reparar; restaurar.
comportar, *v. t.* *(fig.)* comportar; suportar.
composición, *s. f.* composição; ajuste; convénio; redacção.
compositor (ra), *adj.* e *s.* compositor.
compostura, *s. f.* compostura; feitio; conserto; modéstia.
compota, *s. f.* compota.
comprar, *v. t.* comprar.
compraventa, *s. f.* *(for.)* compra e venda (contrato).
comprender, *v. t.* compreender; abraçar; conter; incluir.
comprensivo (va), *adj.* compreensivo.
compresa, *s. f.* compressa.
compresible, *adj.* compressível.
compresor (ra), *adj.* e *s.* compressor.
comprimir, *v. t.* comprimir; oprimir; estreitar.
comprobar, *v. t.* comprovar; provar; demonstrar.
comprometer, *v. t.* e *r.* comprometer; arriscar; obrigar.
compromiso, *s. m.* compromisso.
compuerta, *s. f.* comporta; adufa.
compungir, *v. t.* e *r.* compungir; comover.
computar, *v. t.* computar; orçar; calcular.
comulgar, *v. i.* e *t.* *(rel.)* comungar.
común, *adj.* comum; ordinário; geral; vulgar.
comunicación, *s. f.* comunicação; aviso; participação.
comunicar, *v. t.* comunicar; participar; corresponder-se.
comunismo, *s. m.* comunismo.
comunidad, *s. f.* comunidade.
con, *prep.* com.
conato, *s. m.* *(for.)* conato.
concatenar, *v. t.* *(fig.)* concatenar; ligar; unir.
cóncavo (va), *adj.* côncavo; escavado; *s. m.* concavidade.
concebir, *v. i.* e *t.* conceber; gerar; *(fig.)* compreender.

conceder, *v. t.* conceder; dar; outorgar; permitir.
concejal, *s. m.* conselheiro; vereador municipal.
concejo, *s. m.* concelho; municipalidade; vereação.
concentrar, *v. t.* concentrar; centralizar.
concepción, *s. f.* concepção.
conceptivo (va), *adj.* conceptivo.
concepto (ta), *s. m.* conceito; ideia; opinião; juizo; reputação.
conceptuar, *v. t.* conceituar; avaliar.
concernir, *v. i.* concernir; referir.
concertar, *v. t.* concertar; ajustar; combinar; tratar; acordar.
concesión, *s. f.* concessão; permissão; licença.
conciencia, *s. f.* consciência; conhecimento exacto; escrúpulo.
concierto, *s. m.* concerto.
conciliábulo, *s. m.* conciliábulo.
conciliador (ra), *adj.* conciliador.
conciliar, *adj.* conciliar ou conciliário.
conciliar, *v. t.* conciliar; harmonizar; unir.
concilio, *s. m.* concílio.
conciso (sa), *adj.* conciso; lacónico.
concitar, *v. t.* concitar; comover; incitar.
conciudadano (na), *s. m.* e *f.* concidadão.
conclave, *s. m.* conclave.
concluir, *v. t.* concluir; inferir; deduzir.
concluyente, *adj.* concludente; convincente.
concomitante, *adj.* concomitante; acessório.
concordar, *v. t.* concordar; conciliar; concertar.
concorde, *adj.* concorde; conforme.
concretar, *v. t.* concretizar.
concubina, *s. f.* concubina.
conculcar, *v. t.* conculcar; espezinhar; postergar.
concupiscencia, *s. f.* concupiscência.
concurrencia, *s. f.* concorrência.
concurrir, *v. i.* concorrer; afluir; coincidir.
concusión, *s. f.* concussão; abalo.
concha, *s. f.* concha.
conchabar, *v. t.* conchavar; unir; juntar.
condecorar, *v. t.* condecorar.
condena, *v. t.* condenar; reprovar; censurar.
condensador (ra), *adj.* e *s. m.* condensador.
condensar, *v. t.* condensar; *(fig.)* resumir; reduzir.
condescender, *v. i.* condescender; comprazer.
condicionar, *v. t.* condicionar.
condigno (na), *adj.* condigno; merecido.
condimentar, *v. t.* condimentar.
condiscípulo, *s. m.* e *f.* condiscípulo.
condolencia, *s. f.* condolência; *pl.* pêsames.
condonar, *v. t.* remir; perdoar.
cóndor, *s. m. (zool.)* condor.
conducir, *v. t.* conduzir; transportar; guiar; dirigir.
conducta, *s. f.* conduta; condução; mando; direcção; leva; procedimento.
conductor (ra), *adj.* e *s.* condutor.
condumio, *s. m. (fam.)* conduto; presigo.
conectar, *v. t.* ligar (um aparelho eléctrico ou o movimento duma máquina).
conejera, *s. f.* coelheira; madrigoa ou madrigueira; lura.
conejo, *s. m. (zool.)* coelho.
conexión, *s. f.* conexão; ligação; união.
confabular, *v. i.* confabular; conversar.
confeccionar, *v. t.* confeccionar; *(farm.)* manipular.
confederar, *v. t.* e *r.* confederar.
conferenciar, *v. i.* conferenciar.
conferir, *v. t.* conferir; conceder; outorgar; comparar.

C

confesar, *v. t.* confessar; declarar; revelar.
confiar, *v. i.* confiar; esperar.
confidencia, *s. f.* confidência.
configurar, *v. t.* configurar.
confín, *adj.* e *s.* confim; confinante; fronteira; raia.
confinar, *v. i.* confinar; limitar; *v. t.* desterrar.
confirmación, *s. f.* confirmação.
confirmar, *v. t.* confirmar; certificar; revalidar; assegurar.
confiscar, *v. t.* confiscar; arrestar.
confitería, *s. f.* confeitaria.
confitura, *s. f.* doce coberto.
conflagrar, *v. i.* conflagar.
conflicto, *s. m.* conflito.
confluir, *v. i.* confluir.
conformar, *v. t.* e *i.* conformar.
conforme, *adj.* conforme; igual; resignado.
conformidad, *s. f.* conformidade.
confortable, *adj.* confortável.
confortar, *v. t.* confortar; animar; alentar.
confracción, *s. f.* rompimento; fractura.
confraternidad, *s. f.* confraternidade.
confrontar, *v. t.* confrontar; acarear; cotejar; comparar; *v. i.* confinar; limitar; confrontar; defrontar.
confundir, *v. t.* confundir; misturar; atrapalhar; humilhar.
congelador, *s. m.* congelador; frigorífico.
congelar, *v. t.* congelar.
congénito (ta), *adj.* congénito.
conglomerar, *v. t.* conglomerar.
congojar, *v. t.* afligir; angustiar.
congraciar, *v. t.* congraçar; reconciliar.
congratular, *v. t.* congratular.
congregar, *v. t.* congregar.
congreso, *s. m.* congresso.
congrio, *s. m. (zool.)* congro.
congruente, *adj.* congruente; coerente.
cónico (ca), *adj. (geom.)* cónico.
conjeturar, *v. t.* conjecturar.
conjurar, *v. t.* conjecturar.
conjurar, *v. t.* conjurar.
conjunción, *s. f.* conjunção; junção; união.
conjuntivitis, *s. f. (med.)* conjuntivite.
conjuntivo (va), *adj.* conjuntivo; *s. m. (gram.)* conjuntivo, subjuntivo.
conjunto (ta), *adj.* conjunto; junto; contíguo; *s m.* reunião; conjunto.
conjura, *s. f.* conjura; conspiração.
conjurar, *v. i.* e *r.* conjurar; ajuramentar; *(fig.)* conspirar; esconjurar; *v. t.* juramentar.
conjuro, *s. m.* conjuro; esconjuro; exorcismo.
conmemorar, *v. t.* comemorar.
conmigo, *pron.* comigo.
conminar, *v. t.* cominar; ameaçar; impor.
conmoción, *s. f.* comoção; abalo; motim; tumulto.
conmover, *v. t.* comover; perturbar; enternecer.
conmutar, *v. t.* comutar; permutar; atenuar.
cono, *s. m. (bot.* e *geom.)* cone.
conocer, *v. t.* conhecer; perceber; entender; saber.
conocimiento, *s. m.* conhecimento; entendimento; documento sobre mercadorias (conhecimento de embarque).
conque, *conj.* conquanto; assim que; posto que; com que; de modo que.
conquistar, *v. t.* conquistar; *(fig.)* granjear (adquirir amizades).
consabido (da), *adj.* consabido.
consagrar, *v. t.* consagrar; sagrar; dedicar; oferecer; sacrificar.
consanguíneo (a), *edj.* e *s.* consanguíneo.
consciente, *adj.* consciente.
consecuencia, *s. f.* consequência; efeito; ilação.
consecutivo (va), *adj.* consecutivo; sucessivo.

conseguir, *v. t.* conseguir; alcançar; obter; lograr.

consejo, *s. m.* conselho; parecer; opinião.

consentimiento, *s. m.* consentimento; anuência.

consentir, *v. t.* consentir.

conserje, *s. m.* funcionário encarregado de zelar pela conservação, limpeza e chaves dalgum prédio.

conserva, *s. f.* conserva.

conservación, *s. f.* conservação.

conservador (ra), *adj.* e *s.* conservador.

conservar, *v. t.* conservar.

conservatorio, *adj.* e *s. m.* conservatório.

considerar, *v. t.* considerar; pensar; reflectir; observar; julgar; apreciar.

consigna, *s. f.* ordem (dada a uma sentinela).

consignar, *v. t.* consignar.

consigo, *pron.* consigo; de si para si.

consistir, *v. i.* consistir; estribar-se; fundar-se.

consistorio, *s. m.* consistório.

consocio (cia), *s. m.* e *f.* consócio.

consola, *s. f.* consola (móvel de sala).

consolador (ra), *adj.* e *s.* consolador.

consolar, *v. t.* consolar; confortar.

consolidar, *v. t.* consolidar; fortificar.

consonante, *adj.* e *s. m.* consonante; *(fig.)* consoante.

consorte, *s. m.* e *f.* consorte.

conspirar, *v. i.* conspirar.

constante, *adj.* constante.

constar, *v. i.* constar; consistir.

constelación, *s. f.* *(astron.)* constelação.

consternar, *v. t.* consternar; conturbar.

constitución, *s. f.* constituição; organização; composição.

constituir, *v. t.* constituir; formar; compor.

constituyente, *adj.* constituinte.

constreñir, *v. t.* constranger; *(med.)* constringir.

construcción, *s. f.* construção; edificação.

construir, *v. t.* construir; edificar; formar.

consubstancial, *adj.* consubstancial.

consuegro (gra), *s. m.* e *f.* consogro.

cónsul, *s. m.* cônsul.

consultar, *v. t.* consultar; observar.

consultor (ra), *adj.* e *s.* consultor.

consumación, *s. f.* consumação; perfeição.

consumar, *v. t.* consumar; completar; acabar.

consumidor (ra), *adj.* e *s.* consumidor.

consumir, *v. t.* e *i.* consumir; gastar; extinguir.

contabilidad, *s. f.* contabilidade.

contador (ra), *adj.* e *s. m.* contador.

contagiar, *v. t.* contagiar.

contaminación, *s. f.* contaminação; contágio.

contaminar, *v. t.* contaminar; contagiar; infectar; corromper.

contar, *v. t.* contar; calcular; numerar ou computar; referir; *v. i.* esperar; julgar.

contemplar, *v. t.* contemplar; admirar.

contemporizar, *v. i.* contemporizar; transigir.

contencioso (sa), *adj.* contencioso.

contender, *v. i.* contender; combater; altercar.

contenedor (ra), *adj.* continente (que contém).

contener, *v. t.* conter; encerrar; moderar; reprimir.

contenido (da), *adj.* contido; moderado; *s. m.* conteúdo.

contentar, *v. t.* contentar; satisfazer.

contestar, *v. t.* contestar; responder; declarar.

contexto, *s. m.* contexto; contextura; argumento.

contienda, *s. f.* contenda; peleja; disputa.

contigo, *pron.* contigo.

C

contiguo (gua), *adj.* contíguo; próximo.
continencia, *s. f.* continência; castidade; temperança.
continente, *adj.* e *s. m.* continente.
contingente, *adj.* e *s. m.* contingente.
continuar, *v. t.* continuar; prolongar; *v. i.* durar.
contonearse, *v. r.* bambolear-se; saracotear-se.
contoneo, *s. m.* bamboleio.
contornear, *v. t.* contornar; ladear; *(pint.)* perfilar.
contorno, *s. m.* contorno; circuito; periferia.
contorsión, *s. f.* contorção.
contra, *prep.* contra; em oposição a.
contrabajo, *s. m.* contrabaixo.
contrabando, *s. m.* contrabando.
contracción, *s. f.* contracção.
contradecir, *v. t.* contradizer.
contradicción, *s. f.* contradição; oposição.
contraer, *v. t.* contrair; estreitar; adquirir.
contrafuerte, *s. m.* contraforte.
contrahacer, *v. t.* contrafazer.
contrahecho (cha), *adj.* e *s.* contrafeito; corcovado.
contraindicar, *v. t. (med.)* contraindicar.
contralto, *s. m.* contralto.
contraluz, *s. f.* contraluz.
contramaestre, *s. m.* contramestre.
contraorden, *s. f.* contra-ordem.
contrapartida, *s. f.* contrapartida.
contrapelo, *s. m. a contrapelo,* a contrapelo; ao revés.
contraponer, *v. t.* contrapor; confrontar; comparar; opor.
contraposición, *s. f.* contraposição.
contraproducente, *adj.* contraproducente.
contrapunto, *s. m. (mús.)* contraponto.
contrariar, *v. t.* contrariar; contradizer; estorvar.
contrario (ria), *adj.* e *s. f.* contrário; oposto.
contrarrestar, *v. t.* contra-restar.
contrarrevolución, *s. f.* contrarevolução.
contrasentido, *s. m.* contra-senso.
contraseña, *s. f.* contra-senha.
contrastar, *v. t.* contrastar; afrontar.
contratar, *v. t.* contratar; combinar; ajustar.
contratiempo, *s. m.* contratempo.
contrato, *s. m.* contrato; ajuste; pacto; acordo.
contravenir, *v. t.* contravir; transgredir.
contrayente, *adj.* e *s. m.* e *f.* contraente.
contribuir, *v. i.* contribuir; cooperar.
contrición, *s. f.* contrição.
contrincante, *s. m.* contendor; competidor.
controversia, *s. f.* controvérsia.
contumacia, *s. f.* contumácia; obstinação.
conturbar, *v. t.* conturbar; inquietar; alvorotar.
contusión, *s. f.* contusão; pisadura.
convalecer, *v. i.* convalescer.
convencer, *v. t.* e *r.* convencer; persuadir.
convención, *s. f.* convenção; ajuste.
convenio, *s. m.* convénio; convenção; ajuste.
convenir, *v. i.* convir; concordar.
convento, *s. m.* convento.
converger, *v. i.* convergir.
conversa, *s. f. (fam.)* conversa; cavaqueira.
conversar, *v. i.* conversar; cavaquear; palestrar.
convertir, *v. t.* converter; transformar.
convexo (xa), *adj.* convexo.
convicción, *s. f.* convicção.
convidar, *v. t.* convidar; convocar; atrair.
convite, *s. m.* convite; banquete; festim.
convivencia, *s. f.* convivência.
convivir, *v. i.* conviver; coabitar.

convocar, *v. t.* convocar; citar; convidar.
convoy, *s. m.* comboio.
convulsionar, *v. t. (med.)* convulsionar.
convulsivo (va), *adj.* convulsivo.
conyugal, *adj.* conjugal.
cónyuge, *s. m.* e *f.* cônjuge.
coñac, *s. m.* conhaque.
cooperación, *s. f.* cooperação.
cooperar, *v. t.* cooperar.
coordinar, *v. t.* coordenar; organizar.
copa, *s. f.* copa; copo com pé; taça; cálice; copa (de árvore ou de chapéu); taça; troféu.
copar, *v. t.* apostar contra o banqueiro (nos jogos de azar); *(mil.)* rodear, cercar.
copartícipe, *s. m.* e *f.* co-participante.
copete, *s. m.* topete; atrevimento.
copia, *s. f.* cópia; imitação; abundância.
copiar, *v. t.* copiar; reproduzir; imitar.
copioso (sa), *adj.* copioso; abundante.
copla, *s. f.* copla; estrofe; quadra; *pl.* versos.
copo, *s. m.* copo; estriga; rocada.
copón, *s. m.* cibório; píxide.
copropietario (ria), *adj.* e *s.* coproprietário.
cópula, *s. f.* cópula.
copulativo (va), *adj.* copulativo.
coquera, *s. f.* cabeça de pião; carvoeira portátil.
coqueta, *adj.* e *s.* coquete.
coral, *s. m.* coral; polipeiro.
Corán, *s. m.* Corão, Alcorão.
coraza, *s. f.* couraça.
corazón, *s. m.* coração.
corazonada, *s. f.* impulso espontâneo do coração; pressentimento.
corbata, *s. f.* gravata.
corbeta, *s. f.* corveta.
corcel, *s. m.* corcel.
corchea, *s. f. (mús.)* colcheia.
corchete, *s. m.* colchete.
corcho, *s. m.* corcho; casca (cortiça da árvore); rolha (de cortiça).
cordaje *(mar)* cordame; enxárcia; cordoalha.
cordel, *s. m.* cordel; guita.
cordelería, *s. f.* cordoaria.
cordero, *s. m.* cordeiro; ancho.
cordial, *adj.* cordial; afectuoso; sincero; *s. m.* cordial (remédio).
cordillera, *s. f.* cordilheira.
cordobán, *s. m.* cordovão.
cordón, *s. m.* cordão.
cordura, *s. f.* cordura; juízo; prudência
coreografía, *s. f.* coreografia.
corifeo, *s. m.* corifeu.
corindón, *s. m. (min.)* corindon ou corindo.
corintio (tia), *adj.* e *s.* coríntio.
corista, *s. m.* e *f.* corista.
cornada, *s. f.* cornada.
cornamenta, *s. f.* cornadura.
córnea, *s. f. (zool.)* córnea.
cornear, *v. t.* cornear; cornar.
cornejo, *s. m. (bot.)* sanguinho.
corneta, *s. f.* corneta; buzina; trombeta; corneteiro.
cornetín, *s. m.* cornetim.
cornisa, *s. f. (arq.)* cornija.
cornucopia, *s. f.* cornucópia.
cornudo (da), *adj.* e *s.* cornudo ou cornuto.
coro, *s. m. (mús.)* coro.
coroides, *s. f. (anat.)* coróide ou corióide.
corola, *s. f. (bot.)* corola.
corolario, *s. m.* corolário; consequência.
corona, *s. f.* coroa; diadema; grinalda; tonsura.
coronar, *v. t.* coroar; premiar; rematar.
coronel, *s. m.* coronel.
corporal, *adj.* corporal; material; *s. m. pl.* corporal (pano bento).
corpóreo (a), *adj.* corpóreo.
corpulento (ta), *adj.* corpulento; encorpado; grosso; volumoso.
corpúsculo, *s. m.* corpúsculo.
corral, *s. m.* curral; corte.
correa, *s. f.* correia (tira de couro).

C

corrección, *s. f.* correcção; repreensão; admoestação.
correctivo (va), *adj.* e *s. m.* correctivo.
correcto (ta), *adj.* correcto.
corrector (ra), *adj.* e *s. m.* corrector; revisor.
corredera, *s. f.* corredoiro ou corredouro; corrediça.
corredor (ra), *adj.* e *s.* corredor; *s. m.* corretor (de compras e vendas); corredor, galeria, passadiço.
corregir, *v. t.* corrigir; castigar; punir; censurar.
correlación, *s. f.* correlação.
correo, *s. m.* correio; carteiro; correspondência.
correr, *v. i.* correr; apressar-se.
correspondencia, *s. f.* correspondência; correio.
corresponder, *v. i.* corresponder; retribuir; pertencer; *v. r.* corresponder-se;escrever-se.
corresponsal, *adj.* correspondente.
corretaje, *s. m.* corretagem.
corrida, *s. f.* corrida; correria.
corriente, *adj.* corrente; certo; sabido; solto; fácil; fluente.
corrillo, *s. m.* corrilho; pequena roda de pessoas.
corro, *s. m.* corro; círculo.
corroborar, *v. t.* corroborar; confirmar.
corroer, *v. t.* e *r.* corroer; gastar; carcomer.
corromper, *v. t.* corromper; alterar; subornar; peitar.
corrosivo (va), *adj.* corrosivo.
corrupción, *s. f.* corrupção; depravação.
corruptor (ra), *adj.* e *s.* corruptor.
corsario (ria), *adj.* e *s.* corsário.
corsé, *s. m.* corpete; espartilho.
corsetería, *s. f.* fábrica ou loja de espartilhos.
cortado, *adj.* cortado; ajustado.
cortaplumas, *s. m.* canivete.
cortapuros, *s. m.* corta-charutos.
cortar, *v. t.* cortar; talhar; dividir; separar; atravessar; interromper.
corte, *s. m.* corte; fio; gume.
corte, *s. f.* corte; séquito; comitiva; estábulo; curral.
cortejar, *v. t.* cortejar; galantear.
cortejo, *s. m.* cortejo; séquito; galanteio.
cortés, *adj.* cortês; atento; afável; urbano.
cortesano (na), *adj.* e *s. m.* e *f.* cortesão; palaciano.
cortesía, *s. f.* cortesia; delicadeza; polidez.
corteza, *s. f.* córtex ou córtice; cortiça; casca (da árvore); côdea; casca.
cortijo, *s. m.* herdade; granja.
cortina, *s. f.* cortina; dossel.
corto (ta), *adj.* curto; tímido; acanhado.
corva, *s. f.* curva.
corveta, *s. f.* curveta.
córvidos, *s. m. pl. (zool.)* córvidas ou corvídeos.
corvina, *s. f. (zool.)* corvina.
corvo (va), *adj.* curvo; arqueado; dobrado.
corzo (za), *s. m. (zool.)* corço, veado; cabrito-montês; corça.
cosa, *s. f.* coisa.
cosaco (ca), *adj.* e *s.* cossaco.
coscorrón, *s. m.* coscorão; carolo (pancada na cabeça).
cosecha, *s. f.* colheita.
cosechar, *v. i.* e *t.* colher (fazer a colheita).
coser, *v. t.* coser; ligar; costurar.
cosmético (ca), *adj.* e *s.* cosmético.
cósmico (ca), *adj.* cósmico.
cosmogonía, *s. f.* cosmogonia.
cosmografía, *s. f.* cosmografia.
cosmología, *s. f.* cosmologia.
cosmopolita, *adj.* e *s.* cosmopolita.
cosmos, *s. m.* cosmos; universo.
coso, *s. m.* circo; arena; *(zool.)* carcoma (insecto).
cosquillas, *s. f. pl.* cócegas.
cosquillear, *v. i.* fazer cócegas.

cosquilleo, *s. m.* prurido; formigueiro.
costa, *s. f.* custo (valor); brunidor (de sapateiro); *(mar.)* costa (de mar).
costal, *adj.* costal; *s. m.* fardo.
costar, *v. i.* custar; ser difícil; ser trabalhoso.
costarriqueño (ña), *adj.* e *s.* costa-riquenho ou costa-riquense.
costear, *v. t.* custear; *(mar.)* costear.
costilla, *s. f. (anat.)* costela.
costo, *s. m.* custo; valor; preço; despesa.
costra, *s. f.* crosta; côdea; crusta; casca.
costumbre, *s. f.* costume; hábito; uso.
costura, *s. f.* costura.
cota, *s. f.* cota; gibão.
cotangente, *s. f. (trig.)* co-tangente.
cotarro, *s. m.* albergaria; albergue.
cotejar, *v. t.* cotejar; comparar.
cotidiano (na), *adj.* quotidiano.
cotiledóneo (a), *adj. (bot.)* cotiledóneo.
cotilla, *s. f.* espartilho de senhora.
cotillón, *s. m.* cotilhão.
cotización, *s. f.* cotização.
cotizar, *v. t.* cotar; cotizar.
coto, *s. m.* couto; coutada; postura; taxa.
cotorra, *s. f. (zool.)* periquito.
cotorrear, *v. i.* tagarelar.
covacha, *s. f.* covinha; covacho; *(fig.)* pocilga.
coyote, *s. m. (zool.)* coiote.
coyuntura, *s. f.* conjuntura.
coz, *s. f.* coice ou couce.
cráneo, *s. m. (zool.)* crânio; caveira.
craso (sa), *adj.* crasso; grosso; gordo ou espesso.
cráter, *s. m.* cratera.
creación, *s. f.* criação; universo; instituição; educação; invenção.
creador (ra), *s. m.* e *f.* criador; Deus; inventor; fundador; fecundo.
crear, *v. t.* criar; originar; *(fig.)* fundar; instituir.
crecer, *v. i.* crescer; aumentar; medrar; desenvolver.
creciente, *adj.* e *s. m.* crescente; *s. f.* crescente; fermento; levedura.
crédito, *s. m.* crédito.
credo, *s. m.* credo; oração; profissão de fé.
crédulo (la), *adj.* crédulo.
creer, *v. t.* crer; acreditar; imaginar; supor.
crema, *s. f.* creme.
cremallera, *s. f.* cremalheira.
crematorio (ria), *adj.* crematório.
crémor, *s. m. (quím.)* cremor.
crepitar, *v. i.* crepitar.
crepúsculo, *s. m.* crepúsculo.
creso, *s. m. (fig.)* creso, ricaço.
crespón, *s. m.* crespão.
cresta, *s. f.* crista; poupa (tufo); *(fig.)* crista; cume.
cretense, *adj.* e *s.* cretense.
cretino (na), *adj.* e *s.* cretino; lorpa; idiota.
cretona, *s. f.* cretone.
creyente, *adj.* e *s.* crente.
cría, *s. f.* criação; cria; animal de mama; ninhada; *(fam.)* menino de peito.
criada, *s. f.* criada (mulher que serve por salário).
criadilla, *s. f.* testículo de animal; pão grosso e redondo.
criador (ra), *adj.* e *s.* criador.
crianza, *s. f.* criança; criação.
criar, *v. t.* criar; produzir; gerar, amamentar; nutrir.
criatura, *s. f.* criatura; indivíduo; pessoa.
criba, *s. f.* crivo; peneira.
cribar, *v. t.* peneirar; crivar.
cric, *s. m. (med.)* V. **gato,** instrumento de mecânica.
crimen, *s. m.* crime.
criminal, *adj.* e *s.* criminal.
crío, *s. m. (fam.)* criança de peito.
criollo (lla), *adj.* e *s.* crioilo, crioulo.
cripta, *s. f.* cripta; catacumba; caverna.
criptógamo (ma), *adj. (bot.)* criptó-

gamo ou criptogâmico; *s. f. pl.* criptogâmicas.
crisantemo, *s. m. (bot.)* crisântemo.
crisis, *s. f.* crise.
crisma, *s. m.* e *f.* crisma.
crisol, *s. m.* crisol; cadinho.
crispar, *v. t.* crispar; enrugar; franzir; contrair.
cristal, *s. m.* cristal.
cristalizar. *v. i.* cristalizar.
cristiandad, *s. f.* cristandade.
cristianismo, *s. m.* cristianismo.
criterio, *s. m.* critério.
criticar, *v. t.* criticar; apreciar; censurar.
crítico (ca), *adj.* crítico; *(med.)* grave; *s. m.* crítico.
cromático (ca), *adj. (mús.)* cromático.
cromo, *s. m. (min.)* crómio (metal); cromo (gravura a cores).
crónica, *s. f.* crónica.
cronología, *s. f.* cronologia.
cronómetro, *s. m.* cronómetro.
croqueta, *s. f.* croquete.
croquis, *s. m.* esboço.
cruce, *s. m.* cruzamento; encruzilhada.
crucero, *s. m.* cruzeiro.
crucial, *adj.* crucial.
crucífero (ra), *adj.* e *s.* crucífero; *(bot.)* crucífera.
crucificar, *v. t.* crucificar; mortificar.
crucifijo, *s. m.* crucifixo.
crudo (da), *adj.* cru; (verde); cruel; áspero; desapiedado; inclemente.
cruel, *adj.* cruel; desumano.
cruento (ta), *adj.* cruento; ensanguentado.
crujir, *v. i.* ranger; crepitar.
crustáceo (a), *adj.* e *s. (zool.)* crustáceo.
cruz, *s. f.* cruz.
cruzar, *v. t.* cruzar; atravessar; acasalar (animais); *(mar.)* navegar em cruzeiro.
cuaderno, *s. m.* caderno; caderneta.
cuadra, *s. f.* quadra; cavalariça; dormitório; camarata.
cuadragésima, *s. f.* Quadragésima; Quaresma.
cuadragésimo (ma), *adj.* e *s.* quadragésimo.
cuadrangular, *adj.* quadrangular.
cuadrante, *adj.* e *s.* quadrante.
cuadrar, *v. t.* quadrar.
cuadratura, *s. f.* quadratura.
cuadrícula, *s. f.* quadrícula.
cuadriga, *s. f.* quadriga.
cuadrilátero (ra), *adj.* e *s. m. (geom.)* quadrilátero.
cuadrilla, *s. f.* quadrilha.
cuadro (dra), *s. m.* quadro; quadrado; quadrilátero; painel; caixilho; cena (de teatro); panorama.
cuadrúpedo, *adj.* e *s. (zool.)* quadrúpede.
cuadruplicar, *v. t.* quadruplicar.
cuajada, *s. f.* coalhada; requeijão.
cuajar, *s. m.* coalheira ou coagulador.
cuajar, *v. t.* e *r.* coalhar; coagular.
cuajarón, *s. m.* coágulo; coalho; grumo.
cuajo, *s. m.* coalho; coalheira; coágulo; coalhadura.
cual, *pron.* qual; que; como.
cualesquier, *pron. pl.* de *cualquier* quaisquer.
cualidad, *s. f.* qualidade; predicado; casta; classe; espécie.
cualquier, *pron.* qualquer.
cualquiera, *pron.* qualquer.
cuan, *adv.* quão; quanto.
cuando, *adv.* e *conj.* quando; no tempo; ocasião em que; ora; quem; ainda que; embora.
cuanto (ta), *adj.* quanto; *adv.* enquanto; até que ponto.
cuarenta, *adj.* quarenta.
cuaresma, *s. f.* Quaresma.
cuarta, *s. f.* quarta; quarta parte; bilha.
cuartel, *s. m.* quartel; bairro; período.
cuarteto, *s. m.* quarteto.
cuartilla, *s. f.* quarto de papel (linguado).
cuarto (ta), *adj.* e *s.* quarto; alojamento; *s. m. pl. (fig. fam.)* dinheiro; caudal.

C

cuarzo, *s. m.* quartzo.
cuaternario (ria), *adj.* e *s.* quaternário.
cuatrienio, *s. m.* quatriénio ou quadriiénio.
cuatrimestre, *adj.* quadrimestral, *s. m.* quadrimestre.
cuatro, *adj.* e *s. m.* quatro.
cuatrocientos (tas), *adj.* quatrocentos; quadringentésimo.
cuba, *s. f.* cuba; tonel; dorna; tina.
cubicar, *v. t. (álg.* e *arit.)* elevar ao cubo; cubicar.
cúbico (ca), *adj.* cúbico.
cubierta, *s. f.* coberta; colcha; sobrescrito; telhado; *(mar.)* coberta.
cubilete, *s. m.* covilhete.
cubismo, *s. m.* cubismo.
cúbito, *s. m. (anat.)* cúbito.
cubo, *s. m.* cubo; balde.
cubrecama, *s. f.* cobertor; colcha.
cubrir, *v. t.* cobrir; ocultar; proteger.
cucaña, *s. f.* cocanha.
cucaracha, *s. f. (zool.)* barata.
cuclillas (en), *m. adv.* de cócoras.
cuco (ca), *adj.* e *s. (fig. fam.)* polido; bonito; astuto.
cucurbitáceo (a), *adj.* e *s. (bot.)* cucurbitáceo.
cucurucho, *s. m.* cartucho de papel.
cuchara, *s. f.* colher.
cucharilla, *s. f.* colherzinha.
cuchichear, *v. i.* cochichar.
cuchilla, *s. f.* cutelo (de lâmina larga).
cuchillo, *s. m.* faca.
cuchufleta, *s. f. (fam.)* chufa; motejo.
cuello, *s. m.* pescoço; colo; gargalo; gola; colarinho.
cuenca, *s. f.* escudela.
cuenco, *s. m.* conca.
cuenta, *s. f.* conta.
cuentapasos, *s. m.* pedómetro.
cuento, *s. m.* conto; narração; fábula.
cuerda, *s. f.* corda.
cuerdo (da), *adj.* e *s.* cordato; prudente.
cuerno, *s. m.* corno.
cuero, *s. m.* coiro ou couro.
cuerpo, *s. m.* corpo; volume; espessura; consistência.
cuervo, *s. m. (zool.)* corvo.
cuesco, *s. m.* caroço de fruta.
cuesta, *s. f.* costa; encosta.
cuestión, *s. f.* questão; pergunta.
cuestionar, *v. t.* questionar; debater.
cueva, *s. f.* cova; caverna; gruta.
cuidar, *v. t.* cuidar; imaginar; julgar; pensar; tratar de.
culata, *s. f.* culatra (de espingarda e de canhão); *(zool.)* culatra (anca das cavalgaduras).
culebra, *s. f. (zool.)* cobra; serpente.
culinario (ria), *adj.* culinário.
culminar, *v. i.* culminar.
culo, *s. m. (anat.)* ânus.
culpa, *s. f.* culpa; falta; pecado.
culpar, *v. t.* culpar; acusar.
cultivar, *v. t.* cultivar; amanhar.
culto (ta), *adj.* cultivado; *(fig.)* culto; instruído; *s. m.* civilizado; culto (homenagem a Deus).
cultura, *s. f.* cultura; cultivo; saber; estudo.
cumbre, *s. f.* cume; cimo; *(fig.)* cúmulo; auge; apogeu.
cumpleaños, *s. m.* aniversário natalício.
cumplimentar, *v. t.* cumprimentar; saudar.
cumplir, *v. t.* cumprir; completar.
cúmulo, *s. m.* cúmulo; montão; *(fig.)* acumulação.
cuna, *s. f.* berço.
cundir, *v. i.* estender-se; correr; propagar-se.
cuneiforme, *adj.* cuneiforme.
cuña, *s. f.* cunha.
cuñado (da), *s. m.* e *f.* cunhado.
cuño, *s. m.* troquel; marca; cunho.
cuota, *s. f.* quota ou cota.
cupo, *s. m.* capitação; quota; finta.
cúpula, *s. f. (arq.)* cúpula.
cura, *s. m.* cura; pároco; *s. f.* cura; tratamento; restabelecimento.
curar, *v. i.* curar; sarar; tratar; debelar (doença); medicar; curtir.

C

curiosear, *v. i.* ser curioso.
curiosidad, *s. f.* curiosidade.
cursar, *v. t.* cursar; frequentar; estudar.
cursi, *adj.* e *s.* ridículo; afectado.
cursillo, *s. m.* curso de aperfeiçoamento.
curso, *s. m.* curso; direcção; carreira; continuação.
curtido (da), *adj.* curtido; *s. m.* curtimento.
curtir, *v. t.* curtir (preparar as peles) suportar (dores; desgostos, etc.).
curva, *s. f.* curva; volta.
cúspide, *s. f.* cúspide; pico.
custodiar, *v. t.* custodiar; guardar; vigiar.
cutáneo (a), *adj.* cutâneo.
cutis, *s. m.* e *s. f.* cútis ou cute.
cuyo (ya), *pron.* cujo; de quem; de que; do qual.

ch

ch, *s. f.* quarta letra do alfabeto espanhol.
chabacanería, *s. f.* grosseria; inconveniência; falta de gosto.
chacal, *s. m. (zool.)* chacal.
chacina, *s. f.* chacina.
cháchara, *s. f.* tagarelice.
chafar, *v. t.* esmagar; enrugar ou deslustrar; confundir.
chal, *s. m.* xaile ou xale.
chaleco, *s. m.* colete (de homem).
chalet, *s. m.* chalé.
chalupa, *s. f. (mar.)* chalupa,
chamarra, *s. f.* chimarra.
chamizo, *s. m.* chamiço; choupana; tugúrio.
chamorro (rra), *adj.* e *s.* chamorro; rapado; tosquiado.
champaña, *s. m.* champanha; champanhe.
chamuscar, *v. t.* chamuscar; crestar.
chamusquina, *s. f.* chamusco.
chancear, *v. i.* chancear; zombar; troçar.
chancleta, *s. f.* chinela.
chanchullo, *s. m.* negócio ilícito; trapaça.
chantaje, *s. m.* chantagem.
chantar, *v. t.* chantar; cravar; espetar; fincar; *(fam.)* falar claro (sem rebuços).
chanza, *s. f.* chança; troça.
chapa, *s. f.* chapa.
chapar, *v. t.* chapar; chapear.
chaparro, *s. m. (bot.)* chaparreiro; chaparro.
chaparrón, *s. m.* aguaceiro.
chapear, *v. t.* chapear.
chapitel, *s. m. (arq.)* capitel.
chapucear, *v. t.* trabalhar mal, com imperfeição.
chapuzar, *v. t.* mergulhar.
chapuzón, *s. m.* mergulho de cabeça.
chaqué, *s. m.* fraque.
chaqueta, *s. f.* jaqueta.
charanga, *s. f.* charanga.
charca, *s. f.* açude.
charco, *s. m.* charco.
charla, *s. f.* charla.
charlar, *v. i.* charlar.
charol, *s. m.* charão; verniz.
charretera, *s. f.* charlateira (dragona).
chasca, *s. f.* gravetos.
chasco, *s. m.* burla; engano; logro; decepção.
chasquear, *v. t.* chasquear; lograr; *v. i.* crepitar.
chata, *s. f.* urinol; aparadeira.
chatarra, *s. f.* sucata; ferro velho.
chato (ta), *adj.* chato; plano; importuno; copo baixo e largo.
chaval (la), *adj.* e *s.* rapaz, rapariga (entre a gente do povo).
chaveta, *s. f.* cavilha; chaveta.
chelín, *s. m.* xelim (moeda inglesa).
chepa, *s. f.* corcova; corcunda; giba.
cheque, *s. m.* cheque.
chica, *s. f.* menina; rapariga.
chico (ca), *adj.* e *s.* pequeno; menino; rapaz.
chicuelo (la), *adj.* e *s.* rapazinho; rapazola.
chicha, *s. f.* chicha; carne.
chicharra, *s. f.* cigarra.
chicharro, *s. m.* chicharro.
chichón, *s. m.* galo (inchação na cabeça ou na testa causada por uma pancada).

ch

chifla, *s. f.* silvo; som agudo; apito; assobio; chifra (raspador).
chiflar, *v. i.* apitar; assobiar; silvar; vaiar; apupar; enlouquecer.
chiflar, *v. t.* chifrar; adelgaçar; raspar.
chifle, *s. m.* silvo; apito.
chillar, *v. i.* guinchar; chiar; gritar; berrar.
chillido, *s. m.* chio; guincho; gritaria; berreiro.
chimenea, *s. f.* chaminé.
chino (na), *adj.* e *s.* chinês.
chipirón, *s. m. (zool.)* lula.
chiquero, *s. m.* chiqueiro; pocilga.
chiquillada, *s. f.* criancice; garotice.
chiquillo (lla), *adj.* garoto; menino; V. **chico.**
chiquito (ta), *adj.* e *s.* pequenino; pequenito; menino.
chirimbolo, *s. m.* utensílio; traste.
chiripa, *s. f.* bambúrrio; casualidade.
chirlar, *v. i. (fam.)* chilrar ou chilrear; tagarelar.
chirle, *adj.* insípido; chilro.
chirriar, *v. i.* chiar; guinchar.
chisme, *s. m.* intriga; mexerico.
chismear, *v. i.* mexericar; intrigar.
chispa, *s. f.* chispa; partícula; faisca.
chispear, *v. i.* chispar; faiscar; chuviscar.
chiste, *s. m.* chiste; graça.
chita, *s. f. (anat.)* astrágalo; jogo do fito.
chivo (va), *s. m.* e *f.* chibo; cabrito.
chocante, *adj.* chocante; irritante.
chocar, *v. i.* chocar; embater; ofender; zangar; enfadar.
chocolate, *s. m.* chocolate.
chochera, *s. f.* chochice; decadência.
chochez, *s. f.* caducidade; decrepitude.
chocho (cha), *adj.* chocho; caduco.
chofer, *s. m.* motorista.
chopo, *s. m. (bot.)* choupo.
choque, *s. m.* choque; embate; conflito; recontro.
chorizo, *s. m.* chouriço; salpicão.
corlito, *s. m. (zool.)* tarambola.
chorrear, *v. i.* gotejar; pingar.
chorro, *s. m.* jorro.
choto (ta), *s. m.* e *f.* cabritinho.
choza, *s. f.* choça; cabana.
chubasco, *s. m.* aguaceiro; chuvada.
chuchería, *s. f.* bagatela; ninharia vistosa.
chucho, *s. m. (fam.)* cão.
chufa, *s. f.* chufa; caçoada.
chufla, *s. f.* chasco; sarcasmo.
chulear, *v. t.* chasquear.
chuleta, *s. f.* costeleta.
chulo (la), *adj.* chulo; grosseiro.
chumbera, *s. f. (bot.)* figueirada-índia
chunga, *s. f.* algazarra; bulha festiva
chupar, *v. t.* e *i.* chupar; sugar; absorver.
chupón (na), *adj. (fig.)* chupista.
churro, *s. m.* espécie de filhó ou de fartura.
churro (rra), *adj.* e *s.* churro.
churrusco, *s. m.* estorrisco, torrada.
churumbel, *s. m.* rapaz; jovem.
chusco (ca), *adj.* e *s.* gracioso; jocoso.
chuzo, *s. m.* chuço.
chuzón (na), *adj.* e *s.* astuto; trocista

d

d, *s. f.* quinta letra do abecedário espanhol.
dáctilo, *s. m.* dáctilo.
dádiva, *s. f.* dádiva; presente.
dado (da), *adj.* dado; permitido; afável; *s. m.* dado (cubo).
daga, *s. f.* adaga.
dala, *s. f. (mar.)* dala.
dalia, *s. f. (bot.)* dália.
dalmática, *s. f.* dalmática.
dama, *s. f.* dama (senhora); dama (peça do xadrex).
dama, *s. f. (zool.)* gamo.
damasco, *s. m.* damasco; *(bot.)* damasqueiro; damasco (fruto).
damisela, *s. f.* rapariga alegre e elegante.
damnificar, *v. t.* danificar.
dantesco (ca), *adj.* dantesco.
danza, *s. f.* dança.
danzar, *v. t.* dançar.
dañar, *v. t.* danar; danificar.
daño, *s. m.* dano, prejuízo.
dar, *v. t.* dar; ceder de graça; ministrar; conceder; outorgar.
dardo, *s. m.* dardo; censura.
dársena, *s. f.* bacia; doca.
data, *s. f.* data; indicação de tempo; porção.
datar, *v. t.* datar.
dátil, *s. m. (bot.)* tâmara.
dativo (va), *s. m.* dativo.
dato, *s. m.* elemento; dado; base.
de, *prep.* de; para; com; desde; durante; por.
deán, *s. m.* deão.
debajo, *adv.* debaixo; sob.
debatir, *v. t.* debater; discutir; contender.
debe, *s. m.* deve; débito.
deber, *v. t.* dever; estar obrigado.
débil, *adj.* e *s.* débil; fraco; pusilânime.
debilitar, *v. t.* debilitar; enfraquecer.
década, *s. f.* década; dezena.
decadencia, *s. f.* decadência; abatimento; declinação.
decaedro, *s. m.* decaedro.
decaer, *v. i.* decair; diminuir.
decágono (na), *adj.* e *s.* decágono.
decalitro, *s. m.* decalitro.
decálogo, *s. m.* decálogo.
decámetro, *s. m.* decâmetro.
decano, *s. m.* decano.
decantar, *v. t.* decantar (líquidos); ponderar; celebrar.
decapitar, *v. t.* decapitar; degolar.
decasílabo (ba), *adj.* e *s.* decassílabo.
decena, *s. f.* dezena.
decenio, *s. m.* decénio.
decentar, *v. t.* encetar; começar; diminuir.
decepción, *s. f.* decepção; desilusão.
decidir, *v. t.* decidir; determinar; resolver.
decigramo, *s. m.* decigrama.
decilitro, *s. m.* decilitro.
décima, *s. f.* décima.
decimal, *adj.* decimal.
decímetro, *s. m.* decímetro.
décimo (ma), *adj.* décimo.
decir, *v. t.* dizer; referir; enunciar; assegurar.
declamar, *v. i.* e *t.* declamar.
declarar, *v. t.* declarar; manifestar; explicar; depor.
declinar, *v. i.* declinar; pender; decair.

d

decoración, *s. f.* decoração; ornamentação; cenário.
decoro, *s. m.* decoro; honra; brio.
decrecer, *v. i.* decrescer; diminuir.
decrepitar, *v. i.* decrepitar; crepitar.
decrépito (ta), *adj.* e *s.* decrépito; caduco; gasto.
decretar, *v. t.* decretar.
décuplo (pla), *adj.* e *s. m.* décuplo.
dedal, *s. m.* dedal.
dédalo, *s. m. (fig.)* dédalo; labirinto.
dedicar, *v. t.* dedicar; consagrar; votar; tributar.
dedo, *s. m.* dedo.
deducir, *v. t.* deduzir; diminuir; abater; concluir; inferir.
defecar, *v. t.* defecar.
defecto, *s. m.* defeito; imperfeição; vício.
defender, *v. t.* defender; amparar; proteger.
deferencia, *s. f.* deferência; condescendência.
deficiencia, *s. f.* deficiência; defeito; falta.
déficit, *s. m.* déficit, défice.
definir, *v. t.* definir; determinar; decidir.
defraudar, *v. t.* defraudar.
defunción, *s. f.* defunção; falecimento; morte.
degenerar, *v. i.* degenerar; estragar-se; adulterar-se.
degollar, *v. t.* degolar; decapitar.
degradar, *v. t.* degradar, aviltar.
degüello, *s. m.* degolação, degola.
dehesa, *s. f.* devesa; pastagem.
deicida, *adj.* e *s.* deicida.
deificar, *v. t.* deificar, divinizar.
deísmo, *s. m.* deísmo.
dejar, *v. t.* deixar; abandonar; legar; cessar.
dejo, *s. m.* deixa; sotaque, sabor.
del, contr. da prep. *de* e do art. *el* do.
delantal, *s. m.* avental.
delantera, *s. f.* dianteira.
delegar, *v. t.* delegar; incumbir.
deleitar, *v. t.* deleitar; deliciar.
deleite, *s. m.* deleite; prazer.
deletrear, *v. i.* soletrar, deletrear.
deleznable, *adj.* desagregável.
delfín, *s. m. (zool.)* delfim, golfinho.
delgado (da), *adj.* delgado; fino.
deliberar, *v. i.* deliberar; considerar; resolver.
delicado (da), *adj.* delicado; suave; débil; fraco; enfermiço.
delicia, *s. f.* delícia; prazer.
delictivo (va), *adj.* delituoso.
delincuencia, *s. f.* delinquência.
delinquir, *v. i.* delinquir.
delirar, *v. i.* delirar, tresvariar.
delirio, *s. m.* delírio; desvairo.
delito, *s. m.* delito; crime.
delta, *s. f.* delta (letra grega); delta (de rio).
demacrarse, *v. r.* extenuar-se, consumir-se.
demagogo, *s. m.* demagogo.
demanda, *s. f.* demanda; sólica; petição; pleito.
demandar, *v. t.* demandar; pedir; rigor.
demarcar, *v. t.* demarcar; assinalar.
demasía, *s. f.* excesso; demasia.
demente, *adj. s. m.* e *f.* demente, louco.
demérito, *s. m.* demérito.
democracia, *s. f.* democracia.
demografía, *s. f.* demografia.
demoler, *v. t.* demolir.
demonio, *s. m.* Demónio, Diabo, Satanás.
demorar, *v. t.* demorar; retardar.
demostrar, *v. t.* demonstrar; provar; mostrar.
demudar, *v. t.* demudar; variar.
denegar, *v. t.* denegar, negar; recusar.
denigrar, *v.t.* denegrir.
denominar, *v. t.* denominar, designar, nomear.
denostar, *v. t.* doestar; injuriar.
denotar, *v. t.* denotar, designar; mostrar.
densidad, *s. f.* densidade.

dentadura, *s. f.* dentadura.
dentición, *s. f.* dentição.
dentífrico (ca), *adj.* e *s. m.* dentífrico.
dentista, *adj.* e *s.* dentista.
dentro, *adv.* dentro.
denuncia, *s. f.* denúncia; delação, *s. f.* denúncia; delação.
denunciar, *v. t.* denunciar; delatar; avisar.
deontología, *s. f.* deontologia.
deparar, *v. t.* deparar; proporcionar.
departamento, *s. m.* departamento.
departir, *v. i.* departir; conversar; narrar.
depender, *v. i.* depender.
depilar, *v. t.* depilar.
deplorar, *v. t.* deplorar.
deponer, *v. t.* depor; destituir; declarar.
deportar, *v. t.* deportar; banir; exilar.
deporte, *s. m.* desporto; distracção.
deposición, *s. f.* deposição.
depositar, *v. t.* depositar.
depravar, *v. t.* depravar, viciar.
depreciar, *v. t.* depreciar.
depresor (ra), *adj.* depressor.
deprimir, *v. t.* deprimir.
derecha, *s. f.* direita; dextra.
derecho (cha), *adj.* direito; igual; *s. m.* faculdade; justiça; regalia.
derivar, *v. i.* derivar; provir.
dermis, *s. f.* derme.
derogar, *v. t.* derrogar, abolir, anular.
derramar, *v. t.* derramar, verter, espalhar, entornar.
derredor, *s. m.* circuito, roda.
derretir, *v. t.* derreter; fundir; esbanjar; dissipar.
derribar, *v. t.* derribar; arruinar; derrubar.
derrocar, *v. t.* derrocar; demolir; arrasar.
derrochar, *v. t.* dissipar.
derrotar, *v. t.* derrotar; destroçar.
derruir, *v. t.* derruir, derribar.
derrumbar, *v. t.* derrubar; precipitar.
desabrido (da), *adj.* desabrido; áspero.
desabrochar, *v. t.* desabotoar; abrir; descoser.
desacato, *s. m.* desacato; irreverência.
desacertar, *v. i.* desacertar; errar.
desaconsejar, *v. t.* desaconselhar.
desacostumbrar, *v. t.* desacostumar; desabituar.
desacreditar, *v. t.* desacreditar.
desacuerdo, *s. m.* desacordo; discordância.
desafiar, *v. t.* desafiar, reptar, provocar.
desafinar, *v. i.* desafinar.
desafío, *s. m.* desafio.
desafortunado (da), *adj.* desafortunado; infeliz.
desagradar, *v. i.* desagradar; descontentar.
desagradecer, *v. t.* desagradecer.
desagrado, *s. m.* desagrado; descontentamento.
desagraviar, *v. t.* desagravar, desafrontar.
desaguar, *v. t.* desaguar.
desagüe, *s. m.* desaguamento.
desahogar, *v. t.* desafogar, aliviar; desoprimir; desabafar.
desahuciar, *v. t.* desesperançar; desanimar; desesperar; despejar (um inquilino).
desairar, *v. t.* desairar.
desaire, *s. m.* desaire; desdouro; inconveniência.
desajuste, *s. m.* desajuste; desunião.
desalar, *v. t.* dessalar, dessalgar; desasar (tirar as asas).
desalentar, *v. t.* desalentar; desanimar.
desaliento, *s. m.* desalento; desânimo.
desaliño, *s. m.* desalinho; desasseio; desordem; desleixo.
desalmar, *v. t.* *(fig.)* desalmar (tornar perverso).
desalojar, *v. t.* desalojar.
desalquilar, *v. t.* desalugar.
desamortizar, *v. t.* desamortizar.
desamparar, *v. t.* desamparar; abandonar.

d

d

desangrar, *v. t.* dessangrar; esgotar.
desánimo, *s. m.* desânimo.
desaojar, *v. t.* tirar o mau-olhado.
desapacible, *adj.* desaprazível; desagradável; enfadonho.
desaparecer, *v. i.* desaparecer.
desaparejar, *v. t.* desaparelhar.
desapasionar, *v. t.* desapaixonar.
desapercibido (da), *adj.* desapercebido; desprevenido.
desaplacible, *adj.* desagradável.
desaprobar, *v. t.* desaprovar, reprovar.
desaprovechar, *v. t.* desaproveitar; desperdiçar.
desarmar, *v. t.* desarmar.
desarme, *s. m.* desarmamento.
desarraigar, *v. t.* desarraigar; desenraiar.
desarreglar, *v. t.* desregar; desordenar.
desarrollar, *v. t.* desenrolar; desembrulhar; desdobrar.
desarrollo, *s. m.* desenvolvimento.
desarticular, *v. t.* desarticular; desunir; separar.
desasir, *v. t.* desasir; soltar; largar.
desasistir, *v. t.* desacompanhar; desamparar.
desasosiego, *s. m.* desassossego.
desastre, *s. m.* desastre, desgraça, sinistro.
desatar, *v. t.* desatar; desamarrar; desligar.
desatascar, *v. t.* desatascar; desatolar.
desatender, *v. t.* desatender; desconsiderar.
desatino, *s. m.* desatino; disparate; loucura.
desatrancar, *v. t.* desatrancar; desobstruir.
desautorizar, *v. t.* desautorizar.
desavenencia, *s. f.* desavença; discórdia.
desavenir, *v. t.* desavir; discordar.
desavisado (da), *adj.* e *s.* inadvertido; ignorante.
desayunar, *v. i.* desjejuar.
desayuno, *s. m.* desjejum (pequeno-almoço).
desazón, *s. m.* insipidez; mágoa, desgosto; indisposição.
desbandada, *s. f.* debandada.
desbarajuste, *s. m.* desordem; confusão.
desbaratar, *v. t.* arruinar, dissipar; desbaratar; derrotar.
desbarbar, *v. t.* desbarbar.
desbastar, *v. t.* desbastar.
desbocado (da), *adj.* e *s.* desbocado; inconveniente.
desbocar, *v. t.* desbocar.
desbordar, *v. i.* desbordar, trasbordar.
descabellado (da), *adj.* despenteado.
descaimiento, *s. m.* descaimento, decadência.
descalabrar, *v. t.* escalavrar ou descalabrar.
descalabro, *s. m.* descalabro.
descalificar, *v. t.* desclassificar; aviltar; desacreditar.
descalzar, *v. t.* descalçar.
descamisado (da), *adj.* (*fam.*) descamisado.
descansar, *v. i.* descansar, repousar; apoiar.
descanso, *s. m.* descanso, repouso, sossego; apoio.
descararse, *v. r.* descarar-se, perder o pejo, a vergonha.
descarga, *s. f.* descarga.
descargar, *v. t.* descarregar; aliviar desossar.
descargue, *s. m.* descarga, descarregamento.
descarnar, *v. t.* descarnar; escavar.
descaro, *s. m.* descaro; desaforo.
descarriar, *v. t.* descarreirar, descaminhar.
descendencia, *s. f.* descendência.
descender, *v. i.* descer, abaixar; descender; provir.
descendiente, *adj.* e *s.* descendente.
descenso, *s. m.* descensão, descenso, descida.

descentralizar, *v. t.* descentralizar.
desceñir, *v. t.* desenfaixar, descingir.
descerrajar, *v. t.* arrombar (forçar uma fechadura); *(fig. fam.)* disparar arma de fogo.
descifrar, *v. t.* decifrar.
desclavar, *v. t.* descravar, despregar; descravejar.
descolgar, *v. t.* despendurar; *v. r.* desempenhar-se.
descolorante, *adj.* descolorante, descorante.
descolorir, *v. t.* descolorar, descorar.
descompasarse, *v. r.* descompassar-se.
descomponer, *v. t.* descompor, desordenar; decompor.
descomunal, *adj.* descomunal; enorme; excessivo.
desconcertar, *v. t.* desconcertar.
desconcierto, *s. m.* desconcerto.
desconfiar, *v. i.* desconfiar; suspeitar.
desconectar, *v. t.* deligar ou interromper o contacto de um aparelho eléctrico.
desconocer, *v. t.* desconhecer; ignorar.
desconsiderar, *v. t.* desconsiderar; desrespeitar.
desconsolar, *v. t.* desconsolar; entristecer.
desconsuelo, *s. m.* desconsolo.
descontar, *v. t.* descontar; abater; deduzir.
descorozonar, *v. t. (fig.)* descoroçoar, desalentar.
descorchar, *v. t.* descortiçar.
descorrer, *v. t.* desandar, retroceder.
descortés, *adj.* descortês; grosseiro; incivil.
descortezar, *v. t.* escorchar, descascar (fruta, legumes).
descoser, *v. t.* descoser; desmanchar.
descoyuntar, *v. t.* desconjuntar, deslocar.
descrédito, *s. m.* descrédito.
descreer, *v. t.* descrer.
describir, *v. t.* descrever, traçar; delinear.
descriptivo (va), *adj.* descritivo.
descuajar, *v. t.* descoalhar, descoagular.
descuajaringarse, *v. r. (fig.)* relaxarem-se os músculos.
descubierto (ta), *adj.* descoberto; *s. m.* exposição do Santíssimo Sacramento.
descubrimiento, *s. m.* descobrimento, descoberta.
descubrir, *v. t.* descobrir; inventar; destapar.
descuento, *s. m.* desconto, abatimento; dedução.
descuido, *s. m.* descuido; omissão; inadvertência.
desde, *prep.* desde, depois de.
desdecir, *v. i. (fig.)* desdizer; *v. r.* retractar-se.
desdén, *s. m.* desdém; altivez.
desdeñar, *v. t.* desdenhar; desprezar.
desdicha, *s. f.* desdita.
desdoblar, *v. t.* desdobrar.
desear, *v. t.* desejar; apetecer; querer; aspirar; anelar.
desechar, *v. t.* desprezar; excluir; reprovar.
desembalaje, *s. m.* deenfardamento.
desembalar, *v. t.* desembalar.
desembarcar, *v. t.* desembarcar.
desembargar, *v. t.* desembargar.
desembocadura, *s. f.* desembocadura.
desembocar, *v. i.* desembocar; terminar; desaguar.
desembolso, *s. m. (fig.)* desembolso; dispêndio.
desembrague, *s. m.* desembraiagem.
desembriagar, *v. t.* desembriagar.
desembrollar, *v. t. (fam.)* desenredar; desembrulhar; aclarar; esclarecer.
desempapelar, *v. t.* desempapelar, desembrulhar.
desempaquetar, *v. t.* desempacotar; desenfardar.
desemparejar, *v. t.* desemparelhar; desirmanar.

desempatar, *v. t.* desempatar.
desempeñar, *v. t.* desempenhar; resgatar; exercer; cumprir.
desencadenar, *v. t.* desencadear; desunir.
desencallar, *v. t.* e *i.* desencalhar.
desencanto, *s. m.,* desencanto, desencantamento.
desenfreno, *s. m.* desenfreamento, desenfreio.
desenganchar, *v. t.* desenganchar; desengatar.
desengañar, *v. t.* desenganar, desiludir.
desengrasar, *v. t.* desengordurar; *v. i.* emagrecer.
desenjaular, *v. t.* desengaiolar; desenjaular.
desenlace, *s. m.* desenlace.
desenlazar, *v. t.* desenlaçar.
desenmarañar, *v. t.* desemaranhar; desenredar; *(fig.)* esclarecer.
desenredar, *v. t.* desenredar, desenlear, desembaraçar.
desenterrar, *v. t.* desenterrar, exumar.
desentonar, *v. t.* desentonar, humilhar; desentoar, desafinar; *v. r.* descomedir-se.
desentono, *s. m.* desentoação.
desentrañar, *v. t.* desentranhar, estripar.
desenvainar, *v. t.* desembainhar.
desenvoltura, *s. f. (fig.)* desenvoltura, desembaraço.
desenvolver, *v. t.* desenvolver; desenrolar; expor.
desenvuelto (ta), *adj.* desenvolvido; crecido; desembaraçado; desenvolto.
deseo, *s. m.* desejo; vontade.
desequilibrar, *v. t.* desequilibrar; fazer perder o equilibrio.
deserción, *s. f.* deserção.
desertar, *v. t.* desertar; abandonar.
desesperación, *s. f.* desesperação, desespero.
desesperar, *v. t.* desesperar.
desestimación, *s. f.* desestimação, desestima.
desestimar, *v. t.* desestimar.
desfachatez, *s. f.* desfaçatez; descaramento; cinismo.
desfalcar, *v. t.* desfalcar; defraudar; dissipar.
desfalco, *s. m.* desfalque.
desfallecer, *v. t.* causar desfalecimento; *v. i.* desmaiar; desfalecer.
desfavorecer, *v. t.* desfavorecer; opor-se, contrariar.
desfigurar, *v. t.* desfigurar; deturpar; alterar.
desfiladero, *s. m.* desfiladeiro, garganta.
desfilar, *v. i.* desfilar.
desflecar, *v. t.* franjar.
desfloración, *s. f.* desfloração, desfloramento.
desfogar, *v. t.* desafoguear; desabafar, desafogar.
desgaire, *s. m.* desalinho.
desgajar, *v. t.* escachar, desgalhar; quebrar; romper.
desgaje, *s. m.* escachamento.
desgana, *s. f.* inapetência, fastio; tédio.
desganar, *v. t.* enfastiar.
desgañitarse, *v. r. (fam.)* esganiçar-se; gritar.
desgarrar, *v. t.* rasgar; dilacerar; destroçar.
desgarro, *s. m.* rompimento, ruptura, dilaceração.
desgastar, *v. t.* desgastar.
desgracia, *s. f.* desgraça; desdita; desastre; infortúnio; infelicidade.
desgraciar, *v. t.* desagradar.
desgranar, *v. t.* debulhar.
desguazar, *v. t.* desbastar.
deshabitar, *v. t.* desabitar.
deshacer, *v. t.* desfazer; desmanchar; destruir.
deshecha, *s. f.* dissimulação; despedida cortês.
deshecho (cha), *adj.* desfeito; anulado; furioso, violento.

deshelar, *v. t.* degelar, descongelar.
desheredar, *v. t.* deserdar.
deshidratación, *s. f.* desidratação.
deshidratar, *v. t.* desidratar.
deshielo, *s. m.* degelo, descongelação.
deshilar, *v. t.* desfiar (um tecido); franjar.
deshinchar, *v. t.* desinchar.
deshojar, *v. t.* desfolhar.
deshollinar, *v. t.* vasculhar.
deshonesto (ta), *adj.* desonesto; indecoroso, indigno.
deshonor, *s. m.* desonra.
deshonrar, *v. t.* desonrar; infamar; deflorar.
deshora, *s. f.* desoras.
deshuesar, *v. t.* desossar.
desiderátum, *s. m.* desiderato; aspiração.
desidia, *s. f.* desídia; indolência; inércia.
desierto (ta), *adj.* e *s.* deserto; solitário; ermo.
designar, *v. t.* designar.
designio, *s. m.* desígnio; intuito.
desigual, *adj.* desigual; irregular; variável.
desigualar, *v. t.* desigualar.
desilusión, *s. f.* desilusão.
desilusionar, *v. t.* desiludir; desenganar.
desinencia, *s. f.* desinência.
desinfección, *s. f.* desinfecção.
desinfectar, *v. t.* desinfectar.
desinflar, *v. t.* desinchar.
desintegrar, *v. t.* desintegrar.
desinterés, *s. m.* desinteresse.
desistir, *v. i.* desistir; ceder; abandonar; renunciar.
desleal, *adj.* e *s.* desleal.
desliar, *v. t.* desliar, desligar; desatar; desborrar, separar as borras do vinho.
desligar, *v. t.* desligar; separar.
deslindar, *v. t.* deslindar; demarcar; limitar; destrinçar.
desliz, *s. m.* deslize; falta.
deslizar, *v. i.* deslizar; resvalar; escorregar.
deslucir, *v. t.* desluzir; deslustrar; ofuscar.
deslumbrar, *v. t.* deslumbrar; ofuscar; maravilhar.
desmadrar, *v. t.* desmamar.
desmallar, *v. t.* desmalhar.
desmán, *s. m.* desmando; excesso; tropelia; desgraça.
desmantelar, *v. t.* desmantelar; arrasar; arruinar.
desmayar, *v. t.* provocar desmaio; *v. i.* desmaiar; desfalecer; desbotar.
desmayo, *s. m.* desmaio, delíquio; desfalecimento.
desmedido (da), *adj.* desmedido; excessivo; enorme.
desmedrar, *v. t.* deteriorar.
desmejorar, *v. t.* e *i.* desmelhorar; piorar.
desmelenar, *v. t.* desgrenhar, despentear.
desmembrar, *v. t.* desmembrar; dividir; separar.
desmemoriado (da), *adj.* e *s.* desmemoriado.
desmentir, *v. t.* desmentir, contradizer.
desmenuzar, *v. t.* esmiuçar; esmigalhar; esfarelar; *(fig.)* analisar; investigar.
desmerecer, *v. t.* desmerecer.
desmesurar, *v. t.* desmesurar; transtornar; *v. r.* descomedir-se.
desmontar, *v. t.* e *i.* desmontar; desarmar; abater; apear.
desmonte, *s. m.* desmonte.
desmoralización, *s. f.* desmoralização.
desmoralizar, *v. t.* desmoralizar; perverter; corromper.
desmoronar, *v. t.* desmoronar; abater; demolir; derrubar; *v. r.* desmoronar-se; baquear.
desnatar, *v. t.* desnatar.
desnaturalizar, *v. t.* desnaturalizar.
desnivel, *s. m.* desnível.
desnivelar, *v. t.* desnivelar.

d

d

desnudar, *v. t.* desnudar, denudar, despir.
desnudo (da), *adj.* nu, despido, desnudo; *s. m.* nu.
desobedecer, *v. t.* desobedecer; recalcitrar.
desobediente, *adj.* desobediente, insubmisso.
desocupar, *v. t.* desocupar.
desodorante, *adj.* desodorizante ou desodorante.
desoír, *v. t.* desatender.
desolar, *v. t.* desolar; despovoar; devastar.
desollar, *v. t.* esfolar; explorar; *(fig.)* murmurar.
desopinar, *v. t.* desacreditar, desabonar.
desoprimir, *v. t.* desoprimir; libertar; livrar.
desorden, *s. m.* desordem; confusão; balbúrdia.
desorganizar, *v. t.* desorganizar, desordenar.
desorientar, *v. t.* desorientar; desnortear.
despabilar, *v. t.* espevitar.
despacio, *adv.* devagar.
despachar, *v. t.* despachar; resolver.
despampanante, *adj.* desconcertante; pasmoso.
desparpajo, *s. m.* *(fam.)* facúndia; desembaraço.
desparramado (da), *adj.* esparramado; espargido; espalhado; esparralhado.
desparramar, *v. t.* esparramar, espargir, espalhar.
despatarrar, *v. t.* *(fam.)* escarranchar; assustar.
despavorido (da), *adj.* espavorido, apavorado.
despavorir, *v. i.* espavorir; apavorar.
despectivo (va), *adj.* depreciativo, pejorativo.
despechar, *v. t.* despeitar; *(fam.)* desmamar.
despecho, *s. m.* despeito.
despedazar, *v. t.* despedaçar; partir.
despedida, *s. f.* despedida.
despedir, *v. t.* despedir; lançar; arrojar.
despegar, *v. t.* despegar; separar; desunir; descolar.
despego, *s. m.* despego; desapego; desinteresse.
despeinar, *v. t.* despentear.
despejar, *v. t.* despejar; desocupar; evacuar; aclarar.
despelotar, *v. t.* desgrenhar, despentear.
despellejar, *v. t.* esfolar; pelar; *(fig.)* murmurar de alguém.
despender, *v. t.* dissipar; gastar; despender.
despensa, *s. f.* despensa; mantimentos.
despeñar, *v. t.* despenhar; precipitar; arrojar.
despepitar, *v. t.* tirar as pevides dos frutos.
desperdiciar, *v. t.* desperdiçar; malbaratar.
desperdigar, *v. t.* separar, desunir, dispersar.
desperezarse, *v. r.* espreguiçar-se.
desperfecto, *s. m.* defeito.
despertador (ra), *adj.* e *s.* despertador; *s. m.* despertador (relógio).
despertar, *v. t.* despertar; acordar; excitar.
despezuñarse, *v. r.* inutilizar-se o casco do animal.
despiadado (da), *adj.* desapiedado; despiedoso.
despido, *s. m.* despedimento.
despierto (ta), *adj.* desperto; acordado; esperto; sagaz.
despilfarrar, *v. t.* esbanjar; desperdiçar; malgastar.
despilfarro, *s. m.* esbanjamento; dissipação.
despiojar, *v. t.* despiolhar, espiolhar.
desplante, *s. m.* desplante.
desplazamiento, *s. m.* deslocação; viagem.

desplegar, *v. t.* despregar, desdobrar, desenvolver.
desplomar, *v. t.* desaprumar; desabar.
deslumar, *v. t.* desplumar, depenar; *(fig.)* despojar.
despoblado, *s. m.* despovoado, deserto, ermo.
despoblar, *v. t.* despovoar.
despojar, *v. t.* despojar; espoliar; *v. r.* despojar-se.
despojo, *s. m.* despojo; espólio; presa; miúdos.
despolarizar, *v. t.* despolarizar.
desportillar, *v. t.* desbeiçar (pratos, vasos, etc.), esbotenar; esborcelar.
desposado (da), *adj.* e *s.* desposado, recém-casado; algemado.
desposar, *v. t.* desposar, casar; algemar.
desposeer, *v. t.* desapossar.
déspota, *s. m.* déspota.
despotismo, *s. m.* despotismo; tirania.
despotricar, *v. i.* disparatar.
despreciar, *v. t.* desprezar.
despreciativo (va), *adj.* desprezativo; depreciativo.
desprender, *v. t.* desprender; soltar; desunir.
desprendimiento, *s. m.* desprendimento; desabamento (de terras, etc.); desapego; alheamento; desinteresse.
despreocupar, *v. t.* despreocupar.
desprestigiar, *v. t.* desprestigiar.
desprevenido (da), *adj.* desprevenido; desacautelado.
desproporción, *s. f.* desproporcão.
desprovisto (ta), *adj.* desprovido.
después, *adv.* depois; após; em seguida; *adj.* seguinte.
despuntar, *v. t.* espontar; *v. i.* surgir.
desquiciar, *v. t.* desquiciar.
desquitar, *v. t.* desquitar; desforrar.
desquite, *s. m.* desquite.
desrizar, *v. t.* desenriçar.
destacamento, *s. m. (mil.)* destacamento.
destacar, *v. t.* destacar.
destajo, *s. m.* empreitada.
destapar, *v. t.* destapar, destampar.
destaponar, *v. t.* desarrolhar, desbatocar; destampar.
destejer, *v. t.* destecer.
destellar, *v. t.* cintilar, faiscar, brilhar.
destello, *s. m.* detelhamento; clarão; brilho, cintilação.
destemplado (da), *adj.* destemperado; desregrado.
destemplar, *v. t.* destemperar; diluir.
desteñir, *v. t.* destingir, apagar a cor; desbotar.
desterrar, *v. t.* desterrar, degredar; exilar, expatriar.
destete, *s. m.* desmama.
destiempo (a), *m. adv.* inoportunamente.
destierro, *s. m.* desterro; degredo; exílio.
destilación, *s. f.* destilação.
destilador (ra), *adj.* e *s.* destilador; *s. m.* alambique.
destilar, *v. t.* e *i.* destilar.
destinar, *v. t.* destinar.
destinatario (ria), *s. m.* e *f.* destinatário.
destitución, *s. f.* destituição.
destituir. *v. t.* destituir; separar; desligar; demitir.
destornillador, *s. m.* desandador, chave de fenda.
destornillar, *v. t.* desaparafusar, desatarraxar.
destreza, *s. f.* destreza.
destripar, *v. t.* estripar.
destrocar, *v. t.* destrocar.
destronar, *v. t.* destronar.
destrozo, *s. m.* destroço, estrago.
destrucción, *s. f.* destruição, assolamento, devastação.
destructor (ra), *adj.* e *s.* destruidor, destrutor.
destruir, *v. t.* destruir; desfazer; arruinar.
desuello, *s. m.* esfoladura; *(fig.)* descaro, ousadia.

d

d

desunión, *s. f.* desuniąo; disjunção; *(fig.)* discórdia.
desunir, *v. t.* desunir; separar; *(fig.)* provocar discórdia.
desusar, *v. t.* desusar; desacostumar; desabituar.
desuso, *s. m.* desuso.
desvainar, *v. t.* debulhar; descascar.
desvalijar, *v. t.* desvalijar; roubar, espojar.
desvalijo, *s. m.* roubo de mala.
desván, *s. m.* desvão.
desvanecer, *v. t.* desvanecer; diminuir; esvaecer; *v. r.* desvanecer-se.
desvariar, *v. i.* desvairar; delirar.
desvelar, *v. t.* desvelar.
desvelo, *s. m.* desvelo; cuidado; zelo.
desvencijar, *v. t.* desenvencilhar.
desventaja, *s. f.* desvantagem; inferioridade.
desventura, *s. f.* desventura.
desvergonzado (da), *adj.* e *s.* desavergonhado.
desvergüenza, *s. f.* desvergonha; desfaçatez.
desvestir, *v. t.* desvestir, despir.
desviar, *v. t.* desviar; afastar; dissuadir.
desvío, *s. m.* desvio, afastamento; falta.
desvirgar, *v. t.* desvirgar; desflorar.
desvirtuar, *v. t.* desvirtuar.
detall, *s. m.* pormenor, minúcia; *al detall:* a retalho.
detalle, *s. m.* pormenor, minúcia.
detector, *s. m.* detector.
detención, *s. f.* detenção.
detener, *v. t.* deter; impedir; reter, conservar.
detentar, *v. t. (for.)* deter, reter indevidamente.
detergente, *adj.* e *s.* detergente.
deteriorar, *v. t.* deteriorar, danificar, estragar.
determinar, *v. t.* determinar; assentar; decidir; resolver; distinguir; definir.
determinativo (va), *adj.* determinativo.
determinismo, *s. m. (fil.)* determinismo.
detestable, *adj.* detestável; esecrável.
detestar, *v. t.* detestar; aborrecer; odiar.
detonar, *v. i.* detonar.
detractor (ra), *adj.* e *s.* detractor; difamador.
detrás, *adv.* detrás; depois; posteriormente.
detrimento, *s. m.* detrimento; prejuízo.
detrito, *s. m.* detrito; resíduo.
deuda, *s. f.* dívida; débito; obrigação.
deudo (da), *s. m.* e *f.* parente.
deudor (ra), *adj.* e *s.* devedor.
devanar, *v. t.* dobar; enovelar.
devaneo, *s. m.* devaneio; delírio; fantasia, sonho; quimera; namorico.
devastación, *s. f.* devastação.
devastar, *v. t.* devastar, assolar, destruir.
devengar, *v. t.* merecer; adquirir direito; ganhar.
devenir, *v. i.* sobrevir, acontecer, suceder.
devolver, *v. t.* devolver; restituir.
devorar, *v. t.* devorar; engolir; consumir.
devoto (ta), *adj.* e *s.* devoto, beato; afeiçoado.
deyección, *s. f. (geol.)* dejecção; *(med.)* defecação.
día, *s. m.* dia.
diabetes, *s. f. (med.)* diabete ou diabetes.
diabético (ca), *adj. (med.)* diabético.
diablo, *s. m.* Diabo, Demo; Demónio; Satanás.
diablura, *s. f.* diabrura, travessura.
diabólico (ca), *adj.* diabólico; infernal.
diaconía, *s. f.* diaconia.
diácono, *s. m.* diácono.
diadema, *s. f.* diadema; coroa.
diafanidad, *s. f.* diafanidade.
diáfano (na), *adj.* diáfano.

diafragma, *s. m.* diafragma.
diagnosticar, *v. t.* diagnosticar.
diagonal, *adj.* e *s. f. (geom.)* diagonal.
diagrama, *s. m.* diagrama.
dialecto, *s. m.* dialecto.
diálisis, *s. f.* diálise.
dialogar, *v. i.* dialogar.
diálogo, *s. m.* diálogo.
diamante, *s. m.* diamante.
diametral, *adj.* diametral.
diámetro, *s. m.* diâmetro.
diana, *s. f. (mil.)* alvorada.
diapasón, *s. m.* diapasão
diapositiva, *s. f.* diapositivo.
diario (ria), *adj.* diário.
diarrea, *s. f.* diarreia.
diástole, *s. f.* diástole.
diatónico (ca), *adj.* diatónico.
diatriba, *s. f.* diatribe.
diávolo, *s. m.* jogo de crianças.
dibujar, *v. t.* desenhar, delinear, debuxar.
dibujo, *s. m.* desenho.
dicción, *s. f.* dicção; expressão; termo; vocábulo.
diccionario, *s. m.* dicionário.
diciembre, *s. m.* Dezembro.
dicotiledóneo (a), *adj. (bot.)* dicotiledóneo.
dicotomía, *s. f.* dicotomia.
dictado (da), *s. m.* ditado; *(fig.)* preceitos; ditames.
dictador, *s. m.* ditador.
dictadura, *s. f.* ditadura.
dictar, *v. t.* ditar, inspirar; sugerir; impor.
dictatorial, *adj.* ditatorial.
dicha, *s. f.* dita; felicidade.
dicho (cha), *s. m.* dito; palavra; máxima; sentença; expressão.
dichoso (sa), *adj.* ditoso.
didáctico (ca), *adj.* didáctico.
diecinueve, *adj.* dezanove.
dieciocho, *adj.* dezoito.
dieciséis, *adj.* dezsseis.
diecisiete, *adj.* dezassete.
diedro, *adj.* e *s. m.* diedro.
diente, *s. m.* dente.
diéresis, *s. f.* diérese; trema.
diestra, *s. f.* direita; destra.
dieta, *s. f.* diet.
dietética, *s. f.* dietética.
diez, *adj.* dez.
diezmar, *v. t.* decimar; *(fig.)* dizimar; castigar.
diezmo, *s. m.* décimo; dízimo; tributo.
difamar, *v. t.* difamar; desacreditar; rebaixar.
diferencia, *s. f.* diferença; diversidade; distinção; excesso.
diferencial, *adj.* e *s. f.* diferencial.
diferenciar, *v. t.* diferenciar; diferenácar; distinguir.
diferir, *v. t.* diferir; dilatar; demorar; retardar; prorrogar.
dificultad, *s. f.* dificultade; embaraço; objecção.
difteria, *s. f.* difteria.
difuminar, *v. i.* esfumar.
difundir, *v. t.* difundir; espalhar; derramar; divulgar.
difunto (ta), *adj.* e *s.* defunto; extinto; cadáver.
difusión, *s. f.* difusão; divulgação; prolixidade.
difusor (ra), *adj.* e *s. m.* difusor.
digerir, *v. t.* digerir.
digestión, *s. f.* digestão.
digestivo (va), *adj.* e *s. m.* digestivo.
digital, *adj.* digital; *(bot.)* digital, dedaleira.
dígito, *adj.* e *s. m.* dígito.
dignatario, *s. m.* dignitário.
dignidad, *s. f.* dignidade.
dignificar, *v. t.* dignificar; engrandecer.
digno (na), *adj.* digno; merecedor; honesto.
digresión, *s. f.* digressão.
dije, *s. m.* dixe.
dilación, *s. f.* dilação; adiamento.
dilapidación, *s. f.* dilapidação ou delapidação, dissipação.
dilapidar, *v. t.* dilapidar ou delapidar, dissipar.
dilatación, *s. f.* dilatação.

d

dilatador (ra), *adj.* e *s.* dilatador.
dilatar, *v. t.* dilatar; estender; prorrogar; retardar.
dilecto (ta), *adj.* dilecto; muito querido.
dilema, *s. m.* dilema.
diligencia, *s. f.* diligência; prontidão; zelo; carruagem.
diligenciar, *v. t.* diligenciar; empenhar-se.
diligente, *adj.* diligente; cuidadoso; activo; expedito.
dilucidar, *v. t.* dilucidar; esclarecer; elucidar.
diluir, *v. t.* diluir; dissolver.
diluviar, *v. i.* diluviar; chover copiosamente.
diluvio, *s. m.* dilúvio.
dimanar, *v. i.* dimanar; vir; correr; brotar.
dimensión, *s. f.* dimensão; medida; extensão.
diminuto (ta), *adj.* diminuto.
dimisión, *s. f.* demissão.
dimitir, *v. t.* demitir, despedir; exonerar.
dinámica, *s. f.* dinâmica.
dinamitar, *v. t.* dinamitar.
dínamo, *s. f.* dínamo.
dinastía, *s. f.* dinastia.
dinero, *s. m.* dinheiro.
dintel, *s. m. (arq.)* dintel.
diócesis, *s. f.* diocese.
dionisíaco (ca), *adj.* dionisíaco.
Dios, *s. m.* Deus.
diosa, *s. f.* deusa.
diplodoco, *s. m.* diplodoco.
diploma, *s. m.* diploma; título; credencial.
diplomático (ca), *adj.* e *s.* diplomático.
díptero (ta), *adj.* e *s. m. (arq.* e *esc.)* díptero.
díptico, *s. m.* díptico.
diptongo, *s. m.* ditongo.
diputación, *s. f.* deputação.
diputado (da), *s. m.* e *f.* deputado.
diputar, *v. t.* deputar; destinar; delegar.
dique, *s. m.* dique; represa; açude.
dirección, *s. f.* direcção; rumo; administração; endereço; gabinete; conselho.
director (ra), *adj.* e *s.* director; administrador; guía.
dirigir, *v. t.* dirigir; guiar; administrar; enviar.
dirimir, *v. t.* dirimir, anular, desfazer.
discernir, *v. t.* discernir; distinguir; discriminar.
disciplina, *s. f.* disciplina.
discípulo (la), *s. m.* e *f.* discípulo; aluno.
disco, *s. m.* disco.
díscolo (la), *adj.* e *s.* díscolo; desordeiro; insociável.
discordar, *v. i.* discordar.
discordia, *s. f.* discórdia.
discoteca, *s. f.* discoteca.
discreción, *s. f.* discrição.
discrepar, *v. i.* discrepar.
discreto (ta), *adj.* discreto.
disculpa, *s. f.* desculpa.
disculpar, *v. t.* desculpar.
discurrir, *v. i.* andar; caminhar; percorrer; decorrer; discorrer; *v. t.* inventar.
discurso, *s. m.* discurso; oração.
discusión, *s. f.* discussão.
discutir, *v. t.* discutir; debater.
disecar, *v. t.* dissecar.
disentería, *s. f.* disenteria.
disentir, *v. i.* dissentir; discrepar; divergir.
diseñar, *v. t.* desenhar.
diseño, *s. m.* desenho; esboço.
disertación, *s. f.* dissertação.
disertar, *v. i.* dissertar.
disfasia, *s. f.* disfasia.
disforme, *adj.* disforme; monstruoso.
disfraz, *s. m.* disfarce; máscara; fingimento.
disfrazar, *v. t.* disfarçar; mascarar; fingir.
disfrutar, *v. t.* desfrutar.
disgregar, *v. t.* desagregar; separar.

disgustar, *v. t.* desgostar; aborrecer; enfadar.
disgusto, *s. m.* desgosto; pesar; mágoa.
disidente, *adj.* e *s.* dissidente.
disidir, *v. i.* dissidiar.
disimular, *v. t.* dissimular; fingir; disfarçar.
disimulo, *s. m.* dissimulação.
disipación, *s. f.* dissipação.
disipar, *v. t.* dissipar; desvanecer; desperdiçar; evaporar-se.
dislocar, *v. t.* deslocar.
disminuir, *v. t.* diminuir; subtrair; atenuar.
disociar, *v. t.* dissociar; desagregar.
disoluble, *adj.* dissolúvel.
disolución, *s. f.* dissolução; relaxação.
disolvente, *adj.* e *s. m.* dissolvente.
disolver, *v. t.* dissolver; desagregar; desfazer.
disonante, *adj.* dissonante.
disonar, *v. i.* dissonar.
dispar, *adj.* díspar, desigual.
disparador, *s. m.* atirador; disparador.
disparar, *v. t.* disparar; desfechar; arremessar.
disparatar, *v. i.* disparatar.
disparate, *s. m.* disparate; dislate; excesso.
disparidad, *s. f.* disparidade.
disparo, *s. m.* descarga, disparo.
dispendio, *s. m.* dispêndio; gasto; despesa.
dispensa, *s. f.* dispensa; licença; isenção.
dispensario, *s. m.* dispensário.
dispersar, *v. t.* dispersar; disseminar.
dispersión, *s. f.* dispersão.
disponer, *v. t.* dispor.
disposición, *s. f.* disposição; tendência; inclinação; vocação.
dispositivo (va), *adj.* dispositivo.
dispuesto (ta), *adj.* disposto.
disputa, *s. f.* disputa, contenda.
disputar, *v. t.* disputar; altercar.
distancia, *s. f.* distância, intervalo; afastamento.
distanciar, *v. t.* distanciar; separar; afastar.
distante, *adj.* distante; remoto; afastado.
distar, *v. i.* distar; divergir.
distensión, *s. f.* distensão.
distinción, *s. f.* distinção; diferença.
distinguir, *v. t.* distinguir; perceber; divisar.
distintivo (va), *adj.* e *s. m.* distintivo; insígnia; emblema.
distinto (ta), *adj.* distinto; diferente; notável; inteligível.
distracción, *s. f.* distracção; desatenção; divertimento.
distraer, *v. t.* distrair; divertir; desviar.
distribución, *s. f.* distribuição.
distribuidor (ra), *adj.* e *s.* distribuidor; *s. f.* distribuidora, máquina agrícola.
distribuir, *v. t.* distribuir.
distrito, *s. m.* distrito.
disuadir, *v. t.* dissuadir.
disuelto (ta), *adj.* dissolvido.
disyuntiva, *s. f.* disjuntiva.
diurético (ca), *adj.* e *s.* diurético.
diurno (na), *adj.* diurno.
diva, *s. f.* deusa diva.
divagar, *v. i.* divagar.
diván, *s. m.* divã; sofá.
divergir, *v. i.* divergir; discordar.
diversidad, *s. f.* diversidade; variedade.
diversificar, *v. t.* diversificar.
diversión, *s. f.* diversão.
divertir, *v. t.* divertir; recrear; entreter; alegrar.
dividendo, *s. m.* dividendo.
dividir, *v. t.* dividir; distribuir; repartir.
divinidad, *s. f.* divindade.
divisa, *s. f.* divisa; sentença; marca; emblema; lema.
divisar, *v. t.* divisar; perceber; entrever; avistar.

d

divisible, *adj.* divisível.
división, *s. f.* divisão; desunião; partilha.
divisor (ra), *s. m.* divisor.
divisorio (ria), *adj.* divisório; *s. f.* divisória.
divo (va), *adj.* e *s.* divo; divino.
divorcio, *s. m.* divórcio.
divulgador (ra), *adj.* e *s.* divulgador.
divulgar, *v. t.* divulgar; propalar.
dobla, *s. f.* dobra.
dobladillo, *s. m.* dobra; prega; franzido; bainha.
doblado (da), *adj.* dobrado; atarracado, fingido.
doblar, *v. t.* dobrar; enrolar; *v. i.* binar; dobrar (a finados).
doble, *adj.* e *s.* doble; duplo.
doblegar, *v. t.* dobrar; torcer.
doblez, *s. m.* doblez, dobrez; duplicidade; dobra; prega.
doblón, *s. m.* dobrão.
doce, *adj.* doze.
docena, *s. f.* dúzia.
docente, *adj.* docente.
dócil, *adj.* dócil; submisso.
docilidad, *s. f.* docilidade.
doctor (ra), *s. m.* e *f.* doutor.
doctrina, *s. f.* doutrina.
documentación, *s. f.* documentação.
dodecaedro, *s. m.* dodecaedro.
dodecágono (na), *adj.* e *s. m.* dodecágono.
dodecasílabo (ba), *adj.* dodecassílabo.
dogma, *s. m.* dogma.
dólar, *s. m.* dólar (moeda).
doler, *v. i.* doer; padecer; sofrer.
doliente, *adj.* e *s. m.* dolente; doente; dolorido; dorido.
dolmen, *s. m.* dólmen.
dolo, *s. m.* dolo; fraude; engano, má-fé.
dolor, *s. m.* dor; mágoa; pena; pesar.
doloroso (sa), *adj.* doloroso; lamentável; lastimoso.
domar, *v. t.* domar; domesticar; amansar.
domesticar, *v. t.* domesticar; domar; amansar.
domicilio, *s. m.* domicílio; residência, morada.
dominar, *v. t.* dominar; sujeitar; conter; reprimir.
domingo, *s. m.* domingo.
dominio, *s. m.* dominio; senhorio; posse.
dominó, *s. m.* dominó (jogo); dominó, disfarce de Carnaval.
domo, *s. m.* *(arq.)* cúpula, zimbório, domo.
don, *s. m.* dádiva; dom; presente; dotes.
don, *s. m.* dom (título que se antepõe ao nome).
donación, *s. f.* doação.
donaire, *s. m.* donaire; gentileza; graça.
donante, *adj.* e *s.* doador.
donar, *v. t.* doar.
donativo, *s. m.* donativo; dádiva; presente; oferta.
doncella, *s. f.* donzela; empregada.
donde, *adv.* onde; em que lugar.
dondequiera, *adv.* onde quer, em qualquer parte.
doña, *s. f.* dona; senhora.
doquier ou **doquiera,** *adv.* V. **dondequiera.**
dorada, *s. f.* *(zool.)* dourada (peixe).
dorar, *v. t.* dourar.
dórico (ca), *adj.* e *s. m.* dórico.
dormida, *s. f.* dormida; pousada.
dormilón (na), *adj.* dorminhoco; dormidor.
dormir, *v. i.* dormir.
dormitorio, *s. m.* dormitório.
dorsal, *adj.* dorsal.
dorso, *s. m.* dorso; costas.
dos, *adj.* dois.
doscientos (tas), *adj. pl.* duzentos; ducentésimo.
dosel, *s. m.* dossel; baldaquino; sobrecéu.
dosificación, *s. f.* dosagem; doseamento.

dosificar, *v. t.* dosar; dosear; dosificar.
dosis, *s. f.* dose; porção.
dotación, *s. f.* dotação.
dotar, *v. t.* dotar.
dote, *amb.* dote (bens); dote (dom natural).
dragar, *v. t.* dragar.
drago, *s. m. (bot.)* dragoeiro.
dragón, *s. m.* dragão.
drama, *s. m.* drama.
dramatizar, *v. t.* dramatizar.
drástico (ca), *adj.* e *s. m.* drástico.
drenaje, *s. m.* drenagem; drainagem.
drenar, *v. t.* drenar; drainar.
droga, *s. f.* droga; embuste.
droguería, *s. f.* drogaria.
dromedario, *s. m. (zool.)* dromedário.
dual, *adj.* dual.
dualidad, *s. f.* dualidade.
dualismo, *s. m.* dualismo.
dubitativo (va), *adj.* dubitativo.
dúctil, *adj.* dúctil.
ducha, *s. f.* ducha ou duche.
duchar, *v. t.* duchar.
ducho (cha), *adj.* hábil, prático.
duda, *s. f.* dúvida.
dudar, *v. i.* e *t.* duvidar.
duela, *s. f.* aduela.
duelo, *s. m.* dó; lástima; pena; luto; combate; peleja; luta; duelo.
duende, *s. m.* duende.
dueña, *s. f.* dona; senhora; governanta.
dueño, *s. m.* dono; amo.
dulce, *adj.* doce; *s. m.* doce, manjar.
dulcificar, *v. t.* dulcificar.
dulcinea, *s. f.* dulcineia.
dulzaina, *s. f.* doçaina.
dulzura, *s. f.* doçura; suavidade.
duna, *s. f.* duna.
dúo, *s. m. (mús.)* duo, dueto.
duodecimal, *adj.* duodecimal.
duodécimo (ma), *adj.* e *s. m.* duodécimo.
duodenal, *adj.* duodenal.
duodeno, *s. m.* duodeno.
duplicación, *s. f.* duplicação.
duplicador (ra), *s. m.* duplicador.
duplicar, *v. t.* duplicar.
dúplice, *adj.* dúplice.
duplicidad, *s. f.* duplicidade; falsidade.
duplo (pla), *adj.* e *s. m.* duplo.
duración, *s. f.* duração.
durante, *adv.* durante.
durar, *v. i.* durar; resistir; subsistir.
dureza, *s. f.* dureza; calosidade; rijeza.
durmiente, *adj.* dormente.
duro (ra), *adj.* duro; rijo; firme; resistente; cruel; *s. m.* duro (moeda).

d

e

e, *s. f.* e, sexta letra do alfabeto espanhol; *conj.* e; *prep.* e (origem ou extensão).
¡ea! *interj.* eia!
ebanista, *s. m.* ebanista; marceneiro; entalhador.
ebanistería, *s. f.* marcenaria.
ébano, *s. m. (bot.)* ébano.
ebrio (bria), *adj. s. m.* e *f.* ébrio; embriagado; bêbado.
ebullición, *s. f.* ebulição.
ecléptico (a), *adj.* e *s.* ecléptico.
eclesiástico (ca), *adj.* e *s.* eclesiástico; padre.
eclipsar, *v. t.* eclipsar; ocultar; *(fig.)* escurecer.
eclosión, *s. f.* eclosão.
eco, *s. m.* eco; repetição.
economista, *adj.* e *s. m.* economista.
economizar, *v. t.* economizar; poupar, forrar.
éctasis, *s. f.* éctase.
ecuación, *s. f.* equação.
ecuador, *s. m.* equador.
ecuánime, *adj.* equânime.
ecuestre, *adj.* equestre.
ecuménico (ca), *adj.* ecuménico.
echada, *s. f.* lanço.
echar, *v. t.* deitar; lançar; atirar; arrojar.
edad, *s. f.* idade.
edecán, *s. m.* ajudante-de-campo.
edema, *s. m.* edema.
edén, *s. m.* éden; paraíso.
edición, *s. f.* edição.
edicto, *s. m.* édito, edicto, lei.
edificante, *adj.* edificante.
edificar, *v. t.* edificar.
edificio, *s. m.* edificio; casa.
edil, *s. m.* edil; vereador.
editar, *v. t.* editar; publicar.
edredón, *s. m.* edredão.
educación, *s. f.* educação; instrução; cortesia.
educar, *v. t.* educar; ensinar; instruir; aperfeiçoar.
efectivo (va), *adj.* efectivo; real; verdadeiro.
efecto, *s. m.* efeito; execução; realização; impressão; resultado.
efectuar, *v. t.* efectuar; executar.
efeméride, *s. f.* efeméride.
efervescencia, *s. f.* efervescência, ebulição; fervura.
eficacia, *s. f.* eficácia.
eficaz, *adj.* eficaz; enérgico.
eficiencia, *s. f.* eficiência.
efigie, *s. f.* efígie; imagem.
efímero (ra), *adj.* e *s.* efémero.
efusión, *s. f.* efusão.
efusivo (va), *adj.* efusivo.
égida, *s. f.* égide; protecção.
egoísta, *adj.* e *s.* egoísta.
egotista, *adj.* e *s.* egotista.
egregio (gia), *adj.* egrégio, insigne, ilustre.
¡eh! *interj.* eh!
eje, *s. m.* eixo.
ejecutar, *v. t.* executar; supliciar; tocar.
ejemplar, *adj.* exemplar.
ejemplo, *s. m.* exemplo.
ejercer, *v. t.* e *i.* exercer; praticar.
ejército, *s. m.* exército.
el, *art.* o
él, *pron.* ele.
elaborar, *v. t.* elaborar.
elástica, *s. f.* camisola de malha.

elección, *s. f.* eleição.
electo (ta), *adj.* e *s. m.* eleito.
elector (ra), *adj.* e *s.* eleitor.
electoral, *adj.* eleitoral.
electricidad, *s. f.* electricidade.
electrificación, *s. f.* electrificação.
electrificar, *v. t.* electrificar.
electrizar, *v. t.* electrizar.
electrocutar, *v. t.* electrocutar.
electrodo, *s. m.* eléctrodo.
electrógeno (na), *adj.* electrogéneo; electrógeno; *s. m.* gerador eléctrico.
electrólisis, *f.* electrólise.
electrón, *s. m.* electrão.
elefante, *s. m.* elefante.
elegante, *adj.* e *s.* elegante.
elegía, *s. f.* elegia.
elegible, *adj.* elegível.
elegir, *v. t.* eleger; escolher.
elemental, *adj.* elementar.
elemento, *s. m.* elemento.
elenco, *s. m.* elenco; lista.
elevador (ra), *adj.* elevador.
elevar, *v. t.* elevar; elogiar.
eliminar, *v. t.* eliminar; elidir; suprimir.
elixir, *s. m.* elixir.
elocuencia, *s. f.* eloquência.
elogiar, *v. t.* elogiar; louvar.
elogio, *s. m.* elogio, louvor.
elucidar, *v. t.* elucidar.
elucubración, *s. f.* lucubração.
eludir, *v. t.* eludir; evitar.
ella, *pron.* ela.
ello, *pron,* isto, isso, aquilo.
ellos, ellas, *pron.* eles, elas.
emanar, *v. i.* emanar, provir.
emancipar, *v. t.* emancipar.
embadurnar, *v. t.* enlambuzar, besuntar.
embajador (ra), *s. m.* e *f.* embaixador; embaixatriz.
embalador, *s. m.* embalador.
embalar, *v. t.* empacotar; encaixotar; enfardar.
embaldosar, *v. t.* ladrilhar, lajear.
embalsamar, *v. t.* embalsamar.
embalsar, *v. t.* embalsar.
embarazar, *v. t.* embaraçar; impedir, estorvar; gravidar.
embarazo, *s. m.* embaraço, estorvo, obstáculo; gravidez.
embarcación, *s. f.* embarcação; barco.
embarcadero, *s. m.* cais; embarcadoiro; porto.
embarcar, *v. t.* embarcar; carregar.
embarco, *s. m.* embarque (de pessoas).
embargar, *v. t.* embargar, impedir, deter.
embargo, *s. m.* indigestão; embargo; obstáculo.
embarque, *s. m.* embarque.
embarrar, *v. t.* embarrar; barrar; rebocar.
embate, *s. m.* embate, choque.
embaucar, *v. t.* embaucar, enganar, iludir.
embeber, *v. t.* embeber, absorver; empapar, ensopar.
embelesar, *v. t.* embelezar; encantar.
embellecer, *v. t.* embelezar.
embellecimiento, *s. m.* embelezamento; alindamento.
embestir, *v. t.* investir; acometer; *v. i.* arremeter.
embetunar, *v. t.* betumar.
emblandecer, *v. t.* embrandecer; amolecer.
emblanquecer, *v. t.* embranquecer; branquear.
emblema, *s. m.* emblema; insígnia; símbolo.
embobar, *v. t.* embevecer; cativar; enlevar.
embolia, *s. f.* embolia.
émbolo, *s. m.* êmbolo.
embolsar, *v. t.* embolsar.
emboquillar, *v. t.* colocar boquilhas aos cigarros de papel; preparar a entrada duma galeria.
emborrachar, *v. t.* emborrachar, embriagar, embebedar.
emborronar, *v. t.* borrar; rabiscar; garatujar.
emboscada, *s. f.* emboscada; cilada.
emboscar, *v. t.* emboscar; esconder.

e

embotellar, *v. t.* embotelhar; engarrafar.
embovedar, *v. t.* abobadar.
embozar, *v. t.* embuçar; disfarçar; dissimular.
embragar, *v. t.* atar; amarrar (um fardo, etc.); *(mec.)* engrenar.
embrague, *s. m.* embraçadura; *(mec.)* embraiagem.
embravecer, *v. t.* embravecer; irritar; enfurecer.
embrear, *v. t.* embrear, brear.
embriagar, *v. t.* embriagar, emborrachar.
embriaguez, *s. f.* embriaguez; bebedeira; êxtase.
embrión, *s. m.* embrião; origem; princípio.
embrollador (ra), *adj.* e *s.* embrulhador; enredador.
embrollar, *v. t.* embrulhar; enredar.
embrollo, *s. m.* embrulhada; enredo; confusão.
embrujar, *v. t.* embruxar, enfeitiçar; V. **hechizar.**
embrutecer, *v. t.* embrutecer.
embuchar, *v. t.* embuchar.
embudo, *s. m.* funil.
embuste, *s. m.* embuste, mentira.
embustero (ra), *adj.* e *s.* embusteiro; mentiroso; trapaceiro.
embutido (da), *s. m.* embutidura; embutido, tauxia; chouriço, enchido.
embutir, *v. t.* embutir; marchetar; tauxiar.
emergencia, *s. f.* emergência; ocorrência; acidente.
emerger, *v. t.* emergir.
emersión, *s. f.* emersão.
emigración, *s. f.* emigração.
emigrante, *adj.* e *s. m.* emigrante.
emigrar, *v. i.* emigrar.
eminente, *adj.* eminente; elevado; excelente.
emir, *s. m.* emir.
emisario (ria), *s. m.* e *f.* emisário; mensageiro.
emisión, *s. f.* emissão.
emisor (ra), *adj.* e *s.* emissor.
emitir, *v. t.* emitir; exprimir; produziocionar, *v. t.* emocionar; comover.
emolumento, *s. m.* emolumento.
emotivo (va), *adj.* emotivo.
empacar, *v. t.* empacotar; enfardar; encaixotar.
empachar, *v. t.* estorvar, embaraçar; fartar, empachar, empanturrar.
empacho, *s. m.* empacho, indigestão; embaraço; estorvo.
empadronar, *v. t.* recensear, empadroar; alistar.
empalagar, *v. t.* enjoar, enfastiar.
empalagoso (sa), *adj.* e *s.* enjoativo; empalagoso; importuno.
empalmar, *v. t.* juntar, ligar.
empalme, *s. m.* junção; entroncamento.
empanada, *s. f.* empada; empanada; pastel.
empanar, *v. t.* fazer empadas.
empantanar, *v. t.* empantanar; alagar.
empañar, *v. t.* enfaixar (as crianças); empanar; embaciar; deslustrar.
empapar, *v. t.* empapar; embeber.
empapelar, *v. t.* empapelar; embrulhar; forrar.
empaque, *s. m.* embalagem; catadura; arrogância.
empaquetar, *v. t.* empacotar; enfardar.
emparedado (da), *adj.* e *s.* emparedado.
emparedar, *v. t.* emparedar; enclausurar.
emparejar, *v. t.* emparelhar; igualar.
emparentar, *v. i.* aparentar.
emparrillar, *v. t.* grelhar.
empastar, *v. t.* empastar.
empaste, *s. m.* empaste, empastamento.
empatar, *v. t.* empatar.
empecinar, *v. t.* empesgar, empezar.
empecinarse, *v. r.* obstinar-se; encaprichar-se.
empedernido (da), *adj.* empedernido; endurecido.

empedrado (da), *adj.* e *s. m.* empedrado.
empedrar, *v. t.* empedrar.
empeine, *s. m.* púbis, baixo-ventre; peito do pé, parte superior do pé.
empeine, *s. m.* impetigem, impetigo; impigem; flor do algodoeiro.
empeñar, *v. t.* empenhar; hipotecar.
empeño, *s. m.* empenho; porfia.
empeorar, *v. t.* empiorar; piorar.
empequeñecer, *v. t.* minorar; minguar; diminuir.
emperrarse, *v. r. (fam.)* emperrar-se; teimar.
empezar, *v. t.* começar; iniciar; principiar.
empinar, *v. t.* empinar, pôr a pino; erguer; aprumar.
empíreo (a), *adj.* empíreo.
empírico (ca), *adj.* e *s.* empírico.
empirismo, *s. m.* empirismo.
empizarrar, *v. t.* enlousar.
emplantillar, *v. t.* entulhar.
emplastar, *v. t.* emplastrar, emplastar.
emplazar, *v. t.* emprazar; citar; intimar; aforar.
empleado (da), *adj.* e *s.* empregado.
emplear, *v. t.* empregar; colocar; gastar; ocupar.
empleo, *s. m.* emprego; ocupação; cargo; função.
emplomar, *v. t.* chumbar.
emplumar, *v. t.* emplumar.
empobrecer, *v. t.* empobrecer; esgotar; arruinar.
empolvar, *v. t.* empoar; polvilhar.
empollar, *v. t.* empolhar; chocar (ovos), incubar.
empotrar, *v. t.* cravar; encravar; embutir.
emprender, *v. t.* empreender.
empresa, *s. f.* empresa; intento; desígnio; sociedade.
empréstito, *s. m.* empréstimo.
empujar, *v. t.* empurrar; impelir; empuxar.
empujón, *s. m.* empurrão, empuxão.
empuñar, *v. t.* empunhar.
emulación, *s. f.* emulação; estímulo; rivalidade.
emular, *v. t.* emular; rivalizar; competir.
émulo (la), *adj.* e *s.* émulo; rival; competidor.
en, *prep.* em; sobre; por.
enagua, *s. f.* anágua ou enágua; combinação (saia de baixo).
enajenar, *v. t.* alienar; afastar; transferir; alucinar.
enaltecer, *v. t.* enaltecer; exaltar.
enamorar, *v. t.* enamorar; namorar.
enano (na), *adj.* e *s. m.* e *f.* anão; anã.
enarbolar, *v. t.* arvorar; hastear; desfraldar.
enardecer, *v. t. (fig.)* excitar; acender; atiçar.
encabestrar, *v. t.* encabrestar; subjugar.
encabezar, *v. t.* encabeçar; empadroar; registar.
encabritarse, *v. r.* encabritar-se (empinar-se o cavalo).
encadenar, *v. t.* encadear.
encajar, *v. t.* encaixar; entalhar; embutir.
encaje, *s. m.* encaixe; juntura; espécie de renda.
encajonar, *v. t.* encaixotar.
encalar, *v. t.* caiar; branquear.
encallar, *v. i.* encalhar.
encallecer, *v. i.* encalecer; calejar.
encamar, *v. t.* acamar; encamar.
encaminar, *v. t.* encaminhar; conduzir a um fim.
encandecer, *v. t.* encandecer ou incandescer.
encandilar, *v. t.* encandear; deslumbrar; ofuscar.
encanecer, *v. t.* encanecer; envelhecer.
encanijar, *v. t.* definhar; enfraquecer.
encanillar, *v. t.* encanelar.
encantador (ra), *adj.* e *s.* encantador.
encantar, *v. t.* encantar; seduzir; cativar.
encanto, *s. m.* encanto.

encañar, *v. t.* encanar; encaniçar.
encañonar, *v. t.* encanar; canalizar; apontar armas de fogo.
encapotar, *v. t.* encapotar; *v. r.* franzir o rosto.
encapricharse, *v. r.* encaprichar-se.
encapuchar, *v. t.* encapuzar, encapuchar.
encarado (da), *adj.* encarado (de boa ou má cara).
encaramar, *v. t.* encarrapitar; empoleirar; elogiar em extremo.
encarar, *v. t.* encarar; arrostar, afrontar.
encarcelar, *v. t.* encarcerar.
encarecer, *v. t.* encarecer; exaltar; exagerar.
encargado (da), *adj.* e *s.* encarregado; gerente.
encargar, *v. t.* encarregar; incumbir.
encariñarse, *v. r.* afeiçoar-se.
encarnación, *s. f.* encarnação.
encarnar, *v. i.* encarnar.
encarnizar, *v. t.* encarniçar; açular; irritar.
encarrilar, *v. t.* encarrilar; carrilhar, encaminhar.
encarroñar, *v. t.* infeccionar; apodrecer.
encartar, *v. t.* proscrever; banir; incluir; recensear, encartar (no jogo de cartas).
encasillar, *v. t.* enquadrar; clasificar.
encasquetar, *v. t.* encasquetar; fazer crer.
encasquillar, *v. t.* ferrar (cavalgadura).
encastar, *v. t.* melhorar uma casta; *v. i.* procriar.
encauzar, *v. t.* canalizar; dirigir; orientar.
encebadamiento, *s. m. (vet.)* timpanite.
encebollado (da), *s. m.* cebolada.
encefalitis, *s. f.* encefalite.
encéfalo, *s. m.* encéfalo.
encelar, *v. t.* encimar.
encenagarse, *v. r.* enlamear-se; *(fig.)* aviltar-se.
encendedor (ra), *adj.* acendedor, que acende; *s. m.* isqueiro.
encender, *v. t.* acender; atear; incitar.
encendimiento, *s. m. (fig.)* ardor; vivacidade.
encerado (da), *s. m.* encerado; oleado.
encerar, *v. t.* encerar.
encerrar, *v. t.* encerrar; fechar.
encerrona, *s. f. (fam.)* retiro voluntário.
encestar, *v. t.* encanastrar.
encía, *s. f.* gengiva.
enciclopedia, *s. f.* enciclopédia.
encierro, *s. m.* encerro; clausura, recolhimento.
encima, *adv.* em cima; sobre; mais alto; demais.
encina, *s. f.* azinheira, azinheiro; carvalho.
encinta, *adj.* embaraçada.
encintar, *v. t.* encintar; cingir; enfitar; laçar (bezerros).
enclaustrar, *v. t.* enclaustrar; enclausurar.
enclavar, *v. t.* cravar; pregar; encravar.
enclenque, *adj.* e *s.* adoentado.
enclocar, *v. i.* chocar (as aves).
encoger, *v. t.* encolher; contrair; diminuir; restringir.
encolar, *v. t.* encolar; colar; grudar.
encolerizar, *v. t.* encolerizar; irar; irritar.
encomendar, *v. t.* encomendar; incumbir; recomendar.
encomiar, *v. t.* encomiar.
encomienda, *s. m.* encargo, encomenda; comenda.
encomio, *s. m.* encómio; louvor; elogio.
enconar, *v. t.* inflamar; irritar, exasperar.
encontrar, *v. t.* encontrar; achar; topar.
encontronazo ou **encontrón,** *s. m.* encontrão; embate; empurrão.

encopetado (da), *adj.* presumido, afectado.
encorchar, *v. t.* rolhar.
encordonar, *v. t.* encordoar.
encorralar, *v. t.* encurralar.
encorsetar, *v. t.* espartilhar.
encortinar, *v. t.* encortinar.
encorvar, *v. t.* encurvar, curvar; arquear.
encovar, *v. t.* encovar; enterrar.
encrespamiento, *s. m.* encrespamento, encrespadura.
encrespar, *v. t.* encrespar; enrugar; riçar; enfurecer; irritar.
encrucijada, *s. f.* encruzilhada.
encrudecer, *v. t.* encruar, encruecer; irritar.
encuadernación, *s. f.* encadernação.
encuadernar, *v. t.* encadernar.
encuadrar, *v. t.* enquadrar, encerrar; emoldurar, encaixilhar.
encubar, *v. t.* encubar; envasilhar.
encubierta, *s. f.* encoberta; fraude.
encubridor (ra), *adj.* e *s.* encobridor.
encubrir, *v. t.* encobrir; ocultar.
encuentro, *s. m.* encontro; embate; empurrão; briga.
encuesta, *s. f.* indagação; averiguação, pesquisa.
encumbrar, *v. t.* encumear; elevar; levantar; exaltar.
encharcar, *v. t.* encharcar; alagar; inundar.
enchiquerar, *v. t.* fechar o touro no touril.
enchufar, *v. t.* ajustar a boca de um cano com outro, encaixar; pôr na tomada, ligar.
enchufe, *s. m.* boca (de cano ou tubo); ligação, encaixe, tomada eléctrica; *(fig.)* sinecura.
endeble, *adj.* débil; frouxo.
endecasílabo (ba), *adj.* e *s. m.* hendecassílabo.
endémico (ca), *adj.* endémico.
endemoniar, *v. t.* endemoninhar; encolerizar.
enderezar, *v. t.* endireitar; dirigir; endereçar.
endeudarse, *v. r.* endividar-se; empenhar-se.
endiablar, *v. t.* endemoninhar; corromper.
endilgar, *v. t.* *(fam.)* encaminhar; dirigir; acomodar.
endiosar, *v. t.* endeusar; divinizar.
endomingarse, *v. r.* endomingar-se.
endosar, *v. t.* endossar.
endulzar, *v. t.* adoçar; suavizar; abrandar.
endurecer, *v. t.* endurecer, endurar; robustecer.
enebral, *s. m.* zimbral.
enebro, *s. m.* zimbro.
enemigo (ga), *adj.* e *s.* contrário; inimigo.
enemistad, *s. f.* inimizade; aversão; ódio.
enemistar, *v. t.* inimizar, inimistar.
energía, *s. f.* energia.
energúmeno (na), *s. m.* e *f.* energúmeno.
enero, *s. m.* Janeiro.
enervar, *v. t.* enervar, debilitar.
enfadar, *v. t.* enfadar; incomodar; aborrecer.
enfangar, *v. t.* enlamear, sujar.
enfardar, *v. t.* enfardar, empacotar; enfardelar.
énfasis, *s. m.* ênfase; afectação.
enfermar, *v. i.* enfermar; adoecer.
enfermedad, *s. f.* enfermidade; doença.
enfermizo (za), *adj.* enfermiço; achacado.
enfermo (ma), *adj.* enfermo; doente.
enfervorizar, *v. t.* afervorar; estimular.
enfilar, *v. t.* enfiar; enfileirar.
enflaquecer, *v. t.* enfraquecer.
enflautar, *v. t.* inchar, inflar, soprar.
enfocar, *v. t.* enfocar; focar.
enfoscar, *v. t.* rebocar.
enfrascar, *v. t.* enfrascar.

e

enfrascarse, *v. r.* absorver-se; embeber-se; mergulhar-se; engolfar-se.
enfrentar, *v. t.* enfrentar, defrontar.
enfrente, *adv.* em frente, defronte.
enfriamiento, *s. m.* esfriamento.
enfriar, *v. t.* esfriar; enfiar; arrefecer.
enfundar, *v. t.* embrulhar; encapar; enfronhar.
enfurecer, *v. t.* enfurecer.
enfurecimiento, *s. m.* enfurecimento; irritação; fúria.
enfurruñarse, *v. r.* enfadar-se, zangar-se.
engaitar, *v. t.* enganar; iludir.
engalanar, *v. t.* engalanar.
enganchar, *v. t.* enganchar; atrelar; recrutar.
enganche, *s. m.* enganchamento; engate.
engañar, *v. t.* enganar; iludir; burlar.
engaño, *s. m.* engano; erro; falsidade.
engarce, *s. m.* engranzamento, engrenagem.
engarrafar, *v. t. (fam.)* segurar, agarrar com força.
engarzar, *v. t.* engranzar, encadear, engrenar.
engatillar, *v. t.* engatar; gatear.
engatusar, *v. t. (fam.)* bajular.
engendrar, *v. t.* engendrar, gerar, procriar.
engendro, *s. m.* criatura informe; aborto; monstro.
englobar, *v. t.* englobar.
engolfar, *v. i.* engolfar; *v. r.* absorver-se.
engolosinar, *v. t.* engulosinar.
engomar, *v. t.* engomar.
engordar, *v. t.* engordar; cevar; nutrir.
engorde, *s. m.* engorda.
engorro, *s. m.* embaraço; estorvo.
engranaje, *s. m.* engrenagem.
engranar, *v. i.* engrenar; endentar.
engrandecer, *v. t.* engrandecer.
engrasar, *v. t.* engordurar; ensebar; lubrificar.
engravecer, *v. t.* engravecer.
engreimiento, *s. m.* desvanecimento, vaidade, presunção.
engreír, *v. t.* envaidecer; presumir.
engrillarse, *v. r.* grelar.
engrosar, *v. t.* engrossar; engordar.
engrudo, *s. m.* grude, cola.
engullir, *v. t.* engolir; tragar; deglutir.
engurruñar, *v. t.* encolher, enrugar.
engurruñir, *v. t.* encorrilhar, encolher.
enhebrar, *v. t.* enfiar.
enhilar, *v. t.* enfiar.
enhorabuena, *s. f.* felicitação, parabém.
enigma, *s. m.* enigma.
enjabonar, *v. t.* ensaboar.
enjalbegar, *v. t.* caiar; branquear.
enjambradero, *s. m.* colmeal.
enjambrar, *v. t.* enxamear.
enjambre, *s. m.* enxame; multidão.
enjaretar, *v. t.* falar atrapalhadamente.
enjaular, *v. t.* enjaular; engaiolar.
enjoyar, *v. t.* enjoiar.
enjuagar, *v. t.* bochechar; enxaguar.
enjuague, *s. m.* enxaguadura.
enjugar, *v. t.* enxugar, secar, esgotar.
enjuiciar, *v. t.* ajuizar, julgar; processar.
enjundia, *s. f.* enxúndia; banha.
enjuto (ta), *adj.* enxuto, seco; magro.
enlace, *s. m.* enlace; união.
enladrillar, *v. t.* entijolar; ladrilhar.
enlazar, *v. t.* enlaçar, laçar; *v. r.* casar (contrair matrimónio).
enloquecer, *v. t.* enlouquecer; endoidecer.
enlosar, *v. t.* enlousar; lajear.
enlucidor, *s. m.* estucador; caiador.
enlucir, *v. t.* engessar; estucar; caiar; polir.
enlustrecer, *v. t.* lustrar.
enlutar, *v. t.* enlutar; consternar.
enmaderar, *v. t.* emadeirar, madeirar.
enmagrecer, *v. t.* emagrecer.
enmarañar, *v. t.* emaranhar, enredar.

enmascarar, *v. t.* emascarar, mascarar.
enmendar, *v. t.* emendar, corrigir.
enmienda, *s. f.* emenda, correcção.
enmohecer, *v. t.* abolorecer, mofar.
enmudecer, *v. t.* emudecer; calar.
ennegrecer, *v. t.* enegrecer; escurecer.
ennoblecer, *v. t.* enobrecer, nobilitar.
enojar, *v. t.* enojar; agastar.
enojo, *s. m.* enojo; nojo; enfado; zanga.
enorgullecer, *v. t.* orgulhar; ensoberbecer.
enorme, *adj.* enorme; desmedido; excessivo.
enquistarse, *v. r.* enquistar-se.
enramar, *v. t.* enramar, enlaçar; entrelaçar.
enranciar, *v. t.* enrançar; rançar.
enrarecer, *v. t., i.* e *r.* enrarecer; rarear; escassear.
enrasar, *v. t.* rasar; nivelar; igualar; arrasar.
enredadera, *adj. (bot.)* trepadeira.
enredar, *v. t.* enredar, emaranhar, confundir.
enredo, *s. m.* enredo; intriga; confusão; entrecho.
enrejar, *v. t.* gradear; engradar.
enriar, *v. t.* enriar, curtir (linho, cânhamo ou esparto).
enriquecer, *v. t.* e *i.* enroquecer.
enrizar, *v. t.* enriçar, riçar.
enrocar, *v. t.* rocar (no xadrez); enrocar (na roca).
enrojecer, *v. t.* e *r.* encandecer; avermelhar; enrubescer.
enrolar, *v. t.* arrolar.
enrollar, *v. t.* enrolar; encaracolar.
enroquecer, *v. t.* e *r.* enrouquecer.
enroscar, *v. t.* enroscar; torcer.
enrudecer, *v. t.* enrudecer; embrutecer.
ensacar, *v. t.* ensacar.
ensalada, *s. f.* salada.
ensaladera, *s. f.* saladeira.
ensaladilla, *s. f.* acepipe; salada de frutas.
ensalivar, *v. t.* salivar.
ensalzar, *v. t.* elogiar; exaltar; louvar.
ensamblar, *v. t.* ensamblar, entalhar, embutir.
ensanchar, *v. t.* ensanchar, alargar; ampliar, dilatar.
ensanche, *s. m.* ensancha.
ensangrentar, *v. t.* ensanguentar.
ensañar, *v. t.* assanhar; irritar; enfurecer.
ensayar, *v. t.* ensaiar; exercitar; preparar.
ensayista, *s. m.* e *f.* ensaísta.
ensayo, *s. m.* ensaio; treino; prova.
ensenada, *s. f.* enseada.
enseña, *s. f.* insígnia ou bandeira.
enseñanza, *s. f.* ensinamento, ensino, lição.
enseñar, *v. t.* ensinar, instruir; indicar; informar.
enseñorearse, *v. r.* assenhorear-se.
enseres, *s. m. pl.* móveis, utensílios necessários; trastes.
ensillar, *v. t.* selar (o cavalo).
ensombrecer, *v. t.* escurecer, ensombrar, sombrear.
ensoñador, *s. m.* sonhador.
ensordecer, *v. t.* ensurdecer.
ensortijar, *v. t.* encrespar, frisar, anelar.
ensuciar, *v. t.* sujar, emporcalhar, manchar.
ensueño, *s. m.* sonho; ilusão, ficção.
entablar, *v. t.* entabuar, assobradar; entabular.
entablillar, *v. t. (cir.)* entalar, encanar (um osso fracturado).
entalegar, *v. t.* entaleigar; economizar; entesourar.
entallador, *s. m.* entalhador, gravador.
entallar, *v. t.* entalhar; esculpir; gravar.
entallo, *s. m.* entalhe ou entalho, entalhadura.
entapizar, *v. t.* atapear, alcatifar.

entarimado, *s. m.* soalho, tabuado.
ente, *s. m.* ente, ser.
entelequia, *s. f.* enteléquia.
entendederas, *s. f. pl. (fam.)* entendimento; compreensão.
entender, *v. t.* entender; compreender; conhecer; julgar.
entendimiento, *s. m.* entendimento; inteligência; compreensão.
entenebrecer, *v. t.* entenebrecer; escurecer.
enterar, *v. t.* inteirar, informar; instruir.
entereza, *s. f.* inteireza; integridade.
enternecer, *v. t.* enternecer; amolecer, abrandar; sensibilizar.
entero (ra), *adj.* inteiro; cabal; íntegro.
enterrador, *s. m.* coveiro.
enterrar, *v. t.* enterrar; sepultar.
entibiar, *v. t.* entibiar; amornar.
entidad, *s. f.* entidade; ente ou ser.
entierro, *s. m.* enterro; enterramento.
entintar, *v. t.* atintar; tingir.
entoldar, *v. t.* toldar; *v. r.* anuviar-se (o céu).
entonación, *s. f.* entonação, tom.
entonar, *v. t.* entoar, cantar.
entonces, *adv.* então; nesse caso; sendo assim.
entono, *s. m.* entoação; entono.
entorchado, *s. m.* galão; cordão ou bordado de ouro ou prata para fardas.
entorpecer, *v. t.* entorpecer; perturbar.
entrada, *s. f.* entrada, introdução; início; ingresso.
entrambos (bas), *adj. pl.* ambos, os dois.
entraña, *s. f.* entranha; víscera.
entrar, *v. i.* entrar; penetrar; ser admitido.
entre, *prep.* entre; no meio de; dentro de.
entreabrir, *v. t.* entreabrir.
entreacto, *s. m.* entreacto; intervalo; intermédio teatral.
entrecejo, *s. m.* espaço interciliar (entre as sobrancelhas); cenho, sobrecenho.
entrecoger, *v. t.* pegar; agarrar; estreitar; apertar.
entrecortar, *v. t.* entrecortar.
entrecruzar, *v. t.* entrecruzar; entrelaçar; *v. r.* entrecruzar-se.
entredicho (cha), *adj.* interdito; *s. m.* interdição; proibição.
entredós, *s. m.* entremeio.
entrega, *s. f.* entrega; tomo de fascículo duma obra em distribuição.
entregar, *v. t.* entregar; dar; *v. r.* abandonar-se.
entrelazar, *v. t.* entrelaçar.
entremés, *s. m.* entremez; *pl.* acepipes, aperitivos.
entremeter, *v. t.* intrometer.
entremetido (da), *adj.* e *s.* intrometido, metediço.
entremezclar, *v. t.* misturar, mesclar.
entrenar, *v. t.* treinar, ensaiar, habituar.
entrenzar, *v. t.* entrançar; trançar.
entreoír, *v. t.* entreouvir.
entrepaño, *s. m.* entrepano.
entrepiernas, *s. f. pl.* entrepernas; fundilhos.
entresacar, *v. t.* escolher; separar; *(agr.)* desbastar.
entresuelo, *s. m.* sobreloja.
entretanto, *adv.* entretanto; contudo.
entretejer, *v. t.* entretecer, entrelaçar; entremear.
entretela, *s. f.* entretela; reforço.
entretener, *v. t.* entreter, divertir; demorar; distrair.
entretenimiento, *s. m.* entretenimento, distracção.
entretiempo, *s. m.* meia estação (Primavera e Outono).
entrever, *v. t.* entrever; conjecturar; pressentir.
entrevista, *s. f.* entrevista.
entristecer, *v. t.* entristecer; afligir.
entroncar, *v. t.* entroncar.

entronizar, *v. t.* entronizar; exaltar, louvar.
entronque, *s. m.* entroncamento.
entubar, *v. t.* colocar tubos.
entuerto, *s. m.* agravo, injúria.
entumecer, *v. t.* impedir; intumescer.
enturbiar, *v. t.* enturvar; turvar.
entusiasmar, *v. t.* entusiasmar.
entusiasta, *adj.* entusiasta.
enumerar, *v. t.* enumerar; enunciar.
enunciación, *s. f.* enunciação, expressão.
enunciar, *v. t.* enunciar; declarar.
envainar, *v. t.* embainhar; abainhar; invaginar, envaginar.
envalentonar, *v. t.* infundir valor; alentar, dar coragem.
envanecer, *v. t.* envaidecer, envaidar.
envasar, *v. t.* envasilhar; envasar.
envase, *s. m.* envasilhamento; vasilha, recipiente; envoltório.
envejecer, *v. t.* envelhecer; avelhentar.
envenenar, *v. t.* envenenar; empeçonhar.
enverdecer, *v. i.* enverdecer; verdejar; verdecer.
envergadura, *s. f.* envergadura; capacidade; vigor.
envés, *s. m.* invés, avesso.
enviar, *v. t.* enviar, mandar; dirigir; remeter.
enviciar, *v. t.* viciar; corromper; depravar.
envidar, *v. t.* convidar.
envidia, *s. f.* inveja, invídia; emulação.
envidiar, *v. t.* invejar.
envilecer, *v. t.* aviltar, envilecer.
envite, *s. m.* invite (no jogo).
enviudar, *v. i.* enviuvar.
envoltorio, *s. m.* envoltório, embrulho.
envolver, *v. t.* envolver; embrulhar; cobrir.
enyesar, *v. t.* engessar.
enzarzar, *v. t.* ensilvar; enredar.
epi, *pref.* sobre; por cima.
épica, *s. f.* poesia épica.
épico (ca), *adj.* e *s.* épico.
epidemia, *s. f.* epidemia.
epidérmico (ca), *adj.* epidérmico.
epidermis, *s. f.* epiderme.
epifanía, *s. f.* Epifanía.
epiglotis, *s. f.* *(zool.)* epiglote.
epígrafe, *s. m.* epígrafe.
epigrafia, *s. f.* epigrafia.
epigrama, *s. m.* epigrama.
epilepsia, *s. f.* *(med.)* epilepsia.
epílogo, *s. m.* epílogo; remate.
episcopal, *adj.* episcopal.
episodio, *s. m.* episódio.
epístola, *s. f.* epístola; carta.
epitafio, *s. m.* epitáfio.
epíteto, *s. m.* epíteto; cognome, alcunha.
época, *s. f.* época; era.
epopeya, *s. f.* epopeia.
equidad, *s. f.* equidade; igualdade; rectidão.
equidistar, *v. t.* equidistar.
equilibrar, *v. t.* equilibrar; igualar.
equilibrio, *s. m.* equilibrio.
equino (na), *adj.* equino.
equinodermo, *adj.* e *s.* *(zool.)* equinoderme.
equipaje, *s. m.* bagagem.
equipar, *v. t.* equipar; prover; aprestar.
equipo, *s. m.* equipa ou equipe.
equis, *s. f.* xis (letra x).
equitación, *s. f.* equitação.
equitativo (va), *adj.* equitativo; justo; recto.
equivaler, *v. i.* equivaler.
equívoco (ca), *s. m.* equívoco; confusão; engano; trocadilho.
era, *s. f.* era; época; período; data; eira.
erario, *s. m.* erário; tesouro público.
erección, *s. f.* erecção.
eremita, *s. m.* eremita, ermita.
erguir, *v. t.* erguer, levantar, alçar; endireitar.
erial, *adj.* e *s.* baldio.

e

erigir, *v. t.* erigir; fundar; instituir; erguer.
erizar, *v. t.* eriçar; encrespar; arrepiar.
erizo, *s. m. (zool.)* ouriço-cacheiro; ouriço-marinho; *(bot.)* ouriço.
ermita, *s. f.* ermida.
erosión, *s. f.* erosão, corrosão.
erótico (ca), *adj.* erótico; lúbrico; sensual.
erradicar, *v. t.* erradicar, desarraigar, derraigar.
errar, *v. t.* errar, enganar; *v. i.* errar, vaguear.
error, *s. m.* erro; falta; culpa.
eructar, *v. i.* arrotar; eructar.
eructo, *s. m.* eructação, arroto.
erudición, *s. f.* erudição.
erudito (ta), *adj.* e *s.* erudito.
erupción, *s. f.* erupção.
esbelto (ta), *adj.* esbelto; elegante.
esbirro, *s. m.* esbirro, beleguim.
esbozar, *v. t.* esboçar; bosquejar.
escabeche, *s. m.* escabeche.
escabel, *s. m.* escabelo.
escabroso (sa), *adj.* escabroso, áspero; pedregoso.
escacharrar, *v. t.* escacar, quebrar.
escafandra, *s. f.* ou **escafandro,** *s. m.* escafandro.
escafoides, *s. m. (anat.)* escafóide.
escala, *s. f.* escala, escada; graduação.
escalada, *s. f.* escalamento, escalada.
escalador (ra), *adj.* e *s.* escalador.
escalafón, *s. m.* lista ou relação hierárquica; quadro.
escalar, *v. t.* escalar, subir, trepar; estripar peixe.
escalera, *s. f.* escada.
escalfar, *v. t.* escalfar.
escalinata, *s. f.* escalinata.
escalofrío, *s. m.* calafrio, escalafrio.
escalón, *s. m.* escalão; grau; degrau.
escalonar, *v. t.* escalonar.
escamar, *v. t.* escamar.
escamotear, *v. t.* escamotar ou escamotear.
escamoteo, *s. m.* escamoteação.
escampar, *v. t.* escampar.
escanciar, *v. t.* escançar (servir o vinho); *v. i.* beber vinho.
escandalizar, *v. t.* escandalizar; melindrar; maltratar.
escándalo, *s. m.* escândalo; tumulto.
escaño, *s. m.* escanho; escano.
escapada, *s. f.* escapada, escapadela.
escapar, *v. t.* escapar, salvar, fugir.
escaparate, *s. m.* escaparate; montra; vitrina.
escape, *s. m.* escape, fuga.
escapulario, *s. m.* escapulário.
escarabajo, *s. m. (zool.)* escaravelho.
escaramuza, *s. f.* escaramuça; rixa; contenda.
escarbar, *v. t.* escarvar; esgaravatar; corroer; palitar.
escarcha, *s. f.* escarcha; neve.
escardar, *v. t.* escardear, mondar.
escarlata, *s. f.* escarlate; encarnado; vermelho.
escarlatina, *s. f.* escarlatim; *(med.)* escarlatina.
escarmentar, *v. t.* escarmentar; castigar.
escarmiento, *s. m.* escarmento.
escarnio, *s. m.* escárnio.
escarola, *s. f.* escarola; chicória.
escarpín, *s. m.* escarpim.
escasear, *v. t.* dar pouco e de má vontade; *v. i.* escassear, rarear.
escatimar, *v. t.* escatimar; defraudar; enganar.
escatología, *s. f.* escatologia.
escayola, *s. f.* escaiola; estuque.
escena, *s. f.* cena; palco.
escenificar, *v. t.* encenar.
escenografía, *s. f.* cenografia.
escepticismo, *s. m.* cepticismo.
escéptico (ca), *adj.* céptico.
escisión, *s. f.* cisão; dissidência; rompimento.
esclarecer, *v. t.* esclarecer; iluminar; elucidar.
esclavitud, *s. f.* escravatura; escravidão; servidão, sujeição.
esclavizar, *v. t.* escravizar; tiranizar.

esclerosis, *s. f. (med.)* esclerose.
esclusa, *s. f.* eclusa, comporta, represa, dique.
escoba, *s. f.* vassoura.
escobazo, *s. m.* vassourada; pancada com vassoura.
escocer, *v. i.* sentir ardor ou prurido; *v. r.* magoar-se, doer-se.
escoger, *v. t.* escolher; preferir.
escolar, *adj.* e *s. m.* escolar; estudante.
escolástico (ca), *adj.* e *s.* escolástico.
escoltar, *v. t.* escoltar; guardar.
escollera, *s. f.* dique; molhe.
escollo, *s. m.* escolho; recife; perigo, risco; obstáculo.
escombrera, *s. f.* entulheira.
escombro, *s. m.* entulho; escombro.
esconder, *v. t.* esconder; encobrir; ocultar.
escondite, *s. m.* esconderijo.
escondrijo, *s. m.* esconderijo.
escopeta, *s. f.* escopeta; espingarda.
escorbuto, *s. m. (med.)* escorbuto.
escoria, *s. f.* escória, escuma; fezes, restos; ralé.
escorpión, *s. m.* V. **alacrán.**
escorzo, *s. m. (pint.)* escorço.
escotar, *v. t.* decotar; chanfrar; talhar; cotizar.
escotilla, *s. f. (mar.)* escotilha.
escozor, *s. m.* ardor, ardência.
escriba, *s. m.* escriba.
escribanía, *s. f.* cartório; escrivaninha.
escribano, *s. m.* escrivão; tabelião; notário.
escribir, *v. t.* escrever; redigir.
escritor (ra), *s. m.* e *f.* escritor.
escritura, *s. f.* escritura, escrita; bíblia.
escriturar, *v. t.* escriturar, registar.
escrúpulo, *s. m.* escrúpulo; susceptibilidade.
escrutar, *v. t.* escrutar, esquadrinhar, investigar; escrutinar.
escrutinio, *s. m.* escrutínio; indagação; apuramento.
escuadra, *s. f.* esquadro; esquadra.
escuadrar, *v. t.* esquadrar.
escuadrilla, *s. f.* esquadrilha.
escuadrón, *s. m.* esquadrão.
escuálido (da), *adj.* e *s.* esquálido; sujo, sórdido; macilento, fraco.
escuchar, *v. t.* escutar.
escudar, *v. t.* escudar; amparar; proteger.
escudero (ra), *s. m.* escudeiro.
escudilla, *s. f.* escudela.
escudo, *s. m.* escudo.
escudriñar, *v. t.* esquadrinhar; inquirir, averiguar.
escuela, *s. f.* escola; método; experiência.
escueto (ta), *adj.* desembaraçado; livre.
esculpir, *v. t.* esculpir; cinzelar; gravar.
escultor (ra), *s. m.* e *f.* escultor.
escupir, *v. i.* cuspir; escarrar.
escurrir, *v. t.* escorrer; escorregar; enxugar.
esdrújulo (la), *adj.* e *s. (gram.)* exdrúxulo.
ese, esa, eso, esos, esas, *adj.* esse, essa, isso, esses, essas.
esencia, *s. f.* essência; substância.
esencial, *adj.* essencial; indispensável.
esfenoides, *adj.* e *s. (anat.)* esfenóide.
esfera, *s. f.* esfera.
esférico (ca), *adj.* esférico.
esfinge, *amb.* esfinge.
esfínter, *s. m. (anat.)* esfincter.
esforzar, *v. t.* esforçar; animar.
esfuerzo, *s. m.* esforço.
esfumar, *v. t.* V. **esfuminar.**
esgrima, *s. f.* esgrima.
esgrimir, *v. t.* esgrimir.
esguince, *s. m.* entorse; distensão.
eslabón, *s. m.* elo, anel de cadeia; *(vet.)* eslabão.
esmaltar, *v. t.* esmaltar; matizar.
esmalte, *s. m.* esmalte; brilho; adorno.
esmeralda, *s. f.* esmeralda.
esmerar, *v. t.* esmerar, polir, limpar.
esmeril, *s. m.* esmeril.
esmerilar, *v. t.* esmerilhar, esmerilar.
esmero, *s. m.* esmero.
esnob, *adj.* snobe.

esnobismo, *s. m.* snobismo.
esófago, *s. m. (anat.)* esófago.
esotérico (ca), *adj.* esotérico.
espaciar, *s. m.* espaçar, espacejar; adiar.
espada, *s. f.* espada; *s. m.* matador de touros.
espadaña, *s. f. (bot.)* espadana.
espalda, *s. f. (anat.)* costas, *pl.* avesso; invés.
espaldarazo, *s. m.* espadeirada.
espantajo, *s. m.* espantalho.
espantar, *v. t.* espantar; assustar; amedrontar; *v. r.* admirar-se.
espanto, *s. m.* espanto, pavor, assombro.
espantoso (sa), *adj.* espantoso; assombroso.
español (la), *adj.* e *s.* espanhol.
esparadrapo, *s. m.* esparadrapo.
esparcir, *v. t.* espargir; derramar; espalhar; separar.
espárrago, *s. m. (bot.)* espargo.
esparraguera, *s. f. (bot.)* espargo.
esparteña, *s. f.* espartenha.
esparto, *s. m. (bot.)* esparto.
espasmo, *s. m.* espasmo.
espátula, *s. f.* espátula.
especial, *adj.* especial; particular.
especialista, *adj.* e *s.* especialista.
especializar, *v. i.* especializar.
especie, *s. f.* espécie; qualidade, condiçao; condimento.
especiería, *s. f.* especiaria.
especificar, *v. t.* especificar; especializar.
específico (ca), *adj.* específico.
espécimen, *s. m.* espécime; amostra.
espectáculo, *s. m.* espectáculo; perspectiva; escândalo.
espectador (ra), *adj.* e *s.* espectador; testemunha.
espectro, *s. m.* espectro; imagem; sombra.
especulador (ra), *adj.* especulador.
especular, *v. t.* especular, observar, indagar; comerciar.
espejismo, *s. m.* miragem; ilusão.
espejo, *s. m.* espelho.
espeluznar, *v. t.* assustar; amedrontar.
espera, *s. f.* espera; adiamento; dilação; expectativa.
esperanto, *s. m.* esperanto.
esperanza, *s. f.* esperança, confiança.
esperar, *v. t.* esperar, ter esperança; crer; aguardar.
esperma, *s. f.* esperma, sémen.
espermático (ca) *adj.* espermático.
espesar, *v. t.* espessar; condensar.
espesor, *s. m.* espessura, grossura.
espetar, *v. t.* espetar; atravessar; cravar; pregar.
espiar, *v. t.* espiar, espionar, espreitar; *(mar.)* espiar (pôr espias).
espichar, *v. t.* V. **pinchar;** *v. i.* espichar, morrer.
espiche, *s. m.* espicho, furador.
espiga, *s. f. (bot.)* espiga.
espigar, *v. t.* respigar; *(fig.)* compilar; coligir; *(agric.* e *carp.)* espigar.
espina, *s. f.* espinho; pua; *espina dorsal:* V. **espinazo.**
espinaca, *s. f. (bot.)* espinafre.
espinal, *adj.* espinal, espinhal.
espinazo, *s. m.* espinhaço; espinha dorsal, coluna vertebral.
espinilla, *s. f.* tibia; borbulha da pele.
espinoso (sa), *adj.* espinhoso; árduo, difícil.
espionaje, *s. m.* espionagem.
espionar, *v. t.* espiar.
espiral, *adj.* e *s.* espiral.
espirar, *v. t.* espirar, exalar.
espiritismo, *s. m.* espiritismo.
espíritu, *s. m.* espírito; alma; virtude; energia; graça; engenho.
espiritual, *adj.* espiritual.
espiritualizar, *v. t.* espiritualizar.
espita, *s. f.* torneira (de pipa ou tonel).
esplender, *v. i.* esplender, resplender, brilhar.
espléndido (da), *adj.* esplêndido; ostentoso; magnífico.
esplendor, *s. m.* esplendor, fulgor.

espolear, *v. t.* esporear, esporar.
espoleta, *s. f.* espoleta.
espolio, *s. m.* espólio.
espolón, *s. m.* esporão.
esponja, *s. f.* esponja.
esponjoso (sa), *adj.* esponjoso.
esponsales, *s. m. pl.* esponsais.
espontáneo (a), *adj.* espontâneo.
esporádico (ca), *adj.* esporádico.
esposar, *v. t.* algemar.
esposas, *s. f. pl.* algemas.
esposo (sa) *s. m.* e *f.* esposo, cônjuge.
espuela, *s. f.* espora.
espuerta, *s. f.* esporta, alcofa, seira.
espulgar, *v. t.* espulgar; catar.
espuma, *s. f.* espuma, escuma.
espumadera, *s. f.* espumadeira.
espumoso (sa), *adj.* espumoso.
esputo, *s. m.* esputo; saliva; cuspo; escarro.
esquela, *s. f.* carta breve, bilhete.
esqueleto, *s. m.* esqueleto.
esquematizar, *v. t.* esquematizar.
esquí, *s. m.* esqui.
esquiador (ra), *s. m.* e *f.* esquiador.
esquila, *s. f.* chocalho.
esquilar, *v. t.* tosquiar, esquilar.
esquimal, *adj.* esquimó.
esquinar, *v. t.* esquinar; esquadrar.
esquirla, *s. f.* esquírola.
estabilizar, *v. t.* estabilizar.
establecer, *v. t.* estabelecer; fundar; instituir; decretar.
establecimiento, *s. m.* lei; ordenança; estatuto; estabelecimento.
establo, *s. m.* estábulo, curral.
estaca, *s. f.* estaca.
estación, *s. f.* estação; temporada.
estacionar, *v. t.* estacionar; demorar-se.
estadio, *s. m.* estádio; fase; período.
estadista, *s. m.* estadista.
estadística, *s. f.* estatística.
estado, *s. m.* estado.
estafa, *s. f.* burla; fraude.
estafar, *v. t.* burlar, vigarizar.
estafeta, *s. f.* estafeta, correio; recoveiro.
estafilococo, *s. m. (med.)* estafilococo.
estalactita, *s. f.* estalactite.
estallar, *v. i.* estalar; estourar.
estallido, *s. m.* estalido; estouro.
estambre, *s. m.* estambre; *(bot.)* estame.
estameña, *s. f.* estamenha.
estampa, *s. f.* estampa; figura; impressão.
estampar, *v. t.* estampar; imprimir; gravar.
estampía, *s. f.* de repente; com rapidez.
estampido, *s. m.* estampido; detonação; estrondo.
estampilla, *s. f.* estampilha.
estancar, *v. t.* estancar; deter; vedar.
estancia, *s. f.* estância; mansão; morada.
estanco (ca), *s. m.* estanco, tabacaria; depósito.
estandarte, *s. m.* estandarte; bandeira.
estanque, *s. m.* tanque, reservatório de água.
estante, *s. m.* estante.
estaño, *s. m.* estanho.
estar, *v. i.* estar; existir; permanecer.
estatal, *adj.* estadual; estatal.
estática, *s. f. (fís.)* estática.
estatua, *s. f.* estátua.
estatuir, *v. t.* estatuir; estabelecer, decretar.
estatura, *s. f.* estatura.
estatuto, *s. m.* estatuto.
este, *s. m.* leste, oriente, este, levante.
este, esta, estos, estas, *adj.* este, esta, estes, estas.
éste, ésta, esto, éstos, éstas, *pron.* este, esta, isto, estes, estas.
estela, *s. f.* esteira, sulco ou rasto (de navio).
estela, *s. f.* estela, monólito, marco.
estepa, *s. f.* estepe; *(bot.)* esteva.
estera, *s. f.* esteira.
estercolero, *s. m.* estrumeiro.
estéreo, *s. m.* estere (medida).
estereógrafo, *s. m.* estereógrafo.
estereoscopio, *s. m.* estereoscópio.

estereotipar, *v. t.* estereotipar.
estereotipia, *s. f.* estereotipia.
estéril, *adj.* estéril, árido, infecundo.
esterilidad, *s. f.* esterilidade.
esternón, *s. m. (anat.)* esterno, osso.
estética, *s. f.* estética.
estetoscopio, *s. m. (med.)* estetoscópio.
estibador, *s. m.* estivador.
estibar, *v. t.* estivar.
estigmatizar, *v. t.* estigmatizar.
estilar, *v. i.* usar; costumar.
estilete, *s. m.* estilete.
estilista, *s. m.* e *f.* estilista.
estilizar, *v. t.* estilizar.
estilo, *s. m.* estilo; ponteiro; costume; moda.
estilográfico (ca), *adj.* estilográfico.
estima, *s. f.* estima; apreço.
estimar, *v. t.* estimar; avaliar, apreciar; julgar; crer.
estimular, *v. t.* estimular; aguilhoar; incitar.
estío, *s. m.* verão, estio.
estipendiar, *v. t.* estipendiar; assalariar.
estipendio, *s. m.* estipêndio; salario; soldo.
estipular, *v. t.* estipular.
estirar, *v. t.* estirar; esticar; retesar.
estirón, *s. m.* esticão, puxão.
estirpe, *s. f.* estirpe; raiz; descendência.
estival, *adj.* estival.
estocada, *s. f.* estocada.
estofado (da), *s. m.* estufado, guisado.
estofar, *v. t.* estofar, alcolchoar, chumaçar.
estofar, *v. t.* estufar, guisar.
estola, *s. f.* estola.
estomacal, *adj.* e *s.* estomacal.
estómago, *s. m.* estômago.
estopa, *s. f.* estopa.
estoque, *s. m.* estoque.
estoquear, *v. t.* estoquear.
estorbar, *v. t.* estorvar, dificultar.
estorbo, *s. m.* estorvo.
estornino, *s. m. (zool.)* estorninho.
estornudar, *v. t.* espirrar.
estrado, *s. m.* estrado.
estrafalario (ria), *adj.* e *s.* estrafalário.
estrago, *s. m.* estrago; dano, ruína.
estrambótico (ca), *adj. (fam.)* estrambótico, extravagante.
estrangular, *v. t.* estrangular, sufocar.
estraperlo, *s. m. (fam.)* preço indevido; *de estraperlo:* clandestinamente.
estratega, *s. m.* e *f.* estrategista, estratego.
estrategia, *s. f.* estratégia.
estratificar, *v. t. (geol.)* estratificar.
estrato, *s. m.* estrato, camada.
estratosfera, *s. f.* estratosfera.
estrechar, *v. t.* estreitar; apertar; unir.
estrecho (cha), *adj.* estreito, apertado; escasso; estreito (braço de mar).
estrella, *s. f.* estrela.
estrellar, *v. t.* estrelar.
estremecer, *v. t.* estremecer; comover; abalar; sacudir; assustar; tremer.
estremecimiento, *s. m.* estremecimiento.
estrenar, *v. t.* estrear.
estreno, *s. m.* estreia.
estreñido (da), *adj.* obstipado (com prisão de ventre).
estreñir, *v. t.* obstipar.
estrépito, *s. m.* estrépito; estrondo; ruido.
estría, *s. f. (arq.)* estria; sulco.
estriar, *v. t.* estriar; canelar; sulcar.
estribar, *v. i.* estribar; firmar; apoiar; assentar.
estribillo, *s. m.* estribilho.
estribo, *s. m.* estribo; apoio.
estribor, *s. m.* estibordo.
estricto (ta), *adj.* estrito; exacto; preciso.
estridente, *adj.* estridente.
estrofa, *s. f.* estrofe.
estropajo, *s. m.* estropalho; esfregão, rodilha.
estropear, *v. t.* estropiar, aleijar, deformar.

estructurar, *v. t.* estruturar.
estruendo, *s. m.* estrondo, estampido.
estrujar, *v. t.* espremer; apertar.
estrujón, *s. m.* espremedura; apertão.
estuario, *s. m.* estuário.
estucar, *v. t.* estucar.
estuco, *s. m.* estuque.
estuche, *s. m.* estojo.
estudiante, *s. m.* e *f.* estudante.
estudiar, *v. t.* estudar; aprender; decorar.
estudio, *s. m.* estudo.
estufa, *s. f.* estufa, fogão.
estupefacción, *s. f.* estupefacção, assombro, pasmo.
estupefaciente, *adj.* e *s. m.* estupefaciente.
estupefacto (ta), *adj.* estupefacto; atónito.
estupendo (da), *adj.* estupendo, admirável.
estupor, *s. m. (med.)* estupor; assombro, pasmo.
estupro, *s. m.* estupro.
esturión, *s. m.* esturjão.
etapa, *s. f.* etapa; *(mil.)* ração; paragem; período.
éter, *s. m.* éter.
eternizar, *v. t.* eternizar.
eterno (na), *adj.* eterno; imortal.
ética, *s. f.* ética.
ético (ca), *adj.* e *s.* ético.
etimología, *s. f.* etimologia.
etiqueta, *s. f.* etiqueta; rótulo; regra.
étnico (ca) *adj.* étnico.
etnografía, *s. f.* etnografia.
etnólogo, *s. m.* etnólogo, etnologista.
etrusco (ca), *adj.* e *s.* etrusco.
eucalipto, *s. m. (bot.)* eucalipto.
eucaristía, *s. f.* eucaristia; comunhão.
eufemismo, *s. m.* eufemismo, figura de estilo.
euforia, *s. f.* euforia.
eunuco, *s. m.* eunuco.
¡eureka!, *interj.* heureca!, achei!
europeizar, *v. t.* europeizar.
europeo (a), *adj.* europeu.
evacuar, *v. t.* evacuar, despejar.
evadir, *v. t.* evadir; escapar.
evaluar, *v. t.* valorizar; avaliar; apreciar.
evangelio, *s. m.* evangelho.
evangelizar, *v. t.* evangelizar; missionar.
evaporar, *v. t.* evaporar; *(fig.)* dissipar, desvanecer.
evasión, *s. f.* evasão, fuga.
evasiva, *s. f.* evasiva, subterfúgio.
evento, *s. m.* evento.
eventual, *adj.* eventual; casual; fortuito.
evidenciar, *v. t.* evidenciar.
evitar, *v. t.* evitar, atalhar; desviar.
evo, *s. m.* evo, eternidade.
evocable, *adj.* evocável.
evocador (ra), *adj.* evocador.
evocar, *v. t.* evocar, invocar.
evolucionar, *v. i.* evolucionar.
evolutivo (va), *adj.* evolutivo.
exacerbar, *v. t.* exacerbar; irritar; agravar.
exactitud, *s. f.* exactidão, pontualidade; perfeição.
exacto (ta), *adj.* exacto, perfeito, correcto; pontual.
exagerar, *v. t.* exagerar.
exaltar, *v. t.* exaltar, engrandecer, sublinhar; exaltar, realçar.
examen, *s. m.* exame, análise, revista; investigação.
examinar, *v. t.* examinar, interrogar, sondar, observar; inquirir; investigar.
exasperación, *s. f.* exasperação, exacerbação.
exasperar, *v. t.* exasperar, exacerbar, irritar.
excavar, *v. t.* escavar, cavar em roda.
excedencia, *s. f.* excedência.
exceder, *v. t.* exceder, ultrapassar.
excelencia, *s. f.* excelência; primazia.
excelso (sa), *adj.* excelso, eminente, sublime.
excéntrico (ca), *adj.* excêntrico, extravagante, original; *s. m.* artista (de circo).

e

excepción, *s. f.* excepção.
excepto, *adv.* excepto.
exceptuar, *v. t.* exceptuar.
exceso, *s. m.* excesso; desmando; violência.
excitable, *adj.* excitável.
excitador (ra), *adj.* e *s. m.* excitador.
excitar, *v. t.* excitar, estimular, activar; irritar.

e

exclamar, *v. i.* exclamar.
excluir, *v. t.* excluir; eliminar; omitir.
exclusión, *s. f.* exclusão.
exclusivo (va), *adj.* exclusivo.
escomulgar, *v. t.* excomungar.
excoriar, *v. t.* escoriar, esfolar.
excrementar, *v. t.* excretar.
excretar, *v. i.* excretar.
exculpar, *v. t.* desculpar, escusar.
excursión, *s. f.* excursão.
excusa, *s. f.* escusa, desculpa.
excusar, *v. t.* escusar, desculpar.
execrar, *v. t.* execrar, amaldiçoar.
exégesis, *s. f.* exegese.
exegeta, *s. m.* exegeta.
exención, *s. f.* isenção.
exento (ta), *adj.* eximido, isento; libre.
exequias, *s. f. pl.* exéquias.
exfoliar, *v. t.* esfoliar.
exhalar, *v. t.* exalar.
exhausto (ta), *adj.* exausto, esgotado.
exhibición, *s. f.* exibição.
exhibir, *v. t.* exibir.
exhortación, *s. f.* exortação.
exhortar, *v. t.* exortar; persuadir, induzir.
exhorto, *s. m.* precatória.
exhumación, *s. f.* exumação.
exigir, *v. t.* exigir.
eximir, *v. t.* eximir, isentar.
existencia, *s. f.* existência.
existir, *v. i.* existir, ser; subsistir, viver.
êxito, *s. m.* êxito, fim; resultado; sucesso.
êxodo, *s. m.* êxodo; emigração.
exonerar, *v. t.* exonerar; aliviar; destituir, demitir.
exorbitante, *adj.* exorbitante, excessivo.
exorcizar, *v. t.* exorcizar, exorcismar.
exordio, *s. m.* exórdio, preâmbulo, prefácio.
exornar, *v. t.* exornar, adornar, ornamentar, enfeitar.
exótico (ca), *adj.* exótico, estrangeiro, peregrino; esquisito.
expatriarse, *v. r.* e *t.* expatriar-se, expatriar.
expectación, *s. f.* expectação; ansiedade.
expedición, *s. f.* expedição.
expedidor (ra), *s. m.* e *f.* expedidor.
expediente, *s. m.* expediente; correspondência; meios; desembaraço.
expedir, *v. t.* expedir, despachar, resolver; enviar, remeter.
expeler, *v. t.* expelir, expulsar.
expendedor (ra), *adj.* e *s.* despendedor, gastador; *s. m.* e *f.* comissionista.
expendeduría, *s. f.* tabacaria.
expender, *v. t.* expender, gastar; vender a retalho ou de conta alheia.
expendición, *s. f.* expensão, gasto.
expensas, *s. f. pl.* despesas, gastos.
experimentar, *v. t.* experimentar, tentar; ensaiar.
experto (ta), *adj.* perito, experimentado; *s. m.* perito.
expiar, *v. t.* expiar, reparar; pagar, remir; sofrer.
expirar, *v. t.* expirar, morrer; findar.
explanación, *s. f.* explanação, explicação.
explanada, *s. f.* esplanada.
explanar, *v. t.* explanar, explicar.
explayar, *v. t.* explanar, explicar.
explayar, *v. t.* espaiar, alargar; *(fig.)* desabafar.
explicable, *adj.* explicável.
explicar, *v. t.* explicar, aclarar, ensinar; explanar.
explícito (ta), *adj.* explícito, claro, expresso.

exploración, *s. f.* exploração; pesquisa, investigação.
explorar, *v. t.* explorar, pesquisar; registar.
explosión, *s. f.* explosão.
explosivo (va), *adj.* e *s.* explosivo.
explotador (ra), *adj.* e *s.* explorador.
explotar, *v. t.* explorar; especular; explodir, rebentar.
expoliar, *v. t.* espoliar, esbulhar, extorquir.
exponente, *adj.* e *s. m.* espoente, exponente.
exponer, *v. t.* expor; mostrar; explicar.
exportar, *v. t.* exportar.
exposición, *s. f.* exposição; declaração.
expositor (ra), *adj.* e *s.* expositor.
exprés, *adj.* e *s.* expresso.
expresar, *v. t.* expressar; exprimir.
expreso (sa), *adj.* expresso, explícito.
exprimir, *v. t.* espremer, apertar; *(fig.)* expressar, manifestar, exprimir.
expropiar, *v. t.* expropriar.
expuesto (ta), *adj.* exposto; perigoso.
expulsar, *v. t.* expulsar.
expurgar, *v. t.* expurgar.
exquisito (ta), *adj.* delicado, excelente, delicioso.
êxtasis, *s. m.* êxtase, arrebatamento, enlevo, arroubo.
extender, *v. t.* estender, alargar, dilatar; desenvolver.
extensión, *s. f.* extensão, ampliação, aumento.
extenso (sa), *adj.* extenso, comprido.
extenuar, *v. t.* extenuar, enfraquecer.
exterior, *adj.* exterior; *s. m.* aparência.
exteriorizar, *v. t.* exteriorizar, manifestar.
exterminable, *adj.* exterminável.
exterminar, *v. t.* *(fig.)* exterminar, eliminar.
externar, *v. t.* exteriorizar, manifestar.
externo (na), *adj.* e *s.* externo; do exterior, de fora.
extinguir, *v. t.* extinguir, acabar, dissipar, apagar.
extinto (ta), *adj.* extinto.
extintor, *s. m.* extintor.
extirpar, *v. t.* extirpar, arrancar; *(fig.)* destruir.
extorsionar, *v. t.* usurpar, arrebatar, extorquir.
extractar, *v. t.* extractar.
extracto, *s. m.* extracto; resumo.
extractor (ra), *s. m.* e *f.* extractor.
extraer, *v. t.* extrair, extractar; colher; sugar; copiar.
extralimitarse, *v. r.* *(fig.)* exceder-se, exorbitar.
extramuros, *adv.* extramuros.
extranjero (ra), *adj.* e *s.* estrangeiro.
estrañar, *v. t.* exilar, desterrar; estranhar.
extraño (ña), *adj.* e *s.* estranho; extravagante; esquisito; raro; singular.
extraordinario (ria), *adj.* e *s. m.* extraordinário.
extravagante, *adj.* e *s.* extravagante.
extraviar, *v. t.* extraviar, desencaminhar.
extremar, *v. t.* extremar, abalizar; exaltar.
extremaunción, *s. f.* extremaunção.
extremidad, *s. f.* extremidade.
extremista, *adj.* extremista.
extremo (ma), *adj.* extremo, último; elevado; apuro.
extrínseco (ca), *adj.* extrínseco.
exuberante, *adj.* exuberante, copioso, excessivo; pletórico.
eyaculación, *s. f.* ejaculação

f

f, *s. f.* f, sétima letra do alfabeto espanhol.
fa, *s. m.* fá, nota musical.
fabricar, *v. t.* fabricar; produzir; construir.
fábula, *s. f.* boato, rumor; fábula, ficção, mentira.
faca, *s. f.* faca.
faccioso (sa), *adj.* e *s.* faccioso.
faceta, *s. f.* faceta; face.
facial, *adj.* facial.
fácil, *adj.* fácil; simples; acessível.
facilitar, *v. t.* facilitar.
factor, *s. m.* factor.
factoría, *s. f.* feitoria.
facturar, *v. t.* facturar.
facultad, *s. f.* facultade, capacidade; aptidão.
facultar, *v. t.* facultar; proporcionar.
facundo (da), *adj.* facundo, eloquente.
facha, *s. f. (fam.)* cara; aspecto; figura.
fachada, *s. f.* fachada; frontaria; *(fig. fam.)* semblante; frontispício.
fado, *s. m.* fado.
faena, *s. f.* faina; tarefa; lide.
faisán, *s. m. (zool.)* faisão.
faja, *s. f.* faixa.
fajar, *v. t.* enfaixar; faixar.
fajo, *s. m.* feixe, atado, molho, braçado.
falacia, *s. f.* falácia.
falaz, *adj.* falaz, enganoso.
falce, *s. f.* foice, fouce.
falda, *s. m.* fralda; saia; cauda (do vestido); *(fig.)* falda, sopé.
faldar, *s. m.* fraldão.
faldear, *v. t.* fraldear; seguir pela falda dum monte.
faldillas, *s. f. pl.* fraldilhas.
faldistorio, *s. m.* faldistório.
faldón, *s. m.* fraldão; saia grande.
falible, *adj.* falível.
fálico (ca), *adj.* fálico.
falo, *s. m.* falo; pénis.
falsear, *v. t.* falsear; falsificar; adulterar; atraiçoar.
falsedad, *s. f.* falsidade; mentira; calúnia.
falsete, *s. m. (mús.)* falsete.
falsificador (ra), *adj.* e *s.* falsificador.
falsificar, *v. t.* falsificar; adulterar.
falsilla, *s. f.* pauta.
falso (sa), *adj.* falso; fingido; simulado.
falta, *s. f.* falta; defeito; privação; culpa.
faltar, *v. i.* faltar; falhar; acabar.
faltriquera, *s. f.* fraldiqueira; algibeira; bolso postiço.
falúa, *s. f.* falua.
falla, *s. f.* falta, defeito, falha.
fallar, *v. t. (for.)* decidir; sentenciar.
fallar, *v. t.* cortar, trunfar; *i.* falhar, errar.
fallecer, *v. i.* falecer; morrer.
fallo, *s. m.* sentença definitiva do juiz; decisão.
fallo (lla), *adj.* falho; baldo (de naipes).
fama, *s. f.* fama, reputação.
familiar, *adj.* e *s.* familiar.
familiarizar, *v. t.* familiarizar; habituar.
famoso (sa), *adj.* famoso; notável.
fanal, *s. m.* fanal; farol.
fanático (ca), *adj.* e *s.* fanático.
fanatizar, *v. t.* fanatizar.

fandango, *s. m.* fandango (dança).
faneca, *s. f. (zool.)* faneca.
fanega, *s. f.* fanga (medida).
fanfarronear, *v. i.* fanfarronar.
fango, *s. m.* lama; lodo.
fantasear, *v. i.* e *t.* fantasiar; inventar; imaginar.
fantasía, *s. f.* fantasia; imaginação.
fantasma, *s. m.* e *f.* fantasma; espectro, sombra.
fantoche, *s. m.* fantoche; bonifrate.
faquir, *s. m.* faquir.
farándula, *s. f.* farândola.
faraón, *s. m.* faraó.
farda, *s. f.* fardo; embrulho; trouxa de roupa.
fardar, *v. t.* prover; abastecer (de roupa).
fardo, *s. m.* fardo; carga.
farfolla, *s. f.* maçaroca (das espigas do milho).
farfullar, *v. t. (fam.)* balbuciar; gaguejar.
faringe, *s. f. (anat.)* faringe.
faringitis, *s. f. (med.)* faringite.
farisaico (ca), *adj.* farisaico; hipócrita.
fariseo, *s. m.* fariseu; hipócrita.
farmacia, *s. f.* farmácia.
faro, *s. m. (mar.)* farol; *(fig.)* norte; rumo.
farol, *s. m.* lanterna; farol.
fárrago, *s. m.* farragem; mistura; miscelânea.
farro, *s. m.* farro; cevada meio moída.
farsa, *s. f.* farsa; burla.
fasces, *s. f. pl.* fasces (insígnia romana).
fascículo, *s. m.* fascículo, caderno.
fascinar, *v. t.* fascinar; dominar; alucinar; enganar; deslumbrar.
fascismo, *s. m.* fascismo.
fase, *s. f.* fase; aspecto.
fastidiar, *v. t.* enfastiar; enfadar.
fastidio, *s. m.* fastio; náusea; aversão; enfado.
fasto (ta), *adj.* e *s. m.* fasto; venturoso; luxo, fausto.
fastuoso (sa), *adj.* faustoso; luxuoso; pomposo.
fatal, *adj.* fatal; inevitável; irrevogável; funesto.
fatídico (ca), *adj.* fatídico; trágico; sinistro.
fatigar, *v. t.* fatigar; afadigar.
fatuo (tua), *adj.* e *s.* fátuo; presumido; néscio.
fauces, *s. f. pl.* fauces; garganta.
fauna, *s. f.* fauna.
fausto (ta), *adj.* fausto; feliz.
favor, *s. m.* favor; ajuda; honra; graça.
favorecer, *v. t.* favorecer; ajudar; amparar; socorrer.
favorito (ta), *adj.* e *s.* favorito; preferido; valido.
faz, *s. f.* rosto, cara, face; lado.
fe, *s. f.* fé; crença; confiança; afirmação; certidão.
fealdad, *s. f.* fealdade.
febrero, *s. m.* Fevereiro.
febril, *adj.* febril; ardoroso; exaltado.
fecal, *adj.* fecal; excrementício.
fécula, *s. f.* fécula; amido.
fecundar, *v. t.* fecundar; desenvolver; fertilizar.
fecundidad, *s. f.* fecundidade; abundância; fertilidade.
fecundizar, *v. t.* fecundizar; fecundar.
fecundo (da), *adj.* fecundo; fértil; abundante; copioso.
fecha, *s. f.* data; actualidade.
fechoría, *s. f.* acção má; malfeitoria.
federación, *s. f.* federação.
federar, *v. t.* federar.
fehaciente, *adj.* que faz fé, fidedigno.
felicidad, *s. f.* felicidade; ventura; bem-estar.
felicitar, *v. t.* felicitar.
feligrés (sa), *s. m.* e *f.* freguês; paroquiano.
felino (na), *adj.* e *s. m.* felino.
feliz, *adj.* feliz; ditoso; afortunado.
felpa, *s. f.* felpa; carepa.

f

felpudo (da), *adj.* felpudo; *s. m.* capacho, esteira.
femenino (na), *adj.* feminino.
femoral, *adj.* femoral.
fémur, *s. m. (anat.)* fémur.
fenecer, *v. t.* e *i.* fenecer; morrer ou falecer.
fénix, *s. m.* fénix.
fenol, *s. m. (quím.)* fenol.
fenomenal, *adj.* fenomenal.
feo (a), *adj.* feio; disforme; indecoroso.
féretro, *s. m.* féretro; ataúde; tumba.
feria, *s. f.* féria (folga); feira; mercado.
ferial, *adj.* ferial, feiral.
feriar, *v. t.* feirar.
fermentar, *v. i.* fermentar.
feroz, *adj.* feroz; bravio; cruel.
férreo (a), *adj.* férreo; duro; tenaz; ferrenho.
ferretería, *s. f.* ferrajaria.
férrico (ca), *adj.* férrico.
ferrocarril, *s. m.* caminho-de-ferro; via-férrea; comboio.
fértil, *adj.* fértil; fecundo; produtivo.
fertilizar, *v. t.* fertilizar.
fervor, *s. m.* fervor; ardor; ardência; actividade.
festejar, *v. t.* festejar; celebrar; galantear.
festín, *s. m.* festim.
festividad, *s. f.* festividade; festa; solenidade.
festón, *s. m.* festão; adorno; ornato.
festonear, *v. t.* festoar; engrinaldar.
fetal, *adj.* fetal.
fetiche, *s. m.* feitiço; manipanso.
feticida, *adj.* e *s.* feticida.
fétido (da), *adj.* fétido.
feto, *s. m.* feto; embrião.
feudal, *adj.* feudal.
feudo, *s. m.* feudo.
fez, *s. m.* feudo.
fez, *s. m.* fez.
fiable, *adj.* fiável.
fiador (ra), *s. m.* e *f.* fiador; cordão (da espada); descanso de espingarda.
fiambre, *adj.* e *s. m.* fiambre.
fiambrera, *s. f.* fiambreiro; marmita.
fianza, *s. f.* fiança; caução; abonação.
fiar, *v. t.* fiar; afiançar; abonar; vender a crédito; confiar.
fibra, *s. f.* fibra; energia.
fichar, *v. t.* fichar, registar em fichas.
fidedigno (na), *adj.* fidedigno.
fidelidad, *s. f.* fidelidade; lealdade; firmeza.
fideo, *s. m.* macarrão; aletria; fidéus.
fiduciário (ria), *adj.* fiduciário.
fiebre, *s. f.* febre; exaltação.
fiel, *adj.* fiel; exacto; leal; firme; *s. m.* fiel; fiscal; recebedor (caixa); ponteiro (de balança).
fieltro, *s. m.* feltro.
fiera, *s. f.* fera.
fiesta, *s. f.* festa; diversão; solenidade; comemoração.
figón, *s. m.* tasca; taberna; baiuca.
figura, *s. f.* figura; cara; rosto.
figurar, *v. t.* e *i.* figurar.
figurín, *s. m.* figurino; *(fig.)* janota.
fijar, *v. t.* fixar; pregar; firmar.
fijo (ja), *adj.* fixo; firme; seguro.
fila, *s. f.* fila; fileira; enfiada.
filamento, *s. m.* filamento.
filantropía, *s. f.* filantropia.
filarmonía, *s. f.* filarmonia.
filatelia, *s. f.* filatelia.
filete, *s. m.* filete; ourela.
filiación, *s. f.* filiação; origem; conexão.
filial, *adj.* filial.
filiar, *v. t.* filiar; adoptar; entroncar; *v. r.* agremiar-se; filiar-se.
filibustero, *s. m.* flibusteiro; pirata.
filigrana, *s. f.* filigrana.
filo, *s. m.* fio; corte; gume.
filología, *s. f.* filologia.
filón, *s. m.* filão; veio metálico; fonte.
filosofía, *s. f.* filosofia.
filtrar, *v. t.* filtrar; coar; escoar.
filtro, *s. m.* filtro; coador.
fimosis, *s. f.* fimose.
fin, *amb.* fim; termo; remate; *s. m.* motivo; causa.

final, *adj.* e *s.* final; remate.
finalizar, *v. t.* finalizar, concluir.
finanzas, *s. f.* finanças.
finca, *s. f.* quinta; herdade.
fingir, *v. t.* fingir; simular; imitar.
finiquitar, *v. t.* liquidar, saldar uma conta; rematar.
finito (ta), *adj.* finito.
fino (na), *adj.* fino; delicado; delgado; astuto.
finura, *s. f.* finura; delicadeza; cortesia; astúcia.
firma, *s. f.* firma, assinatura; casa comercial.
firmamento, *s. m.* firmamento; céu.
firmar, *v. t.* firmar; assinar; autenticar.
firme, *adj.* firme; estavel.
fiscal, *adj.* e *s. m.* fiscal.
fiscalizar, *v. t.* fiscalizar; vigiar.
fisco, *s. m.* fisco; erário.
fisgar, *v. t.* fisgar; bisbilhotar.
física, *s. f.* física.
fisiología, *s. f.* fisiologia.
fisonomía, *s. f.* fisionomia.
fístula, *s. f.* fístula.
fisura, *s. f. (cir.)* fissura; fenda.
flaccidez, *s. f.* flacidez; relaxação; languidez.
flaco (ca), *adj.* magro; débil; fraco; frouxo.
flagelar, *v. t.* flagelar; açoitar.
flama, *s. f.* flama.
flamante, *adj.* flamante; brilhante.
flamear, *v. i.* flamejar; flamear; ondear, drapejar ao vento.
flamenco (ca), *adj.* flamengo.
flan, *s. m.* pudim de ovos e leite.
flaquear, *v. i.* fraquejar; enfraquecer.
flauta, *s. f. (mús.)* flauta.
flautista, *s. m.* e *f.* flautista.
flebitis, *s. f.* flebite.
fleco, *s. m.* froco; franja.
flecha, *s. f.* frecha; flecha; seta.
flechazo, *s. m.* frechada.
flema, *s. f.* fleuma; paciência; calma; pachorra.
flemón, *s. m.* flegmão ou fleimão.
fletador, *s. m.* fretador.
fletar, *v. t.* fretar; alugar (uma embarcação).
flete, *s. m.* frete; aluguer (de embarcação); carga.
flexible, *adj.* flexível.
flexor (ra), *adj.* flexor.
flirtear, *v. i.* galantear; namoriscar.
flojear, *v. i.* fraquejar; afrouxar.
flojo (ja), *adj.* e *s.* frouxo; débil; indolente.
flor, *s. f.* flor.
flora, *s. f.* flora.
florear, *v. t.* florescer; florejar; florir; florear.
florecer, *v. i.* florescer; prosperar.
florero (ra), *s. m.* floreira; *s. m.* e *f.* florista.
florescencia, *s. f.* florescência.
floretear, *v. t.* e *i.* floretear; esgrimir.
floricultor (ra), *s. m.* e *f.* floricultor.
florilegio, *s. m.* florilégio; antologia.
florista, *s. m.* e *f.* florista.
flota, *s. f.* frota; armada.
flotable, *adj.* flutuável.
flotación, *s. f.* flutuação.
flotador (ra), *adj.* e *s. m.* flutuador.
flotar, *v. i.* flutuar; boiar; pairar.
flotilla, *s. f.* flotilha.
fluctuación, *s. f.* flutuação; hesitação.
fluctuar, *v. i.* fluctuar; oscilar; ondular; hesitar.
fluir, *v. i.* fluir; manar.
flujo, *s. m.* fluxo; preia-mar; abundância.
flúor, *s. m.* flúor.
fluorescencia, *s. f.* fluorescência.
fluvial, *adj.* fluvial.
foca, *s. f.* foca.
focal, *adj.* focal.
fofo (fa), *adj.* fofo; macio; brando; esponjoso.
fogata, *s. f.* fogacho; fogueira.
fogón, *s. m.* fogão; fornalha.
fogonazo, *s. m.* fogacho; clarão (da pólvora, ao arder).
fogoso (sa), *adj. fig.* fogoso; ardente; irrequieto.

foliar, *v. t.* numerar páginas de livro; foliar.
folicular, *adj.* folicular.
folículo, *s. m.* folículo.
folio, *s. m.* fólio; folha de livro..
folklore, *s. m.* folclore.
follaje, *s. m.* folhagem.
follar, *v. t.* afolar; folhar.
folletín, *s. m.* folhetim.
folleto, *s. m.* folheto.
follón (na), *adj.* e *s.* indolente; canalha; vil; *s. m.* ventosidade sem barulho.
fomentar, *v. t.* fomentar.
fomento, *s. m.* fomento; abrigo; auxilio; protecção.
fonda, *s. f.* hospedaria; estalagem.
fondear, *v. t.* sondar; fundear; ancorar.
fondo, *s. m.* fundo; profundidade; âmago.
fonema, *s. m.* fonema.
fonética, *s. f.* fonética.
fónico (ca), *adj.* fónico.
fonografía, *s. f.* fonografia.
fontanela, *s. f.* fontanela.
fontanería, *s. f.* encanamento.
fontanero (ra), *adj.* fontanário; *s. m.* canalizador.
forajido (da), *adj.* e *s.* foragido.
foral, *adj.* foral; foreiro.
foramen, *s. m.* forame; cova; buraco.
foráneo (a), *adj.* forasteiro; estranho.
forastero (ra), *adj.* e *s.* forasteiro; estranho.
forcejar ou **forcejear,** *v. i.* forcejar; esforçar-se.
fórceps, *s. m. (cir.)* fórceps ou fórcipe.
forense, *adj.* forense.
forestal, *adj.* florestal.
forja, *s. f.* forjamento, forjadura; forja; frágua; ferraria.
forjar, *v. t.* forjar.
forma, *s. f.* forma; figura; feitio; forma, molde.
formal, *adj.* formal; preciso; positivo.
formalizar, *v. t.* formalizar; concretizar.
formar, *v. t.* formar; construir; instruir; estabelecer; criar; fabricar.
formidable, *adj.* formidável.
formol, *s. m.* formol.
formón, *s. m.* formão.
formular, *v. t.* formular; receitar; manifestar; expor.
fornicar, *v. t.* e *i.* fornicar.
fornido (da), *adj.* fornido; robusto.
foro, *s. m.* foro (tribunais); renda anual.
forrajear, *v. t.* forragear; ceifar e colher forragem.
forrar, *v. t.* forrar.
fortalecer, *v. t.* fortalecer; robustecer; fortificar.
fortaleza, *s. f.* fortaleza; força; fortificação; forte.
fortificar, *v. t.* fortificar.
fortín, *s. m.* fortim.
fortuito (ta), *adj.* fortuito; casual; inopinado.
fortuna, *s. f.* fortuna; sorte; riqueza.
forzar, *v. t.* forçar; violentar; violar; obrigar; constranger.
forzudo (da), *adj.* robusto; forte; vigoroso.
fosa, *s. f.* fossa, cova.
fosfato, *s. m.* fosfato.
fósforo, *s. m.* fósforo.
fósil, *adj.* e *s.* fóssil; *(fam.)* antiquado; velho.
fotocopia, *s. f.* fotocópia.
fotograbar, *v. t.* fotogravar.
fotografía, *s. f.* fotografia.
fotografiar, *v. t.* fotografar.
fotómetro, *s. m.* fotómetro.
frac, *s. m.* fraque.
fracasar, *v. i.* fracassar.
fracción, *s. f.* fracção.
fraccionar, *v. t.* fraccionar; dividir.
fracturar, *v. t.* fracturar; partir; quebrar.
fragancia, *s. f.* fragrância; aroma; perfume.
fragata, *s. f.* fragata.
frágil, *adj.* frágil; quebradiço.
fragmentar, *v. t.* fragmentar.

fragmento, *s. m.* fragmento; pedaço.
fragor, *s. m.* fragor; ruído.
fraguar, *v. t.* fraguar; forjar; inventar; urdir.
fraile, *s. m.* frade.
frambuesa, *s. f.* framboesa.
francés (sa), *adj.* e *s.* francês.
francmasonería, *s. f.* franco-maçonaria; maçonaria.
franco (ca), *adj.* e *s.* franco; liberal; sincero; desembaraçado; *s. m.* franco (moeda).
franela, *s. f.* flanela.
franja, *s. f.* franja.
franquear, *v. t.* franquear; libertar; isentar; conceder; desembarçar; franquiar, selar correspondência.
franqueza, *s. f.* franqueza; generosidade; sinceridade.
franquicia, *s. f.* franquia.
frasco, *s. m.* frasco.
frase, *s. f.* frase; locução.
fraterna, *s. f.* fraterna, reprimenda fraternal.
fraude, *s. m.* fraude; dolo; burla.
fray, *s. m.* freire; frade.
frecuentar, *v. t.* frequentar; conviver com; cursar.
frecuente, *adj.* frequente; continuado; assíduo.
fregadero, *s. m.* pia; poial; banca de cozinha.
fregado, *s. m.* esfrega; esfregação.
fregar, *v. t.* esfregar; lavar com o esfregão; friccionar.
freidura, *s. f.* fritada; fritura.
freir, *v. t.* fritar; frigir.
fréjol, *s. m.* feijão.
frenar, *v. t.* V. **enfrenar.**
frenesí, *s. m.* frenesi ou frenesim; delírio; excitação.
frenético (ca), *adj.* frenético.
freno, *s. m.* freio; travão; sujeição; sujeição.
frente, *s. f.* fronte; testa; frontaria; frente; fachada; vanguarda.
fresa, *s. f.* morangueiro; morango; fresa, máquina de desbastar.
fresal, *s. m.* morangal.
fresar, *v. t.* franjar; fresar; brocar.
fresca, *s. f.* fresca; frescor; aragem; fresquidão; verdade.
frescor, *s. m.* frescor; fresquidão; frescura.
fresno, *s. m.* freixo.
fresón, *s. m.* morango grande.
frialdad, *s. f.* frialdade; esterilidade; indiferença.
friccionar, *v. t.* friccionar.
friega, *s. f.* esfrega; fricção.
frigidez, *s. f.* frigidez; frialdade.
frígido (da), *adj.* frígido; álgido.
frigorífico (ca), *adj.* frigorífico.
frijolar, *s. m.* feijoal.
frío (a), *adj.* frio; indiferente.
frisa, *s. f.* frisa (estodo).
frisar, *v. t.* frisar; encrespar.
friso, *s. m.* *(arq.)* friso; filete.
fritada, *s. f.* fritada.
frito (ta), *adj.* frito; *s. m.* fritada; frito; fritura.
fritura, *s. f.* fritada; fritura.
frivolidad, *s. f.* frivolidade.
friz, *s. f.* *(bot.)* flor de faia.
fronda, *s. f.* *(bot.)* fronde; folhagem de fetos; *(cir.)* ligadura; *pl.* ramagem.
frondoso (sa), *adj.* frondoso; copado.
frontal, *adj.* e *s. m.* frontal.
frontera, *s. f.* fronteira; fachada; frontispicio.
fronterizo (za), *adj.* fronteiriço; raiano.
frontis, *s. m.* fachada; frontispício.
frontón, *s. m.* frontão.
frotar, *v. t.* esfregar; friccionar; roçar.
fructificar, *v. i.* frutificar; ser útil.
fructuoso (sa), *adj.* frutuoso; proveitoso.
frugal, *adj.* frugal; parco; sóbrio.
fruición, *s. f.* fruição; gozo; posse.
fruir, *v. i.* fruir; gozar; desfrutar.
frunce, *s. m.* franzido.
fruncir, *v. t.* franzir; preguear; enrugar.

f

frustrar, *v. t.* frustrar; malograr; inutilizar.
fruta, *s. f.* fruta.
frutal, *adj.* frutífero.
frutería, *s. f.* fruteria.
fucsia, *s. f. (bot.)* fúchsia.
fuego, *s. m.* fogo; lume; lareira; família; paixão; ardor.
fuelle, *s. m.* fole.
fuente, *s. m.* fonte; manantial; chafariz; nascente; travessa (para servir a comida); pia baptismal.
fuera, *adv.* fora; na parte exterior.
fuero, *s. m.* foro; jurisdição; privilégio; direito.
fuerte, *adj.* forte; possante; resistente; *s. m.* forte; fortaleza.
fuerza, *s. f.* força; vigor; poder; ímpeto; resistência; motivo.
fuga, *s. f.* fuga; fugida.
fugarse, *v. r.* escapar-se; safar-se; fugir.
fugaz, *adj.* fugaz; rápido; veloz.
fulano (na), *s. m.* e *f.* fulano.
fulero (ra), *adj. (fam.)* atamancado, atabalhoado.
fulgor, *s. m.* fulgor; esplendor; brilho.
fulminación, *s. f.* fulminação.
fulminante, *adj.* e *s. m.* fulminante.
fulminar, *v. t.* fulminar; aniquilar; apostrofar.
fumar, *v. i.* fumar.
fumigar, *v. t.* fumigar; defumar.
función, *s. f.* função; festa; espectáculo.
funcional, *adj.* funcional.
funcionar, *v. i.* funcionar.
funda, *s. f.* capa; coberta; estojo; invólucro; bolsa.
fundación, *s. f.* fundação; alicerce; instituição; alicerce; instituição.
fundamental, *adj.* fundamental; essencial.
fundamentar, *v. t.* fundamentar; alicerçar; cimentar.
fundamento, *s. m.* fundamento; alicerce; motivo; razão.
fundar, *v. t.* fundar; edificar; construir; instituir; afirmar; estabelecer; criar.
función, *s. f.* fundição.
fundir, *v. t.* fundir; derreter; liquefazer.
fundo, *s. m.* herdade; fazenda.
fúnebre, *adj.* fúnebre; lúgubre.
funeral, *adj.* e *s. m.* funeral.
funesto (ta), *adj.* funesto; aziago; infausto; fatal.
fungible, *adj.* fungível.
funicular, *adj.* e *s.* funicular.
furgón, *s. m.* furgão.
furia, *s. f.* fúria; ira; raiva.
furioso (sa), *adj.* furioso; enfurecido; irritado; raivoso.
furor, *s. m.* furor; ira; entusiasmo; frenesi; loucura.
furtivo (va), *adj.* furtivo.
furúnculo, *s. m.* tumor, furúnculo.
fusa, *s. f. (mús.)* fusa.
fusibilidad, *s. f.* fusibilidade.
fusible, *adj.* e *s. m.* fusível; fundível.
fusil, *s. m.* espingarda; fuzil.
fusilar, *v. t. (mil.)* fuzilar.
fusión, *s. f.* fusão; mistura; união.
fusionar, *v. t.* fusionar; fundir.
fusta, *s. f.* fusta (embarcação).
fuste, *s. m.* fuste; haste; *(fig.) de fuste,* importante.
fustigar, *v. t.* fustigar; açoitar; vergastar.
fútbol, *s. m.* futebol.
futbolista, *s. m.* e *f.* futebolista.
futura, *s. f. (fam.)* futura (noiva).
futuro (ra), *adj.* futuro; destino; *s. m. (fam.)* futuro (noivo); tempo de verbos.

g

g, *s. f.* g. oitava letra do alfabeto espanhol.
gabán, *s. m.* gabão, capote; sobretudo.
gabardina, *s. f.* gabardina.
gabarra, *s. f.* (*mar.*) gabarra; barcaça.
gabinete, *s. m.* gabinete.
gacel, *s. m.* (*zool.*) macho da gazela.
gacela, *s. f.* (*zool.*) gazela.
gaceta, *s. f.* gazeta.
gacha, *s. f.* papas (feitas de farinha).
gaélico (ca), *adj.* e *s.* gaélico.
gafa, *s. f.* gafa; *pl.* óculos.
gafo (fa), *adj.* e *s.* (*med.*) gafo; leproso.
gaita, *s. f.* gaita; pífaro.
gaitero (ra), *adj.* e *s.* (*fam.*) gaiteiro.
gaje, *s. m.* soldo; salário; soldada.
gajo, *s. m.* galho; rama; esgalho.
gala, *s. f.* gala; pompa; solenidade.
galaico (ca), *adj.* galego; galaico.
galán, *adj.* e *s. m.* galã; galanteador.
galante, *adj.* galante; atento; gentil.
galantear, *v.t.* galantear; cortejar.
galanura, *s. f.* gentileza; elegância; galantaria.
galápago, *s. m.* cágado; (*vet.*) galápago (úlcera de casco).
galardón, *s. m.* galardão; prémio.
galardonar, *v. t.* galardoar; premiar.
galaxia, *s. f.* galactite; (*astr.*) Via Láctea.
galbana, *s. f.* preguiça; desleixo.
galena, *s. f.* galena.
galeno, *s. m.* (*fam.*) galeno, médico.
galeón, *s. m.* (*mar.*) galeão.
galera, *s. f.* galera.
galga, *s. f.* galga (pedra grande); erupção cutânea.
galgo (ga), *adj.* e *s.* galgo (cão).
gálibo, *s. m.* cércea; (*mar.*) galimo.
gálico (ca), *adj.* gálico (da Gália); *s. m.* gálico (sífilis).
galimatías, *s. m.* galimatias.
galio, *s. m.* gálio.
galio, *s. m.* (*bot.*) gálio; (*quím.*) gálio (metal).
galón, *s. m.* galão.
galopante, *adj.* galopante.
galopar, *v. i.* galopar.
galvanizar, *v. t.* galvanizar.
galvano, *s. m.* galvano, reprodução feita em chapa pela galvanoplastia.
gallardear, *v. i.* galhardear.
gallardete, *s. m.* galhardete.
gallardía, *s. f.* galhardia; bizarria, gentileza.
gallego (ga), *adj.* e *s.* galego.
galleguismo, *s. m.* galeguice.
galleta, *s. f.* bolacha; galheta, bofetada; *s. m.* galheta (vasilha pequena de gargalo entortado).
gallina, *s. f.* galinha.
gallinero (ra), *s. m.* e *f.* galinheiro, vendedor de galinhas; *s. m.* galinheiro, capoeira.
gallito, *s. m.* galinho.
gallo, *s. m.* galo.
gama, *s. f.* gama, fêmea do gamo; escala musical; gradação de cores.
gamba, *s. f.* espécie de lagostim.
gamberro (rra), *adj.* e *s.* libertino, dissoluto.
gamella, *s. f.* gamela.
gamma, *s. f.* gama (letra do alfabeto grego).
gamo, *s. m.* gamo.
gamuza, *s. f.* camurça.
gana, *s. f.* gana; apetite; desejo; vontade.

ganadería, *s. f.* rebanho; manada; récua.
ganado (da), *adj.* ganho, ganhado; *s. m.* gado.
ganancia, *s. f.* ganância; ganho; lucro.
ganancial, *adj.* lucrativo; rendoso.
ganar, *v. t.* ganhar; lucrar.
gancho, *s. m.* gancho.
gandul (la), *adj. (fam.)* e *s.* gandulo; vadio; tunante.
ganga, *s. f.* ganga; pechincha.
gangilio, *s. m.* gânglio.
gangrena, *s. f.* gangrena.
gansada, *s. f.* sandice; asneira; estupidez.
ganso (sa), *s. m.* e *f.* ganso.
ganzúa, *s. f.* gazua; chave falsa.
gañán, *s. m.* ganhão; moço de lavoura; jornaleiro.
garabato, *s. m.* garabato; fateixa; rastelo; garatuja.
garage, *s. m.* garagem.
garantizar, *v. t.* garantir; abonar.
garapiñar, *v. t.* fazer carapinhada.
garbanzo, *s. m.* ervanço; gravanço; grão-de-bico.
garbo, *s. m.* garbo; elegância; gentileza.
garboso (sa), *adj.* garboso.
gardenia, *s. f.* gardénia.
garduña, *s. f.* fuinha.
garfio, *s. m.* gancho de ferro; garavato; fateixa.
gargajo, *s. m.* gargalho; escarro.
garganta, *s. f.* garganta; laringe; desfiladeiro.
gargantilla, *s. f.* gargantilha; colar.
gargarismo, *s. m.* gargarejo.
gargarizar, *v. i.* gargarejar.
garita, *s. f.* guarita.
garito, *s. m.* garito; baiuca de tavolagem.
garlopa, *s. f.* garlopa.
garra, *s. f.* garra.
garrafa, *s. f.* garrafa.
garrar, *v. i. (mar.)* garrar.
garrotazo, *s. m.* arrochada; paulada.
garrote, *s. m.* garrote; arrocho; garrote (instrumento de execuçao de condenados); ligadura.
garza, *s. f. (zool.)* garça.
garzo (za), *adj.* garço.
gas, *s. m.* gás.
gasa, *s. f.* gaze ou gaza.
gaseosa, *s. f.* gaseosa.
gasificar, *v. t.* gaseificar, gasificar.
gasógeno, *s. m.* gasogénio ou gasógeno.
gastar, *v. t.* gastar; despender; consumir.
gasto, *s. m.* gasto; consumo; despesa.
gástrico (ca), *adj.* gástrico.
gastritis, *s. f.* gastrite.
gastroenteritis, *s. f.* gastrenterite.
gastronomía, *s. f.* gastronomia.
gastrónomo (ma), *s. m.* e *f.* gastrónomo.
gata, *s. f.* gata.
gatear, *v. i.* trepar (como os gatos); engatinhar; *v. t.* arranhar (o gato).
gatillo, *s. m.* gatilho; percutidor; boticão.
gato, *s. m.* gato (animal); macaco (de máquina).
gaucho (cha), *adj.* e *s.* gaúcho.
gaveta, *s. f.* gaveta.
gavilán, *s. m.* gavião.
gavilla, *s. f.* gabela.
gaviota, *s. f.* gaivota.
gayo (ya), *adj.* gaio; alegre.
gazapa, *s. f.* mentira; embuste.
gazapo, *s. m.* caçapo; láparo; erro; engano.
gaznápiro (ra), *adj.* e *s.* palúrdio; boçal; lorpa.
gaznate, *s. m.* gasnate; gasnete; garganta.
gazpacho, *s. m.* gaspacho.
gehena, *s. f.* geena; inferno.
geiser, *s. m.* géiser.
gelatina, *s. f.* gelatina.
gema, *s. f.* gema (pedra preciosa); *(bot)* botão, gomo; gema.
gemelo (la), *adj.* e *s.* gémeo; *s. m. pl.* abotoadura (de punhos).
gemido, *s. m.* gemido; lamentação.

géminis, *s. m.* emplastro; *pl.* Gémeos (signo e constelação).
gemir, *v. i.* gemer; padecer.
gendarme, *s. m.* gendarme.
gendarmería, *s. f.* gendarmaria; estirpe; linhagem.
genealogía, *s. f.* genealogia.
generación, *s. f.* gerção; casta; linhagem.
generador (ra), *adj.* e *s.* gerador; *(geom.)* geratriz.
general, *adj.* geral; comum; *s. m.* geral, prelado; general.
generalizar, *v. t.* generalizar; divqlgar; difundir.
generativo (va), *adj.* generativo.
genérico (ca), *adj.* genérico; comum.
género, *s. m.* género; espécie; modo; classe; ordem.
génesis, *s. m.* Génesis; *s. f.* génese.
genial, *adj.* genial.
genio, *s. m.* génio; carácter; índole; temperamento.
genital, *adj.* genital.
genitivo (va), *s. m.* genitivo.
gente, *s. f.* gente; população; povo.
gentil, *adj.* e *s.* gentio; gentil; nobre; cavalheiroso.
gentío, *s. m.* gentio; idólatra; multidão.
gentuza, *s. f.* gentalha; plebe; ralé.
genuflexión, *s. f.* genuflexão.
genuino (na), *adj.* genuino; puro; natural; legítimo.
geografía, *s. f.* geografia.
geología, *s. f.* geologia.
geometría, *s. f.* geometria.
geranio, *s. m.* gerânio.
gerente, *s. m.* gerente; administrador.
gerifalte, *s. m.* gerifalte.
germanizar, *v. t.* germanizar.
germen, *s. m.* germe ou gérmen; embião; causa.
germinador (ra), *adj.* germinador.
germinar, *v. i.* germinar; brotar.
gerundio, *s. m.* gerúndio.
gesta, *s. f.* gesta; façanha; história.
gestación, *s. f.* gestação.
gesticular, *v. i.* gesticular.
gestionar, *v. i.* diligenciar; negociar.
gesto, *s. m.* gesto; mímica.
gestor (ra), *adj.* e *s.* gestor.
giba, *s. f.* giba; corcova.
gibar, *v. t.* corcovar.
giboso (sa), *adj.* e *s.* giboso, corcunda.
gigante, *s. m.* gigante.
gilí, *adj.* tonto; tolo.
gimnasia, *s. f.* ginástica.
gimotear, *v. i.* gemicar; choramingar; lamuriar.
ginebra, *s. f.* cegarrega; genebra.
gineceo, *s. m.* gineceu.
ginecología, *s. f.* ginecologia.
giralda, *s. f.* cata-vento; grimpa.
girar, *v. i.* girar; negociar; transferir.
girasol, *s. m.* *(bot.)* girasol.
giro, *s. m.* giro; rotação; circulação de letras, cheques, etc.; *giro postal:* vale postal.
gitanear, *v. i.* ciganar.
gitano (na), *adj.* e *s.* cigano, gitano.
glacial, *adj.* glacial; gelado.
glaciar, *s. m.* glaciar; geleira.
gladiador, *s. m.* gladiador.
glándula, *s. f.* glândula.
glasé, *s. f.* glacé; tafetá.
glicerina, *s. f.* glicerina.
glifo, *s. m.* *(arq.)* glifo.
global, *adj.* global; total.
globo, *s. m.* globo; esfera; bola.
globular, *adj.* globular.
glóbulo, *s. m.* glóbulo.
gloria, *s. f.* glória; renome; esplendor; fama.
glorieta, *s. f.* passeio público; praça pequena de jardim.
glorificar, *v. t.* glorificar.
glosa, *s. f.* glosa; comentário; interpretação.
glosar, *v. t.* glosar; comentar; interpretar.
glotis, *s. f.* glote.
glotón (na), *adj.* e *s.* glutão; comilão.
glucemia, *s. f.* glicemia, glicose no sangue.
glucosa, *s. f.* glicose.

g

glúteo (a), *adj.* e *s.* glúteo.
gnosis, *s. f.* gnose.
gnosticismo, *s. m.* gnosticismo.
gobernación, *s. f.* governo; governação.
gobernante, *s. m.* governante.
gobernar, *v. t.* governar; guiar; dirigir.
gobierno, *s. m.* governo.
goce, *s. m.* gozo; utilidade; satisfação.
gocho (cha), *s. m.* e *f.* porco; cerdo.
goleta, *s. f.* escuna; goleta.
golfear, *v. i.* vadiar; vagabundear.
golfo (fa), *s. m.* e *f.* vagabundo; vadio.
golfo, *s. m.* golfo.
golondrina, *s. f.* andorinha.
golosina, *s. f.* guloseima; gulosice.
goloso (sa), *adj.* e *s.* guloso.
golpe, *s. m.* golpe; pancada; choque.
golpear, *v. t.* e *i.* golpear; bater; espancar.
gollería, *s. f.* gulodice.
goma, *s. f.* goma; borracha; tumor sifilítico.
góndola, *s. f.* gôndola.
gong, *s. m.* gongo; tantã.
gordo (da), *adj.* gordo.
gorigori, *s. m.* cantilena.
gorila, *s. m.* gorila.
gorjear, *v. i.* gorjear; trinar; cantar.
gorra, *s. f.* gorra; barrete.
gorrino (na), *s. m.* e *f.* leitão; porco pequeno; sujo.
gorrión, *s. m.* gorrião; pardal dos telhados.
gorro, *s. m.* gorro; carapuça; barrete.
gotear, *v. i.* gotejar.
gótico (ca), *adj.* gótico.
goyesco (ca), *adj.* goiesco.
gozar, *v. t.* gozar; desfrutar; possuir.
gozo, *s. m.* gozo; alegria; júbilo; prazer.
grabado, *s. m.* gravura.
grabador (ra), *s. m.* e *f.* gravador.
grabar, *v. t.* gravar.
gracejo, *s. m.* gracejo; chiste.
gracia, *s. f.* graça; atractivo.
gracioso (sa) *adj.* gracioso; engraçado; gratuito.
gradar, *v. t.* gradar; esterroar.
gradería, *s. f.* escadaria.
grado, *s. m.* grau.
grado, *s. m.* vontade; gosto; grado.
graduación, *s. f.* graduação; classe, categoria.
gradual, *adj.* gradual.
graduar, *v. t.* graduar.
grafía, *s. f.* grafia; ortografia.
grafito, *s. m.* grafite.
grafólogo, *s. m.* grafólogo.
grafómetro, *s. m.* grafómetro.
gragea, *s. f.* grageia.
grajear, *v. i.* grasnar; gralhar; crocitar.
grajo (ja), *s. m.* e *f.* gralha.
gramática, *s. f.* gramática.
gramo, *s. m.* grama.
gramófono, *s. m.* gramofone; fonógrafo.
gran, *adj.* grã; grão (apócope de grande).
grana, *s. f.* cochonilha (insecto); escarlate, carmesim; grão (semente).
granada, *s. f.* romã (fruto); *(mil.)* granada.
granado, *s. m.* romãzeira.
granar, *v. i.* granar.
granate, *s. m.* granate, pedra fina, granada.
grande, *adj.* grande; vasto; poderoso; notável.
grandioso (sa), *adj.* grandioso; notável; pomposo.
granear, *v. t.* semear; granular; granar.
granel (a), *m. adv.* a granel.
granero, *s. m.* celeiro; tulha.
granillo, *s. m.* granito; grânulo; grãozinho.
granito, *s. m.* granito; grânulo; rocha.
granizada, *s. f.* granizada; saraivada.
granizar, *v. i.* granizar.
granja, *s. f.* granja; casal.
granjear, *v. t.* granjear; amanhar; obter; adquirir.

grano, *s. m.* grão; semente; borbulha; espinha; furúnculo.
granuja, *s. f.* grainha; *s. m.* malandro; pícaro; velhaco.
granular, *adj.* e *v. t.* granular.
gránulo, *s. m.* grânulo.
grapa, *s. f.* grampo; gancho; gato; prendedor.
grasa, *s. f.* gordura; pingue; banha; massa lubrificante.
gratificación, *s. f.* gratificação; recompensa; gorjeta; espórtula.
gratificar, *v. t.* gratificar; remunerar; recompensar.
gratis, *adv.* grátis.
grato (ta), *adj.* grato; agradecido; suave; agradável.
gratuito (ta), *adj.* gratuito.
grava, *s. f.* cascalho.
gravamen, *s. m.* gravame.
gravar, *v. t.* gravar; oprimir; onerar; agravar.
grave, *adj.* grave; ponderoso; sério; perigoso; *(gram.)* paroxítono.
gravedad, *s. f.* gravidade.
gravitar, *v. i.* gravitar.
gravoso (sa), *adj.* gravoso; oneroso.
greba, *s. f.* grevas.
greda, *s. f.* greda, argila.
gredoso (sa), *adj.* gredoso.
gregorio (ria), *adj.* gregário.
greguería, *s. f.* algazarra.
gremial, *adj.* e *s. m.* gremial; agremiado.
gremio, *s. m.* grémio; corporação.
greña, *s. f.* grenha.
gresca, *s. f.* barulho, algazarra.
grey, *s. f.* grei; rebanho; raça; povo.
griego (ga), *adj.* e *s.* grego, da Grécia.
grieta, *s. f.* greta; fenda; racha.
grifo (fa), *adj.* crespo, emaranhado, encaracolado (o cabelo); *s. m.* torneira.
grillete, *s. m.* grilheta.
grillo, *s. m.* grilo.
grima, *s. f.* desgosto; inquietacão; horror.
gringo (ga), *adj.* e *s.* estrangeiro.
gripe, *s. f.* gripe; influenza.
gris, *adj.* e *s.* cinzento; gris.
grisú, *s. m.* grisu.
gritar, *v. i.* e *t.* gritar.
grito, *s. m.* grito; brado; clamor.
grosella, *s. f.* groselha.
grosería, *s. f.* grosseria.
grosero (ra), *adj.* e *s.* grosseiro; malcriado; bruto.
grosor, *s. m.* grossura; corpulência; espessura.
grotesco (ca), *adj.* grotesco; ridículo; caricato; exótico.
grúa, *s. f.* grua; guindaste.
gruesa, *s. f.* grosa (doze dúzias).
grujir, *v. t.* ajustar os vidros nos caixilhos.
grulla, *s. f.* grou (ave).
grumo, *s. m.* coágulo; grumo.
gruñidor (ra), *adj.* grunhidor.
gruñir, *v. i.* grunhir; rosnar; resmungar.
gruñón (na), *adj.* resmungão.
grupo, *s. m.* grupo; reunião.
gruta, *s. f.* gruta; caverna.
guacho (cha), *adj.* empapado; molhado.
guadaña, *s. f.* gadanha; gadanho; foice.
guaja, *s. m.* e *f.* tunante; vadio.
gualdo (da), *adj.* jalne; jalde; gualdo; de cor amarela, cor do oiro.
guanche, *adj.* e *s.* guanche, guancho, das Canárias.
guantada, *s. f.* bofetada.
guante, *s. m.* luva; gratificação.
guantería, *s. f.* luvaria.
guapear, *v. i.* guapear.
guapo (pa), *adj.* guapo; elegante; esbelto; valente.
guapote (ta), *adj.* bonachão, bonacheirão.
guarda, *s. m.* e *f.* guarda.
guardabarrera, *s. m.* e *f.* guarda-barreira.
guardabarros, *s. m.* guarda-lamas.
guardabosque, *s. m.* guarda-florestal; couteiro.

g

guardacostas, *s. m.* guarda-costas.
guardafrenos, *s. m.* guarda-freio.
guardagujas, *s. m.* agulheiro.
guardapolvo, *s. m.* guarda-pó.
guardapuerta, *s. f.* reposteiro.
guardar, *v. t.* guardar; custodiar, acautelar; reservar; conservar.
guardarropa, *s. m.* guarda-fato; guarda-roupa.
guardia, *s. f.* guarda; defesa; custódia; *s. m.* guarda.
guarida, *s. f.* guarida; abrigo; refúgio.
guarnecer, *v. t.* guarnecer.
guarnición, *s. f.* guarnição.
guarnicionero, *s. m.* correeiro; seleiro.
guasa, *s. f.* insipidez; sensaboria; chalaça; zombaria.
guaya, *s. f.* choro; lamento; lamúria.
guayaba, *s. f.* goiaba; goiabada.
guayabo, *s. m.* goiabeira.
gubernamental, *adj.* governamental.
gubernativo (va), *adj.* governativo.
gubia, *s. f.* goiva (formão).
guerra, *s. f.* guerra.
guerrear, *v. i.* guerrear; hostilizar; combater.
guía, *s. m.* e *f.* guia.
guiar, *v. t.* guiar; conduzir; ensinar; dirigir.
guija, *s. f.* seixo; calhau pequeno.
guilla, *s. f.* guilha.

g

guillotinar, *v. t.* guilhotinar.
guincho, *s. m.* aguilhão.
guindar, *v. t.* guindar; içar; levantar.
guindilla, *s. f.* guíndia; malagueta.
guinea, *s. f.* guinéa (antiga moeda inglesa).
guineo (a), *adj.* e *s.* guineense, da Guiné.
guiñada, *s. f.* piscadela de olho; *(mar.)* guinada.
guiñapo, *s. m.* farrapo; andrajo.
guiñar, *v. i.* piscar os olhos; *(mar.)* guinar o navio.
guión, *s. m.* guião, pendão; estandarte; apontamentos; hífen; travessão.
guirnalda, *s. f.* grinalda.
guisa, *s. f.* guisa; modo; forma; maneira.
guisante, *s. m.* ervilha.
guisar, *v. t.* guisar.
guita, *s. f.* guita; cordel; barbante; guita, dinheiro.
guitarra, *s. f.* viola; violão.
gusano, *s. m.* verme; gusano; tavão.
gustar, *v. t.* e *i.* gostar; desejar.
gusto, *s. m.* gosto; sabor; paladar; prazer.
gustoso (sa), *adj.* gostoso; saboroso; agradável.
gutífero (ra), *adj.* e *s. f.* gutífero.
gutural, *adj.* gutural.

h

h, *s. f.* h, nona letra do alfabeto espanhol.
haba, *s. f.* fava; empola (bolha).
habano (na), *adj.* havano; havanês; *s. m.* havano (charuto).
haber, *s. m.* haveres; bens; fazenda.
haber, *v. t.* haver; ter; possuir.
habichuela, *s. f.* feijão.
hábil, *adj.* hábil; apto; destro.
habilitar, *v. t.* habilitar; autorizar.
habitable, *adj.* habitável.
habitación, *s. f.* habitação; residência; aposento.
habitar, *v. t.* e *i.* habitar; morar; residir.
hábito, *s. m.* hábito; costume; insígnia; vestuário.
habituar, *v. t.* habituar; avezar; acostumar.
habladuría, *s. f.* tagarelice; falatório.
hablar, *v. i.* falar; dizer; discursar; proferir.
hacedor (ra), *adj.* e *s.* fazedor; *s. m.* feitor.
hacer, *v. t.* fazer; ciar; produzir; realizar; construir; fabricar; executar.
hacia, *prep.* em direcção a; para; perto de.
hacienda, *s. f.* fazenda; herdade; capital; bens.
hacha, *s. f.* acha; machado; tocha; archote; brandão.
hada, *s. f.* fada.
hadar, *v. t.* fadar; vaticinar; predestinar.
hado, *s. m.* fado; destino; sorte; futuro.
hagiografía, *s. f.* hagiografia.
halagar, *v. t.* afagar; acariciar; adular.
halar, *v. t. (mar.)* alar; içar.
halcón, *s. m.* falcão (ave).
hálito, *s. m.* hálito; bafo; alento; fôlego.
halo, *s. m.* halo; auréola.
hallar, *v. t.* achar; encontrar; inventar; descobrir; supor.
hallazgo, *s. m.* achado.
hamaca, *s. f.* rede (balouçante).
hambre, *s. f.* fome; apetite.
hampa, *s. f.* ladroagem.
harapo, *s. m.* farrapo; andrajo.
harén, *s. m.* harém.
harina, *s. m.* farinha.
harpillera, *s. f.* serapilheira.
hartar, *v. t.* fartar; saciar.
harto (ta), *adj.* farto; saciado.
hartura, *s. f.* repleção; fartura; abundância.
hasta, *prep.* até.
hastiar, *v. t.* enfastiar; aborrecer; enjoar.
hastío, *s. m.* fastio; aversão; tédio; desgosto.
hatajo, *s. m.* fato, rebanho pequeno; chorrilho; chuveiro; conjunto.
hatillo, *s. m.* rebanho pequeno.
hato, *s. m.* fato (traje); fato (rebanho).
haya, *s. f.* faia (álamo).
haz, *s. m.* feixe, molho de varas; *s. f.* face; cara; rosto.
hazaña, *s. f.* façanha; proeza.
he, *adv.* eis; ei-lo.
hebilla, *s. f.* fivela.
hebra, *s. f.* linha; fio; fibra.
hebreo, *adj.* e *s.* hebreu; hebraico.
hecatombe, *s. f.* hecatombe.
hectárea, *s. f.* hectare.
hectogramo; *s. m.* hectograma.

hectolitro, *s. m.* hectolitro.
hectómetro, *s. m.* hectómetro.
hechizar, *v. t.* enfeitiçar; encantar; seduzir.
hecho (cha), *adj.* feito; maduro; perfeito; *s. m.* feito; acção; obra; facto; sucesso.
hedonismo, *s. m.* hedonismo.
hedor, *s. m.* fedor.
hegemonía, *s. f.* hegemonia.
héjira, *s. f.* Hégira.
helada, *s. f.* geada.
helado (da), *s. m.* gelado, sorvete.
helar, *v. t. i.* e *r.* gelar; congelar; assombrar; pasmar.
helechal, *s. m.* fetal.
helecho, *s. m. (bot.)* feto.
hélice, *s. m.* Ursa Maior; norte; hélice.
helicóptero, *s. m.* helicóptero.
helio, *s. m.* hélio.
hematíe, *s. m.* hemácia.
hematites, *s. f.* hematite.
hematoma, *s. m.* hematoma.
hembra, *s. f.* fêmea.
hemeroteca, *s. f.* hemeroteca.
hemiciclo, *s. m.* hemiciclo; semicírculo.
hemiplejía, *s. f.* hemiplegia.
hemisferio, *s. m.* hemisfério.
hemofilia, *s. f.* hemofilia.
hemoglobina, *s. f.* hemoglobina.
hemorragia, *s. f.* hemorragia.
hemorroide, *s. f.* hemorróidas.
henar, *s. m.* lugar semeado de feno.
henchir, *v. t.* encher; preencher.
hender, *v. t.* fender; rachar; gretar; sulcar.
hendidura, *s. f.* fenda; greta; racha; rachadela.
heno, *s. m.* feno.
hepático (ca), *adj.* e *s.* hepático.
heptaedro, *s. m.* heptaedro.
heptagonal, *adj.* heptagonal.
heptágono (na), *adj.* e *s.* heptágono.
heptasílabo (ba), *adj.* e *s.* heptassílabo.
heráldica, *s. f.* heráldica.
heraldo, *s. m.* arauto.

herbáceo (a), *adj.* herbáceo.
herbolario (ria), *s. m.* herbário; botâ-nico.
herbívoro (ra), *adj.* e *s. m.* herbívor
herbolario (ria), *s. m.* herbolário; er vanário.
hercúleo (a), *adj.* hercúleo.
heredad, *s. f.* herdade; quinta; he rança.
heredar, *v. t.* herdar.
hereje, *s. m.* e *f.* herege.
herejía, *s. f.* heresia.
herida, *s. f.* ferida; golpe; chaga; ú cera.
herir, *v. t.* ferir.
hermafrodita, *adj.* e *s.* hermafrodit
hermanar, *v. t.* irmanar; igualar; un formizar.
hermanastro (tra), *s. m.* e *f.* mei irmão.
hermano (na), *s. m.* e *f.* irmão; irm
hermenéutica, *s. f.* hermenêutica.
hermético (ca), *adj.* hermético.
hermoso (sa), *adj.* formoso; belo; pe feito.
hernia, *s. f.* hérnia.
héroe, *s. m.* herói.
heroico (ca), *adj.* heróico.
herpe, *s. m.* herpes.
herradura, *s. f.* ferradura.
herraje, *s. m.* ferragem.
herramienta, *s. f.* ferramenta.
herrar, *v. t.* ferrar.
herrería, *s. f.* ferraria; forja.
herrero, *s. m.* ferreiro.
herrín, *s. m.* ferrugem.
herrumbrar, *v. t.* enferrujar; oxida
hervidero, *s. m.* fervedoiro ou ferv douro; fervura; fervor.
hervir, *v. i.* ferver; exaltar-se.
heterodoxia, *s. f.* heterodoxia.
heterogéneo (a), *adj.* heterogéneo.
hexaedro, *s. m.* hexaedro.
hexagonal, *adj.* hexagonal.
hexágono (na), *adj.* e *s. m.* hexágon
hexámetro, *adj.* e *s.* hexâmetro.
hez, *s. f.* fezes; sedimento; pé; bor lia.

híbrido (da), *adj.* híbrido.
hidalgo (ga), *s. m.* e *f.* fidalgo.
hidartrosis, *s. f.* hidrartrose; hidropisia articular.
hidra, *s. f.* hidra.
hidratar, *v. t.* hidratar.
hidrato, *s. m.* hidrato.
hidroavión, *s. m.* hidravião, hidroavião.
hidrocarburo, *s. m.* hidrocarboneto.
hidrocefalía, *s. f.* hidrocefalia; hidropisia cerebral.
hidrofobia, *s. f.* hidrofobia.
hidrógeno, *s. m.* hidrogénio.
hiedra, *s. f. (bot.)* hera.
hiel, *s. f.* fel; bile, bílis; pesar; azedume.
hielo, *s. m.* gelo; frieza.
hiena, *s. f.* hiena.
hierático (ca), *adj.* hierático.
hierba, *s. f.* erva.
hierbabuena, *s. f.* hortelã-pimenta.
hierro, *s. m.* ferro.
hígado, *s. m.* fígado.
higiene, *s. f.* higiene; limpieza; asseio.
higo, *s. m.* figo.
higuera, *s. f.* figueira.
hijastro (tra), *s. m.* e *f.* enteado.
hijo (ja), *s. m.* e *f.* filho ou filha.
hijuela, *s. f.* filhinha, filhita; pala; inventário.
hila, *s. f.* fileira; alinhamento.
hilar, *v. t.* fiar.
hilera, *s. f.* fileira; fila; fieira.
hilo, *s. m.* fio.
hilván, *s. m.* alinhavo.
hilvanar, *v. t.* alinhavar; atabalhoar.
himen, *s. m.* hímen.
himeneo, *s. m.* himeneu.
himno, *s. m.* hino.
hincapié, *s. m.* finca-pé; porfia.
hincar, *v. t.* fincar; apoiar; cravar; firmar.
hincha, *s. f.* ódio, inimizade, rancor.
hinchar, *v. t.* inchar; inflar; exagerar; envaidecer-se.
hinchazón, *s. f.* inchação; inchaço; presunção.
hinojo, *s. m.* funcho; erva-doce; joelho; *de hinojos:* de joelhos.
hipar, *v. i.* impar; arquejar.
hipérbola, *s. f.* hipérbole.
hipermetropía, *s. f.* hipermetropia.
hipertensión, *s. f.* hipertensão.
hipertrofia, *s. f.* hipertrofia, hiperplasia.
hípico (ca), *adj.* hípico.
hipnosis, *s. f.* hipnose.
hipnotizar, *v. t.* hipnotizar.
hipo, *s. m.* soluço; ânsia; desejo; *prep.* indicativa de inferioridade.
hipocresía, *s. f.* hipocrisia.
hipócrita, *adj.* e *s.* hipócrita.
hipódromo, *s. m.* hipódromo.
hipogeo, *s. m.* hipogeu.
hipopótamo, *s. m.* hipopótamo.
hipóstasis, *s. f.* hipóstase.
hipotecar, *v. t.* hipotecar.
hipótesis, *s. f.* hipótese.
hirviente, *adj.* fervente; ardente.
hisopo, *s. m.* hissope.
hispânico (ca), *adj.* hispânico; espanhol.
hispanismo, *s. m.* hispanismo.
hispanoamericano (na), *adj.* hispano-americano.
histerismo, *s. m.* histerismo.
histología, *s. f.* histologia.
historia, *s. f.* história; conto; patranha; fábula.
historiar, *v. t.* historiar; expor.
historieta, *s. f.* historieta.
hita, *s. f.* prego pequeno e sem cabeça.
hocicar, *v. t.* e *i.* foçar, afocinhar.
hocico, *s. m.* focinho.
hogar, *s. m.* lar; lareira.
hogaza, *s. f.* fogaça.
hoguera, *s. f.* fogueira; labareda.
hoja, *s. f.* folha.
hojalata, *s. f.* lata; folha-de-flandres.
hojaldrar, *v. t.* folhar a massa (para pastéis).
hojaldre, *s. m.* folhado (massa).
hojear, *v. t.* folhear.
¡hola!, *interj.* olá!

holgado (da), *adj.* folgado; largo; amplo; desafogado.
holgar, *v. i.* folgar; descansar; divertir-se.
holgazán (na), *adj.* e *s.* mandrião; vadio; ocioso.
holgura, *s. f.* folguedo; folgança; folga; largura; largueza.
holocausto, *s. m.* holocausto.
hollar, *v. t.* pisar; calcar; humilhar.
hollín, *s. m.* fuligem.
hombre, *s. m.* homem.
hombrera, *s. f.* ombreira; platinas.
hombro, *s. m.* ombro; espádua.
homenaje, *s. m.* homenagem; preito.
homicida, *adj.* e *s.* homicida.
homilía, *s. f.* homilia ou homilia.
homogeneidad, *s. f.* homogeneidade.
homologar, *v. t.* homologar.
homosexualidad, *s. f.* homosexualismo.
honda, *s. f.* funda.
hondo (da), *adj.* fundo; profundo; recôndito.
hondón, *s. m.* fundo; buraco de agulha.
hondanada, *s. f.* ribanceira; fundura; terreno fundo.
hondura, *s. f.* fundura; profundidade; dificuldade.
honestidad, *s. f.* honestidade; probidade; pudor.
hongo, *s. m.* cogumelo; fungão; fungo.
honor, *s. m.* honra; virtude; honestidade; dignidade.
honorario (ria), *adj.* honorário; honorífico; *pl.* honorários (estipêndio).
honra, *s. f.* honra; dignidade; virtude; mérito; probidade; honestidade.
honrar, *v. t.* honrar; venerar; respeitar; distinguir.
hora, *s. f.* hora.
horada, *adj.* pontual; *a la hora horada,* na hora exacta.
horadar, *v. t.* perfurar; furar; esburacar.
horario (ria), *adj.* e *s. m.* horário.
horca, *s. f.* forca; patíbulo.
horchata, *s. f.* orchata.
horda, *s. f.* horda; bando; tribo.
horizonte, *s. m.* horizonte.
horma, *s. f.* forma; molde.
hormiga, *s. f.* formiga.
hormigón, *s. m.* betão; formigão.
hormiguear, *v. i.* formigar.
hormigueo, *s. m.* formigamento; comichão; formigueiro; prurido.
hornacina, *s. f.* fórnice.
hornada, *s. f.* fornada.
hornaguera, *s. f.* hulha; carvão de pedra.
hornija, *s. f.* cavacos; gravetos; acendalhas; garavatos.
hornilla, *s. f.* fornilha, fornilho; fogão.
hornillo, *s. m.* fornilho; fogão.
horno, *s. m.* forno.
horóscopo, *s. m.* horoscópio ou horóscopo.
horquilla, *s. f.* forqueta, forquilha; grampo.
hórreo, *s. m.* celeiro; espigueiro.
horrible, *adj.* horrível; horrendo.
horripilar, *v. t.* horripilar; horrorizar.
horror, *s. m.* horror; aversão; terror.
horrorizar, *v. t.* horrorizar; horripilar.
hortelano (na), *adj.* hortense; *s. m.* hortelão.
hortensia, *s. f.* hortênsia; hidrângea.
hortera, *s. f.* escudela.
horticultura, *s. f.* horticultura.
hosco (ca), *adj.* fosco; fusco.
hospedar, *v. t.* hospedar; alojar.
hospedería, *s. f.* hospedaria; albergaria; estalagem.
hospicio, *s. m.* hospício.
hospital, *s. m.* hospital.
hospitalizar, *v. t.* hospitalizar.
hostal, *s. m.* hospedaria; estalagem; pousada.
hostia, *s. f.* hóstia.
hostigar, *v. t.* fustigar; açoutar.
hostil, *adj.* hostil; adverso; agressivo.
hostilidad, *s. f.* hostilidade.

hostilizar, *v. t.* hostilizar; prejudicar.
hotel, *s. m.* hotel.
hoy, *adv.* hoje.
hoya, *s. f.* fossa; cova.
hoyo, *s. m.* cova; fojo; sepultura.
hoz, *s. f.* fouce ou foice; garganta (estreiteza dum vale).
hucha, *s. f.* hucha; arca; mealheiro.
hueca, *s. f.* rosca em espiral (na parte mais delgada do fuso).
hueco (ca), *adj.* e *s.* oco;; côncavo ou vazio; *s. m.* vão; buraco.
huelga, *s. f.* greve; folga; férias.
huelgo, *s. m.* fôleo; alento; respiração.
huella, *s. f.* pegada; vestígio; rasto.
huérfano (na), *adj.* e *s.* órfao.
huerta, *s. f.* horta.
huerto, *s. m.* horto, pequena horta.
hueso, *s. m.* osso.
huésped (da), *s. m.* e *f.* hóspede.
hueste, *s. f.* hoste; tropa.
hueva, *s. f.* mílharas (ovas de peixe).
huevería, *s. f.* loja onde se vendem ovos.
huevo, *s. m.* ovo.
huida, *s. f.* fuga; saída; folga; largueza.
uir, *v. i.* e *r.* fugir; livrar-se; escapar-se.
ule, *s. m.* oleado, encerado.
ulla, *s. f.* hulha; carvão de pedra.
umanidad, *s. f.* humanidade.
umano (na), *adj.* humano.
umareda, *s. f.* fumarada; fumaraça; fumaçada.
humeante, *adj.* fumegante.
humear, *v. i.* fumegar; fumear.
humedad, *s. f.* humidade.
húmedo (da), *adj.* húmido.
húmero, *s. m.* úmero.
humilde, *adj.* humilde; submisso.
humillar, *v. t.* humilhar; vexar.
humo, *s. m.* fumo (fumaça); orgulho.
humor, *s. m.* humor; génio; jovialidade.
humorista, *adj.* humorista.
humus, *s. m.* húmus; humo.
hundir, *v. t.* afundar; submergir; abater; oprimir; arruinar; destruir.
huracán, *s. m.* furacão; tufão.
huraño (ña), *adj.* insociável; intratável.
hurgar, *v. t.* remexer; esgaravatar.
hurgón, *s. m.* artiçador; remexedor; espevitador.
hurón, *s. m.* furão (mamífero); furão, bisbilhoteiro; homem activo, fura-vidas.
huronear, *v. i.* afuroar; furoar; investigar.
huronero, *s. m.* furoeiro.
hurtar, *v. t.* furtar.
hurto, *s. m.* furto.
husada, *s. f.* fusada.
húsar, *s. m.* hússar ou hussardo.
husmear, *v. t.* farejar; cheirar; fariscar.
husmo, *s. m.* fartum.
huso, *s. m.* fuso.
¡huy!, *interj.* hi!

I

i, *s. f.* i, décima letra do alfabeto espanhol.
ibérico (ca), *adj.* ibérico; ibero.
ibis, *s. f. (zool.)* íbis.
iceberg, *s. m.* icebergue.
iconoclasta, *adj.* e *s.* iconoclasta.
iconolatría, *s. f.* iconolatria.
icosaedro, *s. m.* icosaedro.
ictericia, *s. f.* icterícia.
ictiosis, *s. f.* ictiose.
ida, *s. f.* ida; partida; viagem.
idea, *s. f.* ideia.
ideal, *adj.* ideal; quimérico; *s. m.* ideal; modelo.
idealizar, *v. t.* idealizar.
idear, *v. t.* idear; delinear; fantasiar.
ideario, *s. m.* ideário.
identidad, *s. f.* identidade.
identificar, *v. t.* identificar.
ideología, *s. f.* ideologia.
idílico (ca), *adj.* idílico; amoroso.
idilio, *s. m.* idílio.
idioma, *s. m.* idioma.
idiosincrasia, *s. f.* idiossincrasia.
idiota, *adj.* e *s.* idiota.
ídolo, *s. m.* ídolo.
idóneo (a), *adj.* idóneo.
idus, *s. m. pl.* idos.
iglesia, *s. f.* igreja.
ígneo (a), *adj.* ígneo.
ignorar, *v. t.* ignorar.
ignoto (ta), *adj.* ignoto; desconhecido.
igual, *adj.* igual; idêntico; uniforme.
igualar, *v. t.* igualar.
ijada, *s. f.* ilharga; flanco; lado.
ilación, *s. f.* ilação; deduçao; conclusão.
ilegal, *adj.* ilegal; ilícito.
ilegible, *adj.* ilegível.
ilegítimo (ma), *adj.* ilegítimo; bastardo.
ileso (sa), *adj.* ileso; incólume.
iletrado (da), *adj.* iletrado; analfabeto.
ilícito (ta), *adj.* ilícito; proibido.
ilimitable, *adj.* ilimitável; imenso.
ilógico (ca), *adj.* ilógico; absurdo.
iluminar, *v. t.* iluminar; alumiar; inspirar.
ilusión, *s. f.* ilusão.
iluso (sa), *adj.* e *s.* iluso; enganado; seduzido.
ilustración, *s. f.* ilustração; saber.
ilustrar, *v. t.* ilustrar.
ilustre, *adj.* ilustre; célebre; insigne.
imagen, *s. f.* imagem.
imaginar, *v. i.* imaginar; fantasiar; supor.
imán, *s. m.* imã; *(fis.)* íman.
imanación, *s. f.* magnetização.
imantar, *v. t.* imanar; magnetizar.
imbécil, *adj.* e *s.* imbecil; néscio.
imberbe, *adj.* imberbe.
imborrable, *adj.* indelével.
imbuir, *v. t.* imbuir; infundir; persuadir.
imitar, *v. t.* imitar.
impacientar, *v. t.* impacientar.
impaciente, *adj.* impaciente.
impacto, *s. m.* impacto.
impagable, *adj.* impagável.
impar, *adj.* ímpar.
imparcial, *adj.* e *s.* imparcial; recto.
impartir, *v. t.* dividir; repartir.
impasible, *adj.* impassível.
impávido (da), *adj.* impávido; destemido.
impecable, *adj.* impecável.

impedido (da), *adj.* e *s.* impedido; paralítico.
impedir, *v. t.* impedir; estorvar; embaraçar; obstar.
impenetrable, *adj.* impenetrável.
impenitente, *adj.* e *s.* impenitente.
imperar, *v. i.* imperar; dominar.
imperativo (va), *adj.* e *s.* imperativo; arrogante; autoritário.
imperdonable, *adj.* imperdoável.
imperecedero (ra), *adj.* imperecedoiro ou imperecedouro; imorredoiro; perdurável.
imperfección, *s. f.* imperfeição; defeito.
imperial, *adj.* imperial; *s. f.* imperial, parte superior de alguns veículos.
imperialista, *s. m.* e *f.* imperialista.
imperio, *s. m.* império; autoridade; altivez; orgulho.
impermeabilizar, *v. t.* impermeabilizar ou impermear.
impermeable, *adj.* y *s. m.* impermeável; capa de borracha.
impermutable, *adj.* impermutável.
impersonal, *adj.* impessoal.
impertérrito (ta), *adj.* impertérrito; destemido; impávido.
impertinente, *adj.* e *s.* impertinente; despropositado.
imperturbable, *adj.* imperturbável; impassível.
impetrar, *v. t.* impetrar; rogar; suplicar; solicitar.
ímpetu, *s. m.* ímpeto; arrebatamento; impulso.
impiedad, *s. f.* impiedade; crueldade.
impío (pía), *adj.* ímpio; cruel; desumano.
implacable, *adj.* implacável.
implantar, *v. t.* implantar.
implicar, *v. t.* implicar; enredar; embirrar.
implícito (ta), *adj.* implícito; subentendido.
implorar, *v. t.* implorar; rogar.
imponderable, *adj.* imponderável.
imponer, *v. t.* impor; imputar; atribuir.
impopular, *adj.* impopular.
importación, *s. f.* importação.
importancia, *s. f.* importância; valor; utilidade; autoridade; prestigio.
importante, *adj.* importante; considerável.
importar, *v. i.* e *t.* importar.
importe, *s. m.* importe; custo.
importunar, *v. t.* importunar; estorvar; enfadar.
imposibilitar, *v. t.* impossibilitar.
imposición, *s. f.* imposição.
impostor (ra), *adj.* y *s.* impostor.
impostura, *s. f.* impostura; embuste; hipocrisia.
impotencia, *s. f.* impotência.
impracticable, *adj.* impracticável; inexequível.
impregnar, *v. t.* impregnar; embeber.
imprenta, *s. f.* imprensa.
imprescindible, *adj.* imprescindível.
impresión, *s. f.* impressão.
impresionar, *v. t.* impressionar.
impresionismo, *s. m.* impressionismo.
imprevisto (ta), *adj.* imprevisto; inopinado.
imprimir, *v. t.* imprimir; gravar; estampar.
improbable, *adj.* improvável; incerto.
ímprobo (ba), *adj.* ímprobo; árduo.
improcedente, *adj.* improcedente.
improperar, *v. t.* improperar; injuriar.
improperio, *s. m.* impropério; injúria.
improrrogable, *adj.* improrrogável.
improvisación, *s. f.* improvisação.
improvisar, *v. t.* improvisar.
improviso (sa), *adj.* improviso; repentino.
imprudencia, *s. f.* imprudência.
impudor, *s. m.* impudor.
impuesto (ta), *s. m.* imposto; taxa; tributo.
impugnar, *v. t.* impugnar; refutar; contestar.
impulsar, *v. t.* impulsar; impelir.

impulso, *s. m.* impulso; ímpeto; estímulo.
impulsor (ra), *adj.* y *s.* impulsor.
impune, *adj.* impune.
imputar, *v. t.* imputar.
inacabable, *adj.* inacabável.
inactivo (va), *adj.* inactivo; ocioso; inerte.
inagotable, *adj.* inesgotável.
inalcanzable, *adj.* inatingível.
inalterable, *adj.* inalterável.
inamisible, *adj.* inamissível.
inanición, *s. f.* inanição.
inanimado (da), *adj.* inanimado; morto.
inapagable, *adj.* inextinguível.
inapelable, *adj.* inapelável.
inarmónico (ca), *adj.* inarmónico.
inarticulado (da), *adj.* inarticulado.
inatacable, *adj.* inatacável.
inaudito (ta), *adj.* inaudito.
inaugurar, *v. t.* inaugurar; começar; abrir.
incalculable, *adj.* incalculável.
incandescente, *adj.* incandescente.
incapaz, *adj.* incapaz.
incauto (ta), *adj.* incauto.
incendio, *s. m.* incêndio.
incentivo (va), *adj.* e *s.* incentivo; estímulo.
incesante, *adj.* incessante.
incesto, *s. m.* incesto.
incidir, *v. i.* incidir; sobrevir; incorrer.
incierto (ta), *adj.* incerto; duvidoso.
incipiente, *adj.* incipiente; principiante.
inciso (sa), *adj.* inciso; cortado.
incitador (ra), *adj.* e *s.* incitador; instigador.
incitar, *v. t.* incitar; instigar; animar; estimular.
inclinar, *v. t.* inclinar; abaixar; abater.
ínclito (ta), *adj.* ínclito; egrégio; ilustre.
incluir, *v. t.* incluir; inserir; abranger.
inclusa, *s. f.* roda, hospício de enjeitados.
inclusión, *s. f.* inclusão.
incoación, *s. f.* incoação; começo.
incoar, *v. t.* incoar; principiar.
incógnita, *s. f.* incógnita.
incoherente, *adj.* incoerente.
incoloro (ra), *adj.* incolor.
incólume, *adj.* incólume; ileso; intacto.
incombustible; *adj.* incombustível.
incomodar, *v. t.* incomodar.
incomparable, *adj.* incomparável; único.
incompatible, *adj.* incompatível.
incompetencia, *s. f.* incompetência.
incompleto (ta), *adj.* incompleto.
incomprensible, *adj.* incompreensível.
incomunicar, *v. t.* incomunicar.
inconcebible, *adj.* inconcebível; inacreditável.
inconcluso (sa), *adj.* inconcluso.
incondicional, *adj.* incondicional; absoluto.
inconexo (xa), *adj.* inconexo; desconexo.
inconfeso (sa), *adj.* inconfesso.
inconfundible, *adj.* inconfundível.
inconsciente, *adj.* inconsciente.
inconsecuente, *adj.* e *s.* inconsequente.
inconsistencia, *s. f.* inconsistência.
inconstancia, *s. f.* inconstância; volubilidade.
incontrovertible, *adj.* incontrovertível; incontroverso.
inconveniente, *adj.* y *s. m.* inconveniente.
incorporar, *v. t.* incorporar; juntar; reunir.
incorrecto (ta), *adj.* incorrecto; errado.
incrédulo (la), *adj.* e *s.* incrédulo; ímpio, ateu.
increíble, *adj.* incrível.
incrementar, *v. t.* incrementar.
increpar, *v. t.* increpar, repreender; acusar.
incriminar, *v. t.* incriminar.

incruento (ta), *adj.* incruento.
incrustar, *v. t.* incrustar, tauxiar, embutir.
incubar, *v. i.* V. **encobar.**
incuestionable, *adj.* inquestionável; indiscutível.
inculcar, *v. t.* inculcar; informar; recomendar.
inculpar, *v. t.* inculpar; acusar.
incumbir, *v. i.* incumbir.
incunable, *adj.* incunábulo.
incurable, *adj.* incurável; (*fig.*) irremediável.
incurrir, *v. i.* incorrer; cometer.
indagar, *v. t.* indagar; descobrir; investigar; pesquisar.
indecente, *adj.* indecente, indecoroso.
indeclinable, *adj.* indeclinável; inevitável; irrecusável.
indecoro, *s. m.* indecoro.
indefenso (sa), *adj.* indefenso ou indefeso; desarmado; fraco.
indefinido (da), *adj.* indefinido, indeterminado.
indeleble, *adj.* indelével; indestrutível.
indemne, *adj.* indemne; ileso; incólume.
indemnizar, *v. t.* indemnizar; compensar; ressarcir.
independiente, *adj.* independente; autónomo.
indeseable, *adj.* indesejável.
indiano (na), *adj.* e *s.* indiano; índio; ameríndio.
indicar, *v. t.* indicar; designar; mencionar.
indicativo (va), *adj.* indicativo.
índice, *s. m.* índice; relação; tabela; catálogo; lista.
indiferente, *adj.* indiferente; apático.
indígena, *adj.* e *s.* indígena.
indigente, *adj.* e *s.* indigente; mendigo.
indigestión, *s. f.* indigestão.
indignar, *v. t.* indignar; *v. r.* revoltar-se.
indigno (na), *adj.* indigno; desprezível; vil; indecoroso.
indio (dia), *adj.* e *s. m.* y *f.* índio; indiano.
indirecto (ta), *adj.* indirecto; oblíquo.
indisoluble, *adj.* indissolúvel.
indisponer, *v. t.* indisponer; malquistar.
individual, *adj.* individual.
individuo (dua), *adj.* indiviso; individual; *s. m.* individuo.
indivisible, *adj.* indivisível.
indochino (na), *adj.* e *s.* indochinês.
indoeuropeo (a), *adj.* e *s.* indo-europeu.
índole, *s. f.* índole; carácter; temperamento.
indomable, *adj.* indomável.
indómito (ta), *adj.* indómito.
inducir, *v. t.* induzir; instigar; incitar; persuadir.
inductor (ra), *adj.* e *s. m.* indutor.
indultar, *v. t.* indultar; perdoar; comutar.
indumentaria, *s. f.* indumentaria; trajo.
industria, *s. f.* industria; arte; engenho; habilidade.
inédito (ta), *adj.* inédito.
inefable, *adj.* inefável; indizível; inebriante.
ineficaz, *adj.* ineficaz.
ineludible, *adj.* iniludível.
inenarrable, *adj.* inenarrável; indizível.
inepto (ta), *adj.* e *s.* inepto; néscio; estúpido.
inequívoco (ca), *adj.* inequívoco; evidente.
inercia, *s. f.* inércia; inacção.
inerme, *adj.* inerme.
inerrable, *adj.* infalível.
inerte, *adj.* inerte.
inesperado (da), *adj.* inesperado.
inestable, *adj.* instável.
inestimable, *adj.* inestimável; inapreciável.
inevitable, *adj.* inevitável.

inexacto (ta), *adj.* inexacto.
inexistente, *adj.* inexistente.
inexorable, *adj.* inexorável; implacável.
inexperto (ta), *adj.* e *s.* inexperto; inexperiente.
inexplicable, *adj.* inexplicável.
inexpresivo (va), *adj.* inexpresivo.
infalible, *adj.* infalível; certo; seguro.
infamación, *s. f.* infamação; difamação.
infamar, *v. t.* infamar, desacreditar, desonrar, difamar.
infame, *adj.* e *s.* infame; vil; abjecto.
infamia, *s. f.* infâmia; desonra; vileza.
infancia, *s. f.* infância.
infantil, *adj.* infantil; inocente.
infarto, *s. m. (med.)* enfarte; enfartamento; ingurgitamento; ingurgitação.
infatigable, *adj.* infatigável; incansável.
infausto (ta), *adj.* infausto; funesto, desgraçado.
infección, *s. f.* infecção; contágio.
infecundidad, *s. f.* infecundidade; esterilidade.
infeliz, *adj.* e *s.* desgraçado, infeliz; desventurado.
inferior, *adj.* e *s.* inferior.
inferir, *v. t.* inferir; deduzir; concluir.
infernal, *adj.* infernal; pernicioso; medonho.
infernillo, *s. m.* lamparina de álcool.
infestar, *v. t.* infestar; assolar; empestar; devastar.
infiel, *adj.* e *s.* infiel.
infierno, *s. m.* inferno.
infiltrar, *v. t.* e *r.* infiltrar; infundir.
ínfimo (ma), *adj.* ínfimo; inferior.
infinitivo, *adj.* e *s. m.* infinitivo.
infinito (ta), *adj.* e *s. m.* infinito.
inflación, *s. f.* inflação.
inflamar, *v. t.* inflamar.
inflar, *v. t.* e *r.* inflar; enfunar; inchar.
inflexible, *adj.* inflexível; pertinaz; obstinado.
inflexión, *s. f.* inflexão.
infligir, *v. t.* infligir.
influencia, *s. f.* influência; crédito; ascendente.
influir, *v. t.* influir; influenciar; estimular.
influjo, *s. m.* influência; fluxo, preia-mar.
informador (ra), *adj.* e *s.* informador.
informal, *adj.* inconveniente; incorrecto.
informar, *v. t.* informar; comunicar; avisar.
informe, *adj.* informe; tosco; *s. m.* informação.
infortunio, *s. m.* infortúnio; infelicidade; desgraça.
infracción, *s. f.* infracção; transgressão.
infrecuente, *adj.* infrequente.
infringir, *v. t.* infringir; transgredir.
infructuoso (sa), *adj.* infrutuoso.
infundado (da), *adj.* infundado.
infundir, *v. t.* infundir; misturar; incutir; espalhar.
infusión, *s. f.* infusão.
ingeniar, *v. t.* engenhar; maquinar; inventar.
ingeniero, *s. m.* engenheiro.
ingenio, *s. m.* engenho; talento; habilidade.
ingente, *adj.* ingente.
ingenuidad, *s. f.* ingenuidade; inocência; simplicidade.
ingle, *s. f.* virilha.
ingobernable, *adj.* ingovernável.
ingratitud, *s. f.* ingratidão.
ingresar, *v. i.* ingresar; entrar.
ingreso, *s. m.* ingresso; entrada; receita (de dinheiros).
inhábil, *adj.* inábil.
inhabilitar, *v. t.* inabilitar.
inhabitable, *adj.* inabitável.
inhalar, *v. t.* inalar; aspirar.
inherencia, *s. f.* inerência.
inhibición, *s. f.* inibição.
inhibir, *v. t.* inibir, proibir; impedir.
inhumación, *s. f.* inumação, enterramento.

inhumano (na), *adj.* inumano; desumano; cruel.
inhumar, *v. t.* inumar, enterrar, sepultar.
iniciar, *v. t.* iniciar; começar; principiar; admitir.
iniciativa, *s. f.* iniciativa.
inimitable, *adj.* inimitável.
iniquidad, *s. f.* iniquidade; maldade.
injerir, *v. t.* inserir; introduzir; engolir; *v. r.* intrometer-se; imiscuir-se.
injertar, *v. t.* enxertar.
injerto (ta), *adj.* enxertado; *s. m.* e *f.* enxerto; enxertia.
injuria, *s. f.* injúria; afronta; agravo; ultraje.
injuriar, *v. t.* injuriar; ofender; ultrajar; insultar.
injusticia, *s. f.* injustiça.
inmaculado (da), *adj.* imaculado; puro; inocente.
inmanente, *adj.* imanente.
inmediato (ta), *adj.* imediato; contíguo; próximo; instantâneo.
inmemorial, *adj.* imemorial; imemorável.
inmenso (sa), *adj.* imenso; infinito; ilimitado.
inmerecido (da), *adj.* imerecido.
inmersión, *s. f.* imersão.
inmigrar, *v. i.* imigrar.
inminencia, *s. f.* iminência.
inmiscuir, *v. t.* misturar; *v. r.* *(fig.)* imiscuir-se; intrometer-se.
inmobiliario (ria), *adj.* imobiliário.
inmoderado (da), *adj.* imoderado; exagerado; descomedido.
inmodestia, *s. f.* imodéstia; orgulho; impudicícia.
inmolar, *v. t.* imolar.
inmoral, *adj.* imoral; desonesto.
inmortal, *adj.* imortal.
inmovilizar, *v. t.* imobilizar.
inmueble, *adj.* imóvel (bens).
inmundo (da), *adj.* imundo; sujo, asqueroso.
inmune, *adj.* imune; isento.
inmunizar, *v. t.* imunizar.
innato (ta), *adj.* inato; congénito.
innovar, *v. t.* inovar.
inocente, *adj.* e *s. m.* e *f.* inocente; cândido; ingénuo; puro.
inocular, *v. t.* inocular.
inodoro (ra), *adj.* e *s. m.* inodoro.
inolvidable, *adj.* inovidável; inesquecível.
inope, *adj.* pobre; indigente.
inoperable, *adj.* inoperável.
inopia, *s. f.* inópia; indigência; penúria.
inoportuno (na), *adj.* inoportuno.
inoxidable, *adj.* inoxidável.
inquietar, *v. t.* ínquietar; perturbar.
inquilino (na), *s. m.* e *f.* inquilino; arrendatário.
inquinar, *v. t.* inquinar; infectar.
inquirir, *v. t.* inquirir; indagar; investigar.
inquisición, *s. f.* inquisição.
insaciable, *adj.* insaciável.
insalubre, *adj.* insalubre; doentio.
insatisfecho (cha), *adj.* insatisfeito.
inscribir, *v. t.* inscrever; insculpir; gravar; registrar.
insecticida, *adj.* insecticida.
insecto, *s. m.* insecto.
inseguro (ra), *adj.* inseguro, falto de segurança.
insensato (ta), *adj.* e *s.* insensato.
insensibilizar, *v. t.* insensibilizar.
insensible, *adj.* insensível.
inseparable, *adj.* inseparável.
inserción, *s. f.* inserção.
insertar, *v. t.* inserir; incluir; enxertar.
insidiar, *v. t.* insidiar; atraiçoar.
insigne, *adj.* insigne; notável; eminente, célebre.
insignia, *s. f.* insígnia; venera.
insinuar, *v. t.* insinuar.
insípido (da), *adj.* insípido.
insistir, *v. i.* insistir; teimar; persistir; porfiar.
insociable, *adj.* insociável, intratável.
insolencia, *s. f.* insolência; atrevimiento.

insolente, *adj.* e *s.* insolente; atevido; grosseiro.
insólito (ta), *adj.* insólito; extraordinário; incrível.
insoluble, *adj.* insolúvel.
insolvencia, *s. f.* insolvência.
insomnio, *s. m.* insónia.
insoportable, *adj.* insuportável; insofrível; intolerável.
insostenible, *adj.* insustentável.
inspeccionar, *v. t.* inspeccionar.
inspector (ra), *adj.* e *s.* inspector; *s. m.* inspector.
inspirar, *v. t.* inspirar; sugerir; incutir; insinuar.
instalar, *v. t.* e *r.* instalar; estabelecer.
instancia, *s. f.* instância.
instantáneo (a), *adj.* instantâneo; súbito; rápido.
instante, *adj.* instante; *s. m.* instante; momento.
instar, *v. i.* e *t.* instar.
instaurar, *v. t.* instaurar.
instigar, *v. t.* instigar; incitar; açular.
instinto, *s. m.* instinto.
institución, *s. f.* instituição.
instituir, *v. t.* instituir; fundar; criar; estabelecer.
instituto, *s. m.* instituto; regulamentação; regra.
institutriz, *s. f.* preceptora.
instrucción, *s. f.* instrução.
instruir, *v. t.* instruir; ensinar; adestrar.
instrumental, *adj.* e *s.* instrumental.
instrumentar, *v. t.* instrumentar.
insubordinar, *v. t.* insubordinar.
insuficiente, *adj.* insuficiente.
insuflar, *v. t.* insuflar; insinuar.
insulina, *s. f.* insulina.
insultar, *v. t.* insultar; ofender; injuriar; ultrajar.
insuperable, *adj.* insuperável; invencível.
insurrección, *s. f.* insurreição, rebelião; revolta.
intachable, *adj.* irrepreensível.
intangible, *adj.* intangível.
integral, *adj.* integral; total; completo; inteiro.
integrar, *v. t.* integrar; completar.
íntegro (gra), *adj.* íntegro; completo; perfeito; recto.
intelecto, *s. m.* intelecto; inteligência; entendimento.
intelectual, *adj.* e *s.* intelectual.
inteligente, *adj.* e *s.* inteligente.
intemperie, *s. f.* intempérie.
intención, *s. f.* intenção; propósito; vontade.
intendencia, *s. f.* intendência.
intensidad, *s. f.* intensidade.
intentar, *v. t.* intentar; planear; projectar.
intercalar, *adj.* intercalar; inserir; interpor.
interceder, *v. i.* interceder; trocar; intervir.
interceptar, *v. t.* interceptar; interromper.
intercesión, *s. f.* intercessão.
interdecir, *v. t.* interdizer; vedar ou proibir.
interés, *s. m.* interesse; proveito; vantagem; juros.
interesar, *v. i.* interessar; *v. t.* atrair.
interferir, *v. t.* interferir; intervir.
ínterin, *s. m.* interim; entrementes; *adv.* entretanto.
interior, *adj.* interior; íntimo; interno.
interjección, *s. f.* interjeição.
interlocución, *s. f.* interlocução.
intermediario (ria), *adj.* e *s.* intermediário.
interminable, *adj.* interminável; demorado.
intermuscular, *adj.* intramuscular, intermuscular.
internar, *v. t.* internar; introduzir.
interpelar, *v. t.* interpelar.
interpolar, *v. t.* interpolar; alternar; entremear.
interponer, *v. t.* interpor; intrometer.
interpretar, *v. t.* interpretar; explicar; traduzir.
intérprete, *s. m.* e *f.* intérprete.

interrogar, *v. t.* interrogar; inquirir; consultar; perguntar.
interrumpir, *v. t.* interromper; suspender; sustar; estorvar.
interruptor (ra), *adj.* e *s. m.* interruptor.
intervalo, *s. m.* intervalo.
intervenir, *v. i.* intervir; ingerir-se; operar.
interventor (ra), *adj.* e *s.* interventor; interveniente.
intestino (na), *adj.* intestino; interior; interno; íntimo.
intimar, *v. t.* intimar; notificar.
intimidad, *s. f.* intimidade.
intimidar, *v. t.* e *r.* intimidar; assustar; amedrontar.
intolerable, *adj.* intolerável.
intolerante, *adj.* e *s.* intolerante.
intoxicar, *v. t.* intoxicar; envenenar.
intrépido (da), *adj.* intrépido; audaz.
intrigar, *v. i.* intrigar.
intrincar, *v. t.* intrincar; embaraçar; enredar; complicar.
intrínseco (ca), *adj.* intrínseco; íntimo; essencial.
introducir, *v. t.* introduzir; meter.
intuición, *s. f.* intuiçao; presentimento.
inundar, *v. t.* inundar; alagar.
inusitado (da), *adj.* inusitado; desusado.
inusual, *adj.* não usual.
inútil, *adj.* inútil; desnecessário; vão.
inutilizar, *v. t.* inutilizar.
invadir, *v. t.* invadir.
invalidar, *v. t.* invalidar; inutilizar.
invasión, *s. f.* invasão.
invención, *s. f.* invenção; engano; ficção; fábula.
inventar, *v. t.* inventar; idear; urdir.
inventario, *s. m.* inventário; relação.
inventor (ra), *adj.* e *s.* inventor.
invernadero, *s. m.* invernadouro; inverneira, lugar de pastagem no Inverno.
invernal, *s. m.* inverneira; invernadoiro.
inversión, *s. f.* inversão.
inverso (sa), *adj.* invertido; inverso; recíproco; oposto.
invertebrado (da), *adj.* invertebrado.
invertir, *v. t.* inverter; alterar; aplicar (capitais).
investigar, *v. t.* investigar; inquirir; indagar.
invierno, *s. m.* Inverno.
inviolable, *adj.* inviolável.
invisible, *adj.* invisível.
invitar, *v. t.* convidar.
invocar, *v. t.* invocar; chamar.
involuntario (ria), *adj.* involuntário.
invulnerable, *adj.* invulnerável; inatacável.
inyección, *s. f.* injecção.
inyectar, *v. t.* injectar.
ion, *s. m.* íon, ião.
ir, *v. i.* ir; marchar; seguir.
ira, *s. f.* ira; cólera; fúria; raiva.
irascible, *adj.* irascível.
iridio, *s. m.* irídio (metal).
iris, *s. m.* arco-íris; íris (membrana do globo ocular).
ironía, *s. f.* ironia; sarcasmo.
ironizar, *v. t.* ironizar.
irracional, *adj.* irracional.
irradiar, *v. t.* irradiar.
irreal, *adj.* irreal; imaginário.
irreflexión, *s. f.* irreflexão.
irregular, *adj.* irregular.
irrevocable, *adj.* irrevogável; irrevocável.
irrigar, *v. t.* irrigar.
irritar, *v. t.* irritar; exacerbar; excitar.
irrumpir, *v. i.* irromper.
isla, *s. f.* ilha.
isleño (ña), *adj.* e *s.* islenho ou isleno; insular; insulano; ilhéu.
islote, *s. m.* ilhote; ilhéu.
isópodo (da), *adj.* isópode.
isotermo (ma), *adj.* isotérmico.
istmo, *s. m.* istmo.
italianizar, *v. t.* italianizar.
itálico (ca), *adj.* itálico.
itinerario (ria), *adj.* e *s. m.* itinerário.
izado (da), *adj.* içado.
izar, *v. t.* içar; erguer; levantar.
izquierda, *s. f.* esquerda.

i

j

j, *s. f.* j, undécima letra do alfabeto espanhol.
jabalí, *s. m.* javalí.
jabalina, *s. f.* javalina; azagaia.
jabato, *s. m.* javalizinho.
jabón, *s. m.* sabão.
jabonar, *v. t.* ensaboar.
jaboncillo, *s. m.* sabonete; giz de alfaiate.
jabonera, *s. f.* saboneteira.
jaca, *s. f.* faca, cavalo ou égua pequenos.
jacinto, *s. m. (bot.)* jacinto.
jactancia, *s. f.* jactância; vaidade; arrogância.
jactarse, *v. r.* jactar-se; gabar-se; exaltar-se.
jade, *s. m. (min.)* jade.
jadear, *v. i.* arquejar; ofegar.
jaez, *s. m.* jaez (adorno); índole; carácter; jaez.
jaguar, *s. m. (zool.)* jaguar.
jalar, *v. t.* atirar; atrair; puxar.
jalea, *s. f.* geleia.
jalear, *v. t.* animar; açular os cães; aplaudir.
jaleo, *s. m.* algazarra; animação; graça; viveza; aplausos; certa dança andaluza.
jalifa, *s. c.* califa.
jalón, *s. m.* baliza; bandeirola; estaca.
jalonar, *v. t.* balizar; limitar.
jamás, *adv.* jamais; nunca; en nenhum tempo.
jamba, *s. f. (arq.)* jamba.
jamelgo, *s. m.* rocinante; sendeiro.
jamón, *s. m.* presunto.
jaque, *s. m.* xeque (no xadrez); *jaque-mate,* xeque-mate.
jaquear, *v. t.* xaquear, dar xeques (no jogo de xadrex); fustigar o inimigo.
jaqueca, *s. f.* enxaqueca; hemicrania; hemialgia.
jarabe, *s. m.* xarope.
jarana, *s. f.* algazarra; gritaria; alvoroto; burla.
jaranear, *v. i.* alvoroçar; brigar; trapacear.
jardín, *s. m.* jardim.
jardinera, *s. f.* jardineira.
jareta, *s. f.* bainha.
jarra, *s. f.* jarra.
jarretar, *v. t.* e *r.* enervar, enfraquecer.
jarro, *s. m.* jarro.
jarrón, *s. m.* jarrão; vaso artístico.
jaspear, *v. t.* jaspear.
jaula, *s. f.* gaiola; jaula.
jauría, *s. f.* matilha de cães.
jazmín, *s. m.* jasmim.
jefatura, *s. f.* chefatura; chefia.
jefe, *s. m.* chefe.
Jehová, *s. m.* Jeová, nome de Deus em hebraico.
jeito, *s. m. (mar.)* rede usada na pesca da sardinha.
jeque, *s. m.* bolsa do alforge; xeque (chefe árabe).
jerarca, *s. m.* jerarca.
jerez, *s. m. (fig.)* xerez (vinho).
jerga, *s. f.* xerga, espécie de burel; exergão; colchão; geringonça; gíria; calão.
jeringa, *s. f.* seringa.
jeringar, *v. t.* seringar; injectar.
jeroglífico (ca), *adj.* e *s. m.* jeroglífico; hieroglífico; jeroglifo, hieróglifo.
jersey, *s. m.* casaquinho de malha.

jilguero, *s. m. (zool.)* pintassilgo.
jinete, *s. m.* ginete; cavaleiro.
jinetear, *v. t.* ginetear; cavalgar.
jipijapa, *s. m.* chapéu de palha.
jira, *s. f.* retalho, tira (de tecido); piquenique.
jirafa, *s. f.* (zool.) girafa.
jockey, *s. m.* jóquei.
jocoso (sa), *adj.* jocoso; faceto; gracioso.
jofaina, *s. f.* bacia (de lavatório).
jollín, *s. m.* pândega, paruscada, diversão alegre; rixa.
jónico (ca), *adj.* y *s.* jónico.
jornada, *s. f.* jornada.
jornal, *s. m.* jornal; salário; diário.
jorobar, *v. t. (fig.)* corcovar; importunar; molestar.
jota, *s. f.* dança popular espanhola.
joven, *adj.* e *s.* jovem.
jovenzuelo (la), *adj.* jovenzinho.
jovial, *adj.* jovial.
joya, *s. f.* jóia.
joyería, *s. f.* joalharia.
juanete, *s. m.* joanete.
jubilar, *v. t.* jubilar; aposentar.
jubileo, *s. m.* jubileu.
júbilo, *s. m.* júbilo; alegria; regozijo.
jubón, *s. m.* gibão.
judaísmo, *s. m.* judaísmo.
judía, *s. f.* feijão.
judicatura, *s. f.* judicatura; magistratura.
judicial, *adj.* judicial; forense.
judío(a), *adj.* e *s.* hebreu; judeu, da Judeia; avarento.
juego, *s. m.* jogo.
juerga, *s. f. (fam.)* borga; pândega; estroinice.
jueves, *s. m.* quinta-feira.
juez, *s. m.* juiz; magistrado; árbitro; julgador.
jugada, *s. f.* jogada.
jugar, *v. i.* brincar; folgar; divertir-se; traquinar; retouçar; *v. t.* jogar.
juglar, *adj.* truão; farsista; histrião; *s. m.* jogral.
jugo, *s. m.* suco; seiva; sumo.
juguete, *s. m.* brinquedo; joguete; zombaria.
juguetear, *v. i.* brincar; joguetear.
juicio, *s. m.* juízo.
julepe, *s. m.* julepe; julepo.
julio, *s. m.* Julho (mês); *(fís.)* joule.
jumento, *s. m.* asno, burro, jumento.
jumera, *s. f.* bebedeira.
junco, *s. m. (bot.)* junco; junco, embarcação oriental.
junio, *s. m.* Junho (mês).
junquillo, *s. m. (bot.)* junquilho.
juntar, *v. t.* juntar; ajuntar; unir.
juramento, *s. m.* juramento.
jurar, *v. t.* jurar; *v: i.* praguejar.
jurídico (ca), *adj.* jurídico.
jurisdicción, *s. f.* jurisdição; alçada.
juro, *s. m.* juro; jus; rendimiento.
justa, *s. f.* justa; peleja; torneio.
justar, *v. i.* justar; combater; competir.
justiciar, *v. t.* condenar, sentenciar.
justificable, *adj.* justificável.
justificación, *s. f.* justificação.
justificar, *v. t.* justificar; provar; fundamentar.
justificativo (va), *adj.* justificativo.
justo (ta), *adj.* y *s.* justo.
juventud, *s. f.* juventude; adolescência; mocidade.
juzgado, *s. m.* julgado; tribunal; juízo; jurisdição.
juzgar, *v. t.* julgar; deliberar; sentenciar; crer.

k

k, *s. f.* k, décima segunda letra do alfabeto espanhol.
kilo, *s. m.* quilo; quilograma.
kilogramo, *s. m.* quilograma.
kilómetro, *s. m.* quilómetro.
kilovatio, *s. m.* kilowatt ou quilovátio.
kimono, *s. m.* quimão, quimono.
kiosco, *s. m.* quiosque.

l

l, *s. f.* l, décima terceira letra do alfabeto espanhol.
la, *art.* a; acusativo do pron. feminino *ella.*
la, *s. m. (mús.)* lá, sexta nota da escala musical.
laberinto, *s. m.* labirinto; dédalo; enredo; complicação.
labia, *s. f.* lábia; manha.
labial, *adj.* labial.
labio, *s. m.* lábio; beiço; lóbulo.
labor, *s. f.* labor; trabalho.
laborar, *v. t.* laborar; trabalhar; lavrar; cultivar.
labra, *s. f.* lavra; lavoura, produção; autoria.
labrador (ra), *adj.* e *s.* lavrador; agricultor; *s. m.* e *f.* lavrador, dono de terras de lavoura.
labrar, *v. t.* lavrar, arar.
labriego (ga), *s. m.* e *f.* labrego, aldeão.
laca, *s. f.* laca (verniz duro da China).
lacayo, *s. m.* lacaio.
lacear, *v. t.* enlaçar; laçar.
lacerar, *v. t.* lacerar; rasgar; dilacerar; ferir.
lacio (cia), *adj.* murcho; fanado; desbotado; lasso.
lacón, *s. m.* lacão; presunto.
lacra, *s. f.* marca; cicatriz; sinal; imperfeição; vício.
lacrar, *v. t.* contagiar; prejudicar a saúde de; lacrar, fechar, selar com lacre.
lacre, *s. m.* lacre.
lacrimal, *adj.* lacrimal.
lactancia, *s. f.* lactação.
lactar, *v. t.* lactar; aleitar.
lácteo (a), lácteo.
lactosa, *s. f.* lactose.
lacha, *s. f.* enchova ou anchova.
ladear, *v. t.* ladear; torcer; desviar; *v. i.* desviar.

ladera, *s. f.* ladeira, declive, encosta.
ladino (na), *adj.* ladino; astuto; sagaz.
lado, *s. m.* lado; face; lugar; aspevto; banda; parte; sítio; ilharga.
ladrar, *v. i.* ladrar; latir.
ladrillo, *s. m.* ladrilho.
ladrón (na), *adj.* e *s.* ladrão.
lagar, *s. m.* lagar.
lagartija, *s. f.* lagartixa.
lagarto, *s. m. (zool.)* lagarto; sardão.
lago, *s. m.* lago.
lágrima, *s. f.* lágrima.
laguna, *s. f.* lagoa.
laico (ca), *adj.* laico.
lama, *s. f.* lama; lodo; lama (sacerdote budista).
lamentable, *adj.* lamentável.
lamentar, *v. t.* e *i.* lamentar; deplorar; lastimar.
lamer, *v. t.* lamber.
lámina, *s. f.* lâmina; estampa.
laminar, *v. t.* laminar; lamelar; *adj.* laminar.
lámpara, *s. f.* lâmpada.
lamparilla, *s. f.* lamparina.
lamprea, *s. f.* lampreia.
lana, *s. f.* lã.
lanar, *adj.* lanar; lanígero.
lance, *s. m.* lance; lanço; transe.
lancha, *s. f.* laja, laje, lájea ou lancil (pedra plana); lancha (embarcaçao).
langosta, *s. f. (zool.)* locusta (gafanhoto); lagosta.
languidecer, *v. i.* languescer; enfraquecer.
languidez, *s. f.* languidez; langor; apatia.
lanza, *s. f.* lança.
lanzada, *s. f.* lançada.
lanzadera, *s. f.* lançadeira.
lanzador (ra), *adj.* e *s.* lançador.
lanzar, *v. t.* lançar; arrojar; arremessar; brotar; deitar.
laña, *s. f.* grampo (gato de ferro); lanha, coco verde.
lapa, *s. f.* flor (vegetais criptogâmicos na superfície dum líquido); *(zool.)* lapa (molusco).
lapicero, *s. m.* lapiseira.
lápida, *s. f.* lápide, lápida.
lapidar, *v. t.* lapidar; apedrejar; talhar; desbastar.
lapidificar, *v. t.* e *r.* lapidificar, petrificar.
lápiz, *s. m.* lápis.
lapo, *s. m.* bengalada; vergastada.
lapso, *s. m.* lapso; descuido; erro.
largar, *v. t.* largar; soltar; deixar.
laringe, *s. f.* laringe.
laringitis, *s. f.* laringite.
larva, *s. f.* larva; lagarta.
lascivia, *s. f.* lascívia; luxúria.
lascivo (va), *adj.* lascivo; sensual; libidinoso.
laso (sa), *adj.* lasso; cansado; débil; frouxo.
lástima, *s. f.* lástima; pena; dor; compaixão.
lastimar, *v. t.* ferir; lamentar; deplorar.
lastimoso (sa), *adj.* lastimoso; deplorável.
lastre, *s. m.* lastra (pedra).
lastre, *s. m.* lastro.
lata, *s. f.* lata; folha-de-flandres; caixa de lata; maçada.
lateral, *adj.* lateral.
latido (da), *adj.* latido; *s. m.* ganido; latido; latejo; pulsacão.
latifundio, *s. m.* latifúndio.
latigazo, *s. m.* lategada; chicotada; repreensão forte.
látigo, *s. m.* látego; chicote; azorrague.
latín, *s. m.* latim.
latir, *v. i.* latir; ladrar; ganir; latejar; pulsar.
latitud, *s. f.* latitude.
latoso (sa), *adj.* maçador; enfadonho; pesado.
latrocinio, *s. m.* furto; fraude. (A acepção de latrocínio, em português, é extorsão violenta.)
laúd, *s. m.* (mús.) alaúde.

laudable, *adj.* laudável; louvável.
laudar, *v. t.* louvar; decidir (o louvado ou o juiz árbitro).
laudo, *s. m.* laudo; parecer.
laurel, *s. m.* loureiro ou loireiro.
laureola, *s. f.* lauréola; laurel.
lava, *s. f.* lava.
lavabo, *s. m.* lavabo; lavatório.
lavadero, *s. m.* lavadouro.
lavandería, *s. f.* lavandaria; lavadaria.
lavar, *v. t.* lavar.
lavatorio, *s. m.* lavatório; lavabo.
laxante, *adj.* e *s. m.* laxante.
laxitud, *s. f.* lassitude ou lassidão.
layar, *v. t.* cavar a terra.
lazar, *v. t.* laçar; atar.
lazarillo, *s. m.* moço de cego; companheiro inseparável.
lazo, *s. m.* laço; laçada.
le, *pron.* lhe, o.
leal, *adj.* e *s.* leal; fiel.
lealtad, *s. f.* lealdade.
lebrel (la), *s. m. (zool.)* lebrel; lebréu.
lebrillo, *s. m.* alguidar.
lebrón, *s. m.* lebrão.
lección, *s. f.* lição; leitura; exemplo.
lector (ra), *adj. e s.* leitor.
lectura, *s. f.* leitura.
lechal, *adj.* e *s.* mamote, mamão.
leche, *s. f.* leite.
lechera, *s. f.* leiteira.
lecho, *s. m.* leito; álveo.
lechón, *s. m.* leitão; bácoro.
lechuga, *s. f.* alface.
lechugino (na), *s. m.* alface pequena; elegante, janota.
lechuza, *s. f.* coruja.
ledo (da), *adj.* ledo; alegre; contente, risonho.
leer, *v. t.* ler.
legado, *s. m.* legado.
legajo, *s. m.* maço de papéis atados.
legal, *adj.* legal.
legalizar, *v. t.* legalizar; autenticar.
legaña, *s. f.* remela; ramela.
legar, *v. t.* legar.
legendario (ria), *adj.* lendário; legendário.
legible, *adj.* legível.
legión, *s. f.* legião; multidão.
legislación, *s. f.* legislação.
legislar, *v. i.* e *t.* legislar, dar ou estabelecer leis.
legítima, *s. f.* legítima.
legitimar, *v. t.* legitimar.
legítimo (ma), *adj.* legítimo; genuíno.
lego (ga), *adj.* e *s.* leigo.
legua, *s. f.* légua.
legumbre, *s. f.* legume.
leído (da), *adj.* lido.
lejano (na), *adj.* distante; longínquo; remoto.
lejas, *adj. pl.* longínquas.
lejía, *s. f.* lixívia; barrela.
lejos, *adv.* longe; distante.
lelo (la), *adj.* e *s.* fátuo; simples; tolo.
lema, *s. m.* lema; divisa.
lencería, *s. f.* lençaria; loja de fanqueiro.
lengua, *s. f.* língua.
lenguado, *s. m. (zool.)* linguado.
lenguaje, *s. m.* linguagem; fala; idioma.
lengüeta, *s. f.* lingueta.
lenificar, *v. t.* lenificar; abrandar; mitigar.
lenitivo (va), *adj.* e *s.* lenitivo; alívio.
lente, *amb.* lente (de cristal); *pl.* óculos.
lenteja, *s. f.* lentilha.
lenticular, *adj.* e *s. m.* lenticular.
lentitud, *s. f.* lentidão; lenteza.
lento (ta), *adj.* lento, demorado, ronceiro.
leña, *s. f.* lenha.
leño, *s. m.* lenho; madeiro.
leñoso (sa), *adj.* lenhoso.
león, *s. m. (zool.)* leão.
leonera, *s. f.* leoneira.
leopardo, *s. m.* leopardo.
lepidóptero (ra), *adj.* e *s. (zool.)* lepidóptero.
lepra, *s. f. (med.)* lepra.
leprosería, *s. f.* leprosaria; gafaria.
lerdo (da), *adj.* lerdo; pesado; vagaroso.

les, *pron.* lhes, lhas.
lesión, *s. f.* lesão.
lesionar, *v. t.* lesar; ferir; contundir.
lesivo (va), *adj.* lesivo; danoso; prejudicial.
letania, *s. f.* litania; ladainha.
letargo, *s. m. (med.)* letargo; apatia; torpor.
letificar, *v. t.* letificar; alegrar.
letra, *s. f.* letra.
letrado (da), *adj.* letrado; douto; *s. m.* advogado.
letrero, *s. m.* letreiro; inscrição; rótulo.
letrina, *s. f.* latrina; sentina.
leucocitemia, *s. f. (med.)* leucocitemia; leucemia.
leucocito, *s. m.* leucócito.
leva, *s. f.* leva; recrutamento.
levadizo (za), *adj.* levadiço.
levadura, *s. f.* levedura; fermento.
levantar, *v. t.* levantar; elevar; edificar; estabelecer; amotinar.
levante, *s. m.* levante; nascente; oriente.
leve, *adj.* leve; ligeiro.
levita, *s. m.* levita; diácono; sacerdote; *s. f.* sobrecasaca, labita.
léxico (ca), *s. m.* léxico; dicionário.
lexicografía, *s. f.* lexicografia.
lexicología, *s. f.* lexicologia; lexicografia.
ley, *s. f.* lei; religião; lealdade; fidelidade; regra.
leyenda, *s. f.* leitura; lenda; legenda.
liar, *v. t.* ligar; amarrar; atar.
libelo, *s. m.* libelo.
libélula, *s. f. (zool.)* libélula.
líber, *s. m. (bot.)* líber.
liberal, *adj.* e *s.* liberal; dadivoso; generoso.
liberalizar, *v. t.* liberalizar.
libertad, *s. f.* liberdade.
libertar, *v. t.* libertar.
libertinaje, *s. m.* libertinagem; devassidão.
libra, *s. f.* libra; arrátel; libra esterlina, moeda.
libramiento, *s. m.* livramento; livrança.
libranza, *s. f.* livrança, ordem de pagamento.
librar, *v. t.* livrar; expedir; soltar.
libre, *adj.* livre; atrevido; isento; dispensado; solteiro; independente; desembaraçado.
librea, *s. f.* libré.
librería, *s. f.* livraria; biblioteca.
librero, *s. m.* livreiro.
libreta, *s. f.* livrete; caderno; caderneta.
libro, *s. m.* livro.
licencia, *s. f.* licença; permissão.
licenciar, *v. t.* licenciar.
liceo, *s. m.* liceu.
licitador, *s. m.* licitador.
licitar, *v. t.* licitar.
licito (ta), *adj.* lícito.
licor, *s. m.* licor.
licuar, *v. t.* liquefazer; liquescer.
lid, *s. f.* lide; combate; peleja; trabalho.
lidia, *s. f.* lida.
lidiar, *v. i.* lidar; combater; trabalhar; tourear.
liebre, *s. f.* lebre.
liendre, *s. f.* lêndea.
lienzo, *s. m.* tecido (tela); lenço; quadro; cortina (lanço de muralha).
liga, *s. f.* liga; faixa; *(bot.)* agárico; visco; mistura.
ligadura, *s. f.* ligadura; atadura.
ligamen, *s. m.* ligame ou ligâmen.
ligar, *v. t.* ligar; unir; enlaçar; atar.
ligereza, *s. f.* ligeireza; presteza; agilidade.
lignito, *s. m.* lenhite, lignite.
ligón, *s. m.* enxada.
lija, *s. f.* lixa (peixa); lixa (para polir).
lijar, *v. t.* lixar; polir.
liliputiense, *adj.* e *s.* liliputiano; pigmeu; anão.
lima, *s. f. (bot.)* lima; lima (ferramenta).
limadura, *s. f.* limadura, limagem.
limar, *v. t.* limar; polir.
limbo, *s. m.* limbo; orla de vestido.

limitar, *v. t.* limitar; demarcar; estremar.
límite, *s. m.* limite; termo; fim.
limón, *s. m.* limão.
limonada, *s. f.* limonada.
limosna, *s. f.* esmola.
limosnear, *v. i.* mendigar; esmolar.
limpia, *s. f.* limpeza.
limpiabotas, *s. m.* engraxador.
limpiar, *v. t.* limpar.
limpio (pia), *adj.* limpo; puro.
linaje, *s. m.* linhagem; estirpe; genealogia.
linaza, *s. f.* linhaça.
lince, *s. m. (zool.)* lince; pessoa sagaz.
lindar, *v. i.* lindar; confinar.
linde, *amb.* linde; limite; raia.
lindo (da), *adj.* lindo; belo; formoso; agradável.
línea, *s. f.* linha; extensão.
lineal, *adj.* linear; lineal.
linfa, *s. f.* linfa.
lingote, *s. m.* lingote.
lingüista, *s. m.* linguista.
linimento, *s. m.* linimento.
lino, *s. m.* linho.
linóleo, *s. m.* linóleo.
linotipia, *s f.* linótipo.
linterna, *s. f.* lanterna; lampião; clarabóia.
lío, *s. m.* pacote; embrulho; embrulhada, confusão.
lioso (sa), *adj.* enredador.
lipotimia, *s. f.* lipotimia.
liquen, *s. m. (bot.)* líquen ou líquene.
liquidar, *v. t.* liquefazer; liquidificar; derreter; liquidar, ajustar contas.
líquido (da), *adj.* líquido.
lira, *s. f. (med.)* lira; lira (moeda).
lírico (ca), *adj.* e *s.* lírico.
lirio, *s. m. (bot.)* lírio.
lirón, *s. m. (zool.)* arganaça ou arganaz.
lis, *s. f.* lírio; lis; flor-de-lis.
lisa, *s. f. (zool.)* liça.
lisiado (da), *adj.* e *s.* aleijado; estropiado.
lisiar, *v. t.* e *r.* aleijar; estropiar; lesar.
liso (sa), *adj.* liso; macio; franco; sincero; lhano.
lista, *s. f.* lista; listra; catálogo; relação, rol.
listo (ta), *adj.* lesto; rápido; sagaz; esperto.
listón, *s. m. (arq.)* listel; ripa; listrado.
litera, *s. f.* liteira.
literal, *adj.* literal.
literario (ria), *adj.* literário.
litigar, *v. t.* litigar; pleitear, contender.
litigio, *s. m.* litígio; pleito; questão.
litografía, *s. f.* litografia.
litoral, *adj.* litoral.
litro, *s. m.* litro.
liviano (na), *adj.* leviano; ligeiro; leve.
lívido (da), *adj.* lívido; arroxeado; azulado.
liza, *s. f.* liça; luta.
lo, *art.* o.
loa, *s. f.* loa; apologia; louvor.
loable, *adj.* laudável; louvável.
loar, *v. t.* louvar, elogiar.
loba, *s. f.* leiva; camalhão; *(zool.)* loba.
lobato, *s. m.* lobacho.
lobezno, *s. m.* lobinho.
lobo, *s. m.* lobo.
lóbrego (ga), *adj.* lôbrego; sombrio; escuro; cavernoso.
lóbulo, *s. m. (bot.* e *anat.)* lóbulo.
local, *adj.* e *s. m.* local; lugar.
localidad, *s. f.* localidade; povoação; local; sítio.
localizar, *v. t.* localizar.
locativo (va), *adj.* locativo.
loción, *s. f.* loção; ablução; lavagem.
loco (ca), *adj.* e *s.* doido; louco; insensato, alienado.
locomotor (ra), *adj.* locomotor; *s. f.* locomotora.
locuaz, *adj.* loquaz; falador; verboso.
locución, *s. f.* locução; frase.
locura, *s. f.* loucura; demência.
locutor (ra), *s. m.* e *f.* locutor.
lodo, *s. m.* lodo; lama.
logaritmo, *s. m.* logaritmo.
logia, *s. f.* loja (local maçónico).

lógica, *s. f.* lógica.
lograr, *v. t.* lograr; conseguir; gozar.
logro, *s. m.* lucro; ganho; usura.
loma, *s. f.* lomba; montículo; lombada.
lombriz, *s. f.* minhoca.
lomo, *s. m.* lombo; dorso; lombada; costas.
lona, *s. f.* lona.
longanimidad, *s. f.* longanimidade.
longaniza, *s. f.* linguiça.
longevidad, *s. f.* longevidade.
longitud, *s. f.* longitude.
lonja, *s. f.* talhada, fatia; tirante (dos arreios).
lonja, *s. f.* bolsa; mercearia; átrio (de templos e de outros edifícios).
loor, *s. m.* louvor; elogio.
loquear, *v. i.* louquejar.
loquero, *s. m.* enfermeiro de loucos.
lorcha, *s. f.* lorcha (embarcação).
lord, *s. m.* lorde.
los, *art. pl.* os.
losa, *s. f.* lousa; laje.
losar, *v. t.* enlousar; lajear.
lote, *s. m.* lote; porção; quinhão; prémio.
lotería, *s. f.* lotaria.
loto, *s. m.* loto; lótus.
loza, *s. f.* louça.
lozano (na), *adj.* loução; luxuriante; viçoso; garrido.
lúa, *s. f.* luva de esparto.
lubina, *s. f.* robalo.
lubricación, *s. f.* lubrificação.
lubricán, *s. m.* crepúsculo; ocaso.
lubricante, *adj.* lubrificante.
lubricar, *v. t.* lubrificar; untar.
lubricidad, *s. f.* lubricidade.
lucerna, *s. f.* candelabro; clarabóia; lucerna; *(zool.)* lucerna.
lucidez, *s. f.* lucidez.
lúcido (da), *adj.* lúcido; claro; brilhante.
Lucifer, *s. m.* Lúcifer ou Lucifer; Satanás.
lucir, *v. i.* luzir; brilhar; resplandecer; sobressair; avantajar.
lucrar, *v. t.* lucrar; obter; ganhar.
lucro, *s. m.* lucro; proveito; ganho; benefício.
luctuoso (sa), *adj.* lutuoso.
lucubrar, *v. t.* lucubrar.
lucha, *s. f.* luta; lide; peleja; contenda.
luchar, *v. i.* lutar; combater; pelejar; disputar.
luego, *adv.* logo, prontamente; portanto.
lugar, *s. m.* lugar; espaço; sítio; cidade; vila; aldeia; tempo; emprego; motivo.
lugareño (ña), *adj.* e *s.* aldeão.
lugarteniente, *s. m.* lugar-tenente.
lúgubre, *adj.* lúgubre; triste; funesto.
lujo, *s. m.* luxo, sumptuosidade.
lujuria, *s. f.* luxúria; sensualidade; lascívia.
lumbago, *s. m.* lumbago.
lumbar, *adj. (anat.)* lombar.
lumbral, *s. m.* umbral; ombreira.
lumbre, *s. f.* lume; fogo; claridade; *pl.* pederneira; sílice ou sílex.
lumbrera, *s. f.* lumieira; fogaréu.
luminar, *s. m.* luminar; astro; pessoa douta.
luminaria, *s. f.* luminária; lamparina; lanterna; candeia.
luminosidad, *s. f.* luminosidade.
Luna, *s. f.* Lua.
lunar, *adj.* e *s. m.* lunar.
lunático (ca), *adj.* e *s.* lunático.
lunes, *s. m.* segunda-feira.
lúpulo, *s. m.* lúpulo.
lusitano (na), *adj.* e *s.* lusitano ou lusitânico; luso; português.
lustrar, *v. t.* lustrar.
lustre, *s. m.* lustre; brilho; glória.
lustro, *s. m.* lustro.
luterano (na), *adj.* e *s.* luterano.
luto, *s. m.* luto.
luz, *s. f.* luz.

l

ll

ll, *s. f.* décima quarta letra do alfabeto espanhol.
llaga, *s. f.* chaga.
llagar, *v. t.* chagar; ulcerar.
llama, *s. f.* chama; labareda; ardor; paixão; charco; paul; *(zool.)* lama.
llamador (ra), *s. m.* e *f.* chamador; aldraba.
llamar, *v. t.* chamar; convocar; citar; invocar; atrair.
llamativo (va), *adj.* garrido; atraente.
llameante, *adj.* chamejante; flamejante.
llamear, *v. i.* chamejar; arder.
llana, *s. f.* página; lauda; trolha (pá de pedreiro).
llaneza, *s. f.* lhaneza; franqueza; simplicidade.
llano (na), *adj.* lhano, plano, raso; lhano, franco; singelo.
llanta, *s. f. (bot.)* couve de todo o ano.
llanta, *s. f.* camba.
llanto, *s. m.* pranto; choro; lágrimas; gemido.
llanura, *s. m.* planeza; lisa; rasa; planície; planura.
llave, *s. f.* chave; clave.
llavero (ra), *s. m.* e *f.* chaveiro.
llavín, *s. m.* chave pequena.
llegada, *s. f.* chegada; vinda.
llegar, *v. i.* chegar; vir; aproximar; durar.
llenar, *v. t.* encher.
llevadero (ra), *adj.* suportável; tolerável.
llevar, *v. t.* levar, conduzir, transportar; tolerar, suportar; guiar, dirigir.
llorar, *v. i.* e *t.* chorar.
lloriquear, *v. i.* choramingar.
lloriqueo, *s. m.* choradeira.
lloro, *s. m.* choro; pranto.
llorón (na), *adj.* e *s. m.* chorão, chorinca.
llover, *v. i.* chover.
lloviznar, *v. i.* chuviscar.
lloviznar, *v. i.* chuviscar.
lluvia, *s. f.* chuva.
lluvioso (sa), *adj.* chuvoso.

m

m, *s. f.* m, décima quinta letra do alfabeto espanhol.
macabro (bra), *adj.* macabro; fúnebre.
macaco, *s. m.* macaco, moeda das Honduras; *(zool.)* macaco.
macanudo (da), *adj.* formidável; enorme.
macarrón, *s. m.* macarrão.
maceo, *s. m.* maçagem.
macerar, *v. t.* macerar; amolecer.

maceta, *s. f.* maceta; vaso.
macicez, *s. f.* macicez.
macizo (za), *adj.* e *s.* maciço, compacto, sólido.
macrocéfalo (la), *adj.* e *s.* macrocéfalo.
macrocosmo, *s. m.* macrocosmo.
mácula, *s. f.* mácula; nódoa, mancha.
macuto, *s. m.* mochila de soldado.
machacar, *v. t.* pilar; machucar; moer; esmagar; pisar; *v. i.* repisar; insistir.
machada, *s. f.* fato (rebanho de bodes).
machaqueo, *s. m.* machucação; machuca, moedura.
machete, *s. m.* machete.
machiembrar, *v. i.* ensamblar; entalhar; emalhetar; embutir.
macho, *s. m.* macho; mulo.
machucar, *v. t.* machucar; pisar; trilhar; esmagar.
madeja, *s. f.* meada; madeixa.
madera, *s. f.* madeira.
madero, *s. m.* madeiro; lenho; tronco; viga; trave.
madrastra, *s. f.* madrastra.
madre, *s. f.* mãe; madre.
madreperla, *s. f.* madrepérola.
madreselva, *s. f. (bot.)* madressilva.
madrigal, *s. m.* madrigal.
madriguera, *s. f.* madrigoa ou madrigueira, cova ou lura.
madrina, *s. f.* madrinha.
madroñal, *s. m.* medronhal.
madroño, *s. m. (bot.)* medronheiro (árvore); medronho (fruto).
madrugada, *s. f.* madrugada; alva; aurora.
maduración, *s. f.* maduração; maturação.
madurar, *v. t.* madurar; amadurecer; maturar.
maduro (ra), *adj.* maduro; sazonado; prudente; sábio.
maestra, *s. f.* mestra; professora.
maestre, *s. m.* mestre; superior.
maestría, *s. f.* mestria; habilidade; perícia.
maestro (tra), *adj.* magistral; notável; *s. m.* professor; mestre; prático; perito; compositor; regente.
maganto (ta), *adj.* triste; pensativo; macilento.
magaña, *s. f.* ardil; astúcia; engano.
magia, *s. f.* magia; encanto; feitiço.
magisterio, *s. m.* magistério.
magnate, *s. m.* magnata ou magnate.
magnesia, *s. f.* magnésia.
magnetismo, *s. m.* magnetismo.
magnetizar, *v. t.* magnetizar; atrair, encantar.
magnífico (ca), *adj.* magnífico; excelente; óptimo.
magnitud, *s. f.* magnitude; importância.
magnolia, *s. f.* magnólia.
mago (ga), *adj.* e *s.* mago; feiticeiro.
magra, *s. f.* fatia de presunto.
magro (gra), *adj.* magro; descarnado; seco; *s. m. (fam.)* lombo de porco.
magullar, *v. t.* magoar; pisar; machucar.
mahometano (na), *adj.* e *s.* maometano.
mahonesa, *s. f.* maionese.
maicena, *s. f.* maisena (farinha).
maíz, *s. m.* mais, milho.
maja, *s. f.* pilão.
majadería, *s. f.* tolice; taboseira; asneira.
majadero (ra), *adj.* e *s.* pateta; tolo.
majal, *s. m.* cardume.
majar, *v. t.* malhar; maçar; pisar.
majestad, *s. f.* majestade.
majeza, *s. f.* peraltice; presunção; fanfarronada.
majo (ja), *adj.* e *s.* peralta; presumido; janota.
mal, *adj.* e *s. m.* mal.
mala, *s. f.* mala.
malabar, *adj.* e *s.* malabar.
málaga, *s. m.* málaga, vinho.
malandanza, *s. f.* desgraça; desdita; desventura.

m

malandrín (na), *adj.* e *s.* malandrim; perverso.
malaquita, *s. f.* malaquite.
malaria, *s. f.* malária.
malatía, *s. f.* lepra; gafeira.
malato (ta), *adj.* e *s.* gafo; leproso.
maldad, *s. f.* maldade.
maldecir, *v. t.* amaldiçoar.
maldición, *s. f.* maldição; imprecação; praga.
maldito (ta), *adj.* e *s.* maldito; mau; perverso.
maleable, *adj.* maleável; dúctil; flesível.
maleante, *adj.* e *s.* meliante; perverso; malvado.
malear, *v. t.* danificar; estragar; perverter; viciar.
malecón, *s. m.* molhe; paredão; dique; represa.
maleficio, *s. m.* malefício; sortilégio.
malejo (ja), *adj.* adoentado.
malestar, *s. m.* mal-estar.
maleta, *s. f.* maleta; *adj.* toureiro reles.
malévolo (la), *adj.* e *s.* malévolo; malevolente.
maleza, *s. f.* maleza.
malgastar, *v. t.* malgastar; desbaratar; esbanjar; dissipar.
malhablado (da), *adj.* e *s.* malfalante; maldizente.
malhecho (cha), *adj.* malfeito; imperfeito.
malhechor (ra), *adj.* e *s.* malfeitor; facínora.
malicia, *s. f.* malícia; velhacaria; astúcia; ronha.
maligno (na), *adj.* e *s.* maligno; pernicioso.
malintencionado (da), *adj.* e *s.* malintencionado.
malo (la), *adj.* mau; má.
malograr, *v. t.* malograr; inutilizar.
maloliente, *adj.* fedorento, fétido.
malparar, *v. t.* maltratar.
malquerer, *v. t.* malquerer; detestar; odiar.
malrotador (ra), *adj.* e *s.* esbanjador.
malsamo (na), *adj.* malsão; doentio; insalubre.
malta, *s. m.* malte.
maltratar, *v. t.* maltratar.
maltrecho (cha), *adj.* maltratado.
malucho (cha), *adj.* *(fam.)* adoentado.
malva, *s. f. (bot.)* malva.
malvado (da), *adj.* e *s.* malvado; perverso.
malvar, *s. m.* malvar; *v. t.* corromper.
malvavisco, *s. m.* malvaísco.
malvender, *v. t.* malbaratar.
malversar, *v. t.* malversar, dilapidar.
malla, *s. f.* malha.
mallo, *s. m.* malho; martelo; maço.
mama, *s. f. (fam.)* mamã (mãe); mama, teta.
mamá, *s. f. (fam.)* mamã, mãe.
mamar, *v. t.* mamar; sugar; chupar.
mamarracho, *s. m. (fam.)* mamarracho.
mameluco, *s. m.* mameluco.
mamífero, *adj.* mamífero.
mampara, *s. f.* anteparo; bimbo; guarda-vento.
mampostería, *s. f.* alvenaria (obra de pedreiro).
manada, *s. f.* manada; mancheia, mão-cheia.
manantial, *adj.* manancial; *s. m.* nascente de água; origem.
manar, *v. i.* manar; brotar.
mancar, *v. t.* mancar; aleijar; estropiar.
mancebo, *s. m.* mancebo; moço; jovem.
mancillar, *v. t.* manchar; desonrar; ofender.
manco (ca), *adj.* e *s.* manco; aleijado.
mancomunar, *v. t.* mancomunar; combinar.
manchar, *v. t.* manchar; enodoar.
manda, *s. f.* oferta; promessa; legado.
mandamiento, *s. m.* mandamento; mandado; preceito.
mandar, *v. t.* mandar; ordenar; enviar.

m

mandato, *s. m.* mandato; ordem; procuração.
mandíbula, *s. f.* mandíbula; maxila; queixada.
mandil, *s. m.* mandil; avental.
mando, *s. m.* comando, mando; autoridade.
mandril, *s. m.* mandril (tarraxa); *(zool.)* mandril.
manecilla, *s. f.* mãozinha.
manejar, *v. t.* manejar.
manera, *s. f.* maneira; modo; feitio; feição.
manga, *s. f.* manga; mangueira; *(bot.)* mangueira; manga, fruto.
manganeso, *s. m.* manganésio.
mango, *s. m.* cabo (de ferramenta); *(bot.)* mangueira; manga (fruto).
manguera, *s. f.* curral; mangueira (tubo).
mangueta, *s. f.* irrigador (para clisteres); couceira de porta; padiola.
manguito, *s. m.* manguito; regalo de peles.
manía, *s. f.* mania; capricho.
maniatar, *v. t.* maniatar ou manietar.
manicomio, *s. m.* manicómio.
manifacero (ra), *adj.* e *s.* mexeriqueiro; metediço.
manifestación, *s. f.* manifestação.
manifestar, *v. t.* manifestar, declarar; apresentar.
manilla, *s. f.* manilha; bracelete; pulseira; algemas.
maniobra, *s. f.* manobra.
maniobrar, *v. i.* manobrar.
manipulador (ra), *adj.* manipulador; transmissor.
manipular, *v. t.* manipular.
maniquí, *s. m.* manequim.
manjar, *s. m.* manjar.
mano, *s. f.* mão.
manojo, *s. m.* manojo; molho; feixe.
manómetro, *s. m.* manómetro.
manopla, *s. f.* manopla, chicote próprio para cocheiro.
manosear, *v. t.* manusear; folhear.
manoseo, *s. m.* manuseação, manuseio.
manotear, *v. t.* gesticular (ao falar).
manoteo, *s. m.* gesticulação.
mansalva (a), *loc.* sem risco; impunemente.
mansedumbre, *s. f.* mansidão; mansuetude.
mansión, *s. f.* mansão; morada.
manta, *s. f.* manta; cobertor.
manteca, *s. f.* manteiga.
mantel, *s. m.* toalha de altar ou de mesa, mantel.
mantener, *v. t.* manter; conservar; sustentar; amparar.
mantenimiento, *s. m.* manutenção; mantimento; alimento; sustento.
mantequilla, *s. f.* manteiga batida misturada con açúcar.
mantilla, *s. f.* mantilha.
manto, *s. m.* manto.
manual, *adj.* manual.
manubrio, *s. m.* manivela.
manufacturar, *v. t.* manufacturar.
manuscrito (ta), *adj.* manuscrito.
manutención, *s. f.* manutenção.
manzana, *s. f.* maçã.
manzanilla, *s. f.* *(bot.)* macela; camomila.
manzano, *s. m.* *(bot.)* macieira.
maña, *s. f.* manha; destreza.
mañana, *s. f.* manhã; amanhã.
mapa, *s. m.* mapa.
máquina, *s. f.* máquina.
maquinar, *v. t.* maquinar; urdir; tramar.
mar, *amb.* mar.
maraña, *s. f.* tojal; espinhal; maranha; enredo.
marasmo, *s. m.* marasmo; abatimento; apatia.
maravillar, *v. t.* maravilhar.
marca, *s. f.* marca; estalão; sinal; classe.
marcar, *v. t.* marcar.
marcear, *v. t.* tosquiar.
marcial, *adj.* marcial; bélico.
marciano (na), *adj.* marciano.

marco, *s. m.* marco (peso); marco (moeda); moldura.
marcha, *s. f.* marcha.
marchante, *adj.* mercantil; *s. m.* traficante.
marchar, *v. i.* marchar; andar; caminhar.
marchitar, *v. t.* murchar; murchecer; emurchecer.
marchito (ta), *adj.* murcho; flácido.
marea, *s. f.* maré.
marear, *v. t.* marear; governar; enjoar.
marejada, *s. f.* marulho; marulhada.
mareo, *s. m.* mareação; enjoo.
marfil, *s. m.* marfim.
margarina, *s. f.* margarina.
margarita, *s. f.* margarita; pérola; molusco; *(bot.)* margarita.
margem, *amb.* margem; borda.
marginar, *v. t.* marginar; apostilhar.
maricón, *s. m.* maricas; maricão.
maridar, *v. i.* maridar, casar (uma mulher).
marido, *s. m.* marido.
marimanta, *s. f. (fam.)* papão, fantasma.
marimorena, *s. f.* rixa, contenda.
marinero (ra), *adj.* marinharesco, marinheiresco; *s. m.* marinheiro; marujo.
mariposa, *s. f.* mariposa; borboleta.
mariquita, *s. f. (zool.)* joaninha; *s. m.* maricas.
mariscador (ra), *adj.* e *s.* marisqueiro.
marisco, *s. m.* marisco.
marisma, *s. f.* marisma.
marital, *adj.* marital.
marmita, *s. f.* marmita.
marmitón, *s. m.* mirmidone ou mirmidão, cozinheiro auxiliar.
mármol, *s. m.* mármore.
marmota, *s. f.* marmota.
maroma, *s. f.* maroma; calabre.
marquesina, *s. f.* marquesinha; toldo; alpendre.
marra, *s. f.* marra; clareira (nas vinhas e olivedos).
marrajo (ja), *adj.* matreiro; marraxo; astuto.
marrano, *s. m.* marrano, porco.
marrar, *v. i.* errar, faltar.
marro, *s. m.* jogo de malha; falta, erro.
marroquí, *adj.* e *s.* marroquino, de Marrocos.
marsupial, *adj.* e *s.* marsupial.
marte, *s. m.* marte.
martes, *s. m.* terça-feira.
martillar, *v. t.* martelar; atormentar.
martillo, *s. m.* martelo.
martingala, *s. f.* artimanha; artifício.
mártir, *s. m.* e *f.* mártir.
marxismo, *s. m.* marxismo.
marzo, *s. m.* Março.
mas, *conj.* mas, porém, contudo, todavía.
mas, *adv.* mais.
masa, *s. f.* massa.
masaje, *s. m.* massagem.
masajista, *s. m.* e *f.* massagista.
mascar, *v. t.* mascar.
máscara, *s. f.* máscara.
mascarón, *s. m.* carranca; mascarão.
masculino (na), *adj.* masculino.
mascullar, *v. t.* resmungar.
masilla, *s. f.* betume.
masonería, *s. f.* maçonaria.
masónico (ca), *adj.* maçónico.
mástil, *s. m.* mastro; mastaréu; pé, haste.
mastín (na), *adj.* e *s.* mastim.
mastodonte, *s. m.* mastodonte.
masturbación, *s. f.* masturbação.
mata, *s. f.* mata.
matachín, *s. m.* magarefe; provocador.
matadero, *s. m.* matadouro.
matamoscas, *s. m.* mata-moscas.
matanza, *s. f.* matança; mortandade, carnificina.
matar, *v. t.* matar.
matarife, *s. m.* magarefe.
mate, *adj.* mate; embaciado; *s. m.* mate (no xadrez); *(bot.)* mate.
matemática, *s. f.* matemática.

m

materia, *s. f.* matéria.
materializar, *v. t.* materializar.
maternal, *adj.* maternal.
matizar, *v. t.* matizar.
mato, *s. m.* mato, brenha, matagal.
matón, *s. m.* ferrabrás; brigão.
matorral, *s. m.* mato; matorral; moita.
matraca, *s. f.* matraca.
matraz, *s. m.* matraz.
matricular, *v. t.* matricular.
matrimonio, *s. m.* matrimónio; casamento.
matriz, *s. f.* matriz.
matrona, *s. f.* matrona.
matute, *s. m.* contrabando.
matutino (na), *adj.* matutino; matinal; madrugador.
maula, *s. f.* retalho; bagatela; *s. m.* e *f.* caloteiro.
maullar, *v. i.* miar.
maullido, *s. m.* voz do gato (miado, miau, mio).
mausoleo, *s. m.* mausoléu.
maxilar, *adj.* maxilar.
máxima, *s. f.* máxima.
maya, *s. f.* malmequer; maia.
mayestático (ca), *adj.* majestático.
mayo, *s. m.* Maio.
mayonesa, *s. f.* maionese.
mayor, *adj.* maior.
mayoral, *s. m.* maioral; capataz.
mayorazgo, *s. m.* morgadio, morgado.
mayoría, *s. f.* maioria; maioridade.
mayúsculo (la), *adj.* maiúsculo.
maza, *s. f.* maça; clava; maceta (do bombo).
mazacote, *s. m.* argamassa; formigão.
mazapán, *s. m.* maçapão.
mazmorra, *s. f.* masmorra.
mazo, *s. m.* maço.
mear, *v. i.* mijar; urinar.
mecánica, *s. f.* mecânica.
mecanógrafo (fa), *s. m.* e *f.* dactilógrafo.
mecedora, *s. f.* cadeira de balanço.
mecenas, *s. m. (fig.)* mecenas.
mecer, *v. t.* mexer; mover; embalar; balançar.
mecha, *s. f.* mecha; torcida; rastilho.
mechar, *v. t.* lardear; entremear.
mechero, *s. m.* mecheiro, bico; isqueiro, acendedor.
medalla, *s. f.* medalha.
media, *s. f.* meia.
mediación, *s. f.* mediação.
mediano (na), *adj.* mediano; medíocre; meão.
medianoche, *s. f.* meia-noite.
mediante, *adj.* mediante.
mediar, *v. i.* mediar.
medicamento, *s. m.* medicamento.
medicina, *s. f.* medicina.
medicinar, *v. t.* medicinar; medicar.
médico (ca), *adj.* e *s. m.* médico; clínico.
medida, *s. f.* medida.
medidor (ra), *adj.* e *s.* medidor.
medieval, *adj.* medieval; medievo.
medio (a), *adj.* e *s. m.* meio; médio.
mediocre, *adj.* medíocre.
mediodía, *s. m.* meio-dia.
medir, *v. t.* medir.
meditar, *v. t.* meditar.
mediterráneo (a), *adj.* e *s. m.* mediterrâneo.
médium, *s. m.* médium.
medrar, *v. i.* medrar; melhorar; prosperar.
medula, *s. f.* medula.
medular, *adj.* medular.
medusa, *s. f.* medusa; alforreca.
megalítico (ca), *adj.* megalítico.
mejicano (na), *adj.* e *s.* mexicano, do México.
mejilla, *s. f.* face, maçã do rosto.
mejillón, *s. m.* mexilhão.
mejor, adj. melhor.
mejorar, *v. t.* melhorar.
melancolía, *s. f.* melancolia.
melena, *s. f.* melena; guedelha; *(med.)* vómito-negro.
melenudo (da) *adj.* gadelhudo; cabeludo.
melero, *s. m.* meleiro (vendedor de mel).

m

melindre, *s. m.* melindre; susceptibilidade.
melindroso (sa), *adj.* e *s.* melindroso.
melisa, *s. f.* melissa, erva-cidreira.
melocotón, *s. m.* pêssego.
melodía, *s. f.* melodia.
melodrama, *s. m.* melodrama.
melómano (na), *s. m.* e *f.* melómano.
melón, *s. f.* *(bot.)* meloeiro (planta); melão (fruto).
melopeya, *s. f.* melopeia; toada.
meloso (sa), *adj.* meloso; doce; melifluo.
mella, *s. f.* boca; falha; mossa.
mellizo (za), *adj.* e *s.* gémeo.
membrana, *s. f.* membrana.
membrete, *s. m.* anotação, lembrete; endereço; memorando; timbre.
membrillo, *s. m.* *(bot.)* marmeleiro (arbusto); marmelo (fruto).
membrudo (da), *adj.* membrudo, vigoroso.
memo (ma), *adj.* e *s.* parvo; estúpido; tonto.
memorable, *adj.* memorável.
memorar, *v. t.* memorar; recordar.
memoria, *s. f.* memória.
menaje, *s. m.* alfaias; móveis.
mencionar, *v. t.* mencionar; referir; expor.
mendigar, *v. t.* mendigar.
mendrugo, *s. m.* pedaço de pão duro.
menear, *v. t.* e *r.* menear; saracotear-se; *(fig.)* governar.
meneo, *s. m.* meneamento.
menester, *s. m.* mister; necessidade; precisão.
menestra, *s. f.* guisado de carne com legumes.
mengua, *s. f.* míngua; escassez.
menguante, *adj.* minguante.
menguar, *v. i.* minguar; diminuir.
menina, *s. f.* açafata; aia.
meninge, *s. f.* meninge.
menino, *s. m.* pajem.
menisco, *s. m.* menisco.
menopausia, *s. f.* menopausa.
menor, *adj.* e *s.* menor.
menos, *adv.* e *s.* menos; excepto; salvo.
menoscabar, *v. t.* menoscabar; depreciar.
menospreciar, *v. t.* menosprezar; desprezar; V. **despreciar.**
mensaje, *s. m.* mensagem; comunicação; recado.
menstruación, *s. f.* menstruação; mênstruo.
menstrual, *adj.* menstrual.
mensual, *adj.* mensal.
ménsula, *s. f.* *(arq.)* mísula.
mensurable, *adj.* mensurável.
mensurar, *v. t.* mensurar; medir.
menta, *s. f.* hortelã-pimienta; menta.
mental, *adj.* mental.
mentalidad, *s. f.* mentalidade.
mentar; *v. t.* nomear; mencionar; indicar.
mente, *s. f.* mente; inteligência; intelecto; razão.
mentecato (ta), *adj.* e *s.* mentecapto; idiota.
mentir, *v. i.* mentir.
mentira, *s. f.* mentira; falsidade.
mentís, *s. m.* mentis (desmentido).
mentón, *s. m.* mento; queixo; maxilar inferior.
mentor, *s. m.* mentor; guia; coselheiro.
menú, *s. m.* minuta; ementa; lista.
menudillo, *s. m. pl.* miúdos.
menudo (da), *adj.* miúdo.
meñique, *s. m.* mínimo; meiminho; dedo mínimo.
meollo, *s. m.* miolo; medula; cérebro.
meón (na), *adj.* e *s.* mijão.
mequetrefe, *s. m.* *(fam.)* melquetrefe.
mercachifle, *s. m.* bufarinheiro.
mercader, *s. m.* mercador; negociante, vendedor; comerciante.
mercancía, *s. f.* mercancia; mercadoria.
mercante, *adj.* e *s.* mercante; *s. m.* mercador.
mercantil, *adj.* mercantil.
mercar, *v. t.* mercar; comprar.

m

merced, *s. f.* mercê; graça.
mercería, *s. f.* loja e comércio de miudezas.
mercurio, *s. m.* mercúrio.
merdoso (sa), *adj.* sujo.
merecer, *v. t.* merecer; lograr.
merecimiento, *s. m.* merecimento; valor.
merendar, *v. i.* merendar.
merengue, *s. m.* merengue.
meretriz, *s. f.* meretriz.
meridiano (na), *adj.* meridiano.
merino (na), *adj.* merino.
mérito, *s. m.* mérito; merecimento; aptidão.
merlín, *s. m. (mar.)* merlim (corda alcatroada).
merluza, *s. f.* pescada; *(fig.)* borracheira.
mermar, *v. i.* diminuir; minguar.
mermelada, *s. f.* marmelada.
mero (ra) *adj.* mero; puro; simples.
merodear, *v. i.* saquéar, roubar.
mes, *s. m.* mês.
mesa, *s. f.* mesa.
mesadura, *s. f.* arrepelação.
mesar, *v. t.* arrepelar, arrancar os cabelos.
meseta, *s. f.* patamar; meseta; planalto.
mesías, *s. m.* messias.
mesilla, *s. f.* mesinha.
mesnada, *s. f.* mesnada.
mesocarpio, *s. m. (bot.)* mesocárpio, mesocarpo.
mesón, *s. m.* estalagem; hospedaria; pousada.
mesonero (ra), *s. m.* e *f.* estalajadeiro.
mesticia, *s. f.* tristeza.
mestizo (za), *adj.* e *s.* mestiço.
mesura, *s. f.* mesura; cortesia; reverência.
meta, *s. f.* meta; limite; termo; fim.
metabolismo, *s. m.* metabolismo.
metacarpo, *s. m.(anat.)* metacárpio ou metacarpo.
metafísica, *s. f.* metafísica.
metáfora, *s. f.* metáfora.
metal, *s. m.* metal.
metálico (ca), *adj.* metálico.
metalizar, *v. t.* metalizar.
metalurgia, *s. f.* metalurgia.
metamorfosis, *s. f.* metamorfose.
metástasis, *s. f.* metástase.
metatarso, *s. m.* metatarso.
meteoro, *s. m.* meteoro.
meter, *v. t.* meter; introduzir; incluir.
meticuloso (sa), *adj.* meticuloso; escrupuloso.
metílico (ca), *adj.* metílico.
metódico (ca), *adj.* metódico; que usa de método.
método, *s. m.* método.
metodología, *s. f.* metedologia.
metralla, *s. f.* metralha.
métrico (ca), *adj.* métrico.
metrificar, *v. i.* metrificar; versificar.
metro, *s. m.* metro.
metrópoli, *s. f.* metrópole.
mezclar, *v. t.* misturar; mesclar; ligar.
mezcolanza, *s. f.* miscelânea; misturada.
mezquino (na), *adj.* mesquingo.
mezquita, *s. f.* mesquita.
mi, *s. m. (mús.)* mi; *pron.* mim; meu.
miau, *s. m.* miau, voz do gato.
mica, *s. f. (min.)* mica; *(zool.)* macaca.
micra, *s. f.* micro ou micron.
microbio, *s. m.* micróbio.
micrófono, *s. m.* microfone.
microscopio, *s. m.* microscópio.
micha, *s. f. (fam.)* gata.
micho, *s. m. (zool.)* gato.
miedo, *s. m.* medo; terror; receio, temor.
miel, *s. f.* mel.
miembro, *s. m.* membro.
miente, *s. f.* pensamento; mente.
mientras, *adv.* enquanto; entretanto.
miércoles, *s. m.* quarta-feira.
mies, *s. f.* messe; ceifa.
migaja, *s. f.* migalha.
migar, *v. t.* migar; esfarelar.
migración, *s. f.* emigração; migração.
mijo, *s. m.* espécie de milho.
mil, *adj.* mil.

m

milagro, *s. m.* milagre.
milano, *s. m. (zool.)* milhano; milhafre.
milenio, *s. m.* milénio.
milésimo (ma), *adj.* milésimo.
milicia, *s. f.* milícia.
miligramo, *s. m.* miligrama.
mililitro, *s. m.* mililitro.
milímetro, *s. m.* milímetro.
militar, *adj.* e *s. m.* militar.
militar, *v. i.* militar.
milmillonésimo (ma), *adj.* e *s.* bilionésimo.
milocha, *s. f.* papagaio de papel, estrela.
milonga, *s. f.* toada popular.
milla, *s. f.* milha.
millar, *s. m.* milhar; milheiro.
millón, *s. m.* milhão.
millonésimo (ma), *adj.* e *s.* milionésimo.
mimar, *v. t.* amimar; mimar; afagar; acariciar.
mimbrera, *s. f. (bot.)* vimeiro, vime (arbusto).
mimetismo, *s. m.* mimetismo.
mímica, *s. f.* mímica; gesticulação.
mimo, *s. m.* mimo; carinho; ternura; género teatral.
mina, *s. f.* mina.
minar, *v. t.* minar.
minarete, *s. m.* minarete; almádena.
mineral, *adj.* mineral.
mineralogía, *s. f.* mineralogia.
minerva, *s. f.* intelecto; mente; inteligência; *(impr.)* minerva.
mingo, *s. m.* bola vermelha do jogo do bilhar.
miniar, *v. t.* miniaturar.
mínimo (ma), *adj.* e *s. m.* mínimo.
minio, *s. m.* mínio; zarção.
ministerio, *s. m.* ministério; cargo; Governo do Estado.
minorar, *v. t.* minorar; diminuir.
minoría, *s. f.* minoría.
minucia, *s. f.* minúcia; ninharia.
minucioso (sa), *adj.* minucioso.
minué, *s. m.* minuete.
minuendo, *s. m.* diminuendo.
minúsculo (la), *adj.* e *s.* minúsculo.
minuta, *s. f.* minuta; apontamento; rascunho.
minutero, *s. m.* ponteiro (de relógio).
minuto (ta), *s. m.* minuto.
mío, mía, míos, mías, *pron.* meu, minha, meus, minhas.
miocardio, *s. m.* miocárdio.
mioceno, *adj.* e *s.* mioceno.
miope, *adj.* e *s.* míope.
miosis, *s. f.* miose.
mira, *s. f.* mira; intuito; intenção; interesse; alvo; *mira!,* olha!
mirada, *s. f.* mirada; olhadela; lance de olhos.
miramiento, *s. m.* miramento.
mirar, *v. t.* mirar; espiar; vigiar; olhar; atender; cuidar.
miríada, *s. f.* miriade ou miríada.
miriñaque, *s. m.* merinaque.
miriópodo, *adj. (zool.)* miriápode.
mirlo, *s. m.* melro.
mirra, *s. f.* mirra.
misa, *s. f.* missa.
misántropo, *s. m.* misantropo.
miscelánea, *s. f.* miscelânea; mistura.
miserable, *adj.* miserável.
miseria, *s. f.* miséria; desgraça; sordidez.
mísero (ra), *adj.* mísero; miserável.
misión, *s. f.* missão; incumbência.
misionero, *s. m.* missionário.
misivo (va), *adj.* missivo.
mismo (ma), *adj.* mesmo; semelhante; igual.
misterio, *s. m.* mistério; enigma; segredo.
místico (ca) *adj.* e *s.* místico.
mistificar, *v. t.* mistificar.
mitad, *s. f.* metade; meio.
mitigar, *v. t.* mitigar; moderar; suavizar.
mitin, *s. m.* comício.
mito, *s. m.* mito, fábula.
mitología, *s. f.* mitologia.
mitra, *s. f.* mitra.
mixtela, *s. f.* mistela.

m

mixto (ta), *adj.* e *s. m.* misto, misturado; *s. m.* fósforo.
mixturar, *v. t.* misturar.
mnemotecnia, *s. f.* mnemotecnia.
mobiliario (ria), *adj.* mobiliário.
moca, *s. m.* moca (café).
mocedad, *s. f.* mocidade; juventude.
moción, *s. f.* moção; proposta; comoção.
moco, *s. m.* monco; ranho.
mochila, *s. f.* mochil.
mocho (cha), *adj.* e *s.* mocho (sem pontas); desmochado.
moda, *s. f.* moda.
modal, *adj.* modal; *pl.* modos.
modelar, *v. t.* modelar.
modelo, *s. m.* modelo.
moderación, *s. f.* moderação.
moderar, *v. t.* moderar; refreat; temperar.
modernizar, *v. t.* modernizar.
modestia, *s. f.* modéstia; simplicidade; recato.
módico (ca), *adj.* módico; moderado; limitado.
modificar, *v. t.* modificar.
modismo, *s. m.* modismo.
modista, *s. m.* e *f.* modista; costureira; modisto; costureiro.
modisto, *s. m.* costureiro; modisto.
modo, *s. m.* modo; maneira; forma; método.
modorra, *s. f.* modorra; sonolência.
modular, *v. i.* modular.
módulo, *s. m.* módulo.
mofa, *s. f.* mofa; motejo.
mofar, *v. i.* mofar; zombar; motejar, escarnecer.
moflete, *s. m.* bochecha grande e carnuda.
mohín, *s. m.* gesto; trejeito; espar; careta.
moho, *s. m.* mofo; bolor; ferrugem; verdete.
mojador, *s. m.* molha-selos.
mojama, *s. f.* moxama (atum seco).
mojar, *v. t.* e *r.* molhar; humedecer.
moje, *s. m.* molho.
mojigato (ta), *adj.* e *s.* hipócrita.
mojón, *s. m.* baliza; marco.
molar, *adj.* molar.
moldear, *v. t.* moldar; fundir.
mole, *adj.* mole, brando; *s. f.* mole; volume; massa.
molecular, *adj.* molecular.
moledor (ra), *adj.* e *s.* maçador; moedor.
moler, *v. t.* moer; esmagar; importunar; massar.
molestar, *v. t.* molestar; enfadar.
molido (da), *adj.* moído; triturado.
molienda, *s. f.* moenda; moedura; moagem.
molinero (ra), *s. m.* e *f.* moleiro.
molino, *s. m.* moinho.
molusco, *adj.* molusco.
molla, *s. f.* parte magra da carne.
mollear, *v. i.* amolecer; abrandar.
molleja, *s. f.* moleja, moela (das aves).
mollera, *s. f.* *(anat.)* moleirinha; moleira; fontanela; entendimiento; juízo.
momento, *s. m.* momento; instante.
momia, *s. f.* múmia.
momificar, *v. t.* mumificar.
momio (mia), *adj.* e *s.* descarnado; seco; *s. m.* coisa útil obtida sem trabalho.
mona, *s. f.* mona; macaca; bebedeira.
monacato, *s. m.* monacato.
monada, *s. f.* macacada.
monarca, *s. m.* monarca.
monasterio, *s. m.* mosteiro; convento.
monda, *s. f.* monda; alimpa; mondadura.
mondadientes, *s. m.* palito para dentes.
mondadura, *s. f.* mondadura; monda; alimpa.
mondar, *v. t.* mondar; limpar; podar; descascar as frutas ou tubérculos.
mondo (da), *adj.* limpo; puro; *mondo y lirondo:* limpo e relimpo.
mondongo, *s. m.* mondongo (vísceras).
moneda, *s. f.* moeda.

m

monedero, *s. m.* moedeiro; porta-moedas.
monería, *s. f.* macaquice; momices; ninharia.
monetario (ria), *adj.* monetário; *s. m.* monetário (colecção de moedas).
monigote, *s. m.* boneco ridículo (de trapo); imagen mal feita, mamarracho.
monitor, *s. m.* monitor; decurião.
monja, *s. f.* monja; freira.
mono (na), *adj.* bonito; gracioso; *s. m.* mono, macaco; macaco, fato de trabalho.
monocotiledóneo (a), *adj.* e *s. f.* *(bot.)* monocotiledónea.
monocromo (ma), *adj.* monocromo.
monóculo (la), *s. m.* monóculo.
monografía, *s. f.* monografia.
monolito, *s. m.* monólito.
monólogo, *s. m.* monólogo; solilóquio.
monomanía, *s. f.* monomania.
monomio, *s. m.* monómio.
monopolizar, *v. t.* monopolizar.
monosílabo (ba), *adj.* e *s.* monossílabo.
monoteísmo, *s. m.* monoteísmo.
monotonía, *s. f.* monotonia.
monserga, *s. f.* algaravia.
monstruo, *s. m.* monstro.
monta, *s. f.* monta; soma; total.
montacargas, *s. m.* monta-cargas, elevador para cargas.
montador, *s. m.* cavaleiro.
montaje, *s. m.* montagem.
montante, *s. m.* montante, espada antiga; bandeira (janela); pinázio; importe.
montaña, *s. f.* montanha.
montar, *v. i.* montar; armar; preparar.
monte, *s. m.* monte.
montepío, *s. m.* montepio.
monterero (ra), *s. m.* e *f.* carapuceiro.
montés, *adj.* montês; silvestre.
montículo, *s. m.* montículo.
montón, *s. m.* montão.
montura, *s. f.* montada; cavalgadura; arreios.
monumental, *adj.* monumental.
monzón, *amb.* monção.
moña, *s. f.* monho (laço para o cabelo); monha, enfeite para touros.
moña, *s. f.* boneca, brinquedo; monha, manequim; *(fam.)* bebedeira.
moño, *s. m.* monho, topete; laço de fitas.
moquero, *s. m.* lenço de assoar.
moquillo, *s. m.* pevide das galinhas; mormo; doença do gado.
mora, *s. f.* mora, amora (fruto); mora, demora.
morada, *s. f.* morada; residência.
morado (da), *adj.* e *s.* morado, cor da amora, roxo.
morador (ra), *adj.* e *s.* morador.
moral, *adj.* moral.
moraleja, *s. f.* moral; moralidade (duma fábula, conto, etc.).
moralizar, *v. t.* moralizar.
morar, *v. i.* morar; habitar; residir.
moratoria, *s. f.* moratória.
morboso (sa), *adj.* morboso; morbífico.
morcilla, *s. f.* morcela; moura.
morcillo, *s. m.* parte carnosa do braço.
morcón, *s. m.* morcão.
mordaz, *adj.* mordaz; satírico.
morder, *v. t.* morder.
mordisco, *s. m.* mordedura, mordedela; dentada.
morena, *s. f.* moreia (peixe); moreia, montão de gabelas (meda).
morera, *s. f.* amoreira.
morfina, *s. f.* morfina.
morfología, *s. f.* morfologia.
morganático (ca), *adj.* morganático.
moribundo (da), *adj.* e *s.* moribundo.
morir, *v. i.* morrer; expiar; falecer.
morisco (ca), *adj.* e *s.* mouro.
moro (ra), *adj.* e *s.* mouro, da Mauritânia.

m

orondo (da), *adj.* pelado; desfolhado.
oroso (sa), *adj.* moroso.
orralla, *s. f.* gentalha, chusma, malta; misturada.
orriña, *s. f.* desalento, tristeza; melancolia.
orro, *s. m.* morro; monte; outeiro.
orrón, *adj.* diz-se duma variedade de pimentos.
ortadela, *s. f.* mortadela.
ortaja, *s. f.* mortalha.
ortal, *adj.* e *s.* mortal.
ortalidad, *s. f.* mortalidade.
ortero, *s. m.* morteiro.
ortífero (ra), *adj.* mortífero.
ortificar, *v. t.* mortificar; afligir; atormentar.
ortuorio (ria), *adj.* mortuário; *s. m.* funeral, exéquias.
oruno (na), *adj.* mouro, mourisco.
osaico (ca), *adj.* e *s. m.* mosaico; ladrilho.
osca, *s. f.* mosca.
oscatel, *adj.* e *s.* moscatel.
oscón, *s. m.* moscão, moscardo.
osquear, *v. t.* mosquear.
osquetero, *s. m.* mosqueteiro.
osquito, *s. m.* mosquito.
ostacho, *s. m.* bigode.
ostaza, *s. f. (bot.)* mostardeira; mostarda.
ostela, *s. f.* feixe, molho.
osto, *s. m.* mosto.
ostrador (ra), *s. m.* balcão; mostrador de relógio.
ostrar, *v. t.* mostrar; expor; indicar; apresentar.
ota, *s. f.* cotão; defeito ligeiro; aterro.
ote, *s. m.* mote; divisa; motejo.
otejar, *v. t.* motejar; satirizar; escarnecer.
otete, *s. m.* motete; motejo; apodo.
otín, *s. m.* motim; tumulto.
otivar, *v. t.* motivar; causar.
oto, *s. m.* marco; baliza.
otocicleta, *s. f.* motocicleta.

motor (ra), *adj.* e *s. m.* motor.
motriz, *adj.* motriz; motora.
mover, *v. t.* mover; alterar; mexer; deslocar.
movible, *adj.* movível, móvel.
movilizar, *v. t.* mobilizar.
moza, *s. f.* moça; criada; empregada.
mozárabe, *adj.* e *s.* moçárabe.
mozo (za), *adj.* e *s.* moço; jovem, solteiro; *s. m.* serviçal; servente, criado.
mozuelo (la), *s. m.* e *f.* mocinho.
mu, *s. m.* mugido.
muceta, *s. f.* mozeta; murça; capelo.
mucosidad, *s. f.* mucosidade, muco.
muchacho (cha), *s. m.* e *f.* rapaz; rapariga.
muchedumbre, *s. f.* multidão.
mucho (cha), *adj.* muito; abundante; numeroso.
muda, *s. f.* muda; mudança.
mudar, *v. t.* mudar; deslocar; substituir; variar.
mudéjar, *adj.* e *s.* mudéjar.
mudez, *s. f.* mudez; silêncio.
mudo (da), *adj.* e *s.* mudo; calado; silencioso.
mueble, *s. m.* móvel.
mueca, *s. f.* esgar, trejeito.
muela, *s. f.* mó, dente molar.
muelle, *adj.* mole; brando; dedicado; *s. m.* mola; molhe.
muérdago, *s. m.* agárico.
muerte, *s. f.* morte.
muesca, *s. f.* entalhe; encaixe.
muestra, *s. f.* amostra; tabuleta; sinal.
muestrario, *s. m.* mostruário.
mufla, *s. f.* mufla.
mugir, *v. i.* mugir.
mugre, *s. f.* imundície, porcaria; ferrugem.
muir, *v. t.* mungir; ordenhar.
mujer, *s. f.* mulher.
mujeriego (ga), *adj.* e *s. m.* mulherengo.
mula, *s. f.* mula.
mulato (ta), *adj.* e *s.* mulato.

muleta, *s. f.* muleta.
muletón, *s. m.* baeta.
mulo, *s. m.* mu; macho; mulo.
multar, *v. t.* multar.
multicolor, *adj.* multicor.
multiforme, *adj.* multiforme.
múltiple, *adj.* multíplice; complexo.
multiplicación, *s. f.* multiplicação.
multiplicar, *v. t.* multiplicar.
multitud, *s. f.* multidão; vulgo.
mullir, *v. t.* afofar; amolecer; abrandar.
mundano (na), *adj.* mundano.
mundial, *adj.* mundial.
mundo, *s. m.* mundo.
munición, *s. f.* munição.
municipalizar, *v. t.* municipalizar.
municipio, *s. m.* município.
muñeca, *s. f.* pulso; munheca; boneca; manequim.
muñeco, *s. m.* boneco.
muñeira, *s. f.* dança e música galega.
muñidor, *s. m.* andador de confraria.
muñón, *s. m.* coto; *(art.)* munhão.
mural, *adj.* mural; parietal.
muralla, *s. f.* muralha.
murciélago, *s. m.* morcego.
murga, *s. f.* (fam.) banda de músic ordinários.
murmuración, *s. f.* murmuração; m ledicência.
murmurar, *v. i.* murmurar.
muro, *s. m.* muro; parede.
murtal, *s. m. (bot.)* murtal.
musa, *s. f.* musa.
muscular, *adj.* muscular.
muselina, *s. f.* musselina.
museo, *s. m.* museu.
musgo, *s. m.* musgo.
música, *s. f.* música.
musitar, *v. i.* mussitar; cochichar.
muslo, *s. m.* coxa.
musulmán (na), *adj.* e *s.* muçulman maometano.
mutación, *s. f.* mutação.
mutilación, *s. f.* mutilação.
mutilar, *v. t.* mutilar.
mutis, *s. m.* acto de retirar-se; *hac mutis:* calar.
mutualidad, *s. f.* mutualidade.
mutuo (tua), *adj.* mútuo.
muy, *adv.* mui; muito.

n

n, *s. f.* n, décima sexta letra do alfabeto espanhol.
nabina, *s. f.* nabinha (semente).
nabo, *s. m. (bot.)* nabo.
nácar, *s. m.* nácar.
nacer, *v. i.* nascer; brotar; principiar; surgir.
nacimiento, *s. m.* nascimento.
nación, *s. f.* nação.
nacionalidad, *s. f.* nacionalidade; naturalidade.
nacionalizar, *v. t.* nacionalizar; naturalizar.
nada, *s. f.* e *pron.* nada; *adv.* não.
nadador (ra), *adj.* e *s.* nadador.
nadar, *v. i.* nadar; flutuar; abundar.
nadie, *pron.* ninguém.
nadir, *s. m.* nadir.
nafta, *s. f.* nafta; gasolina.
naipe, *s. m.* naipe; baralho.
nalga, *s. f.* nalga; nádega.
nalgar, *adj.* nadegueiro.
nana, *s. f.* V. **abuela;** nana, canção de embalar.
nanear, *v. t.* saracotear.
nao, *s. f.* nau.
naranja, *s. f.* laranja.
naranjada, *s. f.* laranjada (bebida).
naranjo, *s. m. (bot.)* laranjeira.
narciso, *s. m. (bot.)* narciso; narciso, homem vaidoso.
narcótico (ca), *adj.* e *s. m.* narcótico.
narcotizar, *v. t.* narcotizar; anestesiar.
nardo, *s. m. (bot.)* nardo.
narigudo (da), *adj.* e *s.* narigudo; nariganga.
nariz, *s. f.* nariz.
narrador (ra), *adj.* e *s.* narrador.
narrar, *v. t.* narrar; contar; relatar.
narval, *s. m. (zool.)* narval.
nasal, *adj.* nasal.
nata, *s. f.* nata; creme; escol.
natación, *s. f.* natação.
natal, *adj.* natal; *s. m.* natalício.
natalidad, *s. f.* natalidade.
natillas, *s. f. pl.* creme.
natividad, *s. f.* natividade; Natal.
nato (ta), *adj.* nato; nascido; nado.
natural, *adj.* natural, oriundo, ingénito, justo; *s. m.* índole, génio.
naturaleza, *s. f.* natureza.
naturalizar, *v. t.* naturalizar, nacionalizar.
naufragar, *v. i.* naufragar; soçobrar.
náusea, *s. f.* náusea; enjoo; ânsia.
nausear, *v. i.* nausear; repugnar.
nauta, *s. m.* nauta; marinheiro; navegador.
nava, *s. f.* nava; planície; planura.
navaja, *s. f.* navalha, faca; *(zool.)* navalha, lingueirão.
naval, *adj.* naval.
nave, *s. f.* nave; nau; navio.
navegable, *adj.* navegável.
navegante, *adj.* e *s.* navegante.
navegar, *v. i.* navegar.
naveta, *s. f.* naveta.
Navidad, *s. f.* Natal; Natividade.
navío, *s. m.* navio.
neblina, *s. f.* neblina; nevoeiro.
nebulosa, *s. f.* nebulosa.
necedad, *s. f.* necedade; estupidez; disparate.
necesario (ria), *adj.* necessário; inevitável.
neceser, *s. m.* estojo com objectos de toucador.
necesitar, *v. t.* e *i.* necessitar.

necio (cia), *adj.* e *s.* néscio; ignorante; estúpido.
necrópolis, *s. f.* necrópole; cemitério.
néctar, *s. m.* néctar.
nefasto (ta), *adj.* nefasto; funesto.
nefritis, *s. f.* nefrite.
negación, *s. m.* negação.
negar, *v. t.* negar; recusar.
negativa, *s. f.* negativa.
negligente, *adj.* e *s.* negligente; desleixado.
negociable, *adj.* negociável; vendável.
negociador (ra), *adj.* e *s.* negociador.
negociar, *v. i.* negociar; comerciar.
negocio, *s. m.* negócio; ocupação; trabalho; comércio.
negra, *s. f.* V. **semínima.**
negrecer, *v. i.* enegrecer.
negro (gra), *adj.* e *s.* negro, preto.
negruzco (ca), *adj.* negrusco; anegralhado.
nene (na), *s. m.* e *f.* *(fam.)* nené, criancinha.
neo, *s. m.* néon ou neónio.
neófito (ta), *adj.* neófito.
neolítico (ca), *adj.* neolítico.
neologismo, *s. m.* neologismo.
neón, *s. m.* neón; neónio.
nepotismo, *s. m.* nepotismo.
nervio, *s. m.* nervo.
neto (ta), *adj.* neto; limpo; nítido; saldo líquido.
neuma, *s. m.* neuma.
neumático (ca), *adj.* pneumático, pneu (de veículo).
neuralgia, *s. f.* neuralgia; nevralgia.
neurastenia, *s. f.* neurastenia.
neuritis, *s. f.* *(med.)* neurose; nevrose.
neurología, *s. f.* neurologia.
neurosis, *s. f.* neurose.
neurótico (ca), *adj.* nevrótico.
neutral, *adj.* e *s.* neutral.
neutralizar, *v. t.* neutralizar.
neutro (tra), *adj.* neutro.
nevada, *s. f.* nevada.
nevar, *v. i.* nevar.
nevera, *s. f.* neveira; geleira.
nexo, *s. m.* nexo; ligação; vinculo; conexão.
ni, *conj.* nem.
nicotina, *s. f.* nicotina.
nicho, *s. m.* nicho; vão.
nido, *s. m.* ninho.
niebla, *s. f.* névoa; nevoeiro.
nieto (ta), *s. m.* e *f.* neto.
nieve, *s. f.* neve.
nimio (mia), *adj.* nímio; prolixo; excessivo.
ninfa, *s. f.* ninfa.
ninfomanía, *s. f.* ninfomania.
ninguno (na), *adj.* nenhum.
niña, *s. f.* pupila; menina-do-olho.
niñera, *s. f.* ama-seca.
niñez, *s. f.* infançia; meninice; puerícia; criancice.
niño (ña), *adj.* e *s.* menino, jovem.
nipón (na), *adj.* e *s.* nipónico; japonés.
níquel, *s. m.* níquel (metal).
niquelar, *v. t.* niquelar.
Nirvana, *s. m.* Nirvana.
níspero, *s. m.* nespereira.
nitidez, *s. f.* nitidez.
nítido (da), *adj.* nítido.
nitrato, *s. m.* nitrato.
nítrico (ca), *adj.* nítrico.
nitro, *s. m.* nitro; salitre.
nitrógeno, *s. m.* nitrogénio.
nitroglicerina, *s. f.* nitroglicerina.
nivel, *s. m.* nível.
nivelador (ra), *adj.* e *s.* nivelador.
nivelar, *v. t.* nivelar; igualar.
no, *adv.* não.
nobiliario (ria), *adj.* e *s.* nobiliário.
noble, *adj.* nobre; ilustre.
nobleza, *s. f.* nobreza.
nocible, *adj.* nocivo.
noción, *s. f.* noção, ideia.
nocivo (va), *adj.* nocivo.
noctámbulo (la), *adj.* noctâmbulo; noctívago.
nocturno (na), *adj.* nocturno.
noche, *s. f.* noite.
nochebuena, *s. f.* noite de Natal.
nodriza, *s. f.* nutriz, ama-de-leite.
nogal, *s. m.* *(bot.)* nogueira.

n

nogalina, *s. f.* nogueirado.
nómada, *adj.* nómada.
nombrado (da), *adj.* célebre; famoso.
nombrar, *v. t.* nomear.
nombre, *s. m.* nome, fama.
nomenclatura, *s. f.* nomenclatura.
nómina, *s. f.* lista ou relação de pessoas; nómina; relíquias de santos.
nominación, *s. f.* nomeação.
nominal, *adj.* nominal.
nominar, *v. t.* V. **nombrar.**
nominativo (va), *adj.* nominativo.
non, *adj.* e *s.* V. **impar.**
nona, *s. f.* nonas.
nonada, *s. f.* nonada; bagatela.
nonagenario (ria), *adj.* e *s.* nonagenário.
nonato (ta), *adj.* nonato.
nordeste, *s. m.* nordeste.
nórdico (ca), *adj.* nórdico.
noria, *s. f.* nora.
normas, *s. f.* norme; esquadria, regra; modelo.
normal, *adj.* normal.
normalizar, *v. t.* normalizar.
noroeste, *s. m.* noroeste.
norte, *s. m.* norte; rumo; guia.
norteño (ña), *adj.* nortenho.
nórtico (ca), *adj.* nórdico.
nos, *pron.* nós.
nosología, *s. f.* nosologia.
nosotros (tras), *pron.* nós.
nostalgia, *s. f.* nostalgia.
nota, *s. f.* nota.
notable, *adj.* notável.
notar, *v. t.* notar; marcar; reparar.
notaría, *s. f.* notariado; cartório.
notario, *s. m.* notário; tabelião.
noticia, *s. f.* notícia; informação.
noticiar, *v. t.* noticiar; comunicar.
notificar, *v. t.* notificar; intimar; avisar.
noto (ta), *adj.* noto, conhecido.
notorio (ria), *adj.* notório.
novatada, *s. f.* canelão (vaia de estudantes).
novato (ta), *adj.* e *s.* novato; caloiro.
novecientos (tas), *adj.* novecentos.
novedad, *s. f.* novidade.
novel, *adj.* novel; inexperiente; novo.
novela, *s. f.* novela; conto.
novelista, *s. m.* e *f.* novelista.
novena, *s. f.* novena (rezas).
noveno (na), *adj.* e *s.* noveno; nono.
noventa, *adj.* noventa.
noviazgo, *s. m.* noivado.
noviciado, *s. m.* moviciado.
noviembre, *s. m.* Novembro.
novillada, *s. f.* novilhada.
novillo (la), *s. m.* e *f.* novilho, boi ainda novo.
novio (via), *s. m.* e *f.* noivo; noiva.
nubarrada, *s. f.* nubada.
nubarrón, *s. m.* nuvem densa.
nube, *s. f.* nuvem.
nublado, *s. m.* nublado.
nubloso (sa), *adj.* nubloso.
nuca, *s. f.* nuca.
núcleo, *s. m.* núcleo; centro.
nudillo, *s. m.* nó dos dedos, noca; malha, ponto, nó.
nudo, *s. m.* nó; laço; laçada.
nudo (da), *adj.* V. **desnudo.**
nuera, *s. f.* nora.
nuestro, tra, tros, tras, *pron.* nosso, nossa, nossos, nossas.
nueva, *s. f.* nova, novidade, notícia.
nueve, *adj.* nove.
nuez, *s. f. (bot.)* noz; *nuez moscada:* noz-moscada.
nulidad, *s. f.* nulidade.
nulo (la), *adj.* nulo; vão; inepto; nenhum.
numeración, *s. f.* numeração.
numerador, *s. m.* numerador.
numeral, *adj.* numeral.
numerar, *v. t.* numerar.
número, *s. m.* número.
numeroso (sa), *adj.* numeroso.
numismática, *s. f.* numismática.
numismático (ca), *adj.* numismático; *s. m.* numismata.
nunca, *adv.* nunca; jamais.
nuncio, *s. m.* núncio; mensageiro; *(fig.)* sinal.
nupcial, *adj.* nupcial.

nupcias, *s. f. pl.* núpcias; esponsais; casamento; boda.
nutria, *s. f.* lontra.
nutrición, *s. f.* nutricão.
nutrido (da), *adj.* nutrido.
nutrir, *v. t.* nutrir; alimentar; avig-rar.
nutritivo (va), *adj.* nutritivo.

ñ

ñ, *s. f.* décima sétima letra do alfabeto espanhol.
ñoñería, *s. f.* tontaria; tontice.
ñoño (ña), *adj.* e *s.* néscio.
ñu, *s. m.* nhu (antílope).

o

o, *s. f.* o, décima oitava letra do alfabeto espanhol.
o, *conj.* ou.
oasis, *s. m.* oásis.
obcecar, *v. t.* obcecar, cegar, desviar.
obedecer, *v. t.* obedecer.
obelisco, *s. m.* obelisco.
obertura, *s. f. (mus.)* abertura.
obesidad, *s. f.* obesidade.
óbice, *s. m.* óbice; obstáculo.
obispo, *s. m.* bispo.
óbito, *s. m.* óbito.
objetar, *v. t.* objectar; opor.
objetivo (va), *adj.* objectivo; objectiva, lente; objectivo, fim.
objeto, *s. m.* objecto; matéria; assun
oblación, *s. f.* oblação.
oblea, *s. f.* obreia; magrizela.
oblicuar, *v. t.* obliquar.
obligación, *s. f.* obrigação; dever.
obligar, *v. t.* obrigar; forçar; atraí
oblongo (ga), *adj.* oblongo; oval.
oboe, *s. m.* oboé.
óbolo, *s. m.* óbolo.
obra, *s. f.* obra; trabalho.
obrar, *v. t.* obrar; fazer; execut construir; *v. i.* defecar.
obrero (ra), *adj.* e *s.* obreiro; operár
obscenidad, *s. f.* obscenidade.
obsceno (na), *adj.* obsceno.

bscurecer, *v. t.* obscurecer; ofuscar; turvar.
bscuro (ra), *adj.* obscuro; escuro; humilde; confuso.
bsequiar, *v. t.* obsequiar.
bsequio, *s. m.* obséquio; favor; dádiva.
bservación, *s. f.* observação.
bservar, *v. t.* observar; examinar; cumprir; estudar.
bsesión, *s. f.* obsessão.
bstaculizar, *v. t.* obstruir.
bstáculo, *s. m.* obstáculo, estorvo, embaraço.
bstante, *adj.* obstante.
bstar, *v. i.* obstar; impedir; opor; estorvar.
bstetricia, *s. f.* obstetrícia.
bstinarse, *v. r.* obstinar-se.
bstruir, *v. t.* obstruir; tapar.
btener, *v. t.* obter; conseguir; lograr.
bturador, *s. m.* obturador.
bturar, *v. t.* obturar; tapar.
btuso (sa), *adj.* obtuso; rude.
bús, *s. m. (mil.)* obus.
bviar, *v. t.* obviar; evitar; afastar.
ca, *s. f. (bot.)* oca; *(zool.)* ganso.
casión, *s. f.* ocasião.
casionar, *v. t.* ocasionar.
caso, *s. m.* ocaso; ocidente.
ccidente, *s. m.* ocidente; poente.
ccipital, *adj.* e *s.* occipital.
céano, *s. m.* oceano; mar.
cio, *s. m.* ócio.
cle, *s. f.* alga; sargaço.
cluir, *v. t.* obstruir.
clusión, *s. f.* oclusão.
cre, *s. m.* ocra, ocre ou oca.
ctaedro, *s. m.* octaedro.
ctágono (na), *adj.* e *s. m.* octógono.
ctava, *s. f.* oitava.
ctavo (va), *adj.* e *s.* oitavo.
ctogenario (ria), *adj.* e *s.* octogenário.
ctogésimo (ma), *adj.* e *s.* octogésimo.
ctosílabo (ba), *adj.* octossílabo.
ctubre, *s. m.* Outubro.
cular, *adj.* ocular.
ocultar, *v. t.* ocultar; esconder; sonegar; encobrir.
ocultismo, *s. m.* ocultismo.
ocupar, *v. t.* ocupar.
ocurrencia, *s. f.* ocorrência; lembrança.
ocurrir, *v. i.* ocorrer; acontecer; suceder.
ochavar, *v. t.* oitavar.
ochenta, *adj.* oitenta.
ocho, *adj.* oito.
ochocientos (tas), *adj.* oitocentos.
oda, *s. f.* ode.
odiar, *v. t.* odiar; detestar.
odiseia, *s. f. (fig.)* odisseia.
odontología, *s. f.* odontologia.
odontólogo, *s. m.* odontólogo.
odre, *s. m.* odre.
oeste, *s. m.* oeste; poente; ocaso; ocidente.
ofender, *v. t.* ofender; injuriar; melindrar.
ofensa, *s. f.* ofensa.
ofensor (ra), *adj.* e *s.* ofensor.
oferta, *s. f.* oferta; dádiva.
ofertorio, *s. m.* ofertório.
oficial, *adj.* e *s.* oficial.
oficiar, *v. t.* oficiar.
oficina, *s. f.* oficina; escritório; laboratório; repartição.
oficio, *s. m.* ofício; cargo; dever; arte.
ofrecer, *v. t.* ofrecer; presentear; dar; dedicar.
ofrenda, *s. f.* oferenda.
ofrendar, *v. t.* oferendar.
oftalmía, *s. f.* oftalmia.
ofuscar, *v. t.* ofuscar; deslumbrar; obscurecer.
ogro, *s. m.* ogro; papão.
ohm, *s. m. (fís.)* ohm.
oíble, *adj.* audível.
oído, *s. m.* ouvido.
oír, *v. t.* ouvir; escutar; atender.
ojal, *s. m.* botoeira; ilhó.
¡ojalá!, *interj.* oxalá! queira Deus!
ojeada, *s. f.* olhadela.
ojear, *v. t.* olhar atentamente; deitar

mau-olhado; *(fig.)* espantar; afugentar.
ojeo, *s. m.* batida, montaria.
ojera, *s. f.* olheiras.
ojete, *s. m.* olhete; ilhó.
ojiva, *s. f.* ogiva.
ojival, *adj.* ogival.
ojo, *s. m.* olho.
ola, *s. f.* onda; vaga (do mar).
oleada, *s. f.* vaga; vagalhão; onda (da multidão).
oleaje, *s. m.* marulhada; marulho.
óleo, *s. m.* óleo; azeite.
oler, *v. t.* e *i.* cheirar.
olfatear, *v. t.* cheirar; farejar.
olfato, *s. m.* olfacto; faro.
oliente, *adj.* cheiroso.
oligarquía, *s. f.* oligarquia.
olimpíada, *s. f.* olimpíada.
olímpico (ca), *adj.* olímpico; soberbo.
olivar, *s. m.* olivar; olivedo.
olivo, *s. m.* oliveira.
olmo, *s. m.* olmeiro; olmo.
olor, *s. m.* olor; aroma; cheiro.
olvidar, *v. t.* olvidar; esquecer.
olla, *s. f.* panela.
ombligo, *s. m.* umbigo.
omega, *s. m.* ómega.
omisión, *s. f.* omissão; falta.
omitir, *v. t.* omitir; postergar; esquecer.
ómnibus, *s. m.* ónibus.
omnipotente, *adj.* omnipotente; *s. m.* Deus.
omnívoro (ra), *adj.* e *s.* omnívoro.
omóplato, *s. m.* omoplata.
once, *adj.* e *s.* onze.
onda, *s. f.* onda; vaga.
ondear, *v. i.* ondear; frisar; ondular.
ondulación, *s. f.* ondulação; ondeado.
ondular, *v. i.* ondular; ondear.
oneroso (sa), *adj.* oneroso; pesado; gravoso.
onomástico (ca), *adj.* onomástico.
onomatopeya, *s. f.* onomatopeja.
ontología, *s. f.* ontologia.
onza, *s. f.* onça; *(zool.)* onça.
opaco (ca), *adj.* opaco.
opción, *s. f.* opção.
ópera, *s. f.* ópera.
operación, *s. f.* operação.
operar, *v. t.* operar; *v. i.* obrar; realizar; negociar.
opereta, *s. f.* opereta.
opinar, *v. i.* opinar.
opinión, *s. f.* opinião; voto; parece
opio, *s. m.* ópio.
opíparo (ra), *adj.* opíparo; copios lauto; sumptuoso.
oponer, *v. t.* opor; impugnar, objetar.
oporto, *s. m.* vinho do Porto.
oportunidad, *s. f.* oportunidade.
oportuno (na), *adj.* oportuno; conv niente.
opositor (ra), *s. m.* e *f.* opositor; co petidor.
opresión, *s. f.* opressão; vexame; ti nia.
opresor (ra), *adj.* e *s.* opressor; tiran
orpimir, *v. t.* oprimir; tiranizar.
oprobio, *s. m.* opróbrio; afronta; d sonra; ignomínia.
optar, *v. t.* optar; escolher; preferi
óptica, *s. f.* óptica.
optimista, *adj.* e *s.* optimista.
óptimo (ma), *adj.* óptimo; excelen
opuesto (ta), *adj.* oposto; advers contrário.
opugnar, *v. t.* opugnar; atacar; re tar; contradizer.
opulencia, *s. f.* opulência; magni cência; fausto.
opulento (ta), *adj.* opulento; ri abundante.
opúsculo, *s. m.* opúsculo.
ora, *conj.* agora; ora; ou; quer.
oración, *s. f.* oração; discurso; pre proposição.
oráculo, *s. m.* oráculo.
oral, *adj.* oral, vogal; verbal.
orangután, *s. m.* orangotango.
orar, *v. i.* orar, rezar; orar, falar e público.
oratoria, *s. f.* oratória; eloquência.
orbe, *s. m.* orbe; mundo; esfera; glo

orbicular, *adj.* orbicular.
órbita, *s. f.* órbita.
orden, *amb.* ordem.
ordenando, *s. m.* ordinando.
ordenanza, *s. f.* ordenança; estatuto; mandato; disposição; lei; *s. m.* ordenança.
ordenar, *v. t.* ordenar; mandar; conferir.
ordeñar, *v. t.* ordenhar; mungir.
ordinal, *adj.* ordinal.
orégano, *s. m.* orégão.
oreja, *s. f.* orelha.
orfanato, *s. m.* orfanato.
orfebre, *s. m.* ourives.
orfeón, *s. m.* orfeâo.
organdí, *s. m.* organdi.
orgánico (ca), *adj.* orgânico.
organillo, *s. m.* realejo.
organismo, *s. m.* organismo; constituição.
organización, *s. f.* organização; constituição.
organizar, *v. t.* organizar; ordenar; dispor.
órgano, *s. m.* órgão.
orgía, *s. f.* orgia; festim; bacanal.
orgullo, *s. m.* orgulho; arrogância; altivez.
orientación, *s. f.* orientação; direcção.
oriental, *adj.* oriental.
orientar, *v. t.* orientar; dirigir; guiar.
oriente, *s. m.* oriente; este; levante; nascente.
orificar, *v. t.* aurificar; obturar com ouro.
orificio, *s. m.* orificio; buraco.
origen, *s. m.* origem; princípio; raiz.
original, *adj.* original.
originar, *v. t.* originar; motivar.
orilla, *s. f.* borda, beira, limite; orla; ourela; margem de rio; beira-mar; brisa.
orillar, *v. t. (fig.)* rematar; *v. i.* abeirar-se; orlar; debruar.
orín, *s. m.* ferrugem, óxido.
orina, *s. f.* urina.
orinar, *v. i.* urinar.
oriundo (da), *adj.* oriundo; originário.
orla, *s. f.* orla, ourela; cercadura; margem.
orlar, *v. t.* orlar; guarnecer; debruar.
ornamentación, *s. f.* ornamentação; adorno; decoração; enfeite.
ornamentar, *v. t.* ornamentar; engalanar; decorar.
ornar, *v. t.* ornar; adornar.
ornato, *s. m.* ornato; decoração; atavio.
ornitología, *s. f.* ornitologia.
oro, *s. m.* ouro ou oiro.
oropel, *s. m.* ouropel.
orquesta, *s. f.* orquestra.
orquestar. *v. t.* orquestrar.
ortiga, *s. f. (bot.)* urtiga.
orto, *s. m.* orto; nascimento.
ortodoxia, *s. f.* ortodoxia.
ortografía, *s. f.* ortografia.
ortopedia, *s. f.* ortopedia.
oruga, *s. f.* eruca ou eruga.
orujo, *s. m.* burusso; bagaço da uva.
orzuela, *s. f.* talha pequena; boiãozinho.
orzuelo, *s. m.* terçogo, tercol ou terçolho; ichó, trápola, armadilhas para caça.
os, *pron.* vós; vos.
osa, *s. f.* ursa.
osadía, *s. f.* ousadia; audácia; atrevimento.
osado (da), *adj.* ousado; audaz; atrevido; resoluto.
osar, *v. i.* ousar, atrever-se.
oscilar, *v. i.* oscilar.
ósculo, *s. m.* ósculo, beijo.
óseo (a), *adj.* ósseo.
ósmosis, *s. f.* osmose.
oso, *s. m.* urso.
ostensible, *adj.* ostensível.
ostentador (ra), *adj.* e *s.* ostentador.
ostentar, *v. t.* ostentar; alardear; exibir.
ostento, *s. m.* prodigio, coisa milagrosa; portento.

ostentoso (sa), *adj.* ostentoso; pomposo.
ostra, *s. f.* ostra.
ostricultura, *s. f.* ostreicultura.
osuno (na), *adj.* ursino.
otero, *s. m.* outeiro; colina.
otitis, *s. f.* otite.
otoñal, *adj.* outonal.
otoño, *s. m.* Oútono.
otorgar, *v. t.* outorgar.
otro (tra), *adj.* e *s.* outro.
ovación, *s. f.* ovação; aplauso; aclamação.
oval, *adj.* oval.
ovalar, *v. t.* ovalar.
óvalo, *s. m.* oval.
ovario, *s. m.* ovário.
oveja, *s. f.* ovelha.
ovillar, *v. i.* enovelar; *v. r.* encolherse.
ovillo, *s. m.* novelo.
ovíparo (ra), *adj.* e *s.* ovíparo.
ovulación, *s. f.* ovulação.
óvulo, *s. m.* óvulo.
oxidar, *v. t.* oxidar.
óxido, *s. m.* óxido.
oxigenación, *s. f.* oxigenação.
oxigenar, *v. t.* oxigenar; oxidar.
oxígeno, *s. m.* oxigénio.
oyente, *adj.* e *s.* ouvinte.
ozono, *s. m.* ozónio ou ozono.

O

P

p, *s. f.* p, décima nona letra do alfabeto espanhol.
pabellón, *s. m.* pavilhão.
pábulo, *s. m.* pábulo; pasto.
paciencia, *s. f.* paciência; resignação.
paciente, *adj.* e *s.* paciente; resignado.
pacificar, *v. t.* pacificar; apaziguar.
pacifista, *adj.* e *s.* pacifista.
pacotilla, *s. f.* pacotilha.
pactar, *v. t.* pactuar.
pacto, *s. m.* pacto; convenção; contrato.
pachorra, *s. f.* fleuma; pachorra.
padecer, *v. t.* padecer; suportar; tolerar.
padrastro, *s. m.* padrasto; mau pai.
padre, *s. m.* pai; padre; autor.
Padrenuestro, *s. m.* padre-nosso (oração.
padrino, *s. m.* padrinho; protector.
padrón, *s. m.* padrão; recenseamento; marco; inscrição em pedra.
paella, *s. f.* prato de arroz seco, com carne, peixes, hortaliças, etc., arroz à valenciana.
paga, *s. f.* paga; retribuição; remuneração).
pagador (ra), *adj.* pagador.
paganizar, *v. i.* paganizar.
pagano (na), *adj.* e *s.* pagão; idólatra; gentio.
pagar, *v. t.* pagar.
pagaré, *s. m.* letra de câmbio.
página, *s. f.* página.
paginar, *v. t.* paginar.
pago, *s. m.* pago; satisfação; prémio; recompensa.
pagoda, *s. f.* pagode.
país, *s. m.* país; região; pátria.
paisaje, *s. m.* paisagem.
paisano (na), patricio; campesino.
paja, *s. f.* palha.
pajar, *s. m.* palheiro.
pajarera, *s. f.* passareira.
pajarería, *s. f.* passarinhada; passarada.
pájaro, *s. m.* pássaro.
paje, *s. m.* pajem.
pajizo (za), *adj.* palhiço, coberto de palha; colmo.
pala, *s. f.* pá; raqueta; pá (do remo); pala (do calçado).
palabra, *s. f.* palavra; termo; vocábulo.
palacio, *s. m.* palácio; solar.
palada, *s. f.* pazada.
paladar, *s. m.* paladar; palato; sabor; gosto.
paladear, *v. t.* saborear; degustar.
paladín, *s. m.* paladino; defensor dedicado.
palanca, *s. f.* alavanca.
palanquín, *s. m.* moço de fretes, mariola, carregador; palanquim, espécie de liteira.
palatino (na), *adj.* e *s.* palatino; palatal.
palco, *s. m.* camarote de teatro.
paleógrafo, *s. m.* paleógrafo.
paleólogo (ga), *adj.* e *s.* paleólogo.
paleontografía, *s. f.* paleontografia.
paleontología, *s. f.* paleontologia.
pelestra, *s. f.* palestra, lugar onde se luta.
paleta, *s. f.* paleta; palheta; colherão (para repartir comida); pá (para remexer o fogo); tolha, colher de pedreiro; omoplata.

paletilla, *s. f.* omoplata; espinhela.
paletó, *s. m.* paletó; sobretudo.
paliar, *v. t.* paliar; dissimular; atenuar.
palidecer, *v. i.* empalidecer.
pálido (da), *adj.* pálido; amarelento; descorado.
paliducho (cha), *adj.* descorado.
palillo, *s. m.* baqueta de tambor; palito.
palio, *s. m.* pálio.
paliquear, *v. i.* cavaquear.
paliza, *s. f.* sova; tunda; tareia.
palma, *s. f.* palma, palmeira, tamareira; palma de mão; palma, glória.
palmar, *adj.* palmar; claro; patente; *s. m.* palmar, palmeiral; *v. i. (fam.)* morrer, expirar.
palmatoria, *s. f.* palmatória; castiçal; férula.
palmera, *s. f. (bot.)* palmeira, tamareira.
palmero, *s. m.* palmeiro; romeiro.
palmeta, *s. f.* palmatória, férula.
palmípedo (da), *adj.* e *s.* palmípede.
palmo, *s. m.* palmo.
palo, *s. m.* pau; bordão; cajado; mastro.
paloma, *s. f.* pomba.
palomar, *adj.* palomar (fio para coser velas).
palomo, *s. m.* pombo.
palpar, *v. t.* palpar; apalpar.
palpitar, *v. i.* palpitar; latejar; pulsar.
paludismo, *s. m.* paludismo, impaludismo.
palurdo (da), *adj.* e *s.* palúrdio; pacóvio; palerma.
pampa, *s. f.* pampa.
pampero (ra), *adj.* e *s.* pampeiro.
pamplina, *s. f.* frioleira, despropósito.
pan, *s. m.* pão.
pana, *s. f.* bombazina.
panacea, *s. f.* panaceia.
panadería, *s. f.* padaria.
panal, *s. m.* panal, favo de mel.
pancista, *adj.* e *s. (fam.)* barriguista.
páncreas, *s. m.* pâncreas.
pandereta, *s. f.* pandeireta; pandeiro.
pandero, *s. m.* pandeiro.
pandilla, *s. f.* liga ou união; pandilha.
pando (da), *adj.* arqueado; pando.
panegirista, *s. m.* panegirista.
panel, *s. m.* painel.
panera, *s. f.* celeiro, tulha; paneiro.
panero, *s. m.* canastra (para pão); esteira.
panflet ou **panfleto,** *s. m.* panfleto; folheto.
pánico (ca), *adj.* e *s. m.* pânico.
panificar, *v. t.* panificar.
panizo, *s. m.* painço.
panoja, *s. f.* maçaroca.
panorama, *s. m.* panorama.
pantalón, *s. m.* calça ou calças, de homem ou de mulher.
pantalla, *s. f.* pantalha; quebra-luz; tela (de cinema).
pantano, *s. m.* pântano; paul.
panteísta, *adj.* e *s.* panteísta.
panteón, *s. m.* panteão.
pantera, *s. f.* pantera.
pantomima, *s. f.* pantomima.
pantorrilla, *s. f.* pantorrilha.
pantuflo (fla), *s. m.* pantufo; pantufa.
panza. *s. f.* pança, barriga ou ventre.
pañal, *s. m.* cueiro; fralda.
paño, *s. m.* pano, tecido.
pañoleta, *s. f.* lenço triangular de pescoço.
pañuelo, *s. m.* lenço.
papa, *s. f.* papa; sopas moles; *s. m.* Papa, Sumo Pontífice.
papá, *s. m. (fam.)* papá, pai.
papada, *s. f.* papeira; papada.
papagayo, *s. m.* papagaio.
paparrucha, *s. f. (fam.)* atoarda, boato falso.
papel, *s. m.* papel.
papelera, *s. f.* papeleira.
papelería, *s. f.* papelaria.
papelón (na), *s. m.* papelão; cartão.
papelucho, *s. m.* papelucho.
papera, *s. f.* V. **bocio;** papeira; trasorelho.
papiro, *s. m.* papiro.

papón, *s. m.* papão.
par, *adj.* par, igual; *s. m.* par; casal.
para, *prep.* para.
parabién, *s. m.* parabém, felicitação.
parábola, *s. f.* parábola.
paracaídas, *s. m.* pára-quedas.
parada, *s. f.* parada; paragem; redil.
parado (da), *adj.* parado; tímido; desempregado, desocupado.
paradoja, *s. f.* paradoxo.
paradójico (ca), *adj.* paradoxal.
parafina, *s. f.* parafina.
parafrasear, *v. t.* parafrasear.
paraguas, *s. m.* guarda-chuva.
paraíso, *s. m.* paraíso, céu; lugares mais altos no teatro; aprazível; ameno.
paraje, *s. m.* paragem.
paralelepípedo, *s. m.* paralelepípedo.
paralelismo, *s. m.* paralelismo.
paralelo (la), *adj.* e *s. m.* paralelo.
paralelogramo, *s. m.* paralelogramo.
parálisis, *s. f.* paralisia.
paralizar, *v. t.* paralisar; deter.
parámetro, *s. m.* parâmetro.
páramo, *s. m.* páramo.
parangonar, *v. t.* parangonar; comparar; assemelhar.
paraninfo, *s. m.* paraninfo; padrinho; salão nobre nas universidades.
parapeto, *s. m.* parapeito.
parar, *v. i.* parar; estacionar; habitar.
pararrayos, *s. m.* pára-raios.
parásito (ta), *s. m.* parasita.
parasol, *s. m.* pára-sol; umbela; guarda-sol.
paratifoidea, *s. f.* paratifóide.
parcelar, *v. t.* parcelar.
parcial, *adj.* e *s.* parcial; faccioso.
parco (ca), *adj.* parco; sóbrio; frugal.
parche, *s. m.* parche ou pacho; emplastro.
pardal, *s. m.* pardal ou pintarroxo.
pardo (da), *adj.* pardo.
parear, *v. t.* parear; juntar; igualar.
parecer, *s. m.* parecer, opinião; parecer, semblante; aparência; *v. i.* aparecer; assemelhar-se; parecer-se.
pared, *s. f.* parede, muro; morada, lar, residência.
pareja, *s. f.* parelha; par.
parénesis, *s. f.* parénese; exortação.
parentesco, *s. m.* parentesco; vínculo; conexão.
paréntesis, *s. m.* parêntese, parênteses ou parêntesis.
pareo, *s. m.* emparelhamento.
paria, *s. m.* e *f.* pária.
paridad, *s. f.* paridade.
pariente (ta), *adj.* e *s.* parente.
parihuela, *s. f.* padiola; maca.
parir, *v. i.* parir.
parlamentar, *v. i.* parlamentar.
parlamento, *s. m.* parlamento.
parlanchín (na), *adj.* e *s.* paroleiro; linguareiro; tagarela.
parlar, *v. t.* parlar; tagarelar; palrar (algumas aves).
parlotear, *v. i. (fam.)* tagarelar, parolar.
parné, *s. m. (fam.)* dinheiro.
paro, *s. m. (fam.)* paragem; suspensão; interrupção.
parodia, *s. f.* paródia.
parodiar, *v. t.* parodiar.
paroxismo, *s. m.* paroxismo.
parpadear, *v. i.* pestanejar.
párpado, *s. m.* pálpebra; párpado.
parque, *s. m.* parque.
parra, *s. f.* parreira; videira; cepa.
párrafo, *s. m.* parágrafo.
parranda, *s. f. (fam.)* pândega; folia; borga.
parricida, *s. m.* e *f.* parricida.
parrilla, *s. f.* grelha; botija.
párroco, *s. m.* pároco; cura.
parsimonia, *s. f.* parcimónia; temperança.
parte, *s. f.* parte.
partenogénesis, *s. f.* partenogénese.
partera, *s. f.* parteira.
partición, *s. f.* partição; partilha; *(arit.)* divisão.
participar, *v. i.* e *t.* participar.
particular, *adj.* e *s.* particular.
particularizar, *v. t.* particularizar.

P

partida, *s. f.* partido; certidão do registo civil.
partido (da), *adj.* partido; dividido; *s. m.* facção, partido.
partir, *v. t.* partir; dividir; repartir ou distribuir; fender, rachar; *v. i.* partir, basear.
partitura, *s. f.* partitura.
parto, *s. m.* parto; *(fig.)* produto.
parva, *s. f.* parva, refeição leve (antes do almoço); calcadouro.
párvulo (la), *adj.* e *s.* parvo, pequeno; inocente.
pasa, *s. f.* passa, uva seca.
pasacalle, *s. m. (mús.)* marcha popular.
pasado (da), *adj.* passado; *s. m.* o passado (tempo); desertor.
pasador, *s. m.* passador; contrabandista; tranca; coador.
pasaje, *s. m.* passagem.
pasamano, *s. m.* passamanes; corrimão.
pasante, *adj.* passante; repetidor; explicador.
pasaporte, *s. m.* passaporte.
pasar, *v. t., i.* e *r.* passar; trasladar; trespassar; atravessar; penetrar; avantajar; sofrer; tolerar.
pasatiempo, *s. m.* passatempo; entretenimento.
Pascua, *s. f.* Páscoa.
pase, *s. m.* passe, licença.
pasear, *v. i.* passear.
paseo, *s. m.* passeio.
pasión, *s. f.* paixão.
pasivo (va), *adj.* passivo; *(com.)* passivo (dívidas).
pasmar, *v. t.* e *r.* esfriar muito; *(fig.)* pasmar, assombrar; espantar.
paso, *s. m.* passo, passada; passagem; situação; caso.
pasquín, *s. m.* pasquim.
pasta, *s. f.* pasta, massa.
pastar, *v. t.* e *i.* pastar; pascer.
pastel, *s. m.* pastel.
pasterizar, *v. t.* pasteurizar.
pastilla, *s. f.* pastilha.
pastizal, *s. m.* pastio; pasto.
pasto, *s. m.* pasto; pastagem.
pastor (ra), *s. m.* e *f.* pastor, zagal, pegureiro; *s. m.* prelado, pároco, pastor.
pastorear, *v. t.* pastorear; apascoar, apascentar; *(fig.)* pastorear (cuidar o prelado dos seus fiéis.).
pastoso (sa), *adj.* pastoso; viscoso; saburroso.
pata, *s. f.* pata.
patada, *s. f.* patada.
patalear, *v. i.* pernear, espernear.
pataleo, *s. m.* pateada.
patán, *s. m. (fam.)* aldeão; campónio; rústico; grosseiro.
patata, *s. f.* batata.
patatús, *s. m. (fam.)* faniquito, chilique, desmaio leve.
patear, *v. t.* patear.
patena, *s. f.* patena.
patente, *adj.* patente; evidente; claro.
patentizar, *v. t.* patentear; evidenciar.
pateo, *s. m.* pateada.
paterno (na), *adj.* paterno; paternal.
patíbulo, *s. m.* patíbulo; cadafalso.
patilla, *s. f.* patilhas, suiças.
patín, *s. m.* patiozinho; patim.
pátina, *s. f.* pátina.
patinar, *v. i.* patinar; patinhar.
patio, *s. m.* pátio; plateia (nos teatros).
pato, *s. m.* pato.
patochada, *s. f.* pachouchada, tolice; despropósito.
patología, *s. f.* patologia.
patraña, *s. f.* patranha; mentira; peta.
patria, *s. f.* pátria.
patriota, *s. m.* patriota.
patrocinar, *v. t.* patrocinar; proteger; amparar.
patrón (na), *s. m.* e *f.* patrono, padroeiro; protector; defensor; patrão (amo).
patronato, *s. m.* padroado; patronato.
patrono (na), *s. m.* e *f.* patrono; protector; padroeiro; orago.
patrullar, *v. i.* patrulhar.
paulatino (na), *adj.* paulatino.

p

pauperismo, *s. m.* pauperismo.
pausar, *v. i.* pausar; demorar; descansar.
pauta, *s. f.* pauta; modelo.
pautar, *v. t.* pautar; dirigir; regular.
pava, *s. f.* perua; fole grande.
pavana, *s. f.* pavana (dança).
pavía, *s. f.* pavia, casta de pêssego.
pávido (da), *adj.* pávido; medroso; assustado.
pavimento, *s. m.* V. **suelo.**
pavo, *s. m.* peru.
pavoneo, *s. m.* pavonada; ostentação.
pavor, *s. m.* pavor; temor; terror.
pavoroso (sa), *adj.* pavoroso.
payaso, *s. m.* palhaço.
payés (sa), *s. m.* e *f.* camponês (da Catalunha ou das Baleares).
payo (ya), *adj.* e *s.* campónio; camponês; rústico.
paz, *s. f.* paz.
pazo, *s. m.* palácio, paço.
peaje, *s. m.* peagem, portagem.
peana, *s. f.* peanha; base; pedestal.
peatón, *s. m.* peão; correio rural (a pé).
peca, *s. f.* sarda, mancha na pele.
pecador (ra), *adj.* e *s.* pecador.
pecar, *v. i.* pecar; errar.
pecera, *s. f.* aquário (globo de cristal para peixes).
pecoso (sa), *adj.* sardento.
pectina, *s. f.* pectina.
pectoral, *adj.* e *s.* peitoral; *s. m.* cruz dos prelados.
pecuario (ria), *adj.* pecuário.
peculiar, *adj.* peculiar; próprio.
pecunia, *s. f. (fam.)* pecúnia, dinheiro.
pechera, *s. f.* peitilho (da camisa).
pecho, *s. m.* peito; seio.
pechuga, *s. f.* peituga, titela, peito de ave.
pedagogía, *s. f.* pedagogia.
pedal, *s. m.* pedal.
pedante, *adj.* e *s.* pedante.
pedazo, *s. m.* pedaço; porção.
pedernal, *s. m.* pedernal, pederneira.
pedestal, *s. m.* pedestal.
pedestre, *adj.* pedestre.
pediatría, *s. f.* pediatria.
pedículo, *s. m.* pedúnculo, pedículo.
pedido, *s. m.* pedido; rogo, petição.
pedir, *v. t.* pedir; rogar; esmolar; solicitar.
pedrada, *s. f.* pedrada.
pedregal, *s. m.* pedregal.
pedrera, *s. f.* pedreira.
pedrisco, *s. m.* pedrisco, saraiva miúda.
pegajoso (sa), *adj.* pegajoso, peganhento; viscoso; contagioso.
pegar, *v. t.* pegar, colar, grudar; contagiar, comunicar.
pegmatita, *s. f.* pegmatite.
pegote, *s. m.* emplastro; parche.
peinador (ra), *adj.* e *s.* penteador; roupão.
peinar, *v. t.* pentear.
peine, *s. m.* pente.
peineta, *s. f.* pente convexo usado como adorno.
pejiguera, *s. f.* empecilho, embaraço.
peladilla, *s. f.* amêndoa lisa; pedra, calhau.
pelágatos, *s. m.* pobre diablo.
pelagre, *s. m.* pelagem.
pelambre, *s. m.* pelame; courama; cabelame; pelada.
pelar, *v. t.* pelar; cortar o cabelo; depenar; descascar.
peldaño, *s. m.* degrau de escada.
pelear, *v. i.* pelejar, lutar, brigar.
pelele, *s. m.* boneco de palha ou de trapos; néscio.
peletería, *s. f.* pelaria.
pelícano, *s. m.* boticão; pelicano.
película, *s. f.* película.
peligrar, *v. i.* perigar.
peligro, *s. m.* perigo; contingência.
pelo, *s. m.* pêlo, cabelo; penugem.
pelón (na), *adj.* e *s.* pelado, calvo, careca.
pelota, *s. f.* pelota.
pelota (en), *adv. m.* em pelote, nu.
pelotear, *v. t.* verificar contas; *v. i.* pelotear, jogar a pelota.

pelotera, *s. f.* briga, rixa.
peluca, *s. f.* peruca; chinó; repreensão.
peluquería, *s. f.* barbearia.
pelusa, *s. f.* penugem; cotão.
pelvis, *s. f.* pelve, pélvis.
pella, *s. f.* massa apertada e esférica; grelo de ouvre-flor; banha de porco.
pellejo, *s. m.* pele, couro; pele; odre; ébrio.
pelliza, *s. f.* peliça.
pellizcar, *v. t.* beliscar.
pena, *s. f.* pena, castigo; aflição, dor, tormento.
pena, *s. f.* rémige (das aves).
penacho, *s. m.* penacho; poupa.
penal, *adj.* penal; *s. m.* penitenciária.
penar, *v. t.* punir, condenar; *v. i.* penar, padecer.
pendejo, *s. m.* conjunto de pêlos do púbis.
pendenciar, *v. i.* pendenciar; brigar.
pendenciero (ra), *adj.* pendenciador; brigão.
pender, *v. i.* pender; depender.
pendiente, *adj.* pendente; dependurado; suspenso; *s. m.* brinco, pingente, arrecada; inclinação; *s. f.* ladeira, declive.
pendón, *s. m.* pendão; estandarte; bandeira.
pêndulo (la), *adj.* pendente, dependurado; *s. m.* pêndulo.
pene, *s. m.* pénis.
penetrable, *adj.* penetrável.
penetrar, *v. t.* penetrar; compreender.
penibético (ca), *adj.* penibético.
península, *s. f.* península.
penique, *s. m.* péni (moeda inglesa).
penitencia, *s. f.* penitência.
penitenciar, *v. t.* penitenciar.
pensador (ra), *s. m.* e *f.* pensador.
pensar, *v. t.* pensar, discorrer; reflectir, imaginar; pensar, dar a ração ao gado.
pensativo (va), *adj.* pensativo.
pensión, *s. f.* pensão.
pensionar, *v. t.* pensionar.
pentagonal, *adj.* pentagonal.
pentágono (na), *adj.* e *s. m.* pentágono.
pentagrama, *s. m.* pentagrama.
pentasílabo (ba), *adj.* e *s.* pentassílabo.
Pentecostés, *s. m.* Pentecoste ou Pentecostes.
penúltimo (ma). *adj.* e *s.* penúltimo.
penumbra, *s. f.* penumbra.
penuria, *s. f.* penúria.
peña, *s. f.* penha; penhasco; fraga; grupo de amigos ou camaradas.
peñasco, *s. m.* penhasco.
peón, *s. m.* peão; pião.
peonaje, *s. m.* peonagem.
peonza, *s. f.* pião, pitorra.
peor, *adj.* pior.
pepino, *s. m. (bot.)* pepineiro; pepino.
pepita, *s. f. (bot.)* pevide; *(zool.)* pevide; *(min.)* pepita.
pepsina, *s. f.* pepsina.
pequeño (ña), *adj.* pequeno.
pera, *s. f. (bot.)* pêra; barbicha.
perborato, *s. m.* perborato.
percal, *s. m.* percal.
percance, *s. m.* percalço.
percatar, *v. i.* precatar, acautelar.
percebe, *s. m. (zool.)* perceba.
percibir, *v. t.* perceber.
percha, *s. f.* percha; cabide (de madeira ou metal).
perder, *v. t.* perder.
perdición, *s. f.* perdição.
perdigón, *s. m. (zool.)* perdigoto; perdiz nova; perdigão, perdiz macho.
perdiz, *s. f. (zool.)* perdiz.
perdón, *s. m.* perdão; desculpa; indulto.
perdonar, *v. t.* perdoar.
perdurar, *v. t.* perdurar.
perecer, *v. i.* perecer, acabar, morrer.
peregrinar, *v. i.* peregrinar.
perejil, *s. m.* perrexil ou perrixil; salsa.
perenne, *adj.* perene, incessante; vivaz.

P

perentorio (ria), *adj.* peremptório; terminante.
pereza, *s. f.* preguiça; lentidão, indolência.
perezoso (sa), *adj.* e *s.* preguiçoso; lento; vagaroso; dorminhoco; *s. m. (zool.)* preguiça.
perfeccionar, *v. t.* aperfeiçoar; melhorar.
perfecto (ta), *adj.* perfeito; primoroso.
pérfido (da), *adj.* e *s.* pérfido; desleal; infiel.
perfil, *s. m.* perfil.
perforar, *v. t.* perfurar; esburacar.
perfumar, *v. t.* perfumar, aromatizar.
pergamino, *s. m.* pergaminho.
pérgola, *s. f.* parreira ou parreiral; pérgula.
pericarpio, *s. m.* pericárpio ou pericarpo.
pericia, *s. f.* perícia; experiência.
periclitar, *v. i.* periclitar; perigar; declinar.
periferia, *s. f.* periferia; contorno.
perifollo, *s. m. (bot.)* cerefolho, cerefólio.
perifrasear, *v. i.* perifrasear.
perífrasis, *s. f.* perífrase.
perilla, *s. f.* perinha; pêra (barbicha).
perímetro, *s. m.* perímetro.
periodicidad, *s. f.* periodicidade.
periódico (ca), *adj.* periódico.
periodismo, *s. m.* jornalismo.
período, *s. m.* período.
peripatético (ca), *adj.* peripatético.
periplo, *s. m.* périplo.
periquete, *s. m.* brevíssimo espaço de tempo.
periscopio, *s. m.* periscópio.
perito (ta), *adj.* e *s.* perito; experimentado.
peritoneo, *s. m.* peritoneu.
perjudicar, *v. t.* prejudicar.
perjurar, *v. i.* perjurar.
perla, *s. f.* pérola.
permanecer, *v. i.* permanecer.
permanganato, *s. m.* permanganato.
permeable, *adj.* permeável.
permisible, *adj.* permissível.
permiso (sa), *s. m.* licença, consentimento.
permitir, *v. t.* permitir, autorizar.
permuta, *s. f.* permuta.
permutar, *v. t.* permutar; trocar.
pernera, *s. f.* perneira (cada uma das peças das calças).
pernicioso (sa), *adj.* pernicioso, nocivo.
pernil, *s. m.* pernil.
pernoctar, *v. i.* pernoitar.
pero, *conj.* mas, porém; *s. m.* defeito, senão; pereiro, macieira; pêro, fruto.
perol, *s. m.* facho; caçarola.
peroné, *s. m.* perónio.
perpendicular, *adj.* perpendicular.
perpetrar, *v. t.* perpetrar.
perpetuar, *v. t.* perpetuar.
perplejo (ja), *adj.* perplexo.
perra, *s. f.* cadela; perrice (de criança).
perrería, *s. f.* canzoada, cachorrada.
perro (rra), *adj.* e *s.* cão, cachorro.
perseguir, *v. t.* perseguir.
perseverar, *v. i.* perseverar.
persiana, *s. f.* persiana.
persistir, *v. i.* persistir.
persona, *s. f.* pessoa.
personaje, *s. m.* personagem.
personalizar, *v. t.* personalizar, personificar.
personificar, *v. t.* personificar.
perspicaz, *adj.* perspicaz.
persuadir, *v. t.* e *r.* persuadir; induzir.
pertenecer, *v. i.* pertencer.
pértiga, *s. f.* pértiga; varapau.
pertinaz, *adj.* pertinaz, teimoso.
pertinente, *adj.* pertinente; relativo; concernente.
perturbar, *v. t.* perturbar; transtornar; alterar; interromper.
perversión, *s. f.* perversão.
pervertir, *v. t.* perverter; viciar, depravar, corromper.

P

pesa, *s. f.* peso (de balança).
pesadilla, *s. f.* pesadelo.
pesado (da), *adj.* pesado; obeso; maçador.
pésame, *s. m.* pêsame; condolência.
pesar, *s. m.* pesar, mágoa, desgosto.
pesar, *v. i.* pesar.
pesca, *s. f.* pesca; pescaria.
pescadería, *s. f.* peixaria.
pescar, *v. t.* pescar.
pescozón, *s. m.* pescoção; pescoçada.
pescuezo, *s. m.* pescoço.
pesebre, *s. m.* pesebre.
peseta, *s. f.* peseta (moeda).
pesimismo, *s. m.* pessimismo.
pesimista, *adj.* e *s.* pessimista.
pésimo (ma), *adj.* péssimo.
peso, *s. m.* peso.
pespuntear, *v. t.* pespontar.
pesquisa, *s. f.* pesquisa; indagação.
pestaña, *s. f.* pestana.
peste, *s. f.* peste.
pestillo, *s. m.* fecho, aldrava; tranqueta.
petaca, *s. f.* arca de couro; charuteira, tabaqueira.
pétalo, *s. m.* pétala.
petardo, *s. m.* petardo; calote, vigarice.
petate, *s. m.* esteira de folhas de palmeira.
petenera, *s. f.* canto popular malaguenho.
petición, *s. f.* petição.
pétreo (a), *adj.* pétreo.
petrificar, *v. t.* petrificar; empedernir.
petróleo, *s. m.* petróleo.
petulancia, *s. f.* petulância; insolência.
peyorativo (va), *adj.* pejorativo.
pez, *s. m.* peixe; *s. f.* pez, breu, piche.
pezón, *s. m.* *(bot.)* pedículo, pedúnculo; mamilo (bico do peito).
pezuña, *s. f.* úngula.
piadoso (sa), *adj.* piedoso.
piano, *s. m.* piano.
piar, *v. i.* piar.
piara, *s. f.* piara, vara de porcos.
piastra, *s. f.* piastra (moeda).
pica, *s. f.* pique, lança.
picada, *s. f.* picada, picadura; bicada; mordedura.
picadero, *s. m.* picadeiro.
picadillo, *s. m.* picado.
picador, *s. m.* picador.
picadura, *s. f.* picada; bicada; mordedura.
picante, *adj.* picante; *s. m.* pico, acidez; sal, graça, chiste.
picaporte, *s. m.* pica-porta, aldraba, trinco.
picar, *v. t.* picar, ferir ou furar; bicar; morder (o peixe); esporear.
picardía, *s. f.* picardía, velhacada, vileza.
pícaro (ra), *adj.* e *s.* pícaro, astuto, patife; maroto, tratante.
pico, *s. m.* bico (de ave); bico, pico.
picón (na), *adj.* belfo; *s. m.* chasco, zombaria; carvão miúdo.
picor, *s. m.* ardor no paladar.
picota, *s. f.* pelourinho, picota.
picotazo, *s. m.* bicada; piçada.
picotear, *v. t.* bicar, picar (as aves).
pictórico (ca), *adj.* pictórico.
picudo (da), *adj.* bicudo.
pichón, *s. m.* borracho, pombinho.
pie, *s. m.* pé.
piedad, *s. f.* piedade; devoção; compaixão.
piedra, *s. f.* pedra.
piel, *s. f.* pele.
pierna, *s. f.* perna.
pieza, *s. f.* peça; parte; moeda; móvel; obra teatral.
pifia, *s. f.* tacada em falso (no bilhar).
pifiar, *v. i.* deixar ouvir o sopro quando se toca a flauta; *v. t.* dar tacada em falso (no bilhar).
pigmento, *s. m.* pigmento.
pigmeo (a), *adj.* e *s.* pigmeu.
pignorar, *v. t.* penhorar.
pijama, *s. m.* pijama.
pijotero (ra), *adj.* enfadonho; maçador
pilar, *s. m.* baliza, marco; *(arq.)* pilar; *v. t.* pilar, descascar, pisar (no gral).
pilastra, *s. f.* pilastra.

P

píldora, *s. f.* pílula.
pilongo (ga), *adj.* fraco; macilento; *castaña pilonga:* castanha pilada.
píloro, *s. m. (anat.)* piloro.
pilotaje, *s. m.* pilotagem; estacaria.
pilotar, *v. t.* pilotar.
piloto, *s. m.* piloto.
piltrafa, *s. f.* pelanga ou pelanca.
pillar, *v. t.* pilhar; furtar; agarrar.
pillería, *s. f.* súcia de patifes.
pillo (lla), *adj.* e *s. m.* velhaco; astuto.
pimienta, *s. f.* pimentas.
pimiento, *s. m. (bot.)* pimenteiro.
pimpollo, *s. m.* pimpolho, pinheiro novo; sarmento, rebento, grelo.
pinacoteca, *s. f.* pinacoteca.
pináculo, *s. m.* pináculo.
pinar, *s. m.* pinhal; pinheiral.
pincel, *s. m.* pincel.
pinchar, *v. t.* e *r.* picar, ferir com objecto pontiagudo; perfurar, furar; estimular.
pinchazo, *s. m.* picada.
pinche, *s. m.* mirmidão, moço de cozinha.
pincho, *s. m.* aguilhão, ferrão.
pingar, *v. i.* pingar, gotejar.
pingüe, *adj.* pingue, gordo; rendoso.
pingüino, *s. m.* pinguim.
pino, *s. m. (zool.)* pinheiro; *(fig.)* navio, nave.
pino (na), *adj.* pino, muito pendente; ao alto, muito a prumo, a pino.
pinta, *s. f.* pinta, mancha ou sinal; aspecto.
pintar, *v. t.* pintar.
pintor (ra), *s. m.* e *f.* pintor.
pintorrear, *v. t.* borrar, pintar sem gosto, pintalgar.
pintura, *s. f.* pintura.
pinzas, *s. f. pl.* pinças.
piña, *s. f. (bot.)* pinha; ananás (planta e fruto).
piñata, *s. f.* V. **olla;** Pinhata, primeiro domingo da Quaresma.
piñón, *s. m.* pinhão.
pío (a), *adj.* pio, devoto; *s. m.* pio, voz dalgumas aves, pialo.
piojo, *s. m.* piolho.
piorno, *s. m.* piorno, giesta.
piorrea, *s. f.* piorreia.
pipa, *s. f.* pipa; cachimbo.
pipar, *v. i.* cachimbar.
pipiar, *v. i.* pipiar, pipilar, piar (das aves).
pipiolo, *s. m.* novato, inexperiente.
pipote, *s. m.* pipote.
pique, *s. m.* ressentimento, melindre; *(mar.)* a pique, ao fundo.
piqué, *s. m.* piqué.
piquete, *s. m.* picada; buraco na roupa; *(mil.)* piquete.
piragua, *s. f.* piroga.
pirámide, *s. f.* pirâmide.
pirata, *s. m.* pirata.
piratear, *v. i.* piratear, exercer a pirataria.
pirita, *s. f.* pirite.
piropear, *v. t.* dizer galanteios, requebrar.
piropo, *s. m.* piropo (liga); galantaria, lisonja.
pirotecnia, *s. f.* pirotecnia.
pirrarse, *v. r.* ansiar, almejar.
pirueta, *s. f.* pirueta, cabriola.
pisada, *s. f.* pisada; pegada; patada.
pisapapeles, *s. m.* pisa-papéis.
pisar, *v. t.* pisar, calcar; machucar; moer.
piscina, *s. f.* piscina.
Piscis, *s. m.* Peixes (constelação).
piscolabis, *s. m.* merenda.
piso, *s. m.* pisada, pisadela, pisadura; soalho, solo, piso; pavimento, andar.
pisotear, *v. t.* calcar, pisar; espezinhar.
pisotón, *s. m.* calcadela, pisadela.
pista, *s. f.* pista, rasto; pista, recinto para corridas.
pistilo, *s. m. (bot.)* pistilo.
pisto, *s. m.* apisto (caldo).
pistola, *s. f.* pistola.
pistonudo (da), *adj.* muito bom, magnífico, superior.
pita, *s. f. (bot.)* piteira; bolinha de cristal (para brinquedo); V. **silba.**

P

pitada, *s. f.* apitadela.
pitagórico (ca), *adj.* pitagórico.
pitar, *v. i.* apitar, assobiar.
pitillera, *s. f.* cigarreira.
pito, *s. m.* assobio, apito.
pitonisa, *s. f.* pitonisa.
pizarra, *s. f.* ardósia; piçarra.
pizarral, *s. m.* ardosieira; piçarral; louseira.
pizca, *s. f.* pisca, migalha.
placa, *s. f.* placa, lâmina, chapa; venera; condecoração.
placenta, *s. f.* placenta.
placer, *s. m. (mar.)* parcel; prazer; contentamento; alegria; diversão.
placer, *v. t.* aprazer, prazer, agradar, comprazer.
placeta, *s. f.* pracinha.
plácido (da), *adj.* plácido; tranquilo; sossegado.
plaga, *s. f.* praga, grande calamidade; flagelo.
plagiar, *v. t.* plagiar.
plan, *s. m.* plano, nível; intento; projecto; planta.
plana, *s. f.* página, lauda; lhanura, planície.
plancha, *s. f.* plancha, lâmina; ferro de engomar; *(mar.)* prancha; pranchão.
planchar, *v. t.* passar a ferro; engomar roupa.
planchear, *v. t.* chapear.
planear, *v. t.* planear, planejar, projectar.
planeta, *s. f.* planeta.
planicie, *s. f.* planície.
plano, *adj.* plano, chão, liso; *s. m.* superfície plana.
planta, *s. f.* planta, parte inferior do pé; *(bot.)* planta; *(arq.)* planta, projecto.
plantar, *v. t.* plantar, cultivar; fincar, fixar.
plantear, *v. t.* delinear, traçar, propor, expor.
plantel, *s. m.* viveiro, criadouro de plantas.
plantilla, *s. f.* palmilha de sapato; remendo de meia; molde; quadro de pessoal.
plantón, *s. m.* rebentão, pimpolho para ser transplantado; plantão, soldado de guarda.
plañidera, *s. f.* carpideira.
plasma, *s. m.* plasma.
plástico (ca), *adj.* plástico, dúctil, mole; formativo.
plata, *s. f.* prata; moeda, dinheiro.
plátano, *s. m. (bot.)* bananeira; banana (fruto); plátano, árvore frondosa.
platear, *v. t.* pratear.
platicar, *v. t.* e *i.* praticar, conversar.
platillo, *s. m.* pratinho; prato de balança.
platino, *s. m.* platina (metal).
plato, *s. m.* prato.
playa, *s. f.* praia.
plaza, *s. f.* praça; lugar fortificado, praça-forte.
plazo, *s. m.* prazo; prestação.
plazuela, *s. f.* pracinha.
pleamar, *s. f.* preia-mar; praia-mar.
plebe, *s. f.* plebe, povo, gente comum e humilde.
plebiscito, *s. m.* plebiscito.
plegar, *v. t.* e *r.* dobrar; preguear; enrolar.
plegaria, *s. f.* prece, rogo, rogativa, súplica; oração.
pleitear, *v. t.* pleitear, litigar, demandar.
pleito, *s. m.* pleito.
plenario (ria), *adj.* plenário, pleno, completo.
plenitud, *s. f.* plenidão.
pleno (na), *adj.* plano, cheio, inteiro, completo.
pletórico (ca), *adj.* pletórico.
pleura, *s. f.* pleura.
pléyade, *s. f. (fig.)* plêiada ou plêiade.
plica, *s. f.* carta-de-prego; *(med.)* doença do cabelo.
pliego, *s. m.* folha de papel (dobrada ao meio); carta, ofício, documento.

P

pliegue, *s. m.* dobra, prega, vinco, ruga.
plomar, *v. t.* chumbar.
plomo, *s. m.* chumbo.
pluma, *s. f.* pluma, pena.
plumero, *s. m.* espanador; plumão, penacho de capacete
plural, *adj.* e *s.* plural.
plus, *s. m.* gratificação ocasional; pré extraordinário.
pluscuamperfecto, *adj.* e *s. (gram.)* mais-que-perfeito composto.
plusvalía, *s. f.* mais-valia.
pluvial, *adj.* e *s. m.* pluvial.
pluviómetro, *s. m.* pluviómetro.
poa, *s. f. (mar.)* poa.
población, *s. f.* povoamento, povoação; população.
poblar, *v. t.* povoar.
pobre, *adj.* e *s.* pobre, pedinte; necessitado; infeliz.
pocilga, *s. f.* pocilga.
pócima, *s. f.* apózema.
poco (ca), *adj.* e *s. m.* pouco, escasso; *adv.* pouco.
poda, *s. f.* poda, podadura.
podar, *v. t.* podar.
podenco (ca), *adj.* e *s.* podengo.
poder, *v. t., i* e *s. m.* poder.
podre, *s. f.* matéria, pus.
poema, *s. m.* poema.
poesía, *s. f.* poesia.
polaina, *s. f.* polaina.
polar, *adj.* polar.
polarizar, *v. t.* polarizar.
polca, *s. f.* polca.
polea, *s. f.* polé, roldana.
polémica, *s. f.* polémica, controvérsia.
polen, *s. m. (bot.)* pólen.
poleo, *s. m. (bot.)* poejo.
policía, *s. f.* polícia.
policlínica, *s. f.* policlínica.
policromía, *s. f.* policromia.
poliedro, *adj.* e *s. m.* poliedro.
polifonía, *s. f.* polifonia.
poligamia, *s. f.* poligamia.
polígono (na), *adj.* poligonal; *s. m.* polígono.
polilla, *s. f.* traça, polilha ou polela; caruncho.
pólipo, *s. m.* pólipo.
politeísta, *adj.* e *s.* politeísta.
política, *s. f.* política.
póliza, *s. f.* apólice.
polizón, *s. m.* vagamundo; vadio; passageiro clandestino.
polo, *s. m.* pólo.
polución, *s. f.* polução, poluição.
polvareda, *s. f.* poeirada.
polvo, *s. m.* pó, poeira.
polvorear, *v. t.* polvilhar.
polvorin, *s. m.* polvorim; polvorinho; paiol.
polla, *s. f.* franga.
pollera, *s. f.* galinheira; capoeira (de aves), galinheiro.
pollero (ra), *s. m.* e *f.* galinheiro; capoeira (de aves).
pollino (na), *s. m.* e *f.* burrico; jumento.
pollo, *s. m.* pinto, frango.
pomada, *s. f.* pomada.
pomo, *s. m.* pomo (fruto); bola odorífera; rasco pequeno.
pompa, *s. f.* pompa, ostentação, fausto, vaidade.
pompón, *s. m.* pompom.
pómulo, *s. m.* pómulo.
ponche, *s. m.* ponche.
poncho (cha), *adj.* preguiçoso, indolente.
ponderar, *v. t.* pesar; ponderar; examinar com cuidado; exagerar; equilibrar.
ponencia, *s. f.* cargo de relator; exposição feita pelo relator.
poner, *v. t.* pôr colocar.
poniente, *s. m.* poente, ocidente.
pontifical, *s. m.* pontifical.
pontón, *s. m.* pontão.
ponzoña, *s. f.* peçonha.
popa, *s. f.* popa.
pope, *s. m.* pope (sacerdote do rito grego).
popelina, *s. f.* popelina.
popular, *adj.* e *s.* popular.

P

por, *prep.* por.
porcelana, *s. f.* porcelana; esmalte de ourives.
percentaje, *s. m.* percentagem.
porcino (na), *adj.* porcino.
porción, *s. f.* porção; ração.
porche, *s. m.* cobertiço, alpendre, telheiro.
pordiosear, *v. i.* mendigar.
porfía, *s. f.* porfia; teima.
porfiar, *v. i.* porfiar, disputar.
pormenor, *s. m.* pormenor.
pormenorizar, *v. t.* pormenorizar.
pornografía, *s. f.* pornografia.
poro, *s. m.* poro.
porque, *conj.* porque.
porqué, *s. m.* porquê, causa.
porquería, *s. f.* porcaria.
porra, *s. f.* cacete, cacheira, moca.
porrear, *v. i.* *(fam.)* aporrear, maçar.
portada, *s. f.* ornato de fachada; portada, frontispício.
portal, *s. m.* portal; pórtico.
portalón, *s. m.* *(mar.)* lortaló.
portamonedas, *s. m.* porta-moedas.
portar, *v. t.* levar ou trazer; *v. r.* comportar-se, portar-se.
portento, *s. m.* portento, prodígio.
portería, *s. f.* portaria.
pórtico, *s. m.* pórtico.
portuense, *adj.* e *s.* portuense, do Porto (Portugal); do porto de Óstia, em Italia.
portugués (sa), *adj.* e *s.* português, de Portugal.
porvenir, *s. m.* porvir, futuro.
pos, *prep.* pós, detrás, depois.
posada, *s. f.* pousada, estalagem.
posaderas, *s. f. pl.* nádegas.
posar, *v. i.* pousar, alojar-se, hospedar-se; descansar, repousar; *v. r.* precipitar-se (líquidos).
posdata, *s. f.* pós-escrito (P. S.).
pose, *s. f.* pose.
poseer, *v. t.* possuir; fruir.
posesionar, *v. t.* empossar.
posibilitar, *v. t.* possibilitar.
posición, *s. f.* posição.
positivo (va), *adj.* positivo.
poso, *s. m.* lia, fezes, borra.
posponer, *v. t.* pospor; pôr; preterir, postergar.
postal, *adj.* postal.
poste, *s. m.* poste, madeiro.
postergar, *v. t.* postergar, preterir; atrasar.
posterior, *adj.* posterior.
postilar, *v. t.* apostilar.
postizo (za), *adj.* postiço.
postor, *s. m.* licitador.
postrar, *v. t.* prostrar; debilitar, abater.
postre, *s. m.* postre ou postres, pospasto, sobremesa.
postulador, *s. m.* postulador.
postular, *v. t.* postular, pedir, solicitar.
póstumo (ma), *adj.* póstumo.
postura, *s. f.* postura, atitude, posição.
potable, *adj.* potável.
potaje, *s. m.* potagem, caldo, sopa; legumes guisados.
potasa, *s. f.* potassa.
pote, *s. m.* pote, cântaro grande.
potencia, *s. f.* potência, vigor; força; estado soberano.
potestad, *s. f.* potestade.
potosí, *s. m.* *(fig.)* potosi, riqueza extraordinária.
potro, *s. m.* *(zool.)* potro, poldro (animal e instrumento de tortura).
pozo (za), *s. m.* poço; pego; poça; alverca.
práctica, *s. f.* prática, uso, experiência.
practicar, *v. t.* praticar, exercitar.
práctico (ca), *adj.* prático, experimentado.
pradera, *s. f.* pradaria.
prado, *s. m.* prado.
pragmática, *s. f.* pragmática.
preámbulo, *s. m.* preâmbulo, prefácio.
precaver, *v. t.* precaver, acautelar.
preceder, *v. t.* preceder, anteceder.
precepto, *s. m.* preceito, mandato.

preces, *s. f. pl.* preces, orações.
preciar, *v. t.* apreciar; *v. r.* envaidecer-se.
precintar, *v. t.* precintar.
precio, *s. m.* preço.
precioso (sa), *adj.* precioso, excelente.
precipicio, *s. m.* precipício, despenhadeiro.
precipitar, *v. t.* e *r.* precipitar, despenhar.
precisar, *v. t.* precisar.
preclaro (ra), *adj.* preclaro, ilustre.
preconizar, *v. t.* preconizar.
precoz, *adj.* precoce; prematuro, antecipado.
predecir, *v. t.* predizer, prognosticar.
predestinar, *v. t.* predestinar.
predicar, *v. t.* predicar, pregar.
predilecto (ta), *adj.* predilecto, preferido.
predisponer, *v. t.* e *r.* predispor.
predominar, *v. t.* e *i.* predominar.
preexistir, *v. i.* preexistir.
prefecto, *s. m.* prefeito.
prefectura, *s. f.* prefeitura.
preferir, *v. t.* preferir.
prefijo (ja), *adj.* e *s. m.* prefixo; exacto.
pregón, *s. m.* pregão, diulgação; proclamas de casamento.
pregonar, *v. t.* apregoar, pregoar; proclamar.
preguntar, *v. t.* perguntar.
pregustación, *s. f.* pregustação.
prehistoria, *s. f.* pré-história.
prejuzgar, *v. t.* prejulgar.
prelado, *s. m.* prelado.
preliminar, *adj.* e *s. m.* preliminar.
preludio, *s. m.* prelúdio; iniciação; introdução.
premeditar, *v. t.* premeditar.
premiar, *v. t.* premiar, galardoar.
premura, *s. f.* pressa, urgência, apuro.
prenda, *s. f.* prenda, penhor, garantia; presente, dádiva; predicado; qualquer peça do vestuário.
prendar, *v. t.* penhorar, empenhar; agradar; *v. r.* afeiçoar-se.
prender, *v. t.* prender, agarrar, sujeitar, segurar; capturar, encarcerar.
prensa, *s. f.* prensa, prelo; imprensa.
peocupar, *v. t.* preocupar.
preparar, *v. t.* preparar, prevenir, dispor.
preponderar, *v. i.* preponderar.
preponer, *v. t.* prepor, antepor, preferir.
preposición, *s. f.* preposição.
prepucio, *s. m.* prepúcio.
prerrogativa, *s. f.* prerrogativa, privilégio.
presa, *s. f.* presa; acéquia; açude; garra.
presagiar, *v. t.* pressagiar, vaticinar.
presbiterio, *s. m.* presbitério; capela-mor.
prescindir, *v. i.* prescinir.
prescribir, *v. t.* prescrever, preceituar.
presenciar, *v. t.* presenciar.
presentar, *v. t.* apresentar, manifestar, exibir.
presentir, *v. t.* pressentir, prever.
preservar, *v. t.* e *r.* preservar, defender, resguardar.
preservativo (va), *adj.* e *s. m.* preservativo.
presidencia, *s. f.* presidência.
presidio, *s. m.* presídio; penitenciária.
presidir, *v. t.* presidir.
preso (sa), *adj.* e *s.* preso.
préstamo, *s. m.* empréstimo.
prestar, *v. t.* emprestar; prestar, ajudar.
prestigio, *s. m.* prestígio; fascinação; ascendente, influência.
presto (ta), *adj.* presto, prestes, diligente.
presumir, *v. t.* presumir, conjecturar; *v. i.* ter presunção.
presuponer, *v. t.* pressupor; orçar.
pretender, *v. t.* pretender.
pretendiente, *adj.* e *s.* pretendente.
preterir, *v. t.* preterir.

p

pretérito (ta), *adj.* pretérito, passado.
pretexto, *s. m.* pretexto.
pretil, *s. m.* parapeito, varandim, peitoril.
pretina, *s. f.* cinto; cinta; cintura.
prevalecer, *v. i.* prevalecer.
prevaricar, *v. i.* prevaricar.
prevenir, *v. t.* prevenir; advertir, avisar.
prever, *v. t.* prever, pressupor.
previsor (ra), *adj.* e *s.* previdente, prudente.
prima, *s. f.* prima, primeira; luvas, gratificação.
primavera, *s. f.* Primavera, estação do ano; primavera, planta primulácea; *(fig.)* juventude.
primero (ra), *adj.* e *s.* primeiro.
primicia, *s. f.* primícia, primícias.
primitivo (va), *adj.* e *s.* primitivo.
primo (ma), *adj.* primo, primeiro; excelente; *s. m.* e *f.* primo, parente; simplório.
primor, *s. m.* primor.
principal, *adj.* principal.
principiar, *v. t.* principiar, começar, iniciar.
pringar, *v. t.* besuntar, untar; *(fig.)* ferir; infamar.
prior, *s. m.* prior.
prioridad, *s. f.* prioridade, primazia; precedência.
prisa, *s. f.* pressa, prontidão, rapidez.
prisión, *s. f.* prisão.
prisma, *s. m.* prisma.
privar, *v. t.* privar.
privilegio, *s. m.* privilégio.
pro, *amb.* prol, proveito; *prep.* pro.
proa, *s. f.* proa.
probable, *adj.* provável, verosímil.
probar, *v. t.* provar.
probeta, *s. f.* proveta.
problema, *s. m.* problema.
proceder, *s. m.* proceder, procedimento, comportamento; *v. i.* proceder, agir; obrar.
prócer, *s. m.* prócere; magnate.
procesar, *v. t.* processar.
proceso, *s. m.* processo.
proclamar, *v. t.* proclamar.
procrear, *v. t.* procriar.
procurar, *v. t.* procurar, investigar, buscar.
prodigar, *v. t.* prodigalizar.
pródigo (ga), *adj.* e *s.* pródigo, dissipador; generoso.
producir, *v. t.* produzir, procriar, criar; originar, ocasionar.
productor (ra), *adj.* e *s.* produtor.
profanar, *v. t.* profanar; macular, desonrar.
profecía, *s. f.* profecia.
proferir, *v. t.* proferir, dizer.
profesar, *v. t.* professar; exercer.
profesor (ra), *s. m.* e *f.* professor, mestre.
profeta, *s. m.* profeta.
profetizar, *v. t.* profetizar; vaticinar.
profilaxis, *s. f.* preservação.
prófugo (ga), *adj.* e *s.* prófugo, fugitivo; *s. m.* desertor, refractário.
profundizar, *v. t.* e *i.* profundar.
profuso (sa), *adj.* profuso, exuberante.
progenitor, *s. m.* progenitor.
programa, *s. m.* programa.
progresar, *v. i.* progredir.
progreso, *s. m.* progresso.
prohibir, *v. t.* proibir.
prohijar, *v. t.* perfilhar; adoptar.
prójimo, *s. m.* próximo.
prole, *s. f.* prole, progénie.
proletario (ria), *adj.* e *s. m.* proletário.
prolífico (ca), *adj.* prolífico.
prolijo (ja), *adj.* prolixo, difuso.
prólogo, *s. m.* prólogo, prefácio; proémio.
prolongación, *s. f.* prolongação; prolongamento.
prolongar, *v. t.* e *r.* prolongar, dilatar; protrair.
promediar, *v. t.* mediar, igualar.
prometer, *v. t.* prometer.
prometido (da), *adj.* prometido; *s. m.* prometido, noivo.
promiscuidad, *s. f.* promiscuidade.

promoción, *s. f.* promoção.
promotor (ra), *adj.* e *s.* promotor.
promover, *v. t.* promover, fomentar; elevar.
promulgar, *v. t.* promulgar.
pronombre, *s. m.* pronome.
pronominal, *adj.* pronominal.
pronosticar, *v. t.* prognosticar; predizer.
pronto (ta), *adj.* pronto, veloz, rápido.
pronunciación, *s. f.* pronúncia, recitação.
pronunciar, *v. t.* pronunciar, proferir, articular.
propaganda, *s. f.* propaganda.
propagar, *v. t.* propagar, espalhar; difundir.
propensión, *s. f.* propensão, tendência.
propiciar, *v. t.* propiciar.
propiedad, *s. f.* propriedade.
propina, *s. f.* propina, gratificação, gorjeta.
propinar, *v. t.* propinar, ministrar.
proponer, *v. t.* propor; alvitrar.
proporcionar, *v. t.* proporcionar.
proposición, *s. f.* proposição.
propósito, *s. m.* propósito, intenção.
propuesto (ta), *adj.* proposto.
propulsor (ra), *adj.* e *s.* propulsor.
prorratear, *v. t.* ratear.
prorrogar, *v. t.* prorrogar.
prosa, *s. f.* prosa.
prosapia, *s. f.* prosápia, linhagem, ascendência.
proscenio, *s. m.* proscénio.
proscribir, *v. t.* proscrever, banir, desterrar, expulsar; abolir.
proseguir, *v. t.* prosseguir, continuar.
prosélito, *s. m.* prosélito.
prosista, *s. m.* e *f.* prosista, prosador.
prosodia, *s. f.* prosódia.
prospecto, *s. m.* prospecto, programa.
prosperar, *v. t.* prosperar.
próspero (ra), *adj.* próspero, afortunado.
próstata, *s. f.* próstata.
prostíbulo, *s. m.* prostíbulo, bordel, lupanar.
prostitución, *s. f.* prostituição; devassidão.
prostituir, *v. t.* prostituir.
prostituta, *s.* . prostituta, rameira.
protección, *s. f.* protecção, amparo, auxílio.
protector (ra), *adj.* e *s.* protector.
proteger, *v. t.* proteger, defender, amparar.
proteína, *s. f.* proteína.
prótesis, *s. f.* prótese.
protesta, *s. f.* protesto.
protestar, *v. t.* protestar.
protocolo, *s. m.* protocolo.
prototipo, *s. m.* protótipo.
provecho, *s. m.* proveito, benefício; utilidade.
proveedor (ra), *s. m.* e *f.* provedor.
proveer, *v. t.* prover; dispor; conferir.
provenir, *v. i.* provir, nascer, derivar.
provenzal, *adj.* e *s.* provençal, da Provença.
proverbial, *adj.* proverbial.
proverbio, *s. m.* provérbio, adágio; rifão.
providencia, *s. f.* providência.
providente, *adj.* providente.
próvido (da), *adj.* próvido.
provincia, *s. f.* província.
provisión, *s. f.* provisão, fornecimento; despacho.
provocar, *v. t.* provocar, incitar, irritar.
provocativo (va), *adj.* provocativo.
próximo (ma), *adj.* próximo, vizinho, imediato.
proyección, *s. f.* projecção.
proyectar, *v. t.* projectar, lançar, arremessar; projectar, planear.
proyectil, *s. m.* projéctil.
prudencia, *s. f.* prudência, precaução, cautela.
prueba, *s. f.* prova, testemunho; argumento; ensaio.
prurito, *s. m.* (*med.*) prurido, pruído.
psicólogo, *s. m.* psicólogo.
psicosis, *s. f.* psicose.
psiquiatra, *s. m.* psiquiatra.

P

púa, *s. f.* pua; anguilhão, farpa; enxerto; dente de pente.
púber (ra), *adj.* e *s.* púbere.
pubis, *s. m.* pube, púbis.
publicar, *v. t.* publicar.
público (ca), *adj.* e *s. m.* público, auditório.
puchero, *s. m.* panela, cacoula ou cacoila; cozido.
pudiente, *adj.* e *s.* poderoso, rico.
pudor, *s. m.* pudor, vergonha; recato.
pudridero, *s. m.* podredouro ou podredoiro.
pudrir, *v. t.* apodrecer.
pueblo, *s. m.* povo; povoação; plebe.
puente, *amb.* ponte.
pueril, *adj.* pueril; fútil, trivial.
puerro, *s. m. (bot.)* porro, alho-porro.
puerta, *s. f.* porta.
puerto, *s. m.* porto.
pues, *conj.* pois.
puesta, *s. f.* ocaso; aposta; posta.
puesto (ta), *adj.* posto; colocado; vestido; trajado; *s. m.* posto, lugar, emprego.
púgil, *s. m.* atleta, pugilista.
pugnar, *v. i.* pugnar, pelejar, brigar.
puja, *s. f.* lanço (en leilão); acção de suplantar.
pujar, *v. t.* pujar; procurar suplantar; licitar (em leilão).
pulcro (cra), *adj.* pulcro, asseado.
pulga, *s. f.* pulga.
pulimentar, *v. t.* polir, brunir; lustrar.
pulir, *v. t.* polir, brunir; adornar; civilizar.
pulmón, *s. m.* pulmão.
pulmonía, *s. f.* pneumonia.
pulpa, *s. f.* polpa.
pulpo, *s. m.* polvo.
pulsar, *v. t.* pulsar; bater; latejar, palpitar.
pulsear, *v. i.* pulsear.
pulsera, *s. f.* pulseira.
pulso, *s. m.* pulso; força; vigor.
pulular, *v. i.* pulular, brotar; abundar.
pulverizar, *v. t.* pulverizar.

pulla, *s. f.* pulha, dito ou gracejo obsceno.
puma, *s. m. (zool.)* puma.
punción, *s. f.* punção.
pundonor, *s. m.* pundonor, decoro, brio.
pungir, *v. t.* pungir, picar; afligir.
punible, *adj.* punível.
puntada, *s. f.* ponto (furo de agulha); alinhavo.
puntal, *s. m.* pontalete, espeque; pontal; esteio, apoio.
puntapié, *s. m.* pontapé.
puntear, *v. t.* pontoar, pontear; granir, pontilhar; alinhavar; dedilhar.
punteo, *s. m.* dedilhação.
puntera, *s. f.* ponteira, biqueira; pontapé.
puntería, *s. f.* pontaria.
puntiagudo (da), *adj.* pontiagudo.
puntilla, *s. f.* espiguilha (renda), pontilha; choupa.
punto, *s. m.* ponto.
puntuación, *s. f.* pontuação.
puntual, *adj.* pontual.
puntualizar, *v. t.* particularizar; aperfeiçoar; gravar na memória.
puntuar, *v. t.* pontuar.
punzar, *v. t.* punçar; afligir, pungir.
punzón, *s. m.* punção; buril.
puñado, *s. m.* punhado; mão-cheia.
puñal, *s. m.* punhal.
puñetazo, *s. m.* punhada, murro, soco.
puño, *s. m.* punho.
pupa, *s. f.* erupção nos lábios.
pupila, *s. f.* pupila (órfa a cargo de tutor); pupila, menina-do-olho.
pupitre, *s. m.* carteira (mesa escolar).
puré, *s. m.* puré.
pureza, *s. f.* pureza; virgindade.
purga, *s. f.* purga, purgante.
purgante, *adj.* e *s. m.* purgante.
purgar, *v. t.* purgar, limpiar; expiar; padecer; evacuar; *(fig.)* purificar, acrisolar.
purgatorio (ria), *adj.* purgativo; *s. m.* Purgatório.

purificar, *v. t.* purificar.
puritano (na), *adj.* e *s.* puritano; *(fig.)* rígido, austero.
puro (ra), *adj.* puro, genuíno; casto; *s. m.* charuto.
púrpura, *s. f.* púrpura; *(zool.)* cochinilha.
purpurina, *s. f.* purpurina.
pus, *s. m.* pus, sânie.
pusilánime, *adj.* e *s.* pusilânime, covarde.
putrefacción, *s. f.* putrefacção.
puya, *s. f.* pua, aguilhão; pampilho, planta.
puyazo, *s. m.* aguilhoada.

P

q

q, *s. f.* q, vigésima letra do alfabeto espanhol.
que, *pron.* e *conj.* que, o qual.
quebrada, *s. f.* quebrada.
quebrantar, *v. t.* quebrar; quebrantar.
quebranto, *s. m. (fig.)* quebranto, desalento; prostração; fraqueza; dano.
quebrar, *v. t.* quebrar.
queda, *s. f.* toque ou hora de recolher.
quedar, *v. i.* e *r.* ficar, estar, quedar; permanecer; restar, sobrar; parar.
quedo (da), *adj.* quedo, quieto; parado.
quehacer, *s. m.* ocupação, trabalho.
queja, *s. f.* queixa.
quema, *s. f.* queima.
quemadura, *s. f.* queimadura.
quemar, *v. t.* queimar.
querella, *s. f.* querele; queixa, acusação.
querellarse, *v. r.* queixar-se; promover querela.
querer, *s. m.* querer, carinho, afecto; *v. t.* querer, desejar, amar.
querido (da), *adj.* e *s. m.* e *f.* querido; amante.
querubín, *s. m.* querubim.
quesera, *s. f.* queijeira.
queso, *s. m.* queijo.
¡quia!, *interj. (fam.)* qual!
quicial, *s. m.* couceira ou coiceira (da porta).
quicio, *s. m.* quício ou quiço, gonzo (de porta ou janela).
quiebra, *s. f.* quebra, fractura.
quien, *pron.* quem.
quienquiera, *pron.* qualquer, quem quer.
quieto (ta), *adj.* quieto; sossegado.
quijada, *s. f.* queixada, queixo.
quijotada, *s. f.* quixotada.
quijote, *s. m.* coxote.
quijotesco (ca), *adj.* quixotesco.
quilate, *s. m.* quilate.
quilo, *s. m.* quilo (líquido); V. **kilo.**
quilla, *s. f.* quilha.
quimera, *s. f.* quimera; utopia.
química, *s. f.* química.
químico (ca), *adj.* e *s. m.* químico.
quimono, *s. m.* quimono.
quina, *s. f.* quina (no jogo); *(bot.)* quinaquina.
quincalla, *s. f.* quinquilharia, miudezas de pouco valor.
quince, *adj.* e *s. m.* quinze.
quincena, *s. f.* quinzena.
quincenal, *adj.* quinzenal.
quincuagenario (ria), *adj.* e *s.* quincuagenário.
quincuagésima, *s. f.* quinquagésima.
quincuagésimo (ma), *adj.* e *s.* quinquagésimo.
quinientos (tas), *adj.* quinhentos.
quinina, *s. f.* quinina.
quinta, *s. f.* quinta (casa de campo); sorteio militar.
quintal, *s. m.* quintal (peso).
quintar, *v. t.* quintar; sortear (sorteio militar).
quinteto, *s. m.* quinteto.
quinto (ta), *adj.* e *s.* quinto; *s. m.* o sorteado para o serviço militar.
quintuplicar, *v. t.* e *r.* quintuplicar.
quiosco, *s. m.* quiosque ou quiosco.
quirófano, *s. m.* quirófano.
quirúrgico (ca), *adj.* cirúrgico.

quisquilla, *s. f.* frioleira, bagatela; camarão (crustáceo).
quisquilloso (sa), *adj.* e *s.* impertinente, rabugento.
quiste, *s. m.* quisto ou cisto.
quitamanchas, *s. m.* tira-nódoas.
quitar, *v. t.* tirar; resgatar; furtar; roubar; usurpar, arrebatar; desobrigar.
quitasol, *s. m.* guarda-sol; sombrinha.
quite, *s. m.* estorvo, embaraço.
quizás, *adv.* quiçá; talvez.
quorum, *s. m.* quórum.

r

r, *s. f.* r, vigésima primeira letra do alfabeto espanhol.
rabadán, *s. m.* rabadão.
rabanera, *s. f.* vendedeira de rábanos ou rabanetes.
rábano, *s. m.* rábano, rabanete.
rabí, *s. m.* rabi.
rabia, *s. f.* raiva, hidrofobia; *(fig.)* ira, cólera.
rabiar, *v. i.* raivar; *(fig.)* enfurecer-se, rabiar; padecer; zangar-se.
rabieta, *s. f.* raivinha; zanga.
rabillo, *s. m.* rabinho; *(bot.)* pecíolo, pedúnculo.
rabino, *s. m.* rabino.
rabioso (sa), *adj.* e *s.* raivoso; colérico.
rabo, *s. m.* rabo, cauda.
racimo, *s. m.* racimo (cacho de uvas).
raciocinio, *s. m.* raciocínio.
ración, *s. f.* ração.
racional, *adj.* e *s.* racional.
racionar, *v. t.* racionar.
racha, *s. f.* rajada, pé-de-vento; *(fig.)* bafejo de sorte; racha, acha.
radiación, *s. f.* radiação.
radiactivo (va), *adj.* radiactivo ou radioactivo.
radiador, *s. m.* radiador.
radiar, *v. i.* radiar, irradiar.
radical, *adj.* e *s.* radical.
radicar, *v. i.* e *r.* enraizar; radicar, firmar.
radigrafía, *s. f.* radiografia.
radio, *s. m.* raio; rádio (osso); rádio (metal).
radioterapia, *s. f.* radioterapia.
raer, *v. t.* raspar, rapar.
ráfaga, *s. f.* rajada, lufada, pé-de-vento.
rafia, *s. f.* ráfia.
raid, *s. m.* expedição, percurso.
raído (da), *adj.* raspado, coçado, rafado.
raigambre, *s. f.* raizada, raizame.
raíl, *s. m.* carril, trilho.
raíz, *s. f.* raiz.
raja, *s. f.* racha, fenda; lasca; fatia.
rajá, *s. m.* rajá (soberano índio).
rajar, *v. t.* rachar; tagarelar.
rallar, *v. t.* ralar; importunar.
rama, *s. f.* *(bot.)* rama; ramo; galho; ramificação.
ramadán, *s. m.* Ramadã ou Ramadão.
ramaje, *s. m.* ramagem; ramaria, rama; ramada.
ramal, *s. m.* ramal; cabresto, cabeçalho de corda; acéquia, mina, cordilheira; *(fig.)* ramificação.
rambla, *s. f.* leito de águas pluviais; margem arenosa dos rios; rambla ou râmola.
ramera, *s. f.* rameira.
ramillete, *s. m.* ramilhete ou ramalhete.
ramo, *s. m.* ramo; ramalhete; galho; molho (de alhos); réstia, cabo (de cebolas).
rampa, *s. f.* rampa, ladeira, declive.
ramplón (na), *adj.* tosco, groseiro; vulgar, desalinhado; *s. m.* rompão (de ferradura).
rana, *s. f.* *(zool.)* rã.
rancio (cia), *adj.* rançoso; *s. m.* toucinho rançoso.
ranchero, *s. m.* rancheiro.
rancho, *s. m.* rancho (comida); cabana; grupo de pessoas.

rango, *s. m.* jerarquia, classe, categoria, qualidade.
ranura, *s. f.* ranhura, excaixe, entalhe.
ranzal, *s. m.* ranzal, tecido antigo.
rapa, *s. f.* flor da oliveira.
rapacejo (ja), *s. m.* e *f.* rapazinho, rapazelho; *s. m.* alma (dum galão ou franja); franja, fímbria, galão liso.
rapador (ra), *adj.* e *s.* rapador; raspador; *s. m. (fam.)* barbeiro.
rapante, *adj.* rapante; rapinante.
rapapolvo, *s. m. (fam.)* repreensão áspera.
rapar, *v. t.* e *r.* rapar, barbear; rapar o cabelo; *(fig. fam.)* furtar.
rapaz, *adj.* rapaz; rapace; rapinante; *s. f. pl. (zool.)* rapaces.
rapaz (za), *s. m.* e *f.* rapaz, rapariga.
rape, *s. m. (fam.)* corte de barba ou cabelo feito à pressa e sem cuidado.
rapé, *adj.* e *s.* rapé.
rapidez, *s. f.* rapidez, velocidade.
rapiña, *s. f.* rapina, roubo, saque.
raposa, *s. f.* raposa.
raptar, *v. t.* raptar.
rapto, *s. m.* rapto; impulso; rapina; êxtase, arroubo.
raqueta, *s. f.* raqueta.
raquitismo, *s. m.* raquitismo.
rareza, *s. f.* rareza ou raridade.
raro (ra), *adj.* raro; extravagante; rarefeito.
ras, *s. m.* superficie rasa, igualdade de nivel.
rasante, *r. f.* rasante.
rasar, *v. t.* rasar, rasourar; rasar, nivelar, igualar; roçar, raspar.
rascacielos, *s. m.* arranha-céu, edificio muito alto.
rascador, *s. m.* rascador; alfinete de toucador; debulhador (de milho).
rascar, *v. t.* e *r.* rascar, coçar; arranhar; limpar com rascador.
rasero, *s. m.* rasoura ou rasoira, rasa.
rasgar, *v. t.* e *r.* rasgar; romper; lacerar.
rasgo, *s. m.* rasgo, traço de pena ou de pincel; expressão feliz; acção notável.
rasguño, *s. m.* arranhadela; rascunho; esboço.
raso (sa), *adj.* e *s.* raso, plano, liso; claro, limpo; sem graduação, raso.
raspar, *v. t.* raspar; rapar, picar (o vinho); roçar.
rastra, *s. f.* ancinho; rastro, vestigio; grade, instrumento agrícola; réstia de fruta seca.
rastrear, *v. t.* rastear, rastrear; indagar (por sinais); *v. i.* trabalhar com o ancinho ou a grade; voar baixo, rastejar.
rastreo, *s. m.* rocega.
rastrero (ra), *adj.* rasteiro, rastejante; vil, desprezível; *s. m.* carniceiro, açougueiro.
rastro, *s. m.* rastro, ancinho; rastro, vestígio; matadouro.
rastrojo, *s. m.* restolho; resteva.
rasura, *s. f.* rapadela; *pl.* sarro do vinho.
rasurar, *v. t.* e *r.* barbear.
rata, *s. f. (zool.)* rata, rato, ratazana.
ratear, *v. t.* ratear; furtar, surripiar; *v. i.* rastejar.
ratería, *s. f.* ratonice, ladroeira, gatunice; vileza.
rato, *s. m.* momento, bocado.
ratón, *s. m. (zool.)* rato.
ratonera, *s. f.* ratoeira.
raudal, *s. m.* torrente, caudal de água.
raudo (da), *adj.* impetuoso, violento, precipitado.
raya, *s. f.* raia, risca; raia, termo, fronteira; estria; *(gram.)* travessão.
raya, *s. m. (zool.)* arraia, raia, peixe.
rayar, *v. t.* raiar, riscar, sublinhar; *v. i.* confinar; alvorocer, amanhecer.
rayo, *s. m.* raio.
rayuela, *s. f.* raiazinha.
raza, *s. f.* raça, casta, origem, estirpe; geração; qualidade; greta, fenda, racha.
razón, *s. f.* razão.

razonable, *adj.* razoável, aceitável; regular.
razonamiento, *s. m.* razoamento; raciocínio, arrazoado; argumentação.
razonar, *v. i.* raciocinar, arrazoar, razoar.
re, *s. m. (mús.)* ré.
reaccionar, *v. i.* reagir, resistir.
reacio (cia), *adj.* renitente, obstinado.
reactivo (va), *adj.* e *s. m.* reactivo, reagente.
readmisión, *s. f.* readmissão.
reafirmar, *v. t.* reafirmar.
real, *adj.* real, verdadeiro; real, relativo ao rei ou à realeza; régio, sumptuoso.
realce, *s. m.* realce, relevo, distinção.
realidad, *s. f.* realidade; verdade, sinceridade.
realizar, *v. t.* realizar, efectuar.
realzar, *v. t.* realçar, salientar; bordar em relevo, recamar.
reanimar, *v. t.* e *r.* reanimar, confortar.
reanudar, *v. t.* renovar, repetir, relembrar.
reaparecer, *v. i.* reaparecer.
reapretar, *v. t.* reapertar.
reasumir, *v. t.* reassumir.
reasunción, *s. f.* reassunção.
rebajar, *v. t.* rebaixar; humilhar, abater.
rebanada, *s. f.* rabanada, fatia (generalmente de pao).
rebaño, *s. m.* rebanho.
rebasar, *v. t.* trasbordar, transbordar, ultrapassar.
rebatir, *v. t.* rebater, repelir, rechaçar; impugnar, refutar.
rebelarse, *v. r.* rebelar-se.
rebelión, *s. f.* rebelião, revolta, sublevação.
reblandecer, *v. t.* amolecer, abrandar.
reborde, *s. m.* rebordo, ressalto, moldura.
rebosar, *v. i.* e *r.* trasbordar, transbordar.
rebotar, *v. i.* ressaltar; ricochetear; *v. t.* revirar, rebater, arrebitar; cardar.
rebotica, *s. f.* laboratório.
rebozar, *v. t.* e *r.* rebuçar, embuçar.
rebozo, *s. m.* rebuço; disfarce, pretexto.
rebuzno, *s. m.* zurro, orneio, ornejo.
recabar, *v. t.* alcançar, obter.
recadero (ra), *s. m.* e *f.* recadeiro, recadista.
recaer, *v. i.* recair, incidir.
recalar, *v. t.* e *r.* penetrar a pouco e pouco um líquido, infiltrar-se.
recalcar, *v. t.* recalcar; ajustar; sublinhar.
recalcitrante, *adj.* recalcitrante.
recalentar, *v. t.* requentar, reaquecer; escalar.
recámara, *s. f.* recâmara.
recambio, *s. m.* recâmbio.
recapitular, *v. t.* recapitular.
recatar, *v. t.* recatar, voltar a provar; recatar, ocultar, esconder, acautelar.
recato, *s. m.* recato, cautela, reserva; modéstia.
recaudar, *v. t.* cobrar, receber, arrecadar, guardar; acautelar.
recavar, *v. t.* recavar.
recejar, *v. t.* recear, temer, suspeitar.
recelo, *s. m.* receio, temor.
recepción, *s. f.* recepção.
receptáculo, *s. m.* receptáculo.
receptor (ra), *adj.* e *s.* receptor.
receso, *s. m.* recesso, retiro.
recetar, *v. t.* receitar, prescrever; aconselhar.
recibidor (ra), *adj.* e *s.* recebedor; *s. m.* antessala.
recibimiento, *s. m.* recebimento, recepção; acolhida, acolhimento; antessala.
recibir, *v. t.* receber, aceitar.
recibo, *s. m.* recepção; recibo, quitação.
recién, *adv.* recém, recentemente.
recio (cia), *adj.* rijo, forte; gordo; áspero; grave.

recipiente, *s. m.* receptáculo; recipiente.
reciprocidad, *s. f.* reciprocidade.
recitar, *v. t.* recitar, declamar.
reciura, *s. f.* rigor, inclemência; mau trato.
reclamar, *v. i.* reclamar, exigir.
reclinar, *v. t.* e *r.* reclinar, encostar.
recluir, *v. t.* e *r.* recluir.
reclusión, *s. f.* reclusão, cárcere.
recluta, *s. f.* recruta, recrutamento; *s. m.* recruta.
reclutador, *s. m.* recrutador.
reclutar, *v. t.* recrutar.
recobrar, *v. t.* recobrar; recuperar, readquirir; reparar.
recocer, *v. t.* e *r.* recozer.
recodo, *s. m.* ângulo, cotovelo, volta, curva (duma rua, caminho, rio, etc.).
recoger, *v. t.* recolher, apanhar, guardar.
recolección, *s. f.* recopilação, resumo.
recolectar, *v. t.* recolher (os productos agrícolas).
recoleto (ta), *adj.* e *s.* recolecto.
recomendar, *v. t.* recomendar.
recompensar, *v. t.* recompensar, premiar.
recomponer, *v. t.* recompor, reparar.
reconcentrar, *v. t.* reconcentrar.
reconciliar, *v. t.* reconciliar, congraçar.
recóndito (ta), *adj.* recôndito.
reconocer, *v.t.* reconhecer.
reconquistar, *v. t.* reconquistar; readquirir; recuperar.
reconstruir, *v. t.* reconstruir.
recontar, *v. t.* recontar.
recopilar, *v. t.* recopilar, compendiar.
recordar, *v. t.* recordar, lembrar.
recorrer, *v. t.* recorrer, percorrer.
recortar, *v. t.* recortar.
recoser, *v. t.* recoser.
recostar, *v. t.* recostar, reclinar.
recoveco, *s. m.* voltas e reviravoltas (ruas, becos, etc.); rodeio ou artifícios.
recovero (ra), *s. m.* e *f.* regatão, revendedor de ovos, galinhas, etc.
recrear, *v. t.* recrear.
recreo, *s. m.* recreio, prazer, divertimento.
recriminar, *v. t.* recriminar, censurar, acusar.
recrudecer, *v. i.* recrudescer; aumentar, agravar-se.
recrujir, *v. i.* ranger muito.
rectangular, *adj.* rectangular.
rectificar, *v. t.* rectificar; corrigir, purificar.
rectilíneo (a), *adj.* rectilíneo.
rectitud, *s. f.* rectitude; rectidão.
recto (ta), *adj.* recto, direito; justo; *s. m. (anat.)* recto.
recuadrar, *v. t.* quadricular, quadrar.
recubrir, *v. t.* recobrir.
recuento, *s. m.* reconto; inventário.
recuentro, *s. m.* V. **reencuentro.**
recuerdo, *s. m.* recordação, lembrança, memória; presente; *pl.* cumprimentos.
recular, *v. i.* recuar.
recuperar, *v. t.* recuperar, readquirir; recobrar.
recurrir, *v. i.* recorrer, apelar.
recurso, *s. m.* recurso, meio, expediente; petição.
recusar, *v. t.* recusar.
rechazar, *v. t.* rechaçar, repelir.
rechiflar, *v. t.* troçar; *v. r.* zombar, mofar.
rechinar, *v. i.* rechinar, ranger.
red, *s. f.* rede; ardil; vías de comunicação.
redactar, *v. t.* redigir, escrever, redactar.
redada, *s. f.* redada.
redar, *v. t.* redar.
redecilla, *s. f.* redinha.
redención, *s. f.* redenção.
redentor (ra), *adj.* redentor.
redil, *s. m.* redil, curral.
redimir, *v. t.* e *r.* redimir, remir, resgatar.
rédito, *s. m.* rédito, lucro, juro, renda.

r

redoblado (da), *adj.* redobrado; reforçado.
redondear, *v. t.* arredondar, redondear.
redondel, *s. m.* círculo; arena.
redondilla, *s. f.* redondilha.
redondo (da), *adj.* redondo; curvo.
redor, *s. m.* redor, contorno; roda.
redro, *adv.* retro, atrás.
redrojo, *s. m.* escádea.
reducción, *s. f.* redução.
reducible, *adj.* reductível.
reducido (da), *adj.* reduzido.
reducir, *v. t.* reduzir, resumir; diminuir, retrair.
reducto, *s. m.* reduto, baluarte.
reductor (ra), *adj.* e *s.* reductor.
redundancia, *s. f.* redundância, pleonasmo.
redundante, *adj.* redundante, excessivo.
redundar, *v. i.* redundar, sobrejar; resultar.
reduplicación, *s. f.* reduplicação.
reduplicar, *v. t.* reduplicar, repetir, redobrar.
reduvio, *s. m.* redúvio.
reedificador (ra), *adj.* y *s.* reedificador.
reedificar, *v. t.* reedificar, reconstruir.
reeditar, *v. t.* reeditar.
reelección, *s. f.* reeleição.
reelecto (ta), *adj.* reeleito.
reelegible, *adj.* reelegível.
reelegir, *v. t.* reeleger.
reembarcar, *v. t.* e *r.* reembarcar.
reembarque, *s. m.* reembarque.
reembolsar, *v. t.* reembolsar.
reembolso, *s. m.* reembolso.
reemplazable, *adj.* substituível.
reemplazar, *v. t.* substituir.
reemplazo, *s. m.* substituição.
reencarnación, *s. f.* reencarnação.
reencarnar, *v. i.* reencarnar.
reencuadernar, *v. t.* reencadernar.
reencuentro, *s. m.* reencontro, recontro.
reenganchar, *v. t.* tornar a alistar (como soldado).
reenviar, *v. t.* reenviar; devolver.
reexpedir, *v. t.* reexpedir.
refectorio, *s. m.* refeitório.
referencia, *s. f.* referência, alusão.
referéndum, *s. m.* referendum, referendo.
referente, *adj.* referente.
referir, *v. t.* referir, aludir, narrar.
refilón (de), *m. adv.* de soslaio.
refinador, *s. m.* refinador.
refinar, *v. t.* refinar; aperfeiçoar.
refinería, *s. f.* refineria, refinação.
reflectante, *adj.* reflectidor.
reflector (ra), *adj.* e *s.* reflectidor; *s. m.* reflector.
reflejar, *v. i.* reflectir, repercutir; *v. t.* reflexionar.
reflejo (ja), *adj.* reflectido; reflexo; ponderado; reflexo; reflexico; *s. m.* reflexo.
reflexión, *s. f.* reflexão; prudência, meditação.
reflexionar, *v. t.* reflexionar, ponderar, reflectir.
reflujo, *s. m.* refluxo.
refocilar, *v. t.* refocilar, recrear, alegrar.
reforma, *s. f.* reforma.
reformar, *v. t.* reformar, restaurar, modificar, emendar.
reforzar, *v. t.* reforçar, engrossar.
refractar, *v. t.* refractar, refranger.
refrán, *s. m.* rifão, adágio, anexim, refrão.
refregar, *v. t.* esfregar, roçar, friccionar.
refreír, *v. t.* tornar a frigir ou a fritar.
refrenar, *v. t.* refrear, sofrear; reprimir.
refrendar, *v. t.* referendar, avalizar.
refrescar, *v. t.* refrescar, refrigerar.
refresco, *s. m.* refresco; refrigério.
refriar, *v. t.* V. **enfriar.**
refriega, *s. f.* refrega, recontro.
refrigerar, *v. t.* refrigerar; refrescar.

r

refrigerio, *s. m.* refrigério; consolação; alívio.
refugiar, *v. t.* e *r.* refugiar, abrigar, esconder.
refundir, *v. t.* refundir.
refunfuñar, *v. i.* resmungar; resmonear.
refutar, *v. t.* refutar, rebater, desmentir.
regadera, *s. f.* regador.
regadío (a). *adj.* e *s. m.* regadio.
regalar, *v. t.* regalar, presentear.
regalía, *s. f.* regalia; privilégio.
regalo, *s. m.* regalo, presente; brinde; prazer; comodidade.
regañar, *v. i.* rosnar o cão; gretar (a fruta); ralhar, repreender.
regar, *v. t.* regar; espargir.
regata, *s. f.* regueira, rego; *(mar.)* regata.
regazo, *s. m.* regaço.
regencia, *s. f.* regência.
regenerar, *v. t.* e *r.* regenerar, melhorar.
régimen, *s. m.* regime ou regímen; dieta.
región, *s. f.* região, território, lugar.
regir, *v. t.* reger, dirigir.
registrar, *v. t.* registar ou registrar.
registro, *s. m.* registo ou registro.
regla, *s. f.* régua; regra, lei; menstruação; norma.
reglamentar, *v. t.* regulamentar.
reglamento, *s. m.* regulamento, regra.
reglar, *v. t.* regrar, pautar; sujeitar a regras; regular.
reglón, *s. m.* régua grande.
regocijar, *v. t.* regozijar, alegrar, festejar.
regocijo, *s. m.* regozijo, júbilo; festa.
regodeo, *s. m.* deleite, delícia.
regresar, *v. i.* regressar, retroceder.
reguera, *s. f.* rego, regueira.
regulación, *s. f.* regulação.
regular, *adj.* regulado, ajustado, regular; medido; *v. t.* regular, regulamentar; medir, ajustar.
regularizar, *v. t.* regularizar, ajustar.
rehabilitar, *v. t.* e *r.* reabilitar.
rehacer, *v. t.* refazer, corrigir, consertar.
rehecho (cha), *adj.* refeito.
rehén, *s. m.* refém.
rehogar, *v. t.* refogar.
rehollar, *v. t.* repisar, recalcar.
rehoyar, *v. i.* recavar.
rehuir, *v. t.* retirar, afastar, evitar (um perigo, etc.).
rehusar, *v. t.* recusar, rejeitar.
reidor (ra), *adj.* e *s.* risonho.
reimportar, *v. t.* reimportar.
reimprimir, *v. t.* reimprimir; reeditar.
reina, *s. f.* rainha; soberana; rainha (peça do xadrez).
reinar, *v. i.* reinar.
reincidir, *v. i.* reincidir.
reincorporar, *v. t.* e *r.* reincorporar.
reineta, *s. f.* reineta (maçã).
reingresar, *v. i.* reingressar.
reino, *s. m.* reino.
reinstalar, *v. t.* y *r.* reinstalar.
reintegrar, *v. t.* reintegrar; restituir; reconduzir.
reír, *v. i.* rir, gracejar; troçar.
reis, *s. m. pl.* réis, antiga moeda portuguesa.
reiterar, *v. t.* e *r.* reiterar, repetir, renovar.
reivindicar, *v. t.* reivindicar.
reja, *s. f.* grade, gelosia; reixa; relha; aradura, lavra da terra *(fig.).*
rejilla, *s. f.* ralo; grelha; rede (cabide nas carruagens dos comboios); palhinha para cadeiras.
rejón, *s. m.* rojão, rojo.
rejonear, *v. t.* rojonear.
rejuvenecer, *v. t.* e *r.* rejuvenescer, remoçar.
relacionar, *v. t.* relacionar.
relajación, *s. f.* relaxação.
relajar, *v. t.* relaxar; afrouxar; depravar.
relamer, *v. t.* relamber.
relámpago, *s. m.* relâmpago.
relampaguear, *v. i.* relampaguear.

relanzar, *v. t.* repelir, rechaçar.

relatar, *v. t.* relatar, referir, mencionar.

relativo (va), *adj.* relativo.

relato, *s. m.* relato.

relator (ra), *adj.* relator.

releer, *v. t.* reler.

relegar, *v. t.* relegar, desterrar; apartar.

relente, *s. m.* relento; sereno.

relevante, *adj.* relevante.

relevar, *v. t.* relevar.

relevo, *s. m.* rendição (duma sentinela, etc.).

relicario, *s. m.* relicário.

relieve, *s. m.* relevo; saliência.

religión, *s. f.* religião.

relimpiar, *v. t.* tornar a limpar.

relinchar, *v. t.* rinchar; relinchar.

relincho, *s. m.* rincho, relincho.

reliquia, *s. f.* relíquia.

reloj, *s. m.* relógio.

relojero (ra), *s. m.* e *f.* relojeiro.

relucir, *v. i.* reluzir, resplandecer.

relumbrar, *v. i.* relumbrar, cintilar.

rellano, *s. m.* patamar (de escada).

rellenar, *v. t.* reencher; rechear.

relleno (na), *s. m.* rechado (picado para rechear), recheio.

remachar, *v. t.* arrebitar, rebitar.

remache, *s. m.* rebite.

remanente, *s. m.* remanescente; resíduo.

remanso, *s. m.* remanso, estagnação; quietação.

remante, *adj.* e *s.* remador.

remar, *v. i.* remar; esforçar.

remarcar, *v. t.* remarcar.

rematar, *v. t.* arrematar, rematar; concluir; pôr fim.

remate, *s. m.* remate, conclusão; adjudicação em leilão; *(arq.)* remate.

remediar, *v. t.* remediar; corrigir; obstar.

remedio, *s. m.* remédio, medicamento; emenda; recurso; auxílio; refúgio.

rememorar, *v. t.* rememorar.

remendar, *v. t.* remendar.

remendón (na), *adj.* e *s.* remendão.

remero (ra), *s. m.* e *f.* remador.

remesa, *s. f.* remessa.

remeter, *v. t.* remeter.

remiendo, *s. m.* remendo; reparação, emenda.

remilgado (da), *adj.* afectado.

remilgo, *s. m.* afectação; melindre.

reminiscencia, *s. f.* reminiscência.

remirar, *v. t.* remirar.

remisión, *s. f.* remissão, remitência, perdão.

remiso (sa), *adj.* remisso, indolente, descuidado.

remitente, *adj.* e *s.* remitente.

remitir, *v. t.* remeter, enviar; remitir, perdoar, eximir.

remo, *s. m.* remo.

remojar, *v. t.* demolhar; empapar, embeber.

remolacha, *s. f.* beterraba.

remolcador (ra), *adj.* e *s. m.* rebocador.

remolcar, *v. t.* rebocar.

remolido, *s. m.* minério miúdo.

remolino, *s. m.* remoinho, redemoinho.

remolón, *s. m.* colmilho.

remolón (na), *adj.* e *s.* lento.

remolque, *s. m.* reboque.

remonta, *s. f.* remonta.

remontar, *v. t.* remontar.

rémora, *s. f. (zool.)* rémora.

remordimiento, *s. m.* remordimento, remorso.

remoto (ta), *adj.* remoto, distante, afastado.

remover, *v. t.* e *r.* remover.

remozar, *v. t.* remoçar.

remuneración, *s. f.* remuneração.

remunerar, *v. t.* remunerar; recompensar; gratificar.

renacer, *v. i.* renascer; ressurgir.

renacimiento, *s. m.* renascimento; renascença.

renacuajo, *s. m.* girino (da rã).

renal, *adj.* renal.

rencilloso (sa), *adj.* rixoso, desordeiro, brigão.
rencor, *s. m.* rancor, ódio.
rencoroso (sa), *adj.* rancoroso.
rendición, *s. f.* rendição, rendimento.
rendija, *s. f.* fenda, racha, greta, frincha.
rendir, *v. t.* render, vencer; submeter; entregar, restituir; render, dar lucro.
renegar, *v. t.* renegar; arrenegar; abominar; *v. i.* abjurar; descrer, blasfemar.
renegrear, *v. i.* negrejar intensamente.
renglón, *s. m.* regra, linha escrita ou impressa.
reno, *s. m. (zool.)* rena.
renombre, *s. m.* sobrenome, apelido; epíteto, cognome; renome, fama.
renovar, *v. t.* renovar; recomençar; repetir.
renquear, *v. i.* coxear, claudicar.
renta, *s. f.* renda; rendimento; dívida pública.
rentar, *v. t.* render, dar juros.
rentista, *s. m.* e *f.* financeiro, economista; capitalista.
renuncia, *s. f.* renúncia.
renunciar, *v. t.* renunciar.
renuncio, *s. m.* renúncia.
reñido (da), *adj.* inimizado, zangado.
reñir, *v. i.* renhir, altercar; desavir-se; repreender.
reo (a), *adj.* e *s.* réu, ré, criminoso, culpado.
reojo (mirar de), *fr.* olhar de través, de soslaio.
reorganizar, *v. t.* reorganizar.
reparable, *adj.* reparável, remediável.
reparar, *v. t.* reparar, desagravar.
reparo, *s. m.* restauração; advertência; escrúpulo.
repartir, *v. t.* repartir.
repasar, *v. t.* e *i.* repassar.
repaso, *s. m.* repasse ou repasso.
repatriar, *v. t., i.* e *r.* repatriar.
repecho, *s. m.* ladeira, encosta, declive.
repelar, *v. t.* arrepelar, repelar; cortar, diminuir, cercear.
repelente, *adj.* repelente.
repeler, *v. t.* repelir, recusar.
repelón, *s. m.* arrepelão, repelão (puxão dado aos cabelos).
repellar, *v. t.* rebocar (cobrir de gesso ou cal).
repensar, *v. t.* repensar, reconsiderar.
repente, *s. m. (fam.)* repente, movimento súbito.
repercutir, *v. i.* repercutir, ressoar, reproduzir sons.
repertorio, *s. m.* repertório.
repetir, *v. t.* repetir, repisar.
repicar, *v. t.* repicar; repenicar.
repicotear, *v. t.* adornar um objecto com bicos ou dentes (picotar, serrilhar).
repintar, *v. t.* repintar, aviar.
repique, *s. m.* repique.
repisa, *s. f.* mísula, sapata.
repisar, *v. t.* repisar; apisoar.
replantar, *v. t.* replantar, transplantar.
replegar, *v. r. (mil.)* retirar em ordem; *v. t.* fazer novas pregas.
repleto (ta), *adj.* repleto, abarrotado, farto.
réplica, *s. f.* réplica.
replicar, *v. i.* replicar.
repliegue, *s. m.* prega dupla.
repoblar, *v. t.* repovoar.
repollo, *s. m.* repolho.
reponer, *v. t.* repor; restituir; substituir.
reportar, *v. t.* refrear, reprimir, moderar.
reportero (ra), *adj.* e *s.* repórter.
reposar, *v. i.* repousar, descansar; jazer; depositar.
reposición, *s. f.* reposição.
repostería, *s. f.* confeitaria, pastelaria; repostaria, copa.
reprehender, *v. t.* V. **reprender.**

r

reprender, *v. t.* repreender, censurar, corrigir.
reprensión, *s. f.* repreensão.
represa, *s. f.* represa, comporta, açude.
represalia, *s. f.* represália.
representación, *s. f.* representação.
representante, *s. m.* e *f.* representante, mandatário, actor.
representar, *v. t.* representar.
represión, *s. f.* repressão.
represor (ra), *adj.* e *s.* repressor.
reprimenda, *s. f.* reprimenda; censura.
reprimir, *v. t.* reprimir, conter, coibir.
reprise, *s. f.* reposição.
reprobable, *adj.* reprovável.
reprobar, *v. t.* reprovar, desaprovar, rejeitar, condenar.
réprobo (ba), *adj.* e *s.* réprobo.
reprochar, *v. t.* reprovar, desaprovar; censurar; exprobrar.
reproche, *s. m.* reprovação, censura, reprimenda.
reproducir, *v. t.* reproduzir.
reptil, *adj.* e *s.* réptil.
república, *s. f.* república.
repudiar, *v. t.* repudiar.
repuesto (ta), *s. m.* reserva de provisões; aparador, lugar onde este se guarda; aposta.
repugnar, *v. t.* repugnar, recusar; contradizer.
repujar, *v. t.* cinzelar.
repulsa, *s. f.* repulsa, repulsão; recusa.
repulsivo (va), *adj.* repulso; repelente, repugnante.
reputación, *s. f.* reputação, fama.
reputar. *v. t.* reputar, estimar, avaliar.
requebrar, *v. t.* tornar a quebrar; galantear.
requemar, *v. t.* requeimar, crestar.
requerimiento, *s. m.* requerimento.
requerir, *v. t.* requerer, exigir, solicitar.
requesón, *s. m.* requeijão.
requiebro, *s. m.* requebro, galanteio; corte, namoro.
requisa, *s. f.* revista, inspecção; requisição.
requisar, *v. t.* requisitar.
requisito (ta), *adj.* requisitado; *s. m.* requisito, condição.
res, *s. f.* rês, cabeça de gado.
resabiar, *v. t.* ressabiar; *v. r.* melindrar-se.
resaca, *s. f.* ressaca; ressaque.
resarcir, *v. t.* e *r.* ressarcir, indemnizar, reparar.
resbalar, *v. i.* resvalar, deslizar, escorregar.
resbalón, *s. m.* resvalo, escorregão.
rescatar, *v. t.* resgatar, remir; trocar, cambiar; recuperar, redimir, liberar.
rescate, *s. m.* resgate.
rescindir, *v. t.* rescindir, invalidar.
rescoldo, *s. m.* rescaldo.
resecar, *v. t.* ressecar; dissecar.
reseco (ca), *adj.* resseco; magro.
resentimiento, *s. m.* ressentimento.
resentirse, *v. r.* ressentir-se; melindrar-se.
reseña, *s. f.* resenha; descrição; relato.
reseñar, *v. t.* resenhar.
reserva, *s. f.* reserva, guarda, prevenção, discrição.
reservado (da), *adj.* e *s. m.* reservado.
reservar, *v. t.* reservar, guardar.
resfriado, *s. m.* resfriado, resfriamento.
resguardar, *v. t.* resguardar, defender, amparar; *v. t.* resguardar, defender, amparar; *v. r.* acautelar-se.
residencia, *s. f.* residência.
residir, *v. i.* residir, morar, habitar.
residuo, *s. m.* resíduo; resto.
resignar, *v. t.* resignar, renunciar.
resina, *s. f.* resina.
resistencia, *s. f.* resistência, oposição, recusa.
resistir, *v. i.* resistir; opor-se; contrariar.
resma, *s. f.* resma.
resmilla, *s. f.* pacote de 20 cadernos de papel de carta.

resolución, *s. f.* resolução, deliberação.
resolver, *v. t.* resolver, deliberar.
resonancia, *s. f.* ressonância.
resonar, *v. i.* ressoar, repercutir.
resoplar, *v. i.* assoprar, bufar; resfolegar, arfar.
resoplo, *s. m.* assopro, bufo, ofego.
resorte, *s. m.* mola.
respaldar, *s. m.* espaldar, encosto, respaldar (das cadeiras).
respaldar, *v. t.* anotar, assentar.
respaldo, *s. m.* respaldo, respaldar, espaldar (de cadeira); costas, verso dum escrito.
respecto, *s. m.* respeito, relação.
respetable, *adj.* respeitável.
respetar, *v. t.* respeitar; honrar; acatar.
respeto, *s. m.* respeito, acatamento; reverência.
respingar, *v. i.* respingar, escoucinhar (a besta); resmungar, rezingar, respigar.
respingo, *s. m.* respingo.
respirar, *v. i.* respirar.
respiro, *s. m.* V. **respiración.**
resplandecer, *v. i.* resplandecer, rutilar.
resplandor, *s. m.* resplendor, resplandor.
responder, *v. t.* responder, retorquir.
respondón (na), *adj.* e *s.* respondão; respingão; rezingueiro.
responsabilidad, *s. f.* responsabilidade.
responso, *s. m.* responso; *(fig. fam.)* reprimenda.
respuesta, *s. f.* resposta, réplica.
resquebrajar, *v. t.* e *r.* rachar, gretar.
resquemar, *v. t.* e *r.* requeimar (a língua ou o paladar); tostar.
resquemor, *s. m.* mágoa, desgosto, inquietação.
resquicio, *s. m.* resquício; fenda.
resta, *s. f.* subtracção, diminuição; resto.
restablecer, *v. t.* restabelecer, restaurar.
restante, *adj.* diminuidor; *s. m.* resto, restante, resíduo.
restañar, *v. t.* estancar; deter.
restar, *v. t.* subtrair, diminuir; cercear.
restauración, *s. f.* restauração; restabelecimento.
restaurante, *adj.* e *s. m.* restaurante.
restaurar, *v. t.* restaurar, recuperar; reparar.
restitución, *s. f.* restituição.
restituir, *v. t.* restituir, repor, devolver.
resto, *s. m.* resto, resíduo.
restregar, *v. t.* esfregar com força, friccionar.
restricción, *s. f.* restrição, limitação.
restringir, *v. t.* restringir, estreitar, apertar.
resucitar, *v. t.* ressuscitar.
resuelto (ta), *adj.* resolvido.
resuello, *s. m.* ofego, anélito.
resumen, *s. m.* resumo; recapitulação.
resumir, *v. t.* resumir; abreviar.
resurgir, *v. t.* ressurgir; ressuscitar.
retablo, *s. m.* retábulo, painel.
retaco, *s. m.* espingarda curta; taco mais curto e grosso.
retaguardia, *s. f.* retaguarda.
retahila, *s. f.* enfiada, fileira.
retal, *s. m.* retalho.
retama, *s. f.* retama, giesta.
retar, *v. t.* reptar, desafiar.
retardar, *v. t.* retardar, demorar, diferir.
retasa, *s. f.* nova taxa, novo preço.
retasar, *v. t.* taxar de novo; rebaixar o preço.
retazo, *s. m.* retalho (de tecido); frac.
retejar, *v. t.* retelhar, reparar os telhados.
retejer, *v. t.* tecer apertadamente.
retén, *s. m.* retém.
retener, *v. t.* reter; guardar; conservar.
retentiva, *s. f.* retentiva.

r

reticencia, *s. f.* reticência.
reticular, *adj.* reticular, reticulado.
retículo, *s. m.* retículo.
retina, *s. f.* retina.
retirar, *v. t.* retirar.
retiro, *s. m.* retiro, distância, solidão; recolhimento, apartamento; exercício piedoso; reforma e soldo do militar reformado.
retocar, *v. t.* retocar.
retoñar, *v. i.* tornar a brotar, rebentar ou abrolhar.
retoño, *s. m.* rebento, renovo, vergôntea.
retoque, *s. m.* retoque.
retórica, *s. f.* retórica.
retórico (ca), *adj.* e *s.* retórico.
retornar, *v. t., i.* e *r.* retornar, devolver, restituir; voltar à primitiva situação.
retorta, *s. f.* retorta.
retractar, *v. t.* e *r.* retractar, deslizer.
retráctil, *adj.* retráctil.
retracto, *s. m.* direito de opção.
retraer, *v. t.* e *r.* tornar a trazer; retrair; dissuadir; optar.
retransmitir, *v. t.* retransmitir.
retrasar, *v. t.* atrasar, demorar.
retraso, *s. m.* atraso, demora.
retratar, *v. t.* retratar; fotografar; revelar.
retreta, *s. f.* toque militar.
retribuir, *v. t.* retribuir, recompensar; corresponder.
retroceder, *v. i.* retroceder, recuar.
retrógrado (da), *adj.* e *s.* retrógrado.
retronar, *v. i.* retroar, retumbar.
retrospectivo (va), *adj.* retrospectivo.
retrotraer, *v. t.* retrotrair.
retrucar, *v. i.* repicar (no bilhar); retrucar, replicar, redarguir.
retruque, *s. m.* retruque.
retumbar, *v. i.* retumbar, estrondear.
reúma, *s. m.* reumatismo.
reunión, *s. f.* reunião.
reunir, *v. t.* e *r.* reunir, juntar, agrupar.
revalidar, *v. t.* revalidar, ratificar, confirmar; *v. r.* tomar o grau numa faculdade.
revancha, *s. f.* vingança, represália.
revelación, *s. f.* revelação.
revelar, *v. t.* revelar.
revender, *v. t.* revender.
revenir, *v. i.* retornar; reverter; definhar-se; ressumar.
reventa, *s. f.* revenda.
reventón, *s. m.* arrebentamento.
reverberación, *s. f.* reverberação.
reverberar, *v. i.* reverberar, resplandecer, brilhar.
reverencia, *s. f.* reverência, respeito, veneração.
reverenciar, *v. t.* reverenciar; venerar; respeitar.
reverente, *adj.* reverente; venerador.
reversible, *adj.* reversível, reversivo, revertível.
reverso (sa), *s. m.* costas; reverso.
reverter, *v. i.* trasbordar, transbordar, extravasar.
revertir, *v. i.* reverter.
revés, *s. m.* revés, reverso; costas; revés, desgraça.
revestir, *v. t.* revestir, cobrir.
revindicar, *v. t.* reivindicar.
revirar, *v. i.* torcer, revirar.
revisar, *v. t.* rever.
revisor (ra), *adj.* e *s.* revisor; verificador.
revista, *s. f.* revista, inspecção; inspecção em formatura; publicção periódica; espectáculo teatral.
revistar, *v. t.* revistar; inspeccionar.
revivir, *v. i.* reviver, ressuscitar; reanimar-se.
revocable, *adj.* revogável.
revocar, *v. t.* revogar, anular, desfazer, derrogar; rebocar (as paredes).
revolcar, *v. t.* derrubar, maltratar; revolver; *v. r.* espojar-se, rebolear-se.
revolotear, *v. i.* revolutear, esvoaçar voejar; *v. t.* rebolar.
revoltijo ou **revoltillo,** *s. m.* confusão embrulhada.

r

revoltoso (sa), *adj.* e *s.* revoltoso, revoltado, sublevado; enredador; travesso.
revolución, *s. f.* revolução; sedição.
revolucionar, *v. t.* revolucionar, revoltar, amotinar.
revolver, *v. t.* revolver; remexer; agitar, confundir; desordenar.
revólver, *s. m.* revólver.
revoque, *s. m.* reboco, reboque; argamassa.
revuelo, *s. m.* revoo; turbação, movimiento confuso.
revuelta, *s. f.* sedição; reviravolta, pirueta; segunda volta.
rey, *s. m.* rei, monarca.
reyerta, *s. f.* rixa, contenta, briga.
rezagar, *v. t.* deixar para trás; atrasar, suspender, protelar.
rezar, *v. t.* rezar.
rezo, *s. m.* reza, oração.
rezumar, *v. t.* ressumbrar, ressumar, ressudar, verter, gotejar.
ría, *s. f.* ria; foz.
riada, *s. f.* cheia, inundação.
ribera, *s. f.* ribeira.
ribete, *s. m.* ribete, debrum, orla, acréscimo, aumento.
ribetear, *v. t.* debruar, orlar.
ricino, *s. m. (bot.)* ricino.
rico (ca), *adj.* nobre; rico, opulento; fértil; delicioso.
ridiculez, *s. f.* ridicularia.
ridiculizar, *v. t.* ridiculizar, ridicularizar, escarnecer.
riego, *s. m.* rega, regadura.
riel, *s. m.* barra de metal; trilho, carril.
rienda, *s. f.* rédea.
riesgo, *s. m.* risco, perigo.
rifar, *v. t.* rifar, sortear; *v. i.* zangar-se.
rifle, *s. m.* rifle, espingarda curta.
rigidez, *s. f.* rigidez; austeridade.
rigor, *s. m.* rigor, dureza; força; rigidez; precisão.
riguroso (sa), *adj.* rigoroso; inclemente.
rija, *s. f.* fístula no canto do olho; rixa, briga.
rima, *s. f.* rima, consonância; rimas, versos.
rimar, *v. i.* e *t.* rimar.
rimbombante, *adj.* ribombante, retumbante.
ribombar, *v. i.* retumbar, ribombar.
rincón, *s. m.* rincão, canto, ângulo; lugar afastado.
rinconera, *s. f.* cantoneira.
rinoceronte, *s. m.* rinoceronte.
riña, *s. f.* rixa, briga.
riñón, *s. m.* rim.
río, *s. m.* rio.
ripia, *s. f.* ripa; sarrafo.
ripio, *s. m.* rípio, cascalho, rebo.
riqueza, *s. f.* riqueza; fertilidade.
risa, *s. f.* riso, risada.
risco, *s. m.* penhasco alto e escarpado; filhó.
risible, *adj.* risível; ridículo.
ristra, *s. f.* réstia de alhos ou cebolas.
risueño (ña), *adj.* risonho; alegre.
ritmo, *s. m.* ritmo.
rito, *s. m.* rito, culto, seita.
rival, *s. m.* e *f.* rival, competidor.
rivalizar, *v. i.* rivalizar, competir.
rivera, *s. f.* ribeiro, regato.
rizar, *v. t.* riçar, frisar, ondear, encaracolar (o cabelo).
rizo (za), *adj.* e *s.* riço, crespo.
robar, *v. t.* roubar; furtar.
robín, *s. m.* ferrugem dos metais.
roble, *s. m.* roble, carvalho.
robo, *s. m.* roubo.
robustecer, *v. t.* robustecer.
roca, *s. f.* roca, rocha, rochedo.
roce, *s. m.* roçadura, fricção, atrito.
rociadera, *s. f.* regador.
rociar, *v. t.* rociar, cair orvalho; *v. t.* orvalhar, borrifar.
rocinante, *s. m.* rocinante, rocim.
rocío, *s. m.* rocio, orvalho.
rodaballo, *s. f.* rodovalho.
rodaja, *s. f.* rodela; fatia; roseta (da espora).
rodaje, *s. m.* rodagem.

rodapié, *s. m.* rodapé; friso.
rodar, *v. i.* rodar, girar; rolar.
rodear, *v. i.* rodear; *v. t.* cercar uma coisa, rodear, circundar.
rodeo, *s. m.* rodeio, subterfúgio, evasiva.
rodete, *s. m.* rolete, trança de cabelo; rodilha, rodete.
rodezno, *s. m.* rodizio (de moinho), roda hidráulica.
rodilla, *s. f.* joelho; rótula; rodilha, esfregão.
rodillera, *s. f.* joelheira.
rodillo, *s. m.* rolão; cilindro, rolo.
rodio, *s. m.* ródio (metal); *adj.* e *s.* ródio, de Rodes.
roedor (ra), *adj.* e *s.* roedor; *(zool.) s. m. pl.* roedores.
roer, *v. t.* roer, cortar e triturar; corroer; atormentar interiormente.
rogar, *v. t.* rogar; suplicar.
roído (da), *adj.* roído; escasso, mesquinho.
rojo (ja), *adj.* vermelho.
rol, *s. m.* rol, lista, catálogo.
roldana, *s. f.* roldana, polé.
rollizo (a), *adj.* roliço, robusto; *s. m.* toro de madeira.
rollo, *s. m.* rolo.
romance, *adj.* romance (idioma).
romancear, *v. t.* romancear.
romancero (ra), *s. m.* e *f.* cantador de romances; *s. m.* romancero, colecção de romances.
románico (ca), *adj.* românico.
romanticismo, *s. m.* romantismo, romanticismo.
romántico (ca), *adj.* e *s.* romântico.
rombo, *s. m.* rombo, losango.
romboide, *s. m.* rombóide.
romería, *s. f.* romaria, peregrinação.
romero, *s. m.* alecrim.
romero (ra), *adj.* romeiro.
romo (ma), *adj.* rombo, rombudo.
rompecabezas, *s. m.* quebra-cabeças.
rompeolas, *s. m.* quebra-mar.
romper, *v. t.* quebrar, partir, romper; gastar; usar, sulcar.
rompible, *adj.* quebrável, quebradiço; rasgável.
ron, *s. m.* rum.
ronca, *s. f.* brama, bravata.
roncar, *v. i.* roncar; ameaçar.
ronco (ca), *adj.* ronco.
roncha, *s. f.* vergão, equimose; rodela, fatia redonda.
rondalla, *s. f.* conto, patranha, historieta; serenata.
rondar, *v. i.* e *t.* rondar, vigiar.
ronquera, *s. f.* rouquidão, ronqueira.
ronquido, *s. m.* ronco, roncadura; ruido áspero.
ronzal, *s. m.* corda que se ata à cabeçada ou cabresto das cavalgaduras.
ronzar, *v. t.* trincar (mastigar coisas duras quebrando-as com ruído).
roña, *s. f.* e *s. m.* ronha (sarna); cascão, sujidade; manha.
roñoso (sa), *adj.* ronhento ou ronhoso; porco, sujo; oxidado, enferrujado; mesquinho.
ropa, *s. f.* roupa.
ropero (ra), *s. m.* e *f.* roupeiro; guarda-roupa ou guarda-fato, roupeiro.
roquero (ra), *adj.* roqueiro.
roquete, *s. m.* roquete (espécie de sobrepeliz).
ros, *s. m.* espécie de barretina.
rosa, *s. f. (bot.)* rosa.
rosado (da), *adj.* rosado, róseo.
rosal, *s. m. (bot.)* roseira.
rosario, *s. m.* rosário.
rosbif, *s. m.* rosbife.
rosca, *s. f.* rosca.
rosco, *s. m.* rosca de pão, regueifa.
roscón, *s. m.* bolo grande em forma de rosca.
rosetón, *s. m.* rosetão; rosácea, janela circular; adorno circular nos tectos.
rosquilla, *s. f.* rosquilha, rosquinha doce.
rostro, *s. m.* rostro (bico das aves) rosto.
rotación, *s. f.* rotação.
rotar, *v. i.* rodar; eructar, arrotar.

rotativo (va), *adj.* e *s.* rotativa.
roto (ta), *adj.* e *s.* roto; esfarrapado; libertino.
rótula, *s. f.* rótula, osso da articulação do joelho.
rotulador (ra), *adj.* e *s.* rotulador.
rótulo, *s. m.* rótulo, inscrição, letreiro, título.
rotular, *v. t.* rotular.
rotundo (da), *adj.* rotundo, redondo; terminante.
rotura, *s. f.* rotura, ruptura.
roturar, *v. t.* arrotear, rotear, lavrar.
roza, *s. f.* roçadura, roça.
rozar, *v. t.* roçar.
rúa, *s. f.* rua.
rubéola, *s. f.* rubéola.
rubí, *s. m.* rubi.
rubia, *s. f. (bot.)* ruiva, granza.
rubio (bia), *adj,* ruivo, loiro, louro; *s. m. (zool.)* ruivo.
rublo, *s. m.* rublo (moneda).
rubor, *s. m.* rubor, vermelhidão; vergonha, pejo.
ruborizar, *v. t.* ruborizar; *v. r.* ruborizar-se.
rubricar, *v. t.* rubricar; firmar, assinar.
rucar, *v. t.* e *i.* trincar, mastigar coisas duras.
rudeza, *s. f.* rudez ou rudeza.
rudimental, *adj.* rudimentar.
rudimento, *s. m.* embrião de um ser orgânico.
rudo (da), *adj.* rude ou rudo; descortês; áspero.
rueca, *s. f.* roca.
rueda, *s. f.* roda.
ruedo, *s. m.* rodagem; circuito; contorno; redondel; arena.
ruego, *s. m.* rogo, súplica, pedição.
rufián, *s. m.* rúfio, rufão.
rugido, *s. m.* rugido, bramido.
rugiente, *adj.* rugiente, rugidor.
rugir, *v. i.* rugir, urrar.
rugoso (sa), *adj.* rugoso, encarquilhado.
ruido, *s. m.* ruído, rumor.
ruin, *adj.* ruim, mau, vil.
ruina, *s. f.* ruina, perda, destruição.
ruinoso (sa), *adj.* ruinoso.
ruiseñor, *s. m.* rouxinol.
rular, *v. i.* e *t.* rodar.
ruleta, *s. f.* roleta.
rulo, *s. m.* rolo, cilindro; pedra cónica que faz de mó nos lagares.
rumba, *s. f.* pândega, patuscada.
rumbar, *v. t.* ser magnífico ou generoso.
rumbear, *v. i.* orientar-se.
rumbo, *s. m.* rumo, fausto, pompa.
rumboso (sa), *adj.* pomposo, faustoso.
rumia, *s. f.* ruminação.
rumiante, *adj.* e *s. m.* ruminante.
rumiar, *v. t.* ruminar, rumiar, remoer.
rumor, *s. m.* rumor, boato.
runrún, *s. m. (fam.)* rúmor, boato, zunzum.
ruñar, *v. t.* abrir javres nas aduelas.
rupestre, *adj.* rupestre.
rupia, *s. f.* rupia (moeda).
ruptura, *s. f.* rotura, fractura; rompimento, desavença.
rural, *adj.* rural, agrícola, rústico.
rurrú, *s. m.* rumor, boato, zunzum.
ruso (sa), *adj.* e *s.* russo, da Rússia.
rusticar, *v. i.* rusticar.
rusticidad, *s. f.* rusticidade.
rústico (ca), *adj.* rústico, rural, rude; tosco; grosseiro; *s. m.* rústico camponês, campónio.
ruta, *s. f.* rota ou derrota duma viagem, rumo; itinerário, roteiro.
rutilar, *v. i.* rutilar, brilhar.
rutina, *s. f.* rotina.

S

s, *s. f.* s. vigésima segunda letra do alfabeto espanhol.
sábado, *s. m.* sábado.
sábana, *s. f.* lençol.
sabandija, *s. f.* sevandija; *(fig.)* parasita, vil.
sabañón, *s. m.* frieira.
sabedor (ra), *adj.* sabedor; instruido; conhecedor.
saber, *v. t., i.* e *s. m.* saber; sabedoria.
sabido (da), *adj.* sabido, sábio.
sabiduría, *s. f.* sabedoria.
sabihondo (da), *adj.* e *s.* sabichão.
sabina, *s. f. (bot.)* sabina; zimbro.
sabio (bia), *adj.* sábio.
sablazo, *s. m.* sabrada; tiro, acto de pregar um calote.
sable, *s. m.* sabre.
sabor, *s. m.* sabor, gosto.
soborear, *v. t.* saborear.
sabotaje, *s. m.* sabotagem.
sabotear, *v. t.* sabotar.
sabroso (sa), *adj.* saboroso; delicioso, gostoso.
sabuco, *s. m. (bot.)* sabugueiro.
saca, *s. f.* saca, sacadela; exportação; pública-forma; saca, grande saco.
sacacorchos, *s. m.* saca-rolhas.
sacacuartos, *s. m.* bugiganga.
sacador (ra), *adj.* e *s.* sacador.
sacamanchas, *s. m.* e *f.* tira-nódoas.
sacamuelas, *s. m.* e *f.* saca-molas, mau dentista; aldrabão, embusteiro.
sacar, *v. t.* tirar (para fora), extrair, sacar; arrancar.
sacarina, *s. f.* sacarina.
sacarosa, *s. f.* sacarose.
sacerdote, *s. m.* sacerdote, padre; homem dedicado ao bem.
saciar, *v. t.* e *r.* saciar, fartar, satisfazer.
saco, *s. m.* saco.
sacra, *s. f.* sacra, cada um dos três quadros com orações, que estão no altar.
sacramento, *s. m.* sacramento.
sacre, *s. m. (zool.)* sacre.
sacrificar, *v. t.* sacrificar, imolar; renunciar; resignar.
sacrificio, *s. m.* sacrifício.
sacrilegio, *s. m.* sacrilégio.
sacristán, *s. m.* sacristão.
sacudida, *s. f.* sacudimento, sacudidura.
sacudir, *v. t.* sacudir, abanar.
sadismo, *s. m.* sadismo.
saduceo (a), *adj.* e *s.* saduceu.
saetar, *v. t.* assetear, frechar.
saga, *s. f.* saga, bruxa ou feiticeira.
sagacidad, *s. f.* sagacidade.
sagaz, *adj.* sagaz, avisado, astuto.
sagita, *s. f.* flecha.
sagitario, *s. m.* sagitário (signo).
sagrado (da), *adj.* sagrado.
sagrario, *s. m.* sacrário.
saín, *s. m.* banha, gordura, sebo (de animal).
sainar, *v. t.* saginar, cevar os animais.
sainete, *s. m.* sainete, molho, condimento; sainete, peça dramática, jocosa, num acto.
saja, *s. f.* sarja, sarjação, sarjadura; incisão.
sajar, *v. t.* sarjar, escarificar, golpear.
sajón (na), *adj.* saxão, saxónio.
sal, *s. f.* sal; malícia.
sala, *s. f.* sala; tribunal.
saladero, *s. m.* salgadeira.

S

salado (da), *adj.* salgado; chistoso, gracioso.
salamandra, *s. f. (zool.)* salamandra; calorífero.
salar, *v. t.* salgar.
salario, *s. m.* salário; remuneração.
salazón, *s. f.* salgadura, salga.
salchicha, *s. f.* salchicha, salsicha.
salchichón, *s. m.* salsichão, salsicha, salpicão.
saldar, *v. t.* saldar, liquidar; saldar, vender por baixo preço.
saldo, *s. m.* saldo, liquidação; diferença; resto.
salero, *s. m.* saleiro; sal, graça, donaire.
saleta, *s. f.* saleta.
salida, *s. f.* saída.
saliente, *adj.* saliente; *s. m.* oriente; nascente.
salín, *s. m.* salina, depósito de sal.
salir, *v. i.* sair; partir; desviar-se, afastar-se.
salitre, *s. m.* salitre, nitro.
saliva, *s. f.* saliva, cuspo.
salivar, *v. i.* salivar; cuspir.
salivazo, *s. m.* cuspidura, cusparada.
salma, *s. f.* tonelada, medida de capacidade dos navios.
salmear, *v. i.* salmear, salmejar, salmodiar.
salmo, *s. m.* salmo.
salmodiar, *v. i.* e *t.* salmodiar, salmear.
salmón, *s. m. (zool.)* salmão.
salmonera, *s. f.* rede para a pesca do salmão.
salmonete, *s. m. (zool.)* salmonete.
salmuera, *s. f.* salmoura, salmoira.
salobre, *adj.* salobre ou salobro.
salobridad, *s. f.* salobridade.
salón, *s. m.* salão.
salpicar, *v. t.* salpicar, manchar, borrifar.
salpicón, *s. m.* salpico; salpicão, paio, chouriço.
salpullido, *s. m.* erupção cutânea, prurido, fogagem.
salpullir, *v. t.* causar erupção na pele.
salsa, *s. f.* molho, salsa; aperitivo.
salsera, *s. f.* salseira, molheira.
saltamontes, *s. m.* gafanhoto, saltão.
saltar, *v. i.* saltar, pular; sobressair.
saltarín (na), *adj.* e *s.* bailarino; saltarino.
salteador, *s. m.* salteador; bandoleiro.
saltear, *v. t.* saltear; assaltar.
salto, *s. m.* salto, pulo; espaço que se salta; despenhadeiro; cachoeira, catadupa; omissão.
salubre, *adj.* saudável, salubre, salutar.
salud, *s. f.* saúde.
saludar, *v. t.* saudar, cumprimentar; aclamar, proclamar; benzer; brindar.
saludo, *s. m.* saudação, cortesia, cumprimento.
salva, *s. f.* saudação, boas-vindas; salva, saudação com armas de fogo.
salvación, *s. f.* salvação.
salvador (ra), *adj.* e *s.* salvador; salvador; *s. m.* Jesus Cristo.
salvaguardar, *v. t.* salvar, proteger.
salvajada, *s. f.* selvajaria; barbaridade.
salvaje, *adj.* e *s.* selvagem, inculto; bravio.
salvajismo, *s. m.* selvagismo, selvajaria.
salvamento, *s. m.* salvamento, salvação.
salvar, *v. t.* salvar.
salvavidas, *s. m.* salva-vidas.
salve, *interj.* salve, saudação.
salvedad, *s. f.* escusa, desculpa; salvaguarda; ressalva.
salvo (va), *adj.* salvo, ileso; exceptuado; omitido.
salvoconducto, *s. m.* salvo-conduto.
sambenito, *s. m.* sambenito.
san, *adj.* são, santo.
sanable, *adj.* sanável; remediável.
sánalotodo, *s. m.* panaceia; meio, expediente, remédio.
sanar, *v. t.* sanar, curar.
sanatorio, *s. m.* sanatorio.

S

sanción, *s. f.* sanção, estatuto ou lei; sanção, penalidade; aprovação.
sancionar, *v. t.* sancionar.
sandalia, *s. f.* sandalha ou sandália.
sándalo, *s. m. (bot.)* sândalo.
sandez, *s. f.* sandice, tolice.
sandía, *s. f.* melancia (planta e fruto).
saneado (da), *adj.* alodial.
saneamiento, *s. m.* saneamento.
sanear, *v. t.* sanear; reparar ou remediar; sanar.
sangrar, *v. t.* sangrar; *v. i.* sangrar, deitar sangue.
sangre, *s. f.* sangue; casta, raça, geração, linhagem.
sangría, *s. f.* sangradouro; sangria; certa bebida refrescante.
sanguijuela, *s. f.* sanguessuga.
sanguíneo (a), *adj.* sanguíneo.
sanidad, *s. f.* sanidade; salubridade.
sanitario (ria), *adj.* sanitário.
sano (na), *adj.* são; sã; sadio; recto.
sansón, *s. m.* sansão.
santera, *s. f.* mulher do santeiro; aquela que trata dum santuário.
santiago, *int.* santiago!, grito de guerra dos Espanhóis; acometida.
santiagués (sa), *adj.* e *s.* santiaguês ou santiagueiro, de Santiago de Compostela.
santiamén (en un), *(fig. fam.)* num santiámen, num momento.
santidad, *s. f.* santidade.
santificar, *v. t.* santificar.
santiguar, *v. t.* santigar, benzer-se.
santo (ta), *adj.* e *s.* santo.
santoral, *s. m.* santoral, hagiológico.
santuario, *s. m.* santuário.
saña, *s. f.* cólera, ira, sanha, raiva.
sañudo (da), *adj.* sanhudo, sanhoso.
sapiencia, *s. f.* sabedoria.
sapo, *s. m. (zool.)* sapo.
saponificar, *v. t.* saponificar.
saporífero (ra), *adj.* saporífero.
saque, *s. m.* saque, saída (no jogo da péla e outros).
saquear, *v. t.* saquear, assolar, roubar.
saqueo, *s. m.* saque, saqueio, pilhagem.
sarampión, *s. m.* sarampão, sarampo.
sarcasmo, *s. m.* sarcasmo.
sarcófago, *s. m.* sarcófago, sepulcro, féretro.
sarda, *s. f. (zool.)* sarda, cavala.
sardina, *s. f.* sardinha.
sarga, *s. f.* sarja; *(pint.);* tapeçaria para adornar paredes.
sarga, *s. f. (bot.)* espécie de vime.
sargento, *s. m.* sargento.
sargo, *s. m. (zool.),* sargo; pargo.
sarmiento, *s. m. (bot)* sarmento; vide.
sarna, *s. f.* sarna.
sarnoso (sa), *adj.* e *s.* sarnoso, sarnento.
sarpullido, *s. m.* V. **salpullido.**
sarpullir, *v. t.* V. **salpullir.**
sarria, *s. f.* rede para acarretar palha; seirão.
sarrillo, *s. m.* sarrido; estertor.
sarrio, *s. m. (zool.)* camurça.
sarro, *s. m.* sarro, borra, sedimento; tártaro, sarro dos dentes; saburra de língua; ferrugem dos cereais.
sarta, *s. f.* sarta, enfiada; fiada, fileira, fila, série.
sartén, *s. f.* sertã, frigideira larga; vasilha de ferro de pouco fundo.
sastra, *s. f.* alfaiata, mulher do alfaiate; costureira que faz trabalhos de alfaiate.
sastre, *s. m.* alfaiate.
sastrería, *s. f.* alfaiataria.
satélite, *s. m.* satélite.
satén, *s. m.* cetim, tecido de seda.
satinar, *v. t.* acetinar.
sátira, *s. f.* sátira.
satirizar, *v. i.* satirizar; motejar, ridicularizar, causticar.
sátiro, *s. m. (mit.)* sátiro.
satisfacer, *v. t.* satisfazer; bastar.
satisfactorio (ria), *adj.* satisfatório; aceitável.
satisfecho (cha), *adj.* satisfeito; saciado; contente.
saturación, *s. f.* saturação.

S

saturar, *v. t.* saturar, saciar, fartar; locupletar; impregnar.
saturno (na), *adj.* satúrnio, saturnino, taciturno; *s. m.* Saturno, planeta; *(quím.)* saturno, antiga designação do chumbo.
sauce, *s. m. (bot.)* salgueiro.
saúco, *s. m. (bot.)* sabugueiro.
savia, *s. f.* seiva, suco; seiva, energia, alento.
sáxeo (a), *adj.* sáxeo, pedregoso.
saxófono, *s. m.* saxofone.
saya, *s. f.* saia (vestuário de mulher).
sayal, *s. m.* burel, tecido de lã tosca.
sayalero (ra), *s. m.* e *f.* fabricante de burel.
sayo, *s. m.* saio; antiga veste larga e com abas e fraldão.
sayón, *s. m. (bot.)* saião.
sazón, *s. f.* madureza, maturação; ponto ou perfeição; sazão, ocasião, tempo oportuno.
sazonar, *v. t.* sazonar, sazoar; amadurecer; temperar.
se, *pron.* se.
sebáceo (a), *adj.* sebáceo; sebento.
sebo, *s. m.* sebo.
secadillo, *s. m.* doce feito com amêndoas, limão, açúcar e clara de ovo.
secador, *s. m.* enxugador, secador.
secano, *s. m.* sequeiro; banco de areia a descoberto.
secante, *adj.* e *s. m.* secante.
secante, *adj.* e *s. f. (geom.)* secante.
secar, *v. t.* secar; murchar; secar-se, evaporar-se; secar-se, enfraquecer.
seccionar, *v. t.* seccionar, dividir em secções.
secesión, *s. f.* secessão.
seco (ca), *adj.* seco; árido; murcho; magro, descarnado; áspero; insensível.
secreción, *s. f.* segregação, separação, afastamento; secreção; excreção.
secreta, *s. f.* tese defendida só em presença dos mestres; oração da missa; *(fam.)* polícia secreta.
secretaria, *s. f.* secretária.
secretario (ria), *s. m.* secretário; amanuense; escrivão.
secretear, *v. i. (fam.)* segredar, cochichar.
secreteo, *s. m. (fam.)* acção de segredar, de falar em segredo.
secreto, *s. m.* segredo, secreto; silêncio, reserva, discrição, sigilo; confidência; esconderijo.
secreto (ta), *adj.* secreto, oculto, escondido, ignorado; calado, reservado.
secta, *s. f.* seita.
sectario (ria), *adj.* e *s.* sectário; sequaz, fanático.
sector, *s. m.* sector.
secuaz, *adj.* e *s.* sequaz.
secuela, *s. f.* sequela.
secuencia, *s. f.* sequência.
secuestrar, *v. t.* sequestrar.
secuestro, *s. m.* sequestração, sequestro; bens sequestrados.
secularizar, *v. t.* secularizar.
secundar, *v. t.* secundar, auxiliar, ajudar, favorecer.
sed, *s. f.* sede, secura; *(fig.)* desejo ardente.
seda, *s. f.* seda; cerda.
sedal, *s. m.* sedalha; sedela; *(cir.)* sedenho.
sedante, *adj.* sedante, sedantivo, calmante.
sedar, *v. t.* sedar, acalmar, moderar, sossegar.
sede, *s. f.* sede; sé.
sedentario (ria), *adj.* sedentário.
sedería, *s. f.* mercadoria de seda; conjunto destas mercadorias; comércio da seda; loja ou fábrica de artigos de seda.
sedición, *s. f.* sedição, sublevação, revolta.
sedicioso (sa), *adj.* e *s.* sedicioso.
sediento (ta), *adj.* e *s.* sedento, sedente, sequioso.
sedimentar, *v. t.* sedimentar.
sedimento, *s. m.* sedimento.

seducción, *s. f.* sedução, acto de seduzir ou deixar seduzir.
seducir, *v. t.* seduzir.
sefardí, *adj.* e *s.* diz-se do judeu oriundo de Espanha.
segadera, *s. f.* segadeira, ceifeira.
segador, *s. m.* segador, ceifeiro.
segadora, *adj.* e *s.* segadora, ceifeira, mulher que ceifa.
segar, *v. t.* segar, ceifar.
seglar, *adj.* e *s.* secular, mundano; secular, leigo.
segmento, *s. m.* segmento.
segregar, *v. t.* segregar, separar; secretar.
seguida, *s. f.* seguida, seguimento; série, continuação.
seguidilla, *s. f.* seguidilha; *pl.* ária e dança popular espanhola; *(fig. fam.)* fluxo de ventre.
seguidor (ra), *adj.* e *s.* seguidor.
seguir, *v. t.* seguir; *v. r.* inferir-se.
según, *prep.* segundo, conforme.
segunda, *s. f.* nas fechaduras e chaves, dupla volta.
segundero (ra), *s. m.* ponteiro dos segundos (no relógio).
segundilla, *s. f.* sineta para avisar os religiosos nalgumas comunidades.
segundo (da), *adj.* e *s.* segundo.
segundón, *s. m.* secundogénito.
seguridad, *s. f.* segurança, seguridade.
seguro (ra), *adj.* seguro, livre; isento de dano ou perigo; seguro, firme; certo; segurança, certeza, confiança, garantia; contrato.
seis, *adj.* e *s.* seis; sexto.
seiscientos (ta), *adj.* seiscentos.
selección, *s. f.* selecção; escolha.
seleccionar, *v. t.* seleccionar, eleger, escolher.
selenio, *s. m.* selénio.
selenita, *s. m.* e *f.* selenita; *s. f.* espelhim, gesso.
selva, *s. f.* selva matagal, bosque.
selvoso (sa), *adj.* selvoso.
sellar, *v. t.* selar, estampilhar; estampar, imprimir; selar, carimbar; pôr marca; fechar, tapar, selar.
sello, *s. m.* selo, sinete, carimbo, chancela; fecho; selo postal; estampilha, selo.
semáforo, *s. m.* semáforo.
semana, *s. f.* semana; *(fig.)* féria, salário.
semanario (ria), *adj.* e *s.* semanário.
semántica, *s. f.* semântica.
semántico (ca), *adj.* semântico.
semblante, *s. m.* semblante; cara, rosto, fisionomia; aparência.
semblanza, *s. f.* esboço ou bosquejo biográfico.
sembrado (da), *adj.* semeado; *s. m.* sementeira, semeada.
sembrador (ra), *adj.* semeador.
sembrar, *v. t.* semear; espalhar, propalar, difundir.
semejable, *adj.* semelhável, semelhante.
semejante, *adj.* e *s.* semelhante; análogo; *s. m.* semelhança, imitação.
semejanza, *s. f.* semelhança; símil.
semejar, *v. i.* semelhar.
semen, *s. m.* sémen; *(bot.)* semente.
semental, *adj.* e *s.* semental.
sementera, *s. f.* semeação, semeadura; sementeira.
semestral, *adj.* semestral.
semicírculo, *s. m.* semicírculo.
semicorchea, *s. f.* semicolcheia.
semifusa, *s. f.* semifusa.
semilla, *s. f.* semente.
semillero, *s. m.* viveiro de plantas, seminário; lugar onde se guardam, sementes para estudo; origem.
seminal, *adj.* seminal.
seminario (ria), *s. m.* seminário, viveiro de plantas; seminário, casa de educação de meninos e jovens; *(fig.)* foco, origem.
semiótica, *s. f.* semiologia, semiótica, sintomatologia.
semis, *s. m.* moeda romana.
semita, *adj.* e *s.* semita.

S

sémola, *s. f.* trigo candial descascado; trigo esmagado; sêmola.
sempiterno (na), *adj.* sempiterno, perpétuo, eterno.
sen, *s. m. (bot.)* sene, sena.
sena, *s. f.* V. **sen;** sena, carta ou dado com seis pontos.
senado, *s. m.* senado.
senador, *s. m.* senador.
sencillez, *s. f.* singeleza, simplicidade.
senda, *s. f.* senda; atalho; vereda.
sendos (das), *adj. pl.* um ou uma para cada uma, duas ou mais pessoas ou coisas.
séneca, *s. m. (fig.)* homem de muita sabedoria.
senectud, *s. f.* senectude, senilidade, decrepitude.
senil, *adj.* senil.
seno, *s. m.* seio, curvatura, volta; seio, ventre materno; seio, peito da mulher; regaço; seio, enseada; *(fig.)* centro, coração, âmago; seno.
sensación, *s. f.* sensação; emoção.
sensatez, *s. f.* sensatez; juízo, bom-senso; prudência.
sensibilidad, *s. f.* sensibilidade.
sensibilizar, *v. t.* sensibilizar.
sensible, *adj.* sensível.
sensitivo (va), *adj.* sensível, sensitivo.
sensual, *adj.* sensual, sensitivo; lúbrico.
sensualidad, *s. f.* sensualidade; volúpia; sensualismo.
sentado (da), *adj.* sentado; assentado; discreto, judicioso, assisado, prudente.
sentar, *v. t.* sentar, assentar; *v. i.* assentar, cair bem ou mal (falando-se de vestes).
sentencia, *s. f.* sentença, ditame, parecer; sentença, decisão; despacho.
sentenciar, *v. t.* sentenciar; condenar.
sentido (da), *adj.* sentido; *s. m.* sentido, senso.
sentimiento, *s. m.* sentimento; pena, mágoa, desgosto, pesar, dor; opinião; parecer; ressentimento.
sentir, *v. t.* sentir, perceber.
seña, *s. f.* senha, sinal; indício, aceno, gesto.
señal, *s. f.* sinal, marca; baliza, limite; indício; nota; distintivo; cicatriz, dinheiro adiantado; prodígio ou coisa extraordinária.
señalar, *v. t.* assinalar; assinar; anunciar; assinalar, fazer uma ferida que deixe cicatriz; sinalar, fazer sinal, dar de sinal.
señero (ra), *adj.* solitário, só, único.
señolear, *v. i.* caçar com negaça.
señor (ra), *adj.* e *s.* senhor; dono; nobre; amo; patrão.
señorear, *v. t.* senhorear; dominar, mandar.
señoría, *s. f.* senhoria, tratamento que se dá a pessoas de primeira nobreza.
señorío, *s. m.* senhorio; domínio.
señorita, *s. f.* senhorita, menina; senhorita, tratamento dado à mulher solteira; ama, senhora, con respeito aos criados.
señorito, *s. m.* senhorito; *(fam.)* senhor, amo, com respeito aos criados; jovem rico e ocioso.
separar, *v. t.* separar, apartar; destituir.
separatista, *adj.* separatista.
sepelio, *s. m.* enterro; enterramento; inumação.
sepia, *s. f. (zool.)* siba, molusco; sépia, corante tirado deste molusco.
septenario (ria), *adj.* e *s.* septenário.
septentrión, *s. m.* setentrião, norte; Ursa Maior.
septentrional, *adj.* setentrional.
septiembre, *s. m.* Setembro.
séptima, *s. f.* sétima, intervalo.
septisílabo (ba), *adj.* septissílabo.
septuagenario (ria), adj. e *s.* septuagenário.
septuagésimo (ma), *adj.* e *s.* septuagésimo.
septuplicar, *v. t.* septuplicar.

S

sepulcro, *s. m.* sepulcro, sepultura; jazigo, túmulo.
sepultar, *v. t.* sepultar, enterrar, inumar; ocultar, esconder.
sepultura, *s. f.* sepultura; sepulcro, cova para enterrar um cadáver.
sequedad, *s. f.* secura, sequidão.
sequía, *s. f.* seca, estiagem; sede.
séquito, *s. m.* séquito, cortejo, comitiva.
ser, *s. m.* essência, natureza; ser, ente, criatura.
ser, *v. i.* ser, existir, haver; estar.
serafín, *s. m.* serafim.
serenar, *v. t.* serenar; aclarar, sossegar, acalmar.
serenata, *s. f.* serenata.
serenidad, *s. f.* serenidade.
serenísimo (ma), *adj.* sereníssimo; título dado, em Espanha, aos príncipes.
sereno, *s. m.* sereno, guarda-nocturno; sereno; orvalho, relento; *adj.* claro; limpo; sereno, calmo, tranquilo.
serie, *s. f.* série; sucessão.
seriedad, *s. f.* seriedade; rectidão.
serio (ria), *adj.* sério, grave; severo; sisudo; importante.
sermón, *s. m.* sermão, prédica.
sermonear, *v. i.* pregar, fazer sermões; *v. t.* repreender.
serón, *s. m.* alforge, seirão.
serpentear, *v. i.* serpear, serpentear.
serpentin, *s. m.* serpentina, tubo em hélice do alambique.
serpentina, *s. f.* serpentina.
serpiente, *s. f.* serpente, cobra.
serrado (da), *adj.* serrado; denteado.
serrador (ra), *adj.* e *s.* serrador.
serrallo, *s. m.* serralho.
serranía, *s. f.* serrania; cordilheira.
serrano (na), *adj.* e *s.* serrano, serrana; montanhés; montesino.
serrar, *v. t.* serrar.
serratilla, *s. f.* serrinha, cordilheira.
serrato (ta), *adj.* e *s.* dentado.
serrín, *s. m.* serradura, serrim.
serrucho, *s. m.* serrote.
servible, *adj.* servível; útil; prestadio.
servicio, *s. m.* serviço; serviço militar; utilidade; bacio grande; clister; serviço, talher, baixela.
servidor (ra), *s. m.* e *f.* servidor, servo, criado, servente.
servidumbre, *s. f.* servidão; criadagem.
servil, *adj.* e *s.* servil; baixo, humilde; subserviente.
servilleta, *s. f.* guardanapo.
servilletero, *s. m.* argola de guardanapo.
servir, *v. i.* servir.
sesada, *s. f.* fritada de miolos; miolos dum animal.
sesenta, *adj.* e *s. m.* sessenta.
sesentón (na), *adj.* e *s.* *(fam.)* sexagenário.
sesera, *s. f.* crânio; cérebro; mioleira, miolos.
sesga, *s. f.* nesga (de tecido).
sesgar, *v. t.* enviesar, esguelhar; obliquar.
sesión, *s. f.* sessão.
seso, *s. m.* miolo, cérebro; *(fig.)* prudência, sisudez.
sestear, *v. i.* sestear.
sestercio, *s. m.* sestércio (moeda).
sesudo (da), *adj.* sisudo, sensato.
seta, *s. f. (bot.)* cogumelho, míscaro.
seta, *s. f.* seda, cerda; morrão de vela.
setecientos (tas), *adj.* setecentos.
setenta, *adj.* setenta; septuagésimo.
setentón (na), *adj.* e *s.* V. **septuagenario.**
setiembre, *s. m.* V. **septiembre.**
seto, *s. m.* sebe, estacada, caniço.
seudonimo (ma), *adj.* e *s.* pseudónimo.
severo (ra), *adj.* severo, rigoroso, áspero; pontual; grave, sério.
sexagésima, *s. f.* sexagésima.
sexagesimal, *adj.* sexagesimal.
sexenio, *s. m.* sexénio.
sexo, *s. m.* sexo.
sexta, *s. f.* sexta.

S

sexto (ta), *adj.* sexto.
sextuplicar, *v. t.* sextuplicar.
séxtuplo (pla), *adj.* e *s.* sêxtuplo.
sexual, *adj.* sexual.
sexualidad, *s. f.* sexualidade.
sí, *s. m. (mús.)* si; *pron.* si; *adv.* sim; *conj.* se.
siamés (sa), *adj.* e *s.* siame ou siamês, de Siame ou Sião.
sibarita, *adj.* e *s.* sibarita, de Síbaris, de Itália antiga; *(fig.)* sibarita.
sibila, *s. f.* sibila, profetisa, pitonisa.
sicalíptico (ca) *adj.* lascivo, desonesto.
sideral *adj.* sideral.
siderurgia, *s. f.* siderurgia.
sidra, *s. f.* sidra.
siega, *s. f.* sega, ceifa, segada.
siembra, *s. f.* semeadura, sementeira.
siempre, *adv.* sempre.
sien, *s. f.* fonte (da cabeça).
sierpe, *s. f.* serpente, cobra.
sierra, *s. f.* serra (instrumento); serra, cordilheira.
siervo (va), *s. m.* e *f.* servo.
siesta, *s. f.* sesta.
siete, *adj.* sete.
sietemesino (na), *adj.* e *s.* setemesinho.
sífilis, *s. f. (med.)* sífilis.
sifón, *s. m.* sifão.
sigilar, *v. t.* selar; colar ou ocultar alguma coisa.
sigilo, *s. m.* sigilo, segredo; selo, sinete.
sigla, *s. f.* sigla.
siglo, *s. m.* século.
sigmoideo (a), *adj.* sigmóideo ou sigmóide.
signar, *v. t.* assinar, firmar, subscrever; persignar.
signatura, *s. f.* assinatura, firma.
significación, *s. f.* significação.
significado (da), *adj.* e *s.* significado; *s. m.* significado; significação.
significancia, *s. f.* significação.
significar, *v. t.* significar, representar.
significativo (va), *adj.* significativo.
signo, *s. m.* signo; sinal, indício.
siguiente, *adj.* seguinte, imediato; ulterior, posterior.
sílaba, *s. f.* sílaba.
silabear, *v. i.* e *t.* soletrar; soletrear, silabar.
silba, *s. f.* assobiadela; apupo; pateada; vaia.
silbar, *v. i.* assobiar, apitar; silvar, sibilar; *(fig.)* patear.
silbato, *s. m.* assobio, apito.
silbido, *s. m.* V. **silbo.**
silenciar, *v. t.* calar, silenciar.
silencio, *s. m.* silêncio.
silicato, *s. m.* silicato.
sílice, *s. f.* sílica.
silo, *s. m.* silo.
silogismo, *s. m.* silogismo.
silueta, *s. f.* silhueta, perfil.
silva, *s. f.* silva, miscelânea literária; composição poética.
silvestre, *adj.* silvestre; inculto, rústico.
silla, *s. f.* cadeira, assento; sela.
sillería, *s. f.* cadeirado, correnteza de assentos (nos coros das igrejas, teatros, etc.); oficina onde se fazem cadeiras ou loja onde são vendidas.
silleta, *s. f.* cadeirinha; comadre (urinol para doentes).
silletazo, *s. m.* cadeirada.
sillín, *s. m.* selim; sela.
sillón, *s. m.* cadeirão, poltrona; silhão, sela grande com braços.
sima, *s. f.* furna, abismo, antro, cova; escócia (moldura).
simbiosis, *s. f.* simbiose.
simbólico (ca), *adj.* simbólico.
simbolizar, *v. t.* simbolizar.
símbolo, *s. m.* símbolo.
simetría, *s. f.* simetria.
simia, *s. f.* macaca.
simiente, *s. f.* V. **semilla.**
símil, *adj.* símil; *s. m.* símile; analogia.
similar, *adj.* similar.
simio, *s. m.* símio, macaco.
simonía, *s. f.* simonia.
simpatía, *s. f.* simpatia.
simpatizar, *v. i.* simpatizar.

simple, *adj.* simples; *s. m.* símplices, substâncias que entram num medicamento.
simplificar, *v. t.* simplificar.
simplista, *adj.* e *s.* simplista; simplicista.
simplón (na), *adj.* mentecapto; simplório.
simulacro, *s. m.* simulacro.
simular, *v. t.* simular.
simultáneo (a), *adj.* simultâneo; sincrónico.
sin, *prep.* sem.
sinagoga, *s. f.* sinagoga; *(fig.)* conciliábulo, conluio.
sinalefa, *s. f.* sinalefa.
sincerar, *v. t.* inocentar, justificar; reabilitar.
sinceridad, *s. f.* sinceridade; franqueza.
sincero (ra), *adj.* sincero, ingénuo, verdadeiro; franco.
síncope, *s. m.* síncope; delíquio, desmaio.
sincretismo, *s. m.* sincretismo.
sincronizar, *v. t.* sincronizar.
sindéresis, *s. f.* sindérese.
sindicación, *s. f.* sindicação, sindicância.
sindical, *adj.* sindical.
sindicalismo, *s. m.* sindicalismo.
sindicar, *v. t.* sindicar, acusar ou delatar; *v. r.* sindicalizar-se.
sindicato, *s. m.* sindicato.
síndico, *s. m.* síndico; liquidatário.
síndrome, *s. m.* síndrome.
sinéresis, *s. f.* sinérese.
sinfín, *s. m.* sem-fim, infinidade.
sinfonía, *s. f.* sinfonia; *(fig.)* colorido, acorde, harmonia de tons.
singladura, *s. f. (mar.)* singradura.
singlar, *v. i.* singrar, navegar.
singular, *adj.* singular, único, só; raro, excelente.
singularizar, *v. t.* singularizar; privilegiar; distinguir; especializar.
siniestra, *s. f.* siniestra, esquerda.
siniestro (tra), *adj.* sinistro, esquerdo; funesto; fatal, aziago; *s. m.* sinistro, desastre.
sino, *s. m.* sina, destino, sorte, fado.
sino, *conj.* senão, mas, somente.
sínodo, *s. m.* sínodo, concilio.
sinónimo (ma), *adj.* e *s. m.* sinónimo.
sinopsis, *s. f.* sinopse.
sinóptico (ca), *adj.* sinóptico.
sinovial, *adj.* sinovial.
sinrazón, *s. f.* sem-razão; injustiça.
sintaxis, *s. f.* sintaxe.
síntesis, *s. f.* síntese; resumo; sinopse.
sintetizar, *v. t.* sintetizar; resumir, abreviar.
síntoma, *s. m.* sintoma; indicio, prenúncio.
sintonización, *s. f.* sintonização.
sintonizar, *v. t.* sintonizar, regularizar.
sinuosidad, *s. f.* sinuosidade.
sinuoso (sa), *adj.* sinuoso, ondulado, tortuoso.
sinvergüenza, *adj.* e *s.* semvergonha, patife.
siquier ou **siquiera,** *conj.* sequer, pelo menos, ao menos.
sirena, *s. f.* sereia.
sirimiri, *s. m.* chuvisco.
siroco, *s. m.* siroco, vento sueste.
sirvienta, *s. f.* servente, criada, serviçal.
sisa, *s. f.* pequena parte furtada nas compras; retalho de fazenda (que se corta dum fato); cava, abertura nas vestes; sisa, imposto.
sisar, *v. t.* furtar (nas compras); fazer cavas (nos vestidos); sisar.
sisear, *v. i.* ciciar.
siseo, *s. m.* cicio.
sísmico (ca), *adj.* sísmico.
sismógrafo, *s. m.* sismógrafo.
sistema, *s. m.* sistema.
sistemático (ca), *adj.* sistemático; metódico, ordenado.
sistematizar, *v. t.* sistematizar, organizar.
sístole, *s. f.* sístole.
sitial, *s. m.* setial, escabelo.

S

sitiar, *v. t.* sitiar; assediar.
sitio, *s. m.* sítio, lugar, espaço; sítio, cerco.
sito (ta), *adj.* situado, colocado.
situación, *s. f.* situação, disposição.
situar, *v. t.* situar.
soba, *s. f.* sovadura, sova, tunda, surra.
sobaco, *s. m.* sovaco, axila.
sobadura, *s. f.* sova.
sobandero, *s. m.* curandeiro, endireita.
sobaquera, *s. f.* cava (das vestes); reforço das vestes sob a axila.
sobar, *v. t.* sovar, amassar, manusear; surrar, machucar (as peles); sovar, bater.
sobeo, *s. m.* socairo.
soberanía, *s. f.* soberania; domínio.
soberano (na), *adj.* e *s.* soberano.
soberbia, *s. f.* soberba, soberbia, orgulho.
sobo, *s. m.* V. **soba.**
sobón (na), *adj.* enfadonho, maçador.
sobornado (da), *adj.* subornado, peitado.
sobornar, *v. t.* subornar, corromper, peitar.
soborno, *s. m.* suborno, subornamento, peita.
sobra, *s. f.* sobra, demasia, excesso; agravo; *pl.* sobras, restos, sobejos.
sobrar, *v. t.* sobrar, exceder, sobejar; *v. i.* ficar; restar.
sobre, *prep.* sobre; *s. m.* sobre, sobrescrito, envelope.
sobreabundar, *v. i.* superabundar; sobejar.
sobrealimentar, *v. t.* superalimentar.
sobrecama, *s. f.* colcha (de cama).
sobrecargar, *v. t.* sobrecarregar; sobrecoser.
sobrecerrado (da), *adj.* muito bem fechado.
sobrecielo, *s. m.* sobrecéu, dossel, esparavel.
sobrecoger, *v. t.* supreender.
sobrecubierta, *s. f.* sobrecoberta.
sobreentender, *v. t.* subentender.
sobreexcitar, *v. t.* e *r.* sobreexcitar.
sobrefalda, *s. f.* sobressaia.
sobrehilar, *v. t.* alinhavar na ourela.
sobrehumano (na), *adj.* sobrehumano.
sobrellevar, *v. t.* sobrelevar, aliviar; sofrer; tolerar.
sobremesa, *s. f.* toalha de mesa; tempo que se está à mesa após a refeição.
sobrenatural, *adj.* sobrenatural.
sobrenombre, *s. m.* alcunha; sobrenome.
sobrentender, *v. t.* subentender.
sobrepasar, *v. t.* exceder, ultrapassar, avantajar.
sobreponer, *v. t.* sobrepor, acrescentar; *v. r.* sobrepor-se.
sobrepuesto (ta), *adj.* e *s. m.* sobreposto.
sobrerropa, *s. f.* sobretudo.
sobresaliente, *adj.* e *s.* sobresalente; *s. m.* distinção (nos exames); *s. m.* e *f.* suplente, substituto.
sobresalir, *v. i.* sobressair, avantajar, avultar.
sobresaltar, *v. t.* sobressaltar, assustar.
sobresalto, *s. m.* sobressalto.
sobreseer, *v. i.* sobresser, sobrestar; desistir, cessar.
sobretodo, *s. m.* sobretudo (casacão).
sobrevenir, *v. i.* sobrevir, suceder, vir, ocorrer; chegar subitamente.
sobrevivir, *v. i.* sobreviver.
sobriedad, *s. f.* sobriedade; frugalidade.
sobrino (na), *s. m.* e *f.* sobrinho.
sobrio (bria), *adj.* sóbrio, parco, frugal.
socaire, *s. m. (mar.)* socairo.
socalzar, *v. t.* calçar, escorar.
socarrón (na), *adj.* e *s.* socarrão, astuto, dissimulado.
socarronería, *s. f.* astúcia, velhacaria.
socavar, *v. t.* socavar, solapar.
socavón, *s. m.* socava.
sociabilidad, *s. f.* sociabilidade.
sociable, *adj.* sociável.

social, *adj.* social; sociável.
socialismo, *s. m.* socialismo.
socializar, *v. t.* socializar.
sociedad, *s. f.* sociedade.
socio (cia), *s. m.* e *f.* sócio; *(fam.)* amigo, parceiro.
sociología, *s. f.* sociologia.
sociólogo (ga), *s. m.* e *f.* sociólogo.
socoro, *s. m.* lugar que está sob o coro.
socorrer, *v. t.* socorrer, auxiliar, ajudar.
socorrido (da), *adj.* socorrido, ajudado, auxiliado.
socorro, *s. m.* socorro, protecção, auxilio; dinheiro, alimento.
soda, *s. f.* soda (bebida); V. **sosa.**
sódico (ca), *adj.* sódico.
sodio, *s. m.* sódio.
sodomita, *adj.* e *s.* sodomita, de Sodoma.
soez, *adj.* soez, vil, torpe, grosseiro.
sofá, *s. m.* sofá.
sofisma, *s. m.* sofisma.
sofisticar, *v. t.* sofisticar, sofismar.
soflama, *s. m.* chama ténue; rubor nas faces; expressão artificial.
soflamar, *v. t.* fingir, adular; envergonhar; *v. r.* tostar-se, queimar-se.
sofocador (ra), *adj.* sufocador.
sofocante, *adj.* sufocante, asfixiante.
sofocar, *v. t.* sufocar; apagar, dominar, extinguir; importunar; envergonhar.
sofocón, *s. m.* mágoa, desgosto que sufoca.
sofreír, *v. t.* frigir levemente uma coisa.
soga, *s. f.* soga, corda grossa; medida agrária; *s. m.* homem velhaco, socarrão.
soja, *s. f. (bot.)* soja.
sol, *s. m.* Sol; sol, día, luz; *(mús.)* sol.
solador, *s. m.* assoalhador, ladrilhador, lajeador.
soladura, *s. f.* assoalhadura ou assoalhamento.
solana, *s. f.* soalheiro; galeria propria para tomar o sol.
solanera, *s. f.* insolação lugar exposto, sem resguardo, aos raios solares.
solano, *s. m.* vento sufocante de leste.
solapa, *s. f.* lapela: ardil: ronha.
solapado (da), *adj.* solapado, dissimulado, fingido.
solapar, *v. t.* pôr lapelas nos casacos; sobrepor, cruzar, imbricar; solapar, ocultar cautelosamente.
solar, *adj.* solar, relativo ao Sol; *s. m.* solar, habitação antiga de familia nobre; *v. t.* assoalhar, soalhar, ladrilhar, lajear; solar, pôr solas no calçado.
solariego (ga), *adj.* e *s.* solarengo.
solazar, *v. t.* consolar, alegrar, divertir.
soldada, *s. f.* soldo, soldada, estipêndio, salário; pré de soldado.
soldadesca, *s. f.* milicia, exercicio e profissão de soldado; soldadesca, tropa indisciplinada.
soldado, *s. m.* soldado; partidário.
soldador, *s. m.* soldador; soldador, ferro de soldar.
soldadura, *s. f.* soldadura, soldagem; solda, material.
soldar, *v. t.* soldar, pegar, unir com solda.
solear, *v. t.* e *r.* soalhar, assoalhar.
soledad, *s. f.* soledade; solidão, tristeza.
solemne, *adj.* solene; pomposo; grave; majestoso.
solemnizar, *v. t.* solenizar.
soler, *s. m.* soalho do porão dos navios; *v. i.* soer, costumar, ter por hábito.
solera, *s. f.* soleira, frechal; pouso (do moinho); chão do forno; lia ou fezes do vinho.
solería, *s. f.* materiais para assoalhar ou sobradar; solaria, conjunto de couros.
solfa, *s. f.* solfa; surra, sova.

S

solfear, *v. t.* solfejar; *(fig. fam.)* dar uma sova.
solfeo, *s. m.* solfejo; *(fig. fam.)* sova, tunda.
solicitación, *s. f.* solicitação.
solicitante, *adj.* e *s.* solicitante.
solicitar, *v. t.* solicitar.
solícito (ta), *adj.* solícito, cuidadoso, diligente.
solicitud, *s. f.* solicitude; diligência.
solidaridad, *s. f.* solidariedade.
solidarizar, *v. t.* e *r.* solidarizar.
solideo, *s. m.* solidéu.
solidez, *s. f.* solidez, resistência, segurança.
solidificar, *v. t.* solidificar.
sólido (da), *adj.* e *s.* sólido, firme, maciço.
soliloquio, *s. m.* solilóquio; monólogo.
solio, *s. m.* sólio (trono).
solista, *s. m.* e *f.* solista.
solitaria, *s. f. (zool.)* solitária, ténia.
solitario (ria), *adj.* solitário, desamparado, deserto, só; solitário, diamante.
soliviantar, *v. t.* e *r.* sublevar, incitar.
soliviar, *v. t.* aliviar, solevantar, solevar, soerguer; *v. r.* soerguer-se.
solo (la), *adj.* só, isolado, sozinho; só, abandonado, desamparado; *s. m.* solo, jogo de cartas; *(mús.)* solo.
solomillo, *s. m.* acém.
solsticio, *s. m.* solstício.
soltar, *v. t.* soltar, desprender, desatar, alargar; libertar.
soltero (ra), *adj.* solteiro; celibatário, solteiro.
solterón (na), *adj.* e *s.* solteirão; solteirona.
soltura, *s. f.* soltura; agilidade, prontidão.
soluble, *adj.* solúvel.
solución, *s. f.* solução; conclusão, decisão; soluto; desfecho; satisfação.
solucionar, *v. t.* solucionar.
solventar, *v. t.* solver, pagar dívidas.
solvente, *adj.* solvente.
sollozar, *v. i.* soluçar, chorar.
sollozo, *s. m.* soluço.
somatén, *s. m.* corpo de milicianos não pertencente ao exército regular.
somático (ca), *adj.* somático.
sombra, *s. f.* sombra, obscuridade; imagem escura; espectro ou aparição fantástica.
sombrajo, *s. m.* ramada, resguardo que faz sombra.
sombrear, *v. t.* sombrear.
sombrero, *s. m.* chapéu.
sombría, *s. f.* umbría.
sombrilla, *s. f.* sombrinha.
sombrío (a), *adj.* sombrio; triste, melancólico.
somero (ra), *adj.* superficial, ligeiro.
someter, *v. t.* submeter, sujeitar, subjugar, humilhar.
sommier, *s. m.* colchão de rede metálica.
somnámbulo (la), *adj.* e *s.* sonâmbulo.
somnífero (ra), *adj.* sonífero.
son, *s. m.* som.
sonable, *adj.* sonoro, ruidoso; famoso, notável.
sonado (da), *adj.* famoso, afamado, famigerado.
sonador (ra), *adj.* e *s.* sonoro, soante, ruidoso.
sonajero, *s. m.* guizo, chocalho para crianças.
sonar, *v. i.* soar, ecoar.
sonata, *s. f. (mús.)* sonata.
sondeo, *s. m.* sondagem.
sonetear, *v. i.* sonetar ou sonetar.
sonetizar, *v. i.* sonetar ou sonetear.
soneto, *s. m.* soneto.
sonido, *s. m.* som; sonido.
sonoridad, *s. f.* sonoridade.
sonorización, *s. f.* sonorização.
sonorizar, *v. t.* sonorizar.
sonoro (ra), *adj.* sonoro; harmonioso.
sonreír, *v. i.* e *r.* sorrir.
sonrisa, *s. f.* sorriso.
sonrojar ou **sonrojear,** *v. t.* e *r.* envergonhar, ruborizar, corar.

S

sonrosar, *v. t.* dar, pôr ou tornar cor-de-rosa; *v. r.* ruborizar-se.
sonsacar, *v. t.* furtar com destreza; surripiar; solicitar secretamente; induzir com manha.
sonsonete, *s. m.* som produzido por golpes cadenciados.
soñar, *v. t.* sonhar; fantasiar.
soñoliento (ta), *adj.* sonolento.
sopa, *s. f.* sopa.
sopaipa, *s. f.* espécie de sonho (doce) pasado por mel.
sopapo, *s. m.* sopapo; bofetada, bofetão.
sopear, *v. t.* ensopar; calcar, pisar; maltratar.
sopera, *s. f.* terrina para sopa, sopeira.
sopero, *adj.* e *s.* sopeiro, diz-se do prato para sopa.
sopesar, *v. t.* sopesar.
sopetón, *s. m.* bofetão, sopapo; fatia de pão torrado molhada em azeite.
sopista, *s. m.* e *f.* pessoa que vive de esmolas.
soplador (ra), *adj.* assoprador; instigador; *s. m.* abano, para o lume.
sopladura, *s. f.* assopradura.
soplamocos, *s. m.* bofetão.
soplar, *v. i.* assoprar, soprar; respirar; sugerir; acusar, denunciar, delatar.
soplete, *s. m.* maçarico.
soplido, *s. m.* V. **soplo.**
soplo, *s. m.* sopro, assopro.
soplón (na), *adj. (fam.)* delator, denunciante.
soponcio, *s. m.* desmaio, delíquio, aflição.
sopor, *s. m. (med.)* torpor, modorra; sopor; adormecimento, sonolência.
soporífero (ra), *adj.* e *s.* soporífero.
soportable, *adj.* suportável.
soportal, *s. m.* soportal, átrio; pórtico.
soportar, *v. t.* suportar; sofrer, tolerar.
soporte, *s. m.* suporte, apoio, sustentáculo.
soprano, *s. m. (mús.)* soprano.
sor, *s. f.* soror, sor, irmã (freira professa).
sorber, *v. t.* sorver, beber aspirando; absorver; chupar, sugar; tragar; engolir.
sorbete, *s. m.* sorvete.
sorbo, *s. m.* sorvo; gole, trago.
sorche, *s. m.* recruta, soldado.
sorda, *s. f.* V. **agachadiza;** *(mar.)* cabo que vai atado à roda da proa.
sordo (da), *adj.* surdo.
sordomudo (da), *adj.* e *s.* surdo-mudo.
sorna, *s. f.* sorna, indolência, preguiça, inércia; sorna, velhacaria, sornice.
sorprender, *v. t.* surpreender, sobressaltar; espantar, maravilhar.
sorpresa, *s. f.* surpresa; espanto, pasmo.
sortear, *v. t.* sortear.
sorteo, *s. m.* sorteio.
sortero, *s. m.* e *f.* agoureiro ou adivinho.
sortija, *s. f.* anel de usar no dedo; anel de cabelo, caracol.
sortilegio, *s. m.* sortilégio; bruxedo.
sosa, *s. f. (quím.)* soda, óxido de sódio.
sosegado (da), *adj.* sossegado; quieto, pacífico.
sosegar, *v. t.* sossegar, aplacar, pacificar; descansar, dormir, repousar.
sosiego, *s. m.* sossego, quietude, tranquilidade.
soslayar, *v. t.* esguelhar.
soso (sa), *adj.* insosso, insulso, insípido.
sospecha, *s. f.* suspeita.
sospechar, *v. t.* suspeitar, conjecturar, supor; *v. i.* desconfiar, duvidar.
sospechoso (sa), *adj.* suspeitoso; suspeito.
sostén, *s. m.* sustentamento, sustentação, arrimo, amparo; sustento; apoio, esteio.
sostener, *v. t.* e *r.* suster, sustentar.

S

sostenimiento, *s. m.* sustentação, sustento; manutenção.
sota, *s. f.* sota, dama (naipe); mulher desavergonhada.
sotabanco, *s. m. (arq.)* acrotério.
sotana, *s. f.* sotaina ou sotana; sova, surra, coça.
sótano, *s. m.* cave.
soto, *s. m.* souto, bosque denso, matagal; *prep.* debaixo.
su, *prep.* sub.
su, sus, *pron.* seu, sua, seus, suas.
suave, *adj.* suave, macio; aprazível; tranquilo, manso.
suavizar, *v. t.* e *r.* suavizar.
subalternar, *v. t.* subalternar, subalternizar, sujeitar.
subalterno (na), *adj.* e *s. m.* subalterno; subordinado; secundário.
subarrendar, *v. t.* subarrendar, sublocar.
subarriendo, *s. m.* subarrendamento, sublocação.
subastar, *v. t.* leiloar; arrematar.
subclase, *s. f.* subclasse.
subcomisión, *s. f.* subcomissão.
subconsciente, *adj.* subconsciente.
subdelegar, *v. t.* subdelegar.
súbdito (a), *adj.* e *s.* súbdito, vassalo.
subida, *s. f.* subida, subimento; encosta, ladeira.
subir, *v. i.* subir, elevar, levantar; subir, ascender, aumentar; montar.
súbito (ta), *adj.* súbito, imprevisto, repentino.
subjetividad, *s. f.* subjetividade.
subjetivo (va), *adj.* subjectivo.
subjuntivo, *adj.* e *s.* subjuntivo.
sublevar, *v. t.* e *r.* sublevar, revoltar, amotinar.
sublimar, *v. t.* e *r.* sublimar, engrandecer, exaltar; sublimar, volatilizar.
sublime, *adj.* sublime, excelso; magnífico, esplêndido.
submarino (na), *adj.* e *s. m.* submarino.
submúltiplo (pla), *adj.* e *s.* submúltiplo.
suboficial, *s. m.* categoria entre sargento e oficial.
subordinar, *v. t.* e *r.* subordinar.
subrayar, *v. t.* sublinhar.
subrogar, *v. t.* sub-rogar.
subsanar, *v. t.* desculpar, escusar; reparar; sanar, emendar.
subscribir, *v. t.* subscrever, assinar.
subscrito (ta), *adj.* subscrito, assinado.
subsidiario (ria), *adj.* subsidiário; auxiliar.
subsidio, *s. m.* subsídio; ajuda.
subsistencia, *s. f.* subsistência, estabilidade; subsistência, sustento, alimentos.
subsistir, *v. i.* subsistir, permanecer; curar, viver; manter.
substancia, *s. f.* substância, suco; ser, essência das coisas; bens.
substancial, *adj.* substancial; nutritivo.
substancioso (sa), *adj.* substancioso.
substantivo (va), *adj.* substantivo.
substitución, *s. f.* substituição.
substituir, *v. t.* substituir.
substituto (ta), *adj.* substituto; *s. m.* e *f.* substituto; pessoa que faz as vezes de outra.
substraer, *v. t.* subtrair; furtar, roubar fraudulentamente; diminuir.
subsuelo, *s. m.* subsolo.
subterfugio, *s. m.* subterfúgio, escapatória, ardil, evasiva.
subterráneo (a), *adj.* subterrâneo.
subtítulo, *s. m.* subtítulo.
suburbano (na), *adj.* e *s.* suburbano.
suburbio, *s. m.* subúrbio, bairro, arrabalde.
subvencionar, *v. t.* subvencionar; subsidiar.
subversivo (va), *adj.* subversivo.
subvertir, *v. t.* subverter, destruir; corromper moralmente, perverter.
subyugar, *v. t.* e *r.* subjugar; submeter, sujeitar.
succión, *s. f.* sucção, sugamento.
sucedáneo (a), *adj.* e *s.* sucedâneo.

S

suceder, *v. i.* suceder; acontecer; seguir-se.
sucesión, *s. f.* sucessão, herança.
sucesor (ra), *adj.* e *s.* sucessor.
suciedad, *s. f.* sujidade.
sucinto (ta), *adj.* sucinto, breve, conciso, abreviado.
sucio (cia), *adj.* sujo; *(fig.)* maculado; desonesto, obsceno.
suculento (ta), *adj.* suculento, substancioso.
sucumbir, *v. i.* sucumbir, ceder, render-se; morrer, perecer.
sucursal, *adj.* sucursal.
sudamericano (na), *adj.* e *s.* sul-americano, da América do Sul.
sudar, *v. i.* suar; transpirar.
sudeste, *s. m.* sueste.
sudoeste, *s. m.* sudoeste.
sudor, *s. m.* suor.
suegra, *s. f.* sogra.
suegro, *s. m.* sogro.
suela, *s. f.* sola.
sueldo, *s. m.* soldo.
suelo, *s. m.* solo, chão; soalho; sedimento, pé; fundo, base.
suelta, *s. f.* solta, soltura; peia para cavalgaduras.
suelto (ta), *adj.* e *s.* solto, liberto; livre, desembaraçado, ligeiro, veloz; desagregado.
sueño, *s. m.* sono.
suero, *s. m.* soro.
suerte, *s. f.* sorte.
suficiente, *adj.* suficiente; apto, capaz, idóneo.
sufijo (ja), *adj.* e *s. m.* sufixo.
sufragar, *v. t.* sufragar, favorecer; custear, satisfazer.
sufragio, *s. m.* sufrágio, ajuda, auxílio, favor ou socorro.
sufrir, *v. t.* sofrer, padecer, sentir; suportar.
sugerente, *adj.* inspirador.
sugerir, *v. t.* sugerir, inspirar, lembrar, advertir, seduzir, instigar.
sugestión, *s. f.* sugestão.
sugestionar, *v. t.* sugestionar.
sugestivo (va), *adj.* sugestivo.
suicida, *s. m.* e *f.* suicida.
suicidarse, *v. r.* suicidar-se.
sujetador (ra), *adj.* e *s.* sujeitador.
sujetar, *v. t.* sujeitar, dominar; segurar; firmar.
sujeto (ta), *s. m.* sujeito.
sulfatar, *v. t.* sulfatar.
sulfato, *s. m.* sulfato.
sulfhídrico (ca), *adj.* sulfídrico.
sulfurar, *v. t.* sulfurar.
sultán, *s. m.* sultão.
sultana, *s. f.* sultana.
suma, *s. m.* soma; suma.
sumar, *v. t.* recopilar, compendiar; somar.
sumario (ria), *adj.* sumário, abreviado; resumido, breve; compêndio.
sumergir, *v. t.* submergir, mergulhar; afundar.
sumidero, *s. m.* sumidouro ou sumidoiro; sarjeta.
suministrar, *v. t.* subministrar, fornecer, ministrar.
suministro, *s. m.* subministração; provisão.
sumir, *v. t.* e *r.* sumir; *(fig.)* submergir, abismar.
sumisión, *s. f.* submissão, sujeição, acatamento.
sumiso (sa), *adj.* submisso, obediente, subordinado, dócil.
sunción, *s. f.* comunhão do sacerdote (à missa).
suntuoso (sa), *adj.* sumptuoso, magnífico.
supeditar, *v. t.* e *r.* sujeitar, avassalar.
superable, *adj.* superável.
superabundar, *v. i.* superabundar.
superar, *v. t.* e *r.* superar, sobrepujar, exceder, vencer.
superentender, *v. t.* superintender, inspeccionar, vigiar, governar.
superficial, *adj.* superficial; aparente; frívolo.
superficie, *s. f.* superfície.
superfluo (flua), *adj.* supérfluo, desnecessário.

S

superior, *adj.* e *s. m.* superior.
superlativo (va), *adj.* superlativo, excelente.
superponer, *v. t.* sobrepor.
superstición, *s. f.* superstição.
supervivencia, *s. f.* supervivência, sobrevivência.
superviviente, *adj.* e *s.* sobreviviente, supervivente.
supino (na), *adj.* supino.
suplantar, *v. t.* suplantar, adulterar.
suplemento, *s. m.* suplemento.
suplente, *adj.* e *s.* suplente, supletivo.
súplica, *s. f.* súplica.
suplicar, *v. t.* suplicar, rogar; agravar, apelar.
suplicio, *s. m.* suplício; tortura.
suplir, *v. t.* suprir.
suponer, *v. t.* supor.
suposición, *s. f.* suposição; hipótese.
supositorio, *s. m.* supositório.
suprarrenal, *adj.* supra-renal.
supremacía, *s. f.* supremacia.
supremo (ma), *adj.* supremo; altíssimo, último.
suprimir, *v. t.* suprimir, omitir.
supuesto (ta), *adj.* suposto, hipotético; *s. m.* suposição, hipótese.
supurar, *v. t.* supurar.
sur, *s. m.* sul.
surcar, *v. t.* sulcar, riscar.
surco, *s. m.* sulco, rego; raia, encurvilha; ruga.
surgir, *v. i.* surgir; irromper; nascer; emergir; ancorar (o navio).
surtida, *s. f.* surtida; passagem ou porta secreta; porta falsa, saída secreta; *(mar.)* varadouro.
surtidero, *s. m.* esgoto; repuxo, esguicho (de agua).
surtidor (ra), *adj.* e *s.* fornecedor, que fornece; *s. m.* repuxo.
surtir, *v. t.* sortir, prover, abastecer, fornecer; *v. i.* brotar a água, esguichar, repuxar.
sus, *prep.* abaixo, sob; sub.
¡sus!, *interj.* sus!; acima!; eia!; ânimo!; coragem!
susceptible, *adj.* susceptível.
suscitar, *v. t.* suscitar, levantar, promover.
susidio, *s. m.* inquietação, angústia.
suspender, *v. t.* suspender, pendurar; deter, parar, sustar; suspender temporariamente; reprovar em exame.
suspenso (sa), *adj.* suspenso, pendurado; interrompido; admirado, perplexo; *s. m.* reprovado em exame.
suspicacia, *s. f.* suspicácia.
suspicaz, *adj.* suspicaz, suspeito.
suspirar, *v. t.* suspirar; desejar.
suspiro, *s. m.* suspiro; assobio feito de vidro.
sustentable, *adj.* sustentável, defensável.
sustentar, *v. t.* e *r.* sustentar, manter; suster; subsidiar.
sustento, *s. m.* sustento, alimento, mantimento; amparo, apoio.
susto, *s. m.* susto, impressão repentina de medo ou pavor.
susurrar, *v. i.* susurrar, murmurar; soar, espalhar-se.
susurro, *s. m.* susurro, murmúrio, zumbido.
sutil, *adj.* subtil, ténue, fino, delicado; ligeiro; *(fig.)* agudo, perspicaz.
sutileza, *s. f.* subtileza.
sutura, *s. f.* *(cir.)* sutura.
suyo, suya, suyos, suyas, *pron.* seu, sua, seus, suas; seu, dele, delas, os seus, as suas.

S

t

t, *s. f.* t, vigésima terceira letra do alfabeto espanhol.
¡ta!, *interj.* tá!; alto!; basta!
tabaco, *s. m. (bot.)* tabaco.
tabalear, *v. t.* mexer, mover, agitar, agitar uma coisa; *v. i.* tamborilar.
tábano, *s. m. (zool.)* tavão.
tabaola, *s. f.* algazarra, bulha, barulho.
tabaquera, *s. f.* tabaqueira.
tabardo, *s. m.* tabardo.
tabarra, *s. f.* maçada.
tabarro, *s. m.* tavão.
tabear, *v. i.* conversar, parolar, palrar, tagarelar.
taberna, *s. f.* taberna.
tabernáculo, *s. m.* tabernáculo.
tabernero, *s. m.* taberneiro.
tabicar, *v. t.* tabicar; *(fig.)* fechar; tapar.
tabique, *s. m.* tabique.
tabla, *s. f.* tábua; banca, mesa, balcão.
tablado, *s. m.* tablado, estrado; tabuado; sobrado; andaime; tablado, palco; tábuas da cama; patíbulo.
tablar, *s. m.* conjunto de tabuleiros ou canteiros (de horta ou jardim).
tableado (da), *adj.* tabuado; *s. m.* pregueado (dum vestido).
tablear, *v. t.* dividir a terra em canteiros ou tabuleiros; dividir a madeira em tábuas; preguear.
tablero, *adj.* e *s. m.* tabuleiro.
tableta, *s. f.* tabuinha; comprimido, pastilha.
tabletear, *v. i.* matraquear.
tablilla, *s. f.* tabuinha; tabela, tabuleta ou quadro para afixar avisos; tabela, tablinha, bordo interno da mesa do bilhar; barra de chocolate.
tablón, *s. m.* tabuão; pranchão, prancha.
tabor, *s. m.* unidade de tropas marroquinas do exército espanhol.
tabú, *s. m.* tabu.
tabular, *adj.* tabular.
taburete, *s. m.* tamborete.
tac, *s. m.* tiquetaque (ruído cadenciado).
tacada, *s. f.* tacada.
tacañear, *v. i.* tacanhear.
tacaño (ña), *adj.* tacanho; sovina, avarento, mesquinho.
tacar, *v. t.* assinalar.
tacazo, *s. m.* tacada.
taceta, *s. f.* vasilha de cobre para transvasar azeite.
tacita, *s. f.* tigelinha.
tácito (ta), *adj.* tácito; implícito, subentendido; secreto.
taciturno (na), *adj.* taciturno, tristonho; melancólico.
taco, *s. m.* taco, tarugo; cacete, toco; taco (de bilhar); calendário de parede com uma folha para cada dia; torno de madeira; bucha de arma de fogo; vareta de espingarda.
tacón, *s. m.* tacão, salto (de sapato).
taconear, *v. i.* pisar, andar fazendo barulho com os tacões.
táctica, s. f. táctica.
táctil, *adj.* táctil.
tacto, *s. m.* tacto.
tacha, *s. f.* tacha, nódoa, mancha, defeito, mácula; prego pequeno de cabeça.
tachar, *v. t.* tachar, notar, censurar; borrar, apagar, riscar.

tachuela, *s. f.* tachinha; percevejo.
tael, *s. m.* tael (moeda filipina).
tafetán, *s. m.* tafetá; bandeiras, estandartes; enfeites femininos.
tafilete, *s. m.* tafilete, couro fino.
tahona, *s. f.* atafona, azenha; padaria.
tahonero, *s. m.* atafoneiro; padeiro.
tahúr (ra), *adj.* taful; jogador trapaceiro.
taifa, *s. f.* bando, parcialidade; *(fig.)* súcia, corja.
taina, *s. f.* cobertiço para o gado; coice; termo, chegada.
taita, *s. f.* papá, pai; nome dado aos anciãos pretos.
tajada, *s. f.* talhada; fatia; *(fam.)* rouquidão; borracheira.
tajado (da), *adj.* talhado, cortado.
tajante, *adj.* talhante, cortante; *s. m.* talhante, cortador.
tajar, *v. t.* talhar, cortar, dividir.
tajo, *s. m.* talho (corte); cutilada; tarefa; talho, fio, gume, corte; tábua de picar a carne; cepo.
tajuelo, *s. m.* assento; banco rústico de três pés.
tal, *adj.* tal; igual; semelhante.
tala, *s. f.* tala; corte de árvores.
talabartería, *s. f.* correaria.
talabartero, *s. m.* correeiro; seleiro.
talador (ra), *adj.* e *s.* talador.
taladrar, *v. t.* tradear, brocar; verrumar; estrugir, atroar.
taladro, *s. m.* trado, broca e furo por ele feito; verruma.
talaje, *s. m.* pastagem.
tálamo, *s. m.* tálamo, leito nupcial ou leito conjugal; *(bot.)* tálamo.
talante, *s. m.* talante, arbítrio; desejo, vontade, gosto.
talar, *v. t.* talar, destruir, assolar, devastar; *adj.* talar.
talco, *s. m.* talco, silicato de magnésia; pedra falsa, ouropel.
talega, *s. f.* taleiga; taleigada (porção); coifa, touca; cueiro; dinheirão, dinheirama.
talego, *s. m.* taleigo; *(fam.)* deselegante.
taleguilla, *s. f.* taleiguinha; calção de toureiro.
talento, *s. m.* dotes intelectuais; entendimento; inteligência.
talión, *s. m.* talião.
talismán, *s. m.* talismã.
Talmud, *s. m.* Talmude, livro religioso dos judeus.
talón, *s. m.* talão, calcanhar; talão, parte do recibo; padrão monetário.
talonario (ria), *adj.* talonário.
talud, *s. m.* talude.
talla, *s. f.* talha, escultura (especialmente en madeira), entalhe, resgate; talho, talhe, estatura; *(mar.)* talha.
tallar, *v. t.* bancar, talhar; entalhar, esculpir, gravar.
taller, *s. m.* oficina.
tallista, *s. m.* e *f.* entalhador.
tallo, *s. m.* talo, caule; renovo, rebento.
talludo (da), *adj.* taludo; crescido e alto.
tamaño (ña), *adj.* e *s. m.* tamanho, grandeza, volume.
tamba, *s. f.* tanga (dos índios do Equador).
tambalear, *v. i.* e *r.* cambalear, caminhar.
tambaleo, *s. m.* cambaleio.
tambarillo, *s. m.* arca, cofre.
tambor, *s. m.* tambor.
tamborear, *v. i.* tamborilar.
tamboril, *s. m.* tamboril.
tamborilero, *s. m.* tamborileiro.
tamiz, *s. m.* tamis (peneira).
tamizar, *v. t.* tamisar, peneirar, depurar.
tan, *adv.* tão, tanto; *s. m.* som que resulta de tocar o tambor; repetido.
tanda, *s. f.* alternativa, turno, vez; tareia, trabalho; camarada; turma (de trabalhadores); partida de bilhar.
tándem, *s. f.* tandem, bicicleta de dois assentos.

tanganillo, *s. m.* calço de pedra, pau ou coisa semelhante; salsinha pequena.
tángano, *s. m.* fito, jogo da malha.
tangencia, *s. f.* tangência.
tangente, *adj.* e *s. f.* tangente.
tangible, *adj.* tangível, sensível, palpável.
tango, *s. m.* fito, jogo da malha; *(mús.)* tango.
tanque, *s. m.* tanque (carro blindado); tanque, reservatório para líquidos.
tantán, *s. m.* tantã.
tantear, *v. t.* medir; tentear; calcular, ensaiar.
tanto (ta), *adj., adv.* e *s. m.* tanto.
tanza, *s. m.* sedela da cana de pescar.
tañer, *v. t.* tanger.
tañido (da), *adj.* tangido; *s. m.* toque.
taño, *s. m.* casca de árvores (para curtir).
tapa, *s. f.* tampa.
tapabarro, *s. m.* guarda-lama.
tapaboca, *s. m.* tapa-boca.
tapada, *s. f.* mulher embuçada.
tapadera, *s. f.* tampa, testo.
tapajuntas, *s. m. (carp.)* regulete.
tapamiento, *s. m.* tapamento, tapadura.
tapar, *v. t.* tapar, tampar; abrigar.
taparrabo, *s. m.* tanga (dos Índios); calção usado como fato de banho.
taperujo, *s. m.* tapulho, tampa.
tapete, *s. m.* tapete pequeno; alcatifa; pano de mesa, toalha.
tapia, *s. f.* taipa, taipal, muro, cerca; adobe.
tapiar, *v. t.* taipar, murar; entaipar, fechar.
tapicería, *s. f.* tapeçaria; fábrica ou loja de tapetes.
tapioca, *s. m. (zool.)* tapioca.
tapiscar, *v. t.* debulhar (a espiga do milho).
tapiz, *s. m.* tapete, tapiz, alcatifa.
tapizar, *v. t.* atapetar.
tapón, *s. m.* tampão, tampa, rolha; penso para obstruir uma ferida.
taponar, *v. t.* tapar (com tampão).
taponazo, *s. m.* salto e estalo produzido pela rolha.
tapujo, *s. m.* rebuço, embuço, bioco; hipocrisia, dissimulação, rebuço.
taquicardia, *s. f. (med.)* taquicardia.
taquigrafía, *s. f.* taquigrafia.
taquilla, *s. f.* estante; armário para bilheteira, papeleira, secretária; bilheteira, lugar onde se vendem bilhetes.
tara, *s. f.* tara, desconto no peso.
tarambana, *s. m.* e *f.* doidivanas; taramela (porta ou cancela).
tarángana, *s. f.* espécie de morcela muito ordinária.
tarántula *s. f. (zool.)* tarântula.
tarara, *s. f.* tarara.
tararear, *v. t.* cantarolar, trautear.
tarasca, *s. f.* tarasca.
tardanza, *s. f.* tardança, demora, detenção.
tardar, *v. i.* tardar, atrasar; demorar, adiar.
tarde, *s. f.* tarde; *adv.* tarde, a hora avançada do dia ou da noite.
tardío (a), *adj.* tardio, serôdio; tardo, tardego ou tardeiro, pausado, lento.
tarea, *s. f.* tarefa; empreitada.
tarifa, *s. f.* tarifa, tabela; pauta.
tarifar, *v. t.* tarifar; pautar; *v. i.* ralhar; inimizar-se.
tarima, *s. f.* tarima; tarimba.
tarjeta, *s. f.* cartão de visita; *tarjeta postal:* bilhete-postal.
tarlatana, *s. f.* tarlatana.
tarro, *s. m.* tarro (vaso), boião.
tarso, *s. m. (anat.)* tarso.
tarta, *s. f.* torteira, espécie de tacho; torta, pastel.
tartajear, *v. i.* tartamudear; gaguejar.
tartajoso (sa), *adj.* e *s.* tartamudo, entaramelado.
tartamudear, *v. i.* tartamudear, tartarear.
tartana, *s. f.* tartana (carruagem de duas rodas).

t

tártaro, *s. m.* tártaro, sarro; *(poét.)* tártaro, inferno; *adj.* e *s.* tártaro de Tartária.
tartufo, *s. m.* tartufo; devoto falso, impostor.
tarugo, *s. m.* tarugo, prego de pau; tarolo; bocado grande de pão, naco.
tasa, *s. f.* taxa, preço fixo; preço legal; medida; regra.
tasador (ra), *adj.* e *s.* taxador; *s. m.* avaliador oficial.
tasar, *v. t.* taxar.
tasca, *s. f.* tasca, baiuca, bodega, taberna.
tatarabuelo (la), *s. m.* e *s.* tataravô, tetravô.
¡tate!, *interj.* tate!; cautela!; cuidado!
tato (ta), *adj.* tato, tátaro, gago, que troca o *c* e o *s* pelo *t.*
tatuar, *v. t.* e *r.* tatuar; marcar.
tau, *s. m.* insígnia; *s. f.* tau, letra grega.
taumaturgo, *s. m.* taumaturgo.
taurino (na), *adj.* taurino, táureo, toureiro ou toireiro.
Tauro, *s. m.* Tauro ou Touro, signo do Zodíaco.
tauromaquia, *s. f.* tauromaquia.
taxativo (va), taxativo, limitativo, restritivo.
taxi, *s. m. (fam.)* táxi, taximetro.
taxidermia, *s. f.* taxidermia.
taxímetro, *s. m.* taxímetro.
taza, *s. f.* taça, xícara, chávena.
tazón, *s. m.* taça grande; malga.
te, *s. f.* tê, nome da letra *t.*
te, *pron.* te, a ti.
té, *s. m.* chá.
tea, *s. f.* teia, facho, archote.
teatral, *adj.* teatral; espalhafatoso.
teatro, *s. m.* teatro.
teca, *s. f. (bot.)* teca; relicário.
tecla, *s. f.* tecla; ponto fraco, corda sensível.
teclear, *v. i.* bater as teclas; mover os dedos como quem bate as teclas.
técnica, *s. f.* técnica.
techado (da), *adj.* telhado, com tecto; *s. m.* tecto.
techar, *v. t.* construir o tecto, cobrir com tecto.
techo, *s. m.* tecto; *(fig.)* casa, habitação, domicilio, lar, tecto, abrigo.
techumbre, *s. f.* tecto.
Tedéum, *s. m.* Te Deum, cântico da Igreja.
tedio, *s. m.* tédio, fastio, repugnância.
teísmo, *s. m.* teísmo.
teja, *s. f.* telha.
tejado, *s. m.* telhado; parte superior dum filão, afloração.
tejar, *s. m.* telheira; *v. t.* telhar, cobrir com telhas.
tejer, *v. t.* tecer; entrelaçar, tramar; discorrer; compor; cruzar.
tejido (da), *adj.* e *s. m.* tecido; textura dum tecido; agrupamento de células, tecido.
tejo, *s. m.* malha, pedaço redondo de telha que serve para jogar; *(bot.)* teixo.
tejón, *s. m.* pedaço de ouro fundido e em bruto; *(zool.)* texugo.
tela, *s. f.* teia, tela, tecido, pano, quadro; teia, enredo, trapaça.
telar, *s. m.* tear.
telaraña, *s. f.* teia de aranha; *(fig.)* coisa fútil, frívola.
telecomunicación, *s. f.* telecomunicação.
telefonear, *v. t.* telefonar.
telefonista, *s. m.* e *f.* telefonista.
teléfono, *s. m.* telefone.
telegrafiar, *v. t.* telegrafiar.
telégrafo, *s. m.* telégrafo.
telegrama, *s. m.* telegrama.
telele, *s. m.* desmaio, fadiga, angústia, aflição.
telémetro, *s. m.* telémetro.
telepatía, *s. f.* telepatia.
telescopio, *s. m.* telescópio.
televisión, *s. f.* televisão.
telón, *s. m.* pano de fundo do teatro; *telón de boca;* pano de boca.
telonio, *s. m.* telónio.

telúrico (ca), *adj.* telúrico.
tema, *s. m.* tema, assunto; teimosia, porfia, obstinação.
temblar, *v. i.* tremer, vacilar; *(fig.)* tremer, assustar-se.
temblor, *s. m.* tremor; terramoto ou terremoto, tremor de terra.
temer, *v. t.* temer; *v. i.* temer, sentir temor.
temor, *s. m.* temor, medo, receio; presunção ou suspeita.
temperado (da), *adj.* temperado, moderado.
temperamento, *s. m.* tempérie, temperatura; temperamento; têmpera.
temperante, *adj.* temperante, calmante.
temperar, *v. t.* moderar, temperar.
temperatura, *s. f.* temperatura.
tempestad, *s. f.* tempestade; tormenta; *(fig.)* discussão violenta; agitação dos ânimos.
tempestuoso (sa), *adj.* tempestuoso.
templanza, *s. f.* temperança, moderação; sobriedade, comedimento; benignidade de clima.
templar, *v. t.* temperar, moderar, suavizar; temperar, amornar; temperar (metais, cristais, etc.).
templario, *s. m.* templário.
temple, *s. m.* tempérie, temperatura; têmpera, temperamento; têmpera, carácter, génio, índole, feitio, valentia, coragem; Ordem dos Templários.
templo, *s. m.* templo; igreja.
temporada, *s. f.* temporada.
temporal, *adj.* transitório, temporário; *(anat.)* temporal; *s. m.* temporal; tempestade, tormenta.
temporero (ra), *adj.* interino; provisório.
tempranero (ra), *adj.* prematuro, antecipado, temporão.
temprano (na), *adj.* temporão; antecipado, prematuro, adiantado; precoce; *s. m.* sementeira de frutos temporãos; *adv.* cedo (nas primeiras horas do dia ou da noite).
tenacidad, *s. f.* tenacidade; persistência, contumácia, pertinácia.
tenacillas, *s. f. pl.* tenazes; pinças; espevitador.
tenaz, *adj.* tenaz; *(fig.)* pertinaz; firme; constante; obstinado.
tenaza, *s. f.* tenaz; turquês; tenalha.
tendal, *s. m.* tendal, toldo, coberto.
tendedor (ra), *s. m.* e *f.* estendedor.
tendejón, *s. m.* tenda pequena, cobertiço.
tendel, *s. m.* cordel de pedreiro.
tendencia, *s. f.* tendência, inclinação, propensão.
tendencioso (sa), *adj.* tendencioso.
tender, *v. t.* tender, desdobrar, estender, desenrolar; propender.
tenderete, *s m.* estenderete (jogo de cartas).
tendezuela, *s. f.* tendinha, lojeca.
tendido (da), *s. m.* tensão, acção de estender; palanque da praça de touros.
tendón, *s. m. (anat.)* tendão.
tenebroso (sa), *adj.* tenebroso, escuro.
tenedor, *s. m.* possuidor; garfo (de mesa).
teneduría, *s. f.* cargo e escritório de guarda-livros.
tenencia, *s. f.* posse, possessão; tenência, cargo de tenente.
tener, *v. t.* ter, deter; agarrar, pegar; ter, possuir, gozar.
tenienta, *s. f.* mulher do tenente.
teniente, *adj.* possuidor; *(fam.)* um tanto surdo; miserável; escasso; *s. m. (mil.)* tenente.
tenor, *s. m.* teor; constituição duma coisa; estabilidade; maneira, modo, norma; teor; conteúdo literal dum escrito; *(mús.)* tenor.
tenorio, *s. m. (fig.)* galanteador, fanfarrão.
tensión, *s. f.* tensão que se manifesta num corpo.

t

tenso (sa), *adj.* tenso, esticado; estirado; retesado.
tensor (ra), *adj.* e *s.* tensor.
tentación, *s. f.* tentação.
tentáculo, *s. m. (zool.)* tentáculo.
tentar, *v. t.* tentear, tactear, tentar, instigar, seduzir.
tentativa, *s. f.* tentativa.
tentempié, *s. m. (fam.)* merenda, colação, lanche.
tenue, *adj.* ténue, delicado, delgado.
teñir, *v. t.* tingir.
teocracia, *s. f.* teocracia.
teología, *s. f.* teologia.
teorema, *s. m.* teorema.
teoría, *s. f.* teoria.
teorizar, *v. t.* teorizar.
teósofo, *s. m.* teósofo.
terapeuta, *s. m.* y *f.* terapeuta; clínico.
terapéutica, *s. f.* terapêutica.
tercer, *adj.* terceiro.
tercero (ra), *adj.* e *s.* terceiro.
terceto, *s. m.* terceto, estância de três versos; *(mús.)* terceto, composição para três vozes ou instrumentos.
terciado (da), *adj.* diz-se do açúcar amarelo.
terciar, *v. t.* terçar, atravessar, cruzar.
tercio (cia), *s. m.* terço.
terciopelo, *s. m.* terciopelo, veludo.
terco (ca), *adj.* teimoso, obstinado.
tergiversación, *s. f.* tergiversação.
tergiversar, *v. t.* tergiversar.
termal, *adj.* termal.
termas, *s. f. pl.* termas, caldas, banhos quentes; banhos públicos dos Romanos.
térmico (ca), *adj.* térmico.
terminación, *s. f.* terminação; conclusão.
terminal, *adj.* terminal; final, último.
terminar, *v. t.* terminar, concluir; rematar; *v. i.* e *r.* terminar, acabar.
término, *s. m.* término, termo, fim, limite, marca, baliza; prazo; termo, palavra, expressão, vocábulo.
terminología, *s. f.* terminologia; nomenclatura.
termo, *s. m.* termo, vasilha para conservar líquidos quentes.
termodinámica, *s. f.* termodinâmica.
termoeléctrico (ca), *adj.* termeléctrico, termoeléctrico.
termómetro, *s. m.* termómetro.
termosifón, *s. m.* termossifão.
terna, *s. f.* terno, trio, trindade; terno, carta de jogar ou dado.
ternasco, *s. m.* cordeiro recém-nascido; cabrito.
ternera, *s. f.* terneira, vitela, novilha; carne de vitela ou vitelo.
ternero, *s. m.* terneiro, bezerro, vitelo.
ternilla, *s. f.* cartilagem em forma de lâmina.
terno, *s. m.* terno, trio.
ternura, *s. f.* ternura; carinho, afeição.
terquedad, *s. f.* teimosia, teima; obstinação.
terrado, *s. m.* terraço, terrado; açoteia.
terraplén, *s. m.* terrapleno.
terráqueo (a), *adj.* terráqueo; terrestre.
terrateniente, *s. m.* e *f.* latifundiário; fazendeiro.
terraza, *s. f.* jarra vidrada; terraço.
terremoto, *s. m.* terramoto, tremor de terra; sismo.
terrenal, *adj.* terreal, terrenal, terrestre.
terreno (na), *adj.* terreno, terrestre, terreal; terroso; *s. m.* terreno.
terrestre, *adj.* terrestre.
terrible, *adj.* terrível; temível; áspero de génio; atroz; extraordinário, desmesurado.
terrícola, *s. m.* e *f.* terrícola.
territorial, *adj.* territorial.
territorio, *s. m.* território.
terrón, *s. m.* torrão, terrão.
terror, *s. m.* terror, medo, pavor; horror.
terrorífico (ca), *adj.* terrífico, terrificante.
terrorismo, *s. m.* terrorismo.
terrorista, *s. m.* terrorista.

t

terruño, *s. m.* torrão (de terra); torrão natal.
terso (sa), *adj.* terso, puro.
tertulia, *s. f.* tertúlia.
tesar, *v. t. (mar.)* esticar, entesar, artesar, tesar (cabos, velas e coisas semelhantes).
tesis, *s. f.* tese; conclusão.
tesitura, *s. f. (mús.)* tessitura.
tesón, *s. m.* rijeza, firmeza, inflexibilidade.
tesorería, *s. f.* tesouraria.
tesoro, *s. m.* tesouro; erário da nação; abundância de valores.
testación, *s. f.* borradura; riscadura.
testaferro, *s. m.* testa-de-ferro.
testamento, *s. m.* testamento.
testar, *v. i.* testar; safar, riscar.
testarudez, *s. f.* teimosia; teimosice; pertinácia.
testarudo (da), *adj.* e *s.* cabeçudo, teimoso.
testera, *s. f.* testeira.
testicular, *adj.* testicular.
testículo, *s. m.* testículo.
testifical, *adj.* referente ás testemunhas.
testificar, *v. t.* testificar, assegurar; testemunhar.
testigo, *s. m.* e *f.* testemunha.
testimonio, *s. m.* testemunho.
teta, *s. f.* teta; úbere; mama.
tetera, *s. f.* chaleira.
tetraedro, *s. m.* tetraedro.
tetrarca, *s. m.* tetrarca.
tetrasílabo (ba), *adj.* e *s. m.* tetrassílabo.
tétrico (ca), *adj.* tétrico, triste, grave, melancólico.
teutónico (ca), *adj.* teutónico.
textil, *adj.* e *s.* têxtil.
texto, *s. m.* texto.
textura, *s. f.* textura; estrutura; trama.
tez, *s. f.* tez, cútis.
tezado (da), *adj.* moreno; enegrecido.
ti, *pron.* ti.
tía, *s. f.* tia.
tiara, *s. f.* tiara, mitra.
tiberio, *s. m. (fam.)* ruído, confusão.
tibia, *s. f.* tíbia; frauta pastoril, pífaro, flauta.
tibieza, *s. f.* tibieza ou tibidez.
tiburón, *s. m. (zool.)* tubarão.
tic, *s. m.* tique, tico.
tictac, *s. m.* tiquetaque.
tiemblo, *s. m. (bot.)* espécie de álamo ou choupo.
tiempo, *s. m.* tempo; época; estação do ano; idade; oportunidade.
tienda, *s. f.* tenda; barraca; loja.
tiento, *s. m.* tento, tino; pulso, firmeza; tento, maromba.
tierno (na), *adj.* tenro, mole, brando, delicado, flesível; recente; terno, afectuoso, carinhoso.
tierra, *s. f.* Terra (planeta); terra, solo; terreno para lavoura; pátria; país, região; povoação.
tieso (sa), *adj.* teso, rijo, duro, firme; robusto, de saúde; teso, esticado, rígido.
tiesto, *s. m.* vaso de barro para flores; caco; *adj.* V. **tieso,** teso.
tifón, *s. m.* tromba de água; furacão, tufão.
tifus, *s. m. (med.)* tifo.
tigre, *s. m. (zool.)* tigre.
tijera, *s. f.* tesoura ou tesoira.
tildar, *v. t.* pontuar; virgular; notar.
tilde, *amb.* til, sinal diacrítico; *(fig.)* labéu, censura; *s. f.* insignificância.
tilín, *s. m.* telim, voz imitativa da campainha.
tilo, *s. m. (bot.)* tília.
timar, *v. t.* vigarizar, surripiar, tirar ou furtar com manha; enganar, iludir (com promessas); *v. r. (fam.)* entender-se com o olhar, piscar os olhos (os namorados).
timbal, *s. m.* timbale, atabale; tamboril.
timbrar, *v. t.* timbrar; selar; carimbar.
timbre, *s. m.* timbre (de brasão); timbre, marca, sinal; carimbo, selo; insígnia; campainhada.

tímido (da), *adj.* tímido, acanhado, apoucado; timorato.
timo, *s. m.* conto do vigário, vigarice; timo, glândula vascular.
timón, *s. m.* temão; leme; direcção.
timorato (ta), *adj.* temente; timorato, tímido; indeciso, medroso.
tímpano, *s. m.* atabale, tímbale, tamboril.
tina, *s. f.* tina; cuba.
tinaja, *s. f.* talha; tinalha.
tinglado, *s. m.* alpendre, telheiro, cobertiço; tabuado ligeiro.
tiniebla, *s. f.* treva; *(fig.)* treva, ignorância, cegueira.
tino, *s. m.* tino, juízo; tacto.
tinta, *s. f.* tinta; tintura.
tinte, *s. m.* tintura, tingidura.
tintero, *s. m.* tinteiro.
tinto (ta), *adj.* tinto, tingido.
tintorería, *s. f.* tinturaria.
tiña, *s. f.* traça, lagarta (das colmeias); *(med.)* tinha, doença da pele e do couro cabeludo.
tío, *s. m.* tio.
tiovivo, *s. m.* carrocel; roda de cavalinhos.
típico (ca), *adj.* típico; característico.
tiple, *s. m.* tiple; guitarra de sons agudos; *(mar.)* mastro inteiriço; vela de falua; *s. m.* e *f.* soprano.
tipo, *s. m.* tipo.
tira, *s. f.* tira, faixa, banda, lista, ourela, filete.
tirabuzón, *s. m.* saca-rolhas; *(fig.)* cacho, anel, caracol de cabelos.
tirachinos, *s. m.* fisga.
tirada, *s. f.* arremesso; jacto, lançamento; tirada; *(impr.)* tiragem.
tiradero, *s. m.* tocaia, espera.
tirafondo, *s. m.* tira-fundo, parafuso; saca-balas.
tiralíneas, *s. m.* tira-linhas.
tiranía, *s. f.* tirania; opressão, despotismo; violência.
tiranicidio, *s. m.* tiranicidio.
tiránico (ca), *adj.* tirânico.
tiranizar, *v. t.* tiranizar.
tirante, *adj.* tirante; *s. m.* correia; viga; suspensórios das calças.
tirantez, *s. f.* tensão; comprimento, extensão.
tirar, *v. t.* atirar, arrojar, lançar, disparar; *v. i.* esticar, estender, estirar.
tiritar, *v. i.* tiritar.
tiritón, *s. m.* arrepio.
tiro, *s. m.* tiro; explosão, estampido, disparo.
tiroides, *adj.* e *s.* tiróide.
tirria, *s. f.* birra, teima, mania.
tirulato (ta), *adj.* aparvalhado.
tisana, *s. f.* tisana.
tisis, *s. f.* tísica; caquexia, consumpção.
titán, *s. m.* titã.
títere, *s. m.* títere; fantoche.
titiritar, *v. i.* tiritar.
titiritero (ra), *s. m.* e *f.* titereiro, titeriteiro, saltimbanco, palhaço.
titubear, *v. i.* titubear; vacilar.
titubeo, *s. m.* titubeação.
titular, *adj.* titular; *v. t.* titular, intitular, registar.
título, *s. m.* título.
tiza, *s. f.* giz.
tizana, *s. f.* carvão de choça miúdo.
tizna, *s. f.* tisna, subtância para enegrecer.
tiznar, *v. t.* tisnar, tostar; enegrecer, sujar.
tizón, *s. m.* tição; *(bot.)* fungão, cogumelo preto.
tizona, *s. f.* *(fig. fam.)* durindana, espada.
toalla, *s. f.* toalha.
toallero, *s. m.* toalheiro.
tobera, *s. f.* olho da forja.
tobillo, *s. m.* tornozuelo.
toca, *s. f.* touca.
tocador (ra), *adj.* e *s.* tocador; *s. m.* toucador.
tocante, *adj.* tocante, que toca.
tocar, *v. t.* tocar, palpar; tocar, avisar; *v. i.* pertencer; caber em sorte; toucar; *(mar.)* tocar (o navio, fazendo escala).

t

tocayo (ya), *s. m.* e *f.* xará; tocaio, homónimo.
tocino, *s. m.* toucinho ou toicinho.
tocólogo, *s. m.* tocólogo; parteiro.
todavia, *adv.* ainda, todavia, contudo, não obstante, porém.
todo (da), *adj.* todo, toda; *s. m.* tudo.
todopoderoso (sa), *adj.* todopoderoso; *s. m.* omnipotente.
toga, *s. f.* toga.
toisón, *s. m.* tosau de ouro.
toldo, *s. m.* toldo.
tolerar, *v. t.* tolerar, sofrer, suportar; consentir.
tolondro (dra), *adj.* e *s.* atordoado, estouvado; *s. m.* galo, inchaço na cabeça.
tolva, *s. f.* tremonha, canoura do moinho.
tolla, *s. f.* tremendal.
tollina, *s. f.* sova, surra.
tollo, *s. m. (zool.)* lixa, cação.
toma, *s. f.* tomada; tomada, conquista.
tomar, *v. t.* tomar, pegar, agarrar; conquistar; ocupar; receber, aceitar; comer ou beber; adoptar, pôr em prática.
tomate, *s. m.* tomate.
tómbola, *s. f.* tômbola.
tomillo, *s. m. (bot.)* tomilho.
tomo, *s. m.* tomo; volume.
tonalidad, *s. f.* tonalidade.
tonar, *v. i. (poét.)* trovejar, tonar, troar.
tonel, *s. m.* tonel.
tonelada, *s. f.* tonelada.
tonga, *s. f.* rima, ruma, camada.
tónico (ca), *adj.* e *s.* tónico.
tonificar, *v. t.* tonificar, fortalecer, tonizar.
tono, *s. m.* tono, tom.
tontada, *s. f.* tontice, tolice, tontaria.
tontaina, *s. m.* e *f.* tolo, tonto.
tontear, *v. i.* tontear; disparatar.
tonto (ta), *adj.* tonto, parvo, idiota, doido.
tontuna, *s. f.* tontaria, necedade, parvoice.
topacio, *s. m.* topázio.
topar, *v. t.* topar; esbarrar, bater, tropeçar.
tope, *s. m.* tope; topo.
topetazo, *s. m.* marrada.
topetón, *s. m.* encontrão, embate, choque, tope.
tópico (ca), *s. m.* tópico.
topo, *s. m. (fig. fam.)* toupeira, pessoa míope, estúpida, atrapalhada; *(zool.)* toupeira.
topografía, *s. f.* topografia.
topógrafo, *s. m.* topógrafo.
toque, *s. m.* toque; contacto.
toquetear, *v. t.* tocar repetidamente.
toquilla, *s. f.* véu á roda dum chapéu; lenço triangular que as mulheres usam na cabeça.
tora, *s. f.* livro da lei moisaica.
tórax, *s. m.* tórax.
torbellino, *s. m.* torvelinho, redemoinho ou remoinho, pé-de-vento.
torcedura, *s. f.* torcimento, torcedura; aguapé; entorse, distensão.
torcer, *v. t.* torcer.
torcimiento, *s. m.* torcedura, torcimento.
torda, *s. f. (zool.)* torda.
torear, *v. i.* e *t.* tourear, ou toirear.
toreo, *s. m.* toureio, tauromaquia.
torero (ra), *adj.* e *s.* toureiro.
tormenta, *s. f.* tormenta, trovoada, tempestade.
tormento, *s. m.* tormento; tortura; pena, dor.
torna, *s. f.* torna, tornada, volta, regresso.
tornada, *s. f.* tornada; volta, regresso; torna-viagem.
tornado (da), *adj.* tornado; *s. m.* tornado, furacão.
tornar, *v. t.* tornar, volver, restituir; *v. i.* regressar, voltar.
tornasol, *s. m. (bot.)* tornassol; girassol; tornassol *(quím.)*.
tornear, *v. t.* tornear.
torneo, *s. m.* torneio; justa.
tornillo, *s. m.* parafuso.
torniquete, *s. m.* torniquete.

t

torno, *s. m.* torno.
toro, *s. m.* touro, signo do zodíaco; *(zool.)* touro.
torpe, *adj.* torpe; desonesto, lascivo; ignominioso, infame.
torpedear, *v. t.* torpedear.
torpedero, *adj.* e *s.* torpedeiro.
torpedo, *s. m.* torpedo; *(zool.)* torpedo, raia, tremelga.
torpeza, *s. f.* lentidão, vagar; torpor, inércia, entorpecimento; rudeza, estupidez, parvoíce.
torrar, *v. t.* torrar, tostar.
torre, *s. f.* torre.
torrefacto (ta), *adj.* torrado.
torrencial *adj.* torrencial.
torrente, *s. m.* torrente.
torreón, *s. m.* torreão.
torrezno, *s. m.* torresmo.
tórrido (da), *adj.* tórrido.
torrija, *s. f.* torrija.
torso, *s. m.* torso.
torta, *s. f.* torta, pastel, pastelão.
torticolis, *s. m.* torcicolo.
tortilla, *s. f.* tortilha; omeleta.
tortita, *s. f.* tortilha.
tórtola, *s. f.* *(zool.)* rola.
tortuga, *s. f.* *(zool.)* tartaruga.
tortura, *s. f.* tortura.
torturar, *v. t.* e *r.* torturar; atormentar.
torva, *s. f.* redemoinho ou remoinho.
tos, *s. f.* tosse.
tosco (ca), *adj.* e *s.* tosco, grosseiro; inculto, rústico.
toser, *v. i.* tossir.
tosquedad, *s. f.* rusticidade.
tostada, *s. f.* torrada, rabanada de pão adoçada com mel.
tostar, *v. t.* torrar, tostar.
total, *adj.* total, geral.
totalidad, *s. f.* totalidade.
tóxico (ca), *adj.* e *s. m.* tóxico.
toxina, *s. f.* toxina.
tozar, *v. i.* topetar; teimar nesciamente.
tozudo (da), *adj.* teimoso, obstinado, porfiado.
traba, *s. f.* trava, peia.
trabacuenta, *s. f.* erro de conta; discussão, controvérsia.
trabajar, *v. i.* trabalhar.
trabajo, *s. m.* trabalho, labor; ocupação, exercício.
trabar, *v. t.* travar.
trabazón, *s. f.* travação, travamento.
trabuco, *s. m.* trabuco.
traca, *s. f.* artefacto pirotécnico.
tracción, *s. f.* tracção.
tractor, *s. m.* tractor.
tradición, *s. f.* tradição.
traducción, *s. f.* tradução; versão; obra traduzida.
traducir, *v. t.* traduzir; interpretar.
traer, *v. t.* trazer.
traficante, *adj.* traficante, negociante.
traficar, *v. i.* traficar, comerciar, negociar; trafegar, transitar, transportar mercadorias.
tráfico, *s. m.* traficância; tráfico, negociação, comércio, trânsito, tráfego.
tragaleguas, *s. m.* e *f.* papa-léguas, andarilho.
tragaluz, *s. m.* clarabóia.
tragantona, *s. f.* comezaina, patuscada.
tragaperras, *s. m.* espécie de balança automática.
tragar, *v. t.* tragar, devorar, engolir.
tragedia, *s. f.* tragédia, obra dramática; tragédia, desastre.
trágico (ca), *adj.* e *s.* trágico.
trago, *s. m.* trago, gole, sorvo; *(anat.)* trago, saliência da orelha.
tragón (na), *adj.* e *s.* glutão, comilão.
traición, *s. f.* traição, perfídia.
traicionar, *v. t.* trair, atraiçoar.
traída, *s. f.* trazida, trazimento, transporte.
trainera, *adj.* traineira.
traje, *s. m.* traje, trajo, fato; vestes.
trajear, *v. t.* e *r.* vestir, trajar.
trajín, *s. m.* tráfego, transporte (de mercadorias); faina, azáfama, tráfego, lide.
trajinar, *v. t.* transportar, *v. i.* trafegar, azafamar-se.

tralla, *s. f.* corda; soga; látego; azorrague.
trallazo, *s. m.* chicotada; estalo de chicote.
trama, *s. f.* trama, tecido; confabulação, artifício, trama.
tramar, *v. t.* tramar; intrigar, enredar, tecer, urdir.
tramitación, *s. f.* trâmite, senda, via; trâmites, diligências.
trámite, *s. m.* trâmite, direcção, expediente; trâmite, meio apropriado; via.
tramo, *s. m.* tracto, espaço de terreno; tramo, lanço de escada; trecho de andaime.
tramontana, *s. f.* tramontana, norte; vaidade, soberba, altivez.
tramoya, *s. f.* tramóia, máquina de teatro; tramóia, enredo.
trampa, *s. f.* armadilha; alçapão; tramóia, trapaça, cilada.
trampear, *v. i.* trampear, trapacear.
trampolín, *s. m.* trampolim.
tramposo (sa), *adj.* e *s.* trampolineiro, embusteiro.
tranca, *s. f.* tranca, varapau, cacete; tranca de porta.
trancar, *v. t.* trancar.
trancazo, *s. m.* trancada, pancada com uma tranca; *(fig.)* gripe.
trance, *s. m.* transe, trance, momento crítico.
tranquear, *v. i.* ir a passos largos; remover.
tranquilizar, *v. t.* tranquilizar, sossegar; pacificar.
tranquilo (la), *adj.* tranquilo; sereno, quieto, sossegado.
tranquillo, *s. m. (fig.)* jeito, maneira.
transacción, *s. f.* transacção; convénio, negócio, ajuste, contrato.
transbordador (ra), *adj.* que baldeia; *s. m.* barca que trafega entre dois pontos dum rio.
transcribir, *v. t.* transcrever, copiar.
transcurrir, *v. i.* transcorrer, decorrer, passar.
transeúnte, *adj.* e *s.* transeunte; transitório, temporal.
transferencia, *s. f.* transferência.
transferir, *v. t.* transferir.
transfigurar, *v. t.* e *r.* transfigurar, transformar.
transformar, *v. t.* transformar, modificar.
transfusión, *s. f.* transfusão; transfusão de sangue.
transgredir, *v. t.* transgredir, infringir.
transgresión, *s. f.* transgressão, infracção.
transgresor (ra), *adj.* transgressor; infractor.
transición, *s. f.* transição.
transigencia, *s. f.* transigência, condescendência, tolerância.
transigir, *v. i.* transigir, consentir, ceder, condescender, convir.
transitar, *v. i.* transitar.
tránsito, *s. m.* trânsito; marcha, trajecto, paragem; morte de pessoas santas.
translúcido (da), *adj.* translúcido; transluzente.
transmigrar, *v. i.* transmigrar.
transmitir, *v. t.* transmitir, expedir, enviar; alienar, trasladar, transferir, ceder.
transmudar, *v. t.* transmudar, trasladar.
transmutación, *s. f.* transmutação.
transmutar, *v. t.* transmutar, transmudar.
transparencia, *s. f.* transparência, diafaneidade.
transparente, *adj.* transparente; diáfano; *s. m.* transparente, cortina.
transpirable, *adj.* transpirável.
transponer, *v. t.* transpor; *v. r.* ocultar-se, desaparecer.
transportar, *v. t.* transportar; *(fig.)* transportar-se, enlevar-se.
transporte, *s. m.* transporte, transportação, transportamento.
transubstanciación, *s. f.* transubstanciação.

transvasar, *v. t.* trasfegar, transvasar.
transversal, *adj.* e *s.* transversal; atravessado; colateral.
tranvía, *s. m.* carro eléctrico, tranvia.
trapa, *s. f.* espécie de grade para trabalhos agrícolas; trapa, ordem religiosa pertencente à de Cister.
trápala, *s. f.* trapaça, engano, embuste, ardil; *s. m.* tagarelice; tagarela, conversador; parlapatão, impostor; ruído, barulho, estrépito, balbúrdia.
trapatiesta, *s. f.* alvoroto, rixa, desordem.
trapecio, *s. m.* trapézio; quadrilátero irregular.
trapense, *adj.* trapista.
trapero (ra), *s. m.* e *f.* trapeiro, farrapeiro; adelo.
trapezoide, *s. m.* trapezóide.
trapichear, *v. i.* engenhar.
trapichero, *s. m.* trapicheiro, lagareiro.
trapillo, *s. m.* trapilho, trapinho.
trapisonda, *s. f. (fam.)* balbúrdia, barulho, rixa, briga.
trapisondista, *s. m.* e *f.* trapaceiro, enredador, intriguista.
trapo, *s. m.* trapo, farrapo, rodilha; *(fam.)* capa de toureiro.
tráquea, *s. f.* traqueia.
traquetomía, *s. f.* traqueotomia.
traquetear, *v. i.* estralejar, estalar; *v. t.* agitar, sacudir, vascolejar.
tras, *prep.* atrás, trás, detrás, após, depois de.
trasbordo, *s. m.* V. **transbordo.**
trascendencia, *s. f.* transcendência, penetração perspicácia; resultado, consequência.
trascendental, *adj.* transcendente, transcendental.
trascender, *v. i.* trescalar, rescender; trascender; transparecer, mostrar-se, manifestar-se (o que estava oculto).
trascoro, *s. m.* lugar que nas igrejas fica atrás do coro.
trasdoblar, *v. t.* tresdobrar; triplicar.
trasegar, *v. t.* trasfegar, transvasar; revirar, transtornar, revolver.
trasera, *s. f.* traseira, retaguarda.
trasero (ra), *adj.* traseiro; parte posterior.
trasgo, *s. m.* trasgo, duende; diabrete.
trashoguero (ra), *adj.* guarda-chaminé, pedra da lareira, guarda-fogo.
trashumar, *v. i.* transumar.
trasiego, *s. m.* trasfega, trasfego.
traslación, *s. f.* translação, trasladação, traslação; metáfora.
trasladar, *v. t.* trasladar; copiar; traduzir.
traslado, *s. m.* traslado; cópia, tradução.
traslumbrar, *v. t.* deslumbrar, translumbrar.
trasluz, *s. m.* luz que passa através dum corpo translúcido.
trasnochada, *s. f.* noite precedente; noite de vigília; noitada.
trasnochador (ra), *adj.* e *s.* noctívago, tresnoitado.
trasnochar, *v. i.* tresnoitar; pernoitar.
trasoír, *v. t.* ouvir mal o que se diz.
traspapelarse, *v. r.* e *t.* confundir-se, perder-se um papel entre outros.
traspasable, *adj.* traspassável, passável, vadeável, transferível.
traspasar, *v. t.* traspassar, trespassar.
traspaso, *s. m.* traspasso; trespasse; *(fig.)* aflição, angústia.
traspié, *s. m.* traspés, escorregadela; cambapé, rasteira.
trasplantable, *adj.* transplantável.
trasplantar, *v. t.* transplantar.
trasportación, *s. f.* transportação.
traspuesto (ta), *adj.* transposto.
traspunte, *s. m.* contra-regra.
trasquilador, *s. m.* tosquiador.
trasquilar, *v. t.* tosquiar, tosar, esquilar.
trastada, *s. f.* trastada, tratantada, fraude.
trastazo, *s. m. (fam.)* cacetada.
traste, *s. m.* traste, trasto.
trastear, *v. t.* pôr os trastos a uma guitarra ou violão; pontear, premer as cordas dum instrumento; *v. i.* de-

sarrumar os móveis duma casa; *v. t.* *(fig.)* trastear (o touro).
trasteo, *s. m.* trasteio.
trastero (ra), *adj.* e *s.* diz-se do quarto onde se arrumam móveis velhos.
trastienda, *s. f.* quarto por trás da loja; astúcia, cautela.
trastocar, *v. t.* transtornar, alterar; *v. r.* transtornar-se, perturbar-se a razão.
trastornable, *adj.* transtornável.
trastornar, *v. t.* transtornar; perturbar; inquietar.
trastorno, *s. m.* transtorno, contrariedade.
trastrocar, *v. t.* e *r.* transtrocar, inverter a ordem, subverter, confundir.
trasudar, *v. t.* transudar, transpirar.
trasuntar, *v. t.* copiar, transcrever; compendiar, abreviar, resumir.
trasvasijar, *v. t.* trasfegar, transvasar.
trasverter, *v. i.* transbordar, extravasar.
trasvolar, *v. t.* voar, ir voando duma parte a outra.
trata, *s. f.* tráfico de escravos.
tratable, *adj.* tratável, lhano, afável.
tratado, *s. m.* tratado, ajuste, convénio.
tratamiento, *s. m.* tratamento, trato; tratamento, método terapêutico.
tratante, *adj.* tratante; *s. m.* negociante, comerciante.
tratar, *v. t.* tratar.
trato, *s. m.* trato, ajuste; tratamento; negócio, comércio.
traumático (ca), *adj.* traumático.
través, *s. m.* través, esguelha; soslaio; flanco, inclinação, torção; *(fig.)* revés, fatalidade, desgraça.
travesaño, *s. m.* trave, travessa, travessão; travesseiro.
travesía, *s. f.* travessa; distância entre dois pontos da terra ou do mar; travessia, viagem por mar.
travesura, *s. f.* travessura, traquinice; vivacidade.
traviesa, *s. f.* travessa; travessia, distância; aposta; travessa de linha-férrea; chulipa; *(arq.)* trave, barrote (de telhado).
trayecto, *s. m.* trajecto.
traza, *s. f.* traçado, traça, planta; plano; figura, aspecto.
trazado (da), *s. m.* percurso, direcção dum caminho, canal, etc.
trazar, *v. t.* traçar, riscar; descrever, delinear; desenhar, projectar.
trazo, *s. m.* traço; risco, traçado.
trébol, *s. m.* *(bot.)* trevo.
trece, *adj.* treze, décimo terceiro.
trecho, *s. m.* trecho, espaço, distância, intervalo.
tregua, *s. f.* trégua; descanso.
treinta, *adj.* trinta.
treintena, *s. f.* trintena; trigésima parte.
tremebundo (da), *adj.* tremebundo.
tremendo (da), *adj.* tremendo; terrível, formidável.
tremolar, *v. t.* tremular.
tremolina, *s. f.* movimiento ruidoso do ar; *(fig.)* bulha, confusão.
trémolo, *s. m.* *(mús.)* trémulo.
tren, *s. m.* trem; comboio.
treno, *s. m.* canto fúnebre, lamentação.
trenque, *s. m.* represa dum río, açude.
trenza, *s. f.* trança.
trenzar, *v. t.* trançar, entrançar.
trepa, *s. f.* acção de verrumar; *(fam.)* cambalhota; astúcia, trepa, sova; folho, guarnição de vestido.
trepador (ra), *adj.* e *s.* trepador; *(bot.)* trepadeira.
trepanación, *s. f.* trepanação.
trepanar, *v. t.* trepanar.
trepar, *v. i.* e *t.* trepar, subir; trepar (as plantas trepadeiras); tradear, verrumar, furar.
trepidante, *adj.* trepidante.
trepidar, *v. i.* trepidar, tremer, estremecer.
tres, *adj.* e *s. m.* três, terceiro.
trescientos (tas), *adj.* trezentos.
tresillo, *s. m.* voltarete; terno; *(mús.)* tresquiáltera.

t

treta, *s. f.* treta, manha, ardil, astucia.
tría, *s. f.* escolha.
triangular, *adj.* triangular; *v. t.* triangular, dividir em triângulos.
triángulo (la), *s. m.* triângulo; *(mús.)* ferrinhos.
tribu, *s. f.* tribo.
tribuna, *s. f.* tribuna; galeria; púlpito; eloquência.
tribunal, *s. m.* tribunal.
tributación, *s. f.* tributação, tributo.
tributar, *v. t.* tributar; contribuir; prestar; dedicar.
tributo, *s. m.* tributo, imposto; homenagem.
tríceps, *adj.* e *s.* tricípite.
triciclo, *s. m.* triciclo.
tricolor, *adj.* tricolor.
tricotomía, *s. f.* tricotomia.
tridentino (na), *adj.* e *s.* tridentino, de Trento.
triedro, *adj.* triedro.
trienal, *adj.* trienal.
trienio, *s. m.* triénio; trienado.
trifásico (ca), *adj.* *(fís.)* trifásico.
trigal, *s. m.* trigal.
trigo, *s. m.* *(bot.)* trigo.
trigonometria, *s. f.* trigonometria.
triguero (ra), *adj.* triguenho; *s. m.* crivo, peneira.
trilátero (ra), *adj.* trilateral, trilátero.
trilingüe, *adj.* triglota.
trilogía, *s. f.* trilogia.
trilla, *s. f.* trilho; trilha; caminho, vereda, trilho; debulha; V. **trigla,** salmonete, trigla.
trilladora, *s. f.* debulhadora.
trillar, *v. t.* trilhar, debulhar; *(fig.)* trilhar, seguir; trilhar, pisar, magoar.
trillo, *s. m.* trilho, instrumento para debulha.
trimestral, *adj.* trimestral; *s. m.* trimestre.
trinar, *v. i.* *(mús.)* trinar.
trinca, *s. f.* trinca, terno, trio; trindade; *(mar.)* trinca.
trincar, *v. t.* partir, despedaçar; amarrar, prender alguém; trincafiar.
trinchante, *adj.* trinchante; *s. m.* trinchador.
trinchar, *v. t.* trinchar.
trinchera, *s. f.* trincheira.
trinchero, *adj.* trinchante; *s. m.* aparador.
trineo, *s. m.* trenó.
trinidad, *s. f.* trindade.
trinomio, *s. m.* trinómio.
trinquete, *s. m.* *(mar.)* traquete; lingueta que escorrega sobre os dentes duma roda; trinco de porta.
trío, *s. m.* *(mús.)* trio, terceto.
tripa, *s. f.* tripa, intestino; ventre, barriga.
tripartir, *v. t.* tripartir.
tripería, *s. f.* triparia; tripagem, tripalhada, fressura.
tripicallero (ra), *s. m.* e *f.* fressureiro, tripeiro.
triple, *adj.* e *s.* triplo, triple, tríplice.
triplicar, *v. t.* triplicar; treplicar.
trípode, *s. m.* e *f.* trípoda ou trípode; tripeça; *s. m.* tripé.
tríptico, *s. m.* tríptico.
triptongo, *s. m.* tritongo.
tripudo (da), *adj.* e *s.* barrigudo, pançudo.
tripulación, *s. f.* tripulação.
tripular, *v. t.* tripular.
triquete, *s. m.* estalinho.
triquinosis, *s. f.* triquinose.
triquiñuela, *s. f.* rodeio, subterfúgio, evasiva.
tris, *s. m.* tris.
triscar, *v. i.* patear; travar (os dentes duma serra); travessear; retouçar; *v. t.* enredar, triscar.
trisección, *s. f.* trissecção.
trisílabo (ba), *adj.* e *s.* trissílabo.
triste, *adj.* triste.
tritón, *s. m.* tritão.
triturable, *adj.* triturável.
triturar, *v. t.* triturar, esmagar; moer, esmiuçar; *(fig.)* maltratar.
triunfal, *adj.* triunfal.
triunfar, *v. i.* triunfar; vencer.

t

triunfo, *s. m.* triunfo; vitória; trunfo (no jogo).
triunvirato, *s. m.* triunvirato; triunvirado.
trivial, *adj.* trivial, vulgar.
triza, *s. f.* pedacinho, migalha; *(mar.)* adriça.
trocable, *adj.* trocável, permutável.
trocador (ra), *adj.* e *s.* trocador.
trocar, *v. t.* trocar, permutar; equivocar; *(cir.)* trocarte, canula pontuada.
trocear, *v. t.* trociscar.
trofeo, *s. m.* troféu.
troj, *s. f.* tulha, celeiro, granel.
trola, *s. f.* engano, mentira.
tromba, *s. f. (meteor.)* tromba.
trombón, *s. m.* trombone, instrumento músico; trombonista, músico que o toca.
trombosis, *s. f.* trombose.
trompa, *s. f.* trompa, instrumento músico; tromba; pião; trompista; *(fig.)* nariz grande.
trompazo, *s. m.* pancada com o pião; trombada, encontrão, trompaço, trompázio, murro.
trompeta, *s. f.* trombeta; clarim; *s. m.* corneta, corneteiro, clarim.
trompetazo, *s. m.* som forte da trombeta; pancada com trombeta; *(fam.)* saída de tom.
trompo, *s. m.* pião.
tronante, *adj.* tronante, troante.
tronar, *v. imp.* trovejar, troar; trovoar; *v. i.* estrondear, detonar, estourar.
tronco, *s. m.* tronco, troncho; caule, haste; tronco (dos vertebrados); tronco, ascendência.
tronchar, *v. t.* tronchar, truncar; mutilar.
troncho (cha), *adj.* truncado, mutilado; *s. m.* talo das hortaliças.
tronera, *s. f.* troneira, bombardeira; paródia.
tronero, *s. m.* cúmulos, nuvens.
trono, *s. m.* trono, sólio real; tabernáculo; autoridade.
tropa, *s. f.* tropa.
tropel, *s. m.* tropel; tumulto.
tropezar, *v. i.* tropeçar; esbarrar.
tropezón (na), *s. m.* tropeçamento.
tropical, *adj.* tropical.
trópico (ca), *s. m.* trópico.
tropiezo, *s. m.* tropeço, estorvo; falta, culpa, deslize.
tropo, *s. m.* tropo.
troquel, *s. m.* troquel.
troquelar, *v. t.* cunhar, amoedar.
trotaconventos, *s. f. (fam.)* alcoviteira.
trotar, *v. i.* trotar; cavalgar a trote.
trote, *s. m.* trote.
trovador (ra), *adj.* trovador.
trovar, *v. i.* trovar.
trovo, *s. m.* trova.
trozo, *s. m.* troço, pedaço, parte, fragmento.
trucar, *v. i.* trucar, fazer a primeira parada, no truque; fazer truques (no jogo).
truco, *s. m.* truque (nos jogos); truque, ardil, tramóia.
trucha, *s. f. (zool.)* truta; *(mec.)* cábrea; *(fig.)* pessoa astuta.
trueno, *s. m.* trovão.
trueque, *s. m.* troca, permutação.
trufa, *s. f.* trufa, túbera; mentira, peta.
trullar, *v. t.* rebocar com barro uma parede.
truncado (da), *adj.* truncado, mutilado; cone truncado.
truncar, *v. t.* truncar, cortar, mutilar, decepar, decapitar.
tú, *pron.* tu.
tu, tus, *adj.* teu, tua, teus, tuas.
tubérculo, *s. m. (bot.)* tubérculo; *(med.)* tubérculo, tumor.
tuberculosis, *s. f. (med.)* tuberculose; tísica.
tubería, *s. f.* tubagem.
tubo, *s. m.* tubo; cano.
tubular, *adj.* tubular, tubiforme.
tuerca, *s. f.* porca (de parafuso).
tuerto (ta), *adj.* e *s.* toeto; vesgo, zarolho; *s. m.* agravo, injuria, injustiça.
tufo, *s. m.* vapor, exalação; cheiro ac-

tivo e desagradável; tufo, de cabelo; tufo calcário.

tugurio, *s. m.* tugúrio.

tul, *s. m.* tule (tecido leve).

tulipa, *s. f. (bot.)* túlipa pequena; túlipa, pantalha ou quebra-luz.

tulipán, *s. m. (bot.)* túlipa.

tullido (da), *adj.* e *s.* tolhido, paralítico, entrevado.

tullir, *v. i.* expelir o excremento (as aves de rapina); *v. t.* tolher, paralisar; *v. r.* ficar paralítico, tolher-se, entrevar-se.

tumba, *s. f.* tumba, túmulo, sepulcro; essa, catafalco.

tumbado (da), *adj.* abaulado, convexo.

tumbar, *v. t.* tombar, derrubar.

tumbo, *s. m.* vaivém, balanço violento, solavanco; tombo, queda.

tumbo, *s. m.* tombo, livro de registo dos privilégios, etc.

tumor, *s. m.* tumor.

túmulo, *s. m.* túmulo; sepulcro, essa.

tumulto, *s. m.* tumulto, motim.

tuna, *s. f. (bot.)* tuna, tunal, nopal, figueira-da-índia; tuna, vadiagem; estudantina.

tunanta, *adj.* e *s. (fam.)* vadia, tunante, pícara.

tunar, *v. i.* tunantear ou tunar, vadiar.

tundir, *v. t.* tosar (panos ou tecidos); *(fig.)* sovar, surrar, espancar.

túnel, *s. m.* túnel.

tungsteno, *s. m.* tungsténio (metal), volfrâmio.

túnica, *s. f.* túnica; dalmática.

tuntún (al ou **al buen),** *loc. adv. (fam.)* sem reflexão; por mero palpite.

tupé, *s. m.* topete; *(fig. fam.)* atrevimento, desfaçatez.

tupido (da), *adj.* espesso, denso; curto (de inteligência).

tupir, *v. t.* tupir.

turba, *s. f.* turfa.

turbación, *s. f.* turbação; confusão, desordem.

turbante, *s. m.* turbante.

turbar, *v. t.* e *r.* turbar, toldar, alterar, torvar; atordoar.

turbera, *s. f.* turfeira.

turbia, *s. f.* turvação da água pela terra.

turbina, *s. f.* turbina.

turbio (bia), *adj.* turvo, toldado, embaciado; duvidoso, agitado, confuso.

turbulento (ta), *adj.* V. **turbio,** turvo; turbulento, agitado.

turífero (ra), *adj.* turífero.

turismo, *s. m.* turismo.

turista, *s. m.* turista.

turnar, *v. i.* revezar, alternar.

turno, *s. m.* turno; turma.

turquesa, *s. f.* molde (em geral); baleira, molde para fundição de balas; *(min.)* turquesa.

turrar, *v. t.* torrar, tostar.

turrón, *s. m.* nogado (doce de nozes, amêndoas ou pinhões com mel).

turulato (ta), *adj. (fam.)* estonteado.

tusco (ca), *adj.* e *s.* etrusco ou toscano.

tute, *s. m.* espécie de bisca, jogo de cartas.

tutear, *v. t.* tutear.

tutela, *s. f.* tutela.

tutelar, *adj.* tutelar.

tutilimundi, *s. m.* cosmorama.

tutiplén (a), *loc.* em abundância.

tutor (ra), *s. m.* e *f.* tutor.

tuya, *s. f. (bot.)* tuia.

tuyo, tuya, tuyos, tuyas, *pron.* teu, tua, teus, tuas.

U

u, *s. f.* u, vigésima quarta letra do alfabeto espanhol; *conj.* ou (emprega-se em vez de *o* para evitar hiato como, *siete u ocho).*
ubérrimo (ma), *adj.* ubérrimo.
ubicación, *s. f.* ubiquação.
ubicar, *v. i.* e *r.* ficar, situar-se.
ubicuidad, *s. f.* ubiquidade, ubiquação; omnipresença.
ubre, *s. f.* úbere.
ueste, *s. m.* oeste, rumo, ponto cardeal.
¡uf!, *interj.* ufa! (denota cansaço ou repugnância).
ufanarse, *v. r.* ufanar-se, vangloriar-se.
ufano (na), *adj.* ufano, vaidoso, arrogante.
ujier, *s. m.* porteiro; contínuo (de repartição pública); meirinho, oficial de diligências.
úlcera, *s. f.* úlcera, chaga, pústula.
ulterior, *adj.* ulterior.
ultimación, *s. f.* ultimação; acabamento; conclusão; fim.
ultimar, *v. t.* ultimar; concluir; terminar.
ultimátum, *s. m.* ultimato.
último (ma), *adj.* último, derradeiro.
ultra, *adv.* ultra; além de; demais.
ultrajante, *adj.* ultrajante; injurioso, afrontoso.
ultrajar, *v. t.* ultrajar; insultar; difamar.
ultraje, *s. m.* ultraje, afronta; injuria, insulto.
ultramar, *s. m.* ultramar, ultramarino.
ultramarino (na), *adj.* ultramarino.
ultramontano (na), *adj.* e *s.* ultramontano.
ultranza (a), *loc.* de morte; até à morte; a todo o transe.
ultrarrojo, *adj.* ultravermelho.
umbela, *s. f. (bot.)* umbela.
umbilical, *adj.* umbilical.
umbral, *s. m.* umbral, ombreira (de porta), soleira, limiar.
umbría, *s. f.* umbría, lugar sombrio.
un, una, *art.* um; uma; *adj.* um.
unánime, *adj.* unânime; geral.
unción, *s. f.* junção; unção; extrema-unção; devoção e recolhimento.
uncir, *v. t.* jungir, cangar; submeter.
undulación, *s. f.* ondulação; *(fís.)* onda.
undular, *v. i.* ondular, ondear; serpear.
ungimiento, *s. m.* unção; untura, untadura, untadela.
ungir, *v. t.* ungir; untar, olear.
ungüento, *s. m.* unguento.
unguis, *s. m. (anat.)* ungue ou únguis.
ungulado (da), *adj.* e *s. (zool.)* ungulado.
ungular, *adj.* ungueal.
unible, *adj.* unível.
unicelular, *adj.* unicelular.
único (ca), *adj.* único; singular.
unicornio, *s. m.* unicórnio.
unidad, *s. f.* unidade.
unido (da), *adj.* unido, junto, ligado, íntimo.
unificar, *v. t.* e *r.* unificar.
uniformar, *v. t.* uniformar, uniformizar; fardar.
uniforme, *adj.* uniforme; semelhante; *s. m.* uniforme, farda.
uniformidad, *s. f.* uniformidade.
unigénito (ta), *adj.* unigénito.
unilateral, *adj.* unilateral.

unión, *s. f.* união; casamento, matrimónio; união, aliança.
unipersonal, *adj.* unipessoal.
unir, *v. t.* unir, unificar; misturar, achegar, acercar.
unisexual, *adj.* unissexual.
unísono (na), *adj.* uníssono.
unitario (ria), *adj.* unitário.
universal, *adj.* universal.
universalizar, *v. t.* universalizar, generalizar.
universidad, *s. f.* universidade.
universo (sa), *adj.* universo, universal; *s. m.* mundo.
unívoco (ca), *adj.* e *s.* unívoco.
uno (na), *adj.* uno, singular, único; unido.
untar, *v. t.* untar, besuntar; engordurar.
unto, *s. m.* unto, untura, banha, gordura, enxúndia.
uña, *s. f.* unha.
uñero, *s. m. (med.)* unheiro.
¡upa!, *interj.* upa!
uranio, *s. m.* urânio (metal).
urbanidad, *s. f.* urbanidade, civilidade, afabilidade; delicadeza, cortesia.
urbanizar, *v. t.* urbanizar, civilizar.
urbano (na), *adj.* urbano; cortês, afável, delicado.
urbe, *s. f.* urbe, cidade.
urce, *s. m. (bot.)* urze.
urchilla, *s. f. (bot.)* urzela; urchila ou urchilha.
urdidor (ra), *adj.* e *s.* urdidor, tecelão, tecedeira; urdideira, aparelho.
urdir, *v. t.* urdir; intrigar.
urea, *s. f.* ureia.
uréter, *s. m.* uréter.
uretra, *s. f.* uretra.
urgente, *adj.* urgente.
urgir, *v. i.* urgir.
urinario (ria), *adj.* e *s.* urinário; *s. m.* mictório, urinol.
urna, *s. f.* urna.
urología, *s. f.* urologia.
urólogo, *s. m.* urólogo.
urraca, *s. f. (zool.)* pega.
urticaria, *s. f.* urticária.
uruguayo (ya), *adj.* e *s.* uruguaio, do Uruguai.
usado (da), *adj.* usado, deteriorado; gasto; habituado, exercitado.
usanza, *s. f.* usança, uso, costume, moda, costumeira.
usar, *v. t.* usar, utilizar, empregar, praticar; usar, trajar, vestir.
usía, *s. f.* síncope de *Usiría,* vossa senhoria.
uso, *s. m.* uso; moda; costume, jeito; uso, exercício; continuação, manuscrito; hábito.
usted, *s. m.* e *f.* contracção de *vuestra merced,* você, senhor.
usual, *adj.* usual; ordinário, habitual.
usufructuar, *v. t.* usufruir, usufrutuar.
usura, *s. f.* usura; agiotagem.
usurero (ra), *s. m.* e *f.* usurário.
usurpar, *v. t.* usurpar.
utensilio, *s. m.* utensílio, ferramenta.
útero, *s. m.* útero.
útil, *adj.* útil, proveitoso; útil, rendoso; frutífero.
utilidad, *s. f.* utilidade; serventia; préstimo.
utilizable, *adj.* utilizável.
utilizar, *v. t.* e *r.* utilizar.
utrero (ra), *s. m.* e *f.* novilho.
uva, *s. f. (bot.)* uva, bago.

V

v, *s. f.* v, vigésima quinta letra del alfabeto espanhol.
vaca, *s. f. (zool.)* vaca.
vacación, *s. f. pl.* férias, descanso, tempo de folga.
vacante, *adj.* e *s. f.* vacante, vago.
vaciado (da), *s. m.* moldagem; *(arq.)* escavação.
vaciador, *s. m.* o que molda, moldador, fundidor; vazador.
vaciar, *v. t.* esvaziar, vazar; despejar, verter; vazar, fundir, moldar; amolar, afiar.
vacilación, *s. f.* vacilação; *(fig.)* perplexidade, irresolução, hesitação.
vacilante, *adj.* vacilante, oscilante, perplexo; instável.
vacilar, *v. i.* vacilar, oscilar, cambalear; *(fig.)* vacilar, titubear.
vacío (a), *adj.* vazio, oco.
vacuna, *s. f.* vacina.
vacunar, *v. t.* e *r.* vacinar.
vacuno (na), *adj.* vacum; bovino.
vadear, *v. t.* vadear, pasar a vau.
vademécum, *s. m.* vade-mécum.
vado, *s. m.* vau, lugar do rio por onde se pode passar a pé.
vagabundear, *v. i.* vagabundear, vadiar.
vagabundo (da), *adj.* e *s.* vagabundo, vadio.
vagancia, *s. f.* vacância, vagância.
vagar, *s. m.* vagar, descanso; lentidão, pausa; *v. i.* vagar, estar vago; vagar, vaguear.
vagina, *s. f.* vagina.
vago (ga), *adj.* e *s.* vago, desocupado; errante, vadio; vago, incerto, indeciso; *s. m.* baldío.
vagón, *s. m.* vagão.
vaguada, *s. f.* linha que marca o fundo dum vale.
vaguear, *v. i.* vaguear, devanear; divagar; andar errante.
vaguedad, *s. f.* vacuidade; expressão ou frase vaga.
vaho, *s. m.* vapor, exalação.
vaina, *s. f.* bainha; *(bot.)* vagem.
vainica, *s. f.* ponto aberto.
vainilla, *s. f. (bot.)* baunilha.
vaivén, *s. m.* vaivém, balanço; aríete, *(fig.)* vaivém, alternativa.
vajilla, *s. f.* baixela.
vale, *s. m.* vale, documento trocável por dinheiro.
valedero (ra), *adj.* valedoiro, valedor, válido.
valencia, *s. f.* valor, valia; *(quím.)* valência.
valentía, *s. f.* valentia, valor, esforço, alento, vigor; façanha, arrojo.
valer, *v. t.* valer; proteger; custar; *v. i.* equivaler.
valeroso (sa), *adj.* valeroso, valoroso, valente, esforçado; eficaz; valioso.
valía, *s. f.* valia; valor, preço; valimento; poderio.
validez, *s. f.* validez; validade.
válido (da), *adj.* válido, firme, robusto; legítimo; *s. m.* valido, favorito.
valiente, *adj.* e *s.* valente, forte, esforçado.
valija, *s. f.* mala de mão, maleta; mala de correio.
valimiento, *s. m.* valimento.
valioso (sa), *adj.* valioso.
valor, *s. m.* valor.

valoración, *s. f.* V. **valuación.**
valorar, *v. t.* avaliar; valorizar.
valorizar, *v. t.* avaliar; valorizar.
vals, *s. m.* valsa.
valuación, *s. f.* avaliação.
valuar, *v. t.* avaliar.
válvula, *s. f.* válvula; *(anat.)* válvula.
valla, *s. f.* valo, muro defensivo; vala, fosso; valado.
vallado, *s. m.* valado, estacada, sebe.
vallar, *v. t.* valar, tapar, cercar; *s. m.* valado.
valle, *s. m.* vale.
vampiro, *s. m.* vampiro; *(fig.)* avarento.
vanagloria, *s. f.* vanglória, vaidade, jactância.
vandálico (ca), *adj.* vandálico.
vandalismo, *s. m.* vandalismo.
vándalo (la), *adj.* e *s. m.* vândalo.
vanguardia, *s. f.* vanguarda, dianteira, frente.
vanidad, *s. f.* vaidade, presunção.
vano (na), *adj.* vão, inexistente; oco, vazio; inútil.
vapor, *s. m.* vapor.
vaporoso (sa), *adj.* vaporoso.
vaquería, *s. f.* vacaria; vacada; leitaria.
vaquero (ra), *adj. s. m.* e *f.* vaqueiro.
vaquilla, *s. f.* vitela.
vara, *s. f.* vara.
varadero, *s. m. (mar.)* varadouro ou varadoiro.
varal, *s. m.* varal.
varar, *v. i. (mar.)* varar, encalhar.
vareaje, *s. m.* vareagem.
varear, *v. t.* varejar.
varetazo, *s. m.* varada, cornada de lado.
variabilidad, *s. f.* variabilidade.
variable, *adj.* variável; instável, inconstante.
variación, *s. f.* variação.
variante, *adj.* e *s. f.* variante.
variar, *v. t.* e *i.* variar.
várice ou **varice,** *s. f.* variz.
varicela, *s. f.* varicela.
variedad, *s. f.* variedade.
varilla, *s. f.* vareta, varinha.
vario (ria), *adj.* vário, diferente; inconstante.
varita, *s. f.* varinha, pequena vara.
varón, *s. m.* varão.
varonil, *adj.* varonil, forte; valoroso.
vasa, *s. f.* serviço de mesa, baixela.
vasallaje, *s. m.* vassalagem.
vasallo (lla), *adj.* e *s.* vassalo.
vasar, *s. m.* prateleira; cantareira; poial.
vascular ou **vasculoso (sa),** *adj. (anat. e bot.)* vascular.
vaselina, *s. f.* vaselina.
vasija, *s. f.* vasilha; vasilhame.
vaso, *s. m.* vaso; copo; navio; bacio, bispote, urinol; jarrão; vaso, artéria, veia.
vástago, *s. m.* vergôntea, rebentão; rebento.
vasto (ta), *adj.* vasto, amplo.
vaticinar, *v. t.* vaticinar, profetizar.
vaticinio, *s. m.* vaticínio, profecia.
vatio, *s. m. (fís.)* watt, vátio.
vaya, *s. f.* vaia, mofa, troça, apupo.
vecindario, *s. m.* vizindário; vizinhança.
vecino (na), *adj.* vizinho.
vector, *adj.* vector.
veda, *s. f.* veda, vedação; proibição; defeso; *s. m.* veda, livro sagrado dos índios.
vedar, *v. t.* vedar, proibir.
vegas, *s. f.* veiga, várcea.
vegetación, *s. f.* vegetação.
vegetal, *adj.* e *s. m.* vegetal.
vegetar, *v. i.* vegetar.
vegetariano (na), *adj.* e *s.* vegetariano.
vegetativo (va), *adj.* vegetativo.
vehemente, *adj.* veemente.
vehículo, *s. m.* veículo.
veinte, *adj.* e *s. m.* vinte.
veintena, *s. f.* vintena.
veinticinco, *adj.* e *s.* vinte e cinco.
veinticuatro, *adj.* e *s.* vinte e quatro.
veintidós, *adj.* e *s.* vinte e dois.
veintinueve, *adj.* e *s.* vinte e nove.
veintiocho, *adj.* e *s.* vinte e oito.

V

veintiséis, *adj.* e *s.* vinte e seis.
veintisiete, *adj.* e *s.* vinte e sete.
veintitrés, *adj.* e *s.* vinte e três.
veintiuno (na), *adj.* e *s.* vinte e um.
vejación, *s. f.* vexação; vexame.
vejamen, *s. f.* vexame, vexação, afronta.
vejar, *v. t.* vexar, humilhar, envergonhar.
vejatório (ria), *adj.* vexatório; humilhante.
vejestorio, *s. m.* velhote.
vejez, *s. f.* velhice.
vejiga, *s. f. (anat.)* bexiga; vesícula, bolha.
vela, *s. f.* vela, vigilia; serão; vigia, sentinela; círio, vela; *(mar.)* vela; *(fig.)* embarcação.
velada, *s. f.* serão; sarau musical.
velar, *v. i.* velar, vigiar; *v. t.* assistir (de noite a um doente ou cadáver); cobrir com véu; *(fig.)* atenuar; *adj.* palatal.
velatorio, *s. m.* vela, acto de velar.
veleidoso (sa), *adj.* versátil, inconstante.
velero (ra), *s. m. (mar.)* veleiro; *s. m.* e *f.* cerieiro.
veleta, *s. f.* veleta, cata-vento, grimpa.
velo, *s. m.* véu.
velocidad, *s. f.* velocidade.
velocípedo, *s. m.* velocípede.
velódromo, *s. m.* velódromo.
velón, *s. m.* candeeiro de azeite.
velorio, *s. m.* sarau (particular); veladura dum defunto.
veloz, *adj.* veloz, rápido, ágil, ligeiro.
vello, *s. m.* pêlo; penugem, lanugem dos frutos.
vellocino, *s. m.* velocino, velo.
vellón, *s. m.* tosão, velo; velocino, floco de lã; liga de prata e cobre.
vellosidad, *s. f.* vilosidade.
velloso (sa), *adj.* veloso, felpudo; penugento, cabeludo.
velludo (da), *adj.* veludo, veloso; *s. m.* veludo (tecido).

V

vena, *s. f.* veia, vaso sanguíneo; veia, filão; veia, veio.
venablo, *s. m.* venábulo, zaguncho.
venado, *s. m. (zool.)* veado, cervo, gamo.
venal, *adj.* venal, venoso, relativo às veias; venal, subornável.
vencedor (ra), *adj.* vencedor.
vencer, *v. t.* vencer.
vencible, *adj.* vencível.
venda, *s. f.* venda, faixa, ligadura, atadura.
vendar, *v. t.* vendar, atar, ligar.
vendaval, *s. m.* vendaval, temporal.
vender, *v. t.* vender.
vendí, *s. m.* certificado de venda.
vendible, *adj.* vendível, vendável.
vendimia, *s. f.* vindima.
vendimiar, *v. t.* vindimar.
vendo, *s. m.* ourela do pano.
veneno, *s. m.* veneno; tóxico; *(fig.)* rancor.
venenoso (sa), *adj.* venenoso.
venera, *s. f.* venera, vieira ou concha de romeiro; venera, insígnia; fonte; *(zool.)* vieira, molusco.
venerable, *adj.* e *s.* venerável.
veneración, *s. f.* veneração, respeito, culto.
venerar, *v. t.* venerar, respeitar, reverenciar.
venéreo (a), *adj.* e *s. m.* venéreo.
venero, *s. m.* manancial de água, fonte; origem.
venganza, *s. f.* vingança, desforra; represália; desafronta, desforço.
vengar, *v. t.* e *r.* vingar, desforrar, desagravar.
venia, *s. f.* vénia, desculpa, perdão; venia, licença.
venial, *adj.* venial.
venida, *s. f.* vinda (acção de vir); chegada; regresso, vinda; enxurrada, enchente.
venir, *v. i.* vir, chegar; concordar; ajustar-se.
venta, *s. f.* venda; estalagem; ermo.

ventaja, *s. f.* vantagem, melhoria; partido (jogo).
ventana, *s. f.* janela, ventana; venta, narina.
ventanal, *s. m.* janela grande.
ventanilla, *s. f.* janelinha, postigo; narina, venta.
ventarrón, *s. m.* ventania, ventaneira, vento forte.
ventear, *v. imp.* ventar, soprar (o vento); *v. t.* expor ao vento; farejar; *(fig.)* indagar.
ventero (ra), *s. m.* e *f.* hospedeiro, estalajadeiro.
ventilación, *s. f.* ventilação.
ventilador, *s. m.* ventilador.
ventilar, *v. t.* e *r.* ventilar, arejar; expor ao vento; discutir, debater.
ventisca, *s. f.* nevada.
ventolera, *s. f.* lufada, rajada de vento; *(fig. fam.)* vaidade, soberba; veneta, capricho.
ventorrillo, *s. m.* taberna, tasco.
ventosa, *s. f.* respiradouro ou respiradoiro.
ventoso (sa), *adj.* ventoso; flatulento; *s. m.* ventoso, sexto mês do calendário republicano francês.
ventricular, *adj.* ventricular.
ventrículo, *s. m.* ventrículo.
ventrílocuo (cua), *adj.* e *s.* ventríloquo.
ventura, *s. f.* ventura, felicidade; risco, perigo.
venturero (ra), *adj.* e *s.* casual, fortuito; aventureiro.
venturoso (sa), *adj.* venturoso, ditoso, afortunado.
Venus, *s. m.* Vénus, planeta; *s. f. (fig.)* vénus, mulher formosa.
ver, *s. m.* sentido da visão, vista; *v. t.* ver, conhecer ou perceber (pelos olhos); examinar; julgar.
veracidad, *s. f.* veracidade, verdade.
veranear, *v. i.* veranear.
veraneo, *s. m.* lugar onde o gado pasta durante o Verão.
veranillo, *s. m.* verãozinho.
verano, *s. m.* Verão; Estio.
veras, *s. f.* pl. veras, realidade.
veraz, *adj.* veraz, verídico, verdadeiro.
verbena, *s. f. (bot.)* verbena; arraial nocturno.
verbenear, *v. i. (fig.)* formigar, ferver, agitar; abundar.
verberación, *s. f.* verberação.
verberar, *v. t.* e *r.* verberar, fustigar, castigar.
verbo, *s. m.* verbo.
verdad, *s. f.* verdade, veracidade.
verde, *adj.* e *s.* verde (cor).
verdear, *v. r.* verdejar, verdecer, esverdear.
verdecer, *v. i.* verdecer, reverdecer, verdejar.
verdemar, *s. m.* e *adj.* verde-mar.
verdor, *s. m.* verdor.
verdoso (sa), *adj.* verdoso, esverdeado, esverdinhado.
verdugo, *s. m.* vergôntea; verdugo (estoque); azorrague; vergão; marca, sinal; carrasco, algoz; *(fig.)* verdugo; pessoa cruel; fileira de ladrilhos.
verdulera, *s. f.* hortaliceira, vendedeira de hortaliça; *(fig.)* mulher desavergonhada.
verdulería, *s. f.* loja de hortaliças.
verdulero, *s. m.* hortaliceiro.
verdura, *s. f.* verdura, verdor; verdura, hortaliça.
vereda, *s. f.* vereda, senda, caminho estreito.
veredicto, *s. m.* veredicto; parecer, ditame.
vergajo, *s. m.* vergalho.
vergé, *adj.* diz-se duma espécie de papel.
vergel, *s. m.* vergel, jardim; pomar.
vergonzante, *adj.* vergonhoso, envergonhado.
vergonzoso (sa), *adj.* e *s.* vergonhoso; envergonhado, tímido.
vergüenza, *s. f.* vergonha, pudor; pundonor, timidez.
vericueto, *s. m.* despenhadeiro, anfractuosidade.

V

verídico (ca), *adj.* verídico, veraz, verdadeiro.
verificar, *v. t.* verificar, examinar, comprovar.
verja, *s. f.* grade, gradil (de porta ou janela).
vermut, *s. m.* vermute.
vernáculo (la), *adj.* vernáculo, nacional, nativo, pátrio.
verónica, *s. f. (bot.)* verónica; sorte de capinha (no toureio), verónica.
verosímil, *adj.* verosímil, crível, provável.
verruga, *s. f.* verruga; defeito.
versal, *adj.* e *s. (impr.)* versal, letra maiúscula.
versalilla (ta), *adj. (impr.)* versalete.
versátil, *adj.* versátil; *(fig.)* volúvel, inconstante.
versículo, *s. m.* versículo.
versificación, *s. f.* versificação.
versificar, *v. i.* versificar.
versión, *s. f.* versão, tradução.
verso, *s. m.* verso, poesia; estrofe; versículo; *adj.* verso, diz-se do reverso.
vértebra, *s. f.* vértebra.
vertebrado, *adj.* vertebrado.
vertedero, *s. m.* desaguadoiro ou desaguadouro, vazadoiro ou vazadouro.
vertedor (ra), *adj.* e *s.* vertedor; *s. m.* canal de esgoto.
verter, *v. t.* e *r.* verter, derramar; despejar, esvaziar; traduzir.
vertical, *adj.* e *s. f.* vertical.
vértice, *s. m.* vértice.
vertiente, *adj.* e *s. m.* e *f.* vertente.
vertiginoso (sa), *adj.* vertiginoso.
vértigo, *s. m.* vertigem, tontura, desmaio.
vesícula, *s. f.* vesícula, bolha; vesícula biliar.
vesicular, *adj.* vesicular.
vespertina, *s. f.* vespérias; sermão pregado á tarde.
veste, *s. f.* veste, vestuário, vestido.
vestíbulo, *s. m.* vestíbulo, átrio; *(anat.)* vestíbulo, cavidade do ouvido interno.
vestido (da), *s. m.* vestido.
vestidura, *s. f.* vestido; vestidura, vestimenta.
vestigio, *s. m.* pegada; vestígio; sinal, indício, rasto.
vestir, *v. t.* vestir; *v. i.* vestir-se, trajar.
vestuario, *s. m.* vestuário; traje, vestido.
veta, *s. f.* beta, lista; veia, veio, filão mineral.
vetado (da), *adj.* betado, listrado.
veteado (da), *adj.* betado.
vetear, *v. t.* betar, listrar.
veterano (na), *adj.* veterano.
veterinario, *s. m.* veterinário.
veto, *s. m.* veto; proibição; recusa.
vetusto (ta), *adj.* vetusto, antigo.
vez, *s. f.* vez (turno, época, tempo, ocasião).
vía, *s. f.* via, rota; carril.
viabilidad, *s. f.* viabilidade.
viable, *adj.* viável, possível.
viaducto, *s. m.* viaducto, pontão.
viajante, *adj.* viajante, viageiro; *s. m.* viajante comercial.
viajar, *v. i.* viajar.
viaje, *s. m.* viagem.
viajero (ra), *adj.* e *s. m.* e *f.* viageiro; viajante.
vial, *adj.* viatório; *s. m.* alameda, avenida.
vianda, *s. f.* vianda, sustento, alimento.
viático, *s. m.* viático; farnel.
víbora, *s. f. (zool.)* víbora.
vibración, *s. f.* vibração.
vibrar, *v. t.* vibrar, arremessar, arrojar.
vibratorio (ria), *adj.* vibratório.
vicaría, *s. f.* vigararia, vigairaria; vicariato.
vicario (ria), *adj.* e *s.* vicário, vigário.
viciar, *v. t.* viciar.
vicio, *s. m.* vício.
vicisitud, *s. f.* vicissitude, revés.
víctima, *s. f.* vítima.
victoria, *s. f.* vitória, triunfo; vitória, espécie de carruagem.

V

vid, *s. f. (bot.)* vide, videira.
vida, *s. f.* vida, existência; essência.
vidente, *adj.* e *s. m.* profeta.
vidorra, *s. f. (fam.)* vida regalada.
vidriar, *v. t.* vidrar; *v. r. (fig.)* vidrar-se, vitrificar-se.
vidriera, *s. f.* vidraça; vitral; vitrina; escaparate.
vidrio, *s. m.* vidro.
vidrioso (sa), *adj.* vidrento, vidroso, quebradiço; *(fig.)* resvaladiço; susceptível.
viejo (ja), *adj.* e *s.* velho, idoso; antigo; estragado, usado.
viento, *s. m.* vento.
vientre, *s. m.* ventre, abdómen, barriga.
viernes, *s. m.* sexta-feira.
vierteaguas, *s. m.* espécie de beiral.
viga, *s. f.* viga, trave; prensa para espremer a azeitona.
vigencia, *s. f.* vigência.
vigente, *adj.* vigente.
vigesimal, *adj.* vigesimal.
vigía, *s. f.* vigia, atalaia, sentinela; *(mar.)* cachopo, baixio.
vigilancia, *s. f.* vigilância, cuidado.
vigilar, *v. i.* vigilar, vigiar.
vigilia, *s. f.* vigília, vela; serão; insónia.
vigor, *s. m.* vigor, força.
vigorizar, *v. t.* vigorizar; vigorar; fortalecer; estar em vigor.
vigoroso (sa), *adj.* vigoroso, robusto.
vigueta, *s. f.* vigote, viga, sarrote; barra de ferro.
vil, *adj.* e *s.* vil, reles, baixo, desprezível.
vileza, *s. f.* vileza.
vilipendiar, *v. t.* vilipendiar, aviltar.
villa, *s. f.* vila; casa de campo.
villanaje, *s. m.* vilanagem; plebe, povo.
villancico, *s. m.* vilancico, *s. m.* vilancico, vilancete, cantilena, cântico.
villanía, *s. f.* vilania.
villano (na), *adj.* e *s.* vilão, plebeu; *(fig.)* rústico, descortês; indigno.
villorrio, *s. m.* vilório ou vilória, aldeola.
vinagre, *s. m.* vinagre.
vinagrera, *s. f.* vinagreira; *pl.* galheteiro.
vinagreta, *s. f.* espécie de molho com azeite, cebola e vinagre.
vinajera, *s. f.* galheta para a missa; *pl.* galhetas.
vinatera, *s. f. (mar.)* adriça.
vinatero (ra), *adj.* vinhateiro; *s. m.* negociante de vinhos.
vinculable, *adj.* vinculável.
vincular, *v. t.* e *r.* vincular; ligar, perpetuar.
vincular, *adj.* vincular.
vínculo, *s. m.* vínculo, união; morgadio.
vindicar, *v. t.* vindicar, vingar.
vindicativo (va), *adj.* vindicativo, vingativo; defensivo.
vindicta, *s. f.* vindicta, vingança; castigo; represália.
vinícola, *adj.* vinícola.
vinicultor (ra), *s. m.* e *f.* vinicultor.
vinífero (ra), *adj.* vinífero.
vinillo, *s. m.* vinhete, vinhoca.
vino, *s. m.* vinho.
viña, *s. f.* vinha.
viñedo, *s. m.* vinhedo.
viñeta, *s. f.* vinheta, estampa.
viola, *s. f. (mús.)* espécie de violino, viola; *(bot.)* viola, violeta.
violáceo (a), *adj.* violáceo.
violación, *s. f.* violação; estupro.
violar, *v. t.* violar; profanar; *s. m.* violal, lugar plantado de violetas.
violencia, *s. f.* violência.
violentar, *v. t.* violentar, forçar, constranger, violar.
violeta, *s. f. (bot.)* violeta; *s. m.* violeta, cor roxa.
violín, *s. m.* violino; violinista; rabeca, taco auxiliar (no bilhar).
violón, *s. m.* rabecão grande; violão, contrabaixo.
violoncelo, *s. m.* violoncelo.
violonchelo, *s. m.* violoncelo.

vipéreo (a) ou **viperino (na),** *adj.* viperino.
vira, *s. f.* vira, seta aguda; vira do calça do; franja dos vestidos.
viraje, *s. m.* viragem, volta.
virar, *v. t.* e *i.* virar, voltar.
virgem, *s. m.* e *f.* virgem.
viril, *s. m.* viril.
virrey, *s. m.* vice-rei.
virtual, *adj.* virtual.
virtud, *s. f.* virtude.
virtuoso (sa), *adj.* e *s.* virtuoso.
viruela, *s. f.* varíola, bexigas.
virulento (ta), *adj.* virulento, venenoso, purulento.
virus, *s. m. (med.)* virus.
visaje, *s. m.* visagem, careta, esgar.
visar, *v. t.* visar, pôr o visto; visar, mirar, apontar.
víscera, *s. f.* víscera, entranhas.
visceral, *adj.* visceral.
viscosidad, *s. f.* viscosidade.
viscoso (sa), *adj.* viscoso, pegajoso.
visera, *s. f.* viseira.
visible, *adj.* visível.
visillo, *s. m.* cortina pequena.
visión, *s. f.* visão; fantasma.
visir, *s. m.* vizir.
visita, *s. f.* visita.
visitante, *adj.* e *s.* visitante.
visitar, *v. t.* visitar.
vislumbrar, *v. t.* vislumbrar.
viso, *s. m.* viso, outeiro; reflexo; aspecto.
visón, *s. m. (zool.)* mamífero semelhante à marta.
víspera, *s. f.* véspera.
vista, *s. f.* vista.
visto (ta), *adj.* e *s. m.* visto.
vistoso (sa), *adj.* vistoso, aparatoso.
visual, *adj.* e *s. f.* visual.
vital, *adj.* vital.
vitalista, *adj.* e *s.* vitalista.
vitamina, *s. f.* vitamina.
vitela, *s. f.* vitela, pele de vaca ou de vitela.
vitícola, *adj.* vitícola; *s. m.* e *f.* viticultor.
viticultor (ra), *s. m.* e *f.* viticultor.
vitola, *s. f.* bitola, padrão.
vitorear, *v. t.* vitoriar, aplaudir.
vítreo (a), *adj.* vítreo.
vitrificar, *v. t.* vitrificar.
vitrina, *s. f.* vitrina, escaparate.
vitriolo, *s. m.* vitríolo.
vituperable, *adj.* vituperável.
vituperar, *v. t.* vituperar, injuriar.
vituperio, *s. m.* vitupério.
viuda, *s. f. (bot.)* viúva.
viudo (da), *adj.* e *s.* viúvo.
vivacidad, *s. f.* vivacidade, viveza, perspicácia, esperteza.
vivaracho (cha), *adj. (fam.)* vivo, traquina, alegre.
vivaz, *adj.* vivaz; eficaz; *(bot.)* vivaz.
víveres, *s. m. pl.* víveres, vitualhas.
vivero, *s. m.* viveiro.
viveza, *s. f.* viveza, vivacidade.
vividor (ra), *adj.* e *s.* vivedor, videira, fura-vidas.
vivienda, *s. f.* vivenda, morada.
vivificador (ra), *adj.* vivificador.
vivificar, *v. t.* vivificar.
vivir, *v. i.* viver; *s. m.* a vida.
vivo (va), *adj.* e *s. m.* e *f.* vivo.
vizconde, *s. m.* vizconde.
vocablo, *s. m.* vocábulo, termo.
vocabulario, *s. m.* vocabulário.
vocación, *s. f.* vocação.
vocal, *adj.* e *s. m.* e *f.* vogal.
vocalizar, *v. i. (mús.)* vocalizar, solfejar.
vocativo, *s. m.* vocativo.
vocear, *v. i.* vozear, gritar.
vociferación, *s. f.* vociferação.
vociferar, *v. t.* vociferar; berrar.
voladero (ra), *adj.* voador, volante; *s. m.* despenhadeiro.
volador (ra), *adj.* e *s. m.* voador; veloz.
volante, *adj.* voante; voador; volante.
volar, *v. i.* voar.
volatería, *s. f.* volataria, altanaria.
volátil, *adj.* e *s.* volátil.
volatilidad, *s. f.* volatilidade.
volatilizar, *v.t.* volatilizar.
volatizar, *v. t.* volatilizar.

V

volcán, *s. m.* vulcão.
volcánico (ca), *adj.* vulcânico.
volcar, *v. t.* voltar, tombar, virar.
volear, *v. t.* voltear; girar; semear.
volición, *s. f.* volição.
volitivo (va), *adj.* volitivo.
voltaje, *s. m.* voltagem.
voltear, *v. t.* voltear, voltar; girar.
volteo, *s. m.* volteio.
voltereta, *s. f.* cambalhota.
voltímetro, *s. m.* voltímetro.
voltio, *s. m.* vóltio, volt.
voluble, *adj.* volúvel, inconstante.
volumen, *s. m.* volume.
voluntad, *s. f.* vontade.
voluntario (ria), *adj.* e *s. m.* e *f.* voluntário.
voluptuoso (sa), *adj.* e *s.* voluptuoso.
voluta, *s. f. (arq.)* voluta.
volver, *v. t.* voltar, girar, volver.
vómer, *s. m. (anat.)* vómer; *(zool.)* vómer, peixe.
vomitar, *v. t.* vomitar.
vomitivo (va), *adj.* e *s. m.* vomitivo.
vómito, *s. m.* vómito.
voracidad, *s. f.* voracidade, sofreguidão.
vorágine, *s. f.* voragem, redemoinho, sorvedouro.
voraz, *adj.* voraz; destruidor.
vosotros (tras), *pron. pl.* vós.
votación, *s. f.* votação.
votante, *adj.* e *s.* votante.
votar, *v. i.* votar.
votivo (va), *adj.* votivo.
voto, *s. m.* voto, promessa; sufrágio.
voz, *s. f.* voz.
vozarrón, *s. m.* vozeirão.
vuelco, *s. m.* tombo.
vuelo, *s. m.* voo, voadura.
vuelta, *s. f.* giro, volta, circuito.
vuestro (tra), vuestros (tras), *pron.* vosso, vossa; vossos, vossas.
vulcanizar, *v. t.* vulcanizar.
vulgar, *adj.* vulgar, comum; trivial.
vulgaridad, *s. f.* vulgaridade.
vulgarización, *s. f.* vulgarização.
vulgarizar, *v. t.* vulgarizar.
vulgo, *s. m.* vulgo, povo, plebe.
vulnerable, *adj.* vulnerável.
vulnerar, *v. t. (fig.)* vulnerar, ferir, ofender.
vulva, *s. f.* vulva.

V

X

x, *s. f.* x, vigésima sexta letra do alfabeto espanhol.
xilófago (ga), *adj.* e *s. (zool.)* xilófago.
xilografía, *s. f.* xilografia.

Y

y, *s. f.* y, vigésima sétima letra do alfabeto espanhol.
ya, *adj.* já.
yacente, *adj.* jacente.
yacer, *v. i.* jazer.
yacimiento, *s. m. (geol.)* jazigo.
yaguar, *s. m. (zool.)* jaguar.
yambo, *s. m. (bot.)* jambeiro; jambo; jambo, pé de verso.
yanqui, *adj.* e *s.* ianque.
yarda, *s. f.* jarda.
yate, *s. m.* iate.
yegua, *s. f. (zool.)* égua.
yelmo, *s. m.* elmo.
yema, *s. f. (bot.)* gema, renovo, olho, botão; gema (do ovo).
yermo (ma), *adj.* e *s. m.* ermo.
yerno, *s. m.* genro.
yerro, *s. m.* erro.
yerto (ta), *adj.* hirto, teso, rígido.
yesar, *s. m.* gessal ou gesseira.
yesería, *s. f.* fábrica de gesso ou loja onde o mesmo se vende.
yeso, *s. m.* gesso.
yeyuno, *s. m. (anat.)* jejuno.
yo, *pron.* eu.
yodo, *s. m.* iodo.
ypsilon, *s. f.* ípsilon.
yuca, *s. f. (bot.)* juca.
yugo, *s. m.* jugo, canga.
yugular, *adj.* e *s. (anat.)* jugular.
yunque, *s. m.* safra, bigorna, incude.
yunta, *s. f.* junta, parelha, jugo (de bois ou doutros animais).
yunto (ta), *adj.* V. **junto.**
yute, *s. m.* juta.
yuxtaponer, *v. t.* justapor.
yuxtaposición, *s. f.* justaposição.

Z

z, *s. f.* z, vigésima oitava e última letra do alfabeto espanhol.
zabila, *s. f.* aloes.
zacatín, *s. m.* praça ou rua onde se vendem roupas.
zacear, *v. t.* espantar, enxotar (os animais).
zafar, *v. t.* adornar, guarnecer; safar, ocultar; *v. r.* safar-se.
zafio (fia), *adj.* sáfio, tosco, inculto.
zafiro, *s. m.* safira.
zafra, *s. f.* vasilha grande de metal para guardar óleo; safra, colheita; *(min.)* entulho.
zaga, *s. f.* saga, retaguarda; carga arrumada na traseira dum veículo; *s. m.* pé, o último (no jogo).
zagal, *s. m.* mancebo, adolescente, jovem; zagal, pegureiro.
zagala, *s. f.* zagala, pastora jovem; jovem solteira.
zaguán, *s. m.* saguão.
zahena, *s. f.* dobra (moeda de oiro).
zaherir, *v. t.* exprobrar, censurar.
zahinar, *s. m.* lugar semeado de sorgo.
zalamería, *s. f.* zumbaia, salameleque, bajulação.
zalamero (ra), *adj.* e *s.* zumbaieiro, bajulador.
zamarra, *s. f.* samarra; pele de carneiro.
zamarrón, *s. m.* samarrão, samarra grande.
zambomba, *s. f. (mús.)* cuíca, ronca.
zambombazo, *s. m.* pancada, cacetada.
zambra, *s. f.* zambra, dança e música mourisca; algazarra, barulho.
zambra, *s. f.* zambra, barco mourisco.
zambullir, *v. t.* mergulhar com ímpeto.
zampar, *v. t.* e *r.* zampar, comer depressa e descompostamente; escapar-se.
zampear, *v. t. (arq.)* firmar o terreno com estacas, cravar estacas.
zampón (na), *adj.* e *s.* comilão, glutão.
zanahoria, *s. f. (bot.)* cenoura.
zanca, *s. f.* sanco, perna de ave; perna delgada.
zancajear, *v. i.* zangarilhar.
zancajo, *s. m.* calcanhar.
zancarrón, *s. m.* osso do pé, nu e descarnado.
zancudo (da), *adj.* e *s.* pernalto, pernilongo, pernegudo; *(zool.)* pernalta (ave).
zanga, *s. f.* zanga, espécie de voltarete.
zanganear, *v. i.* vadiar.
zanganería, *s. f.* parasitismo.
zángano, *s. m. (zool.)* zângano ou zângão; *(fig.)* zângano, parasita explorador.
zangón, *s. m.* rapaz alto sem brio.
zanguanga, *s. f.* doença fingida para não trabalhar.
zanja, *s. f.* cabouco; sanja; vala; valeta.
zanjar, *v. t.* abrir sanjas ou valas; conciliar.
zanquilargo (ga), *adj.* e *s.* pernalto, pernilongo, pernegudo.
zapa, *s. f.* sapa; lixa; pele de peixe.
zapador, *s. m.* sapador.
zapar, *v. t.* sapar.
zapata, *s. f.* botim que chega a meio da perna.
zapatazo, *s. m.* sapatada.

Z

zapateado, *s. m.* sapateado.
zapatear, *v.t.* sapatear.
zapatería, *s. f.* sapataria.
zapatero (ra), *adj.* encruado (diz-se de vários legumes); *s. m.* sapateiro.
zapatilla, *s. f.* sapatilha; chinela.
zapato, *s. m.* sapato.
zar, *s. m.* czar.
zaracear, *v. i.* condensar-se o vapor aquoso da atmosfera.
zaragüelles, *s. m. pl.* espécie de calções largos usados antigamente.
zaragutear, *v. t.* atrapalhar, atabalhoar.
zaranda, *s. f.* ciranda, criva, crivo, peneira; coador (passador de metal).
zarandajas, *s. f. pl.* bagatelas, ninharias.
zarandar, *v. t.* cirandar, crivar, peneirar, joeirar.
zarandillo, *s. m.* cirandinha; zangarilho.
zarcillo, *s. m.* argolas, arrecadas, pingentes.
zarina, *s. f.* czarina.
zarpa, *s. f. (arq.)* sapatas; garra.
zarpar, *v. t.* e *i. (mar.)* sarpar, zarpar.
zarracatín, *s. m.* regatão.
zarrapastrón (na), *adj.* e *s.* muito esfarrapado, andrajoso, sujo.
zarza, *s. f. (bot.)* sarça, silva.
zarzamora, *s. f. (bot.)* amora.
zarzaparrilla, *s. f. (bot.)* salsaparrilha.
zarzo, *s. m.* caniçada.
zarzuela, *s. f.* zarzuela.
zascandil, *s. m.* enredador.
zascandilear, *v. i.* mexericar; enredar.
zeda, *s. f.* nome de letra z.
zepelin, *s. m.* zepelim.
zeta, *s. f.* V. **zeda.**
zigzag, *s. m.* ziguezague.
zigzaguear, *v. i.* ziguezaguear.
zinc, *s. m.* V. **cinc.**
zócalo, *s. m.* (arq.) soco; friso; base de pedestal; peanha, supedâneo.
zoco, *s. m.* mercado (em Marrocos); V. **zueco;** V. *adj.* **zocato.**
zodíaco, *s. m.* zodíaco.
zona, *s. f.* zona.
zoología, *s. f.* zoologia.
zoológico (ca), *adj.* zoológico.
zootecnia, *s. f.* zootecnia.
zopenco (ca), *adj.* e *s.* abrutalhado; bronco.
zopo (pa), *adj.* diz-se do pé ou da mão tortos ou aleijados ou de quem assim os tem.
zoquete, *s. m.* toco; bocado de pão.
zorra, *s. f. (zool.)* raposa; *(fig.)* borracheira, embriaguez.
zorra, *s. f.* zorra.
zorrería, *s. f.* astúcia, cautela; manha.
zorro, *s. m.* zorro, raposo.
zorzal, *s. m. (zool.)* zorzal, zorral, estorninho; homem astuto.
zote, *adj.* e *s.* zote, ignorante.
zozobra, *s. f.* soçobro; inquietação, aflição, angústia.
zozobrar, *v. i.* soçobrar, afundar-se.
zozobroso, *adj.* inquieto, aflito; perturbado.
zueco, *s. m.* tamanco, soco.
zumbar, *v. i.* zumbir ou zumbar.
zumbido, *s. m.* zumbido; *(fam.)* pancada, cacetada.
zumbón, (na), *adj.* zombador, chocarreiro.
zumo, *s. m.* sumo, suco.
zurcir, *v. t.* cerzir.
zurdo (da), *adj.* e *s.* canho, canhoto, esquerdo.
zurra, *s. f.* surra, sova, tunda, coça.
zurrar, *v. t.* surrar, curtir peles; surrar, sovar, zurzir.
zurriagar, *v. t.* azorragar, açoutar ou açoitar.
zurrón, *s. m.* surrão, bolsa de pastores; bolsa de couro.
zutano (na), *s. m.* e *f. (fam.)* beltrano.

Z

EM 2/99 A/55